GROENE VAKANTIEGIDS EUROPA

NOORWEGEN	N
ZWEDEN	S
FINLAND	FIN
ESTLAND • LETLAND • LITOUWEN	EST LV LT
GROOT-BRITTANNIË • IERLAND	GB IRL
NEDERLAND	NL
DUITSLAND • POLEN	D PL
TSJECHIË	CZ
BELGIË • LUXEMBURG	B L
FRANKRIJK	F
SPANJE • PORTUGAL	ES P
ZWITSERLAND • OOSTENRIJK	CH A
HONGARIJE • SLOVENIË	H SLO
ITALIË	I
BULGARIJE • ROEMENIË	BG RO
TURKIJE	TR

D1729971

ANWB

ECEAT

Colofon

© ANWB 2006 ANWB bv, Den Haag; ECEAT-NL, Amsterdam
Alle rechten voorbehouden.

ISBN-13: 978-90-18-02087-7
ISBN-10: 90-18-02089-3
NUR: 505

De redactie van deze gids is gesloten in december 2005.

Redactiecoordinatie: ANWB Media, Monique Stuut.
Ontwerp omslag: ANWB/ABS/Studio, Hans Meeusen.
Omslagfoto: Zefa , Stella Zwieck.
Ontwerp en opmaak binnenwerk: Studio Vormvast, Vincent van Zandvoord.
Database ondersteuning: Kat Kennistechnologie, Nils van der Meer.
Beeld binnenwerk: ANWB AVD, Baltikum Tourismus Zentrale, Brits Verkeersbureau, Bulgaars verkeersbureau, ECEAT, Michel Decleer,
Finnish Tourist Board, Hongaars Verkeersbureau, Luxemburgs Nationale Verkeersbureau, Oostenrijks Toeristenburo,
Pools Informatiebureau voor Toerisme, Roemeens Nationaal Bureau voor Toerisme Benelux, Paul Smit, Spaans Verkeersbureau, Margriet Spangenberg,
Stichting Saxifraga, Slovenian Tourist Board, Toerisme Vlaanderen/Brussel, Tjechisch Bureau voor Toerisme, Turks Verkeersbureau, Zwitserland Toerisme

Cartografie: Carto Studio bv.
Prepress: ANWB Media, Wim Lokers.

Aan de totstandkoming van deze gids werkten de volgende mensen van ECEAT mee:
Wouter Extercatte, Christel Groot, Menno Houtstra, Folkert Kraakman, Jan Kruijer, Kyra Kuitert, Jaap Raap, Peter Rietkerk, Esther Schasfoort,
Ilja Scholten, Ceciel Verheij, Milli Wouters.
Op locatie: Christina Albertson (SE), Victor Ananias (TK), Terhi Arell (FI), Lora Baleva (BG), Matthias Baerens (DE), Judit Cottely (HU),
Motti Essakow (UK), Severino Garcia (ES), Katka Gryndlerová (CZ), Peter Hoogstaden (IT), Agnese Jakovica (LT), Renata Kosi (SL),
Tomasz Kropiowski en Sebastian Wieczorek (PL), Mirjam Olsthoorn (PT), Sandra Wolgast (NO), Asnate Ziemele (LV en EE), Hajdu Zoltan (RO).

Hebt u suggesties of opmerkingen die ons kunnen helpen bij het verbeteren van de gids, dan kunt u deze zenden aan de redactie van de
ANWB Accommodatiegidsen:
ANWB Media/Redactie Boeken/JtG, Postbus 93200, 2509 BA Den Haag

Gaat het echter om opmerkingen over (de kwaliteit van) een accommodatie, dan verzoeken wij u vriendelijk een brief te zenden naar het
volgende adres:
ECEAT Nederland, Antwoordnummer 11236, 1000 PE Amsterdam

anwb.nl

Inhoud

Over de Groene Vakantiegids Europa

De Groene Vakantiegids Europa is een herziene uitgave die in nauwe samenwerking tussen de ANWB en ECEAT-Nederland tot stand is gekomen.

Wij – de ANWB en ECEAT – vinden het belangrijk dat er meer aandacht komt voor en aanbod van vakantieverblijven, waar rekening wordt gehouden met natuur en leefomgeving. Duurzaam en verantwoord toerisme is volgens ons noodzakelijk om ook in de toekomst te kunnen genieten van natuur en landschap in Europa.

Duurzaamheid streven wij ook na in de samenwerking. De logo's van de ANWB en ECEAT staan op en in deze uitgave gebroederlijk naast elkaar omdat we hopen dat we de komende jaren samen een rol kunnen vervullen in de promotie van het eco-agrotoerisme. Er op uit met twee toeristenclubs van diverse pluimage, natuurlijk op weg naar een heerlijke vakantie.

ANWB en ECEAT, een groene samenwerking

Over de ANWB

De Koninklijke Nederlandse Toeristenbond ANWB is de grootste en oudste Nederlandse organisatie op het gebied van recreatie en toerisme en verkeer en vervoer. Zij werd in 1883 opgericht als Nederlandsche Velocipedistenbond, welke naam in 1885 werd gewijzigd in Algemene Nederlandsche Wielrijdersbond. Sinds 1935 heet het de Koninklijke Nederlandsche Toeristenbond ANWB, die bekend staat als vereniging die het toerisme onder meer dient met informatie, advies en hulp onderweg en in het buitenland. In 1946 werd de Wegenwacht opgericht, een mobiel korps van technici belast met hulpverlening aan gestrande motorrijtuigen. Minder bekend, maar zeker niet minder belangrijk is de inzet van de ANWB voor de belangen van haar leden op het gebied van mobiliteit, verkeer, toerisme en recreatie. De ANWB draagt daarin ook graag haar steentje bij aan behoud en verbetering van de kwaliteit van het milieu, hetgeen ook is vastgelegd in de statuten.

Bij de keuze van hun bestemming laten vele vakantiegangers zich leiden door de aantrekkingskracht van de lokale cultuur, de natuur en het landschap. Volgens onderzoek blijkt dat 40% van de vakantiegangers bij de keuze van hun vakantieactiviteiten en accommodaties rekening houdt met natuur en milieu. In diverse vakantieoorden worden die aangetast of bedreigd door het toerisme en de daarmee samenhangende toeristische industrie. In de komende jaren wil de ANWB zich dan ook inspannen om de keuzemogelijkheden voor duurzame vakanties te vergroten. Dat houdt in dat er een beter

aanbod moet komen van reizen en vakantieverblijven die voldoen aan bepaalde milieu-eisen; hierbij spelen touroperators en accommodatiehouders een belangrijke rol. Deze gids past uitstekend in dit streven.

Over ECEAT

ECEAT, het Europees Centrum voor Eco en Agro Toerisme, is in 1993 opgericht als organisatie die zich inzet voor het bevorderen van natuur- en milieuvriendelijk toerisme. De bakermat van ECEAT ligt eigenlijk in Oost-Europa. Boeren in Polen, Tsjechië en Hongarije werden in het oprichtingsjaar door ECEAT bijgestaan bij het geschikt maken van hun bedrijf voor het ontvangen van vakantiegangers. Ook werden ze getraind in gastvriendelijkheid, milieuvriendelijk accommodatiebeheer en natuurbescherming. Nog in datzelfde jaar kwamen de eerste toeristen uit Nederland en België hun vakantie op deze boerderijen doorbrengen. Dat ECEAT juist in Oost-Europa is begonnen met zijn activiteiten, is geen toeval. In Oost-Europa hebben na de omwenteling in 1989 grote veranderingen in de landbouw plaatsgevonden. In Tsjechië, Hongarije, Roemenië en de Baltische staten werden de grote collectieve en staatsboerderijen geprivatiseerd en opgedeeld in vele kleine, inefficiënte percelen. In Polen en Slovenië was de landbouw nooit op grote schaal gecollectiviseerd. De honderdduizenden kleine boeren daar moesten na het invoeren van de vrije markteconomie gaan concurreren met hun West-Europese collega's, die subsidies van de Europese Unie ontvangen.

Het Oost-Europese platteland is nog steeds bezig zich aan te passen aan de nieuwe omstandigheden. Voor de natuur en het landschap levert dit zowel

kansen als bedreigingen op. Door het gebrek aan geld en de geringe grootte van de nieuwe, particuliere boerderijen is het gebruik van kunstmest en bestrijdingsmiddelen sterk gedaald. De flora en fauna die van de vroegere vervuiling te lijden hadden konden zich weer herstellen. Anderzijds staan veel boeren in Oost-Europa onder grote druk om de productie op te voeren naar West-Europees model, waardoor prachtige agrarische cultuurlandschappen verloren dreigen te gaan. Interessante natuur komt vooral voor op extensieve boerderijen en juist die kunnen het hoofd nauwelijks boven water houden. Het mozaïek van akkertjes, extensief gebruikte weilanden, houtwallen, bosjes, poelen en meanderende rivieren dreigt voor altijd te verdwijnen.

Op dit moment is ECEAT in 24 Europese landen actief. In de meeste van deze landen werkt een nationale coördinator die geschikte accommodaties selecteert, soms in samenwerking met een lokale

organisatie zoals BAAT (Bulgarian Association for Alternative Tourism) in Bulgarije of Accueil Paysan in Frankrijk.

Sinds zijn oprichting heeft ECEAT tienduizenden vakantiegangers laten kennismaken met prachtige enclaves van duurzaamheid, die overal op het platteland verscholen liggen. Accommodatiehouders die u in deze gids tegenkomt gebruiken milieuvriendelijke schoonmaakmiddelen, serveren biologisch voedsel en passen op hun bedrijf allerlei moderne technologieën toe om het milieu te ontzien. Ze werken nogal eens met alternatieve energiebronnen (bijvoorbeeld zonnepanelen), biologische waterzuiveringsmethoden en veel doen aan agrarisch natuurbeheer.

Alle accommodaties in deze gids zijn aangesloten bij ECEAT, dat dus ook verantwoordelijk is voor de selectie en de controle van de adressen. Het werk dat ECEAT voor deze Groene Vakantiegids Europa heeft verzet, is mede mogelijk gemaakt door financiële ondersteuning van de Europese Unie, en wel van het Directoraat-Generaal voor Milieuzaken.

Donateurs

ECEAT is een stichting zonder winstoogmerk. Omdat ECEAT aan uw vakantie niets verdient, is de stichting deels afhankelijk van subsidies en sponsorgelden. Bovendien wordt ECEAT financieel gesteund door zo'n kleine 1000 donateurs. Ook u kunt ons werk ondersteunen door donateur te worden (vanaf 20 Euro per jaar). U krijgt dan het kleurrijke magazine en 25% korting op onze gidsen. Met uw donatie geeft u biologische en traditionele boeren een belangrijk steuntje in de rug. Zo werkt u mee aan het behoud van waardevolle cultuur- en natuurlandschappen, die tegelijkertijd het onovertroffen decor van uw vakantie vormen. Flora en fauna varen hier wel bij en dit geldt ook voor de boerenzwaluw, tevens het logo van ECEAT. Deze sierlijke vogels nestelen op boerderijen in heel Europa. Bovendien zijn het trekvogels zonder weerga. Elk jaar vliegen ze in de herfst naar Afrika, om in de lente weer terug te keren op hun nesten in onze noordelijke streken. Eigenlijk zijn deze geweldige vliegers dus uiterst milieuvriendelijke boerderij-vakantiegangers!

Het donateursinformatiepakket kunt u telefonisch (020 668 10 30), schriftelijk (ECEAT, antwoordnummer 11236, 1000PE Amsterdam, postzegel niet nodig), via e-mail (klantenservice@eceat.nl) of via internet (www.eceat.nl) opvragen.

Duurzaam toerisme

Met deze uitgave stellen de ANWB en ECEAT zich ten doel duurzaam toerisme in het landelijk gebied in Europa te bevorderen. Het woord 'duurzaam' heeft hier een speciale betekenis en heeft betrekking op de manier waarop met eindige natuurlijke hulpbronnen en menselijk kapitaal wordt omgegaan. In concreto verstaat ECEAT bij het selecteren van de accommodaties het volgende onder duurzaam toerisme:

- de tijdsbesteding van de 'duurzame' vakantieganger of recreant is gericht op beleving van de natuurlijke omgeving en de specifieke schoonheid van een streek. De vakantieganger 'met een groen hart' mijdt activiteiten die schadelijk zijn voor de natuur, het landschap, het karakter van de streek en de leefomgeving;

- bij de ontwikkeling van toerisme speelt voorlichting over natuur en milieu aan ondernemers en vakantiegangers/recreanten een grote rol;

- de toeristisch-recreatieve ondernemer wil door het milieuvriendelijk beheren van zijn bedrijf een actieve bijdrage leveren aan de bescherming van de leef- en vakantieomgeving, de bescherming van natuur en landschap en de instandhouding of vergroting van de biologische diversiteit. Indien van toepassing draagt de ondernemer ook bij aan duurzaam landgebruik (biologische of andere zeer milieuvriendelijke vormen van landbouw);

- de som van de toeristische ontwikkelingen tast de natuur, het landschap en de unieke sfeer van een streek niet aan en draagt zelfs bij aan behoud van natuur, landschap en cultureel erfgoed. In concreto kan dit inhouden dat de ontwikkeling van het toerisme moet passen in een regionaal beleidsplan voor duurzaam toerisme dan wel een regionaal plan voor duurzame plattelandsontwikkeling;

- er worden zoveel mogelijk activiteiten ontwikkeld in samenwerking met de plaatselijke bevolking en de gegenereerde inkomsten komen ten goede aan zoveel mogelijk mensen in de lokale gemeenschappen;

- toeristische projecten houden rekening met de ecologisch verantwoorde 'carrying capacity' (draagkracht) van een streek, zijn kleinschalig en richten zich op een optimale spreiding van het toerisme, zowel geografisch als in tijd.

ECEAT is de enige internationale organisatie die gespecialiseerd is in het bevorderen van duurzaam plattelandstoerisme. De ANWB geeft deze waardevolle activiteit graag haar steun door mee te werken aan deze prachtige uitgave.

De ANWB en ECEAT hopen met deze Groene Vakantiegids Europa een bijdrage te kunnen leveren aan een beter plattelandsmilieu, duurzaam landgebruik en behoud van waardevolle cultuur- en natuurlijke landschappen.

Eco-agrotoerisme

Biologische (ofwel ecologische) landbouw kan voor veel Oost-, maar ook West-Europese boeren uitkomst bieden. Kleinschalig toerisme op de boerderij biedt biologische en traditionele boeren en andere houders van kleinschalige accommodaties een extra bron van inkomsten. Hierdoor worden zij in staat gesteld prachtige natuur- en cultuurlandschappen te helpen behouden.

Ook is de flora en fauna op biologische boerderijen veel rijker en gevarieerder dan die op gangbare bedrijven, waar kunstmest en bestrijdingsmiddelen worden gebruikt.

Op het onbespoten land komen maar liefst vijf keer zoveel planten voor en bijna 60% meer soorten. Zelfs bedreigde wilde planten werden in de akkers tussen de aardappelen en het graan gesignaleerd. Ook het aantal vogels is anderhalf maal zo groot.

FOTO: FINNISH TOURIST BOARD

Het aanbod in deze gids

De Groene Vakantiegids Europa biedt u een selectie van een kleine duizend vakantieadressen op het Europese platteland, die u op eigen gelegenheid kunt bezoeken. Met deze gids kunt u uw vakantie onder andere doorbrengen op boerderijen waar op kleinschalige en milieuvriendelijke wijze het land wordt bewerkt. Meestal zijn dat biologische of traditionele bedrijven, waar geen kunstmest en bestrijdingsmiddelen worden gebruikt en het welzijn van de dieren hoog in het vaandel geschreven staat.

Dikwijls kunt u er kamperen (soms ook met een caravan of een camper), vaak ook logeren.

U kunt met deze gids eveneens terecht in kleine, milieuvriendelijk beheerde pensions op het platteland, vaak bij mensen in huis, in vakantiehuisjes en op kleine kampeerterreinen.

De accommodaties in deze gids worden met zorg geselecteerd en gecontroleerd en voldoen aan een aantal minimale eisen met betrekking tot de sanitaire voorzieningen. Belangrijk bij de selectie is verder de milieuvriendelijkheid van de accommodatie. Van de eigenaren wordt een actieve en betrokken opstelling verwacht met betrekking tot milieuzorg en natuurbescherming.

Houdt u er rekening mee dat het nogal eens gaat om boerderijen, waar toerisme een neven-activiteit is. Het gaat meestal niet om gespe-cialiseerde toeristische ondernemingen, waar fulltime-medewerkers in dienst zijn om het de vakantieganger naar de zin te maken.

Vaak hebben de eigenaren veel werk te doen rond de boerderij en op het land, zodat weinig tijd overblijft voor het verbeteren van de voorzie-ningen of het opvangen van de gasten. En ook al ontbreekt het zeker niet aan goede wil en inzet, vaak zijn de eigenaren (nog) geen echte profes-sionals op het gebied van toerisme. Ook gaat het niet alle in deze gids opgenomen boeren in economisch opzicht voor de wind, waardoor er soms weinig geld is. Het onderdak en de voor-zieningen zijn soms dan ook sober (dit geldt met name voor Oost-Europa) en in een heel enkel geval kan de kwaliteit van het gebodene onvol-doende zijn. Het beste is om uw gastheren op rustige en vriendelijke toon uit te leggen wat vol-gens u voor verbetering vatbaar is. U zult soms versteld staan van de bereidwilligheid die uw gastheren dan tentoonspreiden.

FOTO: SLOVENIAN TOURIST BOARD, B. KLADNIK

Wij stellen uw oordeel op prijs

Hoewel alle in deze gids vermelde bedrijven re-gelmatig worden bezocht, blijft het interessant te weten wat ú ervan vindt. Daarom stellen we uw feedback op prijs. Op de website van www.eceat.nl vindt u een vragenlijst die u kunt invullen en opstu-ren. Uiteraard gaat het daarbij niet alleen om slecht nieuws, ook positieve berichten over het door u be-zochte bedrijf zijn welkom.

Foto's van accommodaties worden ook zeer op prijs gesteld. U kunt geschikte foto's sturen aan ECEAT, antwoordnummer 11236, 1000 PE Amsterdam (post-zegel niet nodig) of naar klantenservice@eceat.nl

Waar het milieu op de voorgrond staat ...

... staat u in het middelpunt.

Eindelijk vakantie: bijkomen van de dagelijkse beslommeringen. Liefst in een boeiende omgeving. Met lekker en gezond eten en drinken.

Europa kent tal van duurzame vakantiebestemmingen: aan zee, in de bergen en op het platteland. Daar gaat de zorg voor u hand in hand met de zorg voor de omgeving. Daar gaat het om kwaliteit. De VISIT-keurmerken waarborgen die kwaliteit. Zij laten u zien waar het milieu op de voorgrond staat.

www.yourvisit.info
makes the difference

Groene Arrangementen van ECEAT

Ongerepte natuur, heerlijk eten van biologische kwaliteit, comfortabel overnachten op landelijke locaties...
Via onze Groene Arrangementen kunt u kennismaken met het échte landleven. Lekker wandelen of fietsen langs velden en bossen, een kijkje nemen op een biologisch bedrijf, de sfeer proeven van het platteland. Dat is pas zuiver genieten!

Oude ambachtenarrangement in Winterswijk

Tijdens een wandeling door een prachtig natuurgebied bezoekt u een klompenmaker en een imkerij. Overnachting in een bungalowpark of camping met Milieubarometer. Inclusief verrassingspakket met streekproducten.

Verwenarrangement op Landgoed Ehzerwold

Verblijf op dit fraaie landgoed is inclusief een fietstocht, een uitgezette wandeling, bezoek aan een kaasboerderij en een kennismakingspakket met producten van Weleda.

Natuurarrangement op landgoed Zelle

Overnachten op het landgoed in een voormalige boerderij of vakantiewoning. U maakt u een natuurwandeling met een persoonlijke IVN-gids. Bij aankomst krijgt u een welkomstmand met heerlijke biologische producten.

www.groene-arrangementen.nl

Natuurbescherming in Europa

De Europese Unie is bij velen vooral bekend door de marathonvergaderingen van de ministers van de aangesloten landen, de gemeenschappelijke landbouwpolitiek en de euro. Veel minder bekend is dat de Europese Unie in de vorm van een pan-Europees netwerk een uiterst belangrijke bijdrage levert aan natuurbehoud en -bescherming, genaamd NATURA 2000.

Met een oppervlakte van 3,9 miljoen km² en een inwonertal van 740 miljoen inwoners beslaan de 25 lidstaten van de unie een groot deel van het Europees grondgebied. Hier komen maar liefst 150 soorten zoogdieren, 520 soorten vogels, 180 soorten reptielen en amfibieën, 150 vissoorten, 10.000 plantensoorten en minstens 100.000 ongewervelden voor.

Veel mensen weten niet dat het met de natuur in Europa niet goed gaat.

Niet alleen uitheemse dieren als de orang-oetang of de Siberische tijger, maar ook 'onze eigen' dieren worden bedreigd. In Nederland raken er op het IJsselmeer jaarlijks tienduizenden overwinterende duikeenden verstrikt in visnetten. In heel Europa lopen de populaties van talrijke diersoorten nog steeds in een alarmerend tempo terug. Zeedieren, zoals monniksrobben en zeeschildpadden die te lijden hebben onder vervuiling en intensieve visserij, behoren tot de meest kwetsbare soorten, maar ook een algemeen voorkomende vogel als de veldleeuwerik heeft het steeds moeilijker. Wel is de otter met succes opnieuw uitgezet.

De achteruitgang van talrijke planten en dieren is vóór alles het gevolg van de afname van de voor de

overleving van deze soorten belangrijkste natuurlijke habitats. Sinds het begin van deze eeuw is 75% van de duinen in Frankrijk, Italië en Spanje verdwenen. Voor heidegronden, steppen en veengronden blijft nauwelijks nog plaats over en door mens en natuur geschapen oude agrarische cultuurlandschappen verdwijnen samen met de traditionele landbouw. Complete ecosystemen, in de vorm van natuurlijke en cultuurlandschappen, verdwijnen. Hiermee gaat ook een deel van ons erfgoed verloren.

With the support of the European Commission

De totstandkoming van het Europese netwerk van beschermde natuurgebieden NATURA 2000 is gebaseerd op de Vogelrichtlijn (1979) en de Habitatrichtlijn (1992). Volgens de Vogelrichtlijn moeten de lidstaten speciale beschermingszones voor (trek)vogels aanwijzen. Hier mag alleen een nieuwe activiteit plaatsvinden indien is bewezen dat deze geen kwalijke gevolgen voor het gebied en de op het gebied aangewezen vogels heeft of wanneer de activiteit in kwestie van groot openbaar belang wordt verklaard. Nederland heeft inmiddels meer dan 70 van zulke gebieden aangewezen (zoals het Gooimeer, het IJmeer, de Oosterschelde, de Grote Peel en de Nieuwkoopse Plassen). Gezamenlijk omvatten deze meer dan 24% van het Nederlandse territorium. Na aanvankelijk een aantal keren door de Europese Unie op de vingers te zijn getikt wegens het trage verloop van de aanwijzing van nieuwe gebieden loopt Nederland nu samen met België en Denemarken voorop in Europa. Frankrijk heeft nog maar 1,5% van haar territorium aangewezen als speciale beschermingszone en is daarmee de hekkensluiter.

Tot nu toe hebben de lidstaten in de Europese Unie meer dan 15.000 gebieden met een totale oppervlakte van meer dan 420.000 km² (vijftien procent van het grondgebied van de EU) voorgesteld als Natura 2000-gebied.

Naast de Vogelrichtlijngebieden omvat het netwerk NATURA 2000 in overeenstemming met de Habitatrichtlijn ook habitats (leefomgevingen voor dieren en plantensoorten) van communautair belang. Deze

FOTO: FINNISH TOURIST BOARD, FRANCO FIGARI

FOTO: ST/SWISS-IMAGE.CH

FOTO: FINNISH TOURIST BOARD

kunnen variëren van schorren in het Atlantische kustgebied tot larikswouden in de Alpen. De afzonderlijke lidstaten moeten deze voor het jaar 2004 aanwijzen. Denemarken en Griekenland hebben op dit moment (in oppervlakte gemeten) de meeste gebieden aangewezen.

Een aantal ernstig bedreigde habitats (onder andere zeegrasvelden, lagunes, ooibossen) en soorten (onder andere de monniksrob, de veelvraat) kunnen rekenen op extra beschermingsmaatregelen.

De ANWB en ECEAT ondersteunen het idee van een Europees netwerk van natuurgebieden van harte. Vergeleken met de aandacht die er traditioneel van overheidswege bestaat voor de 'grijze infrastructuur' (verkeer en vervoer) wordt het belang van een 'groene infrastructuur' (natuurgebieden en natuurlijke verbindingszones) nog steeds niet in voldoende mate ingezien. Zo'n 'groene infrastructuur' is er niet alleen voor de natuur, maar ook voor recreanten en vakantiegangers die op zoek zijn naar rust en ruimte. Niemand kijkt ervan op dat de regering in de komende jaren bijna een half miljard investeert in het Rijksmuseum, waar een belangrijk deel van ons cultureel erfgoed wordt bewaard. Onze natuur en onze cultuurlandschappen, met al de daarin levende planten en dieren, vormen een levend en onvervangbaar deel van ons erfgoed en verdienen dezelfde aandacht.

Volgens de EU, de ANWB en ECEAT kan goed gedoseerd, natuurvriendelijk toerisme ('duurzaam toerisme') helpen het draagvlak bij de plaatselijke bevolking voor natuurbescherming en dus voor het NATURA 2000-netwerk te vergroten. Natuurbescherming houdt immers ook in dat aan bepaalde economische activiteiten (zoals houtkap, jacht, vis-

serij, landbouw, maar ook toerisme) bepaalde beperkingen worden opgelegd. Duurzaam toerisme kan dan een alternatieve inkomstenbron worden. In het Italiaanse nationaal park Abruzzo bijvoorbeeld schept natuurschoon werk. De werkgelegenheid ligt er beduidend hoger dan in vergelijkbare gebieden zonder nationaal park. De dorpen blijven levendig omdat de mensen een bestaan kunnen vinden in het toerisme. Ook van de accommodaties die in deze gids beschreven worden, bevinden vele zich in of nabij beschermde natuurgebieden.

De activiteiten van ECEAT worden financieel ondersteund door het Directoraat-Generaal (DG XI) voor Milieuzaken van de Europese Unie. Deze gids kon dus mede dankzij de Europese Unie worden uitgegeven.

Voor meer informatie over de EU, het Directoraat-Generaal voor Milieuzaken en het natuurbeschermingsbeleid kunt u terecht op het internet:
www.europa.eu.int/comm/environment

Kijk op www.yourvisit.info voor een vakantie waar u én het milieu op de voorgrond staan!

FOTO: BALTIKUM TOURISMUS ZENTRALE, WWW.BALTIKUMINFO.DE

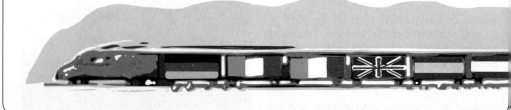

Hoe werkt deze gids?

Zoeken op plaats
Achter in de gids is een alfabetisch plaatsnamen-register opgenomen.

Zoeken op kaart
Na de inleiding volgen per land de overzichtskaarten. Bij elke kaart staat een verwijzing naar de bladzijden waarop de beschrijvingen beginnen van de accommodaties die zich in dat gebied bevinden. De plaatsen staan per deelkaart in alfabetische volgorde. Bovenaan de pagina's met beschrijvingen staan de deelkaarten vermeld waarop de betreffende accommodaties voorkomen, zodat u deze altijd weer op de kaart terug kunt vinden.

Zoeken op thema
Tevens is achterin de gids een aantal themaregisters opgenomen. Per land zijn zo de accommodaties gerangschikt die bijvoorbeeld voorzieningen hebben voor gehandicapten of waar honden welkom zijn.

Legenda

▲	**Montagut**	plaats met één of meer kampeerterreinen
▼	**Caudiel**	plaats met één of meer overnachtingsadressen
▼	**Espot**	plaats met zowel kampeer- als overnachtingsadressen
🌳	**Orléans**	grote plaats, opgenomen ter oriëntatie
○	**Chartres**	kleine plaats, opgenomen ter oriëntatie
	PN del Circeo	nationaal park

ECOlonie

Voor wie een inspirerende vakantie wil,

www.ecolonie.org

voor uitgebreide informatie zie pagina 416

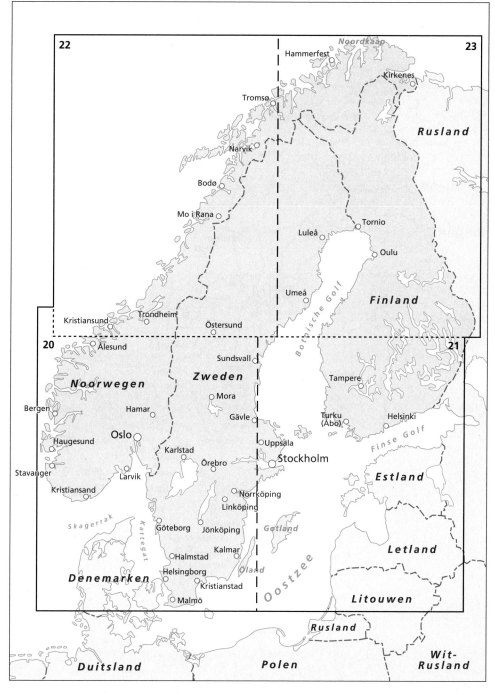

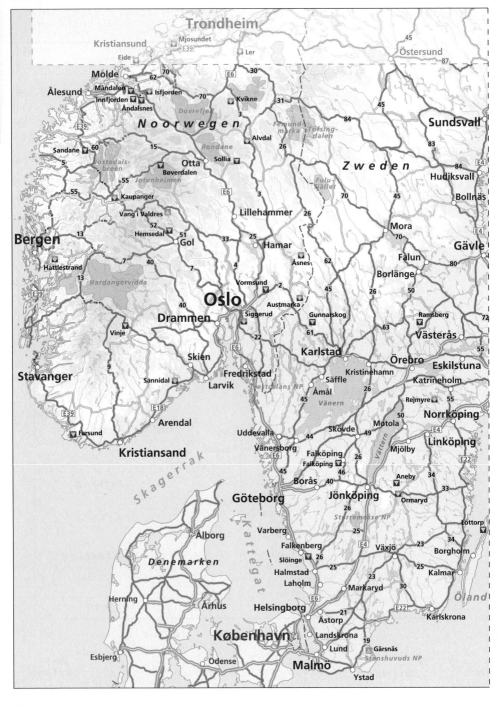

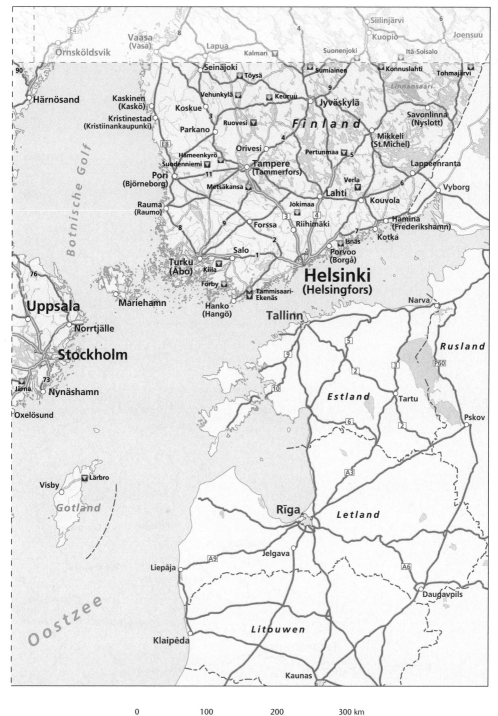

N
S
FIN

Tromsø

Harstad

Narvik

E6

Bodø

Stora Sjöfallet &
Sareks NP

Saltfjellet
Svartisen

77

Mo i Rana

Saura

95

Ammarnäs

Atlantische Oceaan

E12   45

Borgefjellet

Storuman

Salsbruket

Jøa

Vilhelmina

365

17   760

90

Snåsa

92

Åsele

Strömsund

Trondheim

45

Kristiansund   Mjosundet

E39

Ler

Eide

Östersund

87

0   100   200   300 km

ACCOMMODATIES VANAF PAGINA 120

EST
LV
LT

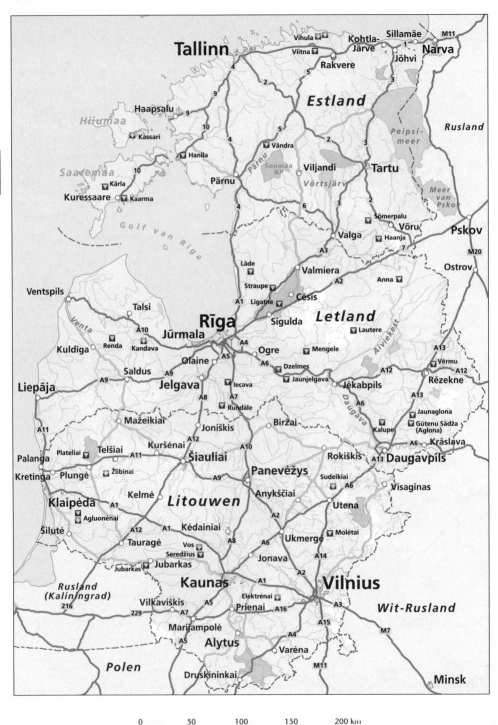

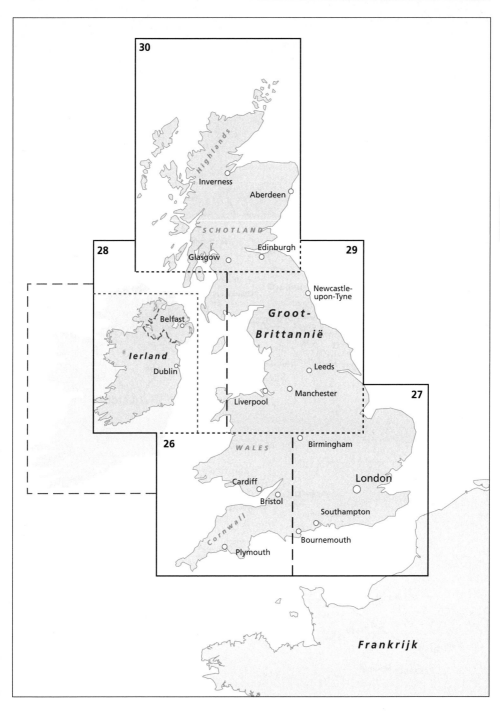

GB
IRL

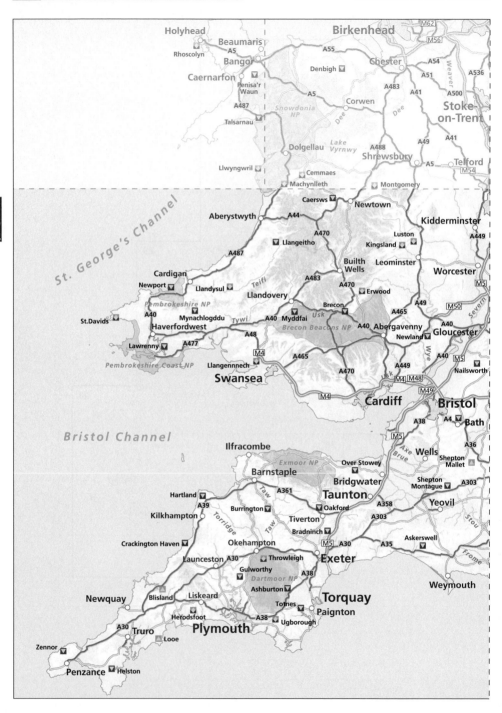

0   40   80   120 km

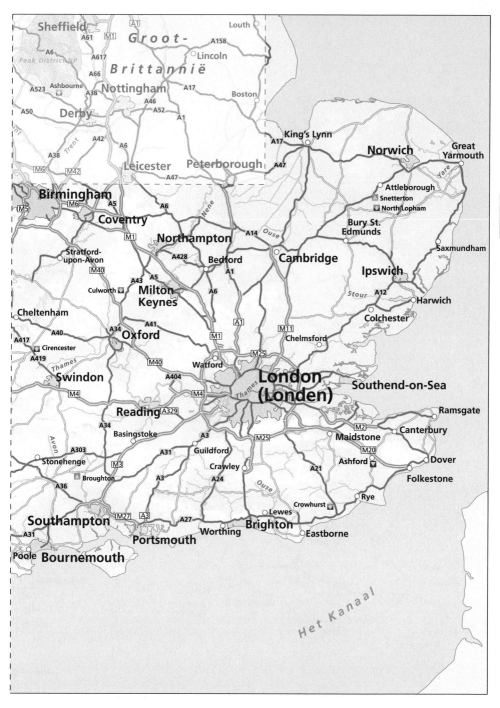

GB
IRL

0   40   80   120 km

ACCOMMODATIES VANAF PAGINA 185

GB
IRL

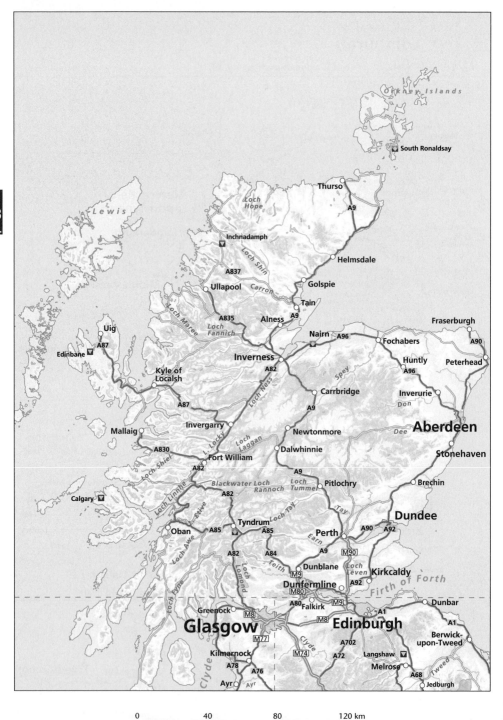

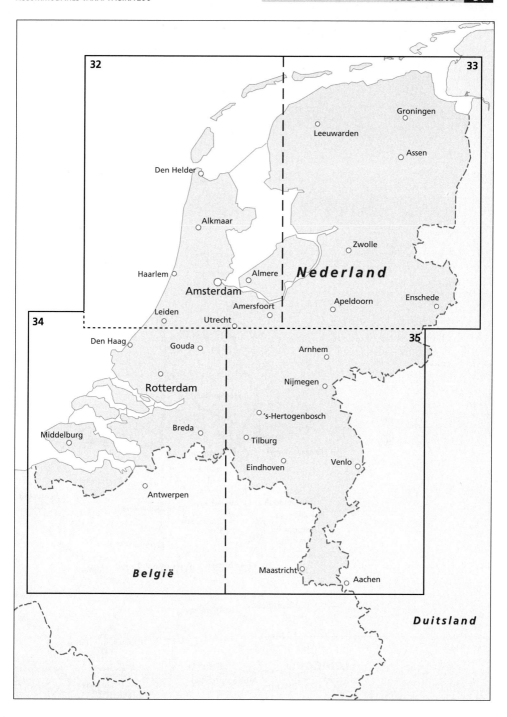

NL

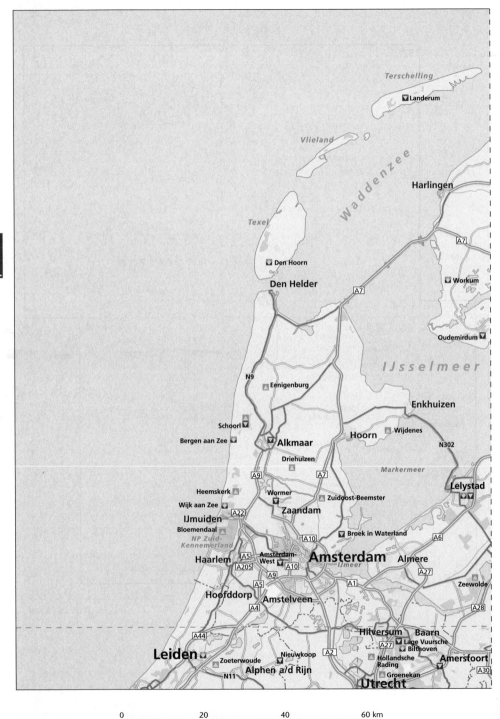

0   20   40   60 km

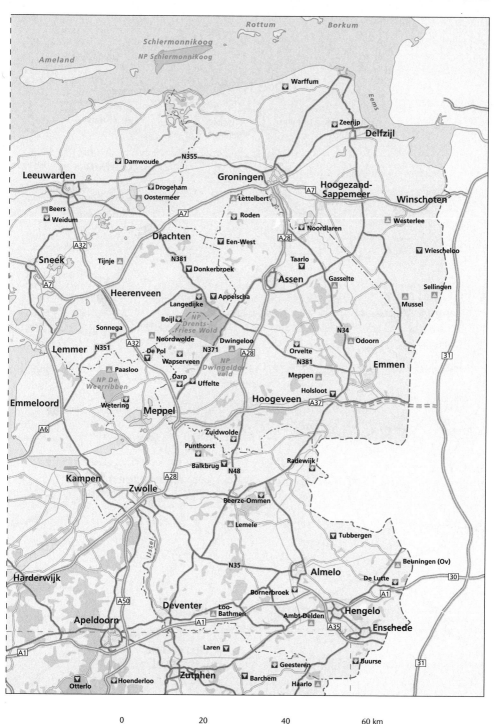

NL

0   20   40   60 km

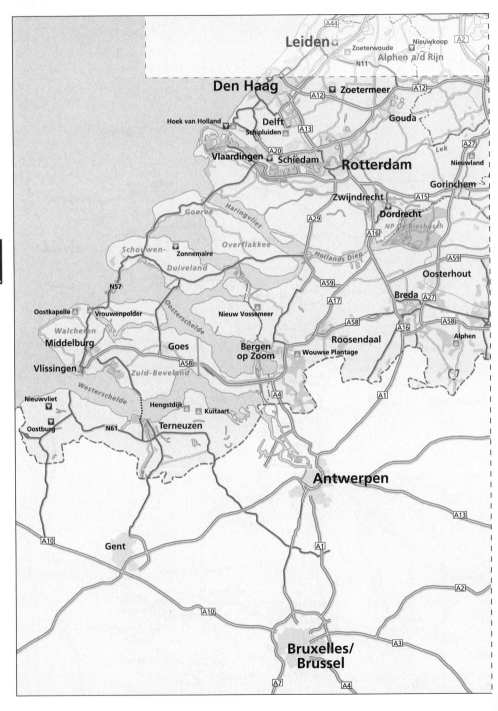

NL

Leiden · Zoeterwoude · Nieuwkoop · A2 · Alphen a/d Rijn · A44 · N11

Den Haag · Zoetermeer · A12 · A12

Hoek van Holland · Delft · Schipluiden · Gouda · A13

Vlaardingen · Schiedam · Rotterdam · Lek · A27 · Nieuwland

A20 · Zwijndrecht · Gorinchem · A15

Goeree · Haringvliet · Dordrecht · NP De Biesbosch · A29 · A16

Schouwen- · Zonnemaire · Overflakkee · Hollands Diep · A59 · Oosterhout

Duiveland · N57 · A59 · A17 · Breda · A27

Oostkapelle · Vrouwenpolder · Oosterschelde · Nieuw Vossemeer · A58 · A16 · A58 · Alphen

Walcheren · Middelburg · Goes · Bergen op Zoom · Roosendaal · Wouwse Plantage

Vlissingen · A58 · Zuid-Beveland · Westerschelde

Nieuwvliet · Hengstdijk · Kuitaart · A4 · A1

Oostburg · N61 · Terneuzen

Antwerpen · A13

A10 · Gent · A1

A2

Bruxelles/ Brussel · A3

A7 · A4

0   20   40   60 km

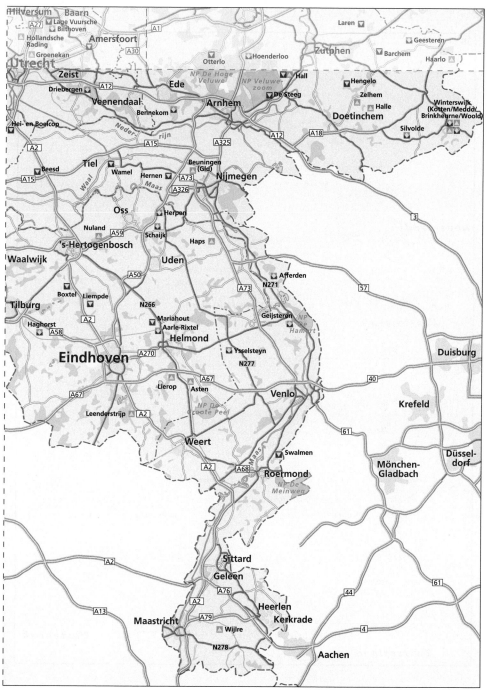

0   20   40   60 km

ACCOMMODATIES VANAF PAGINA 272

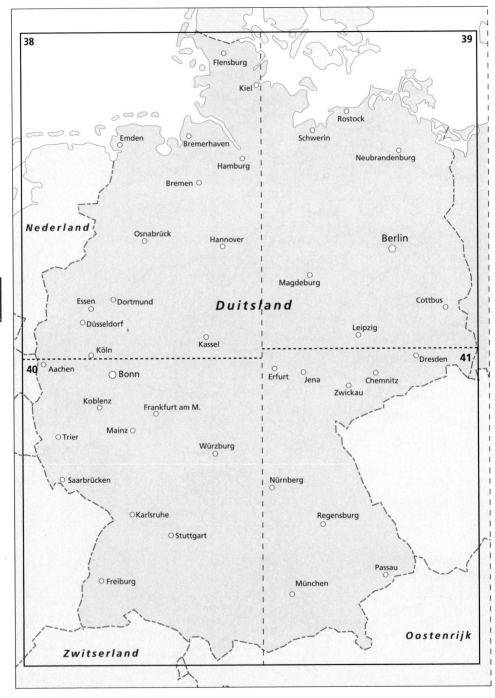

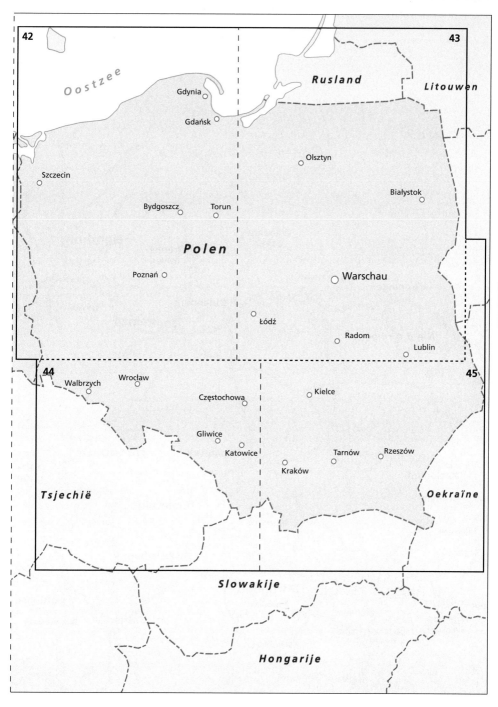

42

O o s t z e e

Gdynia

Gdańsk

Rusland

Litouwen

Olsztyn

Szczecin

Białystok

Bydgoszcz   Torun

Polen

Poznań

Warschau

Łódź

Radom

Lublin

43

44

Walbrzych   Wrocław

Częstochowa

Kielce

Gliwice

Katowice

Tarnów   Rzeszów

Kraków

Tsjechië

Oekraïne

45

Slowakije

Hongarije

D
PL

ACCOMMODATIES VANAF PAGINA 272

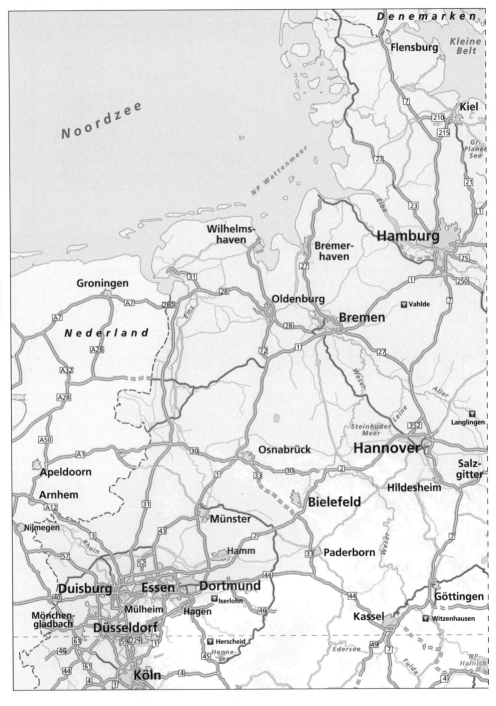

D
PL

0   50   100   150 km

Oostzee

Grömitz-Cismar

Rostock

75 Neuenhagen

Wangelkow

Lübeck 20

Ratzeburger See

6

Sehaal See

Schwerin

Kummerower See

Malchiner See

Krakower See

Groß Gievitz

24

241

Kolpinsee

NP Müritz

Plauer See

Tollense See

19

Müritz

A6 Szczecin

Zempow

Templin

NP Odertal

11 Oder

Polen

24

D u i t s l a n d

10 111

10 Berlin

Havel

Wolfsburg

10 115

39

Potsdam

Spree 12

Braunschweig

2

Magdeburg

13 *Spree*

395

9

Elbe

71

15 Cottbus

NP Harz

14 Dessau

NP Hochharz

Saale

2 14

Halle Leipzig

13 4

Neiße

9

Saale

Dresden

Erfurt Jena

NP Sächsische Schweiz

Dresden-Gohlis

D
PL

0   50   100   150 km

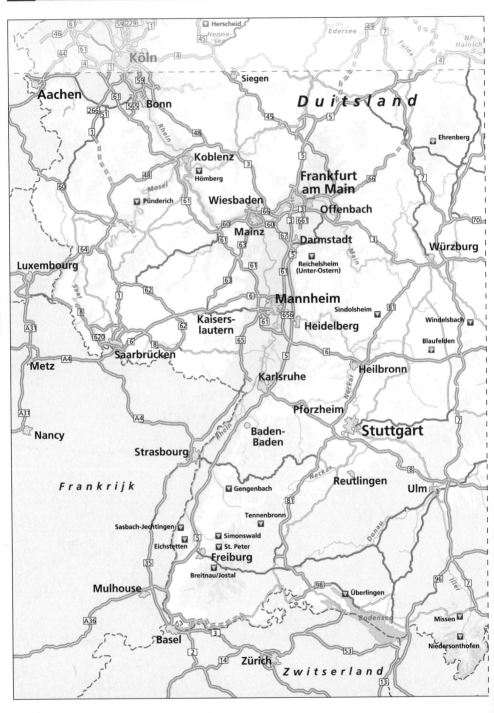

0   50   100   150 km

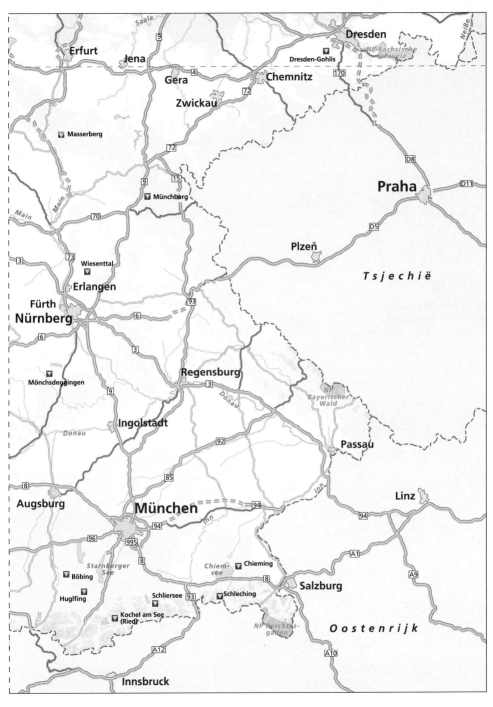

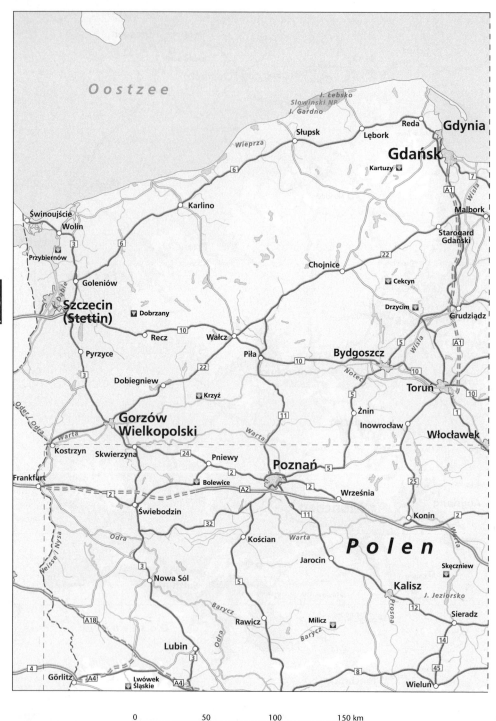

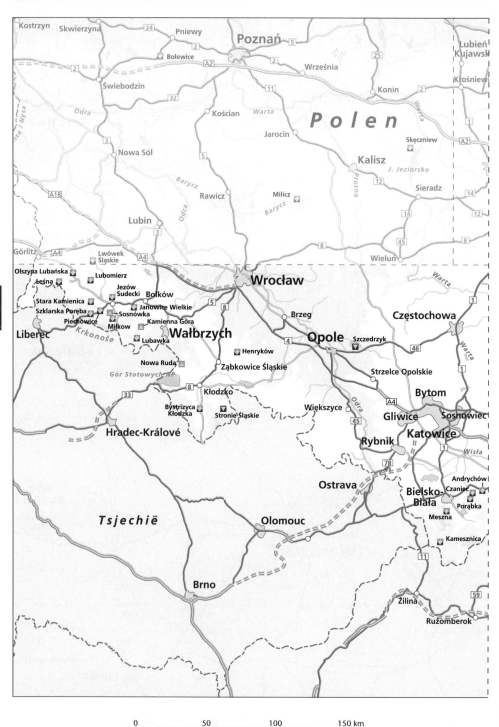

0   50   100   150 km

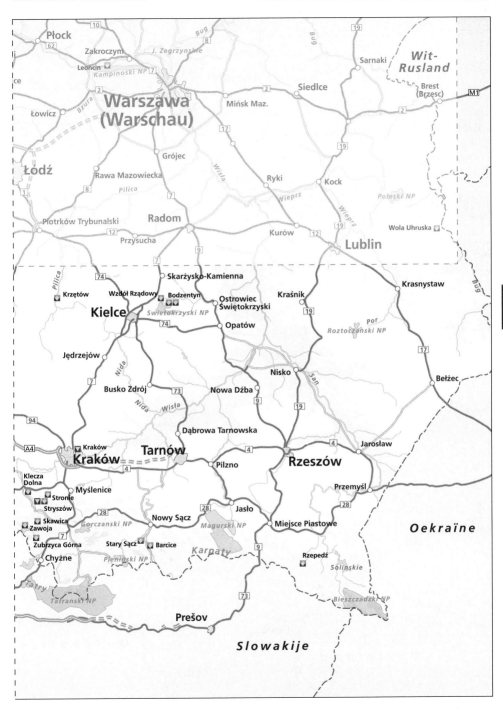

0   50   100   150 km

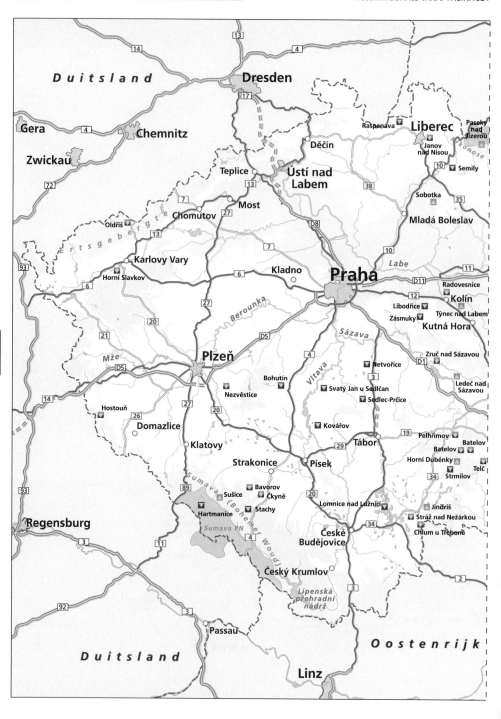

CZ

0   40   80   120 km

CZ

0   40   80   120 km

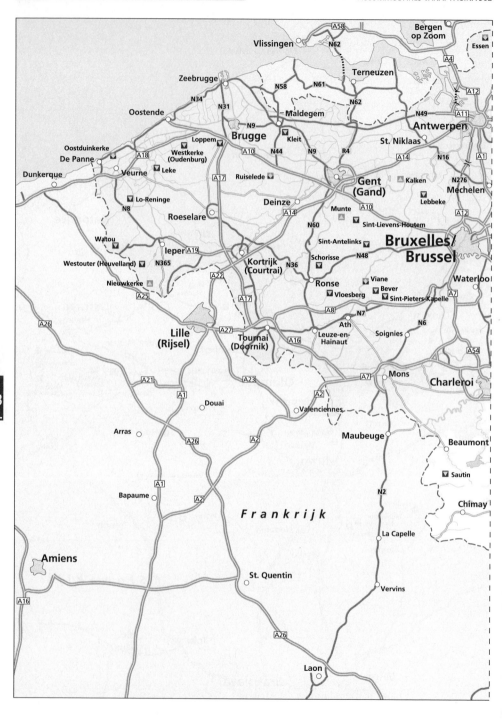

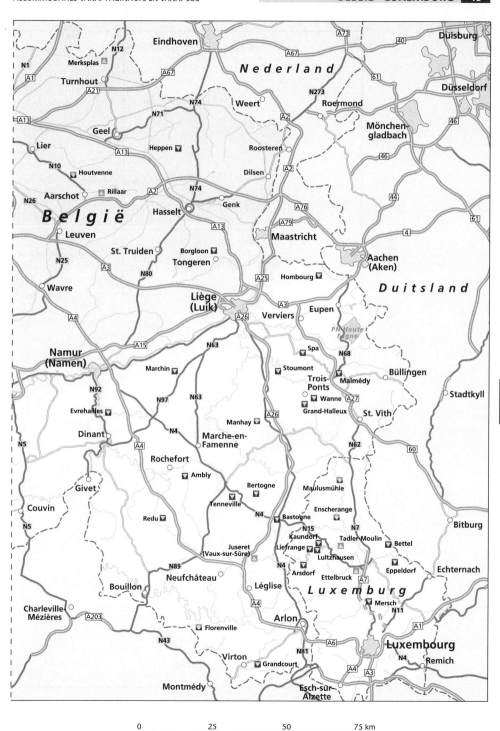

0   25   50   75 km

F

52

Groot-Brittannië

Het Kanaal

Rouen

Caen

Quimper

Rennes

le Mans

Atlantische

Oceaan

Angers

Tours

Nantes

55 **56**

Poitiers

la Rochelle

Angoulême

Périgueux

Bordeaux

Bastia

Corsica

Ajaccio

Pau

Tarbes

Spanje

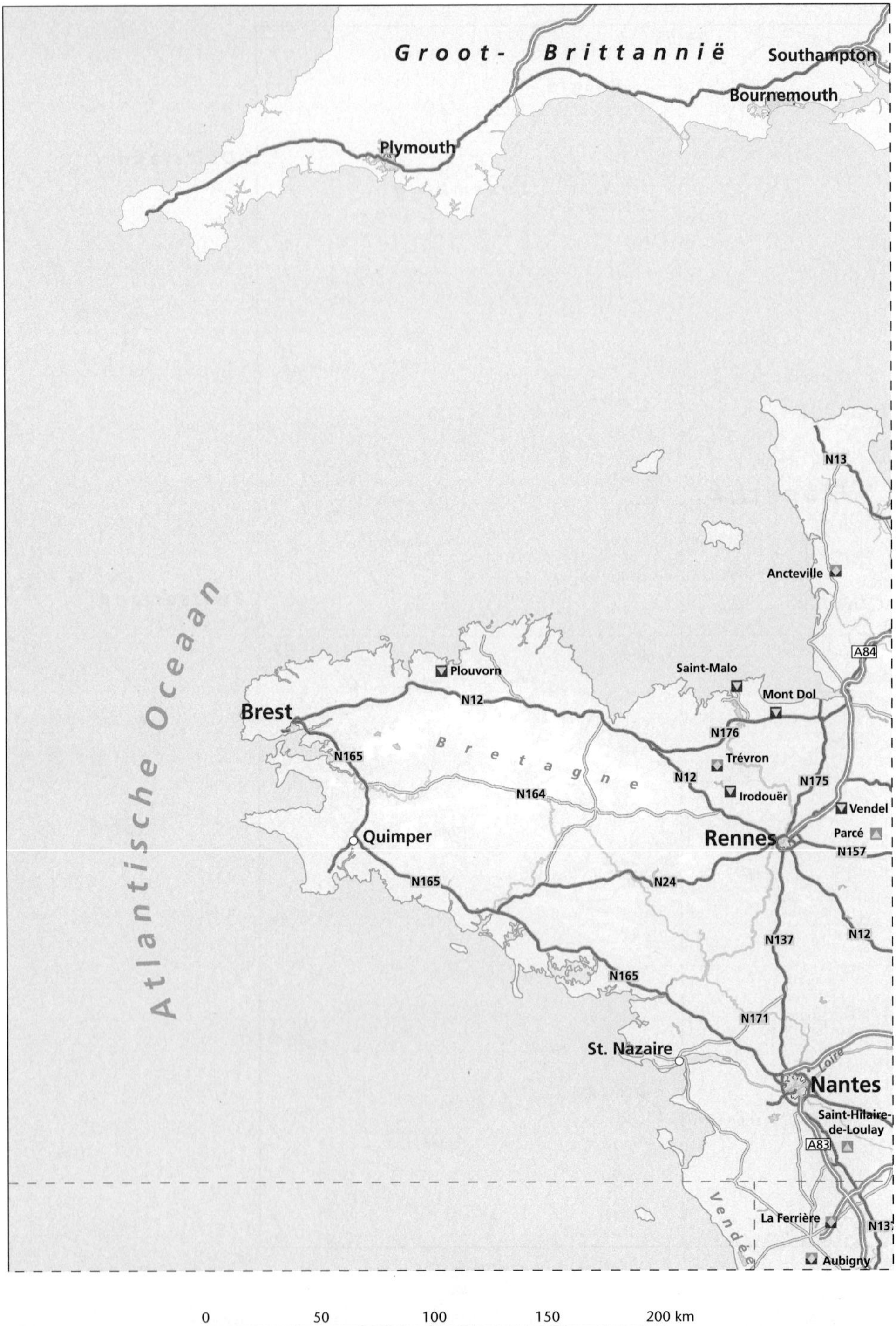
Groot- Brittannië
Southampton
Bournemouth
Plymouth
Atlantische Oceaan
N13
Ancteville
A84
Plouvorn
Saint-Malo
Mont Dol
Brest
N12
N176
N165
Bretagne
Trévron
N12
N175
N164
Irodouër
Vendel
Quimper
Rennes
Parcé
N157
N165
N24
N12
N137
N165
N171
St. Nazaire
Loire
Nantes
Saint-Hilaire-de-Loulay
A83
Vendée
La Ferrière
Aubigny
0
50
100
150
200 km

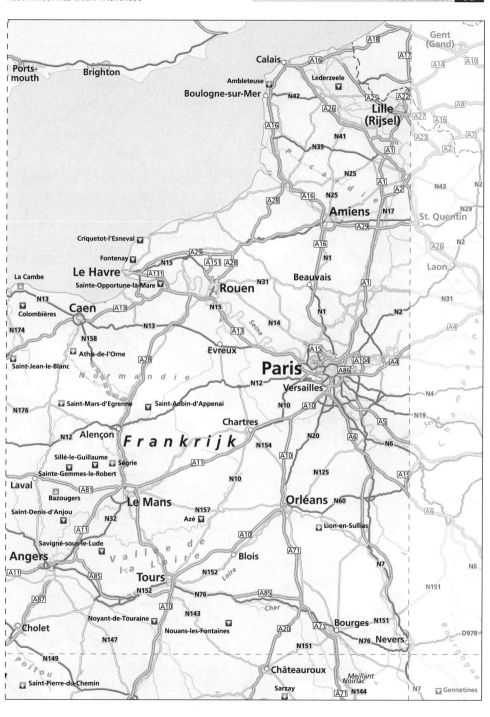

F

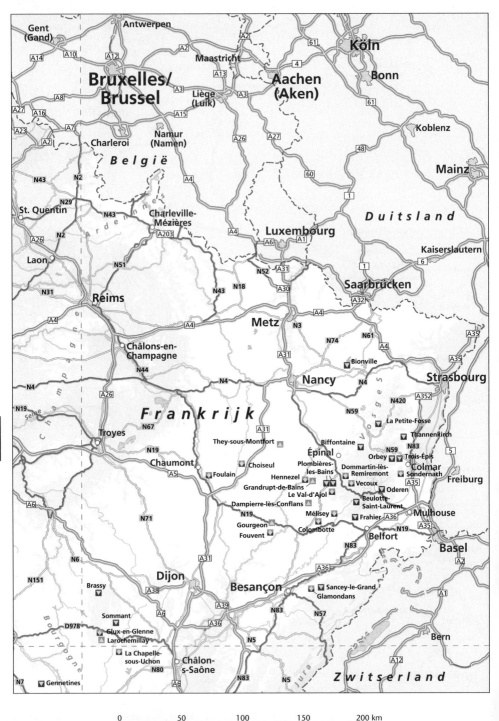

0   50   100   150   200 km

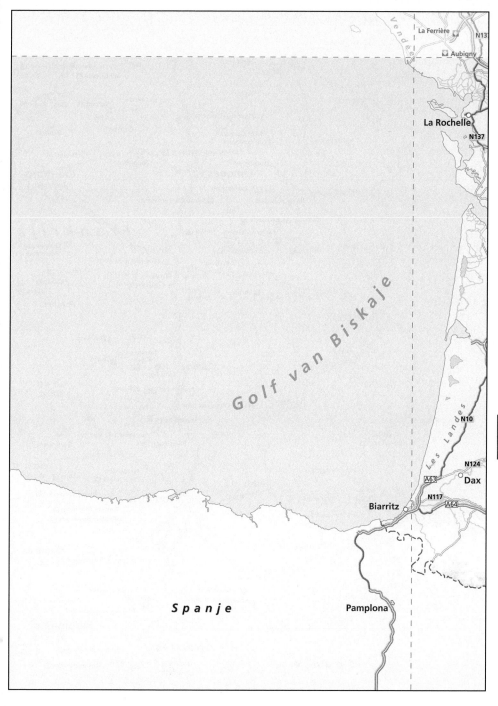

La Ferrière

Aubigny

N13

La Rochelle

N137

Golf van Biskaje

Les Landes

N10

N124

A63

Dax

N117

A64

Biarritz

S p a n j e

Pamplona

F

0   50   100   150   200 km

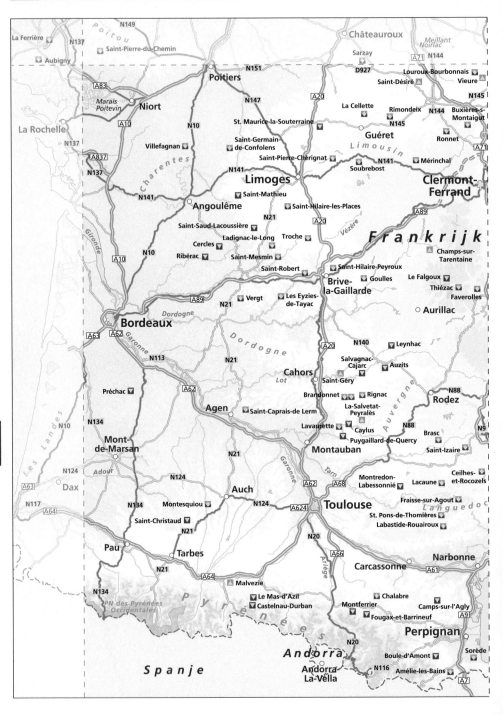

F

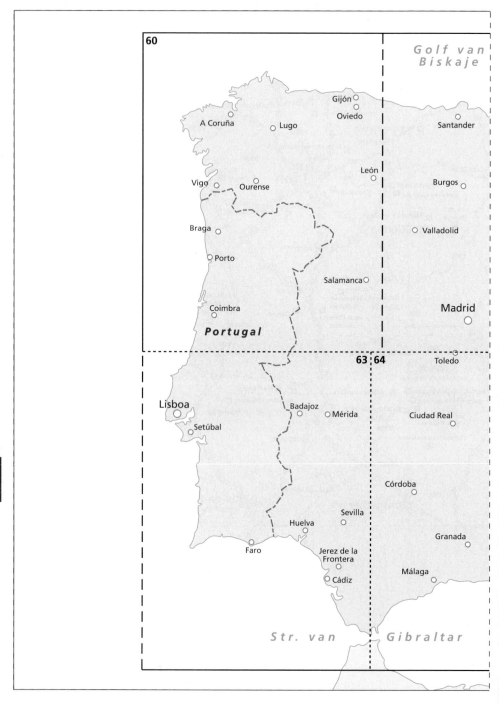

ES
P

ACCOMMODATIES VANAF PAGINA 480 EN VANAF 520

ES
P

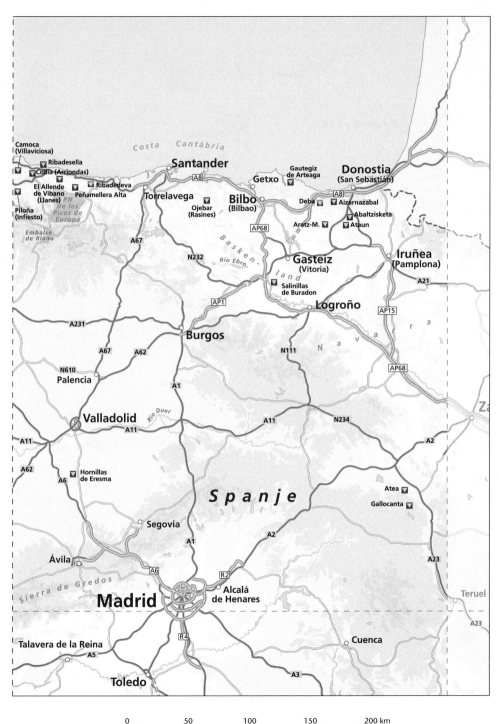

ES
P

Camoca
(Villaviciosa)
Ribadesella
Collia (Arriondas)
El Allende
de Vibano   Ribadedeva
(Llanes)   Peñamellera Alta
Piloña   PN
(Infiesto)   de los
Picos de
Europa

Costa   Cantábria

Santander

Torrelavega

Ojebar
(Rasines)

Bilbo
(Bilbao)

Getxo

Gautegiz
de Arteaga

Deba

Aratz-M.

Donostia
(San Sebastián)

Aizarnazabal

Abaltzisketa
Ataun

A8

A8

AP68

Basken-

land

Embalse
de Riaño

A67

N232   Río Ebro

Gasteiz
(Vitoria)

Salinillas
de Buradon

Iruñea
(Pamplona)

A21

AP1

Logroño

AP15

A231

Burgos

N111

N   a   v   a   r   r   a

N610

A67   A62

Palencia

A1

AP68

Valladolid

Río Duero

A11

A11

N234

A11

A2

A62

Za

A6

Hornillas
de Eresma

S p a n j e

Atea

Gallocanta

Segovia

A1

A2

A23

Ávila

A6

Teruel

Sierra de Gredos

Madrid

R2

Alcalá
de Henares

A23

Talavera de la Reina

R4

Cuenca

A5

Toledo

A3

0   50   100   150   200 km

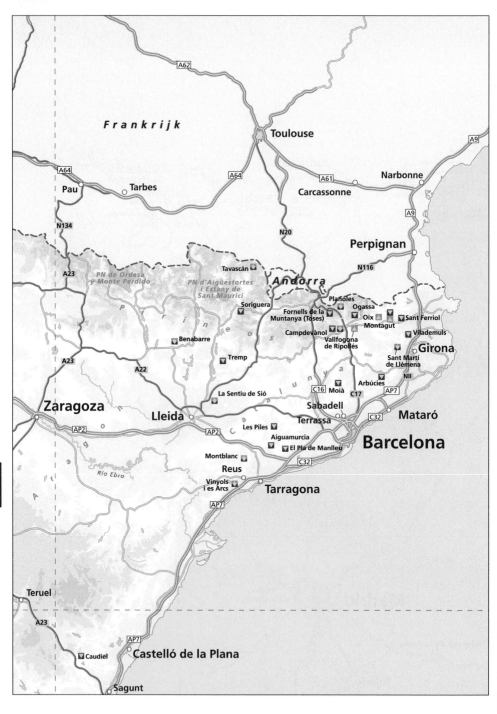

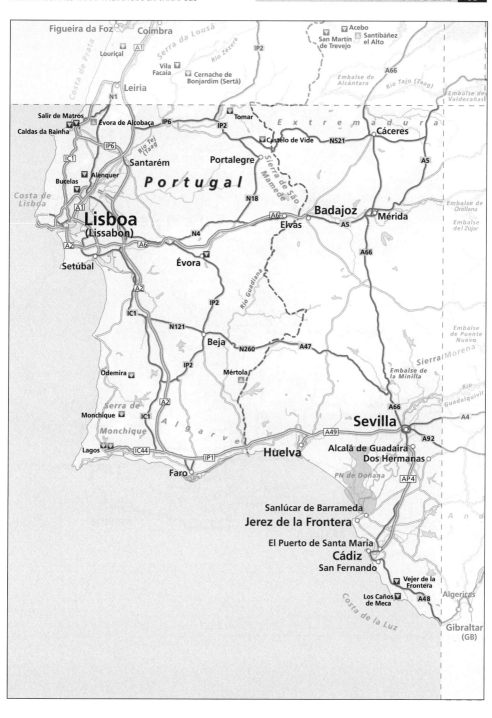

0   50   100   150   200 km

ES P

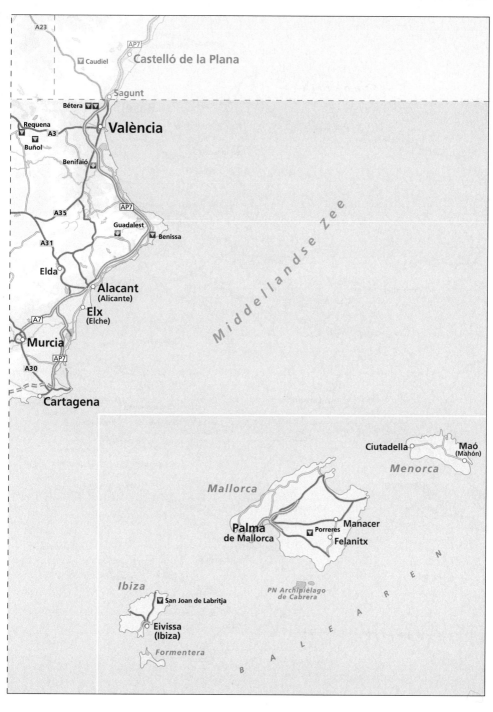

0   50   100   150   200 km

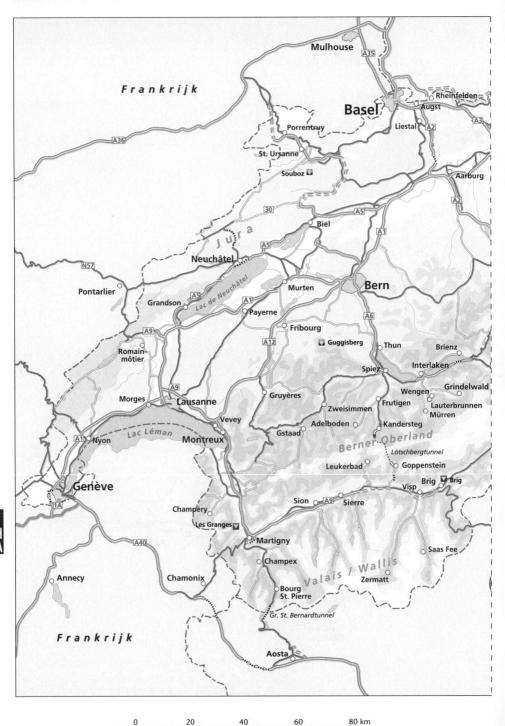

CH
A

CH
A

0   20   40   60   80 km

CHA

CH
A

0   50   100   150 km

ACCOMMODATIES VANAF PAGINA 556

Polen

Tsjechië

Slowakije

Oekraïne

Wien
(Wenen)

Bratislava

Kisvárda

Miskolc

Nyíregyháza

Kozárd

Eger

Mezőkövesd

Hajdúböszörmény

Gyöngyös

Hatvan

Győr

M1

10

Gödöllő

Budapest

Debrecen

Oostenrijk

Sopron

Tatabánya

Biatorbágy

86

Szolnok

Törökszentmiklós

4

Oradea

Székesfehérvár

Cegléd

Mezőtúr

8

M6

Szombathely

Veszprém

Dunaújváros

Kecskemét

79

8

M7

Hegyesd

Kerekegyháza

Békéscsaba

Gyula

Zalaegerszeg

Siófok

M5

Jakabszállás

Kiskunfélegyháza

Balaton-meer

Fonyód

Hongarije

Hódmezővásárhely

Nagykanizsa

61

Szeged

Arad

6

55

Pécs

Subotica

Roemenië

Zagreb

Kroatië

*Servië
en
Montenegro*

H
SLO

*Bosnië -
Herzegovina*

0   50   100   150   200   250 km

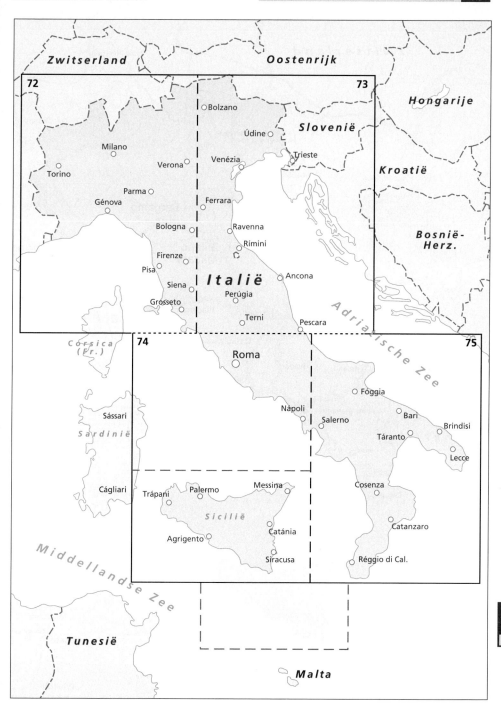

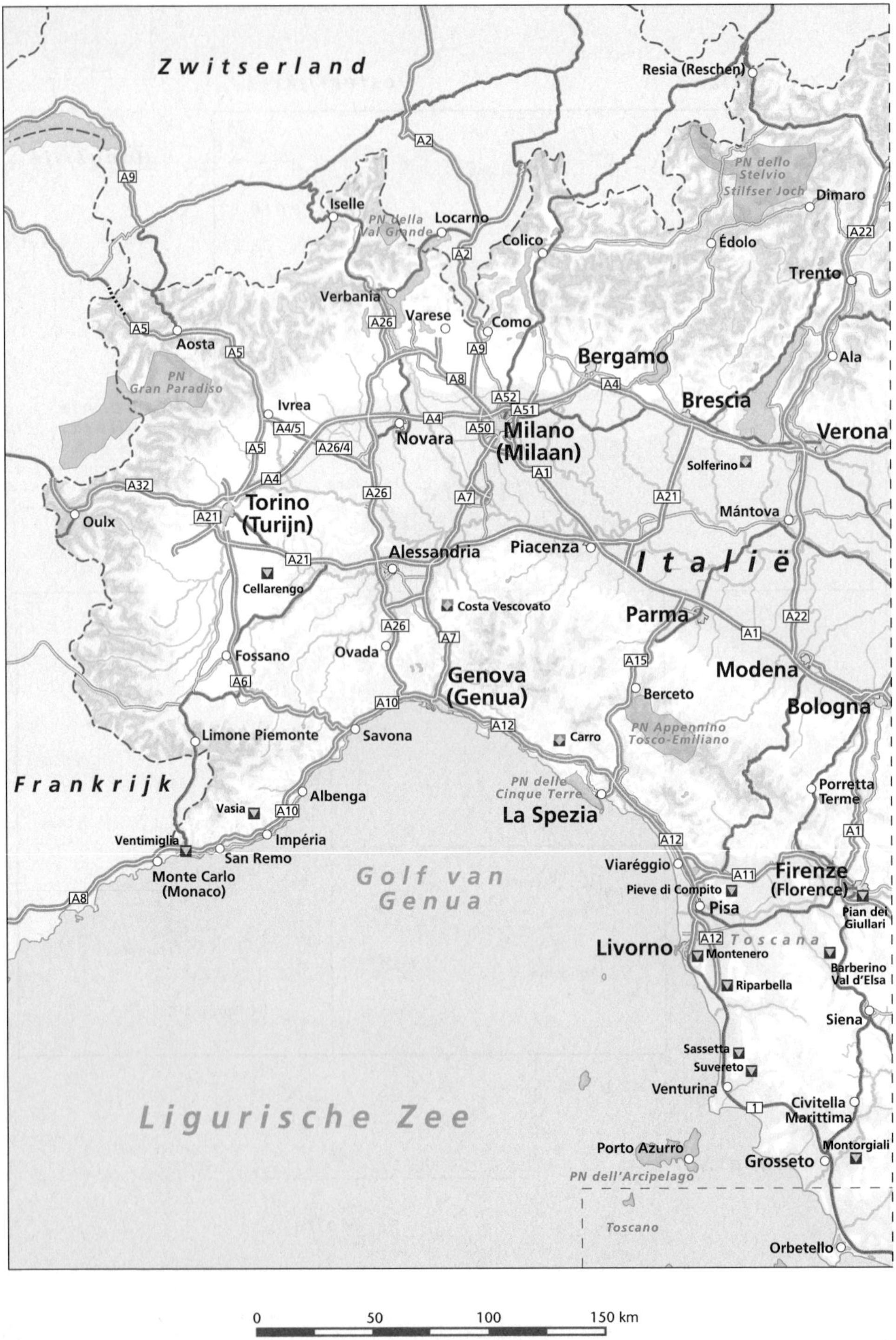

Z w i t s e r l a n d

Resia (Reschen)

A2

A9

PN dello
Stelvio
Stilfser Joch

Dimaro

Iselle

PN della
Val Grande

Locarno

Colico

Édolo

A22

A2

Trento

Verbania

A26

Varese

Como

Bergamo

Ala

A5

Aosta

A5

A8

A9

A4

Brescia

PN
Gran Paradiso

Ivrea

A4/5

A52
A51

Verona

A5

A26/4

Novara

A50

A4

Milano
(Milaan)

A32

A4

A26

A7

A1

Solferino

Oulx

A21

A21

Torino
(Turijn)

Mántova

I t a l i ë

Alessandria

Piacenza

Cellarengo

A21

Costa Vescovato

Parma

A22

A1

A26

Fossano

Ovada

A7

A15

Modena

A6

Genova
(Genua)

Berceto

Bologna

Limone Piemonte

A10

Savona

A12

Carro

PN Appennino
Tosco-Emiliano

Porretta
Terme

F r a n k r i j k

Vasia

A10

Albenga

PN delle
Cinque Terre

A1

Ventimiglia

Impéria

La Spezia

A12

Monte Carlo
(Monaco)

San Remo

G o l f v a n

Viaréggio

A11

Firenze
(Florence)

A8

G e n u a

Pieve di Compito

Pisa

Pian dei
Giullari

A12

T o s c a n a

Livorno

Montenero

Barberino
Val d'Elsa

Riparbella

Siena

Sassetta

Suvereto

L i g u r i s c h e   Z e e

Venturina

Civitella
Marittima

Montorgiali

Porto Azurro

Grosseto

PN dell'Arcipelago

T o s c a n o

Orbetello

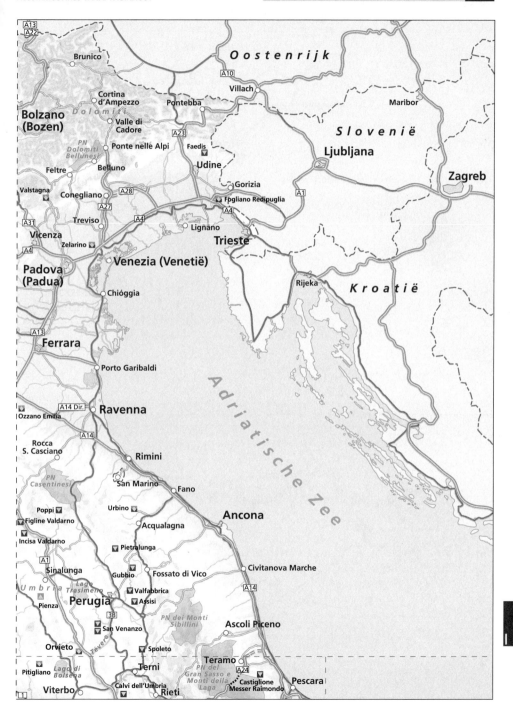

Toscano

Pitigliano · Lago di Bolsena · Terni · Teramo · PN del Gran Sasso e Monti della Laga · Castiglione Messer Raimondo · Pescara

Orbetello · Viterbo · Calvi dell'Umbria · Rieti · A24 · A25 · Chieti

A1 · Montenero Sabino · Popoli · PN della Majella

Civitavécchia · Lago di Bracciano · A12 · A24 · A25 · Avezzano · Roccaraso

Roma (Rome) · PN d'Abruzzo · A1 · Frosinone · Isernia

Latina · Lago di Fondi · Volturno · PN del Circeo

Gaeta · A1

Napoli (Napels) · Massa Lubrense

T y r r h e e n s e   Z e e

A29 · Palermo · Cefalú · S. Agata · A20 · Messina

Trapani · A29 · A18 · Taormina

Marsala · A29 · *S i c i l i a* · Sant'Alfio · A18

Mazara del Vallo · Enna · A19 · Trecastagni · Catania

Agrigento · Siracusa

Gela · Ragusa · Noto

Adriatische Zee

A14 Termoli

Rodi Garganico

Lago di Lesina *Lago di Varano*

Lago di Guardialfiera

PN del Gargano

Lago di Occhito

S. Severo

Manfredonia

Campobasso Fóggia A14

Barletta

Benevento A16

Candela

Bari

16

A16

PN Alta Murgia

P u g l i a

Avellino

I t a l i ë

Altamura

A14

Fasano

Gioia del Colle

379

A30

Potenza

Lago di San Giuliano

Matera

Montescaglioso

Brindisi

7

A3

Bradano

407

407

Taranto

Manduria

Lecce

Salerno

Auletta

PN del Cilento Vallo di Diano

Villa d'Agri

Lido di Metaponto

Otranto

Acquavella di Casalvelino

A3

Lagonegro

106

Gallipoli

PN del Pollino

Trebisacce

Scalea

Cerchiara di Calabria

Marina di Leuca

Castrovillari

Cariati Marina

PN della Sila

106

Paola

Cosenza

Neto

PN della Sila

Crotone

S. Eufemia Lamezia

280

Catanzaro

I o n i s c h e

Pizzo

Soverato

Z e e

A3

Gioia Tauro

281

106

Monasterace Marina

Messina

PN dell'Aspromonte

Locri

S.Agata

A20

A18

Reggio di Calabria

S i c i l i a

Taormina

Melito di Porto Salvo

Oostenrijk

Villach

Klagenfurt

A2

A2

A11

Põdkoren

Kranjska
Gora

Mojstrana

A2

Jesenice

Karawanken

Solčava

Ljubno ob
Savinji

Soča

Bled

Tržič

Bovec

Triglav NP

Radovljica

S l o v e n i ë

Kobarid

Bohinjska
Bistrica

Visoko

Tolmin

Kranj

Trojane

A2

Italië

Domžale

Kanal

Ljubljana

Nova Gorica

Vrhnika

Škofljica

A2

Gorízia

Krka

H4

Ajdovščina

10

A1

Vipava

Postojna

A4

Sežana

Razdrto

Grahovo

A3

Divača

Pivka

Trieste

Kozina

Ilirska Bistrica

Izola Koper

Piran

A1

Portorož

Šapjane

Rupa

Buje

Kroatië

A9

Rijeka

3 A6

0   20   40   60 km

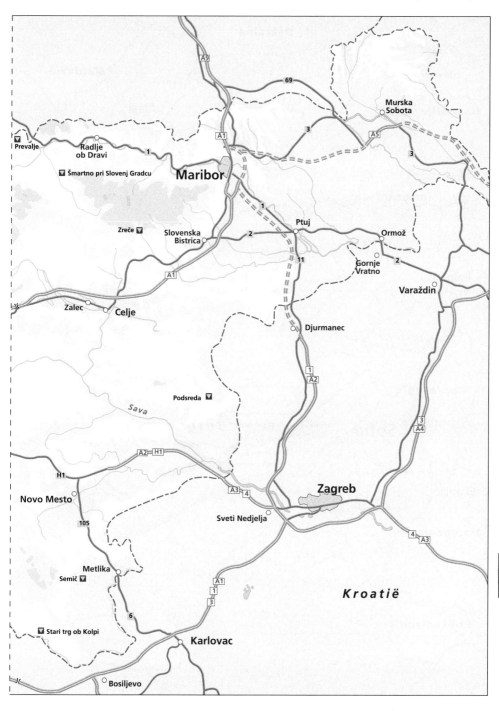

H
SLO

Oekraïne

Miskolc

M3

Debrecen

Satu Mare

Baia Mare

Suceava

Moldavië

42

Hongarije

Oradea

1

Iaşi

Chişinău

Piatră Neamţ

Cluj-Napoca

Tîrgu Mureş

Câmpul Cetatii

Ciumani

Izvorul Mureşului

Bacău

Arad

7

Vărgata

24

Miercurea Nirajului

1

Vlăhiţa

11

Timişoara

Transsylvanië

Malnaş-Băi

Malnaş

Oekraïne

Sibiu

1

Focşani

Braşov

Galaţi

Retezat NP

Zuidelijke Karpaten

Roemenië

Râmnicu Vîlcea

56

Buzău

Brăila

Belgrado

6

1

Ploieşti

2

Drobeta Turnu Severin

Piteşti

2A

1

24

6

56

A1

3A

Serbië en Montenegro

56

Craiova

5

Boekarest

Constanţa

9

Pleven

Nisovo

Montenegro

5

A2

Varna

1

Sofia

Etrepole

Beli Osam

Bulgarije

9

A2

Ribaritsa

Central Balkan NP

6

Burgas

Tarnichene

Garliano

A1

Malka Vereia

5

Zwarte Zee

Skopje

1

Brestovitsa

Plovdiv

Rila NP

Gorna Breznitsa

Pirin NP

Macedonië

0-3

Turkije

A2

Istanbul

Griekenland

Egeïsche Zee

BG RO

0   100   200   300 km

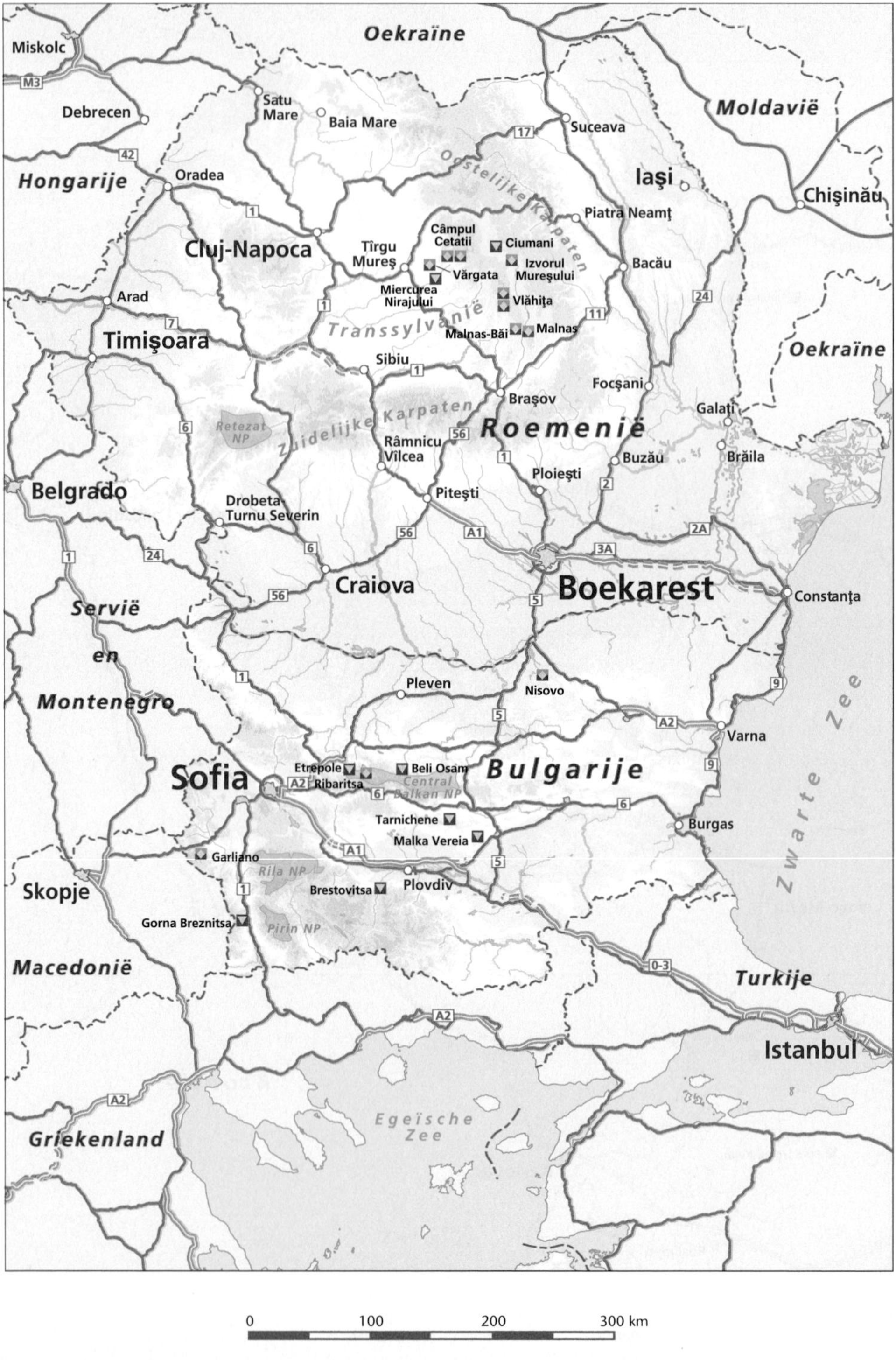

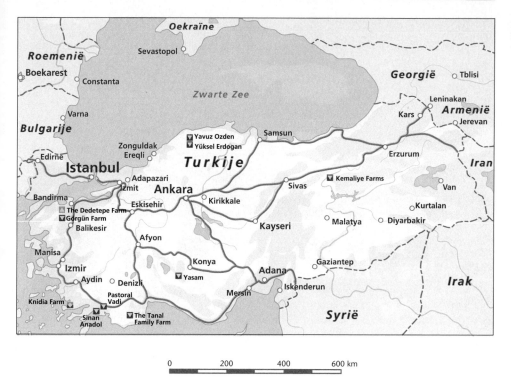

Noorwegen

Wie kent niet de beelden van adembenemende Noorse fjorden en ruige berglandschappen? Maar liefst 72% van het uitgestrekte land is bergachtig terrein. De grillige Noorse kust is maar liefst 60.000 kilometer lang, bijna anderhalf keer de omtrek van de aarde! In de valleien tussen die bergruggen en gletsjers liggen de mooiste (houten) boerderijen, met vaak maar een kleine lap grond om te hooien of aardappels te poten. Tegen de steile hellingen aangekleefd en op de hoogvlakten bevinden zich de geiten- en schapenboerderijen - de 'seter', zoals de Noren zeggen.

Qua oppervlak is Noorwegen ongeveer tien keer zo groot als Nederland, maar er wonen maar 4,5 miljoen mensen. In gebieden elders in de wereld die even noordelijk liggen maakt de bevroren ondergrond landbouw vrijwel onmogelijk. Dat er hier mensen kunnen leven is te danken aan de warme golfstroom.

De Noren hechten veel belang aan wat ze noemen het 'friluftsliv', letterlijk vertaald: de tijd die wordt doorgebracht in de vrije lucht. In de winterweekenden zijn de forensentreinen en metro's van Oslo gevuld met mensen die erop uit trekken om in de omliggende heuvels te gaan skiën. In de herfst is het plukken van bessen en verzamelen van paddestoelen een nationale bezigheid en in de zomer brengt een groot deel van de Noorse bevolking zijn tijd door in eigen huisjes aan de kust, in het bos of in de bergen. Heel populair is wandelen. Noorwegen heeft maar liefst 18.000 km goed onderhouden wandelpaden.

Accommodaties

De huurprijs van de Noorse accommodaties die in deze gids staan vermeld is over het algemeen hoger dan elders in Europa. Dat heeft te maken met het algehele prijspeil in Noorwegen. Het zegt echter vaak ook iets over de hoge kwaliteit die men biedt. Het 'kamperen op de boerderij' is in Noorwegen niet zo bekend; op grond van het zogeheten 'allemansrecht' mag u immers in het hele land vrij kamperen. Hoe u ook een boerderij wil bezoeken - als logé of als kampeerder - het biedt u een unieke toegang tot het kleinschalige en vaak nog traditionele Noorse plattelandsleven. In het algemeen verdient het aanbeveling uw Noorse gastheren van tevoren van uw komst op de hoogte te brengen.

Noorwegen heeft als eerste land in Europa officieel gekozen voor duurzaam toerisme. Innovation Norway, de instantie waarin o.a. de toeristische organisaties zijn vertegenwoordigd, heeft in 2005 een document ondertekend waarin zij zich verplicht zich te houden aan het charter van de Amerikaanse National Geographic Society. Daarin staat onder meer dat altijd rekening moet worden gehouden met de lokale belangen van een reisbestemming. De plaatselijke bevolking, het milieu, de cultuur en het culturele erfgoed dienen te worden beschermd.

(Biologische) landbouw

Slechts 3% van Noorwegen is landbouwgrond. Het koude klimaat biedt zowel voor- als nadelen. Veel

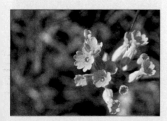

insecten en plantenparasieten komen in Noorwegen niet voor omdat ze de strenge winter niet overleven. Maar daartegenover staat dat het korte, relatief koele zomerseizoen de mogelijkheden voor landbouw aanzienlijk beperkt. In het zuidoosten van het land bevinden zich de meer intensieve graanproducerende boerderijen, terwijl in het westen en noorden de boerderijen in het algemeen kleiner zijn, met wat schapen, geiten, varkens en fruitbomen als voornaamste bron van inkomsten. De Noorse landbouw wordt steeds meer gespecialiseerd en geïndustrialiseerd. Net als in Nederland zijn in Noorwegen tienduizenden boeren de afgelopen decennia met hun bedrijf gestopt.

De Noorse regering, die de omschakeling naar biologische landbouw fors subsidieert, wil dat in het jaar 2009 tien procent van het landbouwareaal biologisch wordt bewerkt. Momenteel is dat ruim twee procent. De biologische boerderijen zijn in de meeste gevallen familiebedrijven met een gemiddelde grootte van 13 ha. Het nationale eco-keurmerk is Debio. Op dit moment zijn er in Noorwegen een kleine tweeduizend door Debio erkende bio-boeren, waarvan de meeste biologisch-dynamisch. De verschillen tussen biologische en gangbare landbouw zijn in Noorwegen niet zo groot als elders. Veel natuurvriendelijke methoden uit de biologische landbouw worden algemeen toegepast.

Natuur(bescherming)

Ongeveer een kwart van Noorwegen is bedekt met bos, 60% van Noorwegen ligt boven de boomgrens. Het lijkt een onherbergzaam land, maar veel planten en dieren hebben zich uitstekend weten aan te passen. De Noorse flora omvat zowel soorten die u kunt aantreffen in de milde kustgebieden van Engeland als in het ruige klimaat van Siberië. In de bergen ziet u overal de restanten van de enorme gletsjers

die in de IJstijd hun weg baanden door het landschap.

Hete hangijzers op het gebied van natuurbescherming zijn de walvisvaart en de status van de grote carnivoren. Sinds 1993 bepaalt de Noorse regering eenzijdig (dat wil zeggen in weerwil van internationale regelgeving) de eigen walvisquota. Tot nu toe zijn de quota ieder jaar verhoogd. In 2004 was het quotum 670, op een totaal van 112.000 dwergvinvissen in de Noorse wateren. Volgens de ca. 175 Noorse walvisjagers is de dwergvinvis niet bedreigd. Ongecontroleerde groei van de populatie zou zelfs een bedreiging voor de visstand vormen. Milieuorganisaties voeren daarentegen aan dat de jacht ingaat tegen internationale afspraken ter bescherming van de walvis. Er is verder ook geen economische noodzaak voor de vangst.

Een traditionele bron van grote onenigheid tussen natuurbeschermers en schapenhouders is de roofdierenkwestie (bestrijden versus beschermen). Een bijzondere vorm van samenwerking tussen boeren en natuurbeschermers heeft daarbij de aandacht getrokken. Iedere zomer trekt een aantal jongeren de bergen in om de 'schade' die de roofdieren berokkenen te beperken. Zij houden voor de boeren een oogje in het zeil bij de grazende schaapskuddes en schrikken eventuele hongerige lynxen, wolven of zelfs beren af.

ALVDAL

Kvebergshaug
Toril Hårdnes & Hans Bakke
Kvebergshaug, 2560 Alvdal
T 062-48 79 79
F 062-48 79 69
M 041-63 12 05
E toril.hardnes@gilde.no
➤ no, uk, de

Open: hele jaar 🛶 (RES) verplicht ✗

Boerderij en omgeving

Kvebergshaug ligt in de vallei van de rivier Glomma en is omgeven door bergen. Deze boerderij heeft 100 schapen en een paar konijnen. Het bedrijf beschikt over 95 ha bos. Kvebergshaug is niet Debio gecertificeerd, maar wordt wel ecologisch gerund: chemicaliën zijn taboe en afval wordt zoveel mogelijk gescheiden en hergebruikt. De eigenaren verzorgen een groentetuin. Hier verbouwen ze aardappels, groenten, aardbeien en kruiden voor eigen gebruik. Toril en Hans hebben zelf twee kleine kinderen. Er zijn verschillende buitenspellen, een zandbak en enkele dieren om te verzorgen.

Gasten kunnen de gerestaureerde (2005) seter huren, idyllisch gelegen in de bergen op 5 km van de boerderij. Deze is geschikt voor vijf tot zeven personen en heeft een woonkamer, open haard, keuken en slaapkamer. Energie wordt opgewekt met zonnepanelen. Water kan uit de beek gehaald worden (op 50 m). Op 10 km van de boerderij ligt een vakantiehuis gebouwd in Østerdalstijl. Dit in 1990 gerenoveerde huis is ook geschikt voor vijf tot zeven personen en heeft een woonkamer, open haard, veranda, badkamer, keuken en twee slaapkamers. Kampeerders kunnen hun tent opzetten op het erf of in de omgeving van de seter (minimaal drie dagen). Op de boerderij zelf mag u gebruik maken van de badkamer en de wasmachine.

Op Kvebergshaug kunt u fietsen huren en een roeiboot. Zowel in de rivier als in de meertjes is het goed zwemmen en vissen. In de omgeving zijn diverse wandelroutes (gedetailleerde wandelkaarten beschikbaar) en er zijn ideale wintersportmogelijkheden. Eventueel werken op de boerderij moet van te voren afgesproken worden.

🛶 ⛷ 🚣2 🎣4 🐟 🎣4 ❄ 🏔

🏠 2x, ⚑ 10x, Prijs op aanvraag
⛺ T 2x, 🚐 1x, ptpn NOKroon 120, pcpn NOKroon 150

Route

🅰 Kvebergshaug ligt 4 km Z van Alvdal en 80 Z van Røros. Volg E6 van Oslo naar Hamar. Neem Rv3 naar Elverum en volg weg langs Glomma rivier naar Alvdal. 4 km voor Alvdal rechtsaf naar Kveberg Bru. Volg weg 100m.
🚍 Trein van Oslo naar Hamar en Elverum. Stap uit in Alvdal. Afhalen mogelijk na afspraak (tegen vergoeding).

ÅNDALSNES

Soggebakke Gard
Georgette & Ernst Bakke
Sogge, 6300 Åndalsnes
T 071-22 15 04
F 071-22 15 75
E georgbak@frisurf.no
➤ no, uk, de

Open: 17 mei-1 okt ⚑ (RES) verplicht ✗
[📋]

Boerderij en omgeving

Op deze boerderij zijn veel dieren: varkens, schapen, konijnen, fazanten en ganzen. Ook zijn er bijenkasten. Op de omliggende akkers worden graan en aardappelen verbouwd. Georgette en Ernst zijn bezig om te schakelen naar een biologische manier van werken.

De boerderij is gebouwd in 1840 en verkeert nog in goede staat. In de boerderij zijn drie kamers te huur, elk met een tweepersoonsbed. Toilet en douche worden gedeeld met de gastfamilie. U kunt hier ontbijt, lunch en diner bestellen, maar er zijn ook voorzieningen om je eigen maaltijden klaar te maken. Huisdieren zijn toegestaan.

De seter ligt op 4 km afstand van de boerderij en is geschikt voor vier personen. Zeer primitieve omstandigheden: er is geen stromend water, geen elektriciteit, eenvoudige keuken, houtkachel en een buitentoilet. In het nabijgelegen bergcafé kunt u gebruikmaken van douche en sauna. De boerderij ligt 7 km van de Trollstigvegen, een bekende toeristische route. Het is hier sowieso een fantastische wandelomgeving.

🏔 📋 ⚑ ⛷ 🎣 🐟 🎣 ❄ 🏔

🛏 3x, ⚑ 6x, 2ppn NOKroon 150
🏠 1x, ⚑ 4x, hpw NOKroon 1200

Route

🅰 5 km O van Åndalsnes. Van Dombås E136 naar Åndalsnes. 4 km voor Åndalsnes, bij Sogge Bru, afslaan naar de Rv63 (Trollstigvegen), richting Valldal. Na 1 km boerderij aan rechterkant.
🚍 Van Oslo trein naar Åndalsnes. Daar (en in Valldal) bus naar halte vlakbij boerderij.

ÅSNES

Sjøli Gardsferie
Lou Ann & Tor Prestgard
Vermundsjøen, 2283 Åsnes
T 062-95 77 65
➤ no, uk, de   ∅

Open: hele jaar⛷ 15 mei-30 sep ⚑ H 215m ⓡ ✗ [📋]

Boerderij en omgeving

De eigenaren zijn uit de drukte van de Amerikaanse luchtvaartindustrie gestapt om zich te wijden aan het opknappen van dit mooi gelegen, biologisch boerderijtje in Finnskogen (Fins woud). Dit gebied is rond 1600 door Finse immigranten gekoloniseerd. Het is de perfecte plaats om uit te rusten en de batterijen weer op te laden. Op de boerderij worden koeien, varkens, kippen en melkschapen gehouden. Van de melk maakt de boer kaas. Deze is zo lekker dat er een wachtlijst is van drie maanden! Ook verbouwt hij heerlijke zoete biologische aardbeien. Tijdens het seizoen kunt u deze producten kopen.

Op het erf staat een zevenpersoons blokhut met een keuken, twee slaapkamers en een huiskamer. De sanitaire voorzieningen zijn in een apart gebouwtje ondergebracht. Er is ook nog een ruimte waar u water kunt halen en af kunt wassen. Op het erf is plaats voor tien tenten. Vanaf het kampeerveld geniet u van een prachtig uitzicht over het meer. Op 120 m van de boerderij, aan het meer, ligt een gerestaureerd negentiende-eeuws boothuisje. Het heeft één kamer en biedt plaats aan vier personen. Er is geen elektriciteit en voor douche en toilet kunt u gebruik maken van het campingsanitair.

De bosrijke omgeving is een eldorado voor wandelaars. Er zijn volop paden, waaronder het beroemde Finnskogleden. In het nabijgelegen meer kunt u vissen, kanoën en zwemmen. Gasten kunnen gratis gebruikmaken van de twee Canadese kano's, die er liggen. In de omgeving is het verder goed paardrijden en in de winter is het ijsvissen een plezierige tijdsbesteding.

🍽 🛏 🏊 ✕ 🏕 ❄ 🐎

🏠 2x, 🚿 11x, Prijs op aanvraag
⛺ T 10x, 🚿, ptpn NOKroon 150

Route
🚗 Sjøli Gardsferie ligt 70 km Z van Elverum en 30 km O van Flisa. Van Oslo E6 naar Kløfta. Neem afslag naar Rv2 richting Kongsvinger. Daar Rv20 richting Elverum. In Flisa Rv206 oostwaarts naar Villmarksveien (wildernisweg). Na ca 25 km bord Sjøli Gardsferie. Boerderij 500 m van hoofdweg.
🚌 Trein van Oslo naar Kongsvinger. Daar lokale bus

naar Flisa. In Flisa bus naar Vermundsjøen, uitstappen bij halte Sjøli. Van halte 500 m naar boerderij, volg bord Sjøli Gardsferie.

AUSTMARKA
Ronja Gård
Jan Gottschal & Roelke Posthumus
Kjerret, 2224 Austmarka
T   062-81 44 36
E   info@ronja.biz
🗨 no, nl, uk, de

Open: 1 jun-31 sep ⚓ H 150m (RES)
verplicht [✕]

Boerderij en omgeving

Ronja Gård is gelegen op 100 km ten oosten van Oslo, op de grens van Noorwegen en Zweden. De boerderij is omgeven door 90 hectare bossen, landerijen en meren. Dit is het land van de bever, de eland en de kraanvogel. De eigenaren, twee Nederlandse biologen, kochten Ronja Gård in 2001 en beheren sindsdien de gebouwen, weilanden, akkers en bossen.

De kampeerplaatsen hebben uitzicht over de landelerijen. Tevens zijn er natuurkampeerplaatsen op het schiereiland Tangen, gelegen op een beschutte plek direct aan het water met vuurplaats, buitentoilet en drinkwater uit de bron. De blokhutten (twee tot vier personen), met gemeenschappelijke toilet en wasgelegenheid. bevinden zich aan de bosrand bij de boerderij. Deze hebben een eenvoudige maar comfortabele inrichting, met campinggas, watertank en olielamp. Een 200 jaar oude 'stabbur' op het schiereiland Tangen is geschikt voor 4 personen, met campinggas, olielamp, vuurplaats, composttoilet en drinkwater uit de bron. Ook wordt er bed & breakfast geboden in een één- of tweepersoonskamer of tweepersoons trekkershut. Het is mogelijk ecologische seizoensgroenten te kopen. Viskaarten

zijn verkrijgbaar, er is een vuurplaats, speelweide en er zijn verschillende zwemplekken. Ook kunt u kano's huren.
Ronja Gård ligt aan kanoroutes door Noorwegen en Zweden en aan het LAW Finnskogleden, met aansluiting op het Zweedse Kungsleden, dat de Noors-Zweedse grens volgt. Ronja Gård ligt op 25 km van Kongsvinger, een oud Noors vestingstadje met o.a. musea, een 17e eeuwse vesting en winkels. Op 60 km afstand ligt het Zweedse Arvika, met een oude handelskade aan het meer, vele galerieën en kunstnijverheidswinkels.

🏊 🛏 🛶 🎣12 ✕ 🚣 🐎

🛏 2x, 🚿 4x, 2pkpn NOKroon 400 B&B
🏠 3x, 🚿 8-10x, Prijs op aanvraag
⛺ T 7x, 🚿 1x, ptpn NOKroon 150, pcpn NOKroon 180

Route
🚗 Vanaf Oslo naar Kongsvinger en Rv200 en Rv202 via Austmarka naar Kjerret aan de Zweedse grens. Vanaf Göteborg via Uddevalla over Rv172, Rv177 en Rv61 via Magnor naar Kjerret. Bij reservering krijgt u uitgebreide routebeschrijving.
🚌 Bus rechtstreeks vanaf Oslo en vanaf vliegveld Gardemoen naar Kongsvinger. Ook trein vanaf Oslo naar Kongsvinger. Vanaf Kongsvinger verder met lokale bus.

BØVERDALEN
Storhaugen
Joar Slettede
Galdesand, 2687 Bøverdalen
T   061-21 20 69
F   061-21 20 69
E   info@storhaugengard.no
W   www.storhaugengard.no
🗨 no, uk, de

Open: hele jaar ⚓ H 700m (RES) verplicht
[✕]

Boerderij en omgeving

Deze geitenboerderij ligt in een bosrijk gebied op 700 m boven zeeniveau. U geniet hier van een prachtig uitzicht over de bergen van Jotunheimen en de vallei van Bøverdal. Behalve geiten vindt u hier ook kippen, ganzen, eenden, varkens, een hond en een kat.

Er zijn drie blokhutten te huur, gebouwd in traditionele stijl en geschikt voor drie, vijf en zes personen. Daarnaast verhuurt de boer een groepsaccommodatie voor 15 personen. Deze accommodatie bestaat uit vier eenheden. Alle eenheden hebben een volledig uitgeruste keuken, toilet, douche en slaapkamers, sommige een open haard. In Bøverdalen is een biologische boerderij waar u boerderijproducten kunt kopen als groenten, aardappels, uien en kruiden. De kruidentuin is open voor bezoekers.

In de omgeving kunt u heerlijk vissen in een meertje (15 km) of in de rivier op 2 km van de boerderij. Storhaugen is de ideale basis voor wandelaars en ligt aan de rand van het Nationale Park Jotunheimen. Er zijn veel gemarkeerde en ongemarkeerde wandelpaden; er is een gletsjer in de buurt.

🛏 3x, ✐ 14x, hpw NOKroon 2100-3900
🏠 ⬚4x, ✐ 15x, Prijs op aanvraag

Route

🚗 22 km ZW van Lom. Van Lom of Sogndal Rv55 naar Galdesand. Daar Galdhøpiggenweg 1,5 km. Rechts bij bord Storhaugen, boerderij na 400 m.

🚌 Lokale bus tussen Sogndal en Lom, uitstappen in Galdesand. Dan 2 km naar boerderij.

FARSUND
Log Gård
Amy Beckwith & Erik Müller
Log , 4550 Farsund
T 038-39 86 86
E erikai@online.no
W www.loggard.com
💬 no, uk, nl, de

Open: 1 mei-31 okt ✔ (RES) verplicht ✕

Boerderij en omgeving

Typisch Zuid-Noors houten huis, gebouwd in 1885 en smaakvol gerestaureerd met behoud van de oorspronkelijke sfeer. De boer fokt koeien en kalveren; gasten kunnen een kijkje nemen bij het melken en helpen bij het voeren van de kalfjes. Groenten en kruiden worden op biologische wijze gekweekt.

Het vakantiehuis staat op het erf en heeft uitzicht op een fjord en bergen. Er loopt een oud pad naar de beschermde fjord Framvaren en een Viking graf. Het vakantiehuis is een ruim, gemoderniseerd huis voor acht personen met vier slaapkamers, twee toiletten, verwarming, douche en houtkachel. In het hoogseizoen is het raadzaam ruim van tevoren te boeken. De boerderij is speciaal geschikt voor kinderen.

U kunt in de buurt prachtige wandelingen maken. De boer verhuurt fietsen en een motorboot; ook kunt u hier goed kanoën. Op 1,5 km van de boerderij vindt u een heerlijk zandstrandje.

🛏 1x, ✐ 8x, hpw NOKroon 5000

Route

🚗 43 km W van Kristiansand, in zuidelijkste punt van Noorwegen. Van Kristiansand E39 naar Lyngdal, dan Rv43 naar Farsund. Dan Rv465 richting Kvinesdal. Na 13 km bord Log-Briseid-Herad Kirke. Linksaf, door tot einde van de weg.

🚆 Trein naar Storekvina. Daar bus naar Liknes. Of directe bus van Kristiansand naar Farsund. 3e mogelijkheid: bus van Stavanger naar Kvinesdal. Boer kan u na afspraak ophalen uit Liknes, Farsund of Kvinesdal.

HATLESTRAND
Eikjeland
Tove & Knut Johan Nerhus
Eikjeland 33/2, 5635 Hatlestrand
T 053-48 88 93
E suhren@online.no
💬 no, uk, de

Open: 1 jun-31 aug ✔ 🥾 (RES) verplicht ✕

Boerderij en omgeving

Eikjeland ligt aan de westkant van de Hardangerfjord en met zijn bergen en gletsjers heeft u een prachtig panorama. Op de biologische veehouderij (Debio gecertificeerd) fokt de boer een oud Noors koeienras, Vestlandsk fjordfe. In de bergen graast een kudde Schotse Hooglanders.

Het vakantiehuisje dateert uit 1850. Een van de slaapkamers heeft een mooi houten interieur. U mag in dit huisje niet roken vanwege brandgevaar. Toilet en douche zijn in de boerderij aanwezig, evenals een sauna. Op verzoek is er een ontbijt en een eenvoudig diner verkrijgbaar. Tentkampeerders mogen hun tent op het boerderijterrein opzetten. De boerderij is kindvriendelijk: er zijn veel dieren en er is een zandstrandje in de buurt. Tijdens het verblijf heeft u veel contact met de boerenfamilie.

De omgeving is dichtbebost en u kunt er heerlijk wandelen op gemarkeerde paden. U vindt er wilde bessen, kruiden en paddestoelen.

🅢 ⋯⋯1

⌂ 1x, ⊿ 6x, Prijs op aanvraag
⚓ T 3x, ⊘, ptpn NOKroon 150

Route

ⓘ 90 km ZO van Bergen. Van Bergen E39 zuidwaarts naar Osøyro. Rv552 naar Hatvik, dan pont
naar Venjaneset. Daar Rv48 (noordwaarts) langs
Eikelandsosen naar Mundheim. Rechts naar Rv49,
door Gjermundshamn, dan borden volgen naar
Stord. 1 km in ZW-richting naar boerderij.
🚌 Bus van Bergen naar Hatlestrand. Of Hurtigbåt
passagiersboot van Haugesund of Stord, afstap-
plaats Vikane (10 km van boerderij). Boer haalt u
desgewenst op in Vikane.

HEMSEDAL

Nøreli
Kirsten Aalstveit & Jeremy Wilson
Aalstveit, Ullsåk, 3560 Hemsedal
T 032-06 06 20
M 090-65 64 07
E info@heimvegen.com
W www.heimvegen.com
🗨 no, uk   ∅

Open: hele jaar ⍩ H 980m (RES) verplicht

Boerderij en omgeving
Zen en het traditionele Noorse buitenle-
ven in de bergen. Wie dit een interessant
thema vindt, moet zeker een bezoek brengen aan de seter Nøreli. Vooral gedurende
herfst en winter kunt u hier in kleine groepen deelnemen aan cursussen, en dagtochten om dit thema uit te diepen.
Kirsten en Jeremy hebben een klein Debio
gecertificeerd boerenbedrijf aan de voet
van de bergen in Hemsedal. Ze hebben
een bescheiden kudde schapen, koeien
en een paard ingezet wordt dat bij allerlei werkzaamheden op de boerderij.
Daarnaast produceren ze hooi en kuilvoer
en verbouwen ze aardappels en groenten
voor eigen gebruik. In de zomer verhuizen

Kirsten en Jeremy met hun twee kinderen, de schapen en koeien naar de Nøreli
seter in de bergen om de dieren te laten
grazen; daar ligt ook een extra seter die
aan toeristen wordt verhuurd. De seter is
gebouwd in 1670 en is in 1975 smaakvol
gerestaureerd, waarbij gebruik gemaakt
werd van milieuvriendelijke materialen
uit de omgeving. Ligging op 980 m hoogte in een beschermd landschap.
Jeremy houdt zich al 20 jaar bezig met
Zenboeddhisme. Samen met Kirsten
heeft hij het Heimvegenconcept bedacht:
een combinatie van traditionele Noorse
cultuur en de (op natuur geïnspireerde)
culturen van Japan en het Verre Oosten.
Kirsten en Jeremy organiseren verschillende cursussen, lezingen, activiteiten,
demonstraties en natuurlijke behandelingen die ons helpen onze plek in de natuur
terug te vinden. Zo zijn er bergtochten per
ski, begeleide wandeltochten naar de seter, outdoor zen meditatie, training in klassieke oosterse gevechtskunsten, klassieke
massage en de Rosen Methode. Als de
seter niet in gebruik is voor cursussen kan
de blokhut worden gehuurd door mensen
met interesse voor de Heimvegenfiloso-
fie. U dient vooraf te reserveren.

⌂ 1x, ⊿ 6x, 1ppw NOKroon 600

Route
ⓘ 3 km W van Hemsedal. Van Gol Rv52 richting
Hemsedal. In Ullsåk borden Lykkja volgen. Na 2 km
aan rechterhand pad met aan weerszijden bomen.
Dat leidt naar boerderij.
🚆 Trein naar Gol (ligt op 30 km van boerderij). Daar
bus naar Hemsedal, uitstappen bij halte Ullsåk. Na
afspraak daar ophalen.

INNFJORDEN

Lensmansgarden
Anne Kari & Iver Jakob Hage
6315 Innfjorden
T 071-22 82 37
F 071-22 93 49
M 097-98 03 29
E hage@lensmansgarden.no
W www.lensmansgarden.no
no, uk, de

Open: hele jaar ⍩ H 50m (RES) verplicht
⊠

Boerderij en omgeving
Lensmansgarden is een prachtige authentieke Noorse boerderij gelegen in
Innfjorden. De naam verwijst naar vroeger dagen (1700) toen de Lensmannen
(politie) er nog woonden. Tegenwoordig
is Lensmansgarden een bedrijf met melkkoeien. Daarnaast houden de eigenaren
zich bezig met het in stand houden van de
dorpscultuur en zijn ze actief binnen het
duurzame toerisme.
Op het boerenerf staan verschillende traditionele Noorse huizen. Deze huizen zijn
geheel gerenoveerd in oude stijl. Denk
hierbij aan grasdaken en het gebruik van
de traditionele rode verf. De huizen en
hutten die verhuurd worden aan toeristen
zijn geschikt voor vier tot acht personen
en beschikken over badkamer, keuken, toilet, woonkamer en slaapkamers. Voor de
eigenaren Anne Kari en Iver Jakob is het
belangrijk dat ze een gezellige en vredige
verblijfplaats bieden waar zowel de mensen als de dieren het goed hebben. Als het
niet te druk is, kunnen gasten deelnemen
aan georganiseerde bergwandelingen,
setertochten, barbecue-avonden of een
rondleiding op de boerderij.
Innfjorden is een klein dorpje met ca 400
inwoners. De ligging is prachtig, tussen
fjorden en bergen, overweldigende natuur
met groene berghellingen en vele water-

vallen. De bergen rijzen op uit de fjord tot een hoogte van 1750 m. U kunt hier zowel in de fjord vissen als in de bergmeren. Er zijn vele goed gemarkeerde wandelpaden. In de herfst kunt u bessen en paddestoelen plukken. In de winter is het een goede bestemming voor telemarken en langlaufen.

≋ ∷∷1 ⌂10 ⌁7 ⤫1 ≋1 ⬥7
⚓

⌂ 7x, ⟿ 37x, Prijs op aanvraag

Route

⓵ Innfjorden 10 km van Åndalsnes. Vanaf Oslo volg E6 richting Trondheim. Bij Dombås E136 richting Åndalsnes/Ålesund. Volg E136 voorbij Åndalsnes richting Ålesund, door Innfjorden tunnel (lengte 7 km). Direct na tunnel ligt Innfjorden. Ga linksaf richting Bøstølen. Volg bordjes Lensmansgarden.
🚆 Trein of bus van Oslo naar Åndalsnes. Vandaar bus 282 richting Vikebukt of 181 richting Ålesund. Stap uit in Innfjorden.

ISFJORDEN

Gjerset Turistsenter
Ronald & Marja Buit
Gjerdsetbygda, 6320 Isfjorden
T 071-22 59 66
E info@gjerset-turistsenter.com
W www.gjerset-turistsenter.com
⬥ no, nl, uk, de

Open: hele jaar ⬥ ≋ H 30m (RES)
verplicht ✕

Boerderij en omgeving

Gjerset Turistsenter is oorspronkelijk een boerderij uit 1800. Vanaf het erf heeft u een prachtig uitzicht over het Gjerset-meer en de Romsdaler Alpen. Het in 2004 geëmigreerde Nederlandse echtpaar Ronald en Marja Buit heten hun gasten van harte welkom op hun adembenemend mooie plek!

Op het terrein staan vele fruitbomen en bessenstruiken. De kippen zorgen dagelijks voor verse eieren. Het is mogelijk om producten te kopen van eigen land, zoals stoofpeertjes, appeltaart en jam. Gjerset is ook zeer geschikt voor families met kinderen. Er is een schommel en een klimrek. Regelmatig organiseren Ronald en Marja een kampvuuravond. De kinderen leren hoe ze een kampvuur moeten maken en mogen broodjes bakken boven het vuur. Het terrein van Gjerset Turistsenter bestaat uit een aantal terrassen. In totaal zijn er 14 hutten, variërend in grootte van vier tot zes personen. De hutten hebben een woonkamer, twee slaapkamers, toilet, badkamer en keuken en worden verwarmd door een knusse houtkachel. Ze zijn volledig ingericht voor langdurig verblijf zowel in de zomer als in de winter. Ook kunt u een tent opzetten op het Gjerset terrein.

Vanuit Gjerset zijn er diverse wandelingen mogelijk, o.a. naar de Gjerset seter. Ook kunt u zwemmen, kanoën en vissen in het Gjerset meer. 's Winters is het goed skiën en langlaufen in het nabijgelegen skigebied Skorgedalen.

⛷ ⤫ ∝ ≋ ⚹7 ⚓

⌂ 13x, ⟿ 50-60x, hpw NOKroon 3000-4200
⤴ T 5x, ⚲, Prijs op aanvraag

Route

⓵ Vanuit Oslo E6 richting Trondheim. Bij Dombås E136 richting Åndalsnes/Ålesund. Bij splitsing in Åndalsnes Rv64 volgen richting Molde. Na 20 km Gjerdsetbygda. Volg bordjes Gjerset Turistsenter. Het ligt aan je rechterhand; links ligt Gjerset meer.
🚆 Trein of bus van Oslo naar Åndalsnes. Vandaar bus 221 richting Molde. Uitstappen bij Gjerset Turistsenter (chauffeur vragen hier te stoppen!).

KAUPANGER

Amble Gård
Ingebjørg Strand & Gjert Heiberg
6854 Kaupanger
T 057-67 81 70
M 041-24 53 51
E post@amblegaard.no
W www.amblegaard.no
⬥ no, uk, de   ⊘

Open: 1 mei-1 nov ⬥ H 60m (RES) verplicht ✕

Boerderij en omgeving

Amble Gård is een statige oude boerderij met een geschiedenis die teruggaat tot in de steentijd. Het bedrijf is in het bezit van de familie Heiberg sinds 1690 en bestaat uit landerijen, bossen en bergen. De eigenaren leven van de productie van ecologisch hooi en appels, verkoop van appelsap, houtkap en de verhuur van hutten en jachtvergunningen. Amble Gård is Debio gecertificeerd. Er zijn verschillende soorten dieren op de boerderij zoals kippen, eenden, een koe, een kalf, een kat, een hond en konijnen. Voor kinderen zijn er goede speelmogelijkheden rond de boerderij en in het bos. Aan de fjord is een heerlijk strandje.

Op het terrein van Amble Gård liggen verschillende huizen. Gasten kunnen kiezen uit vijf traditionele Noorse huizen, alle met fantastisch uitzicht over de fjord, de omringende gletsjers en bergen. De huisjes liggen vrij en ver uit elkaar. Ook zijn de laatste jaren gerestaureerd en comfortabel ingericht met een mengeling van zowel traditionele boerenmeubels als moderne meubels. De huizen bieden, al naar gelang hun grootte, ruimte aan vijf tot 12 personen. Het kampeerterrein is zonnig en ligt vlak bij het Sognefjord. Alle kampeerplaatsen hebben een sprookjesachtig uitzicht over de fjord, de Fresvikgletsjers en de hoge bergen. De camping is voorzien

N

van eenvoudig sanitair. Er is plaats voor 20 tenten/campers. Op het terrein staan picknicktafels.

Gasten kunnen gratis gebruik maken van de volgende faciliteiten: boten; vissen in verschillende forelmeertjes; 40 km lange privé-bosweg welke uitkomt in een wandelgebied met uitzicht over bergen en fjorden; zomerboerderij in de bergen. Rondom Amble Gård ligt een aantrekkelijk wandelgebied met gemarkeerde paden. In goede jaren vindt u in de herfst veel paddestoelen, bosbessen en vossebessen.

〰️0,5 🛶6 ✕0,5 🍽0,5 🏔️

🏠 5x, 🛏 37x, Prijs op aanvraag
🔥 🏕️, Prijs op aanvraag

Route
ℹ️ Vanaf Oslo via Fagernes of Gol. Daarna richting Lærdal, verder naar Fodnes. Boot Fodnes-Manhiller. Na 8 km rechtsaf richting Kaupanger. Tot aan kade in Kaupanger. Volg bordje Øvre Amla/Timberlid. Na 1 km Amble Gård.
🚌 Bus: Neem de bus van Oslo naar Kaupanger of van Bergen naar Kaupanger.

KVIKNE

Fortuna Gard
Liv T. Eide & Bjørn Huseklepp
Fortuna, 2512 Kvikne
T   062-48 41 95
F   048-11 78 47
M   062-48 41 96
E   post@fortuna-gard.no
W   www.fortuna-gard.no
📞 no, uk, de

Open: hele jaar 🌿 (RES) verplicht 🅧

Boerderij en omgeving
Fortuna Gard is een biologische veehouderij. De boer fokt oude koeienrassen zoals Rørosfé. Deze koeien lopen in de zomer vrij rond in de bergen. Daarnaast wordt veevoer verbouwd.

Het comfortabele en ruime vakantiehuis ligt 250 m van de boerderij. Het is geschikt voor zeven personen, met de mogelijkheid om een extra ruimte (voor twee personen) erbij te huren. Het huis bevat een keuken, toilet en bad. Een leuke speelplaats met zandbak maakt het erg geschikt voor kinderen. Voor kampeerders is er altijd wel een plaatsje voor een tent op het erf.

Kvikne is een bergvallei gelegen tussen twee nationale parken: Forolhogna en Dovrefjell. Er zijn verschillende bezienswaardigheden: een oude kerk met prachtige beschilderingen, twee oude speksteenmijnen en de Vollangård. Deze boerderij is het centrum voor het Nationale Park en huisvest bovendien een museum, waar u van alles te weten kunt komen over de oude kopermijnen van Kvikne.

🅢 🌊0,5 🛶2 ✕0,5 🍽8 🏔️

🏠 1x, 🛏 7x, hpw NOKroon 3000
🔥 T 4x, 🦐, Prijs op aanvraag

Route
ℹ️ 130 km Z van Trondheim en 100 km W van Røros. Van Oslo E6 naar Ulsberg. Daar Rv3 richting Tynset. In Kvikne 1 km voorbij berghotel naar rechts. Na 1 km onverharde weg naar boerderij.
🚌 Met trein of bus naar Tynset. Of van Oslo nachtbus nr 135 Østerdalexpressen naar Tynset. Daar lokale bus naar Kvikne. Boerderij ligt 3 km W van centrum Kvikne.

MÅNDALEN

Tove & Hans Haukeberg
6386 Måndalen
T   071-22 33 26
M   097-61 91 18
E   hahauke@start.no
📞 no, uk

Open: 1 apr-31 sep 🌿 (RES) verplicht 🅧

Huis en omgeving
In de provincie Møre og Romsdal ligt de boerderij van Hans en Tove Haukeberg. Het is een bedrijf met melkkoeien, gelegen in Måndalen, aan de Romsdalsfjord. Volgens de traditionele Noorse gewoonte brengen de koeien de zomer door in de bergen. De boer bouwt het melken af, voordat de dieren de bergen in gaan. Regelmatig controleert de boer daar hoe het met zijn vee gaat. In september en oktober breekt de kalvertijd aan.

Op een paar honderd meter van de boerderij staat een zomerhuis. Het is een eenvoudig huis aan de doorgaande weg naar Ålesund, met uitzicht op de Romsdalsfjord. De inrichting is sober maar functioneel. Er is plaats voor maximaal vijf personen. Het huis heeft een woonkamer, keuken, drie slaapkamers en een badkamer met douche. Voor mensen die graag de fjord op gaan om te varen of te vissen, is er een gratis motorboot beschikbaar. De benzine moet u wel zelf betalen.

Måndalen is een prachtig dal omgeven door ruige bergen. Er lopen talrijke wandelpaden. Hans Haukeberg neemt u graag mee voor een avondwandeling in Måndalen. Hij kent de beste plekken om bessen te plukken en als het uitkomt, kunt u mee de bergen in als hij zijn vee gaat controleren. Måndalen ligt in de gemeente Rauma, die bekend staat om zijn ruige bergen (Romsdaler Alpen), fjorden en de Trollstigen en Åndalsnes.

🍽 〰️ 🌊 🐟 🏔️

🏠 1x, 🛏 5x, hpw NOKroon 3500

Route
ℹ️ Vanaf Oslo E6 richting Trondheim. Bij Dombås E136 richting Åndalsnes/Ålesund tot voorbij Åndalsnes. Dan komt eerst Innfjorden en daarna Måndalen. Bij kerkje linksaf. Eerste boerderij (geel van kleur) aan linkerhand.

N

🐾 Trein of bus van Oslo naar Åndalsnes. Bus richting Ålesund (sluit aan op treinverkeer). Uitstappen in Måndalen.

Skarstein Gard
Astrid Kallhovd
Kandal, 6860 Sandane
T 057-86 75 38
M 099-44 41 20
E astkallh@online.no
🕾 no, uk, de

Ø

Open: 17 mei-30 sep 🐾 H 62m (RES) verplicht ✉

Boerderij en omgeving

Skarstein Gard is een biologische boerderij, gelegen op een steile helling die afloopt naar het meer van Breimsvatnet. Astrid bewerkt een productieve kruidentuin en groentetuin. U kunt hier biologische (en ook vegetarische) maaltijden krijgen die bereid zijn met deze kruiden en groenten. De boerin leert u graag koken met gebruik van kruiden uit eigen tuin en brood bakken op traditionele wijze. Dit brood is ook te koop. Daarnaast verkoopt Astrid groenten, kruiden en geitenleren kleding.

De grote stal op het erf, oorspronkelijk gebruikt voor het onderbrengen van de geiten, is prachtig verbouwd tot enkele gezelschaps- en cursusruimten. In de kelder is een mooie kunstgalerie. Op het erf grazen nog wel schapen en geiten, deze zijn echter het bezit van de buurman.

Op de boerderij zijn twee huisjes te huur. Een huisje is voor acht personen met vier slaapkamers, keuken, douche en toilet. Het andere huisje is geschikt voor vier personen en heeft twee slaapkamers, keuken, douche en toilet. U kunt er ook voor kiezen een vierpersoons appartement te huren in de boerderij zelf. In de bergen, op 4 km afstand, ligt een prachtige seter, geschikt

voor vier personen. Deze seter is een ideaal uitgangspunt voor prachtige wandelingen in het berggebied. De seter werd oorspronkelijk gebruikt door de boerin zelf om tijdens de zomer de geiten te melken.

Skarstein ligt aan het meer van Breimsvatnet. Hier kun je heerlijk vissen op forellen, of lekker zwemmen en luieren aan het strand. Bij het meer staat ook een sauna tot uw beschikking. Fietsen en roeiboten zijn te huur en vlakbij Skarstein Gard kunt u paardrijden op Fjordenpaarden.

🍴 🚗 🚲 ⓢ ⋯ 🛶 ⚓ 🔍 🐟
🐴 ❄ 🏔

🛏 3x, 🚪 6x, Prijs op aanvraag
🏠 4x, 🚪 20x, Prijs op aanvraag

Route

🅰 90 km NO van Førde. Van Førde via Rv5 en E39 richting Sandane. In Vassenden i Breim, bij eind van meer van Breimsvatnet en 8 km voor Sandane, links naar Kandal (11,5 km).

🐾 Van Oslo met bus (Sogn og Fjordane Ekspressen) naar Skei. Daar bus naar Sandane. Of bus van Bergen direct naar Sandane. Om 14 uur schoolbus van Sandane naar Skarstein.

Lislau
Regina & Paolo Brajkoviç
Lislau, Kjølebrønnsveien 68, 3766 Sannidal
T 035-98 74 00
M 0411-403 59
E brajkov@frisurf.no
🕾 no, nl, uk

Open: hele jaar 💛 (RES) verplicht ✉ 🏇

Boerderij en omgeving

Lislau is een voormalige prestegård, een boerderij waar vroeger de Lutherse dominee zijn inkomsten verwierf. Hij woont

ook nu nog in een huis vlakbij het erf, maar in 2005 hebben Regina en Paolo de boerderij overgenomen. De naam van de boerderij betekent "de kleine heuveltop" en ligt niet zichtbaar langs de E18 ongeveer halverwege Oslo en Kristiansand. De boerderij is in omschakeling naar Debio. Regina en Paolo hebben vier jonge kinderen. Het hele gezin is meertalig. De moeder is een echte Friezin, terwijl de vader uit Kroatië komt. Er zijn veel verschillende dieren, zoals kippen, konijnen, een ezeltje, schapen, geiten, een paar paarden, kalveren en varkens. De boerderij is geheel op kinderen ingesteld.

Gasten kunnen een appartement huren in de boerderij zelf, met slaapkamers, keuken, badkamer en woonkamer. Er is een natuurkampeerterrein voor drie tenten, met buitentoilet en koud stromend water. U kunt ook overnachten in de stabbur (traditionele Noorse voedselopslagplaats) Er is een gemeubileerde caravan te huur op het terrein. De eigenaren verhuren fietsen en een bootje. Ze geven graag rondleidingen over de boerderij en op afspraak worden begeleide wandeltochten georganiseerd. U kunt paarden huren en vissen.

In de omgeving kunt u heerlijk wandelen en fietsen. Op vijf minuten lopen van de boerderij is een meertje waar gezwommen kan worden. De zee ligt op 12 km afstand.

🚗 🚲 🐴 ⋯12 ⚓ 🐟 ⚓ 🐴 ❄ 🏔

🏠 1x, 🚪 4x, hpw NOKroon 3000
⛺ 🏔 🏇, ptpn NOKroon 150

Route

🅰 Van Oslo E18 naar Kristiansand, afslag Sannidal/Levang, volg de weg, neem vervolgens afslag Levang Kjølebrønn. Na ca 500 m rechtsaf, voorbij huis dominee en achter grote schuur ligt boerderij.

🐾 Bus Oslo-Kristiansand, uitstappen op Tangen (overstappen naar Kragerø). 500 m lopen richting Levang-Kjølebrønn. Verder zie boven.

N

SIGGERUD

Lillebru Gård
Ruth Baumberger
Fjellveien 10, Bru, 1404 Siggerud
T   064-86 56 40
M 090-13 07 38
E   lillebru@visitfollo.com
W www.visitfollo.com
🗨 no, uk, de

Open: 1 jun-31 aug 🔥 (RES) verplicht 🖅

Boerderij en omgeving

Deze boerderij ligt op slechts 45 minuten reizen met het openbaar vervoer van Oslo en toch bent u hier midden op het Noorse platteland. Op deze biologische boerderij zijn veel dieren: paarden, schapen, geiten, varkens, kippen, konijnen en katten. Aardappels worden verbouwd voor eigen gebruik.

U kunt hier kamperen in eigen tent, overnachten in een lavvu (traditionele Samitent) of overnachten in een voormalige voedselopslagplaats (stabbur). Deze is omgebouwd tot vakantieverblijf, en heeft een eenvoudige keuken met slaapgelegenheid op zolder; toilet en warme douche zijn in een apart gebouwtje. Voor caravans en campers is er een elektriciteitsaansluiting. Reserveren is verplicht. Huisdieren zijn niet toegestaan. Vrijwilligerswerk is mogelijk als u dat van tevoren afspreekt.

Lillebru is een fijne plek voor kinderen; lieve dieren om te verzorgen, een trampoline en diverse buitenspellen zijn aanwezig.

U kunt in de directe omgeving wandelen, vissen en paardrijden. Ook kunt u kano's huren. Bos en een meer zijn vlakbij.

🏠 1x, 🛏 4x, hpw NOKroon 2400
⛺ T 2x, 🚐 1x, ptpn NOKroon 100, pcpn NOKroon 150

Route

🚗 Van Oslo Rv155 naar Enebakk. Rechts naar Siggerud bij Hydro-Texaco benzine station. Weg 3 km vervolgen tot Bru café, een winkel. Daar links en na 200 m weer links.

🚇 Vanuit Oslo-centrum T-banen nr 3 (sneltram) naar Mortensrud. Daar bus 504 naar Ski, uitstappen in Bru.

SOLLIA

Fjelltun Pensjonat
Bert & Annemieke Wieberdink
2477 Sollia
T   062-46 37 64
F   062-46 38 88
E   info@fjelltun.info
W www.fjelltun-sollia.no
🗨 no, nl, uk, de

Open: hele jaar H 750m (RES) verplicht 🖅

Pension en omgeving

In de provincie Hedmark ligt Fjelltun Pensjonat, een bed & breakfast-accommodatie, die gedreven wordt door Bert en Annemieke Wieberdink. Het pension ligt op 750 m hoogte op de zonzijde van de berghelling boven het meer Atnasjøen. Vanuit Fjelltun geniet u van een prachtig uitzicht op het nationaal park Rondane. De zuivere berglucht, de boslucht en de bloemen rondom het huis zorgen voor inspiratie op velerlei gebied.

Het complex bestaat uit een hoofdgebouw (Fjelltun) en een hytte. Het hoofdgebouw heeft 6 slaapkamers, toiletten en douche, zitkamer, zithoek, keuken en eetkamer. De hytte biedt plaats aan zes personen en heeft een keuken, woonkamer, badkamer en twee slaapkamers.

In de zomer kunt u prachtige bergwandelingen maken, vissen in het meer, fietsen, en kanoën. In de winter is Fjelltun bij uitstek geschikt voor ijsvissen en tele-

markskiën. In de nabije omgeving kunt u zowel alpineskiën als langlaufen. Bij de eigenaren zijn zowel vis- als wandelkaarten te koop. Zij vertellen u graag meer over de toeristische attracties in de nabije omgeving.

Ⓢ 🚣1 ⟜0,3 🚿3 ⚓15 ❄1 🎿

🛏 6x, 🛏 15x, Prijs op aanvraag
🏠 1x, 🛏 6x, hpw NOKroon 3600

Route

🚗 Vanaf Oslo E6 richting Trondheim. Volg E6 tot 5 km voorbij Ringebu. Sla rechtsaf bij Rv27 en blijft deze volgen. Vanaf Atnbrua is Fjelltun nog 1500 m. Duidelijk bord wijst weg naar Fjelltun.

🚆 Trein: vanuit Oslo naar Koppang (in Østerdalen). Vanuit Oslo Gardermoen verschillende bussen naar Koppang. In Koppang: 2 x p/d overstappen op bus naar Folldal. Bushalte 1 km van Fjelltun. Op verzoek stopt buschauffeur ook wel voor deur van Fjelltun.

VANG I VALDRES

Vestli
Marjo Mouthaan
2975 Vang i Valdres
T   061-36 82 98
M 041-51 44 72
E   mouthaan_m@hotmail.com
🗨 no, nl, uk, de, fr

Open: hele jaar 🔥 H 1000m (RES) verplicht

Boerderij en omgeving

Dit kleine voormalige boerderijtje is mooi gelegen aan de rivier de Begna. De familie heeft twee kinderen.

Op het erf (4 ha) is plaats voor vier tenten. Het erf grenst aan de rivier. Je kunt hier heerlijk zwemmen, vissen en wildwatervaren. Ook is er een kampvuurplek. Er is voor de gasten een kano beschikbaar. Motorrijders krijgen korting, kunnen gereedschap lenen en er is een werkplaats om

te sleutelen. De eigenaresse Marjo Mouthaan stelt het op prijs als u uw komst van tevoren meldt.

De omgeving is heel geschikt voor wandelingen. Binnen een straal van 15 kilometer kunt u vissen, bootjes huren en uitgezette wandelroutes lopen. In de winter zijn er wintersportmogelijkheden. Tevens is het nationaal park Jotunheimen dichtbij.

T 4x, 🎣, ptpn NOKroon 100

Route

42 km NW van Fagernes. Van Fagernes E16 richting Lærdal. Na 42 km afslag Hensåsen. 200 m voorbij afslag groen huis aan rivier, 150 m van de weg.

Van Oslo Valdres expresbus naar Fagernes (meerdere bussen per dag). Daar bus naar Lærdal, bushalte vlakbij Vang i Valdres.

VINJE

Plassen
Ellen & Olav Nordstoga
Plassen, 3892 Vinje
T   035-07 25 53
F   035-07 26 33
E   plassen@online.no
W   www.imago.no/plassen
🌐 no, uk, de

Open: hele jaar 🌿 (RES) verplicht ❌

Boerderij en omgeving

Deze kindvriendelijke, biologische melkveehouderij ligt in een bosrijk gebied in de buurt van het Vinjemeer. U wordt uitgenodigd om een kijkje te nemen in de stal, waar altijd wat te zien is. Behalve koeien zijn er ook kippen, een hond en een kat. Groenten en aardappels worden op biologische wijze verbouwd. Op de boerderij verkoopt de boer melk, groenten, vlees en eieren. In het nabijgelegen café serveert

hij maaltijden. Daar worden ook regelmatig muziek- en poëzieavonden gehouden. Die laatste zijn gewijd aan de dichter Aasmund Olavsson Vinje. Zijn geboortehuis bevindt zich vlakbij de boerderij. De beroemde Noorse schrijver Tarje Vesaas woont een boerderij verderop.

Op het grondgebied staan verschillende oude en nieuwe bijgebouwen. Een daarvan, Mannestoga, is in gebruik als vakantiehuis voor negen personen. Het pas verbouwde, comfortabele huis is van alle gemakken voorzien. Daarnaast is er een huis voor zes personen te huur: Gunnestoga. Op de boerderij zijn roeiboten en fietsen te huur. U kunt deelnemen aan vistochten (visgerei is ook te huur)

In de buurt kunt u veel interessante cultuurhistorische plaatsen bezoeken. In het Mjonøy Centre worden lokale ambachtsartikelen en lekkernijen tentoongesteld en verkocht.

🏠 2x, 🛏 15x, hpw NOKroon 5000-6000

Route

120 km W van Notodden, Z van nationaal park Hardangervidda. Van Drammen via E134 naar Vinje, in Vinje bord Vinjestoga volgen. De accommodatie is vlakbij de kerk.

Van Oslo expresbus 180, Haukeliekspresse, naar Vinje. Boerderij 200 m van halte.

VORMSUND

Ullershov Gård
Inger-Marie & Per Ødegaard
2160 Vormsund
T   063-90 27 40
F   063-90 27 66
M   095-04 42 41
E   ullerhov@online.no
W   www.ullershov.no
🌐 no, uk, de   Ø

Open: hele jaar 🌿 H 150m (RES) verplicht ❌

Boerderij en omgeving

De herberg hoort bij een biologische boerderij. Op dit bedrijf worden 55 Hereford koeien gehouden. Ullershov heeft een lange en interessante geschiedenis, die teruggaat tot het jaar 600. Toen was deze plek een administratief en politiek centrum. Op het landgoed stond een kerk precies boven de overblijfselen van een heidens altaar. Nadat de kerk verwoest werd door een brand, is deze nooit meer gerestaureerd. Maar de ruïne staat er nog steeds. Rond 1600 werd het landgoed een boerderij. De oude gebouwen werden geheel gerestaureerd in 1726. Tegenwoordig bestaat de boerderij uit 15 verschillende gebouwen en vind je hier de grootste privécollectie van traditionele Noorse kleding. Maaltijden (ook vegetarische) en verschillende soorten zelfgemaakte specialiteiten worden geserveerd. Kruiden zijn te koop en fietsen en boten te huur. U kunt overnachten op de boerderij (bed & breakfast)

Het boerenerf is gelegen op het punt waar de rivieren Glomma en Vorma samenkomen. Het landschap daar heeft een rijke culturele geschiedenis. Voor toeristen worden begeleide tochten georganiseerd.

🛏 9x, 🛏 16x, Prijs op aanvraag

Route

Vormsund ligt 50 km NO van Oslo. Neem E6 van Oslo naar Kløfta. Sla af bij Rv2 richting Kongsvinger. In Vormsund volg bordjes Nes Kirkeruiner.

Bus van Oslo naar Vormsund. Dichtstbijzijnde treinstation in Årnes.

EIDE

Derinngarden
Asbjørn & Othild Tjugen
Halåsen, 6490 Eide
T 071-29 66 83
F 071-29 58 86
M 048-00 66 70
E asbjorn.tjugen@adsl.no
🖙 no, uk, de

Open: hele jaar 🚣 ⑱ⓔⓢ verplicht ✖️

Boerderij en omgeving

Deze biologische boerderij ligt in het fjordengebied boven op een heuvel met een prachtig uitzicht over de bergen, de zee en de meren. De omliggende boerenbedrijven houden schapen. Derinngarden zelf heeft acht melkkoeien en tien kalfjes. Daarnaast zijn er vier konijnen en een hond. In de tuin worden kruiden, groenten en verschillende soorten bessen verbouwd voor eigen gebruik. Daarnaast beschikken Asbjørn en Othild over 80 ha bos. In de boerderijwinkel verkopen ze zelfgemaakte kaas en honing.

Het huis is in 1995 gebouwd, in traditionele Noorse stijl. Gasten kunnen een appartement huren op de tweede etage, geschikt voor zes personen. Het heeft een volledig uitgeruste keuken en een badkamer met bad en toilet. Kampeerders mogen hun tent opzetten op het erf met gebruik van douche en toilet in de boerderij. De familie Tjugen heeft drie kinderen. Er is een speeltuintje met zandbak, een schommel, tennistafel en verschillende buitenspelen.

In de bossen rond de boerderij en hoger in de bergen (600-1000m) zijn veel wandelpaden, die 's winters ook geschikt zijn voor langlaufen. U kunt heerlijk vissen in een van de meren. In de omgeving zijn boten te huur. Op de boerderij zelf worden fietsen verhuurd. Er zijn veel leuke toeristische bezienswaardigheden in de omgeving. Asbjørn en Othild geven graag meer informatie.

🖙 1x, ⬩ 6x, hpw NOKroon 3000
🛇 🚫, Prijs op aanvraag

Route

🅰 Derinngarden ligt 32 km van Molde en 4 km van Eide. Neem Rv64 van Molde naar Eide. Bij Skjelvika voorbij Shell station en voetbalveld (Frodebanen) rijden. Volg de bordjes naar Vassgård (op de heuvel). Sla rechtsaf bij bordje farlig vegkryss. Op kruising ziet u klein bordje met Øvre Halåsveg en een bordje met een bed erop. De boerderij (met de omliggende rode gebouwen) ligt bovenop de heuvel.

🚆 Trein naar Åndalsnes, vandaar bus naar Molde. In Molde gaan beperkt bussen naar Eide. Tegen vergoeding ophalen in Molde.

JØA

Brakstad Gård
Margreet Sloot & Frode Bjøru
Brakstad, 7856 Jøa
T 074-28 69 52
F 074-28 62 01
M 090-52 19 19
E margreet@folla.no
🖙 no, nl, uk

Open: hele jaar 🌿 ⑱ⓔⓢ verplicht ✖️

Boerderij en omgeving

Brakstad Gård is een biologische boerderij met Debio certificering, schitterend gelegen aan zee op het eiland Jøa, in Nord-Trøndelag. Op Brakstad Gård houden ze veel soorten dieren: schapen, koeien, twee paarden, konijnen, een geit, kippen, een hond, een kat en cavia's. De koeien en schapen grazen op afgelegen weiden. Een aparte groep schapen graast het hele jaar door op de heidevelden aan de kust. Deze heidevelden zijn beschermd cultuurlandschap. Op verzoek organiseren Margreet en Frode wandeltochten naar deze beschermde heidevelden en is het mogelijk de dieren in de afgelegen weiden op te zoeken. Op de boerderij worden aardappels geteeld. Deze aardappels worden verkocht aan het ziekenhuis in Trondheim en Namsos. Tevens is er een zeilmakerij.

Brakstad Gård is heerlijk voor kinderen. Ze kunnen de konijnen en cavia's verzorgen, trampolinespringen voor paardrijden en voetballen. Op verzoek is het mogelijk mee te helpen op de boerderij. Brakstad Gård beschikt over een prachtige zeilboot, de Siglurd, die verhuurd wordt aan toeristen. Een unieke mogelijkheid om de Noorse kust met al haar geheimen te ontdekken vanaf het water. Voor kinderen is er een optimistje te huur. Frode en Margreet verhuren een éénkamerappartement onder de zeilmakerij met uitzicht over het boerderijterrein. Deze kamer heeft een keuken, slaapbank en eettafel. Er is een aparte badkamer en toilet. Voor kinderen is het mogelijk een bed bij te zetten.

Het eiland Jøa is het rijk van de Noorse dichter Olav Duun. Het weelderig landschap biedt een gevarieerd dierenleven. Wees niet verbaasd als u een eland ziet, een zeearend en misschien bevers, otters of kraanvogels. Over het hele eiland lopen prachtige wandelpaden en mooi fietsroutes. Jøa biedt oneindig veel visrijke plekjes. Als het weer het toelaat, kunt u heerlijk zwemmen en zonnebaden aan een van de witte zandstrandjes.

🖙 1x, ⬩ 2x, Prijs op aanvraag

Route

🅰 Neem vanaf Namsos Rv769 richting Ølhammeren (ongeveer 35 min.). Neem daar ferry naar Seierstad op Jøa. Volg bordjes Brakstad.

🚆 Expresbus van Værnes naar Namsos. Deze bus sluit aan op de snelboot Namdalingen naar Seierstad.

N

Fogdegården Borten
Merete Støvring
7234 Ler
T 072-85 05 56
M 099-00 39 05
E mestovr@hotmail.com
🐾 no, uk, de

Open: 1 mei-31 okt 🍴 (RES) verplicht 🖼️
🐾

Boerderij en omgeving

Fogdegården Borten ligt in het plaatsje Ler, ongeveer een half uur rijden ten zuiden van Trondheim. Deze prachtige herenboerderij heeft een rijke historie. Van 1813 tot 1901 was deze boerderij de fogdegård (boerderij die voor het inzamelen van het belastinggeld zorgde) voor het gebied Orkdal en Gauldal. Het oude kantoor van de fogd (vertegenwoordiger van de koning) met een zorgvuldig gemaakt gevangenisraam met smeedijzeren tralies staat nog steeds op het erf.

Fogdegården Borten is landelijk gelegen en wordt omringd door prachtig cultuurlandschap, heuvels, bossen, grasvelden, waar de dieren grazen, en graanvelden. Alle gebouwen en het cultuurlandschap rondom de herenboerderij zijn nog steeds intact. De boerderij en bijgebouwen worden momenteel geheel gerestaureerd. Merete verkoopt de groenten op de plaatselijke markt en in haar eigen boerderijwinkel. Er is een kleine manege met shetland pony's. Ook zijn er varkens, kippen, kalkoenen en konijnen. U kunt maaltijden bestellen op de boerderij, zowel ontbijt en diner als een lunchpakket. Voor kinderen is het heerlijk: veel speelruimte, Shetlandpony's en andere dieren om te verzorgen, een zandbak en een trampoline.

Het is mogelijk om uw tent op te zetten op het boerderijterrein, te overnachten op de hooizolder of in de stabbur. Daarnaast

verhuurt Merete een zespersoons vakantiehuis voor zes personen. Ook zijn er een aantal kamers te huur in de hoofdboerderij (bed & breakfast).

Vanaf de boerderij lopen prachtige routes naar twee seters. U kunt op eland- en roofdiersafari met de plaatselijke jachtopziener. Er zijn kano's te huur. Voor kinderen worden speciale paardrijdtochten georganiseerd. De omgeving leent zich bij uitstek voor fietsen. Er zijn veel gemarkeerde en ongemarkeerde wandelpaden. Op 600 m van de boerderij loopt het pelgrimspad van Oslo naar Trondheim. In de omgeving kunt u zwemmen en vissen.

🍴 🍽️ 🐴 🛷 🐟 🚲 ❄️ 🏔️

🛏️ 3x, 🛏 5x, Prijs op aanvraag
🏠 1x, 🛏 6x, hpw NOKroon 3900
🏨 🛏1x, 🛏 6x, Prijs op aanvraag
⛺ T 2x, 🚐 1x, Prijs op aanvraag

Route
🚗 Volg E6 van Oslo naar Trondheim. Ga in Ler rechtsaf bij bord Klæbu, na 20m linksaf bij bord Kirkfå, na 800 m rechtsaf bij bordje Kirkflå. Volg oprijlaan naar boerderij.
🚌 Neem bus of trein van Trondheim naar Ler. Stap uit bij Ler. Verder zoals hierboven.

Brattset Gard
Nancy Aalmo
6693 Mjosundet
T 071-64 88 50
F 071-64 88 86
M 098-03 62 88
E na-aalmo@online.no
🐾 no, uk, es

Open: hele jaar 🍴 H 50m (RES) verplicht 🖼️

Boerderij en omgeving

Deze kleine biologische boerderij dateert uit 1872 en is idyllisch gelegen op Ertvågøy in de provincie Møre og Romsdal. De boerin fokt een oud Noors schapenras, de Villsau. Verder zijn er konijnen, een hond, een kat, een lama en pluimvee.

In de boerderij, die gerenoveerd is in 1992, zijn kamers te huur. De keuken, luxe badkamer en woonkamer bevinden zich in de nieuwe aanbouw. Kampeerders kunnen hun tent opzetten op het boerderijterrein en mogen gebruik maken van de douche en toilet in de boerderij zelf, of kunnen ervoor kiezen de tent op te zetten in de bergen bij de oude seter. Deze seter (vier personen) is ook te huur en ligt in een mooie rustige omgeving. Er is een boot te huur.

U kunt wandelen, vissen en zwemmen in de fjord of in een van de bergmeren.

🍴 🍽️ 🛷 ⋯0,5 🐟10 🐟0,5 ❄️ 🏔️

🛏️ 2x, 🛏 4x, 1pkpn NOKroon 250, 2pkpn NOKroon 400 B&B
🏠 1x, 🛏 4x, Prijs op aanvraag
⛺ T 4x, 🚐, Prijs op aanvraag

Route
🚗 150 km W van Trondheim, op eiland Ertvågøy. Van Orkanger of Betna/Oppdal E39 naar Hendset. Neem hier de pont naar Aresvik op eiland Ertvågøy. Weg volgen naar Mjosundet, 6 km. Vanaf Kristiansund kan men de fraaie Rv680 nemen.
🚌 Van Trondheim HOB-MØRE bus naar Hendset. Van Hendset pont naar Aresvik op eiland Ertvågøy. Daar lokale bus naar boerderij.

Setran Hyttegrend
Anne & Frode Setran
7960 Salsbruket
T 074-38 86 74
F 074-39 86 29
M 099-16 58 71 / 048 -14 05 79
E post@setran-hyttegrend.com
W www.setran-hyttegrend.com
🐾 no, uk, de

Open: hele jaar ⛺ 1 mrt-1 okt 🍴 H 50m (RES) verplicht 🖼️

Boerderij en omgeving

Wilt u vissen op zalm, forel en zeevis? Of heerlijk paardrijden, kanoën of wandelen? Of gewoon lekker van de natuur en de rust genieten en met uw blik op het fjord langzaam wegdromen. Het kan allemaal op Setran Hyttegrend. Deze gezellige, kleine boerderij bestaat uit verschillende gerestaureerde gebouwen. Het oudste gebouw dateert uit 1850. De boerderij is een traditioneel gemengd bedrijf met schapen, geiten en varkens. Deze worden vergezeld door kippen, eenden, konijnen, twee IJslandse paarden en één Northlandic paard. Vanaf de boerderij kijk je over de Oppl[ø]y fjord.

Er zijn vijf luxe huizen te huur van vier tot acht personen, met keuken, douche, toilet en wasgelegenheid. Ook is er een kampeerterreintje voor vijf tenten en wat caravans. De boerderij is met al haar dieren en mooie speelplaats zeer geschikt voor gezinnen met kinderen. Bij de boerderij bevindt zich ook een demonstratietuin. Deze is dagelijks geopend van 10.00 uur tot 18.00 uur. Gasten die een huis huren mogen gratis paardrijden.

Het omringende landschap is gevarieerd: (meren, rivieren, bergen, zee) U kunt er prachtige wandelingen maken, boten en kano's huren.

🏠 5x, 🛏 32x, Prijs op aanvraag
⛺ T 5x, 🚐 2x, ptpn NOKroon 100, pcpn NOKroon 150

Route

🚗 90 km NW van Grong. Van Grong over Rv776 naar Salsbruket, daar verder in richting Geisnes. Boerderij aan deze weg, 4 km voorbij Salsbruket.

🚌 Van Grong bus via Kolvereid naar Salsbruket.

SAURA
Handnesgarden
Kleo Delavaris
Handnesgarden, 8724 Saura
T 075-05 73 97
M 095-89 50 61
E kleo@handnesgarden.no
W www.handnesgarden.no
🌐 no, uk, de

Open: hele jaar ❤ 🍴 (RES) verplicht 📷

Boerderij en omgeving

Handnesgarden is een biologische boerderij (Debio gecertificeerd) en een centrum voor natuurlijke paardenhouderij. De boerderij ligt op het eiland Handnes en heeft een schitterend uitzicht op de fjorden en de kustlijn. De geschiedenis van de plek gaat terug tot in de Steentijd. Op de boerderij worden Vestlandsk fjordfe (koeien) gehouden, een oud Noors ras. Er zijn ook Noorse schapen en Smålens ganzen. Daarnaast staan er 20 paarden van verschillende rassen. Kleo geeft graag rondleidingen over het boerderijterrein zodat de gasten haar dieren kunnen ontmoeten. De paarden leven hier zoals dat volgens de natuur zou moeten; vrij en buiten in de natuur, zonder hoefijzers, natuurlijk gevoed en in een groep. De relatie met de paarden is altijd vriendelijk, vredig en positief. Gasten kunnen deelnemen aan verschillende seminars en practische cursussen over natuurlijk paarden houden en paardentraining. Daarnaast kunt u trektochten met paarden maken in de omgeving of begeleide tochten met bagage. Op het erf staat een huisje voor vier personen met keuken, houtkachel, toilet en drie slaapkamers. Hier kunt u uw eigen maaltijden klaarmaken met ingrediënten van de boerderij. Kampeerders kunnen ook op het erf terecht (douche en toilet op de boerderij) Handnesgarden kan alleen kleine groepen toeristen ontvangen. Het is

een unieke kans om het boerderijleven op z'n zuiverst van dichtbij mee te maken. Op de boerderij worden Mandel-aardappelen verkocht en andere boerderijproducten. Gasten kunnen samen met de familie en de werknemers een biologische maaltijd nuttigen. Meehelpen op de boerderij is mogelijk in overleg met de boer.

Verder kunt u in de omgeving boten huren, fjordvissen en tal van wandelingen maken. De grafheuvels in de buurt zijn beslist een bezoek waard.

🏠 1x, 🛏 4x, hpw NOKroon 2800
⛺ ptpn NOKroon 100pcpn NOKroon 100

Route

🚗 70 km W van Mo i Rana. In Nesna pont naar Handnesøya, dan 1 km naar boerderij.

🚌 Trein van Trondheim naar Mo i Rana. Daar bus naar Nesna. In Nesna pont naar Handnesøya. 1 km naar boerderij.

SNÅSA
Strindmo Gård Camping
Åshild Monica Østvik & Bjørn Styrkår
Strindmo, 7760 Snåsa
T 074-16 39 12
E aostvik@online.no
🌐 no, uk, de

Open: hele jaar 🚣 H 26m (RES) verplicht 📷

Boerderij en omgeving

Deze accommodatie is gelegen aan het meer Snåsa in de provincie Sør-Trøndelag. De eigenaren van deze boerderij zijn zeer ondernemend op milieugebied: zij hebben eigen generator gebouwd. Het water komt uit eigen bron en bouwhout komt

van het eigen terrein. Er worden cursussen vissen, wol spinnen en wol verven met plantaardige materialen gegeven. Eventueel kunt u vrijwilligerswerk doen zoals hout kappen, composteren en opschonen van struikgewas (in overleg met de eigenaar)

Het kampeerterrein ligt op het erf, dichtbij de rivier en aan het meer van Snåsa. Op het kampeerterrein zijn ook acht huisjes te huur. Kampvuurplek, toiletten, douches, eenvoudige keukenfaciliteiten en wasmachine zijn aanwezig op het kampeerterrein. Basisproducten als brood, melk en boter kunt u ter plekke kopen.

In de buurt zijn veel wandelpaden: langs de rivier loopt een gemarkeerd natuurpad met informatiebordjes in het Engels en Duits. Hier kunt u genieten van alles wat de natuur te bieden heeft, waterkolken en stroomversnellingen, zonnen op Svaberga en tegelijk genieten van een prachtig uitzicht. Tijdens wandelingen in het bos kunt u allerlei soorten bessen plukken. Er zijn fietsen, roeiboten en kano's te huur; voor vissers is het een ideale omgeving. Op 50 km afstand ligt het Nationaal Park Gressåmoen, met oude sparrenbossen en moerasgebieden. Op 17 km ligt het Samimuseum. De weidevelden in de Snåsabergen zijn graasgebieden voor rendieren. De eigenaren Bjørn en Åshild vertellen u graag wat u allemaal nog meer kunt doen aan activiteiten en op cultureel gebied.

⌂ 8x, ⬚ 36-40x, Prijs op aanvraag
⚊ ptpn NOKroon 80pcpn NOKroon 125

Route

🅰 40 km NO van Steinkjer. Vanaf Steinkjer Rv763, langs het Snåsa-meer tot in Strindmo.

🚍 Van Trondheim bus of trein naar Steinkjer. Daar bus naar Snåsa; buschauffeur vragen te stoppen in Strindmo (bus stopt alleen op verzoek). Bus rijdt in zomerseizoen slechts 3 x p/w!

ØVERBYGD

Øvergård Ferie
Ewa Anna & Arne Øvergård
9334 Øverbygd
T 077-83 86 81
M 095-14 35 25
E ewaanna.oe@c2i.net
🔊 no, uk, pl

Open: hele jaar ⚓ H 90m ⓇⒺⓈ verplicht ✉

Boerderij en omgeving

Øvergård is een bosbouwbedrijf met duurzame houtproductie en ligt boven de poolcirkel. Op het erf wordt een oude zaagmolen herbouwd. Ewa Anna en Arne vertellen u graag meer over biologisch boeren en laten op verzoek dia's zien over onderwerpen als natuur, traditionele plattelandscultuur en Sami-cultuur. De Sami zijn de oorspronkelijke bewoners van dit gebied. Ze demonstreren het gebruik van traditionele werktuigen. Desgewenst nemen ze hun gasten mee op korte of lange begeleide tochten.

Er zijn verschillende mogelijkheden voor overnachting. U kunt een eenvoudig huisje huren met keuken en houtkachel. Douche en toilet zijn in een apart gebouwtje. Kamperen kan ook. En verder kunt u een lavvu huren, een tent zoals gebruikt door de Sami. De accommodatie is geschikt voor kinderen; de eigenaren hebben er zelf al twee. In de winter kunnen kinderen een trip maken met de sleehond.

De boerderij ligt op een punt waar drie valleien samenkomen: Divi, Rosta en Tamokdalen, dichtbij een rivier, bossen en bergen. Het gebied is erg geschikt om te wandelen, zowel in de winter als in de zomer. In de omgeving kunt u ook vissen. Op de boerderij is een roeiboot te huur en je kunt er paardrijden. Het gebied leent zich uitstekend voor cross-country skiën. Nationaal park Øvre Dividal ligt 40 km

verderop, het heeft een zeer bijzondere bergflora en -fauna.

🐟 🐾 🌊3 🐾7 ✕○ 🐾1 ✳1 🎿

⌂ 1x, ⬚ 5x, hpw NOKroon 3000
⚊ 🎿, Prijs op aanvraag

Route

🅰 110 km Z van Tromsø. Over E6 naar Elverum. Daar Rv87 richting Nordkjobotn. Na 40 km Øverbygd, 7 km voorbij Øverbygd ligt boerderij.

🚍 Bus van Bardufoss of Tromsø naar Øverbygd. Na afspraak haalt boer u hier op.

SAMUELSBERG

Nordli
Gerd Mikalsen & Reidar H. Solberg
Badjeljeaggi, 9144 Samuelsberg
T 077-71 62 99
F 077-71 75 52
M 091-17 47 25
E reihe-s@online.no
W www.manndalensjobuer.no
🔊 no, uk, de

Open: hele jaar ⚓ 🍴 H 23m ⓇⒺⓈ verplicht ✉

Boerderij en omgeving

De biologische boerderij ligt boven de poolcirkel. In dit gebied wonen veel Sami, de oorspronkelijke bewoners. De boer houdt schapen, koeien en kippen. In de zomer lopen de schapen en de koeien vrij rond in de bergen. Geïnteresseerden kunnen met de boer mee om de dieren te inspecteren. U kunt aardappelen en groenten van het land, zelfgebakken brood, schapenvlees, eieren, bessen en honing kopen.

Er zijn twee huisjes te huur. Het eerste huisje is voor vijf personen. Het ligt direct aan de kust en heeft een keuken, sauna en tv. Het tweede huisje is voor zes personen, is 12 km van de boerderij verwijderd en heeft een heel eenvoudige inrichting: er is geen elektriciteit, wel een houtkachel en een gasbrander. U kunt kamperen op een veldje vlakbij dit laatste huisje. Ook kunt u een nacht doorbrengen in een lavvu, een tent zoals gebruikt door de Sami. De lavvu biedt plaats aan acht personen. De boer kan deze Sami-tent opzetten waar u wilt. In de boerderij is een kamer voor twee personen te huur. Maaltijden zijn in overleg verkrijgbaar; de ingrediënten zoals groenten, vis en vlees komen uit de streek. De boer verhuurt fietsen, een roeiboot en tien motorbootjes. Er is een speciaal huisje met diepvriezer beschikbaar om zelfgevangen vis schoon te maken, te fileren en eventueel in te vriezen. Visuitrustingen zijn te koop of te huur.

De omgeving rond Nordli leent zich uitstekend voor wintersport, ijsvissen en wandelen. Er zijn veel gemarkeerde en ongemarkeerde wandelpaden. In de zomer wordt in de streek het beroemde jaarlijkse Riddu Riddu festival gehouden, waar u kunt genieten van inheemse muziek uit het poolgebied.

🏕️ 🍽️ 🛶 🚣 🎣 Ⓢ 〰️1 🌊3
🚢2 🎣1 🛶1 ⛵12 🍽️ ❄️ 🎿

🛏️   1x, 🛏️ 2x, 2pkpn NOKroon 300
🏠   2x, 🛏️ 11x, Prijs op aanvraag
⛺   T 10x, 🎿, Prijs op aanvraag

Route
🅰️ 55 km O van Tromsø. Van Tromsø via E6 naar noorden. Ca 25 km na afsplitsing van E8 ligt Samuelsberg aan Lyngen Fjord. Nordli ligt 1,5 km van E6, bewoners vragen om verder aanwijzingen.
🚌 Bus van Tromsø naar Alta, halte Samuelsberg.

S

Zweden

Zweden is bijna even groot als Frankrijk of Spanje maar heeft minder dan 9 miljoen inwoners. De afstand van noord naar zuid bedraagt 1547 kilometer. Als u Zweden 180 graden zou 'roteren' langs het zuidelijkste puntje van het land, dan zou de top ergens bij Rome uitkomen!

Bijna viervijfde deel van Zweden bestaat uit eindeloze bossen, bergruggen, rivieren, meren, moerassen, fjell en toendra. De meeste grote steden, waaronder Stockholm, zijn ingebed in een natuurlijke omgeving. In 1996 liep er 20 kilometer buiten het centrum van Stockholm nog een beer door de bossen! En natuurlijk is Zweden ook het land van de eland. Met een beetje geluk zult u deze enorme hoefdieren kunnen zien, vooral als het schemert. Kaalkap van bosgebieden heeft een passend leefmilieu met veel open gebieden voor de eland gecreëerd. Toeristen zijn zo dol op dit typische symbool van Zweden dat iedere zomer opnieuw een groot aantal waarschuwingsborden voor overstekende elanden wordt gestolen. Die borden staan er echter niet voor niets: de traag voortsjokkende dieren zijn de voornaamste oorzaak van auto-ongelukken in Zweden.

Het Zweedse 'allemansrecht' bepaalt dat iedereen het recht heeft om andermans grondgebied te doorkruisen, te voet, op ski's of te paard, zolang men maar niets vernielt en de rust van de eigenaar niet verstoort. Als een boer een hek plaatst, moet hij zodanige voorzieningen treffen dat anderen het terrein op kunnen, bijvoorbeeld via een poortje of een trapje over het hek.

Accommodaties
De ECEAT-accommodaties in Zweden zijn buitengewoon divers, zowel wat betreft de geografische locatie als het karakter van het boerenbedrijf. Sommige van de boerderijen staan op eilandjes in binnenmeren of aan de zeekust. Andere bevinden zich midden in het woud of in de bergen. Weer andere staan in open akkerbouwgebieden. Logeeraccommodaties, met name vakantiehuisjes, zijn in de meerderheid. In de regel zal het enige moeite

kosten de accommodaties te vinden, verscholen als ze liggen in het uitgestrekte, dunbevolkte land. Maar als u aankomt gaat er een wereld open: een pontje moet u overzetten naar het eiland, er staat een Lappentent waar u kunt overnachten of er zijn pony's voor de kinderen om op te rijden. In het algemeen verdient het aanbeveling uw Zweedse gastheren van tevoren van uw komst op de hoogte te brengen. Om u beter te kunnen ontvangen, bereiden de accommodatiehouders uw verblijf graag voor. Op de meeste accommodaties mag niet gerookt worden.

Een aantal accommodaties is aangesloten bij het Kärngårdar-netwerk. Het gaat hier om idealistische en spiritueel ingestelde boeren die soberheid en maximale zelfvoorziening nastreven. Moderne apparatuur en elektriciteit ontbreken dan ook op dit soort bedrijven.

(Biologische) landbouw

Vandaag de dag werkt nog maar 1,5% van de Zweedse bevolking in de landbouw. Slechts 7% van het grondoppervlak wordt door boeren bewerkt; bijna 60% van het land bestaat uit bos. De belangrijkste landbouwgebieden van Zweden zijn de vlakten in het zuidelijke Skåne, het open gebied in Västergötland tussen de twee grote meren Vänern en Vättern en het platteland

rondom de grote meren Mälaren en Hjälmaren in Midden-Zweden. In deze gebieden bevinden zich voornamelijk grote graantelende bedrijven. Meer naar het noorden ligt de nadruk op veeteelt (koeien, schapen en geiten). De Samen ('Lappen'), een inheems volk uit de meer bergachtige delen van noordelijk Scandinavië, houden daarnaast ook rendieren.

De Zweedse landbouw- en voedingsindustrie werkt hard aan haar imago van de 'zuiverste landbouw van de wereld'. KRAV is de certificerende instelling in Zweden en tevens wordt gewerkt met het Demeter keurmerk voor biologisch-dynamische landbouw. In totaal bewerken Zweedse KRAV en Demeter boeren ruim 200.000 hectare landbouwgrond. Percentueel steeg de biologische productie tot 6,8% in 2004. KRAV-producten zijn in vrijwel iedere Zweedse levensmiddelenwinkel te koop. In de supermarktketen Gröna Konsum - met de grootste omzet aan biologische producten van Europa - hebben ze als merknaam 'Änglamark', en de ICA-supermarkten gebruiken de naam 'Sunda'.

De prijs voor biologische producten ligt in Zweden lager dan in andere EU- landen. Dit komt door de ruimere beschikbaarheid van deze producten en de lagere marge in de detailhandel.

Genetisch gemanipuleerd voedsel is een ander onderwerp waar de Zweedse consumenten zich druk om maken. Het merendeel van de Zweden is tegen genetisch gemanipuleerd voedsel.

Natuur(bescherming)

Twintig jaar geleden waren de beer, de wolf, de lynx en de veelvraat nagenoeg uitgestorven in Zweden. Maar dankzij beschermende maatregelen neemt hun aantal gestaag toe. Op dit moment zijn er zo'n 1.500 lynxen, 1.000 beren en 75 wolven. Vooral de wolf is een onderwerp van discussie. Jagers zien het dier als concurrent in de jacht op herten en elanden. Natuurbeschermingsorganisaties pleiten er echter voor dat de wolvenstam zich kan uitbreiden tot zo'n 200 stuks, zodat de populatie op termijn een levensvatbare grootte krijgt. Het meest bekende dier in Zweden is de eland. Er zijn zo'n 250.000 tot 300.000 elanden en ieder jaar wordt ongeveer een derde (100.000 dieren!) geschoten tijdens het jachtseizoen.

Zweden staat ook bekend om zijn houtindustrie. Werd tot het begin van de vorige eeuw het bos systematisch gekapt, sindsdien is begonnen met het aanplanten van 'boomplantages' op de kapvlaktes, om in de toekomst verzekerd te zijn van een nieuwe voorraad hout. Inmiddels is er nauwelijks nog oerbos over in Scandinavië. De 'Naturskyddsföreningen', Zwedens grootste natuurbeschermingsorganisatie, voert campagne om de laatste oerbossen te beschermen. Op dit moment zijn er, over het hele land verspreid, 26 nationale parken.

S

ANEBY

Västra Karstorp
Lena-Britt Gustavsson
Västra Karstorp 1, 57892 Aneby
T   0380-409 35
M 070-358 18 98
E   lenabritt@karstorp.net
W www.karstorp.net

se, uk, de

Open: hele jaar ♥ H 300m (RES) verplicht

FALKÖPING

Liden
Gunn Britt & Leif Filipsson
Slutarp, 52193 Falköping
T   0515-333 46
E   filipsson.liden@r.lrf.se
W http://home.swipnet.se/~w-72363/
se, de

Open: hele jaar ♥ (RES) verplicht ✗

Route

40 km E from Jönköping. Op de website vindt u een kaart.

Neem de trein naar Nässjo, waar u op verzoek van het station wordt gehaald.

Route

10 km Z van Falköping. Van Ulricehamn via R46 richting Falköping. 10 km Z Falköping, bij Statoil benzinestation, 'Bo på Lantgård', boerderij is 500 m verderop.

Van Falköping bus naar Slutarp. Van halte 500 m naar boerderij.

GÄRSNÄS

Ekogården
Ariel Hellgren
Skräddaröd, 27297 Gärsnäs
T   0414-234 60
M 070-648 96 24
E   ekogarden@telia.com

se, uk, de, dk, no

Open: 15 mrt-31 okt ♥ (RES) verplicht ✗

Boerderij en omgeving

Deze biologische zuivelboerderij ligt in een typisch Smålands landschap. De boerderij is 150 ha groot en heeft ca. 35 koeien. Andere aanwezige dieren: paarden, kippen, eenden, fazanten, katten en een hond.

Het gerenoveerde houten huisje voor zes persoenen heeft een eigen keuken, douche, toilet en is traditioneel en comfortabel ingericht met televisie, koelkast, wasmachine, grill en magnetron. Er kan eventueel een extra bed worden bijgeplaatst. De eigenaresse stelt het op prijs als u reserveert. Op de hele accommodatie mag niet gerookt worden. Helaas kunt u uw eigen hond niet meenemen. In de tuin kunt u van een kampvuur genieten en de eigenaren geven u ook graag een rondleiding over hun bedrijf. Er zijn verschillende voorzieningen voor (kleine) kinderen zoals een kinderstoel, kinderbedje, kinderbadje en speelvoorzieningen.

In de omgeving kunt u heerlijk wandelen; kaarten zijn op de accommodatie beschikbaar. Het huisje ligt 1,5 km van een meer, waarin gezwommen en gevist kan worden. Ook is er voor de liefhebbers niet ver een tennisbaan.

🏕 🛏 ✈ ⌖1,5 ♦5 ✂3 🚲7
✻4 🎣

1x, 6x, Prijs op aanvraag

Boerderij en omgeving

Deze biologische veehouderij ligt in een bosrijk gebied. Er worden melk- en vleeskoeien gehouden en Shetland- en Connemara-pony's gefokt.

Er zijn verschillende overnachtingsmogelijkheden: de eerste is in een gerestaureerd zevenpersoonshuisje uit 1860 met een moderne keuken, vier slaapkamers, huiskamer met TV, toilet, douche en wasmachine. Een oude bakoven en betegelde houtkachels zijn bewaard gebleven. Een tweede mogelijkheid is in een vier- tot vijfpersoonsappartement op de bovenverdieping. Het heeft een keuken, toilet, douche en ruime huiskamer met TV. Er zijn mogelijkheden om te kamperen voor drie tenten. U kunt op de boerderij paardrijden.

In de omgeving zijn veel archeologische bezienswaardigheden.

2x, 12x, hpw SEKroon 3300-4400
ptpn SEKroon 100pcpn SEKroon 150

Boerderij en omgeving

Deze boerderij is gebouwd rond 1850 en wordt gerestaureerd. Ze ligt in een prachtig glooiend landschap met bossen, weiden, boomgaarden en kleine, kronkelende landweggetjes. Het is een biologisch-dynamisch bedrijf waar schapen, kippen, katten, honden en bijen worden gehouden. Op de boerderij zijn groenten, vlees en eieren verkrijgbaar.

U kunt kamperen op een veld vlakbij de boerderij. Er zijn elektriciteitsaansluitingen, een douche op zonne-energie, koud waterkraan, toilet zonder spoeling en een kompleet ingerichte buitenkeuken met heet water en een fornuis. Er zijn plannen om op het terrein een ecodorp te gaan bouwen.

In de omgeving worden veel culturele evenementen georganiseerd; vraag Ariel voor meer informatie. De boerderij ligt 5 km van de zee en 3 km van een meer. In de omgeving zijn heerlijke zandstranden te vinden. De wateren buiten Simrishamn zijn zeer bekend om de zalmvisserij. U kunt in de buurt lange wandelingen maken. Ook zijn er kano's en fietsen te huur.

≈ 🦆 ❀ ┄┄5 🦆3

⚓ T 20x, ⬖ 5x, 🪵, ptpn SEKroon 100, pcpn SEKroon 150

Route
🔼 14 km N van Simrishamn.

🐾 Van Simrishamn bus 574 naar Vitaby, uitstappen bij Skräddaröd (500 m).

GUNNARSKOG

Hagalund
Barbara Hinsch
Hagalund, Lilla Årbotten,
67035 Gunnarskog
T 0570-326 14
📞 se, uk, de, fr

Open: 15 mrt-31 okt 🐾 (RES) verplicht ✖

Boerderij en omgeving
Dit kleine biologisch-dynamische bedrijf ligt in een bosrijk gebied en heeft een mooi uitzicht over het meer van Gunnarn. De boerderij dateert uit het begin van de twintigste eeuw en is gerestaureerd in de oorspronkelijke stijl. Er zijn koeien, schapen, geiten, kippen, eenden en een hond. Veel werk wordt nog met de hand gedaan, zoals het melken van de koeien.

U kunt de voormalige, gerestaureerde, voorraadschuur huren, omgebouwd tot vakantiehuisje. Het heeft één grote kamer, een forse zolder, keuken met houtkachel, toilet en douche. Op de boerderij kunt u een kano en een waterfiets huren.

800 m van de boerderij is een meer waar u kunt zwemmen, vissen en kanoën.

≈ 🦆0,8 ⬖

🏠 1x, ✂ 5x, hpw SEKroon 2900

Route
🔼 20 km NW van Arvika. Van Arvika 500 m in richting Karlstad. Links richting Gunnarskog. 3 km voor Gunnarskog eerst borden Årbotten volgen, dan borden Lilla Årbotten. Bij 'bydegård' rechts. Bij een scherpe bocht links treft u de boerderij aan uw rechterhand.

🐾 Bus van Arvika naar Gunnarskog. Uitstappen bij halte Årbotten. Daar 1 km naar boerderij. Na afspraak haalt boer u bij halte op.

LÖTTORP

Frieser Gården
Christina Albertson
Gamleby, 38074 Löttorp
T 0485-252 58
M 073-994 47 83
E eceat@telia.com
📞 se, uk

Open: hele jaar 🐾 ≈ (RES) verplicht ✖ 🦌

Boerderij en omgeving
Deze boerderij ligt op het noordelijke deel van het eiland Öland, op 2 km afstand van zee. U vindt hier meer dan 400 houten windmolens, begraafplaatsen uit het bronzen en ijzeren tijdperk, runenstenen, forten en talloze kasteelruïnes. Öland heeft een rijke flora en fauna. Het hoofdgebouw van de boerderij dateert uit 1850 en is voor een groot deel gerestaureerd. Bij de boerderij hoort een grote groentetuin. Verder vindt u er Friese paarden, schapen, varkens, geiten, kippen, konijnen en katten.

Op de boerderij kunt u twee tweepersoonskamers huren, het ontbijt is inbegrepen. Op het erf, 250 m van de boerderij, staat een huisje voor vier personen. Het heeft een huiskamer met TV, volledig uitgeruste keuken, houtkachel, toilet en douche.

De omgeving nodigt uit tot fietsen; het is

er vlak en er zijn talloze fietspaden. Op de boerderij kunt u fietsen huren. Het eiland is ook interessant voor vogelaars. Op het zuidelijke punt van het eiland is een vogelreservaat.

🦆 ┄┄3 ✕6 🦆6 🚣

⬓ 2x, ✂ 4x, 1ppn SEKroon 350, 2ppn SEKroon 275 B&B
🏠 1x, ✂ 4x, hpw SEKroon 4900

Route
🔼 35 km N van Borgholm op eiland Öland. Van Kalmar via R137 over brug naar Färjestaden (Öland). Dan R 136, langs Borgholm tot 10 km voor Löttorp. Daar borden Frieser Gården volgen. Na 200 m bij bord met paard groot rood huis.

🐾 Bus van Kalmar, uitstappen bij halte Hörlösa vägskäl, van halte 200 m tot boerderij.

ORMARYD

Tegnérs Södra Äng
Gudrun, Björn & Leif Tegnérs
Södra Äng, 57172 Ormaryd
T 0381-800 60
F 0381-800 37
E info@tegner.nu
W www.tegner.nu
📞 se, uk, de

Open: 1 mei-30 sep (RES) verplicht ✖

Boerderij en omgeving
Deze statige boerderij ligt in een heuvelachtig, typisch Smålands landschap. De geschiedenis van de boerderij gaat terug tot de zestiende eeuw. Het huidige hoofdgebouw is gebouwd in 1866. Later zijn hier 15 roodgeverfde gebouwen aan toegevoegd: een smederij, stallen, kippenhok en varkenshok. U vindt hier schapen, koeien, paarden, varkens, ganzen, eenden, kippen, konijnen en katten.

In 1996 zijn twee gebouwen, 'Drängstugan' en 'Månastugan', gerenoveerd en verbouwd tot twee moderne, volledig uitgeruste vijfpersoonsvakantiehuizen. Overnachting is ook mogelijk in 'Svinden' en 'Höloftet'; twee hooischuren die zijn verbouwd tot groepsaccommodaties. Verder kunt u kamperen op het erf. In het boerderijcafé is op verzoek ontbijt verkrijgbaar.

In de zomer worden op Tegnérs Södra Äng culturele evenementen georganiseerd. Ook kunt u een rondleiding krijgen langs het tentoongestelde culturele erfgoed. De omgeving is geschikt voor wandelen en fietsen. Gelegenheid om te zwemmen is er in een meer 3 km verderop.

🏊 🚲 🏊‍3 🗝

🏠 2x, 🏠 10x, hpw SEKroon 3800-4800
🏛 🛏2x
⛺ T 5x, 🚐 2x, 🔥, Prijs op aanvraag

Route

🚗 14 km O van Nässjö. Van Nässjö via R33 richting Eksjö. Na 9 km rechts bij verkeersbord 'Ormaryd'. Door Ormaryd, na 1 km rechts bij verkeersbord 'Aneby/Idrottsplats'. Na ca 0,5 km rechts bij verkeersbord 'Brevik/Södra Äng/Idrottsplats'. Na 1 km boerderij.

🚂 Trein naar Ormaryd. Dan 2,5 km lopen naar boerderij. Of boer haalt u op na afspraak.

RAMSBERG

Gammelbo Gård
Lena Bergström-Hjelte &
Peter Bergström
Gammelbo Gård, 71198 Ramsberg
T 0581-66 10 90
F 0581-66 10 17
E gammelbo.gard@telia.com
W www.gammelbogard.se
📞 se, uk, de   *demeter*

Open: hele jaar 🍴 (RES) verplicht [X]

Gammelbo Gård en omgeving

Dit prachtige landhuis ligt in een dicht bebost gebied tussen twee meren. De geschiedenis van deze voormalige ijzerfabriek gaat terug tot de vijftiende eeuw. Nu is het een biologisch-dynamisch landbouwbedrijf met schapen, varkens, kippen en kleinvee. Op het terrein bevindt zich een molen waar zelfverbouwd graan wordt gemalen. In de vroegere ijzergieterij bevindt zich nu een gezellig café, geopend na afspraak. Daar kunt u meel van de molen, zelfgemaakt knäckebröd en worst kopen.

Er zijn verschillende vakantiehuizen voor vijf tot acht personen te huur, alles stijlvol ingericht met elk een eigen sfeer en comfort. U kunt ook overnachten in een van de luxe ingerichte kamers. Alle kamers en appartementen zijn rookvrij.In totaal kunnen er 45 mensen overnachten. Verder is Gammelbo Gård een conferentieoord.

In de buurt is het goed vissen; u kunt een boot of kano huren. Verder is het een prachtig wandelgebied.

🏊 🏊 ⛵

🛏 12x, 🏠 20x, 1pkpn SEKroon 550, 2pkpn SEKroon 750 B&B
🏠 4x, 🏠 25x, hpw SEKroon 2000-5000

Route

🚗 30 km NO van Lindesberg. Van Örebro R60 naar Lindesberg. Daar R68 richting Fagersta. Na ca 30 km naar links wijzend bord Gammelbo. Na 6 km boerderij.

🚂 Deze accommodatie is moeilijk te bereiken met openbaar vervoer.

REJMYRE

Tisenö Gård
Isabelle & Niklas Palmcrantz
Tisenö, 61014 Rejmyre   *demeter*
T 0151-220 54
M 070-622 20 54
E tiseno@d.lrf.se
W http://home.swipnet.se/tiseno
📞 se, uk, de, es, fr

Open: 15 mrt-31 okt 🐄 (RES) verplicht [X]

Boerderij en omgeving

Op het eiland Tisenö kunt u een sfeer van stilte en tijdloosheid proeven. Isabelle, Niklas en hun kinderen zijn er de enige bewoners. De familie leidt ondanks haar geïsoleerde positie een druk bestaan. Zij drijven hier een biologisch-dynamisch bedrijf met schapen, koeien, kippen en varkens en verbouwen hun eigen groenten. Daarbij beheren ze een veerboot naar het eiland, organiseren ze cursussen in alternatieve bouwtechnieken en zijn ze actief in lokale ontwikkelingsprojecten.

U kunt een tweepersoonshut huren, voorzien van elektriciteit en houtkachel. Er is geen stromend water; u kunt toilet en douche in de boerderij gebruiken. Op enige afstand van de boerderij staat nog een kleine hut, gelegen aan het meer. Deze biedt plaats aan één tot vier personen en heeft stromend water, een keuken, koelkast en toilet zonder spoeling. Kamperen kan op het hele eiland, u kunt zelf een plek kiezen. Op 300 m van de boerderij, in de buurt van de pont, is een toilet zonder spoeling voor kampeerders. Er is geen stromend water; uit het meer haalt u water van goede kwaliteit.

Het meer biedt prima mogelijkheden om te vissen, u kunt een roeiboot en visgerei huren op de boerderij. In de omgeving kunt u onder andere paardrijden, kanoën en bessen plukken. De boer en boerin geven u graag meer informatie over andere activiteiten.

⌂ 2x, ⬭ 6x, Prijs op aanvraag
▲ T 4x, 🔥, pppn SEKroon 50, ptpn SEKroon 50

Route
▣ 150 km ZW van Stockholm en 25 km ZW van Katrineholm. Van Norrköping via R55 richting Katrineholm. Na ca 20 km bij wegwijzer 'Rejmyre' links. Door Rejmyre naar Hävla, ca 25 km. In Hävla bord 'Katrineholm' volgen, tot bord 'Stavsundet'. Deze achterafweg 1 km volgen tot bij pont naar eiland Tisenö. Vooraf bellen, boer kan u dan ophalen.
🚶 Van Stockholm of Norrköping trein naar Katrineholm. Bus 411; vertrekt dagelijks, behalve weekend, om 8.40 of 15.50. Uitstappen halte 'Ekeby skola', 1 km lopen naar pont naar eiland Tisenö. Vooraf bellen, boer kan u dan ophalen.

SLÖINGE
Ekomuseum Sandbolet
Berit & Roland Alexandersson
Sandbolet, 31050 Slöinge
T   0346-421 00
M 070-842 17 00
E   roland@sandbolet.com
W www.sandbolet.com
🗨 se, uk

Open: hele jaar 🐟 (RES) verplicht ▣

Boerderij en omgeving
De boerderij is idyllisch gelegen in een traditioneel agrarisch landschap. In de zomer is het omgeven door velden met boekweit. Bij de boerderij hoort ook een stuk bos. Dit wordt door de eigenaren onderhouden. U kunt een tweepersoons appartement huren met keuken, toilet en douche, of een kamer op de boerderij (eventueel met ontbijt). Op de kamers mag niet worden gerookt.

De eigenaren Berit en Roland houden zich voornamelijk bezig met het organiseren van cursussen en excursies op het gebied van natuur, milieu en cultuur. U kunt cursussen volgen in het kweken en gebruiken van kruiden en medicinale planten, vegetarisch koken, paddestoelen plukken en traditionele schildertechnieken. De familie werkt nauw samen met een natuurbeschermingsorganisatie en heeft een eigen 'Agenda 21'-expositie.

Er worden vanaf de boerderij excursies georganiseerd naar omringende bossen, boerderijen en archeologisch interessante plaatsen. Vraag vooraf naar het programma. Natuurlijk kunt u ook op eigen gelegenheid mooie wandelingen in de omgeving maken.

♨

🛏 1x, ⬭ 2x, 2ppn SEKroon 250
⌂ 1x, ⬭ 2x, hpw SEKroon 2800

Route
▣ Tussen Falkenberg en Halmstad langs E6. Van Slöinge 5 km naar Asige. Daar rechts, na 50 m bord 'Ekomuseum tunnbinderi' aan linkerkant. Na 200 m bord 'Ekomuseum Sandbolet'. Na 50 m boerderij.
🚶 Moeilijk bereikbaar met openbaar vervoer.

JÄRNA

Charlottendals Gård
Peter Hagerrot
Charlottendals gård, 15317 Järna
T 08-551 710 53
F 08-551 710 48
M 070-173 86 17
E peter.hagerrot@telia.com
W www.perspectivefilm.com/
   charlottendal
se, uk, de, fr

Open: 1 jun-1 sep (RES) verplicht

Landhuis en omgeving

Dit landhuis ligt in open cultuurlandschap temidden van weilanden, bos en heuvels. Charlottendals Gård is een zogenaamde "ekobo" (een ecocollectief) gebaseerd op antroposofische uitgangspunten. Op de boerderij zijn onder andere schapen en kippen.

U kunt hier op verschillende manieren overnachten: er is een vijfpersoons-appartement met eigen douche, toilet en keuken in een nieuwgebouwd huis. Verder zijn er twee kamers te huur, die smaakvol en comfortabel zijn ingericht. Ook hier dient u zelf voor uw maaltijden te zorgen. In de kamers mag niet gerookt worden. Het huis is met milieuvriendelijke materialen verbouwd. Op de boerderij zijn fietsen te huur.

De omgeving biedt goede mogelijkheden voor wandelen, fietsen en paardrijden. Ook kunt u zwemmen in een meertje een eindje verderop.

3x, 9x, hpw SEKroon 4000

LÄRBRO

Alvans Rute
Luella & Anders Godman
Alvans Rute, 62034 Lärbro
T 0498-22 31 21
F 0498-22 31 52
E luella.anders.godman@i.lrf.se
se, uk

Open: hele jaar (RES) verplicht

Boerderij en omgeving

Dit is een biologisch bedrijf waar aan hoge standaards wordt voldaan. De melkveehouderij voldoet niet alleen aan de voorwaarden van de landelijke organisatie voor biologische landbouw, KRAV, maar ook aan Europese richtlijnen voor het instandhouden van biodiversiteit. De eigenaren vertellen u graag meer over hun werkwijze. Behalve zestig melkkoeien zijn er schapen, twee pony's, een herdershond en een paar katten. Op de akkers wordt graan verbouwd en er is 150 ha productiebos. De boerderij ligt op een prachtige plek op het eiland Gotland en is al zeven generaties van dezelfde familie gebleven. De oudste gebouwen dateren uit 1880.

Het vakantiehuisje is gebouwd in 1975 en ligt in een bosrijk gebied, 500 m van de zee. Het biedt plaats aan zes personen en heeft een volledig uitgeruste keuken, twee slaapkamers, huiskamer met TV, toilet, douche, elektrische verwarming en open haard. In het huisje mag niet gerookt worden.

Gotland met zijn heuvelachtige platteland, kleine vissersdorpjes en bosweggetjes nodigt uit tot fietsen. U kunt fietsen huren in het nabijgelegen Fårösund.

0,5

1x, 6x, hpw SEKroon 4000

Route

Boerderij ligt op de noordoostelijke punt van het eiland Gotland. Via R148 naar Lärbro. Daar ca 7 km richting Fårösund, rechts bij borden 'Valleviken' en 'Lergrav'. Weg ca 5 km vervolgen, rechts bij bord 'St. Valla', kleinere weg op. 3e boerderij rechts.

Pont van Nynäshamn of Oskarshamn naar Visby. Daar bus naar halte 'St. Valla'. Dan 5 minuten lopen naar boerderij.

AMMARNÄS

Vindelåforsens Stugby
Urban Berglund
Box 56, 92075 Ammarnäs
T 0952-611 00
F 0952-611 08
E urban@bertejaure.se
W www.bertejaure.se
se, uk, de, es

Open: hele jaar (RES) verplicht

Vakantiepark en omgeving

De accommodatie ligt 200 m van een snelstromende rivier bij Ammernäs. Dit is een klein bergdorpje midden in Vindel Mountain Nature Reserve, het grootste beschermde natuurgebied van Europa. Vindelåforsen betekent stroomversnel-ling van de Vindel. In Ammernäs en omgeving ontmoeten de Sami-cultuur en de cultuur van de kolonisten elkaar: al meer dan 200 jaar wordt hier rendierhouderij naast traditionele landbouw bedreven. Er zijn verschillende musea die de geschiedenis belichten.

Vindelåforsens Stugby is een vakantiepark. Er zijn verschillende huisjes en appartementen te huur. Zes huisjes (max. acht personen per huisje), twee appartementen en zes cottages (max. vier personen per cottage). De eigenaar is actief op het gebied van duurzame ontwikkeling in Ammernäs en vertelt graag over locale initiatieven. Ook weet hij veel van de geschiedenis van het gebied. Zijn vrouw, Marita Norin, is kunstenares. Haar werk is te zien in het Sculpturum, dat in het vakantiepark staat. Ze is bekend van het ontwerp van het Zweedse 10 kronen muntstuk.

De accommodatie ligt 10 km buiten het dorp aan het meer Bertejaur, in een rustig wandelgebied. In de buurt loopt het LAW Kungsleden. Het is ook goed vissen in de omgeving. Bezoek het zogenaamde Naturum voor meer informatie over flora en fauna.

14x, 66x, Prijs op aanvraag

Route

370 km NW van Umeå. Van Umeå R363 naar Ammernäs langs rivier Vindel. Vanaf centrum Ammernas 2 km naar accommodatie, volg borden.

Trein van Östersund naar Gällivare, uitstappen station Sorsele (alleen in zomer). Of bus van Östersund, Umeå of Luleå naar Sorsele. Bus van Sorsele naar Ammernäs (2x p.d., hele jaar). Na afspraak halen eigenaren u hier op.

F

FOTO'S: FINS VERKEERSBUREAU

Finland

Het land staat bekend om zijn uitgestrekte bossen en ontelbare meren. De vegetatie bestaat merendeels uit arctische naaldwouden, maar vooral in het zuiden zijn er ook loofbossen. Maar liefst een tiende deel van het totale landoppervlak van Finland bestaat uit meren. Er zijn er 188.000 die groter zijn dan 500 vierkante meter. Het grootste meer is Saimaa, waarvan het afwateringsgebied een fors deel van het zuidoosten voor zijn rekening neemt. Door de uiterst grillige vorm van de kustlijn heeft het land meer kust dan welk land ter wereld.

In het uitgestrekte archipelgebied in het zuidwesten liggen duizenden eilanden, sommigen rotsachtig, anderen met bossen begroeid. In het noordwesten, in Lapland, liggen de hoogste bergen en meest uitgestrekte wildernissen. In dit gebied wonen de Samen, een inheems, vanouds her nomadisch volk met een eigen taal en cultuur. Verder zijn er ook veel Zweeds-sprekende Finnen in Finland, voornamelijk woonachtig in de zuidwestelijke en westelijke kustgebieden en op de autonome Åland-eilanden.

Finland is natuurlijk het land van de sauna. Het woord sauna komt oorspronkelijk uit het Fins en is inmiddels in vele landen een bekend begrip. Op een bevolking van 5,1 miljoen mensen zijn er wel 1,7 miljoen sauna's, dus gemiddeld een per drie inwoners. Een traditionele sauna is een houten gebouw, waarin de gasten op banken zitten, water op hete stenen sprenkelen en zachtjes met berkentwijgen hun eigen lichaam masseren. De oudste en meest authentieke vorm van de sauna is de rooksauna. Hier wordt eerst een vuur gemaakt in de sauna. Als de ruimte goed heet is worden de ramen opengezet zodat de rook kan ontsnappen. De muren houden de warmte vast. Als de rook verdwenen is, kunnen de gasten binnenkomen. Voor

de Finnen is de sauna meer dan een plaats om jezelf te wassen. De sauna is heilzaam voor ziel en lichaam.

Accommodaties

Het Finse ECEAT-netwerk bestaat uit 30 accommodaties verspreid over het hele land. De meesten zijn biologische of biologisch-dynamische boerderijen. De overnachtingsmogelijkheden variëren van kleine kampeerplekken tot logies met volpension; u kunt kiezen voor een verblijf in een vrijstaande hut, die alle rust en stilte biedt, maar het is ook mogelijk om in de boerderij zelf te overnachten en actief deel te nemen aan het boerenleven en -werk. Vaak zijn er biologische producten te koop en op sommige accommodaties worden cursussen gegeven, excursies georganiseerd of heilzame behandelingen gegeven. Veel accommodaties zijn het hele jaar open.

(Biologische) landbouw

De landbouw in Finland is altijd relatief kleinschalig geweest. Vroeger waren er veel familiebedrijfjes, maar dat veranderde toen het land lid werd van de Europese Unie. Sindsdien is het aantal boerderijen drastisch verminderd; in 2004 waren er nog 72.000 agrarische bedrijven over en het totale landbouwareaal omvatte 2 miljoen hectare. De gemiddelde grootte van een bedrijf is 28 hectare. In 2005 is het aantal biologische bedrijven 4.500 en het biologische landbouwareaal beslaat 134.000 hectare oftewel 6,6% van de totale oppervlakte.
Het officiële biologische keurmerk is het Groene zon-logo. Sommige boeren gebruiken ook andere merken, zoals Demeter of het Zweedse KRAV-keurmerk voor hun biologische producten. Een ander logo dat men in Finland

op deze producten kan aantreffen is het lieveheersbeestje, een keurmerk dat wordt uitgereikt door de Finse Associatie voor Biologische Landbouw. Recent is dit label omgezet van een keurmerk naar een kwaliteitsmerk.

Natuur(bescherming)

Finland heeft een lange traditie van natuurbehoud. Al in 1923 werden bedreigde soorten beschermd en de eerste natuurreservaten dateren van 1932. Op dit moment zijn er 35 nationale parken en zo'n 8% van de bossen heeft een beschermde status, vooral die in het noorden van het land. De nationale parken liggen verspreid over het hele land en zijn de paradepaardjes van de Finse natuurbescherming. Linnansaari Nationaal Park bijvoorbeeld is opgericht ter bescherming van de landschappelijke waarde van het Finse merengebied. Hier komt

de geringde Saimaa zeehond voor, inmiddels hét symbool van natuurbescherming in Finland.
Finland kent het zogenaamde 'allemansrecht' – het traditionele recht van vrije toegang tot alle natuur. Dit recht gaat natuurlijk vergezeld van de verantwoordelijkheid om geen schade toe te brengen aan de natuur en privé-eigendom.
Finland werkt sinds 2001 samen met ECEAT-Internationaal, de eerste jaren als project van de Finse Associatie van Biologische Landbouw. In februari 2005 is de onafhankelijke stichting ECEAT-Finland opgericht. Zij hebben twee edities van De Groene Vakantiegids verzorgd en brengen een magazine uit. Verder is er een eigen website in diverse talen: www.eceat.fi. ECEAT-Finland organiseert seminars en studiebezoeken, distribueert een nieuwsbrief voor leden, neemt deel aan beurzen en andere evenementen en werkt samen met andere Finse organisaties op het gebied van biologische landbouw, natuurbescherming en milieu-educatie, ecologische architectuur, traditionele cultuur en eerlijke handel.

FIN

HAILUOTO

Hailuodon Maaseu & Lammastila
Eija Leino
Ojakatajikko 40, 90480 Hailuoto,
Pohjois-Pohjanmaa
T 08-810 04 60
M 040-709 68 99
E eija.leino22@luukku.com
fi, uk, se

Open: hele jaar ▲ 1 jun-31 aug (RES)
verplicht ▨ ⌂

Boerderij en omgeving

De boerderij ligt op Hailuoto, het grootste eiland in de Botnische Baai en in zijn geheel beschermd landschap. Op het bedrijf worden schapen gehouden. Deze worden ook ingezet voor begrazing van bepaalde gebieden waar vegetatie teruggedrongen moet worden. De boerin heeft een bakkerij-café, waar ze tevens eigen schapenproducten, zoals vachten, wol en vlees (alleen op bestelling) verkoopt.

Over het hele eiland Hailuoto liggen accommodaties voor toeristen. De hutten zijn voorzien van beddengoed, kookgelegenheid, kookgerei en composttoiletten. Latokortteeri is een eenvoudig huis zonder elektriciteit (max. zes personen). Pöllänen is een blokhut (max. vijf personen) met houtgestookte sauna in het bos aan zee, vlakbij een Natura geclassificeerd gebied. Pajuperä is een eenvoudig vissershuisje aan de kust (max 4 personen). Verder zijn er nog twee kleinere hutjes met elektriciteit (twee en drie personen). U kunt de eigenaar ook naar andere overnachtingsmogelijkheden vragen, zoals rustieke vissershutjes of oude huisjes in beschermd gebied.

Groepen kunnen natuurexcursies boeken met uitleg over biodiversiteit en landschapsonderhoudsprogramma's. Bezienswaardigheden in de omgeving zijn onder andere Marjaniemi vissersdorp,

een vuurtoren, een kunstwinkel, een streekmuseum en het Pälävilä café. Voor evenementen op Hailuoto raadpleeg website www.hailuoto.fi.

🔥 Ⓢ 🔥 ┈┈0,2-14 ⤫0,2-14 🐾

⌂ 5x, ⚑ 20x, Prijs op aanvraag
▲ T 5x, ⛱ 2x, ⌂, Prijs op aanvraag

Route

🅰 50 km W van Oulu. E75 vanuit Z richting Oulu. Volg borden Oulunsalo, Hailuoto. Gratis pont. U kunt eigenaar bellen voor gedetailleerde routebeschrijving van het eiland.

🚆 Trein- en busstation in Oulu met busverbinding naar Hailuoto. Afhalen mogelijk tegen betaling.

ITÄ-SOISALO

Liukonpellon Luomutila
Tarja Heiskanen
Liukonpellotie 140, 79350 Itä-Soisalo,
Pohjois-Savo
T 017-54 64 03
F 017-54 64 03
M 040-747 46 72
E tarja.heiskanen@elisanet.fi
W www.leppavirta.fi/matkailu/
   luomutila.htm
fi, uk, se, de, fr, no, is

Open: 1 mei-31 sep (RES) verplicht
▨

Boerderij en omgeving

Deze biologische boerderij is schitterend gelegen in een schilderachtige natuurreservaat (20 ha). Een ideale uitvalsbasis voor natuurtrips! De eigenaren verblijven 's zomers (meestal) in Finland en 's winters in Noorwegen, waar ze ook toeristenaccommodaties verhuren.

U kunt overnachten in het hoofdgebouw van de boerderij, in een huisje of in een traditionele 'aitte' (een voedselopslag-

schuur) met plaats voor zeven tot tien personen. Het huisje, met strandje en buitenkeuken, ligt in een loofbos pal aan het meer Suvasvesi. Voorts is er een aitte op de camping, die in de buurt van het natuurreservaat ligt. Kampeerders kunnen, behalve op de camping zelf, hun tent ook opslaan in de buurt van het hoofdgebouw. Tenten, waaronder een grote, zijn op de accommodatie te huur. Wat het eten betreft: ontbijt en andere maaltijden zijn verkrijgbaar (wel even van tevoren bestellen!). Specialiteit is roggebrood. De honing, de eieren en de groenten, die worden verkocht, zijn lokaal geproduceerd door andere biologische boeren.

Op Liukonpelto is veel te leren over biologische landbouw. Verder kunnen er excursies voor u georganiseerd worden door de bossen. Boot, kano's en fietsen zijn ter plekke te leen. Culturele attracties vindt u er ook in de buurt: het beroemde Valamo klooster en Lintula (30 km).

🔥 🛶 🔥 Ⓢ ⚓ 🏊3 ⤫1 ♨2
🔥5

🛏 5x, ⚑ 20x, 2ppn € 20-30 B&B
⌂ 2x, ⚑ 10x, Prijs op aanvraag
▲ T 10x, ⛱ 2x, ⌂ ⌂, ptpn € 10, pcpn € 15

Route

🅰 50 km NO van Varkaus. Van Varkaus via R23 naar Joensuu. Na 36 km linksaf naar Näädänmaa. Na 4 km bord Haapamäki, hier rechtsaf. Na 8.6 km linksaf naar Liukonpelto. Na 1.4 km boerderij.

🚆 Treinstation in Varkaus. Busstop in Haapamäki (4.5 km van boerderij). Afhalen mogelijk op verzoek.

KALMARI

Lamminkangas
Kirsti Hetemäki-Günsberg
43270 Kalmari, Keski-Suomi
T 09-344 39 10
M 040-703 05 19
E kirsti.hetemaki-gunsberg@edu.hel.fi
fi, uk, se, fr, de, it

Open: hele jaar (RES) verplicht via
ECEAT ▨

Boerderij en omgeving

Lamminkangas is een kleine biologische boerderij. Het bedrijfje ligt in het beschermd landschap van Saarijärvi, omgeven door grote wildernisgebieden. 's Zomers zijn er schapen.

Gasten hebben voor hun verblijf de keuze uit traditionele houten aitta's (voedselvoorraadschuren), die omgebouwd zijn tot accommodaties; of een luxe appartement, geschikt voor zowel zomer- als winterverblijf (verblijf minimaal 1 week). Tijdig reserveren is gewenst; vraag de boerin om meer informatie (ze woont niet het gehele jaar zelf op de boerderij). Tijdens het hoogseizoen worden sommige gebouwen verhuurd via de toeristenorganisatie Lomarengas.

De gebouwen liggen verspreid over het grondgebied (10 ha). Lamminkangas, Liinaranta en Piennarpää (4-8 personen) zijn appartementen met alle voorzieningen. Riihikallio is een rustieke accommodatie (4 + 4 personen) met elektriciteit, koud stromend water, kookgelegenheid en sauna). Havuranta (2+2 personen) is eenvoudiger, zonder elektriciteit, maar wel met kookgelegenheid, water uit de bron en sauna. Voor lowbudget reizigers is er nog een eenvoudiger onderkomen beschikbaar.

Het hoofdgebouw ligt op een heuvel. Onderaan de heuvel is een groot bosmeer waar u heerlijk kunt zwemmen. Locale bezienswaardigheden zijn het schilderachtige Julmat Lammit (12 km), een prehistorisch dorp (30 km) en de Nationale Parken Pyhähäkki, Salamanperä en Kulhanvuori (30-50 km). In de zomer zijn er verschillende culturele evenementen op het gebied van theater, dans en kunst.

🛶 🦆 🏠 ♨ 🎣 🏕 ⛵ 🥾15 ❄ 🎿

🏠 6x, 🛏 40x, hpw € 100-900

Route

🚗 21 km NW van Saarijärvi. Van Saarijärvi R13 richting W. Na ca 15 km dorp Kalmari, vanaf hier nog 5 km naar boerderij. Vraag om gedetailleerde routebeschrijving bij boeking.

🚆 Treinstation in Jyväskylä (90 km). Bus van Jyväskylä naar Saarijärvi en Kalmari. Busstop in Kalmari, 5 km van de boerderij. Afhalen mogelijk op verzoek.

SUMIAINEN

Luonto Loma Lepänjuuri
Risto Lepänjuuri
Sumiaisraitti 30, 44280 Sumiainen,
Keski-Suomi
T 014-58 60 62
M 0400-83 68 02
E lepanjuuri@pp.inet.fi
W www.sumiainen.fi/yritykset/
   luontoloma
🗣 fi, uk, se

Open: 15 apr-15 nov 🍂 1 mei-30 sep 🍃
RES verplicht 🍽 🐴

Landgoed en omgeving

Lepänjuuri ligt aan het meer Keitele in Sumiainen. Het landgoed strekt zich uit over verschillende eilanden met daarop verschillende bossen. Vanwege de biodiversiteit is dit rust- en stiltegebied van groot belang. Verschillende belangenorganisaties zijn bij de totstandkoming van het landgoed betrokken geweest. Ze hebben gezamenlijk een ecologisch onderhoudsplan voor het gebied opgesteld. De hele flora en fauna en de geologische karakteristieken zijn in kaart gebracht. Omliggende velden staan vol wilde planten en worden 's zomers begraasd door schapen.

U kunt overnachten in het hoofdgebouw (geschikt voor 10-15 personen), een van de twee aitta's (voormalige voedselopslagschuur) of een huisje naast het hoofdgebouw (met elektriciteit). Verder zijn er nog vijf blokhutten bij het meer (waarvan twee voorzien van zonnepanelen en drie zonder elektriciteit). Deze hebben een composttoilet, keukenfaciliteiten en een koelkast op gas. Water komt uit de bron. U kunt ook kamperen bij het meer. Het kampeerterrein is speciaal geschikt voor gezinnen met kinderen en jongeren. Sauna en boot zijn beschikbaar. Gasten kunnen ontbijt, picknick-lunches en maaltijden bestellen (vooraf reserveren). Het hoofdgebouw kan ook gebruikt worden als vergaderruimte.

Er is een mooi wandelpad op het landgoed en u kunt de vogelobservatiepost van Unelmakallio bezoeken. Voor rolstoelgebruikers is een bospad aangelegd van 700 m. Geregeld worden er rondleidingen, cursussen en kampen georganiseerd. Verder is het mogelijk om deel te nemen aan werkzaamheden op het landgoed, wel na overleg. In de omgeving zijn verschillende andere beschermde natuurgebieden te bezoeken. Sumiaisraitti, met de mooie oude weg door het dorp, is het bezoeken waard.

♨ 🍴 🛶 🦆 ⓢ ♨ 🎣 🏊 🐟

🛏 10x, 🛏 60x, Prijs op aanvraag
🏠 10x, 🛏 60x, 1ppw € 70-500
🏨 🛏10x, 🛏 60x, Prijs op aanvraag
⛺ T 16x, 🚐 2x, ♨ 🏠, ptpn € 6, pcpn € 17

Route

🚗 65 km N van Jyväskylä. Volg R637 van Jyväskylä naar Sumiainen. Door centrum van Sumiainen, ga naar links bij bord Luontoloma Lepänjuuri.

🚆 Treinstation in Jyväskylä (65 km). Bus naar Sumiainen, hier uitstappen. Nog 3,6 km naar boerderij. Afhalen mogelijk, na afspraak.

FIN

FIN

VALTIMO

Puukarin Pysäkki
Anita & Heikki Ovaskainen
Kajaanintie 844, 75700 Valtimo,
Pohjois-Karjala
T   013-45 40 02
F   013-45 40 07
M 0400-37 11 65
E   majatalo@puukarinpysakki.fi
W www.puukarinpysakki.fi
fi, uk, de, se

Open: hele jaar ♥ ♣ wwoof H 130m
(RES) verplicht

Boerderij en omgeving

Puukarin Pysäkki ligt in noordwest Karelië, 8 km buiten het dorp Valtimo. Op de boerderij zijn zes koeien, een paar kalveren, schapen (Fins ras), een ezel, een geit, katten en honden.

Er worden biologische granen, groenten en wortelgewassen verbouwd en fruit geteeld. De eigenaren zetten zich in voor het behoud van de Karelische cultuur, de karakteristieke landschappen en biodiversiteit.

U kunt overnachten in het gastenverblijf met vier slaapkamers (voor twee tot vier personen) of in een buitenverblijf (verschillende kamers van twee tot zes personen). Verder is er een kleine hut beschikbaar, aangepast voor rolstoelgebruikers. Er is ook nog een pas gerenoveerd groepsverblijf met vijf kamers (max. 15 personen). Selfcatering is mogelijk. Verder heeft u de optie om te kamperen. In het gastenverblijf is de grote eetzaal (voor 40 personen), waar traditionele Karelische maaltijden (biologisch) worden geserveerd. Bij het meer is ook nog een traditionele aitta (voormalige voedselopslagschuur) die gebruikt wordt voor diners en festiviteiten. U kunt ook producten van de boerderij kopen, zoals Karelische pasteitjes, graanproducten en zelfgebakken roggebrood.

De boer vertelt u graag meer over biologische landbouw en traditionele ambachten. Verder zijn er tal van winteractiviteiten en

er zijn ski's te huur. Een rooksauna staat tot uw beschikking. De winterfeesten worden op traditionele wijze gevierd. Het gebied leent zich uitstekend voor wandelen, fietsen en zwemmen: er is een meer vlakbij de boerderij. Langs de boerderij liggen verschillende wandel- en fietsroutes. De Nationale Parken Hiidenportti en Tiilikkajärvi (25 km) zijn een bezoek waard.

♨ ▢ ⚗ ⚙ Ⓢ ⛆ ⚓ 0,8
15 3 ❋

⊟   10x, ◰ 25x, 1ppn € 38, 2ppn € 35
     B&B
⌂   1x, ◰ 5x, Prijs op aanvraag
🏠 ⊟5x, ◰ 15x, 2ppn € 25 B&B
⚓ T 10x, ⚑ 5x, ptpn € 8, pcpn € 10

Route

🚗 32 km N van Nurmes. Puukarin Pysäkki ligt aan R6 van Joensuu naar Kajaani.

🚉 Treinstation in Nurmes. Bus naar Puukarin Pysäkki, busstop 400 m van de boerderij. Eventueel afhalen mogelijk op verzoek.

EKENÄS

Henrikin Puutarha
Henrik Nordström
Sommarövägen 76, 10600 Ekenäs,
Uusimaa
T　019-20 14 77
M　040-820 60 41
E　henrik@seanet.com
W　www.henriksgarden.com
fi, se, uk, de

Open: hele jaar 🌳 (RES) verplicht 🗙 🏠

Tuinderij en omgeving

Henriks Garden is een biologische tuinderij, waar verschillende soorten groenten, overblijvende planten, fruitbomen, bessenstruiken en eenjarige planten worden gekweekt, merendeels oude variëteiten. Groenten en eenjarige planten zijn te koop op de tuinderij en in de zomermaanden ook op de locale markt. De boer heeft tien jaar als tuinder in Amerika gewerkt. Hij is in Finland ook bekend als presentator van televisieprogramma's over tuinieren.

U kunt overnachten in Niilo's huisje, uitkijkend op de parkachtige tuin. Dit rustieke huisje heeft een kamer met kook- en zitgelegenheid en een tweepersoonsbed. Ook sauna en douche zijn aanwezig. Indien gewenst is er een extra bed beschikbaar. Overnachting is inclusief maaltijd (voornamelijk bereid uit ingrediënten uit de tuin). Verder kunt u locale vis, visproducten, brood en eieren kopen. Een huisdier meenemen is eventueel mogelijk, maar wel na overleg. Roken is niet toegestaan.

De tuinderij ligt vlakbij zee (500 m) in een heuvelachtig landschap met bossen en meren, afgewisseld door kleine landbouwpercelen en weilanden. Er is een kleine dorpswinkel op 1 km afstand. De boer organiseert voor geïnteresseerden rondleidingen op de tuinderij. Hulp is welkom, na overleg met de boer. Op 3 km afstand ligt het Ekenäs Nationaal Park, bereikbaar per boot. In de buurt zijn fietsen en kano's te huur. Paardrijden is ook mogelijk. In de zomermaanden worden er traditionele dansfeesten georganiseerd in Sommarö. In september vindt de jaarlijkse Ekenäs braderie plaats.

🗺 1x, 🛏 2x, 2pkpn € 50 HP
🏠 1x, 🛏 2x, Prijs op aanvraag

Route

🚗 17 km Z van Ekenäs (Tammisaari). Van Ekenäs via Baggövägen 12 km richting zuiden (halverwege is overtocht met pont). Rechtsaf (richting westen) bij Skåldövägen, volg weg 4 km, dan rechtsaf bij Sommarövägen. Na ca 1 km ziet u de tuinderij.
🚂 Ekenäs station op 17 km afstand. Vandaar met bus, uitstappen bij busstop Sommarö (760 m van tuinderij). Eventueel minibus van Ekenäs naar Sommarö (alleen doordeweeks en tijdens schoolperiodes, om 14.00 en 16.10 u). Afhalen in Ekenäs mogelijk, na afspraak.

FÖRBY

Villa Solhaga
Maria Crockatt & Jari Loijas
Petuntie 375-1, 25640 Förby,
Varsinais-Suomi
T　02-732 26 84
F　050-858 972 35
M　050-589 72 35
E　info@villasolhaga.fi
W　www.villasolhaga.fi
fi, uk, se

Open: hele jaar (RES) verplicht 🗙 🏠

Villa en omgeving

Villa Solhaga is schitterend gelegen op het eiland Pettu in het zuidwestelijk deel van de Turku archipel. In de kleine biologische tuin worden verschillende speciale gewassen geteeld, zoals Jeruzalem artisjokken, zeekool en kruiden. In de zomer begrazen schapen het omringende parkgebied. Villa Solhaga ligt in het kleinschalige Pettu Arboretum, waarin veel oude bomen en struiken staan. Op Solhaga staat duurzaamheid op het gebied van water-, energie- en materiaalgebruik hoog in het vaandel.

U kunt overnachten in de oude stenen villa, met gezellig ingerichte kamers in Art Nouveau-stijl (volpension). De meeste kamers zijn voorzien van een tegelkachel. Een ander gebouw herbergt een traditionele sauna, een groepsruimte en een ruimte voor sport en yoga. Er is een boomhut voor kinderen. Verder kunt u in de zomer ook kamperen op het terrein. Eventueel is er een tent met houtkachel te huur. Voor alle bezoekers geldt volledig pension, ook voor de kampeerders.

Op Solhaga wordt veel aandacht besteed aan de kwaliteit van de maaltijden. Specialiteiten zijn: zuurdesembrood gebakken in een traditionele oven, taarten, maaltijden op basis van soja, eigengemaakte kruidenthee, ingemaakte groentes, visgerechten en producten verzameld in de natuur. Gasten kunnen meehelpen met werkzaamheden, zoals onderhoud van bomen, tuinwerkzaamheden, na overleg met de boer. U kunt een roeiboot en kano huren. Mooie omgeving om te fietsen, zowel op het eiland Pettu als op omringende eilanden.

🗺 9x, 🛏 15-20x, 2ppn € 46-59 VP
⛺ T 10-15x, 🛏 1-2x, 🔥, Prijs op aanvraag

Route

🚗 50 km ZW van Salo. Van Perniö, richting Särkisalo. Door het dorp Förby heen, naar de pont. Ga verder tot aan de pont naar Pettu. Vandaar borden volgen (ca 3 km).
🚂 Treinstation in Salo. Daar bus naar Perniö of Förby (13 km), in de zomer naar Bromarv. Afhalen mogelijk, na overleg met de boer.

FIN

HÄMEENKYRÖ

Frantsila Luomomuyrttitila ja
Hyvän Olon Keskus
Aija Lento
Kyröspohjantie 320, 39100 Hämeenkyrö,
Pirkanmaa
M 040-591 87 42
E aijalento@surfeu.fi
W www.frantsila.com
✆ fi, uk

Open: hele jaar ▲ 1 jul-31 aug ♥ (RES)
verplicht ✕ [♏]

Boerderij en omgeving

Frantsila is pionier in de landen op het
gebied van biologische kruidenteelt in
combinatie met natuurlijke cosmetica. De
boerderij is al drie eeuwen van dezelfde
familie en ligt in het beschermd landschap
van Hämeenkyrö. De basisfilosofie van het
bedrijf laat zich samenvatten in de volgende woorden: 'natuurlijke, holistische
verzorging van de mens en respect voor de
natuur'. Op het terrein van de biologische
boerderij, temidden van het groene platteland, ligt het Centrum voor Welzijn: het
beoogt gasten hernieuwde energie te geven om de dagelijkse levensdruk te kunnen
hanteren en gelegenheid te bieden om tot
rust en ontspanning te komen.
Frantsila kunt u gedurende het hele jaar
bezoeken, er zijn traditionele houten
gebouwen voor overnachting (kamers
voor twee tot vijf personen, met traditionele meubels, behang en tegelkachels).
In de zomer zijn er nog extra ruimtes
beschikbaar voor overnachting en kunt u
kamperen op het terrein. Frantsila leent
zich prima voor retraites of weekendcur-
sussen. Dit kunnen onder meer cursussen
zijn op het gebied van yoga, vegetarische
voeding, medicinale kruiden en acupres-
suur. Frantsila verkoopt meer dan 200
verschillende kruidenproducten in de eigen kruidenboetiek Taikapalsami.

Groepen kunnen vergaderruimten huren.
Een speciale saunakuur en andere behandelingen zijn op afspraak te regelen. De
maaltijden zijn vegetarisch en voornamelijk biologisch. Op 3 tot 4 km afstand
ligt het bijbehorende vegetarische restaurant Kehäkukka (Marigold = Engels
voor goudsbloemen): daar wordt, naast
kruidenproducten, ook plaatselijk handwerk verkocht. Bezoekers kunnen een
rondgang maken door de kruidentuin. In
de omgeving kunt u prima wandelen of
een uitstapje maken naar het museum
van Koskela (30 km). In de omgeving van
Frantsila is een speciaal kruidenpad aangelegd (lengte 3,5 km).

⚒ 📷 ⛷ ⅀ Ⓢ ⚓ 🏊 1 ⛰ 5,5 ✳

🛏 9x, ✎ 32x, 2ppn € 17-30
🏠 1x, ✎ 20x, 1ppw € 100
🎪 🛏 5x, ✎ 20x, 1ppnoz € 20
⚓ T 5x, 🏕 2x, ptpn € 12, pcpn € 17

Route

🚗 40 km NW van Tampere. Van Tampere via R3
naar Vaasa (40 km). In centrum van Hämeenkyrö
links, volg bord Kyröspohja 3.
🚆 Treinstation in Tampere. Bus naar Hämeenkyrö,
hier uitstappen (4 km van boerderij). Afhalen mogelijk op verzoek.

ISNÄS

Labby-Kaarnaranta
Janne Länsipuro & Juha Näri
Edöntie 142, 07750 Isnäs , Itä-Uusimaa
M 040-740 84 45
E janne.lansipuro@pp.inet.fi
W www.labby.org
✆ fi, uk, se, de, fr, es, ru   demeter

Open: hele jaar ♥ ⚑ (RES) verplicht ♿
✕ 🐕

Boerderij en omgeving

Labby is een biologisch-dynamische boerderij temidden van bossen en akkers,
schitterend gelegen aan de baai van Pernajanlahti. Pernajanlahti is een beschermd
natuurgebied. Er zijn verschillende vogelreservaten in de buurt. Op de boerderij worden koeien, schapen (inheems ras) en een
paard gehouden. Die begrazen het weiland
(40 ha), dat rijk is aan inheemse plantensoorten. Daarnaast worden spelt, kruiden
en groenten verbouwd. De kruiden worden
ter plekke verwerkt tot kruidenthee en
andere kruidenproducten. Ook maakt de
boer eigen muesli. Naast hun boerderijwerkzaamheden, zijn de eigenaren actief
binnen de organisatie voor biologisch-dynamische landbouw, de Groene Partij en
een locale culturele vereniging.
In Kaarnaranta, op zo'n 3 km van Labby,
kunt u overnachten in een accommodatie
op basis van logies (max 18 personen). Het
gasthuis staat op het terrein van een oude
houtzagerij. De kamers zijn smaakvol ingericht. Ontbijt is inbegrepen. U kunt ook
andere maaltijden op basis van biologische ingrediënten krijgen (groepen vooraf
bestellen). Specialiteiten zijn speltbrood
en kruidenproducten. Voor een drankje
kunt u terecht in het café. Op het terrein
kan gekampeerd worden. Gasten kunnen
gebruik maken van de keuken en er is een
korting als u uw eigen bedlinnen en handdoeken meebrengt.
De boerderij is een bekende stageplaats,
om in de praktijk meer te leren over
kruidenteelt, medicinale kruiden, koken,
natuurbescherming, onderhoud van bomen, zingen, restauratie van gebouwen
en plantaardig verven. In de lente komen
er vaak scholen op excursie. U kunt een
rondleiding krijgen door het bedrijf en
verder zijn er excursies naar oude monumenten en andere bezienswaardigheden
in de omgeving. Het omliggende gebied is
geschikt voor wandelen en kanoën. Er zijn
verschillende routes, die u kunt volgen.
Enkele locale musea - waaronder het ar-
chipelmuseum - zijn een bezoek waard.

⚒ ⛵ ⛷ Ⓢ ⋯⋯0.5 km ⛰ 5 km ✳

🛏 7x, ✎ 18x, 2ppn € 20-30
⚓ T 5x, ppn € 8

Route

🗺 22 km O van Porvoo. Van Porvoo via R1571 richting O. Na 22 km volg bord Isnäs. Bij T-splitsing in Isnäs volg borden naar Kaarnaranta. Ook bereikbaar per boot (er is een ligplaats voor boten).

🚢 Treinstation in Helsinki of Lahti (70 km). Busstop 1 km van boerderij. Afhalen mogelijk op verzoek.

JOKIMAA

Jussilan Luomutila
Jaana Olkkonen
Löyttymäentie 228, 14140 Jokimaa,
Kanta-Häme
T   03-687 65 53
M   050-569 68 29
E   ekohipit@yahoo.co.uk
💬 fi, uk, se, de

Open: 1 mei-31 okt 🍴 🛏 (RES) verplicht
[×] [🐴]

Boerderij en omgeving

Jussila is een biologische boerderij in omschakeling naar biologisch-dynamisch. Men probeert zoveel mogelijk zelfvoorzienend te zijn. Er zijn drie melkkoeien, schapen, geiten, paarden, kippen, katten en honden op de boerderij (veelal oude inheemse rassen). De melk wordt verwerkt tot yoghurt en verschillende soorten kaas, het hooi wordt op traditionele wijze gemaakt (buiten laten drogen over palen) en er worden granen, groentes en wortelgewassen verbouwd. Paarden worden gebruikt bij werkzaamheden in het bos. De boerin is gespecialiseerd in homeopathie (zowel voor mens als dier) en de boer weet veel van paarden en is een erkende hoefspecialist.

U kunt overnachten in een van de houten huisje (drie en zeven personen) voorzien van kachel (beddengoed meenemen). Ontbijt en gebruik van sauna zijn inbegrepen. Eventueel kunnen ook lunches besteld worden. Specialiteiten zijn onge-

rijpte kaas en pannenkoeken. In de zomermaanden kunt u ook verse melk, eieren en groentes kopen. Vanaf mei tot oktober kunt u kamperen op het terrein. In de zomer worden kampen georganiseerd in paardrijden en dierenverzorging. Op Jussila beoefent men de vriendelijke rijstijl: zonder hoefijzers en zonder paardenbit. De boer leert u graag iets over melkverwerking, vilten of hekken maken op de traditionele manier. Als u interesse heeft, kunt u helpen met hooien, hekken maken of boswerkzaamheden. Overleg even vooraf met de boer. Er is een mooie 10-15 km lange wandelroute langs het meer, en verder kunt u het museum met traditionele gereedschappen bezoeken. In juni vindt het Barok muziekfestival plaats.

🛏 3x, 🏕 10x, 2ppn € 20
⛺ T 5x, ptpn € 5

Route

🗺 20 km NO van Riihimäki. Van Riihimäki pak R54. Op R54 bijna meteen linksaf slaan richting Turenki, Janakkala en Ryttylä. Volg deze weg, ga na 4 km naar links naar Turenki en Janakkala. Na 2 km afslag rechts naar Jokimaa. Na 5 km brug en bord Janakkala. Hierna bord Löyttymäki, sla hier rechts af. 3 km verderop bord Jokimaa, naar links. Boerderij hier in de buurt, aan linkerhand.

🚢 Treinstation in Ryttylä (10 km). Ook bussen van Riihimäki of Turenki, busstop 300 m van boerderij. Afhalen mogelijk, na afspraak.

KEURUU

Keuruun Ekokylä
Kivijärventie 300, 42700 Keuruu,
Keski-Suomi
T   014-73 65 73
E   info@ekokyla.tk
W   www.ekokyla.tk
💬 fi, uk, se, de, fr, es

Open: hele jaar 🍴 (RES) verplicht ♿
[×] 🐴

Ecodorp en omgeving

In Keuruu - lid van het internationale Ecovillage Network - wonen 40 mensen, variërend in leeftijd van 1 tot 80 jaar. Ze kiezen voor een zo milieuvriendelijk mogelijke levensstijl, waarbij ze zich én als individu én als gemeenschap verder willen ontwikkelen. De dorpelingen maken gebruik van duurzame energiebronnen en willen zoveel mogelijk zelfvoorziend zijn. Ze verbouwen hun eigen biologische groenten (waar mogelijk inheemse variëteiten). Er worden schapen, kippen en pony's gehouden. Bezoekers kunnen producten van het land en kunstnijverheid kopen.

Als gast kunt u kiezen uit logies en volpension, op kamers in het grote gebouw (drie verdiepingen, 60 bedden). Tegenover dit gebouw is het voormalige personeelsverblijf (uit 1820), waarin nu het theehuis is gevestigd. Extra bedden zijn eventueel beschikbaar in de aitta's (voormalige voedselopslagschuur). Aan het meer staan twee sauna's. In Keuruu kunt u ook kamperen.

Er worden cursussen georganiseerd in traditionele ambachten en er worden natuurgeneeskundige behandelingen gegeven. Voor groepen zijn er rondleidingen door het ecodorp (max 30 personen). Belangstellenden kunnen zich aanmelden voor vrijwilligerswerk op de boerderij. Kinderen kunnen op een aangelijnd paard rijden. Er zijn natuurpaden in de omgeving. Excursies zijn mogelijk; vraag even naar verdere details. In het Ecodorp zijn fietsen en roeiboten te huur. Als het verblijf u er erg goed bevalt, vergeet dan niet dat nieuwe bewoners welkom zijn.

FIN

🛏 12x, 🚿 60x, 1ppn € 24, 2ppn € 19
🏛 🛏12x, 🚿 60x, 1ppnoz € 14, 2ppn
€ 19
⛺ T 6x, 🚐 1x, pppn € 8, ptpn € 10,
pcpn € 15

Route
🚗 7 km NW van Keuruu. Van Keuruu via R58 naar Karstula-Multia. Na ca 1,5 km richting Myllymäki. Na ca 1,5 km richting Pihlavesi. Na 1,4 km afslaan, de Kivijärventieweg in. Na 2,6 km komt u bij het ecodorp.
🚆 Treinstation en busstop in Keuruu. Afhalen mogelijk op verzoek.

KIILA
Westers
Gunilla Törnroos
Westers, 25760 Kiila, Varsinais-Suomi
T   02-42 24 03
M 040-554 15 99
E   gunilla.tornroos@kolumbus.fi
W www.westers.fi
🏳 fi, uk, se

Open: 1 jun-31 aug 🍴 (RES) verplicht
✖ 🍴

Boerderij en omgeving
Westers Farm ligt in een traditioneel dorp op het eiland Kemiö in de Turunmaa archipel. Er wordt spelt, verschillende soorten groenten, kruiden, bloemen en fruit verbouwd. De voormalige kippenschuur is omgebouwd tot galerie en de stenen koeienstal tot café, waar ook producten van de boerderij worden verkocht.
De gastenverblijven (vier tweepersoonskamers) bevinden zich in de mooie oude boerderij en in het museumachtige aitta (voormalige voedselopslagschuur). De oude gebouwen zijn smaakvol gerestaureerd, met gebruikmaking van traditionele materialen en bouwtechnieken. De eigenaresse is aangesloten bij de organisatie voor behoud van locale monumenten. Verder organiseert ze verschillende culturele activiteiten, onder andere voor kinderen. Er worden rondleidingen voor groepen gegeven. U kunt er cursussen volgen in plantaardig verven, papiermaken, vilten en kruidengebruik. Of meedoen aan georganiseerde wandeltochten.
De boerderij ligt op loopafstand van zee (1 km), 25 km van Teijo Nationaal Park en 55 km van het bezoekerscentrum van Saaristomeri natuurreservaat. Er zijn verschillende culturele bezienswaardigheden, zoals het Sagalund museum, het landhuis Söderlångvik, het voormalig industriegebied en bijbehorend museum van Taalintehdas, de vuurtoren van Bengtskär, Rosala Vikingcentrum, de Kemiökerk uit de veertiende eeuw en het Baltische Jazzfestival in Taalintehdas.

 🔌 🛥 🚲 ⋯1 🐎

🛏 4x, 🚿 8x, 1pkpn € 30, 2pkpn € 50
B&B

Route
🚗 27 km ZW van Salo. Van Salo via R1 naar Turku. Na ca 6 km linksaf. Volg R1835 naar Angelniemi en neem daar pont naar eiland Kemiö. De boerderij ligt in dorp Kiila vlakbij weg, halverwege pont en Kemiö kerk.
🚆 Treinstation in Salo. Bus naar Kemiö. Busstop 100 m van boerderij.

KONNUSLAHTI
Pajaharjun Muatila
Pirjo & Pekka Ropponen
Rautalahdentie 150, 79150 Konnuslahti, Pohjois-Savo
T   017-54 57 45
F   017-54 57 45
M 040-573 58 85
E   ropponen@pp.inet.fi
W http://users.reppu.net/
     pekka.ropponen
🏳 fi, uk

Open: hele jaar⛺ 1 jun-31 aug 🍴 (RES)
verplicht ✖ 🍴

Boerderij en omgeving
De boerderij ligt op het eiland Soisalo. De boerderij - gesitueerd op het platteland van Leppävirta - wordt vanaf de 16e eeuw bewoond. Ook de huidige gebouwen zijn al erg oud. In het eigen boerderijmuseum kunt u zo'n 2000 verzamelde objecten bekijken. Op het bedrijf hebben ze een koe, 40 schapen en kippen (inheemse rassen). De boer verbouwt granen, hooi en aardappelen. In de buurt van de boerderij liggen 2,5 ha weiland en bosgrasland.
U kunt overnachten in een van de vier houten self-catering hutten (max. vier personen per hut), waarvan twee luxere met eigen douche en toilet en twee van een meer eenvoudige standaard. Verder is het mogelijk de oude windmolen te boeken. Gasten kunnen gebruikmaken van boot, sauna (een prachtige oude rooksauna!) en visgerei. Kampeerders zijn welkom: er is plek voor 1 tent bij het meer.
Groepen kunnen het eigen boerderijmuseum bezichtigen en cursussen boeken, bijvoorbeeld in het verwerken van boomschors. In de buurt zijn ook nog andere attracties, die speciaal geschikt zijn voor groepen (onder andere een maaltijd gebruiken op een fruitbedrijf). Voor kinderen en jongeren is er van alles te doen: vissen of dieren verzorgen bijvoorbeeld. U kunt zwemmen in de omgeving (meer op 0,5 km afstand van de boerderij) en er zijn verschillende wandelpaden. Fietsen en boten zijn op de accommodatie te huur. De overdekte bivakplaats heeft een kampvuurplaats.

🛥 🚲 Ⓢ 🔥 🏊0,5

🏠 5x, 🚿 18x, hpw € 160-300
⛺ T 1x, 🚿🚻, ptpn € 10

Route
🚗 50 km Z van Kuopio. Van Kuopio (of van Varkaus) R5 naar Leppävirta. Van Leppävirta R536 richting

Vehmersalmi. In Konnuslahti naar rechts de Rauta-
lahdentieweg op. Volg deze weg, na 1,5 km bent u
bij boerderij. Boerderij ligt aan gemarkeerde fietsroute.

🛏 Treinstation in Pieksämäki (60 km). Busstop in
Leppävirta (17 km van de accommodatie). Tijdens
schooldagen kunt u met bus tot 1,5 km van de accommodatie komen. Afhalen mogelijk op verzoek.

METSÄKANSA
Ilolan Maatilamatkailu
Marja, Kirsi, Mervi & Leo Ilola
Vedentaantie 30, 37850 Metsäkansa,
Pirkanmaa
T 03-588 92 27
F 03-588 92 25
M 040-596 80 27
E ilolan.maatilamatkailu@co.inet.fi
W www.ilolanmaatilamatkailu.com
🛬 fi, uk, se, ru

Open: hele jaar ♥ (RES) verplicht 🦽
🗙 [🐴]

Boerderij en omgeving
De Ilola boerderij ligt in Metsäkansa in de
gemeente Valkeakoski. Er worden granen,
groenten en wortelgewassen verbouwd
en bessen gekweekt. Ook worden er
koeien, schapen, pluimvee en varkens
gehouden. De bewoners (drie generaties!) dragen binnen het bedrijf allemaal
hun steentje bij. Naast het runnen van de
boerderij vinden er tal van andere werkzaamheden plaats, zoals catering, maaltijden serveren, toerisme, conferentieservi-
ces en trainingen. De familie runt ook het
café-restaurant Wanha Asema (het Oude
Station). In het station bevindt zich verder
een winkel en een postkantoor.
Ilola is zeer geschikt voor gezinnen, volwassenen en groepen. De eetzaal kan
voor verschillende doeleinden worden
gebruikt, zoals voor feesten of vergaderingen (tot 125 personen).

U hoeft zich er niet te vervelen: u kunt
paardrijden, minigolf spelen, een roeiboot, fietsen of sneeuwschoenen huren.
In de winter is het er goed schaatsen of
langlaufen. Maak eens een tocht op een
stepslee! De omgeving leent zich prima
voor fietsen, wandelen, zwemmen en kanoën. U vindt er verschillende mooie fiets-
en kanoroutes. Vergeet de locale bezienswaardigheden niet, zoals de Metsäkansa
dorpskerk (1 km), Visavuori en het Kari-
paviljoen (17 km) en de oude Tuomarla
boerderij (5 km).

🕹 🎨 🛶 🚲 🏠 🎿 Ⓢ 🪁
🏊 2 km 🔍 0,7 ⤫ 2 🚞 15 km ✳ 14
km 🎣

🛏 15x, 🛏 50x, Prijs op aanvraag
🏠 1x, 🛏 5x, Prijs op aanvraag
🏕 T 10x, 🚐 5x, Prijs op aanvraag

Route
🅰 35 km Z van Tampere en 12 km ZW van Valkeakoski. Neem R3, afslag nr 33 (2de Valkeakoski afslag,
zowel vanuit N als Z). Even rechtdoor. Volg daarna
borden Ilola en Wanha Asema (R304).
🛏 Treinstation in Toijala (10 km). Busstop bij de
weg R304 (170 m van de boerderij). Vliegveld: in
Pirkkala (35 km). Afhalen mogelijk op verzoek.

PERTUNMAA
Matkailutila Lahdelma
Ritva Lahdelma
Peruvedentie 387, 19430 Pertunmaa,
Etelä-Savo
T 015-46 71 27
F 015-46 71 95
M 0400-57 56 20
E matkailutila.lahdelma@co.inet.fi
W www.lahdelma.com
🛬 fi, uk

Open: hele jaar ♥ (RES) verplicht 🗙

Boerderij en omgeving
Lahdelma ligt aan het Peruvesi meer in
Etelä-Savo. Op de boerderij zijn 20 koeien
(niet-biologisch), een paard, honden, katten, konijnen en 's zomers ook schapen.
Lahdelma is begonnen als proefproject in
agrotoerisme en heeft in dit verband de
Pro Maasetu onderscheiding gekregen.
U kunt hier overnachten in gerestaureerde
appartementen (b&b) voor 2-4 personen.
De appartementen hebben een toilet, een
douche en een kleine keuken. Verder zijn
er nog drie volledig ingerichte huisjes bij
het meer te huur. Er is tevens een sauna
(inbegrepen bij de prijs) en een groepsruimte beschikbaar. In het hoofdgebouw
worden maaltijden geserveerd voor
groepen (vooraf boeken), zoveel mogelijk
op basis van eigen of locale producten.
Specialiteit: eten in de vrije natuur. Op de
boerderij worden aardappelen, wortels,
rapen, uien en brood verkocht.
U kunt hier het een en ander over het
boerenbedrijf te weten komen, er is een
bescheiden boerderijmuseum ingericht.
Verder vindt u er een kiosk, een jacuzzi,
een traditionele rooksauna en sportfaciliteiten. Er worden groepsactiviteiten
georganiseerd, zoals wandeltochten,
paardrijdtochten en schoolkampen. Er
zijn verschillende interessante culturele
evenementen. In de buurt vindt u gemarkeerde wandelpaden. Op de boerderij
kunt u fietsen, een roeiboot, ski's, e.d.
huren. Voor geïnteresseerden in kunst en
handwerk zijn er verschillende musea en
kunstcentra in de omgeving te bezoeken.

🕹 🛶 🚲 🏠 🎿 Ⓢ 🪑 🪁 🏊
🔍 10 ⤫ 15 🎣 🏹 13 ✳ 🎣

🛏 6x, 🛏 12x, 1ppn € 54, 2ppn € 38 B&B
🏠 3x, 🛏 21x, 1ppw € 224-889
🏛 🛏 6x, 🛏 12x, 1ppnoz € 38 B&B

Route

🚗 60 km ZW van Mikkeli en 60 km NO van Heinola. Van Heinola, via R5 richting Mikkeli. Na 35 km neem afslag naar rechts, volg bord Pertunmaa (R426). Volg weg (ca 17 km) tot aan bord Peruvedentie 4 km. Neem afslag naar rechts, na 400 m komt u bij boerderij.

🚉 Treinstation in Mäntyharju (30 km van de boerderij). Busstop op 10 km van de boerderij. Vraag boer vooraf of afhalen mogelijk is.

RUOVESI

Ylä-Tuuhonen Luomutila
Irma & Esko Ylä-Tuuhonen
Tanhuantie 105, 34600 Ruovesi,
Pirkanmaa
T   03-472 64 26
M 050-553 42 64
E   info@yla-tuuhonen.fi
W www.yla-tuuhonen.fi
📧 fi, uk, se, de

Open: hele jaar ♥ (RES) verplicht ☒ [🍴]

Boerderij en omgeving

Deze boerderij ligt in het beschermd landschap van Häme en is al vanaf 1625 eigendom van dezelfde familie. De oudste gebouwen zijn van de 18e en 19e eeuw; de latere gebouwen dateren van 1934. Op het land worden biologische granen verbouwd. Bezoekers kunnen graanproducten kopen. Een inheems ras schapen begraast de weiden, die rijk zijn aan plantenvariëteiten. De boer geeft u graag een rondleiding, om u er meer over te vertellen.

Het hele jaar kunt u op deze boerderij overnachten. U heeft verschillende opties: in een traditionele blokhut met drie slaapkamers of in de - eveneens traditionele - bijgebouwen. Er is een houtgestookte sauna vlakbij de accommodatie; in de zomer is er nog een tweede beschikbaar aan het meer. Op het erf kunt u ook kamperen.

Prijzen zijn inclusief ontbijt. Andere maaltijden en picknicks (met onder meer biologisch brood en pap) zijn ook verkrijgbaar. Wel even van tevoren bestellen!

Geïnteresseerden kunnen leren weven op de weefstoel. Voor de sportief ingestelden is het goed fietsen en langlaufen in de omgeving. Er zijn verschillende gemarkeerde routes. Fietsen en kano's worden op de boerderij verhuurd. Dichtbij bevinden zich verschillende meren waar veel vogels zitten (Huhkainvuori, Tarjannevesi en Alhonjärvi). Nationaal Park Helvetinjärvi en het natuurmonument Helvetinkolu (20 km) zijn ook niet ver weg. Andere bezienswaardigheden zijn Salussärkkä Ridge, het natuurreservaat Elämänmäki in Vilppula, het moerasgebied Siikaneva en het wildernisatelier van de beroemde 19e eeuwse schilder Gallen-Kallela.

🛏 8x, 🚪 30x, 1ppn € 44, 2ppn € 32 B&B

Route

🚗 18 km NW van Ruovesi. Van Tampere via R66 naar Orivesi of Teisko. Voorbij Ruovesi dorp. Na 8 km naar rechts naar R3481, richting Haapamäki. Na 9 km naar links de Tanhuantieweg in. Nog 1 km rechtdoor. Volg de borden.

🚉 Treinstation in Vilppula (25 km). Tijdens zomervakantie busstop op 10 km afstand van boerderij, tijdens schoolperiode 1 km afstand. Afhalen mogelijk op verzoek.

SUODENNIEMI

Koskelan Museotorppa
Virpi & Jim Cormier
Olkinevantie, Koivuniemi,
38510 Suodenniemi, Satakunta
T   03-343 55 50
F   03-343 55 69
M 040-548 76 52
E   frantsila.luomu@frantsila.com
W www.frantsilaretket.com
📧 fi, uk, se, de, es

Open: hele jaar 🔥 (RES) verplicht ☒ [🍴]

Museumboerderij en omgeving

Deze charmante museumboerderij ligt aan een meer in Suodenniemi. Kaarslicht, zon en een warm haardvuurtje op regenachtige dagen dragen bij tot een ontspannen atmosfeer. Alle gebouwen in blokhutstijl zijn tussen de 100 en 300 jaar oud. Er is een windmolen, een gebouw met een rieten dak en een honderd jaar oude rooksauna (geschikt voor zeker 15 mensen). Deze rustige plek is omgeven door bossen, visrijke bosmeren, wandelpaden en kanoroutes.

Gedurende het hele jaar kunt u hier terecht voor overnachtingen. Er is een blokhut met saunagebouw aan het meer (max. vijf personen) in Rauhanniemi (= Kaap van sereniteit). Deze hut is geschikt voor self-catering. Verder kunt u ook nog overnachten in een van de museumgebouwen (max. zeven personen). In de zomer zijn er nog twee buitengebouwen beschikbaar (twee aitta's, vijf kamers, max 11 personen). Kamperen (twee tentplekken) is alleen mogelijk als aanvulling op de huur van een blokhut. Voor grotere groepen is volpension mogelijk. Twee van de gebouwen zijn beschikbaar voor vergaderingen. In het kader van groepsbijeenkomsten of vergaderingen, kunt u verschillende aanvullende evenementen boeken, zoals natuurwandelingen, kanotochten, lezingen over kruiden, yoga of massagebehandelingen. Nadere informatie kunt u verkrijgen bij Jim Cornier (tel: 040-548 76 52).

Koskela museum werkt samen met Frantsila (ECEAT-accommodatie op 30 km afstand), waar ook cursussen gegeven worden (contactpersoon Aija Lento, tel: 040-591 87 42, email: aijalento@surfeu. fi). Vlakbij Frantsila is het vegetarische restaurant, annex café en kruidenboetiek, Kehäkukka, waar ook lezingen over kruiden worden gehouden (contactpersonen: Tiina en Olli Ahonen, tel: 03-371 46 37, email: kehakukka@koloumbus.fi).

≋ ⚓ ☇ ⑤ ♨ ⊛ ×3-6 🏹8

⌂ 3+2x, ♫ 17+11x, hpw € 400

Route

🅰 65 km W van Tampere. Vraag routebeschrijving bij boeking.

🐾 Informatie verkrijgbaar bij boeking.

SUONENJOKI

Vanhamäen Toimintakeskus
Pekka Leskinen
Vanhamäentie 122, 77600 Suonenjoki,
Pohjois-Savo

T   017-51 17 37
F   017-51 17 47
M 050-547 90 47
E   suonenjoki@mll.fi
W www.mll.fi/piirit/pohjois-savo
🗪 fi, uk, de, se, fr, ee

Open: hele jaar ❦ ≋ (RES) verplicht ♿
[✗²] [⚞]

Accommodatie en omgeving

Het Vanhamäki recreatiecentrum wordt gerund door de Mannerheim Bond voor het Welzijn van het Kind. Rond het grote hoofdgebouw in landhuisstijl ligt een biologische boerderij, een meer en een bos. Op de boerderij zijn schapen en paarden en de boer produceert verschillende biologische producten. Aardbeien en andere tuinbouwproducten zijn in het seizoen te koop. Voor een drankje kunt u naar het café.

U heeft verschillende logeermogelijkheden: logies en ontbijt, volpension. Gasten kunnen gebruik maken van de keuken. In het hoofdgebouw zijn 25 comfortabele slaapkamers en gemeenschappelijke ruimtes beschikbaar. Er is een sauna bij het meer. Het hostel biedt plaats aan 80 mensen. Vanhamäki is geschikt voor rolstoelgebruikers, gehandicapten en

groepen (max 150 personen). U kunt ook kamperen. Als gast kunt u ontbijt en andere maaltijden nuttigen.

Het centrum wordt gebruikt voor school- en vakantiekampen, familiebijeenkomsten, trouwerijen, of kampen voor gehandicapten of ouderen. Ook zijn er paardrijkampen. De accommodatie heeft een gymnastiekruimte en vergaderruimten. De omgeving leent zich prima voor wandelen, fietsen, paardrijden, kanoën en langlaufen. Voor al deze activiteiten zijn routes uitgezet in de omgeving. U kunt kano's, mountainbikes en sneeuwschoenen huren. In juli is in Suonenjoki het Aardbeien-Festival.

🔫3 ×3 ❄ 🐎

🛏 25x, ♫ 50x, 1pkpn € 23, 2pkpn € 46 B&B
🏠 🛏10x, ♫ 80x, Prijs op aanvraag
⛺ T 5x, 🚐 5x, Prijs op aanvraag

Route

🅰 3 km Z van Suonenjoki. In centrum van Suonenjoki richting Z rijden. Na 2,5 km borden Vanhamäki volgen.

🐾 Treinstation en bushalte in Suonenjoki. Afhalen mogelijk op verzoek.

TAMMISAARI

Villa Westergård - Talli Heimur
Veronica Limnell
Vimonbölentie 227, 10600 Tammisaari,
Uusimaa

T   019-241 28 24
M 044-505 41 45
E   shanti@nic.fi
W www.heartpeople.net/heimur
🗪 fi, uk, se, es, de, fr, is

Open: hele jaar ⚓ ≋ (RES) verplicht
[✗²] [⚞]

Boerderij en omgeving

Villa Westergård is een hippisch centrum en een cursuscentrum even buiten Tammisaari . Het hoofdgebouw dateert van 1886. De boerderij heeft negen IJslandse pony's en voorts geiten, kippen, honden, katten, konijnen en cavia's. Er is een kleine tuin. De gebouwen zijn gerestaureerd met traditionele materialen.

Op de eerste verdieping van het hoofdgebouw zijn eenvoudige kamers te huur voor twee tot zes personen. Toilet, douche, houtgestookte sauna en een stilte/meditatieruimte zijn voor gemeenschappelijk gebruik. Kamperen is ook mogelijk. Er wordt ontbijt en eenvoudige maaltijden geserveerd (90% biologische ingrediënten). Specialiteiten zijn speltbrood (zonder gist) en verschillende soorten geitenkaas. Er worden diverse cursussen gegeven op het centrum zoals paardrijden, shindo bodywork, yoga, dans, Afrikaanse drum, tantra, meditatie en persoonlijke ontwikkeling. De eigenaresse is rij-instructeur. Ze geeft ook de shindolessen. Verder zijn er zomerkampen voor kinderen/jongeren, waarin paardrijden, muziek, kunst en natuurbeleving centraal staan. Gasten kunnen eventueel meehelpen bij boerderijwerkzaamheden, zoals ambachtelijke melkverwerking, na overleg met de boer.

De omgeving is afwisselend en bosrijk. U kunt er heerlijk fietsen en paardrijden. De boerderij ligt vlak bij zee en op slechts 200 m afstand is een meer. Op de boerderij zijn een kajak en een roeiboot te leen.

🔫15

🛏 6x, ♫ 16x, Prijs op aanvraag
🏠 🛏6x, ♫ 16x, Prijs op aanvraag
⛺ T 5x, Prijs op aanvraag

Route

🚗 15 km Z van Tammisaari. Van Tammisaari richting Hanko, na 2-3 km bij wegwijzer Prästkulla rechtsaf. Volg R1001, en na ca 6,5 km, direct na bruggetje, linksaf slaan, richting Öby. Na 4,5 km een stenen pilaar met no 227 rechts.

🚂 Treinstation in Tammisaari. Busstop 5 km van de boerderij. Afhalen tegen betaling is - na afspraak - mogelijk.

TOHMAJÄRVI

Kirstilän Luomutila
Eila & Pentti Tenhonen
Timolantie 512, 82600 Tohmajärvi,
Pohjois-Karjala
T 013-62 35 85
M 0400-88 78 05
E eila.tenhonen@pp.inet.fi
📞 fi, uk

Open: 1 jun-25 aug ⚓ 1 mei-31 okt ♥ H 150m ℝ verplicht 🐕

Boerderij en omgeving

Deze biologische boerderij ligt aan de Russische grens en dateert van eind 16e eeuw. De boer verbouwt granen, houdt bijen en teelt verschillende soorten fruit (aalbessen, wegedoorn, frambozen, aardbeien, bosbessen, appels). Op de boerderij kunt u fruit, fruitproducten, honing, paddestoelproducten en gedroogde kruiden kopen. De boerin maakt zelf sap van fruit. Bezoekers van jong tot oud zijn welkom op de boerderij. U kunt overnachten in een eenvoudige accommodatie of in een hut (twee tot zes personen). Kamperen is ook mogelijk. Bij het meertje is een sauna, een kampvuurplaats en een kookgelegenheid voor de gasten. Wilt u ontbijt of andere maaltijden gebruiken, laat dat dan van tevoren even weten.

De eigenaren kunnen u tips geven over het gebruik van paddestoelen, bessen en kruiden. Wanneer u de bijenvolken wilt bestuderen, dan kunt u beschermende kleding lenen. Een door de eigenaar aangelegd natuurpad voert u door het bos, over de heuvels, langs bosmeertjes en door een natuurreservaat. In de winter kunt u tochten maken op ski's of sneeuwschoenen. In de buurt vindt u onder meer een vogeluitkijktoren en een arboretum. Op cultureel vlak is een bezoek aan de oudste houten kerk van Noord-Karelië aan te raden.

👥 Ⓢ 🚪 🏊12 🎣12 🚴

🛏 2x, 🚪 6x, Prijs op aanvraag
🏠 2x, 🚪 6x, Prijs op aanvraag
⛺ T 5x, 🚐 2x, ⛺, Prijs op aanvraag

Route

🚗 20 km NO van Kitee. Volg R6. Afslaan naar Kitee. In Kitee richting Tohmajärvi. Na ca 15 km naar rechts, de Timolantieweg in. Na 5 km ziet u boerderij.

🚂 Treinstation in Kitee. Busstop 5 km van boerderij. Afhalen mogelijk op verzoek.

TÖYSÄ

Maatilamatkailu Heikin Tupa
Heikki Levelä
Lehtimäentie 1147, 63600 Töysä,
Etelä-Pohjanmaa
T 06-526 66 20
F 06-526 66 20
M 040-86 11 76
E heikki.levela@heikintupa.com
W www.heikintupa.com
📞 fi, uk, se

Open: hele jaar ♥ ℝ verplicht 🅿 ✖️

Boerderij en omgeving

Dit biologische akkerbouwbedrijf ligt aan een meer. Er zijn 40 koeien en een inheems Fins paard. Naast de agrarische werkzaamheden heeft de boer ook inkomsten uit toerisme. Het hoofdgebouw is in typisch locale stijl gebouwd in het begin van de 20e eeuw.

U kunt kiezen uit logies, volpension of zelfcatering. Heikin Tupa is een nieuw gebouw ontworpen in locale bouwstijl. Op de eerste verdieping zijn de slaapkamers van verschillende grootte (in totaal voor 14 personen), die in traditionele stijl zijn ingericht. Het negentiende-eeuwse Akkala huis heeft zes slaapplaatsen en het gerenoveerde huisje Kangasmökki biedt plaats aan acht personen (luxe standaard). Er is een vergaderruimte, een houtgestookte sauna en een rookssauna beschikbaar voor gemeenschappelijk gebruik. De boerderij is geschikt voor groepen van 10 tot 15 personen, voor families met jonge kinderen en voor rolstoelgebruikers. U kunt ook kamperen. Ontbijt, traditionele Oost-Botnische gerechten en andere maaltijden kunnen er worden geserveerd.

U kunt paardrijdtochten maken vanaf de boerderij. Er is een gemarkeerde wandelroute en een plaatselijk historisch museum. In de winter worden er verschillende buitenactiviteiten georganiseerd, zoals tochten maken met de sneeuwscooter, vissen op het ijs, wandelingen met echte sneeuwschoenen en ski- en schaatstochten. Na afloop kunt u zich desgewenst laten masseren.

👥 🍴 🍳 🎣 🛶 🎿 Ⓢ 🚪 🏊 🐟 ❄️

🛏 4x, 🚪 14x, 1ppn € 30, 2ppn € 30 B&B
🏠 2x, 🚪 16x, hpw € 280-490
⛺ T 5x, 🚐 2x, ptpn € 10, pcpn € 16

Route

🚗 25 km O van Alavus. Van Alavus via R18 naar Ähtäri. Na ca 12 km voorbij Neste benzinestation aan linkerkant. Volg bord Lehtimäki 21 km (R7060). Na 11,5 km volg borden Maatilamatkailu Heikin Tupa.

🚂 Treinstation in Tuuri (15 km). Afhalen mogelijk op verzoek. Bus: uitstappen op 300 m van de boerderij. In maanden van zomervakantie beperkte busverbindingen.

VEHUNKYLÄ

Vehun Vanha Kansakoulu oy
Marja-Liisa Jousmäki
Rämäläntie 2030, 63950 Vehunkylä,
Etelä-Pohjanmaa
T   06-529 87 07
F   06-529 87 05
M 040-741 27 05
E   vehunkoulu@jippii.fi
W www.kievarireitti.fi/vehu
🔖 fi, uk, se, de

Open: hele jaar ⚓ H 212m (RES) verplicht
♿ 🖾 🐾

Schoolgebouw en omgeving

Het schoolgebouw van Vehu is gebouwd in 1925 en wordt nu gebruikt als centrum voor vakantie, kamperen en educatie. Het centrum werkt samen met twee biologische boerderijen, gespecialiseerd in akkerbouw, veeteelt en tuinbouw. Er zijn schapen, koeien en kippen en ze verkopen verse groenten, eieren, fruit en melk.

De school is geschikt voor groepsarrangementen en -bijeenkomsten, voor families, scholen en bedrijven (max 50 personen). U kunt kiezen uit logies, volpension of self-catering. Op de eerste verdieping zijn vijf kamers beschikbaar van verschillende grootte, met gezamenlijke toiletten en douches. Er is een gemeenschappelijke keuken beschikbaar voor gasten die zelf hun maaltijden willen bereiden. U kunt ook een huisje huren of kamperen op het terrein. Er is een houten bivak met vuurplaats op het terrein.

Er zijn verschillende activiteiten mogelijk, zoals een cursus plantaardig verven, leren compost te maken of kanoën. Het gebouw ligt in een prima wandelgebied. Er zijn twee gemarkeerde wandelpaden, die bij de school beginnen. U kunt ook een roeiboot of een kano huren. Op het terrein zijn sportvelden. In het dorp vinden 's zo-

mers volksmuziekuitvoeringen en andere evenementen plaats.

🛁 🍽 🚣 ⚓ 🎣 🚴 🏃 🐎 Ⓢ ♨
🏊 1,5 ⚓3 🎿 2

🛏 7x, 🛌 34x, 1ppn € 27, 2ppn € 29 B&B
🏠 7x, 🛌 34x, Prijs op aanvraag
⛺ T 5x, 🚐 5x, ptpn € 5, pcpn € 5

Route

🚗 32 km NW van Ähtäri. Van Ähtäri volg de weg naar Jyväskylä en Saarijärvi (voor ca 10 km). In Myllymäki linksaf naar Saarijärvi. Na 1,5 km links bij bord Rämälä 10. Na 20 km school aan linkerkant van weg.
🚂 Treinstation in Ähtäri. Bus naar Soini, daar uitstappen (op 28 km van accommodatie). Afhalen tegen betaling mogelijk (10 euro).

VERLA

Viiniverla oy
Pia & Juha Kuronen
Salonsaarentie 127, 47850 Verla,
Kymenlaakso
T   05-38 52 46
F   05-38 52 44
M 040-530 92 24
E   viiniverla@viiniverla.fi
W www.viiniverla.fi
🔖 fi, uk, se, ru, fr

Open: hele jaar ⚓ (RES) verplicht ♿
🖾 🍽

Boerderij en omgeving

Viiniverla is de oudste biologische wijnproducent van Finland. Het bedrijf ligt op het Salonsaari-eiland in Jaala. De boerderij stamt uit de veertiende eeuw. In de wijngaard (2,5 ha) kweekt de boer aalbessen, kruisbessen, appels, peren, pruimen en kersen. Verder is er een appelboomgaard met tien verschillende inheemse soorten appels. Al het fruit en de bessen worden

gebruikt voor het maken van wijn, likeur en sterke drank. Deze worden 's winters op de boerderij verkocht en 's zomers in het museum van Verla.

U kunt overnachten op de boerderij (b&b) in een van de kamers van het hoofdgebouw. De kamers zijn gedecoreerd met ouderwets behang en ingericht met antieke meubels. In de zomer kunt u ook een traditionele aitta (voormalige voedselopslagschuur) huren. Voor alle gasten wordt ontbijt geserveerd. Op verzoek mag u gebruik maken van de authentieke rooksauna (max. 20 personen), gelegen aan het meer. De accommodatie is heel geschikt voor gezinnen met kinderen, volwassenen en gehandicapten. De voormalige koeienstal van de boerderij is verbouwd tot wijnkelder. Mocht u belangstelling hebben voor een rondleiding, dan kunt u de eigenaar daarnaar vragen. De rondleiding duurt ca 1 uur. U kunt de verschillende wijnsoorten proeven.

Meehelpen op de boerderij in ruil voor kost en inwoning is mogelijk, wel na overleg. 's Zomers is er hulp nodig in de tuin en in augustus en september bij de fruitoogst.

Verla is een historische bezienswaardigheid: het voormalige fabrieksterrein staat op de UNESCO-lijst van Werelderfgoed. Verder kunt u de rotsschilderingen van Verla bekijken. Er zijn verschillende wandelroutes uitgezet in het Repovesi Nationaal Park. Het gebied leent zich ook prima voor kanotochten.

🛁 🚣 🐎 Ⓢ ♨ ⛷ 🏄 🐟 ∞
🏃 15 🏔

🛏 10x, 🛌 22x, 2ppn € 17-28 B&B

Route

🚗 35 km N van Kuusankoski. Van Kouvola via R46 naar Heinola (25 km), Naar links bij bord Verla 6. Vanaf Verla borden Tervetuloa Viinitilalle volgen; afstand ca 9 km.
🚂 Treinstation in Kouvola (40 km). Verder met bus. Stopt in Verla (op 9 km afstand), Nisus of Huhdasjärvi (op 7 km afstand). Afhalen mogelijk op verzoek.

EST
LV
LT

FOTO'S: BALTIKUM TOURISMUS ZENTRALE / WWW.BALTIKUMINFO.DE

Estland

Estland is laaggelegen en grotendeels zeer vlak. Deze Baltische staat is dunbevolkt: in een gebied zo groot als Nederland wonen 1,4 miljoen mensen, waarvan één op de drie in de hoofdstad Tallinn. De rest van het land biedt dan ook een overvloed aan rust, ruimte en natuurschoon. De Esten vormen een van de oudste volkeren van Europa, verwant aan de Finnen en de Hongaren.

vieren geven dit deel van het land een pittoresk aanzien. Suur Munamägi is met 318 meter het hoogste punt van de Baltische staten.

Ongeveer de helft van Estland is bedekt met bossen en ongeveer 20% bestaat uit wetlands: moerassen en veengebieden. Het land kent nog uitgestrekte oerbossen waarvan u de meest indrukwekkende in het noordoosten en op het eiland Hiiu

In het noorden en westen wordt het land omsloten door zee. Steile klippen tot een hoogte van 56 meter zijn karakteristiek voor de noordkust van het land. De westkust en de eilanden vormen een ideaal gebied voor trekvogels, vanwege de ondiepe kustwateren, de langgerekte kustlijn en de wetlands. In het binnenland

worden uitgestrekte veengebieden doorsneden door trage rivieren die regelmatig buiten hun oevers treden. Alleen naar het zuiden toe wordt het Estse landschap heuvelachtig. De golvende akkers van het Sakala Upland, de beboste morenenheuvels van Otepää (217 m), Karula (137 m) en Haanja met hun talloze meren en ri-

aantreft. Het Peipusmeer op de grens met Rusland is qua grootte het vijfde van Europa.

Accommodaties

Het toerisme in Estland heeft zich qua aanbod en kwaliteit snel ontwikkeld nadat het land in 1991 onafhankelijk werd van de Sovjet Unie. Toch komen de meeste buitenlandse bezoekers niet verder dan Tallinn. In deze gids vindt u een selectie van boerderijen en andere rurale accommodaties die zich erop laten voorstaan de culturele eigenheid en het oorspronkelijke karakter van het platteland in ere te houden.

(Biologische) landbouw

De biologische landbouw heeft zich in Estland sneller ontwikkeld dan in de andere twee Baltische staten. Een aanzienlijke 3 % (30.000 ha) van het totale landbouwareaal is nu biologisch. De meeste van de 583 biologische boeren zijn lid van één van de twee nationale belangenorganisaties, de EBA en de EOFF. De ontwikkeling van de biologische landbouw wordt actief ondersteund door de Estlandse overheid die in 1998 het Mahemärk label in het leven heeft geroepen om de kwaliteit en duurzaamheid van de biologische producten te garanderen. Overigens zijn biologische producten lang niet overal in de winkels verkrijgbaar. Voor de meeste Esten is de hoge prijs ervan een probleem. Het leeuwendeel van de productie wordt dan ook geëxporteerd naar het buitenland, in het bijzonder naar Scandinavië en Duitsland.

Natuur(bescherming)

Estland heeft een lange traditie van natuurbescherming. Ongeveer 10% van het land valt nu onder een regeling voor natuurbescherming. Er zijn vijf nationale parken. Lahemaa in het uiterste noorden van Estland werd in 1971 gerealiseerd, om het karakteristieke landschap in dit gebied te beschermen. Het is daarmee het oudste nationale park van het land en destijds ook van de Sovjet Unie. Vanuit het bezoekerscentrum in Palmse worden excursies georganiseerd. U kunt er individueel ook prima wandelen over de gemarkeerde paden. Voor de echte natuurliefhebber is Lahemaa een "must"; er komen veel verschillende dier- en plantensoorten voor die in Estland en ook daarbuiten met uitsterven worden bedreigd. Door het park lopen tientallen rivieren, waarvan sommige met schilderachtige watervallen. Vooral in de periode na de winter, als het smeltwater wordt afgevoerd, is een bezoek aan die watervallen een aanrader. Nationaal park Vilsandi – gelegen aan de westelijke kust van het eiland Saaremaa – is een gebied dat bestaat uit 161 eilanden en eilandjes. Het staat bekend om zijn enorme vogelrijkdom. Ten noordoosten van Pärnu ligt nationaal park Soomaa (letterlijk: moerasland). In dit uitgestrekte

gebied - in het bekken van de rivier de Pärnu - vindt u afwisselend laagveen, graslanden (die periodiek onder water staan), moerasbossen en meanderende rivieren. Nationaal park Karula - in het zuiden - kwam tot stand ter bescherming van het typische landschap van kleine boerderijen, ronde morenenheuvels en kleine meertjes. In 2003 werd nationaal park Matsalu - in het westen – gerealiseerd. Dat kende reeds vanaf 1976 de status van beschermd wetland, omdat er jaarlijks grote aantallen trekvogels neerstrijken.

EST
LV
LT

HAANJA

Vaskna
Margit & Ahti Utsal
Plaksi, 65101 Haanja, Võru

T   782-91 73
M 508-73 59
E   vaskna.talu@mail.ee
W www.vaskna.ee
☎ ee, uk, ru

Open: hele jaar (RES) verplicht [✕]

Boerderij en omgeving

Dit goed geoutilleerde pension - gelegen in een klein dorp in het heuvelachtige zuiden - heeft kamers voor twee, drie en vijf personen. Op verzoek kunnen de eigenaren maaltijden voor u bereiden, gemaakt van verse producten afkomstig van een biologische boerderij in de omgeving. Een sauna vindt u aan de oever van het meer. Er is een aantal kleine huisdieren.

De Vaskna hoeve ligt in het district Haanja aan de oever van het Vasknameer. Het nabijgelegen Suur Munamagi is met 318 meter het hoogste punt van de Baltische staten. U kunt er roeien, vissen en zwemmen en er zijn volop gemarkeerde wandelpaden in dit gebied. 's Winters is het een goede stek voor wintersporters. Het Haanja natuurpark heeft het hoogste en het laagste punt van Estland binnen de grenzen: De Suur Munamagi is 318 meter hoog (op de top staat een uitkijktoren) en het Rouge Suurjärv meer is 38 meter diep. In het park bevinden zich verschillende andere meren. Er zijn in dit gebied fantastische wandel- en fietsmogelijkheden. Dichtbij zijn de grenzen met Letland en Rusland.

☖ ▯ ⚓ ⚫ ⑤ ◎0,3 ✕0,3 ✳

🛏 13x, ▯ 30x, 2ppn EEKroon 250-300 B&B

⛏ T 10x, Prijs op aanvraag

Route

🚗 18 km Z van Võru. Vanaf Võru richting Vana-Kasarista. Na 16 km in Plaksi linksaf bij bord Vaskna turismitalu 700 m.

🚌 Bus 31 vanaf Võru stopt in Plaksi. Hiervandaan nog 700 m lopen.

HANILA

Pivarootsi Tuulik
Peeter Pung
Pivarootsi, 90103 Hanila, Lääne

M 562-223 53
E   tuulik@pivarootsi.ee
W www.pivarootsi.ee
☎ ee, uk, ru

Open: hele jaar (RES) verplicht

Molen en omgeving

De Pivarootsi windmolen - in 1869 naar Nederlands model gebouwd en in 2004 geopend als gastenverblijf - is gelegen aan de westkust van Estland. De molen - omgeven door jeneverbesstruiken - biedt plaats aan twee volwassenen (plus eventueel kinderen). Vlakbij staat een apart saunagebouw met een kamer voor drie personen en er zijn drie vakantiehuisjes in de tuin met elk drie bedden. Wilt u zelf koken, dan gebruikt u de gezamenlijke keuken op de begane grond van de molen. Extra bedden aanwezig. Op de accommodatie is een speelplaats voor de kinderen, er zijn tennisbanen, u kunt er een fiets huren of meedoen aan een van de excursies die worden georganiseerd.

De eilanden Muhu en Saare, onderling verbonden met een brug, zijn hier vlakbij en te bereiken per veerboot (er rijden ook bussen). Aan de oostkust van Sääre ligt Maasi met de restanten van een oud fort. In 2000 zijn de restauratiewerkzaamheden begonnen. Precies in het midden van het eiland Muhu ligt Liiva. Hier staat een kerk uit de 13e eeuw met oude muur-

schilderingen waarschijnlijk vervaardigd door een kunstenaar afkomstig van het Zweedse eiland Gotland.

☖ ▯ ⚓ ⑤ 〰1 ⛏

🛏 6x, ▯ 22x, 2pkpn EEKroon 600

Route

🚗 65 km NW van Pärnu. In Kõmsi, tussen Lihula en Virtsu, Pivarootsi aanhouden. Na 8 km (1 km voor dorp) ziet u de windmolen aan de kust liggen.

🚌 Lihula en Virtsu zijn gemakkelijk te bereiken per bus. Vanaf daar bus 32 naar Kõmsi (op doordeweekse dagen). Verder met taxi.

KAARMA

Jurna
Mati Tarvis
Upa, 93826 Kaarma, Saare

T   452-19 19
F   452-19 20
M 527-07 00
E   info@jurna.ee
W www.saaremaa.ee/jurna
☎ ee, uk, fi, ru

Open: hele jaar (RES) verplicht [🛏]

Accommodatie en omgeving

Deze oorspronkelijke dorsschuur is gebouwd in de negentiende eeuw en nu fraai gerestaureerd. Er zijn vijf tweepersoonskamers, twee eenpersoonskamers en een suite van 50 m² voor een gezin te huur. Extra bedden aanwezig. De eigenaren organiseren allerlei excursies, zelfs een boottocht over zee is mogelijk. Buiten is er een kampvuurplaats en kunt u picknicken. Paardrijden kunt u bij de buren.

De accommodatie ligt op het eiland Saare. Windmolens zijn het symbool van het eiland. Rond 1850 stonden er op Saare nog 800 werkende molens. In Angla kunt u nog vijf overgebleven windmolens bewonderen. Kuressaare is de hoofdstad van het eiland (15000 inwoners) en er bevindt zich een goed bewaard middeleeuws kasteel (volgens sommigen het mooiste van heel Estland). Het stadhuis van Kuressaare dateert uit 1654. De straat Kauba is interessant omdat de gehele architectonische geschiedenis van de stad erin terug te vinden is. Het schiereiland Sorve heeft veel geleden onder de tweede wereldoorlog en de Russische bezetting. De gevolgen van deze tragedies zijn hier en daar als sporen in het landschap zichtbaar gebleven.

🛏 9x, 🛏 26x, 2pkpn EEKroon 690 B&B

Route
🚗 6 km NO van Kuressaare. In Virtsu veerboot naar Kuivastu. Liiva aanhouden, vervolgens Tagavere en Kuressaare. Op weg Kurresaare-Leisi ziet u bordje Upa na ca 4 km. In Upa borden volgen naar accommodatie.
🚌 Er rijden dagelijks meerdere bussen van Pärnu en Tallinn naar Kuressaarre.

KÄINA
Mäeotsa Talu Suvemaja
Margit Kääramees
Orjaku, 92111 Käina, Hiiu
T 469-71 20
F 463-20 92
M 524-48 20
E maeotsa@maaturism.ee
W www.maeotsa.maaturism.ee
🗨 ee, uk, fi, ru

Open: 1 mei-30 sep ⒭ⒺⓈ verplicht 🗙

Boerenhuis en omgeving
Dit typische boerenhuis ligt bij een dorpje op een schiereiland voor de kust van Hiiu. Het negentiende-eeuwse houten huis is

in de jaren zeventig van de vorige eeuw omgebouwd tot vakantiehuis.
Vanaf het erf bereikt u de twee kamers met elk een eigen ingang voor in totaal zeven personen. In het saunagebouw is een eenvoudige kamer voor twee personen. Wat verder weg tussen de jeneverbesstruiken staat een klein zomerhuis met rieten dak voor vier personen. Overnachtingen zijn inclusief ontbijt; lunch en diner zijn optioneel. Als u wilt kunt u gebruik maken van de keukenfaciliteiten. Verder heeft u de beschikking over de sauna, een open haard, een woonkamer met TV, tuinmeubilair rondom het huis, een kampvuurplaats en sportfaciliteiten. De accommodatie heeft het groene stempel van het eiland Hiiu ontvangen vanwege de zorg voor het milieu en het serveren van traditionele gerechten.
Het eiland Hiiu heeft de natuurliefhebber veel te bieden. U kunt er op veel plekken heerlijk wandelen en zwemmen. De baai van Käina is een beschermd gebied voor vogels. Het schiereiland Kassari heeft een eigen historisch museum en in Käina staat een interessant regionaal museum. Verder kunt u een bezoek brengen aan het herenhuis van de familie Ungern-Sternberg in Suuremõisa. In Puhalepa staat een kerk daterend uit de 13de eeuw.

🛏 4x, 🛏 9-13x, 2ppn EEKroon 250 B&B
⛺ T 2x, 🚐 2x, ptpn EEKroon 75, pcpn EEKroon 100

Route
🚗 9 km ZW van Käina. Veerboot Rohukula-Heltermaa naar eiland Hiiu. Via Suuremõisa richting Käina. Sla vóór Käina linksaf richting Kassari. Accommodatie bevindt zich op 3 km van Kassari en op 2 km van haven van Orjaku, let op bord Mäeotsa Talu Suvemaja langs weg.
🚌 Bus: op maandag, vrijdag en zondag rechtstreeks van Tallinn naar Käina. Zie www.bussireisid.ee

KÄRLA
Praakli Reediku
Paavo Mändar
Paiküla, 93501 Kärla, Saare
T 454-21 76
M 566-991 75
E praaklireediku@hot.ee
W www.hot.ee/praaklireediku
🗨 ee, uk, de, fi, ru

Open: hele jaar 🍴 ⒭ⒺⓈ verplicht

Boerderij en omgeving
Deze biologische boerderij ligt in een natuurlijke omgeving aan de rand van een dennenbos. Op het oppervlak van 50 ha worden op traditionele wijze schapen, geiten, bijen en pluimvee gehouden en granen en groenten verbouwd. Vooral in de zomer is er van alles te beleven op de boerderij.
De eigenaren bieden kamers met ontbijt. Deze kamers bevinden zich in het hoofdgebouw en in de oude, gerenoveerde bijgebouwen. Daarnaast is er een ruimte voor een groep van 14 personen. De eigenaren bakken brood en ze bieden maaltijden aan. Maar u kunt ook zelf koken als u dat wil. Kinderen kunnen spelen op het grasveld, de meisjes Rebekka en Liisa-Maria zijn altijd in voor een spelletje. Kleine honden zijn welkom.
De boerderij is gelegen in het fraaie landschap van het dunbevolkte eiland Saare dichtbij het Karujärv meer. Er zijn mogelijkheden voor wandelen, fietsen, vissen en natuurlijk is er de kust en het nationaal park Vilsandi. Ongeveer 10 km ten noordwesten van Kärla ligt het Viidumäe natuurreservaat. Op een oppervlakte van twaalf km² komen honderden soorten vlinders voor en tal van bijzondere planten, waarvan 56 een beschermde status hebben. Tien km verder noordwaarts ligt Loona aan de rand van het Vilsandi nationaal park. Het omvat 160 eilandjes en

Vilsandi is de grootste daarvan. In dit deel van Estland heerst een maritiem klimaat wat er op neer komt dat de winters aanmerkelijk zachter zijn en de plantengroei meer gevarieerd is dan elders. Nog noordelijker ligt het schiereiland Tagamoisa waar het heerlijk toeven is in de vrije natuur. In Kihelkonna bevindt zich een kerk uit de 13de eeuw. Ernaast staat een klokkentoren die beklommen kan worden. Dit is het hoogste punt van het eiland.

deren. De eigenaars organiseren speciale kanotochten. Ontbijt en andere maaltijden kunnen worden verzorgd indien van tevoren afgesproken. Er is een winkel met levensmiddelen. U kunt gebruik maken van de keuken. Op een eilandje staat een traditionele houtgestookte sauna. Er is een speeltuin met schommel, er worden fietsen, kano's en rubberboten verhuurd en er is sportmateriaal aanwezig. Bovendien zijn er een aantal knuffeldieren en u kunt er van alles opsteken over breien en weven en andere oude ambachten.

Het hoogland van Otepää biedt een aantrekkelijke variatie van landschappen: bossen, velden en veengebieden. Võru ligt 5 km. verwijderd van Somerpalu. Deze stad is in de 18e eeuw ontworpen en gebouwd volgens een volledig van tevoren opgesteld plan. Sindsdien is er weinig veranderd. De stad is ook bekend om het feit dat de schrijver Friedrich Reinhold Kreutzwald hier gewoond heeft. Zijn huis, alwaar ook zijn dokterspraktijk gevestigd was, is nu een museum. Er zijn daar ook tentoonstellingen van Estlandse kunstschilders. Polva, 40 km naar het noorden, is een aangenaam stadje en zeer populair onder de Esten.

Boerderij en omgeving

Deze traditionele Estlandse boerderij met ruime binnenplaats is gelegen aan de oever van de Pärnu, in een prachtige natuurlijke omgeving. Op dit kleinschalige boerenbedrijf worden kippen en melkkoeien gehouden. Meehelpen op de boerderij is mogelijk.

U logeert in de omgebouwde schuur aan de rivier. Deze schuur heeft een woonkamer en keuken en is voozien van een open haard en een douche. Ook een sauna staat tot uw beschikking. Op het eiland in de rivier kunt u een kampvuur bouwen of picknicken.

De boerderij is gelegen in nationaal park Soomaa. Hier treft u een variatie van bossen, moerasen en rivieren. Het park kent een aantal zeldzame plantren- en diersoorten. Ook 's winters is het park een bezoek waard omdat u dan gedeeltes bereikt die in andere seizoenen ontoegankelijk zijn. Elanden komen hier veel voor. In Turi (35 km) bevindt zich een interessant spoorwegmuseum. Nog iets verder, in Paide, staat de Pikk Hermann, een gerestaureerde toren. Van de top ervan heeft u een fraai uitzicht over het omringende landschap.

🛁 🌡️ 🚣 ⑤

🛏️ 3x, 🏊 6-9x, 2ppn EEKroon 200
⛺ T 10x, Prijs op aanvraag

Route
🚗 54 km NO van Pärnu. A5 vanaf Pärnu in noordoostelijke richting. Afslaan bij Vändra en Viljandi aanhouden. Na 5 km afslaan in Suurejöe bij het bord Lüiste Alt Talu 2 km.
🚌 Lijn 140 vanuit Pärnu rijdt dagelijks om 13.40 uur naar Suurejöe. Zie www.bussireisid.ee

🛁 🌡️ 🚴 🎣 ≈≈≈12 🚣2,5 ✂12
🦆2,5 🏹2,5

🛏️ 8x, 🏊 16x, 2pkpn EEKroon 500-660 B&B
⛺ T 10x, 🚐 5x, Prijs op aanvraag

Route
🚗 22 km NW van Kuressaare. Vanaf Virtsu de veerboot naar Kuivastu. Liiva aanhouden, vervolgens Tagavere en Kuressaare. Op de weg Kuressaare-Kihelkonna na 19 km rechtsaf naar Kärla en in Kärla linksaf richting Karujärve. De boerderij ligt op 2 km van het dorp, 300 meter van het bord Paiküla.
🚌 Er gaan dagelijks meerdere bussen vanaf Pärnu en Tallinn naar Kuressaarre.

SÕMERPALU

Roosu
Aivar Rosenberg
Sulbi, 66611 Sõmerpalu, Võru
F 789-53 28
M 505-57 07
E aivar.rosenberg@neti.ee
W www.roosu-talu.ee
🌐 ee, uk, ru

Open: hele jaar 💚 (RES) verplicht

Boerderij en omgeving

Deze biologische boerderij met veel land is gelegen in het hoogland van Otepää en is zeer geschikt voor gezinnen met kin-

🛁 🌡️ 🚣 🎣

🛏️ 6x, 🏊 30-40x, 2ppn EEKroon 310 B&B
⛺ T 50x, Prijs op aanvraag

Route
🚗 20 km NW van Võru. Tussen Tartu en Võru afslaan bij Kanepi. Zandweg naar Sulbi volgen. Net voorbij kruispunt op 100 m van Pühajõgi rivier ligt Roosu.
🚌 Bus 315 Tartu-Räpina stopt in Sulbi op doordeweekse dagen.

VÄNDRA

Lüiste - Alt
Arne Nuut
Lüiste, 87701 Vändra, Pärnu
T 449-36 27
M 566-291 57
W www.hot.ee/lyiste
🌐 ee, fi, ru

Open: 1 mei-30 sep (RES) verplicht

VIHULA

Mätta Ratsatalu
Katrin Jõgi
Paasi, 45402 Vihula, Lääne-Viru
T 325-27 50
M 556-962 41
E info@ratsatalu.ee
W www.ratsatalu.ee
 ee, uk, ru

Open: hele jaar ♥ (RES) verplicht ☒ 🖐

Boerderij en omgeving

Deze boerderij - waarop behalve paarden ook geiten gehouden worden - is gelegen in een prachtige natuurlijke omgeving op de grens van nationaal park Lahemaa. Er zijn vier kamers te huur in het voormalige dorshuis; de overige kamers bevinden zich in een houten vakantiehuis. U kunt kiezen of u gebruik maakt van de gemeenschappelijke keuken of dat u uw maaltijden laat klaarmaken. Te voet of te paard kunt u de prachtige natuur rond deze accommodatie gaan verkennen.

In de omgeving treft u het strand (op 5 km) en het nationale park Lahemaa. Er zijn hier prehistorische hunebedden, kleine 19e eeuwse vissersdorpjes, historische gebouwen en voor de liefhebber een uitgebreid netwerk van gemarkeerde wandelpaden. Het informatiecentrum van het park bevindt zich in Palmse. In Kolga (40 km) staat een fraai middeleeuws landgoed (oorspronkelijk een klooster) dat momenteel in oude luister wordt hersteld. Het is hier vandaan niet meer een uur rijden naar de hoofdstad Tallinn. In de andere richting ligt Narva met enkele historische bezienswaardigheden zoals de omgebouwde textielfabriek, de kathedraal en de kerk.

🛏 6x, 🚲 27x, 2ppn EEKroon 170-270 B&B
⚓ T 30x, pppn EEKroon 45

Route

🚗 25 km NW van Rakvere. Op de A1 Tallinn-Narva afslaan bij Haljala en hier weg naar Võsu nemen. Bij bord Altja Vergi Vihula rechtsaf, na 7km ziet u links de boerderij.

🚌 Vanuit Rakvere en Võsu rijden bussen naar Vihula.

VIHULA

Kingu
Piret Päär
45402 Vihula, Lääne-Viru
T 329-26 20
M 514-02 42
E piret@vilmsi.ee
W kingu.maaturism.ee
 ee, uk, fi, ru

Open: hele jaar ⚓ (RES) verplicht

Boerderij en omgeving

Deze boerderij is een ideale plek om helemaal tot rust te komen met vrienden of familie. Het boerenbedrijfje heeft een kleine kudde schapen en een paard. Maak gebruik van de sauna, boot of kampvuurplaats bij het meer. Indien gewenst kunt u de lunch van de traditionele herberg in het nabijgelegen dorp laten bezorgen of avondeten laten bereiden van zelfverbouwde producten.

In de omgeving vindt u romantische vissersdorpjes en rustige bospaden. Breng een bezoek aan de hofstede Vihula waar nu een restaurant is gevestigd. In Palmse (10 km) staat een imposant herenhuis dat toebehoorde aan de familie Von der Pahlen, een belangrijk geslacht dat verscheidene botanisten heeft voortgebracht. Een bezoek aan een herenhuis in Sagadi (10 km) verschaft inzicht in het le-

ven van de vroegere Duits-Baltische adel. Nationaal Park Laahemaa, het grootste van Estland, biedt een afwisseling van ongerepte bossen, hoogveen en kustwateren. Hier leven elanden, wilde zwijnen en 220 verschillende soorten vogels. Het park beschikt over een uitgebreid netwerk van gemarkeerde wandelpaden. Op 4 km afstand van de accomodatie ligt een prachtig zandstrand.

🛏 3x, 🚲 10x, 2ppn EEKroon 400
⚓ T 50x, pppn EEKroon 20

Route

🚗 30km N van Rakvere. In Rakvere de borden volgen richting Törremäe en vervolgens Veltsi. Eenmaal op weg 23 houdt u Karula aan tot u in Vahula arriveert.

🚌 Vanuit Rakvere en Võsu gaan er bussen naar Vihula.

VIITNA

Kuusiku Loodustalu
Sirje Kuusik
Vatku-Nõmme, 45202 Viitna, Lääne-Viru
F 620-23 05
M 515-35 73
E sirje@datanet.ee
W www.kuusikunaturefarm.ee
 ee, uk, fi, ru

Open: hele jaar (RES) verplicht

Boerderij en omgeving

Deze boerderij gelegen aan de rand van een nationaal park is bijzonder geschikt voor degenen die geïnteresseerd zijn in natuur en natuurbeleving. Twee comfortabele kamers in de boerderij zelf - met eigen douche en toilet - zijn het hele jaar door te huur, net als de kamer voor drie personen op de tweede verdieping van het apart staande houten saunagebouw. Van mei tot oktober kunt u met maximaal vijf personen ook verblijven in het zomerhuis.

Het Lahemaa Nationaal Park, het grootste van Estland, biedt een afwisseling van bossen, meren, hoogveen. Het is een van de weinige ongerepte natuurgebieden langs de Oostzee. Het bezoekerscentrum van het park bevindt zich in Palmse. De eigenaar organiseert kampeertochten naar het park.

In Viitna staat een oude herberg daterend uit de 18de eeuw waar u nog steeds een maaltijd kunt nuttigen. Vroeger was dit een pleisterplaats voor reizigers op weg naar Sint Petersburg. Het dorp Jäneda (40 km) is ook een bezoek waard.

🛏 6x, ✂ 12x, 1ppn EEKroon 350, 2ppn EEKroon 350 B&B

Route

🚗 30 km W van Rakvere. Op de A1 Tallinn-Narva ter hoogte van wegrestaurant Viitna afslaan richting Kadrina. Na 2,8 km bij grote dennenboom en houten hek, linksaf. Vanaf hier 600 m doorrijden.
🚌 Dagelijks meerdere buslijnen, ook rechtstreeks vanaf Tallinn die stoppen te Viitna.

● **Het Grote ANWB Wegenboek**

De basiscartografie die eigenlijk iedere automobilist zou moeten hebben.
Heel Europa op schaal 1:800.000. Met de talloze stadsplattegronden en gedetailleerde agglomeratiekaarten (omgeving van grote steden op schaal 1:100.000) kunt u gemakkelijk een stadscentrum bereiken of juist een stad omzeilen.
Het Nederland-deel bevat overzichtskaarten, detailkaarten (1:100.000 – 1 cm = 1 km) en plattegronden van bijna 500 plaatsen inclusief een stratenregister.
Twee handzame atlassen in een praktische koffer.

Verkrijgbaar bij ANWB-verkooppunten, boekhandels en warenhuizen.

FOTO: BALTIKUM TOURISMUS ZENTRALE, WWW.BALTIKUMINFO.DE

EST
LV
LT

FOTO'S: BALTIKUM TOURISMUS ZENTRALE / WWW.BALTIKUMINFO.DE

Letland

Wie van natuur, rust en ruimte houdt, komt in deze Baltische Staat aan zijn trekken. Letland is overwegend vlak of licht heuvelachtig en wordt voor bijna de helft bedekt met bossen. Daarnaast zijn er uitgestrekte weidegebieden en talrijke meren en rivieren, vooral in het oosten tegen de grens van Rusland aan. Tien procent van het landoppervlak bestaat uit drassig laagveen bedekt met mos en heide. De kust van Letland is grotendeels ongerept en strekt zich uit over een afstand van bijna 500 km.

en telt honderden blauwe meren. In het centrum van het land ligt Zemgalē. Dat is het meest vruchtbare deel van het land en kent sappige, groene weiden en uitgestrekte landbouwgebieden. Elanden, herten, wilde zwijnen, marters, wolven, lynxen en bruine beren voelen zich thuis in Letland. In de rivieren leven bevers en otters. Aan de kust zwemmen zeehonden rond. Ook de vogelliefhebber kan er van alles zien. Zo leven er in het land zo'n 6.500 broedende paren ooievaars, zes keer zoveel als in geheel West-Europa.

Letland is zeer dun bevolkt. Afgezien van Riga – waar u onder meer diverse theaters en musea, een dierenpark een botanische tuin en een astronomisch observatorium (met planetarium) kunt bezoeken - zijn er weinig echte steden. Natuur is dus heel prominent aanwezig.

Historisch gezien wordt het land in vier regio's verdeeld. Kurzemē - in het westen - is zeer dunbevolkt en vooral geliefd om de lange, witte stranden. Het noordelijke Vidzemē heeft glooiende heuvels en pittoreske landschappen. Latgalē - in het oosten - is bosrijk

Accommodaties

Sinds Letland in 1991 onafhankelijk werd heeft ruraal toerisme een snelle ontwikkeling doorgemaakt. In deze gids treft u een selectie milieuvriendelijke landhuizen, pensions en vakantiehuizen aan die in de meeste gevallen gelegen zijn bij een meer of aan de oevers van een rivier. De eigenaren bedrijven landbouw, ook biologische landbouw, en in veel gevallen zijn verse producten van eigen grond te koop. Letland leent zich goed voor een sportieve vakantie. Op veel accommodaties kunt u paardrijden, fietsen, roeien of vissen. In de winter zijn cross-country skiën en schaatsen populair in Letland. Uitgesport? U zult merken, dat nergens de traditionele sauna ontbreekt!

Alle in deze gids opgenomen accommodaties hebben maatregelen genomen ter bescherming van het milieu en daarvoor het Groene Certificaat ontvangen, het natio-

nale ecokeurmerk voor toeristische accommodaties. Om dat Groene Certificaat te behalen moeten accommodatiehouders aan een lijst strenge milieu-eisen voldoen. Die eisen hebben te maken met bijvoorbeeld het behoud van biologische diversiteit en natuurlijk landschap, het voorkomen van vervuiling van water en bodem, besparing van water- en energie, het gebruik van milieuvriendelijke schoonmaak- en andere producten, het gebruik van natuurlijke bouwmaterialen en het aanbieden van lokaal geproduceerde voedingsmiddelen. De Letse Associatie voor plattelandstoerisme Lauku ceļotājs, lid van het ECEAT netwerk, is verantwoordelijk voor de kwaliteitsinspectie en beoordeling van de accommodaties.

(Biologische) landbouw

De meeste Letten dragen biologische landbouw een warm hart toe. Dat is deels een reactie op de grootschalige militaire en industriële vervuiling gedurende het Sovjet tijdperk. Sinds 2003 is het totale areaal van biologisch bebouwde landbouwgrond met 80% toegenomen tot een totaal van 44.000 ha - hoewel dit nog maar 2% van het totale areaal uitmaakt. Het aantal biologische boeren is gestegen van 550 in 2003 tot 1040 in 2004. Het label Latvijas Ekoprodukts wordt door producenten gebruikt, die zijn gecertificeerd

volgens de standaard van biologische landbouw.

Natuur(bescherming)

In totaal is ca 9% van de oppervlakte van Letland beschermd gebied. Er zijn drie nationale parken, vijf natuurreservaten en meer dan vijftig beschermde gebieden. Tot de populairste behoort nationaal park Gauja, in het noorden, aan beide oevers van de Gauja rivier gelegen. Het heeft heuvellandschappen, zandstenen rotsen en grotten. Nationaal park Slītere ligt aan de kust in het westen en heeft dichtbegroeide wouden. Zeldzame diersoorten als de auerhoen, de korhoen en de bever komen daar nog voor. Maar de kans is groter, dat u er een ree, een eland of een wild zwijn zult zien. Verder treft u in dit gevarieerde park bijzondere vissersdorpjes en witte zandstranden aan. In het plaatsje Slītere is het museum van het park te vinden. U kunt er van alles te weten komen over de geschiedenis ervan en u kunt er een indruk krijgen welke flora en fauna er in het park voorkomt. Het Ķemer nationaal park bij de Golf van Riga, niet ver van de badplaats Jūrmala, is ook een bezoek waard. Er zijn veel wandelroutes door het laagveen en de moerassen.

AGLONA

Pagalmini
Emilija Aniskavica
Jaunaglona, LV-5304 Aglona, Preili
T   530-03 02
M   924-56 73
lv, ru, uk

Reserveren zie boven of via Lauku
Celotajs: tel +371 761 76 00, fax +371 783
00 41, lauku@celotajs.lv, www.celotajs.lv
Open: hele jaar (RES) verplicht

Boerderij en omgeving

Pagalmini is een rustig landhuis en van alle moderne gemakken voorzien. Het staat bij het Rušona-meer. Er is een woonkamer, vier slaapkamers, gedeelde keuken en wc. Douches bevinden zich in het saunagebouw op 20 m van het huis. Er zijn sportfaciliteiten en een kinderspeelplaats. U kunt een boot huren of paardrijden en er is een kampvuurplaats. De eigenaren bieden oesterzwammen en andere producten van eigen teelt aan.

Aglona is gelegen in het hoogland van Latgale, een dunbevolkt gebied met weinig toeristen. Qua natuurschoon is het er op veel plekken adembenemend. In Aglona bevindt zich een Rooms Katholieke schrijn. In Preili (30 km), het regionale centrum, kunt u een bezoek brengen aan het museum voor geschiedenis en toegepaste kunst. Andere steden in de buurt zijn Daugavpils (50 km), de tweede stad van Letland, met een interessant historisch centrum en Rezekne (60 km).

0,3 0,3

4x, 10x, 2pkpn LVLats 17

Route

50 km NO van Daugavpils. Vanaf Daugavpils de weg naar Rezekne en Preili nemen (A13). Bij de afslag naar Preili rechtsaf richting Aglona (P62). In

Aglona richting Jaunaglona. In Jaunaglona bij T-splitsing rechts afslaan. Na ca 4 km ligt Pagalmini links van de weg.
Bus Riga-Aglona waar u afgehaald kunt worden.
Zie: www.118.lv/satiksme?sub=autobusi

AGLONA

Mežinieku majas
Marite Mežiniece
Gutenu sadža, LV-5304 Aglona, Preili
T   537-52 93
M   923-44 25
lv, uk, de, ru

Reserveren zie boven of via Lauku
Celotajs: tel +371 761 76 00, fax +371 783
00 41, lauku@celotajs.lv, www.celotajs.lv
Open: hele jaar (RES) verplicht

Boerderij en omgeving

Deze biologische boerderij heeft gastenkamers en een klein kampeerterrein. De vier tweepersoonskamers bevinden zich in twee verschillende houten huizen. Er is een kinderspeelplaats en een sauna. U kunt er ook een massage krijgen. De eigenaren verkopen producten van het eigen bedrijf.

In de omgeving is een theaterwandelroute ('het droompad') uitgezet. Een goede plek om te zwemmen, paard te rijden of te roeien. Dit gebied is het hoogland van Latgale: het land van de blauwe meren. Net boven Aglona bevindt zich een van de mooiste meren, het Rusonsmeer. Ook de omgeving rond het Ezezersmeer (30 km van Aglona) is een lust voor het oog. Het grootste meer van Letland ligt ongeveer 40 km ten noordoosten van Aglona en heet Razna. Steden zijn hier niet, toeristen komen er weinig. De stad Daugavpils, qua grootte de tweede stad van het land, ligt op 45 km. In Daugavpils kunt u een goed bewaard 19de-eeuws fort bezichtigen. Het historische stadscentrum is vanuit

architectonisch oogpunt interessant (barokstijl). Hier kwamen in het verleden de Letse, Poolse, Russische en Joodse cultuur samen.

4 4 4

4x, 8x, 2pkpn LVLats 23

Route

25 km ZO van Preili. In Preili weg naar Aglona, in Aglona weg richting Viški . Na ca 6 km ziet u aan rechterhand een houten bord 'z/s Laima, Mežinieku majas'. Borden volgen tot aan erf.
Bus Daugavpils-Rezekne stopt in Viški. Vanaf halte Salieniki kunt u afgehaald worden door de eigenaren.

ANNA

Murnieki
Irena Kazaka
LV-4341 Anna, Aluksne
T   434-33 44
M   643-86 47
lv, uk, ru

Reserveren zie boven of via Lauku
Celotajs: tel +371 761 76 00, fax +371 783
00 41, lauku@celotajs.lv, www.celotajs.lv
Open: hele jaar (RES) verplicht

Pension en omgeving

Pension Murnieki ligt afgelegen temidden van bossen en velden. Het karakteristieke gebouw van twee verdiepingen telt vier tweepersoonskamers waarvan één met douche en toilet op eigen kamer. Op de begane grond bevinden zich een woonkamer en keuken voor algemeen gebruik. In de grote tuin zijn er diverse speelvoorzieningen voor de kinderen, onder andere een trampoline. U kunt een traditionele Letse sauna nemen (met wilgetakken) en 's avonds gezellig samenkomen rond het kampvuur of de open haard.

In het dicht begroeide bos rond het pension zijn diverse wandelpaden en in de rivier bevindt zich een beverdam In de omgeving kunt u fietsen, paardrijden, zwemmen en vissen. Voor uitstapjes naar Aluksne (in het noorden, 10 km) en Gulbene (in het zuiden, 25 km) is de smalspoorbaan een uitgelezen vervoermiddel: de 33 km lange spoorbaan uit 1903 loopt door een mooi heuvelachtig landschap. Het station van Gulbene is de moeite van het bezichtigen waard en Aluksne geldt als een van de mooiste steden van Letland.

 4x, 8x, 2pkpn LVLats 34-43 B&B

Route
20 km Z van Aluksne. In Aluksne P39 naar Gulbene. Afslaan richting Murnieki. Let op groene bord met ecolabel aangezien er twee huizen zijn met dezelfde naam.

Bus Riga-Aluksne. Vandaar kunt u afgehaald worden. Zie: www.118.lv/satiksme?sub=autobusi

DZELMES
Smilteni
Sandra Petersone
LV-5023 Dzelmes, Ogre
M 943-11 45
lv, ru, de

Reserveren zie boven of via Lauku
Celotajs: tel +371 761 76 00, fax +371 783 00 41, lauku@celotajs.lv, www.celotajs.lv
Open: hele jaar verplicht

Vakantiehuis en omgeving
Het houten vakantiehuis heeft twee verdiepingen. De eigenaars wonen even verderop. WC, douche, slaapkamer, sauna, kookgelegenheid en woonkamer met open haard bevinden zich op de begane grond. De slaapkamers zijn boven. Er is een vijver, waarin gezwommen en gevaren kan worden.

Het huis ligt op 2 km afstand van de Daugava-rivier en niet ver van het arboretum Skriveri. In de directe omgeving zijn diverse tochtjes te maken naar verschillende historische bezienswaardigheden, waaronder het Lielvarde-kasteel. Ten oosten van Dzelmes, in Aizkraukle dat 20 km verderop ligt, kunt u de reusachtige hydro-elektrische dam in de rivier de Daugava bezichtigen. In Lielvarde (10 km westwaarts), aan de oevers van de Daugava, bevinden zich de restanten van een kasteel waar eens de Letse mythische held Lacplesis heeft gevochten met de zwarte ridder. Deze legende is bekend bij alle Letse kinderen.

0,4
0,4

3x, 7x, hpw LVLats 154-763

Route
33 km ZO van Ogre. Op A6 Riga-Daugavpils in Dzelmes (13 km voorbij Lielvarde) afslaan naar Jumprava. Na ca 2 km passeert u boerderij Papardes. Neem eerste landweg links, volgende kruising rechts en dan uitkijken naar bordje Smilteni.

Elke dag rijden er meerdere bussen naar Dzelme vanuit Riga, Daugavpils en Aizkraukle. Met de trein kan ook, uitstappen in Jumprava.

JAUNJELGAVA
Zaki
Linda Ratkevica
LV-5134 Jaunjelgava, Aizkraukle
M 941-01 63
lv, ru, uk

Reserveren zie boven of via Lauku
Celotajs: tel +371 761 76 00, fax +371 783 00 41, lauku@celotajs.lv, www.celotajs.lv
Open: hele jaar verplicht

Pension en omgeving
Deze fraai gerestaureerde voormalige graanschuur staat in een prachtige omgeving. De boerderij van de eigenaren ligt op 100 m afstand. Het pension heeft een kinderspeelplaats, een jacuzzi, sauna en stoombad en een tuin met vijver. De gastenkamers zijn gelegen op de eerste verdieping. Op de begane grond treft u een biljartkamer aan. U kunt gebruik maken van de roeiboot. Ook de tennisbaan staat tot uw beschikking.

In de omgeving is het prettig wandelen, vissen en paardrijden. Een bezoek aan de reusachtige hydro-elektrische dam in de rivier de Daugava bij Aizkraukle (op 10 km) is aan te bevelen. U kunt, via een tunnel, door de dam rijden. In Koknese (20 km de rivier volgen in westelijke richting) bevinden zich de overblijfselen van een oud kasteel, dat verschillende keren vernietigd en weer opgebouwd is, totdat het tijdens de grote oorlog van het noorden, in het jaar 1701, onherstelbaar is verwoest. Deze plek is een populaire ontmoetingsplaats voor de Letse bevolking.

5x, 16x, Prijs op aanvraag

Route
18 km W van Aizkraukle. Vanaf Riga A7 richting Bauska. Voorbij Kekava rotonde driekwart rond en na 2 km op volgende rotonde Jaunjelgava aanhouden, P85. Op 4 km voor Jaunjelgava linksaf slaan

naar Zaki (vlak voor bushalte). Heuvel op en rechts aanhouden, na ca 500 m aan rechterhand ligt Zaki (geel bakstenen huis).

🚌 Bussen van Riga en Aizkraukle naar Jaunjelgava. U kunt afgehaald worden van halte Plieni (0.6km). Zie: www.118.lv/satiksme?sub=autobusi

KANDAVAS NOVADS

Indani
Signe Ezerina
LV-3120 Kandavas novads, Tukums
M 925-92 72
💬 lv, ru, uk, de

Reserveren zie boven of via Lauku
Celotajs: tel +371 761 76 00, fax +371 783
00 41, lauku@celotajs.lv, www.celotajs.lv
Open: hele jaar 🔥 (RES) verplicht ✗ 🐾

Boerderij en omgeving

Hier kunt u een traditioneel boerenbedrijf, waar verschillende soorten dieren gehouden worden, leren kennen. Probeer er de Letse sklandrauši' (groentetaart) en andere producten van de boerderij uit en geniet van de traditionele sauna! Bij de boerderij ligt een prettige tuin met kinderspeelplaats en een vijver waarin gezwommen kan worden. Er zijn twee extra bedden aanwezig.
In de omgeving kunt u paardrijden en vissen. Kandava is een stad waarvan de historie ver terug gaat. Een zeer oude stenen brug (de oudste van het land) overspant de rivier de Abava welke de stad opsplitst in twee delen. Tukums (15 km ten zuidoosten van Kandava) is een pittoresk stadje met veel houten gebouwen uit de 19e en begin 20e eeuw. Bij Kaive, iets ten noordwesten van Tukums, staat een oude eik met een diameter van 10 meter. Wie bijzondere vogelsoorten wil zien moet naar het meer van Engure, 15 km boven Tukums, aan de golf van Riga.

🛁 📺 🏮 ⑤ 🎣 🏊 ⋈0,3

🛏 1x, 🚿 2x, 2pkpn LVLats 24 B&B

Route

🚗 35 km W van Tukums. Op A10 Riga-Ventspils afslaan naar Kandava. In Kandava bij verkeerslichten linksaf en dan over rivier rechtsaf richting Saldus. Na Valdeki gaat asfaltweg over in zandweg, 2 km doorrijden en vlak vóór bushalte Rugajkalns rechtsaf, na ca 500 m ziet u bordje Indani.

🚌 Bus vanaf Riga of vanaf Ventspils naar Kandava waar u afgehaald kunt worden.

LADE

Laucini
Spidola Lielmane
LV-4020 Lade, Limbaži
T 915-55 02
M 946-69 55
E spidola.lielmane@limbazi.edu.lv
💬 lv, ru, uk

Reserveren zie boven of via Lauku
Celotajs: tel +371 761 76 00, fax +371 783
00 41, lauku@celotajs.lv, www.celotajs.lv
Open: hele jaar 🌿 (RES) verplicht ✗ 🐾

Boerderij en omgeving

Het gastenverblijf bevindt zich in een gebouw van twee verdiepingen. Een keuken, wc en douche en twee gastenkamers bevinden zich op de begane grond, de overige kamers zijn op de eerste verdieping. Er is een kinderspeelplaats en er zijn enkele kleine dieren. Wanneer u dat wilt, kunt u meewerken op de boerderij.
De boerderij ligt aan de rand van een fraai woud. In de directe omgeving vindt u onder meer de bron van de Vitrupite rivier en het natuurpark Dzilezers-Riebezers. U kunt er heerlijk wandelen, zwemmen en paardrijden. Boten en fietsen worden op de accommodatie verhuurd. Limbaži is één van de oudste steden van Letland. Ronduit schitterend is het nationale park Gauja, dat zich uitstrekt langs de oevers

van de gelijknamige rivier. Het park ligt op ± 30 km. De mooie steden Sigulda en Cesis, die aan de rand van het park gelegen zijn, bevinden zich binnen een straal van 50 km.

🛁 📺 🍽 ⑤ 🎣 🏊 ⋈1 ⋈4 🏔3

🛏 8x, 🚿 14x, 2pkpn LVLats 29 B&B

Route

🚗 10 km ZW van Limbaži. Neem vanaf Riga A2. Vervolgens A3 richting Valmiera. Na ca 10 km linksaf naar Ragana en daar richting Limbaži aanhouden. In Ladezers (na 29 km) linksaf slaan. Na spoorwegovergang rechts aanhouden. Laucini is 3de huis aan de rechterkant.

🚆 Trein Riga-Limbaži. Uitstappen op station Lade. Of met bus naar Ladezers waar u afgehaald kunt worden. Zie: www.118.lv/satiksme?sub=autobusi

LAUTERE

Kucuru dzirnavas
Daina Medne
LV-4846 Lautere , Madona
T 483-17 48
M 613-80 86
W www.kucuri.lv
💬 lv, ru, de, uk

Reserveren zie boven of via Lauku
Celotajs: tel +371 761 76 00, fax +371 783
00 41, lauku@celotajs.lv, www.celotajs.lv
Open: hele jaar (RES) verplicht ✗ 🐾

Pension en omgeving

Het pension is gesitueerd in een gerenoveerde watermolen, die fraai is gelegen aan een bosrand. Op de eerste verdieping bevinden zich de gastenkamers. Er is een keuken aanwezig, maar u kunt uw maaltijden op verzoek ook laten bereiden. Bij het huis ligt een meertje waar u kunt zwemmen. Voor kinderen is er een speelplaats en een kinderbad.

U kunt er in de buurt wandelen, fietsen en 's winters ook langlaufen. Fietsen zijn op de accomodatie te huur. In de directe omgeving ligt de Gaizinkals (312 m), het hoogste punt van Letland. Het uitzicht vanaf de top is wijds. Er zijn verschillende meren en uitgestrekte bossen te zien. Enkele kilometers buiten Ergli (30 km naar het westen) heeft de bekendste Letse schrijver Rudolfs Blaumanis (1863-1908) gewoond. Van zijn boerderij is een museum gemaakt. Het huis is volledig gerestaureerd en ziet er weer uit zoals de schrijver het gekend moet hebben.

🛏 5x, ✂ 10x, 2pkpn LVLats 20 B&B

Route

🚗 15 NW van Madona. Op A2 Riga-Veclaicene in Berzkrogs (op ca 31 km van Sigulda) afslaan richting Vecpiebalga. Doorrijden richting Madona en in Lautere rechtsaf naar Ergli. Na ca 3 km ziet u bordje Kucuru dzirnavas aan linkerhand.

🚌 Verscheidene bussen Riga-Madona stoppen in Lautere.

LECAVA

Berzini
Janis Pastars
LV-3913 Lecava, Bauska
T 632-03 36
E info@campingslabirinti.lv
🗨 lv, ru, uk

Reserveren zie boven of via Lauku
Celotajs: tel +371 761 76 00, fax +371 783 00 41, lauku@celotajs.lv, www.celotajs.lv
Open: hele jaar 🗨 (RES) verplicht ✂ 🐾

Boerderij en omgeving

Deze boerderij ligt aan de Via Baltica op 50 km van Riga. Er worden aardappelen geteeld en graan verbouwd en er is een boomgaard.

Het eenvoudige boerenhuis telt twee verdiepingen en er zijn vier tweepersoonskamers. In de tuin zijn twee met elkaar verbonden vijvers. Ook is er een collectie oude gereedschappen en werktuigen. Op de ruim opgezette camping is plaats voor tenten en caravans. Alle gasten kunnen gebruik maken van de gemeenschappelijke keuken. Natuurlijk ontbreekt de sauna niet.

De accommodatie ligt niet ver van de Litouwse grens. De hoofdstad Riga is hier vandaan gemakkelijk te bereiken. Bauska ligt op 20 km van Lecava en dankt zijn bekendheid vooral aan het kasteel dat in zeer goede staat verkeert. Het tien km verderop gelegen paleis van Rundale is zeker een bezoek waard. Ten westen van Lecava ligt Jelgava met een fraai barok paleis gebouwd door de beroemde Italiaanse bouwmeester Rastrelli.

🛏 4x, ✂ 8-14x, 2ppn LVLats 14
🚶 pppp LVLats 7pcpn LVLats 7

Route

🚗 50 km Z van Riga. Vanaf Riga A7 in zuidelijke richting. Bij km-paal 48 rechtsaf, na ca 200 m vijfde huis aan rechterhand.

🚌 Bus Riga naar Bauska. Uitstappen halte Zorgi op 300m van accommodatie.

LIGATNE

Avoti
Baiba Bumbiere
p/k 384, LV-4110 Ligatne, Cesis
M 918-28 18
🗨 lv, ru, uk, de

Reserveren zie boven of via Lauku
Celotajs: tel +371 761 76 00, fax +371 783 00 41, lauku@celotajs.lv, www.celotajs.lv
Open: hele jaar 🗨 (RES) verplicht ✂ 🐾

Vakantiehuis en omgeving

Dit huis staat op een stille plek midden in het Ligatne natuurpark. Op de begane grond is een zitkamer voor algemeen gebruik met open haard; de andere kamers bevinden zich op de eerste verdieping. Twee van de drie gastenkamers hebben een eigen toilet en douche. In de tuin bij de vijver vindt u een traditionele sauna. De eigenaren verkopen eigengemaakte honing.

In de omgeving kunt u zwemmen, vissen, paardrijden en varen. Ligatne maakt deel uit van het nationale park Gauja (ca 1000 vierkante km), waar u prachtige rivierdalen en rotsformaties kunt zien. Het park bestaat voor bijna de helft uit bos. Er bevinden zich in het gebied 900 verschillende soorten planten, 150 soorten vogels en 48 soorten zoogdieren. In de buurt van het vakantiehuis zijn talloze historische bezienswaardigheden. Niet ver van Ligatne ligt het pittoreske en levendige stadje Cesis (30 km), een van de oudste steden van het land. Sigulda, gelegen op 10 km van Ligatne is ook de moeite van het bekijken waard. Deze stad kent een rijke historie en u vindt er een aantal mooie kastelen.

🛏 3x, ✂ 6x, 2ppn LVLats 23 B&B

Route

🚗 25 km ZW van Cesis. Op A2 Riga-Veclaicene op ca 65 km van Riga linksaf slaan bij bord "Ligatnes macibu un atputas parks". Na ca 6 km bij meertje, linksaf slaan, heuvel op. Bij vertakking rechts houden (asfaltweg blijven volgen). Na dorp scherpe bocht naar links omlaag. Sla linksaf bos in en volg borden "Ligatne nature trails". Volg rivier tot aan ingang van park (melden dat u op weg bent naar Avoti). Verderop na ca 600 m linksaf bos inslaan. Negeer bord 'No driving' en rijd rechtdoor, na 1,5 km arriveert u op plaats van bestemming.

EST
LV
LT

🚍 Per trein of bus naar Ligatne. U kunt afgehaald worden van station of van halte Augšligatne.

MENGELE

Ogreni
Valentina Gailite
LV-5047 Mengele, Ogre
T   503-14 80
M   613-69 81
🗣 lv, ru, de

Reserveren zie boven of via Lauku
Celotajs: tel +371 761 76 00, fax +371 783 00 41, lauku@celotajs.lv, www.celotajs.lv
Open: hele jaar 🔌 (RES) verplicht 🍴

Boerderij en omgeving

Dit traditionele boerenhuis ligt bij een dorp aan de Ogre rivier, temidden van uitgestrekte velden en ongerepte natuur. De twee slaapkamers bevinden zich op de eerste verdieping, keuken en woonkamer op de begane grond. Er is een sauna.
De omgeving leent zich goed voor wandelen en fietsen. In de nabijgelegen rivier kunt u varen, zwemmen of vissen. De eigenaren verhuren een boot. Mengele ligt ca 60 km van Riga vandaan. De enorme hydro-elektrische dam in de rivier de Daugave, bij Aizkraukle, ligt op 30 km. Ook de Gaizinkalns, met 312 meter het hoogste punt van Letland is niet ver weg (ca 40 km). Heeft men eenmaal de top ervan bereikt dan is het uitzicht overweldigend.

🛁 📶 🍽 🛶 ⑤ ✕ ❄25

🏠 1x, 🛏 4x, Prijs op aanvraag

Route

🚗 36 km NW van Aizkraukle. A6 Riga-Daugavpils naar Koknese. Vecbebri aanhouden (P79) en daarna Mengele. In Mengele het centrum door en vervolgens vóór de brug over Ogre rivier rechtsaf. Links ziet u begraafplaats. Bij een oud herenhuis rechtsaf

slaan en na 200m links. Bij een postbus met de naam Gailitis links.
🚍 Bus Riga-Mengele (5km) of per trein naar station Koknese (25km). U kunt afgehaald worden. Kijk op www.118.lv/satiksme?sub=autobusi

RENDA

Sperveles
Daina Šenina
Graudupe, LV-3311 Renda, Kuldiga
T   337-33 78
M   916-46 33
🗣 lv, ru, uk

Reserveren zie boven of via Lauku
Celotajs: tel +371 761 76 00, fax +371 783 00 41, lauku@celotajs.lv, www.celotajs.lv
Open: hele jaar 🔌 (RES) verplicht 🍴

Boerderij en omgeving

Deze bioboerderij biedt rust en gezelligheid. Gasten verblijven in een apart gedeelte van het huis. Op de tweepersoonskamer is eventueel een derde bed beschikbaar. Aanwezig zijn een open haard, keuken, wc, douche en sauna.
De boerderij ligt in een bosrijke omgeving bij een meertje. In de buurt kunt u heerlijk fietsen, wandelen en paardrijden. Fietsen zijn op de accommodatie te huur. Meehelpen op de boerderij is ook mogelijk. In de regio Kurzeme zijn enkele prachtige natuurgebieden met zeldzame flora en fauna (het oudste Letse natuurreservaat, Moricsala, ligt 15 km ten noorden van Graudupe). Deze streek is ook bekend om de aanwezigheid van vele zandgrotten. Kuldiga is een fraaie, goed bewaard gebleven oude stad gelegen aan de rivier de Venta. In de stad bevindt zich de breedste waterval van Europa: de Ventas Rumba (240 meter). In het centrum staan tal van historische gebouwen.

🛁 📶 🍽 🚣 🐴 ⑤ 🏊 ✕

🛏 1x, 🛏 3x, 2pkpn LVLats 23 B&B

Route

🚗 15 km NO van Kuldiga. A10 Riga-Ventspils afslaan richting Kandava, P130. Via Kandava en Sabile naar Renda, P120. Voorbij Renda, 100 m vóór derde bushalte Skujenieki rechts smalle weg inrijden en dan bordjes Sperveles volgen.
🚍 Bus Riga-Kandava-Kuldiga. Eigenaren kunnen u afhalen van bushalte Skujenieki (3de halte na Renda).

ROŽKALNE

Salenieki
Ruta Norkarkle
Kalupe, LV-5335 Rožkalne, Preili
T   915-94 52
F   547-07 52
M   949-58 88
🗣 lv, ru

Reserveren zie boven of via Lauku
Celotajs: tel +371 761 76 00, fax +371 783 00 41, lauku@celotajs.lv, www.celotajs.lv
Open: hele jaar 🦢 (RES) verplicht 🎿 🍴

Boerderij en omgeving

Deze ecoboerderij - gelegen aan de oevers van het Kalupemeer - biedt ontspanning en rust voor het hele gezin. De kamers zijn comfortabel ingericht. Er is een gastenkamer op de begane grond. Op de eerste verdieping bevinden zich een tweede gastenkamer en een gemeenschappelijke ruimte, die plaats biedt aan acht personen. Er is een traditionele sauna en een open haard. U kunt een boot huren om op het meer te varen en in de tuin bij de boerderij staan speeltoestellen voor kinderen. Voor wie dat wil is het mogelijk mee te werken op de boerderij.
De boerderij ligt in een bosrijke omgeving. Latgale wordt terecht het land van de blauwe meren genoemd: u vindt er

zowel de twee grootste meren van het land - Lubans en Raznas - als het diepste meer van het Balticum. Ezezers is een uniek beschermd natuurgebied met 36 eilanden en Velnezers (Duivelsmeer) is vermaard om de bijzondere kleuren. Het Kalupemeer biedt diverse mogelijkheden voor recreatie. De regio Latgale staat bekend om zijn aardewerk. Het hoogland van Latgale (± 35 km ten oosten van Kalupe) heeft vele meren en rivieren en vormt een schitterend natuurgebied.

🛏 2x, ✂ 4x, 2pkpn LVLats 34 B&B

Route

🚗 35 km N van Daugavpils. Op A6 Riga-Daugavpils afslaan richting Nicgale (halverwege Daugavpils en Livani) en doorrijden tot Kalupe. Op kruispunt bij kerk linksaf slaan. Na ca vier kilometer ziet u bordje Salenieki.

🚌 Bus Riga-Daugavpils. Stopt in Nicgale. U kunt afgehaald worden op 4,5 km van de accommodatie bij halte Klaupe.

Zie: www.118.lv/satiksme?sub=autobusi

RUNDALE

Straumeni
Emerita Bukele
LV-3923 Rundale, Bauska
T   395-02 64
M 910-93 88
E   emerita.straumeni@inbox.lv
W www.travellatvia.lv/straumeni
🗣 lv, uk, de, ru

Reserveren zie boven of via Lauku
Celotajs: tel +371 761 76 00, fax +371 783 00 41, lauku@celotajs.lv, www.celotajs.lv
Open: hele jaar ⓡ verplicht ♿ 🚫
🐕

Pension en omgeving

Dit huis van twee verdiepingen ligt aan de oever van de Lielupe. Beneden treft u de eetkamer en de biljartkamer aan. De gastenkamers zijn op de eerste verdieping. Douches en toilet worden gedeeld met de andere gasten. In de kelder bevindt zich de sauna. Er is ook een vrijstaand vakantiehuis met eigen keuken en twee slaapkamers. In de tuin vindt u een vuurplaats en een kinderbadje. Het huis is geschikt gemaakt voor rolstoelgebruikers. De accommodatiehouder verhuurt boten en fietsen.

Straumeni ligt in een streek met de stadjes Bauska, Rundale and Mežotne. U kunt er prima fietsen, paardrijden, vissen en varen. Het paleis van Rundale is zeer bijzonder en dus zeker het bezichtigen waard. In Jelgava (40 km naar het noorden) bevindt zich een paleis van de beroemde Italiaanse architect Francesco Bartolomeo Rastrelli (architect van het winterpaleis in Sint Petersburg!). Bauska is een bezienswaardig stadje met een fraai kasteel. Ook het pas gerestaureerde paleis in Mežotne is interessant. Het doet nu dienst als plattelandshotel.

🛏 4x, ✂ 8x, 2ppn LVLats 24 B&B
🏠 1x, ✂ 4x, 1ppw LVLats 84

Route

🚗 10 km W van Bauska. Tussen Bauska naar Eleja (p103) afslaan richting Ziedoni. Daarna doorrijden tot u borden naar Straumeni tegenkomt en deze aanhouden tot u geel huis aan linkerkant ziet liggen.

🚌 Er rijden bussen van Riga naar Bauska en van daar naar Jelgava. U kunt ook afgehaald worden in Bauska. Uitstappen bij halte Ziedoni.

STRAUPE

Upeslejas
Elita Martinsone
LV-4152 Straupe, Cesis
T   413-23 08
M 944-19 70
🗣 lv, ru, uk

Reserveren zie boven of via Lauku
Celotajs: tel +371 761 76 00, fax +371 783 00 41, lauku@celotajs.lv, www.celotajs.lv
Open: hele jaar ⓡ verplicht 🚫 🐕

Vakantiehuis en omgeving

Dit traditionele houten huis staat aan de oevers van de Brasla, gelegen aan de rand van het Gauja natuurpark.

Op de begane grond vindt u de huiskamer met open haard, keuken, wc, douche en sauna. Boven is een slaapkamer met drie bedden (een vierde bed is eventueel beschikbaar). In de rivier kan gezwommen, geroeid of gevist worden.

De omgeving van dit aangename vakantiehuis heeft veel te bieden. Het kasteel en de kerk in het dorpje Straupe - op 1,5 km afstand - zijn een bezoekje waard. Andere bezienswaardigheden zijn de houten veerboot van Ligatne, het Ligatne natuurpark en de ondergrondse meren van Vejini. De oude steden Sigulda (35 km) en Cesis (25 km) zijn een bezoek meer dan waard. De rivier de Gauja, de grootste van Letland, loopt dwars door het natuurpark. Het is een goed idee bij een bezoek aan het park de loop van de rivier te volgen. Deze regio is ook bekend om de zandstenen grotten. Vlakbij Sigulda (6 km) ligt Turaida dat bekendheid geniet vanwege de aanwezigheid van een imposant kasteel. Er bevindt zich ook een grote grot (Gutman).

🏠 1x, ✂ 3x, hpw LVLats 242

Route

⚠ 25 km W van Cesis. Neem de A2 Riga-Vaclaicene en vervolgens de A3 richting Valmiera. In Straupe linksaf richting Ledurga (voorbij café Skesteri). Na ca 200m eerste weg rechts, doorrijden tot Upeslejas (ca 1,2 km).

🚌 U bereikt Straupe per bus vanuit Riga of Valmiera. U kunt afgehaald worden.

VERMU

Azarkrosti
Janina Sviksa
LV-4647 Vermu, Rezekne
T 469-74 19
M 945-94 48
📞 lv, ru

Reserveren zie boven of via Lauku
Celotajs: tel +371 761 76 00, fax +371 783 00 41, lauku@celotajs.lv, www.celotajs.lv

Open: hele jaar 🛥 (RES) verplicht 🗙 🍴

Vakantiehuis en omgeving

Dit houten vakantiehuis van twee verdiepingen ligt aan de oever van het prachtige Adamovameer.

Op de begane grond is een woonkamer met open haard, op de eerste verdieping zijn twee gastenkamers. U heeft de beschikking over een sauna. Op de accommodatie zijn fietsen te huur en er zijn speeltoestellen voor de kinderen.
In de directe omgeving kunt u zwemmen, varen en vissen. Deze accommodatie is erg geschikt voor liefhebbers van de wintersport. Ook natuurliefhebbers kunnen hier hun hart ophalen. Verder zuidoostwaarts, schuin onder Rezekne, ligt een uitgestrekt merengebied. Dit is eigenlijk één groot natuurgebied, gelegen in een zeer dunbevolkte regio, waar het toerisme nog maar mondjesmaat is doorgedrongen. Op nog geen 30 km van het Adamova meer ligt het grootste meer van Letland (Razna). In Rezekne vindt u het beroemde beeld van Mara, een Lets symbool van onafhankelijkheid.

⚙ 🍽 🛶 ⛷ Ⓢ 🎣 🌊 0,1 🐟 0,1

🏠 2x, 🛏 5x, hpw LVLats 250

Route

⚠ 10 km N van Rezekne. Op ringweg van Rezekne A13 nemen richting Kardava. Na ca 7 km bij bushalte Sondori rechtsaf en na 1 km (na Kalnavoti) weer rechtsaf slaan. Na 500m bij vertakking links aanhouden richting meer. Na ongeveer 600 m ziet u rechts een kerkhof. Linksaf slaan en heuvel oprijden.

🚌 Trein of bus naar Rezekne. Vandaar bus naar Berzgale, uitstappen halte Soudori. U kunt ook afgehaald worden in Rezekne.

Litouwen

Wist u dat de Litouwse koningen en ridders eens heer en meester waren over een gebied dat zich uitstrekte van de Baltische tot aan de Zwarte Zee? Dat was in de vijftiende eeuw het geval. Sporen uit die glorietijd zijn tot op heden terug te vinden in het landschap in de vorm van talloze oude stadjes, monumentale kastelen en andere opvallende bouwwerken.

Het grondgebied van de sinds 1991 onafhankelijke republiek Litouwen is tegenwoordig veel kleiner dan vroeger. Het beslaat nu een gebied ter grootte van Nederland en België samen. Meer dan een kwart daarvan bestaat uit bos. Mocht u ervoor kiezen Litouwen tot uw vakantiebestemming te maken -zoals steeds meer mensen - dan zult u merken dat er van alles te ontdekken valt in dit groene land met zijn gastvrije bewoners. Als u er rondreist dan zal het u evenmin ontgaan dat de Litouwers trots zijn op hun verleden en met enthousiasme de tradities van vroeger in ere houden.

Litouwen is deels vlak en deels heuvelachtig. Het land wordt van oudsher in vier landstreken opgedeeld. De regio Aukstaitija - in het oosten - is bosrijk en wordt gekenmerkt door verweerde heuvels en een aantal merensyste-

men: talloze met elkaar in verbinding staande meren, meertjes en riviertjes. U vindt er altijd wel een meertje voor u zelf. Het karakter van het gebied Dzukija - in het zuiden - wordt bepaald door de langzaam stromende Nemunas en uitgestrekte wouden, waardoorheen snelle stroompjes hun weg zoeken. Zemaitija - in het westen - wordt gekenmerkt door een heuvel-

vaak behulpzaam en gastvrij en zullen proberen het u zoveel mogelijk naar de zin te maken. Een traditionele sauna ontbreekt natuurlijk niet.

(Biologische) landbouw

De ontwikkeling van de biologische landbouw is in Litouwen relatief langzaam op gang gekomen. De certificeringsorganisatie Ekoagros heeft de laatste jaren veel goed werk verricht op dit terrein. Deze ontwikkeling wordt sinds een aantal jaar actief ondersteund door de Litouwse overheid. Hoewel het land sinds de toetreding tot de Europese Unie met succes de weg van de modernisering is ingeslagen, is nog steeds is een kwart van de bevolking werkzaam in de landbouw.

Natuur(bescherming)

Litouwen is vijf nationale parken rijk. Daarnaast zijn er verscheidene beschermde natuurgebieden (niet allemaal toegankelijk) met verschillende bijzondere planten- en diersoorten. Nationaal park Aukstaitija in het oosten bij Utena biedt een mix van natuur en cultuur, met veel meren en rivieren, dennenbossen en typische dorpjes met veel eeuwenoude houten gebouwen. Nationaal park Dzukija bij Varena in het zuidoosten van het

achtig boslandschap dat geleidelijk afloopt naar de vlakten. Het heeft zijn eigen merengebied. Het Litouwse deel van de Baltische kust biedt de toerist veel mooie zandstranden en veel dennenbossen. Palanga is de bekendste badplaats. De havenstad Klaipėda en omgeving hoorde cultureel gezien oorspronkelijk bij het gebied Oost-Pruisen - dat tegenwoordig deel van Rusland uitmaakt (de enclave Kaliningrad) - maar wordt tegenwoordig bij het aangrenzende Zemaitija gerekend. Heel bijzonder en zeker een bezoek waard is het bijna 100 km lange schiereiland Kursiu Nerija (Koerse landtong) dat in een dunne strook voor de kust loopt. Kaunas en Vilnius zijn de belangrijkste culturele centra van het land. In vergelijking met Nederland en België zijn de zomers in Litouwen doorgaans warm en zonnig en de winters koud met veel kans op sneeuw.

Accommodaties

De accommodaties die werden geselecteerd voor deze gids bieden u de kans optimaal van de rust en ruimte van het land te genieten. De meeste liggen in de buurt van een nationaal park of er binnen. Daar zijn mogelijkheden genoeg om actief van het landschap te genieten. De eigenaren van de accommodaties zijn, net als de plattelandsbevolking in het algemeen,

land werd in 1991 gerealiseerd om het oude cultuurlandschap van deze streek te bewaren. Behalve uitgestrekte dennenbossen vindt u er 12 historische, 25 archeologische, 10 architectonische en 35 andere culturele bezienswaardigheden. De eetbare boleten en cantharellen die hier in groten getale verzameld worden, worden door de lokale bewoners geplukt en voor een deel naar het buitenland geëxporteerd. Nationaal park Kursiu Nerija (Koerse landtong) voor de kust neemt tussen alle Litouwse parken een bijzondere plek in: Een smalle strook land met een totale lengte van 98 km gekenmerkt door hoge zandduinen, een bijzondere flora en tal van recreatiemogelijkheden. Om ecologische overwegingen is de toegang tot het park beperkt. Verder zijn nationaal park Zemaitija in het noorden en historisch-nationaal park Trakai ten westen van Vilnius een bezoek zeker waard.

AGLUONENAI

Petrute Rackauskiene
Kantvainiai, 96251 Agluonenai, Klaipeda

T 464-422 00
F 464-422 00
M 698-472 08
E petruter@one.lt
It, uk, ru

Open: hele jaar ⒭ⒺⓈ verplicht 🔲 🐎

Accommodatie en omgeving

Een eenvoudig en gezellig boerenhuis op
de oever van het riviertje Agluona met
vijf kamers plus drie vrijstaande vakantiehuizen.
De vijf tweepersoonskamers hebben
douche, toilet, TV en open haard. De zespersoons vakantiehuisjes staan verspreid
in de tuin en hebben naast douche en
toilet een keuken, open haard en TV. Het
bijplaatsen van een extra bed is mogelijk.
In de tuin en langs de beek is een ruime
camping met toiletten en kampvuurplaats maar zonder warme douche (op
verzoek kunt u binnen douchen). Er is
plaats voor tien tenten en vijf caravans.
Alle gasten kunnen gebruik maken van
een klein binnenzwembad met onderwa-
termassage, twee sauna's die grenzen aan
het riviertje en sportvelden. In de tuin is
een aantal vijvers aangelegd waarin u ook
kunt zwemmen. Er zijn fietsen en bootjes
te huur. Liefhebbers mogen een handje
meehelpen op de boerderij; de eigenaar
legt u graag van alles uit. U kunt ervoor
kiezen zelf uw maaltijden te bereiden of
deze te laten klaarmaken door de vriendelijke eigenaars. Zij verkopen groenten en
fruit van eigen grond en verse kaas.
Het huis ligt in de kuststreek met de stad
Klaipeda op een afstand van 25 km. Binnen een straal van 15 km van deze accommodatie kunt u tennissen, vissen, paardrijden en wintersporten.

🛏 5x, 🛏 10x, 2pkpn LTLitas 100
🏠 3x, 🛏 18x, hpw LTLitas 1540
⚓ T 10x, 🚐 5x, 🐎, pppn LTLitas 10

Route

🔢 25 ZO van Klaipeda. Van Klaipeda zuidwaarts
naar Priekule. Even voorbij Priekule linksaf richting
Agluonenai. Na ca 5 km bereikt u Kantvainiai.
🚌 Bus van Klaipeda naar Agluonenai waar u afgehaald kunt worden.

AGLUONENAI

Gandru Dvaras
Zoja & Robertas Tikuišiai
Kojeliai, 96020 Agluonenai, Klaipeda

M 612-960 79
E klaipedatv@takas.lt
It, uk, ru

Open: 1 mei-1 nov 🐾 ⒭ⒺⓈ verplicht 🔲

Boerderij en omgeving

Op deze kleine kruidenboerderij kunt u
genieten van zowel het platteland als de
kust. Het huis is in traditionele Duitse stijl
gebouwd.
Er is een appartement beschikbaar bestaande uit twee kamers die met elkaar
verbonden zijn via een trap, met eigen
douche en toilet. U kunt gebruik maken
van de keuken om te koken.
Prima plek voor diegenen die om hun
gezondheid geven en geïnteresseerd zijn
in natuurlijke genezing en alternatieve
medicijnen. Op verzoek worden consul-
ten gegeven op het gebied van kruiden-
geneeskunde. De eigenaren bieden thee
aan en medicinale baden van kruiden
die ze zelf op ecologische wijze hebben
geteeld. In het weekend zijn er -af en toe-
workshops over kruidenthee en -baden.
Er is een vuurplaats en u kunt gebruik

maken van de sauna. Liefhebbers mogen
meewerken in de tuin. Uw hond is hier
ook welkom.
De accommodatie is gelegen bij een riviertje en wordt omringd door bos. De
omgeving biedt volop ruimte voor ontspanning en inspanning met de kust op
niet al te grote afstand. Hier kunt u uiteraard vissen en ook zijn er boten te huur.
Voor paardrijden hoeft u niet verder dan
15 km te reizen.

🏠 1x, 🛏 4x, hpw LTLitas 1400

Route

🔢 20 km van Klaipeda. Rijd de stad uit aan de
oostkant en neem de A141 naar het zuiden. Voorbij
Priekule linksaf naar Agluonenai. In Agluonenai
richting Klaipeda (Kisinai), na 2 km bij bordje Kaimo Turizmo rechtsaf zandweg inslaan en nog 2 km
doorrijden.
🚌 U kunt afgehaald worden van bus- of treinstation in Klaipeda.

ELEKTRENAI

Gintare Sindaraviciene
Semeliškes, 21043 Elektrenai, Vilnius

M 686-630 11/ 656-228 58
E gintare.sadkauskaite@one.lt
It, uk, ru

Open: hele jaar 🌿 ⒭ⒺⓈ verplicht ♿ 🔲

Boerderij en omgeving

Op dit akkerbouwbedrijf, 50 km van de
hoofdstad Vilnius, zijn twee zespersoons-
huisjes te huur. Tevens kan er worden gekampeerd in de tuin. Een ideale plek voor
degenen die van rust en actieve recreatie
houden.
Het moderne huis uit 2002 is van alle gemakken voorzien, zoals een binnenzwem-

bad en drie verschillende sauna's. De huisjes, waar niet gerookt mag worden, hebben eigen douche en toilet en zijn rolstoeltoegankelijk. U kunt van de eigenaren verschillende boerderijproducten kopen. Verder zijn er voor gasten boten te huur en kunt u er paardrijden. In de eigen vijver kan gevist worden. Uw hond is welkom.

De boerderij is omgeven door meren en bossen. In de omgeving ligt de historische plaats Trakai, die zeker een bezoek waard is. Trakai was ooit de hoofdstad van Litouwen en er zijn monumenten te bezichtigen uit de 14de eeuw. Binnen een straal van 15 kilometer kunt u tennissen, vissen, zwemmen in schone meren en 's winters langlaufen en sleeën.

⌂ 2x, 🗕 12x, 1ppw LTLitas 1400
⚷ pppn LTLitas 10

Route
🛈 47 km W van Vilnius. Van Vilnius naar Trakai. Neem daar de weg naar Semeliškes. In Semeliškes linksaf langs een meertje. Na 500 m linksaf weg op naar boerderij.

🚍 Bus van Vilnius of Trakai naar Semeliškes. Uitstappen bij meertje waarvandaan u boerderij kunt zien liggen.

Jurodis
Kristina Vanciene
Naujasodžiai, 74001 Jurbarkas, Taurage
T 447-522 30
M 650-910 00
E kristina@jurbarkas.omnitel.net
W www.gasthaus.lt
🗨 lt, uk, de, ru

Open: hele jaar ⚷ 1 mei-30 sep (RES) verplicht 🗙

Pension en omgeving
Dit statige herenhuis gelegen aan de rivier de Nemunas stamt uit het begin van de vorige eeuw en werd in 2003 in gebruik genomen als pension. De tuin van het huis loopt helemaal door tot aan de zandige oever van de Nemunas.

Er zijn in totaal elf kamers voor zowel één, twee als drie personen. De meeste kamers hebben prachtig uitzicht op de rivier met haar schone water. In de verte ziet u een lange hangbrug. Bijna alle kamers beschikken over eigen douche en toilet, televisie en nieuw meubilair. Er is een sauna en er kan vuur worden gestookt. In het pension mag niet gerookt worden. Voor kampeerders zijn vijf staanplaatsen (alleen tenten) voorhanden. De eigenaren verkopen fruit en groente uit eigen tuin. Voor de gasten zijn fietsen op de accommodatie verkrijgbaar.

Het nabijgelegen Jurbarkas is een leuk stadje. In de omgeving vindt u bossen en meren en talrijke oude kastelen en kerken. Uiteraard kan in de rivier voor het huis heerlijk worden gezwommen. Ook is er in de buurt een golfbaan en kan er aan wintersport worden gedaan.

🛏 11x, 🗕 20x, 1pkpn LTLitas 60-80, 2pkpn LTLitas 120-210 B&B
⚷ T 5x, 🗲 📁, Prijs op aanvraag

Route
🛈 85 km W van Kaunas. Komende uit richting Kaunas aan noordkant van de Nemunas is dit pension het eerste huis aan linkerkant in Jurbarkas.

🚍 U kunt Jurbarkas per bus bereiken vanuit Kaunas.

Gojaus Smukle
Raimundas Tamulenas
Gojaus , 33165 Moletai, Utena
T 383-503 14
M 699-947 17
E inn@gojaus-smukle.lt
W www.gojaus-smukle.lt
🗨 lt, ru, pl

Open: hele jaar ❤ (RES) verplicht 🗙

Herberg en omgeving
Herberg Gojaus bevindt zich bij een kleine, in 2001 gerenoveerde, boerderij gelegen aan de weg Vilnius - Utena. Met name aan het eten, dat volgens traditionele recepten (doorgegeven door grootmoeders en overgrootmoeders) wordt klaargemaakt, besteed men hier veel zorg. Gojaus Inn is dan ook lid van de Litouwse organisatie voor culinair erfgoed. De negen tweepersoonskamers kamers bevinden zich in een apart staand houten gebouw waar ook de gemeenschappelijke sauna is. Er zijn voor de gasten fietsen beschikbaar en ook kan u hier een bootje huren.

U bevindt zich hier in het centrum van een heuvelachtig gebied met veel bos. Gelegen aan de oever van het Kirneilismeer aan de rand van een uitgestrekt merengebied biedt deze accommodatie de gelegenheid om hieruit de ongerepte natuur van deze streek te gaan verkennen. De lucht is schoon en u kunt in de omgeving eindeloos varen, fietsen of wandelen. Er zijn uitgezette wandelroutes vlakbij de herberg. U kunt een bezoek brengen aan het enige Litouwse observatorium, het regionale museum of het museum voor etnokosmologie.

⚤ 🍽 🚞 🚲 Ⓢ 🛋 🍽 🐟

🛏 9x, 🚲 18x, 2pkpn LTLitas 40-60

Route
🚗 61 km N van Vilnius. Rijdend van Vilnius naar Utena (A14) ziet u Gojaus Smukle vanaf weg bij kmpaal 62, vlak voor Moletai.
🚌 Bussen dagelijks van Vilnius naar Moletai.

EST
LV
LT

PLATELIAI
Marijona Striaukiene
Beržoras, 90419 Plateliai, Plunge
T   448-491 52
F   448-491 52
M   698-034 85
E   pas_tevukus@one.lt
☎ lt, uk, de, ru, fr

Open: hele jaar ⓇⒺⓈ verplicht ♿ 🍽 🐕

Accommodatie en omgeving
De drie houten vakantiehuizen in traditionele stijl met rieten dak staan aan de oevers van het Beržoras meer. De huisjes worden omgeven door bomen en staan op enige afstand van het huis van de eigenaren. Er zijn twee huisjes met twee ruime kamers en één met drie ruime kamers. In totaal zijn er twaalf bedden beschikbaar. Elk huisje heeft een eigen keuken en een woonkamer. De eigenaren zijn gastvrij en behulpzaam. U kunt producten uit de tuin kopen en op verzoek verzorgt men voor u zowel ontbijt, lunch als diner.
De accommodatie is gelegen aan de rand van een dorp binnen het nationaal park Žemaitija met dichtbij het majestueuze Platelaimeer en een pittoresk landschap met een grote verscheidenheid aan natuurlijke, historische en culturele bezienswaardigheden. U kunt er prima fietsen, wandelen, vissen en watersport beoefenen. In de winter kunt u er winterspor-

ten Het informatiecentrum van het park bevindt zich in Plateliai waarvandaan ook excursies worden georganiseerd.

⚤ 🍽 🚞 🚲 Ⓢ 🍽 🔍 🐟 🌲 ⛵

🏠 3x, 🚲 12x, hpw LTLitas 840

Route
🚗 14 km N van Plunge. In Plunge richting Mažeikiai (164). Na ca 8 km linksaf bij bord Žemaitijos nac. parkas 11km. Na 7 km bereikt u Beržoras, accommodatie is tweede huis links (met Mariabeeld in tuin).
🚌 Bus vanaf Plunge naar Beržoras. U kunt ook afgehaald worden of taxi nemen.

SEREDŽIUS
Klumpes Malunas
Aiste Seniene
Klumpes Viensedis, 74051 Seredžius, Taurage
F   373-632 45
M   686-787 17
E   info@klumpe.lt
W   www.klumpe.lt
☎ lt, uk, ru

Open: hele jaar ⓇⒺⓈ verplicht 🍽

Molen en omgeving
Een gastenverblijf in een fraai gelegen watermolen op de oevers van het riviertje de Dubysa. De molen is gebouwd in 1939 en met zorg gerestaureerd zodat hij nu voldoet aan alle wensen van de moderne vakantieganger. De oude houten constructie geeft het geheel een bijzonder rustieke sfeer.
Er zijn negen rookvrije kamers voor twee of drie personen, alle negen met douche en toilet en uitzicht op de rivier de Dubysa en de bossen aan de oever. Gasten kunnen gebruik maken van de grote huiskamer met open haard. Er zijn ook faciliteiten

voor seminars en trainingen voor groepen tot 30 personen waarbij, voor de ontspanning, dansfeestjes met live muziek in de grote huiskamer mogelijk zijn. Op verzoek worden alle maaltijden voor u klaargemaakt, waarbij overleg over het menu altijd mogelijk is. Maar u kunt ook zelf koken in de gemeenschappelijke keuken. Een uitgestrekt terras verbindt het huis met een eiland in de rivier. Gasten kunnen gebruik maken van de sauna en de eigenaren verkopen groenten en fruit uit eigen tuin. Als u wilt kamperen kan dat ook; voor een klein bedrag mag u uw tent in de tuin opzetten. Ook uw hond is welkom.
De molen ligt in een gebied met veel bos. U kunt er prima fietsen. Ook kan in verschillende meren worden gevist. Als u met eigen vervoer bent, is een bezoek aan Kaunas de moeite waard.

⚤ 🍽 🚲 Ⓢ 🍽 🐟

🛏 9x, 🚲 20x, 1pkpn LTLitas 50, 2pkpn LTLitas 100
⛺ pppn LTLitas 10

Route
🚗 60 km W van Kaunas. Snelweg Kaunas richting Klaipeda nemen. Na ca 50 km afslag Butkiske. Doorrijden naar Vozbutai waar u bordjes volgt die naar molen leiden.
🚌 Van Kaunas rechtstreeks naar Seredžius met de bus en verder te voet.

SEREDŽIUS
Roma Zalensiene
Padubysys, 54205 Seredžius, Taurage
M   686-332 09
E   zalensai@omni.lt
☎ lt, uk, ru

Open: hele jaar 🛏 ⓇⒺⓈ verplicht 🍽 🐕

Pension en omgeving

Dit pension, gevestigd in een traditionele boerenhoeve, is geopend in 2004 en biedt een combinatie van natuur, stilte en comfort. De biologische boerderij - waar groente verbouwd en fruit geteeld wordt - is part-time in bedrijf.

Er zijn vijf tweepersoonskamers en zes driepersoonskamers, alle elf voorzien van douche en toilet. De gezellige gemeenschappelijke woonkamer is voorzien van een open haard en een biljart. Het eten wordt met zorg bereid, gebruik makend van uitsluitend ecologische producten. Als u wilt kunt u ook zelf de keuken gebruiken. Van de Litouwse organisatie Kaimo Turizmo heeft deze accommodatie het maximale aantal ooievaars gekregen voor de hoge kwaliteit van de dienstverlening. De aanwezigheid van een eigen sauna en fraai verwarmd zwembad hebben daar zeker toe bijgedragen.

De boerderij ligt bij het riviertje de Dubysa. Er zijn tal van sportvoorzieningen (volleybal- en basketbalveld), u kunt fietsen huren, wandelen door de bossen en bessen en paddestoelen zoeken. Er zijn tevens paarden en bootjes te huur.

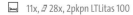

⊟ 11x, ⊿ 28x, 2pkpn LTLitas 100

Route

🅰 50 km W van Kaunas. Vanaf Kaunas weg 141 richting Raudondvaris. Weg volgen langs noordoever van de Nemunas. Na ca 40 km de Dubysa oversteken en dan afslag naar Seredžius nemen. In Seredžius richting Ariogala, 2de weg rechts naar Padubysys (7 km).
🚌 Bus Kaunas-Seredžius. Vandaar uit op loopafstand.

SUDEIKIAI
Alaušyne
Vilius Norkunas
Salai, 28404 Sudeikiai, Utena
T 389-757 24
F 389-660 45
M 698-034 47
E info@abuva.lt
W www.abuva.lt
🗨 lt, uk, ru

Open: hele jaar ⓡⒺⓢ verplicht ✖

Pension en omgeving

Deze boerderijaccommodatie wordt van drie kanten omgeven door meren. U verblijft in het grote huis of in een van de drie losstaande huisjes met elk twee tweepersoonskamers. Er zijn in het huis drie tweepersoonskamers en vijf vierpersoonskamers. Alle kamers, voorzien van douche en toilet, zijn gezellig ingericht en doortrokken van de geur van het hout waarvan ze zijn gebouwd. Let op, de vierpersoonshuisjes hebben geen eigen keuken. Gelukkig bieden de eigenaren in hun restaurant traditionele Litouwse gerechten aan. De eigenaren verhuren boten, ski's en fietsen en u kunt ook paardrijden en desgewenst gebruik maken van de sauna. Ook voor kampeerders is er plek; er zijn 10 kampeerplaatsen voor maximaal 30 personen. Honden zijn welkom op deze accommodatie.

De omgeving biedt veel rust en stilte in de uitgestrekte bossen en op de talrijke meren. U kunt natuurlijk heerlijk zwemmen in de vele schone meren in de omgeving en in de wintermaanden kunt u er langlaufen. Ook worden er wandeltochten in de omgeving georganiseerd en zijn er excursies naar interessante plaatsen in de Aukstaitija regio.

⊟ 14x, ⊿ 38x, 2pkpn LTLitas 100 B&B
🗼 ptpn LTLitas 20

Route

🅰 12 km N van Utena. In centrum van Utena neemt u weg naar Sudeikiai. Anderhalf kilometer voorbij Sudeikiai in richting van Antandraja bevindt accommodatie zich links van weg.
🚌 Er rijdt een bus van Utena naar Sudeikiai en verder te voet.

ŽLIBINAI
Danute Baltutiene
Smilgiai, 90263 Žlibinai, Plunge
T 448-590 87
M 682-524 75
E dpbaltutis@mail.com
🗨 lt, uk

Open: hele jaar ♥ ⓡⒺⓢ verplicht ♿ ✖

Boerderij en omgeving

Een vakantie op deze plek is een prachtige gelegenheid om het Litouwse platteland in al zijn facetten te beleven en te leren kennen. Op deze biologische boerderij worden schapen, geiten, koeien en allerlei soorten gevogelte gehouden en men kweekt er diverse soorten groenten en fruit, vooral bessen. Het hoofdgebouw, waarin zich vijf tweepersoons gastenkamers bevinden, is opgetrokken uit leem. Een vakantiehuis voor drie personen heeft een eigen sauna en staat apart. Verder zijn er vier kampeerplaatsen voor tenten en vier voor caravans bij de vijver. Gasten mogen gebruik maken van de ruime tuin met bloembedden, prieeltjes, kampvuurplek en speelgelegenheid. Er zijn fietsen te huur en liefhebbers kunnen meehelpen met dagelijkse werkzaamheden op de boerderij. De eigenaren verkopen verse geitenmelk, schapenvlees, groenten en fruit.

In de omgeving vind u een landschap dat bestaat uit bossen en velden waar het goed wandelen en fietsen is. Binnen een straal van 15 km van de boerderij kunt u vissen, varen, paardrijden en wintersporten. Een bezoek aan nationaal park Žemaitija met het Plateliai-meer (40 km) is zeker de moeite waard.

🖾 5x, ✂ 10x, 2pkpn LTLitas 40
🏠 1x, ✂ 3x, hpw LTLitas 350
▲ T 4x, 🚐 4x, pppn LTLitas 5

Route
🚗 15 km van Plunge. In Plunge neemt u weg naar Žarenai in oostelijke richting. 6 km voorbij Žlibinai bereikt u de accommodatie.
🚍 Er is een busverbinding vanaf Plunge.

Groot-Brittannië

Wie in het Verenigd Koninkrijk op vakantie gaat, bevindt zich nooit ver van de kust. En met uitzondering van het zuidoosten van het land is er ook altijd wel een nationaal park, een gebied met uitzonderlijk natuurschoon (Area of Outstanding Natural Beauty), een vogelreservaat of een erfgoedtuin of -kust in de buurt. Engeland is het land bij uitstek van dierenliefhebbers, tuiniers, vogelaars en natuurbeschermingsorganisaties.

Groot-Brittannië bestaat uit drie landen: Engeland, Schotland en Wales. Het Verenigd Koninkrijk omvat ook Noord-Ierland en onder de term British Islands vallen bovendien de Kanaaleilanden en het Isle of Man. Uiteraard is Engels de gemeenschappelijke taal. Maar Welsh is voor een deel van de bevolking van Wales de eerste taal, en

Gaelic (in drie varianten: Scottish, Irish en Manx) voor dat van respectievelijk Schotland, Noord-Ierland en Isle of Man. In alle delen van het land heerst een vochtig zeeklimaat met gematigde temperaturen. De lange, gevarieerde kustlijn heeft elk type vakantieganger wel iets te bieden: zwemmen in de inhammen van serpentijnsteen van

het Lizard Peninsula in Cornwall (in de Golfstroom), klauteren over schitterende rotskusten, wandelen langs zeevogelkolonies en zeehondenreservaten op het Pembrokeshire Coast Path in Wales of eindeloos fietsen langs de plattere kust van Lincolnshire en Norfolk. En dan hebben we het nog niet eens over het aanbod in Schotland: het Fife Coastal Path, het door Paul McCartney bezongen Hebrideneiland Kintyre, Isle of Skye, Islay en het Unesco werelderfgoed the Giant's Causeway in Noord-Ierland. Of over het Peak District en het Lake District in het binnenland ... de lijst is eindeloos! Een favoriete tocht te voet of met de fiets, die vooral gesponsord voor het goede doel wordt afgelegd, is de 1400 km lange trektocht van John O'Groats in het uiterste noorden naar Land's End in het uiterste zuidwesten. Waar u ook gaat of staat, alles is doordrenkt van historie. Neem het prehistorische

Stonehenge, Hadrian's Wall, gebouwd in 122 na Christus - om de oorlogszuchtige Picten buiten te sluiten - en de Romeinse baden in Bath. Willem de Veroveraar die in 1066 de slag bij Hastings won, heeft talloze kasteeltjes en kerkjes nagelaten, met name in de Midlands. Terwijl het nationale park de Brecon Beacons tot werelderfgoed is uitgeroepen vanwege de vele ontwikkelingen die daar tijdens de Industriële Revolutie plaatsvonden, is Glasgow een juweel van een stad met talloze, door Charles Rennie MacIntosh ontworpen, gebouwen.

Accommodaties

In Engeland wacht u een zeer gevarieerd aanbod van accommodaties. Logies met ontbijt komt het meeste voor, gevolgd door campings, waar u zelfs in een nomadentent ondergebracht kunt worden! In Engeland en Wales zijn de biologische boerderijen in de meerderheid, terwijl het in Schotland vooral om hostels, lodges, hotels en pensions gaat. Accommodatie en levensonderhoud kan in Engeland nogal prijzig zijn. U doet er verstandig aan u van tevoren goed te oriënteren.

Zeventig biologische boerderijen in Engeland zijn lid van het biologische boerderijennetwerk van de Soil Association. Zij openen hun poorten voor het publiek en stimuleren zowel familie- als schoolbezoeken. Kijk ook op www.soilassociation.org. De Soil Association heeft ook een lijst van circa zestig boerderijen, die biologische logies en ontbijt aanbieden. Kijk op www.whyorganic.org voor meer informatie.

(Biologische) landbouw

De biologische beweging is in het Verenigd Koninkrijk al in 1946 op gang gekomen met de publicatie van het boek 'The Living Soil'. Datzelfde jaar nog werd de Soil Association opgericht, gevolgd door de Henry Doubleday Research Association voor biologisch tuinieren (bij Coventry) en het Elm Farm Research Centre (in Berkshire). Kijk op hun websites voor leuke evenementen. Ongeveer 4% van het landbouwareaal van het Verenigd Koninkrijk wordt biologisch beheerd. Daarvan is driekwart extensief gebruikt grasland. Op dit land vindt geen overbegrazing plaats, en ook staan koeien en schapen weer zij aan zij in het landschap. Er zijn zo'n 4.000 producenten van biologisch voedsel, waarvan meer dan de helft vee houdt. De besteding van de Engelse overheid aan landbouw en milieu is slechts 3% van het totale landbouwbudget, terwijl de meeste EU-lidstaten 11% uitgeven. Van dit toch al lage bedrag gaat slechts 8% naar de biologische landbouw. Desalniettemin is de biologische markt van het Verenigd Koninkrijk de op twee na grootste ter wereld. Er zijn inmiddels vijf certificerende organen. De Soil Association neemt zo'n 70% van de inspecties voor haar rekening.

Natuur(bescherming)

De manier waarop de natuur in het Verenigd Koninkrijk wordt beschermd en de instanties en organisaties die zich daarmee bezighouden, lijken op de lappendeken, die het sterk verkavelde, door hagen begrensde landschap, vormt. Die vele hagen zijn beschermde habitats voor egels, dassen, knaagdieren (zoals relmuizen), vogels (waaronder de vink) en tal van insecten. Er zijn veertien nationale parken (ca 10% van het grondgebied), die grotendeels particulier eigendom zijn maar wel speciale bescherming genieten. Omdat de kwart miljoen inwoners van de parken ook moeten eten, is het daar zaak dúúrzame vormen van sociale en economische ontwikkeling, gericht op milieubehoud en

–verbetering, te stimuleren. Dan zijn er 41 Areas of Outstanding Natural Beauty in Engeland en Wales (18% van het grondgebied) waarvan de Scilly Isles de kleinste zijn en de Cotswolds de grootste. Tel daarbij op een miljoen hectare National Scenic Areas in Schotland, zo'n 150 vogelreservaten, 46 erfgoedkusten (32% van de Britse kust) en tal van tuinen en wandelpaden (vaak met vrije doorgang over particulier land) en het is nog niet zo slecht gesteld met de bescherming van de natuur. Dit is grotendeels te danken aan de inspanningen van NGO's als de National Trust, Royal Society for the Protection of Birds, Friends of the Earth, the Countryside Alliance en ga zo maar door.

Mede dankzij hun inzet is het alledaagse Britse platteland nog relatief rijk aan otters, dassen, vossen en rode eekhoorns. In Schotland leeft de wilde kat, de sneeuwhaas en het Schotse sneeuwhoen. De beken en rivieren zitten vol zalm en forel. Wales en Cornwall huisvesten zeventien soorten vleermuizen (allen beschermd), de kamsalamander en vele vlindersoorten.

ASHBURTON

Cuddyford B&B
Susie & Adam Vevers
Cuddyford, Broadpark, Rew Road,
Ashburton, TQ13 7EN Devon
T 01364-65 33 25
M 07977-33 65 74
E adamvevers@hotmail.com
uk

Open: 1 jan-23 dec H 120m ®

Pension en omgeving

Cuddyford B&B ligt aan de zuidkant van het omvangrijke natuurlandschap Dartmoor National Park. Het woeste en barre karakter van de in het noorden gelegen hoogvlakten maakt hier plaats voor lieflijk glooiende, bosrijke valleien.

U verblijft in aangename tweepersoonskamers met gedeelde douche en toilet. Geniet van de huiselijke sfeer en het gezonde eten: zelfgebakken brood, scharreleieren, honing uit eigen bijenkorven en biologisch geteelde groenten en fruit. Met speciale diëten wordt rekening gehouden. In de kleine keuken voor gasten kunt u warme dranken en kleine maaltijden klaarmaken. Kinderen zijn van harte welkom. Als u dat wilt mag u op het grasveld kamperen (maximaal twee personen).

Vanuit Cuddyford kunt u de uitgestrekte heidevelden, de vruchtbare Dart Valley en de kustlijn van South Devon verkennen. Tussen het kreupelhout in de donkere eikenbossen van de Hembury Woods vindt u mooie korstmossen, varens, guldenroede, sleutelbloemen, wilde salie en veldbies. Vogels als de roodstaart, de bonte vliegenvanger en de fluiter voelen er zich prima thuis. In het fraaie middeleeuwse marktplaatsje Buckfastleigh, eens een handelscentrum waar wollen kleding werd gefabriceerd, vindt u onder meer Engelands laatste in gebruik zijnde klooster. Iets noordelijker, te midden van de barre

en verlaten heidevelden en rotsachtige heuvels, ligt Grimspound, een prachtig geconserveerde nederzetting uit het Bronzen Tijdperk, met tumuli, steenformaties en dolmens.

⚑ !👁 🔥 ⋯25 🏊1,5 🚣11 ✂
🍽 🚣

🛏 2x, 🚿 4x, 2ppn £ 20-25 B&B
⛺ ptpn £ 10

Route

ⓘ 34 km ZW van Exeter. Vanaf Exeter A38. Neem afslag Linhay en Ashburton. Volg hoofdstraat tot hotel Golden Lion, dan Roborough Lane in. Na 800 m op kruising linksaf (Rew Road), 4e huis rechts is Cuddyford.

🚆 Trein vanuit Exeter of Plymouth naar Newton Abbot. Bus vanuit Exeter of Plymouth naar Ashburton.

ASKERSWELL

West Hembury Farm
Dr. & Mrs. A. Hunt
Askerswell, DT2 9EN Dorset
T 01308-48 52 89
E bookings@westhembury.com
W www.westhembury.com
uk, fr, es

Open: hele jaar ♥ H 70m (RES) verplicht

Boerderij en omgeving

Dit biologische bedrijf, dat wordt gerund door het gezin Hunt, ligt aan de zuidkust, in het Dorset Area of Outstanding Natural Beauty. Op zo'n 13 ha grond houdt de eigenaar er White Park rundvee en kippen. De twee tot cottages verbouwde 18de eeuwse stenen schuren staan op een vreedzame plek aan de rand van het dorp. Vanaf het nabijgelegen Eggardon heuvelfort hebt u een spectaculair uitzicht en maakt u fantastische wandelingen. Op en

rond de boerderij komen veel dieren en vogels voor.

U verblijft hier op basis van self-catering in één van de twee cottages, 'Badgers' of 'Barn Owls'. Het eerste heeft een enkele verdieping met een tweepersoonskamer met lits-jumeaux en doucheruimte. Barn Owls is veel groter en is geschikt voor zes personen. Er zijn drie slaapkamers en twee badkamers. Beide cottages hebben een ruime zitkamer en een modern ingerichte keuken. Kinderen zijn van harte welkom (babysitten eventueel mogelijk), honden echter niet. De accommodaties zijn geheel rookvrij. Vlees en eieren van eigen dieren zijn er te koop.

Vanaf uw huisje kunt u een heerlijke boswandeling maken. U kunt gaan zwemmen in zee of als het weer minder is, in een binnenbad. In het naburige Bridport is ook van alles te doen en te beleven. Bezoek eens een pub, waar u warm kunt eten. Vergeet vooral niet in Dorset langs het South-West Coastal Path, een 'Jurassic' stukje werelderfgoed vanwege de vele fossielen, te gaan. En ook de reus van Cerne Abbas, een rotsgravure, moet u hebben gezien. Dan zijn er ook nog tal van prachtige stadjes zoals Abbotsbury met een zwanenbroedplaats (zo'n 600 zwanen!), Dorchester en Cerne Abbas.

⋯6 🚣6 🎣4 ✂6 🚣6

🏠 2x, 🚿 8x, hpw £ 225-300-440-700

Route

ⓘ 19 km van Dorchester. Van daaruit 16 km westwaarts op A35 richting Bridport. Aan begin 2de stuk vierbaansweg rechtsaf, bord Askerswell volgen. Op kruising linksaf, richting Uploders. Stenen boerenhuis met strodak staat 500 m verderop aan linkerkant.

🚌 Bus nummer 31 vanuit Dorchester richting Bridport. Uitstappen bij Askerswell Junction. 1,5 km lopen, dan bord Uploders volgen. Stenen boerenhuis met strodak na 500 m links.

BATH

Marlborough House
Laura & Charles Dunlap
1 Marlborough Lane, Bath, BA1 2NQ
Somerset
- T 01225-31 81 75
- F 01225-46 61 27
- E mars@manque.dircon.co.uk
- W www.marlborough-house.net
- uk

Open: hele jaar (RES) verplicht [🍴]

Huis en omgeving

Marlborough House is een betoverend, ongewoon klein hotel in een Victoriaans herenhuis in het hart van de Romeins/Georgiaanse stad Bath. Het hotel is ingericht met stijlvol antiek variërend van Georgiaans tot Art Nouveau, maar op een zodanig vriendelijke en informele wijze dat u zich er direct thuis zult voelen. Op iedere kamer staat een antiek hemelbed of een Victoriaans bed met koper en ijzer. Ter verwelkoming treft u er tevens een dienblad met sherry en zelfgebakken koekjes. Charles en Laura serveren biologische, vegetarische en uitheemse maaltijden uit landen als Griekenland, Frankrijk, Thailand, India en Italië. Maar ook voor eenvoudige Engelse gerechten bent u bij hen aan het juiste adres. Het ontbijt bestaat zowel uit pannekoeken à la San Francisco, luchtige Franse toast met biologische siroop van de esdoorn, als uit kleine omeletten met een vulling van paddestoelen en een saus van crèmekaas. Het geheel wordt afgerond met hun Marlborough Special ontbijtaardappelen. Charles en Laura zijn bereid u naar de mooiste plaatsen en langs de mooiste routes te leiden. Charles is een expert op het gebied van muzikale evenementen, Laura kan u alles vertellen over het kopen van antiek.
Marlborough House is het ideale vertrekpunt om het cosmopolitische maar toch kleine en intieme Bath te ontdekken met haar Romeinse baden, haar ongeschonden gebouwen en de gouden glans van de stenen. Omgeven door heuvels zit Bath als een juweel in het hart van het pastorale Westcountry. Zij ligt aan de voet van Cotswold Way. Plaatsen die u beslist moet bezoeken zijn: Cheddar Gorge, Glastonbury, Longleat House, Castle Combe en Lacock.

 0,5 0,5

7x, 21x, 1pkpn £ 85, 2pkpn £ 95
B&B

Route

150 km W van Slough. Neem op M25 afslag naar M4 W richting Bristol. Neem afslag 18 (A46) richting Bath. Borden 'Bath' volgen tot grote verlichte kruising. Borden 'centrum' linksaf negeren en rechterbaan aanhouden (A4 richting Bristol), Queens Square aan 3 zijden doorrijden, dan linksaf Charlotte Street in tot aan Upper Bristol Rd. Na zebrapad met stoplichten (Vauxhall garage aan linkerkant) 1e rechts (Marlborough Lane), dan eerste oprit.

🚆 Treinen naar Bath. Taxi of 1,2 km lopen.

BLISLAND

South Penquite Farm
Cathy & Dominic Fairman
South Penquite, Blisland, PL30 4LH
Cornwall
- T 01208-85 04 91
- F 0870-136 79 26
- E thefarm@bodminmoor.co.uk
- W www.southpenquite.co.uk
- uk

Open: 1 mei-31 okt ⚤ H 200m Ⓡ

Boerderij en omgeving

South Penquite Farm is een 80 ha omvattende biologische boerderij, hoog op de uitgestrekte heidevelden van de Bodmin Moor in Cornwall gelegen. Dominic en Cathy Fairman fokken hier hoofdzakelijk schapen (Cheviot-ras) en koeien (Galloway en Bluegrey). Daarnaast houden ze wat paarden, geiten en kippen. Op de boerderij is een prachtige wandeling uitgezet, die onder meer langs een nederzetting uit het bronzen tijdperk en een dolmen voert. Op Bodmin Moor leven reigers, otters, vleermuizen, dassen en zeldzame insecten. De farmwalk leidt tevens langs The Coombe, een eeuwenlang onaangetast bos, dat internationaal bekend staat bij natuurliefhebbers. De boerderij ligt aan de fietsroutes van de Camel Trail en de Sustrans Route 3.
U overnacht in uw tent of kampeerwagen (géén caravans) op het kampeerterrein, of logeert in een van de volledig toegeruste, knusse Mongoolse yurts (nomadentent). Er is een plek waar kampvuur mag worden aangelegd en voor de kinderen is er ruimte om buiten te spelen. U kunt producten van eigen land kopen.
Bodmin Moor is een uitgestrekt gebied, ideaal voor wandelaars, fietsers, ruiters en vissers. Landwegen leiden richting de ruige noordkust van Cornwall. In de omgeving vindt u pittoreske dorpjes, zoals Blisland. In de Blisland Inn kunt u de vele lokale ales uitproberen. Beroemd zijn de botanische tuinen in dit gedeelte van Engeland, zoals Bodmin Gardens. South Penquite Farm heeft een voortreffelijke website, met uitgebreide informatie over de boerderij, biologische bedrijfsvoering en de natuurlijke omgeving.

🔥 3

T 40x, pppn £ 4

Route

95 km W van Exeter. Op A30 Cornwall binnenrijden. Na 25 km rechtsaf (afslag St. Breward). 5 km over heide tot aan South Penquite (aan uw rechterhand).

🚆 Trein naar Bodmin Parkway.

GB
IRL

BRADNINCH

Highdown Farm
Sandra Vallis
Bradninch - Exeter, EX5 4LJ Devon

T 01392-88 10 28
F 01392-88 12 72
E svallis@highdownfarm.co.uk
W www.highdownfarm.co.uk
uk

Open: hele jaar (RES) verplicht

Boerderij en omgeving

De 176 ha grote, gecertificeerd biologische boerderij Highdown Farm ligt in het hart van het Devonshire platteland, op een vredige locatie met adembenemend uitzicht over de Culmvallei. Sandra en Graham Vallis zijn een paar jaar geleden overgestapt op biologische bedrijfsvoering. Ze houden koeien, voor melk en andere zuivelproducten en verbouwen tarwe, voor veevoeder en stro voor de winterstal. Tevens houden ze schapen en zeldzame rassen pluimvee, die in de boomgaard vol oude appelsoorten rondscharrelen.

U kunt logeren in één van de twee cottages. Beiden zijn kleurrijk ingericht en gemeubileerd. De Older Barn, een tot woonverblijf verbouwde schuur, is ook beschikbaar. Dit is een speciaal plekje voor twee personen. Bij wijze van welkom staan er biologische melk en vers geraapte eieren voor u klaar. Ook biologisch kippevlees is beschikbaar.

Ga lekker lang wandelen door de velden of hengelen in de rivier Culm die over het erf van de boerderij stroomt. Als u een dierenliefhebber bent, bent u in de naaste omgeving in de gelegenheid om onder meer roofvogels, dassen, vossen, herten en konijnen gade te slaan. De leuke stad Exeter ligt op een afstand van slechts 16 km. De beboste valleien van Exmoor en het glooiende heuvellandschap van Dartmoor zijn gemakkelijk bereikbaar.

3x, 13x, hpw £ 175-700

Route

18 km N van Exeter. Neem de A396. Rij voorbij Stoke Canon. Babylon Lane in, vervolgens West End Road. Doorrijden tot Bradninch. Na 1,6 km, bij bord Highdown Farm, linksaf. Ongeveer 400 m rechtdoor dan vóór rode bakstenen huis rechtsaf. De cottages liggen nu recht voor u.

Tussen Exeter en Bradninch rijden bussen. Zie internet: http://www.eclipse.co.uk/wradmore/bradninch/info/bustimes/bustimes.htm

BRECON

Y Lwyfen (The Elms)
Arlene & Keith Lee
Bikes and Hikes, The Struet 10, Brecon, LD3 7LL Powys

T 01874-61 00 71
E info@bikesandhikes.co.uk
W www.bikesandhikes.co.uk
uk

Open: hele jaar

Huis en omgeving

Y Lwyfen (Welsh voor 'de olmen') is een stijlvol huis, dat in 1760 werd gebouwd voor een vooraanstaande advocaat. Het is nu een guesthouse. Het ligt vlakbij het centrum van het mooie stadje Brecon, aan de noordgrens van Brecon Beacons National Park. Deze beschutte plek, in de vallei waar de rivieren Usk en Honddu samenvloeien, is al sinds de IJzertijd bewoond maar ontleent haar hedendaagse karakter voornamelijk aan de Georgiaanse en Jacobijnse gevels in het middeleeuwse hart van de stad. De eigenaren, Arlene en Keith, zijn erkende gidsen en organiseren wandel- en fietstochten alsmede cursussen grotten verkennen, bergbeklimmen, abseilen en navigeren.

De accommodatie in Y Lwyfen bestaat uit één tweepersoonskamer, een vierpersoonsslaapzaal, wasgelegenheid en een grote zitkamer met open keuken. De eigenaren hebben veel op met gezinnen en u kunt er dan ook op vertrouwen dat zij er met hun kennis van de omgeving voor zorgen dat uw kinderen ook volop genieten. Er is een groot aantal fietsen, kinderzitjes, een tandem en een aanhangkar te huur. Kaarten met wandel- en fietsroutes zijn beschikbaar.

Brecon Beacons National Park bestaat uit ruige bergtoppen, rotsen, grote meren, watervallen, grotten, heidevelden en glooiende weilanden. De heuveltoppen bieden adembenemende vergezichten. Het park herbergt een aantal zeldzame dier- en plantsoorten, waaronder de grote watersalamander, nachtzwaluw, weidespirea, korstmossenl en andere juweeltjes voor natuurliefhebbers. Het park maakt nu deel uit van het Fforest Fawr Geopark, een UNESCO-aanduiding ter erkenning en bescherming van een geologisch belangrijk gebied. Het overige deel omvat Carreg Cennen Castle, de Welsh National Showcaves, de Black Mountain, Pen y Fan (de hoogste berg in het park), Craig-y-nos Country Park en Brecon Mountain Railway. Het stadje Brecon zelf heeft een oude kathedraal, waarvan de muren en het schip uit de 11de eeuw dateren. De omgeving herbergt talloze kastelen, middeleeuwse Engelse en Keltische ruïnes en charmante dorpjes, alsmede vele bezienswaardigheden uit de Industriële Revolutie.

8 1 5

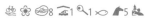

2x, 6x, 1ppnoz £ 12,50

Route

67 km N van Cardiff. Verlaat Cardiff op A470 richting Merthyr Tydfil. Dan Brecon aanhouden. Huis in centrum.

Bus vanuit Cardiff naar Merthyr Tydfil of Abergavenny. U kunt worden afgehaald of uw bagage meegeven en fietsen in ontvangst nemen.

BROUGHTON

The Anchorage Farm
Steven Tidy
Salisbury Road, Broughton, SO20 8BX
Hampshire
T   01794-30 12 34
🌐 uk

Open: 1 jun-30 sep 💚 wwoof 🐾

Boerderij en omgeving

The Anchorage is een 1,5 ha grote biologische boerderij met permacultuur, gelegen in de krijtheuvels van zuidelijk Engeland, niet ver van een riviertje. De voornaamste producten zijn pluimvee, tuinbouw en fruitteelt. De eigenaar, Steven, verzorgt rondleidingen en maakt u graag bekend met de principes van permacultuur.

Het kleine kampeerterrein biedt plaats aan vier tenten. Steven heeft hier een buitendouche op zonne-energie geïnstalleerd. Eieren, groente, fruit en andere biologische producten van eigen land zijn te koop.

Vanuit de boerderij heeft u direct toegang tot het lieflijk glooiende landschap van Hampshire. Broughton, op slechts 1,5 km lopen, is één van de best bewaarde dorpjes van Hampshire, met prachtige vakwerkhuizen. Mooie wandelroutes zijn de Clarendon Way en de Test Way, voormalige treinsporen die nu ware natuurparadijzen zijn. Het Broughton Nature Reserve, de Chalk Downlands (heuvelplateaus met een bijzonder rijke flora), rivieren, wetlands en bossen liggen allen binnen handbereik en verschaffen talloze mogelijkheden voor fiets-, wandel- en ruitertochten. De omgeving, een deel van Engeland dat al sinds de IJzertijd bewoond is, biedt u letterlijk keuze uit honderden uitstapjes: de Hill Forts, het Danebury Iron Age Museum, het charmante Salisbury met zijn imposante kathedraal uit 1220, Winchester, Farley Mount, Test Valley en Mottisfond Abbey. Het beroemde prehistorische Stonehenge ligt op een half uurtje rijden. Probeer vooral om er op 21 juni of 21 december, de zonnewenden, naartoe te gaan. Ook bezienswaardigheden als Bath, Wells Cathedral, Wookey Hole, Cheddar Gorge en zelfs London zijn vanuit Broughton goed bereikbaar. Op de boerderij vindt u uitgebreide informatie over de regio.

 🏕️ ⚲15 ⚬12 🚲 ➤ 🛏️10

⛺   T 4x, 🚰, pppn £ 5

Route

📍 16 km O van Salisbury. Verlaat Salisbury op A30. Na 14 km rechtsaf B3084 richting Broughton. Boerderij na 1,5 km aan rechterkant.

🚌 Bussen vanuit Winchester en Salisbury naar Broughton.

BURRINGTON

The Barton
Marilyn & Peter Smale
Burrington Barton, Burrington - Umberleigh, EX37 9JQ Devon
T   01769-52 02 16
E   bartonfarm@yahoo.com
W   www.burrington-barton.co.uk
🌐 uk

Open: hele jaar 💚 (RES) verplicht ❌ 🐾

Boerderij en omgeving

Dit oude boerenhuis ligt in het kleine dorpje Burrington, midden op het platteland in Noord-Devon. U kunt er van zonsopgang tot zonsondergang genieten van het gezang van allerlei vogels. Het gemengde bedrijf heeft 64 ha grond, waarop koeien en schapen grazen en verschillende gewassen volgens de normen van de Soil Association worden verbouwd. Er wacht u hier een bijzonder hartelijk welkom. Het Engels ontbijt dat wordt geserveerd, is gemaakt van plaatselijk geproduceerde, biologische ingrediënten.

U logeert in een vakantiehuis (een gerestaureerde schuur). Het bevat vier ruime, comfortabele slaapkamers, een keuken, eetkamer en zitkamer met open haard. Achter het huis ligt een ommuurde tuin. Binnenshuis mag niet worden gerookt en honden zijn niet toegestaan. De prijs varieert naargelang het seizoen.

De omgeving biedt een bijzonder grote verscheidenheid aan flora en fauna. Dassen, vossen, eekhoorns, dam- en edelherten zijn goed vertegenwoordigd. De bossen en uiterwaarden voorzien de vele planten- en vogelsoorten van weldadige rust en de bezoeker van een onvergetelijke natuurervaring. Burrington Barton ligt halverwege Dartmoor en Exmoor en is een goede uitvalsbasis voor dagtochten naar de oude marktstadjes South Molton, Great Torrington, Barnstaple en Crediton. Ook de kust met haar gouden zandstranden is goed bereikbaar. U kunt er vissen, paardrijden en fietsen.

🎣 ⚬ 🚲 ➤ 🎿

🏠 1x, 🛏 8-10x, Prijs op aanvraag

Route

📍 43 km NW van Exeter. A30 of M5/A38 tot aan Exeter. Borden Barnstaple volgen (A377). Vervolgens afslaan naar Burrington. Weg heuvelopwaarts nemen tot in dorp. Na postkantoor onmiddellijk linksaf. The Barton ligt 130 m verder aan uw linkerhand.

🚌 Trein van London Paddington naar Exeter. Vandaar bus naar Barnstaple.

CAERSWS

The Hideaway
Pippa Scott & Rob Ritchie
Gorfanc, Carno, Caersws, SY17 5JP Powys
T   01686-42 04 23
E   robpip@deeppool.fsnet.co.uk
🌐 uk

Open: hele jaar H 270m (RES) verplicht ❌ 🛏️

Accommodatie en omgeving

Dit traditionele stenen huis staat in het oude Cambrische Gebergte. In het interieur is natuurlijk materiaal verwerkt zoals wilgenhout. Het stille en comfortabele Hideaway heeft een balkon van waaruit u alleen heuvels en bosen kunt zien waarboven buizerds en soms ook kiekedieven rondcirkelen. 's Nachts is het hier donker en ziet u de sterrenhemel in zijn volle pracht.

De woonkamer is licht en knus met een open haard. Er is een goed ingerichte keuken, een tweepersoons slaapkamer en een badkamer. De bedbank zorgt er voor dat twee personen extra kunnen overnachten. Al het beddengoed, handdoeken, hout voor het vuur en het gas om te koken zijn bij de prijs van een overnachting inbegrepen. De honing die de eigenaren produceren, evenals de biologisch geteelde groente, fruit en zelfgebakken brood kunt u gebruiken.

U kunt in de omgeving schitterende wandelingen maken in dit landschap met zijn weiden en heggen, over schapenpaden en door valleien waarin alleen een beek stroomt. In de verdere omtrek zijn historische marktplaatsen, natuurparken, bossen met uitgezette wandelpaden, riviermondingen met een enorm dierenleven en stadjes met schitterende stranden. U kunt ook galerieën, kastelen, tuinen (o.a. de wereldberoemde tuinen bij het kasteel van Powis) en het centrum voor alternatieve technologie in Machynllethh bezoeken.

⌃ 1x, ✎ 4x, hpw £ 222-251

Route
312 km NW van Londen. Vanaf Londen de A1 tot Barnet, vervolgens de M1 tot uitrit Birmingham. Neem bij Rugby de M6. Neem de uitrit Telford. Neem de M54 richting Shrewsbury. Neem de A5. Ga richting Welshpool en Caersws.

312 km NW van Londen. Trein van Londen naar Caersws. Laat u hier ophalen (na afspraak).

CEMMAES
Gwalia Farm B&B
Olivia & Harry Chandler
Cemmaes - Machynlleth,
SY20 9PZ Powys
T 01650-51 13 77
W www.gwaliafarm.co.uk

Open: hele jaar ✔ H 200m RES verplicht ✖ [⛺]

Boerderij en omgeving

Gwalia is een niet-gecertificeerd maar wel biologisch klein bedrijf van slechts vijf hectare. De boerderij ligt in een rustig, afgelegen deel van de bergen in Midden Wales. De boer houdt geiten, schapen en kippen en teelt groente in een grote groentetuin. Harry en Liv hebben in 1984 een 'natuurgebied' met een meertje aangelegd. In 2001 werd een tweede meer aangelegd, om meer watervogels aan te trekken. Korte tijd later dook hier zowaar een otter op. Als brandstof voor verwarming, koken en heet water wordt hout gebruikt uit het plaatselijk beheerde bos. Liv en Harry zijn zo goed als zelfvoorzienend, met melk, eieren, vlees, groente en fruit, compost en hooi van eigen land en water uit eigen bron.

U verblijft hier in één van de twee tweepersoonskamers, op basis van bed & breakfast. Een avondmaal, eventueel vegetarisch of veganistisch, is beschikbaar. De zitkamer heeft een open haard. Een volledig ingerichte caravan (koelkast, fornuis, douche, composttoilet e.d.), met gezellige veranda, is ook beschikbaar. De camping ligt vrij afgelegen, bij de meren, en heeft een eigen bron. In het kalme meer kunt u zwemmen, kanoën (drie kano's gratis beschikbaar) en kajakken.

Gwalia biedt prachtig uitzicht op het zuidelijke deel van Snowdonia National Park. Het gebied is populair onder wandelaars en natuurliefhebbers. Voor fietsers zijn er speciale bergroutes. Ook te paard kunt u de bergen in of richting kust. In Aberdyfi kunt u een zeilboot huren. Vogelaars kunnen hun hart ophalen in het Ynyshir reservaat van de Royal Society for the Protection of Birds (wouwen, buizerds, nachtzwaluwen, reigers, ganzen en trekvogels) en (amateur-)astronomen aan de schitterende sterrenhemels. Het stadje Machynlleth, een bolwerk van het Welsh, houdt al sinds de dertiende eeuw een wekelijkse markt. Een bezoek aan het Centre for Alternative Technology wordt warm aanbevolen.

⚒ ▣ ⌁ ⤢ ⚓ ⬗ 🚣14 km
⟋⤢ ⛵ 🚴 🐎 ⛺

🛏 2x, ✎ 4x, 1ppn £ 23 B&B
⛺ T 10x, ⚷⚒, pppn £ 4

Route
15 km NO van Machynlleth. A489 in noordoostelijke richting tot aan Cemmaes (8 km). Op rotonde 2de afslag, A470 op. Na dorp Commins Coch ligt Gwalia links.

Weinig busvervoer. Raadpleeg voor actuele tijden:
www.carlberry.co.uk/rfnshowr.asp?RN=RM414A

CRACKINGTON HAVEN
Wooda Farm
Max Burrows & Gary Whitbread
Crackington Haven, EX23 0LF Cornwall
T 01840-23 01 40
E max@woodafarm.co.uk
W www.woodafarm.co.uk
🔖 uk

Open: hele jaar ✔ RES verplicht [⛺]

Boerderij en omgeving

Het 16de eeuwse boerenhuis ligt op slechts 2 km afstand van zee, aan de rand van een vallei. De oppervlakte van het bedrijf beslaat 8 ha land en aangezien er geen buren zijn, vindt u op Wooda niets dan rust en afzondering in een bijzonder mooie natuurlijke omgeving. Er wordt groente en fruit geteeld. Tot de levende have behoren schapen, kippen, een paard en een muilezel. Een windturbine wekt de stroom op en een eigen bron verschaft water. Het hoger dan het huis gelegen land biedt uitzicht over de Atlantische oceaan en Dartmoor, terwijl zich heuvelafwaarts bossen en een snelstromende beek bevinden.

U logeert hier in een traditioneel gehouden cottage (voorzien van open haard!) met aan de achterkant een L-vormig, uitzonderlijk beschut terras. De accommodatie heeft enkele voorzieningen voor kinderen. Op afspraak mag uw hond mee. Producten van eigen land, onder meer lamsvlees, eieren, groente en fruit, zijn te koop. U kunt deelnemen aan het dagelijkse werk op de boerderij of om een rondleiding vragen. Apart is de tot studio/auditorium omgebouwde schuur die voor velerlei creatieve doeleinden kan worden geboekt.

De boerderij bezit een verscheidenheid aan habitats. Vier grote weiden zijn omgeven door heuvelruggen en heggen. Het land daalt steil, langs een oude appelboomgaard en een gemengd bos tot aan weiden vol wilde bloemen en de beek. Hier houden zich talrijke buizerds, dassen en vlinders op. Richting zee treft u met heide begroeide klippen en schaliestrandjes aan met - bij laagtij - een groot aantal rotspoelen. Een bezoek waard zijn Bodmin Moor, het Eden-project, Tintagel Castle, Dartmoor, Boscastle, Bude en Padstow.

♨ 🍽 ⚓ ┄┄2 🚣15 ⚲2 ⤬5
🏹2 ⛳10 🏄

🛏 6x, ∂ 10x, 1ppn £ 57 VP
🏠 1x, ∂ 4x, hpw £ 235-495

Route

🚗 18 km Z van Bude. Neem A39 Z, dan B3263. Bij Trespawet Posts rechtsaf. Heuvelafwaarts langs Hentervene Holiday Park. Oprijlaan Wooda Farm aan rechterkant.

🚆 Trein tot Exeter. Bus vanaf Exeter treinstation naar Bude, waar u wordt afgehaald.

DENBIGH

Hendre Aled
Roger and Juanne Johnson
Llansannan, Denbigh, LL16 5LN Conwy
T 01745-87 04 26
E roger3103@yahoo.co.uk
🗣 uk, fr, de, es

Open: hele jaar ⚓ H 300m ®

Boerderij en omgeving

Hendre Aled bestaat uit een oud boerenhuis en enkele cottages in de glooiende heuvels van Noord-Wales. De eigenaar, Roger Johnson kocht het in troosteloze, vervallen staat en heeft er jaren hard aan gewerkt om er een thuis van te maken. Nu is Hendre Aled een oase van rust en natuurschoon, een kilometer van de dichtstbijzijnde openbare weg af. Afgezien van het houden van wat melkgeiten en kippen en wat bosbouw, wordt de vijf hectare land die bij het huis hoort grotendeels aan de natuur overgelaten.

De accommodatie bestaat uit vier eenvoudige cottages, opgetrokken uit steen en lei. Elk biedt onderdak aan twee tot zes personen. Eigen beddengoed en handdoeken meebrengen. In het hoogseizoen doet u er verstandig aan te reserveren. Op slechts korte afstand bevinden zich gemarkeerde wandelroutes.

U bevindt zich hier vlakbij de grens met Wales, tevens het noordelijke deel van Snowdonia National Park. Het beroemde Victoriaanse plaatsje Betws-y-Coed, waar drie rivieren samenvloeien in de Conwy, ligt slechts 25 km van Llansannan vandaan. Deze prachtige vallei in het Snowdonia Forest Park is een ideaal oord voor allerlei recreatie, van wandelen tot wildwatervaren. Frisse berglucht, dicht bos, tuimelende watervallen, bergmeren en oude bruggen horen allemaal bij Snowdonia. U kunt er ook fietsen en paarden huren. Mocht u op de culturele toer zijn of u een dag onder de mensen (en winkels) willen begeven, bezoek dan de chique Romeins/middeleeuwse stad Chester, zo'n 70 km rijden.

⚓ ┄┄14 🚣15 ⚲ ⤬14 🚶14 🚴14
🎣14

🏠 4x, ∂ 16x

Route

🚗 68 km W van Chester. Verlaat Chester op A483/A55 W. A55 tot aan Abergele. Dan A548 richting Llanfairtalhaiarn. Rechtdoor tot aan Llansannan.

🚆 Trein of bus vanuit Chester naar Abergele of Pensarn, dan streekbus naar Llansannan.

GB
IRL

DREFACH FELINDRE
Bach Y Gwyddel
Jonathan Gaunt
Cwmpengraig, Drefach Felindre -
Llandysul, SA44 5HX Carmarthenshire
T   01559-37 14 27
F   01559-37 14 27
E   jonogaunt@aol.com
🖰 uk, fr

Open: hele jaar 🐟 🐟 H 100m 🦌

Boerderij en omgeving
Dit biologische boerenbedrijf met acht
hectare weideland ligt op glooiend terrein met prachtig zuidwestelijk uitzicht
over een vallei. De weiden staan vol wilde
bloemen en in de tuinen wordt groente
en fruit verbouwd. Twee families bebouwen elk een halve hectare, terwijl het
overige land van de Dyfed Permaculture
Farm Trust is. Deze stichting beoogt de
bevordering van kennis over en ervaring
met permaculturele landbouw door middel van cursussen, vrijwilligerswerk en
gemeenschapsactiviteiten. De bewoners
kweken bomen en houden eenden, kippen, schapen en soms paarden. Een gedeelte van het land mag de plaatselijke
bevolking gebruiken.
De accommodatie bestaat uit een camping, een nomadentent (omtrek 5 m) of
een houten hut. Op verzoek kunnen maaltijden worden bereid, hoewel u ook zelf
de keuken mag gebruiken. Biologische
producten van eigen land worden te koop
aangeboden. Meehelpen op de boerderij
in ruil voor kost en inwoning is mogelijk.
Het heuvelland van Pembrokeshire heeft
veel te bieden voor wandelaars, fietsers
en ruiters. Er zijn veel historische overblijfselen als steencirkels en Keltische
grafheuvels. Op ongeveer 15 km liggen
het Pembrokeshire Coast National Park
en de ruisende heidevelden van de Preseli Hills. Even ten oosten ligt het Forest

of Brechfa, rijk aan oude eiken, vele soorten varens, bosanemonen en orchideeën.
Hier huizen vogels zoals de groene en
de bonte specht, de fluiter, roodstaart,
bonte vliegenvanger, en roofvogels als
de slechtvalk, buizerd en sperwer. Er
zijn tal van vleermuizen en dassen. De
uitgestrekte zandstranden aan de kust
zijn niet ver weg. In de nabije omgeving
kunt u zwemmen en paarden en fietsen
huren. Op 2 km afstand liggen een paar
winkeltjes en een gezellige pub, waar u
kunt eten.

👥 🍽 🐝 ⚓ 🛶5 🚃 ✕5 🔌10
⚓10 ♨

🛏 1x, 🛋 4x, Prijs op aanvraag
🏠 1x, 🛋 4x, Prijs op aanvraag
⛺ T 20x, 🚐5x, 🍴, ppn £ 4-5

Route
🚗 22 km N van Carmarthen. 16 km A484 N volgen,
dan linksaf afslag Cwmpengraig tussen Cwmduad
en Rhos. Na 3 km, op punt waar 5 wegen samenkomen, 1e rechts (niet bewegwijzerd). Na 2 km in
Penboyr linksaf tegenover een rode telefooncel.
Hek van Dyfed Permaculture Farm Trust na 200 m
aan linkerkant.
🚌 Bus van Carmarthen of Cardigan naar Drefach
Felindre (3 km).

ERWOOD
Trericket Mill
Nicky & Alistair Legge
Erwood - Builth Wells, LD2 3TQ Powys
T   01982-56 03 12
F   01982-56 07 68
E   mail@trericket.co.uk
W   www.trericket.co.uk
🖰 uk

Open: 1 jan-24 dec⚓ 15 mrt-30 okt (RES)
verplicht ❌ 🦌

Accommodatie en omgeving
In de aan de Wye River gelegen Trericket
Mill waant u zich in de middeleeuwen,
midden van ouderwetse molenstenen en
mechanieken, houtvuren en boeken.
U verblijft in een van de tweepersoons
kamers of in het hostel en kunt hier heerlijk (vegetarisch) ontbijten, lunchen en
dineren. De gezonde maaltijden worden
bereid met biologische en Fair Trade producten. Ook kunt u terecht op het rustige
kampeerterrein in de appelboomgaard
waar plaats is voor zes tenten en acht
caravans.
Langs de molen kabbelt het riviertje
de Sgithwen Brook. Trericket Mill biedt
direct toegang tot uitgestrekte heuvellandschappen, bossen en valleien waar u
kunt wandelen, fietsen, kanovaren, raften
of paardrijden. Ook kunt u van hieruit de
indrukwekkende Brecon Beacons, Radnor
Hills en Black Mountains verkennen. In de
bosrijke valleien vindt u een zeer rijk gevarieerde flora en fauna, met groot en klein
wild. Dassen en reeën schuilen in de uitgestrekte eikenbossen en op over riviertjes
hangende wilgen- of elzentakken wacht
de schitterend gekleurde ijsvogel zijn kans
af. Gezellige oude stadjes als Hay-on-Wye,
Brecon en Builth Wells herbergen stijlvolle, historische gebouwen, kerkjes en
abdijen. U zult tijdens uw tochten regelmatig langs indrukwekkende ruïnes van
middeleeuwse kastelen komen. Fietsen
en paarden zijn vlakbij te huur.

👥 🍽 🚪 🚃12 ✕ 🔔8 🍴8 🚲12
⚓10

🛏 3x, 🛋 6x, 1ppn £ 25-40, 2pppn £ 25-
30 B&B
🏛 🛏3x, 🛋 10x, 1ppnoz £ 11
⛺ T 6x, pppn £ 5

Route
🚗 17 km N van Brecon. 12 km N van Builth Wells.
Richting Brecon via A470. Trericket Mill ligt van de
weg af rechts, 1,6 km Z van Erwood.
🚌 Per bus van Builth Wells, Brecon of Hereford met
Roy Browns Coaches.

GULWORTHY

Hele Farm
Rosemary Steer
Gulworthy, PL19 8PA Devon

T 01822-83 30 84
F 01822-83 30 84
E rosemary@dartmoorbb.co.uk
W www.dartmoorbb.co.uk
💬 uk

Open: 15 jan-30 sep 🍽 (RES) verplicht [🚭]

Boerderij en omgeving

Hele Farm ligt in de Tamarvallei, 'off the beaten track', oftewel ver van het massatoerisme. In dit glooiende land op de grens van Devon en Cornwall zijn nog tal van sporen van nederzettingen uit het Bronzen Tijdperk. Het huis, uit 1780, staat op de monumentenlijst en is nog steeds in handen van dezelfde familie. Veel originele elementen zijn bewaard gebleven. Het biologische zuivelbedrijf bestaat 120 hectare grond en zo'n honderd koeien.

U overnacht op basis van bed & breakfast in twee smaakvol ingerichte kamers of kiest voor self-catering in 'Old Root House', één van de bijgebouwen, waar u een tweepersoonsbed en een stapelbed, alsmede een keuken en badkamer aantreft. In het bos, dat onder een rentmeestersovereenkomst valt, staat Miners Dry, een 'cottage' voor twee personen. Vanuit dit huisje kunt u uitstekend vogels observeren. Deze accommodatie is geopend van half januari tot eind september. Uw hond is welkom als deze vrij klein en braaf is.

Hele Farm grenst aan de Blanch Down Woods. U kunt hier uren wandelen langs de Tamar River, langs met varens bedekte bosgronden, met korstmossen bedekt kreupelhout, bosanemonen, sleutelbloemen en vingerhoedskruid. Het wemelt er van de herten, vossen, dassen en patrijzen (na 20 jaar afwezigheid door Hele Farm opnieuw uitgezet). Zowel het Dartmouth Walking

Centre als de Ramblers Association organiseren diverse wandelingen van lange of kortere duur. Dartmoor National Park ligt op 5,5 km afstand. Er zijn fietsen en kano's te huur. Lysford bezit stallen en maneges. Zeilen of surfen kunt u bij Plymouth, een historische havenstad van waaruit de Pilgrim Fathers in 1620 op de Mayflower naar Amerika vertrokken. Ook leidde Francis Drake van hieruit de Engelse vloot naar een overwinning op de Spaanse Armada in 1588. De boulevard biedt prachtig uitzicht op zee. Gedetailleerde kaarten en informatie over lokale bezienswaardigheden zijn op de boerderij aanwezig.

🛏 5 🎣 2 🐟 🐾 2 🚶

🛏 2x, ⚹ 5x, 1ppn £ 20, 2pppn £ 20 B&B
🏠 2x, ⚹ 6x, hpw £ 235-315

Route

🚗 34 km N van Plymouth. A38 oprijden. Voorbij Saltash. Verder A388 tot Callington. Dan A390 richting Tavistock. Linksaf op kruising met school aan de rechterhand. Na 1,5 km links bij bord Rubbytown en Wheat Josiah. Hele is laatste boerderij rechts.

🚌 Tussen Plymouth en Tavistock rijden bussen. Zie: www.tamar-valley.com/Callington/transport.htm

HARTLAND

Little Barton Cottage
Alex Wilkinson
Hartland, EX39 6DY Devon

T 01237-44 12 59
E enquiries@littlebarton.co.uk
W www.littlebartonhartland.co.uk
💬 uk, de, fr

Open: hele jaar H 80m (RES) verplicht
[🚭] [🍽]

Cottage en omgeving

Little Barton Cottage staat in één van Engelands 41 Areas of Outstanding Natural

Beauty. De ligging van het huisje biedt een magnifiek uitzicht op het kanaal van Bristol en Lundy Island aan de ene kant en op de Atlantische oceaan aan de andere. Het kustpad, bovenaan de klippen, is slechts een paar minuten lopen en met ook nog eens een uitgebreid net aan binnenlandse wandelroutes is het gebied een paradijs voor wandelaars.

Tot voor kort was dit een kleine biologische boerderij; nu is het een milieuvriendelijke accommodatie. De cottage, omgeven door een eigen tuin, is een gerestaureerd stenen gebouw met leien dak. Het heeft zes slaapkamers voor tien personen (een zevende kamer met elfde bed is mogelijk). Voorts is er een badkamer, doucheruimte, zitkamer en eetkamer en een boerenkeuken met alle moderne gemakken. De accommodatie is het gehele jaar geopend. Er mag niet worden gerookt. U mag - na overleg - uw hond meebrengen.

De laan naar het huis toe staat vol met wilde bloemen en de omgeving heeft een rijke flora en fauna. U kunt er vossen, dassen, vlinders, libelles, haviken, valken, buizerds en tal van zeevogels zien. De ongerepte kust biedt bij eb zand- en bij vloed rotsstrand. Bij Speke's Mill Mouth - via het wandelpad op 3 km afstand, over de weg op 4,5 km - kunt u uitstekend zwemmen, bodyboarden en surfen. Iets verder van het huis is rotsklimmen, zeilen en kanoën mogelijk. Onder de levendige gemeenschap van Hartland bevindt zich een aantal pottenbakkers en kunstenaars. Gezond, biologisch eten is zowel in restaurants als in winkels beschikbaar.

🛶 5 ⚐ 15 🎣 3 🐟 3 🏊 12 ⚓ 12
🚣 6 🚴 15 🐾 10 ⛵ 3 🚶

🏠 1x, ⚹ 10x, 1ppw £ 100
🏨 🛏 6x, ⚹ 10-11x, Prijs op aanvraag

Route

🚗 38 km W van Barnstaple. Daar vandaan A39 richting Bude nemen. Net voorbij Clovelly Cross (benzinestation) rechtsaf richting Hartland (B3248).

🚌 Trein tot aan Exeter. Boemeltrein naar Barnstaple. Bus naar Hartland. Taxi of wandeling naar Little Barton. Gastheer haalt eventueel af.

GB IRL

HELSTON

Mudgeon Vean Farm Holiday Cottages
Sarah Trewhella
Mudgeon Vean Farm, St. Martin,
Helston, TR12 6DB Cornwall
T 01326-23 13 41
E mudgeonvean@aol.com
🌐 uk

Open: hele jaar ⚓ H 63m ⓇⒺⓈ verplicht
[🐾]

Boerderij en omgeving

Mudgeon Vean is een kleine, 18de eeuwse boerderij aan de rand van een vallei, op een rustige plek bij de Helford-rivier. Sarah en Jem maken de plaatselijk bekende producten Helford Creek Apple Juice en Helford Creek Cyder. Bij een bezoek in de herfst kunt u de appeloogst en het persen van de appels meemaken.

Mudgeon Vean heeft 3 cottages te huur, namelijk Swallow, Swift en Badger. Elk huisje is bestemd voor 4 tot 6 personen en is volledig ingericht met tv- en audio-installaties, keukengerei, beddengoed en föhn. Voor peuters is er een ledikant en een kinderstoel. Kinderen kunnen veilig buiten spelen en zich met de kleine dieren bezighouden. De appelsap en cider van eigen land zijn te koop. De accommodatie is het gehele jaar geopend. 's Winters brandt er een gezellig vuur in de open haard.

Langs de boerderij loopt een schitterend National Trust wandelpad naar de rivier en Tremayne Quay, waar het bladerdak van de oude bomen u beschermt tegen al te felle zon of al te bijtende kou. Het Lizard Pensinsula, op korte afstand, is vanwege zijn grillige kust (van serpentijnsteen) uitgeroepen tot Area of Outstanding Natural Beauty. Het bijbehorende reservaat heeft unieke flora en fauna. Marazion Marsh, Mullion Island en de Var worden bezocht door een groot aantal vogels alsmede zeldzame migrerende vlinders die na hun lange transatlantische reis hier uitrusten. Breng eens een bezoek aan het auditorium-stijl Methodistenkerkje in Mullion, woon een theatervoorstelling bij in het Minnac openluchttheater, koop een traditionele Cornish pasty bij de Horse and Jockey bakkerij in Helston of nuttig een cream tea bij één van de National Trust tuinen in Mawnan Smith aan de Helford Estuary. En leer alles over het verzorgen van zeehonden in de Gweek Seal Sanctuary.

⚓ ⋯8 🛏16 ◇8 🍴8 ⚓6,5 ⚓6,5
🏠10 🧺

🏠 3x, 🛏 12x, hpw £ 120-425

Route

🗺 16 km ZO van Helston. Vanuit Helston B3293 richting Mawgan / Garras. Eerstvolgende rotonde, 2e afslag links nemen naar St. Martin. Dan 1e links na school. Op kruispunt weer linksaf, dan 2e rechts pad boerderij op.

🚌 Bus vanuit Truro naar Tesco supermarkt in Helston. Vanaf Tesco gaan bussen richting Mawgan. Uitstappen in St. Martin.

HERODSFOOT

Botelet Farm
Julie Tamblyn
Liskeard, Herodsfoot, PL14 4RD Cornwall
T 01503-22 02 25
F 01503-22 02 25
E stay@botelet.co.uk
W www.botelet.co.uk
🌐 uk

Open: hele jaar 🌱 Ⓡ

Boerderij en omgeving

Botelet ligt temidden van 120 hectare glooiende weiden. Het oorspronkelijke Manor House (nu Manor Cottage geheten) werd al genoemd in het Domesday Book (de eerste allesomvattende inventarisatie van Engeland, uitgevoerd in 1068 onder Willem de Veroveraar). Sinds 1861 is het in handen van de familie Tamblyn. De grond is voornamelijk weiland, met wat bos, waarop de eigenaar Charolais-runderen houdt. In de zomermaanden graast ook het vee van naburige boerderijen hier. De accommodatie is het gehele jaar geopend. Er is één tweepersoonskamer voor bed & breakfast, soms zijn dat er twee. Uw ontbijt nuttigt u op uw kamer. Er zijn twee cottages te huur, elk bedoeld voor vier of vijf personen. U kunt ervoor kiezen om in een nomadentent te logeren of u kunt kamperen, hoewel de faciliteiten uiterst eenvoudig zijn. In het huis kunt u niet alleen terecht voor verse eieren, jam en groente (naargelang het seizoen) maar ook voor uw brood, cakes en scones en zelfs voor uw diner van plaatselijk gevangen vis. Water komt uit de eigen mineraalbron. Ontspan met behulp van een aromatherapie- of reflexologiebehandeling. Ga wandelen op Bodmin Moor. Woon een concert in een ondergrondse leigrot bij of breng een dagje door op St. George's, het naburige eilandreservaat. Ook golfen, vissen, zwemmen, kanoën e.d. behoren tot de mogelijkheden. De eigenaar raadt u aan om voor vervoer, bijvoorbeeld een huurauto, te zorgen.

🔥 🛏 ⋯8 🌊 🏊 ⚓ 🔍 ◇ 🍴
🧺 🧺

🛏 2x, 🛏 4-5x, 1ppn £ 30-40, 2pppn
   £ 30-35 B&B
🏠 2x, 🛏 10x, hpw £ 270-930
⛺ T 5x, 🧺, pppn £ 25, ptpn £ 8

Route

🗺 40 km W van Plymouth. Vanaf Plymouth A38 in westelijke richting naar Dobwalls (om Liskeard heen via ringweg). Aan einde dorp, links A390 richting St. Austell. Aan einde van volgende dorp, East Taphouse, linksaf richting Looe op B3359. Na 3 km rechtsaf bij bord "Botelet". Borden volgen tot aan Botelet Farm (1,2 km).

🚆 Trein van London Paddington naar Liskeard. Verder met taxi (13 km). Busdienst van London Victoria of Luchthaven Heathrow tot aan Liskeard. Verder met taxi.

KINGSLAND

The Buzzards
Elaine Povey
The Buzzards, Kingsland, Kingsland -
Leominster, HR6 9QE Herefordshire

T 01568-70 89 41
E holiday@thebuzzards.co.uk
W www.thebuzzards.co.uk
uk, fr, de

Open: hele jaar (RES) verplicht

Boerderij en omgeving

The Buzzards ligt in het mooie graafschap Herefordshire. Het herenhuis is ruim drie eeuwen oud, staat op de monumentenlijst (National Trust) en maakte eens deel uit van een landgoed van ruim 800 hectare. Nu is het een kleinschalig biologisch-dynamisch groente- en fruitbedrijf, dat tevens zeldzame varkens- en schapenrassen fokt. Kippen, eenden en ganzen dragen bij aan het biologische proces. De 7 ha land rondom het huis omvat bos, weiden en vennen, die allerlei flora en fauna herbergen.

Logies met biologisch ontbijt is beschikbaar in het herenhuis. Twee tweepersoonskamers liggen op de eerste verdieping, terwijl een eenpersoonskamer op de begane grond geschikt is voor mensen met verminderde mobiliteit. Voor een self-catering verblijf kunt u terecht in de voormalige graanschuur, verbouwd tot drie ruime, comfortabele cottages met eigen tuin. Twee van de huisjes zijn toegankelijk voor rolstoelgebruikers. U kunt ook kamperen, op een rustig veldje. Koudwaterkraan in het veld; warme douche, toilet en wasgelegenheid bij het huis. Wandelingen over het land leiden naar een zelf aangelegd natuurreservaatje. Bij het ven staat een schuilhut van waaruit u vogels en dieren kunt observeren. De omgeving biedt zoveel dat u maar moeilijk zult kunnen kiezen. Een Area Of Outstanding Natural Beauty (Malvern, Wye Valley, Cotswolds, Shropshire Hills) of een National Park (Brecon Beacons, Snowdonia)? Een Romeins/middeleeuwse stad? Keuze uit Chester, Shrewsbury of Hereford, of de Shakespeare stad Stratford-upon-Avon. Wilt u uw bezoek plaatselijk houden en veel van de natuur genieten, dan kunt u naar hartelust wandelen. Van kasteelstad Ludlow naar Kington op de grens met Wales loopt het Mortimer Trail, die de Shropshire Way en Marches Way verbindt met Offa's Dyke Path. Onderweg komt u langs hillforts, kastelen en abdijen en door weiden bezaaid met klaprozen en koekoeksbloemen.

3x, 5x, 2ppn £ 30 B&B
3x, 9x, hpw £ 315-435
T 10x, 10x, pppn £ 1, ptpn £ 6, pcpn £ 7

Route

52 km W van Worcester. Neem A44 W tot Leominster. Borden B4360 / A4110 richting Kingsland en Mortimer's Cross volgen. Vlak vóór Mortimer's Cross links aanhouden bij scherpe bocht naar rechts en rijtje bakstenen huisjes. Na 150 m rechtsaf smalle weg op. The Buzzards ligt aan rechterkant.
Bus of trein naar Leominster. Taxi of ophaalservice indien afgesproken.

LAWRENNY

Knowles Farm
Virginia Lort-Philips
Lawrenny, SA68 0PX Pembrokeshire

T 01834-89 12 21
F 01834-89 12 21
E ginilp@lawrenny.org.uk
W www.lawrenny.org.uk
uk

Open: 1 mrt-1 okt H 30m (RES) verplicht

Boerderij en omgeving

Knowles Farmhouse is een traditionele boerderij waar op biologische wijze veeteelt wordt beoefend. Het ligt op het zuiden en ziet uit op uitgestrekte weiden, eeuwenoude bossen en de oevers van de monding van de Cleddau.

U heeft de keus uit een van de vijf kamers waarin tien personen kunnen overnachten. Alle kamers hebben de beschikking over een eigen badkamer. Honden zijn op de accommodatie toegestaan (vergeet echter niet de eigen hondenmand mee te nemen). Het is mogelijk dat eten voor u gemaakt wordt voor onderweg als u tochten wilt maken. Meldt dit van tevoren. 's Avonds kunt u uitgebreid dineren in de eetkamer bij de open haard.

Om de omgeving te verkennen is het niet nodig dit te doen met een auto aangezien in het gebied erg veel wandelpaden zijn. Op de accommodatie kunt u wandelen door de bossen en rond de boerderij langs de monding van de rivier. De voetpaden leiden u naar kastelen, wijngaarden en enkele watermolens. De spectaculaire kust van Pembrokeshire met zijn schitterende stranden is slechts enkele kilometers van de accommodatie verwijderd. Tijdens de wandeling er naar toe kunt u genieten van de vele tuinen en themaparken. Beslist de moeite waard zijn ook de vele galerieën in de omgeving van Knowles Farmhouse.

12 11 12 1-12
12 19 6

5x, 10x, 1ppn £ 35, 2pppn £ 28-32 B&B
T 2x, ppn £ 5

Route

216 km W van Bristol. Bus nr 4 rijdt van Cardiff naar Lawrenny.

GB IRL

Ysgubor Aeron Parc
Carolyn Wacher
Llangeitho - Tregaron, SY25 6TT
Ceredigion
T 01974-82 12 72
E carolyn@aeronparc.demon.co.uk
uk

Open: hele jaar (RES) verplicht

Huis en omgeving

Ysgubor Aeron Parc is een traditionele, 19de eeuwse boerderij met 8 ha land. De eigenaresse, Carolyn, woont in het oude huis. Ze had hier voorheen een grote tuin met biologische groente maar organiseert tegenwoordig trainingen bij het Institute for Rural Studies in Aberystwyth voor boeren die willen overgaan op biologische landbouwmethoden. De omliggende weilanden zijn verpacht aan een boer, die er vee en schapen op houdt. Door de weiden heen loopt het riviertje Aeron. In de accommodatie naast het eigenlijke woonhuis logeert u op basis van bed & biologisch breakfast. Op verzoek verzorgt Carolyn ook andere maaltijden. De self-catering accommodatie is een tot comfortabel woonhuis omgebouwde stal met vier kamers, die plaats biedt aan zes à zeven personen. Er zijn twee badkamers met toilet, een ruime zitkamer met tv en een grote keuken. Biologische levensmiddelen zijn op veel plekken in de omgeving te verkrijgen. Het huis is omgeven door oude beuken, geplant ten tijde van de bouw van de stal. Vanuit de woonkamer heeft u uitzicht op de Aeronvallei. In de zomer van 2005 zijn de bij de verbouwing verdreven zwaluwen en dwergvleermuizen teruggekeerd.

Vanuit Llangeitho hebt u het voor het kiezen: de Cambrian Mountains naar het oosten en de woeste rotsachtige klippen bij de kust naar het westen. Beide gebieden hebben een groot aantal wandelroutes. Er zijn meerdere vogel-en natuurreservaten in de buurt. Het Cors Caron Nature Trail bij Tregaron is een wandeling langs een oude spoorlijn die door de natuur heroverd is en bos- en weidevogels alsmede roofvogels als de rode wouw herbergt. Uitstekende zwemgelegenheid en een fijn zandstrand vindt u aan zee bij Aberaeron. Fietsen en paarden zijn in de omgeving te huur. Het levendige universiteitsstadje Aberystwyth heeft een interessant museum over oude fokloristische tradities en cultuur van dit gedeelte van Wales.

🏊 🍽 ⋯⋯21 🚲 🚣23 ⨯15 🎿15 🚤

🛏 1x, 🛌 2x, 2ppn £ 20 B&B
🏠 1x, 🛌 6x, Prijs op aanvraag

Route

📍 25 km ZO van Aberystwyth. Verlaat Aberystwyth op A487 Z. Na 3 km linksaf naar A485. 18 km rechtdoor, dan linksaf richting Llanio (B4578). 0,5 km verderop rechtsaf naar Llangeitho. Aeron Parc ligt na 3 km rechterhand.
🚍 Zeer sporadische busdiensten.

Graig Fach
Ada Garton & Greg Wilkinson
Llangennech - Llanelli,
SA14 8PX Carmarthenshire
T 01554-75 99 44
M 0772-411 36 37
E dgregwilkinson@yahoo.co.uk
W www.thegreenstudio.com
gb, fr

Open: hele jaar 🔺 1 jun-31 aug 🍴 ⚓
wwoof H 80m 🗙 [🛏]

Boerderij en omgeving

Dit kleinschalige, biologische boerenbedrijf ligt aan de rand van een steile vallei temidden van 2,8 ha bosgrond, met aan de voet van de heuvel een beekje. Het gebied, tussen Swansea, Llanelli en Carmarthen, bestaat voornamelijk uit nu gesloten kolenmijnen en werkt naarstig aan een nieuwe toekomst. Ada en Greg en hun twee kinderen houden een geit, kippen en bijen en verbouwen groenten en fruit, grotendeels voor eigen gebruik. Ada is schilder en Greg schrijver. In hun studio geven zij creatieve en literaire cursussen. Op verzoek stellen zij de studio ter beschikking aan gasten.

U overnacht in eenvoudige kamers op basis van logies met ontbijt of kampeert op één van de vijf tentplaatsen of op de caravanplaats. De maaltijden worden zoveel mogelijk met biologische producten bereid. Eieren, groente, geitenmelk en honing van eigen land zijn er te koop. Op een afstand van vier tot zeven km zijn winkels en een supermarkt. De accommodatie is rookvrij. Als u een hond wilt meebrengen, overleg dan even van tevoren. De eigenaren vinden het prettig als u reserveert.

U zult zich hier geen moment vervelen. De kust is slechts 15 km van Graig Fach vandaan. U kunt fietsen huren, paardrijden, windsurfen en zeilen. Allerlei prachtige wandelroutes beginnen voor de deur en leiden u langs kastelen en rivieren, door prachtige heidevelden en over brede zandstranden. Op de met gras en vele soorten wilde veldbloemen - zoals wilde bieslook - begroeide kalkstenen kliffen heeft u mooie vergezichten over Carmarthen Bay. Tussen het kreupelhout in de bosrijke valleien groeit onder meer de paarse bosorchidee en op de open plekken leeft de zeldzame parelmoervlinder. Neem ook eens een kijkje in het vogelreservaat. Landinwaarts vindt u de grillige Black Mountains. Op de boerderij ligt informatie over de omgeving ter inzage.

🏊 🍽 🐝 ⚒ ⋯⋯15 🎣5 🚣8 🎣5
🏊20 🚣20 🎿10 🐾20

🛏 1-2x, 🛌 2-3x, 1ppn £ 17,50 B&B
🔺 T 4x, 🚐1x, ⚖, pppn £ 3,50, ptpn £ 4, pcpn £ 5

Route

⚑ 8 km W van Llanelli. Na 1,5 km op rotonde rechts-af. 2,5 km N dan bij T-splitsing rechts aanhouden. Graig Fach ligt 1 km verderop aan uw rechterhand.

🚆 Trein of bus naar Swansea of Llanelli. Per streekbus naar Llangennech.

LLWYNGWRIL

Pentre Bach Holiday Cottages
Margaret & Nick Smyth
Llwyngwril - Near Dolgellau,
LL37 2JU Gwynedd
T   01341-25 02 94
F   01341-25 08 85
E   cottages@pentrebach.com
W www.pentrebach.com
🗨 uk, fr, es

Open: hele jaar ⚘ wwoof ⦿ verplicht

Boerderij en omgeving

Pentre Bach ligt op een rustige locatie in het kustplaatsje Llwyngwril te Wales. De zuidelijke hellingen van Snowdonia National Park in de rug en uitzicht op Cardigan Bay maken dit tot een bijzonder idyllische plek. De eigenaren, Nick en Margaret, passen zover mogelijk de principes van permacultuur toe op hun dagelijkse leven, met maximaal gebruik van wat de omgeving te bieden heeft en een minimale hoeveelheid afval.

U logeert in één van de drie self-catering cottages, waarvan er twee meer dan tweehonderd jaar oud zijn en het derde rond 1980 werd gebouwd. Y Popty (het Bakhuis), voor zes personen, heeft een ommuurde 'cottage' tuin (met traditionele planten als vingerhoedskruid, stokrozen, ridderspoor, lupines, vuurpijlen). Y Llaethdy (het Zuivelhuis) is een drieper-soonshuisje en Pen-Y-Lôn (Einde van de Laan), ingesteld op gebruik door gehandicapten, kan in totaal zeven personen huisvesten. Op verzoek zijn ledikanten beschikbaar. Biologische eieren, jam en chutney, appelsap, kruidenthee, eigen diepvriesmaaltijden en koek en cake zijn te koop. Margaret laat u met alle plezier de ommuurde moestuin, de boswandeling en de groentetuin zien. Schommels en tafeltennis voor kinderen.

Nick neemt u met de LandRover mee naar dolmen in de bergen en zoekt met de wiggelroede naar energielijnen. Op 850 meter van de voordeur ligt een rustig strandje aan Cardigan Bay, waar u met een beetje geluk aan de horizon een school dolfijnen ziet. U kunt prachtig klimmen en wandelen op de berg Cadair Idris (850 m). Andere mogelijkheden zijn de stoomtrein, tal van kastelen en het Centre for Alternative Technology.

⚘ ⟋⟋⟋ 🚐12 ⚲12 🐟 ▲5 ◢5 ⛺10
⚑6 ⛵

⌂ 3x, ⊘ 16x, hpw £ 315-475-435-725
⛺ ptpn £ 7

Route

⚑ 18,5 km ZW van Dolgellau. Verlaat Dolgellau op A470 W. Na 1,5 km, kustweg richting Llwyngwril A493 nemen. Laan naar Pentre Bach 40 m na stenen brug in dorpscentrum.

🚆 Trein naar Llwyngwril vanuit Machynlleth. Dan 600 m lopen. Vanuit Machynlleth, Tywyn of Dolgellau bus 28 tot aan Llwyngwril.

LOOE

Keveral Farm
Oak or Matt
Looe, PL13 1PA Cornwall
T   01503-25 01 35
E   camping@keveral.org
W www.keveral.org
🗨 uk

Open: 1 apr-30 sep ⚘ wwoof H 100m
⦿ verplicht 🐾

Boerderij en omgeving

Keveral Farm is een 12 ha grote biologische boerderij die wordt gerund door een leefgemeenschap van 15 volwassenen en 8 kinderen. Het terrein bestaat uit bos, tuinbouwgrond, weiden en boomgaard. Deze plek is vrijwel onaangetast door het massatoerisme.

Het kampeerterreintje ligt in een boomgaard. Het heeft twaalf staanplaatsen. Voor caravans zijn er geen faciliteiten, maar kleine kampeerwagens kunnen hier wel terecht, mits vooraf besproken. Auto's zijn niet toegestaan in de boomgaard en worden op de parkeerplaats (100 m; voor uw bagage en kampeertoerusting is er een karretje beschikbaar) achtergelaten. De sanitaire voorzieningen zijn eenvoudig, met bijvoorbeeld composttoiletten. Er is een kampvuurplaats en mogelijk het gebruik van een schuur met eenvoudige kookgelegenheid. U kunt ook in een tipi of nomadentent logeren. Producten van eigen land zijn te koop.

Door het bos van Seaton is het 15 minuten lopen van Keveral naar het plaatsje Seaton, aan het strand. Hier kunt u prima zwemmen en andere takken van watersport bedrijven. Het strand en de zee zijn volstrekt veilig voor kinderen. In het dorp bevindt zich natuurlijk een pub, terwijl er in het rivierdal een landschapspark met uitstekende wandelroutes en een natuurreservaat is. Naburig Downderry (1,5 km) bezit behalve een pub ook een supermarktje, een eettent en een goed restaurant. U kunt hier uitstekend wandelen en van de karakteristieke natuur genieten; de grillige kust van Cornwall strekt zich ruim 400 km uit en is tezamen met haar veelzijdige plantengroei en de zwermen zeevogels die tussen de rotsen nestelen grotendeels beschermd natuurgebied.

⚘ ⟋⟋⟋1 ⚲6 ▲2 ◢2 🐟6 ⛺10
⚑10 ⛵

X T 12x, ⌷ 🐌, ppn £ 3-4

Route

🔢 33 km W van Plymouth. Vanaf Plymouth A38 in oostelijke richting. 2 km voorbij Tideford afslaan en borden Looe volgen, in Hessenford linksaf richting Seaton, vlak voor het strand rechtsaf naar Looe Hill. Na 1,5 km bij scherpe bocht naar links, rechtsaf de oprijlaan inslaan en 1 km doorrijden.

🚌 Busdienst 81A met eindbestemming Looe, Polperro vanaf het busstation of the Royal Parade in Plymouth (laatste om 17.30 u). Reistijd 1 u, halte Seaton. Keveral Lane inslaan. De huizen voorbijlopen, dan openbaar voetpad door bos nemen (1,5 km).

LUSTON

The Folly
Anne Adams
Yarpole Lane, Luston - Leominster,
HR6 0BX Herefordshire
T   01568-78 08 86
E   anneadams626@hotmail.com
🔽 uk

Open: 1 apr-1 okt 🐌 ⚡ H 100m (RES)
verplicht ⊠ [📷]

Boerderij en omgeving

The Folly ligt in het landelijke Herefordshire, een golvend heuvellandschap met boerderijen en beboste valleien. The Folly is een 1 ha omvattend biologisch boerenbedrijf waar Anne Adams en Felicity en Pete met hun dochters Daisy en Cecily groenten en fruit verbouwen. De drie volwassenen zijn lid van de Green Party en actief op milieugebied in de regio. Felicity is lerares en Pete is journalist. Anne is Quaker en secretaris van de Quaker Green Concern-vereniging. Het land wordt gebruikt als weidegrond. Er zijn appelbomen en verder is er een lap bosgrond, een groentetuin en een bloementuin met gazon. Tevens is er een broeikas, een kippenhok en een schuur. Men probeert het land zo aantrekkelijk mogelijk te maken voor vogels en dieren.

U verblijft in de stacaravan of in uw eigen tent. In de 4-persoons stacaravan kunt u gebruik maken van het kookstel. Verder is de caravan primitief ingericht. Er zijn geen stromend water en elektra. Buiten bevinden zich twee zelfgemaakte toiletten (één van strobalen, de ander van oude autobanden), een waterkraan en meer dan genoeg regenwater in tonnen. U moet uzelf dan ook in zekere mate zelfstandig kunnen redden. U kunt gebruik maken van de douches en toiletten in het woonhuis na overleg. U bent van harte welkom mee te helpen bij de werkzaamheden op het land.

De omgeving bestaat uit akkers en weiden, voorzien van groepjes bomen of bossen en slingerende beekjes. Er zijn diverse korte of langere wandelingen mogelijk. Het even buiten Yarpole gelegen National Park herbergt de interessante oude kasteelruïne Croft Castle en het Mortimer Forest, thuis voor o.a. dassen en grijze eekhoorns. Leominster en Ludlow zijn gezellige stadjes met tal van historische kerkjes, musea en gebouwen.

🚃5 ⚲5 🏊

🏠 1x, 🍴 2x, Prijs op aanvraag
X   T 2x, 🏕 1x, 🐌, pppn £ 1, ptpn £ 3, pcpn £ 4

Route

🔢 5 km N van Leominster. Vanuit Leominster naar Luston via B4361. In dorp richting Yarpole, dan eerste afslag rechts, bij huis met rieten dak.

🚌 35 km N van Hereford. Door de week 7 bussen per dag vanuit Hereford en Birmingham naar Luston. 2 bussen op zondag. Treinen naar Leominster vanuit Cardiff of Manchester.

MACHYNLLETH

Y Felin
Liza & Tom Brown
Melinbyrhedyn, Machynlleth,
SY20 8SJ Powys
T   01654-70 27 18
E   greenholidays@fish.co.uk
W www.greenholidays.webspace.
     fish.co.uk
🔽 uk, fr

Open: hele jaar 🐌 H 130m ⊠ 🐾

Boerderij en omgeving

Y Felin is een biologische, bijna 3 ha omvattende boerderij waar gewerkt wordt op basis van permacultuur. De ligging is afgelegen in een prachtig gebied aan de noordelijke rand van de Cambrian Mountains. In de winter lopen er schapen op de weiden en in de zomer grazen er koeien. De weidegronden zijn rijk aan insecten en wilde bloemen. De boerderij bestaat uit een charmant, traditioneel Welsh woonhuis en diverse bijgebouwen. Liza en Tom verbouwen wat fruit en groenten, die soms te koop worden aangeboden. Op de binnenplaats staan een paar bijenkorven. Kinderen mogen helpen bij het voeren van de eenden die hier rondkuieren.

U verblijft met uw eigen tent op het kleine, rustige veldje aan de rivier. Ook kunt u terecht in de stacaravan, met gezellige veranda. De caravan heeft een eenpersoons en een tweepersoons slaapkamer; een extra tweepersoons bed is beschikbaar tegen bijbetaling. Er is een zit/eetkamer, een keukentje en een chemisch toilet. Ook is er een kampvuurplaats. Er is huisverkoop van fruit en groenten.

Aan de boerderij grenst het Melinbyrhedyn Common: een groot, ruig natuurgebied, rijk aan bos- en weidevogels, herten, vossen en ander wild. U kunt hier kiezen uit meerdere wandelroutes door onherbergzame valleien en bossen, langs ruisende watervallen en stille meren. Paarden zijn vlakbij te huur. De kust en de monding van de rivier Dovey liggen vlakbij, u kunt daar zwemmen en watersporten beoefenen. Er zijn in dit landelijk gebied enkele bezienswaardige stadjes als Machynlleth en Aberystwyth en het Centre for Alternative Technology - een aanrader voor kinderen. Uitgebreide informatie over de omgeving is op de boerderij voorhanden.

::::::25 ⛱8 ♨8 ⚓12 ♨

🏠 1x, ✈ 4x, hpw £ 150
⚓ T 4x, ✈♨🏠, pppn £ 4

Route

🚉 8 km O van Machynlleth. Y Felin ligt in het dorpje Melinbyrhedyn. Vanaf de brug 100 m stroomopwaarts langs pad naast de rivier tot het hek.

🚌 De postbus naar Melinbyrhedyn vertrekt dagelijks om 16.00 uur vanuit Machynlleth. Naar Machynlleth per trein of bus. Ook kunt u hier worden afgehaald.

Centre for Alternative Technology
Joan Randle
Machynlleth, SY20 9AZ Powys
T 01654-70 59 81
F 01654-70 27 82
E courses@cat.org.uk
W www.cat.org.uk
🌐 uk

Open: hele jaar (RES) verplicht ♿ 🚫
🐕

Ecocentrum en omgeving

Het Centre for Alternative Technology is Europa's meest toonaangevende ecocentrum. Het draagt oplossingen aan

voor de meest urgente milieuproblemen (broeikaseffect, vervuiling, uitputting van natuurlijke hulpbronnen) waarmee we vandaag de dag te kampen hebben en poogt te laten zien dat duurzame leefwijzen niet alleen binnen ieders handbereik liggen maar ook tot een kwaliteitsverbetering leiden. Op drie ha heuvelland aan de zuidkant van het Snowdonia National Park wordt door middel van boeiende, interactieve opstellingen de ongelooflijke kracht van water, wind en zon gedemonstreerd. Ook zijn er praktijkvoorbeelden van milieuvriendelijke gebouwen, energiebesparende installaties, biologische teelt en composteren. Tijdens schoolvakanties zijn er speciale programma's voor kinderen, die zowel leerzaam als leuk zijn. Buiten het hoogseizoen is het hier heel rustig - de perfecte tijd om van de weelde aan flora en fauna op het terrein te genieten en een ommetje door de fascinerende biologische tuinen te maken.

CAT verzorgt tal van lezingen, cursussen, workshops en op uw eco-behoeften afgestemde activiteiten, al dan niet met kost en inwoning. Aan deelnemers aan haar evenementen biedt CAT in totaal 67 bedden, met inbegrip van 36 plaatsen in twee EcoCabins, alsmede een eigen restaurant waar gezonde, biologische maaltijden worden geserveerd. Mocht u CAT een of meerdere dagen willen bezoeken, dan verschaft de website www.cat.org.uk onder 'visit cat' en 'where to stay' een aantal suggesties voor milieuvriendelijke accommodaties in de omgeving.

🏛 23x, ✈ 67x, Prijs op aanvraag

Route

🚉 80 km W van Shrewsbury. Neem A458 richting Ford en vervolgens A483 richting Welshpool. Nogmaals A458 nemen, nu richting Llanfair Caereinion. Na 70 km Machynlleth (A470) aanhouden, dan A487 naar Dolgellau en 'CAT'.

🚌 Trein vanuit Birmingham / Wolverhampton / Shrewsbury met eindbestemming Aberystwyth stopt in Machynlleth. Bij aankoop treinkaartje CAT-MACHADMISSION vermelden voor 50% korting op entree. Bij kloktoren in centrum of naast treinsta-

tion (recht voor de busgarage) stapt u op bussen 30, 32, X32 naar Pantperthog (10 min lopen van CAT) of 34 naar CAT. In centrum Machynlleth kunt u fietsen huren (1/2 u naar CAT). Voor routebeschrijving zie www.cat.org.uk.

Bacheldre Watermill
Anne & Matt Scott
Bacheldre Watermill, Churchstoke,
Montgomery, SY15 6TE Powys
T 01588-62 04 89
F 01588-62 01 05
E info@bacheldremill.co.uk
W www.bacheldremill.co.uk
🌐 uk

Open: hele jaar 🌿 (RES) verplicht 🚫

Watermolen en omgeving

Bacheldre Watermill is een landelijk gelegen, 18de eeuwse molen die nog steeds in gebruik is. Er worden traditionele, biologische meelsoorten gemalen. In het omliggende akkerland worden voornamelijk maïs, gerst en aardappelen verbouwd. Het meel is te koop.

Een gedeelte is omgebouwd tot vier volledig zelfstandige vierpersoons appartementjes. Alle hebben douche, zitkamer met tv en een keuken. Achter de molen ligt het rustige, door bomen omringde kampeerterrein met plaats voor 25 tenten en campers.

Bacheldre Watermill is een uitstekende uitvalsbasis om landelijk Shropshire en Wales te verkennen. U treft hier prachtig glooiende heuvelruggen, eindeloos boerenland en kabbelende riviertjes met fraaie, stenen bruggetjes. Ten zuiden en ten westen gaat het boerenland over in onherbergzame, met heide begroeide heuvels, rotsachtige bergen en verborgen oude kasteelruïnes. Op 15 kilometer afstand kunt u wandelen in het mooie Clun Forest, het domein van onder meer vinken, spechten, winterkoninkjes en diverse roofvogelsoorten. Paarden zijn vlakbij te huur. Kajakvaren kunt u op een van de vele riviertjes. In gezellige, historische marktstadjes als Newtown, Welshpool (met Powys Castle) en Shrewsbury (met prachtige koopmanshuizen in Tudorstijl) kunt u zich onder de vriendelijke lokale bevolking begeven.

🛶 📡 ✕◇ 🐾8

🛏 1-2x, ✂ 2-4x, 2pkpn £ 40
🏠 1-2x, ✂ 2-4x, hpw £ 140-250
⚒ pppn £ 2ptpn £ 8pcpn £ 10

Route

🚗 117 NW van Gloucester. Weg van Gloucester naar Leominster- Ludlow-Winstanow-Churchstoke nemen. Vanuit Churchstoke richting Newtown via A489. Na 3 km linksaf bij bord 'Bacheldre Mill'. Molen na 50 m rechts.
🚌 Bus van Ludlow naar Churchstoke. Dan taxi.

MYDDFAI

Beiliglas
Gill Swan
Myddfai - Llandovery, SA20 0QB
Carmarthenshire
T 01550-72 04 94
F 01550-72 06 28
E gill@myddfai.com
W www.myddfai.com
💬 uk

Open: hele jaar 🐑 wwoof ⊕ES verplicht
✕◇ 🐕

Boerenhuis en omgeving

Dit afgelegen voormalige boerenhuis ligt aan een smal laantje in een ongerept hoekje van het Brecon Beacons National Park. Het panorama strekt zich uit over de velden tot aan de wilde, met heide begroeide heuvellandschappen van Mynydd Myddfai. Het dorp werd bewoond door de Artsen van Myddfai: volgens de legende waren zij de drie zonen van de vrouwe van het naburige meer, Lyn Fan Fach. Al met al is dit een ideale locatie voor vakantiegangers die van rust houden.

De accommodatie biedt logies met ontbijt aan de gasten die in het huis logeren, hetzij in een tweepersoonskamer met aangrenzende badkamer of een eenvoudigere kamer met lits-jumeaux. Self-catering accommodatie is beschikbaar in de tot woonhuis verbouwde stenen stal, die alleen een begane grond heeft. Het gebouw heeft een ruime kamer met open keuken, twee slaapkamers, een badkamer en een privé-tuin. De oogst uit groentetuin en boomgaard voorziet de keuken. Groente en fruit zijn - al naar gelang het seizoen - ook te koop. In ruil voor kost en inwoning kunt u hier meewerken op het land.

De aangelegde laantjes, voet- en ruiterpaden rondom het huis en in de omgeving maken het makkelijk de omgeving te verkennen. Rond de heggen en langs de lanen kunt u zich laten verrassen door een overvloed aan wilde, soms zeldzame planten. Een groot aantal vogels bouwt er nesten, tal van typische heggendieren scharrelt er rond en hoog in de lucht cirkelen onder andere rode wouwen en buizerds. Op een afstand van 10 km kunt u in het Usk Reservoir vissen.

🐟 |🍴| 🛶 📡4 ✕◇10 🚣4 🐾12 🐎

🛏 2x, ✂ 4x, 1ppn £ 20, 2ppn £ 22 B&B
🏠 1x, ✂ 4x, Prijs op aanvraag

Route

🚗 4 km van Llandovery. A40 Brecon richting Llandovery. Eerste kruispunt in Llandovery, tegenover Trawler fish & chips en bij wegwijzer "Myddfai" linksaf. Eerste kruispunt bordje Myddfai volgen, rechtsaf. Weg 3 km volgen, dan bij ongemarkeerd kruispunt linksaf. Aan uw linkerhand ziet u vervolgens bord Brecon Beacons National Park. (Als u in dorp belandt, bent u te ver doorgereden.) Beiliglas is eerste pand, rechts, vóór de kruising. Oprijlaan over wildrooster naar boerderij.
🚌 Trein/bus naar Llandovery (Heart of Wales spoorweg), dan met postbus naar Myddfai 4x p/w.

MYNACHLOGDDU

Trallwyn Uchaf
Anna Kavanagh
Trallwyn Cottages, Mynachlogddu,
SA66 7SE Pembrokeshire
T 01994-41 92 78
E trallwyn@clara.co.uk
W www.simplystonecottages.com
💬 uk, de

Open: 1 apr-1 okt H 600m ⊕ES verplicht
♿ ✕◇ 🏠

Huis en omgeving

Trallwyn Uchaf is prachtig gelegen aan de voet van de Preseli Hills, te midden van heidevelden en met uitzicht op rotsachtige bergtoppen.

U verblijft in het farmhouse, cottage, chalet of in de verbouwde stalruimtes. De gebouwen hebben alle hun oorspronkelijk karakter behouden, en zijn van alle gemakken zoals douche, toilet, keuken en eetruimtes voorzien. Alle kamers kijken uit over de omliggende weilanden met grazende pony's en schapen. Kinderen kunnen er veilig spelen, ongehinderd door autoverkeer. Prijzen zijn exclusief lakengoed en elektra. Over het meebrengen van huisdieren vooraf is overleg gewenst. Dit mooie, ruige natuurgebied biedt talloze wandelmogelijkheden. Soms waait de zeewind ongenaakbaar over de heidevelden en de rotsachtige toppen. Vanaf de Preseli Hills en de kliffen in het Pembrokeshire Coast National Park heeft u mooie vergezichten over de omgeving. De stranden zijn uitstekend geschikt voor zwemmen en watersporten. Naast gezellige plaatsjes als Cardigan en Fishguard treft u hier diverse oude kasteelruïnes. De indrukwekkende steencirkel bij Gorsfawr ligt op slechts enkele minuten loopafstand van de boerderij. In het dorpje Mynachlogddu is een openluchtzwembad, vanuit het dorp kunt u trektochten per pony maken.

Er worden diverse ambachtelijke cursussen gegeven, waaronder pottenbakken. Ook vindt u hier een wasserette, gezellige pubs en restaurantjes.

🌸 ⚓ ⠿18 🐟12 ☘3 🎣7 ✕6
🍺18 🍺18 🍴18

🏠 6x, 🛏 5x, hpw £ 100-290-260-650

Route
🅸 90 km NW van Swansea. Vanuit Swansea B4489. Dan M4 en A48. Carmathen voorbijrijden. Op de rotonde de A40 nemen en St. Clears voorbijrijden. Neem de A478 naar Haverfordwest. Trallwyn Cottages staat aangegeven.
🚂 Trein van London Paddington naar Clynderwen. Taxi naar Trallwyn Cottages.

NAILSWORTH

Heavens above Mad Hatters Organic Restaurant
Carolyn & Michael Findlay
3 Cossack Square, Nailsworth,
GL6 0DB Gloucestershire
T   01453-83 26 15
F   01453-83 26 15
E   mafindlay@waitrose.com
📧 uk

Open: hele jaar ⓡⓔⓢ verplicht 🖾 🐾

Huis en omgeving
Mad Hatters (het personage in Alice in Wonderland is gebaseerd op de uitdrukking 'mad as a hatter': hoedenmakers waren waren meestal in hoger sferen als gevolg van de lijm die ze toepasten) ligt in de Cotswolds, een van de 41 gebieden in Engeland en Wales die beschermd zijn als Area of Outstanding Natural Beauty. Op de begane grond bevindt zich een biologisch restaurant met drankvergunning. U logeert op de eerste verdieping, in een lichte, luchtige kamer met uitzicht op de oude straten en huizen van Nailsworth. Van de drie tweepersoonskamers delen er twee (één met tweepersoonsbed, één met lits-jumeaux) een badkamer. De derde kamer bezit een aangrenzende badkamer. De eiken vloeren, schommelstoelen en comfortabele bedden spreken tot de verbeelding. Het heerlijke ontbijt is volledig biologisch. Het centrum van Nailsworth heeft de scherpe concurrentie van de supermarkten grotendeels overleefd en biedt vele goede en leuke winkels.

De omgeving, de Cotswolds, kent weelderig groene valleien, een overdaad aan wilde bloemen, dichte eikenbossen, kabbelende beekjes en ontelbare vogelsoorten. Met de lange afstandsroute The Cotswold Way en tal van andere paden is dit een uitzonderlijk goed gebied voor voet-, paardrij- of fietstochten. De streek is rijk aan prehistorische locaties zoals The Long Stone (3 km O) en The Giant Stone (zie bijv. www.megalithic.co.uk); aan steden met een Romeins verleden als Gloucester, Cheltenham en Cirencester; aan gotische bouwwerken als de kathedraal van Gloucester; aan botanische tuinen als Westonbirt Arboretum en aan Engelse monumenten als Rodmarton Manor en Chavenage House. Hebt u genoeg van culturele en sportieve activiteiten? Ga dan de sfeer opsnuiven in Bath of winkelen in Bristol.

⚓ 📷 🎣 🐎

🛏 3x, 🛏 6x, 1pkpn £ 30-45, 2pkpn £ 60-70 B&B

Route
🅸 22 km Z van Gloucester. Verlaat Gloucester via B4072 richting Stroud. Blijf borden Stroud volgen tot borden A4173 en A46 richting Woodchester. A46 aanhouden tot in centrum Nailsworth. Rechtsaf op rotonde, dan onmiddellijk links. Cossack Square ligt 100 m verder aan rechterhand, tegenover Britannia Pub.
🚂 Trein tot aan Stroud, dan bus of taxi naar Nailsworth.

NEWLAND

Birchamp Coach House
Karen Davies
Newland - Nr Coleford, GL16 8NP
Gloucestershire
T   01594-83 31 43
E   karen@birchamphouse.co.uk
W   www.birchamphouse.co.uk
📧 uk, fr

Open: hele jaar H 136m ⓡⓔⓢ verplicht
🖾 🐾

Huis en omgeving
Het meer dan tweehonderd jaar oude Birchamp Coach House was oorspronkelijk het koetshuis van het landgoed Birchamp House. Het ligt aan de rand van het uitgestrekte Royal Forest of Dean, één van Engelands oudste bossen, en van de Wye Valley, de bakermat van de Industriele Revolutie, nu een Area of Outstanding Natural Beauty. Bovendien is Newland niet ver van het National Trail (lange-afstandswandeling) Offa's Dyke Path dat in Chepstow begint en in Prestatyn in Wales eindigt.

Het koetshuis is verbouwd tot twee aparte, comfortabele cottages met elk een ommuurde tuin op het westen. Beide huisjes hebben een zitkamer, eetkeuken, badkamer met douche en toilet en drie tweepersoonsslaapkamers. U verblijft hier op basis van self-catering. De cottages zijn rookvrij en er worden geen huisdieren toegelaten. Eén van de gezelligste pubs in het graafschap Gloucestershire, de Ostrich Inn (uit 1694), ligt op loopafstand van Birchamp Coach House. Dit is een zgn. 'Free House', een niet aan een brouwerij geliëerd café waar men echt 'ale' tapt en heerlijk eten opdient.

Deze omgeving is een paradijs voor fietsers, wandelaars en paardrijders. Ook kunstliefhebbers komen hier volop aan hun trekken: het Forest of Dean omvat een sculptuurroute. In de Wye Gorge ten noorden van Monmouth vindt u statige eiken, beuken en lindenbomen. U vindt er vele vlindersoorten en vogels zoals de slechtvalk en de ijsvogel. Deze regio heeft een breed aanbod aan middeleeuwse bouwsels (Chepstow, Goodrich en Raglan Castles, Tintern Abbey) en historische, goed geconserveerde plaatsjes als Monmouth en Ross-on-Wye, alsmede grotten en botanische tuinen (Westbury Court). Fietsen zijn vlakbij te huur.

🚲 🛌11 🛏9 🍽9,5 🍴6,5 🚶

🏠 2x, ♪ 12x, hpw £ 284-560

Route
ⓘ 35 km W van Gloucester. Gloucester verlaten op A40 richting Ross-on-Wye. Bij Huntley, op T-kruising bij stoplichten linksaf, A4136 op. Recht door Longhope, Mitcheldean en Brierley heen. In Five Acres ligt Nissangarage aan linker- en benzinestation aan rechterhand. Op kruispunt rechtdoor, dan 1e links naar Newland. Rechtdoor tot einde weggetje, over kruispunt heen tot onderaan heuvel. Op T-kruising linksaf richting Newland. In dorp zelf linksaf na rode telefooncel aan rechterhand.
🚆 Trein naar Gloucester. Dan bus naar Coleford. Taxi naar Newland.

NEWPORT
Gelli Olau
Deanna Kasta
Fishguard Road, Newport,
SA42 0UE Pembrokeshire
T 01239-82 02 77
F 01239-82 02 77
E info@go-wales.org
W www.go-wales.org
💬 uk

Open: hele jaar H 210m (RES) verplicht
[⚕️] [🛏]

Accommodatie en omgeving
Gelli Olau bestaat uit twee gebouwen: een voormalige pastorie uit de 18de eeuw en een cottage. Ze zijn landelijk gelegen met een mooi uitzicht op bergen, kronkelende kusten, bossen en vruchtbaar boerenland. Gelli Olau staat op de monumentenlijst wegens zijn bijzondere schoonheid en geschiedenis. De parochie, zo staat opgetekend in het archief, is in de 18de eeuw steen voor steen verplaatst opdat het dichter bij de kerk zou staan. Het andere gebouw heeft achtereenvolgens dienstgedaan als smidse, kapel, hooischuur, koetshuis en boerderij. Herinneringen aan de lange geschiedenis vindt u her en der terug: de restanten van een broodoven, stenen gewelven, verweerde brokken leisteen en gleuframen. Beide huizen kijken uit over lommerrijke, wilde tuinen met oude stenen muurtjes en statige, brede eiken die het zonlicht op feërieke wijze filteren. In de boomgaard kunt u zich gratis te goed doen aan het fruit, als dat rijp is. U overnacht in de vier tot achtpersoons cottage, dat drie slaapkamers telt en van alle gemakken is voorzien, inclusief een houtkachel (hout is gratis) of in de oude parochie, met zes slaapkamers die plaats bieden aan acht tot twaalf personen. Elk van de vele ruime kamers heeft zijn eigen individuele karakter en geschiedenis. Vanuit comfortabele, diepe stoelen kunt u de subtiele details in stenen en balken bewonderen, of genieten van het uitzicht op Newport Bay. Geopend in de zomer en met Kerstmis en nieuwjaar.
Vanuit Gelli Olau heeft u direct toegang tot een omvangrijk natuurgebied met talloze wandelroutes (in totaal meer dan 300 km) langs grillig slingerende kustpaadjes, eindeloze zandstranden, grotten, poeltjes en duinen. U kunt er zwemmen, zeilen en surfen. Landinwaarts in de Preseli Hills vindt u uitgestrekte heidevelden, die het domein zijn van geelgors en tapuit. Vanaf de hoge rotsformatie Carn Ingli heeft u een mooi uitzicht over zee en de plaats Newport, die is gebouwd rondom een Normandisch fort. In het gebied bevinden zich vele overblijfselen uit prehistorische tijden, zoals steencirkels en forten uit de IJzertijd. 3 km buiten Newport vindt u

Nevern. Hier bevindt zich de fascinerende Church of St. Brynach, met geheimzinnige inscripties in het Ogham, het oude Ierse en Engelse alfabet. In de zomer vinden hier diverse muziek- en kunstfestivals plaats.

🛶 🛋 ⋯⋯10 🔍2 ✂1 🔑10 🍴10
🛁10 🏹10 🚶

🏠 2x, ♪ 20x, hpw £ 210-650-430-1500

Route
ⓘ 98 km NW van Swansea. Cardiff-Swansea-Carmarthen-Trelech-Boncath-Felindre-Newport. 8 km O van van Fishguard op de weg naar Newport (A487) aan rechterhand.
🚆 Trein van Swansea naar Fishguard. Bus Newport. Verder met taxi.

OAKFORD
Harton Farm
Lindy & Robin Head
Oakford - Tiverton, EX16 9HH Devon
T 01398-35 12 09
E lindy@hartonfarm.co.uk
W www.hartonfarm.co.uk
💬 uk, fr, de

Open: 31 mrt-31 okt 💚 H 200m (RES)
verplicht [⚕️] [🛏]

Boerderij en omgeving
Harton Farm is een charmante cottage met leistenen dak, gelegen in een vallei ten zuiden van Exmoor National Park. De boerderij bezit 30 hectare aan door hagen gescheiden lappen grond, waarop koeien en schapen grazen. Ook lopen er wat varkens, kippen, geiten, honden en katten rond. Vóór het huis ligt een bloementuin, terwijl de biologische groentetuinen en boomgaarden achter de gebouwen liggen. Robin en Lindy, de eigenaren, brengen de winter door met het spinnen van

wol, waarna deze met natuurlijke kleurstoffen wordt geverfd.

U verblijft op basis van bed & breakfast in ofwel een tweepersoonskamer ofwel de comfortabele familiesuite. Gasten kunnen bovendien van de zitkamer en de eetkamer gebruik maken (in deze ruimtes mag niet gerookt worden!). Minimaal verblijf is twee nachten. Harton gelooft in smakelijk, gezond eten en Lindy maakt dat zoveel mogelijk zelf. Het vlees is van eigen vee, dat met een geheel natuurlijk dieet en inachtneming van dierwelzijn wordt gehouden. Als u wilt kunt u ook vegetarisch eten.

De omgeving biedt kilometers wandelpaden langs watervallen en beekjes in een bosrijk heuvellandschap. U treft hier speciaal uitgezette nature trails aan met observatieposten. Ten noorden van Oakford begint de woeste heidevlakte van Exmoor National Park. Op uw tochten te voet, te paard of met de fiets door dit verlaten natuurlandschap komt u bij tijd en wijle een voor deze streek kenmerkende Moorland Church tegen. U kunt ook een bezoek brengen aan de botanische tuinen, landgoederen en musea die Devon rijk is. Uw kinderen mogen helpen bij het verzorgen en voederen van de bijzonder tamme dieren.

$\underset{\smile}{\textstyle\bigstar}$ ⌀ 🐾 🐟 🏵10 🐾10 🐾

🛏 2x, ⚑ 6x, 2pkpn £ 40 B&B

Route

🅰 48 km W van Taunton. M5, Taunton voorbij, dan afslag 27 richting Barnstaple (A361) nemen. Na 11 km rechtsaf op 1e grote rotonde, de A396 richting Minehead op. Bij Exeter Inn links aanhouden richting South Molton en weer links aanhouden bij Black Cat garage/kantine (B3227). Afslag (rechts) naar Harton Farm ruim 3 km en brug over rivier Exe. Heuvelopwaarts langs bungalows, dan heuvelafwaarts naar Harton.

🚌 Geen of zeer onregelmatig openbaar vervoer.

OVER STOWEY

Parsonage Farm
Susan Lilienthal
Over Stowey - Bridgwater,
TA5 1HA Somerset
T   01278-73 32 37
F   01278-73 35 11
E   suki@parsonfarm.co.uk
W   www.parsonfarm.co.uk
🗣 uk

Open: hele jaar 🐾 ⚓ wwoof ⊠ 🐴

Boerderij en omgeving

Over Stowey is een vredig dorpje in de Quantock Hills in Somerset, op 1,5 km van Nether Stowey, voormalige woonplaats van de dichter Samuel Taylor Coleridge. Hier schreven hij en William Wordsworth hun tijdloze, romantische gedichten. Parsonage Farm is een logies en ontbijt accommodatie in een traditioneel 17de-eeuws boerenhuis. De houten plafondbalken, een open haard en de traditionele plavuizen zorgen voor een authentieke sfeer. De kleinschalige biologische boerderij heeft een moestuin van één ha, wat schapen en kippen en een appelboomgaard waar u heerlijk kunt zitten.

De accommodatie biedt één standaard tweepersoonskamer en twee tweepersoonskamers met privé badkamer en een slaapbank (waarmee ze geschikt gemaakt kunnen worden voor maximaal vier personen). De maaltijden worden bereid met biologische producten van eigen land en worden geserveerd in een gezellige kamer. Als u dat wilt maakt Susan een vegetarische maaltijd voor u klaar. Huisdieren zijn na overleg welkom. U kunt eventueel meewerken op de boerderij in ruil voor kost en inwoning.

Parsonage Farm ligt in het hart van een glooiend landschap van heidevelden en

eikenbossen. De Quantock Hills zijn een Area of Outstanding Natural Beauty. Er is een uitgebreid netwerk van wandel-, fiets- en ruiterpaden. Een recent uitgezette route van 55 km, de Coleridge Way, loopt langs Parsonage Farm. Via de dichte bossen en wijdse valleien van de Brendon Hills arriveert u in het ruige Exmoor National Park, een spectaculair natuurgebied met herten en een groot aantal vogelsoorten. Vanaf enkele van Engelands hoogste klippen (soms meer dan 400 m) hebt u ongekend mooie vergezichten over zee. De omgeving kent verschillende stallen en maneges. In Bridgwater kunt u fietsen huren. Gedetailleerde kaarten en brochures zijn beschikbaar op de boerderij, evenals informatie over wandelingen en over de regio.

$\underset{\smile}{\textstyle\bigstar}$ ⌀ 🐾 🚲1 🔍1 🏵10 🐾10

🛏 3x, ⚑ 6x, 1ppn £ 32-45, 2ppn £ 25-30 B&B

Route

🅰 14 km W van Bridgwater. Verlaat M5 bij Bridgwater (afslag 24). Neem A39 richting Cannington, Nether Stowey en Minehead. Bij Cottage Inn (ruim 11 km van Bridgewater) linksaf. 3 km naar Over Stowey. Parsonage Farm aan noordkant van parochiekerk, rechts.

🚌 Trein of bus naar Taunton. Vanuit Taunton 1 bus per dag naar Over Stowey.

SAINT DAVID'S

Caerfai Farm
Wyn & Chris Evans
Saint David's - Haverfordwest,
SA62 6QT Pembrokeshire
T   01437-72 05 48
F   01437-72 05 48
E   chrismevans69@hotmail.com
W   www.cawscaerfai.co.uk
🗣 uk

Open: hele jaar ⛰ 24 mei-30 sep 💚 ⚓
H 50m Ⓡ 🐴

Boerderij en omgeving

Caerfai Farm ligt idyllisch en afgelegen op het uiterste puntje van de ruige westkust van Zuid-Wales. De boerderij bevindt zich aan de lange-afstandswandelroute door het Pembrokeshire Coast National Park. Op deze 58 ha grote biologische boerderij vormen zuivel, aardappels en vlees de voornaamste bron van inkomsten.

Chris en Wyn hebben vier oude traditionele stallen en schuren verbouwd tot comfortabele, sfeervolle cottages, voorzien van alle gemakken. De overige stallen en schuren zijn modern. Ook kunt u overnachten op het ruime, over drie weiden verdeelde kampeerterrein met plaats voor 80 tenten. Het biedt een adembenemend uitzicht op zee. De sanitaire voorzieningen zijn goed maar indien het kampeerterrein vol is, zijn de zes aanwezige toiletten erg druk. Bij de boerderijwinkel kunt u verse melk en zelfgemaakte kaas kopen. In juli en augustus krijgt u voor 1 pond per persoon een 2 tot 3 uur durende rondleiding op de boerderij, waarbij u in informele sfeer vragen kunt stellen over biologische bedrijfsvoering. Meewerken tegen kost en inwoning is mogelijk.

Op uw tochten door dit gedeelte van het Pembrokeshire Coast National Park vindt u diverse vogelreservaten, met aalscholvers, jan-van-genten, alken, papegaaiduikers en enkele robbenkolonies. De diepblauwe dopheide en zachtroze struikheide bieden met name in juli en augustus een spectaculaire aanblik, met panoramische zeegezichten als decor. In het voormalige pelgrimsoord St. David werd in de 5de eeuw de gelijknamige beschermheilige van Wales geboren, die kloosters door heel Wales stichtte. In 1131 werd voor hem een kathedraal opgericht, die een bezoek waard is. Aan de kust kunt u onder meer zeilen, boottochten maken naar diverse eilandjes en zwemmen vanaf mooie zandstranden. Kaarten en informatie over de regio zijn beschikbaar op de boerderij.

\~\~\~0,1 ⌒ ♨4 ♨5 ♨1 ⚑15 ♨

⌂ 4x, ♫ 16x, Prijs op aanvraag
⛺ T 80x, pppn £ 6,50

Route

⏴ 117 km NW van Swansea. Vanuit Swansea B4489 op. Vervolgens M4 - A48 - A40 - St. Clears - Haverfordwest - A40 - A487 - St. David's.

🚂 Trein naar Haverfordwest en Fishguard, dan bus naar St. Davids.

SHEPTON MALLET

Avalon Vineyard
Hugh Tripp
The Drove, East Pennard,
Shepton Mallet, BA4 6UA Somerset
T   01749-86 03 93
E   pennardorganicwines@mail.com
W www.pennardorganicwines.co.uk
📧 uk

Open: hele jaar ♥ ☘ wwoof H 100m

Boerderij en omgeving

Avalon Vineyard is een biologische boerderij in hartje Somerset van ongeveer 3 hectare, waar hoofdzakelijk fruit- en honingwijn en cider worden geproduceerd. De familie Tripp woont in het authentieke, 400 jaar oude stenen huis met twee kinderen. Vanaf de bij de wijnmakerij en winkel gelegen veranda heeft u uitzicht over de fruitbomen. U kunt er vrij rondwandelen, u laten voorlichten over het maken van wijn en wijn proeven.

U overnacht op een kleinschalig kampeerterrein met plaats voor 5 à 6 tenten en caravans. De sanitaire voorzieningen zijn eenvoudig.

Vanuit de boerderij kunt u wandeltochten ondernemen door de omringende weilanden met her en der verspreide groepen oude eikenbomen en olmen en kabbelende beekjes met overhangende wilgen. U kunt heerlijk wandelen of fietsen in diverse natuurreservaten in de Mendip Hills of rondom Glastonbury. Deze plaats en zijn omgeving zijn de bakermat van een schat aan mythen en legenden. King Arthur en Queen Guinevere zouden hier zijn begraven en op de plaats van de fraai op de top van een heuvel gelegen Glastonbury Tor zou het eiland Avalon zich hebben bevonden. In andere versies is de Tor de poort naar de onderwereld. Interessante bezienswaardigheden zijn het fraaie stadje Wells met zijn beroemde Gothische kathedraal uit 1180, met in de beeldengalerij meer dan 300 sculpturen en de imposante stalagnieten in de grotten van Wookey Hole. In Glastonbury bevindt zich een natuurvoedingswinkel (11 km). Kaarten en informatie over de omgeving zijn op de boerderij verkrijgbaar.

♨10 ♨10 ♨10

⛺ pppn £ 4

Route

⏴ 48 km Z. van Bristol. A37 van Bristol naar Shepton Mallet. Nu richting Exeter (A37). 7,5 km na Shepton Mallet, na steile heuvel, op kruising bij pub Queens Arms rechtsaf richting Glastonbury, dan na ca 2 km scherpe bocht naar rechts richting Avalon Vineyard. Volg weg 400 m.

🚂 Trein van Paddington Station naar Castle Cary, dan taxi of laten afhalen. Per bus naar Bristol, dan per bus naar Glastonbury, dan per taxi of laten afhalen.

SHEPTON MONTAGUE

Lower Farm
Susie & Charles Dowding
Shepton Montague - Wincanton,
BA9 8JG Somerset
T   01749-81 22 53
E   lowerfarm@clara.co.uk
W www.lowerfarm.org.uk
📧 uk, fr

Open: hele jaar ♨ H 75m (RES) verplicht
❌ 🐾

Boerderij en omgeving

Aan de rand van de Blackmore Vale vindt u Lower Farm. Dit boerenhuis uit 1790 vormt tezamen met de schuren aan weerszijden een binnenerf. Het land wordt volgens biologische principes bebouwd door een broer van de eigenaar Charles. Uw verblijf is op de eerste verdieping van de verbouwde graanschuur. Dankzij de glazen pui aan de zuidzijde en de enorm hoge nok is de ruime zitkamer uitzonderlijk licht, met uitzicht op de boomgaard en de inspirerende biologische groentetuin van Charles en op de heuvels en de typisch Engelse hagen daarachter. Er is zowel een houtkachel als cv.

De slaapgelegenheid bestaat uit twee tweepersoonskamers met privé badkamer. Twee extra bedden passen probleemloos in de ruime zitkamer. Ook een eenvoudige keuken is beschikbaar. Charles en Susie, de eigenaren, zijn gourmets en maken zoveel mogelijk gerechten zelf klaar. Charles bakt zelf brood van eigen biologisch tarwe, dat hij voor iedere bakbeurt zelf maalt. Het ontbijt wordt in uw eigen verblijf geserveerd. Wilt u het avondmaal meegebruiken, dan begeeft u zich naar het boerenhuis.

De omliggende velden zijn doorkruist door tal van voetpaden. De Britse wet 'Toegang tot het platteland' verplicht boeren de paden over hun land door te trekken, zodat u nooit om hoeft te keren. De Macmillan Way, tot stand gekomen ten bate van kankerbestrijding, en het Leland Trail lopen op korte afstand. South Somerset Cycle Route loopt langs de deur! Het Kanaal van Bristol, de badplaatsen Weymouth en Bournemouth, de historische steden Bath (Georgiaanse architectuur, Romeinse baden), Wells, Glastonbury en Salisbury zijn allen goed bereikbaar. De prachtige kloof Cheddar Gorge is slechts 40 km. U kunt er uitstekend wandelen. Interessante tuinen in het gebied zijn Hadspen Garden, Stourton en Lambrook Manor.

♨ 🛁 🚗12 ⊲1

🛏 3x, 🛏 6x, 1pkpn £ 35-60, 2pkpn £ 60-70 B&B

Route

🚉 60 km W van Salisbury. Neem A36 richting Wilton, dan 303 tot afslag naar Wincanton. Daar A371 richting Castle Cary, dan bord volgen Bruton (A359). 2de rechts aangeduid met Shepton Montague, na kruising 1 km rechtdoor, langs kerk. Eerste huis aan rechterkant.

🚈 Trein tot aan Bruton of Castle Cary. Taxi of ophalen afspreken.

THROWLEIGH

Little Burrows
Kristin Charlesworth & Richard Knapp
Shilstone Lane, Throwleigh,
EX20 2HX Devon
T   01647-23 13 05
E   kristin@organicaccommodation.com
W   www.organicaccommodation.com
   🔴 uk

Open: 1 jan-12 dec ⓇⒺⓈ verplicht ❎ 🐾

Pension en omgeving

Little Burrows ligt in een afgelegen en rustig gedeelte van Dartmoor, het grootste natuurgebied in het zuiden van Engeland, waar u tal van over rotsblokken heen kabbelende beekjes, steencirkels, wilde ponies en veldleeuweriken aantreft op lange wandeltochten. Rondom het huis ligt een enorme tuin, waarin een caravan en twee houten chalets staan. Er is een biologische moestuin, alsmede twee vijvers, een waterval en een sauna. Het gezin leeft zo ecologisch mogelijk, met biologisch afbreekbare producten, voertuigen die op slaolie lopen en biologische levensmiddelen. De toekomstplannen omvatten zonnepanelen en eigen waterput.

U overnacht op basis van Bed & Breakfast in één van de houten chalets of in de caravan, die gezamenlijk onderdak bieden aan groepen tot acht personen. De vegetarische maaltijden worden met zorg en veelal met producten van eigen grond bereid. De eigenaren (Kristin is beeldend kunstenares, Richard is musicus) stellen hun respectievelijke studio's beschikbaar aan hun gasten, zodat die hier een echt ontspannende retraite kunnen verwezenlijken. Kristin is tevens gediplomeerd holistisch masseuse.

Dartmoor bezit uitgestrekte heidevelden en diep uitgesneden, bosrijke valleien. Bij Fingle Bridge vindt u onder de ruisende eikenbomen, hazelaars en hulststruiken onder meer bosanemonen, vingerhoedskruid, sleutelbloemen en wilde salie. Vogelsoorten als de bonte specht, vlaamse gaai, bonte vliegenvanger en de fluiter bouwen hier hun nesten. Aan de westelijke zijde van het National Park vindt u het pittoreske Lydford, met een fraaie kloof, watervallen en onstuimig borrelende waterbronnen. Bezoek op een van uw tochten het pittoreske Chagford, waar in de 14de eeuw het tin uit de mijnen werd gewogen. De omgeving leent zich ook uitstekend om per fiets of te paard ontdekt te worden. Mountainbikes zijn ter plekke te huur.

♨ 🍽 🐟 🛶 Ⓢ ❀ 🛁 🏊 ♨4 🚗4 🐴 🏕

🛏 2x, 🛏 8x, 1pkpn £ 20, 2pkpn £ 36 B&B
🏠 3x, 🛏 8x, Prijs op aanvraag
🏕 🛏 8x
⛺ T 2x, 🔥, pppn £ 20, ptpn £ 10

Route

🚉 31 km W van Exeter. Vanaf Exeter A30 richting Okehampton. Na ruim 24 km, na rotonde, 1e afslag richting Whiddon Down, Chagford, Moretonhampstead. In Whiddon Down 2e afslag richting Chagford, Moretonhampstead. Na 100 m 2e rechts richting Throwleigh. In centrum Throwleigh langs vijver en kruis, dan tegenover kerk linksaf. Na 275 m links kleine oprit in, Little Burrows is 2e huis, na 20 m.

🚌 Bus X9 of X10 van Exeter naar Whiddon Down.

GB IRL

TOTNES

Norwegian Wood
Heather Nicholson
Berry Pomeroy, Totnes, TQ9 6LE Devon
T 01803-86 74 62
F 01803-86 74 62
E heather@norwegianwood.
   eclipse.co.uk
W www.organicbedandbreakfast.info
   uk

Open: hele jaar (RES) verplicht [×] [⋈]

Huis en omgeving

Norwegian Wood is een oude, prachtig gerestaureerde melkschuur aan de rand van Dartmoor. De eigenaresse, Heather, is een bekende dieettherapeut en iriscopist die een praktijk aan huis heeft. Voor veel gasten vervolmaakt dit de ontspanning van hun vakantie. Een tweede schuur wordt misschien verbouwd voor mensen op het Gersondieet (ter behandeling van kanker). De (groente)tuin wordt biologisch-dynamisch bebouwd.

U logeert in een tweepersoonskamer (tweepersoonsbed of lits jumeaux) die kleurig en sfeervol is ingericht. De meerkeuze menu's zijn 100% biologisch. Aan allerlei voedingsbehoeften wordt tegemoetgekomen: lacto-vegetarisch, veganistisch, enzovoort.

U kunt wandelen, paardrijden of fietsen over de glooiende heuvels en door de beboste valleien in de omgeving. Op de spectaculaire rivier Dart behoort kayakken tot de mogelijkheden. Dartington Hall met zijn prachtig aangelegde tuinen en Buckfast Abbey zijn een bezoek zeer zeker waard, evenals het stadje Totnes dat vele 'groene' winkels en enkele uitstekende biologische/vegetarische restaurants rijk is.

2x, 4x, 1pkpn £ 30, 2pkpn £ 60
B&B

Route

48 km Z van Exeter. M5 of A30 tot Exeter, dan A38 in zuidwestelijke richting. Borden Totnes volgen. Dan A385 richting Paignton. Na 1,5 km afslag links richting Berry Pomeroy. Norwegian Wood net na afslag aan linkerkant.

Buslijn 80 naar Totnes.

UGBOROUGH

Hillhead Farm
Jane & David Johns
Ugborough - Ivybridge, PL21 0HQ Devon
T 01752-89 26 74
F 01752-69 01 11
E info@hillhead-farm.co.uk
W www.hillhead-farm.co.uk
   uk

Open: 3 jan-30 sep 1 apr-30 sep H 150m ® [×]

Boerderij en omgeving

Hillhead Farm ligt in het South Hams deel van Zuid-Devon, tussen de ruige schoonheid van Dartmoor en een spectaculaire kust. De boerderij ligt in de buurt van het mooie dorpje Ugborough met zijn brede dorpsplein en grote kerk. David en Jane houden hier al een jaar of dertig rundvee en schapen. Op 16 ha grond produceren ze op biologische wijze mais, hooi en kuilvoeder: de oogst wordt aan een plaatselijke coöperatie verkocht. Het vee graast altijd buiten. Leeuweriken, fazanten, hazen, vleermuizen, buizerds en tal van andere vogel- en diersoorten zijn hier dagelijkse bezoekers.

De accommodatie biedt logies en ontbijt in een 150 jaar oud, Victoriaans huis. Het is aantrekkelijk ingericht en de voorzieningen zijn van een hoge kwaliteit. Er zijn twee tweepersoonskamers met aan-

grenzende badkamer en een derde met afzonderlijke badkamer. Op de camping kunnen maximaal vijf tenten en vijf caravans terecht.

Behalve wandelen, zwemmen in zee of in een dorpspub een biertje drinken, heeft de omgeving de bezoeker veel te bieden. Zo zijn er binnen- en buitenzwembaden, een golfbaan, winkelcentra, sportscholen en musea.

12 6 5

3x, 6x, 1ppn £ 28-31, 2ppn £ 23-26
B&B

T 5x, 5x, ptpn £ 5, pcpn £ 7,50

Route

23 km O van Plymouth. Vanaf daar A38 oostwaarts. Afslaan richting Modbury (A3121). Na 1,2 km op 1e kruispunt rechtsaf. Op volgende kruising rechtdoor, op 2e kruispunt (Hillhead Cross) linksaf. Oprijlaan van boerderij na 75 m aan uw linkerhand.

Trein vanuit Plymouth naar Ivybridge. 4,8 km lopen of vragen of u opgehaald kunt worden.

ZENNOR

Boswednack Manor
Liz & Alex Thompson
Zennor, Zennor - St. Ives,
TR26 3DD Cornwall
T 01736-79 41 83
E boswednack@ravenfield.co.uk
   uk

Open: 1 apr-15 okt H 100m (RES) verplicht [×] [⋈]

Boerderij en omgeving

Aan de prachtige noordkust van westelijk Cornwall ligt Boswednack Manor, omringd door ruim één hectare biologische weidegronden, groenten- en bloementuinen en bongerd. Het land wordt beheerd met het oog op het maximaliseren van de diversiteit aan flora en fauna. De eigenaren, Alex en Liz, houden ook kippen. Onder de inrichting van het huis vallen Turkse en Indiase wandkleden, schilderijen en Chinese perkamentrollen. In de zitkamer staat u zowel een kleine bibliotheek als een piano ter beschikking. Ook de van vele planten voorziene, lichte serre is een aangename plek om te ontspannen. Het huis kijkt uit op één van de meest spectaculaire rotsformaties die zo karakteristiek zijn voor de kust van Cornwall: Gurnards Head.

U overnacht in één van de vijf kamers (waarvan twee met eigen badkamer) in het huis op basis van logies met (vegetarisch) ontbijt, of in het 15de eeuwse cottage op basis van self-catering. De cottage is van graniet en bestaat uit twee slaapkamers, een badkamer, zitkamer, eetkamer, keuken (elektrisch fornuis), serre en veranda. Water wordt door zonnepanelen verhit. De gerenoveerde schuur is beschikbaar voor groepsevenementen. In april en september worden retraites met yoga en meditatie georganiseerd.

Liz en Alex hebben verschillende wandelrondes uitgezet die u vertrouwd maken met het rijke erfgoed aan archeologie, flora, vogels (aalscholvers, papegaaiduikers), vlinders en dergelijke van dit stukje Cornwall. Ze begeleiden u graag op deze wandelingen. Anderhalve km oostwaarts ligt Zennor. In het 15de-eeuwse kerkje staat een stoel voor een zeemeermin, in navolging van een plaatselijke legende. De Tinner's Arms en het Wayside Museum nemen u mee terug naar de tijd van de tinmijnen. In de stadjes St. Ives, Marazion en Penzance (ca 10 km) vindt u mooie zandstranden, botanische tuinen, winkels, galerieën en restaurants in overvloed.

🐟 🦋 🌸 🎵 .....8 🌿8 🌊8 🎣8
🔭1 🏊10 🚣10 ⛵8 🧗

🛏 5x, 🛏 12x, 2ppn £ 19 B&B
🏠 1x, 🛏 4x, Prijs op aanvraag

Route

🚗 10 km W van St. Ives. Verlaat St. Ives op de kustweg naar Land's End (B3306). Na 8 km bent u in Zennor. Boswednack ligt 1,5 km verderop.

🚌 Per bus of trein naar St Ives of Penzance. Dan busdienst 343. Op verzoek stopt de bus in Boswednack.

ASHBOURNE

New House Farm
Mary & Bob Smail
New House Farm, Kniveton, Ashbourne,
DE6 1JL Derbyshire
T 01335-34 24 29
E bob@newhousefarm.co.uk
W www.newhousefarm.co.uk

uk

Open: hele jaar ❦ ❧ wwoof H 250m
⌧ [♨]

Boerderij en omgeving

New House Farm is een biologische boerderij met 16 ha kalkrijk grasland, waarop koeien, pluimvee en schapen worden gehouden. De boerderij ligt aan de rand van het Peak District, het oudste Nationale Park van Engeland. Het bedrijf participeert in een educatief programma en organiseert rondleidingen en open dagen. Het woonhuis is ongeveer 300 jaar oud, met modernere bijgebouwen. Al in het Bronzen Tijdperk was er een nederzetting op deze plek aanwezig. Fruit, groente, eieren en vlees zijn op de boerderij te koop.

U overnacht in één van de twee kamers in de omgebouwde schuur, die tevens wasen kookgelegenheid heeft, of u kampeert op het kleinschalige kampeerterrein. Soms is een stacaravan beschikbaar. De prijs van de kamers is op basis van logies en ontbijt. Kampeerders kunnen op de boerderij ontbijten voor £2. Het is op deze boerderij mogelijk om op het land te werken in ruil voor kost en inwoning.

In de omgeving vindt u omvangrijke natuurreservaten, die rijk zijn aan bijvoorbeeld dam- en edelherten en bos- en weidevogels. Het landschap is zeer gevarieerd: beboste heuvels, steile rotsen, grotten, valleien en slingerende beekjes. Diverse wandelroutes (korte en lange) kunnen u er een indruk van geven. Fietsen zijn te huur en een zwembad is vlakbij.

Kniveton zelf is een sfeervol dorp met een Methodistische kerk. In de omgeving moet u zeker eens een putversiering meemaken (april - september), een bezoek afleggen aan het gezellige Ashbourne en aan één van de prachtige botanische tuinen en kastelen.

🐚🐚 🐝 🔥 ⚓ 🏠6 ⚒6 ⌁3 ⚘3
⚘3 🍴3 🐝3 ⚲10 🐚

🛏 2x, ⚯ 4x, 2pkpn £ 25 B&B
⌂ 1x, ⚯ 4x, hpw £ 300
⛺ T 5x, ⚲ 5x, pppn £ 2

Route

🧭 6 km NO van Ashbourne. Vanaf A52 in Ashbourne, B5035 richting Wirkworth nemen. 5 km verderop ligt Kniveton. In dorp bij school linksaf, dan na 0,5 km 2e rechts, aan eind van rij huizen. Na weer 0,5 km ligt boerderij aan uw rechterhand. "New House Farm" op hek.
🚌 Busdienst 411 van Ashbourne naar Kniveton. Dan 1 km lopen.

BILSINGTON

Willow Farm
Renée Hopper
Stone Cross, Bilsington - Ashford,
TN25 7JJ Kent
T 01233-72 17 00
F 01233-72 04 84
M 07957-47 78 88
E renee@willowfarmenterprises.co.uk
W www.willowfarmenterprises.co.uk
uk, fr

Open: 3 jan-22 dec 🔥 H 20m (RES)
verplicht ♿ ⌧ 🐕

Boerderij en omgeving

Willow Farm is een in een landelijk deel van Kent gelegen gemengd biologisch boerenbedrijf van 4,5 ha. Het recent gerenoveerde en uitgebouwde huis dateert uit 1870. De eigenaren, Renée en Joe Hopper, hebben honderden bomen geplant. Ze beschermen verschillende stukken van hun grond, waaronder twee aangelegde poelen. Het aantal vogelsoorten dat hier broedt en voedt is sinds de komst van de Hoppers sterk toegenomen en ook insecten, kleine zoogdieren en allerlei flora gedijen hier.

Op de begane grond bevinden zich twee kamers: een kamer met lits-jumeaux en een familiekamer met eigen badkamer. Op de eerste verdieping treft u nog een één- en een tweepersoonskamer met gedeelde badkamer. Continental ontbijt is inbegrepen. Kleine toeslag voor (biologisch) Engels ontbijt. De keuken, zit- en eetkamers zijn samengetrokken, zodat gasten de sfeer in een Engels country house goed kunnen proeven. Renée voorziet u graag van informatie en tips over de omgeving.

Het zachtglooiende landschap contrasteert met het aangrenzende vlakke Romney Marsh, een wetlandsgebied met uitbundige plantengroei en vele moeras- en roofvogels. De dorpjes hebben prachtige namen als St. Mary-in-the-Marsh', mooie 12de en 13de-eeuwse kerken en karakteristieke dorpspubs. In het natuurreservaat Orlestone Forest, deel van het dichte eikenbos dat ooit de hele Weald besloeg, huizen zeldzame vlinders. Vanuit Willow Farm hebt u toegang tot diverse wandelroutes: de Saxon Shoreway, de Greensands Way en de Royal Military Canal Footpath. Dungeness heeft een enorm kiezelstrand, bewoond door voor Europa unieke insecten- en plantensoorten. Leeds Castle, Sissinghurst Gardens, Canterbury Cathedral, het Rare Breeds Centre en het Romney Hythe and Dymchurch treintje zijn een bezoek waard.

🐚🐚 🔥 🐝 ⚡10 ⚓8 🐚

🛏 4x, ⚯ 10x, 1ppn £ 35, 2pppn £ 50
B&B

Route

🧭 9 km S of Ashford. Verlaat M20 via afslag 10 en neem A2070 richting Brenzett. Na 300 m linksaf naar Sevington Church. Weg volgen. Bij spoorbrug en bord 'Bilsington 4' rechtsaf. 2 km rechtdoor, tot weg zich splitst (voorbij de Owl Sanctuary, links) dan links aanhouden. Volgende kruising oversteken dan eerste rechts richting Hamstreet en Woodchurch. Onmiddellijk links erf opdraaien.

🚂 Trein of coach naar Ashford. Eurostar Expresstrein Brussel/Parijs-London stopt in Ashford. Dan bus naar Aldington 2x pd, bushalte 1,5 km. Taxi vanuit Ashford £ 10 tot £ 20.

CIRENCESTER

Abbey Home Farms
Hillary & Will Chester-Master
Preston Field Barn, Stow Road,
Cirencester, GL7 5EZ Gloucestershire
T 01285-65 28 08
F 01285-64 48 27
E info@theorganicfarmshop.co.uk
W www.theorganicfarmshop.co.uk
🗨 uk, fr

Open: hele jaar 🌱 🍂 wwoof 🐾

Boerderij en omgeving
Abbey Home is een 600 ha groot biologisch boerenbedrijf met 120 melkkoeien en 520 schapen. Het is gelegen in de Cotswolds, een "Area of Outstanding Natural Beauty".
Op het beschutte kampeerveldje is plaats voor tien tenten en vijf campers of caravans. De voorzieningen zijn sober; er is een composttoilet, stromend water en een plaats om te barbecuen. Ook kunt u terecht in een avontuurlijke, 4-persoons nomadentent, gelegen op een stukje vrijgemaakte bosgrond (£10 ppn). Minimaal 2 nachten en vooraf reserveren.
In de directe omgeving van Abbey Home kunt u wandelen en fietsen, terwijl u geniet van de mooie vergezichten en de zuivere lucht. Even ten zuiden vindt u het natuurreservaat bij North Meadow met uitgestrekte weiden vol dotterbloemen, moerasorchideeën en diverse vlindersoorten, waaronder de parelmoervlinder.

Naast al het natuurschoon treft u hier een groot aantal bezienswaardigheden, waaronder oude landhuizen, botanische tuinen en historische plaatsen als Cheltenham en Stow-on-the-Wold.

🌊10 🏊10 🎣10 ✂10 🎿10 ♠10
🚣10 🎱10 🚶

🏠 2x, 🚿 7x, 1ppw £ 25
⛺ T 10x, 🚐 5x, pppn £ 2

Route
🅿 2,5 km N van Cirencester. Vanuit Cirencester in noorderlijke richting, na 2,5 km staat Abbey Home Farms aangegeven (rechtsaf).
🚂 Kemble is het dichtstbijzijnde treinstation, 6 km Z van Cirencester.

CROWHURST

Blacklands
Marianne & Rob Oliver
Forewood Lane, Crowhurst - Battle,
TN33 9AB East Sussex
T 01424-83 03 60
F 01424-83 03 60
M 07952-94 07 87
E architects@mnroliver.fsbusiness.co.uk
🗨 uk, se

Open: 2 jan-24 dec🔒 1 apr-30 sep 🍂 wwoof 🆁🅴🆂 verplicht 🐾

Huis en omgeving
Blacklands is prachtig gelegen temidden van de glooiende heuvels en dichte bossen van Sussex, vlakbij Hastings, de plaats waar de Normandische Willem de Veroveraar in 1066 landde, en Battle, waar hij de Engelse Koning Harold versloeg. Op minder dan 2,5 ha land houden Marianne en Rob Oliver wat melkvee en angorageiten en verbouwen ze groente. Hoewel Blacklands niet gecertificeerd is, zijn Rob

en Marianne lid van de Soil Association en passen ze uitsluitend biologische principes toe. Naast hun activiteiten op de boerderij hebben ze een architectenbureau aan huis. Het huis is al sinds 1920 in handen van de familie. Het oudste deel, dat uit 1679 dateert, is in vakwerkstijl. Een aantal jaren geleden is het huis volledig gerenoveerd.
U overnacht in één van de twee aangename tweepersoonskamers met gedeelde douche en toilet. Tevens is er een camping, onder de majesteuze eiken- en beukenbomen met uitzicht op de zee. De camping met eenvoudige wasgelegenheid biedt plaats aan zes tenten. Caravans en kampeerwagens kunnen er niet terecht. Honden zijn niet toegestaan. Op het terrein mag niet gerookt worden. Voor de camping hoeft u niet te reserveren, voor logies met ontbijt wel. Om het huis heen kunt u badminton of balspelen beoefenen.
De omgeving is ideaal voor wandelen, bijvoorbeeld in de bossen bij het vogelreservaat Fore Wood te Crowhurst of langs het strand. Ook fietsers en ruiters komen hier goed aan hun trekken. Op uw tochten komt u langs allerlei bezienswaardigheden: mooie kastelen zoals het 15de eeuwse Herstmonceux Castle (17 km) of Sissinghurst dat een prachtige botanische tuin heeft, abdijen zoals Battle Abbey (10 km) op de plek waar de Slag om Hastings heeft plaatsgevonden en musea.

🚣 🚶10 🎣5 🔍10 ✂ 🥾3 🚶

🛏 2x, 🚿 4x, 2ppn £ 30 B&B
⛺ T 6x, 🚐, pppn £ 6

Route
🅿 10 km NW van Hastings. Neem A2100 NW richting Battle. Na 7 km linksaf richting Crowhurst. Huis staat 1,5 km verderop.
🚂 Treinverbinding London Charing Cross to Hastings stopt in Crowhurst. Dan 10 minuten de heuvel op wandelen.

ZIE KAART PAGINA 27

CULWORTH

Ivy Cottage
Juliet McKenzie
Sulgrave Road, Culworth - Banbury,
OX17 2AP Oxfordshire
T 01295-76 81 31
E julietmckenzie@onetel.com
uk, fr, es

Open: hele jaar wwoof

Boerderij en omgeving

Ivy Cottage is een gecertificeerde, biologische boerderij op de grens van Northamptonshire en Oxfordshire. Het stenen gebouw is ca 100 jaar oud en omgeven door een halve hectare land, een mooie achtertuin waarin groente en fruit wordt verbouwd en een omheind stukje grond waarop schapen grazen en kippen scharrelen.

U kunt appartementen huren of kamperen. Het driepersoonsappartement grenst aan het huis en heeft een douche, wc, keuken, een grote woonkamer en schuiframen die uitkomen op de patio. U kunt ook in de caravan verblijven, die plaats biedt aan twee personen. Deze heeft een kookruimte, een douche en een wc. Tot slot zijn er nog 3 tweepersoonskamers op basis van logies en ontbijt. Op de boerderij kunt u meehelpen tegen kost en inwoning. Eieren en groente zijn op de boerderij te koop.

Culworth ligt in een schitterend heuvelachtig gebied met beekjes, boerderijen en kleine nederzettingen. Het gebied leent zich uitstekend voor wandelingen, fietsen en paardrijden. U kunt ook zeilen, surfen en zwemmen in het meer van Boddington of in het zwembad van Banbury. In de nabije omgeving getuigen Blenheim Palace, Sulgrave Manor, Warwick Castle, Wellesbourne Watermill, Stratford-upon-Avon en het pittoreske Banbury van het rijke verleden. Het schitterende Cotswolds en Avon Dasset Country Park zijn eveneens dichtbij uw accommodatie.

8 2 5

3x, 6x, Prijs op aanvraag
2x, 5x, Prijs op aanvraag
pppn £ 2ptpn £ 6pcpn £ 6

Route

15 km NW van Banbury. Neem B4525 van Banbury richting Northampton. Na ongeveer 8 km gaat u richting 'Culworth 2 miles'. Bij volgende bord 'Culworth', linksaf slaan naar dorp. Ivy Cottage is eerste huis aan rechterkant.

Trein of bus naar Banbury en vervolgens taxi naar Culworth. Afhalen mogelijk.

GARBOLDISHAM LING

All Saints Barns at Fincham's Farm
Bridget Hickey-Williams
Garboldisham Ling - North Lopham,
IP22 2 NJ Norfolk
T 01953-68 83 51
E hic.bridget@yahoo.co.uk
uk

Open: hele jaar wwoof RES verplicht

Boerderij en omgeving

Fincham' s Farm bestaat uit enkele driehonderd jaar oude boerderijgebouwen rondom een binnenplaats. Ze zijn niet lang geleden gerenoveerd. Op deze traditionele boerderij met schapen, geiten, kippen, ganzen en eenden werkt gastvrouw Bridget met stadskinderen uit arme milieus en probleemgezinnen. Een gedeelte van deze nu volwassen kinderen woont zelfstandig in één van de gerenoveerde wooneenheden.

U overnacht in een van de gezellige tweepersoonskamers of open ruimte voor vier personen in de traditionele, sfeervolle boerderij. Ook kunt u terecht in de caravan of uw tent opslaan op het kampeerveldje. U kunt gebruikmaken van de keuken en zelf koken of hier ontbijten of dineren. U kunt hier ook diverse producten van eigen bodem kopen. Een kamer dient u één maand tevoren te boeken. Bridget stelt hulp op de boerderij tegen kost en inwoning zeer op prijs. Kinderen ouder dan vijf jaar die het leuk vinden om te helpen bij het voeren van de dieren zijn eveneens zeer welkom.

De omgeving van het afgelegen Snetterton bestaat uit eindeloos Engels platteland met heuvels, weiden, riviertjes, bossen en landweggetjes met in de verte opdoemdende kerktorentjes, die altijd de aanwezigheid van een gezellige pub of tearoom verraden. Door het gebrek aan steden of grote wegen en de rustige vriendelijkheid van de lokale bevolking is het alsof de tijd hier heeft stilgestaan. Vogelliefhebbers, wandelaars en ruiters zijn hier prima op hun plek. In het natuurreservaat bij East Wretham vindt u een unieke, steppe-achtige plantengroei en wandelt u door violetgekleurde heidevelden. Voor uitgebreide informatie kunt u terecht op de boerderij.

5 10 3

3x, 4-5x, 2ppn £ 10
T 8x, pppn £ 2, ptpn £ 3-4, pcpn £ 6

Route

19 km O van North Lopham. Vanuit Thetford richting Diss via A1066. Door dorpje Garboldisham, tot bord aan linkerhand met afslag Garboldisham Ling, vlak na siervijver. Boerderij ligt na 4e bocht links, ongeveer 1,5 km na vijver.

Per trein vanuit London Liverpool Street Station naar Thetford of Diss (overstappen in Cambridge).

GB
IRL

SNETTERTON

Manor Barn
Rob Man
Wash Lane, Snetterton,
NR16 2LG Norfolk
T   01953-49 81 81
uk, fr, es

Open: hele jaar wwoof ®

Boerderij en omgeving

Deze boerderij ligt op het rustieke platteland van Norfolk. De hoeve heeft een oude, traditionele schuur met binnenplaats en bijgebouwen en bijna één hectare grond waarop biologische groente wordt geteeld. De eigenaren zijn Robyn, hovenier en parttime lerares, Rob, timmerman, en hun zoon Matty. Het gezin runt de boerderij, wanneer mogelijk met hulp van woofers of andere vrijwilligers.

U kunt uw tent opzetten in de boomgaard. In totaal zijn er vier plaatsen, waarvan maximaal twee voor caravans. Toilet en douche bevinden zich in het huis van Rob en Robyn. Biologische producten van eigen land zijn te koop. Behalve de kleine camping is er ook een romantische hoewel uiterst sobere hut met veranda in de aangrenzende bossen. De hut is een ideaal onderkomen voor een retraite. Hij is voorzien van een houtstoof, een gasstel en een tweepersoonsbed.

Snetterton is omgeven door bossen, meren en rivieren. De omgeving leent zich uitstekend voor wandelen, fietsen en paardrijden (fietsen en paarden in de omgeving te huur). Het nabijgelegen Thetford Forest is een natuurreservaat, evenals het Santon Downham Bird Trail, thuis voor onder meer de boomleeuwerik, snip, nachtzwaluw en nachtegaal. Op de boerderij is uitgebreide informatie over de omgeving voorhanden. U treft hier fraaie historische stadjes aan, zoals Thetford, Diss en Norwich.

T 2x, 2x, pppn £ 3, ptpn £ 5

Route

32 km ZW van Norwich. Verlaat Norwich op A11 richting Thetford. Na 27 km links aanhouden, B111 op. 300 m verder naar rechts, dan 250 m verder naar links om B111 aan te houden. Derde afslag rechts is Manor Barn. Nauwkeuriger informatie bij reserveren.

Trein of bus tot Thetford of Attleborough of Snetterton. Bij aankomst telefoneren om te worden opgehaald.

GB
IRL

COLERAINE

Downhill Hostel
McCall & William Gilfillan
12 Mussenden Rd, Downhill,
Coleraine, BT51 4RP Co. Derry
T   02870-84 90 77
E   info@downhillhostel.com
W www.downhillhostel.com
🔾 uk

Open: hele jaar ⓇⒺⓈ verplicht 🚻 ✉

Hostel en omgeving

Het Downhill Hostel ligt aan een van de spectaculairste stukjes kust van Noord-Ierland. Het smaakvol gerestaureerde Victoriaanse huis kijkt uit over het 10 km lange strand en de Atlantische Oceaan.
U overnacht in één van de 2-, 3- of 6-persoons kamers met eigen douche en toilet of gedeeld met andere gasten. U kunt gebruik maken van de keuken en de zitruimte. Er is ook een zeer sfeervolle studio waar u kunt pottenbakken en schilderen.
Downhill is een attractief, in het hart van het natuurreservaat gelegen, badplaatsje met mooie vergezichten over zee en sprookjesachtige zonsondergangen in de zomer. Achter de rotsachtige kliffen vindt u glooiend heuvellandschap en diep uitgesneden bosrijke 'glens' met snelstromende riviertjes, die rijk zijn aan zalm. Hoogtepunt is de Giant's Causeway bij de kust voorbij Bushmills. Deze op natuurlijke wijze ontstane dam - volgens de legende door de Ierse held FinnMacCool gebouwd - is ongeveer 50 miljoen jaar geleden gevormd door een reeks vulkaanuitbarstingen en biedt samen met de woest golvende zee een indrukwekkend, kleurig schouwspel. Naast de talloze wandelmogelijkheden langs de kust en door de bossen (bijvoorbeeld in het Roe Valley Country Park), kunt u whisky-distilleerderijen (Bushmills), kastelen (Dunluce),

het fameuze Bishop's Palace, botanische tuinen (Temple Gardens) en natuurlijke zandstranden bezoeken (Benone Beach, Blue Flag Beach). Paardrijden is vlakbij mogelijk.

🛏 9x, 🗗 32x, 1ppn £ 9, 2ppn £ 30
🏠 🛏9x, 🗗 32x, 1ppnoz £ 9, 2ppn £ 30

Route

🅰 11 km NW van Coleraine. Rij over de A2 van Coleraine naar Downhill.
🚌 Per bus 134 vanuit Coleraine/Limavady via Castlerock. Per trein naar Castlerock.

COMBER

Anna's House B&B
Anna Johnson
35 Lisbarnett Road, Comber,
BT23 6AW Co. Down
T   02897-54 15 66
F   02897-54 15 66
E   anna@annashouse.com
W www.annashouse.com
🔾 uk, de

Open: hele jaar ⓇⒺⓈ verplicht 🚻 ✉ 🐾

Huis en omgeving

Anna's House is een zeldzame combinatie van een oude, traditionele cottage en een hypermodern pension met alle gemakken van dien. Het huis staat in het hart van het graafschap Down, aan de oostkust van Noord-Ierland. Het uitzicht is adembenemend: een privémeer met forel, reigers,

eenden, waterhoenderen, zwanen en een tapijt van waterlelies op de voorgrond; glooiende heuvels en weiden met in de verte de Mountains of Mourne op de achtergrond. Toch bevindt u zich hier op slechts 21 km van Belfast! De eigenaren, Anna en Ken, hebben de bijzondere gave om hun gasten zich heel snel thuis te doen voelen.
U logeert in één van de drie comfortabele tweepersoonskamers met privé badkamer, waarvan er een lits jumeaux heeft, op basis van logies met ontbijt. In de zitkamer kunt u een goed boek lezen, een plaatje opzetten of voor de open haard doezelen terwijl het aroma van Anna's kookkunst uw eetlust opwekt. De maaltijden zijn bijna volledig bereid uit biologische ingrediënten en brood en scones worden ter plekke vers gebakken. Wilt u aan een avondmaal met Anna en Ken deelnemen, dan moet u dit minstens 24 uur van tevoren laten weten. Deze accommodatie is twee jaar achtereen erkend als één van de honderd 'Beste van Ierland' en ook Anna's regionale recepten voor vers eten worden alom geprezen.
De naaste omgeving is een biologische tuin van 1 ha die veel vogelsoorten aantrekt. Op het meer kunt u vliegvissen of roeien. Iets verder van huis, bij Strangford Lough, kunt u zeilen en tellen of er écht 365 eilandjes zijn. Noord-Ierland is ook goed bedeeld voor wat betreft golfbanen, National Trust tuinen en stranden. En bent u de natuur beu, dan zit u in een ommezwaai in cultureel Belfast!

🚴 🍽 ⋯8 🚣11 🔍5 ✂8 ⚓8

🛏 3x, 🗗 6x, 2pkpn £ 70 B&B

Route

🅰 21 km ZW van Belfast. A20 van Belfast richting Newtownards, tot aan Dundonald (7,5 km). Rechtsaf naar A22 naar Comber. Na garage en pub in Lisbane rechtsaf Lisbarnett Road in. Na 1 km rechtsaf privéweg in.
🚌 Onregelmatige busdienst vanuit Belfast, Comber, Newtownards en Downpatrick.

PENISARWAUN

Graianfryn Vegetarian Guesthouse
Christine Slater & Alan Crawshaw
Penisarwaun - Caernarfon,
LL55 3NH Gwynedd
T   01286-87 10 07
E   info@fastasleep.me.uk
W www.fastasleep.me.uk
🔴 uk

Open: hele jaar (RES) verplicht ✖✖

Huis en omgeving

Graianfryn ligt in magnifiek landschap aan de noordelijke rand van het Snowdonia National Park, tussen de bergen en de zee in. Christine en Alan zijn zelf fanatieke wandelaars en fietsers en begrijpen dus als geen ander wat hun gasten nodig hebben (afgezien van een veilige fietsberging). Als u na een inspannende dag vermoeid en hongerig op Graianfryn terugkomt, kunt u in de eetkamer onder het genot van een heerlijke diner bij kaarslicht ontspannen. De verschafte maaltijden zijn van hoge kwaliteit, met de nadruk op gezond, vers, creatief en divers. Ze worden uitsluitend bereid uit natuurlijke, vegetarische ingrediënten, waar mogelijk biologisch, eventueel uit de eigen groentetuin. Aan speciale dieeteisen zoals die van veganisten kan worden voldaan. Brood, cake en taart worden ter plekke gemaakt. Het huis en de kamers voor de gasten zijn goed verzorgd en ingericht. Bij de Victoriaanse open haard in de zitkamer kunt u in een fauteuil zinken en met een goed boek heerlijk wegdromen.

Bij het beklimmen van Snowdon kunt u kiezen uit verschillende routes. Het minst veeleisende pad begint in Llanberis, op een afstand van 5 km. Hier bevindt zich ook de enige tandradtrein van Engeland, die u naar de hoogste piek ten zuiden van de Schotse grens voert. In Snowdonia National Park kunt u rustig wandelen, naar Llyn Idwal of Aber Falls bijvoorbeeld, maar u kunt ook kiezen voor inspannende beklimmingen. Het imposante Caernarfon Castle en de stranden van het Isle of Anglesey zijn vanuit Penisar Waun goed te bereiken. De omgeving biedt tevens mogelijkheden voor tennis, golf, windsurfen, zeilen en paardrijden.

🛏 3x, ⤢ 6x, 2ppn £ 23-25 B&B

Route

🔢 30 km ZW van Conwy. Op A55 W bij Bangor-Port Penrhyn (22 km) op rotonde linksaf naar A5. Volgende rotonde (0,2 km) rechtsaf naar A4244. Volgende rotonde linksaf (A4244). Benzinestation aan linkerhand voorbij, dan 1ste rechts naar Penisar Waun. Onmiddellijk weer rechts, onverharde weg op. Oprit naar Graianfryn is links, vóór hek van boerderij.
🚌 In Bangor bus 85 naar Deiniolen nemen.

RHOSCOLYN

Outdoor Alternative Cerrig Yr Adar
Ian & Maggie Wright
Cerrig Yr Adar, Rhoscolyn - Holyhead,
LL65 2NQ Isle of Anglesey
T   01407-86 04 69
E   centre@outdooralternative.org
W www.outdooralternative.org
🔴 uk

Open: hele jaar H 10m (RES) verplicht ♿ ✖✖ [🐾]

Centrum en omgeving

Cerrig yr Adar Outdoor Alternative Centre ligt op een terrein van 3 ha, omringd door boerenland, op 300 meter van zee. Vanaf het terrein ziet u het majestueuze Snowdonia-massief. Outdoor Alternative is opgericht om het bezoek aan dit prachtige natuurgebied te stimuleren. De prijzen zijn relatief laag. Er is uitgebreide informatie over de omgeving voorhanden. Het Centre verzorgt onder meer kajaktochten, klimmen, abseilen en bergwandelingen. Er is een grote vijver aangelegd voor vissen, vogels, insecten en waterplanten. Ook heeft men hier bomen geplant, die het wel enigszins moeilijk hebben door het zout dat met de harde winden op het land neerslaat. In het algemeen heerst hier echter een voor Wales relatief zonnig klimaat.

U verblijft op basis van B&B, half- of volpension of zelfverzorging in een van de twee gebouwen met in totaal negen slaapkamers met douche en toilet-ensuite of op de gang. U kunt gebruikmaken van de van alle comfort voorziene keuken. Ook groepen (tot 36 personen) zijn welkom. De faciliteiten zijn berekend op rolstoelgebruikers. Er geldt een korting indien u meerdere nachten in het Centre verblijft. De maaltijden zijn voedzaam en lekker; met vegetariërs en mensen met speciale diëten wordt rekening gehouden. Kamperen is zowel met tent als camper of caravan mogelijk met uitstekende voorzieningen.

Vanuit het centrum bent u zo bij de rotsachtige, ruige kust. Holy Island kent een uitbundige flora en fauna, diverse natuurwandelroutes, klassieke geologische structuren en talloze prehistorische overblijfselen zoals Keltische steencirkels en graftombes. Langs de kust vindt u onder meer de prachtige roze-rode bloempjes van de Engelse muurpeper, voorzien van vlezige blaadjes om te kunnen overleven in de harde zeewind. Op de rotsen vindt u grote kolonies alken, een op het land grappig waggelende vogel, die echter in water snel en behendig is.

🏛 🛏 9x, ⤢ 36x, 1ppnoz £ 13,75 B&B
⛺ T 3x, pppn £ 4

Route

🔢 37 km NW van Bangor. A5 over Isle of Anglesey, afslag B4545 bij Y Falli/Valley. Na 1,5 km, na brug over binnenzee, linksaf bij bord met opschrift 'Rhoscolyn'. Daarna linksaf bij bord met 'Silver Bay'. Na

800 m rechtsaf bij hek met grote witte paal, na 200 m ligt het centrum rechts.

🚶 10 km Z van Holyhead. Naar Holyhead per trein, dan per bus naar Rhoscolyn.

TALSARNAU

Tremeifion Vegetarian Hotel
Maureen & John Jackson
Soar Road, Talsarnau, LL47 6UH
Gwynedd
T 01766-77 04 91
E maureen@tremeifion.co.uk
W www.vegetarian-hotel.com
🐾 uk

Open: 1 feb-30 nov (RES) verplicht ✕ [🍴]

Hotel en omgeving

Dit hotel ligt aan de monding van de Dwyryd rivier en biedt spectaculair uitzicht op de bergen van Snowdonia National Park enerzijds en het in Italiaanse stijl gebouwde Portmeirion anderzijds. De eigenaren, John en Maureen, houden een strikt vegetarisch/veganistisch hotel waar zoveel mogelijk met biologische ingrediënten wordt gekookt. Bij het hotel hoort zo'n anderhalve hectare eigen land: een paradijs van ongerept natuurschoon, waar u een fles biologische wijn soldaat kunt maken terwijl u zeldzame vogels naar noten en zaden ziet zoeken.

U overnacht in één van de vier tweepersoonskamers op basis van half pension (ontbijt en viergangendiner). Alle kamers hebben een eigen badkamer maar de mate van luxe verschilt per kamer. Voor meer informatie en een brochure kunt u contact met de eigenaren opnemen.

In de omgeving kunt u zowel strand- als bergwandelingen maken. De bijna 2132 vierkante km van Snowdonia National Park omvat ruim honderd meren en 37 km kust. De gevarieerdheid van het landschap gaat gepaard met een even grote biodiversiteit. Een bezoek aan het visitors centre (niet ver van het hotel) legt het allemaal duidelijk uit. De kust vormt een prima thuis voor vele soorten zeevogels, terwijl u landinwaarts een overvloed aan weide- en bosvogels vindt, waaronder de sperwer, het barmsijsje en de bonte specht. Talsarnau is een goede uitvalsbasis voor ruiters en watersporters. Bij voldoende sneeuw kunt u 's winters skiën en langlaufen. Noord-Wales bezit tal van kastelen, Romaanse en Keltische overblijfselen, bezienswaardigheden uit de industriële revolutie, en gemoedelijke dorpjes en stadjes waar de traditie van zang en poëzie sterk voortleeft sinds de tijd waarin de barden de prinsen aan het hof vermaakten, in de 13e eeuw.

 ......10 🚴 🏊 ➤10

🛏 4x, 🚪 8x, 2ppn £ 56-68 HP

Route

🚗 44 km Z van Caernarfon. Verlaat Caernarfon op A487 met aansluiting op A4085 richting Dolgellau. Na 35 km wordt weg weer A487. 600 m verder afslaan naar rechts, A496 op. Talsarnau ligt 9 km verder aan deze weg. Bij Honda-garage en bord "Tremeifion" linksaf.

🚶 Trein naar Talsarnau.

WHITHORN

Low Craiglemine
Kirsty & Andy Hurst
Whithorn - Newton Stewart,
DG8 8NE Wigtownshire
T 01988-50 07 30
F 01988-50 07 30
E akhurst@akhurst.force9.co.uk
W www.lowcraiglemine-farm-
    holidays.co.uk
🐾 uk

demeter

Open: hele jaar 🌱 🍽 H 100m (RES)
verplicht ✕ [🍴]

Boerderij en omgeving

Low Craiglemine is een boerderij op het West-Schotse schiereiland Machar. De eigenaren, Andy en Kirsty, houden schapen, koeien, geiten en bijen. Ze nemen deel aan het 'Rural Stewardship Scheme" (Rentmeester van het platteland) en zetten zich derhalve in voor het behouden en verbeteren van het typische karakter van en de habitats op hun 53 hectare grond. Zo is meer dan een km haag gezet, zijn er 4000 bomen geplant en zijn er poelen en drassig land aangelegd. Hoewel Andy en Kirsty al sinds 1990 biologisch produceren, voegen ze daar sinds kort het dynamische element aan toe.

U verblijft in een cottage met leien dak dat volledig in de oude stijl gerenoveerd maar van alle gemakken voorzien is, compleet met open haard en eigen tuin. Het bezit drie tweepersoonskamers, een keuken, eet- en zitkamer, doucheruimte met toilet en hal. Er is tevens een "bothy', vanouds een onderkomen voor trekkende schaapherders maar nu een comfortabel driepersoonshuisje. Beneden bevindt zich een open keuken/woonruimte en op de vliering een slaapkamer met prachtig uitzicht op de Galloway Hills. Gelieve voor eigen handoeken en beddegoed te zorgen (laatste kan ook worden gehuurd). In overleg kunt u meehelpen op de boerderij in ruil voor kost en inwoning. Overtollige groente van eigen land is gratis.

U kunt hier eindeloos wandelen. De klippen en stranden zijn van een bijzondere schoonheid, vooral bij zonsondergang. Vlakbij ligt het Wood O'Cree natuurreservaat en ten noorden van Low Craiglemine vindt u het Caledonian Forest. Ook is het hier heerlijk fietsen door de heuvels. Na een lange dag in de buitenlucht kunt u uitblazen in een van de gezellige pubs of restaurantjes in de buurt. In Wigtown vindt u Scotland's Booktown, terwijl Blodnoch Distillery vele culturele activitei-

ten plaatsvinden, zoals folk, jazz, Keltische
muziek en poëzie avonden.

⚓ 🚲 ⋯⋯5 🔍6 ✕◯6 ♨8

🏠 2x, ♪ 9x, 1ppw £ 150-270-200-400

Route

🔟 120 km W van Dumfries. Verlaat Dumfries op
A75 W richting Twynholm. In Newton Stewart A714
en dan A746 richting Whithorn nemen. Ongeveer 2
km rechtdoor op A746, tot aan A747. Rechtsaf op T-
splitsing. Low Craiglemine ligt 3 km verderop links
van A747 (houten bord).
🚍 Treinstation is Dumfries. Streekbussen komen
langs Low Craiglemine.

● ANWB Wegenkaarten

De ANWB Wegenkaarten zijn duidelijk
en compleet. Naast de hoofdkaart vindt
u extra plattegronden, omgevingskaarten of themakaartjes. In de kaartrand ziet u wegnummers herhaald plus
de afstanden tot de volgende stad.
Ook aan de handzaamheid is extra zorg
besteed (gunstige uitsneden en formaat) zodat u er in de auto nog meer
gemak van heeft.

Verkrijgbaar bij ANWB-verkooppunten,
boekhandels en warenhuizen.

GB
IRL

AUCHENCAIRN

Stable Cottage, The Rossan
(Mrs) Roz Norris
Auchencairn - Castle Douglas,
DG7 1QR Dumfries & Galloway
T   01556-64 02 69
E   TheRossan@aol.com
🐾 uk, fr, de

Open: hele jaar H 30m ⓇⒺⓈ verplicht
✖ [🐎]

Huis en omgeving

Het vroeg-Victoriaanse landhuis The Rossan omvat 0,5 ha land. Het huis ligt aan de oostelijke rand van het dorpje Auchencairn dat op zijn beurt op slechts 3 km van Balcary Bay, tussen de Screel Hills en de zee in het Schotse Dumfries en Galloway ligt. Het huis kijkt uit op de baai van Auchencairn en Hestan Island met aan de overkant van de baai de contouren van het Lake District.

U logeert in Stable Cottage, wat tot voor enkele jaren een stal was, en op een verscholen plek in een hoek van de tuin staat. Het bestaat uit een tweepersoonskamer met zitkamer en balkon op de eerste verdieping en een tweepersoonskamer met lits jumeaux, een eetkeuken en doucheruimte met toilet op de begane grond.

The Rossan is een goede uitvalsbasis voor het verkennen van dit lieflijke stukje Schotland. U kunt Galloway leren kennen door te wandelen in de glooiende heuvels, door de wetlands of langs de zandstranden; u kunt schilderen, fotograferen en vissen op de meren. Vogelaars zullen maar moeilijk een keuze kunnen maken uit het ruime aanbod aan locaties langs de kust, op de Balcary klippen en in de heuvels, allen te voet bereikbaar. In de zoutmoerassen zijn met name 's winters zeldzame vogelsoorten te vinden. Op iets grotere afstand is een aantal natuurreservaten zoals Threave Wildfowl Reserve, Ken/Dee Marshes en het Nature Reserve bij Mersehead Farm. Voorts treft u hier vele Keltische, Romeinse en middeleeuwse overblijfselen als grafheuvels, steencirkels, abdijen en forten aan, alsmede de botanische Threave Gardens van de Scottish National Trust. Wilt u sporten, dan kunt u in het zwembad van Kirkcudbright (19 km) zwemmen en dichter in de buurt golfen, paardrijden, zeilen en dergelijke.

🚄 ⬝⬝⬝⬝1,5 🛁12 🎣10 ✕ 🍽12
🏔1,5 🐾

🏠 1x, 🛏 4x, hpw £ 275

Route

🔼 32 km W van Dumfries. Neem A711 Solway Coast route tot aan Auchencairn. Voordat u in het eigenlijke dorp bent, ligt de oprijlaan van The Rossan aan uw rechterhand, pal tegenover de verkeersborden met "30".

🚂 Dichtstbijzijnde treinstation is Dumfries. Daar bus naar Dalbeattie nemen. In Dalbeattie bus 505 naar Kirkcudbright nemen en net voor Auchencairn uitstappen.

BISHOP AUCKLAND

Low Cornriggs Farm
Mrs Jane Elliott
Low Cornriggs Farm, Cowshill in Weardale, Bishop Auckland,
DL13 1AQ Durham
T   01388-53 76 00
F   01388-53 77 77
M   07818-84 31 59
E   enquiries@lowcornriggsfarm.
     fsnet.co.uk
W   www.alstonandkillhoperidingcentre.
     co.uk
🐾 uk

Open: hele jaar ✿ H 365m ⓇⒺⓈ verplicht
♿ ✖ 🐕

Boerderij en omgeving

Een kudde Hereford stamboekvee in biologische weilanden vol met wilde bloemen. Naar het noorden de grillige Pennines en naar het zuiden de glooiende Yorkshire Dales. Welke kant je ook op kijkt, het uitzicht is schitterend. Op deze plek staat Low Cornhill Farm, een twee eeuwen oud boerenhuis met oude grenen vloeren en meubelen. Het vuur knappert in de open haard, voor warmte èn gezelligheid. Het biologische ontbijt geniet u in de ruime serre en het van lokale biologische producten of zelfs die van eigen land vers bereide avondmaal, vergezeld van een uitstekende wijn en gevolgd door heerlijke desserts, in de grote eetkamer. Huiselijker kan het bijna niet en Low Cornriggs is dan ook tweemaal beloond met de Green Tourism Award.

U overnacht in ofwel één van de drie comfortabele tweepersoonskamers met privé badkamer, op basis van logies met ontbijt, of in één van de twee gloednieuwe, van milieuvriendelijke materialen gebouwde self-catering cottages, elk voor drie personen, die geschikt zijn voor gebruik door gehandicapten.

Vanwege de specifieke flora en fauna die op Low Cornriggs te vinden zijn, heeft het land de status van Site of Specific Scientific Interest. Bovendien is de Weardale Valley, waarin de boerderij ligt, het hart van een Area of Outstanding Natural Beauty. U bevindt zich hier niet ver van de Coast to Coast fietsroute en tal van wandelpaden. Janet heeft een wandeling over de hooilandjes uitgezet, waar wilde bloemen, vlinders, vogels en aromatische grassen overvloedig aanwezig zijn. De ruim 90 getelde vogelsoorten omvatten de blauwe kiekendief, smelleken, kwikstaart en velduil. Bovendien zijn de North Pennines het domein van een grote populatie korhoenders. Het baltsritueel van de mannetjes is een fascinerend spektakel.

👥 🍽 🛁15 🚄 ✕15 ▲ 🏔13

🛏 3x, 🛏 6x, 1ppn £ 32, 2ppn £ 50 B&B
🏠 2x, 🛏 6x, Prijs op aanvraag

Route

🚗 52 km W van Durham. Verlaat Durham op A690 ZW richting Brandon/Willington. Neem vervolgens A689 naar Wolsingham en Alston. 16 km na Stanhope komt u door het dorp Cowshill. A689 aanhouden. 1,5 km verder ziet u rechts het grote gele B&B bord van Low Cornriggs Farm.

🚌 Neem in Durham de Weardale bus naar Crook / Stanhope. Overstappen op bus naar Cowshill. 1.5 km lopen.

Castle Creavie

Elaine & Charlie Wannop
Castle Creavie - Kirkcudbright,
DG6 4QE Dumfries & Galloway
T   01557-50 02 38
F   01557-50 02 38
E   info@castlecreavie.co.uk;
W   www.castlecreavie.co.uk
📧 uk

Open: hele jaar ❦ ≋ wwoof
(RES) verplicht 🐕

Boerderij en omgeving

Castle Creavie is een 123 ha grote biologisch-dynamische boerderij met stamboekvee en volbloedschapen. De ligging is prachtig, temidden van de groene, glooiende heuvels van Galloway, praktisch aan de Ierse Zee. U kunt op deze boerderij meewerken in ruil voor kost en inwoning. In het boerenhuis is één tweepersoonskamer beschikbaar op basis van bed and breakfast. Voorts is er een volledig toegerust cottage voor zes personen, een 'bothy' (voormalige pleisterplaats voor trekkende schaapsherders) voor ook zes personen en een weiland waar vrij primitief kan worden gekampeerd. Producten van eigen land als biologisch brood, honing, scharreleieren, groente en fruit naar gelang het seizoen en biologisch vlees zijn meestal te koop. U kunt u over het bedrijf

laten rondleiden, gebruik maken van het buitenzwembad, een fiets huren of aan een handvaardigheidscursus meedoen. De omgeving is bijzonder vredig en rustig en toch ligt Castle Creavie maar 6 km van het havenstadje Kirkcudbright vandaan. U vindt hier ongerepte kusten en uitgestrekte zandstranden: het domein van vele soorten zeevogel, waaronder brandgans, wintertaling, pijlstaart en zaagbek. In de bossen ten noorden van Kirkcudbright vindt u herten, reeën, eekhoorns en een bonte variëteit aan vogels, waaronder kerkuil, kiekendief en sperwer. Wandelingen voeren u naar tal van kastelen, ruïnes en abdijen, zoals Dundrennan Abbey. In de nabije omgeving kunt u zwemmen in zee, in een meer of in een binnenbad. Er zijn faciliteiten om te tennissen, golfen, vissen of zeilen. 's Winters kunt u bij voldoende sneeuw in de Galloway Hills langlaufen. Charmante plaatsjes als Castle Douglas met de in de lente zeer spectaculaire tuinen van Threave Gardens moet u zeker met een bezoek vereren. Hetzelfde geldt voor het middenin de Dee-rivier op een klein eilandje gelegen Threave Castle.

🏊 🚵 ⚲ ⋯5 🎣10 ⛵5 🎣5
🐟5 🎣10

🛏 1x, 🛏 2x, 2ppn £ 15 B&B
🏡 2x, 🛏 12x, hpw £ 220-420-420
🏠 🛏1x, 🛏 6x
⛺ T 3x, 🚿, pppn £ 5

Route

🚗 51 km ZW van Dumfries. Vanaf Dumfries A75 richting Stanraer nemen. Borden volgen naar Kirkcudbright, via A711. Daarna B727 richting Dundrennan inslaan. Boerderij na 6 km.

🚌 Bus van Dumfries naar Kirkcudbright. Vervolgens taxi of 6 km lopen.

Trein tot aan Dumfries (42 km), ophalen mogelijk. Of bus naar Kirkcudbright (6 km), ophalen mogelijk.

Netherfield Farm

Pauline & Jimmy Anderson   _demeter_
Lochanhead-Beeswing, Dumfries,
DG2 8JE Dumfries and Galloway
T   01387-73 02 17
W   www.netherfieldguesthouse.co.uk
📧 uk

Open: hele jaar 🚣 H 80m (RES) verplicht
♿ ⋈ 🐾

Boerderij en omgeving

Pauline en Jimmy Anderson telen fruit en groente op deze prachtige, in de glooiende Galloway Hills gelegen biodynamische boerderij. Hun 14,5 hectare is voornamelijk grasland met wat bebossing en bloemen. U kunt hier bij uitstek terecht om tot rust te komen, uw batterij weer op te laden en het leven te herontdekken. Laat uzelf verwennen met een Dr. Hauschka ritmische massage, gericht op het herstel van het natuurlijke evenwicht en het vervangen van spanning door harmonie. U kunt genieten van de prachtige tuin en rondslenteren op de boerderij en in de omgeving.

Er zijn twee sfeervolle, ruime tweepersoonskamers in het eigenlijke boerenhuis waar u op basis van logies en ontbijt logeert. Tevens zijn er twee volledig ingerichte, comfortabele cottages (één voor twee en één voor vier personen) met zowel open haard als cv, waar u op self-cateringbasis of verzorgd kunt verblijven. De slaapkamer van Stable Cottage heeft een balkon met uitzicht over het heuvellandschap van Galloway en is ideaal voor een pas getrouwd stel. Pauline en Jimmy verzorgen heerlijke, voedzame maaltijden, gemaakt van voornamelijk eigen biologisch-dynamisch groente en fruit, brood en andere baksels, sappen en confitures.

In de directe omgeving van Netherfield Farm kunt u wandelen en fietsen in de bossen, heuvels en dalen, langs het mooie

GB
IRL

Loch Ken of langs de grillige kust met in de klippen verborgen grotten. Wild- en vogelobservatieposten liggen op loopafstand. Golfers, paardrijders en vissers kunnen zich op tal van locaties uitleven. U kunt in het Galloway Forest Park en het Dalbeattie Forest naar herten en wilde gemzen speuren. In dit deel van Schotland zijn er talloze historische en culturele bezienswaardigheden, waaronder Romeinse, Keltische en middeleeuwse overblijfselen, steenformaties, forten en abdijen.

🍽️ 🛁 🎣 ┉┉15 🐟 ✕ ♨ 🦐 🎿

🏠 2x, 🚪 4x, 2ppn £ 22,50-25 B&B
🏡 2x, 🚪 6x, hpw £ 190-250

Route

🚗 8 km ZW van Dumfries. Van Dumfries naar Dalbeattie via A711. 1,5 km vóór Beeswing, 6 km na Dumfries, waar de weg heuvelopwaarts door bos gaat, rechtsaf bij wegwijzer naar boerderij.

🚌 Trein/bus van Carlisle naar Dumfries. Per bus van Dumfries naar Dalbeattie, uitstappen in Beeswing. Of bij reserveren vragen in Dumfries opgehaald te worden.

GILSLAND

Slack House Farm
Dianne & Eric Horn
Gilsland - Brampton, CA8 7DB Cumbria
T 016977-473 51
F 070921-211 00
E slackhousefarm@lineone.net
W www.slackhousefarm.co.uk
🌐 uk

Open: hele jaar 🐄 🐑 H 150m (RES) verplicht ✖ 🐾

Boerderij en omgeving

Dit boerenhuis dateert uit de Georgiaanse periode (strakke, symmetrische bouwstijl). Slack House is een biologische boerderij, waar een Daisylee-kudde van het Ayrshire-stamboekvee alsmede een kudde Hexhamschapen wordt gehouden. De eigenaar is aangesloten bij het Countryside Stewardship Scheme, wat inhoudt dat de hagen en traditionele stapelmuurtjes worden gerestaureerd met het oog op het herstel van de habitats die ervan afhankelijk zijn.

Gasten logeren hier in een ruime gezins- of tweepersoonskamer met elk een eigen bad- of douche. De maaltijden zijn bereid met zoveel mogelijk biologische producten, van eigen land of uit de regio. De accommodatie is rookvrij. Een hond meebrengen is toegestaan, mits u van tevoren even overlegt. Mocht u dat willen, dan kunt u meewerken op de boerderij (ook na overleg).

Bepaalde delen van de boerderij worden beheerd als natuurlijke habitats om het hele jaar door diversiteit van flora en fauna te bevorderen. Deze delen zijn toegankelijk via een pad dat uitkomt op bestaande ruiterpaden. Eén daarvan is de Maiden Way, die Birdoswald Roman Fort verbindt met Bewcastle Fort via Gillalees Beacon. Het landschap hier is ongerept en open, grenzend aan het Spadeadam Forest (deel van het Kielder woud). Deze omgeving is ideaal voor wandelingen en fiets- of paardrijtochten. Ook gemakkelijk te bereiken zijn de Pennine Dales, en zogenaamde Area of Outstanding Natural Beauty, Lake District National Park, Northumberland National Park, de Edenvallei en het prachtige grensgebied met Schotland. Dit gebied is rijk aan historie: Hadrian's Wall, het Romeinse bouwwerk dat de oorlogszuchtige Picten buiten moest sluiten, loopt op slechts 200 meter langs Slack House.

🚣 🍽️ 🎋 ✕9 ♨9 🚿9 🏄9 🎿20 🛶

🏠 3x, 🚪 6x, 1ppn £ 25, 2ppn £ 30 B&B

Route

🚗 71 km W van Newcastle. A69 vanuit Newcastle richting Carlisle (hoofdweg die A1 en M6 verbindt). B6318 inslaan. Slack House ligt ongeveer 2 km ten westen van Gilsland.

🚌 Bus vanuit Newcastle via Hexham en Haltwhistle naar Gilsland (2 km). Bus vanuit Carlisle via Brampton. 's Zomers stopt Hadrian's Wall bus op verzoek op kruispunt 150 bij Slack House. Trein Newcastle-Carlisle: uitstappen station Haltwhistle. Dan bus.

HAWKSHEAD

Yewfield
Gary Primrose
Hawkshead Hill, Hawkshead - Ambleside, LA22 0PR Cumbria
T 01539-43 67 65
F 01539-43 60 96
E derek.yewfield@btinternet.com
W www.yewfield.co.uk
🌐 uk, fr, de

Open: hele jaar 🍃 wwoof H 400m (RES) verplicht ✖ 🐾

Huis en omgeving

Yewfield biedt uitzicht op de Vale of Esthwaite, Lake Windermere en het hoogland daarachter. Bij dit Victoriaanse huis - gebouwd in 1859 in gothische stijl - hoort twaalf ha grond. Daarop telen Christina en Gary Primrose biologische groenten en kruiden. Ze experimenteren met natuurlijke begroeiing: onder andere met wilde bloemen en varens.

De self-catering accommodatie is het gehele jaar geopend maar logies met ontbijt is uitsluitend van half februari tot half oktober beschikbaar. Bij logies verblijft u in een tweepersoonskamer met eigen badkamer. Gasten kunnen gebruikmaken van de zitkamer en de bibliotheek. Het gezonde ontbijt - lopend buffet - bestaat uit vers fruit, muesli, granen, zelfgebakken brood, yoghurt en jam. Een wandelaarsontbijt - vegetarisch - is ook beschikbaar. De accommodatie is rookvrij. Gasten in de self-catering appartementen mogen, na overleg met de eigenaren, hun hond meebrengen.

Rondom het huis treft u natuurlijk bos aan, waar bruine eekhoorns, reeën, slecht- en torenvalken en gekraagde roodstaarten huizen. Het begraasde land wordt zorgvuldig beheerd. Vanwege deze manier van werken is het opgenomen in het Environmentally Sensitive Areas Scheme. U kunt hier wandelen over ruige bergweiden, langs meertjes en riviertjes. Fietsen, paardrijden, zeilen en vissen behoren ook tot de mogelijkheden. Cumbria heeft eveneens een groot aantal historische bezienswaardigheden.

1 10 5 3 5 5
5 3 3

3x, 6x, 1ppn £ 30, 2ppn £ 25 B&B
4x, 16x, Prijs op aanvraag

Route

37 km Z van Ambleside. Vanuit Ambleside, A593 richting Coniston. Bij Clappersgate linksaf op kruising met bord B5286/Hawkshead. Na 2 km op heuvelkam bij wegwijzer Tarn Hows rechtsaf, een onverharde weg op. 3 km rechtdoor, langs pub Drunken Duck Inn, tot aan de oprijlaan naar Yewfield, rechts.

Vanuit Ambleside bus richting Coniston, via Hawkshead. Uitstappen op Hawkshead Hill.

HEXHAM

Burnlaw Centre
Garry and Rosie Villiers-Stuart
Burnlaw, Whitfield, Hexham,
NE47 8HF Northumberland
T 01434-34 53 59
M 07719-73 35 43
E gvs38@hotmail.com
W www.burnlaw.org.uk
uk

Open: hele jaar 1 mei-31 okt H 800m RES verplicht

Accommodatie en omgeving

The Burnlaw Centre is een biologische boerderij met 20 ha land in een Area of Outstanding Natural Beauty in het noorden van de Pennines. Op de boerderij wordt vee en pluimvee gehouden en fruit geteeld. De eerste gebouwen op het erf dateren uit 1547 en behoorden bij het oorspronkelijk hier gelegen kasteel. De overige gebouwen zijn er tussen 1662 en 1720 bijgekomen en werden lange tijd bewoond door Quakers. Nu huizen er vijf huishoudens, waarvan er vier de Bahai religie aanhangen en één de Boeddhistische. De bewoners werken op de boerderij en in de tuinen en organiseren tevens creatieve workshops, trainingen en meditatiebijeenkomsten.
De accommodatie is even veelzijdig als de bewoners: de tot cottage verbouwde, 18de eeuwse stal heeft beneden een zitkamer met kolenkachel, keuken, toilet en douche en boven twee twee- en drie eenpersoonskamers en een badkamer. Hand- en theedoeken en lakens meebrengen. Twee hutten bieden respectievelijk zeven en acht slaapplekken. Deze zijn het gehele jaar geopend. De accommodatie kan ook geheel worden gehuurd (maximaal 22 personen). Kamperen op het naast de boerderij gelegen kampeerterrein, met plek voor kampvuur. Als u dit van te voren afspreekt, is er een mogelijkheid van verzorgde maaltijden (ook vegetarisch). Er is altijd wel iemand die u met plezier over de boerderij wil rondleiden.
De omgeving, de West Allen Valley, biedt u een indrukwekkende portie natuurschoon en historisch erfgoed. Aanraders zijn het Allen Banks Nature & Trail Reserve, Hadrian's Wall (een nationale wandelroute), de kastelen van Blenkinsopp en Bellister of het verkennen van omliggende pittoreske dorpjes als Hexham of Corbridge. Iets zuidelijker vindt u het mooie Teesdale, een van Yorkshires meest bijzondere valleien wegens de unieke begroeiing langs de rivier de Teesdale, met op de oevers voorjaarsgentiaan, kogelbloem en sleutelbloem.

3 12 3

1x, 7x, 1ppw £ 84
2x, 15x, 1ppnoz £ 6
, ptpn £ 10, pcpn £ 12

Route

58 km W van Newcastle-upon-Tyne. Neem A69 W richting Carlisle. Na 45 km, bij Haydon bridge, afslaan en 11 km lang A686 volgen naar Whitfield. Bij Elks Head Pub linksaf naar Allendale. Kronkelweg steile heuvel op. Bord 'Burnlaw' na 1,6 km aan linkerkant.

Trein tot Hexham, bus naar Allendale, taxi naar Burnlaw of 3 km lopen.

GB IRL

IRONGRAY

Barnsoul Farm
A.J. Wight
Shawhead, Irongray, DG2 9SQ
Dumfries & Galloway
T 01387-73 02 49
F 01387-73 04 53
E info@barnsoulfarm.co.uk
W www.barnsoulfarm.co.uk
uk, fr, de

Open: 1 feb-30 nov 1 apr-30 okt H 70m

Boerderij en omgeving

Op Barnsoul wordt niet intensief geboerd. Er worden runderen en schapen gehouden. Voor wie van natuur houdt, is het een waar paradijs. Oude en nieuwe bossen, heide en vennen zijn de habitat bij uitstek voor herten, vossen en rode eekhoorns. Af en toe komt er een otter of een das kijken. Op de boerderij zijn meer dan honderd vogelsoorten geteld en de wilde bloemen tieren er welig.
Het onderdak bestaat uit geïsoleerde houten tenten (bothies), hoog genoeg om er rechtop in te kunnen staan. Vier tot zes personen kunnen met gemak in één tent verblijven. Ze zijn comfortabel ingericht met matrassen, elektra voor licht

en verwarming en enig meubilair. Ook zijn er voor uw comfort een waterkoker en broodrooster aanwezig. Alle bothies hebben een terras en een barbecue. Gelieve wel uw eigen slaapzak, handdoek en kookgerei mee te brengen. In het hoogseizoen doet u er verstandig aan om van te voren te reserveren.

Afgezien van lange wandelingen door het 120 ha vreedzaam, bebost parkland is Barnsoul een prima uitvalsbasis voor tochten door het ongerepte Dumfries en Galloway, met zijn heuvels en dalen, meren, kastelen en overblijfselen uit het megalithische tijdperk.

 〰️ ✕ ⚓ ⚱️

⌂ 5x, 🛏 26x, hpw £ 28
🏕 T 50x, 🚐 20x, ⛺, ptpn £ 10, pcpn £ 14

Route
🚗 12 km W van Dumfries. A75 richting Stranraer nemen. Na 10 km rechtsaf richting Dunscore en Shawhead. Barnsoul na 2,5 km links van weg.
🚂 Trein tot Dumfries.

LANGSHAW
Over Langshaw Farm
Sheila & Martin Bergius
Langshaw - Galashiels,
TD1 2PE Selkirkshire
T 01896-86 02 44
F 01896-86 02 44
E bergius@overlangshaw.fsnet.co.uk
🌐 uk

Open: hele jaar ⚓ wwoof H 275m (RES) verplicht 🚫 ✕ 🐾

Boerderij en omgeving
Over Langshaw is een populaire, gastvrije accommodatie in ongerept Scottish Borders landschap. De biologische boerderij bezit zo'n 200 hectare grond, waarop zwartbonte Friese koeien en grijze Schotse schapen met hun kroost grazen. De producten zijn melk, eieren en schapenvlees. Deze locatie biedt net de juiste combinatie van bos, weiland en waterlandschap die kievieten, veldleeuweriken, wilde eenden, waterhoenderen en reigers aantrekt. Egels, eekhoorns, uilen en tal van kleinere vogels maken gebruik van de natuurtuin.

Overnachting hier is op basis van logies met ontbijt. Er is een tweepersoonskamer met douche op de begane grond, alsmede een gezinskamer (vier bedden) met aangrenzende badkamer op de eerste verdieping. Een ledikant is beschikbaar. Over Langshaw heeft tevens een cottage voor vier personen (extra bed mogelijk) ter beschikking voor self-catering. The Henhoose is geheel gerenoveerd (de kippen zijn verkast) en bezit houten vloeren, een houtkachel, douche en toilet. Producten van eigen land (eieren en soms groente) zijn te koop. U kunt u over de boerderij laten rondleiden. Kinderen kunnen buiten spelen en mogen helpen bij het rapen van eieren en het voederen van de kalven. Vlak langs het huis loopt een nature trail. Als u wilt wandelen, kunt u de eigenaar om informatie en een kaart vragen.

De Southern Upland Way, de wandelroute van kust tot kust, is niet ver van Over Langshaw. Overnachtende wandelaars kunnen hier hun kleren drogen en een lunchpakket meekrijgen voor de volgende dag. Een uur met de auto en u bent al aan de oostkust met haar zandstranden. De dorpen Melrose en Galashiels liggen elk op slechts 6 km afstand en hebben leuke winkels, pubs en restaurants. Galashiels heeft bovendien een bioscoop, zwembad en sportschool. Overige activiteiten omvatten golf, tennis, vissen, rugby, paardrijden, fietsen, kastelen en abdijen bezoeken en tuinen en bossen verkennen.

🛁 🏊15 🛶4 🎣4 ✕6-15 🚲15 🐎15 ⛰10 🐴

🛏 2x, 🛏 6x, 1ppn £ 28, 2pppn £ 50 B&B
⌂ 1x, 🛏 4x, hpw £ 450

Route
🚗 53 km ZO van Edinburgh. Vanuit Edinburgh A 68 Z, richting Dalkeith. Eenmaal in Lauder na het postkantoor rechtsaf. 8 km rechtdoor tot aan Langshaw. Links aanhouden. Over Langshaw ligt 1,5 km verder aan deze weg. Bord aan einde oprijrit naar boerderij.
🚌 Bus nummer 95 vanuit Edinburgh naar Galashiels, over A7.

ROWELTON
Low Luckens Organic Resource Centre
Jill Jones
Low Luckens, Rowelton - Carlisle,
CA6 6LJ Cumbria
T 016977-483 31
E lowluckensorc@hotmail.com
W www.lowluckensfarm.co.uk
🌐 uk

Open: hele jaar ⚓ H 160m (RES) verplicht 🚫 ✕ 🐾

Boerderij en omgeving
Low Luckens Organic Resource Centre is gevestigd in de Low Luckens Organic Farm, gelegen aan de rivier Lyne in noordoostelijk Cumbria. De boerderij maakt deel uit van het net van biologische boerderijen van de Soil Association en produceert rund-, lams- en varkensvlees. Ruth en Mike Downham zijn al meer dan twaalf jaar biologische boeren. De boerderij is een 'rentmeesterovereenkomst' aangegaan, wat inhoudt dat de hagen worden hersteld, de hooivelden en weiden zodanig worden beheerd dat ze fauna aantrekken, visuele vervuiling wordt opgeheven, vijvers worden aangelegd en vrije doorgang over wandelpaden wordt verleend. Op de 91 hectare van het bedrijf zijn verschillende habitats: het oude bos bij Mallsburn Gorge is vanwege zijn (korst)mossen aangewezen als Site of Special Scientific Interest. Er zijn meer dan 200 florasoor-

ten geteld. In de lente bouwen wulpen er hun nesten. Tevens treft u op de boerderij een dassenburcht, otters en een aantal nu zeldzame rode eekhoorns.

Het centrum is het gehele jaar geopend en verschaft betaalbare accommodatie aan groepen en gezinnen die van het platteland willen genieten of een actieve bijdrage willen leveren aan het werk op de boerderij of aan het natuurbehoud. U logeert ofwel op een eenpersoonskamer of op één van de twee slaapzalen voor vier personen. Er worden geen maaltijden verstrekt. U wordt verzocht te reserveren. Uw hond mag - na overleg - mee. De accommodatie is geheel rookvrij.

 3x, ◿ 9x, hpw £ 70-375
◿ 3x, ◿ 9x

Route

🏛 24 km NO van Carlisle. A69 naar Brampton, dan A6071 naar Longtown. Na 4 km rechtsaf bij wegwijzer Hethersgill en Roadhead. Op kruispunt in Hethersgill rechtdoor. Na 1,5 km buigt hoofdweg naar rechts richting Shankhill en Mallsburn. Hier links aanhouden. Na 2 km rechtsaf op kruispunt met Shankhill school, richting Mallsburn en Baileyhead. Na minder dan 1 km linksaf op T-kruising met wegwijzer Roadhead. Onmiddellijk naar rechts (bord 'Low Luckens'). Links aanhouden op geasfalteerde weg (2 km) tot aan boerderij.

🚆 Trein tot Carlisle. Bus tot Brampton. Verder geen openbaar vervoer.

RYDAL

Nab Cottage
Liz & Tim Melling
Rydal - Ambleside, LA22 9SD Cumbria
T   01539-43 53 11
F   01539-43 54 93
E   tim@nabcottage.com
W   www.nabcottage.com
📞 uk, it, pl, jp

Open: 1 okt-15 jun H 44m (RES) verplicht
[×⁺]

Huis en omgeving

Nab Cottage dateert uit 1565 en werd ooit bewoond door de schrijvers Thomas de Quincey en Hartley Coleridge, terwijl twee huizen van de befaamdere Wordsworth op loopafstand staan. De locatie is hartje Lake District National Park, tussen de meren Ambleside en Grasmere in. Het uitzicht is op Rydal Water, een meertje waar je in een uur omheen loopt. Cottage en meer zijn omgeven door bergen. De eigenaren, Liz en Tim, runnen samen met hun kinderen en twee assistenten een holistische taalschool met onder meer reiki en shiatsu. Afhankelijk van het aantal taalcursisten kan de functie van pension (oktober-juni) enigszins overlappen met die van taalschool (april-oktober). Voor gasten die willen deelnemen aan de taalcursussen kan een speciale regeling worden getroffen.

U logeert in één van de zeven gezellige slaapkamers, waarvan vier met privé badkamer. De overige drie delen een badkamer. U kunt gebruik maken van de zitkamer met open haard, alsmede van de sauna in de tuin. Alle maaltijden worden ter plekke bereid uit verse ingrediënten. Groepen tot veertien personen kunnen de accommodatie in zijn geheel huren. Hoewel dezelfde prijs geldt, staat groepen tevens de schuur ter beschikking voor feesten of groepsevenementen. De schuur doet ook dienst als locatie voor cursussen yoga, dansen en schilderen.

De omgeving, het Lake District National Park, leent zich voor tal van activiteiten; u kunt gratis gebruik maken van fietsen en een kano, vissen, zwemmen, paardrijden, bergbeklimmen en golfen. Wandelaars kunnen zich uitleven op maar liefst 3.500 km aan wandelroutes, al dan niet vergezeld van een vrijwillige gids die u de meest afgelegen, bijzondere plekjes laat zien. Het adembenemend mooie landschap trekt bovendien mensen aan die eenvoudigweg tot rust willen komen en van de natuurpracht willen genieten, zoals fotografen en dichters.

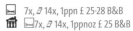

🛏 7x, ◿ 14x, 1ppn £ 25-28 B&B
 🛏 7x, ◿ 14x, 1ppnoz £ 25 B&B

Route

🏛 54 km N van Lancaster. Verlaat Lancaster op M6 N richting Kendall. Neem afslag 36 naar A590/A591, aanduiding South Lakes Kendall. A591 aanhouden tot in Lake District. Door dorpen Ambleside en Rydal heenrijden. Nab Cottage na 500 m aan uw rechterhand.

🚌 Bus 555 naar Ambleside en Keswick. Bushalte voor de deur.

SOUTH LAKELAND

Rookhow Centre
Robert & Lesley Straughton
Rusland, Nr. Grizedale,
South Lakeland, LA12 8LA Cumbria
T   01229-86 02 31
F   01229-86 02 31
E   rookhow@tesco.net
📞 uk

Open: hele jaar ♥ H 200m (RES) verplicht
🦽 [×⁺] [⋔]

Huis en omgeving

Het Rookhow Centre is een historisch landhuis uit 1725, gebouwd als ontmoetingsplaats voor Quakers en nog steeds als zodanig in gebruik. Deze door 5 ha volgens ecologische principes beheerd weiland en bos omgeven accommodatie ligt middenin het Lake District, op korte afstand van het wereldberoemde Lake Windemere en niet ver van het Grizedale Forest Park met zijn wandelroutes en sculpturen. De groentetuin is volledig biologisch.

Op deze rustige, vredige plek overnacht u in één van de recent verbouwde stallen. Elk heeft een gemeenschappelijke zitkamer, een keuken en een slaapzaal. Zo nodig kunnen de banken in de zitkamer ook als slaapplek dienst doen. Houtkachels zorgen voor warmte (hout wordt verschaft). Groepen tot dertig personen kunnen de accommodatie, met inbegrip van het ontmoetingshuis, als geheel afhuren. Tevens is het Rookhow Centre tegen een redelijk tarief beschikbaar voor kleinschalige congressen of seminars. De gehele accommodatie is rookvrij. Op het erf kunnen maximaal tien kampeerders (vijf tentplaatsen) terecht.

In de omgeving kunt u fantastisch wandelen en fietsen. Fietsen zijn vlakbij te huur. Verken bijvoorbeeld de grootste meren van Engeland, Windemere en Coniston Water, of de beboste valleien en weiden. Op loopafstand vindt u een vogelreservaat. In de bossen bij Satterthwaite heeft u grote kans op een ontmoeting met vredig grazende herten, dassen en de nu zeldzame rode eekhoorns (grotendeels verdrongen door de uit Amerika geïmporteerde grijze). Pittoreske stadjes en monumentale dorpjes als Hawkshead en Ulverston, historische ruïnes en steenformaties, de botanische tuinen van Graythwaite Hall en de beroemde sculpturen van Grizedale bevinden zich alle op korte afstand van het Rookhow Centre.

🏛 ▭3x, 🚿 20x, 1ppnoz £ 12
🏕 T 5x, 🚱, Prijs op aanvraag

Route

🚗 19 km Z van Ambleside. Neem A591 Z. Volg borden Hawkshead. Dan B5285 naar Grizedale. 5,5 km voorbij Grizedale (weg Satterthwaite naar Ulverston Road) ligt Rookhow aan rechterkant.

🚉 Trein naar Ulverston of Grange Over Sands.

ST. JOHN'S-IN-THE-VALE

Low Bridge End Farm
Sarah & Graham Chaplin-Brice
St. John's-in-the-Vale - Keswick,
CA12 4TS Cumbria
T   01768-77 92 42
E   info@campingbarn.com
W www.campingbarn.com
🌐 uk

Open: hele jaar ❦ H 200m 🅧 [♒]

Boerderij en omgeving

Deze traditionele boerderij in het Lake District dateert uit 1630 en ligt in een dorp dat oorspronkelijk een Vikingnederzetting was. Het bedrijf is nu al een eeuw in handen van de familie Chapin-Brice. De ligging is prachtig: half verscholen aan de voet van hooglanden met uitzicht over St. John's Beck. Het huis is omgeven door 20 hectare weide- en bosland.

De self-catering accommodatie is een verbouwde hooizolder; de kampeerschuur was voorheen een stal uit de 18de eeuw. De kolenkachel zorgt ervoor dat het er nooit koud is. Boven kunnen acht mensen slapen; beneden is er een zitruimte, toilet, douche en keuken. De eigenaren runnen een 'tea garden' zodat er – naast ontbijt - de hele dag versnaperingen beschikbaar zijn. Bij tijd en wijle houden ze handenarbeidscursussen. Informatie hierover is te vinden op hun website.

In de directe omgeving kunt u spectaculaire fiets- of wandeltochten maken. Neem ook eens een kijkje in het Lake District. De dichtstbijzijnde stad, Keswick, ligt op een afstand van slechts 10 km en is rijkelijk voorzien van pubs, winkels, restaurants, musea, een bioscoop en een schouwburg. Het land rond de boerderij is rijk aan rode eekhoorns, herten, otters en dassen. De rivier zit vol vis, die weer waterspreeuwen, reigers en ijsvogels aantrekken. U zou eens zomers de libellen moeten zien!

🛁 🍽 🚲 🐟10 🚤10 🎣10 ✂1,5
🚿10 🍵10 🐚10 🏊16

🏠 1x, 🚿 4x, hpw £ 175-300
🏛 ▭1x, 🚿 8x, 1ppnoz £ 5,50

Route

🚗 10 km ZO van Keswick. M6 in noordelijke richting, tot aan afslag 40. Dan A66 naar Keswick. Na 22 km bij Threlkeld linksaf, de B5322 op. Boerderij ligt 5 km verderop, rechts van de weg op punt waarop de weg een scherpe bocht over brug maakt.

🚉 Naar Penrith met trein of bus, dan bus naar Threlkeld, 5 km lopen richting zuiden.

TALKIN HEAD

Long Byres
Harriet Sykes
Talkin Head, Talkin Head,
CA8 1LT Cumbria
T   016977-34 35
F   016977-22 28
E   harriet@talkinhead.co.uk
W www.talkinhead.co.uk
🌐 uk

Open: hele jaar ☂ H 200m (RES) verplicht [♒]

Boerderij en omgeving

Deze prachtig in de heuvels ten noorden van het Lake District gelegen cottages horen bij een kleinschalig bedrijf met scharrelkippen en -varkens, Suffolk stamboekschapen, ganzen en een kudde Exmoorpony's. Mo Varken en de twee alpaca's zijn uitstekende maatjes voor kinderen. Het land ligt op de helling naar de North Pennines, ook wel Engelands Laatste Wildernis genoemd.

Long Byres heeft zeven tot vakantiehuisjes verbouwde bijgebouwen van de oorspronkelijke boerderij. Er is een tuin met gazon en struiken. Het uitzicht is over de velden naar het hoogland van het Lake District. Er zijn twee vijfpersoons-, drie vierpersoons en twee tweepersoonshuisjes te huur, alle voorzien van keuken, douche en toilet. U mag uw hond meebrengen, mits die te allen tijde aan de lijn loopt. Met uitzondering van de laatste twee weken van december is Long Byres het gehele jaar geopend.

De boerderij ligt naast een vogelreservaat. Vanuit Talkin kunt u uitstekende korte of lange wandelingen maken in de Pennines (Area of Outstanding Natural Beauty), langs Hadrian's Wall (World Heritage Site), of in het Northumbria National Park. Het gebied leent zich ook prima voor fiets- en paardrijtochten. Op Talkin Tarn kunt u vissen en roeien. Bezoek een karakteristiek marktstadje als Haltwhistle, dat uit de Romeinse tijd dateert, vele vroeg middeleeuwse gebouwen heeft en tijdens de Industriële Revolutie van wol, graan en steen leefde. De Burn Gorge waar honderd jaar geleden nog fabrieken stonden, is nu weer een prachtig natuurgebied waar u op forel en zalm kunt vissen. De North Pennines is het domein van onder meer slechtvalken, buizerds, kieviten en kiekendieven. De weliswaar niet extreem hoge, maar uiterst ruige bergtoppen van de Pennines zijn een uitdaging voor klimmers. Het Lake District ligt op ongeveer een uur autorijden van Talkin Head.

🍽️ ✚5 🔥1,5 ♨1,5 🌿 ⚓10

🏠 7x, ⚂ 26x, hpw £ 150-315-180-385

Route
🚗 23 km O van Carlisle. Vanuit Carlisle A69 naar Brampton. Na 16,5 km B6413 richting Castle Carrock nemen en borden volgen richting Talkin. In dorp nog 350 m doorrijden, dan rechtsaf. Na nogmaals 350 m staan cottages recht voor u.

🚆 Trein tot aan Brampton Junction. 3 km lopen. Na afspraak kunt u worden opgehaald.

WHITBY
Falcon Guest House
Peter Lyth
29 Falcon Terrace, Whitby,
YO2 11EH North Yorkshire
T 01947-60 35 07
🌐 uk

Open: hele jaar ⊠ 🐾

Huis en omgeving
Falcon Guest House is een oud, rustig gelegen dorpshuis uit 1913, waarvan het authentieke karakter goed bewaard is gebleven. De originele koperen lichtknoppen, de ouderwetse bedden uit de Victoriaanse tijd en de open haard in de lounge geven u het gevoel in een andere tijd te verpozen. Achter het huis bevinden zich moestuintjes, waar groenten en fruit worden verbouwd.

U overnacht in ruime en sfeervolle slaapkamers met een mooi uitzicht over tuin en omgeving. In de ruime, zonnige ontbijtkamer geniet u van een heerlijk voedzaam, deels biologisch, compleet Engels ontbijt. Ook is een veganistisch of vegetarisch ontbijt mogelijk. In de aangename gemeenschappelijke zitruimte kunt u ontspannen lezen of piano spelen (u kunt zelfs pianolessen nemen).

Het prachtige stadje Whitby biedt u een goede uitvalsbasis voor wandelingen en fietstochten langs de kust (Ravenscar Nature Trail, Robin Hood's Bay), met weidse zeegezichten, vele vogelsoorten en brede zandstranden. Landinwaarts wachten u de schitterende Yorkshire Moors, met eindeloze heuvels, heidevelden, beekjes en Romaanse bruggetjes. Whitby is een belangrijk strijdtoneel geweest voor Romeinen, Saksen en Vikingen en Kelten en katholieken. Onder andere de oude abdij van Whitby en de haven zijn de moeite waard.

♨️ 🌸 〰️0,9 🚣0,9 🎣0,8 ✂0,8
🎿0,8 🚴0,9 🏊

🛏️ 2x, ⚂ 6-7x, 1pkpn £ 35, 2pkpn £ 40
B&B
🏛️ 🛏️2x, ⚂ 6-7x, Prijs op aanvraag

Route
🚗 75 km ten NO van York. Van York naar Malton; vervolgens via Pickering naar Whitby.

🚆 Per trein of bus naar Whitby. Vanaf station 7 minuten lopen. Voorbij Windsor Terrace, weg buigt af naar rechts, heuvelopwaarts. Falcon Terrace is laatste straat rechts. Guest House is nr. 29; let op grote klimop op de muur.

GB IRL

YORK
Cornmill Lodge
Jen Williams
120 Haxby Road, York, YO31 8JP Yorkshire
T 01904-62 05 66
F 01904-62 05 66
E cormillyork@aol.com
W www.vegetarianyork.net
🌐 uk

Open: hele jaar (RES) verplicht ⊠ 🐾

Herberg en omgeving
Cornmill Lodge is een kleine herberg dat gerieflijke accommodatie biedt op slechts 15 minuten lopen van de kathedraal van York. De eigenaar Jen, geboren in York weet veel over het gebied en is graag bereid u te adviseren welke attracties het middeleeuwse York waard zijn te bezoeken en welke gebieden in de omgeving. Het ontbijt is gevarieerd en voedzaam en met zo veel mogelijk bereid met vegetarisch- en biologische ingrediënten.

Er zijn twee tweepersoonskamers en suite, een zitkamer en suite en een eenpersoonskamer met eigen faciliteiten. Aan details is veel zorg besteed.

York heeft een overweldigende historische

rijkdom. Behalve de wereldberoemde kathedraal, gebouwd tussen 1220 en 1480, heeft het middeleeuwse kerken, huizen in de Georgian Style (1720 tot 1840), het Yorkshire Museum met zijn voorwerpen uit de Romeinse-, Angelsaksische- and Vikingperiode. Een Vikingnederzetting uit de 9de eeuw ging vooraf aan het huidige York. Veel kunt u hierover lezen en zien in het Jorvik Viking Centre en het Archaeological Research Centre. De Yorkshire Moors zijn dichtbij en biedt tevens een enorme hoeveelheid wandelroutes. Een bijzondere plaats is Farndale, waar in de maand april wilde narcissen de velden en de bossen als het ware met een geel tapijt bedekken. Bempton Cliffs en Robin Hood's Bay zijn uitstekend om wandelingen op en langs de klippen te maken en om vogels te observeren (u treft hier de papegaaiduiker aan). Naar het westen liggen de Yorkshire Dales met hun valleien van kalksteen, muren van keien, watervallen en bloemrijke hooivelden.

 0,2 2 2 1 3

3x, 6x, 1ppn £ 36, 2ppn £ 35 B&B

Route

141 km N van Nottingham. Vanaf Nottingham de A610 · M1- Rotherham · M18 · Doncaster · A1 · Leeds · A64 · A19 · York.

Trein naar York, vervolgens bus nr 1 naar Haxby/Wigginton. Vraag naar Rose Street.

Mijn eerste reisboek

De eerste vakantie is voor kinderen reuze spannend. Wat neem je mee, hoe gaat de reis en wat is allemaal te zien en te beleven op een camping? Kinderen van 4 tot 8 jaar krijgen dit soort vragen speels beantwoord met het ANWB-kinderboek 'Mijn eerste reisboek'. Verkrijgbaar bij ANWB, boekhandel en warenhuis.

CALGARY

Treshnish & Haunn Cottages
Carolyne Charrington
Treshnish Point, Calgary, Calgary
(Isle of Mull), PA75 6QX Argyll

T 0845-458 19 71
F 01688-40 02 49
E enquiries@treshnish.co.uk
W www.treshnish.co.uk
uk, fr

Open: hele jaar H 216m (RES) verplicht

Boerderij en omgeving

Threshnish is een op traditionele wijze gerund boerenbedrijf met 770 ha heuvel- en weiland. Hoewel niet meer gecertificeerd, hanteert Treshnish toch biologische principes: er worden geen kunstmest of bestrijdingsmiddelen toegepast. De eigenaren houden inheemse rassen schapen en runderen in dit kwetsbare landschap en beheren de verschillende habitats met het oogmerk de verscheidenheid aan flora en fauna in en om dit prachtige gebied zoveel mogelijk te beschermen.

U verblijft hier hetzij in de comfortabele cottages bij het boerenhuis, hetzij in één van de eenvoudige, traditionele stenen 'blackhouses' te Haunn, op 1,5 km afstand. De accommodaties verschillen in grootte. Het aantal bedden ligt tussen de twee en de zes. Alle zijn bestemd voor self-catering vakanties. Eén van de huisjes is geschikt gemaakt voor gehandicapten. U wordt verzocht zelf handdoeken mee te brengen, hoewel u deze ook van de eigenaar kunt huren. Soms zijn er producten van eigen land te koop.

U kunt urenlang, mijlenver wandelen over het ruige kustpad. Een aantal historische locaties houdt de herinnering levend aan de vele vissers en pachtboeren die hier door de eeuwen heen een bestaan hadden. Mull is een ideale bestemming voor

vogelaars: steen- en zeearenden en vele andere vogelsoorten kunnen hier vrijwel dagelijks worden waargenomen. Bij een boottocht loopt u een goede kans om orca's, bruinvissen, dolfijnen en reuzenhaaien te zien. U kunt met het veer naar de Treshnish Islands (acht in totaal, waaronder Staffa, Lunga en Ulva), die nationaal belangrijke en beschermde leefplekken zijn voor onder meer papegaaiduikers en zeehonden.

⚓ ≈≈≈≈

🏠 8x, 🛏 30x, hpw £ 230-490
🏚 🛏8x, 🛏 30x, Prijs op aanvraag

Route

🚗 23 km W van Tobermory. Op noordwestelijkste punt van Mull, 1 u rijden vanaf Tobermory Ferry. Vanuit Craignure A849 richting Salen, dan A848. 3 km na Salen linksaf richting Dervaig (B8035). Op T-kruising in Dervaig linksaf. 3 km na Calgary Bay rechtsaf laan naar Treshnish Farm in.

🚌 Vanaf veerboot: Bus naar Tobermory. Dan bus naar Calgary. 5 km lopen naar Treshnish Farm. Zie www.mict.co.uk voor dienstregeling boot en bus.

EDINBANE

Edinbane Self Catering
Alistair Danter
3, Edinbane, Edinbane (Isle of Skye),
IV51 9PR Scotland

T 01470-58 22 21
E enquiries@edinbane-self-catering.co.uk
W www.edinbane-self-catering.co.uk
uk, fr, pt

Open: hele jaar (RES) verplicht

Boerderij en omgeving

Het Isle of Skye is een must voor wie van vogelkijken, ruige kusten en lange bergwandelingen houdt. En wilt u 's avonds wat traditioneel vertier, dan vinden er in de pubs vaak Ceilidh ("keelie") plaats: live Keltische muziek met volop dansen.

Helen en Alistair Danter verhuren twee self-catering accommodaties temidden van 45 hectare grasland in de overgangsfase naar biologisch weiland. Merman is een stenen cottage van twee etages, met twee tweepersoonskamers met lits-jumeaux. Tigh Dubh (Gaelic voor 'blackhouse': lang, laag huis met rieten dak zonder schoorsteen), ook bedoeld voor vier personen, is geschikt voor gehandicapten. Het uitzicht is over Loch Greshornish met MacLeod's Table, een berg met een plateau in plaats van een piek, in de verte. De drie Braevalla Chalets, elk voor vier personen, liggen op kleine afstand van Loch Dunvegan, aan de voet van MacLeod's Table en aan de rand van een onbewoonde wildernis van heuvel- en heideland.

U kunt op dit eiland tal van buitensporten beoefenen (paardrijden, zeilen, kajakken, duiken). Ga voor een uitdaging op expeditie naar de Cuilin Mountains, één van de spectaculairste bergketens in de Britse Eilanden.

🏊15 ⟋10 🚣5 🥾10 🧗

🏠 5x, 🛏 20x, hpw £ 250-450

Route

🚗 369 km NW van Glasgow. A82 N van Glasgow tot Invergarry. A87 W naar Skye. Bij Kyle of Lochalsh de Skye tolbrug over. N naar Portree. Daar links aanhouden. Borden 'Uig' volgen. 10 km rechtdoor, dan linksaf naar Dunvegan (net voor BP benzinestation). Door Skeabost en Flashadder tot Edinbane. Loch Greshornish rechts onder u. Na camping linksaf bij bord Upper Edinbane en brievenbus langs weg. Merman cottage is 3de huis links. Voor Tigh Dubh pad langs Merman omhoog nemen. Hek sluiten a.u.b..

Braevalla Chalets: vanaf aankomst op Skye richting Broadford. 32 km N van Broadford, op kruispunt in Sligachan, linksaf naar Dunvegan. Op Glendale Road linksaf en 5 km rechtdoor. Bij bord bebouwde kom Skinidin eerste pad links (bord 'Braevalla chalets'). Hek sluiten a.u.b. Pijlen volgen.

🚂 Treinen tot Glasgow, Inverness en Fort William dan boemeltrein tot Mallaig en Kyle of Lochalsh. Citylinkdiensten van Londen, Edinburgh, Glasgow

GB
IRL

en Inverness naar Portree. Streekbus van Portree naar Edinbane en Skinidin.

INCHNADAMPH

Inchnadamph Lodge
Chris Rix
Inchnadamph, IV27 4HL Sutherland
T   01571-82 22 18
F   01571-82 22 32
E   info@inch-lodge.co.uk
W www.inch-lodge.co.uk
uk

Open: 1 apr-30 nov H 100m (RES)
verplicht

Huis en omgeving

Inchnadamph Lodge, gebouwd in 1821, diende als verblijf van de Duke en Duchess van Sutherland en als parochiegebouw van Assynt. Na een woelig verleden werd dit schitterende Highland Estate, dat op de lijst van Schotse Monumenten staat, in 1995 zorgvuldig gerenoveerd. De Lodge is omgeven door het spectaculaire berglandschap van Assynt in de noordelijke Highlands, die populair zijn bij bergbeklimmers en -wandelaars. De Munros Conival & Ben More Assynt liggen vlak maar net achter de Lodge en ook Canisp, Suilven, Quinag en Cul Mor liggen in de buurt. Mensen die niet van bergen houden, kunnen de vlaktes of de kustpaden verkennen. De lange kust van Assynt bestaat uit steile zandsteen kliffen en nauwe inhammen tussen de rotsen waar zo af en toe een zeehondekopje boven komt. U treft er echter ook een aantal prachtige zandstrandjes zoals Achmelvich en Clachtoll aan.

U verblijft hier op basis van bed & breakfast in ofwel een kamer (twee- of meerpersoonskamers) of op een slaapzaal. De begane grond, die een tweepersoonskamer bevat, is geschikt voor gehandicap-

ten. Een volledig ingerichte keuken staat ter beschikking van de gasten. Voorts zijn er zit-, eet- en tv-kamers, een winkel die zowel snacks als kant en klare maaltijden verkoopt en zelfs een mini-slijterij! Behalve de b&b accommodatie in de Lodge zijn er nog twee cottages, elk compleet ingericht voor een self-catering verblijf van tot zes personen. Rookvrije accommodatie. Honden na overleg toegestaan.

De omgeving is alles wat u zich verbeeldt bij de Schotse Hooglanden: tal van monumenten, prachtige natuurgebieden met watervallen en bossen, herten en otters; vogelreservaten, Handa Island bijvoorbeeld, waar zeldzame zeevogels broeden, walvissen, bruinvissen en dolfijnen. Op de culturele toer kunt u het Point of Stoer belopen en de Old Man of Stoer zeetoren bewonderen. De imposante ruïnes van Ardvreck Castle en Calda House op de oever van Loch Assynt zijn de tastbare aandenkens aan een vergane rijke cultuur.

 15

12x, 50x, 1ppn £ 24,50, 2pppn £ 19,50 B&B		
2x, 12x		
6x, 30x B&B		

Route

38 km NO Ullapool. Verlaat Ullapool op A835 (Mill Street). Na 28 km linksaf, A837 op. 10 km verder ligt Inchnadamph.

Trein of vliegtuig tot aan Inverness. Bus naar Ullapool. Overstappen op bus naar Lochinver.

NAIRN

Laikenbuie Holidays
Therese & Peter Muskus
Grantown Road, Nairn,
IV12 5QN Nairnshire
T   01667-45 46 30
E   muskus@bigfoot.com
W http://hiddenglen.co.uk
uk

Open: hele jaar   H 60m (RES)
verplicht

Boerderij en omgeving

Op deze in een verborgen glen gelegen gecertificeerd biologische boerderij van 57 ha worden schapen, koeien en kippen gehouden en groente en fruit geteeld. De eigenaren Peter en Therese kochten de oude pachtboerderij in 1984 en hebben deze sindsdien niet alleen in ere hersteld maar hebben er tevens een vakantieparadijs van gemaakt, met een overvloed aan flora en fauna (edelherten, marters, rode eekhoorns) waaronder wel honderd vogelsoorten. De beschutte ligging zorgt voor veel zon, weinig regen en weinig muggen. Er zijn twee luxe lodges, een chalet en een stacaravan te huur. Beide lodges hebben drie tweepersoonsslaapkamers en zijn geschikt voor rolstoelgebruikers. Ze kijken uit op het meer (forelvissen mogelijk). U kunt ook terecht in het chalet, voor maximaal vijf personen, en in de caravan (drie tot vier personen). Een wigwam met diameter van 5 m is beschikbaar voor kinderen of kampeerders die iets heel eenvoudigs willen. Voor alle accommodaties geldt dat roken niet is toegestaan. Wild kamperen is mogelijk tegen één uur per dag meewerken op de boerderij. Producten van eigen land zijn te koop. Huisdieren toegestaan na voorgaand overleg.

In de bosrijke omgeving en nabijgelegen wetlands vindt u een rijk wildbestand. U kunt hier naar hartelust wandelen en fietsen in de heuvels en bergen in het achterland of langs de kust met zijn steile kliffen en mooie vergezichten. Ook zijn hier vele oude kastelen (zoals Cawdor Castle en Brodie Castle), botanische tuinen (onder meer Kincorth House) en distilleerderijen. Fijne stranden vindt u onder andere bij Nairn, waar u een goede kans heeft dolfijnen te zien. Op ongeveer drie kwartier rijden ligt een van de grootste en beroemdste bergmassieven van Schotland: de Cairngorms.

·····6 ≈6 🔍6 ✕ ✈10 🐾

🏠 4x, ✏ 20x, hpw £ 136-524
⛺ T 1x, Prijs op aanvraag

Route

📍 27 km NO van Inverness. Verlaat Inverness in oostelijke richting op A96 naar Elgin. 13 km buiten Inverness B9006 richting Nairn nemen. Na weer 13 km in Nairn afslag Grantown-on-Spey (A939) nemen. 6 km verder, net na een steengroeve, staat de oprit naar Laikenbuie met een wegwijzer aan de linkerkant aangeduid.

🚆 Trein of bus tot aan Nairn, verder met taxi.

SOUTH RONALDSAY

Wheems Bothy
Christina Sargent & Michael Roberts
Wheems Farm, Eastside, South
Ronaldsay, KW17 2TJ Orkney Islands
T   01856-83 15 37
E   christina.sargent@wheems.
    fsworld.co.uk
🖥 uk

Open: 15 apr-31 okt 🌱 🍴 H 65m Ⓡ
✉ 🐎

Boerderij en omgeving

Wheems Farm is een op de Orkneys gelegen, biologisch werkend kleinbedrijf met zuivel en tuinbouw. Michael heeft gewerkt als landschapsarchitect, Christina is jarenlang professioneel musicus geweest en runt nu een galerie en geeft textielworkshops. Zij hebben vier kinderen, van wie er twee nog thuis wonen.
U verblijft hier in uw eigen tent of in de sfeervolle groepsruimte op de vliering, met balkon en uitzicht op de zee. Het 200 jaar oude huis is vakkundig gerenoveerd met originele materialen en beschikt over kookgelegenheid, koelkast en warme douche. Ten slotte kunt u terecht in een chalet met eigen voorzieningen. In overleg kunt

u meewerken tegen kost en inwoning. Melk en groente worden ter plekke verkocht.
Op de Orkneys vindt u rust, natuur, ruimte en wind. Het is een ongerept paradijs met weidse zeegezichten en ruige kliffen waar ontelbare zeevogels broeden, waaronder de grappige papegaaiduiker. Wees ook op slecht weer voorbereid. De beste maanden voor een bezoek zijn mei en juni. In de nabije omgeving vindt u bezienswaardige archeologische opgravingen en historische monumenten. Vlakbij worden creatieve workshops gegeven. Ook kunt u een bezoekje brengen aan een van de omliggende eilanden, zoals Hoy, waar u uiterst spectaculair gevormde rotsen vindt en waar ook de agressieve grote jager broedt.

🌸 ·····0,2 🔍 ✈

🏠 2x, ✏ 8x, 1ppw £ 40-50
🍴 🛏1x, ✏ 9x
⛺ T 12x, 🛋4x, 🥾, pppn £ 2, ptpn £ 3

Route

📍 34 km Z van Kirkwall. Vanaf Kirkwall zuidwaarts richting Churchill Barriers/South Ronaldsay. 150 m na afslag St. Margaret's Hope linksaf bij oorlogsmonument, richting Eastside. 2 km heuvelopwaarts en dan heuvel af tot kruising. Rechtdoor richting zee, 1e boerderij links, bij klein meertje.
🚤 Boot: naar South Ronaldsay/Burwick. Bus: van Kirkwall naar St. Margaret's Hope. Wandelen of ophaalservice door eigenaren.

TYNDRUM

Strathfillan Wigwams
Rena Bailie
Auchertyre, Tyndrum - Crianlarich,
FK20 8RU Perthshire
T   01838-40 02 51
E   wigwam@sac.ac.uk
W   www.sac.ac.uk/consultancy/
    wigwams
🖥 uk

Open: hele jaar 🌱 H 800m Ⓡ ✉

Accommodatie en omgeving

Strathfillan Wigwams maakt deel uit van het Hill & Mountain Research Centre van de Schotse Landbouwhogeschool. De locatie is de Strath Valley, in het recent gecreëerde Loch Lomond & Trossachs National Park, met uitzicht op de pieken van verschillende Munrobergen (Ben More, Ben Challum, Ben Dubhchaig). Dit is jè van hèt voor wie van ruige landschappen houdt. De accommodatie bestaat uit twintig houten wigwams (elk voor vier tot zes personen), drie huisjes en een kampeerterrein. De houten wigwams zijn voorzien van stroom en verwarming, waarmee de ideale combinatie van kamperen, maar toch logeren, van natuur maar toch comfort wordt bereikt. Een volledig toegeruste keuken, toiletten en douches staan de gasten ter beschikking. De drie huisjes kunnen tussen de zes en de acht personen herbergen en hebben alle benodigdheden voor een self-cateringverblijf. Indien u wenst kan het ontbijt geserveerd worden. In totaal is op deze accommodatie plaats voor zo'n negentig mensen. Er kunnen dan ook groeps- of bedrijfsevenementen gehouden worden.
Strathfillan is een ideale uitvalsbasis voor natuur- en sportliefhebbers. Bij wandelingen door bergen en valleien zult u menige adelaar, buizerd, hert en vos bespeuren. Het gebied is bijzonder geschikt om te kanoën, paard te rijden, te vissen, te skiën (Glencoe Ski Centre is slechts een half uurtje rijden) en zelfs om goud te winnen uit het riviergrind! Ook als pitstop bij het afleggen van de West Highland Way of andere lange tochten is Strathfillan strategisch gelegen.

🚣 🛶 🐟 ❄ 🥾

⌂ 23x, ☐ 90x, hpw £ 150-320
✕ T 5x, ⌒ 5x, ⛴, ppn £ 5

Route

⚠ 91 km W van Glasgow. Neem M8 richting Dumbarton-Greenock, dan borden A82 volgen. Crianlarich ligt aan begin van stuk weg waar A82 (NW) en A85 (OW) zich tijdelijk samenvoegen. Strathfillan ligt 3 km van Crianlarich op terrein van Scottish Agricultural College.

🚃 Vanuit Glasgow trein of bus bestemming Fort William, halte Tyndrum of Crianlarich. 24-uurs taxidienst.

**GB
IRL**

GB
IRL

Ierland

In Ierland, het meest westelijke land van Europa, kunt u eindeloos wandelen en fietsen onder geweldige wolkenhemels met een lichtval waar schilders en fotografen lyrisch van worden. Ook voor sportvissers, ruiters en golfers is Ierland ideaal. En na een dag van inspanning is het goed toeven in de gastvrije pubs: nergens ter wereld wordt zo spontaan en graag gezongen (en geborreld) als hier. U hoort er 'jigs' en 'reels', begeleid door blikken fluitjes en doedelzakken.

het graafschap Clare, treft u langs de velden eindeloze fuchsiahagen en kilometerslange stenen muurtjes. Adembenemend mooi zijn de torenhoge Cliffs of Moher, bewoond door duizenden vogels, die met hun roepen het geluid van de zee proberen te overstemmen. Het kalksteengebergte van The Burren is een must voor botanisten. Verder naar het zuiden komt u in het meer toeristische Kerry, dat de hoogste bergen van Ierland bezit. Het schiereiland Dingle heeft prachtige stranden en duinen. Mooie wandelroutes zijn de Kerry Way en de Beara Way.

Accommodaties

De accommodaties in Ierland bieden elk wat wils. Wie rust zoekt kan terecht in een boerenhuis op een verder onbewoond eiland, met als gesprekspartners slechts zee, vogels, en schapen; wie Ierse gezelligheid wil

Tot de meest bekende uitgezette fietsroutes behoort de Tour de Humbert Cycling Trail (225 km), die gedeeltelijk door het graafschap Mayo loopt, om te eindigen in Sligo. De Kingfisher Cycle Trail (370 km) voert u onder meer door het graafschap Fermanagh.

Dun Caochain - een wandelroute - leidt u langs afgelegen dorpjes waar nog Gaelic wordt gesproken. Als u ervan houdt om u aan de rand van de wereld te wanen zijn de woeste Aran eilanden een (woelige) oversteek zeer zeker waard. Meer zuidelijk, in proeven, kan logeren bij een hartelijk en muzikaal boerengezin in Galway, waar gastvrijheid heilig is. Bijna alle accommodaties bevinden zich in het westelijke deel van het land, waar èn natuur èn Ierse cultuur het meest onaangetast zijn. Voor wie van kamperen houdt, is het aanbod beperkt: er is slechts hier en daar een camping.

(Biologische) landbouw

Het Ierse platteland is door de grote emigratiegolven, die zich tot in de tachtiger jaren voortzetten, sterk ontvolkt. Tevens is sinds de toetreding van Ierland tot de Europe Unie de landbouw flink geïntensiveerd, waarbij heel wat hagen en stenen muren verloren zijn gegaan. Van het bruto nationaal product van Ierland komt 3%, bijna het dubbele van het Europese gemiddelde, uit de landbouw. Tachtig procent van alle landbouw is veehouderij op grasland, 11% is extensief grasland en op slechts 9% worden gewassen verbouwd. Een betreurenswaardige tendens is het jaarlijkse verlies van 5% van de boerderijtjes met minder dan vijf hectare. Bijna de helft van alle boerderijen heeft minder dan twintig hectare grond. En met een totaal oppervlak van 32.000 hectare vertegenwoordigen de gecertificeerde biologische bedrijven slechts 1% van de landbouw, hoewel er ook nog veel boeren zijn die het land op traditionele wijze

bebouwen. Toch is de Ierse markt voor biologische producten zeer levendig. Ierland importeert dan ook meer dan 70% van deze producten. Ierland kent drie certificerende organen: de Irish Organic Farmers and Growers Association, de Organic Trust Ltd. en de Biodynamic Agriculture Association met het Demeter-keurmerk.

Natuur(bescherming)

Ierland is relatief soortarm aan fauna. U zult er bijvoorbeeld geen mollen en zwijnen aantreffen en als er ooit al slangen voorkwamen, dan werden die in de vijfde eeuw door St. Patrick verdreven. Volgens de legende althans. De grillige kusten trekken

natuurlijk wel tal van vogels aan: de brandgans, die hier uit Groenland komt overwinteren, de jan-van-gent die zich in zee stort om vis te vangen, papegaaiduikers met hun clowneske kopjes, aalscholvers en tal van roof- en waadvogels.

Wetenschappers schatten dat Ierland oorspronkelijk voor 64% uit bos bestond. Daar is nu nog slechts 9,4% van over. Iets meer dan één tiende daarvan is natuurlijk; twee tiende is beschermd. Iedere windstreek heeft een eigen National Park: Wicklow in het oosten, Killarney in het zuiden, Connemara in het westen en Glenveagh in het noorden. UNESCO heeft twee gebieden als biosfeerreservaat betiteld en wel het North Bull Island, net ten noordoosten van Dublin en Killarney in het zuidwesten. Het eerste is een eiland met zoutpannen en duin-ecosystemen. Het laatste omvat de bergen, bossen, meren en heidegebieden rondom Lough Leane Lake, ten zuidwesten van de stad Killarney. De voornaamste bedreigingen van dit gebied worden gevormd door het toerisme alsmede een aantal niet natuurlijk voorkomende soorten die hier geïntroduceerd zijn. Daarvan zijn de rhododendron en het sika-hertenras, dat zich langzaam maar zeker vermengd met het inheemse edelhert, de grootste boosdoeners.

BALLYCRISSANE

Longford House
Nigel Stoddart
Ballycrissane - Portumna, Galway
T 09096-752 14
M 086-256 98 45
E nigelstoddart@eircom.net
🌐 uk

Open: 1 mei-31 okt ♈ ♒ (RES) verplicht
❌

Boerderij en omgeving

Longford House is een vroeg Georgiaans landhuis met 65 hectare grond, gelegen langs Ierlands grootste rivier de Shannon. De boer, Nigel Stoddart, houdt schapen en koeien en verbouwt graangewassen en mais. Het buurhuis is een 14de eeuws kasteel.

De accommodatie bestaat uit een vierpersoonskamer (één tweepersoonsbed en twee eenpersoonsbedden), twee tweepersoonskamers (eenpersoonsbedden) en twee badkamers. U overnacht in het grote huis op basis van logies en ontbijt. U kunt naar keuze het diner laten klaarmaken of zelf klaarmaken. Vers rund- en lamsvlees is te koop. Vóór begin mei kunt u niet op Longford House terecht. Vanaf half januari is het alle hens aan dek bij het boerenwerk, dus mocht u willen werken, dan kan dit in ruil voor kost en inwoning. Er moeten lammeren en kalveren worden gehaald en het hooi, het silovoer en de mais moeten geoogst. Nigel leidt u graag rond, laat u zien waar de wandelpaden zijn, neemt u mee naar de Shannon en kan vele activiteiten voor u regelen. Paardrijden, bijvoorbeeld, kan bij de buren en zwemmen bij het hotel in Portumna.

Het dorpje Ballycrissane ligt praktisch in het hart van Ierland en van hieruit kunt u in alle richtingen het land verkennen. Liefhebbers van vissen kunnen hun geluk beproeven op snoek, brasem of baars. Op het punt waar de Shannon in Lough Derg overloopt, kunt u naar hartelust vogels observeren. Wandelaars kunnen de vele gemarkeerde wandelroutes belopen. Verder is een bezoek mogelijk aan Portumna Forest Park, de ruïnes van het 6de eeuwse klooster Clonmcnoise en de 13de eeuwse kathedraal van Clonfert.

🛏 3x, 🎵 8x, 2ppn € 30 B&B
⛺ ppn € 15

Route

🚗 71 km N van Limerick. Verlaat Limerick op N7. Na 35 km, bij Nenagh, linksaf slaan naar N52. Rechtdoor tot Borrisokane, dan links aanhouden richting Portumna. In centrum van Portumna rechtsaf naar Ballinasloe. 6 km rechtdoor dan bij bord rechtsaf naar Ballycrissane. Na Mahon's shop tweede oprit aan uw linkerhand.
🚌 Bus van Dublin naar Ballinasloe en van Limerick naar Nenagh. U kunt op verzoek worden afgehaald.

BELTRA

Triskel Flower Farm
Margaret Hedge
Cloonagh, Beltra, Sligo
T 071-916 67 14
M 086-165 49 72
E triskelflowerfarm@yahoo.com
W www.geocities.com/
   triskelflowerfarm
🌐 uk

Open: hele jaar ⛵ H 1200m (RES) verplicht
❌ 🐴

Boerderij en omgeving

Triskel Flower Farm is een biologisch boerderijtje in het beschermde Oxgebergte, dat uitzicht biedt over de graafschappen Sligo en Donegal en de Atlantische Oceaan. Op haar anderhalve hectare land heeft Maggie Hedge, de eigenaresse, natuur- en rotstuinen gecombineerd met een nieuw aangelegde boomgaard en groente-, kruiden- en bloementuinen. Maggie geeft les in conversatie en doceert Engels aan buitenlanders (18-30 jaar). Zij heeft één van de bijgebouwen omgetoverd tot een studio voor bijvoorbeeld dansrepetities.

De accommodatie is een 300 jaar oud landhuisje met moderne serre. Het biedt slaapgelegenheid aan maximaal drie personen en heeft eigen doucheruimte en toilet. Luxe extra's zijn de, op een bergbron aangesloten, kranen en de openluchtjacuzzi. Op verzoek stelt Maggie u haar barbecue ter beschikking en om kruiden en groente mag u altijd vragen. Ze heeft twee fietsen voor u in bruikleen. Paardrijden is mogelijk bij de buren. Op het land kunt u tennis, badminton of volleybal beoefenen. Deze accommodatie is vooral geschikt voor schrijvers, musici, beeldend kunstenaars en dansers en kan ook worden gehuurd door een enkele persoon. Minimale verblijfsduur is één maand.

De omgeving trekt geen drommen toeristen. Verwonderlijk, want hier is van alles te ondernemen. U kunt golfen op maar liefst drie wedstrijdbanen; er zijn rivieren en meren en er is de zee om te vissen, te zeilen of te zwemmen; wandelaars hebben keuze uit diverse routes (de Sligo Way bijvoorbeeld loopt langs Flower Farm naar het natuurreservaat Ladies Brae). Culturele bezienswaardigheden zijn de begraafplaatsen uit het Stenen Tijdperk (Carrowmore en Creevykeel) en vroeg middeleeuwse stadjes als Sligo. In het Gaelic betekent deze plaatsnaam 'overdaad aan schelpen' en die zult u dan ook echt overal tegenkomen.

🚴 ♞ ✈ 🚂 5 🏖5 🎣20 ⛷5
⛷5 ⛷5 ⛵5 🚴20 🚶14 🏊14 🐟

🏠 1x, 🎵 2-3x, 1ppw € 100

Route

🚗 23 km ZW van Sligo Town. Vanuit Sligo N59 Z richting Ballina. In Beltra linksaf bij postkantoor. 3 km rechtdoor, langs hoge zwarte hekken van Crofton's Castle en 3 huisjes aan linkerhand. Triskel staat aangegeven op stenen muurtje en heeft een groen dubbel hek.

🚌 Bus vanuit Sligo tot postkantoor in Beltra. Plattelandsbusje naar Sligo stopt 2-3 x p/w bij hek. Maggie kan u afhalen bij bushalte, station of langs de weg.

CARRON

Clares Rock Hostel (The Heart of the Burren)
Pat Cassidy
Carron, Clare
T 065-708 91 29
F 065-708 92 28
M 087-123 53 89
E info@claresrock.com
W www.claresrock.com
💬 uk

Open: 1 mei-30 sep 🍴 (RES) verplicht ♿
[×⨉] 🐾

Boerderij en omgeving

Clare's Rock Hostel is een prachtige boerderij met 81 ha land, gelegen in het noordelijke deel van het graafschap Clare, aan de westkust van Ierland. De boerderij ligt in The Burren, een Special Area of Conservation. De eigenaar, Pat Cassidy, houdt melkkoeien en heeft drie honden. Hij neemt deel aan het Rural Environment Protection Scheme.

In het hostel kunnen het hele jaar door groepen tot 30 personen terecht (wel reserveren). Voor grote groepen is ontbijt beschikbaar. In het voorjaar en de zomer richt dit hostel zich op kleinere groepen en gezinnen. Voor hen zijn er twee-, drie- en vierpersoonskamers met eigen douche en toilet. Gasten kunnen gebruik maken van een keuken, een was- en droogruimte, een gemeenschappelijke zitkamer en internet. Het hostel is goedgekeurd door de Ierse Tourist Board. Er staan u fietsen ter beschik-

king. Pat leidt u graag rond over zijn land. Carron wordt wel 'The Heart of The Burren' genoemd. The Burren is een bizar landschap van kale, gelaagde kalksteenvlakken die trapsgewijs klimmen en dalen. Het regenwater heeft zich gedurende millennia door de poreuze kalksteen heen een weg naar beneden toe gebaand, waardoor een wirwar van ondergrondse druipsteengrotten is ontstaan. De specifieke geologische kenmerken van dit gebied gaan gepaard met even specifieke flora. Een andere bezienswaardigheid in dit uitzonderlijke stukje Ierland zijn de 215 meter hoge Cliffs of Moher, die uitkijken op de Aran Islands.

🚵 ⋯⋯10 🚲10 🎣 ⚓ ⛵ 🛶 🐎
🚿 ⛵

🏛 🛏8x, 🗡 30x, 1ppnoz € 14, 2ppn € 19

Route
🚗 50 km Z van Galway. Vanuit Galway N18. Links aanhouden naar N67. 3 km na Kinvara linksaf en heuvelopwaarts. 13 km tot aan Carron. Clare's Rock Hostel ligt 100 m voorbij pub/restaurant.
🚌 Per bus uit Galway of Limerick tot aan Lemanagh Castle. Dan 8 km lopen.

CASTLEGREGORY

Illauntannig
Bob Goodwin
Maharees, Castlegregory, Kerry
T 066-713 94 43
E jfcourtney@eircom.net
💬 uk

Open: 1 apr-31 okt (RES) verplicht

Boerderij en omgeving

Illauntannig maakt deel uit van een groep kalkstenen eilanden ten noorden van het schiereiland Dingle halverwege de westkust. Ze worden de Magharee eilanden of ook wel de Seven Hogs (Zeven Zwijnen) genoemd. Het eiland is zo'n veertien hectare groot. Bij laag tij kunt u naar twee van de andere eilandjes waden. Illauntannig was tot 1953 bewoond, nu kunt u het huren.

De accommodatie is een voormalig boerenhuis met twee verdiepingen en een veranda. Het is geschikt voor zes tot acht personen, die in vier slaapkamers overnachten. Beddengoed is aanwezig. Voorts is er een zitkamer met een grote open haard, een keuken met alle benodigdheden, toilet en douche met warm stromend water. Drinkwater en gas voor het fornuis en de koelkast worden geleverd. De verlichting bestaat uit olielampen. Voor de communicatie met het vasteland is er een radiozender. Indien u wilt, kunt u iedere dag naar het vasteland en terug worden gevaren. Dat duurt ongeveer tien tot twaalf minuten; de afstand is één zeemijl (1,845 km).

De omgeving hier is laag en vlak, met een rotskust. Aangezien er geen vervuiling is, is het water kristalhelder en bijzonder prettig om in te zwemmen. Talrijke zeevogels strijken hier neer. Zover bekend is, was Illauntannig het enige van de zeven eilanden, dat bewoond werd. Al in de zesde eeuw bouwde St. Seanach (Oilean Seanaig) aan wie het eiland zijn naam ontleent, hier een klooster. De ruïnes zijn nog steeds te zien: een groot stenen kruis, een kerkje met een stenen altaar, grafmonumenten en een korte ondergrondse gang. Het uitzicht vanaf het eiland is magnifiek: naar het zuiden de baaien van Tralee en Brandon, alsmede Mount Brandon, naar het noorden de kust van het graafschap Clare en de monding van de Shannon.

⌂ 1x, 🗡 8x, hpw € 500-600

Route
🚗 57 km NW van Killarney. Verlaat Killarney via N71 NW richting Tralee. In Tralee R560 naar Castlegre-

gory nemen. Bij aankomst bellen naar eigenaar die u naar eiland toebrengt.

🚌 Bus van Killarney naar Tralee. Verder vervoer overeen te komen met eigenaar.

CASTLEMAINE

The Phoenix
Lorna & Bill Tyther
Shanahill East, Castlemaine, Kerry
T 066-976 62 84
M 087-905 43 34
E phoenixtyther@hotmail.com
W www.thephoenixorganic.com
🌐 uk, de

Open: 15 apr-30 okt 🌱 ♨ (RES) verplicht
♿ 📷 [✿]

Pension en omgeving

Met uitzicht op Castlemaine Harbour Inch Strand, bekend van de film Ryan's Daughter, kan The Phoenix zich geen idyllischer ligging wensen. Deze volledig gerestaureerde boerderij is met liefde ingericht met antieke meubelen en oosterse kunstvoorwerpen, souvenirs van verre reizen van de eigenaren. Hun land van een kleine hectare heeft een grote biologische groentetuin, een boomgaard en velerlei plekken waar u zich af kunt zonderen voor ontspanning of meditatie.

U overnacht op basis van logies en ontbijt in één van de vijf kamers in het huis (drie gezinskamers met aangrenzende badkamer en twee tweepersoonskamers). U kunt ook kiezen voor self-catering in twee romantische woonwagens (twee à vier personen) of een huisje (klein gezin of paar). De bedden hebben geen matrassen maar futons. Kamperen is ook mogelijk (kampeerwagens kunnen niet van stroom worden voorzien). De in het café-restaurant geserveerde maaltijden worden bereid uit biologische ingrediënten of producten uit eigen tuin. Vegetarisch menu

beschikbaar. Wilt u zelf koken, dan kunt u gebruik maken van de keuken.

De omgeving, County Kerry in zuidwestelijk Ierland, is befaamd om haar natuurpracht. De gebergten Slieve Mish en Magilacuddy Reeks vormen tezamen de Ring van Kerry. Op één van de passen staat het fort Caher Con Re (de zetel van de koning). Vanaf dit punt ziet u beide zijden van het Dingle schiereiland en beide baaien. Dit is wandelterrein bij uitstek, met een prachtige flora en fauna. Het Killarney National Park is niet ver. Bij Inch Strand is het uitstekend zeilen, windsurfen of gewoon wandelen. Iets naar het noordwesten ligt het visserijstadje Dingle waar nog met de hand gemaakte boten (curraghs) worden gebruikt. Trekt u nog een stukje verder, dan kunt u met de veerboot naar de Blasket Islands, de meest westelijke punt van Europa.

🍴 🛏 🐴 ⛵ ⋯ ⊃ 🐟 🚲 ⛰

🛏 5x, 🛏 16x, 2ppn € 28-35
🏠 3x, 🛏 6-10x, hpw € 210-500
🏨 🛏 8x, 🛏 22x, Prijs op aanvraag
⛺ T 10x, 🚐 3x, ppn € 7

Route

 20 km NW van Killarney, 6,5 km W van Castlemaine. Verlaat Killarney op N72 richting Fossa. Na 4 km rechts afbuigen, R563 in westelijke richting op. 13 km rechtdoor, dan rechtsaf N70 op. Na 2,5 km linksaf naar N70/R561.

🚌 Busdiensten naar Castlemaine (gehele jaar)

Van juli tot september komt de bus van Dingle naar Killarney langs Phoenix House.

GLENTIES

The Sustainable Land Use Company
Thomas Becht
Doorian, Glenties, Donegal
T 074-955 12 86
M 087-262 55 90
E donegalorganic@hotmail.com
W www.donegalorganic.ie   demeter
🌐 uk, de

Open: hele jaar 🌱 ♨ H 54m ♿ 📷
[✿]

Boerderij en omgeving

Deze biologisch-dynamische boerderij ligt aan de noordwestelijke rand van de Blue Stack Mountains in het meest westelijke deel van Donegal. Het gebied is een Special Area of Conservation. De boerderij is gecertificeerd door Demeter. De eigenaren, Thomas en Luzia, zetten zich met hart en ziel in voor duurzaam landgebruik. Zij werken niet alleen aan voorziening in de eigen behoeften, maar tevens aan het uitdragen van hun levensvisie. Het boerenhuis bestaat voor zover mogelijk uit bouwmaterialen die vrij zijn van chemicaliën. Van de ruim 300 ha land is zo'n 100 ha bebost terwijl de rest aan de natuur wordt overgelaten, voor groenteteelt gebruikt wordt of dient als graasland voor Derry koeien en schapen. Meewerken op de boerderij in ruil voor kost en inwoning is mogelijk.

U overnacht in één van de twee tweepersoonskamers in het boerenhuis, op basis van logies en ontbijt, of in één van de drie self-catering appartementen (één volledig aangepast voor gehandicapten). De camping biedt plaats aan twee caravans of kampeerwagens en tien tenten. De maaltijden zijn voedzaam en bijna volledig biologisch. Producten van eigen land worden te koop aangeboden.

Een deel van het land grenst aan de rivier Owenea. Een goede visstek! Ook voor gehandicapten: een honderden meters lang, met een rolstoel begaanbaar pad maakt het mogelijk dat ook zij de hengel ter hand kunnen nemen. Rondom Glenties kunt u prima wandelen en fietsen. Iets verder westwaarts ligt de grillig gevormde Atlantische kust, met mooie witte zandstranden tussen de rotsformaties in. Glenties is een sfeervol Iers dorpje met pubs, waar live muziek gespeeld wordt.

🍴 🍳 🛶 🚣 ⋯12 ⊃0.3 🐟12
🛶 ⛰

🛏 2x, 🛏 4x, Prijs op aanvraag
🏠 3x, 🛏 8x, Prijs op aanvraag
⛺ T 10x, 🚐 2x, ppn € 6.50

Route
🗺 30,5 km N van Donegal. Verlaat Donegal op R262/Glenties Road. Op T-kruising rechtsaf richting Glenties. Na 3 km bij bord Demeter Organic Farm rechtsaf. Rechtdoor tot volgende bord. Rechtsaf oprijlaan in.
🚌 McGeeham Coaches Dublin - Glenties (1 x /d) (tel: 075-461 50).

GORT
Knocklawrence
Maureen & Thomas Neilan
Gort, Galway
T 091-63 32 81
💬 uk, ie

Open: hele jaar ☘ ✖

Boerderij en omgeving
Thomas en Maureen, hun dochter Martina en haar twee kinderen bewonen deze traditionele boerderij in hartje Galway, vlakbij de Slieve Aughty bergen. Ze nemen deel aan het Rural Environment Protection Scheme en gebruiken geen chemicaliën op hun land. Het 150 jaar oude, grote boerenhuis is omgeven door bomen. De familie is zeer muzikaal en houdt bij speciale aangelegenheden een Ceilidh (spreek uit: Kéelie), een traditioneel Ierse muziekavond. Martina is onderwijzeres en studeert Iers. U zult ondervinden dat gastvrijheid heilig is in Galway.
Er zijn twee tweepersoonskamers op basis van logies en ontbijt. Voor half pension betaalt u meer. De badkamer bevindt zich op de eerste verdieping; op de begane grond is nog een doucheruimte. Het kampeerterreintje biedt plaats aan drie tenten of caravans. Kampeerders en gasten mogen de keuken gebruiken. Er staan u fietsen en visgerei ter beschikking. Voor kinderen is het hier fantastisch buiten spelen.

Bij een lange wandeling over het land moet u beslist de oude Heilige Bron en de begraafplaats aandoen en langs de aangrenzende rivier Killeen slenteren. Het graafschap Galway in het algemeen, en het gebied rond Gort in het bijzonder, is extreem rijk aan cultuur, archeologie, historie en natuur. U bevindt zich op 22 km afstand van The Burren, een uitgestrekt karstgebied van kale, gelaagde kalksteenvlakken met zeer specifieke, zeldzame flora. Eén van de meest spectaculaire ondergrondse druipsteengrotten is het Pollnagollum-Pollelva complex, met dertien km aan galerijen. In en rondom Gort zijn honderden plekken van archeologisch en historisch belang. Er is ieder weekeinde wel een festival, of het nu om muziek, toneel of kunst gaat. De zevende eeuwse scheve toren van Kilmacduagh (helt ruim een halve meter) is meer dan 30 meter hoog.

🛏 2x, 🛏 4x, 2ppn € 25 B&B
⛺ pppn € 10

Route
🗺 65 km N van Limerick; 6 km Z van Gort. N18 N van Limerick naar Gort. 6 km vóór Gort rechtsaf richting Tulla, R462 op. 2de oprit aan rechterhand is Knocklawrence, het enige huis.
🚌 Bus van Limerick naar Gort (ieder heel uur). Bij aankomst telefoneren om te worden opgehaald.

NEW INN
Boytonrath
Teresa & Vincent Kelly
New Inn - Cashel, Tipperary
T 052-624 92
💬 uk

Open: 15 mrt-15 okt ☘ wwoof (RES) verplicht ✖ 🐾

Boerderij en omgeving
Deze 200 jaar oude boerderij met rieten dak heeft 22 ha aan de natuur overgelaten weiland en ligt in het hart van de Gouden Vallei van Ierland. In de bovenste weide bevinden zich feeënringen, in het Gaelic Rath genaamd. De naam van deze boerderij betekent dan ook plaats van de feeenringen. De boerderij is sinds haar prille begin in handen van de familie Kelly. De huidige generatie bestaat uit een groot gezin met acht kinderen. Er heerst hier een bijzonder gezellige en hartelijke sfeer. Het self-catering landhuisje waarin u logeert heeft een rieten dak en is omgeven door een prachtige tuin. Het bestaat uit drie ruimtes: een zitkamer met open keuken, een slaapkamer en een badkamer. Het is geschikt voor maximaal vier personen. De boomgaard herbergt het kampeerterrein, waar ruimte is voor vier tenten en een kampeerwagen. Caravans kunnen hier niet terecht! Kinderen kunnen hier fantastisch spelen: bijvoorbeeld op de trampoline of in de boomhut. U kunt een rondleiding krijgen op de boerderij of in de buurt een wandeling maken (gemarkeerde routes). Producten van eigen land worden te koop aangeboden. U bevindt zich op slechts drie km van het dorp New Inn maar gezien de afwezigheid van noemenswaardig openbaar vervoer is het belangrijk dat u een auto heeft of fietsen huurt.

Deze oeroude streek biedt u zowel ongerepte natuur als rijke cultuur. Op zes km afstand liggen de plaatsjes Cahir en Cashel. Hier kunt u golfen, tennissen en vissen. Tipperary en Clonmel bezitten elk een overdekt zwembad.

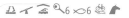

🏠 1x, 🛏 2-4x, hpw € 350
⛺ T 4x, 🚐 1x, pppn € 8, pcpn € 5

Route

▲ 8 km Z van Cashel. Vanuit Cashel of Cahir naar New Inn. Vanuit New Inn richting Golden. Na 3 km links richting Bansha, 4e woning links.

🚌 Geen noemenswaardig openbaar vervoer. Neem taxi.

NEW INN

Gortrua Organic Farm
Michael Hickey
Gortrua, New Inn, Tipperary

T 062-722 23
E gortruaorganic@eircom.net
W www.gortruaorganic.org
🌐 uk, de

Open: hele jaar ♥ H 75m (RES) verplicht
[×] [🍴]

Boerderij en omgeving

Gortrua Organic Farm ligt halverwege de mooie stadjes Cashel en Cahir, temidden van vruchtbare akkers en groene weiden. Het rietbedekte boerenhuis met ouderwets Iers boerenerf is omgeven door 40 ha land, waarop runderen (de roestbruine Aberdeen Angus) en ponies grazen. Het bedrijf is al sinds 1980 biologisch. De hagen tieren hier welig; een hele verscheidenheid aan flora en fauna beschuttend. Een paadje voert naar de rivier de Suir (200m). In het 8 hectare grote veenmoeras bloeien in juni en juli vele zeldzame orchideeën terwijl andere wilde bloemen over het hele boerenerf in overvloed aanwezig zijn.

Het charmante chalet is geschikt voor vier personen en bestaat uit een slaapkamer met tweepersoonsbed en een met twee éénpersoonsbedden, een badkamer (douche, wastafel en toilet), een zitkamer met open keuken, houtkachel, veranda, barbecue en grote tuin. Het landhuisje is tweepersoons en bezit een slaapkamer, badkamer, keuken en tuin.

Beide accommodaties zijn self-catering. Voor kinderen is er een zandbak en een boomhut. Zowel fietsen als een boot zijn te huur. U kunt over het bedrijf worden rondgeleid. Producten van eigen land zijn te koop.

In de directe omgeving kunt u lange wandelingen maken langs velden en kabbelende beekjes. Een tocht naar het 10 km noordelijker gelegen stadje Cashel met zijn 1500 jaar oude Rock is de moeite waard. Vanaf deze plek werd Brian Ború in 1002 de eerste koning van Munster die het tot Hoge Koning van Ierland schopte. In 1102 werd het kasteel overgedragen aan de geestelijk leiders van Ierland. Cahir, 10 km naar het zuiden, heeft prachtige kasteeltuinen. In oostelijke richting stuit u op de middeleeuwse muur van Fethard en 25 km naar het westen ligt het stadjeTipperary alsof het door de tijd is vergeten.

🚣 🚴 🏊 ⛵15 🎣6 🐟10 🚶

🏠 2x, 🛏 6x, hpw € 250-300

Route

▲ 8 km Z van Cashel. Vanaf Cashel N8 richting Cahir. In het dorp New Inn, rechtsaf richting Golden, dan 3de links naar Bansha. Vervolgens 1ste links richting Cahir, dan 1ste rechts oprijlaan op. Boerderij aan einde laan.

🚌 Bus vanuit Dublin/Cork naar Cashel/Cahir of vanuit Waterford naar Cahir. Afhalen bij reserveren afspreken.

SKIBBEREEN

The Cabin
Deirdre Walsh
Frogwell Cottage, Smorane,
Skibbereen, West Cork

T 028-220 81
M 087-793 17 15
E lsternwald@yahoo.com
🌐 uk

Open: 15 mei-15 sep ® [🍴]

Blokhut en omgeving

In West Cork, de 'Tuin van Ierland', staat op het land van Frogwell Cottage een ruime blokhut met een halve hectare tuin. The Cabin is een houten huisje met twee slaapkamers (één met tweepersoonsbed en één met 4 éénpersoonsbedden), een zitkamer, keuken, serre en doucheruimte. Het huisje heeft een eigen oprijlaan vanaf een smal landweggetje. Skibbereen (2,5 km) is een leuk marktstadje. Op minder dan vijf km treft u snelstromende rivieren en meren, waar u kunt zwemmen, zeilen, vissen, windsurfen en kanoën. In de rivier Ilen kunt u vissen op zalm en zeeforel en bij Glandore, Union Hall en Baltimore zeevissen. In de binnensportschool kunt u onder meer tennissen, voetballen, tafeltennissen, bowlen of met gewichten trainen. Duiken en andere watersporten zijn ook mogelijk in Baltimore.

Vanuit deze accommodatie kunt u gemakkelijk de gehele kust van Cork en Kerry verkennen. U treft er het betoverende Lough Hyne, een maritiem natuurreservaat. Het grootste zoutwatermeer van Europa herbergt een enorme verscheidenheid aan zeldzame zeeflora en -fauna. Verder vindt u in de omgeving hoge klippen, het Mizen Head schiereiland met zijn hangbrug en lichtbaken, kastelen en landhuizen, tuinen, pittoreske vissersdorpjes en, niet te vergeten, fantastische eettentjes en gezellige pubs.

🏊 🐟 ⛵ ⛵ 🚣 🚴 🐴 🚶

🏠 1x, 🛏 5-6x, hpw € 250

Route

▲ 83 km ZW van Cork. Verlaat Cork via zuidelijke rondweg en N71 in zuidelijke richting. Door stadjes Bandon, Clonakilty, Rosscarberry en Leap heenrijden. 4 km na Leap staat aan uw linkerhand bord "Castletownshend". Afslag negeren maar bij eerst-

volgende linksaf. 0,8 km rechtdoor, dan 2de huis
aan linkerkant.
🚌 Bus nr. 47 van Cork busstation naar Skibbereen.
U kunt bellen als u er bent of 2,5 km wandelen.

• ANWB Goud

De zeer informatieve, en toch handzame reisgidsen in de serie ANWB Goud bieden u:

- beschrijvingen van alle interessante plaatsen, bezienswaardigheden en attracties.
- veel aandacht voor cultuur en natuur.
- uitgebreide achtergrondinformatie.
- veel plattegronden en kaarten.
- keus uit zo'n veertig Europese vakantiebestemmingen.

Verkrijgbaar bij ANWB-verkooppunten, boekhandels en warenhuizen.

NL

Nederland

Hoewel Nederland zeer dicht bevolkt en relatief arm aan natuur is, heeft dit land vakantiegangers meer te bieden dan veel mensen vermoeden. Het water, of het nu zoet is of zout, is met zijn beweeglijkheid en weidsheid Nederlands meest fascinerende attractie.

Nederland heeft geen hoge bergen of dichte oerbossen en geen tot de verbeelding sprekende grote roofdieren als beren of wolven, maar toch zijn er ook in dit land spectaculaire, natuurlijke bezienswaardigheden. De Waddenzee en de waddeneilanden vormen een uniek ecosysteem van internationale allure, waar het voor vakantiegangers met een groen hart goed toeven is. Hetzelfde geldt voor veen- en moerasgebieden als de Wieden en de Weerribben. De Friese IJsselmeerkust, buitendijks grotendeels beschermd, is bekend bij vele watersportliefhebbers en wordt door hen, net als door de tienduizenden trekvogels die er hun stek vinden, zeer bemind. In de Biesbosch en de Gelderse Poort ontwikkelen zich weer ooibossen en wordt er hard gewerkt aan de terugkeer van de bever. De Nederlandse duinen waren lange tijd ernstig verdroogd, maar zijn inmiddels aan een tweede jeugd

begonnen. Dat de natuur een enorm herstelvermogen heeft, kunt u ook zien vanaf de IJsselmeerdijk langs de Oostvaardersplassen. Op deze plek, waar aanvankelijk een industriegebied zou komen, heeft zich een prachtig moerasgebied ontwikkeld, dat nu een beschermd reservaat is. De eerste voorzichtige schreden zijn gezet om de Veluwe, Nederlands grootste maar tegelijkertijd ook meest versnipperde natuurgebied, om te vormen tot een van de grootste aaneengesloten natuurgebieden van West-Europa. Kortom, Nederland wordt nog mooier en dat is goed nieuws voor vakantiegangers.

Accommodaties

Het aanbod van Nederlandse adressen in deze gids is zeer divers. Het aantal kampeer- respectievelijk logeeradressen is ongeveer gelijk. Er zijn biologische boerderijen bijgekomen, maar ook voormalige boerderijen, zorgboerderijen, dorpspensions, natuurkampeerterreinen en eco-bungalowparkjes. Soms zijn de accommodaties aangesloten bij het Nivon (Nederlands Instituut voor Volksontwikkeling en Natuurwerk), de Stichting Vrije Recreatie (SVR), de VeKaBo (Vereniging van Kampeerboerderijen) of de Stichting Natuurkampeerterreinen (SNK). Voor de terreinen van de laatstgenoemde stichting heeft u een kampeerkaart nodig.

(Biologische) landbouw

Als gevolg van de gemeenschappelijke landbouwpolitiek van de toenmalige Europese Gemeenschap werd de landbouw in Nederland in de jaren zestig fors gemechaniseerd en geïntensiveerd. Door een aantal herverkavelingsgronden kon de landbouw grootschaliger worden, maar tegelijkertijd gingen vele oude agrarische cultuurlandschappen verloren en omdat het waterbeheer werd aangepast aan de behoeften van de landbouw (wat in praktijk ontwatering betekende), verdroogde de natuur. Met ca 15 kg bestrijdingsmiddelen per ha in de gangbare landbouw is Nederland topscorer van Europa. De overvloedige bemesting leidt tot een overmaat aan stikstof in grond- en oppervlaktewater. Stikstofdepositie uit de lucht maakt dat duin- en heidegebieden vergrassen en flora en fauna verarmen. Het toenemende autoverkeer doet hier nog een schepje bovenop.
Gelukkig keert het tij ten goede. Boeren zien zichzelf niet alleen meer als agro-industriële ondernemers,

maar ook als natuurbeschermers en zelfs als gastheren van recreanten en vakantiegangers.
Veel boeren beschermen weidevogels en hier en daar worden weer meidoornhagen en elzensingels aangeplant. Veel agrariërs proberen het gebruik van kunstmest en bestrijdingsmiddelen terug te dringen. Dit gebeurt zowel door een uitgekiender gebruik hiervan in de gangbare - en geïntegreerde landbouw (waarin 'natuurlijke vijanden' worden gebruikt naast andere bestrijdingsmethoden), als door de opkomst van de biologische landbouw. Op dit moment telt Nederland ca 1450 biologische boeren, waarvan het grootste gedeelte gecertificeerd werkt. Van elke 1000 melkkoeien worden er nu ongeveer 3 biologisch gehouden, bij kippen en varkens is de verhouding ca. 2 op 10.000. Samen beslaan de biologische bedrijven 1,5% van het totale landbouwareaal.

De Nederlandse overheid wil dit percentage op termijn naar 10% brengen. Zij doet dit onder andere door het geven van omschakelingssubsidies. Het geringe bewustzijn van de consument met betrekking tot de voordelen van biologische producten en de geringe bereidheid om er meer voor te betalen, staat een snelle groei nog steeds in de weg.
In Nederland zijn twee keurmerken voor biologische landbouw: het EKO-keurmerk en het Demeter-keurmerk. De laatste specifiek voor biologisch-dynamische bedrijven. SKAL is de organisatie die de controle op deze bedrijven uitvoert en bedrijven een keurmerk toekent.

Natuur(bescherming)

Door zijn geografische ligging en de alomtegenwoordigheid van het water is Nederland een belangrijke kraamkamer en pleisterplaats voor watervogels. De lepelaar heeft hier zijn meest noordelijke broedkolonies en voor nog vele andere watervogels

(de krooneend, de purperreiger enz.) vormt Nederland een gastvrije enclave in West-Europa. 's Winters bivakkeren in in Nederland honderdduizenden ganzen en eenden uit het (hoge) noorden en oosten.
Helaas staat de natuur in Nederland onder grote druk. Minder dan 4% van de oppervlakte van Nederland bestaat uit beschermde natuur. Volgens een internationaal erkende norm zou dit ten minste 10% moeten zijn. Tekenend voor dit tekort is bijvoorbeeld dat de otter, een waterdier bij uitstek, hier uitstierf.

Krachtens het Natuurbeleidsplan van 1990 wordt er nu hard gewerkt aan de aanleg van een Ecologische Hoofdstructuur die de grotere natuurgebieden met elkaar moet gaan verbinden. In 2001 zijn een aantal otterpaartjes opnieuw uitgezet, in de hoop dat deze geherintroduceerde dieren zich nu kunnen handhaven. In het jaar 2018 moet 20% van het land bestaan uit pure natuur. Om dit ambitieuze doel te bereiken koopt de Nederlandse overheid op vele plaatsen grond aan voor natuurontwikkeling. Helaas gaat de uitvoering van de EHS erg traag: een aantal eigenaren wil hun grond om uiteenlopende redenen niet verkopen, bovendien zijn de grondprijzen de laatste jaren zo snel gestegen, dat met het vastgestelde budget veel minder grond kan worden aangekocht. Nederland heeft op dit moment 12 nationale parken. Het streven is er 21 te realiseren.

NL

NL

ALKMAAR

Cantina Architectura
Maria van Latum
Geestersingel 11, 1815 GA Alkmaar
T 072-511 32 65
M 06-502 052 50
E familie.van.latum@wxs.nl
W www.cantina-architectura.nl
nl, uk, de

Open: hele jaar

Pension en omgeving

Cantina Architectura is een restaurant en bed & breakfast gevestigd in een monument in het centrum van Alkmaar. Het heeft een uniek uitzicht op het Clarissenbolwerk, een onderdeel van de vesting van het voormalige klooster van de Clarissen. In de veelhoekige theekoepel, die in de vorige eeuw behoorde tot de voorma-

lige buitenplaats Arendshof, las Nicolaas Beets nog zijn verzen voor.

U kunt hier overnachten in een van de drie gezellige tweepersoonskamers; toilet en bad- en douchegelegenheid zijn op de gang. De accommodatie ademt een huiselijke sfeer. Er is ook een sfeervolle tuin aan een oude stadsgracht waar u volop van de rust kunt genieten. U kunt ook dineren in de koepel. Uitgangspunten bij het bereiden van de maaltijden zijn dat ze betaalbaar, gezond en zonder gebruik van producten uit de bio-industrie zijn.

Onder de vele bezienswaardigheden bevinden zich de Grote of St. Laurenskerk, met het fameuze orgel en het Stedelijk Museum van Alkmaar met oude en moderne kunst. Op vrijdagmorgen is de beroemde kaasmarkt van Alkmaar. Het strand van Bergen en Egmond bevindt zich op ca 7 km afstand. In het mooie kunstenaarsdorp Bergen kunt u naar het onderwatermuseum of naar Museum Kranenburg.

8 1 1 9 5
1

3x, 6x, 1ppn € 35, 2pppn € 20 B&B

Route

Vanaf Amsterdam de A9 naar Alkmaar. Daar op rotonde richting Den Helder. Eerste verkeerslicht rechts, Kennemerstraatweg. Tot molen links aanhouden, Kennemersingel, dan Geestersingel.

Trein naar Alkmaar, dan ca 1 km lopen. Ophalen op afspraak mogelijk.

AMERSFOORT

De Expeditie
Magda van der Emde & Abel Herzberger
Schimmelpenninckkade 30,
3813 AE Amersfoort
T 033-475 30 01
F 033-475 30 01
E expeditie@antenna.nl
nl, de, uk, fr, hu

Open: hele jaar RES verplicht

Pension en omgeving

Uitkijkend op het water en de oude stadsmuur ligt het pension De Expeditie op een hele centrale, doch rustige, plaats in het centrum van Amersfoort. Hier wonen en werken de eigenaren die zich onder andere actief inzetten voor geweldloosheid, anti-racisme, de Werkgroep Nederland-Srebrenica en Kabbala. Daarnaast bieden zij logies en ontbijt aan passanten of cursisten. Het water wordt verwarmd door zonnepanelen op het dak.

Uw slaapt in een van de eenvoudige kamers boven, waar in totaal 25 personen kunnen overnachten. Sommige kamers hebben stapelbedden. Er zijn kamers voor een, twee of meerdere personen. Beneden is een groepsruimte beschikbaar, waar groepen tot 25 personen terecht kunnen voor een cursus of lezing. Voor groepen is de gehele ruimte ook in de weekenden te huur. Het ontbijt is biologisch evenals de avondmaaltijden op aanvraag. Zowel het onderkomen als de maaltijden zijn eenvoudig en eerlijk. In de zomer is het gebruik van de aangrenzende tuin een bijkomend genoegen.

Het pension is een prima uitvalsbasis voor het ontdekken van Amersfoort, met zijn oude centrum, het dierenpark en het Armando museum. In de nabijgelegen stad Utrecht is er ook veel stads vermaak. De natuur vindt u op de Utrechtse Heuvelrug (6 km), in het Nationaal Park Hoge Veluwe (25 km) of de Loosdrechtse Plassen (25 km).

🛏 7x, ⌂ 25x, 1ppn € 12,50 B&B
🏠 🛏7x, ⌂ 25x, Prijs op aanvraag

Route
🚗 Centrum Amersfoort (zie stratenboek of stadsplattegrond).
🚶 Vanaf station Amersfoort Centrum 1 km lopen.

Helga Frömming & Peter Boers
Jan Postmahof 12-I, 1063 XC Amsterdam
T   020-411 29 28
M 06-161 420 02
E   pboers@wxs.nl
💬 nl, uk, de, fr, es

Open: hele jaar (RES) verplicht [✕²] 🚫

Huis en omgeving
Op een kleine afstand van station Sloterdijk in Amsterdam-West wonen Peter Boers en Helga Frömming. Zelf erg aktief op het gebied van natuur- en milieubescherming en actieve reizigers, ontvangen de gastheer- en vrouw graag gelijkgestemden. Peter is middeleeuws ambachtsman en maakt onder andere leren schoenen.

U slaapt in een kleine, eenvoudige kamer in het huis op basis van logies en ontbijt. Het linnengoed is van eco-katoen. In de woonkamer staat 's ochtends een geheel biologisch ontbijt voor u klaar. Er is een balkon en in de omgeving zijn veel parken. U wordt vriendelijk verzocht niet te roken in huis. Zij weten veel over ecologie en vegetarisme. Uw verbinding met het centrum van Amsterdam is uitstekend. Ook kunt u hier zelf beleven hoe het is om voor even te wonen in Amsterdam-West, een multiculturele wijk die veel toeristen nooit bezoeken.

De eigenaren maken u graag wegwijs in de omgeving. U kunt ook een fiets huren en de stad of de prachtige natuur van Noord-Holland ontdekken. Het Nationale Park Zuid-Kennemerland ligt op 19 km, Haarlem op 10 km en Zaandam op 5 km afstand.

🛏 1x, ⌂ 2x, 1pkpn € 29, 2pkpn € 35 B&B

Route
🚗 Amsterdam, o km. Ring Amsterdam, afslag 104, Bos en Lommerweg naar het westen, gaat over in burgemeester de Vlugtlaan, rechts burgemeester Focklaan, eerste links.
🚶 Voor reisadvies vanaf Station Amsterdam Sloterdijk contact opnemen met eigenaren.

Natuurvriendenhuis Het Zeehuis
Verspijckweg 5, 1865 BJ Bergen aan Zee
T   072-581 71 97
M
E   zeehuis@nivon.nl
W www.nivon.nl/zeehuis
💬 nl, uk

nivon

Open: hele jaar ♿

Natuurvriendenhuis en omgeving
Vlak bij het Noordzeestrand (500 m) staat het monumentale natuurvriendenhuis Het Zeehuis. Het Noord-Hollands duinreservaat ligt in de achtertuin. Ooit was het natuurvriendenhuis een vakantiekolonie van het Burgerweeshuis.

In het huis zijn 31 kamers voor in totaal 86 gasten. Er zijn twee keukens en twee recreatiezalen. Voor minder-validen is er een stoeltjeslift. Achter het huis mogen enkele trekkerstentjes staan. Kinderen kunnen naar hartelust in en om het huis spelen. Bij het huis worden fietsen verhuurd en vlakbij zijn ligfietsen te huur.

Het strand en de zee zijn dichtbij om te vliegeren, te zwemmen en te surfen. In het huis kunt u toegangskaarten voor het Noord-Hollands Duinreservaat kopen. In dit prachtige gebied vindt u kalkduinen en meer dan 300 km fiets- en skeelerroutes en 500 km voetpaden. U kunt het Trekvogelpad (LAW 4) en het Duin- en Polderpad (LAW 5) lopen. Bij Schoorl is de zeereep doorgestoken. Zo ontstond de Kerf, een dynamische duinvallei, waar jonge duinen aangroeien en wegspoelen en waar de zeewinde groeit. Achter de naaldbossen liggen de bollenvelden en het oude polderlandschap van De Schermer en de Beemster. Bij de waterveiling van Broek op Langedijk ziet u hoe praamladingen groente vroeger bij afslag verkocht werden. In Alkmaar vindt u musea en uitgaansgelegenheid.

🚴 ⋯⋯0,5

🛏 31x, 🏁 86x, 2ppn € 18,30
🏠 🛏31x, 🏁 86x, Prijs op aanvraag
⛺ T 5x, pppn € 4,30, ptpn € 2,80

Route
🅰 In Bergen aan Zee aan begin van dorp rechts (Elzenlaan). Accommodatie aan eind van deze weg.
🚂 Station Alkmaar, bus 160 naar Bergen (mei t/m aug.), dan bus 262 naar Bergen aan Zee. Of treintaxi.

NL

BILTHOVEN
Natuurcamping Farm Eterna
Margriet Wolting
Koudelaan 25, 3723 ME Lage Vuursche
T   035-666 97 85
F   035-666 97 86
E   info@eterna.nl
W   www.eterna.nl
🏳 nl, uk, de

Open: hele jaar ⛺ 1 apr-31 okt (RES)
verplicht ✖ [🐾]

Kampeerterrein en omgeving
Midden in de uitgestrekte bossen van het Gooi ligt boswachterij De Vuursche. In dit fraaie gebied vindt u Farm Eterna, een gezellige natuurcamping en logement. Duurzaamheid en kleinschaligheid staan er hoog in het vaandel. Zowel individuele gasten als kleine groepen zijn welkom. Op het 1 ha grote terrein kunnen ongeveer 40 tenten en kleine caravans staan. U kunt overnachten in een luxe trekkershut en in de boerderij zijn kamers te huur (met ont-

bijt). Er is een volledig ingerichte keuken. Er is ook een conferentieruimte waar eenvoudige maaltijden worden geserveerd. De omgeving leent zich uitstekend voor boswandelingen, fietstochten, steppen en spelen. Fietsen en steps zijn te huur. Ook kunt u gaan zwemmen in het bosbad in Baarn, ongeveer een half uur lopen. In Lage Vuursche, het bekendste pannenkoekendorp van Nederland, kunt u een bezoek brengen aan de midgetgolfbaan of een wandeling maken met de boswachter. Farm Eterna ligt aan het Waterlandpad, Trekvogelpad en Heuvelrugpad. In Maartensdijk kunt u openluchtmuseum Het Boschboerderijtje (open in juli en augustus) en een kaasmakerij bezoeken, in Hilversum het Omroepmuseum en in Laren het Nivon Geologisch Museum Hofland.

🚿 📺 🚴 🎵 🏊5 🏄4 🎣6 🎣6
🚤8 🛶8 🚩4

🛏 17x, 🏁 32x, 1ppn € 26, 2ppn € 35 B&B
⛺ T 25x, 🚐 15x, 🚍, pppn € 6, ptpn € 3,75, pcpn € 5

Route
🅰 3 km ZO van Hilversum, 6 km N van Bilthoven. Vanuit Utrecht A27, afslag Bilthoven/Maartensdijk. Bilthoven volgen tot 1ste verkeerslicht; Lage Vuursche is daar aangegeven.
🚂 Station Hilversum, bus 59 naar Lage Vuursche (1x p.u.), halte dorp, 5 min. lopen. Of treintaxi van Hilversum of Bilthoven. Vanaf station Hollandse Rading wandeling door bos, ca 30 min.

BLOEMENDAAL AAN ZEE
Camping De Lakens (voorheen Rozenpaadje)
J. Metselaar
Zeeweg 60,
2051 EC Bloemendaal
aan Zee
T   023-54 11 571
F   0251-66 10 89
E   info@kennemerduincampings.nl
W   www.kennemerduincampings.nl
🏳 nl, uk, de

Open: 28 mrt-26 okt (RES) verplicht ♿
🐾

Camping en omgeving
Natuurkampeerterrein Het Rozenpaadje is onderdeel van een grote camping, de Lakens, gesitueerd in het Nationaal park Zuid Kennemerland (ca 5000 ha groot). Het Rozenpaadje ligt in een rustig duingebied op 300 m van zee en strand en met toegang tot een uitgebreid netwerk van fiets- en wandelpaden. Het terrein wordt op natuurvriendelijk wijze beheerd, men maakt o.a. gebruik van groene stroom. Ze zijn hiervoor onderscheiden met de Milieubarometer.
Er zijn 25 plaatsen voor tenten. Op het terrein van De Lakens is een restaurant waar u maaltijden kunt krijgen en een supermarkt waar ook biologische producten te koop zijn. U kunt daar ook fietsen huren.
Op 2 km van de camping vindt u het informatie- en educatiecentrum De Zandwaaier, waar u alles te weten komt over de duinen en de flora en fauna van dit unieke gebied. Als u wilt, kunt u met de boswachter naar de Kennemerduinen. Hij neemt u mee op ontdekkingsreis door het breedste duingebied van Nederland. Het terrein ligt op 9 km afstand van de stad Haarlem met veel musea, bijzondere kerkgebouwen, een oud centrum vol leuke winkels en veel activiteiten in het vakantieseizoen.

🚿 📺 🚴 🚴 ✈ ⋯⋯0,3 🏄4 🎣4
🎣4 🍴 🛶5 🚩5 🏄5 ✳10

⛺ T 25x, ptpn € 23,85 (incl. 4p)

Route
🅰 Haarlem, 9 km W. Vanaf Haarlem borden Bloemendaal aan Zee volgen. Camping de Lakens staat aangegeven.
🚂 Trein naar Haarlem en buslijn 81 tot camping de Lakens.

BROEK IN WATERLAND

De Eilandstal
Linda & Piet Ebbelaar
Atjehgouw 3, 1151 EB Broek in Waterland
T 020-403 18 73
M 06-558 639 90
E pj.ebbelaar@hetnet.nl
🖰 nl, uk

Open: hele jaar 🐟 (RES) verplicht [🛏]

Boerderij en omgeving

Aan de rand van het authentieke Noord-Hollandse dorpje Broek in Waterland ligt het biologische vleesveebedrijf van de familie Ebbelaar, midden in een fraai natuurgebied en vlak bij het IJsselmeer.
Op het boerenerf staat een stal uit 1999, met op zolder een appartement met woonkeuken, drie slaapkamers, douche en toilet. Graag uw eigen handdoeken meebrengen. De keuken is voorzien van een vaatwasser en een magnetron. De woonkamer is sfeervol ingericht, met een grote eettafel en een raam, waardoor u in de stal kunt kijken. Er kunnen vijf personen logeren. Naast het gezellige, wat ruige erf ligt een boomgaard met verschillende genoeglijke zitplekjes en een picknicktafel. Het appartement is alleen in de weekends te huur, van vrijdag tot maandag.
Waterland is, zoals de naam het zegt, een waterrijk gebied met veel kleine dorpjes en een veenweidelandschap. Heerlijk rustig. Er is een vogelkijkhut in de buurt. U kunt er prachtige vaartochten maken. Bijvoorbeeld naar Volendam en Marken. De familie Ebbelaar verhuurt platbodems om zelf te 'schipperen'. Na afspraak krijgt u een lunch- of borrelmand mee. Ook zijn er mooie fiets- en ruitertochten te maken. Fietsverhuur kan geregeld worden en na overleg kunt u een van de paarden voor een ritje meenemen. Dorpsschoon vindt u volop in de omgeving: Volendam, Edam en Marken zijn karakteristieke plaatsen. En aan stedelijke cultuur en uitgaansleven natuurlijk geen gebrek: Amsterdam is vlakbij!

🚣 🚴 🐟 🏊3 ⚓12 🚤12 ⌒ 🛶3 🛶3 🚣1

🏠 1x, 🚙 5x, Prijs op aanvraag

Route
🚗 10 km NO van Amsterdam, 1 km N van Broek in Waterland. Ring (A10) Amsterdam; afslag S116 richting Volendam (N247). Na 8 km rechts, afslag Broek in Waterland-Zuid, richting Zuiderwoude aanhouden. Ca 800 m buiten Broek in Waterland links; de Atjehgouw. Achter het erf van Atjehgouw 1.
🚌 Vanaf Amsterdam CS Connexxionbus 110,111,112 of 116; halte Broek in Waterland, 1 km lopen richting Zuiderwoude. Verder als hierboven.

DEN HOORN - TEXEL

Stichting Sint Donatus
Ellen van Straten
Hoornderweg 46,
1797 RA Den Hoorn - Texel
T 0222-31 94 26
F 0222-31 93 67
M 06-226 638 80
E donatus@tref.nl
W www.sintdonatus.nl
🖰 nl, de, uk   demeter

Open: hele jaar ⚓ 1 apr-31 okt 🌱 (RES) verplicht [🛏]

Boerderij en omgeving

Biologisch-dynamische boerderij in een typische Noord-Hollandse stolpboerderij waar het gonst van de bedrijvigheid. Er worden op 60 ha bijzondere streekeigen producten, zoals de Texelster aardappel, geteeld en koeien gehouden. De specialisatie ligt in de productie van kwark, yoghurt en ijs, maar ook rundvlees, tarwemeel en mosterdzaad komen van de boerderij. Sint Donatus is een van de oprichters van het merk 'Waddendelicatessen' en 'Waddenzuivel', eerlijke producten uit het Waddengebied die in vele natuurwinkels door het hele land te verkrijgen zijn.
Bij de boerderij kunt u kamperen (acht staanplaatsen) en er is ook een luxe zespersoonsappartement te huur. Wasmachine en droger zijn voor de gasten aanwezig. In het hoogseizoen zijn er excursies over het bedrijf. Bij het bedrijf horen een winkel en een tearoom, waar koffie, thee en gebak geserveerd worden. In de winkel is een breed assortiment producten te koop, waaronder brood, kaas, wijn, zuivel, vlees, delicatessen en souvenirs.
De boerderij ligt in het overgangsgebied van duinen en het Texels weidelandschap. U kunt een bezoek brengen aan de natuurgebieden De Geul, Westerduinen, Bleekersvallei, De Muy en Slufter. Het Texels duingebied herbergt 400 plantensoorten. In De Waal vindt u het Agrarisch en het Wagenmuseum, in Oudeschild het Maritiem en het Juttersmuseum. Bij het strand vindt u het informatieve natuur- en zeehondencentrum Ecomare.

🏕 ⚓ ⋯4 🐟5 🚤6 🏹3 🛶10 🚣7 🚤7 🚴2 🛶7 🚲7 🐎

🏠 1x, 🚙 6x, Prijs op aanvraag
🏕 Prijs op aanvraag

Route
🚗 Den Burg. Van veerhaven Texel richting Den Hoorn, Watermolenweg. Einde weg linksaf, 1e boerderij rechts.
🚌 Van veerhaven Texel bus via Den Hoorn naar Den Burg. Halte Diek is 1 km van boerderij. Tip: koop voordelige combikaart voor boot en taxi.

DRIEHUIZEN

Camping Natuurlijk Genoegen
Fam. Konijn
Driehuizerweg 2a,   demeter
1844 LM Driehuizen
T 072-504 43 26
F 072-504 44 77
E natuurlijkgenoegen@hetnet.nl
W www.natuurlijkgenoegen.nl
🖰 nl, uk

Open: 1 apr-31 okt 🌱 [🛏]

Boerderij en omgeving

Deze biologisch-dynamische melkveehouderij is gelegen in de Schermer, een van de oudste polders van Nederland. Op het bedrijf wordt bewust omgegaan met de natuur, de dieren en de voedselproductie. Sinds 2005 is het bedrijf in het trotse bezit van het Demeter-certificaat. Het bedrijf bestaat uit 110 stuks melkvee (inclusief jongvee), 100 schapen en 30 kippen.

Het kampeerterrein van 0,3 ha ligt naast de boerderij en is omgeven door een haag en bomen. Er zijn 15 plaatsen voor tenten en caravans. De vernieuwde sanitaire voorzieningen bevinden zich in de kapschuur grenzend aan het kampeerterrein. Ook is er een recreatieruimte met tafeltennistafel voor regenachtige dagen. Er is ook een chalet te huur, geschikt voor 2-4 personen. Er is een winkel waar biologische producten worden verkocht, met name melk, eieren, rund- en lamsvlees. De winkel is voor kampeergasten dagelijks geopend.

In de omgeving zijn diverse fietsroutes door oude polders, waarbij u een aantal molens en poldergemalen (met museum) kunt bezoeken. Er zijn volop mogelijkheden voor kanoën en varen. U kunt een tocht maken met een fluisterboot door natuurgebied De Eilandspolder. De camping heeft een centrale ligging; Alkmaar, Hoorn, Purmerend en Amsterdam bieden talloze uitgaansmogelijkheden.

🚲 ⚓ ≈≈≈15 🌊1 🏕9 🛶9 🎣3 ✕0,3 ♨2 🚿2 ≈0,3 🚿0,3

⚓ ptpn € 12 pcpn € 12

Route
🚗 10 km ZO van Alkmaar. A9 richting Leeuwarden/Heerhugowaard. Op ringweg Alkmaar afslag Stompetoren (N243) Na 2 km afslag Zuid-Schermer. In dorp Zuid-Schermer links richting Driehuizen. Na 1,5 km rechts.

🚲 Fiets huren op station Alkmaar en anders info bij camping.

EENIGENBURG
Boerderij De Buitenplaats
Willy & Bram Borst
Surmerhuizerweg 10,
1744 JC Eenigenburg
T 0226-39 16 51
F 0226-39 57 36
✉ nl, de, uk

demeter

Open: 15 apr-15 sep 🐓 (RES) verplicht
♿ ✕⁵

Boerderij en omgeving

Deze kop-hals-rompboerderij uit 1969 herbergt een biologisch-dynamische veehouderij met koeien, kippen en kleinvee. Er zijn aardappelen en er is zuivel te koop. Grasklaver, afval van groenten en stro van de tarwe komt van de naburige boerderij de Lepelaar, waarvoor De Buitenplaats mest levert voor op de akkers. Dit is ecologie in de praktijk!

Op het vlakke (zeeklei)land achter de boerderij kan met 15 tenten of caravans worden gekampeerd. U kunt ook een toercaravan huren. De faciliteiten zijn rolstoeltoegankelijk. 's Zomers worden er af en toe knutselochtenden voor de kinderen op de boerderij georganiseerd. Als u wilt kunt u een dagje meewerken met de dagelijkse boerderijwerkzaamheden.

De omgeving biedt veel wandelmogelijkheden; de hoeve ligt 7 km van duin en strand. Aan de overkant van het Noord-Hollands Kanaal liggen de Schoorlse duinen. Naturistenrecreatie is mogelijk op het strand van St. Maartenszee. In het oude kerkje in Eenigenburg (uit 1792) worden op zondagmiddag sfeervolle concerten verzorgd door enthousiaste musici. De kerk die op een terp uit de 14e eeuw is gebouwd, heeft o.a. een kerkklok uit 1543, een preekstoel uit 1698 en een uniek orgel, gebouwd door Schölgens in 1876. De ruïne van kasteel Nieuwendoorn (Floris V) met de bijbehorende heemtuinen is ook een bezoekje waard.

♨ ≈≈≈7 🌊2 🏕2,5 🛶7 🎣3 ✕◦ ♨5,5 ≈5,5 🚿2 ⚓3 👥

⚓ 🏕 , Prijs op aanvraag

Route
🚗 15 km N van Alkmaar. Vanaf Alkmaar richting Den Helder. Bij Schoorldam afslaan naar Warmenhuizen. Richting St. Maarten volgen. Na afslag Tuitjenhorn afslag Eenigenburg-Burgerbrug. Na 1,5 km rechts Eenigenburg inrijden. Na 300 m boerderij, tegenover Kerkepad.

🚲 Trein naar Alkmaar, daar bus 157 naar Tuitjenhorn. Vandaar buurtbus naar Eenigenburg.

GROENEKAN
Minicamping Tussen Hemel en Aarde
André Verdonk & Anke van Mourik
Kanonsdijk 7, 3737 MS Groenekan
T 030-262 67 98
✉ nl, fr, de, uk

Open: 1 apr-1 okt 🐓 (RES) verplicht ✕⁵
🐕

Kwekerij en omgeving

Minicamping Tussen Hemel en Aarde bevindt zich in het groen aan de rand van Utrecht. Kwekerij Zonnekind, onderdeel van het bedrijf, kweekt vaste planten volgens een gecontroleerde teelt (Milieu Project Sierteelt). Er is een plantaardig filter, dat het afvalwater weer voor de kwekerij geschikt maakt. Het moderne woonhuis is deels in en deels onder de grond gebouwd. Daarnaast is er een grasveld voor kampeerders.

Het kampeerterrein is omgeven door bomen en biedt plaats aan zes tenten en vier caravans. Er staat ook een boomhut waarin op avontuurlijke wijze overnacht kan worden. Deze is geschikt voor twee volwassenen of een volwassene en twee kinderen. De boomhut biedt een fantastisch uitzicht. Midden op het terrein staan ook een compleet in het groen weggestopte oude bunker waarin u kunt overnachten en een klein zomerhuisje, voorzien van stapelbed, slaapbank en keukenblok. De sanitaire voorzieningen zijn sober. Er zijn kaarten en informatie over de omgeving aanwezig.

De accommodatie ligt in een weide- en natuurgebied. De dijk ligt op de Waterlinieen Trekgatenroute. Op 600 m afstand, in het fort Ruigenhoek, is een natuurzwembad. In natuurgebied de Westbroekse Zodden kunt u wandelen over trilveen; bij elke stap voelt u de grond bewegen. De Maarsseveense plassen en de Loosdrechtse plassen liggen op fietsafstand, evenals het centrum van Utrecht (4 km).

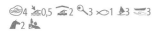

⚡ T 6x, 🛏 4x, 🔥 🏠, pppn € 3, ptpn € 3, pcpn € 4,50

Route

🚗 1 km N van Utrecht, 1 km W van Groenekan. A27, afslag 31 Maarssen/ring Utrecht noord. Bij 1ste verkeerslicht rechtsaf, dan 1ste weg rechts, Anthonydijk die overgaat in de Kanonsdijk.

🚆 Trein naar Utrecht CS, bus 138 naar Groenekan, halte centrum. Oversteken en Ruigenhoeksedijk uitlopen (1,5 km). Deze gaat over in Kanonsdijk.

HEEMSKERK

Natuurkampeerterrein De Berenweide
Remco Blankert
Oudendijk (ongenummerd),
1969 MN Heemskerk

T 0900-384 62 26
F 0251-23 26 01
E berenweide@
kennemerduincampings.nl
W www.kennemerduincampings.nl
🗺 nl, de, uk

Open: 1 apr-1 okt 🎿

Camping en omgeving

De Berenweide ligt in het stiltegebied van het Noord-Hollands Duinreservaat aan de rand van het tuindersgebied van Heemskerk. Als kampeerder heeft u toegang tot dit unieke duingebied, met een geldige natuurkampeerkaart van de Stichting Natuurkampeerterreinen. Het kampeerterrein is 1 ha groot en onderdeel van de Kennemerduincampings, die beloond zijn met het Milieubarometer keurmerk. Dat wil zeggen dat er onder andere extra aandacht wordt besteed aan afvalscheiding, energie- en waterbesparing en milieuvriendelijke bouwmaterialen. De camping is uitstekend geschikt voor (jonge) kinderen omdat er geen auto's op het terrein kunnen komen en er een grote speelweide voor ze is.

De Berenweide heeft een eigen ingang en sanitaire voorzieningen. Er zijn 20 tentplaatsen van ieder circa 75 m2, verspreid over vier velden. Vouwwagens en caravans zijn niet toegestaan. In het duingebied van het Noordhollandse Duinreservaat heeft de natuur voorrang en dat is goed merkbaar. Auto's komen er niet en dat betekent in alle rust wandelen en fietsen.

Wandelroutes lopen op 500 m langs het terrein, de zee ligt op 3 km afstand en mooie fietsroutes vindt u in het uitgebreide natuurgebied van Heemskerk tot aan Schoorl. Uitstapjes kunt u maken naar de Zwarte of Oosterse markt in Beverwijk, het educatief centrum De Hoep langs de Zeeweg in Castricum of het Teylers Museum en het Frans Hals Museum in Haarlem. Heemskerk, Beverwijk en Castricum liggen dichtbij, Haarlem en Alkmaar liggen op ongeveer 20 km afstand.

⚡ T 20x, 🚐, pppn € 3,20, ptpn € 8,75

Route

🚗 Vanaf Beverwijk Rijksstraatweg, bij Texaco links, Oudendijk. Na 1,5 km Berenweide rechts.

🚆 Vanaf station Castricum of Beverwijk bus 167 of 168, halte Oudendijk in Heemskerk en nog 1,5 km lopen.

HOLLANDSCHE RADING

Fazantenhof
Mevr. H. Ploeg-Hulshof
Karnemelksweg 1A,
3739 LA Hollandsche Rading

T 035-57 71 845
F 035-57 71 845
E info@campingfazantenhof.nl
W www.campingfazantenhof.nl
🗺 nl, uk, de, fr

Open: 1 apr-1 okt Ⓡ 🛁

NL

Camping en omgeving

Op de grens van het Goois Natuurreservaat en de Utrechtse Heuvelrug ligt deze natuurcamping. U vindt hier, verscholen in de bossen, een fraaie kampeerplaats, schoon en functioneel sanitair, ruimte en verder alleen natuurschoon.

Er is op deze camping plek voor 20 tenten en 40 caravans. Er is geen georganiseerd vermaak, geen winkel en geen kantine. Fazantenhof is dan ook uitermate geschikt voor rustzoekers en mensen die de pure beleving van kamperen in de natuur kunnen waarderen. Voor de kleine kampeergasten zijn er schommels, een zandbak en een wip. Voor de groten een tafeltennistafel en een dubbele jeu de boulesbaan. Na overleg kunt u uw huisdier meenemen. Het terrein is autovrij.

Fietsers en wandelaars kunnen in de bosrijke omgeving prachtige tochten maken. De camping ligt in een netwerk van fiets- en wandelpaden. Met een beetje geluk kunt u zelfs dassen zien in het dassenbos met de veelbesproken dassentunnel onder de A27. Paardrijden kan men bij diverse maneges in de buurt en zwemgelegenheid is er in het Baarnse Bosbad dat u na een mooie fietstocht van ca zes km kunt bereiken. Ook de Loosdrechtse Plassen zijn niet ver weg. Op wandelafstand vindt u een pannenkoekenrestaurant en voor boodschappen kunt u naar Maartensdijk (4 km).

🛏 🍴 ≈7 🚲6 ⚲2 ⛵7 ⟷7 ⚓2
🚣2

🔺 T 20x, 🚐 40x, Prijs op aanvraag

Route
🚗 12 km N van Utrecht, 2 km O van Hollandsche Rading. A27 vanuit Utrecht, afslag Bilthoven-Maartensdijk. Links over snelweg, via rotonde, bij splitsing rechts N417 richting Maartensdijk. Via rotonde Maartensdijk rechtdoor (Wilhelminaweg-Tolakkerweg). Bij stoplicht Hollandsche Rading rechts (Vuursche Dreef). Over spoorbaan 1,8 km rechtdoor, bos in. Y-splitsing rechts (Karnemelksweg), na 200 m voor restaurant Fazantenhof links, bospad op, melden bij woonhuis 1A.
🚉 Station Hollandsche Rading, onder viaduct door richting bos lopen, rechtdoor tot Y-splitsing, rechts aanhouden, na 200 m links achter restaurant, melden bij woonhuis.

LAGE VUURSCHE
Natuurvriendenhuis Koos Vorrink
Koudelaan 16, 3749 AM Lage Vuursche
T   035-666 83 05
F   0347-32 82 79
M 0347-32 82 53
E   koosvorrink@nivon.nl
W www.nivon.nl/koosvorrink
🌐 nl, uk   **nivon**

Open: hele jaar ♿

Natuurvriendenhuis en omgeving
Het grote Koos Vorrink natuurvriendenhuis ligt midden in de bossen, net buiten het toeristische dorpje Lage Vuursche.
Het huis, met in totaal 103 bedden, heeft twee slaapvleugels. Twee kamers zijn aangepast voor rolstoelgebruikers. Verder zijn er vernieuwde moderne verblijfsruimtes met een eigen terras, een grote keuken en modern sanitair. Er zijn speelvoorzieningen voor groot en klein. Het huis verzorgt groepsarrangementen op aanvraag. Ieder jaar zijn er drie speciale weken voor ouderen. Voor groepen vanaf 10 personen worden lesprogramma's natuur en milieu aangeboden bij de Bosboerderij.
Vanuit het huis dwaalt u over heide en zandverstuivingen en door eindeloze bossen. De boswachter helpt u graag om meer te weten te komen over de natuur, net als de medewerkers van de op loopafstand gelegen Bosboerderij. Zwemmen kan in het Baarns Bosbad, of in zwemparadijzen in Soest en Amersfoort. De Utrechtse Heuvelrug, boswachterij de Vuursche, de zandduinen bij Soest en het Gooi leveren fraaie fietsmogelijkheden op, net als landgoed Pijnenburg en de streek rond kasteel Groeneveld. Op de terreinen van Staatsbosbeheer op de Heuvelrug mag u te voet de paden links laten liggen. Of volg het Trekvogelpad (LAW 2) of het nieuwe Utrechtpad (SP 13). In Oud Loosdrecht kunt u bootjes huren en in Kortenhoef kano's. Het pannekoekendorp Lage Vuursche biedt veel restaurants, een midgetgolfpark, fietsenverhuur en andere toeristische voorzieningen.

🚲4 ⚓0,5

🛏 39x, 🛏 103x, 2pppn € 18,30
🏨 🛏39x, 🛏 103x, Prijs op aanvraag

Route
🚗 A27, afslag 33 Hilversum. Richting Baarn, dan Lage Vuursche. In het dorp is het huis aangegeven.
🚉 Station Hilversum CS of Zeist. Dan bus 59 naar Lage Vuursche (Dorp), 250 m. lopen. Of treintaxi vanaf Bilthoven.

LANDERUM - TERSCHELLING
Boerderij De Steedacker
Sietske Bosch & Willem van Leeuwen
Landerum 26,
8893 GZ Landerum - Terschelling
T   0562-44 84 96
🌐 nl, uk

Open: hele jaar ♥ [🏠]

Boerderij en omgeving
Boerderij De Steedacker ligt ongeveer 8 km buiten West-Terschelling en heeft een mooi uitzicht over polder en kooibos. Er is een biologische tuin van 1,5 ha en er zijn kippen. Verwacht geen keurig opgeruimd erf, het is er gezellig rommelig. De eigenaren zijn jaren geleden op het eiland neergestreken om te genieten van de rust en al het moois dat Terschelling te bieden heeft.
Er is een eenvoudig vrijgelegen zomerhuis voor vier personen te huur en een sobere groepsaccommodatie voor vier tot tien personen. De laatste is incidenteel beschikbaar voor groepen die in de tuin willen meehelpen in ruil voor inwoning.
In de buurt van de boerderij zijn diverse wandel-, fiets- en ruiterroutes, onder andere door natuurreservaat de Boschplaat. U kunt cranberry-excursies maken (Skylge, tel: 0562-448800) of de vuurtoren Brandaris uit de 16de eeuw bezoeken. Op Terschelling zijn diverse oude kapiteinshuizen uit de tijd van de walvisvaart te zien en het gemeentemuseum 't Behouden Huys is opgedragen aan de Terschellinger Willem Barentsz. Aan het begin van iedere zomer vindt op Terschelling het Oerol festival plaats, waarbij op verschillende locaties op het eiland theatervoorstellingen worden gespeeld.

🚣 ⋯2,5 🚲8 🐟

🏠 hpw € 210

Route

ℹ️ Auto is niet noodzakelijk op het eiland. Wilt u toch met de auto? Vanaf de veerboot rechts en de weg blijven volgen met aan uw rechterhand het wad, totdat u door Landerum komt.

🚲 Vanaf veerhaven bus of fietstaxi of vraag boer om routebeschrijving.

LEIDEN

Stochemhoeve
Nel & Marius van Ouwerkerk
Cronesteyn 3, 2322 LH Leiden
T   071-572 11 41
F   071-572 11 83
M 06-132 353 42
💬 uk, nl, de

Open: hele jaar 🏕️ 1 apr-1 okt (RES)
verplicht ♿ ☒

Boerderij en omgeving

Kampeerboerderij Stochemhoeve ligt vlakbij Leiden in het natuurpolderpark Cronesteyn. De boerderij is een woon-werkvoorziening voor mensen met een lichte verstandelijke handicap, die meewerken in huis en tuin. Naast de boerderij bevindt zich een schooltuinencomplex waar biologisch wordt getuinierd.

Behalve kamperen kunt u ook overnachten in een van de drie blokhutten met elk vier slaapplaatsen. Er is ook logeergelegenheid in de boerderij met 16 slaapplaatsen, verdeeld over acht slaapkamers. Logeergasten gebruiken een grote gemeenschappelijke woonkamer en volledig ingerichte keuken. Rolstoelgebruikers zijn hier van harte welkom. U kunt er logeren op basis van logies met ontbijt of het geheel als groepsaccommodatie huren.

In het fraaie polderpark worden diverse activiteiten op het gebied van natuur- en milieueducatie georganiseerd. Bos, duin, strand en zee zijn dichtbij. De Kagerplassen bieden volop mogelijkheden voor watersportactiviteiten. Boten kunnen voor de accommodatie aangelegd worden (Rijn-Schiekanaal). Een buitensportcentrum en skibaan bevinden zich op 10 km afstand. De historische binnenstad van Leiden biedt talloze mogelijkheden op het gebied van cultuur en uitgaan. Ook zijn er diverse interessante musea zoals Naturalis en het Museum voor Volkenkunde.

....8 🐚5 ⚖️0,8
2 🔍4 🛏️5 🛏️5 ⚓3 🎣10 ✳️10

🛏️ 8x, ⚡16x, 2ppn € 12,50
🏠 🛏️8x, ⚡16x, Prijs op aanvraag
⚓ T 20x, 🚐 10x, ⚖️, Prijs op aanvraag

Route

ℹ️ Leiden, 0,1 km SE. A4 afslag Zoeterwoude-dorp, dan richting Voorschoten-Leiden. Voor brug rechtsaf, busbaan over en bij kanaal rechtsaf, 2e boerderij.

🚲 Vanaf Leiden-Lammenschans 10 minuten lopen: via spoorbrug over kanaal, dan rechts en na 300 m 1e boerderij langs kanaal. Ook treintaxi vanaf Leiden CS.

LELYSTAD

Waterland logies
Fam. Elzinga-van Hees
Beginweg 35, 8222 AJ Lelystad
T   0320-23 09 50
M 06-538 977 41
E   mvhees@wanadoo.nl
💬 nl, uk, de

Open: hele jaar 🌱

Boerderij en omgeving

Waterland is een biologisch tuinbouwbedrijf, gelegen in het biologisch landbouwgebied van Flevoland. Het bedrijf is ongeveer 20 ha groot. In nauwe samenwerking met nabijgelegen tuinbouwbedrijven worden op Waterland verschillende groenten verbouwd, zoals peen, kool, prei, erwten en zoete mais. Ook wordt er biologische compost gemaakt. Op het bedrijf worden verder Quarter Horses verzorgd en getraind. Dit zijn van oorsprong Amerikaanse paarden, die worden gebruikt zijn voor de western-paardensport.

In een bedrijfsgebouw op het erf is een vierpersoonsappartement ingericht waar u kunt logeren. Het is van alle gemakken voorzien en zeer rustig en privé gelegen. U kunt ook een van de kamers huren op basis van logies met uitgebreid biologisch ontbijt.

In de omgeving kunt u prima fietsen, wandelen, vissen en paardrijden. Voor de liefhebbers kan er op circa 4 km afstand ook worden getennist en gegolfd. Het Markermeer ligt op loopafstand, hier kunt u uiteraard zwemmen maar ook windsurfen of zeilen. Ook het natuurgebied de Oostvaardersplassen en natuurpark Lelystad zijn dichtbij. Verder zijn de heemtuinen, het Biologisch-dynamisch Centrum en de Bataviawerf, allen in de nabije omgeving, zeker een bezoek waard.

🏊 🎣 🐚4 ⚖️4 🚣4 🔍3 🛏️4 🛏️4
🎣3 🏕️

🛏️ 2x, ⚡5x, 2ppn € 22,50
🏠 1x, ⚡5x, Prijs op aanvraag

Route

ℹ️ A6 richting Lelystad, afslag 11 Lelystad-Noord, richting Lelystad-Enkhuizen (Houtribweg/N307). 2e weg links (rangeerstation niet meegerekend), vóór de windmolen (Zuigerplasdreef). 1e weg links (Bronsweg), 1e weg rechts (Beginweg), 1e inrit rechts.

🚲 Trein Lelystad-Centrum, vandaar treintaxi of even bellen om te worden afgehaald.

LELYSTAD

Camping De Gaard & Doors Logies
Dorothé Miggelbrink
Bronsweg 18, 8222 RB Lelystad
T   0320-23 38 01
F   0320-23 17 89
💬 nl, uk, de

Open: hele jaar 🏕️ 1 apr-31 okt (RES)
verplicht ☒ 🐾

NL

Accommodatie en omgeving

Doors Logies ligt midden in Flevoland in een uniek agrarisch gebied van 350 ha met uitsluitend biologische bedrijven. Het bijbehorende informatiecentrum, waar cursussen en activiteiten worden georganiseerd, ligt er direct naast. Doors Logies is gebouwd in Amerikaanse blokhutstijl met massief grenenhout.

Er zijn twee tweepersoonskamers met eigen douche en toilet, waar u op basis van logies en ontbijt kunt logeren. In de jonge boomgaard van 0,5 ha kunt u kamperen, een stacaravan voor vier tot zes personen huren of overnachten in een volledig ingerichte authentieke Mongoolse tent (Ger). In de gezellige eetkamer kunnen ook de campinggasten genieten van een stevig ontbijt of warme maaltijd. De maaltijden worden bereid met verse producten van biologische boerderijen uit de directe omgeving. Ook met diëten wordt rekening gehouden. De accommodatie ligt nabij bos (100 m) en IJsselmeerstrand (5 km). De heem- en siertuinen, het Centrum voor Biologische Landbouw en de bedrijven rondom zijn zeker een bezoek waard. Natuurpark Lelystad en de Oostvaardersplassen met Heckrunderen en Konikpaarden zijn dichtbij. Liefhebbers van cultuurhistorie kunnen terecht in het Zuiderzeemuseum, de Bataviawerf en poldermuseum Het Nieuwe Land.

🏕️ 🎪 📷 ♨️ 🏊5 🚣7 🎣4 ✂️ 🚲6
🦶10

🛏️ 2x, 🛏 4x, 1pkpn € 35, 2pkpn € 60 B&B

⛺ T 10x, 🚐 5x, 🚿, ppn € 3,50, ptpn € 3,50, pcpn € 7

Route

🅰️ 7 km N van Lelystad. Vanaf A6 afslag Lelystad Noord. 2e weg links, richting industrieterrein Oostervaart. Dan 3e weg rechts, Bronsweg.

🚆 Trein naar Lelystad. Daar fietsen huren of bus 154 richting Emmeloord. Uitstappen halte Steenstraat op industrieterrein Oostervaart. Schuin tegenover halte begint de Bronsweg. Nog 15 min. lopen.

OUDEMIRDUM

Leefboerderij Broersma
Rimke Boosten & Jaap Broersma
Sminkewei 1, 8567 JB Oudemirdum
T 0514-57 17 42
F 0514-57 17 41
E rimkeboosten@wanadoo.nl
es, fr, uk, nl, de

Open: hele jaar ✖️ 🐎

Boerderij en omgeving

Saksische boerderij in het Friese Gaasterland gelegen op een locatie die al meer dan 200 jaar bewoond is. Het gebouw is opgetrokken uit 'geeltjes' en gedekt met een rieten kap. Een deel van het erf is beschikbaar voor de gasten. De boerderij herbergt tevens een bureau voor mediation en coaching.

In het gastengedeelte zijn twee tweepersoonskamers en een badkamer. Een kinderbed en een babybedje zijn aanwezig. De kamers zijn eenvoudig, maar zeer sfeervol ingericht. U kunt hier logeren op basis van bed & breakfast. Als er genoeg hooi is in de de schuur, kunt u ook slapen in het hooi. Op verzoek kan ook voor een lunchpakket worden gezorgd. Er wordt zoveel mogelijk gebruik gemaakt van kruidenthee uit eigen ecotuin, jams van eigen fruit en eitjes van eigen (zwerf)kippen. Huisdieren kunt u na overleg meenemen. Er is gelegenheid om onder leiding van de gastheer de paarden en de kippen te verzorgen. Kennismaken met het paard en inwijding in de paardrijkunst, eventueel met aansluitende een bosrit, is ook mogelijk. Een paardenstalling is op korte afstand aanwezig.

In de directe omgeving zijn bossen en weiden met reeën, vossen en dassen. De boerderij ligt aan diverse wandel-, fiets- en ruiterroutes; onder meer het Zuiderzeepad en de Elfstedentocht. De Friese meren bieden volop watersportmogelijkheden. Tijdens uw tochten kunt u schilderachtige plaatsen zoals Stavoren, Sloten en Workum bezoeken. In de omgeving zijn meer dan 40 ruiterroutes. Op 1 km afstand vindt u het Koeienmuseum en in Woudsend en in Sloten staan werkende graanmolens. Prettige bijkomstigheid: het mesoklimaat in Gaasterland levert veelal aangenamer weer op dan de voorspellingen vanuit De Bilt doen geloven.

🏕️ 🚶 ⛵ 🌸 🚴 🎣 .....3 🌊6
🚣14 🎣0,8 🐟 🐠1,5 🦆6 🐄6 🐑1
🦶4 🐎

🛏️ 2x, 🛏 4x, 2ppn € 31 B&B

Route

🅰️ Balk, 6 km NE, Oudemirdum, 1 km. Van Lemmer N928 richting Balk. Afslag Sondel/ Nijemirdum. Voor verlaten Nijemirdum rechts B-weg in (Wytlandsdyke), bij T-splitsing links. Bij volgende T-splitsing boerderij.

🚆 Trein naar Heerenveen, bus naar Spannenburg, daar bus 44 naar Bolsward. Uitstappen bij Nijemirdum of Oudemirdum en nog 1,5 km lopen. Of trein naar Stavoren, Koudum of Molkwerum en ca 15 km fietsen naar Oudemirdum.

SCHOORL

Vegetarisch restaurant-pension
't Strooie Huys
P. Bleeker
Burg. Peecklaan 11, 1871 BA Schoorl
T 072-509 12 60
F 072-509 17 62
E info@strooiehuys.nl
W www.strooiehuys.nl
🗨️ nl, de, uk

Open: 1 feb-31 dec (RES) verplicht ✖️ 🐕

Pension en omgeving

Vegetarisch restaurant-pension 't Strooie Huys ligt in een mooie omgeving, vlakbij bos en duin.

Er zijn negen tweepersoonskamers met eigen douche en toilet. Twee kamers beschikken naast douche en toilet ook nog over een bad. Daarnaast zijn er twee vierpersoonsappartementen met kook-gelegenheid. De appartementen worden verhuurd vanaf drie nachten. De appartementen zijn volledig ingericht met tele-visie, tuin, terras, koelkast, een tweeper-soonsbed, twee éénpersoonsbedden, een 'ingerichte keuken', verwarming, douche en toilet. In het vegetarische en biologi-sche restaurant worden ook desgewenst veganistische maaltijden geserveerd. Het is ook mogelijk maaltijden te bestellen waarbij rekening wordt gehouden met een speciaal dieet. 's Zomers is het res-taurant dagelijks geopend van 17 tot 20 uur, 's winters op dinsdag en woensdag gesloten.

In de Schoorlse Duinen kunt u heerlijk paardrijden, wandelen en fietsen. De zee, het strand en de bossen maken deze streek tot een prachtige stek voor de vakantieganger. Schoorl is niet ver van Alkmaar en het kunstenaarsdorp Bergen, waar u kunt winkelen en uitgaan. In de buurt zijn Museum Kranenburg en het Onderwatermuseum in Bergen en natuur-lijk de kaasmarkt op vrijdag in Alkmaar.

👥 🍽 ⛲ ⋯⋯3 🐟6 🐑7 🐄5
🔍0,5 🐝0,2 🎣1 👣

🛏 9x, 🛏 18x, 1ppn € 39,50, 2pppn € 28,50 B&B
🏠 2x, 🛏 8x, Prijs op aanvraag

Route

🗺 10 km N van Alkmaar. Vanaf Alkmaar richting Bergen, dan Schoorl. Het restaurant-pension ligt 300 m achter de N.H. Kerk in het centrum.

🚍 Vanaf station Alkmaar bus 151 naar Schoorl, halte Frederik Hendriklaan en ca. 600 m lopen.

SCHOORL

De Noorderhoeve
Paul Bijl
Duinweg 125, 1871 AH Schoorl
T   072-509 17 38
F   072-509 11 44
E   erf@noorderhoeve.nl
W www.noorderhoeve.nl
🗨 nl, de, uk, fr

Open: 5 mei-15 sep 🌱 ® 🦽 [🐴]

Boerderij en omgeving

De Noorderhoeve ligt op de grens van het Noord-Hollands duinreservaat en de pol-der. De boerderij is een gemengd biolo-gisch-dynamisch bedrijf met melkkoeien, schapen, geiten, akkerbouw en een tuin-derij. Er is veel aan natuurontwikkeling gedaan en de boerderij beschikt over een klein bos waar het heerlijk picknicken is. Op de boerderij werken ook mensen met een zorgvraag onder begeleiding mee op het bedrijf. De boerderij staat op de plek van het vroegere kasteel Poelenburg. Het voorhuis met rieten dak dateert nog uit de vorige eeuw.

Het kampeerveldje ligt vlakbij de Schoorl-se duinen die plaatselijk 5 km breed en 54 m hoog zijn. Er is plaats voor tien tenten en twee caravans. Er is voor de gasten een vuurplaats en een koelkast beschikbaar. Ook zijn er speciale voorzieningen voor rolstoelgebruikers. Groente en fruit van het seizoen zijn bij de boer verkrijgbaar. In de boerderijwinkel worden ook verse tuin-kruiden, kaas, smeerkaas, zuivel, vlees, ei-eren en haardhout verkocht.

De camping is uiteraard een prima uitval-basis voor wandelingen en fietstochten in het bijzondere duingebied van Schoorl. De zee ligt op 4 km. Ook zijn er een aantal mu-

sea in Alkmaar, waaronder het kaasmuse-um, en u kunt een excursie maken over de Broeker veiling (10 km). In Bergen bevindt zich ook het Kunstmuseum Kranenburgh. Leuke uitjes in voorjaar en zomer zijn het jazzfestival en de Kunstmanifestatie in Bergen en Hargen On Sail.

⛲ ⋯⋯4 🐟5 🐄1 🔍1 🐄15 🐝1
🎣0,1 👣

⛺ T 10x, 🚐 2x, pppn € 3, ptpn € 4, pcpn € 4

Route

🗺 7 km NW van Alkmaar, 2 km van Schoorl. Vanaf Alkmaar richting Bergen en daarna richting Schoorl. Door centrum rijden en links aanhouden. Duinweg volgen tot manege. Boerderij aan einde van zand-weg, na scherpe bocht naar rechts, achter woonhuis naast manege, bij bord met blauwe koe.

🚍 Trein naar Alkmaar. Vandaar treintaxi tot Zand-hoeve, daarna 700 meter lopen.

WIJDENES

Boerderij-Camping De Appelhoek
Ellen & Paul Wagenaar
Zuiderdijk 46, 1608 MV Wijdenes
T   0229-50 11 50
F   0229-50 11 50
E   info@appelhoek.nl
W www.appelhoek.nl
🗨 nl, uk, de, fr

Open: hele jaar ⛺ 1 apr-1 nov 🌱 ®

Boerderij en omgeving

Boerderij-Camping De Appelhoek is ver-bonden aan een biologische melkveebe-drijf gelegen aan de Westfriese omringdijk aan het Markermeer; een unieke locatie in het Noord-Hollandse landschap.

Op het erf zijn ruime plaatsen om te kam-peren, 10 voor tenten en 15 voor caravans. U kunt ook logeren in een zomerhuisje

voor vijf personen. Het is mogelijk een extra bed bij te plaatsen. Bij de boeren zijn verse melkproducten te koop. De eigenaren geven u graag een rondleiding over hun bedrijf.

Tegenover de boerderij, aan de andere kant van de dijk, is een schelpenstrandje; kinderen kunnen hier heerlijk spelen. Het landschap is gevarieerd met tuinbouw, weilanden met vee en bollenvelden, die vooral in het voorjaar een lust voor het oog zijn. Er is een grote keus aan fiets- en wandelroutes over de dijk en door de Westfriese lintdorpen met prachtige stolpboerderijen. Rondom de boerderij is een enorme variatie aan water- en weidevogels te zien. Vlakbij de Appelhoek is een grote meeuwenkolonie en talloze zwaluwen vinden in de omgeving hun nestplaatsen. Het gebied is dan ook beschermd door de Vogelrichtlijn van de Europese Unie. Er is een mooie stoomtreintocht mogelijk langs de oude Hanzesteden Hoorn, Medemblik en Enkhuizen. U kunt ook in Medemblik het Kasteel Radbout bezoeken en in Enkhuizen vindt u het Zuiderzeemuseum. Met de veerboot kunt u van half april t/m oktober van Enkhuizen naar Stavoren varen (kijk op www.veerboot.nl).

⛵ 🚴 🏊5 🚤6 🎣4 ⛱2 💧2 🚣6
🎣1 🚶2 🐄

🏠 1x, ⛺ 5x, Prijs op aanvraag
⛺ T 10x, 🚐 15x, 🏕, Prijs op aanvraag

Route
📍 6 km ZO van Hoorn, 0,5 km ZW van Wijdenes. Vanuit Hoorn richting Schellinkhout, dorp door tot op Zuiderdijk. 1,5 km de weg parallel aan de Zuiderdijk volgen, tot boerderij.

🚌 Vanuit station Hoorn bus 147 naar Grotebroek en uitstappen op Zuiderdijk, halte De Appelhoek, na verzoek aan chauffeur.

Natuurvriendenhuis/
camping De Banjaert
Rothestraat 53A, 1949 CC Wijk aan Zee
T 0251-37 43 18
M 013-545 47 13
E banjaert@nivon.nl
W www.nivon.nl/banjaert
🐕 nl, uk

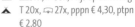

Open: hele jaar ❌ ✈

Accommodatie en omgeving
Natuurvriendenhuis De Banjaert is een eenvoudige ruime accommodatie aan de kust, op tien minuten lopen van het strand. In 2004 werd het geheel gerenoveerd.

Er is in het huis plaats voor 80 gasten. Naast het huis is een kampeerterrein met plaats voor tenten, caravans en twee campers. Het terrein heeft een goede grasmat en is omsloten door bomen en duinen. Een groot deel van de plaatsen heeft elektriciteit. Er zijn prima sanitaire voorzieningen. Kinderen kunnen zich helemaal uitleven op de speeltoestellen en op het volleybalveld.

's Zomers is De Banjaert het domein van kinderen en buiten het hoogseizoen is het een goed beginpunt voor wandelingen over het strand en door de verlaten duinen. Geniet van de rust in het duinreservaat dat loopt van het huis tot voorbij Schoorl. Boven het Noordzeekanaal ligt een prachtig veenweidegebied. Aan de overkant liggen de duinen van Zuid-Kennemerland en recreatiegebied Spaarnwoude waar u oa kunt klimmen, skiën en golfen. Cultuur vindt u in Haarlem in bijvoorbeeld het Frans Halsmuseum en het Teylers Museum. Maar ook Spaarndam en de Zaanse Schans liggen op fietsafstand, net als de Nieuwe Hollandse Waterlinie, met veel natuur rond de oude forten. Op de Beverwijkse Bazar vindt u ieder week-

end een Oosterse markt en een Vlooienmarkt. Fietsverhuur in het dorp en op het station van Beverwijk.

〰2 ⚓10 🏄1

🛏 37x, ⛺ 80x, 2ppn € 14,50
🏠 🛏37x, ⛺ 80x, Prijs op aanvraag
⛺ T 20x, 🚐 27x, pppn € 4,30, ptpn € 2,80

Route
📍 In Wijk aan Zee bordjes camping Banjaert volgen.

🚌 Vanaf station Amsterdam Centraal en station Beverwijk, met bus 94 naar halte Oldenburgerweg. Vanaf bushalte nog 5 min bordjes Banjaert volgen. Of fiets huren bij station Beverwijk (5 km).

Camping Sudersé
Fam. van der Plaats
Slinkewei 8, 8711 HC Workum
T 0515-54 19 24
F 0515-54 01 80
M 06-533 151 30
E info@suderse.nl
W www.suderse.nl
🐕 nl, uk, de, fr

ECO

Open: 15 mrt-31 okt ♥ RES verplicht
❌ 🛁

Boerderij en omgeving
De boerderij Sudersé is een gemengd akker- en tuinbouwbedrijf en produceert biologisch. Er is een een Finse houtstapelwoning en een winkeltje waar alle eigen producten zoals aardappelen, groenten, fruit en eieren te koop zijn. Tegenwoordig kunnen er zelfs producten per internet worden besteld. De boer geeft u graag een rondleiding over het bedrijf.

De camping ligt op het erf. Er zijn 32 ruime, lichte staanplaatsen van 100m² tot 200m² waarvan 15 voor tenten en 17 voor caravans. De sanitaire voorzieningen bevinden zich in een apart gebouw. Er zijn bovendien twee caravans en twee trekkershutten te huur. Op de boerderij zijn fietsen te huur. Voor de kinderen is er een kinderbedje of -stoel beschikbaar en ook is er een speeltuin en kleine boerderijdieren waarmee ze zich zeker zullen vermaken..

De camping ligt tussen de oude stad Workum en het IJsselmeer. Campinggasten kunnen hier volop genieten van de vele watersportmogelijkheden, maar ook van andere vormen van recreatie aan het water. Deze omgeving biedt veel mogelijkheden voor uitstapjes naar enkele van de Friese Elf Steden zoals Bolsward, Sneek, Hindeloopen en Stavoren. Het Fries Landbouwmuseum in Exmorra, museumboerderij De Izeren Kou in Allingawier en het Jopie Huismanmuseum zijn niet ver van de accommodatie. Ook kan men eendenkooien bezoeken. In augustus is er de beroemde Sneekweek; één van de leukste evenementen van Friesland.

🏊 ⛱ ⚓ 👋2 🚣3 ⚓1 ⤫0,5 🛶2 ⛵2 🚤2

🏕 T 15x, 🚐 17x, 🏠, Prijs op aanvraag

Route
🔟 0,5 km W van Workum. Vanuit Workum (0,5 km) bordjes Sudersé volgen. Buiten Workum 2de weg rechts. Boerderij is 1ste gebouw rechts.
🚶 Vanaf station Workum 3 km lopen, borden volgen Sudersé. Buiten Workum 2de weg rechts. Boerderij is 1ste gebouw rechts. Op verzoek ophalen mogelijk.

WORMER

Watervliet
Truus & Frans de Hertog
Enge Wormer 28, 1531 MX Wormer
T   075-621 22 41
F   075-657 08 02
E   mts.watervliet@filternet.nl
W   www.watervliet.nl
🏴 nl, de, uk

Open: hele jaar 👋 🍴 🐾

Boerderij en omgeving

Familie de Hertog woont in een 150 jaar oude stolpboerderij. Watervliet is een biologisch bedrijf met koeien in een potstal. Het bedrijf ademt een sfeer uit van rust en ruimte in het unieke weidevogelreservaat van Wormer en Jisperveld. De boer is tevens natuur- en landschapsbeheerder. Als u het leuk vindt kunt u 's morgens helpen met het voeren van de dieren.

In een zelfstandig gedeelte van de boerderij worden drie eenvoudige, maar gezellige kamers verhuurd, op basis van logies met ontbijt. Er kan eventueel een kinderbedje worden bijgeplaatst. Gasten hebben een gemeenschappelijke huiskamer en woonkeuken met uitzicht op de moestuin en een terras tot hun beschikking. Ook zijn er gemeenschappelijke sanitaire voorzieningen. U kunt deze ruimte ook in zijn geheel voor maximaal acht personen huren. Er is tevens ruimte voor twee tenten. Op de boerderij kunt u een Canadese kano en fietsen huren.

Er zijn vele wandel- en fietsmogelijkheden, maar ook met de kano kunt u er van de natuur genieten. De accommodatie bevindt zich in het weidevogelreservaat Wormer- en Jisperveld. De recreatiegebieden 't Twiske en de Jagersplas zijn vlakbij. De Poelboerderij organiseert vaartochten door het veld. 's Winters kunt u vanuit Watervliet prachtige schaatstochten maken. De Zaanse Schans is toeristisch maar toch zeker een bezoekje waard; u kunt er verschillende oude molens bezichtigen en ook zijn er demonstraties oude ambachten. Voor meer cultuur of uitgaan zit u zó in Amsterdam.

🏊 🚣 🚲 👋4 🚣6 🛶5 ⚓5 🛶4 ⛵12 🚤6 🚗2 🏠

🛏 3x, 🛌 8x, 1pkpn € 30, 2pkpn € 53 B&B
🏠 1x, 🛌 8x, hpw € 175

Route
🔟 Zaandam, 9 km NE. A7 Amsterdam-Leeuwarden, afslag Zaandijk/Zaanse schans (afrit 2). Verkeerslichten rechts en links brug over en rechts aanhouden. Na 300 m rechts doodlopende weg in.
🚶 Vanaf station Koog-Zaandijk 4,5 km lopen of fietsen (vlakbij station fietsen te huur). Richting Zaandijk/Zaanse Schans. Bij verkeerslichten linksaf. Links ophaalbrug over en rechts aanhouden. Na 300 m rechts doodlopende weg inrijden (nr. 27). Ophalen vanaf station tegen vergoeding.

ZEEWOLDE

Camping De Parel
Marianne & Reinder Lont
Groenewoudseweg 71,
3896 LS Zeewolde
T   036-522 78 62
F   036-522 78 66
E   info@campingdeparel.nl
W   www.campingdeparel.nl
🏴 nl, uk, de

Open: 1 apr-1 nov ®

Camping en omgeving

De Parel is een gangbare camping op een zo natuurlijk mogelijk ingericht terrein in het bos. De houtwallen bieden een goede dekking en voedselmogelijkheid voor klein wild en er is een grote en gevarieerde zangvogelpopulatie. In de omgeving, één van de grootste aaneengesloten loofbossen van Nederland, zijn soms reeën, konijnen en vossen te zien. Voor kinderen is camping De Parel een zeer geschikte vakantiebestemming. Er heerst een gezellige sfeer en doordat de camping in een bos ligt, zijn er volop speelmogelijkheden. In het hoogseizoen worden er allerlei sport- en spelactiviteiten georganiseerd en is er, ook voor volwassenen, een creatief programma.

De camping biedt plaats aan 100 tenten of caravans, verspreid over grote en kleine veldjes in het bos. Daarnaast zijn er vele voorzieningen waaronder moderne toiletfaciliteiten, een sauna, wasserette, snackbar en winkeltje. Er zijn slaap- en legertenten voor groepen te huur. U kunt op de camping fietsen huren en er is de mogelijkheid tot paardrijden.

Het natuurgebied 'De Stille Kern' is dicht bij de camping. Staatsbosbeheer organiseert hier excursies. De Oostvaardersplassen liggen verderop in de polder. In de buurt van de camping liggen een stoomgemaal en een kaasboerderij. In de omgeving vindt u verder diverse musea zoals het Klederdracht- en Visserijmuseum, Poldermuseum Nieuw Land, Museum Schokland en de Bataviawerf. In Lelystad kunt u imkerij en heemtuin Wind in de Wilgen bezoeken.

▲ 🏕, pppn € 3,35, ptpn € 6,95, pcpn € 6,95

Route

🚗 Harderwijk, 10 km SW, Zeewolde, 3,5 km. Vanuit Nijkerk: over de brug 2e afslag rechts (Spiekweg), dan 2e afslag links (Groenewoudseweg). Na ca 4 km camping links. Vanuit Harderwijk/Lelystad: borden Zeewolde volgen (Gooiseweg), linksaf richting Zeewolde (Spiekweg). Na 400 m rechts (Groenewoudseweg), weg 2 km volgen, camping rechts.
🚆 Trein naar Nijkerk of Harderwijk. Vanuit Harderwijk treintaxi. Vanuit beide plaatsen is er een bus naar Zeewolde.

ZOETERWOUDE

Boerderij 't Geertje
Ada & Wim van Rijn
Geerweg 7, 2381 LT Zoeterwoude
T   071-580 26 42
E   boerderij@hetgeertje.nl
W   www.hetgeertje.nl
💬 nl, uk, de, fr

Open: 1-15 okt 💛 🐾

Boerderij en omgeving

Veelzijdig biologisch zuivelbedrijf gelegen aan het water van de Noord Aasche Vliet in de Geerpolder. De melk van de koeien en de geiten wordt verwerkt tot kaas en andere zuivelproducten.

Er is een trekkersveld waar tien tentjes kunnen staan. U kunt ook een trekkershut voor vier personen huren. Het is de bedoeling, dat u niet meer dan een of twee nachten op de boerderij verblijft. Er is een zuivelwinkel en een klein restaurantje waar u een ontbijt of een lunch kunt gebruiken. U kunt een rondleiding krijgen over het bedrijf en zelf proberen een kaasje te maken.

Er zijn volop wandel- en fietsroutes in de omgeving. Roeiboten, kano's en fietsen zijn te huur. De omliggende polders bieden een belangrijke broedplaats voor verschillende weidevogels, zoals kievitten, grutto's en tureluurs. Op de boerderij broeden elk jaar een paar stelletjes boerenzwaluwen. De trots van de boer zijn echter de ooievaars, die al vele jaren een nest maken op de ooievaarspalen die zijn neergezet. Sinds 2000 woont er ook een kerkuil in de geitenschuur. De slootkanten zijn door het milieuvriendelijke beheer rijk aan zeldzame bloemen en kikkers.

🛁 🍽 🚲 🌳 ✈ ⋯⋯1

▲ T 10x, 🏕, Prijs op aanvraag

Route

🚗 Zoetermeer. A4, afslag Zoeterwoude dorp. Richting Zoetermeer/Stompwijk. Bij 2e bordje Stompwijk linksaf. Bij kruising weer links. Rechtdoor over bruggetje en dan rechts aanhouden.
🚆 Trein naar Leiden (8 km). Vandaar bus 170 naar Stompwijk, uitstappen Meerlaan.

ZUIDOOST-BEEMSTER

In het Fruit
H. Rietberg
Volgerweg 86,
1461 CB Zuidoost-Beemster
T   0299-43 07 75
E   inhetfruit.nl@wolmail.nl
W   www.inhetfruit.nl
💬 nl, fr, de, uk,

Open: 1 apr-1 okt 🏖 [🐾]

Boerderij en omgeving

Camping In het Fruit is gelegen aan de rand van het dorpje Zuidoostbeemster, in een van de oudste polders (1612) van Nederland; de karakteristieke Beemster is sinds 1999 een Cultureel Werelderfgoed. De in de zeventiende eeuw drooggelegde polder heeft een kaarsrechte, rastervormige indeling. De snelweg A7 ligt in de nabijheid en is soms te horen.

De ongeveer 1,5 hectare grote camping bij dit part-time boerenbedrijf bevindt zich in een oude hoogstamboomgaard. Hier zijn 30 sfeervolle en ruime kampeerplekken voor toercaravans en tenten (geen vaste plekken). Kippen en lammeren lopen rond in de buurt van de camping. In de schuur uit ca 1850 worden cursussen en workshops papierscheppen gegeven. Er zijn wat speeltoestellen, een klimboom en gereedschap voor de kinderen aanwezig. Bij de eigenaren is honing, jam en vers fruitsap te koop.

In de omgeving zijn prachtige natuurgebieden zoals het weidevogelgebied de Jisper, Wormer, Waterland en 't Twiske (8 km). Het IJsselmeer ligt 8 km verderop. In Middenbeemster is het Betje Wolffmuseum en in de Schermer kunt u EKO-molen De Otter bezoeken. De Zaanse Schans in Zaandam en de mooie stadjes Monnickendam en Edam liggen op fietsafstand.

⚓ Prijs op aanvraag

Route
🏠 2 km NW van Purmerend. Vanuit Purmerend richting Oosthuizen, na 1 km kruising met Volger-weg. Linksaf tot vlak voor voetbrug.
🚕 Vanaf station Purmerend (3 km) treintaxi naar Zuidoost-Beemster.

● ANWB/VVV Fiets-routekaart

De ANWB/VVV Fietsroutekaart Nederland biedt een compleet overzicht van alle bewegwijzerde routes in Nederland: Landelijke Fietsroutes (LF-routes), ANWB Lange Fietsrondes, korte ANWB fietsrondes en mountainbikeroutes.

AMBT-DELDEN

Camping Erve De Koekoek
Geppy Smeenk-Holtrop
Haarweg 1, 7495 PK Ambt-Delden
T 0547-29 22 89
W www.vvvdelden.nl
🔴 nl

Open: hele jaar ⚓ 1 apr-31 okt ♥ (RES)
verplicht 🔲 ✉

NL Boerderij en omgeving

De Koekoek is een groot boerenhuis uit
1950 met daarachter oude stallen en
tuinen. Het bedrijf ligt in een besloten
weidelandschap met essen, vlakbij bossen. Op het voormalige veeteeltbedrijf
worden tegenwoordig biologische
groenten verbouwd voor groenteabonnementen. Er zijn ook nog zoogkoeien en
men is bezig met de oprichting van een
zorgboerderij.

Achter de boerderij is een ruim kampeerveld met jonge fruit- en notenbomen. Er
zijn enkele caravans te huur. Het terrein
is goed toegankelijk voor rolstoelgebruikers. Grenzend aan het kampeerterrein
is een bloemen-, moes- en kruidentuin.
In de boerderij is een appartementje te
huur. Het bestaat uit een slaapkamer in
een L-vormige, ouderwetse boerenwoon-
keuken met zitje, beiden op de begane
grond en geschikt voor 2 tot 4 personen.
Na afspraak kunt u hier ook op basis van
logies en ontbijt verblijven.

Er bestaat de mogelijkheid om vanaf de
markt in Delden een huifkartocht te maken. In Delden kunt u ook het landgoed
Kasteel Twickel met een museumboerderij
en het Zoutmuseum bezoeken. In Diepenheim vindt u meer kastelen. De Regge kan
worden bevaren met een Enterse Zomp.

Ⓢ ⚓ 🎣 ⌖3 ⚱3 ⛵2,5 🦞2,5
🐟 🐟3 ⚱2,5 🦞

🛏 2x, 📶 4x, Prijs op aanvraag
🏠 2x, 📶 16x, Prijs op aanvraag
⛺ T 5x, 🚐 10x, 🏕, Prijs op aanvraag

Route

📍 8 km W van Hengelo. A1 afslag Goor/Rijssen,
rechtsaf richting Goor. Daarna bij kruising richting
Delden. Tot afslag Delden-West, daar rechtsaf en direct weer rechts. Volg dan parallelweg met fietspad
naar links de bosweg in. Bij T-splitsing rechtsaf en
met weg mee over kanaalsluizen (links), 2e boerderij links.
🚆 Trein naar Delden. Vandaar 3 km lopen. Richting
Hengevelde, over kanaal 1e weg rechts, dan 1e weg
links. Boerderij is 1e huis aan linkerkant. U kunt ook
worden afgehaald.

APPELSCHA

Herberg Het Volle Leven
Yt van der Ploeg & Lot Vekemans
Oude Willem 5, 8426 SM Appelscha
T 0516-43 00 91
F 0516-43 00 21
E info@hetvolleleven.com
W www.hetvolleleven.com
🔴 nl, uk, de

Open: hele jaar (RES) verplicht ✉

Herberg en omgeving

Gelegen aan de rand van het nationaal
park Het Drents Friese Wold, net buiten
Appelscha, kenmerkt Herberg Het Volle
Leven zich door rust, persoonlijke aandacht, het verwerken van biologische producten en een bourgondisch-vegetarische
keuken. Het kleinschalige pension, dat
midden in de bossen gelegen is, heeft in
de zomer van 2004 haar deuren geopend
voor de natuurminnende en rustzoekende
toerist. Na een heerlijke wandeling in de
bossen kunt u genieten van de kookkunsten van de eigenaresse. De prijzen van
een overnachting in de herberg zijn inclusief ontbijt en driegangen-diner. U kunt

---

ook alleen eten in de herberg, dan dient
u vooraf te reserveren.

De herberg telt negen kamers, waarvan
vier met en vijf zonder eigen sanitair. Samen met de kampeerkeet achter op het
terrein kunnen er twintig mensen logeren
in de herberg. De herberg is ook geschikt
voor verblijf van groepen of als onderkomen voor cursussen, waarbij gebruikt gemaakt kan worden van de vergaderruimte
of de kapel. Het restaurant is huiselijk
met een grote stamtafel en stoelen bij
de haard. Om de boerderij ligt een tuin,
waar u als gast in kunt vertoeven en waar
u soms zelfs een ree kunt tegenkomen.
Honden zijn welkom. De herberg is buiten vakantietijd op maandag en dinsdag
gesloten.

Vanuit de herberg loopt u zo een van de
grootste bosgebieden van Nederland binnen. Bos, stuifzanden en vennetjes wisselen elkaar hier af. Het park heeft 130 km
wandel- en 110 km fietspad. Het Nationaal
Park Dwingelerveld ligt op 15 km. Het Ae-
kingermeer ligt 7,5 km van de herberg. In
Appelscha ligt het miniatuurpark Duinen-
zathe en het kookmuseum De Vleer. Het
openluchttheater in Diever en Groningen,
op 40 km afstand van de herberg, zijn een
bezoek waard.

🍵 🍽 ⚱7,5 ⚱3,5 ⚱4,5 🏹4,5 🦞

🛏 9x, 📶 20x, Prijs op aanvraag

Route

📍 23 km ZO van Assen, 4,5 km Z van Appelscha.
A28 vanuit Zwolle, via Hoogeveen, afslag 31 richting
Smilde/Drachten, N381 richting Drachten. Bij afslag
rechts naar Appelscha (na 13 km) gaat u links (de
Oude Willem), derde huis links.
🚆 Trein naar Assen, bus 16 naar Appelscha, op 4,5
km van de accommodatie. Afhalen mogelijk na
overleg.

BALKBRUG

De Kruidenhoeve
Anneke Smits & Willem Koolhoven
Den Oosterhuis 10, 7707 PE Balkbrug
T 0523-65 60 49
F 0523-65 66 48
E info@kruidenhoeve.nl
W www.kruidenhoeve.nl
uk, fr, de, es

Open: 15 jan-15 dec ⓡⓔⓢ verplicht ✖
🐕

De Kruidenhoeve en omgeving

In het buitengebied van Balkbrug, gren-zend aan het mooie Reestdal, ligt de oude Saksische boerderij de Kruidenhoeve. Naast de boerderij is een prachtige bloemen- en (geneeskrachtige) kruidentuin, die geheel biologisch wordt onderhouden. De tuinen zijn in de zomermaanden te bezichtigen en op afspraak verzorgt de eigenaresse rondleidingen. Ook is er een theehuis en diverse zitjes en terrassen waar u van de tuin kunt genieten. Op het terrein lopen kippen, parelhoenders en een ezel. De trots van de Kruidenhoeve is het ooievaarsnest naast de tuin, waar ooievaars zich nestelen. De boerderij wordt verwarmd door zonne-collectoren en de muren van de boerderij zijn met leem afgewerkt.

Het tweepersoonsappartement bevindt zich in het voorhuis van de woonboerderij. U heeft een eigen voordeur. Het apparte-ment heeft een woonkamer, slaapkamer (met tweepersoonsbed) en een keuken. U wordt verzocht in de keuken geen vlees of vis klaar te maken, omdat De Kruiden-hoeve vegetarisch eten wil stimuleren. Af-hankelijk van het seizoen zijn er eieren en biologisch geteelde groenten beschikbaar uit eigen tuin.

Vanaf De Kruidenhoeve kunt u veel mooie wandel- en fietsroutes in zowel Drenthe als Overijssel maken. De Reestdalroute komt langs de boerderij. U kunt een be-zoek brengen aan het Natuurinformatie-centrum de Wheem in Balkbrug (6 km), Molen de Star in Balkbrug (4 km), de oude vestingwerken van de Ommerschans in Balkbrug/Ommen (5 km) en het streek-museum de Kalkovens in Dedemsvaart (4 km). Ook is er de recreatieplas Kotermeer-stal (6 km). Vertier voor de kinderen vindt u in ponypark Slagharen (13 km).

🛏 🍴4 🚲6 🚶16 🏊4 🚣

🏠 1x, 🛏 2x, hpw € 150

Route

🚗 15 km N van Ommen, 4 km NO van Balkbrug. A28, afslag 22 richting Nieuwleusen, richting Balk-brug volgen, bij stoplichten in Balkbrug links, na 50 m rechts (Hoogeveenseweg), weg 3 km volgen. Op Den Kaat, bij paddestoel en knipperlicht, N48 oversteken. Bocht volgen naar links en dan rechts, na 1 km links bij nr. 10.

🚌 Bus 29 vanaf station Zwolle, in Balkbrug bij kruispunt bus 31 richting Hoogeveen, halte Den Kaat/Autoweg, N48 oversteken; verder als boven. Afhalen van bushalte volgens afspraak.

BEERS (BEARS)

Boerderij De Swetteblom
Wilma Schlepers & Jochum Rijpma
Swettepaad 3, 9025 BT Beers (Bears)
T 058-251 94 85
M 06-204 009 43
🐕 nl, uk, de, fr

Open: hele jaar ⚓ 1 mei-30 sep 🍴 🚲
ⓡ 🍴

Boerderij en omgeving

Deze Friese stolpboerderij uit 1925 ver-keert nog in de oorspronkelijke staat en is gebouwd op een oude middelzee. De boerderij ligt aan het eind van het 2 km lange Swettepaad. Geen verkeer, weinig mensen en vooral rust! Op dit biologi-sche melkveebedrijf wordt nog met de hand gemolken. Dit mag u van de boer ook zelf proberen. Het veevoer is 100% biologisch en van eigen grond. Het hele jaar zijn er eieren, vlees en zuivel te koop. Er worden zeldzame blaarkopkoeien ge-houden.

De eenvoudige kampeergelegenheid, met plek voor 15 tenten/caravans, ligt deels verscholen achter een boomsingel, deels aan het water en deels tussen fruit-bomen. Toilet en water bevinden zich in de boerderij. Ook zijn er twee caravans, een woonwagen en een vakantiehuisje te huur. Deze laatste bevindt zich in een verbouwde stal. Men kan mee-eten met de boer en boerin. Meewerken op de boerderij in ruil voor een gratis overnach-ting is na overleg mogelijk. Ook kunt u op verzoek 'slapen in het hooi'.

Het terrein maakt een wat rommelige indruk, maar is voor kinderen zeer avon-tuurlijk. Als ze kunnen zwemmen, kunnen ze hier zonder gevaar spelen. De boer en boerin geven rondleidingen met als thema 'zuivelreis'. Langs de accommodatie loopt de Zwette, een natuurlijk uitziend kanaal met veel watervogels. Op de Zwette kunt u kanovaren en roeien. De roeiboot mag gratis gebruikt worden. In de kerk van Be-ars is een klein Fries stinsenmuseum. De Stinse van Bears, waarvan alleen de poort is blijven staan, is in stalen contourvorm nagebootst. In de omliggende dorpen wordt het kaatsen (oud Fries balspel) nog beoefend.

🛏 🍴 🚶 🏊 🚲10 🚶10 🎣2
🏊10 🎿4

🏠 1x, 🛏 6x, hpw € 200
⚓ 🏕, pppn € 2,20, ptpn € 2,50, pcpn € 2,75

Route

🚗 Leeuwarden, 10 km S. Heereveen richting Leeu-warden, afslag Weidum-Wytgaard. Einde weg links, daarna rechts richting Weidum. Einde van de weg bij Weidum rechts. Voorbij twee afslagen naar Be-ars halfverharde Swettepad op, Swetteblom staat aangegeven.

🚌 Van station Leeuwarden belbus 93 (uur van te-voren bellen - 09001961). Halte Bears (bij school) en 25 m. lopen naar Jellum, dan 2 km lopen over

Swettepad naar boerderij of laten ophalen. Op fietsen vanaf station Leeuwarden. Kortste route: langs snelweg Leeuwarden-Bolsward, over Boksum en Jellum.

BEERZE-OMMEN

Camping De Roos
Jan & Lucie de Roos
Beerzerweg 10, 7736 PJ Beerze-Ommen

T 0523-25 12 34
F 0523-25 19 03
M 06-290 808 35
E info@campingderoos.nl
W www.campingderoos.nl
   nl, de, uk, fr

Open: 8 apr-1 okt ®

Camping en omgeving

Het natuurkampeerterrein is een apart onderdeel van een ruim opgezette, grootschalige natuurcamping, fraai gelegen in glooiend rivierduinlandschap aan de Overijsselse Vecht. Op en rond het terrein zijn veel zeldzame planten, bijzondere vogels en wild.

Op het Natuurkampeerterrein is plaats voor 26 tenten of caravans. Op de grote camping zijn ook compleet ingerichte De Waard-tenten en zomerhuisjes te huur. Ook zijn er vakantiehuizen te huur. Er is altijd plaats voor kamperende wandelaars en fietsers. Op de camping vindt u een natuurvoedingswinkel, theehuis en terras. In de winkel zijn warme, biologische pizza's te koop. Op de Vecht kan gevaren worden; kano's zijn te huur. Voor zwemmers is er een steiger. Een folder met uitgebreide informatie is op aanvraag verkrijgbaar. De camping voert de gouden Milieubarometer. Voor dit Natuurkampeerterrein is een natuurkampeerkaart verplicht; u kunt deze op de camping kopen. Honden zijn niet toegestaan op het terrein.

De omgeving biedt ruime keus aan wan-

del- en fietsroutes; het Vechtwandelpad loopt over het terrein. De Speltfietsroute leidt langs enkele speltmolens, speltvelden en restaurants waar dit oergraan op het menu staat. De Lemeler- en Archemerberg bieden goede wandelmogelijkheden. In de omgeving zijn diverse kleine musea; verder zijn kasteel Eerde, educatief centrum Vecht-Regge in Ommen (ecowandelingen), kaasboerderij Dalmsholte en ijsboerderij De Meulenhorst (biologisch boerenroomijs) een bezoek waard.

🍷 ⚓ 🚣 🏓 ✈ 🔍7 ♿9 🏕6

🏠 8x, hpw € 470-730
⛺ ptpn € 15 pcpn € 15

Route

🚗 7 km van Ommen, 1.5 km van Beerze. 7 km O van Ommen. Van Zwolle N34 richting Ommen. In Ommen Vechtbrug over, meteen links (R103). Na 7 km camping links.

🚆 Trein naar Ommen. Vechtdal Taxi verzorgt vervoer tegen speciaal tarief of u kunt in Ommen een fiets huren.

BEUNINGEN (OV)

Natuurcamping 't Olde Kottink
Agnes & Marcel Hermelink
Kampbrugweg 3,
7588 RK Beuningen (Ov)

T 0541-35 18 26
M 06-129 690 12
E info@campingoldekottink.nl
W www.campingoldekottink.nl
   nl, uk, de

Open: 1 apr-31 okt

Camping en omgeving

Camping 't Olde Kottink ligt aan de oever van het lieflijke riviertje de Dinkel, in een prachtig glooiend coulisselandschap met kronkelige weggetjes tussen weilanden in

en door bossen. Geniet van de serene rust middenin de natuur. Het terrein is omzoomd door oude hoge bomen. Ga langs de Dinkel eens ijsvogeltjes observeren, of blijf gewoon lekker luieren bij de tent met een boek en een glas wijn op een van de mooiste plekjes van Twente.

Er zijn op de camping 90 ruime kampeerplaatsen (geen jaarplaatsen) aan de bosrand en op de zonneweide, allemaal voorzien van elektra en water uit een eigen waterbron. Voor fietskampeerders en rugzaktoeristen is er altijd plaats.

Elke dag opnieuw kunt u op ontdekkingstocht gaan naar verschillende nabijgelegen natuurgebieden met hun vele fiets- en wandelroutes. Zij voeren u langs snelstromende beekjes met kristalhelder water, zandverstuivingen afgewisseld door golvende heidevelden en frisgroene weilanden. En achter de karakteristieke houtwallen liggen fraaie Twentse boerenhoeven verborgen. Prachtige kerken, kastelen en musea vindt u in de directe omgeving. Ook aan de Duitse zijde van de grens valt er veel te zien en te beleven. Bijvoorbeeld de middeleeuwse burcht van Bad Bentheim (12 km).

🚣 ✈ 🏊8 🎣3 🛶3 🔍3 ♿8 🚲2
🏕1 🏊8 🧺

⛺ Prijs op aanvraag

Route

🚗 Oldenzaal. A1 richting Oldenzaal, afslag 34 De Lutte. In De Lutte rechts richting Beuningen. Na 5 km rechts (zie bordje). Na 100 m links boerderij.

🚆 Trein naar Oldenzaal. Vandaar bus richting Denekamp. Uitstappen in Beuningen. Dan nog ca 3 km lopen. U kunt eventueel worden opgehaald.

BOIJL

Vakantieboerderij / Camping Te Hooi & Te Gras
Anja & Bert van Starkenburg
Boijlerweg 96, 8392 NK Boijl
T   0561-42 17 96
F   0561-42 10 44
E   info@tehooientegras.nl
W www.tehooientegras.nl
nl, uk

Open: hele jaar ▲ 1 apr-1 nov (RES) verplicht [✕] [ᵐ]

Boerderij en omgeving

Deze mooie boerderij uit begin 1900 ligt dicht bij het Drents-Friese Wold.
In de ecologische tuin staan vijf compleet ingerichte plaggenhutten, elk geschikt voor vier personen. Ook is er een kleine, rustige gezinscamping met elf, door groen gescheiden, plaatsen. Naast het woongedeelte van het boerenhuis zijn nog twee sfeervolle appartementen ingericht. 's Avonds en bij slecht weer is het goed toeven bij de open haard. In de boerderij is er voor gasten een originele Finse sauna. U kunt hier ook van een Reiki- of massagebehandeling genieten.
Langs de accommodatie lopen twee fietsroutes. In Elsloo en Noordwolde zijn oude molens te bezichtigen. U kunt uitstapjes maken naar het unieke natte natuurgebied De Weerribben, heidegebied Fochteloërveen, Nationaal Park Dwingelderveld en naar Giethoorn. In de omliggende

bossen worden door Staatsbosbeheer rondleidingen verzorgd; grote zandverstuiving op 8 km afstand. In Noordwolde is een kloostertuin waar biologische groenten en fruit te koop zijn. Er zijn een schelpenmuseum, natuurmuseum, klokkenmuseum en een vlindertuin op circa 8 km afstand.

🏠 7x, 🛏 32x, hpw € 350-650
▲ 🏕, ptpn € 12,50

Route

🚗 20 km N van Steenwijk. Vanuit Wolvega (N351) richting Oosterwolde. Bij Makkinga richting Elsloo/Boijl, weg volgen tot Boijl. Aan begin dorps accommodatie links van weg. Vanaf Zwolle (A32) richting Meppel/Steenwijk. Bij Steenwijk afslag Frederiksoord. Vandaar via Frederiksoord, Vledder en Doldersum naar Boijl.
🚌 Van station Steenwijk bus 17 naar Oosterwolde, uitstappen in Boijl (0,2 km tot boerderij). Belbus in weekend. Ophalen alleen na telefonische afspraak.

BORNERBROEK

Natuurvriendenhuis Krikkenhaar
Krikkenhaar 1, 7627 PA Bornerbroek
T   074-384 12 58
M 074-850 13 36
E   krikkenhaar@nivon.nl
W www.nivon.nl/krikkenhaar
nl, uk

Open: hele jaar ▲ 1 apr-1 okt 🦽 [✕]

Natuurvriendenhuis en omgeving

In het glooiende Twentse landschap, tussen de coulissen van houtwallen en essen, ligt natuurvriendenhuis de Krikkenhaar. Het huis ligt op een beschutte haar (een zandrug) met een bos van 4 ha.

Voor de in totaal 53 gasten is het goed toeven in de zonnige serre of in de intieme kleine zaal. De grote zaal is geschikt voor groepen. Er zijn voorzieningen voor rolstoelgebruikers. Naast het huis vindt u een trekkersveldje voor vier tenten en twee vakantiehuisjes: Op de Haar en 't Krikske. Buiten is een vuurplaats en een barbecue. Er is voor de kinderen een speeltuintje met een zandbak, een volleybalveld en een kampvuurplaats om vuurtje te stoken. In het huis is documentatie over de natuur en de cultuur van Twente aanwezig.Het gebied met kerkdorpen, watermolens en havezaten wordt doorsneden door heldere beken. Rond Krikkenhaar liggen landgoederen als Twickel in Delden, met een kasteel en fraaie tuinen en Weldam bij Diepenheim. Het landschap heeft een eeuwenoude agrarische traditie die u in de bebouwing terug vindt. Twente leent zich uitstekend voor mooie fietstochten door het buitengebied, zoals de Erven & Sagenroute. Fietsen kunt u op de accommodatie huren. Ook wandelaars komen aan hun trekken. Bijvoorbeeld langs het Twentepad en het Overijsselpad. In het Hollands Schwarzwald (bij Rijssen) en op de Sallandse Heuvelrug vindt u bossen op glooiende heuvels. Bij Delden staan markante zouthuisjes.

🚴 🚣 6

🛏 18x, 🛏 53x, 2ppn € 16,65
🏠 2x, Prijs op aanvraag
🏛 🛏18x, 🛏 53x, Prijs op aanvraag
▲ T 4x, pppn € 4,30, ptpn € 2,80

Route

🚗 Vanaf rotonde in Bornerbroek is het natuurvriendenhuis aangegeven.
🚌 Vanaf station Almelo treintaxi.

NL

NL

DAMWOUDE

Camping/pension Botniahiem
B. de Jong & E. de Jong-van der Staal
Doniaweg 95, 9104 GK Damwoude
T   0511-42 20 38
F   0511-42 50 37
M 06-127 558 96
E   botniahiem@hetnet.nl
nl, uk, de

Open: hele jaar ⚓ 1 apr-27 okt 🪑 (RES)
verplicht 🦽 [🐾]

Boerderij en omgeving

Gemengde boerderij in een coulisselandschap aan de rand van de Friese Wouden, 1 km van het dorpscentrum van Damwoude. Nog niet zo lang geleden is men omgeschakeld naar een biologische bedrijfsvoering. De familie houdt zich voornamelijk bezig met fruitteelt en met het fokken van schapen. Botniahiem is ook een zorgboerderij. Er is een kruidentuin en een natuurpark met wandelroutes.

Naast de boerderij is een kampeerterrein, waar u uw eigen tent opzet, of een van de stacaravans of trekkershutten huurt. In de trekkershut verblijft u op basis van logies met ontbijt. Ook kunt u een van de vier tweepersoonskamers huren op basis van logies met ontbijt. Verder zijn er een achtpersoonsappartement en een groepsaccommodatie voor 23 personen. De kamers, eetzaal en groepsaccommodatie zijn ingericht in grootmoeders stijl. U kunt hier ook in een bedstee slapen. Er is voor gasten een overdekt terras. Aan huis wordt jam verkocht en indien voorradig ook eieren, groente en fruit.

De omgeving biedt weidse vergezichten, bossen en karakteristieke dorpjes. Op de hoeve heeft u een goede uitgangspositie voor Friese sporten als wadlopen en fierljeppen. Natuurliefhebbers kunnen een bezoek brengen aan Nationaal Park het Lauwersmeer, de Sippenfennen, de

dorpsbossen van De Dokkumer Wâlden, het Driesumermeer en het Klaarkampstermeer; dit laatste gebied is alleen in excursieverband te bezoeken. De boot brengt u voor een dagtrip naar Ameland en Schiermonnikoog.

🏊 ⛳ 🚣 🏄 🛶 ⛵ ⣿⣿⣿15 🚤7
🛥4 🛥4 🎣2 🐟 🚣3 ⚓

🛏 4x, 🍴 8x, 1pkpn € 18,50, 2pkpn € 37 B&B
🏠 1x, 🍴 8x, hpw € 170-250
🏕 🛏5x, 🍴 23x, 1ppnoz € 12
⛺ 🏊, Prijs op aanvraag

Route

ℹ️ Leeuwarden, 20 km E. 20 km O van Leeuwarden. N355 Leeuwarden-Groningen. Bij Quatrebras N356 richting Dokkum. In Damwoude Driesum aanhouden, Doniaweg. Na ca 1 km boerderij links.

🚂 Trein naar Veenwouden, daar bus 53 (Dokkum) naar Damwoude. Uitstappen bij halte langs Hoofdweg, vanaf hier richting Driesum lopen (Doniaweg). Of vanaf station Leeuwarden met bus 51.

DARP (HAVELTE)

Natuurvriendenhuis en camping
Het Hunehuis
Hunebeddenweg 1,
7973 JA Darp (Havelte)
T   0521-34 12 48
M 0529-49 70 34
E   hunehuis@nivon.nl
W www.nivon.nl
nl, uk

nivon

Open: hele jaar 🦽 🍽

Accommodatie en omgeving

Het Hunehuis ligt bovenop de Havelterberg bij hunebedden temidden van heide, bos, vennen en zandverstuivingen. Dit prachtig gerenoveerde natuurvriendenhuis ligt in een eigen bosperceel. De nieu-

we slaapvleugel is comfortabel en goed ingepast in het landschap. In de oudbouw zijn de originele Bauhaus-elementen weer zichtbaar.

Er is plaats voor 72 gasten in 29 kamers. Vanuit de gemeenschappelijke zaal heeft u een prachtig uitzicht; u kijkt uit over de heide van het Ooster- en Westerzand. Schapen trekken ieder ochtend en avond voorbij. Linnengoed graag zelf meenemen. Op een beschut terreintje ligt een trekkersveld voor tien tenten (geen caravans). Het trekkersveld is een natuurkampeerterrein en een Natuurkampeerkaart is dus verplicht. Voor de kinderen is rondom het huis volop speel- en spelruimte.

Het nieuwe nationaal park het Drents-Friese Wold ligt net als het bekende Dwingelerveld op fietsafstand. In Havelte (3 km) zijn fietsen te huur. U kunt hier uren dwalen door de natuur, bijvoorbeeld langs het Drenthepad (SP6) of het nieuwe Havezatenpad (LAW2-2). De moerassen van de Rottige Meenthe, de Weerribben en de Wieden liggen ook op fietsafstand. De rijke broekbossen zijn een paradijs voor vogelaars en plantenliefhebbers. Met een zeilpunter, kano of fluisterboot kunt u vanaf Giethoorn de wetlands ontdekken, waar de libellen boven uw hoofd zweven. Mooie brinkdorpen, zoals Diever en Ruinen zijn een bezoekje waard. In Havelte kan de golfliefhebber zijn hart ophalen. Maar ook oude stadjes als Steenwijk, Vollenhove en Zwartsluis zijn een bezoek waard. Zwemmen kan in het zwembad van Havelte (2 km). Daar is ook Vlinderparadijs Papiliorama. In Kallenkote (3 km) zit Vogelpark Taman Indonesia, met kinderboerderij en mini-speeltuin. Op de Koloniehof in Frederiksoord (7,5 km) kom je alles te weten over het leven in de 19de eeuw. Het Drukkerijmuseum in Meppel (8 km) heeft een kinderdrukkerij waar je zelf allerlei technieken mag uitproberen. Ook zijn er speurtochten in het museum. In Steenwijk (6 km) is een heel leuk kermis- en circusmuseum.

🚴 🚣5

🛏 29x, 🍴 72x, 2ppn € 23,30
🏕 🛏29x, 🍴 72x, Prijs op aanvraag
⛺ T 10x, pppn € 4,30, ptpn € 2,80

Route

🅰 Vanaf Havelte N353 richting Frederiksoord. Rotonde rechtdoor, na 1,5 km rechtsaf (Hunebeddenweg).

🚕 Vanaf station Steenwijk treintaxi.

DE LUTTE

Landgoedcamping Het Meuleman
Mevr. A. Strikker-Hemmink
Lutterzandweg 16, 7587 LH De Lutte

T   0541-55 12 89
F   0541-55 10 37
M   06-533 114 49
E   info@camping-meuleman.nl
W   www.camping-meuleman.nl
📢 nl, uk, de

Open: hele jaar ⚠ 1 apr-1 okt Ⓡ ♿

Camping en omgeving

In het prachtige Twentse natuurgebied Het Lutterzand ligt landgoedcamping Het Meuleman. De camping is zeven ha groot en onderdeel van Landgoed Het Meuleman. Dit landgoed is begin deze eeuw ontstaan door aankopen van een Twentse textielfamilie. Het huidige bezit omvat 320 ha met cultuurgrond, bossen en natuurterrein met heide en jeneverbesstruweel. Het landgoed beschikt nog over een houtzagerij. De camping is gevormd door de natuur. Ongeveer twee ha is rust- en broedgebied voor de dieren die er leven.

U vindt hier ruime kampeerplaatsen (30 voor tenten en 70 voor caravans) die allen voorzien zijn van een water- en stroomaansluiting. Het terrein wordt duurzaam beheerd en men voert het bronzen Milieubarometer keurmerk. Er zijn uitstekende sanitaire voorzieningen, een volleybalveld, jeu de boulesbaan, midgetgolfbaan en een huifkarhalte. Behalve kamperen kunt u ook een volledig ingericht vakantiehuisje voor zes tot acht personen hu-

ren. Het restaurant bij de camping heeft voor de gasten een speciale maaltijdenservice.

De camping ligt in een omgeving met bossen, afgewisseld door heide en struikgewas. Vlakbij stroomt het riviertje de Dinkel door een landschap van zandverstuivingen. Per fiets of te voet kunt u dit gedeelte van het prachtige Twentse land ontdekken. In de nabijheid vindt u vele havezaten en kastelen zoals Havezate het Everloo in Rossum, Huis Singraven met watermolen in Denekamp of het Schloß in Bad Bentheim (D).

🍽 🚴

🏠 5x, 🔌 32x, hpw € 470-510
⛺ T 30x, 🚐 70x, 🏕, Prijs op aanvraag

Route

🅰 A1 richting Oldenzaal, afslag 34 De Lutte. Na tankstation 1e kruising rechts richting Lutterzand/Beuningen (Beuningerstraat). Na ca 1,5 km rechts Lutterzand (ANWB-borden).

🚕 Station Oldenzaal, buurtbus naar De Lutte, halte 3 km van camping. Op verzoek kunt u worden afgehaald.

DE POL

Bed & Breakfast Het Oranjetipje
Loekie & Willem Langendoen
De Pol 17, 8377 KS De Pol

T   0521-58 94 70
F   0521-58 75 04
M   06-440 700 35
E   info@hetoranjetipje.nl
W   www.hetoranjetipje.nl
📢 nl, uk, de, fr

Open: hele jaar ⓇⒺⓈ verplicht ✗ 🛏

Huis en omgeving

Het Oranjetipje ligt in De Pol, een klein, landelijk gelegen, buurtschap aan de

voet van bosgebied de Woldberg en in de achtertuin van Nationaal Park "De Weerribben" en de natuurgebieden De Wieden, Lindevallei en de Rottige Meenthe. Het boerenhuis uit begin 1900 heeft een biologische kruiden-, bloemen- en groentetuin. U kunt op de boerderij een kijkje nemen bij kaarsenatelier 'Het Tweede Lichtje': hier maakt de gastvrouw van zelf ingezamelde kaarsrestanten weer nieuwe, bijzondere kaarsen. De accommodatiehouders hebben de Milieuprijs van de gemeente Steenwijk gekregen voor hun activiteiten.

Er is een vrijstaand, eenvoudig en knus ingericht gastenverblijf voor twee personen met eigen douche en toilet en een eigen keuken. Verwarming vindt plaats met behulp van zonnepanelen. Ook zijn er twee driepersoonskamers en een vierpersoonskamer in de woonboerderij te huur. De gehele accommodatie is ook voor groepen tot max. 12 personen te huur. Er is een gezamelijke ruimte en een keuken aanwezig. Voor het vegetarische en biologische ontbijt worden zoveel mogelijk producten uit eigen tuin gebruikt.

Als IVN-gids kan Loekie u veel vertellen over de directe omgeving; het Overijsselse stuwwallenlandschap. Voor ecologische levensmiddelen kunt u naar de boerenmarkt in Frederiksoord, de kaasboerderij in Blokzijl of de eco-groentetuin in Nijeveen. Nationaal park De Weerribben ligt op 10 km afstand en ook is het Nationaal Park Drents-Friese Wold in de buurt. In Giethoorn (8 km) kunt u één van de vele musea bezoeken. Ook andere uitstapjes zijn de moeite waard, zoals het klokkenmuseum in Frederiksoord en het voormalig Kamp Westerbork.

🏕 🍽 🚴 ♫ 🏊4 🎣6 🎣3 🎣🗡
🏓8 🎿8 ⚾8 🏹3 🧗

🛏 3x, 🔌 10x, 1ppn € 35, 2ppn € 25 B&B
🏠 1x, 🔌 2x, 1ppw € 175
🏛 🛏4x, 🔌 12x, Prijs op aanvraag

Route

🅰 6 km N van Steenwijk. Vanaf Zwolle A28. Bij Meppel A32 richting Leeuwarden. Bij afslag Steenwijk-Noord (7). Bij rotonde rechtdoor, weg vervolgen richting Willemsoord, in Willemsoord

NL

NL

op kruispunt rechtsaf, over spoor, 1ste weg rechtsaf (Kerkhoflaan), na aantal bochten rechts.

🚆 Trein naar Steenwijk, dan verder met treintaxi of fiets huren.

DONKERBROEK

Carly
Caroline Houthuyse & Lya Vros
't West 17, 8435 VL Donkerbroek
T 0516-54 22 73
E carlykleurtrainingen@tiscali.nl
W www.carlykleurtrainingen.nl
🏳 nl, uk, de

Open: hele jaar (RES) verplicht ✕ 🐎

Boerderij en omgeving

In een mooie coulissenlandschap, met vrij uitzicht over de weilanden, ligt de prachtig gerenoveerde boerderij uit 1850. Er is een moes-, kruiden- en thee-tuin, alsmede een bloemenweide en een paardenstal (eigen paard meenemen kan). De boerderij is verbouwd met oude bouwmaterialen. In de keuken wordt gebruik gemaakt van kruiden, bloemen, lokale en seizoensgebonden producten. De theetuin met dranken, taart, soep en salades is in de zomer meerdere dagen per week geopend.

U verblijft in een van de vier kamers in de sfeervolle en kunstzinnige boerderij. De kamers, met houten balken en vrolijke kleuraccenten, zijn elk geschikt voor twee personen. U maakt gebruik van het sani-tair op de benedenverdieping. Beneden is een grote ruimte geschikt om bijvoorbeeld te musiceren, boetseren, te schilderen of een cursus te geven. Catering op verzoek. De maaltijden, op afspraak, bestaan voor 80% uit biologische producten, omdat de eigenaressen kwaliteit en smaak net zo belangrijk vinden als gezondheid, het welzijn van dieren en het milieu. Er is ook een praktijk/stilte-ruimte, waar u als gast

gebruik van kunt maken. De eigeneres-sen geven al jaren intuïtieve en creatieve kleurtrainingen en behandelingen als voetzone-reflexologie en readings.

Gelegen tussen zeven natuurgebieden kunt u hier uitstekend wandelen of fiet-sen. Maak uw keuze uit de Tjongervallei (2 km), Duurwoudsterheide (3 km), het Koningsdiep en Sparjeburd(4 km) of de bossen van Beetsterzwaag (6 km). Het Zevenwoudenpad loopt langs de accom-modatie. Ook een ruiterpad is nabij. In de buurt zijn de Drents Friese Wold (10 km), Bakkeveense bossen (8 km) en Fochteloër-veen (15 km). Cultuur vindt u in Leeuwar-den of Groningen.

🛏 4x, 🛌 9x, 1ppn € 30 B&B
🏛 🛏4x, 🛌 9x, Prijs op aanvraag

Route

🚗 14 km ZO van Drachten, 2 km ZW van Donker-broek. A7 bij Drachten, afslag 30; Oosterwolde/Emmen. N381, ter hoogte van Donkerbroek, afslag Jubbega (N380). Laatste boerderij voor bocht links.
🚆 Station Heerenveen, bus 16 (richting Assen), halte Hoornsterzwaag, tegenover accommodatie.

DROGEHAM

Educatieve vee- en natuurboerderij Hamster Mieden
Fam. Krol
De Buorren 66, 9289 HH Drogeham
T 0512-33 13 67
M 06-440 284 95
E tkrol@hamstermieden.nl
W www.hamstermieden.nl
🏳 nl, uk, de

Open: hele jaar 🔨 1 jun-1 okt 🐄 (RES) verplicht ✕ [⋔]

Boerderij en omgeving

Op de educatieve vee- en natuurboerderij Hamster Mieden staat het leren waarderen van dieren en natuur centraal. Dit kan door op een avontuurlijke manier deel te nemen aan de verzorging van flora en fauna in en rond de boerderij en het natuurreservaat Hamster Mieden. Er worden verschillende programma's voor groepen aangeboden door bevoegde en ervaren docenten, in samenwerking met het IVN en Staatsbos-beheer. Behalve voor individuele gasten is de accommodatie bijzonder geschikt voor schoolgroepen. Er worden volledige ar-rangementen aangeboden met educatieve programma's over natuur en milieu. De boerderij is dier-, milieu- en mensvriendelijk gebouwd. Het heeft een grasdak, de muren zijn van stro en leem, de elektriciteit en het warme water komen van de zonnepanelen en het afvalwater wordt gezuiverd. Het is mogelijk om mee te werken tegen kost en inwoning.

Er zijn vijf twee- tot achtpersoonskamers in de koeienstal gebouwd. De kamers hebben gemeenschappelijk sanitair en er is een gemeenschappelijke ruimte. U kunt gebruikmaken van de keuken, maar volpension is ook mogelijk. Op het erf is gedurende het zomerseizoen ook plaats voor enkele tentjes.

Rondom de accommodatie ligt het na-tuurgebied Drogehamster Mieden. In de omgeving zijn diverse wandelroutes uit-gezet. Ook kunt u deelnemen aan verschil-lende excursies. Natuurlijk zwemwater is dichtbij. Mogelijkheden voor paardrijden, fietsen (ook verhuur) en watersport in de omgeving.

🛏 5x, 🛌 40x, Prijs op aanvraag
🏠 🛌 40x, Prijs op aanvraag
🏛 🛏5x, 🛌 40x, Prijs op aanvraag
🔨 T 4x, Prijs op aanvraag

Route

🚗 Drachten, 15 km NE. A7 Heerenveen-Groningen, afslag Surhuisterveen. Daarna richting Drogeham.
🚆 Station Buitenpost. Hier kunt u worden afge-haald. Ook busverbinding vanuit Leeuwarden en Drachten (lijn 13). Bushalte op 75 m. van boerderij.

DWINGELOO

Kampeerterrein De Olde Bârgen
Annemarie & Gerard Borghuis
Oude Hoogeveensedijk 1, Lhee,
7991 PD Dwingeloo

T   0521-59 72 61
F   0521-59 70 69
E   info@oldebargen.nl
W   www.oldebargen.nl
   nl, uk, de, fr

Open: hele jaar ®

Camping en omgeving

Het kampeerterrein is schitterend gelegen in Nationaal Park Dwingelderveld, aan de rand van de oude bouwlanden van Lhee. Het biedt rust en stilte en is een zeer geschikt vertrekpunt voor allerlei activiteiten op het gebied van natuur, cultuur en recreatie.

Voor kampeerders zijn er 80 plaatsen verdeeld over een aantal beschutte grasvelden met houtwallen. In de zomer is er een apart en autovrij gedeelte voor tenten. Voor trekkers is altijd plaats. Het centrale gebouw is op milieuvriendelijke wijze gebouwd onder meer met een grasdak. Ook het beheer van het terrein gebeurt met respect voor de omgeving. Er zijn veilige speelvoorzieningen voor kinderen en er is een wasruimte voor de kleintjes. Voor uw paard of pony is er een speciale weide en ook honden zijn welkom.

Het nabijgelegen dorp Dwingeloo heeft een natuurvoedingswinkel. Het bezoekerscentrum Dwingelderveld biedt informatie over dit gebied en organiseert exposities en excursies. Natuurmonumenten heeft een bezoekerscentrum 6 km verderop; hier worden excursies naar Berkenheuvel, Leggelderveld en Mantingerveld georganiseerd. Dagtrips zijn mogelijk naar het Noorder Dierenpark Emmen (38 km), het Museumdorp Orvelte (25 km) en het Herinneringscentrum Kamp Westerbork (20

km). In Gieten/Borger kunt u het Drents boomkroonpad lopen; u maakt dan een wandeling door de toppen van bomen. Ook zijn er in de directe omgeving diverse plaatsen met hunebedden te bezoeken.

🚴 🛶 ⚓ ♨6 ♨1,5 ⚓0,8 ♨2
🐟 ♨0,7 🏁1,5 🛶

⚓ ptpn € 16pcpn € 16

Route

🚗 14 km NW van Hoogeveen, 2 km ZO van Dwingeloo. A28 richting Assen, afslag Dwingeloo. Na 7 km staat camping aangegeven op ANWB bordjes en groene gemeenteborden.

🚌 Trein naar Meppel of Assen, daar bus 20. Overstappen in Dieverbrug, bus naar Dwingeloo. Dan nog 2 km lopen. Mogelijkheid tot afhalen.

EEN-WEST

Natuurvriendenhuis Allardsoog
Jarig van de Wielenwei 42,
9343 TC Een-West

T   0561-54 13 47
M   0592-42 04 84
E   allardsoog@nivon.nl
W   www.nivon.nl/allardsoog   nivon
   nl, uk

Open: hele jaar ♿

Natuurvriendenhuis en omgeving

Op het drieprovinciënpunt van Groningen, Drenthe en Friesland ligt in het weidse landschap het natuurvriendenhuis Allardsoog. Rond deze voormalige school kunt u de stilte nog horen.

Het huis heeft 24 kamers en is bijzonder geschikt voor groepen. Het huis is aangepast voor rolstoelgebruikers. De slaapvleugel en twee zalen zijn recent opgeknapt. De huiskamer heeft een ruim uitzicht en een buitenterras. Er zijn zalen voor mu-

ziek, natuurstudie en handenarbeid en een bibliotheek. Vanuit uw slaapkamer en de woonkamer kijkt u door de bomen uit op de weilanden. Fietsen en tandems zijn te huur op de accommodatie.Tijdens creatieve weken kunt u onder andere schildercursussen volgen. Voor kinderen is er een speelplaats en binnen zijn er spelletjes.

Rond het huis vindt u vele routes op elk gebied. U kunt wandelen langs het Zevenwoudenpad (LAW1-1), paardrijden, skeeleren en fietsen. Aan de Friese kant liggen de bossen, heidevelden en duinen van Bakkeveen. Drente biedt esdorpen en het grote Fochteloërveen, waar u demonstraties turfsteken kunt zien. Het Groninger Noorderveld biedt rust, natuur en ruimte in een landschap met langgerekte vaarten en bossen. In de omgeving vindt u verder rustieke dorpen, kleine musea, verdedigingswerken en landgoederen zoals de Slotplaats.

Waterpret vind je aan het Ronostrand in Een (4,5 km). In Norg (8 km) kun je naar familiepretpark de Vluchtheuvel. In Bakkeveen (5 km) raak je de weg kwijt in doolhofpark Dúndelle. Er zijn verschillende spannende doolhoven, je kunt er zwemmen en in de winter worden er spooktochten georganiseerd. Speelgoedmuseum het Pietershuys in Roden (8 km) heeft zalen vol speelgoed om naar te kijken en om zelf mee te spelen! In Drachten (14 km) zit de Naturij: een prachtig aangelegde kinderboerderij met een grote speeltuin, een vlinderhuis, een natuurgebied met thematuin, recreatiepaden en nog veel meer.

🚴 ⚓4 ♨4,5

🛏   24x, ♨ 61x, 2ppn € 16,65
🏨   ▭24x, ♨ 61x, Prijs op aanvraag

Route

🚗 Vanaf Bakkeveen richting Een-West-Zevenhuizen, na 3 km links.

🚌 Station Heerenveen, bus 10 naar Gorredijk, dan buurtbus 104 naar Allardsoog (niet op zondag). Of station Groningen, bus 85 richting Oosterwolde, halte Een-West-Bakkeveenseweg (8 km lopen). Of met de Arriva Taxi 0900-9282.

NL

GASSELTE

Recreatieterrein Het Horstmannsbos
C. Hulzebos
Hoogte der Heide 8, 9462 TT Gasselte
T 0800-400 40 04
F 0577-41 17 67
E horstmannsbos@paasheuvelgroep.nl
W www.horstmannsbos.nl
nl, uk, de

Open: 1 apr-28 okt Ⓡ [ᴛ]

Camping en omgeving

In Drenthe, het land van heide en schapen, zandverstuivingen en hunebedden,
vindt u het Horstmannsbos. Dit 7 ha
grote recreatieterrein wordt omgeven
door uitgestrekte bossen en prachtige
vennen van natuurreservaat het Drou-
wenerzand.
De camping telt 140 toeristische plaatsen
op kampeerweiden en in het bos. U heeft
hier alle ruimte voor rust, ontspanning,
sport en spel. Het terrein is autovrij. Op
de camping bevinden zich een kleuterbad
en kinderspeelplaatsen en er zijn tennisbanen op loopafstand. De camping is ook
zeer geschikt om buiten het hoogseizoen
met een groep te kamperen. Er is een re-
creatieverblijf met kookgelegenheid en
80 zitplaatsen. Ook zijn er enkele compleet ingerichte De Waard-tenten en trekkershutten te huur. Het sanitairgebouw is
verwarmd, waardoor ook het voor- en naseizoen uitstekend geschikt zijn om met
een caravan een aantal dagen in Noord-
Drenthe te verblijven.
In de omgeving van de camping zijn overblijfselen van prehistorische bewoners
van deze streek te vinden, waaronder hunebedden. Het vestingstadje Bourtange is
van eeuwen later, maar al deze bezienswaardigheden bieden een goed beeld van
de rijke historie van dit gebied. Door het
schitterende natuurgebied Drouwener-
zand lopen diverse wandelroutes; hier

kunt u een schaapskudde tegenkomen. In
Borger kunt u Het Boomkroonpad lopen, u
wandelt dan tussen de boomtoppen.

🏊 🛁 🎣 🏴 🌸 ⚓ ⚓ 🌊2 ⏱1,5
🛶4 ⚲0,1 ⚬2 🔥30 🏴1 🚣

🏕 T 40x, 🚐 98x, 🏕, ptpn € 19,90,
  pcpn € 19,90

Route

🅰 Stadskanaal, 7 km S. A28 Amersfoort-Assen, afslag Assen-Zuid, rechtsaf naar N33. Dan links naar
N378. In Gasselte ANWB-borden volgen naar Horstmannsbos.

🚌 Routebeschrijving op aanvraag.

GEESTEREN

Camping 't Rentmeesterke
Martina Bakker-Schaafsma
Nettelhorsterweg 32, 7274 EB Geesteren
T 0545-48 15 40
E rentmeesterke@wanadoo.nl
W www.rentmeesterke.nl
nl, uk, de

Open: hele jaar 🏕 18 apr-14 sep Ⓡ
verplicht ✖ [ᴛ]

Accommodatie en omgeving

Het oudste gedeelte van deze voormalige
boerderij is laat negentiende-eeuws, het
voorhuis dateert van 1910. Het terrein is
door het speciale beheer rijk aan vlinders
en vogels. Ook is er originele kunst in de
grote tuin te bewonderen.
't Rentmeesterke beschikt over een kampeerterrein met grasdakhutten, twee
vakantiehuisjes en een vegetarisch eethuis met daarboven een appartementje
voor twee personen. Het kampeerveld is
omzoomd door bos. De 20 kampeerplaatsen zijn verscholen in inhammetjes of
maken deel uit van een open veld. Voor
kampeerders is er een eenvoudige slecht-

weeraccommodatie. Bij mooi weer kan er
's avonds een kampvuur worden gemaakt.
De grasdakhutten zijn te vergelijken met
trekkershutten (zelf slaapzak meenemen)
voor drie en vier personen. De huisjes
daarentegen zijn compleet ingericht; voor
vier tot acht personen. U kunt er ook op
basis van logies met ontbijt verblijven.
De maaltijden in het eethuis worden voor
ongeveer 50 procent met biologische producten bereid. Na afspraak zijn huisdieren
welkom, behalve in het appartement.
In het riviertje de Berkel kunt u vissen en
in de Hanbroekplas (4 km) kunt u vissen,
surfen en bootjes huren. Het nabijgelegen
natuurgebied Galgenveld leent zich goed
voor wandelingen. Het Graafschappad,
het Heerlijkheidspad en LF4-routes lopen
door de omgeving. U kunt de kastelenroute volgen door een prachtig coulisselandschap. In het oude stadje Borculo vindt u
een keur aan musea.

🛁 🍽 🌸 🎣 ⚓ 🌊4 ⏱7 🛶7
⚲ ⚬1 🔥4 ⚑4 ⚑3,5 🏴4

🛏 3x, 🛏 20x, 1pkpn € 35, 2pkpn € 50
   B&B
🏠 2x, 🛏 12x, hpw € 290-335
🏕 T 20x, 🏕, pppn € 3, ptpn € 4, pcpn
   € 4

Route

🅰 borculo, 3,5 km S. A1 afslag Holten/Lochem. Voor
Lochem links richting Borculo. Bij Intratuin rechts
richting Borculo. Bij km-paal 4,4 links parkeerterrein
op. Of van Borculo richting Lochem. Rechts witte
boerderij 1 km na afslag Geesteren.

🚌 Van station Lochem regiotaxi (tel: 0800-
7654321). Minimaal uur van tevoren bellen.

HAARLO

't Scharvelt
J.G. Nijhuis
Wolinkweg 43, 7273 SL Haarlo
T 0545-26 13 08
F 0545-26 11 95
E scharvelt@hetnet.nl
W www.campingtscharvelt.nl
nl, uk

Open: hele jaar [ᴛ]

Kampeerterrein en omgeving

't Scharvelt is een kleinschalig natuurkampeerterrein in het centrum van de Achterhoek. Het ligt net buiten het dorpje Haarlo, bij landgoed 't Wolink. U kampeert er in een oase van rust.

Er is een veldje met aparte, door aanplanting gescheiden plaatsen en er is een veld met een vrij uitzicht over het gevarieerde landschap. In totaal zijn er 40 kampeerplekken. Er zijn ook vier trekkershutten te huur. Een eenvoudig type voor vier personen en een luxere uitvoering voor vijf personen, met een keukeninventaris. Beide typen zijn voorzien van verwarming. U kunt het hele jaar op het terrein terecht; in de winter is de sanitairruimte verwarmd en u kunt beschikken over een wasmachine en een droger.

Vanuit het terrein kunt u prachtige fiets- en wandeltochten maken. De natuurgebieden Zwillbrocker Venn (D), Haaksbergseveen, Vragenderveen en Korenburgerveen liggen vlakbij. Zwemmen kan in recreatieplas 't Hambroek en op het riviertje de Berkel kunt u kanovaren en raften. Cultuurhistorie is o.a. te vinden in het museumstadje Borculo en kasteel Ruurlo. Het terrein is een natuurkampeerterrein en de Natuurkampeerkaart is dus verplicht. U kunt deze ter plaatse kopen.

Route

A1 naar Hengelo, afslag 26 Lochem/Holten. Rondweg Lochem richting Borculo. Voor T-splitsing links richting Neede, na 3 km afslag Haarlo, in dorp rechtdoor (Wolinkweg). Vanaf A12 naar Enschede, afslag Doetinchem A18-N18. Na afslag Groenlo, richting Borculo. Vanaf Groenloseweg richting Haarlo (Wolinkweg).

Station Ruurlo, bus naar Ruurlo-Borculo-Neede,

halte bij afslag Haarlo, 3 km lopen. Op verzoek kunt u worden afgehaald.

HOENDERLOO

Stichting Maria Hoeve
Monica Hols & Andrew Blackett
Delenseweg 25, 7352 TA Hoenderloo
T   055-378 10 35
F   055-378 15 70
E   mariahve@euronet.nl
nl, uk, fr, de

Open: 1 mei-1 nov   RES verplicht

Boerderij en omgeving

De mensen van boerderij de Mariahoeve willen hun prachtige plek in de natuur op de Veluwe graag delen met iedereen die iets wil leren over de natuur, over de zorg voor anderen en over samenwerking in plaats van concurrentie. Sinds twee jaar beheren zij een kleinschalige zorgboerderij samen met vrijwilligers. Een rustpunt voor een ieder die even de stadse haastcultuur achter zich wil laten.

U kunt individueel of als groep verblijven in een Indiaanse tipi of een Mongoolse yurt. Er staat ook een strobalen-leemschuur ter beschikking, zowel om overdag allerlei activiteiten te ondernemen als om te koken. In totaal is er plaats voor 25 mensen. U kunt ook uw eigen tent in de bostuin opzetten. Helpen in de biologische, permacultuur moestuin of met het onderhoud van het terrein of de verzorging van de dieren is altijd mogelijk.

De Mariahoeve ligt op 200 m van het Nationale Park De Hoge Veluwe. U kunt er wandelen, fietsen en huifkartochten maken. Het Kröller-Müller Museum, met een beroemde verzameling voornamelijk 19de en 20ste eeuwse beeldende kunst, ligt op 6 km afstand. Even verderop vindt u het Museonder, een ondergronds museum dat een beeld geeft van alles wat

onder het aardoppervlak leeft en geleefd heeft. Ook het imposante door Berlage ontworpen Jachthuis St. Hubertus is een bezoek waard.

25x, 1ppnoz € 13
T 5x, Prijs op aanvraag

Route

Apeldoorn. Provinciale weg Apeldoorn-Ede, afslag Hoenderloo. Weg volgen langs ingang Park Hoge Veluwe. Apeldoornseweg gaat over in Delenseweg, ca 1 km buiten bebouwde kom links.

Station Apeldoorn. Vandaar bus 110, richting Ede. Uitstappen halte centrum en nog 10 min lopen. Na overleg kunt u bij bushalte worden afgehaald.

NL

HOLSLOOT

De Tovenaarsberg
Henny Groote
Den Hool 10, Den Hool, 7845 TG Holsloot
T   0591-56 41 13
F   0524-55 29 95
M   06-218 220 48
E   info@tovenaarsberg.nl
W   www.tovenaarsberg.nl
nl, uk, de

Open: hele jaar   RES verplicht

Hotel en omgeving

Verscholen in het hart van het veenlandschap van zuidoost Drenthe ligt de Tovenaarsberg. Zodra u over de drempel

NL

stapt, komt u in een andere, sprookjes-achtige wereld. Een wereld bevolkt door tovenaars, heksen en elfen.

Het sprookjeshotel heeft acht thema-kamers met elk een eigen sfeer. Zo heeft de Elfenkamer een flonkerende sterrenhe-mel en een verzonken badkuip, de Droom-kamer heeft wolken aan het plafond en gouden engelen boven het bed en de To-verkamer heeft een romantische sofa en een wierookbrander op tafel. De kamers zijn van vele gemakken voorzien. Als u nieuwsgierig bent naar de andere kamers kunt u meedoen met de rondleiding die dagelijks tussen 14.00 en 16.00 uur wordt gegeven. In het theehuis en in restaurant de Heerlijckheid geniet u van een biolo-gisch ontbijt, lunch of diner. U kunt het hotel ook als geheel huren. Er kunnen dan groepen tot 24 personen terecht. In de tuin van de Tovenaarsberg valt veel te ont-dekken. Zo komt u een Elfenkring tegen. Vanuit de tuin kunt u een wandeling maken over het Toverpad. Zo leert u de mooie omgeving van het gehuchtje Den Hool kennen. De buitentrollen hebben ook het Wichelaarstraject voor u uitgezet. Dit is een betoverende fietsroute door het Drentse land. In de omgeving zijn nog veel meer mogelijkheden om te fietsen en te wandelen, bijvoorbeeld langs de Hune-bedden. Musea en uitgaansmogelijkhe-den en het Noorder Dierenpark vindt u in Emmen (14 km). Ten zuiden van Emmen ligt de Grote Rietplas, een recreatiemeer waar u kunt zwemmen, surfen en zeilen.

🏊‍ 🍽 🚲 🛝 🌊10 ♨15 🏊14
🎣4 🧺

🛏 8x, 🚿 20x, 2pkpn € 152,50 B&B

Route
🅰 14 km ZW van Emmen, 3 km ZO van Holsloot. N34 of A37/N37, afslag Dalen. In Dalen richting Da-lerveen. Daar richting Den Hool.
🚉 Trein tot station Dalen. Hier kunt u worden af-gehaald.

LANGEDIJKE

Buitenplaats Dicker en Toos
Toos van Dijk & Dick Allis
Haerdijk 4, 8425 SR Langedijke
T 0516-51 53 03
F 0561-52 15 12
E info@dickerentoos.nl
W www.dickerentoos.nl
🐾 nl, uk

Open: hele jaar 🐕

Accommodatie en omgeving

De Buitenplaats Dicker en Toos is een kleinschalige, milieuvriendelijke plek voor de echte rustzoeker. Voor het verwarmen van water voor de huisjes wordt gebruik gemaakt van zonne-energie. Rondom het terrein lopen schapen en kippen. Ook is er een hoogstamfruitboomgaard.

U vindt er een natuurkampeerterrein met 15 ruime plaatsen, twee karaktervolle ap-partementen en een bijzondere gastenka-mer. U kunt in overleg met de eigenaren kiezen voor een culinair arrangement, waarbij het biologische ontbijt en/of het diner geserveerd wordt in de gasten-kamers, het appartement of zelfs op de camping!

De buitenplaats ligt in het buitengebied tussen Langedijke en Elsloo, met in de achtertuin het natuurterrein De Scha-opdobbe. Een zeer unieke plek met dob-bes, heideveldjes, oude hooilanden en stuifduinen. De omgeving is zeer geschikt om te wandelen, bijvoorbeeld het Fochte-loërveen en het Drents-Friese Wold, een natuurpark. Leenklompen en leenlaarzen zijn aanwezig. Ook zijn er ruime mogelijk-heden om fietstochten te maken. Bij het nieuwe bezoekerscentrum van Staats-bosbeheer kunt u veel informatie vinden en vertrekken er tochten, met of zonder begeleiding van de boswachter. U kunt een bezoek brengen aan wilde-planten-kwekerij De Heliant. In Noordwolde vindt

u het vlechtmuseum en in Hoogeveen het glasmuseum. Groningen en Assen liggen op een half uur afstand. De buitenplaats is aangesloten bij de Stichting Natuur-kampeerterreinen.

🏊‍ 🍽1 🧺4 🛝4 🎣2 🧺

🛏 1x, 🚿 2x, 1pkpn € 40, 2pkpn € 50
🏠 2x, 🚿 6x, hpw € 250-310
⛺ 🧺, pppn € 6,50

Route
🅰 Oosterwolde, 3 km S. Van Wolvega N351 richting Oosterwolde, na 20 km afslag Elsloo/Boijl, na 200 m linksaf richting Veneburen, 2e weg rechts (Haer-dijk). Komend vanuit Elsloo richting Appelscha, dan 1e weg links (Muldersweg), deze gaat over in Haerdijk.
🚉 Station Wolvega, bus, halte 4 km van accommo-datie. U kunt hier worden opgehaald.

LAREN

't Olde Leeuwenkamp
Joy Gouwenberg-Henny
Levenkamp 2, 7245 RK Laren
T 0573-40 02 84
E c.gouwenberg@planet.nl
🐾 nl, fr, uk, de

Open: hele jaar 🥘 🏠

Boerderij en omgeving

Uit 1731 daterende boerderij, tegenwoor-dig in gebruik als woning, heerlijk rustig gelegen temidden van weiden, bos en landgoederen. Uit liefhebberij houden de eigenaars kippen, varkens en schapen en er is een biologische moestuin.

Het achterhuis met de grote deel is inge-richt als vakantieverblijf. U vindt er een grote woonruimte met keuken en er zijn vier comfortabele tweepersoonsslaapka-mers, waarvan één op de begane grond met aparte douche en toilet. De deel is

ook heel geschikt voor bijvoorbeeld een studiedag, een werkweekend of een familiebijeenkomst. Individuele wandelaars en fietsers kunnen op basis van logies met biologisch ontbijt terecht.

De omgeving is erg rustig met veel mogelijkheden om te wandelen, te fietsen en uitstapjes te maken. Bijvoorbeeld naar Huis Verwolde (2 km), een classicistisch landhuis uit 1776, prachtig gelegen op een groot particulier landgoed; de vlindertuin in Laren (2 km); het Bordenmuseum in Lochem (7 km) en tal van culturele bezienswaardigheden en uitgaansmogelijkheden in Deventer (15 km) en Zutphen (15 km). Met name Zutphen is bekend om zijn grote concentratie aan ecologische winkels; van natuurvoeding tot meubels en kleding.

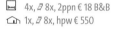

4x, ✈ 8x, 2ppn € 18 B&B
1x, ✈ 8x, hpw € 550

Route
Lochem 7 km, Laren 2 km. Vanaf A1 Deventer/Hengelo, afslag 25 (Bathmen). Rechts richting Laren, bij Peppeldijk links, einde links, 1e rechts.

Busstation Laren Langenbaergh (2 km van accommodatie). Dichtsbijzijnde treinstation is Lochem (7 km) of Holten (7 km).

LEMELE
De Olde Lucashoeve
Mevr. J. Hardonk-v.d. Sluis
Kerkweg 30, 8148 PZ Lemele
T 0572-33 12 46
nl, uk, de

Open: 1 mrt-31 okt

Kampeerterrein en omgeving
Dit natuurkampeerterrein ligt aan de voet van de Lemelerberg. De twee kleine kampeervelden hebben beide uitzicht op de Lemelerberg. Ter orientatie: Lemele ligt 7 km van Ommen.

De camping heeft 25 plaatsen voor tenten en caravans. De sfeer is er een van rust. Er zijn geen honden maar wel katten toegestaan. Omdat De Olde Lucashoeve een natuurkampeerterrein is, is een Natuurkampeerkaart verplicht.

In de omgeving kunt u volop wandelen, fietsen en van de rust en stilte genieten. Het Pieterpad, het Overijsselpad en het NIVON-pad lopen vlak langs de camping. Op de Lemelerberg zijn twee wandelingen uitgezet. De kortste wandeling, 2 kilometer, is gemarkeerd met paaltjes met een blauwe band. De gele paaltjes geven de langere route van 3,5 kilometer aan. Het startpunt van de twee routes is aan de Ledeboerweg, bij een parkeerplaats. Deze wandelingen laten u in korte tijd kennismaken met de karakteristieke elementen van het stuwwallandschap. Heidevelden, vrijstaande jeneverbesstruwelen, zandverstuivingen, vliegdennenopstanden en natuurlijk ook een aangeplant dennenbos. Het intensieve beheer van het gebied begint zijn vruchten af te werpen: op zijn route over de Lemelerberg komt de schaapsherder steeds meer nieuwe jeneverbesstruiken tegen.

▲ Prijs op aanvraag

Route
Ommen. N35 Zwolle-Almelo, afslag Hellendoorn. Volg R104 naar Lemele. Volg vanaf daar ANWB-borden.

Moeilijk bereikbaar met het openbaar vervoer. Dichtstbijzijnde treinstation Ommen (7 km).

LETTELBERT
Natuurkampeerterrein De Hondenhoek
Hoofdstraat 190/1, 9827 PD Lettelbert
M 06-220 547 14
E hondenhoek@nivon.nl
W www.nivon.nl/hondenhoek
nl, uk

nivon

Open: 1 apr-15 okt

Natuurkampeerterrein en omgeving
Dit natuurkampeerterrein ligt in de oeverlanden van het Leekstermeer op slechts tien kilometer van Groningen. De Hondenhoek ligt aan de zuidrand van het Westerkwartier, met wierden, kromme sloten en kronkelende wegen. De vier beschutte veldjes van het natuurkampeerterrein zijn omringd door houtwallen.

Er is plaats voor zo'n 40 tenten, caravans en campers. Het terrein heeft electriciteit, warme douches en een zonneboiler voor afwaswater. Op het terrein worden fietsen en kano's verhuurd. U kunt gebruik maken van de koelkast. Er zijn picknicktafels. In de zomer maakt de terreinwacht regelmatig een kampvuur, waarboven de kinderen stokbrood mogen bakken. De kleintjes kunnen spelen in een zandbak en op enkele speeltoestellen. De Hondenhoek is een natuurkampeerterrein en een Natuurkampeerkaart is dus verplicht. U kunt deze op het terrein kopen.

Het landschap is zeer afwisselend. Het ene moment bent u in een intiem, besloten landschap met bomenrijen en houtwallen. Het volgende moment kijkt u ver uit over uitgestrekte open weilanden. De stille landweggetjes zijn een genot om te fietsen of te skeeleren. Het Leekstermeer biedt goede mogelijkheden voor watersport. Aan het Lettelberterdiep stapt u zo in de kano. Op het meer kunt u roeien, vissen, surfen en zeilen.

▲ T 30x, 10x, pppn € 4,30, ptpn € 2,80

Route
Vanaf Leek richting Oostwold, na 3 km in Lettelbert bij brug rechts.

Station Groningen, bus 88 (niet op zondag) naar het Lettelberterdiep, 200 meter lopen.

NL

LOO-BATHMEN

De Coolewee
Ineke & Wim van Schooten
Arkelsteijnweg 6, 7437 SM Loo-Bathmen
T   0570-54 11 03
F   0570-54 11 08
E   camping@coolewee.nl
W   www.coolewee.nl
🗨 nl, uk

Open: 1 apr-1 nov ♥ [🚻]

Boerderij en omgeving

De Coolewee is gesitueerd in een typisch Sallands coulisselandschap met afwisselend weiland en bospartijen. Er is een gangbaar veebedrijf met 70 koeien. Er wordt zoveel mogelijk rekening gehouden met het milieu.

Op het kampeerterrein kunt u zowel met een tent als met een caravan terecht. Voor beide groepen zijn 15 plaatsen ingericht. Er zijn intieme plekken tussen het groen en er is een groter veld. Ook is er een caravan te huur. Op het terrein is een paddenpoel aangelegd en het terrein is omzoomd met een haag. Huisdieren meenemen kan na overleg met de eigenaren.

Vogelaars kunnen in een nabijgelegen vogelgebied de zwarte specht, sperwer en havik observeren. De Holterberg biedt prachtige wandelmogelijkheden. Historie, cultuur en uitgaansmogelijkheden vindt u in Lochem, Holten, Zutphen en Deventer. In Dorth kunt u een voormalig kasteel, nu landhuis, met park in Engelse stijl bezoeken.

✈

⛺ T 15x, 🚐 15x, 🏔, ppn € 3,20, ptpn € 1,35, pcpn € 1,85

Route

🚗 A1 richting Hengelo, afrit 25 Bathmen, einde afrit links Bathem, 1e afslag rechts, over brug dorp in, bij T-splitsing rechts, Schipbeeksweg vervolgen, na lange rechte weg bocht links, in bocht rechts bij ANWB-bord 'Loo'. Loo doorrijden, Looweg ca 2,5 km vervolgen, bij bocht naar rechts 2e weggetje links, Arkelsteijnweg,3e boerderij rechts. Parkeren bij Eikelaantje en melden bij huis.

🚌 Station Deventer, bus 6 (Holten) naar Dijkerhoek, halte Café Het Bonte Paard, 25 min. lopen: Oude Stationsweg, rechts Hessenweg in, over spoor 1e links, Leemskuilweg, na 500m. bij 1e boerderij rechts zandpad in en uitlopen.

MEPPEN

Camping De Boemerang
Jill Soeurt & AartJan Gillissen
Nijmaten 2, 7855 PV Meppen
T   0591-37 21 18
F   0591-37 77 29
M   06-111 815 43
E   info@campingdeboemerang.nl
W   www.campingdeboemerang.nl
🗨 nl, uk, es

Open: 1 apr-1 okt

Camping en omgeving

Aan de voet van de Hondsrug, in het mooie Drenthse dorpje Meppen, ligt het kampeerterrein de Boemerang. Door de ligging, aan de rand van het dorp, is het terrein bij uitstek geschikt voor rustzoekers en liefhebbers van een natuurlijke omgeving. Op het kampeerterrein ligt een vennetje waar 's avonds de kikkers kwaken en waar prachtige wilde bloemen bloeien. Een aantal kampeerplaatsen is rond dit ven gesitueerd.

De camping wordt op een milieuvriendelijke wijze, met respect voor mens, dier en omgeving beheerd. Soms zijn er producten van eigen land te koop, zoals scharreleieren of onbespoten aardbeien. Kruiden mag u zelf plukken. Het terrein is vogelrijk, rustig en heeft een landelijke sfeer. Auto's staan op een aparte parkeerplaats. Er is een koelkast en een wasmachine voor de gasten beschikbaar. Uw hond mag u meebrengen. Er zijn speciaal uitgezette wandelroutes vanaf de camping en bestaande fietsroutes. Een uitgebreide map met informatie is verkrijgbaar bij de eigenaren.

Meppen is een esdorp met veel fraaige-restaureerde oude Saksische boerderijen. Midden in het fiets-en wandelvriendelijk gebied komt de sportieve, rust- en natuurminnende vakantieganger volop aan zijn of haar trekken. Ook in de omgeving van Meppen is van alles te doen. U vindt er prachtige natuur en schilderachtige dorpjes. U kunt een bezoek brengen aan de hunebedden, dierenpark Emmen, het museumdorp Orvelte of het herinnerings-centrum Kamp Westerbork.

🏊3 🚣0,5 🎣0,5 🐟5 🚲3 🏹0,5 ⛵

⛺ T 30x, 🚐 30x, pppn € 2,95, ptpn € 4, pcpn € 4

Route

🚗 15 km W van Emmen. A28 Zwolle-Hoogeveen, A37 richting Emmen, afslag Oosterhesselen. 2 km voorbij Oosterhesselen ligt Meppen, links Meppen in, camping einde dorp links. Of N381, afslag Zweeloo, doorrijden tot Meppen, rechts Meppen in, camping einde dorp links

🚌 Trein naar Emmen, bus naar Meppen.

MUSSEL

Camping De Linden
Resi Mers
Musselweg 146, 9584 AJ Mussel
T   0599-45 46 38
M   06-201 614 71
E   resimerskokken@hetnet.nl
🗨 nl, uk, de, fr

Open: 1 mei-1 okt ®

Camping en omgeving

Deze parkachtige camping ligt in het zuidoosten van Groningen, aan de rand van het mooie Westerwolde. De camping is ruim aangelegd, rustig en landelijk. Op het terrein vindt u houtsingels, cottagetuinen en vele soorten bomen. De camping is zeer kindvriendelijk. Recentelijk is er een plas aangelegd met een strandje.

De camping omvat in totaal 20 kampeerplaatsen, tien voor tenten en tien voor caravans. Bij voldoende belangstelling worden er kruidenwandelingen en workshops Mandela-tekenen georganiseerd.

In de prachtige omgeving zijn wandel- en fietsroutes uitgezet. Wie van geschiedenis houdt komt hier ruim aan zijn trekken. Zo staat in Ter Apel een 15de eeuws museumklooster en ligt het oude vestingstadje Bourtange in de buurt. Tussen Musselkanaal en Veendam tuft een stoomtrein door een veenkoloniaal gebied. Bezienswaardigheden in de buurt: oesterzwamkwekerij De Ekkeweite in Vlagtwedde, kaarsenmakerij De Sellinghoeve in Bourtange en kasteel Schloss Dankern in Haren (D). In het Pagedal bevindt zich een grote recreatieplas met zonnestrand, een bosgebied, een manege en diverse speelweiden. Ook vindt u er een kruidentuin, een heemtuin, speelvoorzieningen, een bijenpark en een broedplaats voor oeverzwaluwen. Vogelliefhebbers kunnen terecht bij één van de vogelobservatieposten.

▲ T 10x, 🚐 10x, ptpn € 11

Route
🅵 Stadskanaal, 8 km SE. 8 km ZO van Stadskanaal. Camping ligt aan N975 tussen Mussel en Onstwedde.

🚌 Moeilijk bereikbaar met OV. Station Assen, bus 24 naar busstation Stadskanaal, buurtbus 92 naar Mussel (rijdt niet frequent). Of trein naar Emmen, daar bus naar Musselkanaal, halte IJzeren Klap (7 km van camping).

NIEUWKOOP

De Vrolijke Walnoot
Nellie van Bekkum
Ziendeweg 8, 2421 NC Nieuwkoop
T   0172-61 20 70
✉ nl, uk

Open: hele jaar (RES) verplicht [🛏]

Vakantiehuis en omgeving

Het vakantiehuis is een bijgebouw van de "Nieuwe Ziendemolen", een rijksmonument uit 1809, waarvan in 1921 een groot deel van de kap en wieken zijn verwijderd. Op het terrein staan een oud bakhuisje, hooiberg en stal voor de Shetlandschapen en Landgeiten. De eigenaren proberen zelf het hele terrein te restaureren en onderhouden. Ook zetten zij zich actief in voor het behoud van de Nederlandse Landgeit.

In het sfeervolle vakantiehuisje zijn douche, toilet, huiskamer met houtkachel en open keuken op de begane grond. Boven is een slaapzolder met een tweepersoonsbed. Er kunnen eventueel twee bedden worden bijgezet. Een steile trap naar zolder, veel open water, een gevaarlijke weg, geen speelattributen en/of veiligheidsvoorzieningen maken de locatie minder geschikt voor kinderen en mensen die slecht ter been zijn.

Het vakantiehuisje staat aan de rand van natuurgebied de Nieuwkoopse plassen, ooit ontstaan door turfwinning. Er zijn prachtige kano- en boten-routes uitgezet door Natuurmonumenten. U kunt starten vanaf het huisje! Als er ijs ligt, is het er prachtig schaatsen. Er zijn daarnaast mooie fietsroutes door oerhollandse landschappen als de Reeuwijkse plassen of langs Woerden of kasteel Haarzuilen. Archeon of het Avifauna zijn ook goed te bereiken. Vanuit het huisje wandelt u bovendien heel makkelijk naar de enige molenviergang ter wereld die nog in bedrijf is.

🛶 🌊5 🚣6 ⤬10 🛥6 🐟9 🎣5

🏠 1x, 🛏 4x, Prijs op aanvraag

Route
🅵 7 km W van Alphen aan den Rijn, 5 km Z van Nieuwkoop. N11 richting Bodegraven, dan richting Zwammerdam, hierna richting Nieuwkoop via de Ziendeweg. Na 1,5 km en scherpe bocht stoppen bij de Ziendesluis. Sluis oversteken (te voet) en dan achter huis tegelpaadje naar rechts de dijk op volgen tot molen.

🚲 Vlakbij station Bodegraven is fietsverhuur Veelenturf; vanaf hier nog 5 km.

NOORDLAREN

Natuurvriendenhuis en camping
De Hondsrug
Duinweg 6, 9479TM Noordlaren
T   050-409 16 34
M 0598-32 21 96
E   hondsrug@nivon.nl
W www.nivon.nl/hondsrug
✉ nl, uk
nivon

Open: 1 mrt-1 nov [🚲]

Accommodatie en omgeving

Het natuurvriendenhuis en camping De Hondsrug ligt op het noordelijkste puntje van de Hondsrug, tussen de Drentse Aa en het Zuidlaarder Meer. Dit gerenoveerde natuurvriendenhuis heeft een prachtige rieten kap.

In de slaapvleugel van het huis vindt u negen ruime tweepersoonskamers. Onder de rieten kap bevinden zich nog zeven kamers, geschikt voor gezinnen en groepen. Op het ruime terras kunt u 's zomers genieten van de zon en de zuivere lucht. Het gehele huis is rookvrij. Naast het huis is een natuurkampeerterrein met tien plaatsen (maximaal twee caravans, enkele plaatsen met stroom). De Hondsrug is een natuurkampeerterrein en u heeft dus een Natuurkampeerkaart nodig.

Vanuit het Noordlaarder Bos loopt u zo naar de vallei van de Drentse Aa, met de drassige hooilanden waar u 800 plantensoorten kunt vinden. Op de Hondsrug liggen de bossen van Gieten en Borger. In de buurt liggen grote heidevlaktes en hunebedden. Achter het Zuidlaarder Meer, aan de andere kant van de Hunze, liggen de lange vaarten van het weidse veengebied. U vindt hier meer dan 100 km fietsroutes. Fietsen kunt u 6 km verderop huren. Bij tijdige reservering worden de fietsen naar het huis gebracht en later weer opgehaald. Ook kunt u een stuk van het Pieterpad lopen. Op het Zuidlaardermeer worden natuurvaartocht georganiseerd door beheerder Het Groninger Landschap. Groningen (13 km) biedt cultuur en uitgaansmogelijkheden.

🛏 16x, ✈ 48x, 2ppn € 16,65
🏛 🛏16x, ✈ 48x, Prijs op aanvraag
⛺ ppn € 4,30 ptpn € 2,80

Route
🚗 Vanaf Haren/Glimmen richting Noordlaren. In S-bocht voor dorp rechts zandpad de Oorsprong. Vanaf hier kleine bordjes volgen.
🚉 Station Groningen of Emmen, bus 59 (niet op zondag) naar Kerkstraat in Noordlaren, dan 1,5 km lopen. Zondags rijdt Belbus (Arriva 0900-2022022).

NOORDWOLDE
Natuurkampeerterrein De Meenthe
Jokweg 2, 8391 VE Noordwolde
T   0561-43 26 27
M   038-465 67 81
E   meenthe@nivon.nl
W   www.nivon.nl/meenthe
🗨 nl, uk   nivon

Open: 1 apr-1 okt [🍴]

Natuurkampeerterrein en omgeving
De Meenthe ligt in de Friese Wouden bij de grens met Drenthe, in een prachtig brinkenlandschap. Het terrein ligt in het Meenthebos rond een vijver, het voormalige zwembad.

Het terrein biedt een zee aan ruimte voor 40 tenten, caravans en campers. De meeste plaatsen hebben elektriciteit. Koelkasten, een wasmachine, een droger en een telefoon zijn op het terrein aanwezig. Trekkers kunnen terecht op een apart veldje. Het sanitair vindt u in de verbouwde kleedhokjes van het oude zwembad. Voor de kinderen zijn er speeltoestellen, een zandbak en een volleybalveldje. In de vijver kun je varen en vissen. De Meenthe is een natuurkampeerterrein en een Natuurkampeerkaart is dus verplicht. U kunt deze op het terrein kopen.

Het riviertje de Linde meandert op loopafstand door het groene Stellingwerf. Het Drents-Friese Wold strekt zich van Noordwolde uit tot ver in Drenthe, tot Diever en Appelscha. In dit Nationaal Park zijn vele wandel- en fietsroutes uitgezet. De moerassen van de Rottige Meenthe, de Weerribben en de Wieden liggen op fietsafstand. Hier vindt u rijke moerasbossen met veel bijzondere vogels en planten. De Meenthe verhuurt fietsen. U kunt ook over knuppelpaden lopen of met een kano of fluisterboot doordringen tot in het hart van de Weerribben. Voor kinderen is er de Speelstad Oranje, een van de grootste binnenspeeltuinen van Europa. Of de gevangenis in Veenhuizen, waar u zelf eens kijken hoe het leven in gevangenis nu en in het verleden was.

🚴 🛶2 ⛺8 🎣

⛺ T 40x, 🚐 20x, pppn € 4,30, ptpn € 2,80

Route
🚗 Vanaf Noordwolde richting De Hoeve. Route aangegeven met bordjes.
🚉 Station Wolvega, bus 28 naar de Gelde in Noordwolde, 2 km lopen.

ODOORN
Kampeerterrein 't Vlintenholt
Henk Schutrups
Borgerweg 17, 7873 TC Odoorn
T   0591-54 91 55
F   0591-54 99 63
M   06-505 802 28
E   info@vlintenholt.nl
W   www.vlintenholt.nl
🗨 nl, uk, de, fr, es

Open: 1 apr-1 nov [🍴]

Kampeerterrein en omgeving
Dit voormalige Staatsbosbeheerterrein ligt in de boswachterij Odoorn. Midden in het bos bevindt zich een schapenpark waar Drentse heideschapen en koeien lopen.

Het kampeerterrein heeft ruime plaatsen. 98 tenten en 107 caravans kunnen hun plekje vinden op een van de kleine veldjes, gescheiden door oude bomen en struiken. Hierdoor heeft u veel privacy en kunt u volop van rust en ruimte genieten. Het sanitairgebouw heeft een vegetatiedak en het douchewater wordt met zonnecollectoren verwarmd. Het terrein is autovrij. Er zijn enkele compleet ingerichte De Waard tenten te huur. Ook met uw paard (met of zonder huifkar) bent u welkom; er is een weiland beschikbaar. Op het terrein kunt u fietsen huren.

In de bosrijke omgeving zijn vele fiets- en wandelroutes uitgezet. Vlakbij is een uitkijktoren. In Borger vindt u het Hunebed Informatiecentrum met het grootste hunebed van Nederland en het boomkroonpad. Bargercompascuum heeft een veenmuseum en de Zeven Marken in Schoonoord laten zien hoe de mensen vroeger in Drenthe leefden.

🏮 ⛺ 🏕 🚗 🚲 ⊕8 🛶5 🎣10 ✕7 🎣8

🔺 T 98x, 🚐 107x, 🏠, Prijs op aanvraag

Route

🚗 10 km NW van Emmen, 3 km N van Odoorn. N34 vanuit N: eerste afslag Odoorn. Vanuit Z: N34 2de afslag Odoorn. Na 500 m rechts, borden volgen.

🚌 Van station Emmen bus 59 naar Odoorn, halte Exloërweg bij supermarkt. Vandaar 3 km lopen. Of met de fiets: 1,5 km N van Odoorn, richting Borger, bij tuincentrum links en borden volgen.

OOSTERMEER (EASTERMAR)

Yn'e Lânsdouwe
Ella & Fokke Benedictus
Seadwei 17, 9261 XM Oostermeer (Eastermar)
T 0512-47 12 66
F 0512-47 12 66
E benedictus@lansdouwe.nl
W www.lansdouwe.nl
🔌 nl, uk

Open: 1 mei-1 okt ♥ ® [🛏]

Boerderij en omgeving

Boerderij met woonhuis uit 1843 opgetrokken in Saksische bouwstijl, gelegen in het hart van de noordelijke Friese wouden. Kenmerkend voor dit gebied is het coulisselandschap. Het is door het Ministerie van VROM uitgeroepen tot voorbeeldgebied, omdat in dit landschap de verwevenheid van landbouw en natuur door de eeuwen heen bijzonder goed bewaard is gebleven. Het biologische veebedrijf heeft een ligbox- en jongveestal. Natuurbeheer maakt integraal onderdeel uit van de

bedrijfsvoering. De graslandpercelen en de camping zijn omzoomd door 'dykswallen' (houtwallen) en elzensingels. In overleg kan door de boer of een IVN-gids een rondleiding worden verzorgd langs boomwallen, singels en dobben. Voor een rondleiding door de natuurgebieden wordt een vergoeding gevraagd.

De camping bevat 15 ruime beschutte plaatsen met vrij uitzicht, allen voorzien van elektriciteit en is fraai geïntegreerd in het landschap. U kunt op de accommodatie het vlees van de Limousine-koeien kopen.

U kunt fietsen en wandelen langs oude wegen en paden met een rijke flora en fauna. De natuurgebieden Burgumermeer en De Leijen liggen in de buurt; daar kunt u zeilen en zwemmen. Themapark Friesch-Groningse Heide in Harkema, otterpark Aqua-Lutra, kruidentuin De Kruidhof in Buitenpost en een rondvaart door moerasgebied Alde Feanen met solarboot Blaustirns zijn aanraders voor natuurliefhebbers. Mensen met interesse voor cultuurhistorie kunnen terecht in het Munten Penningkabinet in Surhuisterveen, klooster Foghelsanghstate met expositie in Veenklooster en een oudheidskamer, streekmuseum en sterrenwacht in Burgum. In de omgeving zijn diverse fiets-, wandel- en ruiterroutes. Oostermeer heeft een schilderachtig haventje, Het Waltsje.

🚲 🏕 🚗 ⊕4 🛶5 🎣10 ✕ 🎣4 🎣4 🎣4 ⛺

🔺 T 10x, 🚐 5x, 🏠, Prijs op aanvraag

Route

🚗 Drachten, 10 km N. 10 km N van Drachten. Op A7, Heerenveen-Groningen, afslag Burgum (N31), afslag Surhuisterveen (N369), weg volgen richting Harkema/Drogeham, links op afslag Oostermeer/Burgum, na ca 1,5 km camping.

🚌 Station Heerenveen, bus naar Drachten, halte Van Knobbeldorfplein. Ophalen na afspraak.

ORVELTE

Boerderij De Wenning
Fam. Hidding
Orvelterveld 7, 9441 TG Orvelte
T 0591-38 14 29
F 0591-38 18 35
E wenning@wenning.nl
W www.wenning.nl
🔌 nl, uk, de

Open: hele jaar 🔺 15 mrt-31 okt ♥ ®ES verplicht ♿ [🛏]

Boerderij en omgeving

De Wenning is een biologisch tuin- en akkerbouwbedrijf van 50 ha. De opbrengst van het land gaat vooral in 'groentenpakketten' naar particulieren en winkels. De boer geeft rondleidingen en voorlichting over biologische landbouw. Eens per week gaat de boerenkar langs de diverse percelen en krijgt u tekst en uitleg over de bedrijfsvoering en de gewassen. Er is een winkeltje waar groenten, aardappelen en streekproducten worden verkocht.

U kunt hier kamperen met tent of caravan. Voor trekkers is er een apart veldje. U kunt ook overnachten in een trekkershut voor drie tot vier personen. Op de boerderij zijn twee vierpersoonsappartementen te huur met twee slaapkamers, voorzien van woonkeuken, douche en toilet. U kunt ook op de boerderij verblijven in één van de tweepersoonskamers op basis van logies en ontbijt.

De boerderij ligt te midden van bossen, heide en zandverstuivingen. De omgeving leent zich uitstekend om te wandelen, maar ook voor fietsen en paardrijden. Langs het bedrijf loopt het Pieterpad, in de omgeving vindt u landgoed Jufferswijk en natuurgebied Hollandscheveld. Ook is het Nationaal Park Dwingelderveld in de buurt (25 km). Er is een recreatiegebied met een natuurlijke zwemplas. Bezienswaardigheden in de omgeving: het

Hunebedmuseum in Borger, het Openluchtmuseum in Schoonoord, het Drents Veenmuseum, de tuinen van Mien Ruis, kijkboerderij Thor-Heste (huifkartochten) en ecomolen De Zwaluw in Hoogeveen. Er is een route uitgezet langs boerderijwinkeltjes.

🐂 🔺 ☂ 🏊5 🛶10 🎣5 🐟 ⚓15 🚣4,5 ⛰5 👥

🛏 5x, 🚿 10x, 1ppn € 35, 2ppn € 35 B&B
🏠 2x, 🚿 8x, Prijs op aanvraag
⛺ T 10x, 🚐 10x, 🚿, pppn € 3,50, ptpn € 3, pcpn € 3,50

Route

🔢 20 km NW van Emmen, 4,5 km O van Orvelte. Vanuit Orvelte richting Schoonoord. Over Oranjekanaal rechts, 1ste weg links, 2de verharde weg rechts, boerderi rechts.

🚌 Van station Emmen of Assen bus tot halte De Kiel/Noorderweg. Oversteken naar bos, rechts aanhouden en 1,5 km rechtdoor lopen.

OTTERLO

Bungalowpark De Roek
Hanneke van den Berg &
Jos van der Panne
Karweg 2, 6731 BX Otterlo
T   0318-59 17 57
F   0318-59 23 32
E   info@deroek.nl
W   www.deroek.nl
💬 nl, uk, de, fr, es

Open: hele jaar ⓇⒺⓈ verplicht 🐕

Bungalowpark en omgeving

Bungalowpark De Roek ligt op 1,5 km van Nationaal park De Hoge Veluwe, te midden van prachtige bossen, heide en zandverstuivingen. Het park wordt op milieuvriendelijke wijze beheerd, zonder chemische bestrijdingsmiddelen, met groene stroom, gescheiden afval en milieuvriendelijke schoonmaakmiddelen. De ruime opzet van het park garandeert een vergaande privacy. Zittend op uw terras ondergaat u ongestoord de rust van de natuur.

U vindt hier 16 Finse bungalows, geheel vrij gelegen en verscholen in het groen. De comfortabele bungalows zijn van alle gemakken voorzien en garanderen zowel 's zomers als 's winters een aangenaam verblijf. Voor de kleintjes zijn er kinderbedjes en -stoelen te gebruiken. De Roek heeft samen met een natuurvoedingswinkel een bezorgdienst voor biologische producten opgezet. De gasten kunnen hun bestelling van tevoren doorgeven en bij aankomst staan de boodschappen in de bungalow klaar. Ook zijn er ecologische eieren te koop. De Roek biedt treinreizigers een Veluwe Reispas aan, waarmee gratis van en naar NS-stations naar Otterlo gereisd kan worden.

De onmiddellijke nabijheid van De Hoge Veluwe en natuurgebieden als de Planken Wambuis en het Otterlose bos garanderen u uren wandel- en fietsplezier. U kunt een dagtrip maken naar museum Kröller-Müller in het park De Hoge Veluwe. Voor een koninklijk dagje uit kunt u een bezoek brengen aan paleis Het Loo en haar tuinen.

🏊 🏊0,5 🛶10 🎣0,5 🚣0,4 ⛰0,5 👥

🏠 16x, 🚿 80x, hpw € 420-540

Route

🔢 Ede. Routebeschrijving bij reservering.

🚌 Van station Ede/Wageningen of Apeldoorn bus 108 of 110 (halte Otterlo centrum). Vanaf station Arnhem bus 107 (halte Onderlangs).

PAASLOO

Camping Huis in 't Veld
Joke Huis in 't Veld
Oosterdallaan 2, 8378 GG Paasloo
T   0561-45 16 58
E   huisintv@xs4all.nl
W   www.campinghuisintveld.nl
💬 nl, uk

Open: 1 apr-1 okt Ⓡ [🔒]

Camping en omgeving

Camping Huis in 't Veld ligt in de kop van Overijssel in een licht glooiend landschap met houtwallen. De boerderij in ruste (met stookhok en grote kapschuur) is aan het einde van de 19e eeuw gebouwd. Soms worden groente en fruit uit eigen tuin en eieren verkocht. Op het terrein lopen kippen, honden en een kat.

Op de camping, gelegen naast de boerderij, zijn ruime plaatsen voor 15 tenten of caravans op een door boswallen beschut veld. Er is tevens een volledig ingerichte caravan te huur. Bezoekers met huisdieren zijn welkom. Er zijn fietsen en er is een kano te huur.

Paasloo is een onderdeel van de gemeente Steenwijkerwold. Een groot deel van deze gemeente wordt gevormd door het nationaal park De Weerribben, dat zich op korte afstand van de camping bevindt. Dit natuurgebied met zijn unieke flora en fauna biedt volop mogelijkheden voor wandelen, fietsen, vissen en varen. In de nabijheid van De Weerribben liggen in het zuiden De Wieden en in het noorden De Rottige Meenthe, beide ook waterrijke natuurgebieden. In de omgeving van Paasloo vindt u een aantal interessante dorpen en stadjes zoals Blokzijl, Steenwijk, Vollenhove, Giethoorn, Frederiksoord, Vledder en landgoed de Eese. Al deze plaatsen zijn gemakkelijk via fraaie fietsroutes vanaf de camping te bereiken.

⚒ ⚡ 🚲 🚣 ☕2 🍴2 🚲10 🔑0,5
🐟 ♨2 ☕5 🏹10 🏕️

▲ T 10x, 🚐 5x, 🏕️, Prijs op aanvraag

Route

🚆 Steenwijk, 12 km NW. A32, afrit 7. Volg borden Oldemarkt. Na grote camping rechts Oosterdallaan. Of: A6 richting Joure. Afrit 15 langs Kuinre en Oldemarkt. Na 3e rotonde 2e weg links Oosterdallaan. 🚆 Trein naar Steenwijk. Bus 25 naar Paasloo (rijdt onregelmatig).

PUNTHORST

De Zonnehorst
Hillie & Henk Bunskoek-van Duren
Evenboersweg 28, 7715 PH Punthorst
T   0529-48 34 63
F   0529-48 10 05
E   info@zonnehorst.nl
W   www.zonnehorst.nl
🗨 nl, de, uk, fr   demeter

Open: hele jaar ▲ 15 mrt-31 okt 🌱 ⊠

Boerderij en omgeving

De Zonnehorst is een biologisch-dynamische tuinderij en pluimveebedrijf gelegen in het gevarieerde en kleinschalige landschap van de boswachterij van Staphorst. Bij graafwerkzaamheden is een 10.000 jaar oud skelet van een eland opgegraven. Gedeelten hiervan zijn op de boerderij te bezichtigen. De tuinderij produceert voor een groot deel voor groentenabonnementen. Verder worden er kippen gehouden. Op 300 m van de boerderij bevindt zich een eenvoudige kampeergelegenheid voor tien tenten. Ook is er een luxe vierpersoons trekkershut met verwarming, warm water en kookgelegenheid te huur. Het overige sanitair bevindt zich in een van de boerderijgebouwen. Gasten kunnen elke dag in het boerderijwinkeltje terecht voor biologische groenten en krui-

denierswaren. Er is een informatieruimte waar naast spelletjes veel voorlichtingsmateriaal over biologische landbouw, voeding en natuur ligt (ook geschikt voor kinderen). De Zonnehorst doet veel aan natuurontwikkeling op de eigen landerijen.
De boerderij ligt in de gevarieerde en kleinschalige omgeving van het Reestdal. In de omgeving vindt u bossen, vennen en markante essen. Staphorst en de tuinen van Mien Ruis zijn vlakbij. In het natuurgebied de Reest vindt u zeldzame flora en fauna.

🚣 🚲3 ☕5 🚲1 🔑1 🐟 🚲10
🏹6 🏕️

🏠 1x, 🛏 4x, hpw € 180
▲ T 10x, 🏕️, pppn € 3, ptpn € 4

Route

🚆 17 km van Zwolle. 17 km van Zwolle en 1 km buiten Nieuwleusen. Vanuit Nieuwleusen richting Dedemsvaart. 1e weg na de Bosbedden links. Over klein kanaal (na ca 800 m) 2e boerderij rechts. 🚆 Trein naar Zwolle, bus 29 naar Nieuwleusen (halte Bosbedden). Richting Dedemsvaart, 1e weg na rijwielfabriek links. Dan 800 m weg volgen, over kanaal, 2e boerderij rechts.

RADEWIJK

B&B De Paddeboerij
Edith Jacobs & Willem Verboon
Wielenweg 3, 7791 HA Radewijk
T   0523-21 63 31
E   willemklus@tele2.nl
🗨 nl, uk, de, fr

Open: hele jaar Ⓡ 🦽 ⊠ 🐎

Boerderij en omgeving

Deze Sallandse boerderij is landelijk gelegen op de grens van Nederland en Duitsland in een bosrijk wandel- en fietsgebied.

De Paddeboerij heeft kleinvee, een boomgaard, een moestuin en een vijvertuin met kikkers en padden. In de achtertuin zijn vaak reeën te zien.
Op de begane grond van de boerderij is een tweepersoonsstudio met eigen ingang, aangepast voor rolstoelgebruikers. De studio heeft een eigen douche, toilet en keukenblok. Op de 1e verdieping is een tweepersoons zit-slaapkamer op basis van logies en ontbijt. Tevens is er een romantische bedstede voor twee personen (ook met ontbijt). Op het terrein is ook een compleet ingerichte caravan voor twee personen te huur met voortent, toilet en verwarming. Op de boerderij zijn biologische groenten, fruit en eieren te koop, verder kunt u snacks en drankjes bestellen bij de accommodatiehouder.
Dit is een geschikte locatie voor mensen die het Pieterpad lopen of de Vechtdalroute fietsen. De Tuinen van Ada Hofman en het Wilsemer Moor liggen op 3 km en de Engbertsdijkvenen op 12 km afstand. Om te kunnen genieten van de natuur hoeft u het niet ver te zoeken, want de locatie ligt midden in een prachtig en rustig bosgebied met uitstekende wandel- en fietsmogelijkheden.

🚲 🍴 ⚒ 🚣 🚲2 🚲7 🐟 ☕7
🚲7 🏹5 🏕️

🛏 2x, 🛏 4x, 2ppn € 20 B&B
🏠 1x, 🛏 2x, Prijs op aanvraag
▲ T 1x, 🚐 1x, 🏕️, Prijs op aanvraag

Route

🚆 7 km O van Hardenberg. Vanaf Zwolle N34, afslag Hardenberg-Oost. Bij 2de verkeerslicht links richting Radewijk. Na 6 km bij ANWB-bord rechts richting Wielen. Aan eind van deze weg rechts, 1ste boerderij links. 🚆 Trein Zwolle-Emmen, station Hardenberg. Afhalen van station in overleg.

ZIE KAART PAGINA 33

SELLINGEN

Camping De Papaver
Hans Doorschot
Beetserweg 58a, 9551 VH Sellingen
T 0599-32 42 74
M 06-511 985 79
E info@campingdepapaver.nl
W www.campingdepapaver.nl
nl, uk, de

Open: 1 apr-1 nov

Camping en omgeving

Camping de Papaver ligt in het bos van Sellingerbeetse, op een schiereiland in een grote plas met helder water. In deze oase van rust vindt u een prima kampeerplek, goede voorzieningen en activiteiten voor jong en oud. Men probeert de camping zoveel mogelijk bij het landschap te laten aansluiten. De camping wordt milieuvriendelijk beheerd: er zijn ondere andere waterbesparende douchekoppen en toiletten, biologisch afbreekbare schoonmaakmiddelen en een helofytenfilter.

De in totaal 130 kampeerplaatsen zijn naar de natuurlijke gesteldheid van het terrein ingedeeld, zodat er knusse plekjes ontstaan. In het theehuis met fraai terras aan de plas kunt u genieten van een drankje en een versnapering. Ook kunt u (biologische) lunches en warme maaltijden bestellen. Er zijn vijf kompleet ingerichte Erdman Schmidt-tenten en vijf toercaravans te huur. Het terrein is autovrij. In de zomer worden er diverse creatieve cursussen aangeboden. Ook worden regelmatig excursies, wandelingen en fietstochten georganiseerd om u kennis te laten maken met het landschap van Westerwolde.

De omgeving kenmerkt zich door zandgronden met bossen, heidevelden, bloemrijke weilanden en brinkdorpen. Deze 'on-Groningse' beelden bepalen het uiterlijk van Westerwolde en het stroomgebied van de Ruiten Aa. Dit landschap biedt volop mogelijkheden om te fietsen en te wandelen. U kunt ook een bezoek brengen aan het 18de eeuwse barokslot Clemenswerth in Hümmling (D), het middeleeuwse klooster in de bossen van Ter Apel, de grote Kruidhof rond het Museumklooster en de eeuwenoude vestingwerken in het vestingstadje Bourtange.

T 80x, 50x, , ptpn € 18,75

Route

Ter Apel, 6 km NE. A28 naar Hoogeveen, vervolgens N34 naar Emmen, dan N364 richting Ter Apel, hierna N976 naar Sellingen, in Sellingen 1e afslag links naar Sellingerbeetse, camping na ca 2 km rechts.

Trein naar Emmen. Vrijdag en zaterdag afhaalservice tegen kleine vergoeding; enkele dagen van tevoren melden.

SONNEGA

Boshuis De Werm
Gertrud van Leeuwen & Berend Brummelman
Oppers 112, 8478 HA Sonnega
T 0561-61 45 18
F 0561-61 45 18
E berend.brummelman@12move.nl
nl, uk, de, fr

Open: 1 mei-1 okt

Boshuis en omgeving

Milieuvriendelijk, in hout uitgevoerd huis op een lommerrijke plek op de grens van het bosrijke gebied van zuidoost Friesland en het weidse en waterrijke weidelandschap van de rest van de provincie.

U kunt er kamperen of een tweepersoonskamer huren. Een extra kinderbed kan worden bijgeplaatst. Voor pensiongasten wordt een heerlijk ontbijt geserveerd met biologische ingrediënten uit de natuurwinkel of uit de eigen tuin. Het huis is op ecologisch verantwoorde wijze gebouwd als 'energie-nul-huis'. Opvallende kenmerken daarbij zijn: een uitgebreide toepassing van zonnepanelen voor de opwekking van elektriciteit en voor warm tapwater, passieve zonneënergie met behulp van onder andere een serre, een tweede waterleidingsysteem voor opslag en gebruik van regenwater, een helofytenfilter voor afvalwaterzuivering en een biologische groente- en siertuin.

Er zijn prachtige fiets- en wandelroutes in de afwisselende natuur- en cultuurgebieden van Zuid-Friesland en Noordwest-Overijssel: o.a. in de Rottige Meenthe, de Lindevallei, de Tjongervallei en de Weerribben. Ook zijn er vele kanoroutes in de buurt.

13 13 3 1 5

3x, 5x, Prijs op aanvraag
T 5x, 1x, Prijs op aanvraag

Route

Heerenveen. A32, afslag Wolvega. In Wolvega richting Emmeloord. Bij laatste rotonde richting Sonnega. Na 125 m rechtsaf tussen twee witte tuinhekjes. Na oprijlaantje van 400 m, landhuis op open plek in bos.

Trein naar Wolvega (elk uur). Vandaar 2,5 km lopen. Tegen vergoeding kunt u worden afgehaald.

TAARLO

De Paardeblom
Will Blom
Dorpsweg 2, 9485 TB Taarlo
T 0592-23 14 74
F 0592-23 16 81
nl, uk

Open: hele jaar RES verplicht

NL

Boerderij en omgeving

De gerestaureerde woonboerderij Paardeblom is gebouwd in 1900 en ligt in het oudste brinkdorpje van Drenthe en binnen het nationale Beek- en Esdorpenlandschap. Slechts een paar honderd meter van het erf bloeit in het voorjaar de gevlekte orchidee en nestelt een ooievaar.

In de boerderij bevindt zich op de knusse ruime hooizolder een appartement in de stijl van de boerderij met antieke balken. Er is een woonkamer met keukenhoek, ruime douche en apart toilet, twee slaapkamers met wastafel, eet- en zithoek met TV. Het is te huur voor 2-4 personen (minimaal drie dagen). Ook is er een extra zitslaapkamer voor twee personen. Alle kamers zijn ook op basis van logies te huur. De Paardeblom heeft voor de gasten een eigen speel- en zitweide met picknicktafel en mooi uitzicht op het Drentsche Aa-gebied. Een ontbijtmand is te bestellen. In de nazomer is er fruit uit eigen tuin te koop. De eigenaresse geeft op verzoek ademhalingstherapie.

De omgeving is beschermd natuurgebied met onder meer heidevegetatie, waar u de schaapherder met zijn kudde kunt tegenkomen. Bij de schaapskooi worden educatieve activiteiten georganiseerd. Ook kunt u huifkartochten maken en hunebedden bezoeken. Vogelaars komen aan hun trekken in het Balloërveld en het stroomdal van de Drentse Aa; daar zijn 91 broedvogelsoorten geteld. Saunabezoek of zwemmen in een bosmeertje kan in de nabije omgeving. In de omgeving zijn diverse wandel- en fietsroutes zoals het Pieterfietspad, de Saksenroute en de Stroomdalroute. Ook kunt u wandelen of fietsen door het moerassige natuurreservaat De Heest en het Balooerveld. In Assen zit het Drents Museum, waar veenlijken en vondsten uit de prehistorie te zien zijn.

⚓ 🚣 ⛵ ⌁10 ⛵6 ⛵8 🎣5
⌕0,5 🎣15 ⛵15 ⛵15 ⛵6 ⚓6 🏇

🛏 4x, 🚪 8x, 2pkpn € 40
🏠 1x, 🚪 4x, hpw € 250-350

Route
🅰 Assen, 7 km NE. A28, afslag 34 Assen-Noord, richting Assen. Na 50 m links, rechtdoor Het Grote Veld inrijden, tussen benzinepomp en McDonalds. Einde weg rechtsaf. Rechtdoor, over brug, spoor en kruising. Recht vooruit boerderij, ingang rechts, parkeren voor kapschuur.

🚆 Trein naar Assen, daar treintaxi of fiets huren. Of bus van station Assen naar Balloërveld, daarna nog 2 km lopen naar Taarlo, 1e boerderij rechts.

Boerderij Romsicht
Mia & Appie Oosterloo-Stark
Riperwalden 4, 8406 ET Tijnje
T　0513-57 26 12
F　0513-57 26 12
M　06-112 518 82
W　www.romsicht.nl
🗨 nl, uk, de
EKO

Open: 15 mrt-15 okt 🗨 ® [🍴]

Boerderij en omgeving

Even buiten het Friese dorpje Tijnje, gelegen tussen Heerenveen en Drachten, ligt de biologische boerderij Romsicht. Het uitzicht op de weilanden en zonsondergang vanaf de camping is dan ook met recht wijds te noemen. Er worden Simmenthaler-zoogkoeien gehouden. U kunt hier in alle rust genieten van de vele zang- en watervogels. De eigenaren doen mee aan een project ter bescherming van de Grutto en de Tureluur.

U kampeert in de boomgaard, tussen de oude fruitbomen. Er is zowel zon als schaduw te vinden. Een ideale plek voor rustzoekers en natuurminnaars. Honden

kunnen na overleg mee en voor paarden is er stalgelegenheid en weide beschikbaar. U kunt de boerderij bekijken, meehelpen, kippen voeren of bessen plukken. 's Avonds geven de eigenaren een rondleiding langs de koeien. Menig gast heeft al een kalfje geboren zien worden. Op de boerderij zijn vlees, eieren, groente en fruit te koop. Andere levensmiddelen kunt u via de boerderij bij de natuurvoedingswinkel bestellen.

In de buurt is volop gelegenheid om te wandelen, fietsen en vissen. Het natuurreservaat De Deelen (4 km), met zijn vele waterpartijen, is een prachtig wandelgebied, maar u kunt er ook kanoën. Zeilen kan op de Veenhoop (6 km). Ook het natuurgebied De Dulf (vogelreservaat) en de bossen van Beemsterzwaag (7 km) en Oranjewoud zijn dichtbij. In Tijnje zijn galerieën en beeldentuinen. Openluchtmusea treft u aan in Harkema en Nij Beets (4 km) en een streekmuseum in Gorredijk (5 km).

⛵0,5 🎣0,5 ⛵5 ⛵5 ⛵0,5 ⚓6 🏇

⛺ T 15x, 🚐 15x, ptpn € 5, pcpn € 12

Route
🅰 14 km NO van Heerenveen, 0,5 km NO van Tijnje. A7 richting Drachten-Heerenveen, afslag Tijnje, einde van het dorp bij kerk rechts.

🚆 Station Heerenveen, belbus 18 richting Drachten, halte Rolbrêgedijk. Afhalen van bushalte mogelijk met fiets of tractor.

Landgoed Baasdam
Mevr. J.C. Gorter-Berderis van Berlekom
Reutummerweg 39, 7651 KK Tubbergen
T　0546-62 14 79
W　www.baasdam.nl
🗨 nl, uk, de, fr

Open: hele jaar ⟨RES⟩ verplicht [🍴]

Landgoed en omgeving

Het 60 ha grote landgoed ligt in het hart van Twente. Het kenmerkt zich door loof- en naaldbossen, een es omgeven door houtwallen en knoteiken, weilanden en landbouwgronden. Rond 1940 is in het bos een park met een grote vijver aangelegd door tuin- en landschapsarchitect Pieter Wattez.

Op het landgoed worden twee unieke vakantiehuizen verhuurd: het Zomerhuisje en het Vijverhuisje. Beide huisjes hebben een originele inrichting en een rustige, vrije ligging op een eigen terrein. Het Zomerhuisje ligt aan de rand van het bos met een mooi uitzicht over de weilanden. Het heeft een grote zitkamer met open haard, een volledig ingerichte keuken en drie slaapkamers. Het is geschikt voor zes personen en een kindje. Het Vijverhuisje ligt in het oude landschapspark in het bos, met een prachtig uitzicht op de grote vijver. De grote woonkamer heeft een houtkachel en een ingebouwde keuken. Er zijn twee slaapkamers en een overdekt terras. Geschikt voor vier personen en een kindje. De zwemvijver wordt door drie wellen van vers water voorzien.

Naast de rust, ruimte en natuur met prachtige doorkijkjes op het landgoed, zijn er vele wandel- en fietsmogelijkheden in de omgeving. Ontdek de natuur van het Springendal of langs de Dinkel, waar u ook kunt kanovaren. Ook cultuurhistorisch gezien is Twente een boeiend gebied. Bezoek Het Los Hoes in Ootmarsum, de Molen van Bels, natuurhistorisch museum Natura Docet in Denekamp of het Stift in Weersele.

🚣2 🚴2

🏠 2x, Prijs op aanvraag

Route

🚗 15 km NO van Almelo, 2 km O van Tubbergen. A35 Almelo-Ootmarsum, N349 door Almelo, na Mariaparochie links richting Tubbergen. Voor Tubbergen bij kruispunt met verkeerslichten rechts. Bij rotonde links, bij volgende rotonde rechts: Reutummerweg. Weg volgen tot beide zijden bos, in bocht links, links inrit naar erf. Vóór schuren links pad op, nr. 39.

🚌 Trein naar Almelo, bus 64 naar Overdinkel, halte centrum Tubbergen, lopen richting Reutum naar landgoed (2 km).

UFFELTE

De Uelenspieghel
Annette van der Steen
Winkelsteeg 5, 7975 PV Uffelte
T   0521-35 13 31
F   0521-35 10 78
M   06-549 483 10
E   annette@uelenspieghel.nl
W   www.uelenspiegel.nl
💬 nl, de

🌿 ECO

Open: hele jaar   🏕 🚿 ♿ 🎯

Boerderij en omgeving

Deze oude Saksische boerderij ligt aan de rand van ongerepte bossen met vennen en heide. U vindt er een biologisch tuinbouwbedrijf, een oude fruitboomgaard en een natuurcamping. De plek ademt een romantische sfeer.

Het terrein heeft 20 tentplaatsen en vijf plaatsen voor kleine caravans en campers. U mag zelf uitzoeken waar u wilt staan. Er is modern en goed verzorgd sanitair. In de boerderij kunnen groepen logeren. Er zijn 25 slaapplaatsen verdeeld over tien ruimtes, een grote groepsruimte, een keuken en een bibliotheek. Buiten vindt u een amfitheater, een kampvuurplaats en een speeltuintje. Groepen kunnen zelf koken of de maaltijden laten verzorgen. In overleg kan gebruik worden gemaakt

van een piano en een pijporgel. Er is een permanente expositie van houtpastels op de boerderij.

De Uelenspieghel is er voor mensen die houden van de natuur en van creatieve of spirituele activiteiten zoals dans, schilderen, muziek, yoga en meditatie. Zowel groepen met een eigen programma als individuele kampeerders zijn welkom. Er worden cursussen, concerten en dansvoorstellingen georganiseerd, waaraan u vrijblijvend kunt meedoen. De sfeer is gemoedelijk en ongecompliceerd. In de omgeving zijn schitterende fietsroutes uitgezet; bijvoorbeeld de Uffelteroute, de Havelteroute en de Hunebedroute.

🚴 🏕 🛖 🛏 ⛵ 🏊 ≈5 🎣10 👥

🛏 10x, 🛏 30x, 1ppn € 12,50
🛖 🛏10x, 🛏 25x, 2ppn € 12,50
⛺ T 20x, 🚐 5x, 🏚 pppn € 3, ptpn € 4, pcpn € 5

Route

🚗 17 km van Meppel. A28-A32 Zwolle-Leeuwarden, afslag Meppel-Noord, afslag Havelte-Diever, langs Drentse Hoofdvaart, richting Havelte, verder langs andere kant van kanaal, richting Uffelte, 1e brug afslag links, 1e zijstraat rechts, meteen weer rechts (Lindelaan). Van daar bordjes volgen.

🚌 Staion Meppel, bus 20 naar Uffelte, halte ná wegrestaurant Frederikshaven, 'Achter de Es'. Loop vanaf kanaal 'weg Achter de Es' in. Na 500 m brede zandweg naar rechts (Winkelsteeg).

VRIESCHELOO

Naar de Bron
Marry van der Zon & Jan Ham
Zuidwending 5, 9699 PV Vriescheloo
T   0597-53 19 00
M   0597-53 27 02
E   ham-zon@planet.nl
💬 nl, de, uk, pl

Open: hele jaar   RES verplicht 🎯 👥

Boerderij en omgeving

De kleine woonboerderij Naar de Bron kijkt uit over akkers en wordt omgeven door een prachtige tuin. Aan de voorzijde van het huis staat een strook bos. In de tuin staan vele soorten kruiden die heerlijk geuren. De accommodatie is heel geschikt voor mensen die stilte en rust in de natuur weten te waarderen. Liefhebbers van mooie Hollandse luchten komen ook aan hun trekken. Voor wie graag in de tuin werkt, is er altijd iets te doen. Er zijn twee dwerggeiten.

Het achterhuis van de boerderij is verbouwd tot gastenverblijf voor twee à drie personen. Het heeft een eigen ingang en een kamer met zit-, eet-, en kookhoek. In de tuin is tuinmeubiliar aanwezig. U kunt hier het hele jaar door terecht.

De stille, weidse en bosrijke omgeving biedt volop mogelijkheden voor fietsen en wandelen. LAW-10, het Naoberpad, ligt in de buurt. In de omgeving zijn diverse oude esdorpen met grote oude boerderijen en boompartijen. Vrieescheloo is er daar één van. In Vrieescheloo is ook een stellingkorenmolen uit 1895 te bezichtigen. In het Oost-Groningse Westerwolde zijn mooie natuurgebieden. Het vestingsdorp Bourtange ligt op 15 km en het Rosarium in Winschoten op 12 km. In Bellingwolde, Oudeschans en Nieuweschans zijn galeries.

🐛 🦌 🖾1 🛏1 🚲12 🎣1 ✂0 🍴4
🎏7 🎣6 🍴14 🚣

🏠 1x, 🛏 3x, hpw € 170-220

Route

🚗 12 km ZO van Winschoten, 6,5 km NO van Vrieescheloo. A7 richting Duitse grens. Afslag 47 Winschoten rechts en na 6 km links richting Blijham/Bellingwolde. In Bellingwolde op kruising bij tankstation rechts. 200 m na brug, in bocht, rechts het weggetje Zuidwending. Vanaf A28 richting Veendam (N33) en vervolgens richting N- en Z-Pekela, Winschoten en Bellingwolde. Verder als hiervoor beschreven.

🚌 Van station Winschoten bus 12 naar Bellingwolde, halte Groene Kruisweg/Rabobank en 10 min. lopen.

WAPSERVEEN

Leefgemeenschap De Hobbitstee
Wilma Bast en Maroen de Haan
Van Zijlweg 3, 8351 HW Wapserveen

T 0521-32 00 77
F 0521-32 10 89
E hobbitherberg2005@ddh.nl
W www.leefgemeenschapde
hobbitstee.nl
💬 es, nl, de, uk

Open: hele jaar 🛶 (RES) verplicht 🖾 🐎

Accommodatie en omgeving

De Hobbitstee is een leefgemeenschap, waar mens- en milieuvriendelijke activiteiten centraal staan. Op het terrein is onder andere een grote biologische moestuin, een kruidentuin, een meditatietempeltje, een kaarsenmakerij en een vuurplaats. Het gehele terrein wordt onderhouden in overeenstemming met de natuur. Er zijn meer dan 500 bloemensoorten. Er zijn ook houtrillen, kikkerpoelen, een broeihoop voor (ongevaarlijke) ringslangen en een nest jonge torenvalkjes in de uilenkast. Er is een helofytenfilter voor rioolzuivering. De wc's en wasmachine werken op regenwater.

Overnachten kan op de kampeerstrook een de rand van het terrein, beschut en met een ruim uitzicht. Ook is er een tipi met schapenvachten, dekens en een vuurplaats te huur. Overnachten is ook mogelijk in een van de gastenkamers. Gebruik van de keuken en de groepsruimte is dan mogelijk. Ontbijt, lunch of avondeten kan in overleg ook. Er wordt vegetarisch gegeten en het verzoek is aan iedereen op het terrein dat ook te doen. Er worden rondleidingen en vollemaanswandelingen georganiseerd. Kijk op de website bij de activiteiten voor een overzicht van de themaweekenden.

Het terrein grenst aan een uitgestrekt natuurgebied met bos, heide en vennen. Het landschap is afwisselend en weids, met essen, stuwwallen en een beekdal. Door het natuurgebied loopt een ecofietsroute. In de directe omgeving vindt u hunebedden en enkele kleine musea. De Nationale Parken Dwingelderveld (natte heide), Het Drents-Friese Wold (bos en zandverstuivingen) en De Weerribben (waterrijk laagveen) liggen allen op 15 tot 20 km afstand.

🚐 🌼 🐝 🖾4,5 🎣4,5 🐟 🍴15
🎏4,5 🎣4 🚣

🛏 2x, 🛏 8x, 1ppn € 17,50
🏨 🛏3x, 🛏 15x, Prijs op aanvraag
⛺ T 5x, 🚿 🍴, Prijs op aanvraag

Route

🚗 10 km van Steenwijk. 10 km O van Steenwijk. Op A32 afslag 5 Steenwijk zuid. Richting Darp, Havelte. Na Darp op rotonde driekwart richting Wapserveen (N353). Op Schipslootweg bij eerste kruising rechts. In het groepsgebouw (lange pand nr. 3) woont de beheerder.

🚌 Trein naar Steenwijk, daar treintaxi of fiets huren. Bij Joh. Postkazerne de Van Hellomaweg oversteken, 700 m schelpenpad volgen. De Hobbitstee ligt bij bord links.

WARFFUM

Zuiderhorn
Monique Oude Weernink
Onderdendamsterweg 2,
9989 TG Warffum

T 0595-42 32 43
E zuiderhorn@freeler.nl
💬 uk, de, fr

Open: hele jaar 🏕 1 apr-1 okt (RES)
verplicht 🖾 🐴

NL

Camping en omgeving

Midden in het Groninger Lauwersmeer- en Marengebied ligt het karakteristieke dorpje Warffum. Deze rustige camping vindt u net buiten de dorpskern aan een van de Maren die naar de Waddenzee lopen. Rust is het uitgangspunt voor een verblijf op Zuiderhorn. Auto's mogen het terrein niet op en alleen de trein is af en toe te horen.

De camping biedt plaats aan 30 tenten en caravans. U kunt een vierpersoonstrekkershut of een compleet ingerichte zespersoonstent huren. U hoeft dan alleen voor bedddengoed en handdoeken te zorgen. Behalve kamperen kunt u ook in het zomerhuis of het appartement logeren. Beiden zijn geschikt voor vier personen en van alle gemakken voorzien. De slaapkamer van het appartement is ook apart voor één of twee personen te gebruiken, op basis van logies met ontbijt. Naast de camping ligt een visvijver en het Warffumerbos is op loopafstand. Er is een slechtweerruimte met spelletjes en een leestafel. Op de camping zijn kano's te huur.

Er lopen diverse fiets- en wandelroutes in de buurt, waarmee u de rust en de ruimte van het oude Groninger land kunt verkennen. Ook wadlopen kan vlakbij. Op cultureel-historisch gebied heeft de omgeving veel te bieden: beschermde dorpsgezichten, oude kerkjes en musea. Het station ligt op 700 m afstand en de trein brengt u in twintig minuten naar het hart van de stad Groningen, waar vele bezienswaardigheden en uitgaansmogelijkheden op u wachten.

🏊 ⚓1,5 👓0,1 🎣1

🛏 1x, 🛋 2x, 1ppn € 22,50 B&B
🏠 2x, 🛋 6x, hpw € 310-350
⛺ T 19x, 🚐 10x, 🏛, Prijs op aanvraag

Route

🚗 25 km N van Groningen, 0,5 km van Warffum. N361 Groningen-Winsum-Lauwersoog. Na Winsum afslag Baflo-Warffum, N363. In Warffum campingbordjes volgen.

🚆 Trein Groningen-Roodeschool, uitstappen station Warffum. Vandaar 700 m lopen.

WEIDUM

Weidumerhout
Geke van der Hem & Eddy de Boer
Dekemawei 9, 9024 BE Weidum
T 058-251 98 88
F 058-251 98 26
E welkom@weidumerhout.nl
W www.weidumerhout.nl
🗨 nl, uk, de, fr

Open: 10 jan-10 dec ® 🗙 [🐴]

Boerderij en omgeving

Iets ten zuiden van Leeuwarden ligt, aan de Zwette, de kop-hals-romp boerderij (1867) Weidumerhout. Het groen van de uitgestrekte weilanden en de rust van het platteland kenmerken dit gebied. Op de camping heeft u een mooi uitzicht over de velden. U kunt zelfs met uw bootje aan komen varen; Weidumer-Hout beschikt over een aanlegsteiger. De bedrijfsvoering is hier zoveel mogelijk duurzaam, hetgeen inhoudt dat al het afvalwater op de accommodatie zelf wordt gezuiverd en teruggegeven aan de natuur. Zonnecollectoren verwarmen een deel van het water dat voor bad en douche wordt gebruikt.

Weidumerhout biedt zowel hotel- als campingaccommodatie. In het hotel, dat sinds kort drie sterren telt, overnacht u in een van de tien kamers, allen met eigen douche en toilet en soms een bad. Hotelgasten kunnen gebruik maken van de boomgaard en van de lounge met bibliotheek. Het kampeerterrein biedt plaats aan dertig tenten of caravans. Voor trekkers is er een aparte plek dichtbij het sanitair. U kunt hier uw koelelementen invriezen. In de boerderij kunt u in het restaurant allerlei regionale Friese producten, zoals kaas en bier, proeven. Gasten mogen ook gebruik maken van de sauna of het solarium. Informatie over de omgeving is er genoeg: Weidumerhout is een officiële folderpost van het VVV. Er zijn kano's en kajaks te huur; er is een tocht van ongeveer een uur voor u uitgezet. Kinderen kunnen gebruik maken van de skelters en bakfietsen op het terrein.

In de nabije omgeving is het mogelijk om op de fiets de Elfstedentocht te rijden. Ook kunt u golfen, vissen, windsurfen en paardrijden. In Jellum-Bears kunt u de Stinspoort uit de 17de eeuw van de voormalige Unia-State bezoeken, samen met de stalen constructie die er in 1998 is bijgebouwd. In Wiuwert zijn er nog vier goed conserveerde mummies te bezichtigen in de kelder van de kerk. Voor meer stedelijk vermaak kunt u terecht in Leeuwarden (6 km).

🏊 🍽 🚣 🚴 Ⓢ 🎣 🚐12 🐾2
🛶15 🛶15 🚐15 🎣5

🛏 10x, 🛋 24x, 2pkpn € 80 B&B
⛺ T 30x, 🚐 30x, pppn € 3,85, ptpn € 2,70, pcpn € 4,05

Route

🚗 6 km Z van Leeuwarden, 1 km NO van Weidum. A32 van Heereveen naar Leeuwarden, afslag Weidum/Wytgaard. Borden volgen. Over brug en rechts.

🚆 Station Mantgum, bus 93 Leeuwarden-Sneek, uitstappen bij Weidum-Sânpaed. Volg borden Weidumerhout.

WESTERLEE

De Hoeve
J.B. Brouwer
Hoofdweg 44, 9678 PM Westerlee
T 0597-41 33 67
M 06-151 371 35
🗨 nl, uk, de

Open: 15 apr-15 okt ® 👶 [🐴]

Kampeerterrein en omgeving

Natuurkampeerterrein gelegen in natuur-reservaat De Garst. U vindt er fraaie kam-peervelden rond een 200 jaar oude boer-derij. Het terrein is omgeven door bossen en struiken. Door de unieke ligging is het er een oase van rust.

Er kunnen op dit kampeerterrein dertig tenten en caravans terecht. Het sanitair is goed verzorgd. Er is een slechtweer-onderkomen met spelletjes en een kampvuurplaats. Omdat de Hoeve een natuurkampeerterrein is, is een Natuur-kampeerkaart verplicht. U kunt deze op het terrein kopen.

In de buurt kunnen prachtige wandel-tochten gemaakt worden. Ook fietslief-hebbers hebben diverse routes tot hun beschikking. Het Midwolderbos is een prachtig natuurreservaat dat door koniks-paarden wordt begraasd. Het bos heeft een grote variatie aan wilde planten, kruiden en vogels. In de herfst zijn er veel paddestoelen te zien. Vissen kunt u in de plas van het Emergobos (1 km). Het oude veenkoloniale gebied heeft ook veel culturele bezienswaardigheden. Bezoek bijvoorbeeld de 16de eeuwse Ennema-borgh in Midwolda, met fraaie stinzen-tuin, toonkamer en kunstenaarsatelier. In het museum van Heiligerlee komt u alles te weten over 'de Slag'. Winschoten heeft drie fraaie 18de en 19de eeuwse windmolens, een kerk uit de 13de eeuw met een schitterend uitzicht over het Oldambter gebied en diverse musea.

⚓ pppn € 2,95 ptpn € 4,50 pcpn € 4,50

Route

🅸 Veendam. A7, afslag Heiligerlee. Weg nr. 46 richting Heiligerlee, rechtsaf Westerlee. Vanaf N33, afslag Meeden. Via Winschoten naar Westerlee.
🚆 Trein naar Winschoten (3,5 km), van daar bus.

WETERING

Woonboerderij An 't Waeter
Fam. Schelhaas
Wetering West 77, 8363 TN Wetering
T　0521-37 13 11
F　0521-37 11 00
E　m@antwaeter.myweb.nl
W　www.antwaeter.nl
🗨 nl, uk, de

Open: hele jaar ⚓ 1 apr-15 okt ℝ ☒
[🛏]

Huis en omgeving

Deze voormalige boerderij uit 1900 ligt aan de rand van het prachtige natuurge-bied De Weerribben in de kop van Over-ijssel. Toen de familie met de agrarische activiteiten stopte, is het land toegevoegd aan het natuurpark. Nu is de eigenaar 's winters nog actief als rietsnijder. De accommodatie wordt milieuvriendelijk beheerd.

Er is een kampeerterreintje met tien plaat-sen en men kan er overnachten in twee-persoonskamers (met ontbijt). Op het erf vindt u een eenvoudig café met een ter-ras. Er zijn biologische producten van de nabijgelegen boerderij van de zoon van de familie te koop. Fietsen en kano's zijn te huur op de accommodatie. De eigenaar kan rondleidingen door de rietlanden ver-zorgen.

Het nationale park De Weerribben is een bijzonder waterrijk gebied. Met boswal-len, bossen en weilanden vormt het een afwisselend landschap, waarin het goed wandelen en fietsen is. U kunt punteren door de waterwegen van Giethoorn, va-ren in een milieuvriendelijke, elektrisch aangedreven fluisterboot, of met een kano de andere talrijke wateren door-kruisen. 's Winters zijn er mooie schaats-tochten te maken. Ook kunt u een bezoek brengen aan de schilderachtige, voorma-lige Zuiderzeestadjes Blokzijl en Kuinre.

🦆 📍 ⚓ 🚴 🛶 🎣9 🐟10 🎣8
🛶4 🎣5 🦆

🛏 8x, 🏕 15x, 1ppn € 65, 2ppn € 45 B&B
⛺ T 5x, 🚐 5x, Prijs op aanvraag

Route

🅸 steenwijk, 10 km W. Weg Steenwijk naar Blokzijl, afslag Wetering/Scheerwolde. Bij water, over brug in dorp Wetering rechts. Na 1,5 km rechts.
🚆 Trein naar Steenwijk, daar bus Emmeloord of Blokzijl. Halte Wetering West 3 km van accommo-datie. Afhalen tegen vergoeding mogelijk.

ZEERIJP

Boerderij De Diek'n
Neeltje van den Boom & Ruth Harmsen
Dijkumerweg 2, 9914 TH Zeerijp
T　0596-58 11 99
F　0596-58 11 94
M　06-123 395 21
E　dediekn@wanadoo.nl
W　www.dediekn.nl

Open: hele jaar ℝℰ⑀ verplicht ♿ ☒
[🛏]

Boerderij en omgeving

Deze voormalige boerderij uit de 17de eeuw ligt midden tussen de uitgestrekte velden. De boerderij is helemaal eigen-handig gerenoveerd en sfeervol ingericht. U kunt hier genieten van schilderachtige wolkenluchten en adembenemende zons-ondergangen. Er is bijna geen verkeer dus het is er lekker rustig.

Rondom de boerderij is een met bomen omzoomd kampeerveld voor een tiental tenten. In de boerderij zijn, op de deel, vier gastenkamers ingericht voor elk twee personen. Er is ook een sfeervolle groeps-ruimte, met een woonkamer, bar, ruime keuken en twee slaapvertrekken. Hier kunnen in totaal 20 mensen overnachten. De grote schuur kan gebruikt worden voor

NL

bijeenkomsten met grotere groepen, zoals (dans)feesten, voorstellingen en creatieve activiteiten. Desgewenst zorgen de eigenaressen voor een heerlijk biologisch ontbijt, hapjes en drankjes, lunches en warme maaltijden. U kunt ook de gehele accommodatie afhuren; prijzen op aanvraag. Er wordt bewust milieuvriendelijk gewerkt en de boerderij is voorzien van een helofytenfilter voor de waterzuivering.

Fiets- en wandelroutes lopen langs de boerderij. Er zijn (lig)fietsen en driewielers te huur. De Waddenzee ligt op 8 km afstand. Hier kunt u zwemmen, varen en wadlopen. In Zeerijp is een prachtig oud kerkje uit de 12de eeuw, met een uniek orgel. Er is ook een goud- en zilveratelier, waar u workshops kunt volgen. De omliggende dorpen organiseren regelmatig exposities op het gebied van kunst en cultuur. Op het landgoed Ekenstein (5 km) kunt u genieten van de rijke flora en fauna tijdens het wandelen.

4x, ⬚ 10x, 2pkpn € 60 B&B

🏛 ⬚2x, ⬚ 20x, 1ppnoz € 13

⚓ T 10x, 🚫⬚, pppn € 8

Route

🅰 25 km NO van Groningen, 1,5 km NW van Zeerijp. Vanaf Groningen, via Eemshavenweg, afslag Garsthuizen. In dorp Garsthuizen borden Zeerijp volgen. Na 2 keer linksafslaan, aan linkerkant haakse bocht met doodlopende weg (Dijkumerweg). 1ste boerderij rechts. Of vanaf Groningen-Delfzijl, afslag Loppersum. Volg borden Zeerijp. In Zeerijp bij speeltuin links (Molenweg). Na afslag 't Zand 1ste weg aan rechterkant doodlopende weg (Dijkumerweg). 1ste boerderij rechts.

🚌 Trein van Groningen naar Loppersum (elk half uur). 3,5 km van boerderij. De regiotaxi stopt voor de deur. Vooraf reserveren tel. 0900-0911.

ZUIDWOLDE

Natuurkampeerterrein De Bulte
Fam. de Nes
Ten Arlo 5, 7921 VA Zuidwolde
T   0528-37 17 30
E   info@debulte.nl
W   www.debulte.nl
🗨 nl, uk, de, fr

Open: hele jaar ⟨RES⟩ verplicht 🦽 [🏕]

Kampeerterrein en omgeving

Ecologisch beheerd natuurkampeerterrein gelegen in een waardevol cultuurhistorisch landschap aan de rand van de Ten Arloër-Es. Het terrein is ca 1,5 ha groot en sfeervol aangelegd als een klein landschapspark met veel soorten (vrucht-)bomen en struiken.

Er zijn 21 rustige kampeerplaatsen voor zowel tenten als caravans. Honden mogen mee, mits zij aangelijnd zijn. Er is tevens een vierpersoons trekkershut te huur. U kunt ook logeren in een kompleet ingerichte vakantiebungalow voor acht personen. Een extra bed bijplaatsen is mogelijk. De Bulte is aangesloten bij de Stichting Natuurkampeerterreinen en een Natuurkampeerkaart is dus verplicht.

Het buurtschap Ten Arlo is een beschermd dorpsgezicht met monumentale 18de eeuwse rietgedekte boerderijen, gesitueerd op een stuwwal. In de omgeving zijn mooie natuurgebieden zoals Klein Zwitserland, Nationaal Park Dwingelderveld, bosgebied Hollandscheveld, landgoed De Falieberg en het schitterende Reestdal. Het Museumdorp Orvelte en Herinneringscentrum Kamp Westerbork liggen op ca 30 km. In Zuidwolde kunt u het cultuurhistorisch museum de Wemme bezoeken, in Ruinerwold kruidenkwekerij Het Blauwe Huis en in Hoogeveen het glasmuseum en ecomolen De Zwaluw.

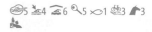

🏠 1x, ⬚ 8x, hpw € 160-300
⚓ ⬚, Prijs op aanvraag

Route

🅰 3 km Z van Hoogeveen, 2 km N van Zuidwolde. Vanaf bebouwde kom Zuidwolde Hoogeveenseweg richting Echten inslaan en na ca 0,5 km bij stuw rechts de doodlopende zijweg in. Deze gaat over in puinverharde weg. Na ca 1 km het 2de zandpad links en bordjes volgen.

🚌 Trein naar Hoogeveen, daar treintaxi. Of bus naar Zuidwolde tot halte De Stuw. Bij stuw links zijweg in. Zie boven.

ALPHEN

Landgoed De Hoevens
Ria Jespers
Goorstraat, Alphen
F 013-508 26 08
M 06-53 26 63 07
E info@dehoevens.nl
W www.dehoevens.nl
nl, uk, de

Open: hele jaar ⚠ 1 apr-1 nov ♥ (RES)
verplicht [M]

Kampeerterrein en omgeving

Het landgoed De Hoevens ligt midden in
het sfeerrijke Brabantse landschap. Het
rustieke landgoed is in particulier bezit en
wordt door de familie beheerd. Het landgoed heeft een oppervlakte van 190 ha.
Het bestaat uit eiken- en beukenbos, geflankeerd door struwelen en lommerrijke
bosschages, afgewisseld met ecologisch
verantwoord bebouwde akkers en graslanden. Sinds 1993 beschikt het landgoed
over een natuurkampeerterrein, waar men
het gevoel krijgt ergens op het platteland
van Frankrijk te zijn. U kunt er genieten van
rust, natuur, ruimte en een ongedwongen
sfeer. Er worden regelmatig rondleidingen
over het landgoed georganiseerd.
Op de camping zijn 40 plaatsen; er is een
apart gedeelte voor tenten. Het is ook mogelijk om een blokhut of een zespersoon-
stipi te huren. Tevens zijn er in 2005 twee
luxe vakantieappartementen bijgekomen
in de historische Vlaamse schuur. U kunt
in beide appartementen met max. acht
personen verblijven. Ook met uw paard
bent u welkom; er is een weiland bij het
kampeerterrein. Voor een deugdelijke af-
rastering, leidingwater, een zadelhok en
afspuitmogelijkheid is gezorgd. Er zijn voor
gasten fietsen te huur. Men is aangesloten
de Stichting Natuurkampeerterreinen en
dus is een natuurkampeerkaart verplicht.
De Hoevens maakt deel uit van een uitge-

strekt natuurgebied tegen de Belgische
grens, bestaande uit het beekdal van de
Leij, De Regte Heide en de landgoederen
Het Ooievaarsnest, Nieuwkerk, Gorp en
Rovert en De Utrecht. Hier vindt u vele
prachtige wandel-, fiets- en ruiterroutes, zoals 'het Bels lijntje', een voormalige spoorwegverbinding tussen Turnhout
(België) en Tilburg waar je dwars door de
natuur kunt fietsen. Fietsen zijn te huur
op het terrein. Bezienswaardigheden in
de omgeving: prehistorische grafheuvels
op De Regte Heide en het streekmuseum
van Alphen. Er is een vogelkijkhut bij het
beekdal van de Leij.

⌂ 2x, ♬ 16x, Prijs op aanvraag
⚠ 🏕, pppn € 4, ptpn € 3,50, pcpn
€ 4,50

Route

🅃 12 km ZW van Tilburg, 2 km NO van Alphen. A58
Breda-Tilburg, afslag 12 Gilze-Rijen/Baarle-Nassau.
Dan richting Baarle-Nassau. Na gemeentebord Al-
phen eerste links, Schellestraat (De Hoevens). Na 1,5
km onverhard: Goorstraat. Na ca 200 m rechts.
🚌 Moeilijk bereikbaar. Vanaf station Tilburg of
Breda bus naar Alphen. halte Goedentijd. ANWB-
borden naar camping volgen.

DORDRECHT

Natuurvriendenhuis/camping
Kleine Rug
Loswalweg 1, 3315 LB Dordrecht
T 078-616 35 55
M 078-635 64 11
E kleinerug@nivon.nl
W www.nivon.nl/kleinerug
nl, uk nivon

Open: hele jaar ⚠ 1 apr-15 okt

Natuurvriendenhuis en omgeving

Oude gerenoveerde boerderij in de
Biesbosch, een uniek getijdengebied
met zoetwater, die alleen per boot bereikbaar is. De schipper zet u over in een
motorvlet.
Naast de groepskamers heeft het huis drie
tweepersoonskamers en een uitstekende
keuken. De sfeer is intiem en het is er bijzonder geschikt voor kleinere groepen. De
gezellige woonkamer met open haard kijkt
uit op het Wantij. Als het huis verhuurd is,
kunnen individuele gasten gebruik maken
van de twee vierpersoonsblokhutten of
het naastgelegen natuurkampeerterrein.
Hier is plaats voor 12 tenten. Caravans
en grote tenten kunnen niet mee op de
motorvlet. Dit is een terrein voor de echte
natuurkampeerder met drie veldjes en een
stookplaats. De kampeerders hebben eigen
sanitair bij het natuurvriendenhuis. Bij het
natuurvriendenhuis zijn fietsen en kano's
te huur. Omdat De Kleine Rug een natuurkampeerterrein is, is een Natuurkampeerkaart verplicht. U kunt deze ter plaatse kopen. Kinderen kunnen heerlijk ravotten op
het terrein en zwemmen in de Biesbosch.
Een kampvuur stoken mag ook.
Vanaf De Kleine Rug zijn kanotochten
te maken in de Hollandse Biesbosch.
Bij het bezoekerscentrum ziet u o.a.
bevers. Vanaf de Kop van het Land kunt
u met een pont naar de Brabantse Biesbosch. De Alblasserwaard is een typisch
veenweide-landschap. Hier leiden kronkelende wegen u langs houtkaden en
knotwilgen. U fietst binnendoor naar
de 19 molens van Kinderdijk. Dordrecht
is de oudste stad van Holland, met meer
dan 800 monumenten. Met de Fast Ferry
bent u snel in Rotterdam, maar ook kunt
u met de Waterbus naar Kinderdijk en
Gorinchem.

🚣 2

🛏 10x, ♬ 33x, 2ppn € 16,65
🏠 10x, ♬ 33x, Prijs op aanvraag
⚠ T 12x, 🏕, pppn € 4,30, ptpn € 2,80

Route

🅃 N3, afslag Werkendam, onderaan rechts, na 500
m links, volg borden camping 't Vissertje. Bel, toeter

NL

en/of knipper met uw lichten en de schipper haalt u op.

🚃 Station Dordrecht-Stadspolders 900 m lopen. Bel i.v.m. het overvaren.Treintaxi vanaf Dordrecht-CS.

Herberg en omgeving

De herberg met kruiden- en groentetuin is gevestigd in een voormalig veerhuis uit 1932 en ligt aan de Nieuwe Merwede, tussen de Dordtse en Brabantse Biesbosch. Het hotel is een oase van rust op slechts 10 km van de historische binnenstad van Dordrecht. Er wordt zo milieuvriendelijk mogelijk gewerkt, onder meer door gebruik te maken van zonnecollectoren.

In dit kleinschalige hotel en café-restaurant zijn drie tweepersoonskamers beschikbaar, voorzien van douche en toilet, met uizicht op de rivier. Tevens zijn er twee appartementen te huur. Het ene heeft uitzicht op de rivier en is voorzien van zithoek, keukentje en aparte slaapkamer met douche en toilet. Het andere bestaat uit een grote ruimte met een tuin en heeft uitzicht op de polder.

Het restaurant serveert vegetarische, grotendeels biologische diners. Er wordt alleen met seizoensgebonden ingrediën-

ten gewerkt, die voor een belangrijk deel uit eigen moestuin komen. 's Zomers kunt u in alle rust buiten dineren. De herberg is ideaal voor wandelaars, fietsers en rustzoekers. In de directe omgeving van de herberg kunt u heerlijk fietsen over autovrije paden met de polder, grienden en de rivier als decor. Een tochtje richting Alblasserwaard met de molens van Kinderdijk, is ook zeer de moeite waard. Mooie wandelingen beginnen al voor de deur van de herberg. U wandelt langs de uiterwaarden en komt uit in een natuurpad met een grote variatie in flora en fauna. In de Biesbosch vindt u een fluisterboot en een bezoekerscentrum en in Dordrecht oa de Grote Kerk, het Dordrechts museum en museum Simon van Gijn.

🍴 🎑 ❀ ⇋5 🚲3 🏊

🛏 3x, 🚪 6x, 2ppn € 27,50 B&B
🏠 2x, 🚪 4x, hpw € 250

Route

🚗 8 km Z van Dordrecht. A16, afslag N3 rondweg Dordrecht, borden Papendrecht afslag Werkendam. Borden Werkendam volgen tot pont. Daar parkeren, herberg op dijk. Of: van Rotterdam A15 richting Gorinchem, afslag Papendrecht/Dordrecht (N3). Na brug 2e afslag (Werkendam). Borden Werkendam volgen tot pont (hier parkeren).

🚃 Trein naar Dordrecht en bus 6 richting Werkendam (tot ca 18.30 u) of treintaxi.

Boerderij en omgeving

Biologische landbouwbedrijf gesitueerd in een uniek dijklandschap in Zeeuws-Vlaanderen. Er worden aardappelen, uien en de typisch Zeeuws-Vlaamse bruine bonen geteeld. Ook fokt men er Vlaamse paarden. Die kunt u hier dan ook aan het werk zien. U kunt kamperen of een vier- of vijfpersoonstrekkershut huren. Er is plaats voor 20 tenten of caravans. Er zijn ook twee compleet ingerichte caravans voor vier personen te huur. De sanitaire voorzieningen zijn uitstekend en toegankelijk voor mindervaliden. Er is een wasmachine voor de gasten. Huisdieren zijn welkom en uw paard mag u ook meenemen. De boer en boerin leiden u graag over hun terrein rond. Er is ook een klein winkeltje waar boerderij- en streekproducten evenals buitenkleding te koop zijn.

De polder waar deze boerderij ligt is heerlijk rustig en u kunt er eindeloze fiets- en wandeltochten maken over de fraai begroeide dijken. Vissen kunt u meteen achter de boerderij. Het verdronken land van Saeftinge is vlakbij en hier kunt u onder begeleiding excursies maken. Het oude vestingstadje Hulst (9 km) heeft tal van bezienswaardigheden en in een half uurtje bent u in bruisende steden als Gent en Antwerpen.

⚓ 🐚, ptpn € 15

Route

🚗 10 km NO van Hulst, 0,5 km O van Hengstdijk. Vanaf Hulst N60 richting Kloosterzande. Ter Hole doorrijden, bij rotonde richting Terneuzen. Bij volgende rotonde richting Vogelwaarde. In Hengstdijk bij bordjes Oude Haven linksaf.

🚆 Trein naar Goes nemen en bus 20 naar Terneuzen. Daar bus 10 richting Hulst, uitstappen halte De Vogel in Hengstdijk.

HOEK VAN HOLLAND

Camping De Kraai
Leen Vreugdenhil
Bonnenweg 50,
3151 XA Hoek van Holland
T 0174-38 48 07
F 0174-38 61 61
E vreugdenhil.lankers@planet.nl
W www.debonnen.nl
💬 nl, uk

Open: 1 mei-1 okt 🌿 ✈

Boerderij en omgeving

Deze in 1942 gebouwde Hoeve Rijckevorsel ligt in het open polderlandschap De Bonnen, vlak bij de zee en de Nieuwe Waterweg. Het akkerbouw- en veeteeltbedrijf is in omschakeling naar biologische landbouw. Men voert hier het dan ook het EKO-keurmerk. Camping De Kraai richt zich met name op liefhebbers van natuur, historie, kunst en cultuur. Mensen die zich even los willen maken van de beperktheid van het dagelijks bestaan. U vindt er rust, ruimte en de mogelijkheid tot reflectie.

Er zijn 15 beschutte kampeerplaatsen onder de appel- en perenbomen in de voormalige moestuin. U wordt er wakker met het kraaien van de haan en u kunt op de boerderij dagverse melk en kakelverse eieren krijgen voor het ontbijt. Uw eigen paard mag u meebrengen.

De boerderij ligt dicht bij het strand, het Staelduinse bos, de duinen en de Stormvloedkering. In de oude wagenschuur van de boerderij is een zomergalerie gevestigd, met wisselende exposities. In Hoek van Holland zit het Nederlandse Kustverdedigingsmuseum in een honderd jaar oud fort, het Reddingsmuseum en u kunt een rondvaart maken in de haven. In Den Haag (10 km) en Delft (15 km) vindt u alles op het gebied van cultuur, historie en uitgaan. Met de ferry kunt u zelfs een mini-cruise naar Harwich (UK) maken.

🏇 ⋯⋯3 🐾3 🐾3 🦆3 🐾3

⚓ Prijs op aanvraag

Route

🚗 Den Haag. A-20 naar Hoek van Holland. Voorbij plaatsje Heenweg, afslag naar links voor het vrachtverkeer naar de ferry. Bij Staalduinse Bos Haakweg volgen, deze gaat over in Bonnenweg.

🚆 Trein naar Hoek van Holland. Vandaar 3 km lopen naar het oosten. Prins Hendrikstraat/ Prins Hendrikweg uit. Bij Haakweg links naar het noorden. Bij Dwarshaak fietspad oversteken. Oostelijk ligt de Bonnenweg.

HOEK VAN HOLLAND

Natuurvriendenhuis August Reitsma
Nieuwlandsedijk 160,
3151 XK Hoek van Holland
T 0174-38 25 60
M 078-676 76 35
E augustreitsma@nivon.nl
W www.nivon.nl
💬 nl, uk

Open: 1 apr-31 okt ♿

Natuurvriendenhuis en omgeving

Op korte afstand van strand, duinen en de Noordzee ligt het natuurvriendenhuis August Reitsma. De keuken is pas vernieuwd. Het is een goede accommodatie voor groepen.

Het hele huis huren is voor groepen mogelijk. Bij het huis ligt een speeltuintje en een volleybalveld voor kinderen. In de speelkamer zijn voor hen spelletjes en tafeltennistafels. Het is de bedoeling dat u zelf een handje meehelpt bij het schoonhouden van de vertrekken. De schoonmaak van het sanitair gebeurt door Nivon-medewerkers en hiervoor wordt een kleine bijdrage gevraagd. In het huis zijn fietsen en bolderkarren te huur.

Op het brede zandstrand van Hoek van Holland kunt u lekker uitwaaien en vliegeren. Aan de Nieuwe Waterweg ziet u zeeschepen voorbij varen. Rond het huis liggen ca 5 km wandelroutes en ca 150 km fietsroutes. Deze routes leiden u door de duinen, het Westland, Delfland en de Vlietlanden. Op korte afstand ligt het Staelduinsebos (toegankelijk voor fietsers en wandelaars) met een grote vleermuizenkolonie. Ook de Zuid-Hollandse Eilanden, met de Voornsche Duinen en vestingstadje Brielle liggen op fietsafstand. Het Oeverloperpad (LAW 6-1) loopt over het dijkje achter het huis, maar ook het Visserspad (LAW 1-2) en het Deltapad (LAW 1-1) beginnen in de directe omgeving.

🚲 ⋯⋯2 🛶2

🛏 26x, 🛏 61x, 2ppn € 16,65
🏛 🛏26x, 🛏 61x, Prijs op aanvraag

Route

🚏 Bij binnenrijden Hoek van Holland na tankstation (linkerhand) 1e straat links.

🚌 Station Hoek van Holland-Haven, ca 15 minuten lopen. Of vanaf Delft-CS en Hoek van Holland-Haven, bus 128 halte Schelpweg, en 2 minuten lopen.

KUITAART

Boerderij Klein Hoefken
Marian & Fons Verbruggen
Vitshoekdijk 1, 4584 RZ Kuitaart
T 0114-69 02 05
💬 nl, uk, de, fr

Open: hele jaar 💬 🍴 [⋯]

Boerderij en omgeving

Deze gemengde boerderij in Zeeuws Vlaanderen dateert uit 1686. Op het terrein staat een schuur van ongeveer 230 jaar oud. Het bedrijf, 22 ha groot, oriënteert zich op biologische bedrijfsvoering.

Er is een gevarieerde veestapel en aan huis zijn eieren, groenten, aardappelen, vlees en wol te koop. U kunt, in overleg, tegen kost en inwoning meewerken.

U kunt kamperen op een eenvoudig terrein; er is plek voor tien tenten en vijf caravans/campers. Sanitaire voorzieningen vindt u in de boerderij. Er is voor de kinderen een zandbak en een schommel en ze mogen ook mogen meelopen bij het verzorgen van de dieren. Er is een doolhof in de tuin om in te verdwalen. Er worden op de boerderij rondleidingen gegeven, eventueel met een thema. Ook kunt u hier kruidencursussen volgen. U leert dan onder andere hoe u EHBO-kruiden en kruidenolie en -azijn kunt bereiden.

Het open dijklandschap in de omgeving leent zich goed voor fietstochten; het Verdronken Land van Saeftinghe is op 7 km afstand. In waterwingebied Sint Jansteen-Clinge kunt u behalve fietsen ook wandelen. Het Grenslandpad loopt langs de boerderij. U kunt ook wandelen over de stadswallen (zandpaden) van Hulst. De Belgische steden Antwerpen, Gent en Brugge bieden uiteraard talloze mogelijkheden voor cultuur, winkelen en uitgaan.

👫 🍴 🚲 🎵 🚣 🏊8 🛶8 🎣1,5
🚲3 🏕12

⛺ T 10x, 🚐 5x, 🏕, Prijs op aanvraag

Route

🚏 Goes, 24 km SE. 6 km N van Hulst en 10 km Z van Perkpolder(veer). Vanuit Hulst richting Kloosterzande. In Terhole rechts of van pont Terhole linksaf. Buiten dorp 1e weg links, 1e weg rechts en aan eind weer links. Na ca 400 m boerderij links onderaan dijk.

🚌 Van station Breda bus 19 via Antwerpen naar Hulst (7 kwartier). Nog 6 km lopen of afhalen in overleg.

NIEUW VOSSEMEER

De Kreek
Fam. van Oudheusden
Moorseweg 1-B,
4681 SM Nieuw Vossemeer
T 0167-50 34 80
E de.kreek@worldmail.nl
💬 nl, uk

Open: 29 mei-30 sep 🐕

Kampeerterrein en omgeving

Op de grens van West-Brabant en Zeeland, in een polderlandschap met eeuwenoude dijken, ligt de Kreek. Het ruim 1 ha grote gebied hoort bij een boerderij in ruste. Het huidige natuurkampeerterrein is aangelegd in samenwerking met de Stichting Brabants Landschap, met de bedoeling de lokale flora en fauna te ondersteunen. Het terrein heeft een zeer open karakter zonder afgebakende plaatsen. Beschutting is er in de vorm van een boswal, diverse rietkragen en een oude dijk waar schapen lopen. U vindt er ook een twee meter diepe kikkerput, een kreek en oude fruitbomen. De Kreek ligt tussen twee verschillende landschapssoorten: bos en heide op de hogere zandgronden van de Brabantse Wal en slikken en gorzen op de lager gelegen gronden aan het water. Vlakbij het terrein loopt het Schelde-Rijnkanaal, waar men op diverse plaatsen door natuurlijke oeverbegroeiing weer een rijkdom aan inheemse planten en dieren kan tegenkomen. De Kreek is een natuurkampeerterrein en een Natuurkampeerkaart is dan ook verplicht. U kunt deze ter plaatse kopen.

Op dit natuurkampeerterrein is plek voor negen tenten en zes caravans. U mag uw hond helaas niet meenemen.

Er zijn veel mooie wandel- en fietsroutes, die vrijwel altijd op, over of langs een dijk voeren. Ook de dorpen en oude steden in de omgeving zijn de moeite waard. In Bergen op Zoom en Tholen treft u ver-

schillende middeleeuwse bouwwerken. Kanovaren kan op de Steenbergse Vliet en surfen en duiken in de Zeeuwse wateren. Op 1,5 km is een natuurbad om te zwemmen. In het dorpje Nieuw Vossemeer (2 km) kunt u voor de dagelijkse boodschappen terecht. Uitgebreide informatie over de omgeving is op het terrein aanwezig.

🌊10 ⛱2 🏄7 🎣7 ⚓10 ⛵10 🚤10
⚓5 🚣7 ♿

⛺ T 9x, 🚐 6x, pppn € 4, ptpn € 2,50, pcpn € 3

Route

ℹ️ Vanaf Steenbergen N259, Nieuw Vossemeer volgen. Rij dorp voorbij. Laatste afslag links voor brug. Na 2 km terrein rechts.

🚌 Station Bergen op Zoom, bus 102 richting Oude Tonge. Uitstappen Nieuw Vossemeer. Of treintaxi nemen.

NIEUWLAND

Boerderij De Groene Geer
Peter & Saskia Heikoop-Brantjes   EKO
Geer 30, 4243 JS Nieuwland
T   0183-35 32 76
F   0183-35 32 76
E   mts.heikoop-brantjes@wolmail.nl
W   www.tomaatnet.nl/~degroenegeer
💬 nl, uk

Open: 15 mrt-1 nov 🌱 ♨ Ⓡ [📷]

Boerderij en omgeving

De Groene Geer is een veelzijdig, biologisch werkend bedrijf. De melkveehouderij is de belangrijkste activiteit, maar er zijn ook varkens, schapen en legkippen. Daarnaast is er een grote groentetuin. De producten, zoals fruit, groenten, eieren, kaas, vlees en melk, worden in de boerderijwinkel verkocht.

Vlakbij de stal ligt het kampeerveldje met vijf staplaatsen met uitzicht op de polder. Voor vroege vogels is er met een beetje geluk een adembenemende zonsopgang te zien. De sanitaire voorzieningen bevinden zich in de stal. Voor kampeerders die het zich wat makkelijker willen maken is er de mogelijkheid om een compleet ingerichte vier- tot zespersoonsbungalowtent te huren. U kunt verse producten van de boerderij bij de eigenaren kopen.

De boerderij ligt in de Vijfheerenlanden, een weidse, rustgevende oude Hollandse polder die overgaat in de Betuwe. De Groene Geer is een ideale pleisterplaats voor fietsers en rustzoekers. Leden van de plaatselijke vogelwacht organiseren excursies in de omgeving. Bezienswaardigheden in de buurt: Slot Loevestein te Brakel, kaasboerderij Bikker te Schoonrewoerd, nationaal Glasmuseum in Leerdam, ooievaarsdorp Het Liesveld in Groot-Ammers en kijkboerderijen in de Alblasserwaard en Vijfheerenlanden. Het Wilgenpad en Dievenpad zijn twee wandelarrangementen, waarbij over onverharde paden, boerenerven en boomgaarden wordt gelopen. Informatie op de boerderij.

⛺ 🚣, Prijs op aanvraag

Route

ℹ️ A27 Gorinchem-Utrecht, afslag Noordeloos. Volg richting Leerdam. Passeer dorp Nieuwland. 1 km na dorpskern boerderij aan rechterkant.

🚌 Trein naar Leerdam, daar buurtbus. Of trein naar Utrecht, bus richting Gorinchem en uitstappen halte Bazelbrug, kanaal oversteken. Door dorpje Nieuwland, na 1 km rechts boerderij.

NIEUWVLIET

Boerderij In de Morelleput
Corrie & Jan de Zwart
St. Bavodijk 58A, Marolleput,
4504 AB Nieuwvliet
T   0117-45 30 21
F   0117-45 30 21
E   morelleput@zeelandnet.nl
W   www.indemorelleput.com   EKO
💬 nl, fr, uk, de

Open: hele jaar 🌱 [📷]

Boerderij en omgeving

Dit biologische akkerbouw- en kruidenbedrijf ligt tussen Oostburg en Nieuwvliet, aan een dijk met dijkhuisjes. De boerderij is helemaal nieuw gebouwd in een klassieke streekgebonden stijl. Achter het huis bevinden zich twee schuren: één schuur is ingericht met allerlei Vlaamse volksspelen waaronder behendigheidsspelen en boogschieten. Ook liggen er, op het erf tussen de fruitbomen, diverse Oud-Vlaamse bolbanen. Bij de Morelleput hoort een theetuin.

In de woning bevinden zich vier smaakvolle slaapkamers, met zithoekje en eigen douche en toilet. Het ontbijt wordt opgediend in een aparte eetkamer. Warme maaltijden zijn verkrijgbaar in overleg. Er is een gemeenschappelijke ruime zitkamer en de gasten beschikken over een eigen tuin.

Op een boogschot afstand van de boerderij is een 42 ha groot brakwater natuurgebied met kreekrestanten en wielen. Vanaf de dijk is dit mooi te overzien. Kluut, tureluur, kievit, grutto en slobeend zijn er vaste broedvogels. De boer geeft excursies op het gebied van landschap, geologie, archeologie, flora, fauna en landbouw. Meer mooie natuur vindt u aan de Zeeuws-Vlaamse kust en in de natuurgebieden Het Zwin, het Grote Gat en de Blikken. Voor Vlaamse cultuur kunt u terecht in de oude steden Brugge en Gent.

🚿 🍽️ ♨ 🔭 ⛳4 ⛱8 🏄3 🎣3
🐟 ⚓3 ⚓8 🏄3 🚣3 🚤15 ♿

🛏️ 4x, 🎵 12x, Prijs op aanvraag

Route

ℹ️ Oostburg, 3 km NW, 2 km Z van Nieuwvliet. Vanaf Breskens richting Groede/Nieuwvliet. Bij Nieuwvliet 1e rotonde links; St. Bavodijk 1e boerderij tussen 6 huisjes rechts. Of via Oostburg richting Cadzand, eerste weg rechts (mosterdweg) dan

NL

NL

ANWB-fietsbordjes volgen richting Nieuwvliet. Voor Nieuwvliet een gehucht aan de linkerkant, in het midden de Morelleput.

🚆 Trein naar Vlissingen. Veer naar Breskens. Daar bus 3 naar Nieuwvliet, nog 2 km lopen.

OOSTBURG

Het Blauwwitte Huisje
Dinie Sophie van de Geer
Scherpbier 9, Scherpbier,
4501 PJ Oostburg
T   0117-37 60 06
F   0117-37 60 12
E   blauwwithuisje@zeelandnet.nl
W www.scherpbier9.tk
🗨 nl, de, uk, fr

Open: hele jaar (RES) verplicht ✕

Huisje en omgeving

Het Blauwwitte Huisje is een gerenoveerd dijkhuis uit het begin van de 20ste eeuw, vlak bij de Zeeuwse kust (5 km). Vanuit het huisje heeft u een schitterend uitzicht op het natuurgebied De Blikken, waar veel kieviten, veldleeuweriken en kluten broeden. In de winter is het een voedselgebied voor ganzen en andere wintergasten. Ook kunt u uit het raam van de toren van het historische dorp Groede zien. De eigenaren hebben tijdens de renovatie geprobeerd het huisje zoveel mogelijk in originele staat te houden. Zij stimuleren een zo milieuvriendelijk huishouden, waarbij ecologische schoonmaakmiddelen, spaarlampen en waterbesparing een rol spelen.

Het huisje is geschikt voor 6-8 personen. Er is een zitkamer met houtkachel, een volledig ingerichte keuken, bijkeuken met wasmachine en droger en een kelder met bedstee voor eventueel twee kleine kinderen. Ook zijn er twee slaapkamers voor twee personen en een vide met een tweepersoonsbed. De badkamer heeft een ligbad en er is een groot terras met tuinmeubels. Er is een tweede badkamer beneden. U kunt gebruik maken van de tuin. Bedlinnen en handdoeken zijn op aanvraag beschikbaar.

In dit unieke polderlandschap met eeuwenoude dijkjes en kreken is het uiteraard goed wandelen. De Verdronken Zwarte polder in Nieuwvliet (4 km) is een natuurlijke bezienswaardigheid. In Groede (5 km) zijn mooie kerken en er is een hertenpark. Aardenburg (6 km) staat bekend om de St. Baafskerk en de poëzieroute. In Hoofdplaat (12 km) vindt u schapenboerderij Goede Hope en in Nieuwvliet zit een in-en outdoorcentrum voor tal van sportieve activiteiten. In Oostburg kunt u forellen vissen bij Forellenkwekerij Henricushoeve.

〜〜5 ♨10 🛁3 🔍3 〜0,5 ♣5 ♠5
🍴5 🅿0,5 ➤3 🔥

🏠 1x, ⚿ 8x, hpw € 390-870

Route

🅰 25 km W van Terneuzen, 3 km N van Oostburg. A58 na Middelburg richting Breskens (N58). Volg deze weg naar Oostburg. Bij rotonde richting Groede; de Maaidijk, volg deze tot in Scherpbier.

🚆 Trein naar Vlissingen of Terneuzen, bus naar Oostburg. Afhalen mogelijk volgens afspraak.

OOSTKAPELLE

Ter Linde
Maud Fredrikze   demeter
Oranjezonweg 1A,
4356 EH Oostkapelle
T   0118-59 29 48
F   0118-59 62 50
E   minicamping@xs4all
W www.minicampingterlinde.nl
🗨 nl, fr, uk, de

Open: 15 apr-1 okt ❦ Ⓡ 🐾

Boerderij en omgeving

Ter Linde is een gemengd landbouwbedrijf op biologisch-dynamische grondslag met tuinbouw, akkerbouw en veeteelt. Ook is er een kaasmakerij en een ruimgesorteerde boerderijwinkel. De jaarlijkse productie van 400.000 liter melk wordt verwerkt tot Loverendale boerenkaas. De groenten vinden hun weg naar de consument via groenteabonnementen. Ter Linde is vanaf 1926 een onderdeel van Cultuurmaatschappij Loverendale, één van de oudste biologisch-dynamische bedrijven ter wereld. In het voorjaar vinden er werkweken plaats voor scholen. Dan is Ter Linde ook groepsaccommodatie. Gedurende het hele jaar is er plaats voor enkele mensen die praktijkervaring en willen doen. Op het erf staat biologisch theehuis/restaurant De keuken van Ter Linde, waar zo veel mogelijk producten van eigen bodem worden gebruikt.

De camping ligt enigszins in de luwte van alle bedrijvigheid. Er zijn 15 plaatsen; caravans kunnen hier alleen in het voor- en naseizoen terecht. U kunt ook met een groep komen kamperen. U staat dan een huiskamer en een kookgelegenheid ter beschikking.

De camping ligt op loopafstand van zee, vlak bij De Manteling van Walcheren, een uniek natuurgebied. Dit natuurmonument bestaat uit een combinatie van zee, strand, duinen en landgoedbossen. Ook het Zeeuws Biologisch museum met de aangrenzende heemtuin Hortus Zeelandiae is in dit gebied te vinden. Waterland Neeltje Jans en het Biologisch museum in Oostkapelle zijn ook een bezoek waard. In de buurt vindt u mooie oude steden zoals Veere, Middelburg en Domburg.

🏕 🔱 〜〜2 🌊4 🛁4 🚿10 🔍3
✕ ♣4 ♠6 🍴15 🚲3 ➤2 〜10
🔥

🏛

⛺ ptpn € 20 (incl. 6p)

Route

🅰 Middelburg, 10 km N. N57 richting Serooskerke/Veersedam. Op verzoek wordt plattegrond toegestuurd.

🚆 Van station Middelburg bus 54 naar Domburg.

Ca 1 km na Serooskerke halte Rijnseburgseweg. Weg inlopen en bij driesprong links Lijdijkweg in. Op volgende driesprong ligt boerderij links.

RODEN

Camping Dorado
Sjoeke Land-Pars
Norgerweg 19, 9301 JN Roden

T 050-501 92 61
F 050-501 08 34
E camping@dorado.nl
W www.dorado.nl
🍴 nl, de, uk

Open: hele jaar ⚓ 1 apr-31 okt ♿ [🚐]

Camping en omgeving

In de driehoek Groningen-Assen-Drachten, waar wei- en bouwland, bossen, heide, plassen en meren elkaar afwisselen, ligt camping Dorado. De camping ligt temidden van weilanden en tegenover het Mensinge bos met zijn speciale flora en fauna. De eigenaren zijn geïnspireerd door de schoonheid van Scandinavische kampeerterreinen. Zij beheren en bouwen hun terrein zo duurzaam mogelijk, hetgeen blijkt uit hun keurmerk de gouden Miliebarometer. Zo zijn er zonnepanelen en een waterrecyclingsysteem aangebracht.

U kunt overnachten in een van de zes duurzaam gebouwde bungalows. Vier zijn er vrijstaand en twee geschakeld. Ze zijn volledig ingericht en geschikt voor vier tot zes personen. U kunt de bungalows ook 'geschakeld' huren als groepsaccommodatie voor max. 12 personen. Het kampeerterrein bestaat uit 13 ruime omzoomde plekken en een groot veld met zeven plekken. Daarnaast is er nog een trekkersveld met vijf plekken. Ook kunt u een vierpersoons-trekkershut huren.

Het sanitair van de camping is verwarmd, geschikt voor rolstoelen en daarnaast is er een overdekte kook/eetruimte. Het ter-

rein ligt ca 1,5 km van het dorp Roden. Hier kunt u boodschappen doen of iets eten.

De steden Groningen en Assen zijn goed bereikbaar. Wandelen en fietsen kan direct vanaf de camping op prachtige fiets- en wandelpaden door het Fochtloërveen of langs de hunebedden in Steenbergen. In Veenhuizen is een gevangenismuseum en er zijn diverse oude kerken in de omgeving te bezichtigen.

⚓ 🏊 ♨ 🎣 🌊6 🎣5 🚤1,5 🎣2 🐟6 🛶6 🏄6 🏇1,5 ⚓

🏠 6x, 🚲 24x, Prijs op aanvraag
🏕 🏠5x, 🚲 12x, Prijs op aanvraag
⚓ T 25x, 🚐 20x, 🔥 pppn € 3,25, ptpn € 3, pcpn € 3

Route

🚗 16 km van Groningen, 1,5 km van Roden. Vanaf A7, afslag Roden (N372). In Roden richting Norg (N373), na 1,5 km camping.
🚌 Station Groningen of Assen, bus 83 van Ariva, halte Kaatsweg.

SCHAIJK

De Holenberg
Gerrit Rekers
Udensedreef 14, 5374 RK Schaijk

T 0800-400 40 04
F 0577-41 17 67
E holenberg@paasheuvelgroep.nl
W www.holenberg.nl
🍴 nl, de, uk

Open: 1 apr-28 okt ®

Camping en omgeving

Midden in natuurpark De Maashorst ligt camping De Holenberg. De camping is groter dan de meeste ECEAT-campings, maar door de unieke ligging in het bos kunt u er, zeker buiten het hoogseizoen, een

heerlijke privé-plek vinden. U kampeert midden tussen de bomen. Voor trekkers is er een veld dicht bij de campingwinkel. Ook is het mogelijk om op De Holenberg een blokhut te huren. Graag hiervoor uw eigen bedlinnen meenemen. Iedere hut biedt plaats aan maximaal acht personen en ieder groepje blokhutten heeft zijn eigen kampvuurplaats. Op het terrein is een recreatiemeertje met een zandstrand. Het kampeerterrein heeft uitgebreid sanitair en een winkeltje/bar. Hier zijn ook enkele vegetarische producten verkrijgbaar. Groepen kunnen hun maaltijden laten verzorgen.

In de zomer worden op de Holenberg tal van activiteiten verzorgd. In deze bosrijke omgeving kunt u heerlijk fietsen en wandelen. Het Pieterpad loopt langs de camping. Verder zijn er talrijke paden door bossen, heide, vennen en stuifduinen. In de nabije omgeving van de camping kunt u tennissen, golfen, vissen, windsurfen en paardrijden. In Wijchen (5 km) is een kuuroord en in Nistelrode (4 km) is het bezoekerscentrum Slabroek. Op de camping is een lijst van overige bezienswaardigheden, zoals kastelen, tuinen en musea aanwezig.

♨ 🍴 🏊 ♨ ♨ 🎣 🚤5 🎣2 🐟4 🏄10 🏇2 🎾5

🏕 🏠14x, 🚲 112x, Prijs op aanvraag
⚓ T 57x, 🚐 34x, 🔥 ptpn € 18,80, pcpn € 18,80

Route

🚗 5 km O van Oss, 1 km Z van Schaijk. Vanuit Den Bosch (A50) afslag 16. Onderaan afslag rechtdoor (N324), richting Schaijk. Bij garage rechts ventweg en links Udensedreef op. Eind van de weg links.
🚌 Vanaf station Oss, bus 96. Uitstappen bij halte Schutboomstraat en de weg uitlopen.

SCHIPLUIDEN

Natuurkampeerterrein Grutto
Abtswoude 27, 2626 NC Schipluiden
T   079-341 83 25
M 06-510 101 62
E   grutto@nivon.nl
W www.nivon.nl/grutto
🐾 nl, uk

Open: 1 apr-15 okt 👤 [🏠]

Natuurkampeerterrein en omgeving

Natuurkampeerterrein de Grutto ligt midden tussen de weilanden in een beschutte oude boomgaard. Op dit terrein gaat men inventief om met de beschikbare middelen. Er is geen electriciteit, maar wel verlichting op zonnestroom. Het warm water van de zonnecollector wordt naverwarmd, zodat u comfortabel kunt douchen. De karakteristieke oude schuur is ingericht als slechtweeraccommodatie. Dit is misschien wel het groenste terreintje van Nederland, bedoeld voor de echte natuurkampeerders.
Verspreid over een hectare vindt u 25 kampeerplaatsen, waarvan vijf geschikt zijn voor caravans. Parkeren is mogelijk voor max. acht auto's (reserveren). De Grutto is een natuurkampeerterrein en een Natuurkampeerkaart is dus verplicht. U kunt deze op het terrein kopen.
De Grutto ligt in Midden Delfland, een grote groene zone tussen Delft en Rotterdam. Vlieten en landwegen doorsnijden de weilanden en veengebieden. De stilte en de ruimte trekken veel water- en weidevogels aan. Een groene oase met bebouwing aan de horizon. Ontdek het Delfland met een fietsroute van 23 km. Of ga vanuit Schipluiden met kano of roeiboot richting de Vlietlanden. Met de tram (halte op 2 km lopen), bent u zo in Delft en Den Haag. Of loop een deel van het Oeverloperpad (LAW 6-1) of het nieuwe Groene Hartpad

(SP 13). Kinderen kunnen in Delft griezelen in het Reptielenhuis en in Rotterdam vindt u Diergaarde Blijdorp.

🛶4 🚶5 🏊5

⛺ T 25x, 🚐 5x, ppn € 4,30, ptpn € 2,80, pcpn € 2,80

Route

🗺 A13 Delft-Zuid, wijk 22 linksaf, direct links weg vervolgen, in bocht links Abtswoude. Smalle weg volgen. Bij nr. 27 rechts, langs de boerderij, 700 m landweg met 2 hekken.
🚉 Station Delft of Den Haag-CS, tram 1 tot Ambtswoudepark, dan nog 30 min lopen. Of vanaf station Delft bus 64 tot Rietzangerstraat, 30 min lopen (zie eigen vervoer).

VLAARDINGEN

Natuurvriendenhuis/stadscamping
De Hoogkamer
Van Baerlestraat 252,
3132 EK Vlaardingen
T   010-434 68 11
M 0174-52 86 90
E   hoogkamer@nivon.nl
W www.nivon.nl/hoogkamer
🐾 nl, uk

Open: hele jaar ⛺ 1 apr-15 okt ✉

Accommodatie en omgeving

De historische boerderij De Hoogkamer ligt aan de rand van Vlaardingen, in een landschap van vlieten, vaarten en rietlanden. Er zijn voor de gasten 16 kamers, die liggen in twee vleugels op de eerste verdieping. De oude stal is nu de recreatiezaal. Om het huis ligt een mooie bloementuin. Op een smalle landtong van het terrein ligt een stadscamping met veel groen en water. Er zijn 50 plaatsen. Een apart gedeelte is ingericht als natuurkampeerterrein. De familiecamping

heeft stroomaansluitingen en een aantal seizoensplaatsen. Winkels liggen op loopafstand. Buiten het seizoen wordt de camping beheerd vanuit het natuurvriendenhuis.
Achter het huis stroomt een beek en begint een groot recreatiegebied. De wandelpaden Groene Hartpad (SP 13) en het Oeverloperpad (LAW 6-1) lopen langs Vlaardingen. Een fietsroute van 23 km brengt u langs de mooiste plekjes van het Delfland. Met een kano of roeiboot vaart u vanaf Schipluiden dwars door het Delfland naar de Vlietlanden. In dit gebied vindt u veel water- en weidevogels. Vanaf De Hoogkamer komt u snel in alle plaatsen in het Zuidwesten van Holland. Met de trein zit u zo in Rotterdam of op het strand. Met de auto of fiets bent u snel in Delft, Den Haag of op de Hollandse eilanden. Voor het natuurkampeerterrein van de camping heeft u een Natuurkampeerkaart nodig.

🛶2,5 🚶7 🏊0,5

🛏 16x, 🚗 40x, 2ppn € 16,65
🏚 🛏16x, 🚗 40x, Prijs op aanvraag
⛺ T 40x, 🚐 10x, pppn € 4,30, ptpn € 2,80

Route

🗺 A20, afslag 8 Vlaardingen-West, richting centrum (Marathonlaan). Derde rechts (Marnixlaan). Eerste grote weg links, bij winkelcentrum rechts Van Baerlestraat uitrijden. Camping ligt achter het huis.
🚉 Vanaf station Vlaardingen-West 800 meter lopen.

VROUWENPOLDER

Boerderij De Bokkesprong
Jacquelien & Theo Vette
Rijkebuurtweg 5,
4354 SE Vrouwenpolder
T   0118-59 28 00
W www.debokkesprong.net
🐾 nl, fr, de, uk, es

Open: hele jaar ⛺ 15 mrt-31 okt 🌱 [🏠]

Boerderij en omgeving

De boerderij (1975) bevindt zich in een gebied met dijken, duinen, kreken en vliedbergen. Het is een kleine paardenhouderij. De eigenaren streven ernaar om milieuvriendelijk te werken. U mag uw hond, paard of pony tegen een vergoeding meenemen.

Het kampeerterrein (0,4 ha) bevindt zich achter de boerderij, deels in een kleine boomgaard. Op alle kampeerplaatsen is electriciteitaansluiting mogelijk. De sanitaire voorzieningen bevinden zich in een apart gebouw. Barbecuen behoort tot de mogelijkheden. Er is een recreatieruimte en voor de gasten staan een koelkast en een wasmachine ter beschikking. Zij mogen ook kruiden plukken in het kruidenhoekje. U kunt hier ook een stacaravan huren Honden zijn toegestaan, mits aangelijnd.

Het Noordzeestrand is vlakbij. De omgeving biedt veel mogelijkheden om te fietsen. Huurfietsen kunnen op de boerderij worden afgeleverd. Op 300 m van de boerderij is een manege waar dagelijks ritten naar het Veerse Bos, duinen en strand georganiseerd worden. Regelmatig vinden er diverse activiteiten plaats. Het Veerse Meer biedt volop watersportmogelijkheden. Het Veerse Bos met zijn prachtige kreken is een goede plek voor wandelingen en buitenritten. Het natuurmonument de Manteling van Walcheren is een combinatie van zee, strand, duinen en landgoedbossen. Ook het Zeeuws Biologisch Museum met de aangrenzende heemtuin Hortus Zeelandiae is in dit gebied te vinden. De stormvloedkering met Waterland Neeltje Jans is een echte Zeeuwse attractie.

🏊 🏕 🏞 ⚓ ⛵ ⋯2 🌿0,3 🎣5 🚲10 🐟2 ⚓0,3 🐎0,3 🏇0,3 ⛵0,3 🚣2 🐕0,3 🚤10 🦆

▲ T 15x, 🚐 15x, ⚓, Prijs op aanvraag

Route

🗺 10 km NW van Middelburg. Vanuit Bergen op Zoom A58/E312 richting Vlissingen; afslag Middelburg, volg Domburg/Serooskerke. Bij dubbele stoplichten voor Serooskerke volg Vrouwenpolder, 5de weg rechts (rijkebuurtweg).

🚌 Van station Middelburg bus 104 naar Vrouwenpolder, halte Boshoekweg en lopen (15 min). Of vanaf Middelburg treintaxi.

WOUWSE PLANTAGE
de Ottermeerhoeve
Yvonne van der Pluym & Frans Termorshuizen
Hopmeerweg 8,
4725 PX Wouwse Plantage
T   0165-36 48 18
F   0165-36 49 33
E   camping@ottermeerhoeve.nl
W   www.ottermeerhoeve.nl
🗨 nl, uk, de, fr

Open: 1 apr-1 nov 🌱  ® [🐾]

Boerderij en omgeving

Pal aan de Belgische grens ligt de Ottermeerhoeve in een landelijk gebied met heide en bossen. Op de hoeve worden biologische groenten en fruit verbouwd en er grazen paarden. De natuurcamping maakt deel uit van een ca 20 ha groot natuurgoed.

Er zijn 15 ruime kampeerplekken. Enkele plekken liggen in het bos, of aan het meer. Er is een groot veld voor sport en spel, bloemenweides en een zwemmeer. Het nieuwe sanitair is goed verzorgd. Er is ook een ruimte, met open haard, waar u met slecht weer kunt verblijven en eventueel een potje kunt koken. De campinggasten kunnen biologische producten van de boerderij kopen. Er zijn twee caravans te huur, een voor drie en een voor vier perso-

nen. Er is een kampvuurplaats en wie zin heeft kan meehelpen met wat er zoal op de boerderij te doen is. Huisdieren kunt u na overleg meenemen, evenals eigen paard of pony. Stalling en weidegang zijn mogelijk. Zowel voor kinderen als volwassenen worden er regelmatig activiteiten georganiseerd, bijvoorbeeld tekenen, dansen, natuurtochten, paardrijden en vogelwandelingen.

De Ottermeerhoeve is een ideaal uitgangspunt voor tochten en excursies in de nabije omgeving: de Kalmthoutse heide, de Wouwse Plantage, de Oude Buise en de Rucphense heide. Vlak langs de boerderij lopen fiets- en wandelroutes: de GR5, de LAW503, de Grenzeloze fietsroutes en de landelijke fietsroutes. Het dorp Essen (B) ligt op een paar minuten fietsen van de camping. Hier vindt u veel winkels en hier vertrekt ook de trein die u in 45 minuten in Antwerpen brengt.

🏊 🍽 🏕 🌸 ⛵ 🎣5 🚲5 🐕3

▲ T 15x, 🚐 15x, ⚓, Prijs op aanvraag

Route

🗺 A16 richting Breda, afslag Roosendaal A17, dan afslag Roosendaal/Breda A58, 1e afslag Roosendaal/Nispen/Essen N262, bij verkeerslicht rechts, afslag Nispen rechts, 4e weg links (Nigtestraat), 1e weg rechts, vlak voor spoor links, daarna 1e weg rechts, over spoor, na 500 m hoeve rechts.

🚌 Station Roosendaal, stoptrein Essen (BE). Vanuit station links weg volgen langs spoor (Handelsstraat). 1e spoorwegovergang links (Grensstraat). Doorlopen tot grenspaal, hoeve rechts.

ZOETERMEER
Palensteinerhof
Marianne & Kees van der Zeeuw-Koppert
Zegwaartseweg 42, 2722 PP Zoetermeer
T   079-331 04 05
F   079-347 82 73
M   06-262 281 79
E   palensteinerhof@xs4all.nl
W   www.palensteinerhof.nl
🗨 nl, uk, de

Open: hele jaar ℝₑₛ verplicht [📧] [🐾]

Palensteinerhof en omgeving

Aan de rand van Zoetermeer, in een landelijke omgeving, ligt de Palensteinerhof (bouwjaar 1935). De boerderij, gelegen aan een rustige weg met uitzicht op schooltuinen, is momenteel in gebruik als woonhuis, bed & breakfast, conferentiecentrum en restaurant. Op het erf lopen kippen en geiten.

U verblijft op de bovenverdieping van de boerderij in een van de vier tweepersoonskamers. Elke kamer heeft een televisie en op twee kamers is er stromend water. De badkamer en de toilet bevinden zich op de begane grond. Palensteinerhof is ook te huur voor groepen om te feesten of te vergaderen. Het restaurant en de bar ademen de sfeer van de jaren zestig met een jukebox, platen en oude radio's. Het woongedeelte, ook te gebruiken door pensiongasten, is ingericht met nostalgische meubels, evenals de kamers. In de zomer is er een terras in de tuin. U kunt de kamers met of zonder ontbijt en eventueel ook op basis van half- of volpension boeken. De eigenaren maken in het restaurant zo veel mogelijk gebruik van biologische producten en ook aan de bar worden vooral biologische dranken geschonken.

In de buurt van deze accommodatie kunt u heerlijk wandelen. Dichtbij is een recreatieplas de Noord-Aa, waar u kunt zwemmen. Zowel het oude als het nieuwe centrum van Zoetermeer liggen op 10 minuten lopen van Palensteinerhof. In Zoetermeer is o.a. een natuurpark, stadsmuseum, kinderboerderij, bioscopen, stadstheater, cultuurpodium en snowworld. Ook kunt u van hieruit gemakkelijk een bezoek brengen aan Gouda, Delft, Den Haag, Scheveningen of Leiden.

🍽 ♨ ┅┅┅15 🌊4 ⛵1 🚤2 🚣2 🛶4 🏊8 🚿4 🏹4 ❄3 ⛰

🛏 4x, 🛋 8x, 2ppn € 21 B&B

Route

🚗 15 km O van Den Haag. A12, afslag 7 Zoetermeer/Pijnacker. Bovenaan afslag rechts (over A12) en meteen afslaan, aan het eind links (Bleiswijkseweg), eerste kruispunt rechts (Fokkerstraat), einde van T-splitsing links (V.Hagenstraat) en voor bruggetje rechts, eerste woning links.

🚉 Station Zoetermeer Palenstein. Loop van Aastlaan in, bij T-splitsing rechts, volgende T-splitsing links en over bruggetje meteen weer links; eerste woning links.

ZONNEMAIRE

Landschapscamping Kijkuit
Esther & Niek Delst
Rietdijk 12, 4316 PL Zonnemaire
T 0111-69 12 46
F 0111-69 25 68
M 06-533 731 79
E info@camping-kijkuit.nl
W www.camping-kijkuit.nl
🗨 nl, uk, de, fr

Open: 15 mrt-31 okt 🍷 Ⓡ ♿

Boerderij en omgeving

Op Schouwen-Duiveland, centraal gelegen in de Zeeuwse Delta en pal aan het Grevelingenmeer, ligt dit akkerbouwbedrijf met landschapscamping. Kijkuit is onderdeel van een 8 ha groot natuurgebied. U vindt er rust, stilte en de zilte sfeer van het Zeeuwse land.

Het terrein is verdeeld in aparte velden met ieder een eigen karakter. De 75 staanplaatsen zijn ruim en voorzien van water, elektra en riolering. Behalve kamperen kunt u ook één van de twee vakantiewoningen voor zes personen huren. Elke woning is zeer compleet en sfeervol ingericht

---

en heeft drie slaapkamers. Huisdieren mag u, na overleg, meenemen en eigen paard of pony ook. U kunt bij de buren paarden huren of rijlessen nemen.

Het schitterende Grevelingenmeer biedt ongekende mogelijkheden om te zwemmen, surfen, varen, vissen en duiken. Maar ook de Noordzeestranden, de Oosterschelde, Waterland Neeltje Jans en sfeervolle stadjes als Dreischor, Zierikzee en Veere hebben veel te bieden. Fietsers en wandelaars hebben hier nog volop de ruimte. Geniet van de bloeiende akkerranden langs de fietsroute van Zonnestraal, een project van landbouw- en natuurorganisaties op Schouwen-Duiveland. Op brede akkerranden wordt niet gespoten, niet bemest en niet geoogst. Er zijn kleurige bloeiende planten ingezaaid. Goed voor hommels, vlinders, vogels, kleine zoogdieren en voor uw neus en ogen.

🏊 🚲 🏄 🌸 🎣 ┅┅┅15 🌊0.05 🏊10 🚣10 🛶4 ✂0,1 🛶0,1 🛶8 🚿1 🏹4 ⛰

🏠 2x, 🛋 12x, Prijs op aanvraag
⛺ Prijs op aanvraag

Route

🚗 10 km van Zierikzee, 2 km van Zonnemaire. Weg Zierikzee naar Zonnemaire. Vandaar bordjes Camping Kijkuit volgen.

🚉 Station Goes, bus 132 naar Zierikzee, overstappen op bus 134 richting Renesse. Uitstappen in Zonnemaire. Vandaar half uur lopen.

AARLE-RIXTEL

Eco-touristfarm De Biezen
Wim & Rina Renders-Moors
De Biezen 4-4A, 5735 SM Aarle-Rixtel
T   0492-46 29 03
F   0492-45 00 18
E   debiezen@iae.nl
W   www.eco-touristfarm.com
🗨 nl, uk, de

Open: hele jaar ⚓ 1 mrt-31 okt ♥ (RES)
verplicht ✖ [⚒]

Boerderij en omgeving

Deze boer heeft de Brabantse 'agro-business' ver achter zich gelaten. Hij heeft nu een landgoed met een eigen rivier en diverse visplekken, waar o.a. ijsvogels te zien zijn. Een paradijs voor de vogelliefhebber. De veestapel bestaat uit een kudde pony's en graasrunderen, waaronder Dexter koeien, die uitsluitend worden ingezet voor het landschapsbeheer. Families met kleine kinderen kunnen hier naar hartelust genieten van de ruimte en de dieren.

In het oude sfeervolle huis, een Brabants langgevelmodel uit 1905, worden vijf rookvrije kamers verhuurd op basis van logies en ontbijt. Alle kamers hebben warm en koud stromend water en drie ervan eigen sanitair. In de boerenkeuken wordt het ontbijt geserveerd. Op de 'stilte- en natuurbelevingscamping' is plek voor circa tien tenten en tien caravans. Ook zijn drie stacaravans en twee tourcaravans met verwarming en kookgelegenheid te huur (elk voor vier personen). Koelkast, magnetron, vriezer, wasmachine en droger aanwezig. Om de stilte en de pure natuurbeleving te garanderen, kan men op het terrein niet voetballen of vliegeren. Het bedrijf ligt tussen twee natuurreservaten, het ene met naaldbos en hei, het andere met broekbossen en vochtige weilanden, onder meer blauwgraslanden.

Er worden in overleg rondleidingen gegeven. Boer Wim weet erg veel van dassen en vertelt daar graag over. De directe omgeving van de boerderij biedt goede mogelijkheden om te vissen. Natuurgebied De Biezen en Milschot kunnen wandelend verkend worden. In de buurt zijn diverse fietsroutes uitgezet. Liefhebbers van cultuur en historie komen in de omgeving aan hun trekken.

🏕 🕴 ⚘ 🛝 🎣 🏊4 🌳3 🚣3
🦆3 🎣2 🚶5 🛶

🛏 5x, 🚐 13x, 2ppn € 26 B&B
⚓ T 10x, 🚐 10x, 🏕, ptpn € 13, pcpn € 13

Route

🚗 7 km N van Helmond, 2 km NO van Aarle-Rixtel. Vanuit Beek en Donk de N272 richting Gemert, na 150 m rechts Peeldijk in, gaat over in De Biezen. Na 3 km boerderij links.

🚆 Trein naar Helmond, daar taxi of bus 25 richting Veghel. Uitstappen Peeleindseweg in Beek en Donk. Dan nog 3 km. Afhalen van halte op afspraak mogelijk.

AFFERDEN

The Turnery
Fam. van den Hurk-Teunissen
Groene Streep 7, 5851 ED Afferden
T   0485-53 15 09
F   0485-53 11 61
E   turnery@worldonline.nl
W   www.turnery.nl
🗨 fr, uk, de, nl

Open: hele jaar ⚓ 15 mrt-31 okt ♥ (RES)
verplicht ♿ [⚒]

Boerderij en omgeving

Boerderij The Turnery ligt in nationaal park Maasduinen, een heuvelachtig gebied met bossen en heide. Op dit kleinschalige tuinbouwbedrijf worden asperges, bomen en siergewassen geteeld. De boerderij is tevens een zorgboerderij. In het seizoen kunt u hier heerlijke asperges proeven; vers uit de grond, zo op uw bord. Voor de kinderen is er voldoende te beleven. Zo is er bijvoorbeeld een speeltuintje, een sportveld en een trampoline.

Het kampeerveld grenst aan een bos en heeft 15 plaatsten voor tenten en caravans. Ook zijn er twee ingerichte stacaravans en een trekkershut te huur. Er zijn extra voorzieningen, zoals een koelkast voor de gasten. Op regenachtige dagen biedt de recreatieruimte uitkomst. De groepsaccommodatie biedt plaats aan 20 personen en is zeer geschikt voor families, cursussen en studiegroepen. Een cateringbedrijf kan eventueel de maaltijden verzorgen. Huisdieren in overleg welkom.

In het stiltegebied Maasduinen lopen geiten, koeien en paarden in het kader van een begrazingsprojecten van Staatsbosbeheer. Het Pieterpad loopt vlak langs de boerderij. Nationaal park Maasduinen is uiterst geschikt om te wandelen en te fietsen en in het Bergerbos ziet u met een beetje geluk een das, havik of bosuil. Op landgoed De Hamert zijn fiets- en wandelroutes. Het Leukemeer ligt op 8 km afstand.

🛝 🎣 🏊7 🌳6 🐟 🚶1,5 🛶

🏛 🛏4x, 🚐 20x
⚓ 🏕, pppn € 3, ptpn € 5, pcpn € 5

Route

🚗 23 km Z van Nijmegen, 2,5 km N van Afferden. Via A77 bij Heijen afslag Afferden nemen (N271). Bij de Heyense Molen zandweg (Erfseboseweg) aan achterzijde van bungalowpark ingaan. Borden volgen.

🚆 Van station Nijmegen bus 83 naar Venlo, uitstappen halte Heyense Molen. Teruglopen tot zandweg (Erfseboseweg) langs achterzijde van bungalowpark. Volg bordjes. Of op NS-station Boxmeer fiets huren, pont nemen bij Sambeek over Maas, dan links N271 volgen tot bushalte Heyense Molen. Verder zoals boven.

NL

NL

ASTEN

Wetland
Carl Dortmans
Tureluurweg 7, 5721 RZ Asten
T   0493-31 80 05
F   0493-31 86 73
M 06-478 980 47
E   info@wetland.nl
W www.wetland.nl
🐾 nl, uk, de, fr

Open: 15 mrt-31 okt ♥ 🐾

Boerderij en omgeving

Boerderij aan de rand van het Nationaal Park De Groote Peel. Men verbouwt er graan en mais en er worden vleesrunderen gehouden. De helft van de grond blijft het grootste deel van het jaar vanwege weidevogelbeheer onaangeroerd. Op het terrein is geen verblijfsruimte of speeltuin. Gasten komen hier puur voor de rust, de vogels en de ongerepte natuur van de Groote Peel die op enkele wandelminuten gelegen is.

Naast het erf is een kampeerterrein ingericht waar kampeerders met tent of caravan terecht kunnen. Trekkers te paard kunnen hun dieren binnen of buiten stallen. Het terrein is licht glooiend, waardoor kampeerders na een hevige regenval uitkijken op een plas met een eilandje in het midden. Er zijn tien plaatsen voor tenten of caravans, allen voorzien van elektra. Voor campers zijn er bovendien vijf aparte, verharde plaatsen met eigen elektra en water. Verder kunt u overnachten in een tweepersoons houten woonwagen of in twee vierpersoons trekkershuisjes, voorzien van water, elektra en gas. In de oude melkveestal vindt u de sanitaire voorzieningen, maar ook een koelkast, vriezer, magnetron en (tegen een kleine vergoeding) een wasmachine met droger.

Plassen, bossen, heide, weilanden en akkers vormen het landschap van de omgeving. De Groote Peel is één van de rijkste vogelgebieden van Nederland, waar u uren kunt wandelen zonder iemand tegen te komen (let op: in het broedseizoen - 15 maart tot 15 juli - zijn grote delen van het gebied gesloten). Het bezoekerscentrum met de aangrenzende wandelroutes zijn wel toegankelijk). Ook de Strabrechtse Heide en de Deurnese Peel zijn dichtbij. Er is een uitgebreid fietsroutenetwerk en ruiterpaden lopen langs de boerderij. Het Bezoekerscentrum van de Groote Peel en het Natuurhistorisch Museum in Asten bieden een schat aan informatie over het gebied. Op de boerderij is ook veel te leren over het leven van de peelwerkers en de vroegere turfwinning.

 🏊 🚣3 🛶9 🎣12 🎣7 🏹9

🔺 T 10x, 🚐 5x, 🏔️, Prijs op aanvraag

Route

🚗 13 km ZO van Helmond, 9 km ZO van Asten. A67 Eindhoven-Venlo, afslag 36 richting Meijel. Na 9 km bij aanduiding Meerkant parallelweg volgen. Dan eerste links, de Tureluurweg.

🚌 Van station Deurne bus 75 richting Roermond. Uitstappen Dorpstraat Neerkant. 2 km lopen. Afhalen kan tegen vergoeding.

BARCHEM

Conferentieoord Morgenstern
Wouter van Woudenberg Hamstra
Witzand 4, 7244 NC Barchem
T   0573-44 19 20
F   0573-44 19 05
E   info@morgenstern.nl
W www.morgenstern.nl
🐾 nl, uk, de

Open: hele jaar (RES) verplicht ♿ 🚫
🐾

Conferentieoord en omgeving

In de Achterhoek ligt temidden van heuvels en bossen het ecologische conferentieoord de Morgenstern. De twee boerderijen en een stal zijn volledig ge- en verbouwd met natuurlijke materialen en volgens organische principes. De verblijfsruimtes zijn comfortabel en bijzonder ingericht. Er is een ecologisch unieke plek ontstaan met de modernste toepassingen op het gebied van duurzame energie, zoals zonne-energie en aardwarmte. Ook wordt het regenwater hergebruikt.

Morgenstern is te huur als groepsaccommodatie. Er zijn 15 slaapkamers, met plaats voor 25 tot 35 personen. U beschikt er over uitgebreide faciliteiten, zoals cursuszalen, werk- en ontspanruimtes, een Turks bad en een tipi. De keuken werkt met biologische producten. Het conferentieoord is ook als geheel, op basis van zelfverzorging, te huur. Het is daarnaast ook mogelijk om een vierpersoons houten stacaravan of een tweepersoons toercaravan te huren. U maakt dan gebruik van de keuken en het sanitair in het hoofdgebouw.

De Morgenstern biedt een unieke, serene en kunstzinnige ontmoetings- en werkplek voor conferenties, trainingen, reünies of werkweken. Het prachtige coulisselandschap nodigt u uit tot wandelen en fietsen. Jeu de Boules en een trampoline vindt u op de accommodatie zelf, paardrijden, vissen en tennissen kan iets verder weg.

 Ⓢ 🏕️ 🔍 🎣 🏊 🚲 🏹 ⛏️

⌂ 2x, 🛏 6x, Prijs op aanvraag
🏛 🛏12x, 🛏 25x, Prijs op aanvraag

Route

🔺 4 km ZO van Lochem, 2 km N van Barchem. Vanuit Apeldoorn/Deventer (A1), afslag 26 Lochem/Holten. Vanuit Arnhem borden Zutphen (A348) volgen en daarna richting Lochem (N346). In Lochem richting Barchem volgen, in Barchem afslag Zwiep, 1e afslag rechts (Witzand) en na paar honderd meter rechts.

🚌 Dichtstbijzijnde bushalte is In de Groene Jager (op 2 km).

BEESD

Bed & Breakfast De Neust
C.C. van Verschuer
Appeldijk 5, 4153 RV Beesd
T 0345-68 13 26
M 0345-64 32 22
E heerlijk@marienwaerdt.nl
W www.marienwaerdt.nl
🗨 nl, fr, de

Open: hele jaar ♥ (RES) verplicht 🖑
📧 🐾

Boerderij en omgeving

In het hart van de Betuwe, op het eeuwenoude landgoed Heerlijkheid Mariëwaerdt bent u van harte welkom bij Bed & Breakfast de Neust. Deze monumentale boerderij in ruste dateert uit 1329 en ligt aan de Appeldijk langs de Linge. In het voorjaar zorgen de oude hoogstamboomgaarden een zee van bloesem. Het landgoed is 900 ha groot en biedt vele mogelijkheden voor parkachtige wandelingen en fietstochten. Meerdere fietsroutes lopen door het gebied en ook een tweetal LAW-routes kruist Mariënwaerdt.

De Neust heeft zes tweepersoonskamers met eigen badkamer met douche en toilet. Er is een geschikte kamer voor minder validen. Honden zijn niet toege-

staan. In de gezellige ontbijtkeuken kunt u dagelijks genieten van een ontbijt met zelfgemaakte landgoedproducten zoals moestuinjams, vruchtencurds en eieren van eigen hennen.

De omgeving is bijzonder geschikt om te wandelen, te kanoën en te fietsen. Kano en fietsen zijn via de eigenaars te huur. Thuisgekomen van uw tochten kunt u heerlijk uitrusten met een kop thee op de sofa in de knusse zitkamer. Kinderen welkom vanaf 12 jaar. Uiteraard kunt u een dagje 's-Hertogenbosch doen; elke woensdag en vrijdag is daar op de Markt een biologische boerenmarkt, van 09.00 tot 13.00.

🏊 🚣 🚴 🚶

🛏 6x, 🛏 12x, 1ppn € 51,25, 2ppn € 41,25
B&B

Route

🔺 Geldermalsen, 4,5 km W. A2 Utrecht - 's-Hertogenbosch, afslag Beesd. Volg groene bordjes Landgoedwinkel, langs de Volvo (rechts) en station Beesd (links). Op T-splitsing rechts, 1e straat links, om of door poort van Heerlijkheid rijden. Bij 1e kruising rechtdoor, bij 2e kruising linksaf, bocht naar links, bocht naar rechts, Appeldijk volgen, 2e weg links, verbodsbord negeren.

🚌 Station Geldermalsen verlaten via tunneltje. Rechtsaf, pad volgen langs spoorlijn. Bij spoorwegovergang links, weg vervolgen door dorpje Tricht, via Middelweg. Weg volgen tot eind, op Appeldijk 1e inrit rechts.

BENNEKOM

Natuurvriendenhuis De Bosbeek
Bosbeekweg 19-21, 6721 MH Bennekom
T 0318-41 47 23
M 0318-66 86 47
E bosbeek@nivon.nl
W www.nivon.nl/bosbeek
🗨 nl, uk   [nivon]

Open: hele jaar 🖑 📧

Natuurvriendenhuis en omgeving

In de bossen van de Zuidelijke Veluwezoom ligt het natuurvriendenhuis De Bosbeek. Het huis ligt op een ruim natuurterrein en heeft een eigen natuurmuseum: 'Tute Natura'. De Bosbeek is het grootste Nivon-huis in Nederland.

Het huis biedt in totaal 103 slaapplaatsen verspreid over 49 kamers. Het heeft daarnaast drie groepsruimten, een speel- en expressieruimte en een bibliotheek. Het huis is rolstoelvriendelijk en heeft goede voorzieningen. Twee keukens zorgen voor een flexibele indeling, zodat groepen en individuele gasten het huis naast elkaar kunnen gebruiken. Het natuurmuseum Tute Natura is op zondag en woensdag geopend. Naast het huis ligt een trekkersveldje voor vijf tenten en op ruime afstand een vierpersoons huisje. Voor de kleintjes is er een peuterhoek, voor de groten speelvelden. In het huis liggen routebeschrijvingen van korte en dagvullende tochten voor u klaar.

Het huis ligt in het bos bij een beek, een springkop van de Renkumse Beek. In de omgeving vindt u boswachterij Oostereng, Landgoed Quadenoord, de Ginkelse Heide en Planken Wambuis. U kunt wandelen over het Trekvogelpad (LAW 2) of het Maarten van Rossumpad (LAW 4). Op fietsafstand liggen de Veluwse landschappen en met bos begroeide stuwwallen met prachtige uitzichten over het rivierenlandschap. Op de accommodatie zijn enkele fietsen te huur. Een mooie tocht voert langs de uiterwaarden en de Blauwe Kamer via een pontje over de Rijn naar de fruittuinen van de Betuwe. Een gebied met een rijke historie en veel archeologische monumenten.

🚴 🎣 6

NL

49x, 103x, 2ppn € 18,30
1x, 4x, Prijs op aanvraag
49x, 103x, Prijs op aanvraag
T 5x, Prijs op aanvraag

Route

Vanaf Bennekom borden volgen tot het spoor, dan rechts.

Station Ede/Wageningen, 4 km lopen of treintaxi naar de Panoramahoeve en 1 km door het Moftbos of taxi naar Bosbeek.

BEUNINGEN (GLD)

Biologische boerderij Aan de Dijk
Marlies Hermans
Dijk 51, 6641 LA Beuningen (Gld)
T 024-677 46 66
nl, uk

Open: 1 apr-1 nov

Boerderij en omgeving

Deze biologische natuurboerderij uit 1778 staat op een mooie rustieke plek aan de dijk. De gebouwen verkeren in oorspronkelijke staat. Kenmerkend zijn een sobere leefstijl en bedrijfsvoering. Er worden oude en soms zeldzame Nederlandse huisdierrassen gefokt, zoals Haflinger pony's, Brandrode Runderen, zwartblesschapen, Nederlandse witte, bonte en landgeiten, Rijnlander kippen, Emder ganzen en Groenendaeler herdershonden.

Het kampeerterrein biedt plaats aan 15 tenten. In overleg met de boerin kunnen ook caravans een plekje krijgen op de boerderij. Er zijn tevens twee vierpersoons caravans, een tweepersoons caravan, twee bungalowtenten en een aantal tipi's te huur. De sanitaire voorzieningen bevinden zich op de deel en zijn erg sober. Meenemen van huisdieren kan in overleg. Ook ruiters met hun paarden zijn welkom; in de omgeving zijn ruiterroutes uitgezet. Rondleidingen op en rond het bedrijf zijn

in overleg mogelijk. In de zomer kunt u op de boerderij deelnemen aan workshops beeldhouwen. Op de boerderij worden geitenkaas, eieren, groenten, fruit, bloemen, planten, vlees en melk verkocht. Informatie en kaarten over omgeving zijn aanwezig.

Aan De Dijk is een ruige lokatie voor mensen die het boerenleven samen met de beesten weten te waarderen en die niet bang zijn voor de soms wat modderige omstandigheden op en rond de boerderij. Goede wandelmogelijkheden op het schiereiland Ewijkse Plaat (honden niet toegestaan) en in een oud bos bij kasteel Doddendael en langs de Waal. Tegenover de boerderij begint een 250 ha groot natuurgebied in de uiterwaarden. Nijmegen biedt volop cultuur en uitgaansmogelijkheden.

T 15x, , Prijs op aanvraag

Route

Vanuit Nijmegen richting Weurt/Tiel. In dorp Beuningen tegenover kerk Kloosterstraat in. Op dijk links, 3e boerderij.

Trein naar Nijmegen, daar bus 85 naar Beuningen (2x p.u.) en half uur lopen. U kunt worden opgehaald.

BOXTEL

Bezoekerscentrum De Kleine Aarde
Arno Heijkoop
Klaverblad 1, 5280 AD Boxtel
T 0411-68 49 21
F 0411-68 34 07
E info@dekleineaarde.nl
W www.dekleineaarde.nl
nl, de, uk, fr, es

Open: hele jaar (RES) verplicht

Accommodatie en omgeving

De Kleine Aarde, centrum voor een duurzame leefstijl, bestaat al sinds 1973. Er werd vanaf het begin op 2,7 hectare grond rond de Van Coothhoeve, een voormalige boerderij in Boxtel, geëxperimenteerd op het gebied van alternatieven voor wat betreft technieken, landbouw en voeding. Tegenwoordig is De Kleine Aarde een heel complex met onder andere een demonstratieterrein, gastenkamers en een Eco-café. U kunt hier informatie krijgen over cursussen of cursussen volgen op het gebied van ecologische tuinbouw, gezonde voeding, milieubewust huishouden, duurzame bouwmethoden en zonne energie. Daarnaast worden boekjes en informatiefolders uitgegeven. Er zijn paden uitgezet langs de tuinen en andere bezienswaardigheden zoals een bijenstal, een helofytenfilter en de nieuwe ecotuin. Voor individuele bezoekers is er een doe-het-zelfrondleiding.

De ecologisch gebouwde overnachtingaccommodatie biedt plaats aan maximaal 24 personen in acht één- en twee tweepersoonskamers en op zes kamers met stapelbedden. De slaapkamers zijn verdeeld over vier units; per unit is een douche en toilet aanwezig. De meeste kamers beschikken over koud stromend water. Bezoekers die blijven overnachten hebben de beschikking over diverse gezellige ruimtes. De Kleine Aarde heeft Eco-café voor ontbijt, lunch en diner. Keukenhuur voor groepen op basis van zelfverzorging in overleg.

Tussen Boxtel en Oisterwijk ligt het natuurgebied Kampina (een heidegebied) met een bijbehorend informatiecentrum. In de omgeving vindt u veel bossen en vennen. Ook oude dorpjes als Esch en Liempd zijn een bezoek waard. U kunt een excursie maken naar biologische melkveehouderij De Hemelrijksche Hoeve in Udenhout.

🦌 🎯 ⛷ 🚴 ♨ 🎣 🏊2 🛶12
🏊1 ⚓2 ⚓2 ⛵5 🏊

🛏 16x, 🚪 24x, 1ppn € 32, 2ppn € 32 B&B
🏛 🛏16x, 🚪 24x, 2pppn € 32 B&B

Route
🚗 12 km Z van Den Bosch. Vanaf Den Bosch A2 richting Eindhoven, afslag 25 Boxtel-Noord. Vanaf Eindhoven A2 richting Den Bosch, afslag 26 Boxtel. Rode wegwijzers volgen.
🚌 Van station Boxtel bus 199 en 154 naar De Kleine Aarde (rijden onregelmatig). Of treintaxi, 0411-683384. Op verzoek rijdt vanaf station een elektrische 'ecobus' (wo t/m zo). Reserveren op 06-26972605.

BUURSE
Natuurvriendenhuis/
camping Den Broam
Alsteedseweg 73, 7481 RT Buurse
T   053-569 62 34
M 053-477 86 25
E   denbroam@nivon.nl
W www.nivon.nl/buurse
🌐 nl, uk

Open: 1 mrt-1 nov 🍴

Natuurvriendenhuis en omgeving
Diep in het Twentse land, aan de Buurserbeek ligt het kleine en aantrekkelijke natuurvriendenhuis Den Broam.
Het intieme huis ligt op een eigen natuurterrein en heeft een grote en kleine zaal

en een serre. Op het terras is het aangenaam barbecuen. Naast het huis is plaats voor vijf trekkerstentjes. De kampeerders maken gebruik van het sanitair in het huis. Voor de kinderen is er een Speel-o-theek en een speeltuintje.
Recreatiebad De Wilder in Haaksbergen (5,5 km) is een subtropisch bad met ondere andere golfslag en glijbanen. Het water is er wel 30 graden! In Hengelo (10 km) zit het museum voor techniek 'Heim'. Kinderen kunnen er van alles uitproberen in het doe-lokaal. In het recreatiepark De Waarbeek is een zeer grote nostalgische speeltuin. Museum Jannink in Enschede (7 km) vertelt over het leven in Twente. In Jannink Junior kunnen kinderen met tal van spullen spelen, dingen ontdekken en zich verkleden. In het grensgebied tussen Duitsland en Nederland leeft de historie. Al eeuwen markeren eiken de oude lijnen langs veengebieden en zandvlaktes. Op de fiets zijn mooie tochten te maken langs verspreid liggende boerenhoeves, zouttorens en watermolens. Er zijn enkele fietsen op de accommodatie te huur. Hier bij de grensstreek speelt het Noaberschap

nog een belangrijke rol. De Naobers uit Twente en Munsterland zijn dan ook nauw met elkaar verbonden. Bad Bentheim, een oud kuuroord en de bisschopsstad Munster liggen maar net over de grens. Die grens was goed voor de natuur. Anders was het unieke Witteveen allang verdwenen. Aan de Duitse kant liggen nog meer hoogvenen. Ontdek de natuur langs het Noaberpad (LAW 10 en het Trekvogelpad (LAW 2).

🏊 🛶4 🚣4

🛏 13x, 🛏 32x, 2ppn € 16,65
🏠 🛏13x, 🛏 32x, Prijs op aanvraag
⛺ T 5x, ⚡, pppn € 4,30, ptpn € 2,80

Route
🚗 Vanaf Haaksbergen naar Buurse, richting Duitsland. In Buurse bordjes volgen.
🚌 Station Hengelo, buurtbus 20 naar Haaksbergen. Neem hier buurtbus 59 naar Buurse (Braamburg). Dan 5 minuten lopen. Alternatief: regiotaxi vanaf Enschede 0900-1485.

DE STEEG
Landgoed Rhederoord
Eric van Veluwen
Parkweg 19, 6994 CM De Steeg
T 026-495 91 04
F 026-495 22 21
M 06-141 632 05
E info@rhederoord.nl
W www.rhederoord.nl
🗨 nl, uk, de   EKO

Open: hele jaar (RES) verplicht

Landgoed en omgeving
Op de Veluwe, grenzend aan het nationaal park Veluwezoom en op een steenworp afstand van de IJssel, ligt landgoed Rhederoord. Het landgoed, daterend uit ca. 1745, is heden ten dagen een plek waar

rust, natuurschoon, kunst en biologische gastronomie centraal staan. Chefkok Eric van Veluwen kiest zijn producten zorgvuldig en is een toonaangevende kok in Nederland. Streekgerechten en kwaliteit vormen zijn handelsmerk.

U overnacht in een van de achtentwintig een of tweepersoonskamers van het landgoed. Het restaurant, de wijnkelder, pub en proefkeuken bevinden zich op de begane grond. In het park van 12 ha met het landgoed heen zijn in de 18e eeuw verschillende exotisch boomsoorten aangepland. Rhederoord houdt zich vandaag de dag nog steeds bezig met de kweek van oude planten en bomenrassen. Ook de kruiden komen uit eigen tuin. De eigenaar geeft kooklessen, u kunt creatieve cursussen doen, er zijn wijn- en kaasproeverijen en u kunt worden rondgeleid door de parkbeheerder.

Als u op het terrein van het landgoed bent uitgewandeld, kunt u vanaf uitzichtpunt De Posbank wandelingen maken door het natuurgebied De Lappendeken. Informeer bij de parkbeheerder naar uitgezette wandel-, mountainbike- en paardrijroutes. Aan de andere kant van de Steeg ligt het kasteel Middachten met zijn mooie tuinen. In Roosendaal kunt u kasteel Roosendaal bezoeken of kasteel Doowerth bij Oosterbeek. In de buurt zijn de bijzondere historische dorpen en steden als Doesburg, Bronckhorst en Zutphen. Op ongeveer 40 km ligt het Nationaal park Hoge Veluwe met het Kröller-Müller museum.

🧺 📷 🚣4 🚣8 🔦4 ⤬0,5 🚴4
🐎 🥾

🛏 21x, 🛏 40x, 1pkpn € 35, 2pkpn € 55
   B&B

Route
🚗 8 km NO van Arnhem, 0,5 km NO van De Steeg. Via A12 naar verkeersplein Velperbroek, afslag Zutphen (A348), dan afslag De Steeg. In De Steeg eerste stoplicht links (N348, richting Rheden), direct eerste rechts (de Parkweg), spoor over. Na ca. 200 meter links.
🚌 Station Arnhem, bus 43 of 119 richting De Steeg. Of vanaf station Dieren, bus 43 of 77 richting De Steeg. Bushalte Brantsenpark in Hoofdstraat. Loop Parkweg in, spoor over, na ca. 200 meter links.

DRIEBERGEN
Landgoedcamping Kraaybeekerhof
Diederichslaan 25, 3971 PA Driebergen
T 0343-51 29 25
F 0343-53 38 65
E info@kraaybeekerhof.nl
W www.kraaybeekerhof.nl
🗨 nl, uk, de   demeter

Open: hele jaar 🌿 ⊞ [🍴]

Boerderij en omgeving
De Kraaybeekerhof is een oud landgoed met eeuwenoude bomen, moestuinen, waterpartijen, kippen en bijen. Men verbouwt op 5 ha op biologisch-dynamische wijze kleinfruit, bloemen, kruiden en groenten. Op het terrein staat een oud koetshuis van het voormalige landgoed Kraaybeek. Hier worden cursussen en opleidingen gegeven op het gebied van land- en tuinbouw, voeding, zorg, werk, natuur en de relatie tussen de mens en zijn omgeving.

U kunt een van de vijf kamers huren voor één tot drie personen. Ook heel geschikt voor groepen tot 15 personen. Ook zijn er 15 kampeerplaatsen (niet voor caravans) in de fruitboomgaard. In het biologische restaurant worden à la carte maaltijden geserveerd. U kunt hier ook ontbijten en lunchen.

De accommodatie grenst aan de Utrechtse Heuvelrug en ligt in een gevarieerd landschap met bossen en weiden. In de buurt kunnen de landgoederen Heidestein en Sparrendaal bezocht worden. Deze landgoederen maken deel uit van de kastelen- en landgoederenroute. In

Maarsbergen kunt u een bezoek brengen aan kaasboerderij De Weistaar. In Doorn vindt u het Rosarium met midgetgolf, jeu de boules en tennis en u kunt er een tocht met een salonboot maken.

🐟 🍽️ 🚲5 ♨️0,5 ⛵0,5 🪝0,5 ⚓
🛶3 🎣0,3 🎣1 🚣

🛏️ 5x, 🛏️ 15x, 1pkpn € 32,50, 2pkpn
€ 47,50

⛺ T 15x, 🏕️, pppn € 3, ptpn € 12,50

Route

🅰️ Utrecht, 12 km E. Vanaf snelweg Arnhem-Utrecht (A12) afslag Driebergen/Zeist. Richting Driebergen. In Driebergen 2e zijstraat links. Na 500 m de Kraaybeekerhof.

🚌 Van station Driebergen-Zeist bus 50 richting Arnhem, halte Beukenstein. Met richting van bus meelopen en na 300 m links Diedrichslaan in. Of vanaf station Veenendaal bus 51, halte Rijssenburg en terug lopen en na 300 m rechts Diedrichslaan in.

GEIJSTEREN

Landgoed Geijsteren
C.W.J. Baron de Weichs de Wenne
Maasheseweg 5a, 5862 AB Geijsteren
T   0478-53 26 01
M 0478-53 22 62
W www.campinglandgoedgeijsteren.nl
📧 nl, uk

Open: hele jaar ⛺ 1 apr-31 okt Ⓡ ♿

Landgoed en omgeving

Het landgoed Geijsteren bestaat uit lanen, bossen met enkele mooie vennen en verspreid gelegen boerderijen met akkers en weiden. Het natuurkampeerterrein ligt direct aan de Maas.
Er zijn 43 ruime staanplaatsen op het natuurkampeerterrein, fraai gelegen tussen eiken en meidoorns. Naast het natuurkampeerterrein ligt een gewoon kampeerterrein. U kunt ook logeren in een van de drie trekkershutten of in een bungalow. Huisdieren mag u, als ze aangelijnd zijn, meenemen. Het landgoed is aangesloten bij de Stichting Natuurkampeerterreinen en u dient dus in het bezit te zijn van een Natuurkampeerkaart. U kunt deze op het terrein kopen. Op het aangrenzende algemene kampeerterrein kunt u zonder kampeerkaart terecht.
Door het landgoed slingert de Oostrumse Molenbeek langs restanten van de oude rivierbedding en opgestuwde Maasterrassen uit de ijstijd. U kunt er prachtige wandelingen maken. De Maasvallei leent zich ook goed voor lange fietstochten door een inspirerend landschap. Fietsen zijn in de nabijheid te huur. Met de Maas voor de tent zijn er uiteraard volop mogelijkheden om te zwemmen, te vissen en te kanoën. In het dorpje Geijsteren kunt u de St. Wilbertkapel uit 1680 en de Rosmolen, een voormalige watermolenhoeve bezoeken. In de omgeving zijn vele gerestaureerde boerderijen. Ook de Kasteeltuinen in Arcen zijn dichtbij.

🛶 ⛵ ♨️6 ⛵7 🚲5 🚣

⛺ 🏕️, ptpn € 9, pcpn € 15,90

Route

🅰️ A73, afslag 8 Venray-Noord/Maashees. Richting Maashees, na 4 km afslag Geijsteren. Na 800 m bij naambord links.
🚌 Trein Venray, bus (2 x p.d.) of treintaxi.

HAGHORST

D'n Bobbel BV Rekreaktief Geboerke
Ton & Ine Lavrijssen-Huijbers
Oirschotsedijk 4, 5089 NA Haghorst
M 06-212 200 34
E   info@denbobbel.nl
W www.denbobbel.nl
📧 nl, de, uk

Open: 15 mrt-31 okt 🐟 Ⓡ ❌ 🐴

Boerderij en omgeving

D'n Bobbel is ontstaan uit de liefde van de eigenaars voor het ouderwetse Kempische boerenleven en voor woonwagens. De boerderij produceert ouderwets en op kleine schaal voor eigen gebruik, met respect voor mens, dier, plant en leefmilieu. Er is wat vee en verder teelt men allerlei soorten fruit. Het terrein is aangeplant met vooral streekeigen bomen, struiken, hagen, planten en kleinfruit. Ook is er een natuurlijke vijver. De eigenaars proberen zo bewust mogelijk met de natuur om te gaan en verwachten dat ook van hun gasten.
U kunt uw eigen kampeermiddel meenemen (ook alternatieve soorten) of gebruik maken van de diverse typen woonwagens die worden verhuurd. Deze nostalgische wagens zijn juweeltjes uit het verleden, volledig ingericht en geschikt voor één tot acht personen. Stoken van open vuur, buiten in stookpotten, met de mogelijkheid om hier uw eten op te bereiden wordt gestimuleerd; (dit is inbegrepen in de huurprijs). Het is mogelijk een ontbijtmand te bestellen. Voor trekdieren van huifkarren en woonwagens zijn weilandjes beschikbaar. Er is ook een stal met een gezellig ingerichte huiskamer te huur in combinatie met een of meer woonwagens. U kunt met max. 25 personen een weekend of midweek in de woonwagens verblijven. Meewerken op de boerderij is soms mogelijk via de door de eigenaren opgerichte stichting N.A.R. (Natuurliefhebbers, Andersdenkenden en Reizigersvolk). Meer info hierover bij de eigenaren.
De boerderij ligt midden in het vrije veld, vlakbij grote bosgebieden met volop wandel- en fietsmogelijkheden. 's Nachts is het er vrijwel stil. Er zijn diverse musea in Hilvarenbeek (9 km) en Oirschot (6 km). U bevindt zich op 12 km van de Belgische grens.

NL

⚽ 🏄4 🚐8 ⚓9 ⤳2 🛥9 🎣7
🗻5 ⛵

🏨 🚃 25x, Prijs op aanvraag
⛺ T 15x, 🚐 7x, 🏕, pppn € 3,50, ptpn
€ 2,5, pcpn € 4

Route

🚗 14 km ZO van Tilburg. A58, afslag Moergestel, vandaar Haghorst volgen. Over ophaalbrug en sluis Haghorst, verharde weg links. Na 2 km in 2e grote bocht rechts, doorrijden tot einde verharding (200 m), boerderij links.

🚌 Station Tilburg, bus Hilvarenbeek-Diessen, laatste halte Diessen (buiten bebouwde kom). Over fietspad richting Haghorst. Bij manege Taxandria rechts en meteen links (fietspad). Bos doorlopen, na bos 1e boerderij rechts (totaal 3 km).

HALL

Natuurkampeerterrein Hallse Hull
Hallseweg 12, 6964 AM Hall
T   0313-65 13 50
M   0313-47 30 73
E   halsehull@nivon.nl
W   www.nivon.nl/hallsehull
🌐 nl, uk   **nivon**

Open: 1 apr-15 okt 🔵 [✕]

Kampeerterrein en omgeving

Het (natuur)kampeerterrein Het Hallse Hull ligt in een hagen-parkbos bij Eerbeek tussen De Veluwe en de IJsselvallei. Het Hallse Hull is niet zonder reden de vaste plek voor het jaarlijkse Pinksterkamp van het Nivon. De negen kleine weiden garanderen voldoende privacy.
Op het terrein vindt u 150 plaatsen voor tenten, caravans en campers. Op het terrein is verder een kampvuurplaats, een nieuwe kapschuur (slechtweer-accommodatie) en dagverblijf De Deel, waar 50 personen terecht kunnen. Voor groepskamperen zijn voorzieningen aanwezig.

's Winters wordt het nieuwe toiletgebouw verwarmd. Voor de winterkampeerders zijn er speciale kampeer-kortingsweken. Kinderen kunnen een kampvuur maken en er is veel speelgelegenheid.
Het Hallse Hull is het startpunt voor een actieve vakantie in de Veluwezoom. Boswachters laten u de verborgen geheimen van de omliggende natuurgebieden zien. Ontdek everzwijnen en edelherten in Park de Veluwezoom, De Hoge Veluwe en de Loenermark. Bij Loenen vindt u een schaapskooi en Nederlands hoogste waterval. U kunt naar hartelust zwerven langs 75 km wandel- en 120 km fietsroutes in de omgeving of de omgeving eens per skeeler, ATB of waterfiets verkennen.

⚽ 🚐3 🚲

⛺ T 90x, 🚐 60x, pppn € 4,30, ptpn
€ 2,80

Route

🚗 Vanaf Eerbeek borden Hall volgen, 200m na de brug rechts.
🚌 Station Apeldoorn/Dieren, bus 43 naar Molenstraat in Eerbeek. Overstappen buurtbus 504 (niet op zondag) naar Hallse Hull of 25 minuten lopen. Alternatief: Regiotaxi Zutphen 0900-8015.

HALL

Natuurvriendenhuis ABK-huis
Hallseweg 12, 6964 AM Hall
T   0313-65 13 77
M   0548-36 14 11
E   abkhuis@nivon.nl
W   www.nivon.nl/abkhuis
🌐 nl, uk   **nivon**

Open: hele jaar 🔵

Natuurvriendenhuis en omgeving

Het ABK-huis ligt bij Eerbeek en biedt een verrassende combinatie van natuur en cultuur op de grens van Veluwe en IJsselvallei. De duurzame bouwstijl is kenmerkend voor dit moderne natuurvriendenhuis. Het is een voorbeeldproject van Duurzaam Bouwen. De houten gevel en de intieme ronde zaal geven een prettige sfeer.
De kamers, met in totaal 60 bedden, zijn van verschillende grootte. Naast de grote zaal ligt een ruim terras op het zuiden met uitzicht op het omringende bos. Het gebouw is zeer rolstoelvriendelijk, met extra ruime deuren en aangepast sanitair. Bij het huis zijn fietsen te huur. Linnengoed zelf meenemen of ter plekke huren. Kinderen kunnen zich uitleven in de speelhoek, op de speeltoestellen, het sportveldje en in het bos.
Op de fiets kunt u fraaie tochten maken langs oude landgoederen in de Veluwezoom, boerendorpjes en Hanzesteden. U kunt een koninklijke expositie in Paleis het Loo bezoeken of een rondwandeling met een Gilde-gids door Zutphen, Doesburg of Deventer maken. Boswachters laten u de verborgen geheimen van de omliggende natuurgebieden zien. Bij Loenen ontmoet u de herder die zijn kudde naar de schaapskooi leidt. Hier stroomt ook Nederlands hoogste waterval. Vissen kan in het Apeldoorn Kanaal. U kunt er naar hartelust zwerven langs 75 km wandelen 120 km fietsroutes. Bijvoorbeeld het Trekvogelpad (LAW 2) of het Maarten van Rossumpad (LAW 4).

⚽ 🚐3 🚲1

🛏 30x, 🚃 60x, 2ppn € 18,30
🏨 🛏30x, 🚃 60x, Prijs op aanvraag

Route

🚗 Vanaf Eerbeek borden Hall en Hallse Hull volgen, 200 m. na brug ligt rechts.
🚌 Station Apeldoorn/Dieren, bus 43 naar Molenstraat in Eerbeek. Overstappen buurtbus 504 (niet op zondag) naar ABK-huis of 25 minuten lopen. Alternatief: Regiotaxi Zutphen 0900-8015.

HALLE

Hessenoord
H. Waenink
Landstraat 4, 7025 DP Halle
T 0314-63 10 68
W www.natuurlijkkamperen.nl
nl, uk

Open: 31 mrt-1 nov Ⓡ

Kampeerterrein en omgeving

Aan een prachtige eikenlaan, aan de rand van het Gelderse dorpje Halle ligt dit rustige natuurkampeerterrein. U vindt er een gevarieerd landschap met zachtglooiende korenvelden, beken, bossen en oude Saksische boerderijen. De beheerder weet met veel enthousiasme te vertellen over de omgeving, de manier waarop hij het terrein in stand houdt en de ecologisch verantwoorde bouwtechnieken die hij daarbij gebruikt.

Het terrein heeft prima sanitaire voorzieningen met een aparte babywasruimte. Behalve kamperen met uw eigen tent, kunt u ook in een trekkershut overnachten. Zelfs met een huifkar bent u welkom. Er is een informatieruimte, gebouwd van duurzame en milieuvriendelijke materialen. Bij kil weer brandt hier een schipperskacheltje. U vindt er alle informatie over de Achterhoek en zijn bezienswaardigheden.

Het fraaie, afwisselende coulisselandschap staat garant voor urenlang wandel- en fietsplezier. In dit deel van Nederland vindt u nog rust, ruimte en vaak bijzondere flora en fauna. U vindt er ook landhuizen, gerestaureerde molens en het openluchtmuseum Erve Kots in een Saksische boerderij bij Lichtenvoorde. Hier ligt ook de Besselinkschans, die in 1627 tijdens het beleg van Groenlo werd aangelegd. In de buurt zijn biologische boerderijen die hun producten aan huis verkopen en in het dorp is een natuur-

winkel. Hessenoord is een natuurkampeerterrein en een Natuurkampeerkaart is daarom verplicht. U kunt deze ter plaatse kopen.

Prijs op aanvraag

Route

N18 Arnhem-Doetinchem, afslag Varsseveld N330. Voor dorp Halle scherpe bocht rechts. Klinkerweg met oude eiken (Landstraat).

Trein naar Varsseveld, vandaar buurtbus naar Halle.

HAPS

Boerderij De Cinquant
Carien & Paul van de Groes
Cinquant 4, 5443 NN Haps
T 0485-31 25 28
E info@cinquant.nl
W www.cinquant.nl
nl, uk, de

EKO

Open: 1 apr-1 nov RES verplicht

Boerderij en omgeving

Sfeervolle Brabantse boerderij, gevestigd in de ecologische hoofdstructuur, het Nederlandse netwerk van natuurgebieden. Dit is een gemengd biologisch bedrijf met veeteelt, bos- en akkerbouw en al generaties in handen van de familie. De boer werkt met een bedrijfsnatuurplan en op het terrein (met wandelpaden) is dan ook veel natuur te vinden. De boer geeft graag rondleidingen op afspraak. Op het bedrijf werken gehandicapten mee als hulpboer. Zij drinken koffie en thee in de kantine, waar ook de kampeergasten van harte welkom zijn.

Het ruime kampeerveld grenst aan een bos en de voorzieningen zijn modern, ruim en toegankelijk voor rolstoelgebrui-

kers. Er zijn 15 kampeerplaatsen; u moet uw auto een eindje verderop parkeren. Huisverkoop van biologische producten. De boerderij ligt in een zeer gevarieerd, bosrijk landschap. Vlakbij nestelt een buizerdechtpaar dat jaarlijks jongen heeft. Het natuurgebied St. Antonis en het aangrenzende bos herbergen Kempische heideschapen en Schotse Hooglanders. Ook de Mookerheide, een zeer mooi gebied met vergezichten over de Maas, is een bezoek waard. Daarnaast kunt u molens, de vestingstad Grave en diverse musea bezoeken.

Prijs op aanvraag

Route

5 km ZW van Cuijk. Vanaf A73 afslag Haps. In Haps richting Cuijk, bij vluchtheuvel links en meteen rechts (Straatkantseweg). Na 1 km 1ste weg links, deze leidt naar boerderij.

Vanaf station Cuijk met bus naar Haps. Uitstappen bij 1ste halte in dorp. Bij pompstation Straatkantseweg, na 1 km 1ste weg links naar boerderij.

HEERLEN

Natuurvriendenhuis Eikhold
Valkenburgerweg 72, 6419 AV Heerlen
T 045-571 61 30
M 045-542 48 27
E eikhold@nivon.nl
W www.nivon.nl/eikhold
nl

nivon

Open: hele jaar

Natuurvriendenhuis en omgeving

De monumentale villa Eikhold ligt aan de rand van Heerlen ten noordoosten van het Limburgse Heuvelland. Het sanitair en de keuken zijn recent vernieuwd. Naast twee eetzalen heeft het huis een grote multifunctionele ruimte en een recreatieruimte met TV en huisbibliotheek. U kunt er op beperkte schaal biologische streekproducten verkrijgen. Meerdere groepen kunnen tegelijkertijd van deze 'licht bourgondische' accommodatie gebruik maken. In de parkachtige tuin kunt u bij mooi weer heerlijk in de zon zitten. Het voormalige koetshuis herbergt een vakantiewoning voor acht personen. Voor de kleintjes zijn er speeltoestellen en een zandbak. Kinderstad Heerlen is dichtbij, net als de Sterrenwacht en Kasteel Hoensbroek (3km).

Holle wegen en beekdalen doorkruisen het gastvrije, glooiende Zuid-Limburgse land. Verspreid tussen de heuvels liggen kasteelhoeven, watermolens en vakwerkboerderijen. Een fantastisch fietsgebied ligt voor u open met meer dan 300 km fietsroutes. Het station (op 1 km afstand) heeft een fietsverhuur. De Brunssummer Heide loopt door tot in Duitsland. In het Heuvelland zijn prachtige wandeltochten te maken, langs Pieter-, Krijtland- of Pelgrimspad of een van de andere honderden routes. In deze Euregio ligt de oude keizersstad Aken op slechts 13 km afstand. Binnen een uur bent u in de heuvels van de Ardennen en de Eifel of in Luik met de beroemde zondagmarkt.

🚐6 🛁1

🛏 32x, 🚿 80x, 2ppn € 8,75-18,30
🏠 1x, 🚿 8x, Prijs op aanvraag
🏦 🛏32x, 🚿 80x, Prijs op aanvraag

Route

🚗 Vanaf A76 richting Heerlen (N218) dan afslag Heerlen-Centrum. Hier richting Kunrade, rotonde rechtdoor, dan eerste straat links (volg bordjes).

🚆 Station Heerlen en van daar bus 1, 33, 40, 50, of 52, halte Pijnsweg of 1 km lopen.

HEI- EN BOEICOP

Veldstudiecentrum Hei- en Boeicop
G. A. van Griethuijsen
Hei- en Boeicopseweg 143,
4126 RM Hei- en Boeicop
T 0347-34 20 85
F 0347-34 22 79
E stveldhb@xs4all.nl
🌐 nl, fr, de, uk

Open: hele jaar (RES) verplicht 🚿 ✖️
[🏠]

Accommodatie en omgeving

Het Veldstudiecentrum ligt in het gelijknamige langgerekte dorp tussen de Lek en de Linge. Het gebied is bij uitstek geschikt voor natuurstudie en onderzoek naar het milieu in een agrarische omgeving.

Het centrum kan groepen van minimaal 20 en maximaal 45 personen onderbrengen. U overnacht er in eenvoudig ingerichte slaapzalen met sanitaire voorzieningen, deels in de oude boerderij en deels in een apart gebouw. Boven de keuken met eetzaal is een bibliotheek ingericht. U kunt uw eigen maaltijden klaarmaken of dit door de eigenaar laten verzorgen. Voor begeleiders zijn er aparte slaapkamers. Er is een complete veldwerk- en natuurstudie-inventaris voor onderzoek. De gastheer is bioloog/ecoloog en kan op verzoek projecten begeleiden. Er zijn fietsen voor de gasten aanwezig.

Het dorp ligt op de overgang van een oud veenweidegebied naar het rivierengebied. Het is een open landschap van grienden, weiden, moerassen en knotwilgen, oeverwallen en uiterwaarden. De oude, zogenaamde cope-verkaveling (met lange stroken land) is nog goed zichtbaar. In Leerdam is het Nationaal Glasmuseum. Verder zijn er een streekcentrum in Groot-Ammers (20 km), een eendenkooi (10 km) en vlakbij (2 km) een aantal kaasboerderijen te bezoeken.

🏦 🛏5x, 🚿 45x, Prijs op aanvraag

Route

🚗 7 km Z van Vianen. A27 afslag Lexmond, dan 2 km tot Hei- en Boeicop. Fietsers en wandelaars: vanuit Lexmond 500 m over brug Merwedekanaal (Zwaanskuikenbrug).

🚆 Trein naar Utrecht CS (of Gorinchem). Dan bus 118 en 218 naar Lexmond en 2 km daar lopen. Ophaalservice in overleg.

HENGELO

Landgoed Zelle
E. & G.C. van Dorth tot Medler-
Van der Lee
Vierblokkenweg 1a, 7255 MZ Hengelo
T 0575-46 73 46
F 0575-46 73 55
E info@zelle.nl
W www.zelle.nl
🌐 nl, uk, de, fr

Open: hele jaar 🍴 (RES) verplicht 🚿 [🏠]

Landgoed en omgeving

Midden in de Gelderse Achterhoek ligt het Landgoed Zelle. Het landgoed bestaat uit eeuwenoude bossen, akkers, houtsingels en weiden en vormt zo een inspirerend decor. Op het terrein van circa 340 ha staat Huize Zelle, gebouwd in 1792, temidden van een bos dat natuurvriendelijk wordt beheerd. De landerijen worden zo min mogelijk bemest en er graast een kudde Franse Limousin-koeien. Met de provincie zijn beheersovereenkomsten afgesloten.

Zes boerderijtjes (oude woningen van het personeel) zijn omgebouwd tot comfortabele vakantiewoningen en op ruime afstand van elkaar staan ook vier Finse bungalows en een voormalige boswachterswoning. De inrichting varieert van eenvoudig tot luxueus. Meerdere woningen zijn goed toegankelijk voor rolstoelgebruikers. Elk vakantiehuis ligt vrijstaand aan de rand van de akkers, het bos of een weiland. Honden mogen aangelijnd mee. Catering kan via de accommodatiehouder geregeld worden; ook zijn er arrangementen mogelijk, bijvoorbeeld golfweekends. Op het terrein is namelijk een golfbaan aangelegd. Op het landgoed is een prachtige natuurplas, die uitsluitend toegankelijk is voor gasten.

Niet veraf zijn de tuinen van de kastelen Wierssen en Bingerden te bezichtigen. Rondom vindt u een typisch coulisselandschap, een 'doorkijklandschap' van boomhagen, boompartijen en weilanden. Historische stadjes en dorpen als Zutphen, Lochem en Doesburg zijn vlakbij.

⌂ 11x, ⌗ 73x, Prijs op aanvraag

Route
ⓘ Zutphen, 20 km E, Ruurlo, 5 km. Accommodatie ligt langs weg van Ruurlo naar Hengelo. Receptie in nabijheid van clubhuis golfbaan Het Zelle.
🚉 Station Ruurlo op 6 km. Geen treintaxi of busverbinding.

HERPEN

Vakantiepark Herperduin
C. van Dijk
Schaykseweg 12, 5373 KL Herpen
T 0486-41 13 83
F 0486-41 61 71
E info@herperduin.nl
W www.herperduin.nl
🐾 nl, uk, de, fr

Open: hele jaar (RES) verplicht ♿ ✕

Accommodatie en omgeving
Vakantiepark Herperduin loopt over in het naastgelegen natuurgebied van 400 ha met bossen, vennen en zandverstuivingen. U zit midden in de natuur, om u heen ziet u de eekhoorns en konijnen.

Behalve 69 gewone vakantiehuisjes zijn er 13 ecologische vakantiebungalows verspreid in de bossen van het autovrije park Herperduin. Bij de bouw en inrichting van de zogenaamde ecobungalows is consequent gebruik gemaakt van natuurlijke materialen en grondstoffen. De energiezuinige huizen hebben vegetatiedaken en zonneboilers en zijn aangesloten op een biologisch waterzuiveringssysteem. De natuurlijke materialen en het wandverwarmingssysteem zorgen voor een gunstig binnenklimaat, ideaal voor mensen met cara of allergieën. Er is tevens een camping met plek voor 20 tenten en 130 caravans. De camping ligt gescheiden van het bungalowpark en bestaat uit een aantal grote velden, omgeven door brede groensingels en enkele kleine veldjes. Het sanitair werkt op zonneboilers; het ministerie van VROM heeft een milieuprijs uitgereikt voor het ecologische voorzieningengebouw. De accommodatie is ook onderscheiden met de gouden Milieubarometer, een milieukeurmerk voor toeristische bedrijven. Verder zijn er een winkel, een restaurant en een zwembad, dat in 2006 een overkapping krijgt. Er zijn ook fietsen te huur.

Het terrein vormt een goede uitvalsbasis voor activiteiten in de omgeving. Er zijn rondleidingen door het natuurgebied en langs ecologische landerijen en in de omgeving liggen diverse musea en historische steden. De Maas ligt op 5 km afstand. Bij ongunstige wind is het snelwegverkeer hoorbaar.

🎑 🏊 ♨ 🎣 ⚓ ⛱4 ⛵10 ⤳ ⛴4 🚣15 🚵

⌂ 13x, ⌗ 78x, hpw € 550-850
🛏 🛏10x, ⌗ 28x, Prijs op aanvraag
⛺ T 20x, 🚐 130x, ptpn € 19

Route
ⓘ Oss, 10 km E. A50, afslag Ravenstein. Door Herpen richting Berghem. Na 1 km afslaan richting Schaijk. Na 800 m rechts ingang.

🚉 Trein naar Oss, daar bus 593 richting Schayk, stopt op 800 m. Of treintaxi (0412-647272).

LEENDERSTRIJP

Natuurkampeerterrein Klein-Frankrijk
Jannie Willems
Kapelstraat 20, Leenderstrijp
M 06-542 861 94
E klein-frankrijk@tentkamperen.nl
W www.tentkamperen.nl
🐾 nl, uk, de, fr

Open: 1 apr-1 nov 🐾

Camping en omgeving
Natuurkampeerterrein Klein-Frankrijk ligt aan de oever van een eigen meertje van 4 ha, aan de zoom van Boswachterij Leende op ongeveer 5 km van de Belgische grens. De camping is 2 ha groot. In het meer liggen roeibootjes voor gebruik door de gasten; zij mogen er uiteraard ook zwemmen. Alle 20 kampeerplekken (uitsluitend voor tenten) liggen aan het meer. U kunt ook een tent huren. In juli en augustus zijn gezinnen met kinderen van 6 tot en met 12 jaar de bijzondere doelgroep. Op het kampeerterrein zijn teken- en schildermaterialen aanwezig, voor de kinderen gratis. Veel aandacht wordt besteed aan gezond leven, door middel van workshops. Iedere morgen is er, net als tijdens vakanties in Frankrijk, vers brood verkrijgbaar.

Naast wandelen en fietsen door bos en heide, kunt u een bezoek brengen aan het Sint Janskapelleke in Leenderstrijp (vlak bij de camping). 24 juni is de dag van Sint Jan (als het sint-janskruid bloeit); dan is er een heilige mis in de open lucht waar zelfgemaakte sint-janstrossen worden gewijd. In Achelese Kluis (5 km) bevindt zich een trappistenklooster met een eigen brouwerij. Daar is ook het prachtige natuurgebied De Malpie. Het kampeerterrein ligt aan het Vennekespad.

⚓ 🚤 🏴 ✿ ⛺ 🎣7 🏊8 🎣7
🛶1 🏴1

⚓ T 20x, ♨, Prijs op aanvraag

Route

ℹ️ Valkenswaard, 6 km E. Vanaf A2 afrit 34 richting Leende. Bij kerk van Leende op T-splitsing rechts. In scherpe bocht van Leenderstrijp rechts en ANWB-bordjes Groote Heideroute volgen. In Strijp na Café Hospes 2e straat (Kapelstraat) rechts. Nadat weg overgaat in zandweg doorrijden tot bosrand en bij bordje De Fuut / Klein Frankrijk rechts zand-pad op.

🚂 Trein vanuit Eindhoven naar Heeze. Hier buurt-bus 200 naar Leenderstrijp. Uitstappen bij Café Hospes. Afhalen in overleg.

LIEMPDE

De Hopbel
Marina van Grinsven & Dick de Lange
Pastoor Dobbeleijnstraat 2,
5298 NM Liempde
T 0411-63 27 55
F 0411-63 27 75
E dobbeleijn@hetnet.nl
W www.dehopbel.tk
📧 nl, uk, de

Open: hele jaar ⚓ (RES) verplicht ✗ [🍴]

Boerderij en omgeving

Aan de rand van het dorp Liempde ligt deze gerestaureerde oude boerderij. Er worden op kleinschalige en milieuvrien-delijke wijze groenten en kruiden geteeld. Van kruiden worden onder andere bijzon-der zalfjes gemaakt. Ook fokt men zeld-zame Lakenvelder koeien en kippen.
In de zogenaamde Vlaamse dwarsdeel-schuur, een rijksmonument, is een vakan-tiewoning voor maximaal vijf personen gebouwd. De woning is geheel in oude stijl opgetrokken en van alle gemakken voorzien. Het recent in gebruik genomen

tweede gastenverblijf bevindt zich in een aparte schuur. De boerderij ademt nog de authentieke sfeer en is comfortabel in-gericht. Op de benedenverdieping is een keuken en zithoek. Ook de douche en het toilet bevinden zich op de benedenverdie-ping. Boven in de nok staat het bed. Er zijn producten verkrijgbaar uit eigen tuin, als-mede oliën en zalven. Uw huisdier mag u, na overleg, meenemen en ook voor paar-den is stalruimte beschikbaar. Fietsen zijn op de boerderij gratis te gebruiken.
De omgeving is zeer bosrijk. Voor wande-laars loopt LAW het Vennekespad langs de boerderij. Maar ook fietsers en ruiters kunnen hier hun hart ophalen. In Boxtel (6 km) zit het natuur en milieu-educatie-centrum De Kleine Aarde en oertijdmu-seum De Groene Poort. Restaurants en winkels zijn op loopafstand van de accom-modatie.

🚴 ⛺ 🎣6 🏊6 🍴7 🏴1 ♨

🛏 2x, 🛋 5x, Prijs op aanvraag
🏠 1x, 🛋 5x, hpw € 350-400

Route

ℹ️ 15 km Z van Den Bosch. A2 Den Bosch-Eindho-ven, afslag Liempde/Boxtel. In Liempde 2e straat links (Kapelstraat). Daarna opnieuw 2e straat links (Pastoor Dobbeleijnstraat).

🚂 Trein naar Boxtel, buurtbus 204 naar Liempde. Afhalen na afspraak.

LIEROP

De Lier
Anja & Bas Smulders
Moorselseweg 2, 5715 PX Lierop
T 0493-47 92 74
F 0493-47 90 51
M 06-232 699 45
E aht.smulders@hccnet.nl
W www.natuurkampeersite.nl
📧 nl, uk

Open: 28 apr-20 sep Ⓡ

Kampeerterrein en omgeving

Natuurkampeerterrein De Lier ligt in de bossen van de Lieropse en Strabrechtse Heide, een uitgestrekt natuurgebied op de grens van de Peel en de Kempen. Het is een rustiek en zeer kindvriendelijk terrein waar rust, ruimte, een duurzaam beheer en gastvrijheid centraal staan.
Er zijn 27 ruime plaatsen met een groot aantal nissen die voor privacy zorgen. Fietsers en wandelaars kunnen altijd te-recht op het apart gelegen trekkersveld. Er is geen electriciteit voor caravans. Het sanitairgebouw is nieuw en keurig verzorgd. Mits aangelijnd zijn huisdieren toegestaan. Een Natuurkampeerkaart is op de Lier verplicht. U kunt deze op het terrein kopen.
De Peel is een uitgestrekt hoogveen-landschap waarin o.a. het Nationaal Park De Groote Peel een bijzondere plaats in-neemt. Het gevarieerde landschap van de Kempen bestaat uit hoge zandgronden met akkers, bos- en heidevelden doorsne-den door riviertjes. Het grote Beuven op de Strabrechtse Heide staat bekend om haar prachtige flora en fauna. Aan de rand van het ven is een vogelkijkhut. In de om-geving zijn diverse wandel- en fietsroutes uitgezet, zoals het Pelgrimspad LAW 7 en de LF 13 Schelde-Rheinroute. Een van de fietsnetroutes komt langs het terrein. De omgeving biedt ook een verscheidenheid aan cultuur. In Asten vindt u een natuur-historisch museum, een beiaardmuseum en een Sterrenwacht. In Geldrop het We-verijmuseum en in Eindhoven het Prehis-torisch Dorp, het Milieu Educatie Centrum en het van Abbemuseum met een unieke verzameling moderne kunst.

🛩 🚤10 🎣7 🏊5 🎣7 🐟 🏊10
🚴7 🏴7 🏊7

⚓ pppn € 4ptpn € 4pcpn € 4

Route

⚠ 22 km O van Eindhoven, 1,5 km ZW van Lierop. In Lierop bij kerk de Offermansstraat in, aan einde links (Lijestraat). Volg Strabrechtseheide route. Buiten bebouwde kom rechtdoor. Bij Y-splitsing links (Meervensedijk). Eerste asfaltweg rechts (Moorselseweg), dan eerste zandpad rechts.

🚆 Trein naar Helmond of Eindhoven. Dan bus 20 richting Eindhoven danwel Helmond. Uitstappen Lierop kerk. Daar 1,5 km lopen. Offermansstraat uitlopen en fietsroute Strabrechtseheide volgen tot Moorselseweg. Daar eerste zandpad rechts.

MARIAHOUT

De Vogelshof
Maria & Martien Vogels
Broeksteeg 4, 5738 PB Mariahout
T   0499-42 50 17
E   mariavogels@vogelshof.nl
W www.vogelshof.nl
🗪 nl, uk

Open: 1 apr-1 nov 🐕 (RES) verplicht ✖ 🐕

Boerderij en omgeving

Midden tussen de Peel, de Kempen en de Meierij ligt het zoogkoeienbedrijf van Maria en Martien Vogels. De boerderij ligt tussen de dorpen Mariahout en Lieshout en is een voorbeeldbedrijf van agrarisch natuurbeheer, met als uitgangspunt dat het huidige evenwicht tussen weide en bos behouden moet blijven. De Limousinrunderen worden voor een begrazingsproject ingezet.

U vindt er een unieke overnachtingsmogelijkheid in de vorm van 'het dorpje': vijf houten hutten in de tuin, waar u comfortabel kunt logeren. In de zesde hut kunt gezamenlijk ontbijten en recreëren bij slecht weer. Op het plein tussen de hutten is voldoende ruimte voor gezellige bijeenkomsten of gezamenlijke maaltijden. Ideaal voor wandelaars of fietsers, maar ook voor

groepen en familie- of vriendenbijeenkomsten. In dat geval kunt u het hele 'dorpje' huren. In elke hut staan bedden voor twee personen, een rustbankje en er is voldoende ruimte voor de bagage. Het is mogelijk om ontbijt en linnengoed te reserveren. Het goed verzorgde sanitair bevindt zich in een apart, verwarmd gebouwtje. Ook zijn er nog drie luxe kamers te huur.

Maria en Martin vertellen u graag over de talloze wandel- en fietsroutes en de activiteiten in de omgeving. Achter de Vogelshof ligt een rustig natuurgebied met grote waterpoelen. Vogelliefhebbers kunnen hier bijzondere weide- en watervogels ontdekken. Als u vroeg opstaat kunt u ook nog wel eens een hert, ree, haas of vos tegenkomen!

🛏 🛶6 🚣6 🛶2

🛏 8x, ⬚ 16x, 2ppn € 10
🏠 🛏6x, ⬚ 12x, Prijs op aanvraag

Route

⚠ Eindhoven. Vanaf Den Bosch N 266 richting Veghel, Helmond tot rotonde Gemert/ Beek en Donk, rechts richting Beek en Donk/Lieshout. Doorrijden tot rotonde bij brouwerij, rechts richting Lieshout, St. Oedenrode. Na 2 km kapelletje links van weg, vandaar na ca 400 m linksaf (Broeksteeg). Uitrijden tot splitsing, linksaf. 2e boerderij rechts. Of vanaf Mariahout richting Lieshout, ca 1,5 km buiten dorp rechts Broeksteeg in. Uitrijden tot splitsing, linksaf. 2e boerderij rechts.

🚆 Trein naar Eindhoven. Vandaar bus 21 (elk half uur) naar Lieshout dan nog 2 km lopen.

NULAND

Minicamping Familie Huismans
Keetje & André Huismans
Nulandsestraat 6, 5391 KC Nuland
T   073-532 44 28
M 06-272 979 10
E   info@minicampinghuismans.nl
W www.minicampinghuismans.nl
🗪 nl, uk, de

Open: 15 mrt-31 okt ⓑ [⤷]

Camping en omgeving

Aan een oude dijk van de Maas ligt achter vijf oude lindebomen de authentieke boerderij van de familie Huismans. De minicamping ligt achter de boerderij. Rondom de camping is een grote biologische groenten- en kruidentuin, waarvan gebruik wordt gemaakt bij de maaltijden voor de gasten. Maar liefst veertig soorten fruitbomen zijn aangeplant en op het erf loopt een aantal zeldzame kippenrassen. Momenteel ligt de nadruk op het fokken van de Nederlandse Leghorn en konijnen. U mag als gast, beschermd door een pak, een kijkje komen nemen bij de bijenvolken. Ook vleermuizen, hommels, geiten en ganzen zijn te bewonderen op de camping. Aandacht voor de gasten en uitleg over hun activiteiten, eventueel onder het genot van een kop koffie, zijn kenmerkend voor deze familie.

De camping biedt plaats aan 15 tenten of caravans. De meeste plaatsen hebben water en elektra. In het sanitair staat een koelkast, wasmachine en centrifuge voor algemeen gebruik. Ook is het mogelijk de vierpersoons-pipo-wagen of een van de stacaravans te huren. De woonwagen is uitgerust met een fornuis en een koelkast. Ontbijten op de accommodatie is mogelijk en er eieren zijn te koop, indien voorradig. Daarnaast kunt u genieten van eigengemaakte geitenkaas en wijn. U kunt zich opgeven voor de gezamenlijk maaltijden die een keer per week worden georganiseerd.

Vanuit deze accommodatie kunt u heerlijk fietsen en wandelen, bijvoorbeeld in natuurgebied De Karreput (3 km). Fietsroutes lopen langs de camping en langs de Maas (8 km). Voor liefhebbers van auto's is er het Autotron (5 km). In Nuland zelf (2 km) is er een kinderboerderij en een zwembad. In Heesch is er een sterrenwacht en de tuinen van Appeltern zijn ook niet ver. Voor de stadsmens is een dagje

NL

Den Bosch, met de Sint-Jan of het Noord-Brabants museum, of Oss een aanrader.

5 8 2 8 8

T 10x, 10x, Prijs op aanvraag

Route

12 km NO van Den Bosch, 2 km N van Nuland. Vanuit Den Bosch, A59 richting Oss/Nijmegen, afslag Nuland (Hotel van de Valk). Door dorp, langs kerk en over spoor, dan eerste rechts; 3e boerderij rechts.

Vanaf Den Bosch bus 161 naar Oss, uitstappen in Nuland. Verder zie boven.

NL

OISTERWIJK

Natuurvriendenhuis/camping
Morgenrood
Scheibaan 15, 5062 TM Oisterwijk
T 013-521 59 35
M 0412-47 52 58
E morgenrood@nivon.nl
W www.nivon.nl/morgenrood
nl

Open: hele jaar 1 apr-15 okt

Accommodatie en omgeving

Het gerenoveerde natuurvriendenhuis Morgenrood ligt midden in de Oisterwijkse bossen.

De nieuwe slaapvleugel heeft 34 tweepersoonskamers en drie vierpersoonskamers met tussendeur. De ruime zaal met de authentieke houten vloer is het sfeervolle hart van het huis. Het huis voldoet aan de laatste eisen van duurzaam bouwen en is geschikt voor rolstoelgebruikers. Het grote kampeerterrein Morgenrood ligt op een eigen bosperceel in Oisterwijk. Er zijn 75 plaatsen, deels op een natuurkampeerveld, deels voorzien van elektriciteit. Naast tenten en caravans kunnen hier vier campers terecht. Het vakantiehuisje Klein Morgenrood voor tien personen ligt op enige afstand van het hoofdgebouw. U kunt ook één van de drie stacaravans voor vier personen huren. Kinderen kunnen er volop in de bossen spelen en in het huis zijn spelletjes.

In Oisterwijk (2 km) is een grote zwemplas. In de driehoek Den Bosch - Tilburg - Eindhoven liggen de lommerrijke bossen, vennen en heidevelden van Oisterwijk en de Campina. Losse snippers natuur worden de komende jaren in dit gebied door boscorridors met elkaar verbonden. Het is er nog steeds een wandelparadijs, maar ook per fiets heeft u een heel routenetwerk tot uw beschikking. Bij de accommodatie zijn fietsen te huur. Oisterwijk is een toeristisch dorp met uitstekende voorzieningen. U vindt er veel restaurantjes, cafe's en de Piet Plezier, een familiefiets. En in de drie omliggende steden vindt u cultuur, historie en vele uitgaansgelegenheden. Voor het natuurkampeerterrein van de camping is een Natuurkampeerkaart verplicht. U kunt deze op het terrein kopen.

2

40x, 80x, 2ppn € 8,75-18,30
4x, 22x, Prijs op aanvraag
40x, 80x, Prijs op aanvraag
ppn € 3,30-4,30ptpn € 2,80pcpn € 2,80

Route

In Oisterwijk de bordjes "Overige recreatievoorzieningen" volgen, tot op de Scheibaan. Aan deze weg ligt Morgenrood.

Vanaf station Oisterwijk met de treintaxi of 6 km. lopen.

SILVOLDE

't Meyböske
Nettie & Kees Meyboom
Kapelweg 18, 7064 KL Silvolde
T 0315-32 97 28
F 0315-34 29 41
E info@meyboske.nl
W www.meyboske.nl
nl, uk, de, fr

Open: hele jaar 26 mrt-1 nov

Accommodatie en omgeving

Het Meyböske ligt buiten de bebouwde kom van Silvolde in de Gelderse Achterhoek. Heerlijk rustig in het buitengebied, grenzend aan weide, akkerland en een bosperceel. Er is een ecologische moestuin en er zijn geitjes en scharrelkippen. De woonboerderij dateert van 1900 en is gerenoveerd in 1972. De eigenaren streven er naar een kleinschalig bedrijf te zijn zonder poespas, maar met oog voor rust, natuur en milieu.

De kampeerweide met 18 plaatsen voor caravans en tenten bestaat uit een ruim grasveld met enkele bomen, omzoomd door een groenstrook. De plaatsen zijn ongeveer 100 m² groot. De vier stenen vakantiebungalows (twee tot vijf personen) zijn goed geïsoleerd en volledig ingericht, zonder overbodige luxe. Ze hebben openslaande deuren naar een terras. In de grote schuur van de boerderij vindt u een bibliotheek met onder meer fiets- en wandelroutes, een keuken, koelkast en een fietsenstalling met fietsverhuur.

Bezienswaardigheden in de omgeving zijn onder andere: kasteel Slangenburg, wildpark Isselburg in Duitsland, het Grenslandmuseum in Dinxperlo en het Bergherbos in Montferland. Misschien overbodig te melden dat u in de wijde omgeving prachtige wandel- en fietstochten kunt maken.

4 4 4 4 5
1

4x, 13x, hpw € 345-395
ppn € 3,50, ptpn € 3, pcpn € 4

Route

doetinchem, 15 km SE, Silvolde, 2 km. Via Terborg naar Silvolde. Na plaatsaanduiding Silvolde links richting Sinderen. Na BP-benzinepomp 1e weg links.

Van station Terborg treintaxi of bus naar Silvolde

en 2 km lopen. U kunt worden opgehaald bij station Terborg.

SWALMEN

Pension Groenewoud
José van Willick & Paul Keulen
Groenewoud 8, 6071 RB Swalmen
T 0475-50 10 83
M 06-445 441 57
E pensiongroenewoud@wanadoo.nl
W www.pensiongroenewoud.nl
nl, uk, de, fr

Open: hele jaar

Pension en omgeving

Gelegen in het bos, aan de oever van het riviertje de Swalm, heeft sinds 2003 Pension Groenewoud zijn deuren geopend. Het pension is geheel opgetrokken uit Fins grenenhout en ligt in een uniek natuurgebied beheerd door Staatsbosbeheer. De eigenaren hebben achter het pension een shiitake-kwekerij, waarbij zij op traditionele wijze, zonder het gebruik van bestrijdingsmiddelen, paddestoelen kweken op houten stammen in het bos. In de natuurweide en het bos rond het pension kunt u heerlijk wandelen, mijmeren of lezen. Grote kans dat u daar de twee Fjordenpaardjes tegenkomt, die ook worden gebruikt voor werkzaamheden in de kwekerij en de bosbouw.

Het pension heeft zeven slaapkamers en een gezamenlijke eetkamer, met volledig ingerichte keuken, waar de gasten zelf hun maaltijden mogen bereiden en nuttigen. Ook is er een aparte, stenen ruimte met houtkachel, die als ontspanningsruimte gebruikt kan worden. Twee kamers hebben eigen kookgelegenheid. De kamers zijn volledig van hout, hebben eigen sanitair en zijn eenvoudig ingericht. Het pension is ook voor groepen geschikt. Ook worden er cursussen gegeven om het

kweken van paddestoelen zelf te leren.

In de buurt zijn er talrijke wandelmogelijkheden. Het Pieterpad en het Maas-Swalm-Nettepad lopen langs de accommodatie. Ook zijn er veel fietsroutes. Vissen kan in de tuin en op tien minuten lopen door het bos ligt het openluchtzwembad De Bosberg. Via de natuurgebieden rond het pension kunt u zelfs even naar Duitsland lopen. Het pension is een prima uitgangspunt voor uitstapjes naar Roermond, Venlo of het Duitse Brüggen (Natuurmuseum) of wat verder weg Maastricht of Düsseldorf.

0,5 8 8 8 8
0,5 5

7x, 20x, 2pkpn € 40
7x, 20x, Prijs op aanvraag

Route

6 km N van Roermond, 1 km O van Swalmen. Vanuit Roermond naar Swalmen (N271), hier Brüggen (DE). Tegenover Kartingcentrum rechts bos in. Volg bruine borden.

Station Swalmen (3 km), overgang oversteken en weg uitlopen, bij stoplichten rijksweg oversteken en rechts tot voorbij de Swalm. Langs de Swalm stroomopwaarts lopen tot aan het pension. Of bus tot Swalmen halte Rijksweg Noord, ca 1 km richting Brüggen via Peelveldlaan. Borden Groenewoud volgen.

WAMEL

Logement en B&B Klein Grut
Marianne Jonkers & Henk Megens
Dorpsstraat 90, 6659 CH Wamel
T 0487-50 16 72
F 0487-50 16 72
E kleingrut@hetnet.nl
W www.kleingrut.nl
nl, de, uk

Open: hele jaar RES verplicht

Herberg en omgeving

Klein Grut is een herberg in het voormalige gemeentehuis van Wamel, een plaatsje in het land van Maas en Waal. Het ligt midden in het dorp en heeft aan de achterzijde uitzicht over de uiterwaarden van de Waal.

Het pand, een statige monumentale T-boerderij, herbergt zowel een groepsonderkomen (tot 24 personen) als een bed & breakfast. Er is voor gasten een volledig ingerichte woonkeuken met eetzaal, een grote woonkamer, drie slaapcabines, een aantal slaapkamers, een (staf)kamer met vijf slaapplaatsen en een grote recreatieruimte. Deze laatste is ook geschikt voor congressen en bijeenkomsten. De stafkamer is ook apart, op basis van logies met ontbijt te huur. Er zijn goede sanitaire voorzieningen. U kunt er zelf uw maaltijden klaarmaken maar op verzoek wordt er ook ontbijt en lunch geserveerd in de boerderijkeuken of de tuinkamer (met veranda). Er is een natuurvoedingswinkel gevestigd, misschien wel de kleinste van Nederland. Ook kunt u overnachten in een driepersoons Mongoolse Ger (ronde tent) in de tuin, volledig ingericht met houten vloer, Mongools meubilair en eigen zitje in de tuin. De opbrengsten hiervan gaan naar een goed doel. Achter de boerderij, tegen de dijk, liggen een grote sier- en moestuin en een speelweide met volleybalveld. Er zijn enkele fietsen en een tandem te huur.

Tiel bereikt u door met een pontje de Waal over te steken. Ook plaatsen als Rhenen, Wageningen, Geldermalsen, Nijmegen, Ravenstein, Buren of Appeltern zijn een bezoek waard. Voor bos en heide kunt u terecht op de Utrechtse heuvelrug. De twee naburige dorpen van Wamel bezitten zowel binnen- als buitenzwembaden en aan de Maas bevindt zich het grote watersport- en recreatiegebied "De Gouden Ham".

2 5 3

20x, 2ppn € 17,50
1x, 3x, hpw € 250
7x, 25x, Prijs op aanvraag

Route

3 km O van Tiel. Op A2 Utrecht-Den Bosch bij Zaltbommel of Hedel de N322 naar Wamel. Of vanaf Tiel A15 bij afslag Echtfeld N323 de Waal over, dan rechts naar Wamel.

Trein naar Tiel, voetveer naar Wamel. Dan 10 min. lopen. Of trein naar Tiel, Zaltbommel of Den Bosch en bus, met overstap, naar Stationsstraat Wamel.

WIJLRE

De Gronselenput
Wim de Vries
Haasstad 3, 6321 PK Wijlre
T   0800-400 40 04
F   0577-41 17 67
E   gronselenput@paasheuvelgroep.nl
W www.gronselenput.nl
    nl, uk, de

Open: 31 mrt-17 sep ® [⌂]

Camping en omgeving

Aan de voet van de Keutenberg ligt camping De Gronselenput. De camping is genoemd naar de historische bron die ontspringt aan de rivier de Geul, die om het kampeerterrein stroomt. De kenmerken zijn kleinschaligheid, rust en natuur. De camping wordt beheerd door mensen die allen een grote affiniteit hebben met de natuur en het Zuid-Limburgse leefmilieu. De camping trekt hoofdzakelijk liefhebbers van wandelen, fietsen en de Limburgse cultuur. De sfeer is gastvrij en ongedwongen. Geniet van de zuivere lucht en verfrissend bronwater.

Deze camping heeft 29 tentplaatsen en 31 caravanplaatsen; allen apart en zeer rustig gelegen in het groen. U mag uw auto niet bij de kampeerplek laten staan. De prijzen zijn inclusief twee personen, warm douchen en parkeerplaats. Er is een levensmiddelenwinkeltje op de camping. Huisdieren kunt u in overleg meenemen.

Vanaf de camping (Keutenberg) tot aan de Maas (Maastricht) loopt het mergelplateau. Rond de camping zijn talloze mogelijkheden om te fietsen en te wandelen, bijvoorbeeld in de natuurgebieden het Gulpdal, het Geuldal, de Krapoelsheide, de Wijlrebossen met dassen- en vossenburchten en boswachterij Gerendal waar orchideeën groeien. Recreatiegebied Schrieversheide heeft een sterrenwacht en pannenkoekenhuis; op uw tochten kunt u hier slangen en lama's zien. In Wijlre en omgeving zijn diverse kastelen.

⚒ ⛲ ⚓ 🍴3 🚣3 🎣14 🐟1 ⚽3
🚿14 🍽7 ♨

⛺ T 29x, 🚐 31x, ptpn € 21, pcpn € 21

Route

7 km ZO van Valkenburg, 2 km W van Wijlre. A2 naar Maastricht, bij Amby afslag A79 naar Heerlen, afslag Valkenburg. Weg volgen tot Wijlre. Vanuit Wijlre borden Gronselenput volgen.

Trein naar Valkenburg, daar bus of treintaxi. Of trein naar Schin op Geul en taxi of 30 min lopen.

WIJLRE

Natuurvriendencamping Gele Anemoon
Haasstad 4, 6321 PK Wijlre
T   043-459 16 07
M 0318-66 86 47
E   geleanemoon@nivon.nl
W www.nivon.nl/geleanemoon
    nl   nivon

Open: 1 apr-1 okt [⌂]

Natuurvriendencamping en omgeving

Het glooiende Zuid-Limburgse heuvelland wordt doorsneden door beekjes en holle wegen. Natuurcamping De Gele Anemoon ligt in een oude boomgaard aan de Geul, aan de voet van de Keutenberg.

Er zijn 58 plaatsen, bijna allemaal voorzien van een stroomaansluiting. De moderne sanitairruimte is verwarmd en toegankelijk met een rolstoel. Ook aan een babywasruimte is gedacht. Bij regen kunt u terecht in de slechtweeraccommodatie. De camping heeft een eigen peuterbad (in de zomervakantie). Er is ook een speeltuintje en een groot veld om allerlei balspelen te beoefenen.

Bij de receptie krijgt u antwoord op al uw vragen over de omgeving. Hier zijn ook gekoelde dranken, ijs en uw dagelijkse krant te koop. Voor boodschappen kunt u terecht in Wijlre of Gulpen.

In het Heuvelland rond de camping kunt u naar hartelust wandelen en fietsen. U kunt hier meer dan 1.000 km gemarkeerde routes afleggen. Houdt u wel rekening met af en toe zeer steile beklimmingen en afdalingen. Op de Cauberg en Keutenberg moest al menig ervaren wielrenner afstappen. Geniet van het Bourgondische leven op de terrassen van idyllisch Gulpen of Valkenburg. Met het unieke stoomtreintje van de ZLSM rijdt u over het Miljoenenlijntje door het Heuvelland van Schin op Geul naar Kerkrade. Naast Maastricht liggen ook Aken en Luik dichtbij.

🚣2,5 🚴1,5

⛺ T 58x, 🚐 20x, pppn € 3,50-4,50, ptpn € 2,80, pcpn € 2,80

Route

In Wijlre richting Stockem, rechtsaf bij kasteel Haasstad, volg hier bordjes Camping.

Vanaf station Heerlen bus 40 naar halte Wijlre-Brouwerij. Dan lopen richting Gulpen. Na het bruggetje rechtdoor richting Stockem. Einde weg links, volg bordjes camping. Afstand tot Wijlre ca 1,5 km. Vanaf station Schin op Geul is het 3 km. Loop dorp in en volg het Pelgrimspad naar het zuiden (rood-witte markering) tot aan de camping.

WINTERSWIJK (BRINKHEURNE)

Gastboerderij De Zonnebloem
Fam. te Voortwis
Slingeweg 12, Brinkheurne,
7115AG Winterswijk (Brinkheurne)
T 0543-56 32 20
F 0543-56 33 38
E recreatie@dezonnebloem.nl
W www.dezonnebloem.nl
 nl, uk, de, fr

Open: hele jaar ⛄ 1 apr-1 okt ♥ (RES)
verplicht 🔲 [🛏]

Boerderij en omgeving

Oude Saksische boerderij met ligboxen-stal en potstallen in prachtig Achterhoeks coulisselandschap. De boerderij ligt op het landgoed Deunk in Winterswijk-Oost en wordt begrensd door de Slingebeek en het Buskersbos. Het bedrijf is vanaf 1989 omgeschakeld naar een ecologische bedrijfsvoering. Er is veel 'nieuwe' natuur ontwikkeld zoals houtwallen en weide-poelen. Bijzondere objecten op het land-goed zijn: een meditatieruimte gebouwd met stro en leem, een labyrint, aangelegd rond een oude eik en een helofytenfilter voor de zuivering van het afvalwater. Naast de boerderij, in een oude boom-gaard met een haagafscheiding, is een kampeerveld. Er zijn goede sanitaire voorzieningen. Groepen kunnen ge-bruikmaken van de groepsaccommodatie voor 22 personen. U vindt er een ruime recreatiezaal met aansluitend een profes-sionele keuken. Er zijn vijf slaapvertrekken en mooi sanitair. Samen met de mensen van De Zonnebloem kunnen er op de camping prachtige buitenfeesten georga-niseerd worden, eventueel gecombineerd met de groepsaccommodatie. Er worden rondleidingen gegeven met thema's als landschapselementen, waterzuivering en veestallen. Tevens open dagen over biolo-gische landbouw en oogstfeesten.

In de omgeving is een netwerk van fiets-paden, zoals de buurtschap-, natuur-, vlinder- en kastelenroute. Ook vindt u hier volop wandelroutes, waaronder de Mondriaan- en Komrijroute. Het Woold-seveen is een heerlijk wandel- en fiets-gebied. Het Korenburgerveen, een nat komveengebied, is toegankelijk onder be-geleiding. Het Zwillbrocker Venn (D) heeft een flamingokolonie. In de omgeving zijn kruidentuinen, een brandweer- en een openluchtmuseum te bezoeken. Het wa-tersportgebied Hilgelo biedt mogelijkhe-den voor zwemmen, surfen en kanovaren. Een excursie naar de kalksteengroeve is mogelijk; verder worden er dorpswande-lingen georganiseerd. Voor de liefhebber is er boekenstad Bredevoort met vele an-tiquarische boekhandels.

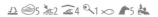 ⛲5 🏊2 🚲4 🎣1 🛶 🎣5 🚣

🏛 🛏5x, 🚐 22x, Prijs op aanvraag
⛺ Prijs op aanvraag

Route

🚗 Winterswijk 4 km. In Winterswijk Kottenseweg richting Oeding-Borken (D). 2 km buiten bebouwde kom direct na supermarkt rechtsaf Slingeweg in. Bordjes De Zonnebloem volgen.

🚌 Station Winterswijk, buurtbus (Mobimax) naar accommodatie. Minstens een uur van te voren be-stellen, tel. 0800-765 43 21.

WINTERSWIJK (KOTTEN)

Boerderijcamping 't Diekshoes
Ingrid Hochstenbach
Burloseweg 23,
7107 AP Winterswijk (Kotten)
T 0543-56 37 66
E diekshoes@planet.nl
W www.diekshoes.nl
 nl, de, fr, uk

Open: hele jaar ⛺ 15 mrt-31 okt (RES)
verplicht [🛏]

Boerderij en omgeving

De milieuvriendelijke woonboerderij stamt uit het begin van de twintigste eeuw en is prachtig en stil gelegen aan een doodlopende zandweg tegenover een beschermd natuurgebied. Vanuit de camping ziet u het voor de Achterhoek zo typerende coulisselandschap. Er is wat kleinvee zoals schapen en kippen.
Op de ruime autovrije kampeerweide, zonder vaste plaatsen, is plek voor 15 tenten/caravans. Achteraan het kampeer-gedeelte staan twee houten vierpersoons woonwagens. Grenzend aan de boerderij staan een oude varkensschuur en scha-penstal. Deze zijn verbouwd tot twee comfortabele en royale vakantiewonin-gen met tuin, voor maximaal drie en acht personen. Beide huizen kunnen afzonder-lijk, maar ook samen gehuurd worden. Binnen treft u een boerse sfeer o.a. door de ouderwetse plavuizen, boerendeuren en -kasten. Doorkijkjes door originele stalramen en de intact gelaten houten binten en plafonds geven de ruimtes een romantische en oorspronkelijke uitstra-ling. Bij de woonwagens en het grote va-kantiehuis staat een vuurkorf, waarin een kampvuur gemaakt kan worden; op de kampeerweide is een centrale plaats voor een kampvuur. Voor de kampeerders is er nieuw sanitair gebouwd op het erf. Auto's worden op een apart terrein geparkeerd.
In de omgeving zijn veel biologische boer-derijen te bezichtigen. Er is een netwerk van fietspaden, zoals de buurtschap-, natuur-, vlinder- en kastelenroute. Het Wooldseveen is een heerlijk wandel- en fietsgebied. Het Zwillbrocker Venn in Duitsland heeft een meeuwen- en flamin-gokolonie. In de omgeving zijn een aantal kinderboerderijen, kruidentuinen, een brandweer- en een openluchtmuseum. Voor de liefhebber is de antiquarische boekenstad Bredevoort een aanrader. Bij Hilgelo zijn vele watersportvoorzienin-

gen. U kunt een excursie naar de kalksteengroeve maken en er zijn ca 18 wandelroutes, waaronder de Mondriaan- en Komrijroute.

⚒ ⚓ ⚔ 🏊 7 🏊1 ⛵7 🎣1 🚣7
⛵7 🏄7 🚤5 🛶7 🚵

🏠 2x, ♿ 10x, hpw € 170-230-350-510
🅰 🏕, pppn € 3, ptpn € 2, pcpn € 2

Route

🏛 Winterswijk, 7 km SE. Vanaf Winterswijk rondweg N319 richting Aalten. Afslag richting Borken (D), Kottenseweg volgen en tegenover café Schreurs en voetbalveld rechtsaf. Op kruispunt links, dan 2 km rechtdoor. Na bordje Erve-Oossink rechts maakt weg scherpe bocht naar rechts. Hier rechtdoor doodlopende weg in en 2de boerderij links.

🚂 Trein naar Winterswijk. Daar regiotaxi nemen (minstens 1 uur te voren reserveren, 0800-765432). Tegen vergoeding haalt eigenaar u van station.

WINTERSWIJK (MEDDO)

Poelhuis
Fam. Tiggeloven
Poolserweg 3,
7104 DC Winterswijk (Meddo)
T   0543-56 92 46
F   0543-56 97 03
E   poelhuis@wxs.nl
W www.poelhuis.nl
💬 nl, uk, de

Open: 1 apr-1 nov 🌱 ® ♿ [🏠]

Boerderij en omgeving

Het Poelhuis is een gemeentelijk monument: van de boerderij werd reeds in 1319 melding gemaakt in historische documenten. Het huidige hoofdgebouw dateert van 1700. Op dit voormalige melkveebedrijf van 20 ha vindt u nu natuurvriendelijk beheerde akkers, hooilanden en extensief grasland, begraasd door paarden en

koeien. Het terrein straalt een vriendelijke sfeer uit.

Bij het autovrije kampeerterrein met 15 staplaatsen treft u in de schuur, op de plek van de vroegere jongveestal, een fraaie recreatieruimte. Hier vindt u naast de krant en een groot aantal (vak)tijdschriften, allerlei informatie over de omgeving. In de schuur zijn ook de sanitaire voorzieningen, waaronder een aangepaste badkamer voor rolstoelgebruikers. Water wordt met een zonneboiler verwarmd. Ook is er een keuken met wasautomaat en kookgelegenheid voor de kampeerders. Alle ruimten zijn verwarmd. Op afspraak vinden er voor groepen rondleidingen plaats met uitleg over de bedrijfsvoering, de aangelegde natuurelementen zoals de kikkerpoelen en vleermuizenkelder en over agrarisch natuurbeheer. Er zijn weinig speelmogelijkheden voor kinderen.

De boerderij is gelegen in een oud hoevelandschap met in de omgeving (ook in Duitsland) vele recreatiemogelijkheden. In de omgeving zijn veel biologische boerderijen te bezichtigen. Er is een netwerk van fietspaden, zoals de buurtschap-, natuur-, vlinder- en kastelenroute. Ook vindt u hier volop wandelroutes, waaronder de Mondriaan- en Komrijroute. Het Wooldseveen is een heerlijk wandel- en fietsgebied. Het Korenburgerveen, een nat komveengebied, is toegankelijk onder begeleiding. Het Zwillbrocker Venn heeft een flamingokolonie. In de omgeving zijn kinderboerderijen, kruidentuinen, een brandweer- en een openluchtmuseum te bezoeken. Het watersportgebied Hilgelo biedt mogelijkheden om te zwemmen, surfen en kanovaren. Er zijn excursies naar de kalksteengroeve en er worden dorpswandelingen georganiseerd.

⚔ ⚓ 🏊2,5 🏊6 ⛵5 🎣5 ⚒
🚣2,5 ⛵6 🏄2,5 🚤2,5 🚵

🅰 T 8x, ♿ 7x, pppn € 4, ptpn € 3, pcpn € 4

Route

🏛 Winterswijk, 5 km E. Vanaf Groenlo of Aalten naar rotonde Winterswijk. Nabij hotel Frerikshof richting Meddo. Bij rotonde nieuwbouwwijk De Rikker richting Hilgelo-Meddo. 100 m voor dorp

Meddo bij bord Poelhuis rechts. Na 2 km opnieuw rechts bij bord.

🚌 Trein naar Winterswijk. Daar buurtbus (Mobimax) naar accommodatie. Minstens een uur van te voren bestellen, tel 0800-765 43 21. Ook fietsverhuur op station.

WINTERSWIJK (WOOLD)

Boerderij Brömmels
Ellen & Bert Kots
Meerdinkweg 5,
7108 BJ Winterswijk (Woold)
T   0543-56 45 18
E   info@brommels.nl
W www.brommels.nl
💬 nl, uk, de

Open: 1 apr-1 nov 🌱 ®

Boerderij en omgeving

De boerderij is gelegen tussen eikenbossen in een eeuwenoud hoevelandschap met bochtige weggetjes, bossen, vanen, singels en houtwallen met bijzondere flora en fauna. De familie woont al 350 jaar op deze plaats. De boerderij is een traditioneel kleinschalig en gemengd bedrijf. Op het land vindt u onder andere meidoornhagen en hondsrozen. Het afvalwater wordt gefilterd op rietvelden. Op de boerderij zijn zuivelproducten en, afhankelijk van het seizoen, aardappelen, vlees en fruit te koop.

De camping heeft 35 plaatsen met uitgebreide voorzieningen. Er is een gemeenschappelijk huisje waar kampeerders gebruik van kunnen maken. Ook kunt u een woonwagen en een trekkershut huren. Het verzorgen van maaltijden voor groepen is mogelijk.

In de omgeving zijn veel biologische boerderijen te bezichtigen. Er is een netwerk van fietspaden, zoals de buurtschap-, natuur-, vlinder- en kastelenroute. Fietsen huren is mogelijk op 3 km afstand. Ook vindt u hier volop wandelroutes, waaronder de Mondriaan- en Komrijroute. Het Wooldseveen is een heerlijk wandel- en fietsgebied. Het Korenburgerveen, een nat komveengebied, is toegankelijk onder begeleiding. Het Zwillbrocker Venn (D) heeft een flamingokolonie. In de omgeving zijn kruidentuinen en een brandweer- en een openluchtmuseum te bezoeken. De recreatieplas Hilgelo biedt mogelijkheden voor zwemmen, surfen en kanovaren. Een excursie naar de kalksteengroeve is mogelijk; verder worden er dorpswandelingen georganiseerd. Voor de liefhebber is er het boekenstadje Bredevoort met vele antiquarische boekhandels.

🛖 🏕 ♨ 🚴 🌊7 🏊3 🚣7 🎣2
🛶4 🎣3 🏕

🏕 🏕, pppn € 1,90, ptpn € 1,45, pcpn € 1,85

Route
🅰 Winterswijk, 7 km S. Rondweg Deventer Zuid, afslag Woold. Na bakkerij Berenschot 1e asfaltweg links, dan 1e asfaltweg rechts en 2e huis links.
🚌 Met trein naar Winterswijk. Daar buurtbus (Mobimax) naar accommodatie. Minstens uur van te voren bestellen (0800-765 43 21). Ook kunt tegen een kleine vergoeding worden afgehaald.

YSSELSTEYN
De Pionier
Conny Janssen
Deurneseweg 160, 5813 AC Ysselsteyn
T   0478-54 15 84
F   0478-54 16 52
M   06-255 188 08
E   info@vakantieboerderij-depionier.nl
W   www.vakantieboerderij-depionier.nl
🗨 nl, uk, de

Open: hele jaar ⛰ 15 mrt-1 nov 🚲 (RES) verplicht 🅿 ✖ 🐕

Boerderij en omgeving
De naam De Pionier heeft betrekking op de ontginning van dit stukje Peel in het verleden. Het boerenbedrijf bestaat uit 13,5 ha biologische akkers en groenteteelt. De eigenaren vertellen u graag meer over hun bedrijf. Er worden ook bijen gehouden. De accommodatie is zeer kindvriendelijk.

De Pionier beschikt over een vakantiehuis voor 4 tot 14 personen en een vakantieboerderij voor maximaal 20 personen, voorzien van open haard. Beide zijn modern ingericht en kunnen worden gehuurd als vakantiehuis en op basis van logies met ontbijt. Het Pioniershuis is op te delen in twee appartementen voor zeven personen met elk een eigen woonkamer en sanitair. Er is ook een kampeerterrein met 15 ruime plaatsen. Hier kunt u eventueel een vierpersoons caravan huren. Huisdieren mogen in overleg mee, maar nooit op de kamer.

Via een uitgezet wandelpad kunt u alle biologische gewassen bekijken die hier verbouwd worden. Het bos is vlakbij; vanaf het zandpad nog geen 500 meter. Nationaal Park De Peel is een prachtig gebied om te wandelen en te fietsen. Dit stuk Limburg is namelijk vlak. Op 5 km vindt u geitenkaasmakerij De Bokkensprong. Ook de kasteeltuinen in Arcen, het Toverland in Sevenum en het Peelmuseum in Ysselsteyn zijn het bezoeken waard.

🛖 🏕 ♨ 🚴 🌊7 🏊7 🚣7 🎣1
🎣2 🛶15 🎣8 🛖1,5 🛶6 🏕

🛏 12x, 🚪 33x, 1ppn € 35, 2ppn € 25 B&B
🏠 2x, 🚪 26x, Prijs op aanvraag
🏨 🛏12x, 🚪 33x, Prijs op aanvraag
🏕 🏕, pppn € 2,50, ptpn € 3, pcpn € 4

Route
🅰 7 km ZW van Venray, 1 km van Ysselsteyn. A73, af-

slag Helmond-Venray N270. Bij km-paal 31,7 afslaan, na 300 m boerderij.
🚆 Trein naar Venray-Oostrum. Daar treintaxi. Of bus 27 vanaf Venray, Helmond of Deurne, halte vlakbij.

ZELHEM
Landgoed 't Zand Hattemer Oldenburger
Emma A. de Fremery
Berkendijk 4, 7021 HE Zelhem
T   0314-62 53 78
M   06-234 603 85
🗨 nl, uk, de, fr

Open: hele jaar

Landgoed en omgeving
Midden in het bos ligt Landgoed 't Zand Hattemer Oldenburger. Op unieke wijze kunt u hier de pure essentie van het kamperen beleven; alleen omringd door natuur, eindeloze ruimte, privacy en een weldadige rust.

Op het landgoed bevinden zich zeven aparte kampeervelden. Bij de receptie is een kaart van alle terreinen beschikbaar, de terreinen liggen namelijk kilometers uit elkaar en ver van verharde weg. Er is een droogtoilet of u gaat met een schopje het bos in. Een warme douche is mogelijk bij de naburige sporthal De Veldhoek (tegen betaling). Er zijn wel overal watertappunten. De gasten die het landgoed bezoeken zijn veelal fietsers, lezers en rustzoekers; mensen die de dagelijkse beslommeringen achter zich willen laten. Zelhem is een natuurkampeerterrein en de Natuurkampeerkaart is daarom verplicht.

Wandelen kunt u op het landgoed en in de omgeving. Er zijn tientallen kilometers opengestelde zandpaden op het familielandgoed. Het gebied is zeer geschikt voor fietstochten naar bijvoorbeeld Ruurlo, Doetinchem en Hengelo. De camping ligt

dichtbij het Pieterpad. In de buurt kunt u
een fiets huren.

≋6 ᖛ2

⌂ 2x, ♬ 14x, Prijs op aanvraag
✕ T 30x, ⌂ 30x, ⍍, Prijs op aanvraag

Route

⚠ 12 km van Doetichem, 4 km van Zelhem. Tussen Zelhem en Ruurlo, N315, afslag restaurant
't Wolfersveen, dan verharde zandweg volgen
(Berkendijk).
🚂 Station Doetichem of Ruurlo. Bus 23 van Doetichem naar Borculo.

D
PL

Duitsland

Het Duitse landschap is bijzonder gevarieerd. In het noorden, ten zuiden van de Noord- en Oostzee, bevindt zich de grote Noord-Duitse laagvlakte, terwijl het midden en zuiden gekenmerkt worden door heuvels en bergen (Middengebergte, Voor-Alpen). Het hoogste punt is de Zugspitze in de Beierse Alpen (2.963 m), het laagste punt Neuendorf bei Wilster in Schleswig-Holstein (-3,54m).

In de oostelijke Länder vindt u prachtige, authentieke rivierlandschappen. U kunt langs de Spree fietsen via de Spree-Radweg en in het Nationalpark Unteres Odertal, dat zich 60 kilometer langs de Oder uitstrekt, vindt u een ongetemde rivier met veel levende en dode rivierarmen, graslanden en moerassen met o.a. elzen- en essenbos.

Een prachtig natuurreservaat, ook in Mecklenburg-Vorpommern, is het Müritz Nationalpark, een merengebied dat geschikt is voor watersport en een paradijs is voor vogelaars. De Duitse middelgebergten, zoals de Eifel, de Hunsrück, de Harz, het Teutoburgerwoud, het Thüringerwoud vormen rustige, bosrijke decors voor lange wandelingen. De Kandel Höhenweg vindt u in het Zwarte Woud en de Glassstrasse in het Beierse Woud. In de streek van het Altmühltal zijn beekjes, karstbronnen en meertjes. Met zijn 298 km² vormt dit gebied het grootste natuurpark van Duitsland. In het uiterste zuiden van Beieren beginnen de Alpen. De grote meren die u daar vindt, zoals de Bodensee, de Chiemsee en de Ammersee zijn oude gletsjerbeddingen. De Deutsche Alpenstrasse (450 km lang) voert de wandelaar door de Allgäuer Alpen, de Ammergauer Bergen en het Wettersteingebergte.

Accommodaties

In deze gids vindt u met name logeeraccommodaties, kampeerterreinen zijn in aantal in de minderheid. Alle accommodaties zijn verbonden aan een gecertificeerde biologische boerderij. Relatief veel boerderijen bevinden zich

in het voormalige Oost-Duitsland en in zuidelijk Beieren. In het algemeen stellen de Duitse boeren het op prijs wanneer u van tevoren reserveert. Dikwijls geven zij de voorkeur aan mensen, die wat langer blijven: bijvoorbeeld een week of een midweek.

(Biologische) landbouw

Duitsland heeft een productieve landbouw, die in meer dan drie-kwart van de Duitse behoefte aan agrarische producten voorziet. De mechanisatie is in de bedrijfsvoering sterk doorgedrongen. Driekwart van de landbouwbedrijven is coöperatief georganiseerd. De bedrijfsvoering van de gespecialiseerde kippen-, varkens- en rundermesterijen is zeer efficiënt. De hoofdproducten van de akkerbouw zijn granen, aardappelen, suikerbieten, fruit, groente en wijn. Bijna 7% van het akkerland is braakliggend terrein, dat in het kader van het Europese landbouwbeleid uit de productie genomen werd. In totaal zijn er in Duitsland 372.400 boerderijen.

In vergelijking met 1991 verdubbelde het aantal landbouwbedrijven in de oostelijke deelstaten in 2003 tot 27.936, terwijl de gemiddelde bedrijfs-grootte daalde van 346 ha tot 199 ha. De omgekeerde ontwikkeling deed zich voor in de westelijke deelstaten, waar het aantal bedrijven afnam, maar de bedrijfsgrootte toenam (van 22,1 ha tot 31,7 ha).
Begin 2004 werkten in Duitsland 16.476 bedrijven, 4,3% van het totale landbouwareaal, op biologische wijze. Bijzonder hoog ligt het percentage biologische landbouw in Brandenburg (9%), Mecklenburg-Vorpommern (8%), Hessen (7,4%) en Saarland (6,1%). Ter vergelijking: in de EU wordt 3,4% van

de voor landbouw gebruikte oppervlakte biologisch bebouwd (2003).

Biologische producten herkent u in Duitsland aan het Öko-Prüfzeichen.

Natuur(bescherming)

Bijna eenderde deel van Duitsland is met bos bedekt. Op plaatsen waar men bomen kapt is men wettelijk verplicht nieuwe bomen te planten. Toch is de toestand van de Duitse bossen niet optimaal. Een kwart van het bosareaal is aangetast door zure regen. Daarnaast bestaat een groot gedeelte uit boomplantages met slechts één of twee soorten bomen (meestal sparren) die allemaal even oud zijn. Zelfs semi-natuurlijk bos is er bijna niet meer. Ook is het aandeel van bossen met een beschermde status bijzonder klein. Op de European Forest Scorecards van het Wereld Natuurfonds wordt Duitsland voor zijn bosbeheer dan ook laag gewaardeerd.

Het land kent o.a. de volgende predicaten voor beschermde natuurgebieden of landschappen: Naturschutzgebiet, Landschaftsschutzgebiet, Naturpark en Nationalpark. Er zijn 14 biosfeer-reservaten en 15 nationale parken

en meer dan 90 natuurparken. De Duitse Waddenzee alleen al bestaat uit drie nationale parken. Andere grote parken in de westelijke Länder zijn het Nationalpark Berchtesgaden (grenzend aan Oostenrijk) en het Beierse Woud (grenzend aan Tsjechië).

De hereniging van Oost- en West-Duitsland in 1990 heeft de natuurgerichte vakantieganger nieuwe bestemmingen opgeleverd. In het voormalige Oost-Duitsland bleken vele, bijna ongerepte natuurgebieden te liggen, die nu voor meer mensen bereikbaar zijn geworden. De meeste nationale parken en natuurparken liggen dan ook in de oostelijke Länder. Omdat de economische ontwikkeling daar achterbleef bij die in West-Duitsland, zijn vele streken relatief ongerept gebleven. Wel was de milieuvervuiling er een stuk ernstiger. Na de 'Wende' kregen deze relatief uitgestrekte gebieden een beschermde status. Ze vormen het domein van o.a. zwarte ooievaars, bevers en otters. Ook komen er nog zeearenden, visarenden en kraanvogels voor. De wisent en de oehoe zijn in Duitsland opnieuw uitgezet.

D
PL

HERSCHEID

Gärtnerhof Kiesbert
Bärbel & Ulrich Pieper
Kiesbert 8, 58849 Herscheid,
Nordrhein-Westfalen

T 02357-28 47
E ulrichbpiep@aol.com
W www.gaertnerhof-kiesbert.de
📞 de

Open: hele jaar ♥ (RES) verplicht [⊪]

Boerderij en omgeving

Dit familiebedrijf is 5 ha groot met bos, weilanden, akkerbouw en groente- en fruitteelt. Op het bedrijf zijn koeien, geiten, kippen, hazen, bijen, een ezel en een hond. Er wordt kaas gemaakt en honing. De vakantiewoning met bad, toilet en keuken bevindt zich in een bijgebouw op een rustige en zonnige plek. De woning biedt plaats aan 2-5 personen, minimaal verblijf is twee nachten. De woning is voorzien van keuken, badkamer met bad en douche, TV en open haard. U kunt gebruik maken van een wasmachine. Ontbijt is apart verkrijgbaar en indien gewenst kunnen vegetarische maaltijden geserveerd worden (er wordt rekening gehouden met dieetwensen). Producten van het eigen bedrijf zoals geitenkaas, melk, eieren, groenten, aardappelen, honing en vleeswaren worden in de boerderijwinkel verkocht. Voor kinderen kan een oppas geregeld worden en er zijn voor hen onder andere een zandbak, klimrek, hooizolder en schommels. Bovendien kunnen kinderen rijden op de ezel. Gasten kunnen meehelpen met werk op het veld, in het bos en in de stal en er worden rondleidingen over de boerderij gegeven. Er is een tafeltennistafel en ander sportmateriaal aanwezig.
De boerderij ligt aan de rand van een klein dorp in Natuurpark Ebbegebirge. In de omgeving zijn diverse gemarkeerde wandel- en fietsroutes. Kaarten zijn beschikbaar. U kunt zwemmen in het stuwmeer (3 km), een buitenbad (3 km) of een binnenbad (13 km). Ook kunt u tennissen (5 km) of een cursus volgen in werken met vilt. Wintersport: sleeën en skiën direct voor de deur. In de omgeving worden regelmatig festiviteiten georganiseerd zoals het paasvuur, een kermis, schuttersfeesten en het festival Balver Höhle. Aanraders zijn verder Europa's grootste druipsteengrot in Attendern (15 km), een educatieve bosroute, diverse monumenten, uitkijktorens, de burcht Altena en een openluchtmuseum (ca 30 km).

♨ ⚑ ⚒ ⚓ 🌊3 ⚓3 ⚓13 ⚓5 🚩2 ✳1,5

⌂ 1x, 🛏 5x, hpw € 315

Route

🅰 60 km NO van Keulen. A45 afslag Lüdenscheid-Süd, dan richting Östertalsperre tot Herscheid. Bij verkeerslicht rechts richting Meinerzhagen-Valbert. Na 1 km links naar Östertalsperre en na 2 km rechts in Kiesbert, het huis is met klimop begroeid.
🚆 Trein tot Plettenburg (15 km), dan bus naar Herscheid (3 km). Afhaalservice indien gewenst.

ISERLOHN

Biolandhof Ohler Mühle
Hermine & Uwe Deckert
Ohler Weg 45, Hennen, 58640 Iserlohn,
Nordrhein-Westfalen

T 02378-23 33
F 02378-86 95 20
E biohof.deckert@web.de
W www.ferienkurse-landwirtschaft.de
📞 de

Open: 1 mrt-30 nov ♥ [⊪]

Boerderij en omgeving

Op deze biologische boerderij in het Sauerland kunnen jongeren van 10-14 jaar kennismaken met de landbouw. Er worden speciale cursussen gegeven voor het werken met landbouwmachines. Op ca 100 ha worden granen en aardappels verbouwd en koeien en kippen gehouden. Voor de gasten zijn er twee driepersoonskamers beschikbaar op basis van logies en ontbijt en er is een vakantiehuis voor max. zeven personen. Bij de gastenkamers bevinden zich een gemeenschappelijke ruimte, een eethoek en een keukentje. Het vakantiehuis (70 m²) beschikt over twee slaapkamers, keukentje met koelkast, badkamer en wc. De maaltijden worden bereid uit verse biologische producten en zijn naar wens vegetarisch. In de boerderijwinkel worden verse producten van de boerderij (fruit, groenten, zuivel en vlees) en andere levensmiddelen te koop aangeboden. Dichtbij de accommodatie stroomt het riviertje de Ruhr. Er worden kano's uitgeleend en tochten georganiseerd. Op 1 km van de accommodatie bevindt zich een restaurant.
Hennen ligt in de Märkische Kreis, het noordelijk deel van Sauerland. Het landschap is er heuvelachtig. In de omgeving zijn diverse druipsteengrotten te bekijken, zoals bijvoorbeeld de Dechenhöhle in Letmathe en de Reckenhöhle en het Felsenmeer in Hemer. In Balve zijn er jaarlijks terugkerende Festspiele en worden regelmatig concerten gehouden. De langeafstandswandelroute Aachen-Paderborn komt hier langs.

♨ ⚑ ⚒ ⚓ ⚓4 ⚓3

🛏 2x, 🛏 6x, 2ppn € 46 B&B
⌂ 1x, 🛏 7x, hpw € 650

Route

🅰 18 km ZO van Dortmund. A1 ten zuiden van Dortmund, afslag Schwerte (B236). Richting Menden en voorbij Hennen op verkeerspleintje rechtdoor en na 1,2 km links (Ohler Mühle).
🚆 Neem trein of bus naar Hennen. U kunt afgehaald worden.

LANGLINGEN

Henneken Hüs
Heinz-Robert Miemert
Unter den Eichen 2, OT Hohnebostel,
29364 Langlingen, Niedersachsen

T   05082-12 88
M   05082-91 41 40
E   miemert@t-online.de
W   www.henneken-hus.de   **Bioland**
  de   ÖKOLOGISCHER LANDBAU

Open: hele jaar 🌱 ℞ℰ℠ verplicht ✖ 👤

Boerderij en omgeving

Historische vakwerkboerderij uit de 16de eeuw met 20 ha weidegrond waarop koeien en kalveren worden gehouden. Er is bovendien wat bos en er lopen IJslandse pony's, honden, katten en kippen rond. Het drinkwater wordt gereinigd middels een plantenfilter-installatie. De accommodatie ligt net even ten zuiden van het natuurgebied Südheide.

Er worden twee comfortabel ingerichte en van alle gemakken voorziene vakantiewoningen te huur aangeboden. Een is ruim van opzet en telt drie slaapkamers. Het andere is kleiner (32 m²) en geschikt voor voor twee personen. De woningen zijn voorzien van volledig ingerichte keuken met vaatwasmachine, open haard, satelliettelevisie en hifi-installatie. Het meubilair is van massief hout. Beddengoed kunt u huren of zelf meenemen. Er is allerlei speelgoed voor de kinderen en een speelruimte. Sportmateriaal wordt uitgeleend en op zomeravonden kunt u genieten van een kampvuur. Een wasmachine bevindt zich in een aparte ruimte. Verse melk, eieren en rundvlees zijn te koop, u kunt een groentepakket laten bezorgen en een levensmiddelenwinkel bevindt zich op drie km van de accommodatie.

In de omgeving vindt u prachtige dorpjes en stadjes met veel oude vakwerkhuizen, kloosters, kastelen en diverse musea. Er worden regelmatig concerten en ambachtsmarkten georganiseerd. Het 13de-eeuwse cisterciënzerklooster Wienhausen (10 km) is het belangrijkste middeleeuwse complex van Noord-Duitsland en zeker een bezoek waard. Fietsen kunt u eindeloos over boerenweggetjes en kanovaren is mogelijk via een uitgebreid stelsel van waterwegen. Er zijn diverse wildparken en recreatieparken. Tochten met paard en wagen, boottochten, kegelen, ballonvaarten, paragliding en golf behoren ook tot de mogelijkheden.

🎣 🛶4 🐎2 🌲 🚲25 🚤 🏇3

🏠 2x, 🛏 8x, hpw € 259-392

Route

🚗 50 km O van Hannover. A2 bij Hannover-Kirchhorst, dan A37 richting Hamburg/Celle. Na 8 km afslag Burgdorf richting Gifhorn (B188). Bij kruising met B214 links naar Brökel en aan het begin van Brökel links richting Langlingen, vervolgens Hohnebostel aanhouden. Na het plaatsnaambord ligt de accommodatie rechts.

🚆 Trein naar Celle, Gifhorn of Meinersen, waar u afgehaald kunt worden.

VAHLDE

Holderhof
Gernot von Beesten
Auf der Worth 34, OT Riepe,
27389 Vahlde, Niedersachsen

T   04267-775
F   04267-82 43
E   holderhof@dgn.de
  de   **demeter**

Open: hele jaar 🌱 H 70m ℞ℰ℠ verplicht ✖ 👤

Boerderij en omgeving

Een paardensportboerderij gelegen aan de rand van een dorpje even ten noorden van de Lüneburger Heide, tussen Hamburg en Bremen. De boerderij is 60 ha groot en bestaat uit weilanden en akkerland. Er wordt gewerkt volgens de principes van de biologisch-dynamische landbouw. Er worden voornamelijk granen en voedergewassen geteeld. Daarnaast worden er IJslandse pony's, koeien, bijen en een paar varkens gehouden.

Voor gasten is er een houten blokhut te huur met drie slaapkamers, terras, open haard, douche, wc, keuken, telefoon, grote tuin, kinderbedje en -stoel en commode. Voor beddengoed kan worden gezorgd. De blokhut staat op 200 m van de boerderij. Er is een boerderijwinkel waar men groenten, aardappels en andere levensmiddelen kan kopen. Speciaal geschikt voor gezinnen met kinderen. U kunt hier (heilpedagogisch) paarddrijden (gastpaarden welkom), er worden fietsen verhuurd en u kunt er tafeltennissen. Vuurplaats en barbecueplek aanwezig. Op de boerderij vinden af en toe theateruitvoeringen, concerten en lezingen plaats. Op 500 m kunt u zwemmen en vissen, op 12 km tennissen en op 8 km afstand is een openluchtzwembad. Er mag op de hele accommodatie niet gerookt worden. Minimaal twee overnachtingen.

Het landschap in de omgeving is afwisselend met tamelijk veel bos. Een dun bevolkt gebied met veel heidevelden en hunebedden. Interessant is het weer onder water gezette veengebied Ekelmoor. Het kunstenaarsdorp Worpswede ligt op 25 km. Verder zijn er verschillende kleine musea, een wildpark (4 km) en het recreatiepark Soltau (40 km).

🚲 🚴 🏇 🚲8 🏊18 🐎12 🛶4

🏠 1x, 🛏 6x, hpw € 504

Route

🚗 60 km O van Bremen, 4 km van Lauenbrück. A1 afslag Rotenburg, B75 volgen, afslag Lauenbrück. Voorbij Lauenbrück eerste links, en weer eerste links, in Riepe tweede straat tot einde en links het erf op.

🚆 Trein naar Lauenbrück (4 km). U kunt kosteloos afgehaald worden.

WITZENHAUSEN

Pension Hotze
Christine Hotze-Schaefer
Kasseler Landstraße 29, Carmshausen ,
37213 Witzenhausen , Hessen

T   05542-32 14
F   05542-68 52
E   christine.hotze@t-online.de
W   www.hof-carmshausen.de
🔴 de

Open: hele jaar   H 187m Ⓡ 🔽 ✖️
[🐎]

Boerderij en omgeving

Een vrijstaande ruitersportboerderij midden in het beschermde natuurgebied Meißner-Kaufunger-Wald. Naast paarden worden er ook ezels, pony's, koeien, varkens, eenden en kippen gehouden (waaronder bedreigde soorten). Elektriciteit wordt middels waterkracht opgewekt. Daarnaast is er een grijs water-systeem en zijn er zonnecollectoren in gebruik.

Er zijn drie eenpersoons- en vijf tweepersoonskamers, plus drie kamers voor meer dan twee personen. Alle kamers zijn voorzien van eigen douche / bad, wc, telefoon, balkon en open haard. Er is een eetkamer en een tweede collectieve ruimte. Daarnaast zijn er vijf vakantiehuizen te huur. Het kleinste met twee slaapkamers is geschikt voor 2-4 personen, het grootste (70 m2) heeft twee slaapkamers en is geschikt voor 4-6 personen. Keuken aanwezig, telefoon, speelhoek voor de kinderen (reductie mogelijk op de prijs voor kinderen). Op de boerderij kunnen beginners en gevorderden (leren) paardrijden. Voor kleinere kinderen zijn er pony's. Gastpaarden zijn welkom en er worden tochtjes met paard en wagen georganiseerd. Als u van vissen houdt kan dat in de eigen forellenvijver of in de nabijgelegen beek. Voor de kinderen zijn er speeltoestellen en er kan worden getafeltennist. De tuin, de sauna en het solarium staan ter beschikking van de gasten. De eigenaren verkopen worst, eieren en jam van eigen makelij. In het 2 km verderop gelegen dorp zijn er levensmiddelenwinkels en restaurants. Voor 7 Euro per persoon verzorgen de eigenaren 's ochtends uw ontbijt en 's avonds een broodmaaltijd.

Witzenhausen (4 km) staat bekend als de kersenstad, in het voorjaar bloeien er in het Werradal ca 150.000 kersenbomen. In juli vindt het traditionele kersenfeest met kermis plaats. Door het dal van de Werra loopt een langeafstands fietsroute die verbonden is met een speciaal kunstproject. Witzenburg, Hann, Münden, Bad Sooden en Allendorf zijn fraaie stadjes met vakwerkhuizen en verder zijn de kastelen Ludwigstein en Hanstein het bekijken waard.

🦌 🎡 🚴 🏄 Ⓢ 🌊2 🏊4 🚣4
🔍4 🚣4 ⛷

🛏 11x, 🛋 24x, 1pkpn € 31, 2pkpn € 52
B&B
🏠 5x, 🛋 12x, hpw € 221-326

Route

🚗 30 km O van Kassel. Vanuit Kassel de A7 richting Göttingen nemen tot afslag Hedemünden en dan naar Witzenhausen, daar verder over de B 451. Boerderij ligt na 3 km links.

🚌 Met de trein naar Witzenhausen of met de bus naar Cramshausen. U kunt afgehaald worden.

CISMAR

Hof Klostersee
Gerlinde Nägel
demeter
Klosterseeweg 1, Grönwohldshorst,
23743 Cismar, Schleswig-Holstein
T 04366-517
F 04366-313
E klostersee@gmx.de
W members.aol.com/hofklostersee
de

Open: hele jaar H 0m (RES) verplicht

Boerderij en omgeving

Deze boerderij ligt vlakbij de Oostzeekust (Lübecker Bucht). Op 90 ha weilanden en akkerland worden melkvee, kleinvee, runderen, geiten en varkens gehouden. Er worden brood en zuivelproducten geproduceerd en verkocht. Bijzonder is de aanwezigheid van een plantenzuiveringsinstallatie en een aantal seniorenwoningen.

Voor de gasten zijn er twee tweepersoonskamers met wastafel en gebruik van gemeenschappelijke douche en toilet. U kunt gebruik maken van een gemeenschappelijke ruimte, een keuken en telefoon. Daarnaast zijn er in een voormalig arbeidershuis op 300 m van de boerderij vijf vakantiewoningen te huur voor 4 tot 6 personen, elk met twee slaapkamers, in grootte variërend van 50 tot 60 m². Uitgerust met keuken, bad en douche, wasmachine en koelkast. Voor kinderen is een reductie op de prijs mogelijk. Er is een winkel met een compleet assortiment natuurvoeding en levensmiddelen van eigen makelij (zuivel, brood, meel, granen, vlees en worst). Er mag niet worden gerookt. Er is op de boerderij veel gelegenheid voor kinderen om te spelen (speelweide, zandbak, schommel, kleine dieren). Er zijn fietsen te huur en badmintonrackets. Als u wilt kunt u meehelpen in de stal, de bak-

kerij, de tuin of de kaaskelder. Kampvuurplek en barbecueplaats aanwezig. Buiten het seizoen kunnen er workshops worden gehouden (volpension mogelijk).

De boerderij ligt in het heuvelrijke Holstein. In de kuuroorden en badplaatsen in de omgeving vinden regelmatig concerten en andere uitvoeringen plaats. Het nabijgelegen Cismar is een kunstenaarsdorp met een klooster en natuurmuseum. Mogelijk is verder (zee)vissen, zeilen (4 km), en surfen (8 km) en 's winters kunt u skiën van de Bungsberg (15 km), het hoogste punt van Schleswig-Holstein. In Grömitz en Kellenhusen worden natuurexcursies georganiseerd.

2x, 4x, 1ppn € 26, 2pppn € 19
5x, 25x, Prijs op aanvraag

Route
20 km NO van Neustadt. A 1 richting Puttgarden, afslag Lensahn en rechts naar Cismar, in Cismar links de B 501 tot Grönwohldshorst. Eerste weg rechts na het dorp (Klosterseeweg), melden bij woonhuis links van de weg.
Per trein tot Neustadt/Holstein en dan de bus richting Dahme, uitstappen in Grönwohldshorst, ca 100 m doorlopen en rechts de Klosterseeweg 500 m inslaan. Afhalen op afspraak (van de bushalte gratis, van het station tegen geringe vergoeding).

GROSS GIEVITZ

Gutshaus Klein Gievitz
IOPARK
H. Stegmann
Klein Gievitz 5, 17192 Groß Gievitz, Mecklenburg-Vorpommern
T 039934-80 40
F 039934-80 48
E fewo-stegmann@t-online.de
W www.ferienhof-klein-gievitz.de
de, uk

Open: 1 feb-1 nov (RES) verplicht

Boerderij en omgeving

Bij dit vrijgelegen biologische bedrijf met landhuis behoort een areaal van ca 200 ha weidegrond. Het ligt in het beschermde natuurgebied de Torgelower See en is omgeven door bossen en velden. Men houdt koeien en kalveren en verder zijn er honden, katten, geiten, schapen en pony's. In overleg kunt u uw hond of paard meebrengen.

Alle vijf de vakantiewoningen hebben een woonkamer, twee slaapkamers, waarvan een met stapelbed, tv, telefoon, wasmachine en een volledig ingerichte keuken. Desgewenst verzorgt men voor u een lekker boerenontbijt. Er worden dagelijks vers brood, eieren en wild (afhankelijk van het seizoen) verkocht. Een winkel en restaurant bevinden zich op 2 km en een natuurvoedingswinkel op 8 km. Voor de kinderen is er een speelplaats met onder andere schommels, zandbak en tafeltennistafel. Op de boerderij kunt u gratis fietsen lenen.

Er zijn wandelroutes uitgezet en ook wandelingen onder leiding van een gids zijn mogelijk. U kunt een ritje in een rijtuig maken, watersporten en zwemmen. In de buurt liggen het Nationalpark Müritz en het stadje Waren (ca 8 km). Ook de Mecklenburgische Seenplatte is interessant om te bezoeken. Tijdens het voor- en najaar zijn de trekkende kraanvogels en ganzen te bewonderen. In de omgeving zijn diverse kastelen, kerken, musea, een terrein met wisenten, de 1.000-jarige eiken van Ivenack en het Schliemann-museum. Muziekliefhebbers kunnen hun hart ophalen bij de Musikfestspiele Mecklenburg-Vorpommern en in de zomer zijn er verschillende concerten in de nabije omgeving.

D
PL

🏠 5x, 🏕 25x, hpw € 385-525

Route

📍 8 km NO van Waren (Müritz), 2 km NO van Groß Gievitz. In Waren de weg naar Gross Gievitz nemen, na 6 km rechts naar Klein Gievitz.

🚉 Trein tot Waren (Müritz, 8 km). Afhaalservice op verzoek en zonder kosten.

NEUENHAGEN

Opa's Bauernhof
Ina Genzer
Dassower Straße 26,
23942 Neuenhagen, Mecklenburg-Vorpommern
T 038827-304
F 038827-304
🌐 de

Bioland ÖKOLOGISCHER LANDBAU

Open: hele jaar ♥ ® 🐕

Boerderij en omgeving

Op deze biologische boerderij met een oppervlakte van 40 ha, gelegen dichtbij de Oostzeekust, wordt bewust in zeer geringe mate gebruik gemaakt van techniek. Paarden worden ingezet om de akkers te bewerken, verder is er grasland en wordt er fruit en groente geteeld. Men houdt runderen, varkens, schapen, paarden, konijnen en pluimvee.

Een vakantiewoning voor vijf personen wordt te huur aangeboden. De woning heeft douche, wc, een hoge stoel voor kleine kinderen en een eetkeuken met koelkast. Op de boerderij zijn tevens staanplaatsen voor tenten en caravans. Water en elektriciteit is aanwezig. Maaltijden dient men zelf te bereiden. Melk en fruit worden hier verwerkt tot boter, kaas, kwark en vruchtensap en dat alles is te koop. Een restaurant en een kruidenierswinkel zijn op 3,5 km afstand. Op de boerderij kan men meehelpen met de dagelijkse werkzaamheden. Kinderen kunnen meehelpen de dieren te verzorgen en te voeren. Een kampvuurplaats is aanwezig. Op de boerderij kunt u les nemen in paardrijden. Honden zijn op deze accommodatie niet toegestaan.

De hanzesteden Lübeck en Wismar zijn geliefde plaatsen voor een bezoek. Aan de dichtbij gelegen Oostzeekust kunt u op diverse manieren uw vakantie vormgeven; met een bezoek aan een dorp uit het Stenen Tijdperk of bezichtiging van graven van de Hunnen. Baden is uiteraard mogelijk in de Oostzee. Houdt u van wandelen? Dan zijn er diverse gemarkeerde wandelpaden in de omgeving.

🏠 1x, 🏕 5x, 1ppw € 91
🏕 ptpn € 5pcpn € 5

Route

📍 29 km van Lübeck. Neem de de B105 tot Dassow, daar richting Kalkhorst / Klütz, u bereikt Neuenhagen na ca 15 km.

🚉 Trein tot Grevesmühlen (23 km), afhalen na afspraak.

TEMPLIN

Gut Netzow
Anna Michel
17268 Templin, Brandenburg
T 03987-30 29
T 03987-547 24
E mail@gutnetzow.de
W www.gutnetzow.de
🌐 de

Bioland ÖKOLOGISCHER LANDBAU

Open: hele jaar ♥ H 60m ® 🐕

Boerderij en omgeving

Groot familiebedrijf liggend in een dorpje aan de oever van een meer. Sinds 1994 wordt er op 400 ha biologisch geboerd: bosbouw, akkerbouw en veehouderij. Het rundvlees wordt zelf verwerkt.

Twee ruime vakantiehuizen zijn te huur voor elk zes personen (drie slaapkamers). Gebruik van wasmachine, kinderbad, computer en internet op afspraak mogelijk. Natuurlijk is er een vuurplaats en een barbecueplaats en het gebruik van vier fietsen, een kayak en een roeiboot is bij de prijs inbegrepen. Verder zijn er speeltoestellen voor de kinderen, een tafeltennistafel en een volleybalveld. In de boerderijwinkel zijn vlees, eieren en wijn (Riesling) te koop. In het nabijgelegen dorpjeTemplin (7 km) vindt u restaurants en een supermarkt. Met name gezinnen met kinderen en senioren zijn hier welkom.

De boerderij ligt in het natuurgebied Uckermärker Seen met tal van bijzondere dieren en planten. Een ideale uitvalsbasis voor het maken van wandelingen en fietstochten door de waterrijke omgeving. Per kayak is het mogelijk een tocht te maken naar Templov of u kunt deelnemen aan een natuurexcursie (bevers!) onder leiding van een gids. Verder zijn een bezoek aan de kloostermolen Boitzenburg (15 km), de natuurtherm Templin en het industriemuseum Mildenberg interessant. Het biosfeerreservaat Schorfheide ligt op 35 km.

🏠 2x, 🏕 12x, hpw € 455-595

Route

📍 40 km ZO van Prenzlau. A10 Ring Berlin, afslag AS Mühlenbeck richting Liebenwalde en na 500 m rechts de L21 richting Liebenwalde, Wensickendorf. Deze weg 55 km volgen tot u arriveert in Templin en daar de richting Lychen aanhouden. Voordat u Templin uitrijdt, afslaan richting Netzow.

🚉 Vanuit Berlijn gaat er elk uur een trein naar Templin (8 km). Daarvandaan rijdt een bus tot op 100 m van de accommodatie.

WANGELKOW

Brenesselhof
Sabine Barkowsky & Frank Schubert
Dorfstrasse 6, 17440 Wangelkow,
Mecklenburg-Vorpommern
T   038374-803 80
F   038374-803 80
M   038374-555 74
E   post@brennesselhof.de
W   www.brennesselhof.de
de

Open: hele jaar ❦ ≈ wwoof H 10m (RES)
verplicht [⌂]

Boerderij en omgeving

Deze biologische boerderij is 60 ha groot en omvat akkers, weiden en wat bos. Er worden koeien, varkens, schapen, paarden en kippen gehouden en er zijn katten en honden. De boerderij wordt omgeven door velden en bossen. Bijzonder aan dit landschap zijn de kleine poelen en meertjes tussen de glooiende heuvels die na de laatste ijstijd zijn ontstaan.
Er is een appartement beschikbaar voor vier personen in het boerderijgebouw met eigen ingang, woonkamer, keuken, badkamer, composttoilet en kinderbadje. De camping ligt aan het meer. Er is een caravan te huur voor max. vier personen met koelkast, badkamer en kookmogelijkheid. Er worden melkproducten, brood en graan, groente, vlees en worst van eigen bedrijf verkocht. Deze boerderij is zeer geschikt voor gezinnen met kinderen. Minimaal verblijf is twee nachten.
Bij de boerderij liggen twee meertjes om te zwemmen, er is een zweethut en u kunt vissen in Lassan (vergunning noodzakelijk). Voor kinderen is er een speelveldje en een strand, badmintonrackets worden uitgeleend. Meewerken kan in de tuin, in de keuken, op het land of bij bouwwerkzaamheden. U kunt kijken hoe er gemolken wordt.

Er zijn fiets- en wandelroutes in de richting van Usedom, op de boerderij zijn kaarten aanwezig. Als er sneeuw ligt kunt u langlaufen. In de omgeving kunt u verder een bezoek brengen aan de landschappelijk fraaie Lassaner Winkel met diverse soorten culturele en artistieke activiteiten, het eiland Usedom (10 km), een langgerekt Oostzeestrand (40 km), het eiland Wollin in Polen (50 km), Swinemünde (40 km) of de stad Anklam met het Lilienthalmuseum (15 km). In Anklam en Greifswald bevinden zich nog diverse andere theaters en musea.

≋ ≋6 km ⌖14 km ≋6 km ⊛ ↰

⌂ 1x, ♪ 4x, hpw € 335
▲ T 8x, ⌐ 2x, ♨, pppn € 5, pcpn € 5

Route

🅰 15 km NO van Anklam. Vanaf Anklam de B110 richting het eiland Usedom tot Murchin, rechtdoor naar Lassan, na 4,5 km rechts naar Lentschow. Ca 300 m voorbij het dorp links, zandweg 2,9 km volgen en scherp rechtsaf slaan, na 300 m boerderij links.
🚂 Trein tot Klein-Bünzow (15 km) of tot Anklam. Dichtstbijzijnde bushalte Pinnow (6 km). U kunt afgehaald worden.

ZEMPOW

Ferienbauernhof Zempow 
Ulrike & Andreas Bergmann
Dorfstrasse 38, 16837 Zempow,
Brandenburg
T   033923-713 93
F   033923-713 95
E   ferienbauernhof-zempow@
    t-online.de
W   www.ferienbauernhof-zempow.de/
de

Open: hele jaar [⌂]

Boerderij en omgeving

Oude typische vierkantsboerderij in een zogenaamd Märkisch strandorp met weidegrond en akkerbouw. Er zijn schapen, varkens, paarden en kippen. Voor de energievoorziening wordt gebruik gemaakt van zonnepanelen en houtverwarming.
Er zijn drie vakantiewoningen te huur, één voor vijf personen en twee voor vier personen. Van november tot april (met uitzondering van de feestdagen) wordt een reductie van 30% op de prijs gegeven. De woningen zijn compleet ingericht met oude boerenmeubelen en voorzien van telefoon, internetaansluiting, vaatwasmachine en oven. Op verzoek wordt ontbijt voor u bereid. In het nabijgelegen dorp bevinden zich een levensmiddelenzaak (met biologische producten) en een galerie-café. Kinderen hebben hier alle ruimte om te spelen (speelgoed aanwezig) en er zijn knuffeldieren zoals ezel, pony's, konijnen, hond en katten. Oppas-service mogelijk. Ook is er sportmateriaal aanwezig (badminton, tafeltennis en kano's). In het dorp kunt u paardrijden en er zijn tal van gemarkeerde wandelpaden en veel watersportmogelijkheden in de directe omgeving. Infomateriaal ligt ter inzage.
Zempow ligt in het merenplateau van Mecklenburg (Ruppiner Land). Dit is een dunbevolkt landschap met veel bos en meertjes. Er komen hier en daar zeldzame dieren voor (zoals de visadelaar). Nationaal park Müritz is de moeite van het bezoeken waard. Bij kasteel Wredenhagen is een wildpark met inheemse diersoorten en worden valkendemonstraties gegeven (ook voor kinderen). 's Zomers vinden in kasteel Rheinsberg concerten plaats. In Wittstock kunt u middeleeuwse stadsresten bekijken.

⚓ ≋ ≋3 ⌖25 ↰

⌂ 3x, ♪ 13x, hpw € 385-455

Route

🅰 37 km N Neuruppin, 8 km van Flecken Zechlin. Vanuit Berlijn de A 24 tot afslag Neuruppin. Dan via Gühlen, Glienicke, Dorf Zechlin en Flecken Zechlin naar Zempow.
🚂 Trein naar Neuruppin, daar gaat een bus naar Flecken Zechlin en Zempow. Of met trein naar Mirov vanwaar u afgehaald kunt worden.

BLAUFELDEN

Ökoferienhof Retzbach GbR
Albert Retzbach

Naicha 7, 74572 Blaufelden,
Baden-Württemberg

T 07953-542
F 07953-542
E oekoferienhof.retzbach@web.de
W www.oekoferienhofretzbach.de
🔲 de

Open: hele jaar ❦ (RES) verplicht ♿

Boerderij en omgeving

Veelzijdige biologische boerderij van 50 ha met gesloten bedrijfskringloop. Er worden groenten en fruit verbouwd en koeien, kalveren, varkens, pluimvee en bijen gehouden. Ook is er een bos. De accommodatie heeft een aanbod gericht op welzijn, gezonde voeding en milieueducatie. Zo zijn er een biogasinstallatie, een grijs watersysteem en een houten ecohuis met zonnepanelen.

Er zijn vijf vakantiewoningen, drie in het ecohuis en twee in de boerderij. Alle woningen hebben eigen toilet, douche, woonkamer, terras en balkon. Een babytafel, kinderstoel en -bedje zijn voorhanden. De grootte van de woningen varieert van 55 tot 150 m2 en de groepsgrootte kan variëren van van 5 tot 20 personen. Verder is er een zogenoemd hooihotel waar maximaal 50 gasten kunnen overnachten in een eigen slaapzak. Voor hen is er een gemeenschappelijke ruimte, een keukentje, douche en wc. Het is ook mogelijk uw tent of caravan neer te zetten. Kampeergasten maken gebruik van de faciliteiten van het hooihotel. Voor alle gasten is er desgewenst ontbijt. In de boerderijwinkel worden brood, melk, vlees, worst, fruit, groente, honing en nog veel meer verkocht. Vegetarische maaltijden van bioproducten zijn verkrijgbaar indien van tevoren gereserveerd. Voor kinderen

zijn er speeltoestellen. Kinderopvang per uur mogelijk. Verder een barbecue- en kampvuurplek en u kunt een rondleiding krijgen door de boerderij. Er worden cursussen honingmaken, broodbakken en tuinieren aangeboden.

De boerderij ligt aan de rand van een dorp op 480 m hoogte. Een bezoek aan het middeleeuwse stadje Rothenburg en aan kasteel Langenburg is aan te raden, evenals aan het Freilands museum in Wackershofen. In Leofels en Rothenburg vinden regelmatig concerten plaats. Bij Gammesfeld is een recreatieplas. Verder is er in deze omgeving een uitgebreid netwerk van gemarkeerde wandel- en fietspaden (kaarten aanwezig). Op 2 km afstand bevindt zich een manege waar ook gastpaarden welkom zijn. U kunt paragliden en 's winters langlaufen.

👫 🎪 🚲 🏕 🎣 ⛲4 🎿3 ⛷6 🚣 🏔

🏠 5x, 🛏 22x, hpw € 392-584
🏨 🛏2x, 🛏 50x
⛺ T 6x, 🚐 6x, pppn € 1,5, ptpn € 13, pcpn € 13

Route

🚗 50 km O van Heilbronn. Op A6 Heilbronn-Nürnberg afslag Grailsheim en via B290 naar Blaufelden. Of op de A7 afslag Rothenburg.
🚆 Trein naar station Blaufelden (6 km). U kunt kosteloos afgehaald worden. Of bus van station naar Naicha, bushalte is 100 m verderop.

BREITNAU

Holzhof
Anita & Roland Hensler   **Bioland**
Bruckbach 22, 79874 Breitnau,   ÖKOLOGISCHER LANDBAU
Baden-Württemberg

T 07669-92 11 99
F 07669-92 11 35
E r.hensler@t-online.de
W www.holzhof-breitnau.de
🔲 de

Open: hele jaar 🌿 H 1030m ® ♿ [🐾]

Boerderij en omgeving

Biologische boerderij in het zuiden van het Zwarte Woud met een oppervlakte van 70 ha waarvan 30 ha bos. Er worden koeien, geiten en hazen gehouden en natuurlijk zijn er katten en een hond. Bijzonderheden zijn de houtsnipperverwarming en een installatie die energie terugwint uit melkwarmte.

Voor gasten zijn er drie vakantiewoningen te huur voor max. zes personen waarvan twee in een onlangs opgeleverd houten huis in traditionele stijl. De woningen tellen twee slaapkamers en beschikken verder over een sateliettelevisie, telefoon, een compleet ingerichte keuken inclusief vaatwasmachine en een balkon. Elke slaapkamer heeft eigen sanitaire voorzieningen. Er is een kinderbed en -stoel voorhanden. Voor de gasten is er verder een wasservice en internettoegang. Voor verse broodjes 's ochtends kan gezorgd worden. Eigengemaakte melk, boter, worst en dranken zijn op de boerderij te koop. Buiten zijn er diverse speelvoorzieningen. U kunt desgewenst meehelpen bij het voeren en melken van de koeien en toekijken bij het hooien en de verwerking van het hooi.

In de omgeving vindt u onder meer het Titimeer (12 km), de Wutachkloof en de Ravennakloof, het eiland Mainau in de Bodensee en de waterval bij Schaffhausen. Breng ook eens een bezoek aan het skimuseum in Hinterzarten of het koekoeksklokmuseum in Furtwangen. Bij de Schluchsee (25 km) bevindt zich een aqua-fun-centrum. Het langeafstandswandelpad Pforzheim-Basel komt hier voorbij. Klimrotsen zijn er in Todtnau (30 km). 's Winters kunt u langlaufen vanaf de boerderij en er is een skilift op 2 km.

🎣 ⛲15 🎿8 ⛷7 🏔3 ❄ 🚣

🏠 3x, 🛏 18x, hpw € 294-350

Route

🚗 35 km O van Freiburg, 7 km van Breitnau. A5 afslag Freiburg-Mitte. De B31 tot Hinterzarten en dan richting Breitnau. Deze weg volgen, bij pension Thurner nog 1 km doorrijden.

🚆 Vanaf Freiburg gaat er elk halfuur een trein naar Hinterzarten. Tot Thurner (1 km) rijdt een bus. U kunt kosteloos afgehaald worden.

BREITNAU

Rainhof
Maria & Otto Schuler
Einsiedel 40, Jostal, 79874 Breitnau,
Baden-Württemberg
T 07651-59 01
E rainhof@rainhof.de
W www.rainhof.de
📧 de

Open: hele jaar (RES) verplicht [🛏]

Boerderij en omgeving

Een biologische boerderij in het Schwarzwald op 920 m hoogte met koeien op 15 ha weidegrond. Over het terrein loopt een beekje, er is een grote groentetuin en een rozentuin. Elektriciteit wordt gewonnen uit waterkracht.

Er wordt een vakantiewoning aangeboden die plaats biedt aan 2 tot 5 personen. Oorspronkelijk was dit 100 jaar oude gebouw het deel van de boerderij waar de boer en zijn vrouw bleven wonen wanneer zij het bedrijf hadden overgedragen aan de jonge generatie. Er zijn drie slaapkamers, badkamer met ligbad en een keuken met zowel een houtkachel als elektrische verwarming. In de woonkamer staat een tegelkachel. In de boerderijwinkel zijn verse melk, eieren, boter, yoghurt en andere producten te koop en er kan gebruik worden gemaakt van een wasmachine. Voor de kinderen zijn er kleinere dieren, speelvoorzieningen en sportmateriaal. 's Winters kunt u op korte afstand van de boerderij langlaufen,

rodelen en skiën. Oppasservice (per uur) op afspraak mogelijk.

Vanaf de boerderij heeft u een prachtig uitzicht over het dal. Dichtbij de boerderij loopt een speciale panoramaweg en er zijn tal van mooie gemarkeerde wandelroutes in deze omgeving. Ook kunt u er prima fietsen. Bezienswaardigheden zijn onder meer het Titimeer, de Feldberg, de Wutachkloof en de watervallen van Freiburg. Uitstapjes zijn mogelijk naar de Bodensee, het eiland Mainau, de waterval in de Rijn, Colmar (met het altaar van Inselheim) en het recreatiepark 'Rust'. In de omliggende dorpjes worden regelmatig festiviteiten georganiseerd, zoals in Neustadt het jaarlijks terugkerende zomerfeest.

🏊8 🚣7 🎣10 🚵8 🏄7 🥾<10

🏠 1x, 🛏 5x, hpw € 217

Route

🚗 25 km ZO van Freiburg, 7 km N van Neustadt. Afslag Freiburg-Mitte, verder over B31 via Kirchzarten naar Titisee-Neustadt. Bij afslag West linksaf richting Heliosklinik, na ca 6 km ligt accommodatie bij hotel Josen.

🚆 Trein naar Titisee-Neustadt (7 km), dan bus via Höfenhof naar Breitnau. Afhalen van het station op afspraak mogelijk. Een bushalte ligt op 300 m, informeer naar de aankomsttijden.

EHRENBERG

Heufelder Hof
Karina & Claus Knacker
Wüstensachsen, 36115 Ehrenberg,
Hessen
T 06683-12 90
F 06683-91 91 14
E heufelder-hof@t-online.de
W www.heufelder-hof.de
📧 de, uk

Open: hele jaar ♥ H 650m (RES) verplicht [🛏]

Boerderij en omgeving

Vijf compleet ingerichte vakantiewoningen voor twee tot zes personen in een onlangs gerenoveerde 200 jaar oude boerderij op 650 meter hoogte in het Rhönreservaat. Het gebouw is op natuurvriendelijke wijze verbouwd met onder andere leemwanden en veel houten meubelen. U vindt er paarden, pony's, schapen, geiten, hangbuikzwijntjes, hazen, kippen en een hond.

Op het bedrijf zijn vlees en eieren verkrijgbaar. In het dorp is een kruidenier, op 12 km afstand is een boerderijwinkel en voor een natuurvoedingswinkel moet u naar de stad Fulda. Deze accommodatie is zeer geschikt voor gezinnen met kinderen. De huisjes hebben voorzieningen voor kinderen zoals kinderbedden en kinderstoelen, sommige hebben zelfs een wasmachine. Voor de kinderen zijn er onder andere een speeltuin met schommel, zandbak en tafeltennistafel en veel kleine dieren. De grotere kinderen, maar natuurlijk ook de volwassenen, zijn uitgenodigd om mee te helpen bij het voederen of drijven van de dieren.

De accommodatie ligt circa een kilometer van het dorp, terwijl het 35 kilometer westelijk gelegen Fulda de dichtstbijzijnde grote stad is. In de omgeving heeft u prachtige fiets- en wandelmogelijkheden. Het hoogveen van het Rhönreservaat biedt een unieke flora en fauna. U kunt in de buurt tennissen, minigolfen en vliegeren. Bezienswaardigheden zijn onder andere het informatiecentrum van het Rhönpark, een zweefvliegmuseum en de ruïne Ebersburg. Op wat grotere afstand zijn het oude klooster van Kreuzberg en het slot en de dom van Fulda de moeite van een bezoek waard. In de winter zijn er wintersportmogelijkheden.

🥾 ⛷ 🏊12 🚣1 🎣12 🍴1 🚵1 🏇1 ✳6

🏠 5x, 🛏 22x, hpw € 196-378

D
PL

**D
PL**

Route

⬛ 30 km O van Fulda, 1 km Z van Wüstensachsen. Op A7 afslag Fulda-Noord richting Dipperz (B27) tot Batten en dan via B278 naar Ehrenberg.

🚆 Trein via Fulda naar Gersfeld. Dan verder met de taxi. Afhalen mogelijk.

EICHSTETTEN

Biolandhof Rinklin
Anne & Friedhelm Rinklin
Hauptstrasse 94, 79356 Eichstetten,
Baden-Württemberg
T   07663-992 18
F   07663-997 24
E   rinklin.weine@t-online.de
W www.rinklin.de
🔊 de

Bioland ÖKOLOGISCHER LANDBAU

Open: hele jaar ♥ H 200m (RES) verplicht
🗙 🐾

Boerderij en omgeving

Een wijngoed van 5 ha waar al sinds 1955 kwaliteitswijnen worden gemaakt. Daarnaast wordt er wat fruit geteeld en er is een stokerij. Er worden wijn, sekt en likeuren van eigen makelij te koop aangeboden en er worden rondleidingen georganiseerd waarbij alle facetten van het wijn maken, inclusief het proeven ervan, worden belicht.

In 2000 zijn er twee vakantiewoningen gerealiseerd voor twee tot vijf personen in een nieuw gebouw gemaakt van natuurlijke materialen (hout en leem). Voor het interieur is overwegend gebruik gemaakt van natuurlijk hout. Er is een aparte ruimte met telefoon en internetaansluiting. Minimum verblijf is drie nachten. Voor broodjes in de ochtend

kan worden gezorgd. U kunt meehelpen bij de oogst. De gasten hebben de beschikking over een tuin en er is een kinderbed en groot gazon voor de kinderen om te spelen.

De accommodatie ligt aan de rand van een dorp pal naast velden met wijnranken. De omgeving is heuvelachtig. U bevindt zich dichtbij de Kaiserstuhl en niet ver van het Schwarzwald, de Elzas en de Vogezen. Op 4 km ligt een beschermd natuurgebied. Om de twee jaar wordt er in september in Eichstetten een groot wijnfeest gehouden. De stad Freiburg is zeker een bezoek waard en heeft een rijk cultureel aanbod. Een bekend attractiepark ligt hier 30 km vandaan. Voor wintersport zijn er tal van mogelijkheden in het Schwarzwald.

🏊5 ⬛4 🛶10 🚴4 ⛰5 ❄ 🥾

🏠 2x, 🛏 8x, hpw € 294-322

Route

⬛ 20 km NW van Freiburg, 3 km N van Bötzingen. Neem op de A5 afslag Teningen en dan de borden naar Eichstetten volgen.

🚆 Elk halfuur gaat er een S-bahn vanuit Freiburg, uitstappen halte Eichstetten (1,5 km). Afhalen op afspraak.

GENGENBACH

Klosterhof Abtsberg
Alexandra Sütterlin & Uli Hilscher
Auf dem Abtsberg 4 B,
77723 Gengenbach, Baden-Württemberg
T   07803-98 02 07
F   07803-98 02 08
E   suetterlin.hilscher@t-online.de
W www.klosterhof-abtsberg.de
🔊 de, uk

Bioland ÖKOLOGISCHER LANDBAU

Open: hele jaar ♥ H 250m (RES) verplicht
🗙 [🐾]

Boerderij en omgeving

Kloosterboerderij uit 1920, die tot 1997 door franciscaner nonnen werd beheerd, gelegen in het midden van het Zwarte Woud. De huidige eigenaren, een gezin met twee jonge kinderen, schakelden over op biologische land- en tuinbouw. Naast akkers en boomgaarden is er een veestapel met koeien, paarden en schapen en er zijn katten. Meewerken op het bedrijf (stal en tuin) mag. Voor serieus geïnteresseerden is het mogelijk om stage te lopen voor minimaal drie maanden.

Er wordt een vierpersoons vakantiewoning aangeboden met twee slaapkamers, keuken, badkamer, telefoon en voorzieningen voor kinderen. Een extra bed bijplaatsen is mogelijk. Op de boerderij worden melk, kwark, yoghurt, vlees en worst verkocht. Brood is verkrijgbaar bij de traditionele bakker die dagelijks langskomt, terwijl in het dorp Gengenbach twee kilometer verderop zowel een gewone supermarkt als een natuurvoedingswinkel te vinden zijn. Voor de kinderen zijn er speeltoestellen, een zandbak en een speelweide. Voor de grote mensen is er een kampvuurplek en een barbecue. Op de hele accommodatie mag niet gerookt worden. Er zijn huurfietsen. In overleg kunt u uw huisdier meenemen.

In de omgeving zijn vele bezienswaardigheden en culturele activiteiten en natuurlijk kunt u er heerlijk wandelen, fietsen en zwemmen in een meer. Op ca twee kilometer afstand kunt u ook zwemmen in een openlucht of overdekt zwembad. In een aantal dorpen in de omgeving worden wijnfeesten gehouden. Ook zijn er in de zomer optredens in het openluchttheater in het dorp. 's Winters kunt u in het 30 km verderopgelegen Hochschwarzwald wintersporten.

🚴 ✈ 🛶2 ⬛2 🛶2 ⛰2 ❄30 🥾

🏠 1x, 🛏 5x, hpw € 273

Route

⬛ 10 km ZO van Offenburg. Op A5 bij knooppunt Offenburg B3/B33 nemen tot Gengenbach. Hier richting Swaibach tot bushalte Hüttenbacher weg. Daar links (ca 1,5 km).

🚆 Trein via Offenburg naar Gengenbach. Afhalen na afspraak mogelijk.

HÖMBERG

Ferienhof Taunusblick
Hiltrud & Paul Linscheid
56379 Hömberg, Rheinland-Pfalz
T 02604-55 16
F 02604-65 59   **Bioland** ÖKOLOGISCHER LANDBAU
E ferienhof-taunusblick@t-online.de
W www.ferienhof-taunusblick.de
● de

Open: hele jaar ♥ H 360m ® [⛺]

Boerderij en omgeving

Geitenboerderij met eigen kaasmakerij en de grootste kudde vleesgeiten van Duitsland. De ca vierhonderd geiten worden ingezet voor het onderhoud van het landschap. Daarnaast zijn er koeien, paarden, ezels, pony's kippen, ganzen, varkens, konijnen en katten. Behalve kaas maken de eigenaren salami en andere worstsoorten.

Er worden vijf vakantiewoningen te huur aangeboden (min. verblijf drie nachten) van verschillende grootte. De woningen hebben badkamer, wc, keuken met vaatwasmachine en magnetron, televisie en telefoon. Er zijn speciale kindervoorzieningen aanwezig zoals een badje, kinderbed en -stoel. U kunt gebruik maken van een wasmachine. In de boerderijwinkel treft u behalve eigengemaakte producten een compleet assortiment natuurvoeding. Voor de kinderen zijn er op de boerderij verschillende kleine dieren, een speelveld, speeltoestellen, een speelhut, een tafeltennisstafel en ander sportmateriaal voorhanden. Informatie over de omgeving is aanwezig en wordt uitgeleend.

De boerderij ligt op een zuidhelling midden in natuurpark Nassau, aan de rand van een dorpje in de provincie Westerwald. Het uitzicht op het Taunusgebergte is imposant. Wandelen en fietsen kunt u over de gemarkeerde routes door het dal

van de Lahn. Er zijn excursies mogelijk in de omgeving onder begeleiding van een boswachter. Vanaf deze accommodatie kunt u uitstekend tochten maken naar het Westerwald en het Taunusgebergte of langs de Lahn, de Moezel en de Rijn. Er zijn diverse kastelen het bezichtigen waard en verder is er in de buurt een wildpark en een ponyboerderij (12 km). Op 25 km ligt een aantal recreatiemeertjes en in de winter kunt u hier langlaufen.

🚴 🏠 ♨ 🏊25 ♨4 🚲12 ♨4
🐟4 ♨4 ♨4 🏹4 ✳4

🏠 5x, 🏨 20x, hpw € 252-560

Route
🚗 15 km O van Koblenz. Op de A3 Köln - Frankfurt niet de A48 naar Koblenz maar afslaan bij Montabaur. In Montabaur de rondweg volgen en via Niederelbert en Welschneudorf naar Hömberg.
🚆 Trein naar Nassau (4 km) of bus naar Hömberg, afhalen gratis na afspraak.

MISSEN

Ferienhof Reisch
Maria & Andreas Reisch
Am Freibad 5, 87547 Missen, Bayern
T 08320-358
F 08320-92 53 75
E maria@reisch-hof.de
W www.reisch-hof.de   **Bioland** ÖKOLOGISCHER LANDBAU
● de

Open: hele jaar 🍴 ® verplicht [❌] [⛺]

Boerderij en omgeving

Deze gezondheidsboerderij ligt aan de rand van een dorpje op een hoogte van 860 m. Op het bedrijf wordt op 25 ha grond bosbouw en veeteelt bedreven. Er zijn koeien, varkens, kippen, eenden, katten, hazen en geiten. Voor de energievoorziening zijn zonnepanelen

geïnstalleerd en een speciale houtsnipperverwarming. De eigenaren, een gezin met vijf kinderen, voelen zich verbonden met de natuur.

Voor gasten zijn er twee vakantiewoningen beschikbaar voor vier personen met elk twee slaapkamers en een woonkeuken met vaatwasmachine. Daarnaast is er voor groepen van zes tot twaalf personen een uit twee ruimtes bestaande zogenaamde hooiwoning beschikbaar. Het bed bestaat uit vers gras afkomstig van een bergweide. Er is een tuin met ligstoelen en voor de kinderen zijn er tal van speelvoorzieningen. Behalve een eigen beek is er een vijver en een buitenzwembad. Ontbijtservice op afspraak mogelijk. In de boerderijwinkel koopt u verse producten zoals eieren, melk, vlees, kruiden en thee. Voor gasten zijn er een speciale gezondheidsbehandelingen volgens de methode Kneipp. Naast een sauna en bubbelbad kunt u gebruik maken van een revitaliserend voetenbad.

Oberallgäu - de naam van deze streek - is zeer geschikt voor het maken van wandel- en fietstochten, eventueel kan dat onder begeleiding (omgevingskaarten aanwezig). De mogelijkheden voor een actieve vakantie zijn schier eindeloos; naast paardrijden en zwemmen kunt u in de omgeving ook waterskiën, surfen, klimmen in een klimhal (7 km), basketballen of voetballen. 's Winters is er op de boerderij een ijsbaan en een rodelbaan en in de omgeving is een langlaufloipe. Een skipiste is slechts 3 km verwijderd. Voor het maken van uitstapjes gaat u bijvoorbeeld naar Lindau aan de Bodensee, het grote Alpenmeer, Oberstdorf, Kempten, Füssen of Neuschwanstein.

Ⓢ ♨ ⋯10 ♨<10 ♨10 🚲10 🏹3
✳ ❄ ♨

🏠 2x, 🏨 8x, hpw € 385
🏨 🛏2x, 🏨 12x

Route
🚗 25 km ZW van Kempten, 10 km NW van Immenstadt. Volg A7 in zuidelijke richting en bij knooppunt Allgäu richting Oberstdorf/Lindau (A980, gaat over in B12), na afslag Weitnau links richting Immenstadt en Missen en na 2,5 km weer links.

D
PL

🚂 Trein naar Immenstadt (10 km), afhalen op verzoek. Er is een bushalte in het dorp.

NIEDERSONTHOFEN

Bioland-Gesundheits- und Kräuterhof
Peter Nessler
Mähris 4, 87448 Niedersonthofen, Bayern

T 08379-626
F 08379-72 86 48
E ferienhof.nessler@t-online.de
🌐 de

Bioland ÖKOLOGISCHER LANDBAU

Open: hele jaar 🔌 (RES) verplicht [🍴]

Boerderij en omgeving

Deze biologische boerderij met 23 ha weidegrond ligt aan de zuidkant van de Staffelberg in de streek Oberallgäu. Er zijn op het bedrijf melkkoeien, geiten, een ezel, paard, kippen, hazen, katten en eenden. De boerderij en het pension zijn gebouwd van ecologische bouwmaterialen. De eigenaren zetten zich in voor bescherming van de omringende natuur en het gebruik van alternatieve energiebronnen, zoals fotovoltaïsche cellen en een cv die werkt op hout.

De vier vakantiewoningen zijn geschikt voor 2 tot 7 personen, voor schoon beddengoed kan worden gezorgd. De inrichting bestaat uit douche, wc, woonkeuken, balkon cq. terras, kinderbed en -badje en speelhoek. Daarnaast is er een fitnessruimte, voetenbad, televisieruimte, gemeenschappelijke ruimte, wasmachine en buiten nog een zwemvijver en een kruidentuin. In de boerderijwinkel worden verse producten verkocht. Er worden mountainbikes en omgevingskaarten uitgeleend en er zijn een tafeltennistafel, biljart en ander sportmateriaal. U kunt een ritje maken op het paard of de ezel. Voor kinderen is het hier heerlijk; er zijn speelvoorzieningen en knuffeldieren, een

speelschuur en mogelijkheid tot slapen in het hooi. Kinderoppasservice aanwezig.

In de omgeving kunt u prachtige wandel- en fietstochten maken. U bent niet ver van een recreatiemeer waar u kunt zwemmen, zeilen en duiken. 's Winters kunt u vanaf de boerderij langlaufen en rodelen en op 10 km afstand staat een skilift. Bovendien worden er mountainbiketochten, vogelwandelingen en een bezichtiging van een kaasmakerij georganiseerd. Of maak een uitstapje naar de Königsschlössern, naar Oberstdorf-Kleinwalsertal, het eiland Mainau in de Bodensee of naar de alpenkam Allgau. De zogenaamde Seefestspiele in Bregenz en het alpinemuseum in Walsenburg zijn een bezoek waard en er worden in de buurt regelmatig traditionele feesten met klederdracht en concerten georganiseerd.

🏠 4x, 🛏 28x, hpw € 490

Route

🚗 15 km ZW van Kempten, 2 km ZO van Niedersonthofen. A7 in zuidelijke richting en bij knooppunt Allgäu richting Oberstdorf/Lindau (A980). Afslag Waltenhofen richting Immenstadt, na 3 km rechts naar Niedersonthofen. Bij kerk rechts berg op, na 2 km tweede boerderij links.
🚂 Trein via Immenstadt of Kempten naar Martinszell. Daar gaat elk uur een bus. Afhalen na afspraak mogelijk.

PÜNDERICH

Weingut Frank Brohl
Jutta & Frank Brohl
Zum Rosenberg 2, 56862 Pünderich, Rheinland-Pfalz

ECO VIN

T 06542-221 48
F 06542-12 95
E oekoweingut-brohl@freenet.de
W www.ecovin.de/weingut-brohl
🌐 de

Open: hele jaar 🌿 🍴 (RES) verplicht via ECEAT [🍴]

Pension en omgeving

Ecologisch landgoed van 4,5 ha waar wijn wordt verbouwd, waaronder riesling, witte bourgogne, late bourgogne, dornfelder en rivaner. Op de boerderij kunt u wijnen proeven en wordt over het product verteld. Rondleidingen door de wijngaarden, meehelpen met de oogst en het vullen van de wijnflessen behoren tot de mogelijkheden. Ook kunt u wijn, sekt en druivensap op het landgoed kopen.

Het landgoed is zeer geschikt voor gezinnen met kinderen. Er staat een vakantiewoning voor 4-5 personen met twee kamers, keuken en bad (totaal 50 m2). Verschillende voorzieningen zoals radio, tv en diverse faciliteiten voor kleine kinderen zoals een kinderbad, een speelhoek, een speelweide en een glijbaan zijn aanwezig. U dient minimaal voor twee overnachtingen te reserveren. Voor niet-rokers is er een apart gedeelte. In overleg kunt u uw hond meenemen.

Pünderich is een typisch plaatsje aan de Moezel met veel historische vakwerkhuizen. De andere oever van de rivier kunt u alleen met de pont bereiken. Van hieruit kunt u over duidelijk aangegeven wandelroutes door de heuvels met hun wijnranken en bossen het schitterende landschap ontdekken. Bezienswaardigheden zijn de Mariaburcht, de burcht Arras en de uitzichttoren Prinzenkopf. Langs de rivier zijn goede fietspaden aangelegd. Boottochten op de Moezel vanaf de meerplaats (500m). In de winter kunt u skiën en bobsleeën op de Erbeskopf (25 km).

🚣 🌸 ⛵ 🏊 ⛷10 🎿7 ⛳7 ⚓0,2 ❄25 🏇

🏠 1x, 🛏 5x, hpw € 315

Route

🚗 50 km NO van Trier. Op A48 Koblenz-Trier afslag Kaisersesch, verder richting Cochem over de B49 naar Zell. Passeer in Zell de brug, bij verkeerslicht rechts, na ca. 5 km bereikt u Pünderich.

🚃 Trein naar Bullay (12km) of Reil (3km), afhalen na afspraak mogelijk. Bushalte 100 m verderop.

REICHELSHEIM

Dachsberghof
Diethard Becker
Forststraße 37, Unter-Ostern, 64385
Reichelsheim , Hessen
T   06164-91 35 87
F   06164-51 68 99
🌐 de, uk

Bioland
ÖKOLOGISCHER LANDBAU

Open: hele jaar 🛏 H 300m (RES) verplicht
⊞ 🐕

Boerderij en omgeving

Vrijstaande traditionele kasteelboerderij met 35 ha weideland, groente en fruitteelt op ca. 3 km van het dichtstbijzijnde dorp. Men fokt er melkvee waarvan de melk in eigen kaasmakerij wordt verwerkt. Daarnaast zijn er nog varkens, kippen, een hond en katten.

Het aanbod is een, op organische wijze verbouwd, bijgebouw dat dient als gastenkamer voor max. drie personen, met eigen douche en toilet. Er kan tevens gebruik worden gemaakt van een gemeenschappelijke ruimte met koelkast, kookplaat en koffiezetapparaat. Verder een vakantiewoning van 80 m² met twee slaapkamers, woonkeuken, wasmachine en douche voor max. vijf personen. De eigenaren verzorgen op verzoek ontbijt of avondmaaltijd. Alle maaltijden zijn vegetarisch en met biologische producten bereid. Er worden verschillende eigen producten zoals varkens- en lamsvlees, kip, kaas, kwark, eieren, yoghurt, appels en noten verkocht. Daarnaast verkoopt men granen, wijn en andere droogwaren rechtstreeks van de groothandel. Café op 300 meter afstand, het dichtstbijzijnde dorp is

op 3 km en een natuurvoedingswinkel op 7 km. U kunt op de boerderij paardrijden of uw eigen paard onderbrengen. Er zijn veel kinderactiviteiten zoals knutselhoek, ponyrijden en oppas. Er zijn niet alleen fietsen te huur maar ook inlineskates en stelten. Volwassenen kunnen verschillende cursussen volgen waaronder broodbakken, vruchtenwijn maken en houtsnijwerk.

Het bosrijke Reichelsheim ligt in het natuurgebied Bergstraße in Odenwald. In de nabije omgeving kunt u wandelen, fietsen en zwemmen. Wandelkaarten zijn aanwezig. Zowel Reichelsheim als Beerfurth zijn om hun gezonde lucht befaamde kuuroorden. Het slot Reichenberg (4 km) en de ruïne Rodenstein (6 km) zijn een bezoek waard.

🛏 1x, 🚿 3x, 2pkpn € 16
🏠 1x, 🚿 5x, hpw € 231

Route

🗺 20 km ZO van Darmstadt, 3 km N van Reichelsheim. A5 afslag Heppenheim, naar Fürth en in Weschnitz links naar Unter-Ostern.

🚃 Trein via Darmstadt naar Fürth. Afhalen mogelijk na afspraak.

SASBACH

Ökologisches Wein- und Sektgut
Hermann & Gertrud Helde
Emil-Gött-Straße 1, Jechtingen,
79361 Sasbach, Baden-Württemberg
T   07662-61 16
F   07662-61 60
E   info@wein-helde.de
W   www.wein-helde.de
🌐 de

Bioland
ÖKOLOGISCHER LANDBAU

Open: hele jaar 🍃 H 180m (RES) verplicht
🐕

Boerderij en omgeving

Een wijnboerderij van 14 ha waar ook fruit wordt geteeld en kippen worden gehouden. De eigenaar zet zich in voor het behoud van oude fruitrassen en het kweken van nieuwe, resistente appel-, pruimen- en mirabellensoorten. Graag legt hij u een en ander uit. Geschikt voor gezinnen met kinderen of alleen reizende kinderen.

Voor de gasten zijn er vier vakantiewoningen voor twee tot zes personen in grootte variërend van 54 tot 70 m². De woningen zijn voorzien van een goed geoutilleerde keuken inclusief afwasmachine. De vloeren zijn van kurk en de meubels zijn gemaakt van gecertificeerd hout. Er is een speelhoek voor de kinderen. Er wordt verder een orchideeënwandeling georganiseerd, cursussen brood bakken en wijn maken. Meehelpen bij de oogst of kijken naar hoe wijn wordt gemaakt is ook mogelijk. U kunt er uiteraard eigengemaakte wijn en ook sekt, vruchtensap of likeur (Edelbrände, zonder suiker) kopen en verder eieren, fruit, noten, jam en honing. Overigens vind u op 300 m van de accommodatie een supermarkt. U kunt er tafeltennis, badminton en basketbal spelen en er is een speelveld met zandbak en speeltoestellen. In het dorp zijn fietsen te huur.

De boerderij ligt tussen de Rijn en de Kaiserstuhl, een typisch landschap van vulkanische oorsprong met veel bijzondere dieren en planten. De wijnbouwstreek is uitermate geschikt voor wandelen en fietsen. Tochtjes over de Rijn - ook per stoomboot - zijn mogelijk. Dichtbij kunt u waterskiën, vissen (vergunning noodzakelijk) of een roeiboot huren. In Steinwasen bevindt zich een zomerrodelbaan. Culturele bezienswaardigheden zijn de Sponeckburcht, de Hochkönigsburcht, het Europapark, het Freilicht openluchtmuseum (Vogtsbauernhöfe) en het vogelpark. De steden Freiburg, Colmar en

Straatsburg zijn hier vandaan gemakkelijk te bereiken. Verder is er een wijnbouwmuseum en natuurlijk zijn er het hele jaar door wijnfeesten.

2 6 4

4x, 8-23x, hpw € 280-420

Route

25 km NW van Freiburg. Op A5 afslag Riegel richting Sasbach en vervolgens Jechtingen. De boerderij ligt in het dorp rechts van de weg.

Trein naar Riegel of Breisach en daar overstappen naar Jechtingen. Afhalen mogelijk.

SIMONSWALD

Hugenhof
Elke Hug
Griesbach 22, 79263 Simonswald,
Baden-Württemberg
T 07683-90 93 86
F 07683-90 94 00
E willi.hug@t-online.de
W www.hugenhof-simonswald.de
de

Open: hele jaar H 650m RES verplicht

Boerderij en omgeving

Een nieuwe, maar in de typische stijl van het Schwarzwald opgetrokken, boerderij. Op ca 15 ha grasland worden runderen, kalveren, varkens, kippen, katten en hazen gehouden. Daarnaast bosbouw, fruitteelt en een stokerij. De boerderij staat geheel vrij temidden van velden en bos op een hoogte van 650m boven zeeniveau.

Drie vakantiewoningen worden te huur aangeboden. De kleinste (50 m^2) biedt plaats aan 2-4 personen en beschikt over één slaapkamer, keuken met eethoek, badkamer met toilet en balkon. De middelste (60 m^2) is geschikt voor 4-6 personen, heeft twee slaapkamers en als extra een wasmachine en een vaatwasmachine. De grootste woning (100 m^2) biedt plaats aan max. zeven personen en heeft behalve dit alles een ligbad. Er zijn speciale kindervoorzieningen en elke woning heeft satelliettelevisie. In de boerderijwinkel worden verse eieren, vleeswaren en verschillende soorten spiritualia aangeboden. Op 2 km afstand bevindt zich een restaurant. Er is een tuin met ligweide, u kunt sportmaterialen lenen (tafeltennis, openluchtschaken) en er zijn speeltoestellen voor de kinderen. U mag als u wilt meewerken op het bedrijf of toekijken bij de bereiding van sterke drank.

Simonswald ligt in het zuidelijk deel van het Schwarzwald. Deze streek biedt eindeloze wandelpaden met prachtige vergezichten. Bezienswaardigheden zijn onder meer de Hexenloch-molen, de watervallen van Triberg en de Plattensee. Uitstapjes kunt u maken naar het eiland Mainau in de Bodensee en het Europapark. Bovendien zijn er in de buurt een klokkenmuseum, een orgelmuseum en een glasblazerij. Gedurende de zomermaanden vinden er speciale activiteiten plaats op de boerderijen in de directe omgeving, zoals ponyrijden, knutselen en een bezichtiging van een zagerij met aansluitend boerenhapjes. 's Winters kunt u hier langlaufen en in Furtwangen staat een skilift.

20 5 3 7

3x, 17x, hpw € 210-280

Route

32 km NO van Freiburg, 4,5 km ZO van Simonswald. A5 tot afslag Freiburg Nord en verder over de B294. Voorbij Waldkirch (bij Bleibach) rechts richting Simonswald, tussen Simonswald en Obersimonswald links het Griesbachtal in. De boerderij ligt na 3 km rechts.

Trein naar Bleibach (via Freiburg). Daar vertrekt een bus tot Simonswald-Griesbach (2 km).

SINDOLSHEIM

Gestüt Hinter dem Hesselich
Christine Hämer-Rühle & Jürgen Hämer
Mettelheim 6, 74749 Sindolsheim,
Baden-Württemberg
T 06295-13 12
F 06295-12 61
E kontakt@gestuet-hinter-dem-hesselich.de
W www.gestuet-hinter-dem-hesselich.de

Open: hele jaar RES verplicht

Boerderij en omgeving

Een vrijstaande biologische boerderij gelegen aan de rand van een bos. Stoeterij met dragende merries, veulens, pensionpaarden, jonge merries en hengsten. Daarnaast zijn er dwergkippen, pauwen, honden en katten. Op 36 ha weidegrond en akkers worden tarwe, zomergerst, spelt, rogge en tuinbonen verbouwd. De eigenaren spannen zich in voor landschapsonderhoud en hebben een ecologisch waterzuiveringssyteem.

Er zijn twee vakantiewoningen te huur. De kleinste (43 m^2) is geschikt voor twee volwassenen en een kind, de grootste (77 m2) telt drie slaapkamers en biedt plaats aan zes personen. Beide beschikken over keuken, toilet, douche, bad, telefoon en kinderbed. Er is paardenmelk verkrijgbaar. Op 18 km bevindt zich een natuurvoedingswinkel. Een restaurant en een levensmiddelenwinkel liggen op 3 km afstand. U kunt hier fietsen huren. Op de boerderij kunt u paardrijden en lessen nemen. Een eigen paard is ook welkom; er is een springterrein en u kunt ritten maken in de omgeving. Kaarten van de omgeving zijn te leen. Er is een vuurplaats en barbecueplek. Voor de liefhebbers is meewerken op de boerderij mogelijk.

De omgeving wordt gekenmerkt door

heuvels met velden en bossen en u kunt er heerlijk wandelen en fietsen. Er is geen industrie, alleen land- en bosbouw. In de buurt zijn resten te bezichtigen van Romeinse nederzettingen, de limes (Romeinse rijksgrens) en druipsteengrotten in Ebersbach. In Maintal zijn diverse restaurants. Ook zijn er tal van kastelen en kerken met beroemde altaren te bewonderen.

18 7

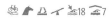

2x, 9x, hpw € 231-308

Route

30 km NO van Heilbronn, 4 km ZW van Sindolsheim. Op E41 afslag Boxberg nemen en via Berolzheim en Hohenstadt naar Sindolsheim.

Neem trein naar Osterburken, afhalen na afspraak.

ST. PETER

Freienhof
Josef Frey
Eichwaldstraße 3, 79271 St. Peter,
Baden-Württemberg
T 07660-451
F 07660-17 29
E info@freienhof.de
W www.freienhof.de
de

Open: 1 mei-30 sep (RES) verplicht

Boerderij en omgeving

Zeer rustig gelegen biologische boerderij (sinds 1807) in het Schwarzwald met 30 ha bos en weide. Op het bedrijf worden Anguskoeien gehouden. De boerderij is al zeven generaties in het bezit van de familie Frey.

Twee vakantiewoningen en een vrijstaand huisje te huur. De vakantiewoningen zijn tussen de 50 en 60 m² groot en net als het huisje voorzien van balkon, een compleet ingerichte keuken, een eethoek en satelliet-tv. Kinderbed en -stoel aanwezig. Op de boerderij is een winkeltje waar u eigengemaakte appelsap, honing en worst en vers brood en verse eieren kunt kopen. Een levensmiddelenwinkel bevindt zich in het dorp op 2 km van de boerderij. Voor de kinderen is er een speelplaats, er zijn pony's en andere knuffeldieren. Verder een ligweide, vuurplaats en barbecueplaats. Er worden paardrijlessen gegeven. Gemarkeerde wandelwegen en ruiterpaden lopen vlak langs de accommodatie.

St. Peter is een ideale uitgangsbasis voor wandelingen en dagtochten in de omgeving. Bijvoorbeeld naar Freiburg (20 km) of naar de Elzas. De steden Straatsburg, Colmar en Basel en de Zwitserse Voor-Alpen liggen ook binnen bereik. Freiburg heeft een rijk cultureel aanbod. Daarnaast zijn er tal van recreatiemeertjes in de buurt waar u kunt zwemmen en vissen. 's Winters is er mogelijkheid tot skiën (30 km) en langlaufen.

8 2

3x, 15x, hpw € 175-280

Route

18 km W van Freiburg, 2 km N van St. Peter. Op A 5 afslag Freiburg-Nord en vervolg uw weg via Glottertal naar St. Peter (20 km).

Met de trein naar Freiburg Hbf. of Kirchzarten (7 km) en verder met Bahnbus SBG 7205 of 7216 naar St. Peter. Bushalte is 2 km van boerderij, u kunt afgehaald worden.

TENNENBRONN

Mooshof
Emma Hug
Schwarzenbach 271c,
78144 Tennenbronn,
Baden-Württemberg
T 07729-410
F 07729-410
E mooshof@gmx.de
W www.bio-mooshof.de
de

Open: hele jaar (RES) verplicht

Boerderij en omgeving

Op dit traditionele boerenbedrijf worden melkkoeien, kalveren, kippen en varkens gehouden. Een deel van de melk wordt ter plaatse verder verwerkt tot kaas en andere zuivel. Als u geïnteresseerd bent, kunt u hierbij aanwezig zijn. Voor de energievoorziening wordt gebruik gemaakt van biomassa en zonne-energie. De boerderij is gebouwd in de gebruikelijke stijl van het Schwarzwald en ligt op een zonnige en rustige plaats zonder doorgaand verkeer tussen weiden en bos.

Er zijn twee vakantiewoningen gerealiseerd voor twee tot vijf personen. De woningen hebben eigen douche en wc, keuken, balkon, tv en speciale kindervoorzieningen. Minimum verblijf is vier nachten. Voor beddengoed kan gezorgd worden. In de boerderijwinkel worden verse producten zoals kaas, melk, eieren, kwark, worst en brood te koop aangeboden, daarnaast kunt u er honing en thee kopen. Voor de kinderen is er van alles te beleven, naast een speelplaats met speeltoestellen zijn er onder andere een tafeltennistafel, een klimboom en een plek om te skaten. Informatiemateriaal over de omgeving is aanwezig.

U bevindt zich hier in het gevarieerde en aantrekkelijkke landschap van het Schwarzwald. Dichtbij is een natuureducatieve route uitgezet. In de omgeving kan men heerlijk wandelen en fietsen. Bezienswaardigheden zijn onder meer de kabelbaan naar de Rappelfelsen, de Vogtsboerderijen in Gutach, diverse kastelen en kasteelruïnes en de waterval van Triberg. Villingen is voor cultuurliefhebbers interessant en in Wolfach kunt u een bezoek brengen aan een glasblazerij.

10 5 8 3
3 10 12

2x, 8x, hpw € 266

D
PL

Route

🗺 30 km NO van Freiburg. A5 Karlsruhe-Basel afslag Offenburg en dan B33 richting Villingen-Schwenningen. Vervolgens via Schramberg richting Sankt Georgen, 3 km na Tennenbronn rechtsaf.

🚃 Trein naar St. Georgen. Verder met de bus naar halte Fa. Schneider (1 km). Afhalen is mogelijk.

ÜBERLINGEN

Hof Höllwangen

Marije Walinga & Klaus Niedermann
Höllwangen 15, 88662 Überlingen,
Baden-Württemberg

demeter

T 07551-35 84
F 07551-669 31
E info@biohof-hoellwangen.de
W www.biohof-hoellwangen.de
🌐 de

Open: hele jaar 🏔 H 600m (RES) verplicht
🐕

Boerderij en omgeving

Een gemengd bedrijf van 70 ha met 55 melkkoeien, jongvee en 25 varkens. Er worden graan, aardappels, mais, groenten en fruit (hoogstam) verbouwd. Voor de energievoorziening wordt gebruik gemaakt van zonnepanelen en hout.
Er zijn drie vakantiewoningen te huur elk voor 4-6 personen, elk met woonkamer, één of twee slaapkamers, badkamer, balkon en volledig uitgeruste keuken. Er kan eventueel een kinderbedje worden bijgeplaatst en ook zijn er kinderstoelen. Er is een wasmachine waar u gebruik van mag maken. Op de boerderij is een winkel waar u verse producten van de boerderij (melk, brood, vlees, groenten en fruit) en andere levensmiddelen kunt verkrijgen. Minimaal verblijf is een week. U kunt uw hond niet meenemen. Op verzoek krijgt u een rondleiding over het bedrijf.
De boerderij ligt op een berg dichtbij Bodensee. Deze streek biedt een combi-natie van landschappelijk schoon, tal van historische bezienswaardigheden, een breed cultureel aanbod en veel recreatieve mogelijkheden. U kunt een bezoek brengen aan een van de vele kastelen of een boottocht maken over de Bodensee. Vanaf de boerderij kunt u wandelen over gemarkeerde wandelpaden. Op de Bodensee kunt u vissen, zwemmen en watersport beoefenen. Een mineraal bad ligt op 5 km afstand. Op circa 10 km afstand is er een mogelijkheid tot paardrijden.

🛁 🎣 🚲5 🏊5 🎿5 🎯10

🏠 3x, 🛏 12x, hpw € 315-385

Route

🗺 10 km N van Konstanz. Op de A 81 Stuttgart - Singen tot knooppunt Hegau rijden, dan via A 98 tot Stockach, verder over B 31n richting Lindau. Links bij afslag Bonndorf, na de brug eerste straat rechts (let op het bordje).

🚃 Trein naar Überlingen (5 km), afhalen na afspraak mogelijk.

WINDELSBACH

Bioland-Hof Krahmer + Gasthaus 'Zur Krone'

Erna Korn
Burghausen 9, 91635 Windelsbach,
Bayern

Bioland
ÖKOLOGISCHER LANDBAU

T 09867-380
F 09867-17 06
E re.korn@t-online.de
W www.biolandhofkrahmer.de
🌐 de, uk

Open: hele jaar 🏔 H 455m (RES) verplicht
🐕

Boerderij en omgeving

Frankische boerderij met pension, gelegen langs het riviertje de Altmühl, midden in het rustige dorpje Burghausen. Er worden granen en aardappelen verbouwd en u vindt er melkvee, ossen, varkens, hazen en eenden. Meewerken op het bedrijf is mogelijk, ook is er plek voor stagiaires.
Er zijn in totaal vier tweepersoonskamers van 21 tot 27 m2 met eigen badkamer, telefoon en balkon op de bovenste verdieping van de boerderij. Alle kamers hebben parketvloer, houten meubelen en een gemeenschappelijke keuken staat de gasten ter beschikking. Er zijn verschillende eigen producten te koop zoals brood, melk, groente en fruit. Ook kunt er u biologische pasta, muesli en melkproducten kopen. Er is een eigen restaurantje waar u (vegetarische) maaltijden kunt krijgen. U kunt zelf volkorenbrood leren bakken en gebak of marmelade bereiden. Er is een supermarkt op 8 km en een natuurvoedingswinkel op 12 km. Voor de kinderen is er een uitgebreid speelterrein. Ook zijn er gratis fietsen beschikbaar.
De boerderij ligt in het natuurpark Frankenhöhe en de omgeving is prachtig; sportievelingen kunnen er wandelen, fietsen, zwemmen en watersporten. U kunt tochten maken naar het middeleeuwse Rothenburg a/d Tauber en Bad Windsheim. In het seizoen zijn er o.a. de Kruisgang in Feuchtwangen (eind juni tot midden augustus), het Rococofeest in Ansbach (begin Juli) en de Bachweek (eind juli).

👥 🍽 🚲 🎣 🚲3 🏊10 🎿14
🎯2 🐎

🛏 4x, 🛏 8-11x, 1ppn € 25, 2ppn € 22 B&B

Route

🗺 45 km ZO van Würzburg, 6 km W van Windelsbach. Op A7/E43 afslag Rothenburg en richting Ansbach. Na ca 2 km links en 3 km naar Linden. Daar rechts tot Burghausen.

🚃 Trein via Würzburg naar Steinach o. R.. Afhalen na afspraak mogelijk.

D
PL

BÖBING

Peitingerhof
Doris & Josef Peitinger
Söldnerstraße 7, 82389 Böbing, Bayern
T 08867-483
F 08867-483
E info@peitinger.de
W www.peitinger.de
🔌 de, uk, it, nl, es, fr

Bioland
ÖKOLOGISCHER LANDBAU

Open: hele jaar ⚓ H 750m ® [≡]

Boerderij en omgeving

Deze 140 jaar oude en romantische boerderij staat aan de rand van Böbing, een rustig, mooi gelegen dorpje op 750 meter hoogte zonder doorgaand verkeer. Er worden koeien, kalveren, een paard, pony, kippen en eenden gehouden. Meewerken op de boerderij is mogelijk.

Er zijn twee volledig ingerichte vakantiewoningen, elk met twee slaapkamers en balkon, voor respectievelijk vier en zes personen. De minimale overnachtingsduur is drie nachten. Het vakantieaanbod is geheel op families met kinderen afgestemd. Zo zijn er een grote kinderspeelplaats en tafeltennistafel. Ze mogen meerijden op de tractor, paardrijden onder begeleiding of helpen bij het voeren van de kalveren of het opdrijven van de koeien. Voor kleine kinderen zijn er speeltjes aanwezig. Op het bedrijf worden biologische producten verkocht. Op 100 meter vindt u een restaurant, op 500 meter een supermarkt en biologische bakkerij en op 2 km een natuurvoedingswinkeltje. De reislustige eigenaren spreken meerdere talen.

De rustige en bergachtige omgeving biedt een keur aan mogelijkheden voor cultuur en vermaak: u kunt musea, concerten, dorpsfeesten en grillavonden bezoeken. Er liggen verschillende natuurgebieden in de nabije omgeving. De kastelen Neuschwanstein en Linderhof zijn zeker een bezoek waard. Ook kunt u er wande-

len, fietsen, kegelen, wildwatervaren en wintersporten. De Alpen en verschillende mooie meren zijn goed bereikbaar.

🚴 ⛵ 🎿 🏊0,8 🎣4 🐟4 🎿15 ✳6 🏇

🏠 2x, 🛏 10x, hpw € 266-287

Route

🅿 30 km N van Garmisch-Partenkirchen. A95 München tot Starnberg. Vandaar verder via Weilheim en Peißenberg naar Böbing. In Böbing 1e straat linksaf tot boerderij.
🚆 Trein via München naar Peißenberg, dan met de bus naar Böbing.

CHIEMING

Naturkostpension Moierhof
Gebhard Schuhböck
Eglsee 2, 83339 Chieming, Bayern
T 08664-98 70
F 08664-98 72 00
E moierhof-naturkost@t-online.de
W www.moierhof.com
🔌 de

demeter

Open: 10 dec-5 nov ♥ H 540m 🖕 ❌ [≡]

Boerderij en omgeving

Op dit bedrijf met eigen tuinderij en kassen wordt al generaties lang gewerkt volgens de principes van de biologisch-dynamische landbouw. Naast de teelt van groenten en fruit worden er runderen gefokt en kippen gehouden. De boerderij ligt in een klein gehucht zonder doorgaand verkeer even ten oosten van de Chiemsee op een hoogte van 540 m.

In een vrijstaand gastenverblijf bevinden zich 24 een- en tweepersoonskamers. Er wordt veel zorg besteed aan de kwaliteit van de voeding. U hebt de keuze uit een vegetarisch of veganistisch dieet, een

vleesdieet of een vitaal rauwkostdieet terwijl alles is bereid uit verse producten van het eigen bedrijf. Er is voor de gasten een saunaruimte en een televisiekamer. De tweepersoonskamers op de parterre zijn geschikt gemaakt voor rolstoelgebruikers. Bovendien is er een speelplaats, een speelkamer en een tafeltennistafel. Overal in het huis wordt heilzaam bronwater aangeboden. Er zijn het hele jaar door cursussen en workshops op het gebied van de natuurgeneeskunde. Ook kunt u er leren broodbakken, koken, schilderen en nordic walking te beoefenen.

Het afwisselende landschap van de Chiemgau is bergachtig met veel bossen en velden. Als u hier verblijft, moet u zeker een bezoek brengen aan het Herreninsel (met het slot van van de Beierse sprookjeskoning) en het Fraueninsel (de kloosterkerk mag u niet missen). Het sprookjespark in Marquartstein is leuk voor gezinnen met kinderen en er bevindt zich hier ook een zomerrodelbaan. In de omgeving zijn kabelbanen, bijvoorbeeld naar de Hochplatte, de Kampenwand (1669 m) en de Hochgem. U kunt er prima wandelen en fietsen. Op en aan de Chiemsee zijn natuurlijk volop watersportfaciliteiten waaronder een zeilschool en wildwatertochten. Bij het toeristische informatiecentrum in Chieming weet men alles van excursies in de natuur, bijvoorbeeld een kruidenwandeling en vogelobservatie.

🥗 🍴 🎿 💺 🎵 🏊3 🎿3 🎣<10 🛶3 ⛵3 🚣3 🐟2 🏇

🛏 24x, 🛏 45x, 1pkpn € 47, 2pkpn € 60 HP

Route

🅿 9 km NW van Traunstein, 1,3 km van Kleeham. A8/E60 afslag Grabenstätt en via Chieming naar Laimgrub; bij verkeerslicht naar rechts en na ca 1 km links naar Eglsee. Laatste boerderij links.
🚆 Trein naar Traunstein (9 km), afhalen na afspraak tegen vergoeding of met de taxi verder. De meest nabijgelegen bushalte is in Kleeham (1,3 km).

**D
PL**

D PL

Biobauernhof Franz

Ines Franz

Dorfstraße 12, 01462 Dresden-Gohlis, Sachsen

T 0351-452 02 94

F 0351-452 02 94

E biohof-franz@freenet.de

W www.biohof-franz.de

Open: hele jaar ♥ (RES) verplicht [☖]

Boerderij en omgeving

Typisch Saksische driekantsboerderij rustig gelegen in een oude dorpskern aan de westrand van Dresden, op ca 15 km van het centrum. Speciaal geschikt voor gezinnen met kinderen. Op 6 ha land wordt voornamelijk groente verbouwd. Er zijn honden, katten, paarden, koeien, varkens en kippen.

De vakantiewoning voor 5-7 personen (70 m²) bezit een badkamer met bad en toilet, ingerichte keuken en twee slaapkamers. Er is TV, telefoon, wasmachine en koelkast en er zijn speciale voorzieningen voor kinderen. Kinderen kunnen ook een rondleiding krijgen in de boerderij. Kinderoppasservice per uur is op afspraak mogelijk. Verblijf voor kinderen tot twee jaar is gratis. Verder is er een vuurplaats en er kan getafeltennist en gebadmintond worden. Op verzoek bereidt men voor u een boerenontbijt. In de boerderijwinkel kunt u verder groente en fruit kopen, zuivelproducten en natuurvoeding. Een biologisch-vegetarisch restaurant ligt op 10 km afstand.

De stad Dresden biedt een rijk cultureel leven. Verder zijn Meißen, het jachtslot Moritzburg (20 km) en de wijnbergen in de omgeving de moeite van het bekijken waard. Er zijn fietsen te huur en de zogenaamde Elbradweg komt langs de boerderij, het dorp ligt in het Elbedal. Er zijn gemarkeerde wandelroutes. Kaarten en ander infomateriaal zijn op de boerderij aanwezig. In de Sächsische Schweiz (30 km), deels een beschermd natuurgebied, zijn tal van mogelijkheden voor wandelen en bergbeklimmen.

🚲 ♨ 🛏 ⌇ ☂2 ⚓2 ☂10 🠖

⌂ 1x, ✐ 5x, hpw € 420

Route

🅰 15 km W van Dresden, 12 km van Meißen. Op de A4 tot Dresden-Altstadt, via de B6 richting Meißen en na 3 km bij supermarkt rechtsaf.

🚋 Trein tot station Dresden-Cossebaude (1 km tot accommodatie). Afhaalservice mogelijk na afspraak.

Gut Grasleiten

Barbara & Alois Schmid

Grasleiten 1, 82386 Huglfing, Bayern

T 08802-261

F 08802-90 77 56

E schmid.grasleiten.huglfing@ t-online.de

W www.grasleiten.de

🌐 de

Bioland
ÖKOLOGISCHER LANDBAU

Open: hele jaar 🏔 H 650m (RES) verplicht 🐾

Boerderij en omgeving

Een voormalige kloosterboerderij uit de achttiende eeuw (met eigen kapel) die nu een biologisch landbouwbedrijf is van 123 ha met koeien, kippen, ganzen, bijen en een hond. Daarnaast wordt er bosbouw bedreven en vis gekweekt. Er wordt uitsluitend verbouwd met duurzame materialen. De verwarming van het gebouw en de warmwatervoorziening worden gerealiseerd door middel van een speciale houtsnipperkachel.

Er zijn twee vakantiewoningen te huur voor twee tot vijf personen. Bij het eerste appartement kan een kinderkamer extra worden gehuurd. De appartementen zijn voorzien van douche, wc, woonkeuken met afwasmachine en koelkast, TV, radio en telefoon en hebben een balkon op het zuiden. Gasten kunnen gebruik maken van de tuin en er is een internetaansluiting aanwezig, evenals een vuurplaats en er barbecueplaats. In de boerderijwinkel worden eigengemaakte producten verkocht. Voor de kinderen zijn er spelletjes en speeltoestellen voorhanden, er is een tafeltennistafel en er zijn badmintonrackets. Over de vijvers kan gevaren worden en een speciale attractie is het pannenkoekbakken boven het vuur. U kunt meewerken op de boerderij en kinderen mogen het kleinvee verzorgen en de vissen voeren. Er zijn een aantal fietsen te huur. De boerderij ligt in het Beierse vooralpenland. In de buurt zijn tal van natuurlijke watergebieden. Het is een ideale lokatie voor wie van wandelen, paardrijden, water- of wintersport houdt. Uitstapjes zijn mogelijk naar Königsschlösser, Wieskirche, Starnberger See, Ammersee, Walchensee, Staffelsee, München en het voormalig Olympisch Wintersportdorp Garmisch-Partenkirchen.

🚲 ♨ 🛏 ⌇ ☂6 ⚓10 ☂12 🠖6 ☂6 🠖5 ❄ 🐎

⌂ 2x, ✐ 7x, Prijs op aanvraag

Route

🅰 25 km N van Garmisch-Partenkirchen, 5 km O van Huglfing. Op A95 afslag Sindelsdorf en via B472 naar Huglfing. Daar naar Grasleiten.

🚋 Met de trein via Weilheim naar Huglfing; afhalen op afspraak mogelijk.

KOCHEL AM SEE

Beim Schmied
Martina & Michael Zerluth
Dorfstraße 5, Ried ,
82431 Kochel am See, Bayern

T   08857-90 12
F   08857-69 23 57
E   m.zerluth@t-online.de
W   www.beim-schmied.com

  de, uk

Open: hele jaar   H 620m ®

Boerderij en omgeving

Stijlvol gerenoveerde boerderij met 25 ha grond uit de 17e en 18e eeuw op ruim 600 meter hoogte. Het bedrijf ligt in de dorpskern van Ried, ongeveer 5 km ten noorden van het idyllische dorpje Kochel am See. Er worden koeien, paarden, gevogelte, hazen en geiten gehouden en er is een educatieve kruidentuin.

Voor de gasten zijn er drie volledig ingerichte en authentiek vormgegeven vakantiewoningen voor vier tot vier personen. Meewerken is mogelijk en indien gewenst kunt u een rondleiding in het bedrijf krijgen. Tochten met de paardenslee zijn mogelijk en op de boerderij kan uw eigen paard worden gestald. U mag in de kamers niet roken. Uw hond kunt u niet meenemen. U kunt biologische eieren direct van de boerderij kopen en tevens verzorgen de jonge eigenaren op verzoek een heerlijk ontbijt. Overigens is er op 100 meter afstand een restaurant en op twee kilometer een natuurvoedingswinkel.

In de omgeving zijn er volop mogelijkheden voor wandelen, fietsen (fietsen zijn in het dorp te huur), paardrijden, zwemmen, water- en wintersport. Voor de kinderen is er een kinderboerderij met speelplaats. Bovendien kunt u een kruiden- of vogelwandeling maken met een gids. Op cultureel gebied zijn er onder meer musea,

theaters en concerten. Voor avontuurlijke gasten zijn er mogelijkheden voor rafting op de Isar en bergwandelingen met gids. Op 5 km afstand is een meer waar u kunt zwemmen, windsurfen, varen en vissen.

   ●5 ●1 ●5 ○5 ●5
●5 ─5 ●2 ●0,4 ●

⌂ 3x, ⌂ 12x, hpw € 280-350

Route

⊞ 25 km NO van Garmisch-Partenkirchen, 5 km Z van Pensberg. Via A95/E533 tot afslag Sindesdorf. Over B472 richting Bad Tölz en via Benediktbeuern naar Ried. Na Gasthof Rabenkopf links.

🚆 Trein naar Benediktbeuren of Kochel am See. Afhalen na afspraak mogelijk.

MASSERBERG

Urlaubs-Biohof Arche
Heidi Heubach
Prof. Georg Lenz Str. 18,
98666 Masserberg, Thüringen

T   036870-250 62
F   036870-250 62
M   0175-645 43 99
E   heidi-heubach@web.de
  de

Open: hele jaar   H 550m

Boerderij en omgeving

Het uit 1958 stammende boerenhuis ligt in het verkeersluwe parkgebied van Massenberg. Direct aan het bos maar met een zonnige tuin en prachtig uitzicht over het Thüringer Wald. Het gebouw werd tussen 2003 en 2005 met natuurlijke materialen verbouwd. Dit geldt zowel voor de beide vakantiewoningen op de 1ste (voor max. acht personen) en 2de verdieping (voor max. vijf personen) als voor de gezellige en rustieke keuken die speciaal is ingericht voor families met kinderen en mensen met een

allergie. In huis is een volledig ingerichte speelhoek, men kan er boeken lenen en in de kelder is een speelruimte met o.a. tafeltennis en tafelvoetbal. In de tuin is genoeg te doen voor kleine en grote mensen. Er zijn geiten, varkens, ganzen, hazen, katten en een lieve hond. U kunt ervoor kiezen uw maaltijden te laten verzorgen (volpension mogelijk). Het eten wordt bereid met biologische producten. Met andere dieetwensen wordt rekening gehouden en u kunt onder begeleiding een vastenkuur doen. Er is een biowinkel waar allerlei producten worden verkocht, een gewone supermarkt is aanwezig in het dorp. Op deze accommodatie is plaats voor kleine groepen (er is een groepsruimte voor cursussen en een wintertuin) tot 12 personen en tevens kunt u hier uw tent opzetten.

Het kuuroord Masserberg ligt direct aan het Thüringer Wald en biedt aantrekkelijke wandelmogelijkheden, restaurants, een badhuis, paarden- koets- en sledetochten, wintersportmogelijkheden en een avonturenspeelplaats. Op 200 m van de accommodatie staat een speciaal wellnesscentrum met theater en bioscoop. In de omgeving kunt u een bezoek brengen aan de bron van de Werra, glasblazerijen, het biosferenreservaat Vessertal (15 km) en verschillende rotsformaties. In Oberhof (25 km) kunt u wintersporten. De steden Coburg (met grensmuseum), Erfurt en Weimar zijn ook een bezoek waard. Wandelen en langlaufen direct vanaf de accommodatie.

   ●8 ●4 ●2
●

⌂ 2x, ⌂ 13x, hpw € 308-595
🏛 ⌂ 28x, Prijs op aanvraag
⚓ Prijs op aanvraag

Route

⊞ 70 km Z van Erfurt, 4 km Z van Schönbrunn. Neem de A71 in zuidelijke richting tot Suhl. Via Schleusingen, Waldau en Schleusegrund bereikt u Masserberg.

🚆 Trein naar Suhl (20 km), bus tot Masserberg, halte Lichtenau (1 km).

MÖNCHSDEGGINGEN

Bioland-Hof
Ingrid & Heinrich Strauß
Ziswingen 21, 86751 Mönchsdeggingen,
Bayern
T 09088-327
F 09088-449
E natuerlich@biohof-strauss.de
W www.biohof-strauss.de **Bioland** ÖKOLOGISCHER LANDBAU
de, uk

Open: hele jaar (RES) verplicht

Boerderij en omgeving

Familieboerderij uit 1972, op ecologische wijze gebouwd en ingericht, aan de rand van het dorpje Mönchsdeggingen. Akkerbouw- en veeteeltbedrijf met koeien, varkens en pluimvee. Meehelpen bij het voederen van de dieren is mogelijk.

De boerderij heeft twee volledig ingerichte vakantiewoningen op de bovenste verdieping en een tweepersoonskamer op de begane grond. De vakantiewoningen zijn met natuurvriendelijke materialen en duurzame methoden gebouwd en ingericht. Ook wordt er gebruik gemaakt van zonne-energie. Alle gasten kunnen gebruik maken van een recreatieruimte, zonneterras en de mooie tuin. Voor de gasten zijn tevens fietsen beschikbaar. Voor de kinderen is er een speelplaats met onder andere een schommel en voetbalveld. Desgewenst tonen de eigenaren u een diavoorstelling over biologische landbouw. Op het hele terrein mag niet gerookt worden. Op verzoek verzorgt men voor u een stevig boerenontbijt en er worden verschillende biologische producten verkocht, zoals groente en fruit, jam, eieren en zelfgemaakte worst. De dichtstbijzijnde winkels en restaurant liggen op 2 km, biologische producten worden op 12 km afstand verkocht.

In de omgeving kunt u heerlijk wandelen, fietsen, zwemmen, paardrijden en in de winter skiën. U vindt er de sporen van prehistorische bewoning, bijvoorbeeld in grotten. Verder zijn er kloosters en oude kastelen te bezichtigen evenals middeleeuwse stadjes als Nördlingen en Oettingen. Ook het zogenaamde reuzenkratermuseum is een bezoekje waard.

20 12 1 15 10 5 1

1x, 2x, 2ppn € 15 B&B
2x, 9x, hpw € 189-301

Route

60 km NO van Ulm, 9 km ZO van Nördlingen. Op A7/E43 afslag Aalen/Westhausen en via Nördlingen (B29) en Möttingen naar Mönchsdeggingen.
Trein naar Möttingen, afhalen na afspraak mogelijk.

MÜNCHBERG

Bauernhof-Urlaub
Heidi Strößner **Bioland** ÖKOLOGISCHER LANDBAU
Laubersreuth 7, 95213 Münchberg,
Bayern
T 09251-58 45
F 09251-58 07 50
E heidi.stroessner@t-online.de
W www.heidi-stroessner.de
de

Open: hele jaar H 580m (RES) verplicht

Boerderij en omgeving

Historische driekantsboerderij in het Fichtelgebergte met melkveehouderij. Bij de boerderij horen 40 ha weidegrond, bos en akkers (aardappels, graan en veldgewassen). Behalve koeien en kalveren zijn er pony's, schapen, kippen, eenden en katten.

In het nieuwe, van ecologische materialen vervaardigde, gastenverblijf op 100 m van de boerderij zijn vier vakantiewoningen gerealiseerd, in grootte variërend van 35 (2-3 personen) tot 48 m² (4-5 personen). De woningen zijn voorzien van douche en wc, inbouwkeuken met vaatwasmachine, telefoon, balkon en terras. Er zijn speciale kindervoorzieningen aanwezig en er is een sauna. Voor de gasten is er een gemeenschappelijke ruimte met tv, boeken en spelletjes. In de boerderijwinkel worden producten van eigen makelij te koop aangeboden zoals melk, eieren, groente, aardappelen en kruiden. Eén woning is speciaal geschikt gemaakt voor rolstoelgebruikers. Bijzonder in het aanbod zijn speciale gezondheidsbehandelingen (volgens Kneipp). Bij het huis ligt een grote tuin met speelveld en speelvoorzieningen en er wordt sportmateriaal uitgeleend.

De boerderij ligt 3 km van Laubersreuth, een dorpje midden in het natuurgebied Fichtelgebergte, op een hoogte van 580 m boven zeeniveau. U kunt er naar hartelust wandelen in de omringende bossen en velden. In het nabijgelegen Frankenwald vindt u zomerrodelbanen, kabelbanen en tal van natuurmonumenten. Er zijn meertjes in de omgeving waar u kunt baden. Bayreuth, de stad van Wagner, ligt hier 35 km vandaan en ook de steden Kulmbach en Kronach zijn een bezoek waard. Als u wilt kunt u deelnemen aan workshops over hooi- en kransvlechten en de methode Kneipp of aan een natuurexcursie. Voor kinderen is er ponyrijden. 's Winters skiën (15 km) en langlaufen (2 km).

10 2,5 2,5

4x, 10x, hpw € 190-308

Route

40 km NO van Bayreuth, 3 km W van Münchberg. Op A9/E51 afslag Münchberg Noord de weg naar Helmbrechts nemen. Na 500 m rechtsaf en in het dorp bij restaurant linksaf.
Trein naar Münchberg. Met de bus naar Laubersreuth. Afhalen na afspraak mogelijk.

SCHLECHING

Beim Lenz
Evi & Josef Gasteiger
Raitener Straße 23 , Mettenham,
83259 Schleching, Bayern
T 08649-475
F 08649-79 88 40
E gasteiger-schleching@t-online.de
W www.beimlenz.de
de

Open: 20 dec-1 nov ✈ (RES) verplicht [🛏]

Boerderij en omgeving

Deze accommodatie ligt in het dorpje Mettenham zo'n 20 km ten zuiden van de Chiemsee. U bevindt zich hier aan de rand van het beschermde natuurgebied Geigelstein op een hoogte van 580 m boven zeeniveau. Op ca 50 ha worden melkvee, paarden, geiten, hazen en kippen gehouden. 's Zomers graast het vee op de eigen alpenweide op 1200 m hoogte.

In het gerenoveerde boerenhuis zijn twee comfortabele vakantiewoningen gerealiseerd. De kleinste (36 m2) bestaat uit een kleine keuken met zitgelegenheid, badkamer met douche en een grote woon- en slaapruimte. Het grotere appartement (37 m2) bestaat uit woonkeuken met slaapbank, badkamer met douche en een slaapkamer voor max. drie personen. Daarnaast zijn er ook kamers te huur (logies en ontbijt) met eigen douche en toilet (twee tweepersoons- en twee driepersoonskamers, 's winters een driepersoonskamer minder). U kunt van de eigenaren melk, eieren, boter, kaas of eigengemaakte appelsap kopen of uw boodschappen bij de dorpswinkel doen.

Er is ook een restaurant in het dorp. Bij de boerderij zijn verder een barbecueplaats, speeltoestellen voor de kinderen en een speelveld, U kunt er tafeltennissen, basketballen en badmintonnen. Er wordt op verzoek een excursie georganiseerd naar de alpenweiden en u kunt actief meedoen bij het werk op de boerderij.

U bent hier vlakbij Oostenrijk in het dal van de 'Tiroolse Ark'. Het klimaat is er mild en de kans op nevel is gering. Een uitgebreid netwerk van wandelwegen leidt hoog de bergen in en weer terug. Uitstapjes zijn hier vandaan mogelijk naar de Chiemsee met zijn kastelen, naar Salzburg, München en Tirol. U kunt er ook prima fietsen en wintersporten (kaarten van de omgeving zijn aanwezig). Bovendien zijn er mogelijkheden voor vissen, klimmen, langlaufen (vanaf de accommodatie), alpine skiën (7 km) en tochten per arreslee.

🚴 ⚓ ⌖0,5 ⚓7 ⌖3 ✈ ⚓5
✳ ⚓

🏠 2x, ⬚ 9x, hpw € 217-287

Route

🚗 20 km Z van Chiemsee. Op A8 afslag Bernau, na Marquartstein rechts richting Schleching en zo bereikt u Mettenham.

🚆 Met de trein naar centraal station Übersee, waar u afgehaald kunt worden. Er is ook een busverbinding, bel voor meer informatie

SCHLIERSEE

Biohof Unterschwaig
Markus Hofberger
Schwaig 2, 83727 Schliersee, Bayern
T 08026-21 18
F 08026-94 90 17
E info@biohof-unterschwaig.de
W www.biohof-unterschwaig.de
de, uk

Open: hele jaar ✈ (RES) verplicht 🏁 🐴

Boerderij en omgeving

In een van oorsprong 12e eeuwse kloosterboerderij, gelegen aan de Schliersee en met uitzicht op de bergen, vindt u een drietal vakantiewoningen. Het gebouw is in 2000/01 op ecologische wijze verbouwd. De ligging is totaal vrij en zonnig, maar bovenal zult u getroffen worden door de bijzondere sfeer van het grootse en oeroude gebouw in combinatie met moderne architectuur. Op dit gemengde bedrijf met zijn drie bergweiden doet men aan veeteelt, fruit- en groenteteelt. Als u dat wilt kunt u meehelpen bij de dagelijkse werkzaamheden. De eigenaren zetten zich in voor het behoud van het hooiland. De vijf-sterren vakantiewoningen van 48 tot 93 vierkante meter zijn allen voorzien van onder andere douche, toilet, balkon, TV met video, wasmachine en internetaansluiting. De twee grootste ook met bad en afwasmachine. Er staan u fietsen ter beschikking, u kunt vrij gebruik maken van de prachtige tuin met oude bomen en in de ligstoelen genieten van het uitzicht op de bergen. Ook kunt u het unieke saunahuisje gebruiken. Er zijn biologische producten te koop en op verzoek kan voor biologische maaltijden worden gezorgd. Honden zijn niet toegestaan.

Schliersee is een kuuroord op 800 tot 2400 meter hoogte. In de omgeving kunt u prachtig wandelen, fietsen, wintersporten en paardrijden. De Schliersee en Tegernsee bieden mogelijkheden voor watersport. U kunt tochten maken naar Rottach-Egern, Bad Wiesee, Bad Tolz, Wildbad Kreuth en München. In de winter kunt u skiën en de langlaufloipen lopen langs de voordeur.

🚴 🍽 🚴 Ⓢ ♨ ⌖1 ⚓ ✈1 ⚓1
⚓1 ⚓ ✳ ⚓

🏠 3x, ⬚ 11x, hpw € 400-650

D
PL

Route

⚏ 40 km ZO van München. Op A8 afslag Weyarn en via Miesbach en Hausham naar Schliersee. Aan begin van dorp rechts. Na 400 m links ingang boerderij.

🚂 Trein via München naar Schliersee. Afhalen na afspraak mogelijk.

WIESENTTAL

Wiesenthof
Susanne Braun & Peter Hofmann
Birkenreuth 3, 91346 Wiesenttal, Bayern
T 09194-87 21
F 09194-79 43 60
E info@wiesenthof.de
W www.wiesenthof.de
🗣 de

Bioland®
ÖKOLOGISCHER LANDBAU

Open: hele jaar 🐾 (RES) verplicht 🐴

Boerderij en omgeving

Deze biologische boerderij met 100 ha gras- en akkerland, fruit- en groenteteelt en 10 ha bos is rustig gelegen aan de rand van een dorpje. Er worden koeien en paarden gehouden. Daarnaast zijn er geiten, schapen, kippen, eenden, een hond, katten, hazen en cavia's. De eigenaars zetten zich in voor behoud van het natuurlijke landschap.

Er zijn vijf vakantiewoningen voor twee tot zes personen, elk uitgerust met douche en bad. Ook aanwezig in het appartement zijn wasmachine en -droger, telefoon, sateliet-TV en speciale kindervoorzieningen. Er is een balkon en een tuin met ligstoelen in de schaduw van fruitbomen. Kinderen onder de drie verblijven hier gratis en buiten het seizoen is korting mogelijk. Er zijn een tafeltennistafel en badmintonrackets en voor de kinderen speeltoestellen. Ponyrijden, tochten met paard en wagen en paardrijlessen worden aangeboden (gastpaarden welkom). De eigenaren verkopen eieren en groente, aardappels, honing, brood, appelsap en Fränkische schnaps en ze geven cursussen pottenbakken, weven en decoratief schilderen. De vuur- en barbecueplaats ontbreken niet.

Het natuurgebied Fränkische Schweiz ligt midden tussen Nürnberg, Bamberg en Bayreuth en biedt een afwisselend landschap met rotspartijen, slingerende dalen, bloeiende velden en hier en daar een burcht, kasteel, molen of grot. Dit is een zeer aantrekkelijk wandelgebied met meer dan 4000 km aan gemarkeerde wandelpaden. Voor een dagtrip heeft u de keus uit het minerale bad in Obernsees, het wildpark Hundshaupten en de basiliek in Gößweinstein. Verder bevinden zich in de buurt nog een zomerrodelbaan, de berengrot in Pottenstein, kasteel Rabenstein met valkendressuur en een museumspoorweg in Wiesenttal.

🏊 ⚓ 🛶 🚣3 🚤8 🛶3 🐴

🏠 5x, 🛏 17x, hpw € 245-399

Route

⚏ 40 km N van Nürnberg, 2 km ZW van Muggendorf. A93 afslag Forchheim en over B470 naar Ebermannstadt. Aan het einde van het dorp rechts richting Moggast en na 2,5 km links richting Birkenreuth, in Birkenreuth twee maal links.

🚂 Trein via Forcheim naar Ebermannstadt. Met de bus komt u tot in Muggendorf (2 km). Afhalen op afspraak mogelijk.

D
PL

Wat u zoekt in Duitsland, vindt u in de ANWB-uitgaven

Waar u ook heengaat en wat u ook gaat doen, met een ANWB-reisgids of -kaart vindt u altijd wat u zoekt. Hieronder ziet u slechts een kleine greep uit het hele assortiment.

- **ANWB EXTRA**
  Serie compacte reisgidsen met als extra's een grote uitneembare kaart en vijf verrassende uitstapjes.

- **ANWB Actief & Anders**
  Unieke combinatie van reis-, wandel- en fietsgids. Voor de perfecte match van inspanning en ontspanning.

- **ANWB Goud**
  Voor uitgebreide informatie over het vakantiegebied. Met veel aandacht voor cultuur en bezienswaardigheden.

- **ANWB Taalgidsen**
  De manier om je verstaanbaar te maken in het buitenland. Met veel gebruikte zinnen voor elke vakantiesituatie.

De ANWB-uitgaven zijn verkrijgbaar bij alle ANWB-verkooppunten, boekhandels en warenhuizen.

FOTO'S: POOLSE ORGANISATIE VOOR TOERISME

Polen

Of u nu houdt van wandelen in de bergen, van kanoën op stille meren of van het bezichtigen van middeleeuwse steden; in Polen komt u beslist aan uw trekken. Het zuiden staat bekend om zijn hoge bergen, in het noorden kunt u uren wandelen langs lege, witte zandstranden en het noordoosten, bezaaid met duizenden meren, is een paradijs voor liefhebbers van water(sport). In het oosten, tegen de Wit-Russische grens aan, vindt u het laatste laaglandoerbos van Europa, een schitterend gemengd woud met wel 600 jaar oude eiken. Met een beetje geluk kunt u er zelfs wisenten, de Europese bizons, tegenkomen!

Polen kent ook prachtige, oude agrarische landschappen. In veel streken van dit land gebruiken de boeren nog paarden bij het bewerken van hun kleine, door houtwallen gescheiden lappen grond. U komt er in dorpjes, waar het lijkt alsof de tijd heeft stilgestaan.

Accommodaties

De in deze gids opgenomen accommodaties zijn voornamelijk gesitueerd in of rond traditionele, kleinschalige boerderijen. Dikwijls kunt u er zowel logeren als kamperen. Het laatste is tamelijk duur, vaak niet goedkoper dan

in West-Europa, terwijl logies relatief goedkoop is. De Poolse gastfamilies bieden u ongeëvenaarde gastvrijheid en hartelijkheid. Ze zullen van alles voor u regelen om ervoor te zorgen dat uw vakantie een succes wordt: met uw gastvrouw bessen en kruiden zoeken, met een gids de bergen in, 's zomers met paard en wagen door de velden of 's winters met een arrenslee door de sneeuw.

(Biologische) landbouw

Meer dan de helft van het oppervlak van Polen wordt gebruikt voor landbouw. Bijna 95% van de ruim anderhalf miljoen boerderijen is particulier eigendom. De biologische beweging is er sterk in opkomst. Waren er aan het begin, in 1989, maar 27 biologische boerderijen, nu zijn dat er bijna 4000! Bij een subsidieronde voor biologische landbouw in de herfst van 2004 werden maar liefst 3500 aanvragen ontvangen. Inmiddels is Polen vijf certificeringorganen rijk: Agro Bio Test (het orgaan van Ekoland), Bio Ekspert, PTRE (Poolse Biologische Landbouw Vereniging), PNG en Cobico. Boerderijen worden niet langer geïnspecteerd en dan zondermeer goedgekeurd, maar moeten nu een overgangsperiode van twee jaar doorlopen alvorens het certificaat wordt verleend. Eigenlijk is het zo dat de meeste boeren nog steeds op traditionele wijze hun land bewerken, wat wil zeggen dat ze sowieso geen kunstmest of verdelgingsmiddelen gebruiken.

Met de toetreding van het land tot de Europese Unie, in 2004, is de regering uiteraard ook Europees beleid op dit gebied gaan volgen. Specifiek houdt dit subsidies in voor boeren die certificering hebben aangevraagd, bijvoorbeeld voor de kosten van de inspectie maar ook gedurende het tweede overgangsjaar en het eerste jaar van biologische productie. Tevens verzorgt de Poolse overheid voorlichting over en training in ecologisch verantwoorde bedrijfsvoering. Hopelijk geeft dergelijke aanmoediging voldoende tegenwicht aan de economische druk tot schaalvergroting en intensivering van de landbouw. In deze gids vindt u achter de gecertificeerde boerderijen één van deze logo's:

Natuur(bescherming)

Wat de toekomst Polen ook brengt, voorlopig staat het mozaïek van ak-kers, met vee bespikkelde weilanden, houtwallen, bosjes, poelen en grillige rivieren nog steeds garant voor een grote verscheidenheid aan flora en fauna. Die tref je ook aan in de bergen en wouden. In Polen komen nog bruine beren, wolven, wisenten, bevers, otters, lynxen en elanden voor. Sinds 1998 mag er niet meer op de wolf worden gejaagd. Het land is rijk aan bijzondere vogels. De kraanvogel, het auerhoen, de scharrelaar en de zwarte ooievaar behoren tot de meest opvallende soorten. Daarnaast leven er in Polen maar liefst zo'n 40.000 witte ooievaars, een kwart van het totale aantal in de wereld. Het land bezit meer dan 1200 natuurreservaten (meer dan 3000 plant- en 586 diersoorten zijn beschermd), waarvan 23 nationale parken en 141 landschapsparken. Alleen het oerbos Białowieza al herbergt 12.000 diersoorten, slechts 32% van het totale aantal diersoorten in Polen. Maar liefst 28% van het Poolse grondgebied is beschermd en in de nabije toekomst worden hier nog eens drie reservaten aan toegevoegd. De meeste nationale parken in Polen zijn staatseigendom: eenmaal nationaal park is een natuurgebied redelijk goed beschermd.

D
PL

BOLEWICE

Elzbieta & Romuald Stasiakowie
Ul. Parkowa 14, 64-305 Bolewice,
Wielkopolska i Kujawy
T   061-441 95 89
E   eko@boeko.com
W   www.boeko.com
🗨 pl, uk, de, ru

Reserveren zie boven of via ECEAT-Polen:
tel/fax +48 33 87 91 14, info@poland.
eceat.org, www.poland.eceat.org
Open: 1 mei-1 okt 🔺 1 mrt-1 okt 🍴 (RES)
verplicht

Boerderij en omgeving

Kleine gecertificeerde biologische boerderij (8 ha) waar naast groenten en kruiden
ook bijen worden gehouden. De boer past
een speciale teeltwijze toe: kruiden worden tussen de groenteplanten gezet om
het gewas tegen insecten te beschermen.
Voor de boerderij is in een kersenboom-
gaard een experimenteerveld aangelegd
waar kinderen op speelse wijze kunnen
leren over biologische teeltwijzen.
Qua logies biedt deze accommodatie één
kamer met plaats voor drie personen. De
camping, die plaats biedt aan vijf tenten
en drie caravans, is vanaf maart geopend .
Er mag een kampvuur worden aangelegd.
Er zijn mountainbikes te huur. Er is een
'natuurinstructiepad'. Voor geïnteresseerden houdt de boer workshops over het
gebruik van kruiden in de keuken en in
cosmetica.
De accommodatie is gelegen bij het
Pszczewski landschapspark, een gebied
met grote meren en indrukwekkende natuurlijke bossen. Het laat zich raden dat
hier prachtige wandelingen zijn te maken,
evenals tochten per mountain bike. In de
meren kunt u ook zwemmen. De stad Poznan is een bezoek waard.

🚲 🌸 🏊10 🔺

🛏 1x, 🍴 3x, 2ppn € 10
🔺 T 5x, 🚐 3x, pppn € 3, ptpn € 2-7,
pcpn € 7

Route

🅸 68 km W van Poznan. Van Poznan E30 W richting Swiebodzin. Via Pniewy en Lwówek komt u
na Gronsko in Bolewice. Vóór het park rechts. 100
m weg langs muur en schutting volgen tot boomgaard.

CEKCYN

Lucja & Stefan Peplinscy
Zalesie 10, 89-511 Cekcyn,
Wiekopolska i Kujawy
T   052-336 10 38
🗨 pl, de, uk

Reserveren zie boven of via ECEAT-Polen:
tel/fax +48 33 87 91 14, info@poland.
eceat.org, www.poland.eceat.org
Open: hele jaar 🍴 H 100m (RES) verplicht

Boerderij en omgeving

Middelgrote traditionele boerderij in de
buurt van het landschapspark Tucholski.
Er worden granen, aardappelen, groenten
en fruit verbouwd en koeien, varkens, eenden en kippen gehouden.
Er zijn drie kamers (in totaal 11 bedden)
en twee badkamers beschikbaar voor de
gasten. Desgewenst kunt u uw tent in de
tuin zetten. U kunt hier leren traditionele
gerechten te bereiden en les krijgen in het
gebruik van kruiden. Brood wordt gebakken in een traditionele oven. Er zijn fietsen
te huur. Liefhebbers kunnen ook een dagje
meewerken op de boerderij.
Dichtbij de boerderij liggen een aantal
meren met kristalhelder water om te
zwemmen (2 km), zeilen of surfen. Tevens
zijn er enkele visvijvers. Het Tucholski
landschapspark telt een aantal reservaten, onder meer dat van de rivier de Ws-
taszka en een speciaal taxusreservaat. Er

---

zijn hier verscheidene interessante fiets-
en wandelroutes. De omliggende bossen,
waar het heerlijk wandelen en picknicken
is, staan vol met paddestoelen, bessen en
kruiden.

🚲 🏊2 🐟3 🔺3 🔺

🛏 3x, 🍴 7x, 2ppn € 11
🔺 Prijs op aanvraag

Route

🅸 11 km O van Tuchola. Vanuit Tuchola richting
Wielki Gacno en Tlen (238). In Okiensk rechtsaf en
weg ca 1 km blijven volgen.
🚂 Met de trein naar Cekcyn (5 km).

DOBRZANY

Cztery pory roku
Danuta & Jerzy Gaczkowscy
Biala 41, 73-130 Dobrzany, Pomorze
T   091-562 76 34
M   050-526 86 34
E   ekofarma.biala@gazeta.pl
🗨 pl, de, uk

Reserveren zie boven of via ECEAT-Polen:
tel/fax +48 33 87 91 14, info@poland.
eceat.org, www.poland.eceat.org
Open: 1 mei-30 sep 🔺 H 100m (RES)
verplicht 🔀

Boerderij en omgeving

Kleine biologische boerderij van twee
hectare in de buurt van het Inski landschapspark. Er worden mais, groenten en
kruiden geteeld en kippen gehouden.
U verblijft in een van de twee tweepersoons gastenkamers met eigen badkamer
of op de camping, gelegen in de boomgaard (kamperen alleen in combinatie
met volpension). De eigenaren serveren
lekkere biologische maaltijden op basis
van de Slow food-gedachte. Dit alles uiteraard met ingrediënten vers van het land.

Voor alle dagtrips kunt u een mand eten meekrijgen. Er kan rekening worden gehouden met speciale dieetwensen. Op de boerderij zijn veel kruiden aanwezig die kunnen worden gebruikt voor decoratie, koken, thee en uiterlijke verzorging. U krijgt hier de kans te experimenteren met en te leren over ambachtelijk handwerk. Uiteraard kunt u ook gewoon relaxen en een praatje maken of lezen bij het haardvuur.

De omgeving van de accommodatie is een paradijs voor natuurliefhebbers; u kunt er vogels kijken, fotograferen, fietsen (fietsen te huur) of nordic walking beoefenen. Er zijn in de buurt maar liefst 21 meren waarlangs u kunt wandelen. Zwemmen kan er natuurlijk ook.

🐾 🍲 🏊5 ✂4 🚲5 🎣

🛏 2x, 🚲 4x, Prijs op aanvraag

Route

🚗 30 km NO van Stardard Szczecinski. Neem weg naar Chociwel (149). Vlak voor Chociwel rechts naar Dobrzany; Biala is het derde dorpje. De boerderij ligt in midden van het dorp rechts.

🚌 Bus van Stargard Szczecinski naar Biala.

DRZYCIM

Benedikt Góreccy
Gacki 35a, 86-140 Drzycim,
Wiekopolska i Kujawy
T   052-331 71 18
📞 pl, de, uk   **AGRO BIO TEST.**

Reserveren zie boven of via ECEAT-Polen: tel/fax +48 33 87 91 14, info@poland. eceat.org, www.poland.eceat.org
Open: hele jaar 🌱 H 96m ⓇⒺⓈ verplicht

Boerderij en omgeving

Middelgrote biologische boerderij speciaal geschikt voor gezinnen met kinderen.

Er worden groenten, fruit en mais verbouwd en koeien, paarden, pluimvee en schapen gehouden. De eigenaren wonen er met hun vier dochters en zoon Janusz. U verblijft in een van de twee driepersoons gastenkamers of op de camping. Elke kamer heeft een eigen toilet. Op de boerderij worden groenten, eieren, zuivel, marmelades en andere levensmiddelen te koop aangeboden. In de winter organiseert de boer tochten per slee. Er zijn ook mogelijkheden voor langlaufen.

De boerderij is gelegen in het gebied van de Tuchola wouden. U bevindt zich hier in het grootste bosgebied van Polen. Er zijn een aantal heel mooie meren in de omgeving en in de bossen kunt u tijdens uw wandelingen bessen en paddestoelen verzamelen. Drzycim heeft een monumentale kerk en in Swiecie staat een kasteel van de Teutoonse Orde.

🐾 🍲 🚲 🏊10 ⛵ 🎣 🐎

🛏 2x, 🚲 6x, 2ppn € 20
🏕 pppn € 5

Route

🚗 75 km N van Bydgoszcz. Vanuit Bydgoszcz naar Swiecie (5/E261). Op rondweg na derde viaduct links naar Sulnowo (239), na 2 km links naar Sulnowko en daar rechts, weg volgen. Via Wyrwa, Maly Dolsk, Duzy en Dolsk Biechowko bereikt u Gacki.

🚌 Trein van Laskowice Pomorskie naar Drzycim (4 km). Met bus van Swiecie naar Gacki (100 m). Vóór dorp uitstappen, boerderij ligt rechts.

KARTUZY

Teresa Konkol
Kosy 22, 83-300 Kartuzy, Pomorze
T   058-684 09 74
📞 pl, de, uk

Reserveren zie boven of via ECEAT-Polen: tel/fax +48 33 87 91 14, info@poland. eceat.org, www.poland.eceat.org
Open: hele jaar 🌱 H 230m ⓇⒺⓈ verplicht

Boerderij en omgeving

Middelgrote biologische boerderij waar de eigenaren met hun vijf kinderen en drie andere volwassenen samenleven. Het oude bakstenen huis is goed bewaard gebleven en is typisch voor deze streek. Er worden op 14 ha granen, groenten en aardappelen verbouwd en koeien, varkens, kippen, eenden en bijen gehouden. Er zijn twee gastenkamers voor respectievelijk twee en drie personen, de badkamer wordt gedeeld. Bij de camping met plek voor tien tenten/caravans zijn eigen sanitaire voorzieningen aanwezig. Voor gasten zijn er fietsen te huur. U kunt hier alle maaltijden gebruiken, grotendeels bereid met biologische producten van de boerderij.

Het Kashuba merendistrict is zeer heuvelachtig en staat bekend om de culturele en etnische identiteit van de bewoners en de botanische diversiteit van de natuurlijke omgeving. Maar liefst 250 soorten vogels komen hier voor, waaronder zwarte ooievaars, kraanvogels en korhoenders. De stad Gdansk is van hieruit gemakkelijk te bereiken. In Chmielno is een keramiekmuseum en in Kartuzy (3 km) een regionaal museum en een monumentale kerk die de vorm heeft van een doodskist.

🐾 🍲 🚲 🛶 🎣 🏊3 🏖3 ✂4 🚲3 🚲3 🍽3 🎣4

🛏 2x, 🚲 5x, 2ppn € 10
🏕 pppn € 3ptpn € 4pcpn € 5

D
PL

Route

🚗 40 km W van Gdansk. Van Gdansk naar Kartuzy (219), daar richting Bytów (228). Buiten Kartuzy afslaan naar Kosy en bordjes ECEAT volgen. Huis heeft ooievaarsnest op paal.

🚌 Bus van Gdansk (elk uur) naar Kartuzy (1,5 km), vraag chauffeur te stoppen in dorp. Of trein van Gdansk (11x p.d.) naar Kartuzy (4 km).

KRZYZ

Anna & Piotr Paluszkiwicz
Lubcz Maly 17, 64-761 Krzyz,
Wiekopolska i Kujawy
T   067-253 31 59
🖂 pl, de, uk   AGRO BIO TEST.

Reserveren zie boven of via ECEAT-Polen: tel/fax +48 33 87 91 14, info@poland. eceat.org, www.poland.eceat.org
Open: hele jaar 🌱 H 135m (RES) verplicht

Boerderij en omgeving

De jonge eigenaren van deze biologische boerderij van 52 ha houden geiten, pluimvee, honden en katten en telen groenten, granen en fruit.
Er zijn voor toeristen drie gastenkamers, met in totaal zeven bedden, met aparte badkamer. Er is een ruime camping met schone toiletruimte en douche. Op de boerderij worden geitenmelk, verse kaas, eieren, vlees en groenten te koop aangeboden. Desgewenst verzorgt men voor u ontbijt, lunch of diner, uiteraard met veel eigen biologische producten. U kunt hier fietsen huren. Indien nodig staan de eigenaren bij met het transport. Ze organiseren ook kanotochten over de Drawa en de Notec rivier, ritten met paard en wagen en excursies naar andere Poolse steden.
Het dorp Kryz is vermaard om het grote aantal ooievaars dat hier elk voorjaar verschijnt. De boerderij wordt omgeven door prachtige wouden die vrijwel ongerept zijn gebleven, zoals bijvoorbeeld het No-

tecka woud, het dal van de Notec met 240 soorten vogels, het Drawa woud en het nationale park Drawa. Een fantastische plek voor vogelliefhebbers!

🛏 🍽 🚴 🏊10 ⛺4

🛏 3x, 🚲 7x, 2ppn € 13
⛺ pppn € 6

Route

🚗 85 km NO van Gorzów Wielkopolski. Krzyz ligt op de weg naar Pila. Vanaf Krzyz richting Wielen (wegwijzer op kruising: rechtsaf). Rechtdoor tot aan bushalte rechts, daar onverharde weg op (1 km).
🚌 Uw gastheer- en vrouw halen u op bij station Krzyz Wielkopolski.

MILICZ

Helena & Aleksander Novaccy
Kaszowo 11a, 56-300 Milicz,
Dolny Slask i Sudety
T   071-384 90 25
M   06-07 97 18 68
E   nowackial@op.pl

Reserveren zie boven of via ECEAT-Polen: tel/fax +48 33 87 91 14, info@poland. eceat.org, www.poland.eceat.org
Open: hele jaar 🌱 H 100m (RES) verplicht
✉ 🐾

Boerderij en omgeving

De Nowacki-hoeve, gelegen in een rustige omgeving, is ideaal voor wie van wandelen of fietsen houdt. U zult zich vanwege de vriendelijke sfeer gemakkelijk thuis voelen; lokale tradities worden hier in ere gehouden De eigenaren interesseren zich voor sterrenkunde en laten u graag de sterrenhemel bewonderen.
U verblijft in een van de twee gastenkamers, de badkamer wordt gedeeld met de eigenaren. Er is een tweepersoonskamer en een driepersoonskamer. Er mag in de

kamers en de gemeenschappelijke ruimten niet gerookt worden. De accommodatie is ook geopend met de kerst. Er is een winkeltje waar u levensmiddelen kunt kopen en er worden fietsen verhuurd. In overleg kunt u uw eigen huisdier meenemen.
De stad Wroclaw is zeker een bezoekje waard en u kunt in de omgeving uitgebreide wandel- en fietstochten maken.

🛏 🍽 🚴 🏋 🏊1 🐕1 ⛺4 🏠2
🐾

🛏 2x, 🚲 5x, 2ppn € 8
⛺ 🚳, ptpn € 7

Route

🚗 56 km NW van Wroclaw. Vanuit Wroclaw noordwaarts richting Trzebnica (5/E261). In Trzebnica afslaan naar Milicz (440) en daar op eerste kruispunt linksaf bij bord Kaszowo 2 km.
🚌 Er rijdt een bus van Wroclaw rechtstreeks naar Milicz.

PRZYBIERNÓW

Iza & Marek Dopadlo
Rzystnowo 19, 72-110 Przybiernów,
Pomorze
T   091-418 60 54
M   0600-382 032
E   ecofarm@o2.pl
W   www.ecofarm.republika.pl
🖂 pl, de, uk   AGRO BIO TEST.

Reserveren zie boven of via ECEAT-Polen: tel/fax +48 33 87 91 14, info@poland. eceat.org, www.poland.eceat.org
Open: hele jaar 🐄 (RES) verplicht 🐎

Boerderij en omgeving

Biologische boerderij typisch voor de streek en gelegen op een mooie, rustige plaats in het maagdelijke woud van Goleniowska, vlakbij een baai. De boer is aangesloten bij de biologische certificeringsorganisatie Ekoland. Hij verbouwt granen, aardappels, groente en fruit en houdt paarden, schapen, koeien, varkens en pluimvee. Er zijn honden en katten.

De boerderij heeft één driepersoons- en twee tweepersoonskamers en biedt logies met ontbijt. Volpension is mogelijk. De camping heeft veertien plaatsen: tien voor tenten en vier voor caravans. Groepen, in het bijzonder gezinnen met kinderen, zijn van harte welkom. De sanitaire voorzieningen zijn eenvoudig. Verschillende biologische producten van eigen land zijn te koop.

De omgeving heeft veel te bieden. U kunt boswandelingen maken en bessen, paddestoelen of kruiden plukken. Ook zijn er talloze kleine meertjes. Langs de kust lopen uitgezette fietsroutes. Bezienswaardig zijn in ieder geval de Szczecinskibaai, het nationaal park Wolinski met een originele Hollandse windmolen uit de negentiende eeuw, Kamien Pomorski met zijn zeventiende-eeuwse kathedraal en de Baltische Zee bij Swinoujscie.

🚣 ！◎！ ⋯⋯6 ⌢7 🛶

🛏 3x, ✎ 7x, 2ppn € 12 B&B
⛺ T 10x, ⛺ 4x, pppn € 4, ptpn € 6, pcpn € 5

Route
🚗 50 km NO van Szczecin. Vanuit Sczcecin E65 naar het noorden, ter hoogte van Przybiernów links naar Jarszewko. In Rzystnowo (3e dorp) bij het kruis onverharde weg naar boerderij (rechts, rand bos).

🚆 Trein naar Goleniów (30 km); bus van Goleniów (21x p.d.) naar Przybiernów en van Przybiernów (1x p.d.) naar Rzystnowo. Bij kruis onverharde weg naar de boerderij (rechts, rand bos).

D
PL

BIALOWIEZA

Wiera Natorin
ul. Tropinka 51, 17-230 Bialowieza,
Mazury
T   085-681 27 35
W www.eko-sen.bialowieza.com
🖙 pl, de, ru

Reserveren zie boven of via ECEAT-Polen:
tel/fax +48 33 87 91 14, info@poland.
eceat.org, www.poland.eceat.org
Open: hele jaar 🖙 ⓇⒺⓈ verplicht

Boerderij en omgeving

Kleine, traditionele boerderij van 5 ha,
mooi gelegen net buiten het dorp
Bialowieza. Er worden paarden, varkens en kippen gehouden en groenten
en granen verbouwd. De boer is tevens
beeldhouwer en de boerin serveert lekkere maaltijden, bereid met merendeels
producten uit eigen tuin. De lunch is in
Polen overigens de belangrijkste maaltijd.
Er zijn vijf gastenkamers, twee driepersoons en drie tweepersoons. Gasten kunnen gebruik maken van de ruime eetkamer. Er worden fietsen verhuurd en u kunt
(biologische) producten kopen. In de tuin
is een kampvuurplek en kampeerders kunnen er een tent opzetten. U kunt hier ook
(leren) paardrijden.
In het voor- en najaar worden tochten
met paard en wagen georganiseerd en
's winters tochten per slee door het Bialo-
wieza-woud. In de omgeving kunt u fraaie
wandelingen maken en tevens kunt u op
de (huur)fiets de omgeving verkennen.

🚲 🍽 🚲 🐎 ⛷

🛏 5x, 🛏 12x, 2ppn € 15 B&B

Route
🚗 20 km O van Hajnówka. Neem weg naar Bialowieza (689) en passeer ingang van het nationale

park. Doorrijden tot u bijna aan de landsgrens komt
en dan links, na 3 km komt u bij de boerderij.
🚆 Trein tot aan Hajnówka, dan bus naar Bialowieza.

ELK

Janina & Wieslaw Haraburda
Bartosze 3, 19-300 Elk, Mazury
T   087-610 48 37
E   haraburda.w@wp.pl
🖙 pl, de, uk   AGRO BIO TEST.

Reserveren zie boven of via ECEAT-Polen:
tel/fax +48 33 87 91 14, info@poland.
eceat.org, www.poland.eceat.org
Open: hele jaar 🖙 H 160m ⓇⒺⓈ verplicht

Boerderij en omgeving

Op deze biologische boerderij worden
diverse gewassen, groenten en aardbeien
verbouwd. Er is wat vee en er zijn honden
en katten. De boerenhoeve, gelegen aan
de rand van het dorp, is weliswaar oud
maar verkeert in goede staat.
Er zijn vijf tweepersoons gastenkamers
met eigen badkamers. De rustig gelegen
camping, met plek voor tien tenten of caravans ligt temidden van bos aan de oever
van het Sunowo meer. Op de boerderij
is een kano te huur en fietsen. 's Avonds
maakt de boer op verzoek een kampvuur
voor zijn gasten.
De omgeving van deze boerderij is bijzonder gevarieerd, heuvelachtig en uitstekend geschikt voor wandelen en uitstapjes. Een gemengd bos begint op 400
meter afstand van het huis.. Er zijn faciliteiten voor watersport en het huren van
bootjes. Bij het Sunowo meer (3 km) en
zelfs nog iets dichterbij kunt u zwemmen
en vissen. Ook dichtbij is een 190 ha groot
natuurreservaat, speciaal voor bevers.

🚲 🍽 🛶 🚲 ⛺ 🐟2 ⋊2 🚲3
🛶10

🛏 5x, 🛏 11x, 1ppn € 13
🪓 pppn € 6

Route
🚗 6 km W van Elk. In Elk de weg richting Olsztyn
nemen. Na 4 km op splitsing richting Rozynsk onder
het spoor door. Na plaatsnaambord Bartosze eerste
huis rechts.
🚆 Bus van Elk naar Bartosze met bushalte nabij
huis (50 m). Trein van Elk naar Bartosze, station op
800 m.

GIERZWALD

Mariola Platte
Gierzwald 45, 14-107 Gierzwald, Mazuria
T   089-647 20 82
E   platte@polbox.com
W www.plattowka.w.pl
🖙 pl, uk

Reserveren zie boven of via ECEAT-Polen:
tel/fax +48 33 87 91 14, info@poland.
eceat.org, www.poland.eceat.org
Open: hele jaar 🖙 ⓇⒺⓈ verplicht 🔲 🦌

Boerderij en omgeving

Biologische boerderij op twee km afstand
van het dorp Gierzwald. De accommodatie, in bezit van het predicaat 'De groene
longen van Polen' , is speciaal gericht op
gasten die belangstelling hebben voor de
plaatselijke gewoonten en ambachten of
die houden van lekker eten.
Er zijn twee tweepersoonskamers met eigen badkamer, twee tweepersoonskamers
zonder eigen badkamer en één gezinskamer geschikt voor vier personen. Ook is
er een zomerhuisje met speciale voorzieningen voor gehandicapten. Gasten hebben een sauna, douche, toilet en keuken
ter beschikking. Overnachting is op basis
van volpension. Producten van eigen land
zijn hier te koop. Een ludiek extraatje is de
bühne in de schuur, bedoeld voor optredens, tentoonstellingen of workshops. Op

het erf kunt u zich wagen aan een partijtje badminton of volleybal terwijl de kinderen buiten spelen. Net naast de boerderij liggen twee poelen en een bosmeertje. Aan de oever van dit bosmeertje mag u een kampvuur aanleggen, bijvoorbeeld om uw vlees of vis te roosteren.

De eigenaar leidt u graag rond over het bedrijf maar wilt u verder van huis, dan zijn er zowel twee fietsen als een boot te huur. U kunt dan bijvoorbeeld naar de heuvel Dylewska (het hoogste punt in Mazury), het natuurreservaat 'Czarci Jar', het museum 'De slag bij Grunwald' of naar het Ostródzko - Elblrski kanaal (20 km).

🛏 5x, 🛏 12x, 2ppn € 24 VP

Route

🔼 51 km ZW van Olsztyn. Neem weg naar Olsztynek. Rechts richting Ostróda, E77 op. In Rychnowo linksaf, weg 542, naar Gierzwald.

🚍 Busdienst van Olsztyn naar Gierzwald.

KRUKLANKI

Zygmunt Mikula
ul. Wodna 10, 11-612 Kruklanki, Mazury
T 087-421 73 16
🗣 pl, de, uk, ru

Reserveren zie boven of via ECEAT-Polen: tel/fax +48 33 87 91 14, info@poland. eceat.org, www.poland.eceat.org
Open: hele jaar ❦ H 120m (RES) verplicht

Boerderij en omgeving

Deze traditionele boerderij van 16,5 ha ligt bij de Sapina rivier en dichtbij het Borecka woud. Er worden granen verbouwd en kruiden geteeld. Er zijn tevens een aantal paarden en koeien.

U verblijft in één van de vijf gastenkamers, elk voorzien van eigen badkamer.

Er zijn twee tweepersoonskamers, een driepersoonskamer en een familiekamer met vier bedden. Tevens zijn er twee vakantiehuisjes voor 6-8 personen en een appartement met twee kamers, keuken en badkamer. Op verzoek organiseert de eigenaar ritten met paard en wagen en 's winters sledetochten. Er zijn fietsen te huur en u kunt hier kanotochten maken. Daarnaast is er een visvijver, een tafeltennistafel, een kinderspeelplaats en een kampvuurplek.

U bevindt zich hier midden in het merendistrict van Mazoerie. Er liggen meren in de omgeving waar u kunt zwemmen, vissen, zeilen en surfen. Voor de liefhebbers ligt er op ca 10 km een tennisbaan. Niet ver van de boerderij ligt Gizycko met het 18de-eeuwse Fort Boyen en er zijn verscheidene beschermde natuurgebieden, waaronder één speciaal voor bizons.

🛏 5x, 🛏 14x, 2ppn € 35
🏠 2x, 🛏 16x, Prijs op aanvraag

Route

🔼 10 km NW van Gizycko. Vanuit Gizycko weg naar Wegorzewo nemen (644). Na ca 6 km rechts en na 5 km bereikt u Kruklanki.

🚍 Per bus of trein naar Gizycko, dan bus naar Kruklanki.

LEONCIN

Krystyna & Stefan Ziembinscy
Nowy Secymin 5, 05-155 Leoncin,
Mazowsze
T 022-785 66 84
🗣 pl, de, uk, ru   AGRO **BÍO** TEST

Reserveren zie boven of via ECEAT-Polen: tel/fax +48 33 87 91 14, info@poland. eceat.org, www.poland.eceat.org
Open: hele jaar (RES) verplicht

Boerderij en omgeving

Een 20 ha grote biologische boerderij gelegen aan de oever van de rivier de Vistula. De eigenaren verbouwen groenten en fruit en houden koeien. Ook produceren ze kiemen en bakken ze zelf brood. U verblijft in een van de oude, traditionele gebouwen en schuren. Er is een bibliotheek aanwezig met ondere andere boeken over filosofie (ook in het Engels en Duits).

U kunt verblijven in een van de drie gastenkamers; er is in totaal plaats voor 12 gasten. Daarnaast kunt u op het erf uw tent opzetten. 's Avonds wordt er desgewenst een kampvuur aangestoken. Het gastgezin bereidt op verzoek voor u zowel ontbijt, (warme) lunch als diner. Dit alles uiteraard met biologische producten van de eigen boerderij en zelfgebakken brood.

Het dorp Secymin Nowy werd in de negentiende eeuw gebouwd door Nederlandse kolonisten. Er zijn in dit gebied meren en vijvers. De grootste natuurlijke attracties zijn de zandduinen op de oevers van de Vistula en verder is er het nabijgelegen nationale park Kampinoski. De hoofdstad Warschau ligt hier 45 km vandaan.

👥 🍴 🌊15

🛏 3x, 🛏 12x
⛺ Prijs op aanvraag

Route

🔼 55 km NW van Warschau. Warschau verlaten op 7/E77 richting Gdansk. Voorbij Czosnów en vóór brug over de Wisla afslaan richting Kamion (576). Passeer de dorpen Wilków en Wilków nad Wisla en vervolgens rechts een onverharde weg in. Ingang boerderij aan achterkant.

🚍 Bus van Warschau naar Marymont. Overstappen op bus naar Nowiny. Uitstappen bij laatste halte. 3 km lopen.

D
PL

RUTKA TARTAK

Maria Micielica
Potopy 3, 16-406 Rutka Tartak, Mazury
T 087-568 72 42
pl, uk

Reserveren zie boven of via ECEAT-Polen:
tel/fax +48 33 87 91 14, info@poland.
eceat.org, www.poland.eceat.org
Open: hele jaar H 150m (RES) verplicht

Boerderij en omgeving

Traditionele boerderij gelegen in het prachtige Suwalskie merengebied. De eigenaren verbouwen aardappelen en granen en houden koeien, geiten, schapen, varkens en pluimvee op een oppervlakte van 20 ha. Een bijzondere plek voor wie van natuur en stilte houdt. Maar ook geschikt voor liefhebbers van wandelen, fietsen en langlaufen.

De gasten staan vier kamers ter beschikking, twee driepersoons en twee vierpersoons. Er is dus in totaal plek voor 14 gasten. Hen staan drie badkamers ter beschikking. De vrouw des huizes bereidt desgewenst lekkere maaltijden uit de Litouwse en Poolse keuken; verwacht onder andere verschillende soorten zelfgemaakte kaas, worst en gebak. Voor het geval u de Poolse taal niet machtig bent: de zoon des huizes spreekt Engels. Als u het leuk vindt kunt u een dagje meewerken op de boerderij.

De accommodatie wordt omgeven door groene heuvels en kristalheldere meren. Het Biale meer op 100 m is ideaal voor zwemmen en vissen. Op circa 10 km afstand ligt een meer waar u boten kunt huren of kunt windsurfen of zeilen. In de buurt zijn ook fietsen te huur. Het landschapspark Suwalskie met zijn rijke flora en fauna geldt als een van de mooiste gebieden van Polen. Op korte afstand bevindt zich het nationale park Wigierski.

🛁 📷 🚣1 🎣1 🏊10 🚴10 ⛷10 🛶10

🛏 4x, 🛌 14x, 2ppn € 10

Route

🚗 32 km N van Suwalki. In Suwalki richting Litouwse grens (8/E67). Na 20 km linksaf richting Wizajny (652). Rutka Tartak passeren, voorbij benzinestation bij splitsing rechts, 300 m rechtdoor, vervolgens rechtsaf (naar het meer dalende weg), na 2 km links bij meer weg op naar boerderij.

🚌 Bus of trein naar Suwalki, vandaar bus naar Rutka Tartak. Te voet tot boerderij.

SNIADOWO

Jan Olszewscy
Stare Ratowo 18, 18-411 Sniadowo, Mazury
T 086-217 61 26
pl, de, uk   AGRO BIO TEST.

Reserveren zie boven of via ECEAT-Polen:
tel/fax +48 33 87 91 14, info@poland.
eceat.org, www.poland.eceat.org
Open: 1 jun-1 sep H 158m (RES) verplicht

Boerderij en omgeving

Moderne, middelgrote biologische boerderij midden in een dorp in een bosrijke omgeving. Er worden aardappelen, wortelen, bieten, uien, aalbessen en granen geteeld. Er worden tevens koeien, varkens, kalveren en hennen gehouden.

U verblijft in een van de twee vakantiehuisjes (in totaal zes bedden) met eigen badkamer. Er zijn twee visvijvers, een ervan is geschikt om te zwemmen. Jan en Krystyna hebben drie kinderen: Krzysztof (25), Piotr (26) en Monika (19). Gastvrouw Krystyna leert u graag hoe u traditionele maaltijden bereidt en hoe u vruchten en groenten inmaakt voor de winter.

De naam van deze streek is Kurpie. U vindt er een openluchtmuseum in Nowo-

---

grod (24 km) en een landbouwmuseum in Ciechanow. In Drozdowo bevindt zich een museum voor natuurlijke historie. In Lomza kunt u de kathedraal bezoeken en het klooster en de fortificaties bezichtigen. Er worden kanotochten over de Narew rivier (20 km) georganiseerd.

🛁 📷 🚣 🚴 🛶

🏠 2x, 🛌 6x, 1ppw € 9

Route

🚗 32 km N van Ostrów Mazowiecka. Richting Lomza en in Sniadowo afslaan richting Szumowo. Bij V-splitsing links en rechtdoor. Vóór restaurant aan de rechterkant rechtsaf. Op volgende V-splitsing bij groot wit huis (nr. 18) rechts zandweg in , deze 800 m volgen, huis ligt rechts.

🚌 Bus of trein vanuit Lomza naar Sniadowo. Bushalte ligt op 1,5 km.

SWIETAJNO

Anna & Lech Marczak
Gize 41, 19-411 Swietajno, Mazury
T 087-523 02 66
M 050-978 20 15
E marczak.ekoturystyka@mgmnet.pl
W www.ekoturystyka.com.pl
pl, de, uk   AGRO BIO TEST.

Reserveren zie boven of via ECEAT-Polen:
tel/fax +48 33 87 91 14, info@poland.
eceat.org, www.poland.eceat.org
Open: hele jaar hele jaar H 140m
(RES) verplicht ✖ 🍴

Boerderij en omgeving

Deze biologische boerderij van 20 ha heeft een eigen meertje (1,5 ha) met een aantal privé zandstrandjes waar u heerlijk kunt zwemmen. Er worden verschillende granen en groenten verbouwd. Ook is er een grote boomgaard.

U verblijft in een van de vijf tweepersoonskamers of op de camping. Er zijn ook luxueuze apartementen te huur met keuken en eigen badkamer. Op de camping is plaats voor 20 tenten en caravans. Tevens staan er drie Indiaanse tipi's waar u een vuur kunt maken en slapen op een legermatras. De eigenaren serveren overheerlijke, uitsluitend vegetarische, maaltijden. Er mag in de kamers en de gemeenschappelijke ruimten niet gerookt worden. In overleg mag u uw hond meenemen. Dit is een heel geschikte accommodatie voor kinderen; er zijn kinderbedjes en -stoelen te leen, er is een speeltuin met een kinderbadje en er zijn veel kleine dieren. Er is voor gasten een bootje of fietsen te huur en tevens geven de eigenaren u graag een rondleiding over hun bedrijf.

De boerderij wordt omgeven door wouden en heuvels waar het goed wandelen en fietsen is. Dit gebied wordt ook wel de groene longen van Polen genoemd omdat het er zo schoon is. Het is ook een van de ruigste gebieden van Europa waar een aantal zeldzame diersoorten voorkomen. Een fantastische plek voor wie op fotojacht gaat!

&. |©| ⚓ 🛶 🛥 🎣 ⚓0
🛶35 🔍6 ⤫0,5 🛶6 🔱6 🛶0 🏹16
❄40 🐾

🛏 7x, 🏕 14x, 2ppn € 21
⛺ 🏕, pppn € 5, ptpn € 5-8, pcpn € 11

Route
🔺 45 km W van Suwalki. Vanuit Suwalki naar Olecko (653), daar voorbij spoorweg rechtsaf de weg naar Swietajno, na 6,5 km links (weg die naar een bos leidt). Na 600 m boerderij links.
🚂 Met de trein naar Elk waar u afgehaald kunt worden.

WOLA UHRUSKA
Zofia & Edward Mojscy
ul. Lesna 21, 22-230 Wola Uhruska, Mazowsze
T 082-591 51 54
💬 pl, de, ru

Reserveren zie boven of via ECEAT-Polen: tel/fax +48 33 87 91 14, info@poland. eceat.org, www.poland.eceat.org
Open: hele jaar ❦ H 180m ⓇⒺⓈ verplicht 🗙

Boerderij en omgeving
Typische boerderij uit deze streek, prachtig gelegen in een rustige omgeving niet ver van de grens met de Oekraïne. Er worden op 21 ha groenten, fruit, granen en andere gewassen verbouwd en koeien, varkens en pluimvee gehouden.

Er staan twee tweepersoons- en een driepersoonskamer met aparte badkamer ter beschikking voor de gasten. Er zijn fietsen te huur. U kunt als u wilt uw hond meenemen. Er mag binnen niet gerookt worden. De boerin nodigt u uit om te komen genieten van haar kookkunsten. Proef zelfgemaakte worstjes, bietensoep en Russische dumplings (pierogi). Leuke plek voor kinderen: er is een speeltuin met kinderbadje en er zijn veel kleine dieren. De boer geeft u graag een rondleiding over het bedrijf en desgewenst maakt hij 's avonds voor u ook nog een mooi kampvuur.

Dit is een stukje Polen dat minder bekend is onder toeristen; de naam van deze streek is Poleskie. U vindt er onder meer het nationaal park Poleskie met verschillende zeldzame vogels en andere dieren. Het zuidoosten van Polen is een gebied waar drie verschillende culturen - Pools, Joods en Oekraiens - lange tijd hebben samengeleefd. Daarom treft u er zowel katholieke en orthodoxe kerken als synagogen (Wlodawa) aan. Voor de actievelingen onder u is er in de nabije omgeving

voldoende gelegenheid tot vissen, surfen, zeilen en uitgezette wandelingen maken. Op een km afstand kunt u zowel bootjes als fietsen huren.

&. |©| 🎣 🛶5 ⤫1 🛶25 🔱25 '
🛶1 🐾1 🏹5 🐾

🛏 3x, 🏕 7x, 2ppn € 11
⛺ Prijs op aanvraag

Route
🔺 30 km NO van Chelm. Sla hoofdweg naar het noorden in (812), na 20 km rechts naar Wola Uhruska.

D
PL

BYSTRZYCA KLODZKA

Konrad Markowski
Nowa Bystrzyca 60, 57-500 Bystrzyca
Klodzka, Dolny Slask i Sudety
T 071-341 90 91
M 0603-08 75 36
E kmark1@wp.pl
W www.gorybystrzyckie.agrowakacje.pl
pl, uk

Reserveren zie boven of via ECEAT-Polen:
tel/fax +48 33 87 91 14, info@poland.
eceat.org, www.poland.eceat.org
Open: hele jaar (RES) verplicht

Boerderij en omgeving

Boerderij gelegen in het Bystrzyckie-ge-
bergte in het zuidwesten van Polen. U
vindt hier stilte, frisse lucht, helder bronwater en prachtige bossen Ideaal voor wie
van stilte en van wandelen houdt.
De eigenaren stellen een volledig ingericht appartement ter beschikking van
70 m² geschikt voor groepen tot maximaal acht personen. Er is een keuken en
een grote badkamer. U kunt zelf koken en
mocht u van vis houden, dan is er forel uit
de vijver op het terrein. Reserveren via
e-mail. Er is ook plek om een tent op te zetten. Als u dat wilt mag u uw eigen hond
meenemen. 's Avonds is er, zoals op veel
Poolse boerderijen, de mogelijkheid om
een kampvuur te maken.
Op vijf kilometer van de accommodatie bevindt zich een klein restaurant. 's Winters
kunt u skiën in de omgeving (er zijn skiliften). En uiteraard kunt u fraaie wandelingen maken vanuit de accommodatie.

⌂ 1x, 8x, Prijs op aanvraag
⛺ Prijs op aanvraag

Route

ℹ 23 km ZW van Klodzko. Van Klodzko naar Bystrzyca
Klodzka en daar richting Spalona aanhouden. Voorbij
plaatsnaambord Nowa Bystrzyca nog 200 m doorrij-

den, de accommodatie ligt aan de rechterkant.
🚌 Bus van Klodzko naar Bystrzyca Klodzka.

CZANIEC

Maria & Jan Sordyl
ul. Lipowa 8, 34-314 Czaniec (Górny),
Malopolska i Karpaty
T 033-810 96 80
E alicja1200@poczta.onet.pl
pl, uk, de

Reserveren zie boven of via ECEAT-Polen:
tel/fax +48 33 87 91 14, info@poland.
eceat.org, www.poland.eceat.org
Open: hele jaar (RES) verplicht

Boerderij en omgeving

Middelgrote biologische boerderij gelegen aan de voet van een berg, omringd
door bossen. Maria en Jan Sordyl leiden
een gemengd bedrijf: graan, groente en
fruit, (pluim)vee, paarden en konijnen. Er
is bronwater uit eigen put.
De accommodatie is het gehele jaar
geopend en bestaat uit één vier-, één
drie- en twee tweepersoonskamers, die
ook beschikbaar zijn voor groepen tot elf
personen. Twee badkamers en de keuken
staan ter beschikking van de gasten. U
kunt kiezen uit alleen logies of half pension; de gastvrouw kan heerlijk koken (ook
vegetarisch), brood bakken en jam, boter
en kaas maken. Tevens worden deze producten, evenals groente en fruit uit eigen
tuin, te koop aangeboden. De camping
biedt plaats aan vijf tenten en vier caravans. Voor zowel een kamer in het huis als
een campingplaats wordt u verzocht te
reserveren. De eigenaar spreekt Engels en
Duits. Op de kamers mag niet worden gerookt, wel mag u uw hond meebrengen.
U mag een kampvuur aanleggen en kunt
meehelpen op het boerenbedrijf. Voor
kinderen is er een speeltuin. Ook mogen
ze met de kleine dieren omgaan.

Als u de omgeving wilt verkennen, kunt
u bij de eigenares terecht voor bergwandelingen (met gids), paardrijden, arren-
sleerijden, kruiden en bessen plukken of
ontspannen langs of op de rivier de Sola.
Ze kan u ook uitgebreid inlichten over de
plaatselijke ambachten en kunstnijver-
heidsartikelen.

🛏 4x, 11x, 2ppn € 13
🏠 🛏4x, 11x, 2ppn € 13
⛺ T 5x, 4x, pppn € 5, ptpn € 5-8

Route

ℹ 30 km O van Bielsko-Biala, 7 km W van Andry-
chów. Vanuit Andrychów over Roczyny naar Czaniec,
In Czaniec links bij bushalte. Vanuit Bielsko-Biala 52/
E462 tot 6 km voorbij Kozy. Rechts richting Czaniec.
Bij bushalte rechts. Boerderij na 300 m rechts.
🚌 Bus of trein van Bielsko-Biala of Kraków naar An-
drychów. Daar stadsbus richting Kety naar Czaniec
(7 km), uitstappen bij halte Czaniec Górny (0,3 km).

HENRYKÓW

Katarzyna Trawinska
Nowina 6 , 57-210 Henryków,
Dolny Slask i Sudety
T 074-810 26 87
pl, uk, de   AGRO BIO TEST.

Reserveren zie boven of via ECEAT-Polen:
tel/fax +48 33 87 91 14, info@poland.
eceat.org, www.poland.eceat.org
Open: hele jaar ♥ H 275m (RES) verplicht
🐎

Boerderij en omgeving

Deze middelgrote boerderij met dertien
hectare grond ligt in een dorpje omgeven
door heuvels en bossen. De boer verbouwt biologische groenten en fruit en hij
houdt paarden, een geit, kippen, honden
en katten. Het dak van het huis is typisch

voor de regio, dat wil zeggen bedekt met houten pannen. Het huis is omgeven door een prachtige bloementuin.

De accommodatie is het gehele jaar geopend en telt drie gastenkamers met in totaal twaalf bedden en een aparte badkamer. Voor groepen kunnen drie extra bedden worden bijgezet. U kunt uw ontbijt en middageten hier nuttigen, uiteraard gemaakt van voornamelijk biologische producten van de boerderij. Deze producten zijn ook los te koop. Mits vooraf besproken, mag u uw hond meebrengen. Op verzoek organiseert uw gastvrouw tochten te paard door de omgeving en op en om de boerderij zijn er faciliteiten voor paardrijden. U mag vuur aanleggen en u kunt u over de boerderij of door de omgeving laten rondleiden. Kinderen kunnen zich met de kleinere dieren vermaken of gewoon lekker buiten spelen.

In de omgeving zijn er mogelijkheden om te tennissen, vissen en om water- of wintersport te beoefenen. Mocht u liever niet in het meer willen zwemmen dan is er op kleine afstand een binnenbad. Niet ver van de boerderij in Zloty Stok kunt u een oude goudmijn bezichtigen. In Kamieniec Zabkowicki staat een 19de eeuws paleis, gebouwd door de Nederlandse prinses Marian. Het stadje Henrykow gaat prat op een klooster, een kerk en een huishoudmuseum met talloze interessante voorwerpen.

⛲ 📷 🐎 🛶40 🚲30 🎣6 🏊40
🏕40 ⚓40 ⛵40 ❄70 🏇

🛏 3x, ⚡ 15x, 2ppn € 12

Route
🚗 60 km Z van Wroclaw. Vanuit Wroclaw richting Krajkow op A4/E40, bij Krajkow rechts richting Nowojowice (395), na 14,5 km links richting Ludów Polski, na 5,5 km rechtsaf, via Strzelin tot aan Henrykow, op 1ste kruispunt links richting Sarby, na 5 km nogmaals linksaf, in Jasienica, 1 km verder in Nowina 1ste weg links, dan 0,5 km rechtdoor. Wit huis met houten dakpannen.
🚉 Trein vanuit Wroclaw naar Henrykow. Boer haalt gasten op station op.

JANOWICE WIELKIE
Dorota & Martin Goetz
Trzcinsko 21, 58-520 Janowice Wielkie ,
Dolny Slask i Sudety
T   075-75 15 505
E   dorota@jelnet.pl
🗣 pl, uk, de

Reserveren zie boven of via ECEAT-Polen:
tel/fax +48 33 87 91 14, info@poland.
eceat.org, www.poland.eceat.org
Open: 1 mei-30 sep ⚓ ℞ES verplicht
✖ 🐾

Huis en omgeving
Een traditionele boerenwoning, rustig gelegen in het Rudawski landschapspark in het dal van de Bobr. Dorota is docente en Martin werkt bij een plaatselijke radiozender. Naast het huis, waar zij samen met hun twee kinderen wonen, ligt een moestuin en er zijn fruitbomen.

Er zijn op de eerste verdieping vier gastenkamers, elk voorzien van een wastafel. De badkamer wordt gedeeld met de andere gasten. De kamers zijn op rustieke wijze gemeubileerd. Er is een eetkeuken voor de gasten. Ook geschikt voor groepen. Er mag een kampvuur gemaakt worden en Dorota en Martin geven ook rondleidingen in de omgeving. U kunt hier fietsen huren en vlakbij kunt u paardrijden. U wordt verzocht op de kamers niet te roken.

Vanaf de boerderij kijkt u uit op de tweelingberg Sokolek met zijn typische rotsformaties. Wandelen, fietsen en (natuurlijk) bergbeklimmen behoren tot de mogelijkheden. U kunt een duik nemen in de Bobr, waar het overigens ook prima vissen is, of in het nabijgelegen openluchtzwembad. Er staan in deze streek veel beroemde kastelen en oude Duitse herenhuizen.

⛲ 📷 🌊 🎣 🛶10 🚲15 🎣2
🏊0,3 🐎1 ⛵10 ❄3 🏇

🛏 4x, ⚡ 10x, 2ppn € 11
🏇 🐾, pppn € 3, ptpn € 6

Route
🚗 20 km O van Jelenia Góra. Vanuit Jelenia Góra E65 richting Wroclaw, bij Radomierz rechts naar Janowice Wielkie. In Janowice rivier oversteken en na spoorwegovergang hoofdweg richting Karpniki volgen, 2 km na plaatsnaambord 'Trzcinsko' rechts, 100 m voorbij brug rechts (onverharde weg), Na 60 m rechts (voor hotel langs), nog 200 m.
🚉 Trein vanuit Jelenia Góra naar Trzcinsko of Janowice Wielkie.

JEZÓW SUDECKI
Agata & Zbigniew Wolak
ul. Dluga 125, 58-521 Jezów Sudecki,
Dolny Slask i Sudety
T   075-713 22 21
E   agatawolak@interia.pl

Reserveren zie boven of via ECEAT-Polen:
tel/fax +48 33 87 91 14, info@poland.
eceat.org, www.poland.eceat.org
Open: hele jaar 🌱 H 360m ℞ES verplicht

Boerderij en omgeving
Middelgrote boerderij van 11 ha waar verscheidene biologische groenten, granen en vruchten worden verbouwd. Ook worden er koeien en pluimvee gehouden.

Er zijn vijf gastenkamers voor in totaal 12 gasten met badkamer en keuken voor gemeenschappelijk gebruik. Er is ook plaats voor drie tenten of caravans. Voor kinderen is er een kinderstoel beschikbaar. Voor kleintjes is er tevens een speeltuintje en kleine dieren. U kunt hier desgewenst ontbijt, lunch en diner gebruiken. De boerin maakt royaal gebruik van biologische producten van de boerderij. U kunt die eventueel ook rechtstreeks van haar kopen. Er zijn voor de gasten fietsen te huur. Er is voor de zomeravonden een kampvuurplek en als u, of uw kinderen, dat leuk vinden kunt u een dagje meehelpen met de dagelijkse boerderijwerkzaamheden. U mag uw hond meenemen.

Er is een overdekt zwembad op 3 km afstand (lekker voor een slechtweerdag), tennis- en paardrijliefhebbers kunnen iets verder terecht. In de omgeving treft u het landschapspark van de Bobr rivier en het waterbassin van Pilichowice. Dit is een zeer aantrekkelijk gebied voor wie van fietsen of wandelen houdt. En uiteraard kunt u hier op warme dagen ook heerlijk zwemmen. En voor de watersporters zijn er genoeg mogelijkheden om te surfen, zeilen of vissen.

🏇 🍽 ⛷ 🎣 🚣5 🚉3 🎣4 ✕5
🏊5 ♨5 🏕5 🏹5 🛶3 ✳10 🐾

🛏 5x, 🛏 12x, 2ppn € 11
🏕 Prijs op aanvraag

Route
🚗 Jezów Sudecki ligt 2 km ten noorden van Jelenia Góra.
🚶 Trein naar Jelenia Góra, 2 km lopen.

KAMESZNICA

Maria & Jozef Sypula
ul. Lesna 409, 34-383 Kamesznica,
Malopolska i Karpaty
M 0606-58 19 28

Reserveren zie boven of via ECEAT-Polen:
tel/fax +48 33 87 91 14, info@poland.eceat.org, www.poland.eceat.org
Open: hele jaar 🛖 H 900m 🅁🅴🆂 verplicht
✕ 🐕

Boerderij en omgeving

Traditionele boerderij afgezonderd gelegen in het Beskidy-gebergte, aan de voet van de Barania Góra. Hij is omgeven door bossen, weiden en beken. 's Winters is dit oord met haar vele afdalingen een waar paradijs voor skiërs. Op de boerderij worden graan, aardappelen en groente verbouwd en koeien en kippen gehouden.

De accommodatie is het gehele jaar geopend en bestaat uit één twee- en één driepersoonskamer met afzonderlijke badkamer, alsmede een camping voor 5 tenten en 4 caravans. Volpension is beschikbaar en tevens zijn producten van eigen land te koop. De eigenaar spreekt uitsluitend Pools. U kunt hier een kampvuur maken, deelnemen aan de activiteiten op de boerderij, uw kinderen met het kleinvee of in de speeltuin laten spelen of de gemarkeerde paden te voet, te paard of met de fiets verkennen. Of ga eens een middag bessen plukken in de bossen!

De schilderachtige omgeving is uiterst geschikt voor liefhebbers van fotograferen. Uiteraard leent deze zich voor lange wandelingen, bijvoorbeeld naar Barania Góra. Krynica, Istebna, Zywiec en Koniaków zijn toeristische kuuroorden en Bielsko-Biala, Zywiec, Cieszyn and Kraków. zijn historische steden.

🏇 🍽 🛷 🎣 🐟 🏹6 ✳4 🐾

🛏 2x, 🛏 5x, 2ppn € 12
🏕 T 5x, 🛖4x, pppn € 4, ptpn € 3-9

Route
🚗 20 km ZW van Zywiec. Weg 94 tot Zywiec, dan 944 richting Milówka en Kamesznica Gorna (dezelfde weg als naar Barania Góra). Rechtdoor (1,5 km) en bij brug links. Na 500 m ziet u rechts het huis.
🚌 Bus van Zywiec (4x p.d.) of Milówka (10x p.d.) naar Kamesznica (1,5 km).

KAMIENNA GÓRA

Malgorzata Bliskowska
Gorzeszów 109, 58-400 Kamienna Góra,
Dolny Slask i Sudety
M 0603-08 23 06
💬 pl, de, uk

Reserveren zie boven of via ECEAT-Polen:
tel/fax +48 33 87 91 14, info@poland.eceat.org, www.poland.eceat.org
Open: hele jaar 💚 🅁🅴🆂 verplicht

Boerderij en omgeving

Boerderij waar verschillende soorten groente en fruit worden verbouwd en geiten en kippen worden gehouden. De eigenaren heten in het bijzonder gezinnen met kinderen en natuurliefhebbers welkom. Naast de moestuin ligt een boomgaard. De eigenaren maken zelf geitenkaas en gerookt vlees. Als u van vissen houdt kan dat in de vijver.

Op deze boerderijcamping is plaats voor vijf tenten of caravans. Er kan 's avonds desgewenst een kampvuur worden gestookt waar u met de gasten en gastfamilie verhalen kunt uitwisselen. U kunt uw hond meenemen.

In de omgeving vindt u het Karkonosze-gebergte en andere berggebieden. Hier kunnen vele trektochten gemaakt worden. Daarnaast zijn er in de buurt een heleboel interessante bezienswaardigheden zoals het beroemde kasteel in Ksiaz en het Cisterciënzer-klooster in Krzeszow. Typisch zijn ook de barokke altaren langs de weg. In het stadje Kamienna Góra kunt u inkopen doen, er is een bank en u kunt hier uit eten.

🏕 ppn € 3

Route
🚗 6 km ZW van Kamienna Góra. Vanuit Kamienna Góra richting Krzeszow en vervolgens richting Mieroszow. Via de postweg na Krzeszówek arriveert u in Gorzeszów. Na bushalte rechts richting natuurreservaat en over de brug naar de boerderij.
🚶 Met de bus van Kamienna Góra naar Gorzeszów.

LESNA

Bikówka
Justina & Dariusz Bik
Swiecie, 59-820 Lesna,
Dolny Slask i Sudety
T 075-724 29 63
M 0509-42 10 76
pl, de, uk

Reserveren zie boven of via ECEAT-Polen:
tel/fax +48 33 87 91 14, info@poland.
eceat.org, www.poland.eceat.org
Open: hele jaar ⚓ H 170m (RES) verplicht
⚔ [♨]

Boerderij en omgeving

Deze afgelegen grote, oude boerenhoeve werd in traditionele stijl gebouwd, typisch voor deze regio. Er worden fruit en groenten verbouwd. De eigenaars hebben een klein kind.

Er zijn drie gastenkamers voor in totaal acht personen met gemeenschappelijke badkamer. De camping met plek voor vijf tenten/caravans bevindt zich op een rustige plek bij de boomgaard. Toiletten en douches bevinden zich in het hoofdgebouw. Speciaal aanbevolen voor gezinnen met kinderen. De eigenares bereidt heerlijke vegetarische maaltijden en organiseert activiteiten als ontspanningsoefeningen, aerobics and callisthenics. Er is een vuurplek, een plek om te vissen en er zijn fietsen te huur. De eigenaars geven u graag een rondleiding over het bedrijf.

Op een nabijgelegen boerderij kunt u paardrijden. Er is een meer op ca 5 km afstand waar u niet alleen kunt zwemmen maar ook surfen, zeilen of een bootje huren. De weidse omgeving bestaat voornamelijk uit weiden en bos (0.5 km) en u heeft een fraai uitzicht op het Izery gebergte. U vindt in de nabije omgeving ook kasteelruines, kuuroorden, twee meren en verschillende wandel- en fietsrou-

tes. In het nabijgelegen Tsjechië zijn de dichtstbijzijnde skiliften (5 km).

⚙ 🍴 🚴 ⛵ 🏊5 🐄5 🛏15 ⚲15
✂0 ⚓7 ⚒7 ≈7 ➶0,4 ❄15 ⚓

🛏 3x, 🚪 8x, 2ppn € 11
⛺ pppn € 7

Route

🚗 40 km NW van Jelenia Góra. Vanuit Jelenia Góra richting Zgorzelec, in Gryfów Slasky richting Swierardów-Zdrój, wegwijzers Swiecie volgen (u verlaat Swiecie en even later rijdt u Swiecie weer binnen). Na de 2e keer in Swiecie weg 4 km volgen tot boerderij is aangegeven.

🚌 Bus/trein van Zgorzelec of Jelenia Góra naar Luban Slaski (bijna ieder uur); bus van Luban Slaski (17 km) naar Swiecie, richting Swierardów-Zdrój (10x p.d.), uitstappen bij 'Swiecie sklep' (0,3 km lopen).

LUBAWKA

Barbara & Kazimierz Jochymek
Bukówka 71, 58-420 Lubawka,
Dolny Slask i Sudety
T 075-741 13 95
E eko@bukowka.com
W www.ekoturystyka.bukowka.com
pl, uk, de, fr   AGRO BIO TEST

Reserveren zie boven of via ECEAT-Polen:
tel/fax +48 33 87 91 14, info@poland.
eceat.org, www.poland.eceat.org
Open: hele jaar ⚓ H 650m (RES) verplicht
⚔ [♨]

Boerderij en omgeving

Deze biologische boerderij is een 50 ha groot gemengd bedrijf waar zowel vee en pluimvee wordt gehouden als groente en fruit wordt geteeld. De gebouwen liggen 1 km van de weg en het dorp Bukowka af. Omringd door bossen, bergen en weiden is dit een idyllische plek met magnifieke vergezichten. De locatie is vooral geschikt

voor gezinnen met kinderen, die ver van alle verkeer rustig buiten kunnen spelen. De accommodatie is het gehele jaar geopend en bestaat uit drie kamers met badkamer en gebruik van de keuken in het boerenhuis. Ook zijn er twee huisjes en een ruim appartement, elk voor vier tot zes personen. Groepen tot achttien personen kunnen hier derhalve terecht. Op het kampeerterrein kunnen maximaal acht tenten staan. U mag er een kampvuur aanleggen. Ontbijt en middageten zijn beschikbaar. Producten van eigen land worden te koop aangeboden. U wordt verzocht vooraf te reserveren. Op de kamers en in de gemeenschappelijke ruimtes mag niet worden gerookt. Op afspraak mag u een hond meebrengen.

Op een rond de boerderij kunt u heerlijk wandelen, u laten rondleiden of een handje meehelpen bij het dagelijkse boerderijwerk. Het Bukówkameer is maar een kilometer lopen, uiteraard kunt u hier zwemmen. In de omgeving is er van alles te doen voor wie van sport houdt, zowel 's zomers als 's winters. Op 25 km afstand is er een zwembad, een golfbaan en een kuuroord.

⚙ 🍴 🛏 ⛵ 🏊1 🛏12 ⚲4 ✂1
⚓1 ⚒1 ≈1 🐄10 ➶4 ❄4

🛏 3x, 🚪 9x, 2ppn € 11
🏠 3x, 🚪 18x, 1ppw € 11-11
⛺ pppn € 4ptpn € 5pcpn € 6

Route

🚗 37 km ZO van Jelenia Góra. Vanuit Jelenia Góra tot Kowary (367), richting Lubawka (368, dan 369), 3 km vóór Lubawka komt u door Bukowka, bij bushalte links, boerderij 1 km. Alternatief: vanuit Walbrzych naar Kamienna Góra (367), dan richting Tsjechische grens (371) tot Lubawka, borden naar Kowary of "Przel cz Kowarska" volgen tot Bukowka. Bij bushalte rechts.

🚌 Bussen vanuit Kamienna Góra en Jelenia Góra naar Bukowka. Bij bushalte zijweg in. Boerderij op 1 km. Trein vanuit Jelenia Góra of Walbrzych naar Lubawka. Treinstation 5 km van boerderij.

D
PL

LUBOMIERZ

Janusz Lawin
Oleszna Podgórska 86,
58-536 Lubomierz, Dolny Slask i Sudety
T 075-789 20 17
M 0602-53 43 60
pl, de

Reserveren zie boven of via ECEAT-Polen:
tel/fax +48 33 87 91 14, info@poland.
eceat.org, www.poland.eceat.org
Open: hele jaar (RES) verplicht

Boerderij en omgeving

Traditionele middelgrote boerderij waar Welsh cobs (een paardenras) worden gefokt en verkocht. De hoeve is een mooi, oud, groot gebouw dat in authentieke stijl is bewaard gebleven. De eigenaar heeft vier honden en een aantal katten.

U logeert hier in één van de zes kamers; vijf tweepersoons en een driepersoons. Er zijn vijf tentplaatsen op de camping. Vier badkamers staan ter beschikking voor alle gasten tezamen. Het terrein omvat verschillende meertjes waar u kunt zwemmen of vissen. Er mag 's avonds een kampvuurtje worden gestookt en ook kunnen liefhebbers op deze accommodatie paardrijden. Als u wilt zet de boerin u elke ochtend een stevig boerenontbijt voor.

De omgeving van de boerderij is ideaal voor het maken van lange wandelingen of ritten te paard. Vogelliefhebbers kunnen zich er helemaal uitleven. Onder de bezienswaardigheden in de omgeving valt een aantal kastelen, bijvoorbeeld die in Gryfow en Czocha. Er ligt een meer op ca 10 km afstand; hier kunt u heerlijk zwemmen.

🏇 ➤ 🏊10 🐎

🛏 6x, ⚡ 13x, 2ppn € 12
⛺ T 5x, pppp € 3, ptpn € 2-7

Route

🚗 25 km NW van Jelenia Góra. Vanuit Jelenia Góra of Luban weg S I naar Gryfów Sláski. In Gryfów Sláski afslag Ubocze, Lubomierz en Lwówek Sláski. In dorp Ubocze rechts richting Oleszna Podgórska. Boerderij aan einde dorp op heuvel.

LWÓWEK SLASKI

Dorota Strzelczyk & Jaroslaw Sawicki
Wlodzice Male 57, 59-600 Lwówek Slaski, Dolny Slask i Sudety
T 075-784 12 24
E dorotekk@poczta.onet.pl

Reserveren zie boven of via ECEAT-Polen:
tel/fax +48 33 87 91 14, info@poland.
eceat.org, www.poland.eceat.org
Open: hele jaar 🏃 hele jaar 🏊 H 210m
(RES) verplicht ✗

Boerderij en omgeving

Kleine traditionele boerderij gelegen in het dal van de Bobr. Op 1,7 ha worden granen, fruit en groente geproduceerd. Er worden workshops keramiek georganiseerd.

U verblijft in een van de twee gastenkamers (totaal zeven bedden) of op een van de drie kampeerplaatsen. De boerin verzorgt op verzoek voor u een boerenontbijt of warme lunch. De eigenaren vinden het leuk om u een rondleiding te geven over het bedrijf; als u wilt mag u zelfs een dagje meewerken. Er is een verzameling boeken aanwezig en er worden twee fietsen verhuurd.

Op 3 km afstand is een meer waar u kunt zwemmen, vissen of een bootje kunt huren. Ook op 3 km afstand is er de mogelijkheid tot paardrijden. In de omgeving bevinden zich tal van toeristische attracties zoals de kastelen van Grodziec and Kliczkow, de historische stad Lwowek Slaski en Boleslawiec, centrum van de keramiekproductie. Deze omgeving is bo-

vendien zeer interessant voor wie graag stenen verzamelt; er zijn verschillende oude afgravingen. Jelenia Gora en Luban zijn de twee dichtstbijzijnde steden voor winkels, banken en uit eten gaan.

🏇 🍽 🚲 🏊3 🚣11 ⚓7 ✕3
🌊3 ➤3 ✳60 🐎

🛏 2x, ⚡ 7x, 2ppn € 9
⛺ pppn € 4

Route

🚗 Op de A4/E40 afslag naar Lwówek Slaski, weg 297 volgen, over spoor weg 364, boerderij rechts van de weg bij scherpe bocht naar links.

MESZNA

Urszula & Franciszek Laciak
Ul. Orczykowa 72, 43-360 Meszna, Malopolska i Karpaty
T 033-497 39 41
E laciakowka@wp.pl
pl, uk, de

Reserveren zie boven of via ECEAT-Polen:
tel/fax +48 33 87 91 14, info@poland.
eceat.org, www.poland.eceat.org
Open: hele jaar 🏊 H 600m (RES) verplicht
♿ ✗

Boerderij en omgeving

Kleine (1,43 ha), traditionele boerderij in het prachtige natuurgebied Beskidy Slaskie in Silezië. De boer teelt granen, groente, fruit en kruiden en houdt koeien en bijen.

De accommodatie biedt logies voor in totaal tien personen in drie kamers en een camping voor in totaal vijf tenten (géén caravans). Er is rekening gehouden met kinderen die zich met de kleine dieren kunnen vermaken. De gasten hebben de beschikking over twee badkamers, een keuken en een woonkamer met tv. Er is

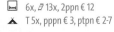

ook plaats voor groepen tot in totaal vijftien personen (eigen beddengoed meenemen). De boerin verzorgt op verzoek drie maaltijden per dag. Zij maakt ook zelf kaas die, net als andere producten van eigen land, te koop zijn. Binnen mag niet worden gerookt. Honden zijn toegestaan. Op en om de boerderij is genoeg te doen: u kunt meehelpen met het werk, met een gids op excursie of urenlang de gemarkeerde wandelroutes aflopen. Het gebied heeft tal van voorzieningen voor (water)sporters, inclusief langlaufroutes en skihellingen. Het voivodeschap Slaskie wemelt van de kastelen, abdijen en kerken. Door de nabijheid van Slovakije (30 km) en Tsjechië is hier een uniek cultureel erfgoed ontstaan. De 'groene' vakantieganger kan terecht in maar liefst 8 landschapsparken en 59 natuurreservaten waar maar liefst 1500 plantsoorten gedijen. Er komen bevers voor, overwinterende vleermuizen en u maakt kans op een ontmoeting met een bizon, bruine beer of zeldzaam sikahert.

🐾 📷 ⚡ 🎿 🏄 🏊 ♨3 ✕10
🐕10 🚶10 ⛷10 🎣4 ⛰3 ⛺3 ❄3
⛷

🛏 3x, 🛋 10x, 2ppn € 14
🏨 🛏3x, 🛋 15x, 2ppn € 13
⚓ T 5x, 🚫, pppn € 5

Route
🗺 11 km Z van Bielsko-Biala. Neem 942 naar Szczyrk. Op grote kruising in Meszna, net na bushalte, rechts Szkolna in. Szkolna gaat over in Orczykowa. Heuvel op, aan einde geasfalteerde weg bos in. Huis staat links.
🚌 Bus vanuit Bielsko-Biala met eindbestemming Szczyrk tot aan Meszna (bushalte 1,5 km). Of trein vanuit Bielsko-Biala met bestemming Zywiec tot aan Wilkowice (station 4 km).

MILKOW

Ananda Marga
Dada Vanditananda
Glebock 37, 58-535 Milkow,
Dolny Slask i Sudety
T 075-761 07 16
E vandita@polbox.com
W www.anandamarga.republika.pl
🌐 pl, de, uk   **AGRO BIO TEST.**

Reserveren zie boven of via ECEAT-Polen: tel/fax +48 33 87 91 14, info@poland. eceat.org, www.poland.eceat.org
Open: hele jaar 🌿 (RES) verplicht

Boerderij en omgeving

Een grote biologische boerderij waar groente en fruit worden geteeld en rundvee wordt gehouden. Deze boerderij is tevens de Poolse zetel van de Ananda Marga Associatie, een organisatie die zich bezig houdt met de verspreiding van yoga en natuurlijke geneesmethoden.

Er zijn drie gastenkamers, drie badkamers en een kleine conferentieruimte. Ook is er plaats voor een aantal tent. De van oorsprong Indiase eigenaar, Dada, houdt cursussen over en kan zeer geïnspireerd vertellen over interne ecologie, ontspanning en yoga. Elk jaar vindt hier het neohumanistisch festival en treft u er gasten van over de hele wereld. Er zijn uitsluitend vegetarische maaltijden beschikbaar. De worteltaart wordt warm aanbevolen. Meewerken op de boerderij is mogelijk, ook voor langere tijd.

In de omgeving vindt u een prachtige, bergachtige omgeving waar u eindeloos kunt wandelen. Ook is er een tuin en terras vanwaar u een prachtig uitzicht heeft over de omgeving en waar het heerlijk relaxen is. Het stadje Jelenia Gora is op slechts 10 km afstand; hier vindt u winkels, banken en restaurants. Ook het nabijgelegen stadje Sosnówka is een bezoekje waard.

🐾 📷

🛏 3x, 🛋 7x, 2ppn € 6
⚓ Prijs op aanvraag

Route
🗺 10 km Z van Jelenia Góra. Vanuit Jelenia Góra naar Cieplice en vervolgens richting Karpacz (366). Na Sosnówka nog 1 km rechtdoor. Bij ECEAT-bord linksaf. De boerderij ligt aan andere eind van dorp op ca 500 m van andere gebouwen.

NOWA RUDA

Andrzej Durda
Bieganów 40, 57-400 Nowa Ruda,
Dolny Slask i Sudety
T 074-873 36 23
🌐 pl, ru   **AGRO BIO TEST.**

Reserveren zie boven of via ECEAT-Polen: tel/fax +48 33 87 91 14, info@poland. eceat.org, www.poland.eceat.org
Open: 1 mei-30 sep 🌿 (RES) verplicht

D
PL

Boerderij en omgeving

Groot gemengd bedrijf dat werkt volgens biologisch-dynamische principes. Gelegen in de buurt van de Stolowebergen, aan de rand van het nationale park Gory Stolowe. De eigenaren verbouwen op 32 ha graan, aardappelen, groente en fruit en houden koeien, paarden en bijen. Op de boerderij wordt melk, kaas, boter en karnemelk te koop aangeboden. Het bedrijf is gecertificeerd door Agro Bio Test.

Het kampeerterrein heeft uitstekende voorzieningen en biedt plaats aan in totaal vijf tenten en vijf caravans. Er is een kampvuurplek. Indien u wilt, kunt op de boerderij volpension nuttigen. U wordt wel verzocht te reserveren. Niet ver van de camping vandaan kunt u fietsen huren.

Er is van alles te doen in deze omgeving. Een bezoek aan de basiliek in Wambierzyce is zeer de moeite waard. Het Gory

Stolowepark herbergt zeldzame diersoorten en unieke rotsformaties. Tevens is het mogelijk mee te doen aan een zesdaagse excursie naar het gebied Ziemia Klodzka voor groepen van vier tot acht personen. Wilt u een dagje uit in Tsjechië, dan zit u slechts 7 km van de grens vandaan!

♨ 🍴 🚗25 ✎10 ⛺ ❄10

🔺 T 5x, 🚉 5x, pppn € 3, ptpn € 2-7

Route

🏠 25 km NW van Klodzko. Weg 381 vanuit Klodzko richting Walbrzych. Na 8 km rechtdoor richting Scinawka Srednia (386). In Scinawka Srednia rechts richting Bieganów (bij begraafplaats heuvelopwaarts). Na bord Bieganów links, 1 km verder rode bakstenen boerderij.
🏡 Er rijdt een bus van Walbrzych naar Bieganów.

OLSZYNA LUBANSKA

Krystyna & Józef Wisniewscy
Krzewie Male, 59-830 Olszyna Lubanska,
Dolny Slask i Sudety
T 075-723 10 50
🖂 pl

Reserveren zie boven of via ECEAT-Polen:
tel/fax +48 33 87 91 14, info@poland.
eceat.org, www.poland.eceat.org
Open: hele jaar ♥ (RES) verplicht 🗙

Boerderij en omgeving

Boerderij die zich in een proces van omschakeling naar een biologische productiewijze bevindt. Op ruim 8 ha worden groenten en granen geteeld en koeien, varkens en kippen gehouden. Ook lopen er honden en katten rond.
Voor de gasten zijn er drie kamers ter beschikking, evenals een keuken, toilet en badkamer voor gemeenschappelijk gebruik. Er is een eenpersoons-, een tweepersoons- en een vierpersoonskamer. De camping met in totaal 20 standplaatsen bevindt zich in de boomgaard en campinggasten kunnen een douche nemen in het huis. De maaltijden worden bereid van verse producten van de boerderij (melk, kaas, vruchten en vlees). Ook kunt u deze producten rechtstreeks van de boeren kopen. Er is voor gasten een visvijver, een kinderstoel, speeltuintje en kinderbadje te leen. U wordt gevraagd op de kamers niet te roken. De boerenfamilie leidt u graag rond over hun bedrijf.
De omgeving van de boerderij heeft van alles te bieden. Behalve dat u er prima kunt paardrijden, fietsen of wandelen zijn er een groot aantal historische bezienswaardigheden. Jelenia Góra is een stad in de buurt waar u onder andere goed kunt winkelen.

♨ 🍴 ⛺ 🏇 🐟7 🚗7 ✎2 ✕3
🚣7 ⛵7 🚤7 🎣3 ❄20 🏊

🛏 3x, 🛏 8x, 2ppn € 11
🔺 Prijs op aanvraag

Route

🏠 40 km NW van Jelenia Góra. Vanuit Jelenia Góra richting Luban (356). In Olszyna linksaf richting Krzewie Male (2 km).
🏡 Vanuit Jelenia Góra per bus of trein naar Olszyna.

PIECHOWICE

Janina & Franciszek Serniuk
ul. Pakoszowska 69, Pakoszów,
58-573 Piechowice, Dolny Slask i Sudety
T 075-761 22 14
🖂 pl, uk, de

Reserveren zie boven of via ECEAT-Polen:
tel/fax +48 33 87 91 14, info@poland.
eceat.org, www.poland.eceat.org
Open: hele jaar 🏕 hele jaar ♥ H 650m
(RES) verplicht 🗙 🐕

Boerderij en omgeving

Het uit steen opgetrokken hoofdgebouw van deze traditionele boerderij dateert uit 1872. Er worden granen, aardappelen en groenten verbouwd en koeien, varkens, kippen en paarden gehouden. Honden en poezen ontbreken natuurlijk niet, helaas mag u uw eigen hond niet meenemen. Er is een boomgaard met appel- en kersenbomen.
Er zijn drie gastenkamers met eigen toilet en douche, twee voor twee personen en een voor drie personen, beschikbaar. Er is tevens plek voor vijf tenten of caravans. Op verzoek maakt de boerin voor u een stevig ontbijt of een boerenlunch, uiteraard met producten van de eigen boerderij. Deze kunt u overigens ook direct van de boerderij kopen. Er is voor kinderen een kinderbedje, speeltuin en veel kleine dieren. U wordt gevraagd in de kamers niet te roken. U kunt ook fietsen huren. Er is een kampvuurplek in de tuin.
Op ca 10 km afstand is een meer waar u kunt vissen en zwemmen, op ongeveer dezelfde afstand kunt u paardrijden en in de winter wintersporten. Een overdekt zwembad op 2 km afstand is misschien een aardig alternatief voor een regenachtige dag. De boerderij is gelegen in een vallei tussen twee bergen in een fantastisch wandelgebied Niet ver hier vandaan bevindt zich het dertiende-eeuwse kasteel Chojnik waar jaarlijks riddertoernooien worden gehouden. Iets verderop ligt het bekende nationale park Karkonosze in het noordelijkste deel van het Reuzengebergte.

♨ 🍴 ⛺ 🏇 🐟15 🚗2 ✕10
🎣10 ❄12 🏊

🛏 3x, 🛏 8x, 2ppn € 11
🔺 pppn € 5 ptpn € 5-7

Route

🏠 8 km ZW van Jelenia Góra. Vanaf Jelenia Góra E65 richting Szklarska Poreba. Na afslag naar Wojcieszyce 1e weg links, boerderij is 3de gebouw links.
🏡 Bus vanaf Jelenia Góra (nr 9 Piechowice-Piastów). In Pakoszów uitstappen bij halte Pol Colorit.

PORABKA

Ryszard & Irena Fraszczak
Ul. Palenica 35, 43-353 Porabka,
Malopolska i Karpaty
T 033-810 66 10
pl, uk

Reserveren zie boven of via ECEAT-Polen:
tel/fax +48 33 87 91 14, info@poland.
eceat.org, www.poland.eceat.org
Open: hele jaar H 600m RES
verplicht

Boerderij en omgeving

Vanaf deze middelgrote nieuwe boerderij heeft u prachtig uitzicht op de bergachtige omgeving. De eigenaren verbouwen graan, aardappels, groente en fruit en houden ook koeien, kippen, katten, honden en een paard. De boerderij is gecertificeerd door Bio Ekspert.

De kindvriendelijke accommodatie biedt logies met ontbijt aan maximaal tien personen in één twee- en twee vierpersoonskamers. Groepen graag eigen slaapzakken en handdoeken meebrengen. Tevens zijn er drie staanplaatsen voor tenten. De gasten hebben de beschikking over een keuken of laten zich door de gastvrouw verwennen met drie stevige maaltijden per dag. Verse producten van eigen land zijn hier te koop. Op de boerderij kunt u deelnemen aan het dagelijkse werk, in overleg kan dat tegen kost en inwoning. Voorts is er een buitenzwembad en mag u er een kampvuur aanleggen.

De omgeving van de boerderij is ideaal voor het maken van wandelingen en het verzamelen van paddestoelen. Niet ver van de boerderij ligt de Zarberg met het stuwmeer op de top waar groene stroom wordt opgewekt. Ook kunt u hier leren hanggliden. De nabijgelegen historische steden Bielsko-Biala en Kraków zijn een bezoek zeker waard. Binnen een straal van 15 km zijn er mogelijkheden om te vissen,

zeilen of windsurfen, paardrijden, fietsen en skiën.

🐾 📖 ⛲ 🎣 ≋1,5 🚲14 ↝7
🐟12 ⬟12 ≋12 ⬟12 🌲8 ❋10 🐾

🛏 3x, 🏕 10x, 2ppn € 15 B&B
🏠 🛏3x, 🏕 18x, 2ppn € 14 B&B
⛺ T 3x, 🚐, pppn € 5

Route

📍 9 km W van Andrychów. Vanuit Andrychów richting Brzezinka Górna. Bij winkel en bushalte aan einde geasfalteerde weg rechts zandweg in. Na 1,5 km rechts nieuwe huis.

🚌 Bus van Andrychów naar Brzezinka Górna (laatste bushalte).

SOSNÓWKA

Malgorzata & Piotr Selwit
ul. Tyrolska 9, 58-564 Sosnówka,
Dolny Slask i Sudety
T 075-761 06 18
pl, uk, de   **AGRO BIO TEST**

Reserveren zie boven of via ECEAT-Polen:
tel/fax +48 33 87 91 14, info@poland.
eceat.org, www.poland.eceat.org
Open: hele jaar H 230m RES verplicht

Boerderij en omgeving

Op zes hectare grond rondom deze biologische boerderij worden graan, aardappelen en groente verbouwd en er grazen koeien en paarden. Het 19de eeuwse boerenhuis is in de Pruisische tijd door immigranten in Tiroolse stijl gebouwd.

In het huis bevinden zich voor de gasten vijf tweepersoonskamers. Er zijn twee extra bedden aanwezig. Aan de voorkant van het huis ligt een mooie, goed onderhouden tuin. De camping heeft tien plaatsen en een composttoilet. Verblijf is op basis van alleen overnachting, maar

u kunt desgewenst het ontbijt en middagmaal gebruiken. Kindvriendelijke inrichting met kinderbedje, speeltuintje en kinderbadje voor buiten. Er zijn producten van eigen land te koop. In overleg mag u uw hond meebrengen. In de kamers liever niet roken. In de tuin is een plek voor een kampvuur. Voor gasten zijn fietsen te huur en u kunt hier eventueel paardrijden. U kunt in overleg een dagje meehelpen met de dagelijkse boerderijwerkzaamheden. Door de ligging bij het Reuzengebergte (Karkonosze) is deze locatie een goede uitvalsbasis voor tochten te voet, te paard of met de fiets. Er zijn wat meren in de buurt waar u kunt vissen, alsmede een meer op vijf km afstand waar u kunt windsurfen en zeilen. In enkele vijvers kunt u zwemmen en vissen, maar u kunt er ook versgerookte vis verkrijgen. 's Winters kunt u in de omgeving skiën.

🐾 📖 🚴 🐎 🎣 ≋5 ↝5
🐟3 ⬟3 ≋3 🌲2 ≋5 ❋7 🐾

🛏 5x, 🏕 10x, 2ppn € 11
⛺ pppn € 7

Route

📍 10 km Z van Jelenia Góra. Vanuit Jelenia Góra richting Karpacz, via Cieplice (367), als u Sosnówka voorbij bent, weg heuvelopwaarts, boerderij links bovenaan.

🚌 Bus van Jelenia Góra naar Sosnówka. Dorp uitlopen richting Milków. Boerderij links bovenaan heuvel.

STARA KAMIENICA

Marian Bialoszewski
Kromnów Wola 20, 58-512 Stara
Kamienica, Dolny Slask i Sudety
T 075-754 36 16
pl, de   **AGRO BIO TEST**

Reserveren zie boven of via ECEAT-Polen:
tel/fax +48 33 87 91 14, info@poland.
eceat.org, www.poland.eceat.org
Open: hele jaar RES verplicht

D
PL

Boerderij en omgeving

Biologische boerderij rustig gelegen in het mooie Izeragebergte, 500 m van een bos. Het woonhuis is voor de Tweede Wereldoorlog gebouwd, op een rustige plek omringd door heuvels. Er worden kippen en konijnen gefokt en tevens groente en fruit geteeld. Op het terrein ligt een meertje waar u kunt vissen.

De voorzieningen voor gasten zijn als volgt: één een- en twee tweepersoonskamers met eigen badkamer. De in de boomgaard gelegen camping heeft plaats voor vijf tenten en drie caravans. De kampeerders hebben toiletten, douche en een keuken ter beschikking. De eigenaar, meneer Bialoszewski, verkoopt onder andere verse eieren, kaas en melk. Er zijn twee fietsen te huur.

In de omgeving kunt u uitstekend wandelen en fietsen, bijvoorbeeld in het Izera- en het Karkonosze-gebergte. Bezoek de stad Jelenia Góra als u wilt winkelen, een bank zoekt of eens lekker uit eten wilt.

🚲 🏊

🛏 3x, 🛎 5x, 2ppn € 10
⛺ T 5x, 🚐 3x, pppn € 3, ptpn € 2-7

Route
🅰 14 km W van Jelenia Góra. Vanuit Jelenia Góra richting Szklarska Poreba. Rechts richting Barcinek. Op kruising na Piastów richting Kopaniec. Na 300 m rechts geasfalteerde weg op tot einde.
🚌 Bus vanaf Jelenia Góra.

STRONIE SLASKIE
Barbara & Ryszard Kalinscy
Nowy Gieraltów 12, 57-550 Stronie
Slaskie, Dolny Slask i Sudety
T   074-814 14 52
E   g.zagroda@sudety.info.pl
💬 pl, uk, de   AGRO **BÍO** TEST.

Reserveren zie boven of via ECEAT-Polen:
tel/fax +48 33 87 91 14, info@poland.
eceat.org, www.poland.eceat.org
Open: hele jaar ♥ H 650m (RES) verplicht
📧 [🐎]

Boerderij en omgeving

Deze gecertificeerde biologische boerderij van 21 ha wordt omgeven door de bergen en wouden van het landschapspark Snieznicki. De eigenaren verbouwen groenten en fruit en houden geiten. Hond en kat ontbreken niet.

U verblijft in een van de drie vrijstaande huisjes, met in totaal 21 bedden. De grootste kamer heeft een open haard. Er zijn twee keukens voor de gasten. Ook kunt u kamperen op de camping, er zijn tien staanplaatsen en een kampvuurplek. U kunt hier ook vissen. Dit is een niet-roken accommodatie. De boerin verzorgt desgewenst een stevige warme lunch desgewenst. Uiteraard met veel biologische producten uit eigen tuin. In de nabije omgeving kunt u fietsen, bootjes huren en paardrijden. Desgewenst kunt u een dagje op de boerderij meehelpen. Voor kinderen is er een kinderstoel beschikbaar. Ook is er voor de kleinsten een speeltuintje en kleine aaibare dieren.

Deze streek heeft veel natuurlijke rijkdommen te bieden, een rijke flora en fauna (o.a. reeën, moeflons, wilde zwijnen) en wildreservaten. U vindt er tal van toeristische routes, bospaden, uitgestrekte berglandschappen en snelle bergstromen die wemelen van forellen. Vanuit deze locatie kunt u gemakkelijk uitstapjes maken

---

naar Tsjechië. Behalve wandelen en fietsen kunt u hier in de winter skiën (skilift op 3 km).

🍽 🚴 🏊8,5 🚣8,5 🎣16 ♨ 🚣
🐎8 🎿16 ❄6 🏂

🏠 3x, 🛎 21x, 1ppw € 13
⛺ pppn € 4

Route
🅰 40 km ZO van Klodzko. Vanuit Klodzko via Ladek-Zdrój naar Stronie Slaski (392). Daar linksaf richting Gieraltów, na 8 km boerderij.
🚌 Bus van Klodzko en Ladek Zdrój naar Nowy Gieraltów

SZCZEDRZYK
Iwona & Jens Frasek
ul. Powstancow Sl. 15,
46-042 Szczedrzyk, Dolny Slask i Sudety
T   077-420 23 00
E   jfrasek@poczta.onet.pl
💬 pl, de, uk, fr, cz   AGRO **BÍO** TEST.

Reserveren zie boven of via ECEAT-Polen:
tel/fax +48 33 87 91 14, info@poland.
eceat.org, www.poland.eceat.org
Open: hele jaar ♥ (RES) verplicht

Boerderij en omgeving

Biologische boerderij fraai gelegen aan de rand van een dorp dichtbij het Turawskie meer. Er zijn voornamelijk weilanden. Achter het huis ligt een tuin en een boomgaard waar gasten in het seizoen aardbeien, kersen, perziken, peren en appels mogen plukken. Er worden konijnen en Vietnamese varkens gehouden en er zijn katten.

Voor de gasten zijn er vier kamers ter beschikking, een voor drie personen, een voor twee personen en twee eenpersoonskamers.

In de omgeving zijn er tal van gemarkeerde fietsroutes rond de meren. De nabijgelegen bossen zijn ideaal om te wandelen en als u geluk heeft ziet u er reeën, fazanten, wilde zwijnen, wilde eenden of andere bijzondere dieren. Voor wie van watersport of vissen houdt is deze streek zeer aantrekkelijk. Bovendien zijn er tal van kastelen, kloosters en heiligdommen te bezichtigen alsmede een dinosaurusopgraving (Krasiejow, 6 km).

🛏 4x, 🛏 7x, 2ppn € 8

Route
🚗 19 km O van Opole. Vanuit Opole weg naar Czestochowa (46), vlak voor Ozimek linksaf naar Turawa. Na Pustkow en vóór Szczedrzyk ziet u rechts het pad dat naar de boerderij leidt.

🚌 Er rijdt een bus van Opole naar Szczedrzyk. Met de trein van Opole of Warschau naar Ozimek waar u afgehaald kunt worden door de eigenaar.

SZKLARSKA POREBA
Osada Jezdziecka Bata
Barbara & Tadeusz Gleboccy
ul. Wolnosci 19, 58-580 Szklarska
Poreba, Dolny Slask i Sudety
T   075-717 32 34
M   0603-35 68 44
E   osadabata@wp.pl
W   www.agroturystyka.ig.pl/bata
🗨 pl, de, uk

Reserveren zie boven of via ECEAT-Polen: tel/fax +48 33 87 91 14, info@poland. eceat.org, www.poland.eceat.org
Open: hele jaar 🌱 H 760m ⟨RES⟩ verplicht
⊠ 🐎

Boerderij en omgeving
Er zijn vooral veel paarden op deze grote biologische boerderij in de buurt van nationaal park Karkonosze. De eigenaren or-

ganiseren tochten te paard of met paard en wagen door de omgeving.

Voor de gasten zijn er drie vierpersoonskamers ter beschikking en twee badkamers. Ook voor de gasten: een eetkamer, een open haard met bar en een tuin met vijver. U kunt eventueel in de tuin kamperen. De boerin maakt op verzoek een boerenontbijt of warme lunch voor u klaar. Als u wilt geeft men u een rondleiding door het bedrijf en er wordt regelmatig 's avonds een groot kampvuur aangestoken. U wordt verzocht binnen niet te roken. Uw hond kunt u helaas niet meenemen.

Szklarska Poreba is een bijzonder interessant stadje. U vindt hier, op slechts 1 km afstand van de boerderij, tal van toeristische voorzieningen zoals skiliften en een overdekt zwembad Tevens ligt het Karkonosze nationale park, met vele fiets- en wandelroutes, op slechts 1 km. Jelenia Góra is een stad in de buurt waar u onder andere goed kunt winkelen.

🚴 📷 🏛 🏹 🚣1 🎣1 ⊁1 ⚓
🏠 ❄5 🎿

🛏 3x, 🛏 12x, 2ppn € 24 B&B
⛺ pppn € 7

Route
🚗 20 km ZW van Jelenia Góra. Neem de E65 naar Szklarska Poreba (E65).

ANDRYCHÓW

Zofia & Jordan Plackowscy
Os. Górki 20, Inwald, 34-120 Andrychów,
Malopolska i Karpaty
T   033-873 65 31
M 0502-25 03 59
E   plackowscy@op.pl
pl, uk, de   AGRO BÍO TEST.

Reserveren zie boven of via ECEAT-Polen:
tel/fax +48 33 87 91 14, info@poland.
eceat.org, www.poland.eceat.org
Open: hele jaar ♥ (RES) verplicht ☒ [↦]

Boerderij en omgeving

Een kleine biologische boerderij aan de voet van het Beskidy-gebergte speciaal geschikt voor gezinnen met kinderen. Van de 5,5 hectare grond is een halve hectare bos. De familie verbouwt groente en granen en houdt koeien en pluimvee. Het huis is deels uit baksteen, deels uit hout opgetrokken en is volledig gerestaureerd zonder afbreuk te doen aan het traditionele karakter ervan. Deze accommodatie is gericht op rust en comfort.

Afgezien van de vier twee- en één vierpersoonskamers zijn er twee grotere ruimtes waar u zich kunt ontspannen, bijvoorbeeld met yoga of meditatie. Voor groepen tot maximaal twintig personen zijn extra bedden en beddengoed beschikbaar. De camping heeft vier plaatsen. Er zijn vier luxe badkamers en twee wc's (altijd toegankelijk, ook voor de kampeerders). Tevens kunt u gebruik maken van de keuken, eventueel om de gekochte producten van eigen land in een maaltijd te verwerken. Uw gastvrouw bereidt echter met liefde alle drie de maaltijden voor u. De accommodatie is kind- en hondvriendelijk (op afspraak) en rookvrij. U kunt hier het gehele jaar terecht maar wordt wel verzocht te reserveren.

Dit deel van Polen is beeldschoon, zowel qua natuur als cultuur. U treft er talloze gemarkeerde wandel- en fietsroutes, zowel in de directe omgeving als iets verder van huis. Bovendien zijn er voorzieningen voor tennissen, vissen of zwemmen (een meer en een binnen- en buitenbad) en 's winters ook voor verschillende sneeuwsporten. U kunt van hieruit gemakkelijk een dagje naar Slowakije, Kraków (50 km), Oswiecim (het Auschwitzmuseum) of Wadowice, de geboortestad van paus Johannes II.

 🧺 🍽 ♨ ✈ 🚣12 🛶4 🚤6 🎣4
🐟4 🎣4 ✳6 🏇

🛏 5x, 🛏 12x, 2ppn € 13
🏚 🛏5x, 🛏 20x, 2ppn € 11
⛺ pppn € 5ptpn € 7pcpn € 10

Route

🚗 4 km O van Andrychów. Vanuit Andrychów richting Wadowice. Bij wegwijzer "Inwald" rechts. Na 300 m op kruispunt links. Bij vijfde onverharde zijweg rechts. ECEAT-borden volgen (1 km).
🚌 Bus vanuit Andrychów, Wadowice, Bielsko Biala. Bushalte 2 km van boerderij, in Inwald.

BARCICE

Kazimiera & Jan Latka
Barcice Dolne 8, 33-342 Barcice,
Malopolska i Karpaty
T   018-446 16 03
E   kazimieral@tlen.pl
W www.ekolatka.republika.pl
pl, uk, de

Reserveren zie boven of via ECEAT-Polen:
tel/fax +48 33 87 91 14, info@poland.
eceat.org, www.poland.eceat.org
Open: hele jaar ♥ H 630m (RES) verplicht
🐕

Boerderij en omgeving

Kleine biologische boerderij aan de voet van het Beskidy Sandecki-gebergte, nabij het Popradzki landschapspark. De boer verbouwt tarwe, rogge, bieten, aardappelen en groente. Er lopen koeien, schapen, kippen, konijnen, honden en katten rond.

Het in moderne stijl opgetrokken boerenhuis telt vijf kamers voor in totaal twaalf personen, elk met eigen douche en toilet. Verblijf op basis van logies en ontbijt. De boerin bereidt op verzoek traditionele maaltijden, uiteraard gemaakt van biologische producten van eigen land. De camping ligt dichtbij de weg en is daarom geschikt voor caravans. Honden zijn niet toegestaan, wel mag u een kampvuur aanleggen. U wordt verzocht te reserveren. Men spreekt Engels en Duits.

In deze streek zijn er vele natuurlijke bronnen. Vooral het nabijgelegen stadje Krynica staat daarom bekend. Een andere bezienswaardigheid is het stadje Stary Sacz met zijn 12de eeuwse klooster. Op de rivier Dunajec kunt u kanoën. Het gebied leent zich ook uitstekend voor wandelen, paardrijden en u door de natuur laten rondrijden. De eigenaren van deze boerderij hebben voor hun accommodatie de derde prijs gekregen in een nationale "Groene Zomer" wedstrijd.

🧺 🍽 🏇 🏇

🛏 5x, 🛏 12x, 2ppn € 12 B&B
⛺ T 5x, 🛏3x, pppn € 5

Route

🚗 15 km Z van Nowy Sacz. Weg 969 van Nowy Sacz naar Stary Sacz. Links richting Piwniczna (weg 970). In Barcice, bij bezinestations, scherpe bocht naar links bij afslag voor kerk. De boerderij ligt links bij oude stenen graanschuur.
🚌 Bus (MKS of PKS) of trein van Nowy Sacz naar Barcice. Vanaf de bushalte 300 m en vanaf het station 400 m lopen.

BODZENTYN

Jan Smeenk
Wzdól Kapkazy 2, 26-010 Bodzentyn,
Malopolska i Karpaty

T　0048-41 25 48 890
E　highlands@manoah.nl
W　www.manoah.nl
🗨 pl, uk

Reserveren zie boven of via ECEAT-Polen:
tel/fax +48 33 87 91 14, info@poland.
eceat.org, www.poland.eceat.org
Open: hele jaar ♥ H 315m ⓡⓔⓢ verplicht

Accommodatie en omgeving

Kleine highland ponyfokkerij gelegen aan de voet van de Bukowa Gora in het Swietokrzyskie gebergte te Polen (nationaal park Swietokrzyskie). De eigenaren hebben in 2000 hun hengsten Rhum en Glen, tezamen met vier uit Schotland geïmporteerde merries, naar Polen gebracht. Momenteel zijn er vijftien Highlands die in een groep bij elkaar lopen. Het traditioneel gebouwde houten huis heeft een schitterend uitzicht over de karakteristieke landerijen en op de berg Bukowa Gora. De kleine stroken akkers en weiden vormen een geschakeld patroon dat uniek is in Europa.

U verblijft in een ruime gastenkamer voor twee personen (extra bed mogelijk), in het achtspersoons vakantiehuis of in een caravan op het terrein. Ook zijn er een paar kampeerplekken. Natuurlijk is het mogelijk om nader kennis te maken met de Highland pony's. In alle rust kunt u met dit vriendelijke ras in contact komen.

Het Swietokrzyskiegebergte (Heilige Kruisgebergte) is het oudste van Europa en bevat vele mineralen en fossielen. In het Nationaal Park, gelegen rond een aantal berggroepen waarvan de berg Lysica met 612 meter de hoogste is, zijn prachtige wandelingen te maken. Het embleem van deze streek is de heks Baba

Jaga waarover vele sagen en legenden de ronde doen. Kapkazy is een klein dorp met ca. tien boerderijtjes. Op veel akkers wordt nog met paarden gewerkt. In de omgeving zijn mooie wandeltochten te maken, langs de kleurrijke velden en weiden en door de bossen. Van hieruit kunt u trips maken naar de steden Warschau (150 km) en Krakau (130 km) en het oude Sandomierz (70 km). Ook de vele ruïnes in de omgeving zijn zeker een bezoekje waard.

⛺, 🍴

🛏 1x, 🛏 3x, Prijs op aanvraag
🏠 1x, 🛏 8x, Prijs op aanvraag
⛺ 🏕, Prijs op aanvraag

Route

🚗 20 km NO van Kielce. E7 van Kielce richting Skarzysko Kamienna. In Suchedniów rechtsaf richting Bodzentyn, hoofdweg volgen via Michniów naar Wzdól Rzadowy. Daar rechts richting Wzdól Kapkazy. Voerderij ligt aan voet van Bukowa Góra in klein gehucht.
🚌 Met de bus van Kielce naar Wzdól.

BODZENTYN

Teresa Barwicka
Wiacka 98, 26-010 Bodzentyn,
Malopolska i Karpaty

T　041-312 02 85
🗨 pl, uk　　　　　AGRO **BIO** TEST.

Reserveren zie boven of via ECEAT-Polen:
tel/fax +48 33 87 91 14, info@poland.
eceat.org, www.poland.eceat.org
Open: hele jaar ♥ ⚓ H 370m ⓡⓔⓢ
verplicht [🛏]

Boerderij en omgeving

Op deze kleine (8 ha) gecertificeerde biologische boerderij worden granen en groenten verbouwd en frambozen en bes-

sen geteeld. Er worden koeien, varkens en pluimvee gehouden. Een specialiteit van de boerin is het inmaken van groente en fruit. Op deze boerderij kunt u werken in ruil voor kost en inwoning, hoewel u natuurlijk ook uit interesse mee kunt werken.

Verblijf is mogelijk op de camping, in één van de twee tweepersoonskamers of in een van de twee zelfstandige vakantiehuisjes. Er is plaats voor een groep van maximaal 20 personen. Ontbijt is niet inbegrepen maar wel beschikbaar, evenals een middagmaaltijd. De huisjes beschikken over een kleine keuken zodat u zelf een avondmaal kunt bereiden eventueel met de producten die te koop zijn van eigen land. Kampvuurplek aanwezig alsmede de speelvoorzieningen voor de kinderen. Op afspraak mag uw hond mee.

Als u de rondleiding voor de boerderij hebt genoten, mee hebt geholpen met het werk, met een gids op excursie bent geweest en een door uw gastheer en -vrouw gehouden cursus keramiek hebt gevolgd, kunt u de rest van uw tijd doorbrengen met bijvoorbeeld wandelen over de gemarkeerde routes in de omgeving. Of u kunt gaan vissen in het naburige meer, windsurfen, paardrijden of, naargelang het seizoen, ook skiën. Bezienswaardigheden in de omgeving zijn verder de Raj grot (raj betekent paradijs), de ruïne van het kasteel in Checiny (25 km in westelijke richting) en het openluchtmuseum voor etnografie in Tokarnia (30 km). Ook het Benedictijnse klooster in het nationale park Swietokrzyskie, op de Lysicaberg, is een bezoek waard. U treft hier ook 's lands beroemdste eik, 'Bartek' genaamd.

⛺ 🍴 🎣 🌊 ✕15 🦌15 🐴1
❄0 ⛷

🛏 2x, 🛏 4x, 2ppn € 11
🏠 2x, 🛏 11x, 1ppw € 11
🏛 🛏5x, 🛏 20x, 2ppn € 10
⛺ pppn € 1ptpn € 3 pcpn € 6

Route

🚗 25 km NW van Kielce. E77 vanuit Kielce richting Skarzysko Kamienna. In Suchedniów rechts richting Bodzentyn. Weg 751 volgen, door Michniów en Wzdól Rzadowy tot bushalte in Bodzentyn. Weg

D
PL

afrijden tot kruispunt met Mariabeeld. Rechts geasfalteerde weg op, later onverhard. Bakstenen huis links met ooievaarsnest.

🚂 Trein van Kielce naar Suchedniów. Of bus van Kielce naar Wzdól Rzadowy. De boer haalt u op van de trein of bus.

KLECZA DOLNA

Helena & Szczepan Master
Lekawica 38, 34-124 Klecza Dolna,
Malopolska i Karpaty
T   033-879 79 14
🔌 pl, uk   **AGRO BIO TEST.**

Reserveren zie boven of via ECEAT-Polen:
tel/fax +48 33 87 91 14, info@poland.
eceat.org, www.poland.eceat.org
Open: hele jaar 🔌 🍽 H 600m (RES)
verplicht [🍴]

Boerderij en omgeving

Kleine gemengde biologische boerderij in een heuvelachtig landschap met uitzicht op het Beskidy gebergte. De eigenaren houden op 3 ha een klein aantal koeien en varkens en wat pluimvee. Ze verbouwen graan en diverse groenten.

Er is één gastenkamer voor twee personen inclusief eigen badkamer. Verblijf op basis van logies en ontbijt, halfpension of volpension (al dan niet vegetarisch). De eigenares bakt heerlijke taarten in een traditionele oven en organiseert educatieve bijeenkomsten. Op de boerderij kunt u leren hoe u op traditionele wijze boter en verse kaas maakt. Op de camping is plaats voor maximaal vijf tenten. Kinderen kunnen zich vermaken op het speelterrein of met de kleinere have. Meewerken op het bedrijf is mogelijk en de eigenaren verkopen producten van eigen land. Kampvuurplek aanwezig, hond alleen toegestaan indien van tevoren overeengekomen.

De boerderij is een goed startpunt voor tochten te voet, te paard of met de fiets door de omgeving. U kunt een rondleiding door het bedrijf krijgen of met een gids een excursie maken. Dichtbij is er gelegenheid om te tennissen, er zijn een overdekt zwembad en een kuuroord. Op niet al te grote afstand bevindt zich een aantal historische steden, waaronder Kalwaria, Wadowice en Kraków.

🐄 |🍷| 🐖 🦃 🛶10 🎣10 🚲10 🐎

🛏 1x, 🛏 2x, 2ppn € 14 B&B
⛺ T 5x, pppn € 2, ptpn € 5, pcpn € 3

Route
🚗 35 km ZW van Kraków. Vanuit Kraków richting Wadowice (E77). 3,5 km na Mogilany rechtsaf (E462). Kalwaria Zebyrzdowska passeren, doorrijden tot Klecza Dolna. Linksaf en doorrijden tot boerderij.
🚌 Bus vanuit Kraków naar Wadowice; streekbus naar Klecza Dolna.

KRZETÓW

Urszula Pietruczuk
ul. Dolna 80, 97-525 Krzetów, Mazowsze
T   044-787 19 48
E   nadpilica@xl.wp.pl
🔌 pl, de, uk

Reserveren zie boven of via ECEAT-Polen:
tel/fax +48 33 87 91 14, info@poland.
eceat.org, www.poland.eceat.org
Open: hele jaar 🐄 hele jaar 🍽 🍽 H
216m (RES) verplicht [🍴]

Boerderij en omgeving

Grote biologische boerderij met een oppervlak van 100 ha, pittoresk gelegen aan de rand van een bos en vlakbij de rivier Pilica. De eigenaren verbouwen verschillende soorten groente en houden schapen (oude rassen) en paarden.

U verblijft in een van de vijf gastenkamers (totaal 14 bedden) in de 19-eeuwse boerenhoeve. Alternatief is een verblijf in een van de veertien vakantiehuisjes elk voor vier personen. Er zijn kinderbedjes beschikbaar. In de tuin is ook nog plek voor tien tenten of caravans. Er zijn hier diverse mogelijkheden voor een actieve vakantie. Er worden kano's en fietsen verhuurd en u kunt hier paardrijden. De eigenares organiseert kanotochten met een lengte variërend van twintig tot zestig km met mogelijk overnachtingen op andere boerderijen. Als u wilt kunt u hier alle maaltijden gebruiken, ook kunt u producten van de boerderij kopen. Er mag binnen niet gerookt worden. Uw hond is welkom.

's Winters is deze boerderij een prima locatie voor het beoefenen van wintersport. Het Przedborski landschapspark in de omgeving met zijn vele natuurreservaten herbergt verschillende bijzondere planten- en diersoorten en is een bezoek meer dan waard.

🐄 |🍷| 🚴 🐖 🦃 🧶8 🐎

🛏 5x, 🛏 14x, 2ppn € 15
🏠 14x, 🛏 56x, 1ppw € 9
⛺ pppn € 5

Route
🚗 40 km O van Radomsko. Weg naar Przedbórz (42), vervolgens naar Wloscowa (742). Na 9 km bij Dobromierz links naar Krzetów.
🚌 Trein naar Radomsko en bus naar Krzetów, boerderij ligt op 300m van bushalte.

RZEPEDZ

Halina Krogulecka
Rzepedz 5, 38-542 Rzepedz,
Malopolska i Karpaty
T   013-467 80 01
M   0604-19 49 55
🔌 pl, uk

Reserveren zie boven of via ECEAT-Polen:
tel/fax +48 33 87 91 14, info@poland.
eceat.org, www.poland.eceat.org
Open: hele jaar 🔌 H 550m (RES) verplicht
[🍴]

Pension en omgeving

Origineel houten huis aan de rand van een dorp, op enige afstand van de andere huizen, in een heuvelachtig landschap. De eigenares van deze accommodatie, Halina, is een alleenstaande vrouw die een souvenirwinkeltje runt. Ook verkoopt ze haar schilderijen (ikonen) en tekeningen. Dit is een parttime boerderij met een groentetuin.

De accommodatie telt drie kamers (een twee- en twee driepersoons) en twee badkamers. Gasten hebben de beschikking over een eigen keuken. De gastvrouw verzorgt maaltijden alleen voor groepen. U kunt uiteraard verschillende verse producten uit de tuin kopen en zelf klaarmaken. Kinderen kunnen lekker buiten spelen en zich met kleine dieren bezighouden. De volwassenen kunnen zich laten rondleiden of de handen uit de mouwen steken in de tuin.

Dichtbij is er een tuin met vele zeldzame plantensoorten. U kunt vissen en paardrijden op 3 km afstand van de accommodatie. Er lopen uitgezette wandelroutes direct langs het huis. Rzepedz ligt aan de rand van het Bieszczadygebergte dat een nationaal park is. Rzepedz en de omliggende dorpen hebben een historisch gegroeide multiculturele samenleving. Zo heeft Rzepedz een orthodoxe kerk. In dit gebied ligt ook het Jasliski landschapspark met zijn in een reservaat ondergebrachte rotsen. Op een afstand van acht kilometer ligt het natuurreservaat Zwiezlo met onder meer de Duszatynskie-meren. Windsurfen of zeilen kan ook op een 40 km verderop gelegen meer. Slowakije is zeer dichtbij.

🛁 📶 ♨ ⚓ ✕3 🏂3 ❄8 ⛷

🛏 2x, ♪ 8x, 2ppn € 11
⛺ ptpn € 4-7pcpn € 6

Route
🚗 30 km Z van Sanok. Weg van Sanok naar Zagórz nemen en rechtsaf slaan naar Komancza (892). Bij wegwijzer Rzepedz Wies rechtsaf. Geasfalteerde weg 2 km volgen tot houten huis op heuveltje, rechts.
🚂 Trein van Zagórz naar Rzepedz. Busdienst van Sanok of Zagórz naar Rzepedz. Treinstation en bushalte 2 km van huis.

STARY SACZ
Wanda & Marian Wegrzyn
Popowice 92, 33-340 Stary Sacz,
Malopolska i Karpaty
T   018-442 98 46
📧 pl, uk, de

Reserveren zie boven of via ECEAT-Polen: tel/fax +48 33 87 91 14, info@poland. eceat.org, www.poland.eceat.org
Open: hele jaar 🍽 H 680m (RES) verplicht

Boerderij en omgeving

Fraai, witstenen huis op een afgelegen plek op een heuvel. Op de boerderij (7 ha) wordt al twintig jaar biologisch gewerkt. De boer en boerin verbouwen groente en houden drie koeien, een kalf, pluimvee, honden en katten.

Deze accommodatie biedt logies met ontbijt. De slaapgelegenheid bestaat uit twee tweepersoons- en twee driepersoonskamers met badkamers. Er is ook een houten zomerhuisje voor maximaal vijf personen met toilet en wasgelegenheid. Dit huisje wordt door middel van zonnepanelen van stroom voorzien. Het kampeerterrein ligt in een boomgaard, vlakbij het huis. Er mag een kampvuur worden aangelegd. De boerin is vermaard om haar kook- en bakkunsten en u bent van harte uitgenodigd om hiervan mee te genieten.

Het landschap in dit deel van Polen is bergachtig, bebost en het wordt door-kruist door twee grote rivieren. De wilde Dunajec is een uitdaging voor wie van wildwatervaren houdt en is tevens rijk aan vis. De stadjes Krynica en Muszyna beschikken over minerale bronnen. Stary Sacz en de naburige dorpjes bezitten tal van historische bezienswaardigheden.

🛏 4x, ♪ 10x, 2ppn € 11 B&B
🏠 1x, ♪ 5x, hpw € 40
⛺ pppn € 5

Route
🚗 13 km ZW van Nowy Sacz. In Nowy Sacz 969 richting Piwniczna. 8 km na Nowy Sacz links na brug over rivier. 2 km verder links een benzinepomp. Op eerstvolgende kruispunt links bij bord "Popowice 2 km". In Cyganowice bij kapelletje langs weg links. Brug over en 1 km rechtdoor. Bij grote eik, 50 m vóór winkel, links onverharde weg. Boerderij ligt heuvelopwaarts.
🚂 Trein van Nowy Sacz naar Stary Sacz (6 km). Vervolgens bus tot aan Popowice. Bushalte op 50 m.

STRONIE
Natalia & Henryk Bienkiewiczowie
Stronie 10, 34-145 Stronie,
Malopolska i Karpaty
T   033-879 72 18
M   012-267 42 98
E   ekosoki@interia.pl
📧 pl, uk

AGRO **BÍO** TEST

Reserveren zie boven of via ECEAT-Polen: tel/fax +48 33 87 91 14, info@poland. eceat.org, www.poland.eceat.org
Open: 1 apr-30 okt 🍽 H 550m (RES) verplicht

Boerderij en omgeving

Klein biologisch fruitbedrijf waar op vier hectare ruim 600 fruitbomen en -struiken groeien. De oogst wordt deels op de boerderij verwerkt. In de bijentuin treft u allerlei kruiden en exotische planten aan.

D
PL

Vijf tweepersoonskamers, twee badkamers en een keuken staan ter beschikking van de gasten of van groepen tot maximaal tien personen. De camping biedt plaats aan twintig tenten of caravans. U mag hier een kampvuur aanleggen. De gastvrije boerin is een prima kok en maakt behalve drie maaltijden per dag ook heerlijk vers fruitsap. De zoon des huizes leidt u met plezier rond over de boerderij of door de omgeving. Op dagen waarop u dichtbij de boerderij wilt blijven, kunt u de handen uit de mouwen steken en meehelpen terwijl de kinderen buiten spelen.

Deze accommodatie vormt een prima uitvalsbasis voor wandelingen of fietstochten (fietsen te huur), zowel om en nabij de boerderij als ook verder van huis. In de bossen kunt u onder begeleiding paddestoelen zoeken. Liefhebbers van cultureel erfgoed kunnen hun hart ophalen in steden als Kalwaric, Wadowice (geboortestad van paus Johannes Paulus II) en Kraków. Mocht u in Kraków willen overnachten dan heeft het echtpaar daar een kamer in hun flat beschikbaar. Binnen een straal van 15 km kunt u vissen, paardrijden, een kuuroord bezoeken of zwemmen.

🚰 📷 🚴 🛏 🎣 🛶10 ⤬4 🏔4 🛷10 🥾

🛏 5x, 🛏 10x, 2ppn € 10
⛺ Prijs op aanvraag

Route

🚗 40 km ZW van Kraków. In Kraków E77 richting Zakopane, vervolgens Bielsko-Biala aanhouden (96). In Brody, voor Kalwaria Zebrzydowska, links (bewegwijzerd: Stronie). Rechtdoor tot aan bord Lenica, hier rechts. Bij viaduct in Stronie links naar kleine kapel, deze rechts passeren.
🚌 Trein van Kraków-Plaszów naar Stronie.

Ekocentrum ICPPC
Jadwiga Lopata
Stryszów 156 (Potoczek),
34-146 Stryszów, Malopolska i Karpaty
T 033-879 71 14
F 033-879 71 14
E jadwiga@icppc.pl
W www.icppc.pl
💬 pl, uk

Reserveren zie boven of via ECEAT-Polen:
tel/fax +48 33 87 91 14, info@poland.
eceat.org, www.poland.eceat.org
Open: hele jaar 🚰 H 600m (RES) verplicht
☒ 🐴

Boerderij en omgeving

Kleine boerderij op 50 km van Kraków, tevens een milieucentrum en hoofdkwartier van het ICPPC, een organisatie die zich inzet voor behoud van het Poolse landschap. Het traditionele huis dateert van het begin van de 20e eeuw maar is met zijn zonnepanelen en andere snufjes geheel aangepast aan moderne, ecologische normen. Zowel de boerderij, waar groente en fruit wordt verbouwd, als het milieucentrum worden biologisch en GM-vrij beheerd en zijn gecertificeerd door Bio Ekspert.

De accommodatie biedt één tweepersoonskamer met afzonderlijke wc en badkamer (logies met ontbijt) en tevens twee driepersoonskamers voor self-catering. Ontbijt en lunch zijn uitsluitend vegetarisch. In geval van groepen van meer dan vijf personen zijn er vier luchtbedden voorhanden. Er zijn producten van eigen land te koop. Er mag niet worden gerookt en honden zijn niet toegestaan. De accommodatie is het gehele jaar geopend.

Malopolska ofwel Klein Polen is een gebied uitzonderlijk rijk aan natuur- en cultuurschoon. Het mooie Beskidygebergte, dat nog volop bebost is herbergt onder

---

meer herten en dassen. Er zijn tal van gemarkeerde paden, die u al dan niet met een gids te voet of fietsend kunt verkennen. Een bezoek aan het nationale park Babia Góra, op een afstand van veertig km, is een must, hoewel de overige parken en reservaten ook de moeite waard zijn. Voorts kunt u zwemmen of vissen in het meer, tennissen, paardrijden, skiën of andere sneeuwsporten beoefenen. Binnen een straal van tien km treft u een aantal kastelen, abdijen en landhuizen aan, waaronder de geboorteplek van Paus Johannes Paulus II.

🚰 📷 🛏 🏊 🎣15 ⤬4 🏔3 ✳0 🛷

🛏 1x, 🛏 2x, 2ppn € 25 B&B
🏠 2x, 🛏 3x, 1ppw € 25
🏛 🛏3x, 🛏 5x, 2ppn € 22

Route

🚗 14 km O van Wadowice. Weg 96 van Bielsko Biala via Wadowice richting Kraków. Na eerste brug na Wadowice rechts richting Stryszów. Door centrum heen, langs restaurant dan linksaf de heuvel op. Borden Ecocentrum volgen.
🚌 Bus of minibus uit Wadowice naar Stryszów. Trein van Kraków naar Stryszów.

Stanislaw & Lucyna Nicieja
Dabrowka 9, 34-146 Stryszów,
Malopolska i Karpaty
T 033-879 70 54
E ecofarm@wp.pl
💬 uk, pl

AGRO BIO TEST

Reserveren zie boven of via ECEAT-Polen:
tel/fax +48 33 87 91 14, info@poland.
eceat.org, www.poland.eceat.org
Open: hele jaar 🚰 🍽 H 385m (RES)
verplicht ☒ 🐴

Boerderij en omgeving

Op deze kleine biologische boerderij (1,5 ha) wordt heel veel jam gemaakt! Het echtpaar heeft gedurende de afgelopen jaren met succes gewerkt aan de overgang naar biologisch boeren. Er worden groenten verbouwd maar aardbeien zijn het hoofdgewas. Tezamen met onder meer pruimen en appels worden de aardbeien op de boerderij tot sap en jam verwerkt. Het echtpaar verzorgt hierover voorlichtingsavonden.

Qua logies biedt de boerderij één drie- en één tweepersoonskamer met aparte badkamer en toilet. Komt u met een groep van maximaal tien personen neem dan uw eigen slaapzakken mee. Op de camping kunnen vijf tenten staan (geen caravans). Ontbijt en warme lunch (ook vegetarisch) worden op verzoek verzorgd en er zijn producten van eigen land te koop. U kunt meewerken op de boerderij, eventueel in ruil voor kost en inwoning. Roken niet toegestaan, honden ook niet.

De boerderij ligt in het ongerepte Beskidy-gebergte op slechts veertig km afstand van het nationale park Babia Góra. Dichtbij de boerderij loopt de Skawa-rivier. In de omgeving bevinden zich verschillende gemarkeerde fiets- en wandelroutes en in de omliggende bossen kunt u paddestoelen, bessen en kruiden zoeken. Het dorpje Stryszów bezit een 16de eeuws landhuis dat deel uitmaakt van het Wawel-museum. In het nabijgelegen Lanckorona kunt u huizen en villa's uit de 13e eeuw en tevens een eco-museum en een leuke markt bezoeken. De meest interessante plaats is Kalwaria Zebrzydowska waar u een Benedictijnse abdij uit de 17e eeuw aantreft. In Wadowice kunt u de geboorteplek van paus Johannes Paulus II bezichtigen.

🛏 2x, 🛏 5x, 2ppn € 10
⛺ T 5x, pppn € 4, ptpn € 6-7, pcpn € 7

Route

🚗 14 km ZO van Wadowice. Vanuit Wadowice 96 richting Kraków. Na eerste brug buiten Wadowice rechts richting Stronie en Stryszów. Na 8 km, in Lekawica, ECEAT-wegwijzer. Boerderij 1 km verderop.

🚂 Trein van Kraków naar Stryszów (10x p.d.), bus van Wadowice naar Stryszów (11x p.d.). Nog ca 2 km.

SUCHA GÓRA

Stanisława & Józef Toczek
Skawica 343, 34-221 Sucha Góra,
Malopolska i Karpaty
T 033-877 58 63
💬 pl, uk, de, ru

Reserveren zie boven of via ECEAT-Polen:
tel/fax +48 33 87 91 14, info@poland.
eceat.org, www.poland.eceat.org
Open: hele jaar ⛰ H 700m ⓇⒺⓈ verplicht
✖ 🏠

Boerderij en omgeving

Dit is een traditioneel boerderijtje met 6 hectare grond waarop pluimvee, koeien en paarden worden gehouden en groente, graan en fruit worden verbouwd. Het huis is origineel qua bouwstijl en interieur.

De accommodatie is het gehele jaar geopend en biedt verschillende mogelijkheden voor verblijf: logeren in een van de gastenkamers (elk voor vijf personen) of verblijf in een van de drie zelfstandige appartementen (voor respectievelijk twee, vier en vijf personen). Er zijn drie badkamers die ook door de zelf-catering gasten worden gebruikt en er is kookgelegenheid, zowel in het huis als in de appartementen. Maar u kunt ook uw gastvrouw het ontbijt en het middagmaal voor u laten bereiden. Kamperen kan ook. De boer en boerin geven cursussen in het ambachtelijk bakken van brood en taarten, het verzamelen van bessen en paddestoelen en het maken van boter en kaas. Op verzoek organiseert de boer een rit per paard en wagen door de omliggende heuvels, met hemzelf als gids, of leidt hij u rond door de boerderij. Kinderen kunnen buiten spelen of zich met de kleine dieren bezighouden. In de kamers mag niet worden gerookt. Op afspraak mag u uw hond meebrengen.

Vanaf de boerderij is het Babia Góra biosfeerreservaat, waarvan het nationale park Babiogorskie deel uitmaakt, goed te bereiken. Er komen hier nog wolven en lynxen voor en tamelijk veel reeën. De bergrug was tot 1918 een landsgrens, aan beide zijden waarvan zich heel verschillende culturen hebben ontwikkeld. De omgeving heeft tal van mogelijkheden voor de sportieve toerist, van verschillende sneeuw- en watersporten tot fietsen en paardrijden. U bevindt zich hier niet ver van de grens met Slowakije.

🏄 📖 🎿 🛶 🚣50 🚤25 ✕0,4
🚴50 🏊50 🎣50 🌲12 🏔12 🍴12
❄10 🎿

🛏 2x, 🛏 10x, 2ppn € 11
🏠 3x, 🛏 11x, 1ppw € 11
🏛 🛏5x, 🛏 30x, 2ppn € 10
⛺ pppn € 3pcpn € 4

Route

🚗 25 km ZO van Sucha Beskidzka. Vanuit Sucha Beskidzka via 28 richting Rabka. Afslaan naar Zawoja. In Skawica Gorna na brug links. Bij houten bushalte weer links. Doorrijden tot OSP (brandweerkazerne), linksaf en rechtdoor tot aan boerderij.

🚌 Vanuit Sucha Beskidzka bus richting Zawoja. Uitstappen in Skawica Gorna (bij kapel) en blauw gemarkeerd wandelpad nemen. Boerderij na 4 km.

ZAWOJA

Helena & Franciszek Kobiela
Barancowa 691, 34-223 Zawoja,
Malopolska i Karpaty
T 033-877 58 87
E kobielafh@interia.pl
💬 pl, uk, de   **AGRO BÍO TEST**

Reserveren zie boven of via ECEAT-Polen:
tel/fax +48 33 87 91 14, info@poland.
eceat.org, www.poland.eceat.org
Open: hele jaar ⛰ H 600m ⓇⒺⓈ verplicht
🏠

D
PL

Boerderij en omgeving

Deze biologische boerderij ligt aan de rand van het nationale park Babia Góra. Er worden groente en graan verbouwd en koeien, paarden en varkens gehouden.

De accommodatie is het gehele jaar geopend en telt vijf kamers. Er zijn drie badkamers en een eetzaal voor twintig personen. Bij groepen tot maximaal dertig personen zijn luchtbedden beschikbaar, dan moeten wel slaapzakken worden meegebracht. De camping heeft plaats voor vijf tenten. Honden zijn op verzoek toegestaan. Kinderen kunnen zich vermaken in de speeltuin en het kinderbad met de kleinere dieren. De vrouw des huizes kookt als u wilt voor u een heerlijk ontbijt en/of middageten met producten van eigen land. Op verzoek leidt de boer de gasten rond of organiseert hij een excursie door het omliggende heuvellandschap, 's zomers in een hooikar en 's winters in een arrenslee. Op verzoek wordt een zangavond georganiseerd waarop u zult ondervinden dat de traditie van de zogenaamde Babiogorski hooglanders nog springlevend is.

De omgeving is bijzonder geschikt voor paardrijden en fietsen en het beoefenen van wintersport. In de buurt kunt u fietsen huren. Of verwen uzelf met een dagje in het nabijgelegen kuuroord (7 km).

🛏 5x, 🛏 20x, 2ppn € 11
🏨 🛏5x, 🛏 30x, 1ppnoz € 8
⛺ T 5x, ptpn € 3-7

Route

🔼 18 km Z van Sucha Beskidzka. In Sucha Beskidzka weg 28 richting Jordanow. Afslag Bialka, daar op kruispunt rechts naar Zawoja (957). In Zawoja rechts naar Zawoja-Barancowa, richting museum Babia Gora National Park. Bij bushalte in Barancowa links en borden volgen.
🚌 Bus uit Kraków naar Zawoja Markowa. Uitstappen in Zawoja Barancowa, linksaf en 300 m lopen.

ZUBRZYCA GÓRNA

Stanislaw Omylak
Zubrzyca Górna 58, 34-484 Zubrzyca Górna, Malopolska i Karpaty
T   018-285 28 28
E   poczta@alano.net.pl
W www.alano.net.pl
🗣 pl, uk   AGRO BIO TEST.

Open: hele jaar ❦ H 750m (RES) verplicht

Boerderij en omgeving

Op deze middelgrote biologische boerderij worden tarwe, haver en aardappelen verbouwd. Ook houdt de boer paarden, koeien en pluimvee.

Het onderkomen in het huis bestaat uit twee kamers voor elk vier personen en een voor drie, compleet met badkamer en kookgelegenheid. Er is ook een apart huisje met een kamer, badkamer en keukentje. Groepen tot maximaal vijftien personen kunnen de accommodatie in zijn geheel boeken. Er is een camping met vier staanplaatsen. De gastheer geeft paardrijles aan zowel beginners als gevorderden en neemt zijn gasten graag mee op excursies te paard. U kunt hem ook om een rondleiding door de boerderij verzoeken. De boerin serveert u graag een stevige boerenlunch, voor ontbijt en avondeten moet u zelf zorgen. Verse producten zijn te koop op de boerderij. Honden zijn toegestaan en op de camping mag een vuurtje worden gestookt. Voor kinderen is er ruime gelegenheid om buiten te spelen. Uw tijd kunt u bijvoorbeeld doorbrengen met deelnemen aan het werk op de boerderij, vissen in een meertje of wandelen over gemarkeerde paden. Iets verder van de accommodatie kunt u wintersport beoefenen of zwemmen. De locatie is zeer dicht bij de grens met Slowakije en de hete bronnen aldaar. Zubrzyca Górna staat aan de rand van het nationale park Babiogorski. Tal van wandelpaden, het Orawskiemeer en het culturele erfgoed van de Orawy-dorpen, waaronder het museum van etnografie en een historische kerk behoren ook tot de mogelijkheden.

🛏 3x, 🛏 11x, 2ppn € 9
🏠 1x, 🛏 4x, 1ppw € 9
⛺ ptpn € 4-7 pcpn € 6

Route

🔼 30 km ZW van Rabka. E77 van Kraków richting Chyzne. In Jablonka afslaan naar Maków Podhalanski en Zubrzyca. Vanaf dit punt is het 10 km.
🚌 Bus of minibus vanuit Rabka naar Zubrzyca.

D
PL

Tsjechië

Het bijzondere van Tsjechië - dat toch een vrij klein grondgebied heeft - schuilt in de combinatie van het grote aantal uitstekend bewaard gebleven historische bezienswaardigheden met een rijk geschakeerde, her en der bijna onaangeroerde natuur. De mooie oude stadjes (zoals Telč en Český Krumlov) met hun burchten en paleizen liggen in perfecte harmonie temidden van heuvels, bergen en donkere naaldbossen.

Met maar weinig verbeelding kunt u zich hier in lang vervlogen tijden van ridders, jonkvrouwen en toernooien wanen. Praag is natuurlijk befaamd om haar schoonheid maar even buiten de stad treft u vele streken en bezienswaardigheden, die door veel minder vakantiegangers worden bezocht en toch zeer de moeite waard zijn. Op slechts korte afstand van de hoofdstad liggen de imposante, donkergroene meren en ongerepte veengronden van het Šumava Nationaal Park, het romantische zandstenen labyrint van het Labe Nationaal Park en de eindeloze, met bosbesstruiken begroeide velden van het Jeseníkygebergte.

Accommodaties

De accommodaties in Tsjechië bevinden zich zowel op intensief geëxploiteerde boerderijen als op kleine bedrijfjes, waar landbouw als nevenactiviteit bedreven wordt. Niet alle accommodaties zijn trouwens op een boerderij gelokaliseerd. Logeer- en kampeergelegenheden, huisjes en appartementen zijn in min of meer gelijke mate terug te vinden in deze gids. De kwaliteit van de geboden faciliteiten kan nogal uiteenlopen: soms van het hoogwaardige niveau zoals u in West-Europa zou verwachten - maar soms moet u ook met heel wat minder genoegen kunnen nemen.

(Biologische) landbouw

Sinds het einde van het communistische tijdperk is meer dan 85% van de voormalig genationaliseerde boerderijen weer geprivatiseerd. Slechts een kwart ervan is eigendom van particulieren, 34% wordt op coöperatieve basis geëxploiteerd en de overige 40% zijn grote bedrijven. Eén achtste van het agrarische land ligt in beschermd gebied.

Een groot deel van de boerderijen maakt al jaren geen winst. Wat schulden en schrijnende armoede tot gevolg heeft. Tussen 1989 en 1998 viel de agrarische productie met maar liefst 28% terug. De helft van de veestapel verdween en 60% van de mensen die in de landbouw werkzaam waren, verliet de sector.

Ook met het milieu is het in Tsjechië niet goed gesteld: de VN subsidieert dan ook een programma om de bodemvervuiling, ontstaan door het overmatige gebruik van kunstmest en verdelgingsmiddelen onder het communisme, terug te dringen. Het goede nieuws is dat het draagvlak voor de biologisch beweging, mede dankzij politieke ondersteuning, sterk groeit. Waren er in 1990 nog maar 3 biologische producenten, in 2000 waren er al 563, die tezamen bijna 4% van de landbouwproductie voor hun rekening namen. Zij leveren voornamelijk rundvlees (Albert Heijn haalt haar biologische rundvlees uit Tsjechië) en voorts wat zuivel, groente, fruit en wijn. De biologische boerderijen bevinden zich hoofdzakelijk in Moravië en Zuid-Bohemen:

het geïndustrialiseerde noorden is te sterk vervuild.
Zo'n 200 detailhandels verkopen biologische producten.

Natuur(bescherming)
Meer dan 30% van het grondgebied van Tsjechië bestaat uit bos, waarvan tweederde naaldbos is en de rest berken- en beukenbos of gemengd. In zeer beperkte aantallen komen er nog wolven, bruine beren en lynxen voor. Een groot gedeelte van de bodem van het land bestaat uit kalksteen, waardoor er veel planten voorkomen die op kalkrijke grond gedijen. Tsjechië kent vier nationale parken: het

Šumavagebergte, het Reuzengebergte, Česke Švýcarsko, en Podýji (het Dyjebassin). Onderdeel van het eerste is het oerbos Boubín, dat al in 1858 tot beschermd gebied werd uitgeroepen maar pas in 1989 toegankelijk werd voor het publiek. Het Reuzengebergte is ernstig aangetast door zure regen, met name veroorzaakt door uitstoot van de kolenmijnen, staalindustrie en energiecentrales in noordelijk Bohemen. Ook de Tsjechische fauna heeft het zwaar te verduren gehad. Veel diersoorten zijn bedreigd of uitgestorven. De eerste tekenen van herstel zijn echter waarneembaar, dankzij het veranderde economische en politieke klimaat en de Tsjechische natuurbeschermingswetten, die tot de beste ter wereld behoren.

Naast de nationale parken zijn er nog zo'n dertig beschermde landschappen en honderden natuurreservaten. Een prachtig gebied is bijvoorbeeld het bij Ceský Krumlov gelegen Jezerní Slat, een 10.000 jaar oud veengebied. Het herbergt een bijzondere flora van vleesetende planten. In het Reuzengebergte kunt u met een beetje geluk een drieteenspecht gadeslaan. De Donauvlakte en de meren en vijvers van Bohemen trekken talrijke watervogels aan. Ook komen er in het hele land veel ooievaars voor.

CZ

CZ

BATELOV

Ing. Vladimír Kameník
Bezdecín 2, Bezdecín, 58851 Batelov,
Jihlava
T   567-31 41 29
M   605-06 53 20
E   kamenikova@ji.cz
W   www.kamenikova.cz
🔊 cz, de, uk

Reserveren zie boven of via ECEAT-Tsjechië:
tel/fax +420 541 23 50 80, info@eceat.cz,
www.e-countrysideholidays.com
Open: 1 mrt-31 dec 🔺 1 jun-30 sep ☘ H
580m (RES) verplicht ✖ [≈]

Boerderij en omgeving

Dit boerderijcomplex ligt aan de rand van
een dorp en bestaat uit verscheidene gebouwen gegroepeerd rondom een grote
binnenplaats met tuin. De eigenaar bebouwt 63 ha grond, heeft koeien, een ezel
en een hond.
Voor de gasten zijn er drie vakantiewoningen met 3 tot 4 bedden (met de mogelijkheid 1 tot 2 bedden bij te plaatsen). Iedere
woning heeft een eigen badkamer, elke
kamer een eigen radio. De camping biedt
plaats aan 8 tenten en 8 caravans. Onder
een afdak bevinden zich de douches en de
wc. U heeft de beschikking over een elek-
triciteits-aansluiting en een vuurplaats.
Dichtbij ligt een meertje waarin gevist
kan worden.
In de omgeving bevinden zich de stadjes
Telc met renaissancekasteel (UNESCO-monument), Pelhrimov met het records- en
curiositeitenmuseum, Jihlava met haar
catacomben en dierentuin, Slavonice met
huizen in renaissancestijl, Trešt met een
kerststallenmuseum en Žirovnice met
kasteel en een parelknopenmuseum.
Verder staan er op de heuvel Kremešník
een uitkijktoren en een bedevaartskerk en
bevindt zich op geringe afstand de burcht
Roštejn.

🔊 🛁 ✠ 🍴3 ♨15 🏊15 🐾1 ✎
🏹10 ❄12

🏠 3x, ♿ 9-12x, hpw € 217-386
🔺 T 8x, ♿ 8x, pppn € 2, ptpn € 2-3,
    pcpn € 5

Route
⚠ 21 km ZW van Jihlava. Richting Jindrichuv Hradec
rijden via Dolní Cerekev. Bezdecín ligt ca 1 km voorbij
Batelov, in de richting van Horní Cerekev. Boerderij
meteen eerste aan rechterkant van weg.
🚌 Bus van Jihlava naar Batelov, van Batelov naar
Bezdecín.

BATELOV

Hana Cermáková
Lovetín 3, Lovetín, 58851 Batelov, Jihlava
T   567-31 46 40
M   721-00 89 87
E   agrocerm@centrum.cz
W   www.agrocerm.wz.cz
🔊 cz, de

Reserveren zie boven of via ECEAT-Tsjechië:
tel/fax +420 541 23 50 80, info@eceat.cz,
www.e-countrysideholidays.com
Open: hele jaar 🔺 1 mei-31 okt 🍴 H
600m (RES) verplicht 🐾

Boerderij en omgeving

Deze gerestaureerde boerderij werd gebouwd in de 16e eeuw. Er worden schapen,
geiten, bijen en kippen gehouden. Er zijn
twee kamers met gezamenlijke badkamer
en keuken (een tweepersoonskamer met
een kinderbedje en een driepersoonskamer) en een vierpersoons kamer met
eigen sanitair. De camping bevindt zich op
een weiland, op zo'n vijftig meter afstand
van het huis. WC's en douches bevinden
zich in het huis.
Het dorp ligt in het schilderachtige landschap van de Hooglanden, dichtbij de
hoogste top Javorice. In het dorp zijn twee

zwem-meren. Vlak in de buurt liggen
ook nog de bekende zwem-meren Malý
Parezitý Rybník en Velký Parezitý Rybník.
Verder kunt u een bezoek brengen aan
het natuurgebied Cerínek, de uitkijktoren
Oslednice bij Telc, de burcht Roštejn, het
stadje Telc met het renaissancekasteel
(UNESCO-monument), kastelen in Dacice
en Žirovnice, het kerststallenmuseum in
Trešt, het records- en curiositeitenmuseum in Pelhrimov, het museum in Pocátky,
de glasblazerij in Janštejn en de stad Jihlava met haar dierentuin en catacomben.

🛁 🍴0,5 🐾0,1 ✎5 🏊15 🏹2 ❄10

🏠 3x, ♿ 10x, hpw € 121-302
🔺 T 5x, ♿ 3x, pppn € 2, ptpn € 2, pcpn
    € 3

Route
⚠ 25 km ZW van Jihlava. Richting Jindrichuv Hradec rijden via Dolní Cerekev en Batelov. In Batelov
op kruising linksaf (134) en voorbij bebouwde kom
weer links naar Rácov. Aan einde van Rácov scherp
linksaf naar Lovetín.
🚌 Bus van Trešt naar Lovetín.

BAVOROV

Ekofarma Kofa
František Špatný
Bílsko 25, Bílsko, 38773 Bavorov,
Strakonice
T   383-39 18 91
E   nhcfrantisek@quick.cz
W   http://kofa.ecn.cz/
🔊 cz, de, uk, it

Reserveren zie boven of via ECEAT-Tsjechië:
tel/fax +420 541 23 50 80, info@eceat.cz,
www.e-countrysideholidays.com
Open: 1 jul-31 aug ☘ H 460m [≈]

Boerderij en omgeving

Deze boerenhoeve, gebouwd in het jaar

1812 in de zogenaamde boerenbarokstijl, is een rijksmonument. Op de boerderij - gelegen aan de rand van een rustig dorpje, temidden van velden en akkers - worden geiten gehouden voor de kaasproductie. Het grootste gedeelte van het land bestaat uit weilanden, een klein deel wordt gebruikt voor de productie van wintervoer.

De campingplaatsen liggen in de tuin van de boerderij. Er kunnen maximaal 10 tenten en 4 caravans staan. U heeft de beschikking over sanitaire voorzieningen met warm water, een klein keukentje en een overdekte zithoek met plek voor kampvuur. In de boerderij is een winkel ingericht waar de heer Špatný ecologische levensmiddelen verkoopt. In 1994 heeft hij de prijs Pohár Rytíre Horského gewonnen voor het beste ecologische boerenbedrijf. Het natuurreservaat Skocicky hrad ligt 3 km van de camping verwijderd.

▲ T 10x, 🚐 4x, pppn € 2, ptpn € 4, pcpn € 5

Route
🔳 43 km NW van Ceské Budejovice. Vanuit Ceské Budejovice via weg 20 en 145 naar Bavorov. Daar naar het noorden afbuigen (140). Na 5 km bereikt u Bilsko. Boerderij ligt direct aan de weg, aan rand van het dorp.

🚌 Neem bus van Vodnany naar Bavorov en van daar naar Bilsko. Met trein van Vodnany naar Prachatice, uitstappen in Bavorov en bus nemen naar Bilsko.

BOHUTÍN
Zdenek Kunc
Láz u Príbrami 215, Láz u Príbrami,
26241 Bohutín, Príbram
T   318-67 63 19
F   318-67 63 19
M   604-56 79 10
E   info@penzionkunc.cz
W   www.penzionkunc.cz
🔊 cz, de

Open: hele jaar H 550m (RES) verplicht

Pension en omgeving
Pension en vrijstaand huisje staan in een rustig dorp bij het bosgebied Brdské Lesy. In het pension zijn er een éénpersoonskamer, drie tweepersoonskamers, een vierpersoonskamer en op de begane grond nog een driepersoonskamer met eigen sanitaire voorzieningen. Gasten kunnen gebruik maken van een mini-bar met open haard en van een massage-machine. Er is ook een terras. Het huisje - op 300 m afstand - heeft een vierpersoonskamer, een driepersoonskamer en een tweepersoonskamer, 2 badkamers en een gezamenlijke, goed uitgeruste keuken; op de zolderverdieping twee tweepersoonskamers, elk met eigen keukentje en eigen sanitaire voorzieningen.

Midden-Tsjechië is zeer bosrijk en de Brdské Lesy gelden als zeer bijzonder. U kunt er heerlijk wandelen en fietsen. De langeafstand-fietsroute van Praag naar Wenen komt door deze streek. Dichtbij ligt het mijnbouwstadje Príbram (met museum). Verder zijn de bedevaartplaats Svatá Hora, het Antonín Dvorákmuseum, het Aquapark (met glijbanen), stuwmeer Orlík en de kastelen Orlík, Zvíkov, Breznice, Blatná en Dobríš mogelijke doelen voor een uitstapje. Praag ligt hier ca 70 km vandaan.

[pictogrammen] ≈0,3 ≈8 ❨2 🔺8

🛏 7x, 🛁 14x, 1ppn € 9
🏠 4x, 🛁 13x, hpw € 133-199

Route
🔳 9 km van Príbram. Vanuit Príbram over weg nr.18 richting Rožmitál. Na het dorp Bohutín rechtsaf. Na 2 km Láz. Vanaf doorgaande weg binnen dorp is accommodatie al aangegeven.
🚌 Bus van Príbram naar Láz.

CHLUM U TREBONE
Pension u Bícu - Wellness
Alena Fajtlová
Žítec 116, Žítec, 37804 Chlum u Trebone,
Jindrichuv Hradec
T   384-78 31 27
M   603-55 58 09
E   fajtlova@tbn.cz
W   www.tbn.cz/fajtlova
🔊 cz, de

Open: hele jaar H 450m (RES) verplicht

Pension en omgeving
Hier kunt u het hele jaar terecht voor een recreatieve vakantie. De eigenaars bieden diverse vormen van massage en andere behandelingen.

Voor de gasten is er een sauna, een bubbelbad voor twee personen, een massagematras en een massagebad. Er is ook een klein fitnesscentrum en een buitenzwembad met tegenstroom. Gasten kunnen terecht in twee tweepersoonskamers en een driepersoonskamer, alle met gemeenschappelijke sanitaire voorzieningen. Verder is er een tweepersoonskamer met eigen sanitaire voorzieningen. De totale capaciteit van de accommodatie bedraagt negen personen en een kind. De eigenaren verkopen kruidenmengsels, thee en etherische olieën.

In de directe omgeving kunt u enige belangrijke historische en culturele centra bezoeken (Trebon, Jindrichuv Hradec, Hluboká nad Vltavou, Ceské Budejovice). Deze zijn zowel per auto als per openbaar vervoer bereikbaar. Vlakbij (op 10 km afstand) is de grensovergang naar Oostenrijk.

CZ

🏕 🏮 ⚒ ⚽ ⤢ ⑤ ♨ 5 ♨5
🛶 🎣5 ⌕5 🏊18 ⛵18 ⚓5 ⚓0,5
🚣18

🛏 4x, ♫ 9x, 1pkpn € 14, 2pkpn € 28

Route

🏛 17 km O van Trebon. Vanuit Trebon richting Jindrichuv Hradec, in Stará Hlína bij bushalte (links ligt café) rechtsaf naar Stríbrec. Rij Stríbrec helemaal door. Vervolg uw weg naar Liborezy, daar op kruispunt bij bushalte rechtsaf richting Chlum. Na ongeveer 500 m rechtsaf slaan naar Žitec. In Žitec rechtdoor rijden. Na 50 m rechts.

🚌 Bus of trein naar Trebon waar u afgehaald kunt worden door eigenaar.

CHLUM U TREBONE

Marie Urbánková
Stankov 47, Stankov, 37804 Chlum u Trebone, Jindrichuv Hradec
T 384-79 78 17
💬 cz, uk

Reserveren zie boven of via ECEAT-Tsjechië:
tel/fax +420 541 23 50 80, info@eceat.cz,
www.e-countrysideholidays.com
Open: 1 mei-30 sep 🚣 H 400m

Camping en omgeving

Bij dit eenvoudig boerenhuisje worden varkens, schapen, eenden, kippen en konijnen gehouden. De eigenaar is gepensioneerd.

Op de camping, die van twee kanten door bos wordt omgeven, is plaats voor vijf tenten en vijf caravans. In de bossen rondom kunt u paddestoelen en bessen plukken. Voor de kinderen is er een schommel en een veld waar gevolleyball en gebadmintond kan worden. In het dorp zijn restaurants, winkels en een tennisbaan.

De locatie is aantrekkelijk gelegen midden in een schilderachtig landschap met de meren Hejtman en Stankovský, kuuroord Trebon, wijnlandgoed Jemcina, de stadjes Cervená Lhota, Hluboká nad Vltavou, Jindrichuv Hradec en Kratochvíle. Het landschapsreservaat Trebonsko (UNESCO-monument) - met zijn talloze meertjes en visvijvers met vooral karper - is hier niet ver vandaan. Trebonsko kent een uitgebreide hoeveelheid verschillende rotsplanten en diersoorten (waaronder veel watervogels, zelfs de zeearend).

♨ ⤢ ⚓1 ♨3 🎣1 ⌕3 ⚓1 ♨3
⚓12

🏕 T 5x, 🚐 5x, pppn € 2, ptpn € 2-3, pcpn € 4

Route

🏛 25 km ZW van Jindrichuv Hradec. Via weg 34 en 151 naar Chlum u Trebone. Vandaar richting Stankov. Zuidelijk van het Hejtman meer rijden. Waar weg steeds verder van meer af loopt, gaat u naar rechts in richting van grens met Oostenrijk. U komt langs restaurant en winkel, na ca 600 m links naar dam en 100 m naar beneden.

🚌 Trein naar Chlum u Trebone, dan met bus naar Stankov.

CKYNE

Marie Krejsová
Horosedly 13, Horosedly, 38481 Ckyne, Prachatice
T 388-42 33 87
M 723-07 09 44
E kyli@kotata.com
W http://krejsa.kotata.com/
💬 cz, de, uk

Reserveren zie boven of via ECEAT-Tsjechië:
tel/fax +420 541 23 50 80, info@eceat.cz,
www.e-countrysideholidays.com
Open: hele jaar 🏕 1 jun-30 sep 🌱 H 750m ⓇⒺⓈ verplicht ✉

Boerderij en omgeving

Deze boerderij - met 40 ha land - ligt aan de voet van het Šumavagebergte. Het bedrijf richt zich op de traditionele schapen- en pluimveeteelt en op het verbouwen van aardappelen, fruit en groenten voor eigen gebruik. Het echtpaar Krejsa woont hier met hun dochter en schoonzoon. Op de boerderij werkt het hele gezin met vereende krachten.

De camping, waar zeven tenten en zeven caravans kunnen staan, ligt - omringd door groen - op een rustige plek aan de rand van het dorp. Er zijn toiletten, wasgelegenheden (voor dames en heren) en er is een overdekte kampvuurplaats, waar altijd voldoende brandhout beschikbaar is. Gasten moeten zelf koken; er is echter op het terrein geen keuken aanwezig. In de boerderij zelf verhuurt de familie nog drie tweepersoonskamers met eigen voorzieningen.

U kunt dagtochten maken naar het nationale park Šumava, het oerbos Boubínský Prales en de bronnen van de Moldau. Andere bezienswaardigheden in de directe omgeving zijn het kasteel Hluboká, de burcht Kašperk, de stadjes Netolice, Prachatice, Vimperk. Zomers rijdt er een stoomtrein vanuit Volary naar Cerná v Pošumaví.

🏕 🏮 ⚽ ♨ ♨5 🎣6 ⚽14

🛏 3x, ♫ 6-8x, 1ppn € 9
🏕 T 7x, 🚐 7x, pppn € 2, ptpn € 5, pcpn € 5

Route

🏛 37 km N van Strakonice. Via weg nr 4 naar Strakonice naar Vimperk. In Ckyne slaat u weg in richting Vacov. Na ca 3 km rechtsaf naar gehucht Horosedly. 🚌 Per bus: Praha (Praag) - Strakonice - Ckyne. Per trein: Plzen - Strakonice - Ckyne.

HARTMANICE

Vladimíra Tesarová
Dobrá Voda 2, Dobrá Voda,
34181 Hartmanice, Klatovy
T   376-59 34 14
🚌 cz, de, uk

Reserveren zie boven of via ECEAT-Tsjechië:
tel/fax +420 541 23 50 80, info@eceat.cz,
www.e-countrysideholidays.com
Open: hele jaar H 900m (RES) verplicht

Pension en omgeving

In dit kleine dorpje, gelegen in het beschermde gebied van het Boheemse Woud (Nationaal Park Šumava), bevindt zich een pensionnetje in het voormalige schoolgebouw. Dit zorgvuldig gerestaureerde gebouw, ingericht met antieke meubelen, ademt de sfeer van eeuwen her. De ramen bieden prachtige uitzichten over het Boheemse Woud, afhankelijk van het weer zelfs tot aan Príbram. Bewoners en eigenaars van het huis zijn beeldende kunstenaren die veel met glas en hout werken. Hun werk is te bezichtigen.
Op de begane grond bevinden zich één tweepersoonskamer en één driepersoonskamer. De kamers zijn voorzien van kasten en beschikken beide over een eigen badkamer met WC. Verder is er een vijfpersoons appartement met badkamer. Dit appartement heeft een drie- en een tweepersoons slaapkamer. Gasten kunnen gebruik maken van een zitkamer met een compleet ingerichte keukenhoek.

🛏 🏊2 km 🎣3 🐟4 🎿12 ⛸12
🏹6 🚲 ✳2 🐎

🛏 2x, 🏃 5x, Prijs op aanvraag
🏠 1x, 🏃 5x, Prijs op aanvraag

Route
⚠ 12 km van Sušice. In Sušice richting Kašperské Hory en Železná Ruda aanhouden. over hoofdweg

langs kade. Verderop linksaf over brug over rivier de Otava. Na Dlouhá Ves rechtsaf water over, in richting Hartmanice en Petrovice. Op plein in Hartmanice linksaf richting Železná Ruda. Na 3 km scherp rechtsaf slaan naar Dobrá Voda. Huis staat tegenover kerk.
🚌 Bus van Sušice naar Hartmanice.

HORNÍ DUBENKY

Chadimuv mlýn
Martin Chadim
Horní Dubenky 33,
58852 Horní Dubenky, Jihlava
T   567-37 41 67
M 724-37 41 67
E   tikchad@post.cz
W www.chadimmlyn.cz
🚌 cz, de, uk

Reserveren zie boven of via ECEAT-Tsjechië:
tel/fax +420 541 23 50 80, info@eceat.cz,
www.e-countrysideholidays.com
Open: hele jaar 🛶 15 apr-15 okt 🎣 H 660m (RES) verplicht ❎ 🐎

Boerderij en omgeving

Deze boerderij heeft een gesloten hof en is gelegen temidden van bossen en weilanden. Een deel van het huis wordt verhuurd aan gasten, een deel wordt bewoond door de eigenaren en in een ander deel bevindt zich een verbouwde watermolen met molenmuseum. Op de boerderij houdt men rundvee, dat het hele jaar door buiten graast.
Gasten kunnen verschillende ruimten huren. Het ruime bovenhuis omvat een keuken (koelkast, kooktoestel, oven, serviesgoed, kleurentelevisie), een aangrenzende zitkamer en een een doucheruimte met bad en wc. De kamer is rolstoelvriendelijk. Capaciteit: drie bedden met eventueel een extra bed in de keuken. Het achterhuis heeft twee verdiepingen. Beneden zijn er twee slaapkamers (een

tweepersoons en een eenpersoons) en een woonkamer (met twee extra bedden) met kleurentelevisie. De bovenverdieping heeft een appartement met een slaapkamer met vier bedden, een woonkamer (drie extra bedden) en een douche en toilet. Er is een gemeenschappelijke keuken voor de bewoners van de beide verdiepingen. In de gezamenlijke hal is een toilet. Er is ook nog een kamer te huur met douche en w.c. en drie slaapplaatsen. Elke ruimte kan afzonderlijk afgesloten worden, zodat ze onafhankelijk van elkaar gebruikt kunnen worden. Het hele achterhuis wordt d.m.v. gaskachels verwarmd. In de voormalige watermolen, die bezichtigd kan worden, is tegenwoordig een informatiecentrum gevestigd. U kunt ook een bezoek brengen aan de werkplaats van een kunstsmid, een pottenbakker en een glasblazer en -slijper.
In de directe omgeving bevindt zich de hoogste top van de Hooglanden, de Javorice. Verder zijn er beschermde stadsgezichten in Jihlava, Jindrichuv Hradec, Pelhrimov, Dacice en Slavonice, de restanten van de burcht Janštejn, de burchten Roštejn en Kámen en het stadje Telc met zijn renaissanceslot (UNESCO-monument). Ieder jaar in september vindt het festival Ambacht en levensbeschouwing hier plaats.

🛏 🏊5 🚣1 🎣1 🐟0,5 🎿12 🏹0,5
✳0

🏠 4x, 🏃 13-19x, hpw € 345-517
🛏 T 4x, 🛏 4x, pppn € 2, ptpn € 2-3, pcpn € 4

Route
⚠ 28 km ZW van Jihlava. Daar vandaan richting Jindrichuv Hradec rijden via Dolní Cerekev en Batelov. Door Horní Dubenky heen rijden tot aan bosje. Bij kruispunt ligt boerderij.
🚌 Bus vanuit Jihlava of Studená naar Horní Dubenky. Trein lijn Jihlava - Veselí nad Lužnici, uitstappen op station Horní Dubenky.

CZ

HORNÍ SLAVKOV

Farma u Chlupácku
Hana Chlupácková
Ležnice 903, Ležnice,
35731 Horní Slavkov, Sokolov
F 352-69 81 82
M 602-14 34 26
E chlupackovi@volny.cz
☎ cz, de, ru

Reserveren zie boven of via ECEAT-Tsjechië:
tel/fax +420 541 23 50 80, info@eceat.cz,
www.e-countrysideholidays.com
Open: hele jaar ♥ ♣ H 650m Ⓡ ✕
[⌂]

Boerderij en omgeving

Deze bioboerderij is gelegen binnen de grenzen van het landschapsreservaat Slavkovský les. De familie bebouwt op traditionele wijze zo'n 135 ha hooi- en weiland. Er wordt slachtvee gehouden en groenten en aardappelen geteeld. Verder zijn er nog geiten, konijnen, varkens, kippen, ganzen en kwartels. Het woonhuis is modern en de bedrijfsgebouwen zijn oorspronkelijk. Voor de gasten staan een vierpersoonskamer en een driepersoonskamer met één extra bed en gemeenschappelijke sanitaire voorzieningen ter beschikking. Meewerken op de boerderij is mogelijk. De eigenaren verkopen geitenmelk en groenten van het land. U kunt badmintonnen, tafeltennissen en voor de kleintjes is in de tuin een klein zwembad. Er wordt vegetarisch gekookt. De accommodatie heeft een wasservice en transportservice voor personen en bagage.
In de omgeving stromen de rivieren de Teplá en de Ohrí. Het heuvelachtig landschap heeft veel bos en tal van natuurlijke meertjes. In de buurt bevinden zich het kuuroord Karlovy Vary, Mariánské lázne en een klooster in Becov nad Teplou.

♨ 📺 🍴 🐟 🏠 🚲 🛥5 🎣3

🛏 2x, 🛏 7-8x, 1ppn € 10
⚓ T 15x, 🍴 4x, ppn € 2, ptpn € 3-4,
    pcpn € 5

Route

🚗 16 km Z van Karlovy Vary, 2 km O van Horni Slavkov. In dorp bij kapelletje rechtsaf slaan en na zo'n 40 m bergop staat u voor huisnummer 903.
🚌 Per bus: lijn Karlovy Vary - Horní Slavkov. Per trein: vanuit station Dolní Nádraží in Karlovy Vary rijdt treintje naar Nové Sedlo. Trein stopt bij Ležnice.

HOSTOUN

Farma Rybník
Jaroslav Uher
Rybník 8, Rybník, 34525 Hostoun,
Domažlice
T 379-49 63 25
F 379-49 63 25
E farmarybnik@centrum.cz
☎ cz, de, uk

Reserveren zie boven of via ECEAT-Tsjechië:
tel/fax +420 541 23 50 80, info@eceat.cz,
www.e-countrysideholidays.com
Open: hele jaar⚓ 1 jun-15 okt ♥ H 550m
Ⓡ verplicht ♿ ✕ [⌂]

Boerderij en omgeving

Deze familieboerderij ligt in de beboste heuvels van het reservaat Ceský Les. Het ongerepte landschap is ideaal voor natuurliefhebbers. Op het bedrijf worden rundvee, paarden, schapen en kleinvee gehouden. Het gezin bestaat uit het echtpaar en drie thuiswonende volwassen kinderen. U verblijft in een tweepersoonskamer met eigen sanitaire voorzieningen, in in één van de twee driepersoonskamers met gemeenschapppelijke sanitaire voorzieningen of op de camping, waar plaats is voor drie tenten en drie caravans. Het kampeerterrein ligt dichtbij de boerderij. U heeft een keuken tot uw beschikking. Er kan een kampvuur gemaakt worden.
In de omgeving vindt u het wijnlandgoed Horšovský Týn en de burcht Domažlice met toren en museum. In Klencí pod Cerchovem kunt u een museum en een monument voor de schrijver Jindrich Šimon Baar bezoeken; in het dorp Újezd u Domažlic is een museum gewijd aan de geschiedenis van de streek Chodzko.

♨ 📺 🐟 🏠 📺 🚲 🛥12 ⚓12
🎣0,2 ✻10

🛏 3x, 🛏 8x, 2pkpn € 16
⚓ T 3x, 🍴 3x, 🐴, pppn € 2, ptpn € 2-3,
    pcpn € 4

Route

🚗 80 km ZW van Plzen, 12 km van Belá nad Radbuzou. Vanuit Belá nad Radbuzou richting Železná rijden. Na 4 km linksaf slaan richting Nový Dvur, verder richting Rybník. In dorp gemeentehuis (obecní úrad) en scholingscentrum (školící stredisko) rechts laten liggen, evenals sportveld, waarachter boerderij ligt.
🚌 Vanuit Domažlice met bus of trein naar Pobežovice en daarvandaan met bus naar Rybník. Of per trein vanuit Domažlice naar Hostoun en dan met bus naar Rybník.

JANOV NAD NISOU

Farma Vyšehrad
Ing. Ludmila Šmídová
Hranicná 99, Hranicná, 46811 Janov nad Nisou, Jablonec nad Nisou
T 483-38 02 01
F 483-38 02 01
M 602-78 14 88
E farmavysehrad@seznam.cz
W www.volny.cz/farmavysehrad
☎ cz, uk

Reserveren zie boven of via ECEAT-Tsjechië:
tel/fax +420 541 23 50 80, info@eceat.cz,
www.e-countrysideholidays.com
Open: hele jaar ♥ H 620m Ⓡ verplicht
✕

Boerderij en omgeving

De boerderij ligt in het beschermde land-schapspark Jizerské hory (IJzergebergte), in een klein dorpje aan de zuidhelling van de hoogste bergkam. Onlangs zijn de gebouwen van deze hoeve gerenoveerd en ze bieden nu een comfortabel onder-komen. Het ecologische bedrijf, voorzien van het officiële BIO-certificaat, is gespe-cialiseerd in het houden van rundvee en het fokken van paarden.

U verblijft in een vrijstaand gebouw zo'n 20 m van het woonhuis van de eigenaar verwijderd. Op de begane grond bevinden zich twee tweepersoonskamers (en vier extra bedden), op de verdieping nog eens twee tweepersoonskamers (en vier extra bedden). De kamers zijn alle voorzien van sanitair. Er is een gemeenschappelijke zitkamer. In het keukentje kunnen gasten zelf koken. De tuin heeft een zithoek met plaats voor een kampvuur. De camping is gelegen op enkele weilandjes, alle in de directe nabijheid van de boerderij. De totale oppervlakte (4 hectare) biedt ook in het hoogseizoen voldoende ruimte. U mag zelf een kampvuur stoken en u kunt gebruik maken van de grill.

In deze streek vindt u diverse kastelen, uitkijktorens en verschillende interes-sante natuurgebieden. De Mumlava wa-terval is een echte trekpleister. Maar ook de druipsteengrotten van Boskov zijn een bezoek waard.

⛲ 🍽 🛖 🛥 ⚓ 🌊2 ⚓2,5
🚗2,5 ⚓2,5 ⚓2 ⛵2 🚣2 🏊2,5
❄️2 🦌

🛏 4x, 🚪 8-16x, 2pkpn € 23
⚓ T 15x, 🚐 7x, pppn € 2, ptpn € 3, pcpn € 5

Route
🅰 13 km ZO van Liberec. In Jablonec nad Nisou rich-ting Janov nad Nisou. 500 m voorbij kruispunt (met

rechts tankstation en Penny Market) staat links gele richtingaanwijzer met paard. Dit bordje volgen (linksaf dus). Bosweggetje, 500 m verder weer links en na 50 m bent u er.

🚌 Bus vanuit Praag naar Jablonec nad Nisou, ver-der lokale lijn (nr 1) naar Janov nad Nisou en bij halte Janovská uitstappen, dan nog 10 minuten te voet. Trein Praha (Praag) - Liberec, bij station Rychnov nad Nisou uitstappen, verder per bus en te voet (zie hierboven).

JINDRIŠ

Camp Jindriš
Vlastislav Behoun
Jindriš 15, 37701 Jindriš
T   384-32 67 58
M   607-25 19 11
E   behoun@cbox.cz
W   www.cbox.cz/behoun/
🗨 cz, de, uk

Reserveren zie boven of via ECEAT-Tsjechië: tel/fax +420 541 23 50 80, info@eceat.cz, www.e-countrysideholidays.com
Open: 1 mei-15 okt 🍴 H 500m ® [🛏]

Camping en omgeving

Camping Jindriš ligt in een prachtige omgeving met veel bossen en visvijvers, vlakbij het schilderachtige dal van de beek Hamerský Potok.

Het terrein biedt plaats aan 15 tenten en 15 caravans. Er zijn toiletten en een dou-che. In de open keuken kunnen gasten zelf koken. De accommodatie ligt op zo'n 3 km afstand van de provinciestad Jindrichuv Hradec. U kunt er heerlijk zwemmen in een 8 ha groot meer. Deze oude zandgroe-ve heeft mooie zandstranden. U kunt ook gaan vissen in de visvijver, die alleen voor de bezoekers van de camping toegankelijk is. Op ongeveer 500 meter afstand van de camping vindt u een smalspoorlijntje, waar in het seizoen een honderd jaar oud stoomtreintje rijdt.

Liefhebbers van cultureel erfgoed kun-nen een bezoek brengen aan de burchten van Jindrichuv Hradec, het plein van Telc, Cervená Lhota, Dacice, Slavonice, Tre-bon en de overblijfselen van het kasteel Landštejn.

⛲ 🛥 🍽 🛖 ⚓ 🌊1 ⚓4 🚗3
🐟0,2 🚣0,6 ⛵1 🚣4 🦌5

⚓ T 15x, 🚐 15x, pppn € 2, ptpn € 2-3, pcpn € 5

Route
🅰 4 km O van Jindrichuv Hradec. Jindriš ligt aan oever van Hamerský Potok, beek die al het water voor grote vijver Vajgar in Jindrichuv Hradec levert. Bij vijver langs weg nr. 34 staan twee supermarkten tegenover elkaar, Billa en Hypernova. Langs deze su-permarkten dient men genoemde weg heuvelaf te rijden tot aan monding van Hamerský Potok. Daar wegwijzer Jindriš 3km volgen langs beek. In dorp staat camping aangegeven met bord Camp Jindriš.
🚂 Smalspoortreintje of locale (meestal blauwe) bus vanuit Jindrichuv Hradec.

KOVÁROV

Penzion Lipník
Karel Hácha
Kovárov 139, 39855 Kovárov, Písek
T   382-59 42 46
M   606-60 86 00
E   ubytovani@hacha.cz
W   www.hacha.cz
🗨 cz, de, uk

Reserveren zie boven of via ECEAT-Tsjechië: tel/fax +420 541 23 50 80, info@eceat.cz, www.e-countrysideholidays.com
Open: hele jaar H 550m ® verplicht
📧

Accommodatie en omgeving

Dit zelfstandig verblijf bevindt zich op de eerste verdieping van een eengezinswoning. Het appartement met eigen opgang heeft een twee- en driepersoonskamer, een ontspanningsruimte met twee extra bedden, een keuken en een badkamer. Vanaf het balkon (7 m²) heeft u een fraai uitzicht over het Šumavagebergte. De eigenaars runden een boerenbedrijf, maar zijn nu gepensioneerd. Ze houden nog wat kippen, konijnen, ganzen en een kat. Kinderen mogen de dieren voeren. In het dorpje vindt u een speelplaats, een restaurant, een bakkerij en een postkantoor.

Het huis ligt in het golvende landschap van het Kovárovské hoogland met zijn vele meren en bossen. In Milevsko vindt u een museum en een Romaans klooster. U kunt ook een bezoek brengen aan het landhuis en de stuwdam in Orlík, de burcht Zvík, de berghut Onen Svet met uitkijktoren en restaurant en het keramiekatelier in Zahorany. Verder zijn de steden Tábor, Príbram (mijnmuseum en aquapark), het pelgrimsoord Svatá hora, de grotten van Chýnov bij Tábor en het openluchtmuseum Vysoký Chlumec interessant voor een dagtrip.

⌂ 1x, 🛏 5-7x, hpw € 258

Route

🚗 36 km W van Tábor. Van Tábor naar Milevsko (19). Vanaf Milevsko 10 km over weg 102. Neem in Kovárov eerste afslag naar links. Vijfde huis voor het einde van de straat aan linkerkant.

🚍 Met bus vanuit Milevsko naar Kovárov, of van Praag naar Kovárov, of vanuit Brno, Plzen naar Kostelec nad Vltavou, dan 5 km te voet.

LEDEC NAD SÁZAVOU

Minicamp Pila
Ing. Josef Pavelka
Pavlov 28, Pavlov, 58401 Ledec nad Sázavou, Havlíckuv Brod
M 603-29 45 58
E josef_pavelka@quick.cz
🗨 cz, uk

Reserveren zie boven of via ECEAT-Tsjechië: tel/fax +420 541 23 50 80, info@eceat.cz, www.e-countrysideholidays.com
Open: 1 jun-30 sep H 410m

Huis en omgeving

Pavlov - het gehucht, waarin dit huis staat - ligt in het heuvelachtige landschap van de Hooglanden op de grens van Bohemen en Moravië.

De camping , die in de tuin gesitueerd is, biedt plaats aan twaalf tenten en zes caravans. Op steenworp afstand van deze accommodatie bevindt zich een cascade van kleine meertjes, aangelegd om bij te dragen aan het voortbestaan van allerlei kleine waterdieren. In het dorp is een post van de natuurbescherming gevestigd, waar rivierotters en andere bedreigde kleine roofdieren worden gehouden.

In de omgeving treft u de restanten van de gotische burcht Lipnice aan, een 2000 jaar oude taxusboom, het beschermde landschap Stvoridla en de burcht (met museum) in Ledec nad Sázavou. Ledec - gelegen in het schilderachtige dal van de rivier Sazava - is een stadje met 6420 inwoners. Hier kunt u ook nog een gotische kerk bezichtigen en een kijkje nemen op de 17de eeuwse Joodse begraafplaats. In Tasice is een glasblazerij een bezoek waard.

🚴 🏄 ✈ ⚓1 🎣1 🏔

⛺ T 12x, 🚐 6x, pppn € 1, ptpn € 2-3, pcpn € 3

Route

🚗 5 km O van Ledec nad Sázavou. Vanuit Ledec nad Sázavou richting Svetlá nad Sázavou rijden. In Ostrov afslaan naar Pavlov, vóór dit dorp rechtsaf en in dorp nogmaals rechtsaf. Camping ligt ongeveer 600 m buiten dorp.

🚍 Bus van Ledec nad Sázavou naar Pavlov.

LIBODRICE

Tomáš Nerušil
Libodrice 89, 28002 Libodrice, Kolín
T 321-79 01 70
F 321-79 07 37
M 604-90 01 00
E nerusil@tolin.cz
🗨 cz, uk

Reserveren zie boven of via ECEAT-Tsjechië: tel/fax +420 541 23 50 80, info@eceat.cz, www.e-countrysideholidays.com
Open: hele jaar H 300m ⦿ verplicht
🍴 🐾

Vakantiehuis en omgeving

Dit dorp met 260 inwoners ligt in een zacht glooiend landschap. In de omgeving zijn verscheidene bossen. De eigenaren hebben een eigen bedrijf (bouw, steigerverhuur) en houden wat vee.

In het appartement bevinden zich twee kamers: een vierpersoonskamer met twee extra bedden en een tweepersoonskamer met een extra bed. Gasten hebben de beschikking over een badkamer en een keuken. Buiten is een grasveld waar u een tent op kunt zetten en aan sport kunt doen. Verder vindt u er een zitje en mag u gebruik maken van de barbecueplaats. Vlakbij het huis stroomt de Blinka (een beek) en zijn er meertjes waar u kunt vissen. Een korte wandeling brengt u naar een fazantenpark en naar een bron en een bos met de resten van een grafheuvel.

In de directe omgeving liggen verschillende steden, die een bezoek waard zijn: Kolín met als belangrijkste bezienswaardigheid de Bartholomeuskathedraal uit de 13de eeuw, Kutná Hora, Praag (40 km), Podebrady (30 km), Kourim met openluchtmuseum, Lysá nad Labem met het dorpje Ostrá (oude ambachten) en Prerov nad Labem met openluchtmuseum (35 km).

♨ ⚱ ⚓ 〰0,2 ⚑10 🏊10 🎣5 🐟0,2 🎣10 ✳10

🏠 2x, 🛏 6x, hpw € 290-434

Route

🚗 10 km W van Kolín. Vanuit Kolín over hoofd-weg richting Kourim. In dorp Libodrice na winkel rechtsaf en verder rijden langs beek. Huis staat aan linkerkant, nr. 89.

🚌 Bus van Kolín naar Kourim, halte Libodrice.

Penzion Otepkovi
Dipl. Ing. Tomáš Otepka
Lužnice 149, Lužnice, 37816 Lomnice nad Lužnicí, Jindrichuv Hradec
T 384-79 26 79
F 384-79 26 79
M 606-79 26 79
E otepkovi@treb.cz
W www.otepkovi.treb.cz
💬 cz, de, uk

Reserveren zie boven of via ECEAT-Tsjechië: tel/fax +420 541 23 50 80, info@eceat.cz, www.e-countrysideholidays.com
Open: hele jaar H 424m (RES) verplicht
♿ ✂ 🐾

Pension en omgeving

Deze accommodatie ligt in een rustige omgeving aan de rand van het dorpje Lužnice binnen de grenzen van landschaps-reservaat Trebonsko. De kamers bevinden zich op de bovenste verdieping van twee gezinswoningen. Er zijn vier twee- en twee driepersoonskamers (waarvan één met een extra bed), twee tweepersoonskamers met kitchenette en twee extra bedden en een driepersoonskamer met kitchenette en extra bed. Alle kamers zijn voorzien van een eigen badkamer en toilet.

Het landschaps- en biosfeerreservaat Tre-bonsko biedt volop mogelijkheden voor wandelen en fietsen. Er zijn uitgestrekte meren- en veengebieden met veel bijzon-dere vogels (waaronder veel watervogels, zelfs de zeearend!). Verder zijn de zand-duinen van Slepicí Vršek, de beschermde natuurgebieden Velký en Malý Tisý een bezoek zeker waard. De stad Trebon is vooral bekend om het 16de eeuwse slot en het mooie historische centrum. Ze wordt gezien als één van de mooiste steden in het zuiden van Bohemen. In de streek rond Trebon vindt u nog veel meer burchten en kastelen.

♨ ♨ ⚱ ⚓ 〰1 ⚑6 🏊6 🎣6 🐟2 🎣6 ✳6 🎣0,2 〰6

🛏 9x, 🛏 21x, 1ppn € 10

Route

🚗 6 km N van Trebon. Richting Lomnice nad Lužnicí, 6 km voorbij spoorwegovergang rechtsaf bij station in Lužnicí; komende uit richting Praag linksaf slaan bij tweede ingangsweg naar dorp vóór spoorweg-overgang, het is vijfde (gele) huis aan rechterkant.

🚌 Bus van Trebon naar Lužnice.

Usedlost - Penzion Belice
Natalya Chernomorets
Neveklov-Belice 68, Belice, 25744 Netvorice, Benešov
T 317-79 13 81
F 317-79 14 52
M 602-97 61 18
E reserve@penzionbelice.cz
W www.penzionbelice.cz
💬 cz, uk, ru

Reserveren zie boven of via ECEAT-Tsjechië: tel/fax +420 541 23 50 80, info@eceat.cz, www.e-countrysideholidays.com
Open: hele jaar ⛵ H 480m (RES) verplicht
✂ 🐾

Boerderij en omgeving

Het pension is gevestigd in een stijlvolle boerderij, die bij de recente verbouwing veel oorspronkelijke details heeft behou-den. Dit boerenbedrijfje - waar geiten en schapen gehouden worden - bevindt zich aan de rand van het dorp. U verblijft in één van de twee- of driepersoonskamers of in één van de appartementen voor 4-6 personen. De kamers zijn gezellig inge-richt en voorzien van houten lambrize-ring. Ze hebben alle eigen sanitaire voor-zieningen. Gasten kunnen gebruik maken van twee gemeenschappelijke ruimtes: een eetkamer/restaurant met een zitje bij de open haard en een kleinere kamer met pingpongtafel, een tafelvoetbalspel en een dartspel. In het pension wordt niet gerookt. U kunt zelf beslissen of u alleen ontbijt neemt of kiest voor half- of volpen-sion. Het restaurant heeft zowel streekge-rechten als internationale gerechten.

Het landschap nodigt uit tot wandelen. Behalve zwemmen, watersporten en vis-sen in het stuwmeer Slapy, kunt u diverse dagtochten maken (uitkijktorens, kaste-len, musea). In de directe omgeving kan worden paardgereden. Zowel beginners als gevorderden kunnen rijlessen krijgen. Daarnaast zijn er tal van andere sporten te beoefenen (tennis, squash, tafeltennis, fietsen, fitness). U kunt een boot huren of een dagtocht maken per rondvaartboot.

♨ 🍽 🌳 ♨ ⚱ 〰5 🏊5 🎣5 🎣10 ♨

🛏 6x, 🛏 25x, 1ppn € 17, 2ppn € 32 B&B

Route

🚗 20 km W van Benešov. Vanuit Benešov via Ne-veklov en Stranný naar Belice rijden. Na aankomst in dorp verlaat u hoofdweg en gaat richting kerk. Pension ligt aan einde van deze weg, aan zuidrand dorp.

🚌 Bus vanaf Benešov of vanuit hoofdstation in Praag (Na Knizeci) richting Merín. Uitstappen halte Jablonka. 1 km lopen naar Belice.

CZ

NEZVESTICE

Ing. Václav Valenta
Nezvestice 238, 33204 Nezvestice,
Plzen-jih
T   377-89 13 63
M   606-22 32 28
E   vaclav_valenta@seznam.cz
W   www.volny.cz/campingarden
🗣 cz, de, uk

Reserveren zie boven of via ECEAT-Tsjechië:
tel/fax +420 541 23 50 80, info@eceat.cz,
www.e-countrysideholidays.com
Open: hele jaar▲ 1 jun-30 sep 🐟 H
300m (RES) verplicht [✗]

Boerderij en omgeving

Deze biologische boerderij heeft 13 ha
grond. Er woont een echtpaar van middelbare leeftijd met twee kinderen. De man
heeft een baan als leraar en runt de boerderij naast zijn werk. Zijn vrouw is thuis,
zorgt voor de kinderen en helpt mee op de
boerderij.
Er is een tweepersoonskamer te huur met
een zitkamer; daarnaast is er een vierpersoonskamer met eigen sanitaire voorzieningen, een zitkamer en een compleet ingerichte keuken. De camping - met een zeer
landelijk karakter - ligt even verderop aan
de rand van het dorp en biedt plaats aan
zes tenten en vier caravans. In de tuin vindt
u een kampvuurplaats, een pergola, een
barbecue en een kinderhoek. De camping is
zeer geschikt voor gezinnen met kinderen.
De eigenaren serveren ontbijt en (koud)
avondeten (vegetarisch en macrobiotisch).
Maar u kunt er ook zelf eten koken.
Het prachtige, beboste landschap leent
zich voor allerhande uitstapjes, met
name voor fietstochten. In de directe
omgeving vindt u de kastelen Kozel en
Šťáhlavy en de burchten Radyne en Starý
Plzenec. In Plzen kunt u o.a. de kerk van
St.Bartholomeus (met een voor publiek
geopende toren), het brouwerijmuseum,

de brouwerij Plzenský Prazdroj, de Grote
Synagoge en historische onderaardse
gangen bezoeken.

👥 🍴 🏠 🚲 🚗 ⛵ ≋0,5 🚣15
🎣15 ⟋8 🛶15

🛏 1x, 🛏 2x, 2ppn € 10
🏠 1x, 🛏 4x, Prijs op aanvraag
⛺ T 6x, 🚐 4x, pppn € 5, ptpn € 2-3,
    pcpn € 3

Route

🚗 16 km ZO van Plzen. Over weg nr 20 naar Pisek
en Nepomuk. Na 8 km op kruispunt linksaf naar
Nezvestice (Pribram) en op volgende kruispunt
rechtsaf. Aan begin dorp scherpe bocht rechtsaf maken; na 100 m, zesde huis rechts van weg.
🚌 Per bus: dorp ligt aan lijn van Plzen naar Pribram.

OLDŘÍŠ

Rodinná farma Karilo
Karel Kurš
Oldříš 28, 36234 Oldříš, Karlovy Vary
T   353-61 86 11
F   353-61 86 11
M   728-54 23 44
E   karilo.oldris@quick.cz
🗣 cz, de

Reserveren zie boven of via ECEAT-Tsjechië:
tel/fax +420 541 23 50 80, info@eceat.cz,
www.e-countrysideholidays.com
Open: 1 jun-30 sep 🐟 🚲 H 760m [🏕]

Boerderij en omgeving

Temidden van heuvels en bossen ligt het
boerenbedrijf van Karel en Ilona Kurš. Het
bedrijf huist in een oud boerderijcomplex
en beschikt over 145 ha weidegrond. Op
ecologische wijze (het bedrijf beschikt over
BIO-certificaten) worden hier schapen, geiten, en paarden gehouden. Naast rijpaarden zijn er ook uitgediende paarden, die

door het echtpaar zijn gekocht om ze van
een aangename oude dag te verzekeren.
De camping ligt op een weiland niet ver
van de boerderij en dichtbij de bosrand.
Voor kinderen is er een speelplaats en een
kleine vijver. Vers brood voor ontbijt kan
worden besteld.
In de bossen in de omgeving vindt u
eetbare paddestoelen en bessen om te
plukken. De eigenaars helpen u met de
bereiding ervan. Zwemmen, bootje varen en surfen is mogelijk in Velký rybník.
De stad Karlovy Vary, een kuuroord van
internationale faam, en de burcht Loket,
die dienst deed als residentie van de
Boheemse koningen, zijn interessante
bezienswaardigheden. In juli is er een
filmfestival in Karlovy Vary.

🚲 ⛵ ≋6 ≋3 🚣15 🎣3 ⟋0,1
🛶6 🚴10 🚗 🏊5 🚂 7, 15 🚶

⛺ T 5x, 🚐 5x, pppn € 2, ptpn € 3-4,
    pcpn € 5

Route

🚗 9 km W van Ostrov. Van Ostrov naar Merklín
(221), dan richting Lípa en Jáchymov rijden. Na zo'n
2 km rechtsaf naar Oldříš. Eigenaar woont in eerste
huis van dorp aan linkerkant weg. Boerderij ligt aan
voet van heuvel als laatste huis aan rechterkant
weg.
🚌 Bus: lijn Karlovy Vary-Merklín. Trein: vanuit Karlovy Vary rijdt trein die ook bij Merklín stopt. Verder
te voet of bellen om te worden afgehaald.

PASEKY NAD JIZEROU

Zvonice
Luboš Waldmann
Paseky nad Jizerou 2, 51247 Paseky nad
Jizerou, Semily
T   481-52 32 89
M   728-22 99 56
E   lubos.waldmann@mujmejl.cz
W   www.waldmann.cz
🗣 cz, de

Reserveren zie boven of via ECEAT-Tsjechië:
tel/fax +420 541 23 50 80, info@eceat.cz,
www.e-countrysideholidays.com
Open: hele jaar ▲ 1 jun-30 sep 🐟 H
700m (RES) verplicht [✗] [🏕]

Boerderij en omgeving

De hoeve staat op een heuvel net boven het dorp. Er worden op ecologische wijze schapen gehouden. De eigenaar is tevens edelmid en rond het huis staan enkele door hem vervaardigde objecten.

Er zijn vier gastenkamers voorzien van een eigen douche en een eigen toilet voor in totaal 14 personen. Een compleet ingerichte keuken staat u ter beschikking. De camping voor zeven tenten en twee caravans ligt op een ruim grasveld. Buiten is een zithoek gemaakt. Er is in een ruimte voorzien, waar u met warm water kunt afwassen.

Het dorp Paseky ligt binnen de grenzen van het nationale park Krkonoše. De boerderij biedt een prachtig uitzicht op de bergketens, groene weiden en bossen van dat park. In de omgeving kunt u kennismaken met de lokale volksarchitectuur en folklore. 's Winters is deze accommodatie zeer geschikt voor skiliefhebbers.

🏠 4x, 🛏 12-14x, hpw € 145-290
⚠ T 7x, 🚐 2x, pppn € 3, ptpn € 3-5, pcpn € 5

Route
🚗 38 km O van Liberec. Van Liberec via Jablonec nad Nisou naar Tanvald, daar Príchovice aanhouden. In Príchovice vóór wegrestaurant Motorest rechtsaf. Verder over weg nr. 290 richting Vysoké nad Jizerou. Na 9 km linksaf naar Paseky nad Jizerou. Bij de eerste rotonde rechtdoor gaan en heuvelop langs skipiste naar centrum dorp rijden. Vanaf restaurant nog 100 m verder omhoog en u ziet links kaart van Krkonoše-gebergte. Aan uw rechterhand accommodatie.
🚌 Per bus: lijn van Rokytnice naar Príchovice nemen.

PELHRIMOV
Ekofarma Krištan a spol
Jana Krištanová
Miloticky 2, Miloticky, 39301 Pelhrimov, Pelhrimov
T 565-39 80 21
M 602-85 75 44
W www.probio.cz
💬 cz, de, uk

Reserveren zie boven of via ECEAT-Tsjechië: tel/fax +420 541 23 50 80, info@eceat.cz, www.e-countrysideholidays.com
Open: 1 mei-30 sep ⚓ H 620m

Boerderij en omgeving

Op deze biologische boerderij worden schapen en wat pluimvee gehouden. Er wordt ook honing gemaakt. De hoeve heeft een omsloten binnenplaats en is omringd door grote bomen. Even verderop is een meertje waar gevist kan worden.

De camping biedt plaats aan drie tenten en drie caravans. Er zijn douches en een WC, elektriciteitsaansluitingen, een open haard met grill, een vuurplaats en een kinderspeelplaats.

Het omliggende landschap is zachtglooiend. In de directe omgeving liggen Telc met het renaissancekasteel (UNESCO-monument) en Pelhrimov. Pelhrimov is een plaatsje van ongeveer 15.000 inwoners en heeft - in het centrum - een heel gezellig marktplein, omgeven door historische huizen. Sommige gevels zijn prachtig beschilderd in zachte pasteltinten. Het is de toegangspoort tot het ZuidBoheemse merengebied en ligt nabij een westelijke uitloper van het bergmassief van Centraal Europa. Verder zijn Jihlava met een dierentuin, catacomben en een zwembad/waterparadijs, Trešt, met het kerststallenmuseum, en Žirovnice met een kasteel en een knopenmuseum een bezoek waard. U kunt ook nog een uitstapjes maken naar de uitkijktoren op

---

de heuvel Kremešník en naar de burcht Roštejn.

🏊 🚴 🛶 ⚓ 🌊4 ⚓15 🎣11 🔱15 🛶1 🎣4 🎯15

⚠ T 3x, 🚐 3x, pppn € 2, ptpn € 3-5, pcpn € 6

Route
🚗 11 km NW van Pelhrimov. Richting Cervená Recice rijden en na 6 km linksaf richting Horepník. Langs dorp Bácovice en in bos scherp linksaf slaan. In Miloticky na vijver linksaf naar boerderij.
🚌 Bus van Pelhrimov naar Miloticky.

PELHRIMOV
Miroslav Kovár
Chaloupky, Nový Rychnov 117, Chaloupky, 39301 Pelhrimov, Pelhrimov
I 565-39 53 35
M 606-52 13 10
E kovar.m@email.cz
💬 cz, de, uk

Reserveren zie boven of via ECEAT-Tsjechië: tel/fax +420 541 23 50 80, info@eceat.cz, www.e-countrysideholidays.com
Open: hele jaar ⚓ 1 jun-30 sep 🦃 🍽 H 700m (RES) verplicht 🎾 🐾

Boerderij en omgeving

Deze boerderij staat aan de rand van een bos en biedt een prachtig uitzicht over het omringende landschap. Bij het bedrijf hoort 30 ha landbouwgrond. Een gedeelte van het huis - met eigen voordeur - wordt verhuurd. U heeft er de beschikking over een keuken, een twee- en een driepersoonskamer, een TV, een badkamer, etc. Als u een hond mee wilt nemen, houd er dan rekening mee, dat grotere honden 's nachts in het hondenhok dienen te blijven. Dichtbij het huis is - aan de rand van het bos - een camping met plek voor vijf tenten en drie caravans. Er zijn twee volwaardige badkamers voor kampeerders bij het huis (WC, douche, wasbak). In de omgeving bevinden zich de heuveltop Kremešník met bedevaartskerk, uitkijktoren en skilift, het stadje Telc met een renaissancekasteel (UNESCO-monument), de stad Pelhrimov met een curiositeitenmuseum en de burcht Kámen.

🛏️ ⚓ 🛋️3 🚲12 🔍12 ✕10 🍴12
🏠8 ❄️2

🏚️ 1x, 🏕️ 5x, hpw € 190
⚓ T 5x, 🚐 3x, pppn € 2, ptpn € 2-3, pcpn € 4

Route
🅰️ 12 km O van Pelhrimov. Neem weg 602 naar Vyskytná, in dorp naar zuiden afslaan richting Nový Rychnov. Na 3 km bij houten bushalte rechtsaf slaan (ook al wijst er een bordje naar het gehucht Chaloupky naar links). Klein groepje huizen voorbij rijden en door bos verdergaan tot aan boerderij.
🚌 Bus van Pelhrimov naar Chaloupky, trein naar Horní Cerekev, in beide gevallen kunt u afgehaald worden.

RADOVESNICE II
Miroslav Šašma
Radovesnice II 129,
28121 Radovesnice II, Kolín
T 321-78 92 95
F 321-78 91 30
M 723-98 76 96
E sasmova@seznam.cz
💬 cz, de, uk

Reserveren zie boven of via ECEAT-Tsjechië: tel/fax +420 541 23 50 80, info@eceat.cz, www.e-countrysideholidays.com
Open: hele jaar ⚓ 1 mei-30 sep 🚬 H 200m ⓡ 📷

Boerderij en omgeving
De eigenaar van dit boerderijtje verzamelt oude auto's en motorfietsen.
Er zijn drie tweepersoonskamers te huur met een gemeenschappelijke zitkamer. De camping met plaats voor vijf tenten en drie caravans bevindt zich in de boomgaard direct naast het huis. U kunt zelf koken. Er is een keukentje met eenvoudig fornuis, een koelkast en een wasmachine. Ontbijt en (koud) avondeten (vegetarisch) kunnen besteld worden. De eigenaren maken appelsap en op verzoek laten ze u de ambachtelijke kunst van het boekbinden zien.
In de omgeving ligt het prachtige stadje Kutná Hora, ooit een rijke belangrijke stad, in Bohemen in grootte alleen door Praag overtroffen. Het zilver, dat hier eeuwenlang werd gedolven, bracht veel welvaart. De inwoners vonden het hun plicht kostbare bouwwerken neer te zetten, die nog steeds het aanzien van de historische kern van de stad bepalen. Ook de stadjes Chlumec nad Cidlinou en Podebrady, de rotsmassieven van de Prachovské skály en de glasblazerijen in Podebrady zijn een bezoek waard. Praag ligt op 70 km afstand.

🛏️ 🍳 🧺 ⚓ 🚲 🛋️ ⚓ 🏊4 🛶8
🔍0,1 ✕0,5 🏠8 🛏️15

🛏️ 3x, 🏕️ 6x, 1ppn € 9
⚓ T 5x, 🚐 3x, 🛏️, pppn € 2, ptpn € 3-4, pcpn € 6

Route
🅰️ 9 km ZW van Chlumec nad Cidlinou. Volg Žiželice en Hradištko. Zodra u vanuit Žiželice in Radovesnice aankomt, aan begin van dorp rechtsaf slaan. Huis is dan eerste aan rechterkant van de weg.
🚌 Bus van Chlumec nad Cidlinou en Kolín naar Radovesnice II.

RASPENAVA
Penzion Selský Dvur
Jana Nemcová
Jablonová 687, 46361 Raspenava, Liberec
T 482-31 93 47
F 482-31 92 20
M 606-91 31 63
E selsky.dvur.rasp@quick.cz
W www.selskydvur.zde.cz
💬 cz, de

Reserveren zie boven of via ECEAT-Tsjechië: tel/fax +420 541 23 50 80, info@eceat.cz, www.e-countrysideholidays.com
Open: hele jaar 🚬 H 350m ⓡ verplicht 📷

Boerderij en omgeving
Dit agrarische bedrijfscomplex uit de eerste helft van de negentiende eeuw deed dienst tot de jaren zeventig van de vorige eeuw. Er zijn nu nog schapen, geiten en konijnen. Alle gebouwen worden of zijn gerenoveerd met gevoel voor detail, traditie en ecologie. De gastenverblijven bevinden zich in het hoofdgebouw van het complex. Er zijn drie tweepersoonskamers en drie driepersoonskamers op de eerste verdieping, elk met eigen sanitaire voorzieningen en er is een kleine woonkamer met tv. U kunt fietsen huren, paardrijden en meewerken op de boerderij.
In de omgeving vindt u landschapsreservaat Jizerské Hory met uitgestrekte bossen, interessante natuur en vele gemarkeerde toeristische paden en monumenten. Zwemmen kunt u in het openlucht zwembad van Raspenava, in het meer en in diverse andere waterreservoirs in de buurt. 's Winters kunt u hier heerlijk langlaufen, langs de vermaarde Jizerská magistrála bijvoorbeeld. Skiën is mogelijk in Bedrichov u Liberce. Sneeuw ligt er meestal vanaf begin november tot en met eind maart.

CZ

〔◎〕 🦆 🚣 🏛 🎿 🏊 🔍 🐟
❋22

🛏 6x, 🛶 15x, 1ppn € 13 B&B

Route

🚗 22 km N van Liberec. Volg Liberec - Frýdlant - Raspenava of Jablonné v Podještedí - Chrastava - Raspenava. In Raspenava richting Hejnice. Voor brug over rivier Smědá rechtsaf. Vervolgens groene, toeristische bordjes volgen. Bij elektriciteitsmast en wit huisje rechtsaf en na 100 m, aan eind van weggetje, staat het huis aan linkerkant.

🚌 Bus of trein van Liberec naar Raspenava.

'Z' Penzion
Stanislav Zounek
Benešov u Semil 28, Benešov u Semil,
51206 Semily, Semily
T 481-62 19 20
M 602-81 47 56
E zetpenzion@quick.cz
W web.quick.cz/zetpenzion
💬 cz, de, uk

Reserveren zie boven of via ECEAT-Tsjechië:
tel/fax +420 541 23 50 80, info@eceat.cz,
www.e-countrysideholidays.com
Open: hele jaar H 580m (RES) verplicht
[✗] 🐎

Pension en omgeving

Het pension bevindt zich in een stijlvol, onlangs geheel gerestaureerd huis, ongeveer 130 jaar oud en gedeeltelijk in de traditionele houtbouw uitgevoerd.

Er zijn twee-, drie- en vierpersoons gastenkamers, elk voorzien van badkamer en toilet. Voor gemeenschappelijk gebruik zijn er de gezellige, geheel met hout betimmerde zitkamer met televisie, video en tegelkachel en de eetkamer. Gasten kunnen gebruik maken van de tuin met vuurplaats, buitenzitje, terras met bar-becueplaats en een klein zwembad. Er is dichtbij een sportveld waar u kunt volleyballen en tennissen. In de buurt kunt u paardrijden en golf spelen.

Het pension ligt in het rustige dorpje Benešov 3 km buiten Semily op de grens tussen Ceský Ráj (Boheems Paradijs) en de Krkonoše (Reuzengebergte). Het landschap is er zeer gevarieerd. Naar het noorden toe, in het Reuzengebergte zijn er volop wintersportmogelijkheden (Harrachov, Rokytnice nad Jizerou, Vysoké nad Jizerou). Naar het zuiden toe Ceský ráj en de Prachovské skály, met groteske zandcomplexen en meertjes omzoomd met met grillige rotspilaren. De onderaardse grotten van Bozkovské zijn een bezoek waard, evenals de burchten Trosky en Kost.

🦆 〔◎〕 🚣 🏛 🏊6 🔍0,2 ✕1 🚣
❋3 🏊

🛏 5x, 🛶 13x, 1ppn € 9

Route

🚗 3 km van Semily. In Semily bij kerk linksaf, richting Benešov over smal straatje parallel aan B-weg, voorbij begraafplaats; verder richtingaanwijzers volgen tot aan pension.

🚌 Per trein naar Semily. Bus vanaf Semily, uitstappen halte Benešov.

Ludek Stránský
Lavice 12, Lavice, 59743 Sobotka, Jicín
M 606-65 66 13
E ludek.stransky@iol.cz
W http://home.tiscali.cz/cz138634
💬 cz, uk

Reserveren zie boven of via ECEAT-Tsjechië:
tel/fax +420 541 23 50 80, info@eceat.cz,
www.e-countrysideholidays.com
Open: 1 jun-30 sep 🦆 H 300m (R) [🐎]

Camping en omgeving

Een vader en zoon bewonen dit kleine traditionele boerderijtje met 15 ha grond. De half uit hout opgetrokken hoeve is onlangs stijlvol gerestaureerd.

In de tuin achter het huis ligt de camping, waarop plaats is voor vier tenten en drie caravans; in een klein gebouwtje vindt u de sanitaire voorzieningen, inclusief sauna. Voor de kinderen is er een zwembadje. De zoon des huizes spreekt Engels.

Het landschap van de Ceský Ráj is schilderachtig. Het is een gebied, waar u veel grote en rijke kastelen kunt bezoeken. De grillige rotsformaties op het oorspronkelijke zandsteenplateau zijn opgedeeld door diep ingeslepen dalen. Op veel plaatsen zijn hele zandsteensteden ontstaan, zoals het rotsstadje Sedmihorky. U mag zeker de rotsformaties van de Prachovské Skály niet missen. De rechtopstaande rotsen en stenen, de kleine meertjes en dalletjes... u kunt er met gemak een hele dag ronddwalen. Voor alle soorten mensen is in Ceský Ráj wel iets te doen: wintersporten, vissen, paardrijden, fietsen en zwemmen in de natuurmeren.

🚣 ⑤ 🏊5 🏊3 🎣12 🏊

⛺ T 4x, 🚐 3x, pppn € 2, ptpn € 2-3, pcpn € 3

Route

🚗 25 km O van Mladá Boleslav. Van Mladá Boleslav richting Jicín. 3 km na stadje Sobotka rechtsaf slaan naar Lavice.

🚌 Per bus: lijn Jicín - Sobotka, bij halte Šalanda uitstappen. Per trein: bij halte Sobotka, aan lijn Nymburk - Turnov, uitstappen en vanuit Sobotka per bus naar Lavice.

STACHY

Bauru Dvur
Hana Boušková

Nový Dvur 31, Nový Dvur, 38473 Stachy,
Prachatice

T 388-42 68 39
M 604-50 44 28
E bauru_dvur@seznam.cz
W www.stachy.cz/baurudvur
cz, uk

Reserveren zie boven of via ECEAT-Tsjechië:
tel/fax +420 541 23 50 80, info@eceat.cz,
www.e-countrysideholidays.com
Open: hele jaar H 780m RES verplicht

Boerderij en omgeving

Deze bioboerderij is gelegen in een ongerept deel van nationaal park Šumava.
Op 35 ha grasland worden hoofdzakelijk
Angusrunderen gehouden. Het woonhuis
is in typisch Zuidboheemse stijl en heeft
een fraai interieur. In alle seizoenen is het
een ideale uitvalsbasis voor een vakantie
met een gezin.
Er zijn kamers voor één, twee, drie, vier
en vijf personen en er is een appartement
beschikbaar dat plaats biedt aan vijf personen. Een deel van de kamers heeft eigen
sanitaire voorzieningen. De eigenaren
bereiden lekkere streekgerechten, die gemaakt zijn van biologische producten. Op
de gehele accommodatie mag niet gerookt
worden. Dichtbij de boerderij ligt een vijver
waar u 's winters kunt schaatsen.
In de omgeving vindt u de berg Popelná
Hora (met prehistorische grafheuvel) en
de interessante stadjes Kvilda en Modrava. Modrava is een goed uitgangspunt
om - te voet of op de fiets - het ruigste
gedeelte van de Šumava te verkennen. Neem eens een kijkje bij de burcht
Kašperk en bij de rivier de Vydra. U kunt
ook gemakkelijk dagtrips maken naar
Beieren en Oostenrijk.

---

4 12 3
3 3 5

13x, 43x, 1ppn € 10

Route

12 km van Vimperk. Vanaf Vimperk via Zdíkov
naar Masákova Lhota en dan verder richting Nový
Dvur, vóór Nový Dvur rechtsaf slaan en bordjes volgen naar Bauru Dvur.
Bus van Vimperk naar Zdíkov.

STRÁŽ NAD NEŽÁRKOU

Penzion Pístina
Vladimír Šašek
Pístina 25, Pístina, 37802 Stráž nad
Nežárkou, Jindrichuv Hradec

T 384-38 90 01
F 384-38 90 01
E vladimir.sasek@pistina.net
W www.pistina.net
cz, de

Reserveren zie boven of via ECEAT-Tsjechië:
tel/fax +420 541 23 50 80, info@eceat.cz,
www.e-countrysideholidays.com
Open: hele jaar 1 mei-31 okt H
430m RES verplicht

Boerderij en omgeving

Deze grote boerenhoeve uit de zestiende
eeuw is omgebouwd tot pension. In totaal
zijn er zeven kamers met een eigen douche
en een eigen toilet en zeven kamers met
een gedeelde badkamer en toilet. Ontbijt
en avondeten worden op verzoek geserveerd in de stijlvolle, gewelfde eetkamer.
De camping bevindt zich dichtbij het huis
en heeft maximaal vijf staanplaatsen.
Op het terrein bevinden zich sanitaire
voorzieningen, maar een keukentje voor
campinggasten ontbreekt. Wel vindt u er
een vuurplaats, een speelplaats en plekken om te zwemmen in de nabijgelegen
meertjes.

Pístina is een klein dorpje met 80 inwoners, dat in het CHKO Trebonsko (een
UNESCO-biosfeerreservaat) ligt. U kunt
hier genieten van het zeer karakteristieke landschap met zijn vele meren en
dennenbossen. Iets verderop stromen de
rivieren Nežárka en Lužnice. In de bossen
kunt u paddestoelen plukken, wandelen
en fietsen rond de Zuidboheemse meren. Maak ook eens een uitstapje naar
kasteel en kuuroord Trebon, kasteel
Jemcina, en de stadjes Cervená Lhota,
Hluboká nad Vltavou, Jindichuv Hradec
en Kratochvíle.

0,5 12
17 12 0,5 12 12 12
8 12

14x, 28x, 1ppn € 10-11
T 3x, 2x, pppn € 2, ptpn € 2-3,
pcpn € 5

Route

12 km NO van Trebon. Neem de E551 richting
Stráz nad Nezárkou. Na ca 5 km rechtsaf tot naar
Stribrec, vervolgens Pístina aanhouden. Pension ligt
midden in dorp, aan linkerkant van de weg, tegenover plantsoentje op dorpsplein.
Trein naar Trebon (12 km), daar bus naar Pístina,
de halte ligt 100 m van de boerderij.

STRMILOV

Mgr. Dana Šteflová
Zahrádky 1, Zahrádky, 37853 Strmilov,
Jindrichuv Hradec

T 384-49 02 29
M 723-83 07 81
E jad.steflovi@tiscali.cz
cz, de, uk

Reserveren zie boven of via ECEAT-Tsjechië:
tel/fax +420 541 23 50 80, info@eceat.cz,
www.e-countrysideholidays.com
Open: hele jaar H 610m RES verplicht

Boerderij en omgeving

Zahrádky - op 20 km van Telc - is een mooi dorp met ca 300 inwoners, gelegen op de grens van de zuidelijke Bohemen en de Tsjechisch-Moravische hoogvlakte. De familie Štefl heeft een boerderij met 40 ha land: voornamelijk weilanden voor vleesrunderen. Mevrouw Štefl is lerares talen aan de basisschool van het dorp Studené. Ze houdt ervan in de tuin te werken. Er zijn drie appartementen, elk met eigen keuken en sanitaire voorzieningen voor in totaal elf personen. Er zijn twee extra bedden beschikbaar.

In de buurt zijn veel voor toeristen interessante bezienswaardigheden, zoals een landgoed met een parelmuseum in Žirovnice, een landgoed en een museum in Jindrichuv Hradec, het toverachtige waterkasteel Cervena Lhota en het kuuroord Trebon met zijn prachtige renaissance- en barokhuizen. Houdt u van watersporten, dan moet u zeker een bezoek brengen aan aantrekkelijke meertjes zoals Komorník, Hejtman en Krvavý, die zich even ten zuidwesten van Strmilov bevinden.

🏊 🛶 🚴 ♨ ⊚9 🎣1 ⋊1 ⌖15
❄8 🏔

🏠 3x, 🛏 11-13x, hpw € 126-314

Route

🅿 11 km NO van Strmilov. Van Strmilov richting Palupín. Na Palupín linksaf slaan, via Horní Dvorce naar Zahrádky; na cultureel centrum aan linkerkant linksaf op kruispunt en op volgende kruispunt nog een keer links. Voorbij meertje rijden; deze weg voert naar accommodatie.
🚌 Er rijdt een bus van Strmilov naar Zahrádky.

SUŠICE

SUŠICE

Ecoagrofarma Vojetice
Jitka Rudová
Vojetice 9, Vojetice, 34201 Sušice, Klatovy
T 376-58 81 96
M 728-07 70 04
E rudova@c-box.cz
💬 cz, de

Reserveren zie boven of via ECEAT-Tsjechië: tel/fax +420 541 23 50 80, info@eceat.cz, www.e-countrysideholidays.com
Open: 1 jun-30 sep 🍴 H 500m ®

Camping en omgeving

Rechts van deze middelgrote veeboerderij, waar gewerkt wordt volgens de principes van de biologische landbouw, ligt een kampeerterrein, op een rustige plek met uitzicht over heuvels en bossen.

Het terrein biedt plaats aan maximaal tien tenten en tien caravans. Er zijn aparte toiletten, wasruimtes (met warm water), een vuurplaats, een droogplaats voor de was, een keuken en een terras. Kinderen kunnen zich vermaken op het speelplaatsje met schommels en een zandbak. Er kan ook gebowld worden. Op de accommodatie zijn melk, eieren, honing en stroop verkrijgbaar.

Vlakbij de camping loopt een beek. De omgeving leent zich uitstekend voor wandelen en fietsen. In de directe omgeving vindt u tal van kastelen en andere bouwwerken (bijvoorbeeld in Velhratice, Kašperk, Rabí , Klenová , Svojšce en Kasovice). Het nationaal park Šumava, een groot beschermd gebied met glooiende berghellingen, dennenwouden en talloze bergmeertjes, ligt op maar 15 km afstand.

🏕 ⛏ ⊚8 🏊0,5 🎣0,2 ⋊8 🐟1
⌖1

🏕 T 10x, 🚐10x, pppn € 2, ptpn € 3-4, pcpn € 5

Route

🅿 8 km ZW van Sušice. Vanuit Sušice naar zuidwesten rijden over weg nr 171. Ruim 500 m na Petrovice u Sušice linksaf naar Vojetice. In Vojetice over brug en direct linksaf slaan, naar boven, richting camping.
🚌 Trein of bus naar Sušice, dan nog 10 km met lokale bus die door Petrovice u Sušice komt.

SUŠICE

Ing. Pavel Mourek
Busil u Hartmanic 22, Busil u Hartmanic, 34201 Sušice, Klatovy
T 376-59 30 32
M 602-33 16 19
W www.busil.cz
💬 cz, uk, ru

Reserveren zie boven of via ECEAT-Tsjechië: tel/fax +420 541 23 50 80, info@eceat.cz, www.e-countrysideholidays.com
Open: hele jaar🏔 1 mei-31 okt 🍴 🍴 H 814m ® 🚫 🐴

Boerderij en omgeving

Middeleeuwse boerderij midden in de diepe bossen van het Boheemse Woud (in het Tsjechisch Šumava). In de 14de eeuw hadden de toenmalige bewoners tot taak vee te houden en de weg die vanuit Beieren door het woud liep te bewaken. De lokale adel had geen zeggenschap over de bewoners, die waren alleen de koning gehoorzaamheid schuldig. Busil is een van de twee koninklijke boerderijen die tegenwoordig monument zijn. Het beheerdersechtpaar houdt op ca 100 ha land vee en paarden.

Er zijn voor gasten twee tweepersoonskamers met een extra bed en een driepersoonskamer. Elke kamer beschikt over een eigen douche, er is een gemeenschappelijk

toilet. De camping voor vijf tenten en vijf caravans is de enige camping in het Nationale
Park Šumava. De staanplaatsen bevinden
zich op weilandjes aan weerszijden van het
huis. In overleg kan er eten besteld worden,
avondeten nuttigt men in het huis.

De accommodatie ligt in een dal omringd
door 1000 m hoge bergen en is is zeer geschikt voor liefhebbers van de ongerepte
natuur die in de vakantie de bewoonde
wereld niet per se nodig hebben. Er zijn
tal van kastelen in de omgeving. Breng
vooral ook een bezoek aan de historische
steden Domažlice en Strakonice.

&& 🏕️ 🍴 🚲 ♨️ 🏊9 🚣6 🎣8 ⚓10
🛶17 🏔️8 🎿15

🛏️ 3x, 🚪 7-9x, 1ppn € 10, 2ppn € 18

🏕️ T 5x, 🚐 5x, ♨️, pppn € 2, ptpn € 3-
4, pcpn € 5

Route

🚗 15 km O van Železná Ruda. Ongeveer 5 km over
E 53 rijden richting Klatovy en dan rechtsaf naar
Hartmanice (190). Ca 2 km na Nová Hurka linksaf
richting Hlavnovice. Na nogmaals ongeveer 2 km
een geasfalteerd bosweggetje in (er bevinden zich
hier toeristische wegwijzers). Busil staat op de
meeste kaarten niet aangegeven, maar op kaarten
met schaal 1:50000 vaak wel. U moet zeer smal, geasfalteerd weggetje zo'n 1,5 km te volgen totdat u
houten huis aan linkerkant ziet staan.

🚌 Per trein van Železná Ruda naar Sušice en dan
per bus verder naar Hartmanice.

SVATÝ JÁN U SEDLCAN

Kuncluv mlýn
Vladimír Kuncl
Brzina 7, Brzina, 26256 Svatý Ján u
Sedlcan, Príbram
T   318-86 20 10
F   318-86 24 80
M   605-95 34 95
E   kuncluvmlyn@volny.cz
W   www.kuncluvmlyn.cz
🗨️ cz, de, uk, ru

Reserveren zie boven of via ECEAT-Tsjechië:
tel/fax +420 541 23 50 80, info@eceat.cz,
www.e-countrysideholidays.com
Open: hele jaar 🍴 H 350m (RES) verplicht
🖼️

Boerderij en omgeving

Dit verblijf is gevestigd in een voormalige,
geheel zelfstandig gelegen, watermolen
aan de beek Brzina. De molen staat op het
land van een natuurvriendelijk boerenbedrijf. De 25 ha landerijen bestaan voornamelijk uit grasland waar, van het vroege
voorjaar tot laat in het najaar, paarden en
een kudde Hereford runderen grazen. Er
zijn ook Kameroenschapen en een aantal
kleinere dieren. De molen heeft een functioneel waterrad. Er ligt een vijver waar
gezwommen en gevist mag worden.

In de molen bevinden zich twee zelfstandige appartementen met een gezamenlijke opgang. Een ligt op de begane grond
en telt twee tweepersoonskamers (met
één extra bed). Het tweede appartement
bevindt zich op de eerste verdieping,
eveneens met twee tweepersoonskamers
en één extra bed. Beide appartementen
hebben eigen sanitaire voorzieningen. In
de tuin rond de molen bevindt zich een
zithoek.

De omgeving is bosrijk en zeer geschikt
voor fiets- en wandeltoerisme. Op de
accommodatie kunnen sportattributen
geleend worden. 's Winters wordt er veel
gelanglauft en geschaatst.

🏔️ 🚲 🎣5 ⚓ 🏊14 🛥️14 🚣14 🎿

🏠 2x, 🚪 8-10x, hpw € 185-260

Route

🚗 68 km Z van Praag. Vanuit Praag richting Strakonice, na Dobriš afslaan naar Kamýk nad Vltavou.
Vanuit Kamýk nad Vltavou richting Krásná Hora,
2 km na Kamýk tweede afslag naar links, richting
Sedlcany, na nog eens 2 km weer naar links, onverhard weggetje in; hier staat "Kuncluv mlýn" reeds
aangegeven.

🚌 Van Sedlcany rijden er bussen langs halte
Brzina.

TELC

Javorice pension & camp
Ing. Petr Novák
Lhotka 10, Lhotka, 58856 Telc, Jihlava
T   567-31 71 11
F   567-31 75 16
M   776-15 85 81
E   camp@javorice.cz
W   www.javorice.cz
🗨️ cz, de

Reserveren zie boven of via ECEAT-Tsjechië:
tel/fax +420 541 23 50 80, info@eceat.cz,
www.e-countrysideholidays.com
Open: hele jaar 🏕️ 15 mei-15 okt 🍴 H
600m (RES) verplicht 🖼️ 🐕

Boerderij en omgeving

Deze grote boerderij staat aan de rand
van het gehucht Lhotka. De eigenaren
beheren ca 10 ha bos en 20 ha weiland
met drie vijvers. Er worden schapen gehouden en men kweekt er groente en
fruit. Voor de gasten zijn er twee tweepersoonskamers met eigen badkamer en
wc, drie driepersoonskamers met eigen
badkamer en wc, een tweepersoons
kamer met extra bed en een éénpersoonskamer met extra bed. De laatste
twee kamers delen badkamer en wc. De
camping in de tuin achter het huis heeft
20 staanplaatsen, elektriciteitsaansluiting voor vijf caravans, een vuurplaats,
sanitair en een keukentje. De eigenaren
verkopen honing en schapenhuiden.
Aanpassingen voor rolstoelgebruikers
zijn er alleen op de camping.

De omgeving is bosrijk en er zijn veel
meertjes. Vlakbij ligt de Javorice, de hoogste top van de Hooglanden. Verder kunt u
uitstapjes maken naar Telc, waar u het re-
naissance-slot (een UNESCO-monument)
kunt bezoeken, naar de burcht Roštejn
en naar het natuurreservaat Štamberk a
kamenné more.

🐾 🐕 🚲 🌊 0,3 🎣3 ⟶3 🎿5 ❄3

🛏 7x, 📗 16-18x, 1ppn € 10, 2pppn € 21
⛺ T 15x, 🚐 5x, pppn € 2, ptpn € 2-3,
pcpn € 3

Route

🗺 7 km NW van Telc. Vanuit Telc richting Jindrichuv Hradec, in Mrákotín rechtsaf en na 50 m links aanhouden - richting Rásná. Na 2 km in Lhotka linksaf en na 150 m nogmaals linksaf en dan komt u precies bij het huis uit.

🚌 Bus: lijn Jihlava - Studená. Halte Lhotka.

TÝNEC NAD LABEM

Miloslava Anýžová
Vinarice 87, Vinarice, 28126 Týnec nad Labem, Kolín
T 321-78 11 57
F 321-71 66 98
M 605-78 31 51
E privattouristik@quick.cz
💬 cz, fr, uk

Reserveren zie boven of via ECEAT-Tsjechië: tel/fax +420 541 23 50 80, info@eceat.cz, www.e-countrysideholidays.com
Open: 1 jun-1 okt H 260m

Camping en omgeving

De camping bevindt zich aan de oever van de Elbe (Labe), aan de rand van een schilderachtig dorpje (gemeente Týnec nad Labem) zo'n 70 km ten oosten van Praag en 12 km van de stad Kolín.

Het terrein biedt plaats aan zes tot acht tenten en drie caravans; er zijn wc's en douches. U kunt ook overnachten in een van de twee houten vakantiehuisjes met beide vijf slaapplaatsen. Douches, wc en keukentje bevinden zich in het ernaast gelegen gebouw. Vanaf de camping heeft u een prachtig uitzicht over de Elbe en het omringende landschap. Op verzoek kan ontbijt geserveerd worden of kunnen

boodschappen gedaan worden. Gasten mogen gebruik maken van de sauna en van de vuurplaats.

De omgeving leent zich voor fiets-, wandel- en paardrijtochten. Er liggen prachtige bossen waar eetbare paddestoelen verzameld kunnen worden. In Týnec nad Labem (1 km) liggen tennisbanen, een sporthal en een natuurzwembad. Er kunnen verschillende uitstapjes gemaakt worden in de omgeving: bijvoorbeeld naar de steden Kutná Hora, Cáslav, Kolín, naar het kasteel Žleby, het wildpark in Žehušice (met witte herten) en naar de wereldberoemde paardenfokkerij in Kladruby. 's Winters kan er gelanglauft worden.

🐾 🐚 🚲 ✈ 🌊 15 ⛱1 🚤12 🎣1
⟶0,5 🎿12 🎿1 🚣

⛺ T 6-8x, 🚐 3x, 🏔, pppn € 2, ptpn € 3-4, pcpn € 6

Route

🗺 12 km van Kolín. Vanuit Kolín richting Pardubice rijden. In Týnec nad Labem voorbij brug rechtsaf, richting Kutná Hora. In Záborí linksaf naar Vinarice. Eerste huis aan de linkerkant van de weg.

🚌 Trein van Kolín richting Pardubice, uitstappen in Týnec nad Labem.

ZÁSMUKY

Pension Brebina
Ivana Vlasáková
Drahobudice 22, Drahobudice, 28144 Zásmuky, Kolín
T 321-79 63 19
E brebina@seznam.cz
W www.brebina.wz.cz
💬 cz, de, uk

Reserveren zie boven of via ECEAT-Tsjechië: tel/fax +420 541 23 50 80, info@eceat.cz, www.e-countrysideholidays.com
Open: hele jaar H 340m ⓇⒺⓈ verplicht
❌

Pension en omgeving

De accommodatie ligt in een rustige omgeving met frisse, schone lucht; geschikt voor vakanties, sportweekendjes of als uitvalsbasis voor culturele tripjes. Het pension is gesitueerd op een oud boerderijlandgoed dat is omgebouwd voor recreatiedoeleinden.

Er zijn vier kamers voor twee personen, met eigen sanitaire voorzieningen, een koelkast en een televisie. In de tuin is een kleine golfbaan aangelegd. U kunt ook het gigantische dambord proberen of petanque spelen op de speciale baan (u kunt ballen lenen). Croquet, tafeltennis, badminton, tennis en bowling beoefenen is eveneens mogelijk.

Vlakbij het pension vindt u een zwemgebied, dat wordt gevoed door een natuurlijke bron. Erg verfrissend op snikhete dagen! Praag ligt op maar 60 km afstand. Kutná Hora werd eens - na Praag weliswaar - de mooiste stad van Bohemen genoemd. De stad genoot in de Middeleeuwen bekendheid vanwege haar zilvermijnen, die zelfs tot onder de stad doorliepen. Een leuk plaatsje om eens doorheen te lopen. In Kolín, 50 km ten oosten van Praag, is de belangrijkste bezienswaardigheid de Bartholomeus-kathedraal uit de 13de eeuw. Zo'n 15 km buiten dit stadje ligt het mooie kasteel Kacina. In het kasteel is een museum, een theater en een bibliotheek gevestigd.

🍴 🚲 ⛱0,3 🚤15 🎣0,3

🛏 4x, 📗 8x, 2pkpn € 24 B&B

Route

🗺 60 km O van Praag. Op snelweg Praag - Brno afslaan naar Rícany. Over weg 2 richting Kutná Hora. In Zásmuky afslaan naar Drahobudice. Vanaf Kolín gaat u door Cervený Hrádek naar Drahobudice. In dorpje zelf gaat u naar dorpsplein en vanaf daar volgt u bordjes van Pension Brebina.

CZ

🚌 Bus van Praag naar Zásmuky. Trein van Kolín naar Drahobudice.

ZRUC NAD SÁZAVOU

Petrovický mlýn
Jirí Mirovský
Kasanice 11, Kasanice, 28522 Zruc nad Sázavou, Kutná Hora
T   327-32 32 73
M   608-66 42 98
E   jiri.mirovsky@volny.cz
💬 cz, de, uk

Reserveren zie boven of via ECEAT-Tsjechië: tel/fax +420 541 23 50 80, info@eceat.cz, www.e-countrysideholidays.com
Open: hele jaar▲ 1 jun-30 sep 🔥 H 383m (RES) verplicht ✕

Boerderij en omgeving

Deze accommodatie ligt midden in een bosrijk en heuvelachtig landschap met tal van beekjes en vennetjes, typisch voor het stroomgebied van de rivier de Sázava. Er zijn twee vijfpersoons appartementen te huur, met een keuken, gedeelde sanitaire voorzieningen, een gemeenschappelijke zitkamer en een zithoek buiten. Er is een spellenkamer met een dartsbord en een tafelvoetbalspel. Op de camping is plaats voor in totaal vijf tenten en drie caravans. Het terrein ligt in een weiland, dat gedeeltelijk door een bos en door een beek wordt begrensd. Er is een kampvuurplaats aanwezig.

De eigenaar van de accommodatie is een actief bergbeklimmer. Hij kan voor beginners en gevorderden in de omgeving bergwanden van uiteenlopende moeilijkheidsgraad aanbevelen. Op zes km afstand kunt u paardrijden. In deze regio kunt u onder meer de burcht Ceský Šternberk - één van de best bewaard gebleven oude kastelen in Bohemen - en een 30 m hoge uitkijktoren bezoeken.

🏊 🍽 🚣 🎣 🏕 🎿 🎯 〜10 🐟1 〜7 🎯6

🏠 3x, 🛏 14x, hpw € 121-241
🏕 T 5x, 🚐 3x, pppn € 2, ptpn € 3-4, pcpn € 5

Route

🚗 28 km ZW van Kutná Hora. Op E50 Praha/Brno afrit Psáre nemen en richting Kácov rijden. Door Kácov heen richting Polipsy en Cestín. Zo'n 3 km na Polipsy links afslaan naar Kasanice. Halverwege weg van Kasanice naar Petrovice II ligt accomodatie aan uw rechterhand.
🚌 Per bus: Kasanice ligt aan lijn Praha (Praag) - Zruc nad Sázavou.

BOHUŠOV

Robert Schaffartzik
Bohušov 100 , 79399 Bohušov, Bruntál
T   554-64 24 02
M 776-29 99 06
E   bohusovurad@tiscali.cz
🔊 cz, de, uk, ru, pl

Reserveren zie boven of via ECEAT-Tsjechië:
tel/fax +420 541 23 50 80, info@eceat.cz,
www.e-countrysideholidays.com
Open: hele jaar H 280
m (RES) verplicht [✗] 🐾

Accommodatie en omgeving

Deze twee zelfstandige appartementen staan in het dorp Bohušov in de streek Osoblažsko. U bevindt zich hier aan de voet van het Hrubý Jeseník-gebergte. Dit gebergte, waarin de rivier de Morava ontspringt, vormt de grens met Polen en zet zich naar het oosten voort in de Nízký Jesenik. In het westen raakt het aan het Reuzengebergte. Hrubý Jeseník wordt ook wel de natuurlijke parel van Silezië genoemd.

U kunt hier twee appartementen huren. Het ene bestaat uit een drie- en een tweepersoonskamer, het andere beschikt over een vier- en een driepersoonskamer. U heeft er een eigen badkamer ter beschikking, een gedeelde keuken en een zitkamer. Een volledig functioneel smalspoorlijntje, dat door het dorp loopt, zorgt voor makkelijk openbaar vervoer.

In de omgeving bevinden zich kasteel Fulštejn, de steden Krnov, Bruntál, en Karlova Studánka en de skiplaatsen Praded, Cervenohorské Sedlo en het landschapsreservaat Jeseníky. De omgeving is heel geschikt voor het maken van fiets- en trektochten en vissen (visgerei te huur bij de eigenaar). U kunt zwemmen in een recreatiemeer bij kasteel Fulštejn.

🛶 🎣 🚣 🚲 ♨️ ⛷️ 🏊0,5 ⛷5
🚤0 🏕️0,5 ⛳0,5 🏊4

🏠 2x, 🛏 12x, 1ppw € 210-735

Route

🚗 30 km N van Krnov. Vanuit Krnov via Mesto Albrechtice naar Tremešná, voorbij spoorweg rechtsaf slaan richting Liptán, via Dolní Povelice bereikt u Bohušov.
🚌 Bus of trein van Krnov naar Bohušov.

BRUNTÁL

Tomáš Gronkowiec
Mezina 129, Mezina, 79201 Bruntál, Bruntál
M 776-04 70 62
E   gronky@email.cz
W http://ubytovani.webz.cz
🔊 cz, pl, uk, ru

Reserveren zie boven of via ECEAT-Tsjechië:
tel/fax +420 541 23 50 80, info@eceat.cz,
www.e-countrysideholidays.com
Open: hele jaar H 550m (RES) verplicht
[✗] [🛏]

Accommodatie en omgeving

Verblijf in een klein dorpje bij het Slezská Harta-stuwmeer met mooie uitzichten op het omringende landschap.

Naast één éénpersoons- en driepersoonskamer zijn er twee tweepersoonskamers beschikbaar. Er zijn vier extra bedden mogelijk. De twee badkamers worden gedeeld met de andere gasten. De gemeenschappelijke zitkamer heeft een tv.

Bezienswaardigheden in de omgeving zijn de Venusvulkaan (Venušina sopka), rotsgewelven, een renaissanceslot in Bruntál, natuurreservaat Uhlícský Vrch, een vulkaan uit het Quartiair en een 18de eeuwse Mariakerk. Ook niet al te ver weg zijn het stuwmeer Slezská Harta en het Jeseníky-gebergte, elk met tal van recreatiemogelijkheden.

🛏 ⛳ ♨️1 🏊3 🚣3 🎣4 ⛷1 🐟1

⚓1 🚣0 🏔15 ❄15

🏠 4x, 🛏 8x, hpw € 100-772

Route

🚗 4 km van Bruntál. Neem weg 452 van Bruntál naar Razová. In Mezina rechtsaf naar dorp, rechts kerk, voorbij kerk rechtsaf en meteen links, na 200 m aan kruispunt ligt accommodatie.
🚌 Bus van Bruntál naar Mezina.

BRUNTÁL

Penzion Mezina - Slezská Harta
Josefa Gronkowiecova
Mezina 28, Mezina, 79201 Bruntál, Bruntál
M 776-04 70 62
E   gronky@email.cz
W http://ubytovani.webz.cz/
🔊 cz, pl, uk, ru

Reserveren zie boven of via ECEAT-Tsjechië:
tel/fax +420 541 23 50 80, info@eceat.cz,
www.e-countrysideholidays.com
Open: hele jaar H 550m (RES) verplicht
[✗] [🛏]

CZ

Accommodatie en omgeving

Een pension in een dorpje bij het Slezská Harta stuwmeer.

Er zijn drie driepersoonskamers, een tweepersoonskamer en twee eenpersoonskamers, drie badkamers, een keuken en een eetkamer met TV. U kunt kiezen voor een korter of langer verblijf. Er zijn drie extra bedden beschikbaar en groepen van vier of acht personen kunnen geheel zelfstandig een deel van de accommodatie huren. U heeft vanaf het dorp prachtige uitzichten op het omringende landschap. Er zijn in deze streek rotsgewelven en vulkanische resten te bezichtigen, verder een renaissanceslot in Bruntál en een achttiende-eeuwse Mariakerk. In en op het nabijgelegen stuwmeer kunt u watersporten en in het Jeseniky-gebergte zijn er volop wandelroutes.

⚒ ⌇ ◈1 ≋3 ⌁3 ⚲4 ⌁1 ▲1
▲1 ⚙0 ⫘15 ❄15

🛏 6x, ⚏ 13x, 1ppn € 6, 2ppn € 12

Route

🗺 4 km van Bruntál. Vanaf Bruntál weg 452 naar Razová. In Mezina rechtsaf slaan, omhoog naar dorp rijden, voorbij kerk aan rechterkant rechtsaf slaan en meteen links, na 200 m komt u bij kruispunt, accommodatie ligt aan overkant van straat.

🚌 Bus van Bruntál naar Mezina.

BRUNTÁL

Milan Janecek
Mezina 119, Mezina, 79201 Bruntál,
Bruntál
T   554-71 44 28
M 608-87 93 01
E   martin_janecek@email.cz
☎ cz, de

Reserveren zie boven of via ECEAT-Tsjechië: tel/fax +420 541 23 50 80, info@eceat.cz, www.e-countrysideholidays.com
Open: hele jaar H 550m ⓇⒺⓈ verplicht
❌ 🐾

Vakantiehuis en omgeving

Een onlangs gerenoveerd vakantiehuis gelegen in de heuvels aan de voet van het Jeseníky-gebergte op slechts twee km van het Slezská Harta stuwmeer. Het interieur van het huis ademt de sfeer van de periode 1900-1920 met foto's van de omgeving die laten zien hoe het er toen uitgezien heeft.

Voor de gasten zijn er drie comfortable tweepersoonskamers en twee drieper-soonskamers, de badkamers worden gedeeld. Het huis ligt bij een bos en biedt u een prachtig uitzicht op de wouden en het lichtelijk golvende landschap. Buiten is een zitje en er is voor de gasten een kleine barruimte met TV.

In de omgeving vindt u de Slezská Harta stuwdam en stuwmeer, kasteel Bruntál en het Jeseníky-gebergte. Volop moge-lijkheden voor wandelen, klimmen en watersport.

🚲 ⚒ ◈2 ≋4 ⌁4 ⚲4 ⌁2 ▲2
▲2 ≋15 ⫘1 ❄15

🏠 5x, ⚏ 12x, hpw € 368

Route

🗺 4 km van Bruntál. Vanuit Bruntál richting Rázová en Slezská Harta dam. Na ca 3 km in Mezina op eerste kruispunt rechtsaf heuvelop naar kerk rijden, daar rechtsaf brug oversteken en na 200 m arriveert u bij huis.

🚌 Bus van Bruntál naar Mezina.

BUKOVEC

Apartmán U Turka
Ivana Stonawská
Bukovec 218, 73985 Bukovec,
Frýdek-Místek
T   558-36 10 12
M 737-85 36 59
E   uturka@seznam.cz
W www.uturka.wz.cz
☎ cz, pl, ru, de

Reserveren zie boven of via ECEAT-Tsjechië: tel/fax +420 541 23 50 80, info@eceat.cz, www.e-countrysideholidays.com
Open: hele jaar H 400m ⓇⒺⓈ verplicht

Vakantiewoning en omgeving

Verblijf in een eigen appartement in een klein dorp dichtbij de grens met Polen en met Slowakije.

Er zijn twee vierpersoonskamers en de badkamers worden gedeeld. Voor de gasten is er verder een volledig uitgeruste keuken, een zitkamer met tv en video en een grote tuin.

In Bukovec is een natuurreservaat in het stroomgebied van de Olecký rivier. Ook een bezoek waard zijn de traditionele vak-werkhuizen (zogenaamde kurloky) uit de negentiende eeuw en de Duivelsmolens (Certovy mlýny), een groep bergtorens. In het nabijgelegen Gírov kunt u sport-klimmen. Er is een erfgoedcomplex in Dolní Lomná, een houten kerk in Hrcava - Trojmezí en Jablunkov staat bekend om het fraaie historische plein en het nonnen-klooster (klášter Alžbetinek).

🚲 ⌇ ◈0,1 ⚒0,2 ⌁15 ⚲2 ⌁5
⫘3 ❄3 ⛰

🏠 2x, ⚏ 8x, Prijs op aanvraag

Route

🗺 29 km ZO van Ceský Tešín. Neem weg nr. 11 / E75 van Ceský Tešín naar Jablunkov, in Jablunkov linksaf, via Písek bereikt u Bukovec.

🚌 Bus vanaf treinstation in Jablunkov rechtstreeks naar Bukovec.

CHOTEBOR

Jitkovský mlýn
Ing. Jan Hladík
Jitkov 32, Jitkov, 58301 Chotebor,
Havlíckuv Brod
M 777-88 08 70
E   j_mlyn@email.cz
W www.jitkovmlyn.cz
☎ cz, de

Reserveren zie boven of via ECEAT-Tsjechië: tel/fax +420 541 23 50 80, info@eceat.cz, www.e-countrysideholidays.com
Open: hele jaar ⚓ H 500m ⓇⒺⓈ verplicht
❌ 🐾

Pension en omgeving

Deze voormalige watermolen is gelegen op een afgelegen plek in het heuvelland-schap Žďárské Vrchy.

Verblijf is op basis van logies en ontbijt of op basis van halfpension. Er zijn vier tweepersoonskamers (eventueel met een extra bed) en één vierpersoonskamer. Alle kamers zijn voorzien van een eigen badka-mer en een eigen wc. U deelt met de an-dere gasten een zitkamer en een keuken. Bij de molen is er van alles te doen. U kunt vissen, zwemmen of bootje varen in de vij-ver, gebruik maken van de tennisbaan of lekker rustig genieten van het kampvuur en de barbecue.

In de omgeving bevinden zich twee burchtruïnes (Ronovec en Sokolovec), het meer Velké Dárko, in Krucemburk een mu-seumzaal gewijd aan de schilder Jan Zr-zavý en verder de historische stadjes Ha-vlíckuv Brod, Pribyslav en Chotebor. Mooie fietsroutes vindt u o.a in het beschermde natuurgebied Žďárské Vrchy. U kunt er de resten van het oorspronkelijke gemengde beukenbos zien en verder vooral veel fijn-sparren en lariksen afgewisseld met veen-tjes vol orchideeën.

🛶 🏊 🚴 🏡 🎣 ⛵ 🔍 🐟

🛏 5x, ⛵ 12x, 1pkpn € 135, 2pkpn € 270

Route
🚗 16 km NO van Havlíckuv Brod. Over weg 34 rich-ting Žďírec nad Doubravou en Hlinsko rijden. Ca 3 km voorbij Ceska Bela rechtsaf richting Havlíckova Borova, Jitkov in, dorp uitrijden en na ongeveer 300 m eerste weg naar rechts en dan komt u bij pension.
🚌 Bus vanuit Havlíckuv Brod.

DEBLÍN
Ubytování "Ve dvore"
Marie Weiglová
Deblín 69, 66475 Deblín, Brno - venkov
T 549-43 02 30
F 549-43 02 30
M 602-78 64 02
E logistconsult@cbox.cz
💬 cz, de, uk

Reserveren zie boven of via ECEAT-Tsjechië:
tel/fax +420 541 23 50 80, info@eceat.cz,
www.e-countrysideholidays.com
Open: hele jaar H 510m (RES) verplicht

Pension en omgeving

Het huis - daterend uit de twaalfde eeuw - is gelegen in het oudste gedeelte van het dorp en staat plaatselijk bekend als Ve Dvore (Op het erf).

Er zijn drie gastenkamers (een vierper-soons- en twee tweepersoonskamers). Met extra bedden kunnen de kamers 13 gasten herbergen. Er zijn twee keukens waar u zelf kunt koken. U kunt gebruik maken van telefoon, fax en internet en er is een patio-terras met barbecue. Tennis-spullen en fietsen zijn op de accommoda-tie verkrijgbaar.

Het vriendelijke heuvellandschap is zeer geschikt om te wandelen, te fietsen (ook mountainbiken) en paard te rijden. Op korte afstand van het pension zijn uitstap-jes te maken naar verschillende beziens-waardigheden zoals de kastelen Pernstejn en Veveri, het Porta Coeli klooster en de grotten bij Macocha. De stad Brno - de tweede stad van Tsjechië en de grootste van Moravië - heeft heel wat te bieden. Het is een aangenaam drukke, bedrijvige stad met een autovrij centrum, winkels, mooie musea en galeries.

♨ 🚣 ✈ 🛕 🏊0,5 🎿6 🚠15
🔍0,1 ⤫0,5 🚲6 🎣2 ✳6 🚶

🛏 3x, ⛵ 13x, 2ppn € 13

Route
🚗 30 km van Brno. Autosnelweg D1 Praag-Brno. Afslag nr 162 - Velka Bites richting Tisnov. In Deblin aangekomen doorrijden tot kerk. Bordjes wijzen u accommodatie.
🚆 Treinstation Tisnov. Vanaf daar bus naar Deblin.

DOLNÍ BUCICE
Camp Stýblo
Vera Nekovárová
Dukelských hrdinu 265, Vrdy,
28571 Dolní Bucice, Kutná Hora
T 327-51 60 33
F 327-51 60 33
M 724-33 61 24
E nekorelax@post.cz
💬 cz, de, uk

Reserveren zie boven of via ECEAT-Tsjechië:
tel/fax +420 541 23 50 80, info@eceat.cz,
www.e-countrysideholidays.com
Open: 1 jun-1 sep H 400m

Camping en omgeving

Deze camping - achter in een tuin - biedt plaats aan zes tot acht tenten of caravans. Er zijn twee douches en een volledig uitge-ruste keuken met koelkast en magnetron. U heeft de beschikking over een vuur-plaats en een barbecueplaats.

Het dorp ligt in de heuvels van het be-schermde landschap CHKO Železné Hory. In de omgeving liggen bezienswaardige steden als Kutná Hora met haar historisch centrum: de kerk van St. Barbora en de kathedraal van de Maagd Maria te Sedlec, die op de werelderfgoedlijst van de UNES-CO is opgenomen. Voorts is een bezoek aan het museum in Cáslav en het kasteel in Žleby de moeite waard. In Žehušice (10 km) is een park met reeën en zwarte dam-herten. Het dorp heeft een zwembad, een tennisbaan, een speelplaats en een open-

CZ

luchtbioscoop; u vindt er een restaurant en winkels. Praag is 80 km hier vandaan; de stad Kolín - bekend om het festival van fanfaremuziek (in juni) - ligt op 25 km afstand.

🏄 🚴 Ⓢ ⏦0,5 🔍0,3 ⤫0,5

🅰 T 3x, 🚌 3x, pppn € 2, ptpn € 3-4, pcpn € 6

Route
🄸 6 km van Cáslav. Vanuit Cáslav richting Chrudim rijden. In Dolní Bucice, bij café U Francu eerste weg rechtsaf inslaan. Rij dan langs informatiebord en over spoorwegovergang steeds rechtdoor in richting van begraafplaats. Accommodatie bevindt zich aan eind van doodlopende weg.
🚍 Bus van Cáslav naar Vrdy.

FRÝDLANT NAD OSTRAVICÍ
Apartmán Jana
Ing. Jana Horáková
Malenovice 101, Malenovice,
73911 Frýdlant nad Ostravicí
T   596-74 37 53
M 602-83 36 96
E   apjana@quick.cz
W web.quick.cz/apjana
🗨 cz, de, uk, fr, ru

Reserveren zie boven of via ECEAT-Tsjechië: tel/fax +420 541 23 50 80, info@eceat.cz, www.e-countrysideholidays.com
Open: hele jaar 🏔 H 480m Ⓡⓔⓢ verplicht
⌧ 〰

Boerderij en omgeving
Op deze boerderij gelegen onder de Lysá Hora, de hoogste berg van het Beskydy-gebergte, worden groenten en fruit geteeld.

Op de begane grond bevinden zich een één- en tweepersoonskamer en een badkamer, op de verdieping een drieper-

soonskamer, een keuken en een zitkamer. Er is een grote tuin met vuurplaats en barbecueplaats. Als u wilt kunt u helpen op de boerderij of een bezoek brengen aan de naastgelegen schapenboerderij. Deze accommodatie biedt een was- en strijkservice en u kunt er ski's en fietsen huren. Voor gezinnen met kinderen is dit een heel geschikte bestemming.

In de directe omgeving liggen Rožnov pod Radhoštem met het Valašsko openlucht-museum, de historische stad Štramberk, Radhošt met het standbeeld van Rade-gast (heidense God), het automuseum in Tatra Koprivnice en het aquapark in Frenštát pod Radhoštem. 's Zomers kunt u in dit gebied fiets- en wandeltochten maken, paddestoelen plukken, paardrijden, zwemmen en tennissen. 's Winters is het een paradijs voor langlaufers en skiërs.

🏄 🚴 🚣 ⏦3 🎿10 🔍4 ⤫3 ⛷12 🏹3 ❄0,5

🏠 1x, 🛏 6x, hpw € 362

Route
🄸 16 km Z van Frýdek-Místek. Richting Frýdlant nad Ostravicí en via Nová Ves naar Malenovice, in Malenovice voorbij kasteel rechtsaf slaan, heuvelaf (rechts aanhouden) naar huis dat net voorbij brug ligt.
🚍 Bus vanuit Frýdlant nad Ostravicí naar Malenovice Borová, dan 1,5 km lopen.

HOLCOVICE
Zájezdní hostinec
Milan Adámek
Holcovice 5, 79371 Holcovice, Bruntál
M 604-12 42 55
E   milano.adamek@atlas.cz
W www.sweb.cz/holcovice.hostinec
🗨 cz, uk, pl

Reserveren zie boven of via ECEAT-Tsjechië: tel/fax +420 541 23 50 80, info@eceat.cz, www.e-countrysideholidays.com
Open: hele jaar H 600m Ⓡⓔⓢ verplicht
⌧

Boerderij en omgeving
Deze voormalige, stijlvol gerenoveerde herberg is een monumentaal gebouw met een typisch zadeldak, dat met lei-steen is bedekt. Binnen is er een grote ontvangstruimte met een uit horizontale balken opgebouwd plafond. De herberg dateert van eind zeventiende, begin acht-tiende eeuw en is als zodanig in gebruik geweest tot aan de Tweede Wereldoorlog. Er zijn voor de gasten drie vierpersoonska-mers, de badkamers en de keuken worden gedeeld. Er is een ruime gemeenschap-pelijke ruimte met een pingpongtafel en andere spellen. Voor ontbijt kan gezorgd worden.

De herberg ligt in een prachtig dorpje in het stroomgebied van de Zlatá Opavice. In het dorp staan een aantal goed bewaarde houten huizen. In de omgeving treft u de resten van de burchten Rabenštejn en Fürstenwalde aan. In Mesto Albrechtice bevindt zich een attractiepark met beel-den van prehistorische dieren en sprook-jesfiguren. Er is ook een minerale bron in het Komoradal, niet ver hiervandaan. U bevindt zich aan de voet van het Hrubý Jeseníkgebergte, waar verschillende wan-del- en fietsroutes uitgezet zijn. 's Winters kunt u in dit gebied skiën.

🏄 🚣 🎣 🏕6 🔍0,5 ⤫0,1 ⛷3 🏹5 ❄1 🚶

🛏 3x, 🛏 12x, 1ppn € 9

Route
🄸 22 km NW van Krnov. Van Krnov naar Mesto Albrechtice, daar linksaf slaan en via Hyncice en Hejnov arriveert u in Holcovice.
🚆 Trein naar Mesto Albrechtice. Daar vandaan bus naar Holcovice (8 km). U kunt op verzoek afgehaald worden.

HORNÍ HERMANICE

Ing. Miloš Knápek
Horní Hermanice 21,
56133 Horní Hermanice, Ústí nad Orlicí
T   465-39 12 97
M   605-10 71 44
E   aknapkova@centrum.cz
cz, uk

Reserveren zie boven of via ECEAT-Tsjechië:
tel/fax +420 541 23 50 80, info@eceat.cz,
www.e-countrysideholidays.com
Open: hele jaar ♥ H 650m (RES) verplicht
[✕] [⋔]

Boerderij en omgeving

Dit biologisch veeteeltbedrijf is gespecialiseerd in rundvee. Daarnaast verbouwt
de eigenaar er ook nog aardappelen en
boekweit.

Gasten verblijven in een traditioneel houten, meer dan 100 jaar oud huisje, dat met
veel zorg gerestaureerd is en dat midden
in het bergdorpje Horní Hermanice ligt.
Het heeft een driepersoonskamer, een
tweepersoonskamer (met extra bed), een
gezamenlijke badkamer, wc, een keukentje met koelkast en fornuis. Er is een grote
tuin met een vuurplaats. Op de boerderij
kunt u biologische producten kopen. In
het dorp vindt u restaurants, winkels en
een postkantoor.

De omringende bossen en bergen bieden
een prachtig decor voor lange wandel- en
fietstochten; er is een uitgebreid netwerk
van gemarkeerde routes. 's Winters kunt
u langlaufen en skiën. In de directe omgeving van deze accommodatie zijn de
bergketen Orlické Hory, de berg Králický
Sněžník, het klooster in Králíky, de voor-
oorlogse militaire verdedigingswerken
en de uitkijktoren op de berg Lázek een
bezoek waard.

🗠 🏔 🏮 🎿 ⛵11 ≋10 🎣5
🏊10 ✳8 🐾

🏠 1x, ⟋ 5x, hpw € 241

Route

🅰 81 km ZW van Hradec Králové. Neem weg 11 tot
Jablonné nad Orlicí. Nadat u stad uitgereden bent,
rechtsaf slaan naar Bystrec en weg blijven volgen
tot Horní Hermanice. Huis staat aan kruispunt met
weg nr. 43.

🚌 Bus van Jablonné nad Orlicí naar Horní Hermanice.

JABLUNKOV

Renáta Pavlinová
Dolní Lomná 39, Dolní Lomná,
73991 Jablunkov, Frýdek-Místek
M   720-52 54 41
E   pavlinova@trz.cz
cz, de, pl

Reserveren zie boven of via ECEAT-Tsjechië:
tel/fax +420 541 23 50 80, info@eceat.cz,
www.e-countrysideholidays.com
Open: hele jaar H 720m (RES) verplicht
[✕] 🐎

Accommodatie en omgeving

Deze accommodatie is gelegen in het pittoreske Tešíndal, dat deel uitmaakt van
het beschermde landschapsreservaat van
het Beskydy-gebergte.

In het zelfstandige appartement bevinden
zich twee kamers voor drie personen met
nog twee extra bedden in de keuken. Er is
een badkamer en één van de kamers heeft
televisie. De minimale groepsgrootte is
vier personen.

Het Beskydy-gebergte - gelegen in het
oostelijke gedeelte van Tsjechië, in Noord
Moravië - is een langgerekt gebergte, dat
van noord naar zuid loopt. De hoogste piek
is meer dan 1000 m boven de zeespiegel.
Het heuvelachtige landschap is bedekt
met beuken- en naaldbossen en weidegronden. Dit gebied is zeer aantrekkelijk
voor toerisme en recreatie: ideaal voor

---

heerlijke wandelingen of fietstochten. In
de winter is het erg in trek bij langlaufers.
U vindt er tal van natuurlijke rijkdommen
- zoals de ongerepte bossen van Mionší
- en een keur aan cultureel erfgoed, met
name volksarchitectuur. In de omgeving
kunt u een bezoek brengen aan Jablunkov
met het fraaie historische plein, een nonnenklooster (klášter Alžbetinek) of de uitkijktoren op de berg Kozubová.

🛶 Ⓢ ≋0,3 🎣5 ⚓4 ⌲5 🐾

🏠 1x, ⟋ 6x, 1ppw € 50

Route

🅰 31 km Z van Ceský Tešín. Richting Jablunkov over
weg 11/E75, rechtsaf slaan in Dolní Lomná, ongeveer
5 minuten doorrijden en Severka aanhouden.
🚌 Bus van Jablunkov naar Dolní Lomná.

JANOV

Farma Foltis
Libuše Foltisová
Janov 252, 79384 Janov, Bruntál
T   554-64 14 49
F   554-64 14 49
E   farma.foltis@seznam.cz
W   www.farma-foltis.cz
cz, de

Reserveren zie boven of via ECEAT-Tsjechië:
tel/fax +420 541 23 50 80, info@eceat.cz,
www.e-countrysideholidays.com
Open: hele jaar🔺 1 mei-30 sep ♥
H 465m (RES) verplicht [✕]

Boerderij en omgeving

Deze familieboerderij staat op een halve
kilometer afstand van het dorp en is gelegen aan de oever van de beek Stríbrný
Potok. Op dit bedrijfje, omgeven door
bergweiden en bossen, worden schapen
gehouden.
Er zijn twee driepersoonskamers op de

CZ

zolder met eigen sanitaire voorzieningen en verder nog een vierpersoonskamer, die ook eigen sanitaire voorzieningen heeft. De camping heeft acht staanplaatsen voor tenten of caravans en bevindt zich op een weilandje direct naast het huis. Er is plaats voor een kampvuur en u kunt gebruik maken van een sportveldje.

Janov is een dorp in het voorgebergte van de Jeseníky en ligt vlakbij de Poolse grens. U kunt er een regionaal historisch museum (ambachten en geschiedenis van het ontstaan van de regionale nederzettingen) bezoeken, een laatbarokke kerk en huizen in de regionale volksbouwstijl (huisnrs. 21 en 49). In de directe omgeving liggen het stadje Zlaté Hory, de berg Biskupská Kupa (890 m, waar bovenop zich een historische wachttoren bevindt met een uitkijkplatform) en monumenten die aan de goud- en edelmetaalwinning herinneren. Verder kunt u een ritje van 20 km maken met een smalspoortreintje, de venen van Rejvíz verkennen en een kijkje gaan nemen in de badplaatsen van het Jeseníky-gebergte.

CZ

&& && && &&13 &&15 &15 &2
&15 &25 &4

&& 3x, &10x, 1ppn € 9
&& T 5x, &3x, pppn € 3, ptpn € 3-4, pcpn € 5

Route
&& 15 km NW van Mesto Albrechtice. Vanuit Mesto Albrechtice naar Tremešná rijden, daar linksaf naar Jindrichov ve Slezsku. Terug op de hoofdweg (457) linksaf naar Janov. Op plein in centrum van Janov van doorgaande weg afslaan, langs winkel rijden en na ongeveer 50 m rechtsaf slaan tussen hekken door. Over grind- en asfaltweg doorrijden tot op binnenplaats van huis.
&& Bus of trein van Mesto Albrechtice rechtstreeks naar Janov.

KARLOVA STUDÁNKA
Penzion Strešík
Jirí StrešTík
Karlova Studánka 25, 79324 Karlova Studánka, Bruntál
T   554-77 20 44
M 605-26 31 32
E   strestik.jiri@seznam.cz
W http://www.mujweb.cz/www/milada/
&& cz, uk, pl, ru

Reserveren zie boven of via ECEAT-Tsjechië: tel/fax +420 541 23 50 80, info@eceat.cz, www.e-countrysideholidays.com
Open: hele jaar H 650m &RES& verplicht
&& &&

Vakantiewoning en omgeving
Deze twee zelfstandige appartementen in het kuuroord Karlova Studánka. De appartementen bevinden zich op de begane grond van een gezinswoning en hebben een eigen opgang. Het huis ligt dichtbij een bos en heeft een grote tuin. Er is een appartement voor twee en één voor drie personen. Ze hebben een eigen keuken, TV en badkamer.
Het kuuroord Karlova Studánka is bekend om de behandeling van personen met ademhalings- en bewegingsproblemen en aandoeningen van het zenuwstelsel.
In de directe omgeving van deze accommodatie vindt u de Praded (1492 m), de hoogste piek van het Jeseníky-gebergte. Dit gebergte maakt deel uit van de bergketens, die zich uitstrekken langs de grens met Duitsland en Polen. Er zijn tal van bergbeekjes, die rijk aan forellen zijn. Het is derhalve een geliefd gebied voor vissers. Wintersport is op diverse plaatsen mogelijk. Vlakbij de accommodatie vindt u een skilift. Ook aan wandelaars is gedacht. Voor hen zijn vele routes uitgezet , die onder andere leiden naar de Praded. De flanken van die berg zijn een

beschermd natuurgebied. Er leven veel moeflons en herten.

&& &&8 &1 &15 &&1 &2

&& 2x, & 7x, hpw € 109-217

Route
&& 25 km NW van Bruntál. Vanuit Bruntál naar Karlova Studánka, bij rand van dorp linksaf van hoofdweg afslaan bij bordje Strešík, pension ligt ca 200 m van weg.
&& Trein naar Bruntál en verder met bus. Of bus rechtstreeks vanuit Jesenik.

KARLOVA STUDÁNKA
Roman Reichl
Karlova Studánka 88, 79324 Karlova Studánka, Bruntál
T   554-79 84 08
M 603-22 16 15
E   reichlr@post.cz
W www.nasehory.cz/jeseniky/reichl
&& cz, de, uk

Reserveren zie boven of via ECEAT-Tsjechië: tel/fax +420 541 23 50 80, info@eceat.cz, www.e-countrysideholidays.com
Open: hele jaar H 940m &RES& verplicht
&& &&

Accommodatie en omgeving
Dit appartement staat in een gerenommeerd en fraai kuuroord, dat de sfeer van vroeger tijden goed heeft bewaard. Het gezonde bergklimaat en de aanwezigheid van het natuurlijke mineraalwater zorgen voor een aangenaam verpozen. Er zijn zelfstandige appartementen te huur voor drie, vier en vijf personen. Elk appartement heeft eigen faciliteiten en een keuken.
In Karlova Studánka treft u vroeg negentiende-eeuwse houten huizen aan, een origineel park met sculpturen en kunst-

matige watervallen en een jachtslot. De wouden rondom het stadje zijn zeer uitgestrekt en 's zomers kunt u er heerlijk wandelen en fietsen. Breng een bezoek aan de watervallen van de Bilá Opava-rivier. 's Winters gaat er een speciale skibus naar het hoger gelegen Ovcárna, waar zes skiliften zijn. Men zegt, dat Ovcárna de beste sneeuwcondities van Tsjechië heeft (het seizoen loopt van eind oktober tot begin mei). De Sleská Hartadam en het stuwmeer, waar het goed watersporten is, zijn 23 km hiervandaan. In de directe omgeving liggen de berg Praded, het renaissanceslot in Bruntál en het plaatsje Opava, waar u onder andere een Mariakerk, een minorietenklooster en het Silezisch museum, dat een beeld geeft van de geschiedenis van de stad en de streek, kunt bezoeken.

⌂ 4x, 🎹 15x, hpw € 181-278

Route
📍 25 km NW van Bruntál. Neem vanaf Bruntál weg naar Jeseník (450). Via Staré Mesto, Nová Véska en Stará Rudná bereikt u Karlova Studánka.
🚌 Bus van Bruntál naar Karlova Studánka.

KARLOVA STUDÁNKA
Penzion U Sedláru
Jirí Sedlár
Karlova Studánka 69, 79324 Karlova Studánka, Bruntál
T   554-75 14 44
M 604-74 28 99
E   zdenkan@cbox.cz
W www.cbox.cz/zdenkan
📞 cz, de, uk

Reserveren zie boven of via ECEAT-Tsjechië: tel/fax +420 541 23 50 80, info@eceat.cz, www.e-countrysideholidays.com
Open: hele jaar H 650m (RES) verplicht
⊠ 🐾

Vakantiewoning en omgeving
Deze comfortabele privé-appartementen staan in een aangenaam en gerenommeerd kuuroord met schone berglucht, minerale bronnen en rondom dichte bossen. De appartementen bieden plaats aan twee of vier personen en hebben elk een eigen badkamer en keuken. Karlova Studánka ademt een negentiende-eeuwse sfeer met veel typische houten huizen uit die tijd. U kunt er wandelen in het stadspark met kunstmatige watervallen en sculpturen of een bezoek brengen aan het jachtslot. Op 100 m van de accommodatie vindt u een skilift en op 150 m een tennisbaan. In dit kuuroord zijn tal van mogelijkheden voor kuren, massages, fitness en hydrotherapie. In de omgeving vindt u de berg Praded, qua hoogte de tweede berg van Tsjechië. Vanaf Karlova Studánka gaat er een speciale skibus naar het hoger gelegen Ovcárna met zes skiliften en de beste sneeuwcondities van Tsjechië (het seizoen loopt van eind oktober tot begin mei). De burcht van Bruntál is een bezoek zeker waard. In Belá pod Pradedem en Svetlá hora zijn bowlingbanen en er is een midgetgolfbaan in Karlovice. In Vrbno (Rybárské bašty) kunt u vissen. De omringende bergen nodigen uit tot wandelen. Klimmen behoort natuurlijk ook tot de mogelijkheden. In Vrbno kunt u paragliding beoefenen.

⚜ ≋8 🔍0,2 ⤫8 🚴4 ⚓8 〰0 ✳0,5

⌂ 10x, 🎹 24x, hpw € 126-188

Route
📍 25 km NW van Bruntál. Vanuit Bruntál richting Jeseník. U bereikt Karlova Studánka via Staré Mesto en Stará Rudná.
🚌 Trein naar Bruntál. Daar bus naar Karlova Studánka nemen.

KOZLOVICE
Ecohome
Ing. Jan Kopcák
Lhotka 77, Lhotka, 73947 Kozlovice, Frýdek-Místek
T   558-68 64 55
M 737-23 84 54
E   agropenzion@seznam.cz
W www.beskydy.cz/agropenzion
📞 cz, de, uk

Reserveren zie boven of via ECEAT-Tsjechië: tel/fax +420 541 23 50 80, info@eceat.cz, www.e-countrysideholidays.com
Open: hele jaar ⛏ H 420m (RES) verplicht
⊠ 🍴

Boerderij en omgeving
Op deze traditionele boerderij wordt wat pluimvee gehouden. Er is een appelboomgaard en een stukje beschermd bos. De eigenaar heeft een kleine smederij en als u belangstelling heeft kunt u de kunst van het smeden eens proberen.
Er zijn twee kamers te huur, één voor drie en een voor vier personen met eigen badkamer. Beneden is er een volledig uitgeruste keuken en een garage die worden gedeeld met de andere gasten. In het laatste weekend van augustus vindt er de "Socha's Folklore Celebrations" plaats.
In de omgeving vindt u Pustevny, de berg Radhošt met het standbeeld van Radegast, Lysá Hora: de hoogste berg van het Beskydy-gebergte, de burcht Hukvaldy, een aquapark in Frenštát pod Radhoštem, een automuseum in Tatra Koprivnice en in Rožnov pod Radhoštem het Valaško openluchtmuseum. In het dorp worden massage, yoga en aerobics aangeboden. U kunt er prima fietsen, wandelen en 's winters langlaufen; er zijn diverse skigebieden nabij.

CZ

🏊 🚴 🏄 ⛵ 🏹 ⚓ 6 🐟5
🚣7 🎣0,2 ⚲5 🎿6 ♨6 ⛷5 ❄10

🛏 2x, ⚡7x, 1ppn € 7

Route
🚗 16 km Z van Frýdek-Místek. Richting Frýdlant nad Ostravicí, vóór Frýdlant afslaan richting Metylovice en Lhotka; in Lhotka beneden bij herberg Pod Orechem rechtsaf, pension ligt 300 m verderop.

🚌 Bus van Frýdlant nad Ostravicí, Frenštát pod Radhoštem, Frýdek-Místek of Koprivnice naar Lhotka.

LICHNOV
Borek Raclavský
Lichnov 174, 79315 Lichnov, Bruntál
M 777-87 35 13
💬 cz, de, pl

Reserveren zie boven of via ECEAT-Tsjechië:
tel/fax +420 541 23 50 80, info@eceat.cz,
www.e-countrysideholidays.com
Open: hele jaar H 450m ⓇⒺⓈ verplicht
♿ 🐾

Vakantiehuis en omgeving
Een typische traditionele boerderij-achtige accommodatie in een mooi dorp gelegen in de Čížina-vallei.
Voor de gasten zijn er drie driepersoonskamers en een tweepersoonskamer, twee keukens en twee badkamers. In het dorp staat een kerk gewijd aan Sint Nicolaas.
In de omgeving vindt u in Milotice een complex van Tsjechoslowaakse bunkers uit 1939, verder de overblijfselen van een kasteel in Vartnov, twee uitkijktorens in Krnov, in Lichnov de resten van een achttiende eeuwse windmolen gebouwd naar Nederlands model en stuwmeren bij Pochen en Slezská Harta waar u prima kunt watersporten. In Bruntál kunt u een bezoek brengen aan een renaissanceslot en in Opava aan een barokke Mariakerk, een minorietenklooster en het Silezisch museum, waar u meer te weten kunt komen over de geschiedenis van deze streek.

🏊 🚴 🏄 ⛵5 🎿8 🚣10 🎣1 ⚲5
🛶 ♨ ⛵ ⛷5

🏠 4x, ⚡11x, 1ppw € 145-531

Route
🚗 19 km van Bruntál. Neem vanuit Bruntál weg naar Horní Benešov (nr. 11), daar linksaf naar Lichnov (nr. 459) in de richting van Krnov.

🚌 Bus van Bruntál naar Lichnov.

MALÁ MORÁVKA
Agroturistika
Ljuba Kielarová
Malá Morávka 238, Malá Morávka,
79336 Malá Morávka, Bruntál
T 554-27 32 41
M 732-22 95 43
E ljuba.agrotour@rymarov.cz
W www.kielarova.ecn.cz
💬 cz, de, uk

Reserveren zie boven of via ECEAT-Tsjechië:
tel/fax +420 541 23 50 80, info@eceat.cz,
www.e-countrysideholidays.com
Open: hele jaar 🍃 H 660m ⓇⒺⓈ verplicht
♿ ♿

Boerderij en omgeving
Een familieaccommodatie op een bio-boerderij met 5 ha grasland. De ligging is zeer rustig aan de rand van het Jeseníky landschapsreservaat.
Naast logies en self-catering is kamperen hier ook mogelijk. Op de boerderij mogen kinderen helpen bij het verzorgen van de verschillende dieren. U kunt er paardrijden en 's winters tochten maken met de slee. Er worden fietsen verhuurd. Het dorp heeft een multifunctioneel sportveld. U heeft de beschikking over een eigen sauna en grill.

Het dorp Malá Morávka heeft een beschermde status vanwege de aanwezigheid van tal van oude houten huisjes. Er worden het hele jaar door folkloristische en andere festivals gehouden waarbij Grootvader Praded, de patroonheilige van het Jeseniky-gebergte en tevens de naamgever van de hoogste piek, een belangrijke rol speelt. In de omgeving is van alles te doen. U kunt de diverse kastelen bezichtigen, een kijkje nemen in het kuuroord Karlova Studánka, een papiermuseum bezoeken, de minerale baden proberen, heerlijk zwemmen in de verscheidene natuurlijke meren of wandelen bij de berg Praded of in één van de vele prachtige natuurgebieden. Squash en bowling is mogelijk in Bruntál; in Rabštejn is een klimmuur. 's Winters kunt u in dit gebied heerlijk skiën en langlaufen.

🏊 📷 🏄 🍽 ⚓ ⛷ 🏊2 🎿15
🚣15 🎣1 ⚲15 🎿15 ⛵6 ❄8 🏊

🛏 4x, ⚡12x, 1ppn € 10
🏠 3x, ⚡18x, hpw € 241
⛺ T 4x, 🚐2x, pppn € 3, ptpn € 3-5, pcpn € 6

Route
🚗 15 km W van Bruntál. Neem weg 450 van Bruntál naar Karlova Studánka, in Stara Rudná afslaan naar Mala Moravka.

🚌 Bus vanuit Rýmarov, of rechtstreeks vanuit Olomouc richting Jeseník (busstation ligt 800 m van boerderij). In het weekend ook vanuit Bruntál.

MALÁ MORÁVKA
Penzion Country Stodola
Ing. Jirí Drozd
Karlov 11, Karlov , 79336 Malá Morávka,
Bruntál
M 602-76 10 16
E drozd.j@quick.cz
💬 cz, de, uk

Reserveren zie boven of via ECEAT-Tsjechië:
tel/fax +420 541 23 50 80, info@eceat.cz,
www.e-countrysideholidays.com
Open: hele jaar H 700m ⓇⒺⓈ verplicht
♿ 🐾

CZ

Pension en omgeving

Pension Country Stodola ligt in het skioord Karlov onder de bergtop Praded in een beschermd gedeelte van het Jeseníky-gebergte. Het pension is met zorg verbouwd waarbij vele oorspronkelijke houten details behouden gebleven zijn. Een deel van het pension bestaat uit een restaurant in country-stijl. Iedere zaterdag vinden hier muziekavonden plaats waar live country- en folkmuziek gespeeld wordt.

Op de begane grond bevinden zich twee gezellige appartementen (vierpersoons en tweepersoons). Op de eerste verdieping is nog een vierpersoons appartement met open haard. De totale capaciteit is tien bedden met nog twee bijzetbedden. Ieder appartement heeft eigen sanitaire voorzieningen. De gasten kunnen gebruik maken van de gezamenlijke zitkamer.

's Winters kan er in de omgeving volop geskied en gelanglauft worden. Het ongerepte landschap van het Jeseníky-gebergte trekt niet alleen wandelaars, maar ook fietsers. Op 6 km kan er paardgereden worden. De stad Olomouc (op 50 km, UNESCO-monument) is een bezoek waard, met daar vlakbij het pelgrimsoord Svatý Kopecek (De Heilige Heuvel) met een kerk en een dierentuin.

🦌 🎮 ⛷ ✈ 🚴 ⛳15 🎿15 🎣16 ✂15 🏹6 🎣10 ✳0 🐎

🛏 3x, 🛋 10x, 1ppn € 18, 2ppn € 36 B&B

Route

🚗 12 km van Rýmarov. Van Rýmarov of Bruntál naar Malá Morávka, dan linksaf naar Karlov. Pension ligt aan rechterkant, tussen pension Ema en hotel Pradud.

🚌 Van Rýmarov of Bruntál naar Malá Morávka of rechtstreeks naar Karlov.

MEDLOV U UNICOVA

Jindrich Smycka
Holubice 31, Holubice, 78382 Medlov u Unicova, Olomouc
T 585-03 13 34
💬 cz, de

Reserveren zie boven of via ECEAT-Tsjechië: tel/fax +420 541 23 50 80, info@eceat.cz, www.e-countrysideholidays.com
Open: 1 mei-30 sep 🦌 H 400m

Boerderij en omgeving

Deze boerenhoeve ligt op een heuvel. De familie bewerkt 150 ha grond en houdt - naast ca 100 stuks slachtvee - ook nog zeven paarden en wat kleinvee. Dit rustige plekje is geschikt voor kinderen.

De camping, die plaats biedt aan vier tenten en vier caravans, bevindt zich op het veldje net voor de boerderij, aan de overkant van een toeristische wandelpad en gedeeltelijk in de schaduw van bomen. U heeft vanaf deze plek een prachtig uitzicht over het landschap. Gasten moeten zelf koken; in de gemeenschappelijke zitkamer staat een magnetron. Er is een veldje met wat reeën en damherten.

In de directe omgeving bevinden zich een jachtmuseum, kasteel Úsov, de burcht Bouzov en de grotten van Javorícké Jeskyne en Mladecské Jeskyne. De omgeving is geschikt voor fiets- en wandeltochten.

⛸ 🚵 🏹 🎣8 🎿9 ✂8 🎣0,5

⛺ T 4x, 🚐 4x, pppn € 1, ptpn € 2-3, pcpn € 4

Route

🚗 30 km NW van Olomouc. Van Olomouc via Litovel naar Unicov. Neem daar de weg richting Úcov. Aan eind van Medlov rechtsaf langs voetbalveld richting Zadní Újezd. In Zadní Újezd (2 km) vanaf pleintje met rotonde bij Plynoservis (gasservice,

winkel) weggetje tussen de huizen inrijden. Dan nog ca 1 km rechtdoor heuvelop over bomenlaantje tot aan boerderij.

🚌 Bus: lijn Unicov - Úsov, in Medlov uitstappen en verder te voet. Per trein: uitstappen station Troubelice (lijn Olomouc - Šumperk), dan 2,5 km te voet over met groen aangegeven wandelpad, richting kasteel Úsov (Úsov zámek).

MOSTY U JABLUNKOVA

Ubytování U Sikoru
Milan Sikora
Mosty u Jablunkova 492, 73998 Mosty u Jablunkova, Frýdek-Místek
T 558-36 81 11
M 736-24 18 66
E vmostech@centrum.cz
W www.beskydy.unas.cz
💬 cz, de, uk, ru, pl

Reserveren zie boven of via ECEAT-Tsjechië: tel/fax +420 541 23 50 80, info@eceat.cz, www.e-countrysideholidays.com
Open: hele jaar H 520m (RES) verplicht
✖ 🐎

Vakantiewoning en omgeving

Dit compleet gerenoveerde pension - met prachtig interieur - biedt een verblijf voor familie of vriendengroep in een rustig gebied. Bij de accommodatie vindt u een grote boomgaard, een rotstuin en een buitenzitje.

Er zijn één twee- en twee vierpersoonskamer, twee gedeelde badkamers, een volledig ingerichte keuken, een woonkamer met TV en een open haard.

Dit gedeelte van het Beskydy-gebergte is bekend om het prachtige landschap en er zijn tal van toeristische bezienswaardigheden. Het dorp ligt aan de rand van drie beschermde natuurgebieden. Iets verwijderd van Mosty u Jablunkova ligt een gigantische, stervormige fortificatie

CZ

uit 1578 omgeven door grachten. Het oostwaarts gelegen Hrcava, op het drielandenpunt met Slowakije en Polen, heeft tal van oude woningen en een originele houten herberg. Bij Dolní Lomná ligt het ongerepte woud van Mionši. Daar vindt u tal van wandelroutes (er is ook een route begaanbaar voor personen in rolstoel). 's Winters biedt dit pension u een uitstekende omgeving om te skiën (ook 's avonds) en langlaufen. Dichtbij de accommodatie ligt een boerderij waar schapen, geiten, reeën, elanden en gehoornde schapen worden gehouden.

⚓ 🛏 ✦ 🌳6 🏊2 🎣10 🎯1
✕⊃10 ⚓1 ✳2

🏠 3x, ♪ 10x, hpw € 106-531

Route

🅼 45 km ZO van Frydek-Mistek. Via Bystrice naar Jablunkov. Vanuit Jablunkov zuidwaarts via 11/E75; in Mosty u Jablunkova langs restaurant U Taufru, na spoorwegwegviaduct pneuservis-borden volgen tot aan accommodatie.

PERNÁ

Pension Sirotek
Ing. Pavel Raszka
Perná 151, 69186 Perná, Breclav
T 544-21 58 14
M 602-55 15 42
E p.raszka@volny.cz
☎ cz, de, ru

Reserveren zie boven of via ECEAT-Tsjechië: tel/fax +420 541 23 50 80, info@eceat.cz, www.e-countrysideholidays.com
Open: hele jaar ⚓ H 300m (RES) verplicht
✕⊠ 🐎

Boerderij en omgeving

Dit vrijstaande huis staat midden in de wijngaarden aan de voet van de grillige

kalksteenheuvels Pavlovské Vrchy (een UNESCO biosfeerreservaat). In de boerderij zijn vele kenmerken en details van de traditionele plattelandsarchitectuur bewaard gebleven.

Er zijn twee zelfstandige appartementen. Het appartement op de begane grond heeft zijn oorspronkelijke inrichting behouden. U heeft de beschikking over een tweepersoonskamer, een keukentje en sanitair (twee extra bedden zijn mogelijk). Het appartement op de eerste verdieping is modern ingericht en heeft een tweepersoonskamer (twee extra bedden bedden zijn mogelijk), een keukentje en sanitair. Er is televisie met satellietantenne. Fietsen, sportattributen, een strijkbout en een föhn kunnen geleend en/of gehuurd worden. Bij het overdekt zitje buiten kunt u barbecuen. Er wordt huiswijn verkocht. In de omgeving kunt u wandelen en fietsen en in de nabijgelegen meren kan gezwommen worden. Paardrijden is mogelijk in Klentnice (2 km). In Dolní Vestonice bevindt zich een archeologisch museum waar men de Venus van Vustonice (meer dan 25 duizend jaar oud) kan bezichtigen. In Mikulov, Valtice en Lednice zijn prachtige kasteelcomplexen te bezoeken en net over de grens met Oostenrijk liggen de restanten van de burcht Falkenstein.

⚓ 🛏 🏊5 🎣5 ✕⊃3 🛶3 ⚓3 🎿

🏠 2x, ♪ 8x, hpw € 140-280

Route

🅼 47 km Z van Brno. Vanuit Brno richting Mikulov, na stuwmeer Nové Mlýny linksaf richting Dolní Vestonice en vervolgens direct rechtsaf richting Perná. In dorp plein oprijden. Accommodatie links aan het eind van plein, zo'n 150 m voorbij kerk.

🚌 Per bus: lijn Brno - Mikulov nemen en bij halte Perná / Dolní Dunajovice uitstappen.

POHORELICE

Jan Brhel
Nová Ves 84, Nová Ves,
69123 Pohorelice, Breclav
T 519-425019
☎ cz, de

Reserveren zie boven of via ECEAT-Tsjechië: tel/fax +420 541 23 50 80, info@eceat.cz, www.e-countrysideholidays.com
Open: hele jaar ⚓ H 250m (RES) verplicht
✕⊠ 🐎

Accommodatie en omgeving

Dit appartement - een bovenverdieping van een gezinswoning - heeft een tweepersoonskamer en twee eenpersoonskamers, een badkamer en een keuken. Het is voorzien van kleurentelevisie. De eigenaren wonen beneden en verdienen de kost met druiventeelt voor de wijnproductie. U kunt badmintonrackets huren en de was laten doen. Op de accommodatie worden zelfgemaakte producten verkocht. Transport van personen en bagage is - in overleg - mogelijk.

Het huis ligt vlakbij het reservaat Pálavské Vrchy waar vele beschermde dier- en plantensoorten voorkomen. In de directe omgeving ligt het meer Mušovská Jezera. Zwemmen, windsurfen en vissen kunt u onder meer in het Nové Mlýnymeer. Interessant is een bezoek per boot aan de moerassen of fietsen langs een speciale wijnroute. U bevindt zich hier dichtbij de vindplaats van de zgn. Vestonické Venuše, behorend tot de oudst bekende keramische voorwerpen ter wereld. Er is tegenwoordig een archeologisch museum. Ook de historische steden Mikulov en Znojmo en het gebied Lednice-Valtice (op de werelderfgoedlijst van UNESCO) zijn een bezoek waard.

🛏 ✦ 🌳5 🏊15 ✕⊃5 🛶5 ⚓5 🎿
⚓12

CZ

🛏 1x, ⚡ 4x, 1ppw € 290

Route

🚗 32 km Z van Brno. Vanuit Brno richting Mikulov (E461); bij afslag Pohorelice richting Mikulov en bij tweede kruising rechtsaf richting Nová Ves. In dorp rijd u winkel voorbij, rechtaf slaan tegenover brandweerkazerne richting meer. Aan eind van deze weg rechtsaf.

🚌 Met bus vanuit Pohorelice, lijn Brno-Mikulov, uitstappen in Nová Ves.

PRIBYSLAV

Ing. Jan Štedrý
Krátká Ves 18, Krátká Ves,
58222 Pribyslav, Havlíckuv Brod
T 569-44 42 31
M 721-18 41 74
E jan.stedry@quick.cz
💬 cz

Reserveren zie boven of via ECEAT-Tsjechië:
tel/fax +420 541 23 50 80, info@eceat.cz,
www.e-countrysideholidays.com
Open: hele jaar ♥ H 506m (RES) verplicht

Vakantiehuis en omgeving

Het huis is rustig gelegen aan de rand van een dorp, ongeveer 400 m van de boerderij van de eigenaren af. Bij de boerderij horen 130 ha grond, ongeveer 150 stuks vee, 12 ha bos en een aantal kweekvijvers.

Er zijn twee tweepersoonskamers met één bij te plaatsen bed, gezamenlijke badkamer en wc. Er worden aardappelen en melk verkocht. U kunt afgehaald en weggebracht worden. De eigenaar spreekt alleen Tsjechisch.

In de omgeving bevinden zich het kasteel Chotebor, het natuurmonument Údolí Doubravy (rivierdal) met een leerpad en in H. Borová het monument ter nagedachtenis aan K. H. Borovský. In Havlíckuv Brod staat in het centrum

de 13de eeuwse Catharinakerk met haar deels barokke, deels neoromaanse aanzien. Niet ver daar vandaan vindt u de Maria-Hemelvaartkerk, die in het bezit is van een klok, die in 1300 werd gegoten en die daarmee de oudste is van Tsjechië.

🏊 ⛱ ✍2 🔍6

🛏 2x, ⚡ 4x, hpw € 97-193

Route

🚗 9 km van Havlíckuv Brod. Over weg nr. 34 richting Svitavy en Pardubice rijden. Na ongeveer 9 km in Krátká Ves eerste afslag rechtsaf richting Stríbrné Hory, na ong. 100 m staat boerderij dan links, nr. 11.

🚌 Bus van Havlíckuv Brod naar Krátká Ves.

PROSECNÉ

Milada Holmanová
Prosecné 84, 54373 Prosecné, Trutnov
T 499-44 14 47
M 737-67 43 89
E holmanovi@mail.cz
💬 cz, de, uk

Reserveren zie boven of via ECEAT-Tsjechië:
tel/fax +420 541 23 50 80, info@eceat.cz,
www.e-countrysideholidays.com
Open: hele jaar ⛱ 1 apr-31 okt 🎣 H 470m
(RES) verplicht 📷

Boerderij en omgeving

De boerderij ligt aan de voet van de Krkonoše (het Reuzengebergte) aan de oevers van het riviertje de Malá Labe. Er wordt voornamelijk graan verbouwd en er lopen wat kippen rond.

In de tuin staat een zelfstandige bungalow met twee tweepersoons- en een driepersoonskamer, een zitkamer met open haard, een zithoek in de tuin, een kampvuurplaats en een barbecue. U kunt zelf koken in het compleet ingerichte keu-

kentje. In de boomgaard is een camping voor vijftien tenten en tien caravans. Sanitair (met warm water) en gemeenschappelijke zitkamer bevinden zich in het huis van de eigenaar. Ook op het kampeerterrein is een kampvuurplaats. Voor kampeerders is geen keuken beschikbaar. Sportbenodigdheden (badminton) zijn te leen. Onder begeleiding van een ornitholoog kunnen uitstapjes in de omgeving gemaakt worden.

De accommodatie biedt een fraai uitzicht op het landschap van het Krkonoše gebergte. De nabijgelegen natuurgebieden Cesky ráj en Adršpach zijn een bezoek meer dan waard.

⛱ 🎣 🏊6 ✍6 🚣12 🔍5 ✂0,2
🏓9 🎿6 🎱12 ❄9

🛏 1x, ⚡ 7x, hpw € 321
⛺ T 15x, 🚐 10x, pppn € 2, ptpn € 3-5, pcpn € 5

Route

🚗 23 km W van Trutnov. Op weg 16 richting Nová Paka afslaan naar Hostinné (325) en dan bordjes Prosecné volgen. Dorp Prosecné u Vrchlabí bijna helemaal doorrijden en het richtingbordje (ECEAT-logo) naar camping volgen, linksaf brug over en heuvel op rijden. Kleinere bordjes naar huis nr 84 volgen tot aan tuin van het huis.

🚌 Per bus: lijn Praha (Praag) - Vrchlabí. Overstappen voor richting Hostinné via Lánov, halte Prosecné. Per trein: lijn Praha (Praag) - Trutnov, halte Prosecné.

RÁJEC-JESTREBÍ

U Ružicku
Markéta Ružicková
Ždár 102, Ždár,
67902 Rájec-Jestrebí, Blansko
T 516-43 53 54
M 604-89 53 26
E hedvika.ruzickova@quick.cz
💬 cz, de, uk

Reserveren zie boven of via ECEAT-Tsjechië:
tel/fax +420 541 23 50 80, info@eceat.cz,
www.e-countrysideholidays.com
Open: hele jaar H 620m (RES) verplicht
📷 🐾

CZ

Vakantiehuis en omgeving

Dit huis ligt aan een klein weggetje ongeveer 100 m buiten de bebouwde kom van
een dorp. De directe omgeving bestaat uit
weilanden en naaldbos.

De accommodatie heeft een vrije opgang en heeft een tweepersoons kamer.
Zonodig kunnen twee bedden bij gezet
worden. Gasten hebben verder een compleet keukentje tot hun beschikking, een
douche en een kleurentelevisie. In de tuin
kan met een tent gekampeerd worden.
De accommodatie is zeer geschikt voor
gezinnen met kinderen of senioren. Er
zijn kaarten te leen, in de tuin is een zitje
aanwezig en voor de kinderen zijn er kin-
derspelletjes beschikbaar. Op verzoek kan
de was worden gedaan.

De omgeving is heel geschikt voor het
maken van wandel- en fietstochten en
's winters voor langlaufen. Er zijn verschillende bezienswaardigheden in de buurt:
historische monumenten, grotten, rotsformaties, de kastelen van Rájec-Jestrebí,
Blansko, Boskovice en Lysice. In Boskovice
bevindt zich een western-stadje en er zijn
de beroemde grotten van de Moravische
Karst. In een meertje vlakbij kan gezwommen worden; ook in het zwembad 4 km
verderop. Bij de lokale landbouwcoöperatie kunnen paarden gehuurd worden.

🔥 🏊10 🎿4 🚣12 🏊0,5 🏔0,5

🏠 1x, ⭐ 2-4x, hpw € 121

Route

🚗 36 km N van Brno. Vanuit Brno richting Svitavy
rijden, op kruispunt bij Cerná Hora rechtsaf slaan
naar Rájec-Jestrebí (kasteel). Vanaf kasteel nog 5 km
over voorrangsweg tot dorp Ždár. Hier aangekomen
op dorpsplein linksaf slaan, naar beneden en weg
(richting Nemcice) volgen tot eind van dorp.
🚌 Trein van Brno richting Ceská Trebová. Op stationnetje Rájec-Jestrebí uitstappen en verder per bus
naar Ždár.

ROVECNÉ

Pension U lípy
Dr. Eva Kocmanová
Rovecné 30, 59265 Rovecné,
Ždár nad Sázavou
T   566-57 40 57
F   566-57 40 57
M   608-43 41 65
E   info@pension-u-lipy.cz
W   www.pension-u-lipy.cz
🗨 cz, uk

Reserveren zie boven of via ECEAT-Tsjechië:
tel/fax +420 541 23 50 80, info@eceat.cz,
www.e-countrysideholidays.com
Open: hele jaar H 682m ⓡ verplicht

Boerderij en omgeving

Deze compleet verbouwde boerderij in
het centrum van het dorp Rovecné is omringd door de loof- en naaldbossen van
het natuurpark Svratecká Hornatina.

Er zijn twee luxe ingerichte appartementen, één twee- en één driepersoons, beide
met de mogelijkheid twee extra bedden
bij te plaatsen. Beide appartementen zijn
voorzien van eigen badkamer en wc, keuken en eigen opgang. Eén appartement is
geschikt voor rolstoelgangers. Verder zijn
er vier tweepersoonskamers in de kleuren
van de jaargetijden, waarvan in twee extra bedden kunnen worden bijgeplaatst.
Badkamer, toiletten, zitkamer en keukentje zijn gemeenschappelijk.

Het karakter van het natuurpark wordt
bepaald door het diep uitgesneden dal
van de rivier Svratka met het stuwmeer
Vírská Prehrada. In de directe omgeving
liggen de heuvel Horní Les met uitkijktoren, de burcht Pyšolec, Aušperk, Dalecín
en Zubštejn en het dorp Olešnice, waar
zich een spokenmuseum bevindt. De
prachtige stadjes Policka, Bystrice nad
Pernštejnem en de burchten Svojanov en
Pernštejn zijn ook een bezoek waard.

[symbolen]

🔦 🐟 🛏 🚤 🚣4 🎿1 🚲13 🎣4
🎿15 🏔12 ❄9

🛏 4x, ⭐ 8x, Prijs op aanvraag
🏠 2x, ⭐ 5x, Prijs op aanvraag

Route

🚗 14 km NO van Bystrice nad Pernštejnem, 33 km
ZW van Svitavy. Vanuit Bystrice 14 km over weg nr.
388 rijden in richting van Vír in Rovecné. In Rovecné
net voor locale restaurant rechtsaf slaan, omhoog in
richting van kerk. Vóór kerk linksaf en nog ongeveer
150 m doorrijden naar pension (vanaf doorgaande
weg aangegeven met kleine bordjes).
🚌 Bus van Bystrice nad Pernštejnem naar Rovecné.

RÝMAROV

Moravická chalupa
Zdenek Kucera
Dolní Moravice 22, Dolní Moravice,
79501 Rýmarov, Bruntál
F   554-21 14 12
M   732-12 72 27
E   moravicka.chalupa@atlas.cz
W   www.nasehory.cz/jeseniky/
    moravickachalupa
🗨 cz, de, ru

Reserveren zie boven of via ECEAT-Tsjechië:
tel/fax +420 541 23 50 80, info@eceat.cz,
www.e-countrysideholidays.com
Open: hele jaar H 600m ⓡ verplicht

Pension en omgeving

Het pension ligt op 600 m hoogte in het
dorpje Dolní Moravice aan de voet van het
Jeseníky-gebergte.

Deze accommodatie is gevestigd in één van
de voormalige boerderijgebouwen, die dateren uit het begin van de achttiende eeuw.
De gasten hebben de beschikking over een
gemeenschappelijke ruimte met TV. 's Zomers kunt u buiten zitten in de tuin, er is
een barbecueplaats en vuurplaats.

In de omgeving vindt u een vogelreservaat, het kuuroord Karlova Studánka, de berg Praded, kastelen in Sovinec en een renaissanceslot in Bruntál, de watervallen van Rešov, het landgoed Velké Losiny en een papiermuseum. In het plaatsje Opava kunt u een barokke Mariakerk, een minorietenklooster, verscheidene huizen uit de Rennaissance en de Barok en het Silezisch museum bezoeken. In deze streek kunt u heerlijk fietsen en wandelen. Geniet van watersport of vissen in het nabijgelegen Slezská Harta-stuwmeer. Er is een manege in Dolní Moravice, waar u paarden kunt huren, waarmee u over het zeer dichte net van ruiterpaden de omgeving kunt verkennen. 's Winters kunt u hier langlaufen en skiën.

&& 🌐 ⌂ ⟿ ☁15 ♨15 ⚓0,5
🔍2 ⤫4 ♦15 ♦15 ⚓6 ⬆2 🕳15
❋6

🛏 3x, 🔖 8x, 1ppn € 14 HP

Route
🚩 14 km W van Bruntál. Vanuit Bruntál richting Rýmarov (11). Na ca 7 km rechtsaf bij Vaclavov richting Dolní Moravice.
🚂 Trein naar Rýmarov en dan overstappen op bus naar Dolní Moravice. Bus stopt op 100 m van accommodatie.

SOSNOVÁ
Borek Raclavský
Sosnová 46, 79314 Sosnová, Opava
M 777-87 35 13
🗪 cz, de

Reserveren zie boven of via ECEAT-Tsjechië:
tel/fax +420 541 23 50 80, info@eceat.cz,
www.e-countrysideholidays.com
Open: 1 apr-31 okt H 450
m (RES) verplicht 🔲 [⌂]

Vakantiewoning en omgeving
De accommodatie ligt in een klein dorpje in het oosten van Tsjechië, in het noordelijke deel van Moravië, dichtbij een schitterend natuurgebied. Er zijn twee drie- en één vierpersoonskamer, een gedeelde keuken en twee badkamers. U kunt buiten zitten.

Er zijn diverse bezienswaardigheden in de omgeving. In Lichnov zijn de resten bewaard gebleven van een achttiende-eeuwse windmolen gebouwd naar Nederlands model. U kunt een bezoek brengen aan de burchtruïnes van Vartnov, er zijn uitkijktorens in Krnov, een observatietoren in Úvalno en twee stuwmeren, bij Pochen en Slezská Harta. In Bruntál is een renaissanceslot en in Opava een barokke Mariakerk, een minorietenklooster, verscheidene huizen uit de Renaissance en de Barok en het Silezisch museum, waar u meer te weten kunt komen over de geschiedenis van deze streek.

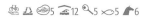

🚴 ⌂ ☁5 ⚓12 🔍5 ⤫5 ⬆6

⌂ 3x, 🔖 10x, hpw € 362

Route
🚩 20 km van Bruntál. Vanaf Bruntál weg 11 richting Opava, bij Horní Benešev linksaf slaan naar Sosnová.
🚂 Bus van Bruntál naar Sosnová.

SVETLÁ HORA
Ekofarma Babocka
Ivana & Ladislav Konopkovi
Podlesí 4, Podlesí,
79331 Svetlá Hora, Bruntál
T 554-73 71 02
M 737-37 71 71
E babocka@raz-dva
🗪 cz, de, uk

Reserveren zie boven of via ECEAT-Tsjechië:
tel/fax +420 541 23 50 80, info@eceat.cz,
www.e-countrysideholidays.com
Open: hele jaar ⛰1 jun-30 sep ♥ 🍴 H
650m (RES) verplicht 🔲 [⌂]

Boerderij en omgeving
Dit is een ideale bestemming voor liefhebbers van ongerepte natuur en berglandschappen. Het dorp ligt in het centrum van het landschapsreservaat Jeseníky en de lucht is er ongekend schoon. De familie heeft 80 ha hooiland. Het hooi wordt gebruikt in een dierentuin en thuis voor de paarden en schapen op de boerderij. Verder verzamelen de gezinsleden geneeskrachtige kruiden en zijn ze geïnteresseerd in tuinieren.

Er zijn twee tweepersoonskamers te huur (waarvan één met zithoek en voldoende ruimte om twee extra bedden te plaatsen) met gezamenlijke sanitaire voorzieningen en een keukentje. De camping - aan weerszijden van een beek gelegen - biedt plaats aan drie tenten en twee caravans. Op het terrein vindt u een kampvuurplaats, een speelveldje (sportmateriaal is er te huur) en een wip voor de kinderen. De buren verkopen verse melk en zelfgemaakte kaas, honing en in het najaar appels. U kunt meewerken op de boerderij. Levering van biologische producten is - als u er naar vraagt - mogelijk.

De accommodatie is een uitstekende uitvalsbasis om de natuur in te trekken. De omgeving heeft een rijke flora en fauna (veel vogels!). Breng ook eens een bezoek aan de badplaatsen Karlova Studánka en Velké Losiny en aan de steden Bruntál en Olomouc (UNESCO-monument).

🚴 ⌂ ⟿ ☁15 ♨11 ⚓11 🔍6
⤫15 ⬆3 🕳6 ❋8

⌂ 2x, 🔖 4x, hpw € 174-348
⛺ T 3x, 🚐2x, pppn € 3, ptpn € 3-4, pcpn € 6

Route
🚩 11 km van Bruntál. Vanaf daar richting Vrbno pod Pradedem. In Svetlá Hora naar links richting Podlesí. 3 km doorrijden, tweede huis aan linkerkant van weg.

CZ

🚍 Bus vanuit Bruntál richting Karlova Studánka, Vrbno pod Pradedem of Malá Morávka. Uitstappen in Rudná pod Pradedem of Svetlá Hora. Vanaf daar kunt u opgehaald worden door eigenaar.

TAVÍKOVICE

Chov koní farma Trnka
Vladimír Trnka
Krepice 52, Krepice, 67140 Tavíkovice, Znojmo
T   515-25 22 72
M 721-01 00 45
W http://farmatrnka.webpark.cz
💬 cz, de

Reserveren zie boven of via ECEAT-Tsjechië: tel/fax +420 541 23 50 80, info@eceat.cz, www.e-countrysideholidays.com
Open: 1 mei-30 sep 🍴 H 300m

Boerderij en omgeving

Zo'n 60 km ten zuiden van Brno ligt in het vriendelijke Moravische heuvellandschap het dorpje Krepice. Aan de rand van dit gehuchtje vindt u Chov koní farma Trnka (paardenfokkerij Trnka). Er worden paarden en koeien gehouden.

Op de camping is plaats voor negen tenten en negen caravans. Het kampeerterrein - met kampvuurplaats - ligt bij het huis. Als u wilt kunt u meehelpen met het werk. Op de boerderij is verse melk te koop. Er worden cursussen georganiseerd (schilderen, talen, gezond koken, yoga, aerobic, volksdansen, terrarium houden, judo, handwerken). Bij de boerderij is een volleybalveld. U kunt sportmateriaal lenen voor badminton of voetbal. In het huis bevindt zich een tentoonstellingsruimte. Er worden het hele jaar door paardrijlessen georganiseerd (ca 7 euro p/u) voor beginners en gevorderden. Ook springen kunt u er leren.

In de omgeving vindt u tal van mooie fiets- en wandelroutes. Op de accommodatie is een wandelkaart te krijgen.

Zwemmen kunt u in het stuwmeer Horní Dunajovice (5 km). In Moravský Krumlov hangt de beroemde schilderijengroep Slovanská Epopej van Alphons Mucha. De stad Znojmo heeft een prachtig historisch centrum met veel prachtige kerken, kloosters en burchten.

🖐 🛏 ⚓ 👓5 🏊12 🚣20 🎣12
🐟5

🏕 T 9x, 🚐 9x, pppn € 2, ptpn € 3-4, pcpn € 4

Route

📍 20 km N van Znojmo. Vanuit Znojmo via Únanov naar Krepice (399). Op kruispunt in Krepice rechtsaf slaan, zijweg in langs winkel aan uw linkerhand. Dan vóór brandweergarage linksaf. Boerderij is op één na laatste huis onderaan heuvel.
🚍 Trein naar Znojmo, daar bus naar Krepice.

URBANOV

Zdenek Novotný
Stranná 4, Stranná, 58862 Urbanov, Jihlava
T   567-24 32 60
M 606-63 03 80
E   agroprivat@email.cz
W www.ceskehory.cz/agroprivat
💬 cz, de, uk

Reserveren zie boven of via ECEAT-Tsjechië: tel/fax +420 541 23 50 80, info@eceat.cz, www.e-countrysideholidays.com
Open: 1 apr-31 okt ⚓ H 550m (RES) verplicht ✂ 🐕

Boerderij en omgeving

Deze karakteristieke boerderij staat aan de rand van een bos en heeft een prachtig uitzicht over het dal van Telc en het massief van de heuvel Javorice. De eigenaren bebouwen 40 ha landbouwgrond en houden schapen.

Er zijn drie appartementen: het eerste en het tweede appartement hebben beiden een vierpersoonskamer. Het derde appartement heeft een tweepersoonskamer en een driepersoonskamer met twee extra bedden. Ieder appartement is voorzien van een eigen badkamer, een wc en een keukentje. Eén van de appartementen beschikt verder nog over een garage. Gasten mogen gebruik maken van de tuin met vuurplaats en barbecue. U kunt er fietsen huren.

De accommodatie is gelegen in de Tsjechomoravische hooglanden met beboste landschappen en vele meren en vijvers. U kunt er prima fietsen, wandelen of zwemmen in het nabijgelegen meer of in het zwembad in Jihlava. De nabijgelegen stad Telc (UNESCO-monument) moet u beslist bezoeken. Het mooie, middeleeuwse marktplein ligt ingeklemd tussen twee meren en wordt omzoomd door prachtige renaissancehuizen en barokhuizen. Ten westen van het plein bevindt zich een slot uit de tweede helft van de 16de eeuw. Ten zuidoosten van Telc ligt het plaatsje Nová Ríše met zijn imposante klooster.

🚣 🛏 👓6 🎣4 🐟4 🏊4 🖐4

🏠 3x, 🛏 13x, Prijs op aanvraag

Route

📍 4 km O van Telc. Vanuit Telc ongeveer 4 km over weg nr. 23 richting Brno rijden en op helling omhoog, net onder bosrand, bij maquette van huisje, linksaf slaan smal geasfalteerd weggetje in. Na 200 m komt men bij de boerderij.
🚍 Bus van Telc naar Stranná.

VALAŠSKÁ BYSTRICE

Jan Trusina
Velká Lhota 60, Velká Lhota, 75627 Valašská Bystrice, Vsetín
T   571-64 60 57
E   babrak@email.cz
💬 cz, de, uk

Reserveren zie boven of via ECEAT-Tsjechië: tel/fax +420 541 23 50 80, info@eceat.cz, www.e-countrysideholidays.com
Open: 15 jun-15 sep ⚓ H 405m

Boerderij en omgeving

De camping ligt in het landschapsreservaat Beskydy in een heuvelachtige, bosrijke omgeving. De afstand tot het centrum van het dorp Ruzdka is ongeveer 2 km.

De camping, die plaats biedt aan vijf tenten en vijf caravans, bevindt zich op een veldje achter een huis; elektriciteits- en wateraansluiting zijn mogelijk. Dhr. Trusina - de eigenaar - woont met zijn ouders in het huis en heeft een boerderij met rundvee op twaalf kilometer afstand van de camping. Vanaf het kampeerterrein heeft u een mooi uitzicht op de Hostýnské vrchy. Eén km verderop kijkt u uit op de Vsetínské vrchy, de Moravskoslezské Beskydy en de Oderské vrchy.

Deze accommodatie ligt dichtbij het stuwmeer Bystricka, waarin u kunt zwemmen of watersporten. Een bezoek aan het openluchtmuseum van volksbouwkunst in het 11 km verderop gelegen stadje Rožnov pod Radhoštem wordt van harte aanbevolen.

🛆 ⚓ ≋4 🐟12 ⟋⟍4 🏹2,5

⚓ T 5x, 🛏 5x, pppn € 2, ptpn € 2-3, pcpn € 3

Route

🔢 10 km ZO van Valašské Meziříčí. Neem weg 57 richting Vsetín. Na ca 7 km linksaf naar Bystricka en doorrijden richting Valašská Bystrice en Rožnov pod Radhoštem. Langs stuwmeer Bystricka en aan eind daarvan op kruispunt linksaf over brug. Langs herberg U Bušu. 2,5 km verderop, in richting van Rožnov pod Radhoštem staat het huis aan linkerkant van weg, tegenover bushalte.

🚌 Bus vanuit Rožnov pod Radhoštem, Vsetín of Valašské Meziříčí naar Velká Lhota.

Penzion na Sychrove
Alena Maníková
Sychrov 474, Sychrov,
76601 Valašské Klobouky, Zlín
T   545-23 37 77
M   775-19 34 55
E   manikova.alena@seznam.cz
W   http://penzion.obec.net
🗨 cz, de

Reserveren zie boven of via ECEAT-Tsjechië: tel/fax +420 541 23 50 80, info@eceat.cz, www.e-countrysideholidays.com
Open: hele jaar H 500m ⓡⓔⓢ verplicht ✕📅

Vakantiewoning en omgeving

U verblijft in een gerenoveerd huis in een rustige straat aan de rand van een klein stadje.

Het appartement telt vier tweepersoonskamers (waarvan er drie een extra bed hebben) en een keuken. Deze accommodatie is speciaal geschikt voor gasten die geïnteresseerd zijn in de natuur en de cultuur van de streek Valašsko. De ligging ervan is ideaal voor een dagtocht naar het nabijgelegen landschapsreservaat Bílé Karpaty (Witte Karpaten).

In Valašské Klobouky kunt u een bezoek brengen aan het plaatselijke houtbewerkingsmuseum en in Brumov aan het kasteel met een permanente expositie. Er zijn in deze streek tal van culturele en folkloristische festivals zoals bijvoorbeeld de Mikulášský Jarmark (Sint Nikolaasjaarmarkt). In de directe omgeving ligt het kuuroord Luhacovice - prachtig gelegen tussen de bergen - waar u heerlijk kunt zwemmen in het openluchtzwembad, dat gevuld is met (chloorvrij) bronwater. Bezichtig vooral ook kasteel Nový Svetlov in Bojkovice en de steden Zlín en Vsetín.

🛆 ≋1,5 🐟1,5 ⟋⟍6 ⚓1,5 🏹4 ❄15

🏠 4x, 🛏 8x, hpw € 97-386

Route

🔢 35 km ZO van Zlín. Volg weg 49 tot Vizovice en buig af naar zuiden. Via Loucka en Vlachovice naar Valašské Klobouky, hier weg richting Mirošov en Vlachová Lhota nemen. Kort voor einde van bebouwde kom van Valašské Klobouky staat aan linkerkant van weg groen huis met bruin houten hek.

🚌 Bus vanaf Valašské Klobouky, de halte Sychrov.

Penzion Šimral
Petr Šimral
Portášky, Velká Úpa 122,
54222 Velká Úpa, Trutnov
T   499-73 63 89
F   499-73 63 89
E   pensionsimral@email.cz
W   www.pensionsimral.wz.cz
🗨 cz, de

CZ

Reserveren zie boven of via ECEAT-Tsjechië: tel/fax +420 541 23 50 80, info@eceat.cz, www.e-countrysideholidays.com
Open: hele jaar ⚓ H 1050m ⓡⓔⓢ verplicht ✕📅 🐴

Pension en omgeving

Het pension ligt in het hart van de Krkonoše (Reuzengebergte). Een gebied, waar zich de hoogste bergtop van Tsjechië bevindt (de Snežka, 1602 m). De familie, die deze accommodatie beheert, heeft een boerderij, die in omschakeling is naar biologische landbouw. U verblijft in een huis, dat gebouwd is in een stijl, die kenmerkend is voor de omgeving. Het heeft een prachtig uitzicht over het landschap.

Er zijn acht tweepersoonskamers en vier extra bedden. Sommige hebben een eigen badkamer en toilet; bij andere worden de sanitaire voorzieningen gedeeld. Verder is er een eetkamer met satellietelevisie.

's Zomers kunt u er wandelen en fietsen, bijvoorbeeld naar de Snežkou of naar de bronnen van de rivier de Labe (Elbe). Breng ook eens een bezoek aan de rotsformaties Adršpašské Skály, aan het kuuroord Janské Lázne, aan Špindleruv Mlýn, aan het safari-park of aan Praag. Voor wintersporters is deze accommodatie bijzonder geschikt (skilift en kabelbaan direct bij het pension). Binnen een straal van twee kilometer bevinden zich maar liefst 13 skipistes.

🏊 📷 🛶 🎿 ♨️10 🎣1 🎣1 ⛳0,5 🏌️ ❄️0,5

🛏 8x, 🛏 16x, 2ppn € 17 HP

Route
🚗 20 km van Trutnov. Vanuit Trutnov richting Pec pod Snežkou. In Velká Úpa ziet u groot billboard van het pension langs doorgaande weg. In de richting van billboard 400 m een geasfalteerd bergweggetje volgen. Achter pension ligt zomerparkeerplaats. Winterparkeerplaats ligt aan doorgaande weg bij billboard. Vandaar laatste 300 m naar pension lopen. Bagage kan door eigenaar per sneeuwscooter worden opgehaald.
🚌 Skibus vanuit Trutnov naar Velká Úpa.

VELKÉ LOSINY
Penzion Sam
Svatava Bezdeková
Vernírovice 11, Vernírovice,
77815 Velké Losiny, Šumperk
T 583-23 70 80
💬 cz, de

Reserveren zie boven of via ECEAT-Tsjechië: tel/fax +420 541 23 50 80, info@eceat.cz, www.e-countrysideholidays.com
Open: hele jaar H 550m (RES) verplicht
[icons]

Pension en omgeving
Dit familiepension ligt in het kuuroord Velké Losiny in het hart van het beschermde natuurgebied Hrubý Jeseník in de vallei van de Merta.

De kamers in het pension bieden plaats aan twee, drie en vier personen. Alle kamers hebben eigen sanitaire voorzieningen. Op de begane grond is er een eetzaal met bar, uitsluitend bestemd voor de pensiongasten. Buiten is een tuin met een vuurplaats en een pergola.

Velké Losiny - met haar indrukwekkende slot aan het water - verwierf faam vanwege de papierproductie. De oude papiermolen - die dateert van vóór 1596 - is één van de oudste nog werkende papiermolens van het Europese continent. De kwaliteit van het papier wordt wereldwijd geprezen. Binnen de muren van de molen bevindt zich een papiermuseum, waar bezoekers van alles kunnen zien over de geschiedenis en de ontwikkeling van het papier maken. U vindt er ook een galerie, waarin u werk kunt zien van kunstenaars, die het papier gebruiken. De omgeving van Velké Losiny is bergachtig en nodigt uit tot het ondernemen van wandeltochten. Er zijn twee skiliften en het dorp en er is een buitenzwembad met mineraalwater. De afstand tot het bekende skioord Klepácov bedraagt ongeveer 7 km. Bij Dlouhé Stráne ligt een hydro-electrische centrale die bezichtigd kan worden en hier vandaan is het niet ver naar de berg Praded (1491 m).

🏊 🚣 🚲 🛶 🎿7 🎣7 🎣0,1 🐟0,5 ⛳0,5 🏌️0,5 🛷7 ❄️0,8

🛏 4x, 🛏 12x, 1ppn € 15 B&B

Route
🚗 10 km van Šumperk. Vanuit Šumperk via Sobotín naar Vernírovice; aan rand van dorp scherp afslaan naar rechts bij bordje.
🚌 Bussen vanaf Šumperk en vanaf Sobotín.

VELKÝ ÚJEZD
Vrchnostenský špitálek
Ing. Svatopluk Klein
Velký Újezd 27, 78355 Velký Újezd, Olomouc
M 607-76 14 89
E skleinova@seznam.cz
💬 cz, de, uk

Reserveren zie boven of via ECEAT-Tsjechië: tel/fax +420 541 23 50 80, info@eceat.cz, www.e-countrysideholidays.com
Open: hele jaar H 350m (RES) verplicht
[icons]

Accommodatie en omgeving
Een zeer origineel onderkomen in wat voorheen het door de plaatselijke grootgrondbezitter gestichte en beheerde ziekenhuis (špitál) was. Het gebouw valt onder monumentenzorg. Tijdens de met zorg uitgevoerde renovatie zijn tal van oorspronkelijke details uit de 18e eeuw bewaard gebleven. Onder andere de zogenaamde "zwarte keuken", één van de weinig overgeblevene in de wijde omgeving. In de alleroudste keukens werd gekookt op een open vuur en de rook verdween door kieren in het plafond. Later werden er, vaak op het hoogste punt van de gewelfde keukens, schoorstenen gebouwd. Toch bepaalden roet, rook en vet van het open vuur nog steeds het aanzien die keukens, die daarom dus "zwart" werden genoemd.

Er zijn drie stijlvolle tweepersoonskamers, waarvan er twee onderling met elkaar verbonden zijn en drie extra bedden. Gedeelde moderne sanitaire voorzieningen met bad en douche.

In de omgeving ligt de stad Olomouc (UNESCO-monument) en Svatý Kopecek (De Heilige Heuvel) met een kerk en een dierentuin. Dichtbij bevindt zich ook een van de grootste burchten van Midden-Europa, de burcht Helfštýn, en verder het kuuroord Teplice en daar vlakbij uitgebreide grottenstelsels en een ravijn. In een onder water gelopen voormalige groeve of in een stuwmeer (4 km) kan gezwommen worden. Verder nodigt het mooie landschap uit tot fietsen en wandelen.

⌂ 1x, ♪ 6x, hpw € 241
⚠ T 5x, 🚗 5x, 🏛, ppn € 2, ptpn € 3, pcpn € 3

Route
🚗 16 km van Olomouc. Vanuit Olomouc richting Lipník nad Becvou rijden, bij afrit Velký Újezd snelweg verlaten en verder rijden tot in deze gemeente. Accommodatie bevindt zich bij kerk.
🚌 Bus van Olomouc richting Lipník, Becvou en Hranice, uitstappen in Velký Újezd.

VRANOV U BRNA
Markéta Kousalová
Katerinská 82,
66432 Vranov u Brna, Brno - venkov
T 541-23 91 68
🖂 cz, nl

Reserveren zie boven of via ECEAT-Tsjechië:
tel/fax +420 541 23 50 80, info@eceat.cz,
www.e-countrysideholidays.com
Open: 1 apr-1 okt 🐟 H 485m

Boerderij en omgeving
Deze camping ligt bij een kleine boerderij waar -naast akkerland - ook wat bos bij hoort. Er worden aardappelen en graan geteeld en er zijn twee koeien, een jonge merry, een geit, kippen, varkens, konijnen, poezen en kleine hondjes. Het boerenechtpaar heeft drie kinderen, waarvan twee reeds volwassen zijn.
De camping ligt op een weilandje met uit-

zicht op de kerk en op de bossen. Gasten kunnen gebruik maken van de sanitaire voorzieningen (twee douches met warm water, een aanrecht om af te wassen en W.C.'s) in het houten gebouwtje op het terrein. Verder is er een zithoek met een vuurplaats.
Het dorpsgezicht wordt gedomineerd door een grote bedevaartskerk. In de omgeving bevinden zich vele gemarkeerde wandel- en fietsroutes. Het natuurreservaat van de Moravische Karst (met het Macocharavijn en tal van druipsteengrotten) is een bezoek waard. 3 km buiten het dorp bevindt zich de rotsformatie Babí Lom (met uitkijktoren). Natuurlijk mag u de stad Brno niet missen. Brno is de grootste stad van Moravië en is in grootte de tweede stad van Tjechië. Het goed geconserveerde historisch centrum is vermaard om zijn modernistische architectuur. Tenslotte is een bezoek aan het kasteel van Slavkov (met het museum van de driekeizerslag van Austerlitz) ook nog een aanrader.

⚠ T 10x, 🚗 3x, ppn € 3, ptpn € 3-5, pcpn € 5

Route
🚗 18 km N van Brno. In Brno snelweg richting Svitavy (E461) nemen tot afslag Ceská - Lelekovice pakken. Bordje Vranov volgen. In Vranov, bij transformatorhuisje met opschrift JmE richting Blansko. Vanaf voorrangsweg vervolgens direct doodlopende weg inrijden. Ga voorbij eindhalte van stadsbussen en een aantal huizen nog eindje heuvelop (er staan bomen aan weerskanten van deze weg). Rechts ziet u groot hoekhuis met klein balkon en met grotendeels houten hek.
🚌 Per trein naar Centraal Station (Hlavní Nádraží) van Brno of naar station Brno Královo Pole. Vanuit Centraal moet u tram 1 richting Reckovice nemen en op halte Semilassa overstappen op tram 6 of 7 naar station Brno Královo Pole. Van hieruit bus 43 naar eindhalte in Vranov.

VYŠKOVEC
Dvorec U Kavku
Jitka Kavková
Vyškovec 84, Vyškovec,
68774 Vyškovec, Uherské Hradište
M 731-57 63 48
E info@dvorec-kavka.cz
W www.dvorec-kavka.cz
🖂 cz, uk

Reserveren zie boven of via ECEAT-Tsjechië:
tel/fax +420 541 23 50 80, info@eceat.cz,
www.e-countrysideholidays.com
Open: hele jaar 🐟 H 500m 🅁🅴🅂 verplicht

Boerderij en omgeving
Deze kleine biologische veeteeltboerderij ligt in een prachtig landschap in de buurt van Moravské Kopanice, één van de mooiste gedeelten van het landschaps- en biosfeerreservaat Bílé Karpaty (Witte Karpaten). Het is er rustig en de lucht is schoon.
De accommodatie is qua grootte ideaal voor een gezin met kinderen of voor groepen van zes tot acht personen. Op de begane grond is een keuken, een zitkamer met haardkachel en een badkamer; op de eerste verdieping bevinden zich twee driepersoonskamers (met twee extra bedden). De meubels zijn van hout. U heeft de beschikking over een eigen achtertuin met speeltoestellen en een overdekte zithoek. U kunt als u wilt zelf koken in de volledig ingerichte keuken maar er zijn ook restaurants in Mikulcin vrch (3km) en in Starý Hrozenkov.
Het dorp ligt bij de Slowaakse grens. In de omgeving vindt u de stadjes Starý Hrozenkov met educatief natuurpad, Komna met een monument voor J.A. Comenius, Bojkovicehet Nový en haar Svetlovkasteel, Uherský Brod, Vlcnov met oude dorpsarchitectuur en Stráni, bekend om de glasblazerijen.

CZ

⚓ ⚓ 🌊15 ❄15 🐟20 ✕15 ❅2

🏠 1x, 🗎 6x, hpw € 145-290

Route

🔺 20 km ZO van Uherské Brod. Vanuit Uherské Brod over E50 richting Trencín (Slowakije), voorbij Bystrice pod Lopeníkem vlak vóór wegrestaurant Rasová rechtsaf slaan richting Mikulcin Vrch, recht-door blijven rijden tot laatste bushalte (u ziet links kapel met klokkentoren), achter kapel bij kruis rechtsaf slaan, deze smalle bosweg uitrijden (u ziet vijver bij huisje), blauwe huis ligt in bocht naar links. 's Winters sneeuwkettingen nodig.

🚌 Bus van Uherský Brod richting Trencín.

CZ

● Wat u zoekt in Oost-Europa, vindt u in de ANWB-uitgaven

Waar u ook heengaat en wat u ook gaat doen, met een ANWB-reisgids of -kaart vindt u altijd wat u zoekt. Hieronder ziet u slechts een kleine greep uit het hele assortiment.

- **ANWB EXTRA**
  Serie compacte reisgidsen met als extra's een grote uitneembare kaart en vijf verrassende uitstapjes.

- **ANWB Actief & Anders**
  Unieke combinatie van reis-, wandel- en fietsgids. Voor de perfecte match van inspanning en ontspanning.

- **ANWB Goud**
  Voor uitgebreide informatie over het vakantiegebied. Met veel aandacht voor cultuur en bezienswaardigheden.

- **ANWB Taalgidsen**
  De manier om je verstaanbaar te maken in het buitenland. Met veel gebruikte zinnen voor elke vakantiesituatie.

De ANWB-uitgaven zijn verkrijgbaar bij alle ANWB-verkooppunten, boekhandels en warenhuizen.

België

België is slechts 30.518 km² groot, maar kent desondanks een grote verscheidenheid aan landschappen. Of u nu steile rotswanden wilt beklimmen, wildwatervaren, fietstochten maken langs oude jaagpaden of van hoeve naar hoeve wilt zwerven door een vlak polderlandschap, België heeft voor elk wat wils.

Het gewest Vlaanderen is dichtbebouwd, maar achter deze stenen façade zijn authentieke landschappen en rustieke natuurgebieden te vinden. De Westhoek bijvoorbeeld is één van de meest oorspronkelijke streken van België: kanaaltjes omzoomd door riet, grote hoeves beschermd door boomhagen, polderweiden en kleine dorpen en stadjes in gele zandsteen. Ten zuiden daarvan, in het Heuvelland, begint het landschap sterk te glooien om tenslotte over te gaan in de schitterende Vlaamse Ardennen met prachtige stadjes als Geraardsbergen, Oudenaarde, Ronse en Zottegem. Het Pajottenland met zijn unieke bieren (Geuze en Kriek), de Antwerpse en Limburgse Kempen, de Haspengouw en de Vlaamse Voerstreek (beide in Limburg) hebben alle hun specifieke charme voor actieve, natuurgerichte vakantiegangers. De Ardennen vormen wellicht het bekendste

toevluchtsoord voor toeristen. Maar ook in Wallonië zijn streken – voor verreweg de meeste vakantiegangers volstrekt onbekend terrein – die een bezoek zeker waard zijn. Waals Brabant bestaat uit uitgestrekte leemplateaus, doorsneden door kleine rivieren: een land van bieten en tarwe, machtige vierkanthoeves, kastelen en kleine dorpen. Op zijn mooist is dit landschap in het Parc Naturel Régional des Vallées de la Burdinale et de la Méhaigne. Het Pays Blanc, het Pays de Deux Honnelles en het Pays des Collines logenstraffen de reputatie van Henegouwen als steenkolenland. Helemaal in het oosten, rond Eupen, wijken de bossen van de Ardennen voor het ruige veen- en heidelandschap van de Hautes Fagnes. Kenmerkend voor heel België is het dichte net van gemarkeerde wandelroutes. Voor de meeste streken zijn uitgebreide routebeschrijvingen gemaakt. De Waalse regering is bezig met het uitbreiden van het Ravelnetwerk: Réseau Autonome de Voies Lentes. Het heeft tot doel heel Wallonië te overspannen met meer dan 2.000 km fiets- en wandel verbindingen. RAVeL is op de eerste plaats voor dagelijks verkeer: fietsers, voetgangers, skaters en gehandicapten, maar de infrastructuur kan natuurlijk ook dienen voor recreatief toeristische tochten. De RAVeL routes lopen grotendeels over autovrije fietspaden, zoals heringerichte spoorwegbeddingen of jaagpaden.

Accommodaties

Het aanbod in België bestaat vooral uit logeer- en of kampeeraccommodaties bij biologische boerenhoeves, voormalige boerderijen, hobbyboerderijen, kleinschalige pensions en gîtes. Daaronder vindt u ook een

aantal Gîtes Panda, die gelegen zijn in natuurgebieden en waar u – schriftelijk of mondeling - uitgebreide informatie over de omringende natuur kunt krijgen.

(Biologische) landbouw

Net als in Nederland is de landbouw in België fors gemechaniseerd en geïntensiveerd. Vlaanderen zit zelfs met een fors mestoverschot; op dit moment wordt de varkensstapel gesaneerd door het opkopen van vergunningen.

Er zijn in België 688 biologische landbouwbedrijven. Deze vertegenwoordigen 1,7% van het totale Belgische landbouwareaal. Blik en Ecocert zijn de controlerende organisaties, biologische producten hebben het Biogarantie-stempel.
De Vlaamse biologische landbouw gaat er voor het derde opeenvolgende jaar op achteruit. Dat blijkt uit cijfers van het ministerie van de Vlaamse Gemeenschap - Beleidsdomein Landbouw en Visserij. Het aantal biologische landbouwbedrijven liep in 2004 terug tot 231. In 2001 waren dat er nog 253. De biologisch bewerkte landbouwgrond slonk van 4026 ha in 2001 tot 3.219 ha in 2004.

Natuur(bescherming)

De natuur in België staat flink onder druk. Eénvijfde deel van het totale oppervlak is bebouwd of bedekt met wegen. Ter vergelijking: van Nederland is slechts één zesde gedeelte volgebouwd, terwijl het aantal inwoners veel groter is. Een andere bedreiging van de Belgische natuur vormt de 'versparring'; de aanleg van bossen met uitheemse naaldboomsoorten ten behoeve van de houtproductie. Hiervoor werden nogal eens inheemse loofbossen opgeofferd. De donkere naaldwouden van de Ardennen mogen er imposant uitzien, maar de biodiversiteit laat dikwijls te wensen over.

De Belgische overheid wil in totaal 16 grote natuurparken realiseren, 12 in Wallonië en 4 in Vlaanderen. Een aantal bestaat al, bijvoorbeeld het grensoverschrijdende natuurpark België-Luxemburg en Hautes Fagnes-Eifel, dat maar liefst 70.000 ha groot is en aansluit op het Nordeifel Naturpark Duitsland. Het eerste nationaal park in Vlaanderen was het grensoverschrijdende Grenspark De Zoom-Kalmthoutse Heide. In 2003 is in de provincie Limburg het Nationaal Park Hoge Kempen verwezenlijkt.

BEVER

Rosario
Johan Vriens
Poreel 10A, 1547 Bever, Vlaams-Brabant
T 054-58 68 20
F 054-58 68 20
E info@rosario.be
W www.rosario.be
nl, fr, uk, de

Open: hele jaar

Klooster en omgeving

Midden in een dorpje in het land van Breughel ligt dit sfeervolle voormalige klooster. Bever is een klein gehucht in het Pajottenland, op de grens van de provincies Vlaams-Brabant, Henegouwen en Oost-Vlaanderen. Het klooster is een voorbeeldproject voor ecologisch verbouwen. De gebruikte materialen zijn duurzaam, voor toiletspoeling en de tuin wordt regenwater gebruikt, het douchewater wordt met zonneboilers verwarmd en er is een verregaande thermische isolatie toegepast. Uitgangspunt bij de verbouwing vormden de harmonische principes zoals die in de leer van Feng Shui zijn terug te vinden. De vertrekken stralen dan ook een sfeer van rust en harmonie uit.

U kunt er logeren in tweepersoonskamers of in een familiekamer voor zes personen. Het ontbijt is inbegrepen. Half- en volpension zijn ook mogelijk. U kunt ook het gehele klooster als groepsruimte huren. Eén kamer is rolstoeltoegankelijk. Er worden zoveel mogelijk biologische ingrediënten gebruikt. De eigenaar wil de spirituele functie van het klooster in ere herstellen. Stilte en muziek zijn daarin de essentie. In de harmonieuze ruimtes of bij het haardvuur geniet u van de rust en de gastvrije sfeer. De kapel heeft een prachtige akoestiek; er kunnen concerten gegeven worden. Er zijn ook een meditatie- en een cursusruimte. De tuin is naar het principe van een middeleeuws klooster ingedeeld in vier percelen met ieder een eigen functie: een meditatietuin, een bloementuin, een kruidentuin en een moestuin. De laatste levert de biologische ingrediënten voor de maaltijden. Er worden af en toe yoga-, zang- of schildercursussen gegeven. In het klooster zijn fietsen te huur om de omgeving te verkennen.

6x, 20x, 2ppn € 37 B&B
5x, 20x, Prijs op aanvraag

Route

E429 richting Lille, afslag 28, rechts richting Bever-Biévène. Poreel links achter kerk.

Trein naar Viane, Galmaarden of Edingen. Dan bus naar Bever, uitstappen halte kerk en vandaar 100 m lopen.

ESSEN

Natuurvriendenhuis en camping De Berk
Oude Baan 110, 2910 Essen, Antwerpen
T 03-667 20 31
F 03-667 11 84
E deberk@natuurvriendenhuis.be
W www.nivon.nl
nl, uk

Open: hele jaar 1 apr-31 nov

De Berk en omgeving

In het grensstadje Essen, vlak over de Belgische grens, enkele kilometers ten zuiden van Roosendaal, ligt het luxeuze natuurvriendenhuis De Berk. Op 4 km afstand ligt het uitgebreide natuurgebied de Kalmthoutse Heide: een oase van 800 ha landelijke rust en recreatie temidden van de grazende schapen, heide en uitgestrekte bossen.

Het gerenoveerde, gezellige natuurvriendenhuis heeft een bar en een restaurant. De zelfverzorgingskeuken is uitsluitend voor groepen. Alle kamers zijn voorzien van douche, wc en wastafel. De voorzieningen voor scholen en groepen zijn uitstekend. Het huis biedt onder andere lesruimtes en natuureducatie-programma's. Op de kampeerweide vindt u een trekkershut en luxeuze seizoensplaatsen met individuele water- en stroomaansluitingen. Er is een speelplein voor de allerkleinsten, een speeltuin en een terras. Het huis is alleen beneden toegankelijk voor gehandicapten; er is geen lift. Fietsen zijn bij het huis te huur en er is een overdekte fietsenstalling. Er wordt een fietsarrangement van 2, 3 of 4 nachten aangeboden met volpension en o.a. lunchpakket, driegangenmenu, wijn, fiets/wandel-kaarten en toegang arboretum.

U kunt kiezen uit vele wandel- en fietstochten langs de Nederlandse grens en dagtochten naar Antwerpen. In de buurt liggen sportparken, atletiekbanen, een zwembad en een manege. De Kalmhoutse Heide is een prachtig natuurgebied. U kunt ook een tocht met een huifkar maken. In de directe omgeving ligt het arboretum: een wereldvermaarde verzameling van 6000 planten en bomen. Bezoek ook eens het Bosmuseum met vele oude werktuigen en een goed verhaal over het leven in de oude bossen van de Kempen. In de quarantainestallen moest al het vee dat vroeger ingevoerd werd, gekeurd worden door veeartsen voordat het vee het land in mocht. In dit unieke complex is nu een kunstgalerie, een permanente vlooienmarkt en een gezellig taverne. In de oude stellingmolen zit nu een bakkerij- en stoommuseum. Wandelaars kunnen het Vandersteenpad, vernoemd naar de beroemde striptekenaar, in Kalmhout lopen, te bereiken via het Natuurvriendenpad.

11x, 44x, Prijs op aanvraag
11x, 44x, Prijs op aanvraag
Prijs op aanvraag

Route

Vanuit Roosendaal richting Kalmthout, vlak over de grens ligt het huis. Vanuit Antwerpen snelweg E19 richting Breda, afrit Essen.

🐎 Van Roosendaal of Antwerpen naar station Essen, dan nog 1 km lopen.

🚜 🛏️ 🛶 🐟<10 ⛵<10 🏊

⛺ T 3x, 🚫, Prijs op aanvraag

Route
ℹ️ Vanaf kerk in Kalken richting Overmere. 2e straat links (Bosstraatje), eind van de straat schuin oversteken (rechts en onmiddellijk links) Scheestraat in.
🚂 Trein: naar Lokeren (10 km) of Wetteren (10 km) en bus tot Kalken. Mogelijkheid tot gratis afhalen.

KALKEN
Ruytenhof
Fam. Bombeke-Bossaerts
Scheestraat 41, 9270 Kalken (Laarne),
Oost-Vlaanderen
T 09-367 61 57
M 04-766 730 90
E lbombeke@tiscalinet.be
W www.ruytenhof.be
🗨 nl, fr, uk, de

Open: hele jaar 🛏️ (RES) verplicht [🍴]

Boerderij en omgeving
De monumentale 18de-eeuwse hoeve Ruytenhof ligt in het vruchtbare laagland van Oost-Vlaanderen in de beemden van de Schelde. Het is een kleine, zelfvoorzienende boerderij. De gastheer geeft op verzoek rondleidingen op het bedrijf.
Gasten kamperen op een klein kampeerterreintje op 300m van de boerderij. In de wei, vlakbij de dieren, is plek voor drie tenten. De camping is vooral geschikt voor trekkers.
U kunt begeleide huifkartochten maken. Langs zandwegen leert u op deze manier de geschiedenis van Kalken en Laarne kennen. U komt langs het kasteel van Laarne en u rijdt door de Kalkense Meersen. Ook is het mogelijk om uw eigen paard mee te nemen. Er wordt les gegeven in het rijden met aangespannen paarden of u kunt leren mennen. Voor mensen die gewoon lekker recreatief op een paard willen rijden is Ruytenhof ook de aangewezen plek.
In de omgeving zijn legio fiets- en wandelmogelijkheden. Op 2 km afstand ligt het natuurreservaat De Meersen. Het waterkasteel van Laarne is een van de best bewaarde middeleeuwse kastelen in België.

KLEIT
't Wilgenhof
Rita & Hugo Hendrickx
Pot en Zuidhoutstraat 4,
9990 Kleit (Maldegem),
Oost-Vlaanderen
T 050-71 53 66
F 050-71 92 43
E hendrickx.wilgenhof@skynet.be
W http://users.skynet.be/wilgenhof
🗨 nl, fr, uk, de, es

Open: hele jaar 🛏️ H 30m (RES) verplicht
♿ ⊠ [🍴]

Boerderij en omgeving
Deze gerestaureerde boerderij ligt tussen weilanden en landerijen, in de nabijheid van bos, kust, kanalen en het krekengebied van het Meetjesland. Op het kleinschalige bedrijf wordt vee gehouden. Verder verbouwt men groenten en fruit. De eigenaar houdt zich ook actief bezig met natuurbehoud en geeft op verzoek rondleidingen over de boerderij. Er is een natuurlijke waterzuivering.
De rookvrije kamers zijn comfortabel ingericht met antieke meubels en eigen sanitair. Twee kamers hebben een aangrenzende kinderkamer. Er is een gezellige gastruimte met open haard. Ook kunt u een appartement voor zes personen huren. Tijdens de zomer wordt zo vaak mogelijk in de tuin gegeten. De maaltijden

worden bereid met producten van eigen biologische teelt.
Op 1,5 km afstand ligt het grote Drongengoedbos en 8 km verderop het provinciaal domein Het Leem met een bosmuseum. Ook vlakbij vindt u natuurreservaat Het Zwin in Knokke-Heist, het belangrijkste schorren- en slikkengebied van België. In de buurt zijn veel bewegwijzerde fietsroutes; op de boerderij ligt toeristische informatie voor u klaar en zijn fietsen te huur. Cultuurliefhebbers kunnen een bezoek brengen aan Brugge (16 km) en Gent (25 km).

🛏️ 🍳 🐄 🐎 🏇 ┄┄20 🚲15
🏊10 🛶4 🎣5 ⚓ ┄┄10 ⛵5 🏊

🛏 5x, 🛏 18x, 1pkpn € 30-37,50, 2pkpn
€ 26-29,50 B&B
🏠 1x, 🛏 6x, hpw € 300-420

Route
ℹ️ Boerderij ligt 3,5 km van kerk van Kleit (deelgemeente van Maldegem). Vanuit Kleit staan er wegwijzers naar 't Wilgenhof. Routebeschrijving kan bij eigenaar worden aangevraagd.
🚂 Trein naar Brugge. Van daar bus naar Maldegem. Na afspraak gratis afhalen.

LEBBEKE
Kruidenboerderij De Bloeiende Gaarde
Rita De Proft & Paul Gillis
Bellestraat 55, 9280 Lebbeke,
Oost-Vlaanderen
T 052-41 14 39
F 052-41 14 39
E kruidenboerderij@hotmail.com
W www.kruidenboerderij.be
🗨 nl, fr, uk, de

Open: hele jaar ⊠ [🍴]

Boerderij en omgeving
De boerderij is al 275 jaar in het bezit van de familie. De typische hoogstam-

boomgaard, de zeldzaam geworden meidoornhaag, de knotwilgen en de rietkant aan de gracht zijn allemaal landschapselementen die de familie zorgvuldig in stand houdt. Er is tegenwoordig geen commerciële agrarische bedrijvigheid meer, maar men richt zich geheel op het kweken van kruiden en het organiseren van activiteiten op het gebied van kruiden en gezond leven.

Op de kruidenboerderij zijn twee appartementen: een kleine voor één of twee personen en een grote voor vijf personen. Beide zijn smaakvol en compleet ingericht met ligbad, douche, koelkast, magnetron, radio en televisie. Het grote appartement heeft drie aparte slaapkamers.

Lebbeke grenst aan Ros Beiaardstad Dendermonde. Andere interessante cultuursteden als Gent, Brussel, Antwerpen en Brugge zijn nabij. Er zijn tal van natuurgebieden in de buurt als Bellebroek (wandelen en fietsen), Donkmeer (eendenkooi en natuureducatief centrum), Vlassenbroekse Polder (plassen en moerassen) en Kravaalbos (middeleeuwse zandsteengroeven, beekjes en bronnen). Ook daarbuiten zijn diverse prachtige fietsroutes uitgezet. Kaarten zijn aanwezig op de accommodatie.

🛏3 🛋3 ⬡5 🛁15 🚿15 ⬡15 ⬡5 🔥8 ♨

🏠 2x, hpw € 60

Route

🅰 E17, afslag Sint-Niklaas/Dendermonde. Daarna N41 volgen tot in Lebbeke. In centrum van Lebbeke richting Wieze, daarna Denderbelle. Bellestraat 1,5 km van kerk.

🚆 Trein: van Brussel naar Dendermonde (1x per uur). Station op 2 km van boerderij, bushalte 200 m of taxi in Dendermonde.

LEKE

Huize 't Lappersfort
Luc & Marina Rosseel-Osaer
Moerestraat 34a,
8600 Leke (Diksmuide),
West-Vlaanderen
T 051-51 06 32
E lucmarina@pandora.be
🗨 nl, fr, uk

Open: hele jaar 🛥 ❎ ♞

Huis en omgeving

't Lappersfort ligt aan de rand van het dorp. Dit familiebedrijfje in opbouw zal in de toekomst biologisch gaan produceren. De eigenaren voelen zich verbonden met de natuur om hen heen en proberen hun pension zo milieuvriendelijk mogelijk te beheren. Ze telen groenten en fruit en houden pluimvee. Verder wordt er brood gebakken en van het eigen fruit maken ze confiture. Gasten kunnen hierbij helpen.

U logeert in een vakantiewoning, met woonkamer, veranda, compleet ingerichte keuken, drie slaapkamers, badkamer, garage en tuin. U kunt ook apart een kamer huren op basis van logies met ontbijt.

In de rustige, bosrijke omgeving is veel te ontdekken: u kunt wandelen in de grote Westpolder, de Oosthoek, de Fonteintjes en natuurreservaat De Blankaart. In de buurt ligt 450 km aan landelijke fietspaden, op de boerderij zijn voor de gasten zes fietsen beschikbaar. Verder kunt u een muizeltocht maken en kajakken op de IJzer. Tal van musea en gedenktekens herinneren aan de Eerste Wereldoorlog die hier diepe sporen heeft achtergelaten.

♨♨ ♨ ⚓ ⋯13 🚣10 ✂<10 ⬡<10 ♨

🛏 3x, 🛏 6x, Prijs op aanvraag
🏠 1x, Prijs op aanvraag

Route

🅰 E40, na Brugge richting Veurne/De Panne. Afslag Diksmuide. Na Diksmuide 7 km naar Leke. Vanuit centrum Leke naar Lekedorpstraat, daarna Lappersfortstraat richting Kockelare. Bij kruispunt Lappersfort Moerestraat in richting Keiem.

🚆 Trein: naar Diksmuide of Oostende en daar bus naar Leke. Halte ca 300 m van het huis.

LOPPEM

Hof van Steelant
Lucia Dewitte
Rijselsestraat 17, 8210 Loppem,
West-Vlaanderen
T 050- 59 96 80
E luciaenfons@hotmail.com
W www.hofvansteelant.centerall.com
🗨 nl, fr, uk

Open: hele jaar 🛥 ㊑ verplicht ❎ ♞

Hof van Steelant en omgeving

Aan de rand van het dorp Loppem in het Brugse Ommeland ligt de kasteelhoeve Hof van Steelant temidden van bossen en parken. Deze 18de-eeuwse kasteelhoeve wordt door de eigenaren beheerd namens de plaatselijke baron en barones. Het kasteel en het park dat bij de hoeve horen liggen op 500 m en zijn via een wandel- en fietspad te bereiken. De hoeve zelf heeft een grote tuin, weiden en een boomgaard. In de tuin wordt biologisch getuinierd en aan landschapsbeheer gedaan. Er worden koeien, schapen en kippen gehouden. De beheerder doet sociale projecten binnen de biologische landbouw.

U kunt in de hoeve logeren op basis van logies en ontbijt. U overnacht in een twee- of een driepersoonskamer. Als ontbijt krijgt u, naast eieren van de eigen kippen, zoveel mogelijk biologische producten, zoals zelfgebakken brood en eigengemaakte jam. Ontbijt wordt geserveerd in de gemeenschappelijk ruime eetkamer met houtkachel. De ruime badkamer met ligbad wordt gedeeld met de andere gasten. Er zijn veel eetgelegenheden op minder dan een kilometer. Speeltuigen voor kinderen zijn aanwezig.

De dorpskern van Loppem ligt op 500 meter. Het kasteel op het eigen terrein is ook te bezoeken. Gemarkeerde wandel- en fietsroutes lopen langs de accommodatie en langs kleine natuurreservaten. Naast het kasteel kan er getennist worden. In Loppem is een kuuroord (2 km) en een meer. In Beisbroekbos (5 km) is er een sterrewacht en op 2 km is er een Landbouwleer- en ontdekkingspad. De stad Brugge ligt op 5 km en heeft uiteraard van alles te bieden. Voor kinderen is er verder het Dolfinarium (5 km) en het Boudewijnpark (5 km). De kust ligt op 20 km.

| 2x, *♫* 5x, 1pkpn € 35, 2pkpn € 50-60 B&B

Route
🏠 Op aanvraag bij de accommodatie beschikbaar.
🚶 Op aanvraag bij de accommodatie beschikbaar.

't Donderswal
Lut & Johan Deman-Devreese
Hazewind 1, 8647 Lo-Reninge,
West-Vlaanderen
T 058-28 80 87
F 058-28 80 87
E demandevreese@hotmail.com
🗨 nl

Open: hele jaar ♥ (RES) verplicht [✕]

Boerderij en omgeving
In het vlakke land van de Westhoek ligt het biologische melkveebedrijf van de familie Deman-Devreese. De koeien grazen op de 50 ha grond rond de boerderij. De rauwe melk wordt in de coöperatieve kaasmakerij 't Hinkelspel te Gent verwerkt tot ambachtelijke kaas. Melk en eieren zijn op de boerderij voor gasten gratis te verkrijgen.

In de boerderij is een keurige vakantiewoning, waar u met negen personen in kunt verblijven. U heeft een eigen tuin, een barbecue, tuinmeubelen en een picknicktafel tot uw beschikking. De keuken is modern ingericht. Ecologische schoonmaakmiddelen zijn aanwezig. Op het dak van de boerderij zijn zonnepanelen geïnstalleerd en het huishoudelijk afvalwater wordt door middel van natuurlijke rietgrachten gezuiverd. Het is mogelijk om bedlinnen en fietsen ter plekke te huren. Onbijt kan op verzoek ook verzorgd worden.

Op het erf kunnen kinderen zich goed vermaken met het verzorgen van de dieren, de ruime zandbank, de fietsjes, go-cars, ping-pongtafel en schommels. U kunt heerlijk wandelen- en fietsen in de omgeving, excursies met een natuurgids maken, een kruidentuin of andere boerderijen bezoeken. Lo is een leuk stadje, waar in de zomer muziekavonden en beeldenroutes worden georganiseerd. In Diksmuide (10 km) vindt u de IJzertoren en de Dodengang en museum Westoria. In Veurne (15 km) is een Bakkerijmuseum. Op 18 km ligt Ieper met zijn oorlogsverleden.

🏠 1x, *♫* 9x, hpw € 275-375

Route
🏠 Vanuit Diksmuide (N35) richting Lo-Reninge (N364). De boerderij ligt voor Lo-Reninge aan de linkerkant. Zie bordje langs de weg.
🚶 Trein naar Diksmuide, dan bus naar Lo-Reninge. Daar afhalen mogelijk.

Christoforusgemeenschap
Roland Verstraete
Asselkouter 34, 9820 Munte,
Oost-Vlaanderen
T 09-362 76 08
F 09-362 05 57
E christoforus@moso.be
W www.christoforusgemeenschap.be
🗨 nl, uk, fr

Open: 1 jun-31 aug 🏇 🚣 [✕] 🐎

Accommodatie en omgeving
De Christoforusgemeenschap is een leef- en werkgemeenschap voor volwassenen met een mentale handicap. Zij wonen en werken er met hun begeleiders in twee volgens antroposofische inzichten gebouwde huizen en een studio. Er is een grote biologische moestuin en er wordt vee gehouden. Verder is er een handwerkatelier en een houtwerkplaats.

In de tuin naast het complex is plaats voor ongeveer vijf tenten. Het sanitair bevindt zich in het gebouw. U vindt hier ruimte en rust, maar als u wilt kunt u participeren in activiteiten met de bewoners.

De omgeving van Munte is zeer landelijk. Volop fiets- en wandelmogelijkheden door de heuvels van de Vlaamse Ardennen. Fietsen zijn op de accommodatie te huur. U kunt ook cultuur-historische wandelingen door de natuur maken, onder leiding van een gids. En natuurlijk is Gent dichtbij. Een historische plaats met een schat aan bezienswaardigheden, authentieke kroegen, winkeltjes en ander stadsvermaak.

⛺ T 5x, 🚐 3x, pppn € 2,50, ptpn € 3,50-4,50, pcpn € 6

Route

Vanaf E17, afslag Melle, richting Merelbeke. Vanaf E40, afslag Merelbeke. Vanuit Gent via N444 (Hundelgemsesteenweg) richting Merelbeke. Door Merelbeke steenweg blijven volgen. Bij linkse wegwijzer Munte, afslaan tot kerk van Munte. Bij de kerk rechtsaf. 1e Straat links, dan weer de eerste links. Het huis ligt aan uw rechterhand.

Trein vanuit Gent-St. Pieters richting Geraardsbergen, uitstappen in Moortsele. Vandaar ca 40 min lopen via Kasteelstraat. Afhalen (tegen vergoeding) of bus 52 vanuit Gent-Zuid. Informatie via de accommodatie.

NIEUWKERKE

De Kwelm
Janien Defieuw
Seulestraat 69, 8950 Nieuwkerke
(Heuvelland), West-Vlaanderen
T 057-44 66 31
M 04-747 186 68
E janien.defieuw@skynet.be
nl, uk, fr, de, es

Open: hele jaar (RES) verplicht ✈

Huis en omgeving

De Kwelm ligt in het Heuvelland van de Westhoek, 500 m van de Franse grens. De woning is zeer landelijk gelegen en omringd door een paar schapenweides, een boomgaard en een biologische moes- en siertuin.

In het huis is een vakantieappartement met eigen opgang ingericht. Het is geschikt voor maximaal zes tot acht personen. Er is een zitkamer met een volledig ingerichte keukenhoek, een badkamer en één of twee slaapkamers. Het appartement is comfortabel centraal verwarmd. Bed- en badlinnen moet u zelf meenemen. Bij de verbouwing is zoveel mogelijk gebruik gemaakt van ecologisch verantwoorde bouwmaterialen. U kunt één van de slaapkamers ook huren op basis van

logies met ontbijt. In de tuin ligt een zeer ruim en zonnig terras. U mag, als u dat leuk vindt, meehelpen met het tuinwerk. U kunt ook kennis maken met het ambachtelijk spinnen van schapenwol.

Het huis ligt op een flank van de brede Leievallei. U kijkt uit over de Westvlaamse en Noordfranse heuvels. Een streek met een verscheidenheid aan dorpen en landschappen, rijk aan natuur en wandel- en fietsroutes. Een streek ook die nog stil getuigt van haar geuzenverleden en van de Eerste Wereldoorlog. In Ieper (12 km), met het vredesmuseum In Flanders Fields en Poperinge (13 km) met het Talbot house komt u meer over deze tijd te weten. Culturele evenementen als de Zoetmarkt in Kemmel, het Folkfestival in Dranouter, de Poëziezomer in Watou en de Vredesconcerten in Passendale zijn zeer de moeite waard. Rijsel (Lille, 16 km) is een belangrijke Noordfranse stad met Vlaamse wortels, waar u volop stedelijk vermaak kunt vinden.

⚓ ⛵15 🦆7 🎣10 🏊

🛏 1x, ✐ 3x, Prijs op aanvraag
🏠 1x, ✐ 8x, Prijs op aanvraag

Route

A19, afslag 2a richting Komen Armentieres (N58). Vervolgens N336 richting Ieper, dan N38 richting Mesen en N314 richting Nieuwkerke. In dorp richting Belle volgen. Of A19, afslag 4 Ieper-Heuvelland, via Kemmel N331 naar Nieuwkerke, of via Dikkebus, Loker en Dranouter N375 naar Nieuwkerke.

Trein naar Ieper en van daar belbus van De Lijn (tel. 078- 15 11 15), uitstappen in Nieuwkerke halte Bureau Belge (200 m van huis). Op afspraak kunt u ook in Ieper worden afgehaald.

OOSTDUINKERKE

Natuurvriendencentrum Vissershuis
Westhinderstraat 13,
8670 Oostduinkerke, West-Vlaanderen
T 058-51 14 07
F 058-52 02 74
E vissershuis@natuurvriendenhuis.be
W www.nivon.nl
nl, uk

nivon

Open: hele jaar

Accommodatie, camping en omgeving

Het Vissershuis ligt in de Vlaamse Westhoek en biedt plaats aan max. 300 personen. Op het grote terrein zijn vijf studio's, 18 vakantiewoningen, 20 eenvoudige chalets, tien driepersoons kamers, drie slaapzalen en een kampeerterrein met drie sanitaire gebouwen. Zes Vakantiewoningen (tot acht personen) zijn toegankelijk voor minder validen. In het oorspronkelijke vissershuisje zijn een bar en een restaurant. De zelfverzorgingskeuken is uitsluitend voor groepen. Ontbijtbuffet is verplicht. Lunchpakketten kunnen besteld worden en 's avonds worden er dagmenu's aangeboden. Vegetarische- en dieetmaaltijden op aanvraag. Ook groepen kunnen hier goed terecht. Voor hen is er een jongerenhome en een groot aantal werk- en vergaderruimten.

Vanuit het huis zijn verschillende wandelroutes te lopen, door de duinen, over het strand en door de polder (8, 8 en 13 km) en drie wandelzoektochten (8 km) en twee fietszoektochten (20 en 40 km). Zwemmen kan in zee (3 km), en in de zwembaden in Oostduinkerke en Koksijde. Er is een minigolfbaan en er zijn drie maneges. Strand- en kusttoerisme trekt de meeste mensen naar deze streek, maar ook de West-Vlaamse heuvels zijn meer dan één bezoek waard. Met de kusttram kunt u langs de hele Vlaamse kust doorreizen van Cadzand aan de grens tot Oostduinkerke. Dit plaatsje bij de Franse grens heeft naast het brede strand ook duinreservaten en u kunt er garnalenvissers te paard tegenkomen. De Westhoek, vlakbij Frankrijk, heeft veel te bieden. Rond Diksmuide heten boeren u welkom op hun bedrijven, zoals in het Kakelende Kippenmuseum. De streek is vooral bekend door Lakensteden als Ieper. Het gebied rond deze stad is zwaar getekend door WO I. Talloze begraafplaatsen en monumenten herinneren aan de veldslagen. Nu draagt de Westhoek de vredesboodschap uit. De medewerkers van het Vissershuis hebben meerdere programma's klaarliggen voor natuurontdekkingstochten en milieueducatie. Ook tochten met een huifkar zijn mogelijk.

🛏 30x, 🛌 110x, 2ppn € 19 B&B
🏠 23x, 🛌 140x, Prijs op aanvraag
🏨 🛏2x, 🛌 60x, Prijs op aanvraag
⛺ Prijs op aanvraag

Route
🚗 E40 richting Nieuwpoort, afrit 2:Oostduinkerke. Tweede verkeerslicht links, na 1,5 km rechts.
🚃 Vanaf station Oostende kusttram naar Oostduinkerke. Vanaf hier nog 15 minuten lopen.

RUISELEDE

Den Drempel en Reedpool
Geneviève van Pottelsberghe & Marie Stevens
Brugse Steenweg 82, 8755 Ruiselede (Doomkerke), West-Vlaanderen
T 051-68 95 82
F 051-68 95 82
M 04-976 315 75
E reedpool@tiscali.be/ reedpool@scarlet.be
W www.eurorelais.com
📞 nl, fr, de, uk

Open: hele jaar⛺ 1 apr-31 okt 🍴 ℝ 🐾

Landhuis en omgeving
Dit landhuis in Engelse stijl van de jaren twintig is omringd door een mooie tuin. Hier worden diverse soorten biologische groenten en fruit geteeld en er zijn allerlei dieren. Het huis heeft een eigen, kleinschalige waterzuiveringsinstallatie. De eigenaren houden van een landelijk en

eenvoudig leven; overbodige luxe is hier ver te zoeken.
In de tuin is plaats voor twee tenten en een caravan. In het landhuis is een appartement voor tien tot 12 personen ingericht. Op hetzelfde terrein staat nog een groter huis te huur voor max. 25 personen. Beide huizen samen zijn ook te huur voor bijvoorbeeld een familiereünie. Groepen boeken via Eurorelais en individuen kunnen contact opnemen met de eigenaren.
In de bosrijke omgeving zijn veel mogelijkheden om te fietsen en te wandelen. U vindt hier twee natuurreservaten op ongeveer 1 km afstand: Gulke Putten en Vorte Bossen. In de buurt zijn vier fietsroutes uitgezet. Ook in cultureel opzicht kunt u uw hart ophalen. Het molendorp Ruiselede is rijk aan overblijfselen van middeleeuwse tempeliershoeven en windmolens, waarvan sommige toegankelijk zijn voor het publiek. Het prachtige kasteel van Poeke in Franse renaissancestijl met bijbehorend park, het stadscentrum van Tielt met vele historische bezienswaardigheden, het kasteel van Beernem met kruidentuin en het bloemendorp Kanegem zijn zeer de moeite van het bezoeken waard. Voor meer cultuur en vermaak kunt u naar Brugge (20 km), Gent (35 km), Roeselare (25 km) en de kust (35 km).

🚴 🚣 🎣 🏊15 🎿15 🏌8 🐾8

🏠 2x, 🛌 37x, Prijs op aanvraag
🏨 🛌 37x, Prijs op aanvraag
⛺ T 2x, 🚐1x, 🍴, ppn € 6,5, ptpn € 3

Route
🚗 Op E40 afrit Aalter of Beernem. Bij kerk van Ruiselede richting Doomkerke. Na ca 5 km op Brugse Steenweg, bij bord Den Drempel, rechts Eikenlaan inrijden. Na 300 m landhuis.
🚃 Trein: van Gent of Brugge naar Maria-Aalter (1x p.u.). 4 km tot huis. Belbus is mogelijk vanaf station Aalten.

SAUTIN

Domaine des Bruyères
Francis Thille-Clavie
Rue de France, 15, 6470 Sautin, Henegouwen
T 060-45 67 40
F 060-45 67 40
M 04-758 744 59
E francis.thille@laposte.net
📞 fr, uk

Open: hele jaar 🐾 (RES) verplicht 🍴 🐾

Boerderij en omgeving
De omgeving van Domaine de Bruyères is met zijn heuvels en meren een nog tamelijk onontdekt toeristisch gebied. Het is er groen en heerlijk rustig. De eigenaars hebben een chambre d'hotes, oftewel logies met ontbijt. Daarnaast houden zij 15 melkkoeien. Van de melk wordt volgens biologische principes boter gemaakt, die aan huis wordt verkocht. Er is een conferentieruimte in aanbouw, die gebruik zal worden tijdens toeristische arrangementen, waarbij de natuur centraal staat. Het gebouw is grotendeels uit duurzame materialen vervaardigd. De gastvrouw wil in de toekomst ook haar eigen brood gaan bakken in een houtoven.
In het woonhuis zijn een tweetal gastenkamers beschikbaar. De kamers zijn met veel hout afgewerkt en zien er netjes uit. U kunt gebruik maken van de luxe badkamer. De gastvrouw serveert een ontbijt met zoveel mogelijk eigen en regionale producten.
Er kan in de buurt goed gewandeld worden; er zijn tal van uitgezette wandelroutes. Ook is er een ecologische wandeling in een nabijgelegen bos. U kunt zelf of met een gids op pad. Fietsen kan ook, maar is wat zwaarder in de heuvels. Verder zijn de meren en het kasteel van Chimay een bezoek waard.

B
L

⚓ 🚣 ⛱ 🏊 🏡 🔍 ⊃ ▲ ⚓
🚲 🏍 🐾 ⛷

▦ 2x, ✈ 4x, Prijs op aanvraag

Route

🚗 N53 richting Chimay. Afslag Sautin. In het bord staat een bord Domaine de Bruyères. Rechtdoor aanhouden en u ziet de accommodatie aan uw linkerhand.

🚆 Trein naar Charleroi (30 km). Van daar een bus.

SCHORISSE

Git(e)ane
Christa Hamerlinck
Arthur Odevaertstraat 5,
9688 Schorisse (Maarkedal),
Oost-Vlaanderen
T 055-45 67 53
F 055-45 70 32
E info@giteane.be
W www.giteane.be
🗨 nl, fr, uk, de

Open: hele jaar (RES) verplicht [✉]

Boerderij en omgeving

Deze authentiek gerestaureerde, laat 18de eeuwse vierkantshoeve is gelegen in een oase van rust, op een van de hoogste heuvels van de Vlaamse Ardennen. Gasten kunnen meehelpen met broodbakken in de houtoven of met het verzorgen van de ezels.

De gasten verblijven in een vierpersoonskamer of in een zes- of achtpersoons gîte. Het geheel kan worden gehuurd voor groepen tot 18 personen, maar u kunt ook op een van de kamers apart met hotelservice overnachten. Alle maaltijden worden zoveel mogelijk bereid met groenten uit de biologische moestuin, vlees van de boerderij en producten van landbouwbedrijven uit de omgeving. Er worden ook streekgerechten geserveerd. U eet gezamenlijk met het gastgezin aan de lange boerentafel. Fietsen zijn ter plaatse te huur.

Git(e)ane biedt u de gelegenheid om ezeltochten te maken. Verder kunt u een bezoek brengen aan de watermolen, een geitenboerderij en de ambachtelijke bierbrouwerij in de omgeving. Er zijn speciale programma's voor verstandelijk gehandicapte gasten en voor groepen. In de omgeving zijn tal van fiets- en wandeltochten uitgezet, die u door de stilte van de kouters met wijdse vergezichten voeren. Kunstliefhebbers kunnen naar Oudenaarde, Gent en Doornik en Aubechies is voor geïnteresseerden in archeologie de moeite waard.

⚓ 🍽 ⛱ 🏊 ✈ 🚤10 ⛷15 🎿10
🔍10 🐾5

▦ 1x, ✈ 4x, Prijs op aanvraag
🏠 3x, ✈ 18x, Prijs op aanvraag
🏛 ✈ 18x, Prijs op aanvraag

Route

🚗 Vanuit Schorisse-dorp richting Ronse; na ca 1,5 km links, richting Vloesberg. Links aanhouden tot kapelletje, hier links, Odevaertstraat. Vanaf Schorisse kunt u gele bordjes met 'Git(e)ane' volgen.

🚆 Trein: naar Oudenaarde. Afhalen na afspraak.

SINT-ANTELINKS

De Mutsaard
Dirk De Wolf & Leen Hanssens
Mutsaardstraat 48,
9550 Sint-Antelinks, Oost-Vlaanderen
T 054-50 18 47
F 054-50 08 47
E dirk@mutsaard.be
W www.mutsaard.be
🗨 nl, uk, de, fr, it, es

Open: hele jaar H 70m

Hoeve en omgeving

Het landelijke dorpje Sint Antelinks ligt in Zuidoost Vlaanderen, aan de rand van de Vlaamse Ardennen. Tussen de heuvels en de weilanden ligt de gerestaureerde voormalige hoeve. De bijbehorende schuur is op creatieve wijze tot een gezellige en comfortabele vakantiewoning voor acht personen verbouwd. Daarbij heeft men gebruik gemaakt van duurzame en milieuvriendelijke materialen, muur- en vloerverwarming en een tegelkachel. De waterzuivering gebeurt met een helofytenfilter.

De woning heeft een woonkamer, een grote, compleet ingerichte open keuken, een badkamer en drie slaapkamers. Er is een terras aan de binnenplaats en vanuit het huis heeft u een fantastisch uitzicht op de grote tuin en de omringende velden. De tuin heeft een kikkerpoel en een natuurlijke vijver.

Sint Antelinks ligt in een klein beschermd natuurgebied waar mooie wandelingen gemaakt kunnen worden. Ook fietsers kunnen in de omgeving prachtige tochten maken. Kaarten en informatie zijn op de hoeve beschikbaar en voor de gasten zijn er gratis fietsen. De authentieke Vlaamse sfeer kunt u proeven in stadjes als Ninove, Zottegem, Geraardsbergen en Aalst.

🚲 ✈ 🚤10 ⛷12 🎿10 🔍6 🎿10
🎿10

🏠 1x, ✈ 8x, hpw € 390-500

Route

🚗 E40, afslag Wetteren. N42, afslag het Schipken, richting St-Lievens Esse/Herzele. Bij kerk St-Lievens Esse rechts St-Antelinks. Na ca 2 km 1e straat links.

🚆 Trein naar Herzele, vandaar bus naar St-Antelinks. Uitstappen St-Antelinks dorp. 1,5 km naar accommodatie. Op verzoek kunt u worden afgehaald.

SINT-LIEVENS-HOUTEM
Geitenboerderij De Volle Maan
Kathelijne de Clercq & Bart de Beck
IJshoute 70, 9520 Sint-Lievens-Houtem,
Oost-Vlaanderen
T 09-362 31 55
F 09-362 31 55
E bartdebeck@busmail.net
W www.devollemaan.be

≈ nl, fr, uk

Open: hele jaar ♥ H 30m ⓇⒺⓈ verplicht
⊠ 🐕

Boerderij en omgeving
In het vlakke achterland van Gent ligt in
het rustige dorp Sint-Lievens-Houtem
de biologische geitenboerderij De Volle
Maan. Hier wordt rauwe melk van de
250 geiten verwerkt tot 20 verschillende
soorten biologische kazen. Dit gebeurt
volgens een zo authentiek mogelijke methode; de kazen kunt u kopen en proeven
op de boerderij. Kinderen kunnen meehelpen met het melken van de geiten. In
de toekomst wil het bedrijf gaan werken
met een eigen waterzuiveringssysteem
en zonnepanelen.
U overnacht in het zeer recent gerenoveerde vakantiehuis op het erf. Dit huis
is gebouwd met ecologische bouwmaterialen (o.a. leem) en biedt plaats aan zes
personen. Het volledig biologische ontbijt
is bij de huurprijs inbegrepen; een bijzondere service in een vakantiehuis. Ook voor
het gebruik van de fietsen en het bedlinnen betaalt u niets extra. Het vakantiehuisje heeft een eigen terras en tuintje.
In de omgeving van de boerderij kunt u
heerlijk fietsen, het is hier namelijk vlak.
Er zijn verschillende fietsroutes. In Ketberg
(3 km) en Leeuwergem (4 km) zijn kastelen te zien. In Heusden (10 km) vindt u het
familie- en recreatiepark Harry Malter. De
historische plaats Oudenaarde (22 km) en
de stad Gent (20km) zijn aanraders. Op 25

km van de accommodatie liggen heerlijke
bossen om in te wandelen.

⛲ ⛵ ⚓ 🚣7 🎣8 ✕15 🎯8

🛏 1x, 🛋 6x

Route
🅰 E40 vanuit Gent, afslag Wetteren. Rechts afslaan, Steenweg aanhouden. Passeer twee kruis-
punten met stoplichten; bij 3e kruispunt zonder
stoplichten links. Dit is Yshoute, de boerderij ligt in
een van de bochten.
🚌 Vanuit Gent (St.Pieters) trein naar Geraadsber-
gen; uitstappen in Balegem. Of vanuit Gent bus
richting Herzelé, uitstappen halte Swessestraat.

SINT-PIETERS-KAPELLE
De Rasbeekhoeve
Geert & Hilde Gommers-Vangossum
Halvemaanstraat 4,
1541 Sint-Pieters-Kapelle,
Vlaams-Brabant
T 02-768 01 32
≈ nl, fr, uk

Open: hele jaar H 60m ⓇⒺⓈ verplicht
⊠ [🐴]

Boerderij en omgeving
De hoeve, waarvan het oudste gedeelte
uit 1827 dateert, ligt tussen de weilanden
in het zuidwesten van het Pajottenland.
De boerderij is niet meer in bedrijf maar
de moestuin en de siertuin worden volgens ecologische principes beheerd.
Op de vroegere hooizolder van de hoeve
is een appartement ondergebracht,
bestaande uit twee slaapkamers, een
badkamer en een ruime woonkamer met
kook- en eetgedeelte. De gasten kunnen
naar wens een gedeelte van de tuin ter beschikking krijgen. U kunt het appartement
in zijn geheel huren, maar ook een enkele
slaapkamer, eventueel op basis van logies

met ontbijt. Er zijn drie kinderbedjes beschikbaar, die op de kamers bijgeplaatst
kunnen worden. Op verzoek kunt u 's
avonds een heerlijke warme maaltijd
krijgen, klaargemaakt met de verse ingrediënten uit de biologische tuin.
De omgeving vormt een ware uitnodiging
tot wandelen en fietsen. Bijvoorbeeld de
Ter Rijsroute (39 km), de Markroute (46
km) en de Valleitjesroute (31 km). Wandelaars kunnen in West-Pajottenland kiezen
uit zeven wandelingen tussen 5 en 10 km.
Informatie over de routes is op de hoeve
beschikbaar. Het natuurreservaat Raspail-
lebos is vlakbij. In Geraardsbergen (10 km)
vindt u tal van historische gebouwen,
heerlijke 'mattetaarten' en natuurlijk 'de
Muur'. Cultuur en vermaak vindt u verder te over in Brussel (40 km) waar u een
treinritje van 25 min vanaf bent.

⛲ 🍽 ⚓ 🚣15 ⛵5 🎣5 🎿10
🛶10 ⛷

🛏 2x, 🛋 5x, 2ppn € 25
🛏 1x, 🛋 6x, hpw € 375

Route
🅰 Bij de kerk van Sint-Pieters-Kapelle (deelgemeente van Herne) licht bergopwaarts de Manhovestraat
in. De Halvemaanstraat, waar de hoeve ligt, bestaat
uit aparte gedeelten. 1e straatje links na ong 150
m niet inslaan. Pas 500 m verderop, op T-kruising,
linksaf. Aan einde van dit doodlopend stukje Halvemaanstraat ligt de hoeve.
🚌 Trein tot station Edingen/Enghien (7 km),
daarna bus tot kerk Sint-Pieters-Kapelle (500 m). Na
afspraak kunt u worden afgehaald.

VIANE
Hof ter Wilgen
Judith Postelmans
Maroiestraat 10, 9500 Viane
(Geraardsbergen), Oost-Vlaanderen
T 054-58 97 38
F 054-58 97 38
M 04-733 130 47
E hofterwilgen@scarlet.be
W www.hofterwilgen.be.tf
≈ nl, fr, es, uk, de

Open: hele jaar ⛷ 1 apr-31 okt H 40m ⓇⒺⓈ
verplicht ⊠ 🐕

B
L

Boerderij en omgeving

Hof ter Wilgen is zeer rustig gelegen te midden van akkers en weiden, op de rand van het stiltegebied van Dender en Marke, in de schaduw van de Oudenberg. Het oudste gedeelte van de hoeve dateert uit 1890. De weide is omringd door zo'n 50 knotwilgen. In de moestuin worden biologische groenten en fruit voor eigen gebruik gekweekt. De natuurliefhebber kan hier genieten van het gezoem van bijen in de bloemenweide of van een zwerm mussen die op een zonnige dag een bad komen nemen aan de rand van de vijver. Er zijn twee kamers te huur. U kunt hier ook kamperen op een van de vijf staanplaatsen; er zijn elektriciteitsaansluitingen voor caravans. In huis mag niet gerookt worden en huisdieren worden niet in de woning toegelaten. Er worden op verzoek biologisch/vegetarische maaltijden geserveerd en u kunt u laten verwennen met een heerlijke, ontspannende massage.

De landelijke omgeving biedt goede mogelijkheden voor wandel- en fietstochten. Bossen op 6 km afstand. Ook zijn er volop mogelijkheden voor culturele uitstapjes. De stad Geraardsbergen heeft onder meer een 14de-eeuws stadhuis in neogotische stijl en de oudste Manneke Pis van België. De Oudenberg en De Muur van Geraardsbergen zijn bekend in wielerkringen. Grotestadsvermaak in Gent en Brussel, beide op zo'n 50 km afstand.

🏞️ 🍽️ 🚲 ✈️ 🛏️ 🚉7 🚋10 🔍10
✕1 🛏️10 🍴10 🚌10 🚣1 🏊

🛏️ 2x, 🚿 4x, 1pkpn € 30, 2pkpn € 24
B&B
⛺ T 4x, 🚐1x, 🏕️, ppn € 3, ptpn € 4, pcpn € 6

Route
🅰️ Bij kerk Viane richting Edingen. Na ca 1 km 1e

straat rechts (Embekestraat), aan het einde links (Maroiestraat).

🚆 Trein: vanuit Gent naar Geraardsbergen. Vandaar belbus (halte op 600 m van boerderij). Na afspraak gratis ophalen. Vanuit Brussel via Edingen naar Geraardsbergen. Uitstappen in Viane/Moerbeke.

VLOESBERG

Het Leemhof
Erik Telen & Gerd Suy
Potteree 26, 7880 Vloesberg (Flobecq),
Henegouwen
T 068-44 81 15
E erik.gerd.telen@skynet.be
💬 nl, fr, uk, de

Open: hele jaar 🍴 (RES) verplicht 🐾

Boerderij en omgeving

Vloesberg, gelegen net over de taalgrens in de Vlaamse Ardennen, maakt deel uit van het beschermde landschap Pays des Collines. De streek wordt gekenmerkt door beukenbossen, weilanden en akkers, met oorspronkelijke landschapselementen als houtwallen, knotwilgen en holle wegen. Op een terrein van 1 ha probeert de gastfamilie met een groentetuin, fruitbomen en kleinvee in de eigen behoeften te voorzien. Gasten kunnen met de familie broodbakken in de houtoven en meehelpen met de zuivelbereiding.

De vrijstaande vakantiewoning is opgetrokken uit traditioneel vakwerk (houtskelet met lemen wanden) en voorzien van alle comfort. Het huis is aangesloten op een eigen waterzuivering met rietveld en heeft een omhaagde tuin en een eigen parkeerplaats. Op verzoek wordt het ontbijt geserveerd.

De omgeving biedt veel mogelijkheden voor fietsers en wandelaars. In Elezelles is de werkende molen (Du Cat Sauvage) te bezichtigen en in Pipaix de stoombrouwerij Dits. Bezoeken aan het Agrarisch Muse-

um in La Hamaide en het Arduinmuseum in Ath zijn aanraders.

🏞️ 🚴 🛏️12 🚋10 🔍3 ✕3 🚌8
🏡2 🏞️

🏠 1x, 🚿 6x, Prijs op aanvraag

Route
🅰️ N57 Ronse-Lessines tot centrum Flobecq, bij verkeerslichten naar N (langs postkantoor). Na 3 km 1e straat links (Potteree).

🚆 Trein Lessines of Geraardsbergen (beide 13 km). Afhalen vanaf deze stations gratis. Vanuit Lessines ook bus tot Flobecq-centrum.

WATOU

B&B Cortewyle
Fam. Parmentier-Vandendriessche
Steenvoordestraat 3, 8978 Watou,
West-Vlaanderen
T 057-38 88 40
F 057-38 88 40
M 04-725 557 03
E cortewyle.watou@skynet.be
W www.cortewylewatou.be
💬 nl, uk, fr, de

Open: hele jaar H 18m ® 📧 🐾

Huis en omgeving

Het 100 jaar oude, bescheiden herenhuis staat in een rijtje midden in het Westhoekse dorpje Watou. De specialiteiten van deze accommodatie vindt u binnen. Het hele huis is met duurzame en energievriendelijke materialen verbouwd. Er zijn bijvoorbeeld isolatie van gemalen kranten, hennepleister, wandverwarming en natuurverven toegepast. Voor de gastvrouw en -heer is reizen, sinds zij vier kinderen hebben, niet meer zo gemakkelijk. Vandaar dat zij nu de reizigers onder hun eigen dak uitnodigen. Hun motto daarbij is dat een goed bed, een proper toilet en wat streekeigen huiselijkheid, de basis vormen van een geslaagde reis.

In het huis hebben de gasten de beschikking over een twee-, drie-, en een vierpersoonskamer. Elk met eigen douche en toilet. De gastvrouw serveert 's morgens een biologisch 'in-de-wolken' ontbijt in de gemeenschappelijke eetkamer. Deze kamer dient meteen als streekbibliotheek, waar u alle mogelijke informatie vindt over hetgeen de omgeving aan historie, cultuur en natuur te bieden heeft. De gastheer is actief natuurgids en organiseert natuurtochten door oa de West-Vlaamse bergen en de IJzervlakte.

In de omgeving is veel aan natuur en cultuur te beleven. U vindt er op een boogscheut afstand de moerassen van St. Omer, de stroom van de IJzer en het natuurgebied van Blankaart. Prachtig om te wandelen en fietsers kunnen hier al hun tandjes uitproberen! Maar ook voor een bierliefhebber is er veel te genieten: er zijn drie brouwerijen die samen 20 verschillende bieren brouwen. Watou is een levendig dorp, waar jaarlijks een poëziezomer wordt georganiseerd, met kunstwandelingen langs particuliere woonkamers. En elke drie jaar vindt er een Gregoriaans festival plaats.

🏊 🚲 🛥8 ☝10 ✕10 ➹20 ⚓

🛏 3x, ⚡ 9x, 1pkpn € 32, 2pkpn € 50
B&B

Route
🚗 Vanaf Antwerpen E17, afslag Kortrijk. Dan A19 naar Ieper, vervolgens N38 Poperinge en vandaar R33 en N308 naar Watou.

🚂 Trein Poperinge. Vandaar bus naar Watou, uitstappen marktplein, 200 m van accommodatie.

Klokhofstede
Nadia Meziane & Johan Devreese
Pardoenstraat 12, 8460 Westkerke
(Oudenburg), West-Vlaanderen
T   059-51 92 21
F   059-51 92 21
M 04-733 926 70
E   johan.devreese@tijd.com
W www.klokhofstede.be
🍃 nl, fr, uk

Open: hele jaar ♥ (RES) verplicht

Boerderij en omgeving
Aan de rand van het dorpje Westkerke, vlakbij de Vlaamse kust, ligt de gerenoveerde hoeve Klokhofstede. In de nieuwe stal staan 250 melkgeiten. Hun melk wordt elders tot biologische kaas verwerkt. Op het land wordt afwisselend gras-klaver, mais en graan geteeld. Naast de indrukwekkende bomenrij op het land zijn er plannen voor een natuurlijke camping. Ook een zorgboerderij behoort tot de mogelijkheden. U bent uiteraard welkom om het bedrijf te bezichtigen.

U verblijft in de vakantiewoning naast het huis van de uitbaters. Het is geschikt voor zeven personen. De woning is vanaf 2005 gerestaureerd tot vakantiewoning en is dus geheel nieuw en comfortabel. De buitenkant van het huis ademt nog de rustieke sfeer van de hoeve. De gîte heeft twee verdiepingen, een eigen terras en is geschikt voor zeven tot negen personen. In het huis van de eigenaren is eventueel nog een kamer beschikbaar voor twee extra gasten. Ecologische schoonmaakmiddelen zijn aanwezig. Er is een grasveldje naast de boerderij om te voetballen en fietsen zijn gratis beschikbaar. Eieren en verse geitenmelk zijn gratis verkrijgbaar.

Op het land rond de boerderij of in de omgeving kan heerlijk gewandeld worden. Er zijn verschillende wandelroutes. Fietsen

is ook prima te doen vanwege het vlakke landschap. De zee ligt op 9 km. In Brugge (15 km) vindt u het bos van Tillegem, het Dolfinarium, het Diamantmuseum en natuurlijk kant en chocolade. In Oostende (10 km) is het Museum voor Schone Kunsten.

🚲 ☝ ⋯9 🚲2 ✕ 🎣9 ⚓

🏠 1x, ⚡ 7-9x, hpw € 200-450

Route
🚗 Vanuit Brugge N367 richting Gistel. In Westkerke-dorp bij de stoplichten linksaf, daarna de eerste straat rechts. Dit is de Pardoenstraat.

🚂 Trein naar Brugge of Oostende. Vandaar gaan er rechtstreeks bussen naar Westkerke.

Hulhove
Eddy Desmedt
Westouterstraat 5, 8954 Westouter
(Heuvelland), West-Vlaanderen
T   057-33 85 80
F   057-33 85 80
E   nadinepillaert@skynet.be
🍃 nl, uk, de, fr

Open: hele jaar ♥ ♿ [👤]

Boerderij en omgeving
De eigenaren van dit biologische melkveebedrijf zoeken naar een bedrijfsvoering die in harmonie is met het landschap en de natuur. Sinds zij biologisch telen, hebben zij de voldoening in het boerenbedrijf weer teruggevonden. Er worden melkkoeien, schapen en zeldzame Belgische hoenders zoals de Vlaamse gans, de Dendermondse eend en de Zottegemse hoen gehouden. Verder telen ze voornamelijk veevoedergewassen. Bij de hoeve ligt een wilde tuin met vijver, omzoomd door gemengde hagen.

B
L

Op de boerderij zijn twee vakantiewoningen, elk met eigen opgang, één woning voor zes personen met twee slaapkamers en één voor tien personen met drie slaapkamers. Elke woning heeft een zithoek, een volledig ingerichte keuken, badkamer en centrale verwarming.

De Vlaamse Heuvels vormen een vriendelijk, heuvelachtig landschap met talrijke wandel- en fietspaden. In de buurt zijn fietsen te huur en kunt u paardrijden. De Kemmelberg, de Rodeberg en de Zwarteberg zijn fraaie natuurgebieden. Het natuurreservaat De Hoge Blekker heeft een uitkijkpost op het hoogste duin van de Belgische kust. Op 3 km van de boerderij vindt u een openluchtzwembad en 3 km verder kunt u overdekt zwemmen. Kaarten van de omgeving zijn beschikbaar op de boerderij. Voor de cultuurliefhebber zijn Calais, Rijssel, Ieper en Brugge vlakbij.

🏠 2x, ⚐ 16x, hpw € 250-340

 ⫟2x, ⚐ 16x

Route

⚠ Van Poperinge N304 tot Reningelst, daar N315 tot Westouter. Vanuit centrum 1 km richting Reningelst.

🚌 Bus of trein: naar Ieper of Poperinge, daar 4x p.u. bus naar Westouter. Halte 300 m van de boerderij. Of Belbus; deze stopt dagelijks bij de kerk. Inl. bij De Lijn: 078-15 11 15.

Gîte rural Amandine
Chantal van Pevenage
Rue Principale 5, 6953 Ambly,
Luxemburg
T 84-21 48 98
F 84-21 48 98
E chantal.vanpevenage@swing.be
W www.giteamandine.be
🗨 fr

Open: hele jaar H 280m (RES) verplicht

Gîte en omgeving

In het rustige dorpje Ambly, temidden van beboste heuvels, liggen de Gîtes Panda en Amandine. De vakantiewoning is ondergebracht in de stallen van de negentiende-eeuwse boerderij. De eigenaresse is natuurgids en verbouwt in haar grote tuin, waar ook de gasten kunnen verblijven, biologische groenten en kruiden. In de tuin worden bijen, pony's en koeien (oud ras) gehouden. Ook is er een hoogstam fruitboomgaard en een paddenbroedplaats. Regenwater wordt hergebruikt. De eigenaresse vertelt u graag meer over de tuin, bodem- en plantkunde, de omgeving en de geschiedenis van het gebied.

De vakantiewoningen zijn eenvoudig ingericht. 'Amandine' heeft een woonkamer (met slaapbank) en een slaapkamer met tweepersoonsbed. Het is een twee- tot vierpersoonshuisje, speciaal geschikt voor gehandicapten met aangepast sanitair en alles gelijkvloers. Huisje 'Amande' heeft drie tweepersoonsslaapkamers en een eenpersoonskamer en is geschikt voor zeven personen. De gîtes maken gebruik van waterzuivering en zonnepanelen.

In de glooiende en groene omgeving kunt u heerlijk wandelen. Er zijn veel bewegwijzerde wandelpaden vanaf de vakantiewoning, informatie hierover is te vinden in de woning. De meeste wandelingen gaan door het bos van Nassogne (3 km) en van Saint Hubert (9 km). In Saint-Hubert is ook een wildpark en in Nassogne kunt u een biologische boerderij bezoeken. In Rochefort (10 km) en Han-sur-Lesse (20 km) zijn er grotten en overal in de omgeving en kan er naar hartelust aan buitensport worden gedaan. Het Kantmuseum in Manche (10 km) en het Klokkenmuseum van Tellin (10 km) zijn een bezoek waard.

🔥15 🚗10 🔍3 ✕3 🎣6 🏹10

🏠 2x, ⚿ 11x, hpw € 220-390

Route

🔼 Vanuit Luik of Namen richting Marche-en-Famenne. N86 richting Rochefort. Afslag N849 richting Forrières, Saint-Hubert en daarna afslag N889 Ambly volgen. Dorp Ambly door en aan het eind van de hoofdstraat aan uw rechterhand vindt u gîte Amandine.

🚆 Trein naar Jemelle (7 km). Hier bus naar Ambly of afhalen op afspraak.

La Ferme en Rose
Ronny Van de Velde
Neffe 106, 6600 Bastogne, Luxemburg
T 061-21 42 09
F 061-21 42 09
E ferme.rose@swing.be
🗨 nl, fr, uk

Open: hele jaar ⛺ 15 apr-1 nov

Boerderij en omgeving

De 150 jaar oude watermolen van natuursteen ligt langs het riviertje de Wiltz, dat het 6 ha grote terrein rond de boerderij doorkruist. De van oorsprong Vlaamse eigenaren zijn hier een kleinschalige geitenboerderij begonnen, waar ook geitenkaas gemaakt wordt. U kunt allerlei soorten biologische geitenkaas kopen. Er is ook een cafetaria, waar u iets kunt drinken (geen eten).

U kunt hier kamperen en een appartement voor zes tot acht personen huren. Ook is er een groepsaccommodatie voor 20 tot 60 personen beschikbaar. Soms wordt deze ruimte aan scoutinggroepen verhuurd en zijn er spelende kinderen op het terrein.

Het landschap is zacht glooiend, met hier en daar bebossing. De omgeving is zeer geschikt voor lange wandelingen en fietstochten; in de omgeving zijn routes uitgezet. Fietsen zijn op de boerderij te huur. Voor de echte klimfietser is er natuurlijk de klassieker Luik-Bastenaken-Luik. Het prachtige natuurgebied Paradis du Sûre en de Vallée du Bru de Menu Bois zijn dichtbij; evenals de historische steden Clervaux, Vianden en Bastogne. U kunt een rondrit (60 km) maken langs de belangrijkste plaatsen van het Ardennenoffensief. Op 6 km afstand ligt het Groothertogdom Luxemburg. Op de boerderij is verdere toeristische informatie aanwezig.

🌊15 🚗3 🔍3 ⚓<10 🎣<10 🏹3
❄5 🏔

🏠 2x, ⚿ 68x, hpw € 150-300
🏠 ⛺2x, ⚿ 60x, Prijs op aanvraag
⛺ T 4x, 🚐 2x, pppn € 4

Route

🔼 Vanaf centrum Bastogne richting Clervaux. Na 4 km rijden dorp Neffe. Bij kerkje rechts. Na 200 m rechts boerderij.

🚆 Trein naar Bastogne (3 km), vanaf hier bus tot Libramont. Dan bus richting Brussel, halte op 100 m.

La Corteille
Philippe Detienne
Givry 1237, 6686 Bertogne, Luxemburg
T 061-21 60 85
F 061-21 60 85
E info@lesgitesdardenne.be
W www.lesgitesdardenne.be
🗨 fr, nl

Open: hele jaar H 400m (RES) verplicht

B
L

Gîte en omgeving

La Corteille is een laat 18de-eeuws boerde-rijtje, gelegen op een charmante plek aan het eind van een doodlopende weg, aan de rand van het bos. Er is een grote biolo-gische tuin, omgeven door bossages.

De eigenaar/bewoner van dit boerderijtje heeft twee gîtes ingericht. Elke gîte biedt plaats aan vijf tot zeven personen en be-schikt over alle comfort. De twee verblij-ven kunnen via een tussendeur ook met elkaar verbonden worden.

Givry, een deelgemeente van Bertogne, ligt in de provincie Luxemburg op een hoogte van 400 m in het hart van de Ardennen. Enkele kilometers verderop ligt de Ourthe-vallei. Wandelingen zijn hier zeer de moeite waard vanwege de opmerkelijke flora (orchideeën) en fauna (reebokken, vossen, veel vogelsoorten). U kunt vissen in de beek van Givry. De om-geving biedt talloze mogelijkheden voor uitstapjes: prachtige steden met restau-rants, winkeltjes, musea en concertzalen; verder kastelen, meertjes, een wildpark en beschermde (natuur)gebieden. Ook kunt u tennissen, paardrijden en in de winter langlaufen.

🚴 🎣 🏊15 🚣6 🐟 🏔8 ❄3

🏠 2x, 🛏 12x, hpw € 235-367

Route

🚗 Via N826, Bertogne-Sainte Ode. Routebeschrij-ving met kaartje aan te vragen bij eigenaar.

🚌 Bus: lijn Houffalize-Bastogne, halte op 400 m van gîte.

BORGLOON

Het Loonderhof
Ingrid Depraetere & Jos Meekers
Tongersesteenweg 23, 3840 Borgloon, Limburg

T   012-74 11 84
F   012-74 11 84
M   04-755 878 87
E   loonderhof@tijd.com
W   www.borgloon.com/horeca/
    loonderhof
🗨 nl, fr, de, uk

Open: hele jaar H 100m ® 🐕

Hotel en omgeving

Het Loonderhof is een klein hotel, geves-tigd in een boerenhuis van begin 19de eeuw. Het huis ligt in het dorp Borgloon en is gerestaureerd met behoud van de typische stijl en het houten vakwerk. Sinds 1978 zijn er geen boerenactivitei-ten meer en is de hoeve als woning in gebruik. De grote, rustige tuin is omgeven door weiden en een boomgaard met oude fruitsoorten. Tijdens het seizoen kunnen biologische appelsap, jam en fruit gekocht worden. U mag ook zelf fruit plukken.

In de woning zijn twee gastenkamers ingericht met eigen sanitair en zithoek met TV. Twee andere kamers komen uit op de sfeervolle binnenplaats. De kamers worden verhuurd op basis van logies met uitgebreid ontbijt. U kunt genieten van de gezonde en lekkere, landelijke keuken van de gastvrouw: op verzoek kookt zij 's avonds een warme maaltijd met gebruik van zoveel mogelijk groenten en fruit uit de eigen biologische tuin.

Borgloon is gelegen in het hart van Has-pengouw, een vruchtbare streek met een rijk verleden. Hiervan getuigen de vele kastelen, burchtruïnes, abdijen, boeren-hoeves, kerkdorpjes en kapelletjes. 200 km fietsroutes en 300 km veelal onver-harde wandelpaden doorkruisen het ge-

bied. Een van deze paden volgt de route van een voormalige spoorweg. Bij het hotel zijn fietsen te huur. Ook een tocht met een koets behoort tot de mogelijk-heden. De natuurreservaten het Vinne, Nieuwenhoven, de Kevie en de Wielewaal zijn dichtbij. De oude steden St. Truiden en Tongeren zijn in cultuur-historisch opzicht interessant.

👥 🍽 🚲 🛏 🎱8 🚂12 🎯1 🏌<10
🏔2 ⛳5 ⛷

🛏 4x, 🛏 10x, 1ppn € 35, 2ppn € 30 B&B

Route

🚗 Vanuit Brussel; E40 richting Luik, afslag Tienen, rechtsaf richting St-Truiden, richting Tongeren, linksaf Borgloon centrum. Vanuit Antwerpen; E313 richting Hasselt, afslag Kortessem, Hasselt-oost. Dan rechts richting Tongeren. In Kortessem rechts richting Borloon, in Borgloon linksaf.

🚂 Trein Tongeren (8 km) of St. Truiden (12 km). Bushalte lijn 23a vlakbij. Afhalen aan station tegen vergoeding.

EVREHAILLES

La Ferme Croquette
Dorry Moes & Wouter Freeling
Chaussée 13, 5530 Evrehailles, Namen

T   082-64 69 33
F   082-64 69 43
M   04-752 415 01
E   info@croquette.be
W   www.croquette.be
🗨 nl, fr, uk, de, es

Open: hele jaar H 240m ⓇⒺⓈ verplicht
🍽 🛏

Boerderij en omgeving

Het vriendelijke dorpje Evrehailles ligt in de Condroz, een oude en welvarende streek met veel akkerbouw. De directe omgeving is erg gevarieerd. Het plateau biedt fraaie vergezichten over bossen, dalen en rivierbeddingen. La Ferme Croquette is een grote, voor de streek typische carréboerderij, die midden in het dorpje ligt. De eigenaren hebben de boerderij prachtig opgeknapt waarbij zij zoveel mogelijk duurzame bouwmaterialen hebben gebruikt.

De Westvleugel van de boerderij, waar ooit het dorpsschooltje zat, biedt nu plaats aan een vakantiewoning voor vijf personen. De woning is modern ingericht, heeft twee slaapkamers boven en een ruime woonkamer/keuken beneden. Graag eigen lakens en handdoeken meenemen. Toilet en badkamer zijn aanwezig. U kunt met het gastgezin mee-eten. Aanschuiven aan de grote tafel voor een drie-gangen streekmenu of voor een ontbijt. Als u wilt wordt het ontbijt in het vakantiehuis.

De streek is heuvelachtig. De omgeving is door de grote afwisseling in landschappen perfect geschikt voor allerlei vormen van buitensport. U kunt er mooi wandelen - de GR126 loopt langs de boerderij - maar ook zijn er uitstekende mogelijkheden om te kanoën, mountainbiken, wielrennen en te klimmen. En bijna elke winter ligt er wel een tijdje genoeg goede sneeuw om te langlaufen. De gastheer en -vrouw zijn zelf actieve buitensporters en dus goed bekend met de mogelijkheden. Langs de Maas liggen veel kastelen en forten. Bekend zijn Hoei, Dinant en Namen. Ook vlakbij Evrehailles ligt een oud fort, de Poilvache. De forten en kastelen zijn vrijwel allemaal te bezichtigen. Erg de moeite waard zijn het kasteel van Freyr en dat van Annevoie, beide met schitterende parken. In Purnode kunt u zien hoe Belgisch bier wordt gebrouwen in Brasserie du Bocq.

📻 🏕 🏠 🏛 🎿 🖼17 ✕1 🍽8
🏊 🏡0,1 ✴ 🎣

🏠 1x, 🚲 5x, Prijs op aanvraag

Route
🏧 Van Antwerpen E19 naar Brussel, dan E411 richting Namen/Luxemburg. Afslag 19, Spontin nemen. Door Spontin richting Yvoir/Purnode/Dorinne (N937). Na Purnode rechtsaf naar Evrehailles. Bij Y-splitsing links; Ferme Croquette is een van de 1e boerderijen rechts, op no.13.
🚆 Trein naar Brussel-Nord. Dan trein naar Yvoir (1x per uur). Daar bus naar Evrehailles of ophalen in overleg.

FLORENVILLE

Boomgaardcamping
Gijsbert Oomen
Rue de la Station 81, 6820 Florenville,
Luxemburg
🗣 nl, fr

Open: hele jaar H 300m [⌂]

Accommodatie en omgeving

In het hart van de Belgische Ardennen ligt een zestig jaar oude boomgaard. De boomgaard ligt erg rustig en vlak bij Les trois Cantons in Noord Frankrijk. Hier ruilt u overbodige luxe in voor veel rust en mooie natuur. De boomgaard wordt niet commercieel geëxploiteerd, maar wel onderhouden door het snoeien van bomen en hagen.

U kunt uw tent opzetten tussen de bomen. Tevens bevindt zich op het terrein een eenvoudige, maar compleet ingerichte trekkershut voor twee personen. De douche, die in een chalet met houtkachel ligt, deelt u met de eigenaar. In het chalet is tevens een appartement voor twee volwassenen en twee kinderen te huur, voor minimaal drie nachten. Er is een compact composttoilet. Er wordt op afvalscheiding gelet. Omdat er geen telefoon is, kunt u alleen per briefpost reserveren.

Florenville is een gezellige plaats met veel zomerse activiteiten. Door het gebied lopen meerdere GR-paden en op de accommodatie zijn fietsen aanwezig. U kunt een frisse duik nemen in de rivier de Semois of op forellen vissen en deze 's avonds op de vuurplaats zelf klaarmaken. In de omgeving zijn kastelen, burchten en een oude leisteengroeve te bezoeken.

🚲 Ⓢ 🏛 🏊0,5 ✕ 🍽 🎣

🏠 2x, 🚲 4-8x, Prijs op aanvraag
⛺ T 3-5x, Prijs op aanvraag

Route
🏧 Brussel richting Namen en Luxembourg (E411), Recogne rechts naar Neufchâteau. N85 naar Florenville. Boomgaard nabij station.
🚆 Trein: op de lijn Brussel - Luxemburg, overstappen in Libramont, richting Florenville. De boomgaard ligt vlak bij het station.

GRANDCOURT

Ferme Brasilo-Provençale
Christian Jonette
Rue des Forges 55, 6760 Grandcourt,
Luxemburg
T 063-57 79 56
F 063-43 48 19
E c.jonette@skynet.be
W www.fazundajonette.com
🗣 fr, pt

B
L

Open: hele jaar 🌿

Boerderij en omgeving

Deze biologische veehouderij omvat 70 ha weilanden en akkers en ligt te midden van bossen en velden, vlakbij een riviertje. De veevoedergewassen worden zelf verbouwd, ook worden er verschillende soorten graan geproduceerd. Van de melk wordt kaas, boter en room gemaakt, van de granen bloem. Deze producten zijn ook te koop.

De boerderij heeft drie gastenkamers. In de keuken worden zoveel mogelijk producten van de boerderij gebruikt. Maaltijden worden opgediend in de eetzaal, die tevens dient als gemeenschappelijke ruimte voor de gasten.

De boerderij ligt 1 km van de Franse grens. In deze prachtige omgeving komen wandelaars en fietsers helemaal aan hun trekken. Bijvoorbeeld in het natuurreservaat Vanace-Sampont, het vogelreservaat in Fauvillers of in het moerasgebied van de Haute-Semois, waar schitterende observatieplaatsen zijn. In de omgeving vindt u ook een keur aan culturele en historische bezienswaardigheden; de dorpen Torgny en Nobressart staan als de mooiste dorpen van Wallonië te boek. Op de boerderij ligt uitgebreide informatie voor u klaar.

🐾 🍲 🎣10 🚴<10 🏔

🛏 3x, 🚪 12x, 1pkpn € 22,50, 2pkpn € 28,00 B&B

Route

🚗 Van Ethe (4 km van Virton en 22 km van Arlon) richting Tellancourt tot dorpje Grandcourt. 500 m na plaatsnaambord, net na oude douanepost, links (Rue des Forges). Weg volgen tot eind, daar is nr. 55.

🚂 Trein naar Virton (10 km). Daar 2x p.d. bus, halte op 800 m van boerderij. Afhalen in Virton tegen vergoeding.

GRAND-HALLEUX

La Bourdaine
Francine & Jean-Pierre Desert
Rue Claudlisse (Ennal) 1,
6698 Grand-Halleux (Vielsalm),
Luxemburg
T   080-21 74 86
W www.mediardenne.com/bourdaine
🗨 fr, de, nl, uk

Open: hele jaar H 350m 🐎

Gîte en omgeving

La Bourdaine (Frans voor sprokkelhout) is een landelijk en rustig gelegen gîte. De gîte heeft het keurmerk Gîte Panda, hetgeen o.a. inhoudt dat de eigenaren veel weten over de natuur en de omgeving en een milieuvriendelijk beleid voeren. Het zespersoonshuisje is gevestigd in een verbouwde oude schuur. Het is comfortabel ingericht en voorzien van een open haard. Op verzoek kan er een babybedje bijgeplaatst worden. Rondom ligt een wilde tuin met een beekje. Vlakbij vindt u een natuurreservaat met educatief wandelpad.

Het gehucht Ennal dat bij Grand-Halleux hoort, ligt in een prachtig landschap dat een ideaal decor vormt voor lange wandelingen. Het dorp Stavelot (10 km) heeft een bezienswaardige oude herberg: Du Mal Aimée. U kunt musea bezoeken in Logbiermé, Vielsalm en Malmédy. Duitsland en Luxemburg zijn dichtbij. In de directe omgeving kunt u paardrijden, zwemmen, tennissen en in de winter skiën.

🚴<10 🎣<10 🐟 🚴<10 ⚓<10 ❄<10 🏔

🏠 1x, hpw € 290-440

Route

🚗 Via A26, afslag 50 / Baraque de Fraiture. Via A27, afslag 13, 14 of 15 naar Recht en Saint-Vith. Specifieke routebeschrijving kan telefonisch worden aangevraagd.

🚂 Trein naar Vielsalm of Trois-Ponts (7 km), van hieruit elk uur bus met halte in Grand-Halleux (2 km). Na afspraak kunt u gratis van het station worden opgehaald.

HEPPEN

De Zandhoeve
Ria & Marc Bockx - van Camp
Op 't Zand 21, 3971 Heppen
(Leopoldsburg), Limburg
T   011-39 28 11
F   011-39 28 11
E   van_camp@scarlet.be
W www.boerderijvakantie.be
🗨 nl, fr, uk, de, es

Open: hele jaar (RES) verplicht ♿

Hoeve en omgeving

De Zandhoeve ligt aan de rand van het bos. Een gerestaureerde woonboerderij, heerlijk rustig op 2 km van het dorp.

U verblijft in de gerenoveerde stal op het boerenerf, naast de biologische groenten- en bloementuin. Er zijn zes grote driepersoonskamers met eigen sanitair. Alles op de begane grond. Het ontbijt wordt geserveerd in de gemeenschappelijke eetruimte, waar ook een gezellige houtkachel staat. U kunt ook het gehele gebouw als groepsruimte huren inclusief eet- en barruimte en keuken. Er is een terras met barbeque voor de gasten, een sauna met een zwembadje en een petanquebaan. Verder mogen u en de kinderen meehelpen met het voederen van de dieren, eieren rapen bij de kippen of hout sprokkelen. De kinderen kunnen zich uitleven op de fietsjes op het terrein, tunnels graven in de zandbak, een rondje lopen met wandelkoe "Jorojina" of spelen in de avonturenspeeltuin (500m). Er worden djembee en didgeridoocursussen gegeven en u kunt uitstapjes maken met de paardenkoets.

In de zeer bosrijke omgeving kunt u fietsen, wandelen en paardrijden. Fietsroutes van het Kempense fietsroutenetwerk lopen langs de hoeve. In Leopoldsburg is een oorlogsmuseum.

🐾 🍲 🎯 Ⓢ 🛶 🏊12 🎣0,2 🔍 🐟 ⛵ 🚲 🏔

🛏 6x, 🚪 18x, 1pkpn € 30, 2pkpn € 25 B&B

🏛 🛏6x, 🚪 18x, Prijs op aanvraag

Route

🚗 Via Eindhoven, A67 richting Antwerpen. Vervolgens E34/A21, afrit Retie. Richting Retie N118. Door Retie N118 blijven volgen. Na ca 20 km rechtsaf Kanaalstraat. Weer rechts Middenlaan, linksaf Groenstraat en weer rechts Op 't Zand.

🚂 Trein naar Leopoldsburg, u kunt daar worden afgehaald.

HOMBOURG

Hoeve Espewey
Pieter & Petra van den Berg
Rue de Sippenaeken 189,
4852 Hombourg, Luik
T   087-78 89 97
E   info@espewey.be
W   www.espewey.be
💬 nl, de, uk

Open: hele jaar H 200m (RES) verplicht [🛏]

Boerderij en omgeving

In het Belgisch deel van het Drielandenge-bied, met uitzicht op het Drielandenpunt en het Geuldal, ligt de bijna twee eeu-wen oude Hoeve Espewey. De boerderij heeft geen agrarische functie meer, maar herbergt thans een woonhuis en twee vakantiewoningen. Rond de boerderij is een grote tuin met een onbespoten moes-tuin, een speeltuintje voor de kleinsten, terrasjes en een door zonnecollectoren verwarmd zwembad met terras.

Twee vakantiewoningen, een voor vier en een voor acht personen, staan tot uw beschikking. Beide woningen zijn com-fortabel ingericht en bieden een mooi uitzicht over het Geuldal. Beide zijn ook te huur per weekend en midweek. De gasten kunnen meegenieten van het fruit uit de boomgaard en de eieren van de kippen. De kippen mag u zelf voeren. Buurman Victor heeft verse melk en laat uw kinde-ren graag even meekijken bij het melken. Op de accommodatie zijn beperkt fietsen te huur.

De omgeving van het Zuid-Limburgse Heuvelland en het Drielandengebied ken-merkt zich door prachtige heuvels, pitto-reske dorpjes, sprookjesachtige kastelen en mooie uitzichten. De Haute Fagnes

(een groot natuurgebied) ligt op 20 km af-stand. De omgeving leent zich uitstekend voor wandelen. Steden als Maastricht, Aken en Luik zijn vlakbij. Voor kinderen is er vlakbij het themapark Mondo Verde, twee dierentuinen en pretpark de Valke-nier. Bij het Drielandenpunt is een laby-rinth en in Blegny een echte kolenmijn die voor kinderen interessant is.

🏊 🚴 ⛱ 🎣 🚂12 🎣8 ⊙3 🐄6
🎣6 ❄10 👫

🏠 2x, 🔢 12x, hpw € 315-465-525-781

Route

🅰 A2 richting Maastricht, tot knooppunt Kerens-heide, dan A76 richting Aachen. Afslag Simpelveld/Vaals, richting Vaals volgen tot bebouwde kom (rotonde). Rechts naar Gemmenich(B). Daar rechts richting Sippenaeken. Na ca. 5 km op T-splitsing links richting Hombourg. Na ca. 400 m rechts rich-ting Hombourg (bij kapelletje). Na 1400 m bij krui-sing klein weggetje rechts bij bord Espewey; eerste boerderij rechts.

🚶 Informatie opvragen bij eigenaren.

HOUTVENNE

De Speypdonckhoeve
Nicole & Dirk Bolsens - Stas
Lineweg 2, 2235 Houtvenne, Antwerpen
T   016-69 67 87
M   04-729 190 57
E   speypdonckhoeve@tiscalinet.be
W   www.speypdonckhoeve.be
💬 nl, fr , uk, de, es

Open: 1 mei-31 aug 🍴 H 10m (RES)
verplicht ♿ 🚫 🐴

Boerderij en omgeving

Deze kleinschalige biologische boerderij ligt in een rustige omgeving, op 500 me-ter van het riviertje de Nete, in de vallei van de Steenkensbeek. In 1995 werd de

vallei aangewezen als beschermd land-schap. De boerderij is in 1949 gebouwd als modelboerderij: woning, stallen en schuur onder één dak. In 1990 is zij met natuur-vriendelijke bouwmaterialen vernieuwd. Er worden schapen, kippen en varkens ge-houden en fruit geteeld. Kinderen mogen meehelpen de dieren verzorgen. De eige-naren produceren o.a. appelsap. In een oude serre worden biologische groenten gekweekt en wekelijks bakt men brood in de oude houtoven.

Van een gedeelte van de oude stallen zijn enkele verblijven gemaakt, bestaande uit een woonkeuken, een aparte slaapkamer, douche, toilet en een eigen terras. Verder is de grote tuin ook beschikbaar voor de gasten. Ook kunt u kamperen met een tent of caravan op een van de twee rus-tige plekjes aan het water.

De boerderij is een ideale uitvalsbasis voor fietsers: 500 meter verderop ligt een fietspad langs de voormalige spoorlijn van Herentals-Aarschot. Eventueel kun-nen de eigenaren voor fietsen zorgen. Ook voor vogelliefhebbers is er heel wat te beleven. Zo is er op zolder een kerkui-lenbroedplaats en heeft de steenuil zijn nest in een eikenboom. Ook roodborst-tapuit, buizerd, blauwborst en ijsvogel zijn regelmatige gasten. Nabijgelegen na-tuurgebieden zijn het Goor, de Netevallei en de Averechten. In Heist-op-den-Berg is op zondag een rommelmarkt en een bio-logisch boerenmarktje.

🚿 🍴 👫 🚴 🛥15 🐄3 🚣8 🎣3
⊙ 🐄2 🎣7 👫

🛏 1x, 🔢 2-3x, 1pkpn € 29, 2pkpn € 45
B&B
🏠 1x, 🔢 2-3x, hpw € 199
🏨 🛏1x, 🔢 15x, Prijs op aanvraag
⛺ T 2x, 🚐 2x, ptpn € 8-10 (incl. 3p),
pcpn € 12

Route

🅰 Richting Westerlo, ongeveer 1 km voorbij Booi-schot links klein straatje in, tegenover weg naar Houtvenne-dorp. Komende vanaf Houtvenne 1,5 km richting N, Vennekensstraat volgen tot kruispunt met provinciale weg Heist-op-den-Berg - Westerlo. Deze schuin oversteken, na 50 m asfaltweg verla-ten, zandweg links aanhouden, na 500 m boerderij.

🚃 Trein: tot Heist-op-den-Berg. Vandaar bus richting Westerlo, halte Varkensmarkt. Bushalte vanuit Aarschot en Heist-op-den-Berg ligt 500 m van boerderij.

JUSERET

Aux Sources de Lescheret
Arthur van Duin
Rue de Lescheret 2, Lescheret,
6642 Juseret (Vaux-sur-Sûre), Luxemburg
T 061-25 50 49
F 071-83 46 09
M 04-795 819 60
E info@campingasdl.be
W www.campingasdl.be
🗪 nl, fr, uk, de

Open: hele jaar H 450m 🖢 ✂ 🏠

Camping en omgeving

De camping ligt in het Parc Naturel de la Haute-Sûre et de la Forêt d'Anlier aan de rand van een klein gehucht. Op het terrein staan veel loof- en dennenbomen die het terrein sieren en 's zomers voor voldoende schaduw zorgen. Ook zijn er drie meertjes, waarin gezwommen en gevist kan worden. Deze meertjes worden gevoed door een eigen bron, waarvan het water via enkele beekjes wordt afgevoerd naar de rivier de Sûre.
U kampeert onder de bomen, op een zelfgekozen plekje. Er zijn enkele (sta)caravans, maar de meeste plaatsen zijn bedoeld voor tenten. Er is ook een ingerichte pyramidetent te huur voor 4-5 personen. Er is een tenthut en een blokhut te huur. Linnengoed zelf meenemen. Er is een eenvoudige bar en een eetcafé met een gezellige open haard en een biljart voor de gasten. De eigenaren hechten grote waarde aan een milieubewuste en natuurvriendelijke instelling en beheren hun terrein dan ook in die geest. Respect voor natuur en milieu verwachten zij ook van hun gasten.

De camping ligt tussen de heuvels omgeven door weilanden, bossen, beekjes en riviertjes. Deze omgeving leent zich bij uitstek voor prachtige wandelingen en fietstochten. Als er sneeuw ligt, bestaat de mogelijkheid om te langlaufen. In de omgeving vindt u ook veel culturele bezienswaardigheden als kerken, abdijen en kastelen. Het monument Mardasson in Bastogne (18 km) memoreert het Ardennenoffensief en in Libramont (15 km) vindt u het Keltisch museum.

🍖 📱 🛁 ⚓ 🏊18 🎣12 🛶20
🐟18 ⚓12 ✳45 🛶

🏕 T 30x, 🚐 15x, 🛶, Prijs op aanvraag

Route

🅰 Vanuit Luik, E25, afslag 56 richting Vaux-sur-Sûre. Rij via Nives en Sûre richting Lescheret/Ebly. Na de kerk in Lescheret rechtsaf. Na ca 200 m vindt u de camping links voor de bocht.
🚌 Bus van Bastogne naar Neufchâteau. In Lescheret uitstappen op 100 m van de camping.

MALMEDY

Ferme Les Bouleaux
Jacques Gonay
Baugnez, route du Monument 21,
4960 Malmedy, Luik
T 080-77 07 92
F 080-77 07 92
E christine.luxen@belgacom.net
🗪 fr, de, nl

Open: hele jaar 🍖 (RES) verplicht 🏠

Boerderij en omgeving

Deze biologische melkveehouderij ligt aan de voet van het natuurpark Hoge Venen, tussen de groene bergen van de Belgische Ardennen.
In de boerderij zijn drie appartementen ingericht. Eén voor drie tot zes personen

en twee voor elk veertien personen. Het kleine appartement heeft een woonkamer met slaapbanken en een slaapkamer. De badkamer is voorzien van een bubbelbad. De grote appartementen hebben vier of vijf slaapkamers. Alle appartementen hebben een volledig ingerichte keuken met koelkast, afwasmachine, diepvries en magnetron en een woonkamer met TV, video, audio en een terras met meubelen en barbecue. Voor alle huurders gemeenschappelijk is er een sauna, wasmachine en een recreatieruimte. U kunt een rondleiding krijgen over het bedrijf en een handje meehelpen in de stallen als u dit leuk vindt.
De omgeving is bosrijk en zeer rustig. In de natuurreservaten van Botrange en de Hoge Venen kunt u eindeloos wandelen. Fietsers hebben sterke benen nodig voor de flinke hellingen die er genomen moeten worden. Malmedy is een gezellig toeristenstadje met musea, historische bezienswaardigheden en uitgaansgelegenheid. In de buurt vindt u de watervallen van Coo, de bronnen van Spa en het dorp Stavelot met een oude abdij, een cultuur-historisch museum en een bezienswaardige oude herberg: Du Mal Aimée. In de winter kunt u langlaufen. De loipe begint vlak bij de boerderij.

Ⓢ ⚓ ⛵8 🏊4 🛶8 🎣4 ✕ 🚴8
🐟4 ⚓4 ✳6 🛶

🏠 1x, 🛏 6x, Prijs op aanvraag
🏚 🛏2x, 🛏 14x, Prijs op aanvraag

Route

🅰 A2 Maastricht-Luik. Dan E40 richting Aachen/Verviers en E42, afslag 11 Malmedy. In Malmedy richting Waimes, Saint-Vith. Door Giromont tot aan kruising met links Mitsubishi garage en rechts friterie. Direct achter friterie rechts richting Hédomont. Na 500 m boerderij links.
🚌 Trein via Maastricht en Luik naar Verviers. Daar bus naar Malmedy. Uitstappen in Malmedy-Waines, 0,5 km van de boerderij.

MANHAY

De Bedding
Dorine & Rene IJzerman
Rue de Moulins de Harre, 4, Harre,
6960 Manhay, Luxemburg
T 086-21 89 54
F 086-21 89 57
E debedding@belgacom.net
W www.debedding.be
nl, fr, de, uk

Open: hele jaar (RES) verplicht ✖

Huis en omgeving

De Bedding is zeer mooi en rustig gelegen, midden in de bossen van de Belgische Ardennen op een privédomein van 1,7 ha. Een prachtig natuurgebied met een zuivere bron, stromende beken, een vijver en een waterval.

Er is een sfeervol vakantiehuis voor vijf personen te huur. Woonkamer met openhaard, TV, audioapparatuur en twee slaapkamers, keuken en badkamer met douche. In de serre of buiten in de tuin, wordt u desgewenst een heerlijk ontbijt of diner geserveerd. In de villa kunt u ook in één van de gastenkamers overnachten, op basis van logies met ontbijt (chambres d'hôtes). De themakamers (lente, zomer, herfst en winter) zijn gezellig en comfortabel, beschikken ieder over een eigen wastafel en hebben een fraai uitzicht. In de gastvrije, gezellige zitruimte, met de warmsnorrende houtbrander kunt genieten van een uitgebreid ontbijt en eventueel lunch en drie-gangen gastendiner. Bij verblijf van één nacht betaalt u een toeslag. Op het domein is ook plaats voor drie tenten en er is een zespersoons tipi te huur. Zeer rustig gelegen, met de mogelijkheid om een kampvuur te stoken. Op de accommodatie worden diverse creatieve en spirituele cursussen en workshops gegeven.

Op het terrein en in de omgeving kunt u wandelen. Verder paardrijden, skiën, langlaufen, kayakken en golfen, leuke dorpjes bezoeken, heerlijk eten en genieten van de natuur. Durbuy is een prachtig middeleeuws stadje. In de weekenden kunt u begeleide wandelingen maken naar het megalitische complex van Wéris. Op spiritueel gebied is er ook veel te doen: in Huy ligt een Boedistisch Tibetaans klooster, de bedevaartplaats St. Antoine (2 km) en Rahadesh, de Hare Krishna leefgemeenschap, ligt op 16 km afstand.

🛏 4x, 🛌 9x, 2ppn € 29,50 B&B
🏠 1x, 🛏 5x, hpw € 400
⛺ T 3x, 🚐 🛖, pppn € 5, ptpn € 5

Route

🚗 E 25 Luik-Luxemburg. Afslag 48bis Harre, na 200 m rechtsaf richting Harre. Door dorp Harre richting Deux-Rys. Na ruim 2 km, bij blauw bord Moulin de Harre, links. Na 1e huis links ligt na 100 m aan de rechterkant De Bedding.

🚆 Trein via Brussel of Maastricht-Luik naar Barvaux. Afhalen tegen vergoeding mogelijk.

MARCHIN

Marie-Eve & Roger Divan
Rue de Triffoys 1, 4570 Marchin, Luik
T 085-41 28 35
fr, it, uk, de

Open: hele jaar 🐾

Gîte en omgeving

Het afgelegen stenen huis van ongeveer 100 jaar oud heeft een traditionele bouwstijl, die typerend is voor de streek Condroz. Het wordt bewoond door Marie-Eve en Roger en hun twee kinderen en is gelegen te midden van weilanden en ver van het autoverkeer.

De familie verhuurt in een bijgebouwtje een zespersoons Gîte Panda, met salon en bibliotheek. In het oude bakhuis bevindt zich ook nog een grote woonruimte met een hemelbed voor twee personen boven de broodoven. Beide gebouwtjes worden tezamen verhuurd voor acht personen. In het hoofdgebouw wordt het Streekmuseum du Cidre ingericht, waar u het proces van de verwerking van appelsap tot cider kunt volgen. Oude boomgaarden in de buurt zijn weer in ere hersteld en vanaf september kunt u, als u dit leuk vindt, meehelpen met de appelpluk, het persen en het bottelen van de cider.

De gîte ligt in een kalkvallei met een bijzondere flora en fauna. Op 500 meter afstand stroomt een beek, de omgeving is ruig. Het landgoed grenst aan het natuurreservaat De Modave. De gastheer of gastvrouw verzorgt rondleidingen. Ook zijn er gemarkeerde wandelroutes. Indrukwekkende gebouwen om te bezichtigen zijn: château de Modave uit de zeventiende eeuw (5 km) en het Colègiale Notre-Dame in Huy (7 km). In de gîte is verdere toeristische informatie over de omgeving aanwezig. In Pont de Bonne (3,5 km) kunt u natuurvoedingsmiddelen kopen, in Jallet (5,5 km) biologische vlees en zuivel en eieren bij naburige boerderijen. In Transinne is het EuroSpaceCentre over de ruimtevaart.

🏠 <10 🛖

🏠 1x, 🛏 8x, Prijs op aanvraag

Route

🚗 Centrum Marchin (Belle Maison), richting Grand-Marchin. Bij place de Grand-Marchin route de l'Elise nemen. 1e kruispunt links, daarna rechts.

🚆 Trein naar Hoei (Huy). Van daar bus naar Marchin, halte Belle Maison (3 km). U kunt hier gratis worden afgehaald.

B
L

MERKSPLAS

Landvidi
Dirk Govaerts
Acaciaweg 6, 2330 Merksplas,
Antwerpen
T 014-63 92 89
F 014-63 92 99
E dirkgovaerts@belgacom.net
nl, fr, uk, de

Open: hele jaar

Boerderij en omgeving

Landvidi ligt in het aantrekkelijke landschap van de Noorderkempen en is één
van de vijf huizen van dorpsgemeenschap
WIDAR. De medewerkers wonen en werken hier samen met verstandelijk gehandicapte bewoners. Er is een gemengd
biologisch-dynamisch landbouwbedrijf
met moestuin en kleinfruitteelt en veeteelt. Behalve de boerderij is er ook een
kaasmakerij, een weverij, een biologische
bakkerij en er worden allerlei producten
uit de eigen tuin verwerkt. Na overleg is
uw hulp op de boerderij welkom. U kunt
altijd een kijkje gaan nemen bij het werk
op de boerderij.

Afhankelijk van de aanwezigheid van het
vee kampeert u achter de stal, op het
gazon of elders op het terrein. De aantrekkingskracht van kamperen op deze boerderij is de heilzame rust die er heerst door
de afgelegen ligging.

De huizen van de gemeenschap zijn verbonden door het Moerepad, dat tussen
de velden van het grote natuurgebied
Het Moer loopt. In de Noorderkempen
vindt u naaldbossen, het Turnhouts Ven-
nengebied, natuurdomein Zwart Water
en uitgestrekt heidegebied. Ook bij de
Wortelkolonie kunt u mooi wandelen. Er
ligt een uitgebreid fietspadennetwerk in
de omgeving. Paardrijden, al dan niet aangespannen, is in overleg mogelijk.

6

Prijs op aanvraag

Route

Merksplas centrum richting Weelde, na ca 4 km
voorbij afslag Zondereigen 2e straat links (Acaciaweg).

Trein naar Turnhout (10 km), Bus: halte Merksplas (5 km) of Baarle-Hertog (6 km). Afhalen mogelijk tegen vergoeding.

REDU

La Maison de Scieur & La Scierie du Ry
des Glands
Jean-Philippe de Cartier d'Yves
Hameau du Pré Moré,
6890 Redu, Luxemburg
T 084-38 95 02
F 084-38 95 04
E de.cartier@skynet.be
W www.wwf.be/nl/ground/content/
ecotourism/fiches_gites/scieur.cfm
fr, uk, nl

Open: hele jaar H 220m (RES) verplicht

Gîtes en omgeving

Op een open plek temidden van de bossen
in het Belgische Luxemburg liggen, redelijk geïsoleerd, de oude zagerij en het huis
van de oude houtzager uit de 18de-eeuw.
In 1993 zijn deze woningen gerenoveerd
en met het keurmerk Gîte Panda in gebruik genomen als vakantiehuis voor de
ware liefhebber van de stilte en de natuur.
Een waterrad met schoepen bevestigd
aan 'La Scierie', een van de twee huizen,
levert nog steeds de energie voor beide
vakantiewoningen. De eigenaar woont
in het nabij gelegen Daverdisse en is een
grote natuurkenner. Hij heeft zich door
zelfstudie toegelegd op de observatie van
wild in de bossen en zal graag zijn kennis
met u delen, want het is niet uitgesloten

---

dat u hier dieren zult aantreffen! Biologische producten zijn in Wellin verkrijgbaar.
'La Scierie du Ry des Glands' is geschikt
voor zeven personen. Het is een warm
ingerichte woning met veel hout. Op de
entresol kunnen vijf mensen slapen en
er is een aparte kamer met een tweepersoonsbed. Het naastgelegen 'La maison
de Scieur' is groter en biedt plaats aan tien
mensen, met maar liefst vier slaapkamers.
In beide huizen staan houtkachels en er is
een groot grasveld met picknicktafel en
vuurplaats aanwezig.

De gîtes liggen in een vallei aan de voet
van de Ardense bossen. De streek is rijk
aan bossen, wild stromende beekjes en
schilderachtige dorpjes. Wandelmogelijkheden zijn er genoeg. Fietsen is zwaarder,
vanwege de hoogteverschillen. Het dorpje Redu is bekend als 'boekendorp'. Ook
te bezichtigen zijn de grotten van Han en
het natuurmuseum in Lavaux St Anne. In
Tellin (12 km) is er een klokkenmuseum en
in Porcheresse (10 km) is er een klompen-
museum.

13
18 10 10 7

2x, 17x, Prijs op aanvraag

Route

A4 van Brussel naar Luxemburg. Afslag 23 (N40)
richting Neufchâteau. Net na Hotel 'Ry de Glands'
slaat u links een klein weggetje in. Na enkele honderden meters naar rechts waar u het bruggetje
naar de twee gîtes ziet liggen.

Niet goed bereikbaar met OV. Trein gaat tot Lemele (20 km) en eventueel verder met de bus naar
Le Neupont (3,5 km).

RILLAAR

De Hooizolder
Mark Denruyter & Betty Kiesekoms
Rommelaar 98, 3202 Rillaar,
Vlaams-Brabant
T 016-50 04 23
fr, uk, nl, de

Open: 1 jul-31 aug (RES) verplicht

Boerderij en omgeving

De Hooizolder ligt in het uiterste noorden van het Hageland, aan de rand van de Demervallei tussen Werchter en Schulen. Deze vallei is een Vogelrichtlijngebied en geniet dus Europese bescherming. Op de boerderij worden biologische groenten, kruiden en fruit geteeld.

Het mooie en gezinsvriendelijke kampeerterreintje ligt aan de rand van de vallei en heeft een prachtig uitzicht. Douche, toilet en wastafel vindt u in de boerderij. Maaltijden worden bereid met biologische producten. Kampeerders kunnen ontbijt en een lunchpakket krijgen. U kunt hier kamperen in juli, augustus en in de paasvakantie.

Voor gasten is er veel toeristische informatie over de omgeving. Langs de kronkelende Demer bevinden zich sfeervolle dorpjes en verschillende natuurgebieden zoals de Langdonken, Demerbroeken, Vorsdonkbroek en Baggelt. Dieper het heuvelachtige Hageland in kunt u uren rondzwerven in het Walenbos. Verschillende oude spoorwegen dienen nu als fietsroute. Op fietsafstand liggen Diest, met een begijnhof, en Averbode, met een abdij en bossen. Andere bezienswaardigheden zijn de Hagelandse wijngaarden en de holle landwegen. Noordwaarts in de Kempen vindt men uitgestrekte naaldbossen en heidegebieden. Dit alles binnen een straal van 20 km van de boerderij.

🚲 ⛺ ✈ 🎣10 🌲5 🐴4 ⚓7 🐕3 🏊

🛶 T 2x, 🚫, Prijs op aanvraag

Route
🅾 Vanuit Aarschot vlak voor kerk Rillaar, bij verkeerslichten links (Kortakker). Weg tot T- splitsing, links (Wijnborg). Straat volgen tot boven op berg: Rommelaar.
🚂 Trein: Aarschot. Vandaar taxi of bus 35b. Deze stopt bij kerk Rillaar (3 km). Afhalen kan tegen vergoeding.

SPA

Kasteel Chatoîment
Annette Sonnemans & Wim Saelman
Rue Brixhe 39, 4900 Spa, Luik
T 087-77 44 94
E info@chatoiment.be
W www.chatoiment.be
🗨 nl, fr, uk, de

Open: hele jaar 🐕

Kasteel en omgeving

Vijf minuten lopen van het centrum van Spa ligt Chatoîment, een prachtige herberg uit de 18de eeuw. Het huis telt 24 bedden, verdeeld over tien kamers. De kamers zijn eenvoudig, maar stijlvol ingericht. Er is warm en koud stromend water op de kamers; douches en toiletten zijn centraal gelegen. Gasten kunnen gebruikmaken van de volledig ingerichte keuken. In de twee salons kunt u iets lezen en ontspannen. Voor groepen is het mogelijk om het gehele huis te huren.

Spa ligt in het natuurgebied De Hoge Venen. De meertjes, watervallen en verrassende glooiingen in het landschap nodigen uit tot lange wandelingen. De GR-5 loopt vlak langs Spa. U kunt ook kanoën en paardrijden en in de winter skiën en langlaufen. In de buurt liggen de grotten van Remouchamps en de watervallen van Coo. De talrijke kuurbaden van de stad zijn een bijzondere ervaring. Iedere zondag kan men op het marktplein van Spa de sfeer van de Marché aux Puces proeven. De cultuursteden Luik, Monschau en Aken zijn dichtbij.

🐴 🍽 🚲<10 ✈<10 🏊

🛏 10x, 🛏 24x, Prijs op aanvraag

Route
🅾 Op 5 minuten lopen van centrum van Spa. Rue Brixhe, zijstraat van rue Reine Astrid (hoofdstraat).
🚂 Het station Spa ligt op 10 minuten lopen van kasteel. Afhalen kan gratis.

STOUMONT

Clair de Brume
Fam. Hennen-Leyens
Andrimont 27, 4987 Stoumont, Luik
T 080-78 52 24
F 080-78 52 24
E clairdebrume@skynet.be
🗨 nl, fr, uk, de

Open: hele jaar 🆁🅴🆂 verplicht 🚫 🐕

Boerderij en omgeving

Deze voormalige boerderij uit de 17de eeuw ligt in een prachtig klein gehucht met 22 huizen. Het huis is onlangs opgeknapt met gebruik van natuurvriendelijke bouwmaterialen. Het gehucht en de omliggende vallei zijn aangewezen als monument en de gemeente zet stappen om ook de boerderij op de monumentenlijst te laten zetten. De eigenaren hebben 15 jaar lang een winkel met biologische producten gehad in Spa en zijn erg 'groen' ingesteld.

In het gastenhuis is een benedenverdieping met keuken, zitkamer, douche en toilet. Op de 1e verdieping zijn vier slaapkamers met tien bedden, toiletten en een douche. U kunt een kamer huren, maar ook het hele huis. Op de benedenverdieping worden soms new-agecursussen georganiseerd.

In de omgeving zijn er tal van mogelijkheden voor sportieve ontspanning: wandelen, bijvoorbeeld over GR-paden, fietsen, kanoën, vissen, parachutespringen en zweefvliegen. Verder kunt u grotten of een wildpark bezoeken. Het natuurpark de Berinzenne heeft een bosmuseum.

🏊 🚴 ⛴ 🛏8 🛶8 🎣6 🐟8 🛁4
🔥4 ❄4 🪑

🛏 4x, 🛏 10x, Prijs op aanvraag
🏠 1x, 🛏 10x, Prijs op aanvraag

Route

🚗 Spa richting La Gleize/Berizenne. (6 km klimmen). Vanaf moment dat weg weer daalt, 1e straat links (Andrimont). 2 km verder, gehucht Andrimont.

🚆 Trein: Spa (8 km). Bus Trois-Ponts (12 km). Tegen vergoeding kunt u in Spa worden afgehaald.

TENNEVILLE

La Sylve
Annie & Jean-Pierre De Gottal
Laneuville-au-Bois 26, 6970 Tenneville,
Luxemburg
T   084-45 52 76
F   084-45 52 76
E   lasylve@skynet.be
📧 nl, fr, uk

Open: hele jaar H 450m **RES** verplicht
🍽 🐾

Gîte en omgeving

Het landelijk verblijf La Sylve (Frans voor Het Woud) ligt in een klein dorpje in de Ardennen, te midden van de bossen. Vroeger was Laneuville-au-Bois een dorp van klompenmakers en hier en daar wordt u nog herinnerd aan dit ambacht.

De dorpelingen, nu voornamelijk boeren, verkopen eerlijke en gezonde producten. De eigenaar van het gastenverblijf is natuurgids, lid van Ecolo en WWF en heeft een biologische tuin met ca. 750 planten. Gasten kunnen eventueel samen met de eigenaar wandeltochten maken.

Het vierpersoonsappartement ligt op de 1e verdieping van het huis en is modern ingericht. Er zijn speciale voorzieningen voor babies en kleine kinderen.

In de omgeving zijn veel wandel- en fietsroutes, onder andere door natuurreservaten en oude steden. In de winter kunt u hier langlaufen. In het wildpark in Saint-Hubert kunt u moeflons, herten, reeën en everzwijnen in hun natuurlijke omgeving bestuderen. In Waha vindt u de Église Saint-Étienne, de oudste romaanse kerk van België. In Transinne vindt u het EuroSpaceCentre over de ruimtevaart.

⛴ 🛶10 🎣6 🐟 🏊<10 🔥<10
❄7 🪑

🏠 1x, 🛏 4x, hpw € 195

Route

🚗 Op N4 (Marche-en-Famenne- Bastogne) bij Barrière de Champlon 1 km richting Bastogne. Rechts bord 'Laneuville-au-Bois 3 km'. In dorp voorbij kerk, dan rechts. Huis rechts, 150 m van kerk.

🚆 Trein naar Marloie (25 km), daar bus richting Bastogne (op schooldagen 3x p.d.), uitstappen halte Barrière de Champlon (4 km). Taxi van station, of afhalen tegen vergoeding.

WANNE

Le Fournil
Marian Struzik
Lavaux 29, 4980 Wanne (Trois-Ponts),
Luik
T   080-88 03 48
E   struzik@skynet.be
📧 fr, nl, pl

Open: hele jaar **RES** verplicht 🛏

Gîte en omgeving

Le Fournil is gelegen op een helling bij het rustige dorpje Wanne aan de rand van de Ardense bossen. Vanuit de tuin heeft u een schitterend uitzicht over het dal.

Het vakantiehuisje bevindt zich in een oud bakhuis uit de 19de eeuw, dat bijzonder goed bewaard is gebleven. In een bakhuis (le fournil), dat meestal bij een boerderij hoorde, werd het deeg gekneed en het brood gebakken. De gîte is volledig opgetrokken uit natuursteen, afkomstig van nabijgelegen steengroeven. Het gewelf van de broodoven is nog altijd in zeer goede staat. Het huisje is vrij klein, maar zeer knus en kompleet ingericht voor twee personen. Er is een open haard. U slaapt op de entresol. Naast het huisje is nog een aparte ruimte waar eventueel een derde persoon kan slapen of waar u iets van uw bagage kunt opslaan. De Gîte Panda wordt natuurvriendelijk beheerd. Er is onder meer een eigen waterzuiveringssysteem. De bloemen- en de moestuin worden zonder bestrijdingsmiddelen onderhouden. Meneer kan u in het Frans en mevrouw in het Nederlands meer over de tuin en de omgeving vertellen. Zij vinden het leuk als bezoekers geen anonieme gasten blijven, maar als ze hen ook echt iets mee kunnen geven aan informatie over de streek.

In de omgeving is het mooi wandelen, u zit midden tussen de bossen. U kunt gratis gebruik maken van de fietsen. Houdt u wel rekening met de hellingen. Forelvissen kan vlak bij in de Amblève. De Abdij van Stavelot (6 km) is zeker een aanrader. U vindt er archeologische opgravingen, het museum van Guillaume Apollinaire en het museum van het Circuit van Spa-Francorchamps.

🚴 ⛴ 🛏5 🛶5 🎣5 🐟 🔥 🛏24
❄1,5 🪑

⌂ 1x, ∅ 2x, Prijs op aanvraag

Route

⚠ Via Luik richting Verviers (A3). A27 aanhouden; afslag 11, Stavelot. In Stavelot (N68) naar Wanne afslaan. In Wanne richting Grand-Halleux en na ca 1,5 km ziet u een bord Gîte Panda.

🚂 Trein naar Trois-Ponts. Vandaar bus naar Rochinval of ophalen volgens afspraak.

Luxemburg

B
L

Luxemburg is één van de kleinste, onafhankelijke staten van de wereld. Het midden en zuiden van het land wordt ook wel Gutland of Bon Pays (goed land) genoemd. Er zijn vijf toeristische streken. De meeste accommodaties in deze gids bevinden zich in het noorden, in de streek Oesling, die reikt tot aan de grenzen van de stad Ettelbrück. Ten zuiden van deze regio bevinden zich Mullerthal, Gutland, d'Musel en Minett.

de Romeinse tijd en de middeleeuwen te vinden. Ook in de stad Luxemburg zijn de sporen van de Europese historie terug te zien in de meer dan 20 kastelen en burchten. De stad herbergt enkele prachtige musea, zoals het Musée Pescatore.

Het Groothertogdom Luxemburg heeft een gematigd klimaat. De periode mei tot half oktober is bijzonder geschikt voor vakantie. Juli en augustus zijn het warmst; mei en juni de zonnigste maanden. In september en oktober is er dikwijls een oudewijvenzomer.

Luxemburg is ongeveer zo groot als de provincie Drenthe in Nederland. Op 2.586 km2 wonen circa 400.000 mensen. In de hoofdstad Luxemburg zijn dat er ongeveer 120.000. Een derde van de bevolking, en bijna de helft van de werkende bevolking, is buitenlander. Meer dan 70.000 mensen komen dagelijks uit één van de drie buurlanden om in Luxemburg te werken, vooral vanwege de hogere lonen. De voertaal van Luxemburg is het Frans, maar de meeste Luxemburgers spreken Letzeburgs, een dialect met veel Duitse klanken. In Luxemburg kunt u de geschiedenis van Europa in een notendop bezichtigen. Over het land verspreid zijn vele overblijfselen uit de prehistorie,

sector. Opmerkelijk is, dat in een land waar slechts 1% van de groenteteelt van eigen bodem komt, ongeveer 50% afkomstig is uit de Luxemburgse biologische landbouw. Hoewel het aantal biologische boeren weliswaar gering is, kent het land het hoogste verbruik van biologische producten per hoofd van de bevolking in de EU. Die worden dan ook voornamelijk geïmporteerd.

Accommodaties

Of het nu een kortstondig verblijf is op doorreis naar Frankrijk of een langduriger verblijf in Luxemburg alleen, u zult verrast zijn over de schoonheid van dit kleine landje. Verwacht geen kleinschalige campings, zoals u die wel in Frankrijk aantreft bij de boer; in Luxemburg denkt men graag wat groter.

De accommodaties in deze gids zijn zeer divers. U vindt vakantiehuizen, hotels, groepsaccommodaties en campings. Een ding hebben zij gemeen: de zorg voor het milieu.
Veel van de accommodaties in deze gids dragen het Luxemburgse EcoLabel. Het initiatief voor dit keurmerk gaat uit van het Luxemburgs Ministerie van Middenstand en Toerisme. Hotels, campings en vakantiewoningen, die een voldoende milieuvriendelijke bedrijfsvoering hebben, krijgen dit keurmerk. U moet hierbij vooral denken aan water- en energiebesparende maatregelen, afvalscheiding, gebruik van duurzame energie, gebruik van ecologische schoonmaakmiddelen, bouwmaterialen en natuur- en milieueducatie voor de gasten. Het Ecolabel controleert de accommodaties regelmatig.

(Biologische) landbouw

Vooral door de komst van 200 banken is Luxemburg de laatste jaren van een agrarisch land steeds meer een dienstverlenend land geworden. Er zijn op dit moment nog ca 2600 agrarische bedrijven, vooral in de veehouderij,

waarvan er ca 50 biologisch werken. Bij elkaar bewerken de biologische boeren 2400 ha grond.
Vanuit het gedachtegoed van de jaren '60 en '70 ontstonden in de jaren '80 de eerste biologische bedrijven in Luxemburg. In 1988 werden twee verenigingen opgericht: Demeter en Bio-label.

De eerste richt zich met name op de ontwikkeling van de biologisch-dynamische landbouw; de tweede op de biologische landbouw. In de oprichtingstijd waren er tien boeren aangesloten bij beide verenigingen. Ook nu nog houden de twee zich bezig met het bundelen van de krachten van bio-boeren, het actualiseren van de richtlijnen en de certificering en controle van de bedrijven.
De meeste boerenbedrijven in Luxemburg houden zich bezig met veeteelt. Dat geldt ook voor de biologische

Natuur(bescherming)

In het noorden van het land zijn de prachtige bosgebieden van de Ardennen; in het zuiden kunt u genieten van de schoonheid van het gebied dat "Klein Zwitserland" heet. Hier ziet u de prachtige valleien van de rivieren de Esch en de Moezel. In het oosten zijn bizarre rotsformaties ontstaan. Het natuurpark Our ligt vlakbij het drielandenpunt België, Duitsland en Luxemburg. U kunt schitterende wandelingen maken in dit park van 327 km²; een gebied waarin 13 gemeenten de handen ineen hebben geslagen om natuurbescherming en economische ontwikkeling van de regio in balans te houden.

B
L

ARSDORF

Schegdenhaff
Fons Jacques
1, An der Hiehlt, 8809 Arsdorf, Oesling
T   023-649 081
F   023-649 529
E   schegdenhaff@gites.lu
W www.schegdenhaff.gites.lu
🔌 de, fr, uk

Open: hele jaar ⒭ⓔⓢ verplicht

Accommodatie en omgeving

In de mooie omgeving van het stuwmeer van Haut-Sûre kunt u genieten van de oorspronkelijke natuur. In het dorpje Arsdorf staan de twee vakantiewoningen van Schegdenhaff, ondergebracht in een oud landhuis, behorend bij een landbouwbedrijf in ruste. De eigenaren houden graag rekening met het milieu, getuige hun certificaat van het Luxemburgs Ecolabel. Er is een binnenplaats met speelweide, tuin, barbecue en een garage. U kunt dagelijks vers brood bestellen.
Op de 1e etage vindt u vakantiewoning Delphine (6-8 persoons) met een grote woonkamer (TV, radio, telefoon), keukenhoek en drie slaapkamers. Op de 2e etage vindt u vakantiewoning Nora (6-8 persoons) met een iets andere indeling. Kinderstoelen en -bedden zijn te huur en voor de kleintjes is er ook een speeltuin. Voor regenachtige dagen is er een prachtige speelruimte binnen voor de kinderen en voor de volwassenen is er een recreatieruimte met tafeltennis, hometrainers en trampolines. Ook kunt u heerlijk ontspannen in de Finse sauna.
Het gebied biedt u veel vrijetijdsmogelijkheden zoals wandelen, mountainbiken, paardrijden of watersporten. In Wahl is een ecomuseum en in Insenbom kunt u een 'bosontdekkingscentrum' bezoeken. In Wiltz zijn er theater- en muziekfestivals en in Winseler is een kruidentuin.

🏠 2x, 🛏 12x, hpw € 410-440

Route

🛣 E25 naar Luxembourg, N4 naar Arlon, bij Martelange CR308 naar Rambrouch. Derde grote afslag naar links richting Arsdorf.
🚆 Trein naar Ettelbruck, dan bus (tijdens werkdagen) of afhalen volgens afspraak.

BETTEL

Gîte rural Gleis-Bingen
Arlette Gleis-Bingen
18, An der Gässel , 9452 Bettel, Oesling
T   083-47 98
F   084-95 55
E   josgleis@pt.lu
W webplaza.pt.lu/josgleis
🔌 de, fr, uk

Open: hele jaar ⒭ⓔⓢ verplicht ♿

Accommodatie en omgeving

Met het uitzicht op het schitterende Ourdal liggen, op 2 km afstand van Vianden, vier nieuwe comfortabele vakantiewoningen. Alle vakantiewoningen hebben een inbouwkeuken. Er staan een wasmachine, een terras, een speelplaats en een ligweide met uitzicht op het schilderachtige Ourdal tot ieders beschikking. Dat de eigenaren het milieu een warm hart toedragen, komt tot uiting in hun Luxemburgs Ecolabel-certificaat.
U kunt kiezen uit vakantiewoning Marguerite (3p.), Catherine (5p.), Caroline (5p.) of Louise (6p.). De studio Marguerite is op de eerste verdieping en heeft een balkon. De woning heeft warme kleuren. Catherine is een benedenwoning met een terras en twee slaapkamers. Caroline is ook een benedenwoning met een terras en een speelplein en heeft twee slaapkamers, waarvan een met stapelbed. Louise tenslotte is een ruime woning op de eerste verdieping met een balkon. Voor alle huisjes zijn extra kinderbedjes- of stoelen beschikbaar. De hele accommodatie is rolstoelvriendelijk. De dichtstbijzijnde supermarkt en restaurant kunt u vinden op 1,5 km van de vakantiewoningen. Een biologische winkel is 7 km verderop.
Er zijn talrijke mooie fiets- en wandelpaden, die u naar talrijke bezienswaardigheden in het aardige stadje Vianden en omgeving voeren. Op de accommodatie zelf kunt u volleyballen, voetballen, paardrijden, fietsen huren en op verzoek ook een gezondheidsbehandeling (zoals massage) ondergaan. Op enige afstand van de accommodatie kunt u tennissen, vissen, begeleide wandelingen maken of zwemmen in een meer of zwembad.

🏠 4x, 🛏 19x, hpw € 280-445

Route

🛣 E25, bij Bastogne afslag 54 richting Ettelbruck, dan richting Echternach. Op N17 blijven, afslag Vianden. Bettel ligt 2 km Z van Vianden, dus u passeert de afslag.
🚆 Gelieve contact op te nemen met de eigenaren.

ENSCHERANGE

Camping Val d'Or
Karin & Fred van Donk
Um Gaertchen 2, L-9747 Enscherange, Oesling
T   09-206 91
F   09-297 25
E   valdor@pt.lu
W www.valdor.lu
🔌 nl, uk, de

Open: hele jaar H 300m ⒭ⓔⓢ verplicht 🏕

Camping en omgeving

Deze rustige familiecamping Val d'Or ligt in een van de schilderachtigste streken in het noorden van Luxemburg, waar de Ardennen en Eifel in elkaar overgaan. Val d'Or (goudvallei) is genoemd naar de in het voorjaar prachtig bloeiende gele brem die in de vallei bij de camping groeit.

Een gedeelte van deze camping is ingericht als natuurkampeerterrein. U kunt er ook een stacaravan of een trekkershut huren. Op het kampeergedeelte mogen geen auto's komen. Er zijn eenvoudige vakantiehuisjes voor vijf personen en een meer comfortabel huisje voor zes personen te huur. Enthousiaste wandelaars kunnen gebruik maken van een trekkershuttenroute in de omgeving. U kunt in overleg uw hond meenemen. Voor de gasten zijn er fietsen te huur en 's avonds kan er een kampvuur worden gemaakt.

Vlakbij zijn twee natuurgebieden waar u schitterende wandelingen en fietstochten kunt maken. De eigenaren organiseren regelmatig rondwandelingen. Het dorpje Enscherange ligt tussen de beboste heuvelruggen. Het was ooit een vestigingsplaats van landeigenaren en heeft nu nog een mooie dorpskern met een oud kasteel. Hier staat ook de laatste, nog in werking zijnde, watermolen die door het riviertje de Clerve wordt aangedreven.

⌂ 7x, ⊿ 36x, hpw € 390-570
⛺ T 80x, ⛺ 30x, ⛺, pppn € 5, ptpn € 7, pcpn € 7

Route

🅸 Via St. Vith N62 tot grens Luxemburg. Dan N7 tot Marnach en CR326 naar Munshausen tot Enscherange. Of via Bastogne N84 naar Wiltz. Vandaar richting Wilwerwiltz, over spoorweg richting Clervaux. Na 2 km camping rechts.

🚆 Trein naar Wilwerwiltz (1,5 km). U kunt hier worden afgehaald.

EPPELDORF

Gîte rural Hessemillen
Jos Mathay-Goerens
1, Beforterstrooss , Hessemillen,
9365 Eppeldorf, Mullerthal
T   08-361 93
F   08-694 55
E   joseph.mathay@education.lu
W   www.mathay.lu
🔊 fr, de

Open: hele jaar (RES) verplicht

Boerderij en omgeving

In de omgeving van de Weiße Ernz, aan de voet van 'Klein Zwitserland', ligt de oude molen Hessemillen. In deze molen is een sfeervolle groepsaccommodatie gevestigd. Vanaf het terras van de accommodatie kunt u genieten van de rust en het uitzicht op de boomgaard, de bossen en de dieren. Bij de molen is ook een traditionele boerderij gevestigd. Rondleidingen op het bedrijf zijn mogelijk voor geïnteresseerde gasten. Deze accommodatie heeft het Luxemburgse Ecolabel omdat er met de molen elektrische stroom wordt opgewekt. Daarnaast wordt er onder andere gebruik gemaakt van zonne-energie en een verwarmingssysteem op houtsnippers.

U verblijft in de molen, waar negen kamers 21 gasten kunnen herbergen. De kamers zijn verdeeld over twee verdiepingen en variëren van tweepersoonskamers tot kamers waar vijf mensen kunnen slapen. Sanitair wordt door de gasten gedeeld. Er is een goed uitgeruste groepskeuken, waar u alles aantreft om voor een grote groep te koken. U kunt uw maaltijd nuttigen in de sfeervolle eetzaal naast de bibliotheek en de piano. In de recreatieruimte vindt

u een biljart, tafeltennistafel en allerlei gezelschapsspelletjes. Linnengoed kan gehuurd worden of zelf meegenomen. Het is mogelijk om hier gezondheidsbehandelingen te krijgen.

De omgeving biedt u veel sportieve mogelijkheden. Er zijn veel gemarkeerde wandelroutes. Ook kunt u binnen een straal van 15 km van de accommodatie tennissen, golfen, vissen, boten huren, fietsen huren en paardrijden. Ook zijn natuurwandelingen met een gids mogelijk, alsmede zwemmen in een overdekt zwembad.

🏛 ⛺9x, ⊿ 22x, Prijs op aanvraag

Route

🅸 Van Brussel N4/N15 naar Diekirch, hier N17 richting Echternach, afslag rechts richting Beaufort, nog 5 km naar Eppeldorf.
🚌 Vanuit stad Luxemburg lijn 10 naar Diekirch, dan bus naar Eppeldorf.

ETTELBRUCK

Camping Kalkesdelt
Tinus Strijbos
Rue du Camping, 9022 Ettelbruck, Oesling
T   081-21 85
F   081-31 86
E   tstrijbos@internet.lu
W   www.sit-e.lu
🔊 nl, uk, de

Open: 1 apr-31 okt Ⓡ ♿

Camping en omgeving

Slecht 1 km van het stadje Ettelbruck bevindt zich, temidden van het groen, camping Kaldesdelt. Voor ECEAT's normen is dit een relatief groot terrein, met maar liefst 136 plaatsen. Er wordt bij de bedrijfsvoering echter wel degelijk rekening gehouden met het milieu. Hiervan getuigt het Luxemburgse Ecolabel dat de camping heeft ontvangen. U moet hierbij denken aan water- en energiebesparende maatregelen (zonne-collectoren), afvalscheiding en het gebruik van ecologische schoonmaakmiddelen.

U kunt met uw tent, camper of caravan op een van de ruime plaatsen gaan staan. Er zijn veel plekken met electriciteitsaansluiting. Er is een grote verblijfsruimte waar u bij slecht weer gebruik van kunt maken. Ook is er een receptie met buvette en een klein restaurant, waar u ontbijt en diners kunt krijgen. Op verzoek zijn er ook vegetarische maaltijden. Op het terrein zijn voldoende speelmogelijkheden voor kinderen; in het hoogseizoen worden er voor hen zelfs activiteiten georganiseerd. Er zijn op de camping van allerlei spelmogelijkheden als jeux des boules, tafeltennis, badminton, volleybal en basketbal.

In het hoogseizoen rijdt de stadsbus langs de camping die u naar Ettelbruck brengt. Daar vindt u een biologische winkel, supermarkten en diverse restaurants. In de omgeving van de camping zijn er diverse gemarkeerde wandelroutes (63 km in totaal) en het is mogelijk om natuurwandelingen met een gids te maken. Naast wandelen kunt u hier ook heerlijk fietsen (fietsen zijn te huur) en als afsluiting van alle inspanning kunt u gebruik maken van de sauna en zelfs een massage krijgen!

pppn € 5ptpn € 5,50pcpn € 5,50

Route

E25 naar Bastogne, N15 naar Ettelbruck, dan bordjes volgen.

Trein naar Ettelbruck. Gratis ophalen op afspraak mogelijk.

KAUNDORF

Natuurparkhotel Zeimen
Fam. Zeimen
2, Am Enneschtduerf,
Oesling, L-9662 Kaundorf, Oesling
T   08-391 72
F   08-395 73
M   08-992 21
E   hozeimen@pt.lu
W   www.naturparkhotel-zeimen.lu
de, fr

Open: hele jaar

Hotel en omgeving

Natuurparkhotel gelegen in het natuurgebied Haute-Sûre, in de Öslingstreek. Dit gebied is geliefd om de rust, de zuivere lucht en het afwisselende landschap van heuvels, valleien, weiden en bossen. Het geheel gerenoveerde hotel wordt op milieuvriendelijke wijze beheerd en heeft daarvoor een milieuprijs ontvangen. Het water wordt bijvoorbeeld door zonne-energie verwarmd.

De acht comfortabele kamers zijn voorzien van eigen sanitair, telefoon, TV en balkon of terras. Ook is er een vierpersoons studio te huur. Op verzoek kan er een complete baby-uitrusting op de kamer geplaatst worden. Het hotel heeft een kindvriendelijke sfeer en ook voor familiebijeenkomsten is het zeer geschikt. Verder worden er regelmatig gastronomische weekends georganiseerd. Het restaurant serveert streekgerechten, Franse specialiteiten en natuurlijk een uitgebreid ontbijtbuffet. De gerechten worden met biologische en regionale producten bereid.

De prachtige vergezichten over het meer van de Haute-Sûre en het unieke glooiende landschap van Kaundorf maken dit gebied een oase voor de natuurliefhebber. U kunt met een gids wandelen over langeafstandspaden en er zijn tal van natuurmilieupaden en fietsroutes uitgezet. Voor

de gasten zijn er gratis mountainbikes beschikbaar. U kunt een bezoek brengen aan een oude watermolen, de Romaanse kapel van St. Pirmin en de voormalige lakenfabriek. Het stuwmeer Esch-sur-Sûre heeft een informatiecentrum en een tentoonstelling.

8x, 16x, 1pkpn € 45, 2pkpn € 66
B&B
Prijs op aanvraag

Route

Via Bastogne N84 en N15 tot kruising Shuman. Dan CR318 naar Kaundorf.

Trein naar Wiltz. Hotel regelt vervoer van en naar het station.

LIEFRANGE

Marjaashaff
Caritas Jeunes & families asbl
6, Kirewee, 9665 Liefrange, Oesling
T   08-991 55
F   08-992 57
E   marjaashaff@servicevacances.lu
W   www.servicevacances.lu
fr

Open: hele jaar verplicht

Groepsaccommodatie en omgeving

De groepsaccommodatie Marjaashaff, gelegen in Liefrange in de Luxemburgse Ardennen, is een ideale plek voor cursussen, educatieve weken of andersoortige groepsvakanties. De accommodatie, beheerd door Caritas Luxemburg, is gevestigd in een oude boerderij, die volledig is gerestaureerd, en ligt niet ver van het meer Esch-sur-Sûre. Dat er ook aan het milieu is gedacht ziet u aan het Luxemburgs

Ecolabel dat deze accommodatie heeft gekregen. Op verzoek zijn er ook biologische, vegetarische en zelfs veganistische maaltijden verkrijgbaar.

Groepen verblijven in de 15 kamers tellende boerderij, waar in totaal 56 bedden staan. Ook zijn er drie grote groepsruimtes, die voor cursussen gebruikt kunnen worden. Er is een groot speelterrein bij de boerderij. Daarnaast een grote eetzaal en een moderne, goed uitgeruste keuken. De dichtstbijzijde supermarkt vindt u op 10 km; de biologische winkel op 5 km is nog dichterbij. Voor restaurants moet u in Wiltz (10 km) zijn.

Door de ligging vlakbij een meer is deze plek zeer geschikt voor liefhebbers van watersport; u kunt hier vissen, windsurfen, zeilen of zwemmen. Verder is de regio geschikt voor liefhebbers van wandelen, fietsen (u kunt hier fietsen huren) en andere buitensporten. Bij minder weer kunt u zwemmen in een overdekt zwembad. Marjaashaff is een prima uitgangspunt voor excursies en wandelingen in de gehele regio.

 ▭15x, ▱ 56x, Prijs op aanvraag

Route
 E25 richting Luxembourg, bij Bastogne afslag 54 (N15) richting Ettelbruck / Diekirch. Na afslag Wiltz rechts afslag naar Esch-sur-Sûre, borden Lieferange volgen.

 Neem contact op voor routebeschrijving OV.

LULTZHAUSEN
Jugendherberge Lultzhausen
Mona Dienhart
Rue du Village, 9666 Lultzhausen, Oesling
T   026-889 201
F   026-889 202
E   lultzhausen@youthhostels.lu
W www.youthhostels.lu
🔊 fr, uk, de

Open: hele jaar ⓡⓔⓢ verplicht

Jeugdherberg en omgeving
In het centrum van Lultzhausen, direct aan het meer, ligt deze jeugdherberg. Het landschap van het Haut-Sûre natuurpark kenmerkt zich door heuvels, dicht beboste valleien en natuurlijk het kunstmatig aangelegde meer van Haut-Sûre. De jeugdherberg bevindt zich in een modern gebouw, dat door zijn ligging aan het meer een uitgelezen plek is om heerlijk te watersporten of op een andere manier van de mooie omgeving te genieten. Bij de bouw van de jeugdherberg is niet alleen gedacht aan het milieu, zij ontvingen het Luxemburgs Ecolabel, maar ook aan mensen in een rolstoel. De begane grond van het gebouw is voor hen goed toegankelijk.

U verblijft in een van de 30 kamers, waar in totaal 112 bedden staan. Het aantal bedden per kamer varieert van 2 tot 12. U kunt met een groep komen, maar ook als individu. Het gebouw beschikt over een wasserette, eigen conferentieruimte, leslokalen, kantoorfaciliteiten en internettoegang voor gasten. Ook zijn er allerlei voorzieningen voor kinderen als commodes, kinderbedjes, speeltuin en speelhoek. Er is een restaurant, en een cafetaria en een zonne-terras met uitzicht op het meer. In het restaurant kan op verzoek vegetarisch worden gegeten. De dichtstbijzijnde biologische winkel is 6 km van de accommodatie. In de kamers mag niet worden gerookt.

Het kleine dorpje Lultzhausen biedt vele mogelijkheden voor heerlijke wandelingen langs het meer. Hier kunt u uiteraard prima zwemmen, duiken, zeilen en surfen. Ook zijn er in de directe omgeving van de jeugdherberg mogelijkheden voor volleybal, voetbal en basketbal. Er zijn veel gemarkeerde wandelroutes; zoals bijvoorbeeld een natuurpad in de buurt van Insenborn of een beeldenroute. Mountainbikes, kano's, surfplanken en zelfs de

lokale sporthal kunnen bij reservering geboekt worden.

▭ 30x, ▱ 112x, 2pkpn € 38,60 B&B
 ▭30x, ▱ 112x, 1ppnoz € 16,70 B&B

Route
 Via Bastogne N84 en N15, afslag Esch-sur-Sûre naar rechts. Weg langs meer blijven volgen tot Lultzhausen.

🔊 Trein naar Ettelbruck of Wiltz, eventueel via Luxemburg-Stad. Neem op weekdagen bus naar Lultzhausen.

MAULUSMÜHLE
Camping Woltzdal
Erik van Miltenburg
Maison 12, 9974 Maulusmühle, Oesling
T   09-998 938
F   09-979 739
E   info@woltzdal-camping.lu
W www.campingwoltzdal.com
🔊 nl, fr, uk

Open: 14 apr-31 okt ⓡ

Camping en omgeving
Net buiten het dorpje Maulusmühle, in het uiterste noorden van het Groothertogdom Luxemburg, verscholen in het diepe dal van het riviertje de Woltz, vindt u camping Woltzdal. Er is een Nederlandse eigenaar die u te woord kan staan en in het hoogseizoen is er soms zelfs een Nederlandse ochtendkrant te koop. Woltzdal heeft het Luxemburgs Ecolabel, hetgeen betekent dat er op de camping wordt voldaan aan allerlei milieu-eisen, bijvoorbeeld op het gebied van de waterhuishouding en energieverbruik.

De camping ligt aan een riviertje en heeft 95 plaatsen voor zowel caravans als tenten. Daarnaast zijn er vijf chalets te huur; drie voor zes personen en twee voor vier personen. Deze huizen liggen mooi verscholen in het bos. Ook kunt u een van de drie stacaravans huren of een van de twee trekkershutten. De trekkershutten worden in principe per nacht verhuurd, maar u mag altijd langer blijven. Op deze camping vindt u luxe sanitair, animatie en speelruimte voor de kinderen, een wasserette en een campingwinkel. In het restaurant op de camping kunt u ook vegetarisch eten.

In de directe omgeving van de camping zijn diverse wandelroutes uitgezet. In totaal wel 125 km! Wandelkaarten zijn te koop bij de receptie. In het hoogseizoen organiseert de camping eenmaal per week een wandeling onder leiding van een gids, in de directe omgeving van de camping (deelname gratis). Hetzelfde geldt voor begeleide fietstochten; op de camping worden mountainbikes verhuurd. In het meer van Weiswampach, op slechts 6 km, kunt u heerlijk zwemmen, kanoën, vissen, waterfietsen en surfen. Een bezoek aan steden als Clervaux, Ettelbrück, Wiltz, Diekirch, Vianden en het Duitse Trier zijn ook de moeite waard.

🏠 5x, 🚐 26x, hpw € 485-585
⛺ T 95x, 🚐 95x, pppn € 5,80, ptpn € 2,90, pcpn € 5,20

Route
🅰 Vanaf grens richting Weiswampach, Diekirch. Na 7,9 km, voor Heinerscheid (u ziet links een watertoren) rechts richting Rossmillen/Binsfeld, CR 338. Na 3,4 km op viersprong links richting Clervaux, CR 335. Na 2,5 km in Maulusmühle links en na een 300 meter direct over brug links.
🚆 Trein naar Clervaux. Vanaf station bellen om gratis afgehaald te worden.

MERSCH
Hostellerie Val Fleuri
Patrick Kops
28, Rue Lohr, 7545 Mersch, Gutland
T   032-989 10
F   032-61 09
E   kops@pt.lu
W www.hostellerie.lu
🗨 fr, de, uk

Open: hele jaar ⓇⒺⓈ verplicht ♿

Hotel en omgeving
Gesitueerd aan de rand van Mersch, dat 18 km ten noorden van de stad Luxemburg ligt, vindt u Hostellerie Val Fleuri. Deze traditionele herberg wordt geleid door Patrick Kops, eigenaar en chefkok. Hij kookt de meest heerlijke biologische, en op verzoek ook vegetarische of veganistische gerechten. Patrick is vooral beroemd geworden door zijn zelfgeproduceerde natuurlijke oliën, die hij ook verkoopt in het restaurant. Een goed glas wijn of een kopje Fair Trade thee completeren uw maaltijd.

U verblijft in een van de 20 hotelkamers. Deze zijn uitgerust met privé douche en toilet en tv. U kunt eventueel ook gebruik maken van de wasservice, een koelkast of kantoorfaciliteiten (computer, fax, printer). Ook is er internettoegang voor de gasten. Er is een overdekte parkeerplaats voor uw fiets en een bewaakte parkeerplaats voor uw auto.

U bevindt zich aan de rand van een stad met 7000 inwoners; voor een supermarkt of biologische winkel hoeft u slechts 300m te lopen. Ook zijn er legio andere restaurants. Mersch is een ideaal startpunt voor wandelingen in de natuur en in het bijzonder de 'Vallei van de zeven kastelen'. In Mersch vindt u verder een tennisbaan, midget-golf, een mooi park, een overdekt zwembad en een trimparcours. Een bezoek aan de stad Luxembourg is natuurlijk ook aan te raden.

🛏 20x, 🚐 33x, 1pkpn € 59, 2pkpn € 79 B&B

Route
🅰 Vanuit Etelbruck, Diekirch of Clervaux richting Mersch. In Mersch richting centrum via rue Colmar-Berg. Op kruising links, Rue du Luxembourg, over spoor en meteen links, richting Cruchten, herberg rechts.
🚆 Trein naar Mersch, hotel ligt op 800m. Op afspraak kunt u gratis afgehaald worden.

TADLER-MOULIN
Camping Toodlermillen
Sylvia & Amand Keiser
1, Op der Millen, L-9181 Tadler-Moulin, Oesling
T   08-391 89
F   08-992 36
E   keisera@gms.lu
W www.toodlermillen.lu
🗨 de, nl, fr, uk

Open: 1 apr-31 okt 🌿 ♿

Boerderij en omgeving
In het natuurpark van de Haute-Sûre, hartje Ardennen, ligt boerderij Toodlermillen met daarbij een familiecamping. Het gemengde bedrijf produceert sinds 1997 biologisch. Er zijn melkkoeien en er worden graan, maïs en aardappelen verbouwd. De camping ligt tegenover de boerderij, aan

de oever van het riviertje de Sûre. Op de camping wordt zoveel mogelijk rekening gehouden met het milieu.

Op de camping is plaats voor 120 tenten en caravans. Voor de gasten zijn er verschillende (creatieve) programma's; knutselen, bal-en avontuurspelen, begeleide wandelingen en andere activiteiten. Deze worden met name in het hoogseizoen aangeboden. Ook is er informatie en documentatie over biologische landbouw beschikbaar en op verzoek geeft de boer rondleidingen over het bedrijf. De camping beschikt over een eigen bistro en een levensmiddelenwinkeltje, waar ook biologische producten te koop zijn. Hier kunt u ook terecht voor brood (op bestelling), levensmiddelen, campinggas en eigen produkten van de boerderij, zoals eieren en aardappelen.

In de omgeving zijn vele mogelijkheden om te wandelen en te fietsen langs bewegwijzerde wegen. Het natuurpark Obersauer is vlakbij. U kunt historische burchten bezoeken in Bourscheid, Esch-sur-Sûre en Vianden. In Winseler is een kruidentuin, in Wiltz een ambachts- en een padvindersmuseum en in Heiderscheid een oudheidkundig museum. Op 4 km van de boerderij kunt u paarden huren.

🏮 ♨ 🚴 🐾 ⌖ ⊜7 ⚓15 🏌8

⚓ pppn € 5,50ptpn € 8pcpn € 8

Route

🚗 Vanaf Bastogne N84/N15 richting Ettelbruck, afslag Esch-sur-Sûre, plaats rechts laten liggen en 1e links N27 richting Gösdorf/Göbelsmühle. Bord Toodlermillen volgen (4 km).

🚆 Trein naar Göbelsmühle (7 km), vandaar bus tot in Tadler (1 km).

B
L

Vraagbaak voor caravanbezitters

De aanschaf van een toercaravan is een flinke investering; Nederlanders zijn dan ook zuinig op hun vakantiehuis op wielen.
Het ANWB Caravan Handboek biedt bezitters, maar ook aspirantkopers antwoord op alle vragen over de aanschaf, het gebruik, het onderhoud, het rijden en de trekauto.

Frankrijk

F

Nederlanders brengen jaarlijks maar liefst zo'n 2,6 miljoen vakanties door in Frankrijk. Het land is relatief dichtbij en biedt een ongekende variatie aan landschappen: van rots- en krijtkusten tot wadden, van polderlandschappen tot besneeuwde bergtoppen, van brede stranden tot kloven met snelstromende rivieren en van weidse rivierdelta's tot uitgedoofde vulkanen.

Frankrijk is verreweg de populairste vakantiebestemming onder Nederlanders. Geen land in Europa biedt zoveel afwisseling in natuur en historische bezienswaardigheden. In het noorden wordt het begrensd door de Noordzee, in het westen door de Atlantische Oceaan en in het zuiden door de Middellandse Zee.

Van de bijna 60 miljoen inwoners woont een groot gedeelte in de grote steden (Parijs, Lyon en Marseille). Alleen al in de regio Parijs wonen 11 miljoen mensen. Het platteland is dan ook opvallend dunbevolkt en vormt een waar toevluchtsoord voor rustzoekers.

Accommodaties

In deze gids vindt u o.a. biologische boerderijen, voormalige boerderijen, hobbyboerderijen, pensionnetjes, gîtes en kampeerterreinen. Relatief veel accommodatiehouders zijn Nederlanders, Duitsers en Engelsen. Een deel van de boeren zijn lid van Accueil Paysan. Het doel van deze organisatie is om mensen uit alle lagen van de bevolking kennis te laten maken met het leven op het platteland. Een aantal eigenaren van accommodaties hebben zich aangesloten bij Gîtes Panda. Deze gîtes zijn gelegen in natuurgebieden. U kunt er uitgebreide informatie over de omringende natuur krijgen.

(Biologische) landbouw

Frankrijk is van de landen van de Europese Unie de grootste exporteur van landbouwproducten, wereldwijd de op één na grootste. Belangrijk producten voor export zijn tarwe, maïs, suikerbieten, kaas en rund- en kalfsvlees. Weliswaar staat Frankrijk bekend om zijn romantische, kleinschalige cultuurlandschappen (denk aan Normandië, Bretagne, de Morvan), maar u vindt er ook bijna onafzienbare, volstrekt boomloze vlaktes met monoculturen, bijvoorbeeld in de streek rond Reims en Troyes.

De agrarische sector staat (inclusief de voedselverwerkende industrie) garant voor ca. 6% van het Bruto Nationaal Product. Er zijn ongeveer 730.000 productieboerderijen in Frankrijk. Na jaren van stagnatie zit de biologische landbouw van Frankrijk weer in de lift. Eind 2000 waren er 9.283 biologische boerderijen, 1,3% van het totale landbouwareaal. De Franse markt vertoont, evenals die in de andere EU-lidstaten, een forse groei en zorgt ervoor dat 10% van de biologische producten geïmporteerd wordt. Binnen de EU zijn Duitsland en de Scandinavische landen de voornaamste leveranciers/exporteurs; 40% van de import komt van buiten Europa. Gecertificeerde biologische producten voeren het landelijke keurmerk AB en de internationale keurmerken Demeter en Ecocert.

Natuur(bescherming)

Frankrijk kent een enorme verscheidenheid aan natuurschoon: van ongetemde rivieren met een rijke flora en fauna, zoals de Allier en de Dordogne, tot ruige gebergtes zoals de Cevennen. In dit laatste gebied zijn niet lang geleden vaalgieren uitgezet, die daar goed gedijen. In het Nationale Park Mercantour werden in 1992 zelfs weer wolven ontdekt. Er zijn nu al drie roedels met in totaal 22 dieren. De jonge wolven die in het park werden geboren gingen op zoek naar nieuwe leefgebieden. Het gevolg is dat de wolf vaste voet heeft gekregen in de Pyreneeën, de Cévennen, de Vercors en de Haute Savoie. De totale Franse populatie wordt nu geschat op 50 dieren. Onlangs heeft dit nog geleid tot een demonstratie van boze schaapsherders.

Frankrijk is voor 26% overdekt met bos. Anders dan bijvoorbeeld in Duitsland en België bestaat het merendeel daarvan uit loofbossen (ongeveer tweederde). Dit komt omdat de commerciële bosbouw zich hier heeft toegelegd op duurdere houtsoorten als eiken en beuken.

Helaas heeft Frankrijk niet zo'n goede naam op het gebied van natuurbescherming. De jacht (ook op bedreigde vogelsoorten) is er immens populair en kort geleden is het jachtseizoen zelfs nog met een aantal weken verlengd. Het oude bos van Fontainebleau wordt nog steeds bedreigd door de geplande aanleg van een autoweg en hetzelfde geldt voor de vallei in de Pyreneeën waar de laatste beren van Frankrijk voorkomen.

Frankrijk telt zeven nationale parken, maar dit predikaat heeft in sommige gevallen commerciële houtkap en de aanleg van grootschalige toeristische voorzieningen (bijvoorbeeld voor de wintersport) niet kunnen voorkomen. Verder zijn er 44 regionale landschapsparken (Parcs Naturels Régionaux). Deze parken zijn echter niet alleen gerealiseerd om de natuur te beschermen. Economische en sociale ontwikkeling van de streek (door het stimuleren van het toerisme bijvoorbeeld) spelen ook een belangrijke rol. Soms zijn deze doelstellingen tegenstrijdig.

F

ANCTEVILLE

Manoir de La Foulerie
Michel Enouf
50200 Ancteville, Manche
T 0233-45 27 64
F 0233-45 73 69
M 06-614 866 66
E manoir.foulerie@libertysurf.fr
W www.manoirdelafoulerie.com
🐾 fr, uk

Open: hele jaar 🌱 🍂 H 65m ® 🗙
[🐴]

Kasteel en omgeving

Op 10 km van de Normandische kust ligt het 16de-eeuwse granietstenen kasteel Manoir de la Foulerie. Het terrein heeft een meer (in de vorm van het departement Manche), waarop u met een bootje of waterfiets kunt dobberen tussen de eenden en zwanen en een weide waar de koeien en paarden grazen. In het kasteel kunt u verblijven op basis van logies en ontbijt. Er is een groepsverblijf voor 20 personen met een ingerichte keuken en een eetzaal en seminarruimte waar 40 personen terecht kunnen. Daarnaast zijn er zeven campingplaatsen met elektriciteit. In de iets hoger gelegen boomgaard kunt u een tent opzetten. Het campingsanitair is eenvoudig. Er is een crêperie en u kunt een lunchpakket bestellen.

De eigenaren zijn gespecialiseerd in tochten in de omgeving met pony's en paarden. U kunt een begeleide tocht regelen, zelf erop uit trekken of een huifkartocht maken. Op het terrein zijn vele voorzieningen aanwezig; een tennis-, pétanque- en jeu de boules baan, speeltoestellen voor kinderen, overdekte ruimte met spelletjes (tafelvoetbal, tafeltennis), er zijn fietsen te huur en een zwembad is in aanbouw.

De omgeving is ideaal om te wandelen (verschillende uitgezette wandelroutes, de GR-223). Het kasteel van Pirou, het eco-museum van Saint-Jean-des-Champs en de prachtige dierentuin bij Villedieu-les-Poêles zijn een bezoek waard. In Cherbourg is een onderwatermuseum en er zijn vele musea over WOII (oa in Arromanches). Verderop liggen Le Mont-Saint-Michel en Bayeux met het beroemde tapijt uit de 11de eeuw, de middeleeuwse binnenstad met kathedraal en het museum over de slag bij Normandië.

🦆 🎦 🏊 🚲 🛶 🚣 ⚓ ┄┄┄10
🛶10 🎣6 🎣15 🎣15 🏄

🛏 4x, 🛏 16x, 2pkpn € 50 B&B
🏠 🛏5x, 🛏 21x, 1ppnoz € 15
⛺ T 7x, 🚐 7x, pppn € 6, ptpn € 3, pcpn € 3

Route

🅸 Van Carentan D971 naar Périers. Daar D68 richting Montsurvent/Agon-Coutainville. Bij Montsurvent D2 richting Coutances en na ca 1,5 km links naar Ancteville (D393). Volg borden Manoir de la Foulerie (ligt langs de D534).

🚂 Trein naar Coutances. Ophalen in overleg.

IRODOUËR

Château du Quengo
Anne & Alfred du Crest de Lorgerie
Le Quengo, 35850 Irodouër,
Ille-et-Vilaine
T 0299-39 81 47
E lequengo@hotmail.com
W www.chateauduquengo.com
🐾 fr, uk, de, it

Open: hele jaar H 300m ® 🗙

Château en omgeving

Twee jaar geleden zijn Anne en haar man Alfred uit Zwitserland vertrokken om hun intrek te nemen in het oude familiekasteeltje, dat altijd als chambre d'hôte dienst heeft gedaan. Alfred is oorspronkelijk kerkorgelbouwer en Anne maakt manden en mat stoelen van riet afkomstig uit de tuin. Het terrein bestaat, naast het kasteeltje, uit een groot park met majestueuze bomen van meer dan 400 jaar oud, een meer, een kapelletje en een biologisch-dynamische moestuin. De sfeer is ongedwongen en authentiek, het kasteel is dan ook geen museum maar een prettige plek om te wonen.

Er zijn vijf kamers te huur op basis van logies en ontbijt. De kamers zijn zoveel mogelijk in originele staat gehouden. U kunt gebruik maken van een keuken, de muziekkamer (inclusief instrumenten), de bibliotheek met veel boeken over de natuur, en van een wasmachine. Het ontbijt is geheel biologisch. Ook is er een gîte te huur naast het kasteel, geschikt voor 8 tot 12 personen. Er zijn vier slaapkamers, twee badkamers. Op het terrein kunt u picknicken en een kampvuur maken. 's Zomers grazen er pony's op het terrein. Biologische producten uit eigen tuin, zoals azijn, jam en likeur, zijn te koop. U kunt vissen in het meertje. In het bos rondom het meer leven vossen, bosuilen, eekhoorns en veel verschillende vogels.

De tijd van koning Arthur vindt u terug in legendes, Keltische voorwerpen en het Forêt de Brocéliande. Met de fiets (te huur op het kasteel) kunt u de omgeving verkennen. Leuk om te bezoeken zijn het oude stadje Combourg, het boekendorp Bécherel met gezellige café's, de Galerie Lieu-Dit, de middeleeuwse stad Dinan en de hoofdstad van Bretagne, Rennes.

🦆 🚲 🛶 🚣 🛶15 🎣1,5 🎣50
🎣50 🚐50 🏹20 🏄

🛏 5x, 🛏 12x, 1pkpn € 42-65, 2pkpn € 47-70 B&B
🏠 1x, 🛏 12x, Prijs op aanvraag

Route

🅸 Op de ring rond Rennes afslag E50/N12 richting Saint-Brieuc nemen. Bij Bédée afslaan naar Irodouër (D72). In Irodouër voor de kerk rechtsaf (D21) en kort daarna links bij bord Chambre d'Hotes.

🚂 Trein naar Montfort-sur-Meu, dan bus naar Irodouër (0,5 km).

MONT-DOL

Boerderijhotel La Morière
Marga Muller
35120 Mont-Dol, Ille-et-Vilaine
T 0299-48 92 88
E info@lamoriere.com
W www.lamoriere.com
uk, nl, fr

Open: hele jaar ®

Herenboerderij en omgeving

Deze voormalige herenboerderij is verbouwd tot boerderijhotel. Er zijn twee honden, vier katten, twee pony's, één geit, wat kippen en een haan. Kwaliteit en een ontspannen sfeer staan hoog in het vaandel van La Morière. Er wordt een milieubewust huishouden gevoerd.

In het woonhuis is op de begane grond een grote keuken waar de smakelijke en gevarieerde maaltijden, bereid met producten van eigen grond, op zijn bretons geserveerd worden. Naast de keuken bevindt zich een gezellige zitkamer waar u een boek kunt lezen, samen een spelletje doen, piano spelen of muziek luisteren. Op de eerste verdieping bevindt zich de Gele Kamer (vier personen) met aansluitend douche en toilet. Op de tweede verdieping zijn vijf gastenkamers en twee douche- en toiletruimtes. De voormalige paardenstal is verbouwd tot een rolstoelvriendelijke accommodatie voor twee personen plus hun aanhang (max. vier pers.). De voormalige hooischuur is verbouwd tot een slaapzolder met twaalf bedden. Op het erf van de boerderij staat een romantische huifkar die ook als slaapkamer gebruikt kan worden (twee volwassenen en een kind).

Waar vroeger de werktuigen stonden is nu een sprookjesachtig ingerichte buitenkamer. Hier bestaat de mogelijkheid om gezellig buiten te eten en te barbecuen. Er is tevens een jeu de boules baan aanwezig.

U kunt hier teken-, schilder- en muzieklessen volgen. Ook kunt u er op uit trekken in het bretonse polderland, centrum van de druïdencultus met z'n legenden en zijn eigen muziek en taal. In de baai van Le Mont-Saint-Michel liggen de belangrijkste mossel- en oesterbanken van Frankrijk.

🛏 6x, 🛏 12x, 1pkpn € 25, 2pkpn € 50 B&B

🏠 2x, 🛏 6x, Prijs op aanvraag

🏛 🛏 12x B&B

Route
🅸 Op E410/N176 afrit Dol-de-Bretagne centre en na ca 500 m rechts richting Mont-Dol en Le Vivier-sur-Mer. Na 2 km rechts Mont Dol in, na 200 m bij bord Camping de la Roche links. Langs camping en langs boerderij La Grande Ville. Op splitsing naar Le Vivier en Dol-de-Bretagne ligt rechts La Morière.

🚶 Trein via Rennes naar Dol-de-Bretagne, afhalen mogelijk op afspraak.

PARCÉ

Ferme Du Faire à Cheval
Stéphane Galais
35210 Parcé, Ille-et-Vilaine
T 0299-97 64 71
fr

Open: 1 jun-1 okt

Boerderij en omgeving

De boerderij ligt aan de rand van Bretagne in een groene en heuvelachtige omgeving. Men verbouwt hier maïs en graan en houdt Salers-koeien, pony's en hoenderen.

Dit is een leuke plek om kennis te maken met het leven op de boerderij. Kinderen mogen meehelpen met het voeren en verzorgen van de dieren en er wordt uitleg

gegeven over het ritme der seizoenen. Er is een kleine schaduwrijke camping. Uw gastheer is een fervent paardenliefhebber en tevens smid en leerbewerker. Vanaf de boerderij worden paardrijtochten door de omgeving georganiseerd en cursussen paardrijden en paardenmennen gegeven. Tijdens de schoolvakanties is er een speciale gîte d'enfants.

De boerderij ligt midden in een groen glooiend gebied, waar veel andere veehouderijen gevestigd zijn. Traditionele huisjes, kastelen en stadjes bepalen het beeld. Het kasteel van Fougères is het grootste middeleeuwse kasteel van Europa. Op 2 km kunt u de legendarische Rochers du Saut Roland bezoeken, 45 km ten noorden van de boerderij ligt Le Mont-Saint-Michel, een belangrijke toeristische trekpleister. De GR-34 loopt op 0,3 km, de GR-37 op 6 km en op het terrein zelf ligt een wandelpad van 3 km.

🛏 🍽 🐴 ......45 🏊 10 🎾 10 🐟 2 🎣 8

🅰 T 6x, 🚐 6x, pppn € 2,80, ptpn € 2,20, pcpn € 2,20

Route
🅸 Vanaf Fougères de D798 richting Vitré. Voor Dompierre-du-Chemin rechtsaf (D23) naar Parcé. 2 km voor het dorp staan borden naar de boerderij (naar rechts).

🚶 Trein naar Fougères of Vitré, dan bus naar Dompierre-du-Chemin. Afhalen mogelijk vanaf Fougères.

PLOUVORN

Ferme de Creac'h Gourlès
Josée & Robert Bécam
29420 Plouvorn, Finistère
T 0298-61 33 62
F 0298-61 33 62
E joseebecam@wanadoo.fr
W www.inet-bretagne.fr/becam
fr

Open: hele jaar

F

Boerderij en omgeving

De familieboerderij stamt oorspronkelijk uit de 17de eeuw en is in de traditionele bouwstijl gerenoveerd. Het gemengde bedrijf omvat 32 ha grond. Er worden verscheidene gewassen verbouwd, merendeels bestemd als veevoer voor de melkkoeien en hun kalveren. De mest wordt weer op het land gebruikt en zo is de biologische kringloop rond.

U kunt terecht in een van de gîtes (zeven en negen personen) en op een van drie tweepersoonskamers in het boerenhuis. 's Ochtends wacht u dan een heerlijk ontbijtje met verse melk en roomboter en huisgemaakte jam. 's Avonds kunt u aanschuiven aan de familietafel voor het avondeten.

De boerderij ligt op 10 km van de zee (Het Kanaal). Vergeet uw wandelschoenen niet! In de buurt zijn wel 36 tochten uitgezet door de landelijke bos- en waterrijke omgeving (GR-35 op 5 km). Ook fietsend kunt u de omgeving verkennen. Binnen een straal van 15 km treft u diverse oude kastelen aan. In juli wordt in Lambader, dat tegen Plouvorn aan ligt, een traditioneel dorpsfestival gehouden.

🜨 🍽 ⋯⋯10 🏊<10 🎣<10 🛶

🛏 3x, 🍴 6x, 2pkpn € 37 B&B
🏠 2x, 🍴 14x, hpw € 320-370

Route

ℹ Vanuit Morlaix via de N12/E50 naar Landivisiau. Net voor Landivisiau rechtsaf en over de D69 naar Plouvorn. Daar de D19 1 km richting Morlaix. De boerderij wordt door bordjes aangegeven.

🚆 Trein naar Morlaix (18 km). Afhalen mogelijk tegen vergoeding. Fietsverhuur op station.

SAINT-HILAIRE-DE-LOULAY
Camping du Bois Noir
Josiane & Pierre-Yves Launay
Le Bois Noir, 85600 Saint-Hilaire-de-Loulay, Vendée
T   0251-48 96 04
F   0251-48 96 04
E   josiane.launay@tiscali.fr
🌐 fr, uk

Open: 1 apr-1 sep 🍴 H 72m ® ♿ [🛏]

Boerderij en omgeving

Ferme le Bois Noir is een kleinschalig traditioneel veeteeltbedrijf. Op 50 ha worden 30 koeien gehouden en graan, maïs en klaver verbouwd. Naast koeien zijn er ook paarden, pony's, ganzen en kippen. Meehelpen en -kijken bij de verzorging en het melken mag.

De boerderijcamping biedt plaats aan zes tenten en caravans; er is een picknick-plaats, een overdekte ruimte, spelletjes, een zandbak en een koelkast. Er zijn twee caravans die verhuurd worden. Het terrein is schaduwrijk en op 200 m begint een bos van 14 ha. Ontbijt, lunch en avondmaaltijd (gedeeltelijk biologisch, lokale specialiteiten) kunnen voor u verzorgd worden. Verse groente uit de moestuin en producten van andere biologische boerderijen (honing, appelsap, azijn) zijn in augustus te koop.

Langs de boerderij loopt een GR-wandelroute en er zijn fietspaden (fietsen te huur en gedetailleerde kaarten beschikbaar). Op een half uurtje rijden ligt het vogelreservaat Étangs des Boucheries met een vogelmuseum, in Bouaye (40 km) het bezoekerscentrum van het natuurreservaat rond het Lac de Grand-Lieu; u kunt culturele uitstapjes maken naar de steden Nantes en Cholet; in Tiffauges kunt u het middeleeuwse kasteel van Blauwbaard bezoeken waar elke dag verschillende evenementen plaatsvinden en op 30 km

---

ligt het middeleeuwse attractiepark Puy du Fou. Een dagje naar de zee is ook mogelijk (stranden op 65 km). Op 3 km, in Montaigu vindt u winkels, restaurants en een zwembad.

🜨 🍽 🛁 🎣 🚲3 ⛵3 🎣3
🛥6 🛶15

⛺ 🜨, pppn € 3

Route

ℹ Van Nantes A83 in zuidelijke richting en afslag Montaigu nemen (N137). In het centrum van Saint-Hilaire-de-Loulay, bij het stoplicht richting Treize-Septiers gaan. U komt nu vanzelf de bordjes naar de camping tegen.

🚆 Trein tot Montaigu (nog 3 km), afhalen tegen vergoeding mogelijk.

SAINT-MALO
Chambres Paysannes
Hélène & André Lejeune
L'Ecosse, 35400 Saint-Malo, Ille-et-Vilaine
T   0299-56 03 92
🌐 fr

Open: 1 mrt-31 okt (RES) verplicht

Boerderij en omgeving

De bewoners van dit bretonse huis zijn gepensioneerde boeren, die hun hele leven hebben doorgebracht op de boerderij en het agrarische bestaan door en door kennen. In de regio zijn voornamelijk akkerbouwbedrijven waar bloemkool en aardappelen worden verbouwd en veeteeltbedrijven met koeien en geiten. Op naburige boerderijen kunt u rond zes uur 's avonds een kijkje gaan nemen bij het melken.

U overnacht in kamers (drie tweepersoons- en een vierpersoonskamer) op basis van logies met ontbijt.

Het huis ligt op 1,5 km van het strand en

's avonds kunt u een strandwandeling maken of op de boulevard een glaasje wijn drinken. Saint-Malo zelf is een charmante oude stad, evenals Dinan (30 km). Een absolute aanrader is ook Le Mont-Saint-Michel.

≗≗ ⸺2 🛏6 🛌6 ✎2 ⋈ ⊛3
🏹2 🔥4 🚶

🛏 4x, 🛏 10x, 1pkpn € 27, 2pkpn € 35
B&B

Route
🅣 Vanaf Rennes naar Saint-Malo (N137). Daar, na het casino, richting Cancale over de kustweg (D201). Door Rothéneuf en aan het einde richting Le Manoir Jacques Cartier (Rue D. McDonald Stewart). Daarna richting Saint-Ideuc en op deze weg linksaf de Chemin de l'Écosse in.
🚆 Trein naar Saint-Malo, daar bus 4 of 5, uitstappen halte Rothéneuf. Afhalen mogelijk.

TRÉVRON
Auberge La Priquetais
Christine Renault
La Priquetais, 22100 Trévron,
Côtes-d'Armor
T 0296-83 56 89
F 0296-83 65 56
E priquetais@free.fr
W http://priquetais.free.fr
🗨 fr, uk, de

Open: hele jaar 🚶 -15 okt 🚬 ® 🗷 🍴

Herberg en omgeving
In de vriendelijke Bretonse heuvels staat het huis van Christine Renault. Er is een biologische moestuin, een appelboomgaard en er lopen geitjes, kippen, konijnen, honden en katten.
U overnacht in een van de vijf kamers die zich op de eerste etage van het huis bevinden. Elke kamer heeft een wastafel,

toiletten en douches zijn op de gang. Ook kunt u terecht op de kleine, gemoedelijke camping (ook een caravan te huur). Tegen de heuvel kunnen zes tenten staan. Onder de fruitbomen is eventueel ook plaats. Het sanitair is eenvoudig. Er is een gezellige gemeenschappelijke ruimte met een serre, een open haard en een biljart. Hier worden het ontbijt en diner geserveerd. De producten zijn waar mogelijk biologisch, voor vegetarische maaltijden kan gezorgd worden. Lekker luieren en lezen kan in de tuin, er staan stoelen en er is een hangmat. Onder aan het terrein stroomt een beekje, waar u 's zomers verkoeling kunt vinden. Op de veranda en in de tuin vinden soms activiteiten plaats zoals Qi Gong cursussen. Jam, vlierbloesemsiroop, cider en groente (in seizoen) zijn te koop. Het gebied leent zich uitstekend voor wandelingen, fietsen is hier redelijk zwaar. Op vijf minuten afstand is een meer, waar u kunt surfen, vissen of zonnen op het strandje. Verschillende stranden en de rotskust bij Cap Fréhel liggen op een half uurtje rijden. De plaatsjes Saint-Juvat en Trévron (glas-in-lood ramen, kerken, molen en herenhuizen), en iets verder, Dinan (middeleeuwse binnenstad) en Saint-Malo zijn een bezoek waard. Voor een dagtochtje is Le Mont-Saint-Michel aan te raden.

≗≗ 🍽 🛋 ⊛4 🛏8 🛌8 ✎1 ⋈6
🍴4 🛏8 ⊛8 🏹10 🚶

🛏 5x, 🛏 12x, 2pkpn € 43 HP
⛺ T 4x, 🛏 2x, ≗≗, pppn € 4,50

Route
🅣 Op de A84 afslag 33 naar Dinan. Voorbij Dinan richting Caulnes-Vannes (D766). Langs Le Hingle-les-Granits (bord Trévron negeren). In gehucht Le Pont Ruffier naar links richting Le Hingle/Trévron. Door Le Hingle en rechtsaf op de brug na het kasteel.
🚆 Trein tot Dinan. Afhalen op afspraak.

VENDEL
Gîte d'étape Paysan
Maryvonne & Prosper Hardy
La Fosse, 35140 Vendel, Ille-et-Vilaine
T 0299-97 64 62
F 0299-97 64 62
🗨 fr

Open: hele jaar 🍒 H 80m 🖐 🗷

Boerderij en omgeving
De boerderij ligt in een kleine plattelandsgemeente in een glooiend, landelijk gebied. Op het gemengde bedrijf worden melkkoeien gehouden en graan en maïs verbouwd. Men voorziet zelf in het veevoer en streeft zoveel mogelijk een ecologische leefwijze na. Met alle plezier laten de bewoners u meehelpen of kijken bij een aantal van de dagelijkse boerderijtaken.
U overnacht in kamers (twee, drie en vijf personen). Er is een eetkamer met keukentje, open haard en tv. De tweepersoonskamer is aangepast voor rolstoelgebruikers. Er zijn recent twee ruimtes gemaakt waar activiteiten kunnen plaatsvinden. Het geheel is ook als gîte te huur voor tien personen. Ontbijt is inbegrepen, maaltijden kunt u vooraf reserveren.
Rond de boerderij kan men veel vogels waarnemen. In de nabijheid liggen allerlei wandelroutes; bovendien loopt er een GR direct langs de boerderij. Door de vele grote bossen in de buurt van Vendel, zoals het Forêt de Fougères met kwarts uit de tijd van de druïden, het Forêt de Liffré, Forêt de Rennes en het Forêt de Chevré, waar de natuur zijn gang kan gaan, lopen een aantal GR's. Sportievelingen kunnen in de buurt kanoën, paardrijden of zwemmen. Het strand van de Atlantische Oceaan ligt 60 km verderop.

≗≗ 🍽 ⊛<10 🛏 ⋈12 ⊛10
🏹10 🚶

3x, ☞ 10x, Prijs op aanvraag
1x, ☞ 10x, Prijs op aanvraag

Route

🛈 Van Fougères de D812 richting Rennes en na ca 7 km de D105 over La Chapelle-Saint-Aubert naar Vendel. Hier de D22 richting Javené en Billé tot in La Fosse (1,5 km borden Accueil Paysan volgend).

🚆 Trein naar Fougères of Rennes, dan de TIV-bus tussen Rennes en Fougères. Uitstappen in Saint-Marc-sur-Couesnon, halte Le Patis Buret. Afhalen mogelijk (gratis).

● ANWB Geogids – voor de vrije reiziger

Een week naar Corsica? Twee weken naar Bretagne? Een maand door de Provence trekken? De Geogids biedt heel veel praktische informatie om zelf een reis samen te stellen, ook voor niet-automobilisten. Behalve bezienswaardigheden en onmisbare achtergronden bevat de gids selecties van hotels, restaurants en de bijzondere plekken van een stad of streek.

Verkrijgbaar bij ANWB-verkooppunten, boekhandels en warenhuizen.

AMBLETEUSE

Blés de Ferquent
Sylvain & Marguerite Quenu
8, Rue Ferquent, Raventhun,
62164 Ambleteuse, Pas-de-Calais
T   0321-32 68 40
F   0321-32 68 40
M 06-072 975 43
E   bles2ferquent@yahoo.fr
W http://blesdeferquent.free.fr
fr, uk

Open: 1 apr-31 okt

Boerderij en omgeving

De boerderij (ca 1830) ligt in het Parc Naturel Régional des Caps et Marais d'Opale
en bestaat uit lage gebouwen en een
afgesloten binnenplaats die beschutting
biedt tegen de harde wind van zee. Er worden op biologische wijze wortels, radijs en
tomaten geteeld. Een compleet hoenderhof, Boulonnais- en Ouessant-schapen,
een paard, varkentjes en ezels vormen de
veestapel.
Er zijn 12 kampeerplaatsen, twee caravans,
twee chalets, drie stacaravans en een
bungalow te huur. Ook is er een vakantiehuisje in Wissant te huur. De sanitaire
voorzieningen zijn eenvoudig. Er is een
grote zitkamer met een spelletjeshoek,
tafelvoetbal en een kleine bibliotheek.
Voor ontbijt en een maaltijd kan gezorgd
worden. Kinderen kunnen meehelpen
op de boerderij, ezeltjerijden en een ritje
maken met tractor en wagen. Ook worden er tochten met de ezels en het paard
gemaakt naar Ferquent. U kunt dan de
kudde schapen bezoeken en krijgt uitleg
over de flora en fauna, een overnachting
onder de sterrenhemel, dicht bij Cap Gris-
Nez, is dan ook mogelijk.
Langs de boerderij loopt een GR-wandelroute. Het naburige strand (3 km) is een
rots- en kiezelstrand, dat zeer veilig is en
goed wordt bewaakt. Omdat deze kust in

WOII een belangrijke rol heeft gespeeld,
vindt u vele oorlogsmusea in de omgeving. De Cap Gris-Nez en de Cap Blanc-Nez
zijn landschappelijk interessant. In Bou-
logne-sur-Mer kunt u Nausicaä bezoeken
(groot zee-aquarium) en de prachtige
12de-eeuwse crypte van de kathedraal.
Krijgt u genoeg van het stokbrood en
de wijn? Dan neemt u de Kanaaltunnel
(25 km) in Calais en u kunt tegen 'tea-
time' in Engeland zijn.

8x, 40x, hpw € 84-270
T 6x, 6x, pppn € 4,40, ptpn
€ 1,20, pcpn € 1,20

Route

Op de A16/E402 bij afslag 36 via de D191 en de
D191e naar Raventhun. In Raventhun de 1e weg
rechts. Dan is het de 1e boerderij rechts.

Trein tot Marquise-Rinxent (11 km), traject Calais
- Boulogne-s-Mer. Bus van Boulogne-s-Mer naar Ambleteuse. Afhalen tegen vergoeding mogelijk.

ATHIS-DE-L'ORNE

Camping à la Ferme La Ribardière
Anne-Marie & Christophe Davy
La Ribardière,
61430 Athis-de-l'Orne, Orne
T   0233-66 41 93
F   0233-66 41 93
E   davy_ch@club-internet.fr
fr, uk

Open: 15 apr-15 okt   H 220m

Camping en omgeving

De familie Davy heeft een boerenbedrijf van 60 ha in het Suisse Normande,
waar zij koeien en kippen houden en een
biologische appelboomgaard hebben. De
Normandische koeien leveren biologisch

vlees en melk. De kippen scharrelen maar
zijn niet biologisch. In de zomerweekends
kunt u zich opgeven om gezamenlijk met
de eigenaren kip van 't spit met een aperi-
tiefje te nuttigen.
De rustige boerencamping ligt in de
ruime boomgaard, waardoor u voldoende
schaduw vindt voor uw tent. In een van
de oude stallen mag een vuur gemaakt
worden. Het sanitair is eenvoudig, maar
voldoet. De zespersoons gîte staat in het
midden van de camping. De inrichting is
sober, er zijn twee tweepersoonskamer-
tjes (een met stapelbed) en nog twee
slaapplekken op de vide. Zonnepanelen
op het dak leveren de energie. Melk, biologische cider, eieren en kippen zijn te
koop. Er zijn verschillende spelletjes voor
kinderen en een tafeltennistafel.
In de omgeving kunt u de Roches d'Oëtre
bezoeken, een heuvel die u ervan zal
overtuigen dat Normandië helemaal niet
zo plat is (met verschillende uitgezette
wandelroutes). Vanaf de camping lopen
drie gemarkeerde wandelroutes en u kunt
hier prima fietsen. Kajakken op de Orne,
paard- en ezelrijden behoren ook tot de
mogelijkheden. Zwemmen kan in het
openluchtbad in Flers (10 km). In Saint-
Pierre-du-Régard zijn racefietsen te huur.
In de zomer worden er op mooie plekken
dicht bij de camping concerten georganiseerd. In Caen vindt u diverse musea.

1x, 6x, hpw € 195
T 25x, 10x, pppn € 2,40, ptpn
€ 2,70

Route

Op ring rond Caen afslag 11 richting Condé-sur-
Noireau/Flers. In Condé-sur-Noireau via Saint-Hono-
rine naar Athis-de-l'Orne (D15). In Athis D25 richting
Flers volgen en op rotonde rechts richting Condé-
sur-Noireau. Na 150 m links, volg borden camping
à la ferme.

Trein naar Flers, dan taxi.

F

AUBIGNY

Ferme de Séjour Relais Bigaudière
Madeleine & Jean Brachet
36, Départementale,
85430 Aubigny, Vendée
T 0251-07 95 59
F 0251-07 95 59
E relaisbigaudiere@aol.com
W http://relaisbigaudiere.free.fr
fr, uk

Open: hele jaar 1 jun-15 sep H 64m
(RES) verplicht

Boerderij en omgeving

Deze kindvriendelijke boerderij annex manege ligt in de Vendée op ca 20 km van de zee. De manege is gedeeltelijk gerestaureerd en de bewoners proberen op een ecologisch verantwoorde manier te werken. Brood maken zij zelf in een traditionele houtoven. Men verkoopt biologische producten zoals jam, appelsap, wijn, groenten, eieren, kaas, yoghurt, sojaproducten en brood.

De accommodatie is een Ferme de Séjour: u verblijft er minimaal een week. Ook de genoemde prijzen zijn hierop gebaseerd, inbegrepen zijn een warme maaltijd aan de table d'hôte en een ritje op paard (of pony) voor het hele gezin. Gasten hebben de keuze uit twee vierpersoons gîtes en een vijfpersoons gîte, waarvan één is aangepast voor rolstoelgebruikers. Voor trekkers is er een groepsverblijf (tien personen) en drie houten blokhutten (twee personen). Het kampeerterrein van 2500 m², grenst aan de stallen en biedt plaats aan zowel tenten als caravans.

De manege is volledig op het toerisme gericht. Er zijn 11 Mérens-paarden die u kunt huren voor een of meerdere dagen. Ook worden er botanische verkenningstochten per koets georganiseerd. Voor kinderen is er op het terrein veel speelruimte en zwemgelegenheid. U mag meehelpen in de bloemen- en groentetuin.

De Vendée is een van de zonnigste delen van de Franse Atlantische kust.

20 10
10

3x, 9x, hpw € 493-635
2x, 10x, Prijs op aanvraag
T 6x, 2x, Prijs op aanvraag

Route

In La Roche-sur-Yon D747 richting La Tranche-sur-Mer. In Aubigny de D36 richting Talmont-Saint-Hilaire. Na 4 km links bij La Bigaudière. De boerderij ligt aan het einde van het dorp.

Trein van Nantes naar La Roche-sur-Yon, dan bus naar Aubigny en Nieul-le-Dolent (1 km). Afhalen mogelijk in overleg.

BAZOUGERS

Placé
Marieke & Willem de Kam
53170 Bazougers, Mayenne
T 0243-02 30 21
F 0243-02 30 28
E dekamping@wanadoo.fr
fr, nl, uk, de

Open: 1 mei-30 okt H 100m

Camping en omgeving

Placé is een biologische melkveehouderij van 75 ha met een kaasmakerij en ligt op 100 m hoogte. De eigenaren hebben 20 jaar ervaring in de biologische landbouw. Bij het kampvuur, onder het genot van een glas biowijn, vertellen ze u daar graag over. Naast de veestapel van 45 koeien zijn er kippen, varkens, pauwen, katten, een geit, een pony en een voetballende hond.

De gezellige kleine camping ligt in de boomgaard met schaduwrijke plekken.

Een oude stal is ingericht als recreatieruimte met een tafeltennistafel, spelletjes en lectuur. U kunt producten van eigen land kopen en jong en oud mogen meehelpen op de boerderij.

De omgeving van Bazougers is rustig en vriendelijk met vele overblijfselen uit het verleden. Prehistorische grotten, Romeinse nederzettingen en middeleeuwse stadjes liggen op een steenworp afstand. Verder zijn er vele mogelijkheden om te fietsen en te wandelen, kaarten zijn beschikbaar.

T 6x, 6x, Prijs op aanvraag

Route

Vanaf Laval A81/E50 richting Le Mans. Afslag 2 Evron/Vaiges verder naar Vaiges. Hier N157 richting Laval. In Soulgé-sur-Ouette linksaf naar Bazougers (D20). Hier, na de kerk links richting La Bazouge-de-Chemeré (D130), na 1,5 km boerderij aan de rechterkant.

Trein naar Laval, dan bus naar Bazougers, nog 1,5 km lopen.

COLOMBIÈRES

Le Clos Monfort
Alain & Thérèse Fauvel
14710 Colombières, Calvados
T 0231-22 20 53
F 0231- 22 20 53
E leclosmonfort@wanadoo.fr
W http://perso.wanadoo.fr/
leclosmonfort
fr

Open: hele jaar

Boerderij en omgeving

In een licht glooiend landschap met velden en bomen bevindt zich het grote authentieke landhuis Le Clos Monfort. Driehonderd jaar oud, maar goed bewaard en omringd door een bloemrijke pastoor-stuin. Op de boerderij wordt het land op een natuurvriendelijke manier bewerkt, met oog behoud van het agrarische cul-tuurlandschap. Ook lopen er een paar kalf-jes rond. De gîte is ondergebracht in het huis en grenst aan de idyllische tuin, de ruime en sfeervolle kamers bevinden zich eveneens in het traditioneel ingerichte huis. Er is een keuken beschikbaar om de eigen maaltijden te bereiden en een grote zitkamer met open haard.

Biologische groenten, honing en zelfge-maakte appelcider zijn op de boerderij te koop. U kunt er tuinieren, helpen met het maken van confiture en brood, lekker uitrusten, jeu de boules spelen en bad-mintonnen.

Het Parc Naturel Régional des Marais du Cotentin et du Bessin (duinlandschappen en moerassige veengebieden met exten-sieve veeteelt) biedt volop mogelijkhe-den om te wandelen, fietsen, vissen en zwemmen in de vele meertjes en rivieren. Oude stadjes, mooie kerkjes, kloosters en kastelen rijgen zich aan elkaar. Het strand bevindt zich op 15 km. In de omgeving zijn ook vele historische plaatsen van de Slag om Normandië in 1944 te bezoeken. Vlak-bij loopt de GR-261.

🐄 🐝 🚜 ⋯⋯15 🌊 ♨15 🚣15 🎣15 🎿8

🛏 7x, 🛋 18x, 1pkpn € 50, 2pkpn € 50-55 B&B
🏠 1x, 🛋 4x, hpw € 340

Route
ℹ️ Vanuit Rouen richting Caen (A13/E46), vervol-gens weg volgen naar Bayeux. 15 km na Bayeux afslaan naar Briqueville (D30) en dan naar Colom-bières (D5). 1,5 km na Colombières rechts en bordjes naar boerderij volgen.

🚆 Trein naar Lison (traject Parijs-Cherbourg). Afha-len na telefonisch overleg mogelijk.

CRIQUETOT-L'ESNEVAL
Brigitte & Serge Quevilly
5, Place des Anciens Elèves, Route d'Etretat, 76280 Criquetot-L'Esneval, Seine-Maritime
T 0235-29 31 90
F 0235-29 31 90
M 06-304 654 07
🗨 fr, uk

Open: hele jaar 🚣 H 100m ® [🛏]

Huis en omgeving
Het oude huis (1750) ligt in het centrum van het dorp, vlak bij de kerk. Sinds enkele jaren zijn de bewoners gepensioneerd en hebben de boerderij aan hun zoon en schoondochter overgelaten. Zij verzorgen nu een kleine boomgaard met moestuin en enkele dieren (schapen en kippen). Van de appels wordt cider gemaakt.

U overnacht op kamers, alle met eigen sanitair, of in een gîte voor tien personen met grote zitkamer en keuken, met op de eerste etage vier slaapkamers.

In het licht glooiende landschap van het Normandische Pays de Caux liggen ver-spreid een groot aantal boerderijen. De GR-21, die vlak langs het dorp loopt, neemt u mee langs de kust met zijn typische gril-lige rotsen. Een avondwandeling over het strand, een boottocht over zee, maar ook een bezoek aan een van de vele kastelen en abdijen (Route des Abbayes) in de om-geving behoren tot de mogelijkheden. In het dorp Criquetot-l'Esneval vindt u alle voorzieningen.

🐄 🍽 🚜 ⋯⋯8 🚲0,3 🏊0,8 ⛳8 ♨8 🚣8 🎣22 🎿8 🎿7 ⛵

🛏 5x, 🛋 12x, 1pkpn € 42, 2pkpn € 52-60 B&B
🏠 1x, 🛋 10x, Prijs op aanvraag

Route
ℹ️ Vanuit Le Havre D925 richting Goderville. Net na Le Coudray linksaf naar Criquetot-l'Esneval (D39). Voor de kerk rechtsaf. U vindt nu de 'chambres d'hôtes' aan uw linkerhand.

🚆 Trein van Parijs Saint-Lazare naar Bréauté (10 km). Bus naar Criquetot-l'Esneval centrum. Af-halen mogelijk van treinstation na afspraak of op verzoek (€ 5,-).

FONTENAY
Martine & Jacques Lecarpentier
3, Rue Saint Michel,
76290 Fontenay, Seine-Maritime
T 0235-20 29 80
F 0235-55 77 42
W www.chambres-paysannes.com
🗨 fr, uk

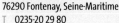

Open: hele jaar 🌱 H 120m

Boerderij en omgeving
Deze klassieke Normandische boerderij (1910) ligt op 110 m hoogte aan de rand van het dorpje Fontenay. Tegenwoordig beheert de derde generatie Lecarpentier de groentekwekerij.

Er zijn vijf gastenkamers in een gebouw naast het boerenhuis, elk met eigen op-gang en voorzien van tv, douche en toilet. Er is een gemeenschappelijke keuken en buiten een grasveld en tuinmeubels. Mar-tine Lecarpentier is kantkloster en geeft graag demonstraties aan geïnteresseer-den. 's Ochtends wacht u een echt Frans ontbijt.

De groene, glooiende omgeving bestaat vooral uit weilanden en bos. De zee, met haar grillige, steile rotskust, ligt 10 km ver-derop. Le Havre, een typisch Franse grote havenstad aan de monding van de Seine, vindt u op 10 km afstand. Hier zijn diverse musea en de Cathédrale Notre Dame. Van-af de boerderij kunt u al wandelend over de GR-21 de omgeving gaan verkennen. De

F

meeste voorzieningen zoals zwembad en manege zijn aanwezig in Montivilliers.

⚙ 🛋 ⋯⋯10 ⚓2 ☍2 ⤬10 ⚑10
⚓10 ⚐10 ⚑10 ⚓2

⊟ 4x, ⚐ 8x, 1pkpn € 28, 2pkpn € 34
B&B

Route
ℹ Op de A29/E44 afslaan naar Montivilliers (D31). Hier D111 richting Saint-Jouin/Bruneval. Na 2 km, bij het bord van Fontenay, naar links.
🚇 Trein van Le Havre naar Montivilliers. Hier taxi nemen of bellen voor gratis afhalen.

LA CAMBE

Camping des Pommiers
Joëlle Laperruque
Les Vignets, 14230 La Cambe, Calvados
T 0231-22 74 92
💬 fr, nl, uk

Open: 1 apr-30 sep ♿

Boerderij en omgeving

Het vrijstaande huis (1976) ligt in de Calvados-streek. De eigenaar (metselaar van beroep) en zijn vrouw hebben zich geheel toegelegd op het toerisme.

De camping, in de appelboomgaard, is van alle gemakken voorzien. Elke ochtend (behalve op maandag) wordt vers brood aan de tent gebracht. Een telefoon, waslijn en verlengsnoeren van 50 m zijn beschikbaar voor kampeerders. Ook is er een caravan te huur.

Het huis ligt in het Parc Naturel Régional des Marais du Cotentin et du Bessin (duinlandschappen en moerassige veengebieden met extensieve veeteelt). Er liggen veel boerderijen in de wijde, landelijke omgeving, kleine meertjes of waterstroompjes om te zwemmen of vissen. De camping ligt vlak bij Omaha Beach, een

van de stranden waar in 1944 de geallieerden landden. Veel van die belangrijke, historische gebeurtenissen vindt u terug in musea. Het Tapisserie de Bayeux is een 70 m lang tapijt uit de 11de eeuw over de geschiedenis van Normandië (Willem de Veroveraar). In de buurt kunt u zwemmen (de zee op 5 km), fietsen, paardrijden, kanoën, wandelen en tennissen.

⚙ ☍ ⋯⋯5 ⚓2

⛺ T 13x, 🛏 13x, ⚑, pppn € 2,80, ptpn € 3,50, pcpn € 3,50

Route
ℹ In Caen de N13-E46 richting Cherbourg en via Bayeux naar La Cambe. Hier naar Les Vignets.
🚇 Trein tot Lison (traject Parijs-Cherbourg). Van daar taxi.

LEDERZEELE

Claude & Marie France Missiaen-Delattre
11, Contour de l'Eglise,
59143 Lederzeele, Nord
T 0328-62 40 22
F 0328-62 40 22
💬 fr

Open: hele jaar 🐄 [♿]

Boerderij en omgeving

De boerderij (1885) is gelegen in het vlakke Frans Vlaanderen (Flandres). Aanvankelijk was de boerderij een klooster, daarna pastorie en vervolgens een brouwerij. Tegenwoordig is het een gemengd agrarisch bedrijf (40 ha), waar melkkoeien gehuisvest zijn en graan en maïs verbouwd worden. De gîtes (zeven, negen en twaalf personen) liggen op 1 km afstand van de boerderij in een natuurtuin. U bent van harte welkom om een kijkje te komen nemen op de boerderij (koeien, ezels, schapen, kippen, ganzen, konijnen, bijen en een

groot paard) en een uitstapje te maken met een ezelskar. Er zijn biologische producten te koop.

Het landschap laat zich het beste ontdekken tijdens een wandeling. Plaatselijke verenigingen hebben allerlei routes uitgezet. Een aanrader is de Randonnée des Monts des Flandres. In de regio zijn steden met historische betekenis zoals Duinkerken en aantrekkelijke plaatsen als Saint-Omer en Cassel. U kunt ook een dagje Frankrijk uit: naar België (30 km) of via de Kanaaltunnel bij Calais naar Engeland. Het strand (het Kanaal) ligt op 30 km. Op 10 km is een zwembad en kunt u paardrijden en kanoën.

⚑10 ⚐4 ⚑10 ⚙

🏠 3x, ⚐ 28x, hpw € 200-250

Route
ℹ Vanaf afslag 13 (Steenvoorde) op de A25-E42, naar Cassel, dan D26 richting Watten. In Lederzeele ligt accommodatie net achter de kerk.
🚇 Trein (TGV) van Parijs of Lille naar Saint-Omer (10 km). Afhalen tegen vergoeding (gratis bij verblijf van meer dan 1 week).

LION-EN-SULLIAS

Ferme de Rochefort
Ida & Jan Banis
Rochefort, 45600 Lion-en-Sullias, Loiret
T 0238-36 97 31 (0512-52 01 19 in NL)
F 0238-36 95 51
E rochefort-etang@wanadoo.fr
W www.rochefort.nl
💬 fr, nl, uk, de

Open: hele jaar ⚑ 1 apr-1 nov ❦ H 150m
Ⓡ ♿ [♿]

Boerderij en omgeving

De in carrévorm gebouwde boerderij (anno 1800) heeft de kenmerken van de stijl van de streek, de Val de Loire. Het akkerbouwbedrijf heeft een reguliere en een biologische tak. Het biologische bedrijf staat onder controle van Qualité France en mag het keurmerk AB dragen. Verkoop van boerderijproducten, afhankelijk van de teelt en de oogst, wijn en eieren; fietsen zijn te huur. Er zijn enkele geiten, pauwen, kippen, een pony en huisdieren.

Gasten kunnen terecht op de camping, in de gastenkamer, het chalet en de compleet ingerichte (katoenen) bungalowtenten of caravans. Er is een keuken ingericht voor algemeen gebruik met een grote 'stamtafel' buiten; de koffiepot staat er klaar. Er is geen verkeer in de omgeving, wat veilig is voor kinderen. En terwijl u bijvoorbeeld een boek leest, vermaken de kinderen zich prima in het speeltuintje, het pierenbad en met de dieren bij de boerderij. De vakantiewoningen liggen apart van de boerderij.

Le Pont Boucher, op 3 km, is een vakantiewoning voor 16 personen, in een gerenoveerde graanmolen met traditionele broodoven, aan een riviertje op 4.000 m^2 eigen terrein. L'Etang Chapelle, op 25 km, is een fermette met twee karakteristieke vakantiewoningen met een terras op het zuiden, 3,5 ha eigen terrein en een privémeer van 1,5 ha, waar u kunt varen, vissen, zwemmen en ongestoord zonnen. Alle drie de woningen hebben een open haard, een barbecue en liggen midden in de natuur.

Het als rustig bekend staande gebied herbergt een diversiteit aan flora en fauna: reeën, herten, wilde zwijnen, patrijzen, fazanten, orchideeën, vogelbroedplaatsen, enz. Aan de vele meertjes, waarin gezwommen kan worden, is nog te zien dat deze bosrijke omgeving vroeger een moerasgebied was. U kunt er uitstekend wandelen en fietsen of een van de vele kastelen bezichtigen, informatie is beschikbaar.

🛶 🏊 ⚓ ✈ 🚣<10 🎣10 🏹10 🐾1,5 🐟 🚲20 🐕10 🌳10 🏇

🛏 1x, 🛏 3x, 1pkpn € 15, 2pkpn € 25
🏠 3x, 🚲 26x, hpw € 225-450-650-1000
🍴 T 12x, 🍽 9x, 🛒, pppn € 2-3,50, ptpn € 2

Route

🚗 Vanaf de N7 of A77 zo'n 25 km na Montargis rechtsaf (D940) richting Gien. Bij Gien over de brug (Loire oversteken) rechts richting Poilly-les-Gien/ Sully-s-Loire (D951). Na 12 km, in Lion-en-Sullias, vóór de kerk linksaf. Aan eind van weg ligt Rochefort.

🚆 Trein van Parijs (Gare de Lyon) naar Gien. Afhalen in overleg na reservering.

NOUANS-LES-FONTAINES

Les Hauts Bourdiers
Nienke Jansma & Henk Braam
37460 Nouans-les-Fontaines,
Indre-et-Loire
T   0247-92 72 04
F   0247-92 72 04
M 06-660 921 22
E   lepeu.henk.nienke@wanadoo.fr
W www.home.versatel.nl/ejansma
💬 fr, nl, uk, de

Open: 15 mrt-1 nov 🍴 (RES) verplicht

Landhuis en omgeving

Te midden van het lieflijk glooiende landschap van de Touraine, ligt dit karakteristieke oude huis met grote tuin. De eigenaars hebben in één van de grotten in de buurt een shii-take-kwekerij. Zij werken hierbij zoveel mogelijk volgens biologische principes.

Het landhuis is een soort mini-kasteeltje. Het biedt plaats aan zes personen en is voorzien van onder andere een wasmachine, barbecue en een klein kinderzwembadje. U heeft de beschikking over een grote, afgeschermde privé-tuin en kunt zich er werkelijk de spreekwoordelijke god

in Frankrijk wanen. In het schilderachtige middeleeuwse dorpje Montrésor, 8 km verderop kunt u ook nog een eenvoudig appartementje voor twee personen huren. U woont in het dorpje temidden van de Fransen en u kunt, vanaf het balkon, het 's avonds prachtig verlichte kasteel zien.

Het Loiregebied staat bekend als de tuin van Frankrijk. Een bosrijk landschap waar de rivieren de Loire, de Indre en de Cher samenkomen. Het gebied heeft prachtige historische steden en meer dan 150 kastelen en landhuizen, waarvan Chenonceaux, Ussé en Villandry de bekendste zijn. Op de markten in de omgeving koopt u de heerlijkste verse groenten, zo van de plaatselijke bevolking. Ook de Touraine wijnen hebben een uitstekende reputatie en zijn bij de wijnboeren in de buurt te proeven. Het is een ideale omgeving voor mensen die rust en ruimte zoeken, de mogelijkheden tot het maken van fiets- en wandeltochten zijn onbeperkt. Zwemmen kunt u in een recreatiemeer (10 km) of in de rivier in het dorp. In Saint-Aignan (2 km) is een dierentuin. Op een naburige boerderij worden Angora-geiten gehouden, u kunt de boerderij bezoeken en allerlei wolproducten kopen.

🛶 🚣 🏊8 🎣4 🏹15 🏹4 🎣4 🐾8 🐾8 🐕8 🌳4

🏠 2x, 🚲 8x, hpw € 325-540

Route

🚗 Routebeschrijving wordt toegestuurd samen met de reserveringsbevestiging.

🚆 Trein naar Loches of Noyers-sur-Cher. Afhalen mogelijk na overleg (€ 30,- pp incl. huur mountainbikes).

NOYANT-DE-TOURAINE

Castille
Dorothea & Kees Verstynen
37800 Noyant-de-Touraine, Indre-et-Loire
T   0247-92 84 47
F   0247-92 84 47
M 06-726 523 76
E   verstynen.thea@9online.fr
💬 nl, fr, uk, de

Open: hele jaar 🍴 H 100m (RES) verplicht

F

Boerderij en omgeving

Deze eenvoudige en rustig gelegen oude boerderij heeft een werkelijk uniek uitzicht. Omringd door de uitgestrekte bossen en het grasland van het Parc Régional Naturel Loire-Anjou-Touraine kijkt u aan de ene kant uit over het dal van het riviertje de Manse. Bergop, direct aan de andere zijde van de boerderij, ligt de oude steengroeve waarvan de grotachtige woningen van de steenhouwers bewaard zijn gebleven. Elders in het dal zijn dit soort woningen nog in gebruik.

De zeer ruime boerderij is eenvoudig ingericht en voorzien van een badkamer, grote woonkeuken met open haard en drie slaapkamers. Genieten van rust en de natuur is hier het devies. Er is een pingpongtafel, badmintonset en natuurlijk een jeu de boules. Inkopen doet u in het dorp Noyant-de-Touraine.

In de omgeving kunt u heerlijk wandelen en fietsen. Verder kunt u er tennissen, vissen en watersporten op de Vienne bij Pouzay. Op culinair gebied staat de streek bekend om de vele soorten geitenkaas en streekwijnen. Behalve het middeleeuwse Tours vindt u hier kastelen, eeuwenoude stadjes en dorpjes als Chinon aan het riviertje La Vienne met een oude binnenstad, wijnmuseum, Azay-le-Rideau met kasteel en grotboerderij, Richelieu met eeuwenoude gebouwen, kerk en hallen. Ze zijn zeker het bezoeken waard.

🛏2 🏊2 ⚲2 🏄15 🎣10 ≈10 ⚓10

🛌 1x, 🛏 8x, hpw € 300

Route

🅰 Na Tours de A 10 volgen en deze bij afslag 25 verlaten richting Noyant-de-Touraine. Voor het station naar rechts, deze weg volgen en nogmaals rechts. Castille staat hier aangegeven.

🚂 Trein naar Tours, dan trein naar Noyant-de-Touraine. Daar kunt u in overleg worden afgehaald (gratis).

SAINT-AUBIN-D'APPENAI

Le Gué Falot
Marie-Annick Flochlay
61170 Saint-Aubin-d'Appenai, Orne
T   0233-28 68 12
F   0233-28 68 12
E   leguefalot@wanadoo.fr
🌐 fr, uk, de

Open: 1 feb-30 nov ✿ (RES) verplicht 🚫

Boerderij en omgeving

In het glooiende landschap van de Orne staat de 18de-eeuwse langgevelboerderij van madame Flochlay. Hier verzorgt zij haar koeien, schapen, geiten, kippen en konijnen op biologische wijze. Aan huis verkoopt zij geitenkaas. De biologische tuin levert groentes voor de maaltijden. In het oude huis worden drie kamers verhuurd op basis van logies en ontbijt. De twee kamers op de begane grond zijn gebouwd in de voormalige stallen van de boerderij en bieden elk onderdak aan twee personen. Op de eerste verdieping is een kamer met entresol geschikt voor twee volwassenen en twee kinderen. Er is een zitkamer met open haard. De omgeving is rustig en er is een afgesloten tuin waardoor het uitermate geschikt is voor ouders met jonge kinderen. De kinderen mogen meehelpen de dieren te verzorgen, er zijn spelletjes in de woonkamer en speeltoestellen buiten.

U kunt heerlijk wandelen en fietsen in de bossen en door de heuvels. Ook kunt u tennissen, karten en paardrijden. Zwemmen, surfen en vissen kan in het nabijgelegen meer (6 km). In Alençon kunt u voor kunst en kant naar het musée des Beaux Arts et de la Dentelle en in Carrouges naar een 14de eeuws kasteel en een kerk uit de 11de eeuw. Sées is een historisch interessante stad.

🍽 🏊 ⚓ 🚲6 🚗25 ⚲6 ✖6 🎣6 🛏6 ⚓3 🐴

🛏 3x, 🛏 9x, 1pkpn € 24, 2pkpn € 40
B&B

Route

🅰 Op de N12 van Parijs richting Alençon bij Le Mêle-sur-Sarthe D4 richting Montchevrel/Courtomer en na ca 2 km D214 richting Sées. Na enkele km linksaf bij het bordje Le Gué Falot.

🚂 Trein naar Surdon (17 km). Dan taxi of fiets huren.

SAINT-DENIS-D'ANJOU

Ecologîte La Morlière
Odile Dejoie & Marylène Ricroque
Varennes, 53290 Saint-Denis-d'Anjou, Mayenne
T   0243-70 91 65
F   0243-70 91 65
M   06-197 320 34
🌐 fr, uk

Open: hele jaar ✿ (RES) verplicht ♿ 🚫 🐕

Boerderij en omgeving

Vanaf 1988 hebben de eigenaressen van de biologische boerderij La Morlière hard gewerkt om de plek te maken tot wat het nu is: een schoolvoorbeeld van een ecologische accommodatie met zonnepanelen, lemen muren, een houtverwarmingssysteem, schapenwol voor de isolatie en hergebruik van water. Op 44 ha verbouwen ze granen, erwten, tarwe en zonnebloemen. Op het erf lopen twee ezels, geiten, kippen en een paard en langs het terrein stroomt de Sarthe.

Op La Morlière is plaats voor 19 gasten. In het vakantiehuis kunnen zes personen overnachten en in de boerderij zijn twee tweepersoons- en twee driepersoonskamers. Daarnaast is er nog een tweepersoonskamer speciaal geschikt voor rolstoelgebruikers. Iedere kamer is weer anders en heeft zijn eigen charme. Er is een gemeenschappelijke ruimte en een zaal geschikt voor cursussen zoals yoga-lessen. Maaltijden met producten van de boerderij zijn verkrijgbaar en indien voorradig kunt u biologische jam, groenten, eieren, meel en brood uit een authentieke houtoven kopen.

In de omgeving kunt u allerlei fiets-, wandel- en paardrijtochten maken. U kunt een bezoek brengen aan het middeleeuwse dorpje Saint-Denis-d'Anjou, de bekende Loire-kastelen, kloosters, de dierentuin van La Flèche en een boottocht over de Sarthe maken. Een lekker lunchpakket wordt voor u klaargemaakt.

🛏 6x, ☕ 16x, 1pkpn € 37, 2pkpn € 47
B&B
🏠 1x, ⛺ 6x, hpw € 330-450

Route
🅰 Op de A11 richting Angers afslag 10 nemen en dan D306 naar Sablé-sur-Sarthe. Stad doorrijden en na het spoor D309 naar Saint-Denis-d'Anjou. In Saint-Denis-d'Anjou scherpe afslag naar links naar Chapelle de Varennes. Weg helemaal uitrijden tot La Morlière (7 km).
🚆 Trein naar Sablé-sur-Sarthe, bus naar Saint-Denis-d'Anjou. Afhalen in overleg tegen vergoeding (€ 5).

SAINTE-GEMMES-LE-ROBERT
L'Ermitage
Marie & Thierry Cloteau-Girard
53600 Sainte-Gemmes-le-Robert, Mayenne
T 0243-90 63 02
F 0243-66 57 25
E thierry.cloteau@wanadoo.fr
🗨 fr, uk, de

Open: hele jaar ♥ wwoof H 200m (RES) verplicht [⌂]

Boerderij en omgeving
De gîte is een klein huis met stevige muren van graniet en dateert uit de 16de eeuw. Hij ligt midden op het landgoed van L'Ermitage, op 3,5 km van het dorp. Sinds 1989 werkt de boerderij biologisch en staat zij onder controle van Ecocert. Thierry Cloteau en Marie Girard houden hier melkkoeien, wat kippen, een geit en een konijn en verzorgen een medicinale plantentuin. De eigenaren nodigen u van harte uit om het boerderijleven te ontdekken, op aanvraag kunt u een cursus over kruidenplanten krijgen.

U verblijft in de gîte (twee tot vier personen, zelf lakens en handdoeken meenemen). De inrichting van de gîte is eenvoudig en rustiek maar biedt genoeg comfort. Er is een privéterras met een zitje. Liefhebbers van rust en wandelen kunnen hier hun hart ophalen. Wandelkaarten zijn aanwezig en de bewoners kunnen u informeren over de omgeving.

L'Ermitage ligt in een heuvelachting wallenlandschap dat zeer geschikt is voor wandel-, fiets- en paardrijtochten langs mooie stenen huizen, kapelletjes, dolmen en druïde-stenen (door Sainte-Gemmes-le-Robert loopt een GR-route). Er kan ook gezwommen worden in het meer Gué de Selle (2,5 km). Binnen een straal van 25 km bevinden zich vele historische plekken: de basiliek van Evron, een gallo-romeins dorp met museum in Jublains, het middeleeuwse stadje Sainte-Suzanne en de kloof en prehistorische grotten bij Saulges.

🛏 ⚓2,5 ⛴2,5 🎿8 ⛰0,5

🏠 1x, ⛺ 4x, hpw € 205

Route
🅰 Op de A81/E50 afslag 2 (Vaiges) naar Evron, dan richting Bais tot in Sainte-Gemmes-le-Robert (D20). Hier tegenover de kerk richting Hambers (D552). Na 3,5 km rechtsaf en meteen weer linksaf naar l'Erimitage.
🚆 Trein naar Evron, dan taxi.

SAINTE-OPPORTUNE-LA-MARE
Jacqueline & Etienne Blondel
Quai de la Forge,
27680 Sainte-Opportune-la-Mare, Eure
T 0232-42 12 52
F 0232-42 12 52
M 06-709 859 03
🗨 fr, de, uk

Open: hele jaar ♥ 🐾 🐎

Boerderij en omgeving
Deze typisch Normandische boerderij was vroeger een druivenperserij. Tegenwoordig is het een gemengd bedrijf met koeien, paarden en een appelboomgaard. De oude boerderij ligt in het Marais Vernier, aan de rand van een 70 ha groot meer waarover u een schitterend uitzicht heeft. Dit meer en zijn omgeving bergen een schat aan zeldzame flora en fauna.

U overnacht op basis van logies en ontbijt op kamers. Er zijn een tweepersoons- en een driepersoonskamer, beide met eigen douche en toilet. Voor de gasten is er een zitkamer met open haard en een spelletjeshoek. Maaltijden zijn verkrijgbaar (van tevoren reserveren).

U kunt onder begeleiding een tocht maken door het Réserve Naturelle des Mannevilles. Fietstochten zijn in dit vlakke gebied ook een aanrader (ter plaatse zijn fietsen te huur). Ook kanoënd, te paard

F

(beide op 10 km) en wandelend (GR-23 loopt vlak langs het huis) kunt u de groene omgeving ontdekken, zoals het Parc Naturel Régional des Boucles de la Seine Normande. Andere uitstapjes zijn: Villquier met het museum van Victor Hugo en een mooie wandelroute langs de kades van de Seine (15 km), de kloosterroute door de Seine-vallei, het Maison de la Pomme in Sainte-Opportune-la-Mare en een historische route in het havenplaatsje Quillebeuf-sur-Seine (5 km).

🏊🏽 🏵️ 🚲 🚆 ⋯⋯25 ⚓10 🚣10
🛶10 🐎

🛏️ 2x, ✈ 5x, 1pkpn € 35, 2pkpn € 42 B&B

Route
🚗 Bij Rouen de A13-E46 nemen en verlaten bij afslag 26 Bourneville. Dan D89 en D95 naar Sainte-Opportune-la-Mare en vervolgens richting 'Réserve de Faune'. Boerderij ligt aan rand van het grote meer.

🚆 Trein naar Pont-Audemer, bus naar Sainte-Opportune-la-Mare. Gratis afhalen mogelijk.

SAINT-JEAN-LE-BLANC
La Ferme d'Escures
Yves-Marie Vallée
14770 Saint-Jean-le-Blanc, Calvados
T 0231-69 62 95
F 0231-69 92 49
E yves-marie.vallee@wanadoo.fr
W www.ferme-pedagogique-
   escures.com
🗨 fr, uk

Open: hele jaar🚶 15 mei-15 sep 🌿 🍴
wwoof H 275m (RES) verplicht 🦽 📧 [🐴]

Boerderij en omgeving
Deze imposante boerderij (1890-1900) ligt op 275 m hoogte in een klein dorpje met

550 inwoners. Een ware Ark van Noach en een klein paradijs voor kinderen: ze mogen meehelpen met de verzorging van de dieren, er is een groot speelterrein, een meertje om in te vissen en er zijn verschillende parcours uitgezet om de natuur en het boerderijleven te ervaren.

U kunt overnachten in een van de twee gîtes (14 en 24 personen, eigen beddengoed of slaapzak meenemen) en op het kampeerterrein dat tussen de appel- en perenbomen ligt. Er zijn twee zespersoons tipi's te huur. Biologische boerderijproducten zoals cider, calvados, honing, jam van gekaramelliseerde melk en vruchtensappen zijn te koop, andere producten zijn verkrijgbaar bij een naburige boerderij.

De vergezichten in deze heuvelachtige omgeving (op de Mont Pinçon, hoogte 365 m) zijn prachtig. U kijkt uit over bos, weiden en kleine waterstroompjes. U kunt natuurlijk ook 'de paden op, de lanen in' door de natuur (langs de boerderij loopt de GR-221, de wandelroute langs Le Mont-Saint-Michel) of een bezoek brengen aan de kastelen in de buurt en de historische stad Bayeux. Waaghalzen kunnen naar het viaduct van de Souleuvre (bungyjumpen, avontuurlijke tocht van boom tot boom). Bij Pont-Erambourg zijn er railsfietsen te huur voor een mooie tocht over een oude spoorbaan.

🏊🏽 🏵️ 🚣 🚲 🐎 🏹 ⋯⋯60
🛶35 🚣15 🐎15

🏠 🛏️7x, ✈ 38x, 1ppnoz € 10
🏕️ T 6x, 🚐3x, 🚿, pppn € 3,80, ptpn € 1,20, pcpn € 2

Route
🚗 Vanuit Caen de A84-E401 zuidwaarts. Bij afslag 43 de D6 naar Aunay-sur-Odon. Hier in het centrum richting Vire (D26). 2 km na Danvou-la-Ferrière naar links bij het bord Ferme d'Escures (D298). Na 2 km links de oprit in.

🚆 Trein tot Vire (20 km), privé-busdienst (Societé Robert, tel: 02 316 851 12) of afhalen tegen vergoeding (0,50 eurocent pp/km).

SAINT-MARS-D'EGRENNE
Gîte Paysan
Isabelle & Patrick Chopin
La Bonelière,
61350 Saint-Mars-d'Egrenne, Orne
T 0233-38 60 29
F 0233-38 60 29
🗨 fr

Open: hele jaar🚶 1 mei-30 sep 🌿 H
150m [🐴]

Boerderij en omgeving
De prachtige boerderij ligt op 150 m hoogte in Normandië. De veehouderij (Normande-melkkoeien) is 60 ha groot. Enkele schapen, ganzen, varkens, konijnen, Percheron-trekpaarden en kippen vullen de veestapel aan. In de boomgaard worden op biologische wijze appels en peren geteeld voor de cider. Hoewel de boerderij geen keurmerk voor biologische landbouw heeft, doen de bewoners er zoveel mogelijk aan om het natuurlijke evenwicht te bewaren.

De knusse gîte (zes personen) ligt in de buurt van de boerderij en is gerenoveerd in oude stijl. Er is een broodoven, een open haard, toilet, douche en wasmachine. Op de eerste verdieping zijn een slaapkamer en een entresol met bedden. De camping ligt op een rustige plek in de schaduw van de appel- en perenbomen. De boerderij is gelegen aan een riviertje, dat verkoeling biedt op warme dagen. Melk en cider zijn te koop. Er worden tochtjes met paard en wagen georganiseerd van een uur tot een halve dag.

Het platteland hier wordt gekenmerkt door een groot aantal veehouderijen en weilanden. Het Forêt des Andaines, een groot bos vol wandelpaden, ligt 10 km van de boerderij. Niet alleen hier, maar ook in de nabije omgeving van de boerderij is het goed wandelen, fietsen en paardrijden, Domfront heeft een mooi middeleeuws centrum en u kunt de route van de romaanse kerken volgen. Wie van een uitdaging houdt, kan gaan bergklimmen (rotswand, 5 km).

🛶 🐎 ⛵

🏠 1x, 🛏 6x, hpw € 240
⛺ T 6x, 🛋 6x, pppn € 4,30

Route
🏠 Vanuit Domfront de N176 richting Le Teilleul. 5 km na Domfront vindt u de boerderij aan uw linkerhand.
🚂 Trein tot Flers, hier bus naar Domfront. Gratis afhalen (ook vanuit Flers) in overleg mogelijk.

SAINT-PIERRE-DU-CHEMIN

Le Puy Ardouin
Prateeksha Bouma
85120 Saint-Pierre-du-Chemin, Vendée
T   0251-51 76 67 (020-686 59 62 in NL)
E   puy.ardouin@wanadoo.fr
🌐 fr, uk, nl

Open: 1 mei-1 okt Ⓡ

Boerderij en omgeving
Op 30 km van het Parc National de Marais Poitevin ligt deze meer dan 250 jaar oude boerderij. Op kleine schaal worden er kippen, eenden en konijnen gehouden en er is een biologische moestuin. De tuin en de schuur worden voor een deel als atelier gebruikt. De eigenaren maken sculpturen van klei. Le Puy Ardouin wordt milieuvriendelijk beheerd. Zo wordt het regenwater opgevangen en al het afval gescheiden. U kunt in een kamer voor twee tot vier personen verblijven op basis van logies en ontbijt. U kunt ook het hele huis of een gedeelte ervan huren, voor maximaal 12 personen. Het geheel is sfeervol ingericht, met veel hout en rustiek meubilair. Op het erf staat ook nog een tweepersoons gîte.

Naast de boerderij is een door bomen omzoomd veld waar plaats is voor vijf tenten of caravans. Op het veld staat een eeuwenoude kastanjeboom en verspreid over het terrein liggen grote granietblokken. Er is ook een caravan te huur. Het sanitair bestaat uit een composttoilet en een zonnedouchezak. Eventueel kunt u douche of toilet in de boerderij gebruiken. In de zomer wordt er soms pizza of brood gebakken in de oude broodoven. Op verzoek serveert de gastvrouw een al of niet vegetarische maaltijd, met zoveel mogelijk biologische ingrediënten. Bij de biologische boer, 4 km verderop, kunt u melk en kaas kopen.

In de omgeving zijn veel gemarkeerde wandelpaden en in het meer, op 10 km afstand, kunt u heerlijk zwemmen. Als u van scrabbelen houdt zit u hier goed, want er worden regelmatig scrabbelweken georganiseerd!

🚲 🏵 🎾 🏊10 🚣8 🔍2,5 ✂8
🎣15 🚶

🛏 1x, 🛏 4x, 2pkpn € 40 B&B
🏠 2x, 🛏 14x, hpw € 220-300-650
⛺ 🚿🚽, pppn € 5

Route
🏠 A87 naar Cholet, afslag Cholet-Centre of Sud, vervolgens richting Niort. Via Maulevrie en Mauléon (D41) naar Cerizay en rotonde van de Forêt-sur-Sèvre (D744). Richting Fontenay-le-Comte (D938ter). Ca 5 km na Saint-Marsault, bij 2e paaltje met rode band, na bord 'La Vendee', klein weggetje rechts. 2e huis aan einde van deze weg.
🚂 Trein naar Poitiers, dan bus naar Bressuire. Hier kunt u worden afgehaald (22 km).

SAVIGNÉ-SOUS-LE-LUDE

Gîte de l'Aunay-Lubin
Anya & Ludovic van der Hoff-de Bruijn
l'Aunay-Lubin,
72800 Savigné-sous-le-Lude, Sarthe
T   0243-45 89 15
F   0243-45 89 15
🌐 nl, fr, de, uk

Open: hele jaar 🍴 🚂 wwoof H 55m Ⓡ verplicht

Boerderij en omgeving
Na een agrarische opleiding aan de Warmonderhof in Nederland verhuisden Anya en Ludovic naar Frankrijk om hun eigen biologisch gemengd bedrijf van akkerbouw en koeien te beginnen. De 110 ha bevatten 20 ha blijvend grasland gelegen langs de beek, de rest van het oppervlak zit in de vruchtwisseling van granen, zonnebloemen en maïs. Het terrein bestaat uit verder een vijver, een beek, 3 ha bos en een biologische moestuin. Er zijn overblijfselen gevonden van een ondergrondse gang uit de Gallo-Romeinse tijd.

Op het erf staat een vierpersoons gîte met verschillende vertrekken die in elkaars verlengde liggen. Voor de gîte ligt een grasveldje met een tuinset. Roodbruine eieren, van het oude kippenras Marans, zijn te koop. In La Flèche is elke woensdagochtend markt, hier kunt u biologisch brood en groenten kopen. De boerderij is aangesloten bij WWOOF en u kunt hier meewerken tegen kost en inwoning.

Als u uitgewandeld bent op het eigen terrein kunt u in de licht glooiende omgeving mooie wandelingen en fietstochten maken. De GR-35 en GR-36 lopen op 8 km. Golfen kan in Baugé (mooi heuvelachtig gebied met natuurlijke beek), fietsen, kano's en kajaks te huur in La Flèche voor een mooie zocht over de Loire en in Le Lude is een zwembad. Verder kunt u de vele mooie kastelen langs de Loire bezoeken en is er in La Flèche een oud Italiaans theater.

🚣17 🏊8 🚣8 🔍3,5 ✂3,5 ⛰17
🏊17 🏵17 🎣17 🚶

🏠 1x, 🛏 4x, hpw € 250

Route
🏠 Op de A11/E501 richting Angers afslag 10 La Flèche en D306 richting Tours aanhouden. Net voorbij La Flèche rechtsaf naar Savigné-sous-le-Lude

(D104). Plaats doorrijden en rechtdoor richting Dissé-sous-le-Lude (D104b). Na ca 3,5 km staat rechts wit bordje l'Aunay-Lubin.

🚌 Eurolines naar Tours (60 km) of trein naar Le Mans (50 km). Dan bus naar La Flèche (15 km). Afhalen mogelijk na overleg.

SÉGRIE

Les Hommas
Laure & Jacky Hervieu
72170 Ségrie, Sarthe
T   0243-33 82 69
F   0243-33 82 69
E   lhervieu@club-internet.fr
W   www.hommas.com
🔴 fr

Open: hele jaar 🔼 1 apr-1 okt ♥ ® ♿
✖️ⁿ [🐾]

Boerderij en omgeving

De familieboerderij (1750) ligt in de groene Pays de la Loire-streek. Het bedrijf legt zich toe op de productie van biologische groenten, fruit, jam, honing, cider, zuivelproducten, rillettes, brood en azijn. Deze zijn ook te koop. Verder is er nog wat kleinvee en een hoenderhof, de kinderen mogen meehelpen met het verzorgen van de boerderijdieren.

U verblijft op de camping of in één van de kamers. Voor de kamers is een keukentje beschikbaar en een kamer is geschikt voor rolstoelgebruikers, evenals een toilet op de camping. Een bezoek aan de biologische boerderij op 4 km en het bijenmuseum kan geregeld worden. Ook worden er verschillende workshops gegeven als houtbewerking, pottenbakken (twee keer per week), broodbakken en kaasmaken. Op het terrein is een zwembad.

De omgeving biedt van alles wat. Sportievelingen kunnen er boogschieten, mountainbiken, kanoën, bergbeklimmen, voetballen, zwemmen, basketballen en

midgetgolfen en zelfs deltavliegen. Op 1 km loopt de GR-36 en op 5 km de GR-36A. Vogelliefhebbers kunnen met de LPO-vereniging (Ligue Protectrice des Oiseaux) een dagje vogels observeren. In het Parc Naturel Régional Normandie-Maine en de Alpes Mancelles kan iedere natuurliefhebber zijn hart ophalen. In de omgeving vindt u verschillende kastelen, musea en historische stadjes, zoals Sillé-le-Guillaume en Beaumont-sur-Sarthe. Op 20 km is een avonturenpark met een spannend parcours door het bos.

⛲🏊‍♀️ 🚣 ♨️ 🎣 🏊‍♂️7 🎣9 ♨️<10 🔥<10 🎿<10 ⛵12 🐾

🛏 3x, 🛌 8x, 1pkpn € 37-42, 2pkpn € 43-50 B&B
⛺ T 6x, 🚐 3x, pppn € 4,50

Route

🛣 Van Alençon de A28/E402 richting Le Mans. Afslag naar Beaumont-sur-Sarthe nemen en van daar richting Sillé-le-Guillaume (D5). Boerderij ligt ca 1,5 km voor Ségrie.

🚌 Trein via Le Mans of Alençon naar Vivoin (9 km), bus Beaumont-sur-Sarthe (7 km). Taxi of afhalen tegen vergoeding.

SILLÉ-LE-GUILLAUME

La Villière
Catherine & Charles Guillot
Le Grez, 72140 Sillé-le-Guillaume, Sarthe
T   0243-20 13 76
F   0243-20 13 76
E   charles.guillot@laposte.net
🔴 fr, uk

AB

Open: 6 jan-24 dec ♥ 🚲 H 214m ®
✖️ⁿ [🐾]

Boerderij en omgeving

Dit oude landbouwbedrijf is al gedurende drie generaties familiebezit. Er wordt op

biologische wijze graan verbouwd en er loopt een kudde schapen rond. Er zijn allerhande producten van de boerderij te koop: cider, ciderazijn, eieren, honing en door de boerin vervaardigde dekbedden van wol. U kunt een handje helpen en zo het boerenbedrijf leren kennen en de cursus 'van schaapscheren tot wollen deken' volgen.

U verblijft op basis van logies met ontbijt in één van de vier kamers, of u huurt het geheel als gîte (eigen slaapzak meenemen). Voor de maaltijden dient u te reserveren.

U kunt er op uitgaan om de landelijke omgeving te ontdekken; een golvend landschap dat onderdeel is van het Parc Naturel Régional Normandie-Maine. Door Le Grez loopt de GR-365. Op 2 km afstand bevindt zich het Forêt Domaniale de Sillé-le-Guillaume, een gemengd bos dat herten en wilde zwijnen huisvest. Verder is het een ideale omgeving om te wandelen, fietsen, paardrijden en klimmen en er is een meer waar allerlei watersporten te beoefenen zijn. Als u genoeg frisse lucht heeft opgesnoven kunt u een van de vele plaatsjes in de omgeving bezoeken en genieten van de Franse landelijke sfeer.

⛲🏊‍♀️ 🍽 🏊‍♂️4 🚣20 🎣4 🐟4 ♨️4 🎿4 🔥4 ⛵2 🐾

🛏 4x, 🛌 8x, 1ppn € 30, 2pppn € 40-45 B&B
🏠 🛏4x, 🛌 8x, 1ppnoz € 12 B&B

Route

🛣 Vanaf Le Mans via Maule (D138) naar Sillé-le-Guillaume (D340). Dan nog 2 km naar Le Grez.

🚌 Trein van Le Mans naar Sillé-le-Guillaume. Afhalen mogelijk (€ 5).

F

BEULOTTE-SAINT-LAURENT

La Maison des Etangs
Francine Klur
Le Bachetey-dessus,
70310 Beulotte-Saint-Laurent,
Haute-Saône
T   0389-80 94 29
F   0389-27 30 17
E   info@klur.net
W   www.klur.net
  fr, de, uk

Open: hele jaar H 700m (RES) verplicht [♨]

Huizen en omgeving

In het mooie bergachtige en groene gebied van de 1000 meren, midden in het
Parc Naturel Régional des Ballons de Vosges liggen de karaktervolle gîtes van de familie Klur. De familie, die zelf biologische
wijn maakt in de Elzas, heeft deze twee
boerenhuizen, Chez Gustave en Chez Marie, geheel volgens ecologische principes
verbouwd. Het water dat u gebruikt komt
uit de bron, verwarming gaat op hout en
zonnepanelen.
Chez Gustave is een knus huis voor twee
tot vier personen in de verbouwde hooischuur. Chez Marie is een boerderijtje van
twee verdiepingen voor 10 personen, zitkamer met grote open haard, eetkamer,
keuken en verschillende slaapvertrekken.
Naast het huis ligt een privé-meertje met
een klein bootje waar u kunt vissen.
De omgeving is een lust voor oog en oor.
Er zijn veel uitgezette wandel- en fietspaden door de mooie en ecologisch interessante omgeving met bergen, moerassen,
bossen en 1235 meren op een oppervlakte
van 15 bij 15 km! De GR-7 loopt op 1 km.
Vissen en paddestoelen zoeken zijn specialiteiten hier. In de winter kunt u langlaufen en met sneeuwrackets lopen. Er is een
traditionele bakkerij met houtoven 'Chez
Gaby' op 5 minuten en de eerste winkeltjes zijn in Ramonchamp (10 minuten).

In de laatste twee weken van juli wordt
door de hele streek het Festival Musique
et Mémoire gehouden, met onder andere
muziek in de kapel van Le Corbusier in
Ronchamp en in het kerkje van Beulotte.
In Le Haut-de-Them is een dorpsmuseum.

🏠 2x, 🛏 14x, hpw € 535-1344

Route

🛈 Van Remiremont N66 richting Le Thillot. In Rupt-
sur-Moselle richting Faucogney-et-la-Mer (D35).
Na de Col du Mont de Fourche links naar Beulotte-
Saint-Laurent (D263). Voor Beulotte links kiezelpad
omhoog naar Le Bachetey-dessus en nog 50 m tot
de gîtes.
🚂 Trein naar Remiremont (20 km), dan taxi.

BIFFONTAINE

Auberge Paysanne La Charmotte
Patrice Stoquert
300, Route de la Houssière,
88430 Biffontaine, Vosges
T   0329-58 58 62
E   lacharmotte@wanadoo.fr
W   www.la-charmotte.com
  fr

Open: hele jaar 🍴 (RES) verplicht 👨
[✂][♨]

Herberg en omgeving

De herberg is gevestigd in een oude
vestingboerderij uit de 17de eeuw. Eigenaresse Nelly legt u graag iets uit - in
het Frans - over de geschiedenis van het
gebouw en wat hier vandaag de dag nog
van te zien is.
In de herberg zijn vier kamers voor twee
of meer personen. In het ernaast gelegen
huis worden ook nog twee appartementen verhuurd, voor vier en zes personen.

De Vogezen is een gebied met een fraaie
natuur. Uitgestrekte groene weilanden,
duizenden meertjes, bossen en heuvels
die in het oosten boven de 1000 meter uit
komen. U kunt er prachtige wandelingen
maken waaronder de Route des Crêtes. Op
4 km afstand begint het Parc Naturel Régional des Ballons des Vosges, een schitterend, ruig natuurgebied. Het historische
stadje Plombières-les-Bains (10 km) heeft
Romeinse baden en thermale bronnen.
Eigenaar Patrice is kok en maakt zoveel
mogelijk gebruik van onbespoten producten uit eigen tuin. Hij kookt à l'ancienne,
dat wil zeggen, niet strikt biologisch, maar
wel eerlijk en ouderwets.
U kunt hier leren mandenvlechten en
broodbakken in de authentieke houtgestookte oven. De sfeer in de herberg is
frans en huiselijk. De honden en katten
lopen rond in het gemeenschappelijke
gedeelte van het huis. Het kleine dochtertje van Nelly en Patrice helpt soms een
handje mee in de bediening.

🛏 4x, 🛏 13x, 2pkpn € 40
🏠 2x, 🛏 10x, hpw € 350-450

Route

🛈 Van Epinal naar Bruyères (N420). Daar Gérard-
mer/Corcieux volgen (D423). Na 2 km La Chapelle-
de-Bruyères volgen en dan naar Biffontaine (D81).
Hier rechtdoor, na ca 1 km staat rechts een bord met
La Charmotte.
🚂 Trein via Saint-Dié naar Laveline-devant-Bruyè-
res (4 km).

BIONVILLE

Ferme du P'tit Bonheur
Dieudonné & Michèle Hoblingre
21, Les Noires-Colas,
54540 Bionville, Meurthe-et-Moselle
T   0329-41 12 17
F   0329-41 12 17
M   06-853 608 16
E   chambre@vosgespetitbonheur.fr
W   www.vosgespetitbonheur.fr
  fr, uk, de

Open: 15 mrt-15 nov H 370m ℗ [♨]

F

ZIE KAART PAGINA 54

Boerderij en omgeving

Le P'tit Bonheur is een geiten- en ezelboerderij in een bergdorpje in de Vogezen. De omgeving is bosrijk en u kunt hier heerlijk tot rust komen.

Er zijn zes ruime tweepersoonskamers met eigen sanitaire voorzieningen en op de eerste verdieping van het woonhuis een studio voor vier personen (zelf beddengoed en handdoeken meenemen). Er is een gezellige zitkamer met spelletjes. U kunt meeëten aan de familietafel waar Dieudonné u trakteert op heerlijke traditionele streekgerechten. Kinderen kunnen zich vermaken in de tuin, ezeltjerijden en meehelpen bij de verzorging van de dieren. Het echtpaar speelt accordeon en de dochter viool. Zij onderhouden de gasten met traditionele muziek uit de Vogezen.

Le P'tit Bonheur is een uitstekende uitvalsbasis voor liefhebbers van de natuur. Vanaf de boerderij loopt u zo de beboste bergen in en naar de vallei van de rivier de Plaine. Op 3 km loopt de GR-533. Het gehucht Les Noires-Colas ligt tussen de meren van Pierre Percée en La Maix, waar u kunt zeilen, kanoën, zwemmen en vissen. Ook culturele bezienswaardigheden zijn er volop. Om maar te noemen: het historische centrum van Senones (3 abdijen); Baccarat, bekend om haar kristalwerk en verschillende Gallo-Romeinse en Keltische vestingen. Voor dagtochten zijn Strassbourg, Nancy, Saint-Dié en Colmar mooie bestemmingen. 's Winters kunt u vanaf de boerderij mooie langlauftochten maken.

6x, 12x, 2pkpn € 44 B&B
1x, 4x, hpw € 330

Route

Van Nancy de A33/N333/N4 langs Lunéville richting Sarrebourg. Vlak na Réclonville afslaan naar Badonviller (D992) en na deze plaats door over de D992 richting Bionville tot Les Noires-Colas.

Trein tot Raon-l'Etape, afhalen mogelijk in overleg (€ 15).

BRASSY

Le Domaine de Velotte
Eric Gaba
La Montée, 58140 Brassy, Nièvre
T 0386-22 27 85
F 0386-22 32 29
E la-velotte@wanadoo.fr
W www.velotte.com
fr, uk, es

Open: 15 mrt-31 dec H 550m RES verplicht

Hotel en omgeving

Midden in het Parc Naturel Régional du Morvan staat het hotel Le Domaine de Velotte. Dit voormalige kasteel is opgezet door een collectief en geboren uit twee ideeën, zorg voor het milieu en voor minder validen. Het oude kasteel is gerenoveerd volgens bioklimatische principes, geheel toegankelijk gemaakt en aangepast voor rolstoelgebruikers.

U overnacht op een van de 14 moderne kamers. Deze zijn alle ruim opgezet en voorzien van eigen toilet en douche. Iedere kamer is geschikt voor twee tot vijf personen en heeft een terras met uitzicht op de omliggende heuvels. In het restaurant kunt u heerlijk ontbijten, lunchen of dineren. Voor de maaltijden wordt zoveel mogelijk gebruik gemaakt van biologische producten. U kunt hier ook goed terecht met groepen. In het museum wordt door locale kunstenaars geëxposeerd.

Rondom Velotte kunt u heerlijk wandelen. Langs het domein lopen een GR-route en een ATB-route. Tochtjes met een ezel zijn mogelijk, alsmede begeleide wandelingen. In de nabije omgeving zijn verschillende meren waar u heerlijk kunt zwemmen en watersporten. Het Espace Saint-Brisson (15 km) heeft o.a. een streekmuseum, kruidentuin, boomgaard met oude Morvan-rassen, verzetsmuseum en natuurontdekkingspaden. Andere uitstapjes zijn te maken naar Bibracte (60 km) met opgravingen uit de Keltische tijd, wijngaarden met proeverij, een kaasmakerij, een imkerij, kastelen en de Abdij van Pierre-qui-Vive in Quarré-les-Tombes. Foldermateriaal is bij de receptie verkrijgbaar.

14x, 64x, 2pkpn € 100 B&B

Route

Op A6 zuidoostwaarts afslag 23 naar Saulieu (D980). Daar D977bis naar Montsauche-les-Settons. Hier weg vervolgen richting Corbigny en na 1 km afslaan richting Brassy. In La Montée rechts bij bordje Le Domaine de Velotte.

Trein naar Avallon, dan bus naar Monsauche-les-Settons (6 km). Afhalen mogelijk na overleg (€ 1/km).

CHOISEUL

Domaine Saint Nicolas
Catherine Paperin & Christian Thouvenin
Rue Saint Nicolas,
52240 Choiseul, Haute-Marne
T 0325-32 10 29
F 0325-32 10 29
E saint.nicolas@wanadoo.fr
W www.paradis-vert.com
fr, uk

Open: hele jaar 1 mei-15 sep H 500m R

Boerderij en omgeving

Het Domaine Saint Nicolas (hoogte 500 m) ligt in een heuvelachtig gebied van weilanden en bossen die zijn doorsneden met kronkelende beekjes en kleine weggetjes. De uit 1870 stammende streekboerderij is in 1983 gerestaureerd en nog steeds als boerderij in gebruik. Tuinbouw en fruitteelt zijn de hoofdactiviteiten. Op de boerderij worden rondleidingen gegeven.

U kunt hier kamperen of overnachten in de vijfpersoons gîte (beddengoed meenemen of huren). Op de accommodatie kunt u allerhande biologische levensmiddelen aanschaffen. Er worden maaltijden verzorgd, ook door de kampeerders mee te nemen naar de tent (plat à porter). Voor de kinderen is er een speelterrein met toestellen, een spelletjesruimte en een zwembad (alleen onder toezicht van de ouders). U kunt onder leiding van een gids natuurtochten maken. In het laagseizoen worden er cursussen gegeven zoals het maken van brood en brandhout, olieverf schilderen en beeldhouwen. Het is mogelijk om mee te werken op de boerderij tegen kost en inwoning.

In het eenvoudige en kleinschalige landschap kunt u goed wandelen en fietsen langs vele kleine en schilderachtige dorpjes (fietsen zijn te huur). Daarnaast kunt u in de omgeving vissen, zwemmen en tennissen. Ook kunt u een bezoek brengen aan een van de abdijen of kastelen in de buurt. Langres, Vittel, Epinal en Neufchâteau zijn dagtochtbestemmingen. Verder kunt u een bezoek brengen aan het vogelreservaat van het Lac du Der, het pretpark Nigloland, het avonturenpark Guyonvelle en het kuuroord van Bourbonne-les-Bains. Op 10 km ontspringt de Maas.

🐄 🍽️ 🏊 ⛳ 🎿 ✈ 🚲10/30
🛶15 🚤15 ⚓2 ⛵2/10 🎣25 🛟25
🏊10 🚣25 🏹15 🎾15 🧗

🏠 1x, 🛏 5x, hpw € 230
⛺ T 6x, 🚐 4x, pppn € 3,70, ptpn € 2,50, pcpn € 2,50

Route
🚗 Vanaf Nancy de A31/E21 tot afslag 8 naar Montigny-le-Roi. Daar de D132 naar Choiseul.
🚆 Trein van Nancy naar Merrey (2 km). Afhalen mogelijk in overleg.

COLOMBOTTE
La Tourelle
Tim & Mirjam Muller
Rue Haute, 70240 Colombotte,
Haute-Saône
T   0384-78 77 60
E   info@colombotte.nl
W   www.colombotte.nl
🗨 fr, nl, uk, de

Open: hele jaar 🍽️ 🐴

Herberg en omgeving
In een onbedorven heuvellandschap met uitgestrekte loofbossen, landerijen, beekjes en riviertjes ligt Colombotte, een klein boerendorpje met vijftig inwoners.

Boven in het dorp ligt La Tourelle, een eeuwenoude versterkte boerderij, nu een herberg met in het oude woonhuis comfortabele kamers met eigen sanitair. Ook de grange, de grote schuur, is verbouwd tot een sfeervol verblijf. Op de voormalige hooizolders zijn zes eenvoudige kamers en een slaapzolder met twee bedden, sanitair is gezamenlijk. Beneden is de grote salle à manger, een salon en de gastenkeuken. De vide en eetzaal zijn ook als cursus- en atelierruimte te gebruiken. Zowel de kamers in het woonhuis als die in de grange zijn ook voor groepen te huur (maximaal 10 en 16 personen). Groepen kunnen zelf koken maar ook reserveren op basis van volpension. In de boomgaard is plaats voor zes tentjes (geen caravans mogelijk); vanaf hier loop je zo het bos in. U kunt ook de caracabane huren: een grote caravan (twee tot vier personen) die met eikenhouten planken omgebouwd is tot een sfeervol onderkomen. Alle gasten van La Tourelle (ook kampeerders) kunnen hier verblijven op basis van logies en ontbijt of volpension: er wordt (h)eerlijk gekookt! Er is een moestuin en boomgaard. Vanaf het terras op het zuiden heeft u een prachtig uitzicht over de beboste heuvels. De schuur leent

zich uitstekend voor het organiseren van groepsbijeenkomsten en cursussen. La Tourelle is niet geschikt voor verblijf met kleine kinderen, tenzij in groepsverband.

In de omgeving kunt u mooie wandel- en fietstochten maken (lunchpakketten worden voor u klaargemaakt). Vanaf La Tourelle beginnen diverse uitgezette routes en kaartmateriaal is aanwezig. U kunt zwemmen in diverse plassen en riviertjes, een bezoek brengen aan Ronchamp (met de wereldberoemde kapel van Le Corbusier), het middeleeuwse kasteel van Oricourt, paardrijden, langlaufen, parapenten en nog veel meer.

🐄 🍽️ 🏊 🚲10 🏹5 🧗

🛏 4x, 🛏 8x, 2pkpn € 36-65 B&B
🏨 🛏7x, 🛏16x, Prijs op aanvraag
⛺ T 6x, 🚐, 🧗, pppn € 7

Route
🚗 Vanaf Epinal de E23/N57 volgen over Remiremont, Luxeuil-les-Bains naar Saulx. Direct na Saulx links richting Noroy-le-Bourg (D75) en bij T-splitsing rechts naar Colombotte (D100). La Tourelle ligt boven in Colombotte, links van de kerk.
🚆 Trein naar Vesoul (12 km), afhalen mogelijk.

DAMPIERRE-LÈS-CONFLANS
La Renaudine
Claudine & Pierre Thevenot
1, Grande rue,
70800 Dampierre-lès-Conflans,
Haute-Saône
T   0384-49 82 34
F   0384-49 82 34
E   claudineth@ferme-renaudine.com
W   www.ferme-renaudine.com
🗨 fr, uk

Open: hele jaar ⛺ 1 apr-1 nov 🍷 Ⓡ

Boerderij en omgeving

In een glooiend landschap met in de verte de eerste bergen van de Vogezen, vindt u de boerderij van de familie Thevenot. Zij hebben hier gastenkamers en een camping. Het is een klein bedrijf waar op biologische wijze graan wordt geteeld. Kinderen mogen helpen het pluimvee, de schapen, varkens en konijnen te verzorgen.

De camping bestaat uit een ruime boomgaard met 20 plaatsen. U heeft hier een mooi uitzicht op de omliggende velden en het bos. Er zijn twee caravans te huur. Het sanitair is eenvoudig. Ook kunt u kiezen voor een verblijf op kamers in het huis, op basis van logies en ontbijt. Er zijn kamers voor één tot vier personen, alle met eigen badkamer en toilet. Aan huis wordt zelfgemaakte appel- en druivensap verkocht. Het is mogelijk om u op te geven voor de avondmaaltijden; hierbij wordt zoveel mogelijk gebruik gemaakt van producten van de eigen boerderij. U eet mee aan de lange familietafel waar de lekkerste boerenmaaltijden worden geserveerd. De bakker komt iedere morgen langs met vers brood.

Op 4 km van La Renaudine stroomt de rivier de Lanterne waar u kunt zwemmen en vissen. U kunt naar hartelust wandelen op uitgezette wandelroutes. Ook kunt u kanoën, erop uit met een woonwagen (via La Renaudine te huur) of een mountainbike. Daarnaast kunt u een bezoek brengen aan plaatsen als Luxeuil-les-Bains, Plombières-les-Bains, Fougerolles (bezoek de kersendistilleerderij), Champlitte en Le Val-d'Ajol. Ook een bezoek aan een stokerij, een glasblazerij en een zuivelwinkel behoort tot de mogelijkheden.

🚲 🎣 ⚓ ⛵ ≤15 🔍5 ✂2 ♨30
🛶4 🏊4 🏹15 🗿22 🏔

🛏 4x, 🚪10x, 1pkpn € 25, 2pkpn € 40 B&B
⛺ 🛖, pppn € 2,50, ptpn € 0,80

Route

🅰 N57/E23 van Epinal over Remiremont tot ca 7 km voor Luxeuil-les-Bains. Afslaan naar Saint-Loup (D64). In Saint-Loup naar Conflans-sur-Lanterne(D10). Voor Conflans rechts naar Dampierre (D145) tot aan 1ste boerderij van het dorp aan linkerkant.

🚂 Trein naar Luxeuil-les-Bains, dan bus naar Conflans-sur-Lanterne, dan taxi (4 km).

DOMMARTIN-LÈS-REMIREMONT

La Ferme Aux Moineaux
Brigitte & Dominique Barad
2570, Rue de la Croisette,
88200 Dommartin-lès-Remiremont,
Vosges

T 0329-61 00 30
F 0329-61 00 30
E bd.barad@worldonline.fr
W http://membres.lycos.fr/
    lesmoineaux
🗨 fr

Open: hele jaar ❤ H 650m ⓇⒺⓈ verplicht
🖼 🐴

Boerderij en omgeving

Deze typische streekboerderij stamt uit 1732 en ligt op een hoogte van 650 m aan de voet van de Vogezen. De bewoners houden koeien voor de productie van biologisch vlees (Montbéliards, Vosgiennes en Highlands). Er is 21 ha grasland. Er zijn wat schapen en pluimvee en bovendien voor eigen plezier en dat van de gasten een aantal ezels. Hiermee kunnen in de omgeving tochtjes van een en meerdere dagen gemaakt worden. Een handje helpen wordt zeer gewaardeerd.

U overnacht op kamers in de boerderij en u kunt de gîte huren (25 personen). In de zomermaanden kan dat per kamer of per bed, de rest van het jaar wordt deze in zijn geheel verhuurd. Er is een klein veld met vier plekken voor maximaal tien personen waar u kunt kamperen met tent en caravan. Het sanitair bevindt zich op de begane grond van de gîte. Toeristen die van de gastenkamers gebruik maken krijgen ontbijt en kunnen aanschuiven voor een traditioneel Vogezenmenu.

De nabije omgeving kenmerkt zich door de vele valleien, meren, bossen en weiden waar talloze wandel-, fiets- en ruiterpaden doorheen lopen. Het hoogste punt is Le Grand Ballon (1424 m). Op heldere dagen

---

kunt u daarvandaan de Zwitserse Alpen zien liggen met de Eiger en de Jungfrau. In Épinal is het Musée de l'Imagerie over de boekdrukkunst.

🚲 🎣 ⚓ ⛵ ⛵<10 🏊6 🚣6
🔍6 ✂3 ⚓<10 🏹<10 🗿15 ❄30
🏔

🛏 2x, 🚪8x, 1pkpn € 23, 2pkpn € 34 B&B
🏠 1x, 🚪25x, hpw € 1000
🏚 🛏4x, 🚪25x, 1ppnoz € 10
⛺ pppn € 2,30ptpn € 2,30pcpn € 2,30

Route

🅰 Bij Remiremont de RN66 richting Mulhouse, afslag Vecoux/Dommartin. Richting Les Mortes volgen en 1e weg rechts inslaan (Rue de la Croisette). Deze weg 2,5 km volgen tot de boerderij.

🚂 Trein en bus tot Remiremont, hier taxi of gratis afhaaldienst.

FOULAIN

Centre Lothlorien
Lucas Slager
Domaine le Moiron,
52800 Foulain, Haute-Marne

T 0325-03 40 86
F 0325-32 49 91
E centrelothlorien@wanadoo.fr
W www.centrelothlorien.com
🗨 fr, nl, uk, de

Open: hele jaar ⛵ H 280m ⓇⒺⓈ verplicht
♿ 🖼 🛖

Landgoed en omgeving

Op het prachtig gelegen landgoed Domaine le Moiron (280 m) bevindt zich Centre Lothlorien, een woon-, werk- en leefgemeenschap annex cursuscentrum. Het 14 ha grote terrein is een paradijs voor rustzoekers, natuurliefhebbers en wandelaars, met bossen, bronnen, beken en stuwmeertjes. De oorsprong van het landgoed gaat

terug tot in de 12de eeuw. In de 16de eeuw werd een nonnenklooster en leprozenkolonie gesticht. Overblijfselen uit die tijd zijn de Colombier (duiventil met klokkentoren en kapelletje) en de kelders.
In de 18de eeuw werd de basis gelegd voor het huidige chateau (hier bevinden zich de gastenkamers, salon, eetzaal, receptie, winkeltje), het Maison du Gardien (opzichtershuis) en het Creatie Centrum (cursus-, recreatie- en ontmoetingsruimtes, atelier). Op het terrein zijn een aantal kampeerplaatsen voor zowel tenten, caravans als campers.
Kenners zullen de naam Lothlorien direct in verband brengen met de schrijver Tolkien. Overal op het terrein vindt u namen en voorwerpen die met deze schrijver van onder andere "In de ban van de ring" te maken hebben. In de op het terrein gevestigde winkel zijn naast verschillende levensmiddelen diverse Tolkien-artikelen te koop. Op Lothlorien kunt u ontbijt, lunch en diner krijgen. De (vegetarische) maaltijden worden bereid met producten uit de eigen moestuin. Het hele jaar worden hier allerlei cursussen gegeven en activiteiten georganiseerd gericht op ontplooiing en ontwikkeling van het unieke Zelf, aangevuld met creativiteit, therapieën, sport en spel, natuurbeleving, excursies, wandelen, fietsen, muziek en dans. Voor de kinderen worden allerlei activiteiten georganiseerd. Verder is er een speelruimte met tafeltennistafel.
In de omgeving van de nog steeds weinig bezochte Haute Marne is het heerlijk wandelen en fietsen. U kunt hier nog echt in alle rust genieten van de prachtige natuur. Mogelijkheden voor uitstapjes zijn: Langres; vogelsafari naar het Lac d'Oriënt; een bezoek aan het atelier van Renoir en nog veel meer.

10 10 1 0,6 8 7

10x, 24x, 2ppn € 30
T 15x, 10x, pppn € 3,50, ptpn € 2-4, pcpn € 5

Route

Van Chaumont N19 richting Langres tot in Foulain. In het dorp direct linksaf, voorbij de kerk opnieuw links, de spoorlijn oversteken. Vanaf hier staat de Centre Lothlorien aangegeven.

Trein naar Chaumont, dan bus richting Langres, uitstappen in Foulain. Afhalen mogelijk, ook van Chaumont.

FOUVENT

Domaine de La Pierre Percée
Paul de Meyer
70600 Fouvent, Haute-Saône
T 0384-31 30 46
fr, nl, uk, de

Open: hele jaar H 400m verplicht

Boerderij en omgeving

Deze historische Comtoise-hoeve (1830), opgetrokken uit wit kalksteen en eikenhouten balken, bevindt zich op een hoogte van 400 m. Het totale terrein is 60 ha groot. Hiervan wordt 2,5 ha gebruikt voor biologische fruit- en tuinbouw, de rest is loofbos. De bewoners maken hun eigen appelsap, seitan, tofu en desembrood. U kunt kamperen, of logeren in een kamer, een gîte of een appartement. Het is ook mogelijk om een groepsverblijf te huren, voor maximaal 30 personen. In het seizoen zijn groenten te koop en verder brood, tofu, seitan, jam en vruchtensap. U kunt een yogacursus volgen, er is een zweethut op het terrein en u kunt meedoen aan een workshop Balinese Gamelan-muziek.
De boerderij ligt midden in een natuurreservaat, dus alom stilte en rust. In de bossen kunt u bramen plukken en menhirs bekijken. Er worden natuurwandelingen georganiseerd met aandacht de flora en vogels in dit gebied (blauwe kiekendief, hop en slechtvalk). Ook zijn er in de omgeving geneeskrachtige bronnen (verlichting van darmkwalen). In de omliggende dorpjes lijkt de tijd te hebben stilgestaan. Voor de kinderen is er in de buurt een pretpark (8 km).

5x, 10x, 2pkpn € 30
3x, 14x, hpw € 210-300
36x, 1ppnoz € 8
T 10x, 3x, ptpn € 8, pcpn € 9

Route

N19 richting Langres. In Cintry links naar La Roche-Morey (D1) en via Suaucourt naar Pisseloup. Hier rechts richting Fouvant-le-Bas (D42). Na ca 3,5 km rechts bij bord La Pierre Percée. Nog 3 km over grindweg door bos.

Trein naar Culmont-Chalindrey, afhalen mogelijk (€ 15).

FRAHIER-ET-CHATEBIER

Les Gros Chênes
Elisabeth & Philippe Peroz
70400 Frahier-et-Chatebier, Haute-Saône
T 0384-27 31 41
F 0384-27 31 41
E e.peroz@wanadoo.fr
W www.amiesenfranchecomte.com
fr, de

Open: hele jaar

Boerderij en omgeving

Deze goed onderhouden moderne boerderij met mooi aangelegde tuin ligt midden in het rustige boerenland van de Franche-Comté. Op het bedrijf worden melkkoeien, konijnen en kippen gehouden en er is een moestuin. Men leeft er volgens het ritme van de natuur en de seizoenen. Er zijn verschillende kamers, voor één tot vier personen. Elke kamer heeft eigen sanitaire voorzieningen en er is een gezamenlijke zitkamer. Met de producten van de moestuin en van de boerderij worden heerlijke traditionele maaltijden gemaakt die aan de familietafel genuttigd worden. Vegetarische

F

maaltijden zijn mogelijk. Kinderen mogen meekijken bij het verzorgen van de dieren, er zijn spelletjes en een schommel aanwezig.

U zit hier vlakbij het Plateau van de 1000 meren en aan de rand van het Parc Régional des Ballons des Vosges. Op Les Gros Chênes zijn wandelkaarten en toeristische informatie aanwezig. De GR-5 en GR-533 liggen op 5 km. U kunt vele uitstapjes maken: de kapel van Notre Dame du Haut in Ronchamp, ontworpen door Le Corbusier; het museum van La Négritude et des droits de l'Homme in Champagney; het Forge-musée de l'Etueffont (smederijmuseum); het Roseraie du Châtelet, Bourg-sous-Châtelet (Anjoutey) met een bomentuin, tuin der zinnen, rozentuin met 600 variëteiten en een watertuin en overal beeldhouwwerken; de steden Belfort en Luxeuil-les-Bains. Elke eerste zondag van de maand is er een vlooienmarkt in Belfort.

🛁 🍽 🍺 🎣 🏊5 🚐10 🚲10
🎣5 🎿

🛏 5x, 🏕 11x, 2pkpn € 40 B&B

Route
🚗 Op de A36 vanuit Mulhouse afslag 12 of 12A nemen (Bavilliers - Belfort - Essert) en RN19 naar Frahier volgen. Op de A36 vanuit Montbéliard afslag Vesoul - Héricourt nemen en via de D16 naar Frahier.
🚆 Trein en bus tot Belfort (10 km), dan taxi.

GLAMONDANS
Le Moulin de Guigot
Anita & Didier Michaud
Rue de Guigot,
25360 Glamondans, Doubs
T   0381-63 00 15
F   0381-63 00 15
E   didier.michaud4@libertysurf.fr
W www.guigot.fr.st
🗪 fr, uk

Open: 1 jun-30 okt🎿 1 mei-30 sep 🌿 wwoof H 400m ®

Boerderij en omgeving
Op 800 m van het dorp Glamondans ligt

Le Moulin de Guigot. De naam verwijst naar de molen die hier tot 1850 heeft gestaan. De karakteristieke Comtoiseboerderij stamt uit 1711. Op het biologische bedrijf worden varkens en geiten gehouden. U kunt ter plekke geitenkaas, melk en worstjes proeven en kopen.

Op een groot veld naast de boerderij kunt u kamperen. Er is ruim plaats voor zes tenten of caravans. Het sanitair is eenvoudig maar goed verzorgd en er is een kleine overdekte ruimte, waar u eventueel kunt schuilen als het regent. Hierboven bevindt zich een slaapzaaltje met vijf matrassen. Ook is er een eenvoudige vierpersoonscaravan te huur. Vanuit de tent hebt u een mooi uitzicht over de weidse, glooiende velden. Naast het terrein ligt een meertje met een klein bootje en er zijn een schommel, een glijbaan en een slingertouw.

In de schuur van de boerderij is een gîte (vier personen) met twee slaapkamers, een eetkamer met keukenhoek, een badkamer en een apart toilet.

Het gebied is licht bergachtig, met bossen, meren, watervallen en weilanden. U kunt ijsgrotten bezoeken (Baume-les-Bains) en de Gouffre de Poudrey en u vindt er fantastische mogelijkheden om te wandelen en te kanoën (Ornans). Op 8 km is een Dinozoo. Langs de oevers van de Doubs loopt een fietsroute van 40 km, u kunt een boottocht over de Doubs maken en het oude centrum van Besançon bezoeken. Op 8 km is een openluchtmuseum met 20 Comtoise-huizen.

🎣 🏊15 🚐18 🎣20 🎿

🏠 1x, 🏕 4x, hpw € 270
🏛 🏕 5x, Prijs op aanvraag
⛺ T 6x, 🚐 6x, 🛁, pppn € 2,30, ptpn € 2,30, pcpn € 3

Route
🚗 Van Baume-les-Dames D50 richting Pont-les-Mou-

lins en na de brug rechts naar Dammartin-les-Templiers (D112). Net na het dorpje linksaf en na ca 1,5 km, op splitsing links naar Glamondans. In dorp rechts bij het Mariabeeld, nog 0,7 km naar de boerderij.
🚆 Trein naar Besançon of Baume-les-Dames, dan bus naar Nancray (8 km), dan taxi.

GLUX-EN-GLENNE
Aux Sources de l'Yonne
Josje & Hauke Lageweg
Anvers, 58370 Glux-en-Glenne, Nièvre
T   0386-78 66 92
E   info@sdlyonne.com
W www.sdlyonne.com
🗪 nl, fr, de, uk

Open: hele jaar H 650m ® ✖ 〔📷〕

Boerderij en omgeving
In het groene en heuvelachtige zuiden van de Morvan ligt Aux Sources de l'Yonne, een oude boerderij omgeven door bos. De familie Lageweg heeft hier een biologische moestuin en houdt schapen, katten en konijnen. U verblijft in een van de vier gastenkamers op basis van logies en ontbijt. Ook zijn er drie vakantiehuizen (voor drie tot vier personen) in de nabije omgeving van de accommodatie. Op de camping staat een huurtent en zijn er zes plaatsen voor een eigen tent of caravan. Het sanitair is goed en u kunt gebruik maken van een keukentje. Er is een schaduwrijk terras met grote houten tafels en een tuin die grenst aan het bos waar talrijke wandelroutes beginnen. In het beekje dat door het bos stroomt kunnen kinderen kunnen in het beekje naar hartelust dammen en dijken bouwen. Voor hen (en volwassenen) is er ook een klein zwembad en speeltoestellen. 's Zomers wordt met de kinderen vaak stokbrood gebakken bij een kampvuur. Eigengebakken brood is te koop en een aantal keer per week kunt u zich opgeven voor een maaltijd. De eigenaren zijn zich

in korte tijd goed thuis gaan voelen in de streek, integratie in de Franse samenleving vinden zij dan ook belangrijk. Josje geeft rondleidingen in het Keltisch museum en bij de opgravingen in Bibracte.

🕎 ⛴ ⛴ 🛶 🚴 ⛵15 🎣12 🏹12 ❄6

🛏 3x, 🍴 9x, 2pkpn € 39 B&B
🏠 3x, 🍴 10x, hpw € 250
⛺ T 6x, 🚃 3x, ⛴, pppn € 2,50, ptpn € 5, pcpn € 4

Route

🚗 Van Autun richting Luzy (N81). Na 17 km afslaan naar Saint-Léger-sous-Beuvray (D61). Hier richting Moulins-Engilbert (D3/D18) en na ca 7 km rechts naar Glux-en-Glenne (D300). Hier richting Anvers en Moulins-Engilbert (D500). Na 2,2 km ligt Aux Sources de l'Yonne links.

🚉 Trein naar Etang-sur-Arroux (25 km), dan taxi.

Camping Paysan Le Moulin
Marie-Geneviève Monnin & Claude
Vanderkam
Le Moulin, 70120 Gourgeon,
Haute-Saône
T   0384-92 10 97
F   0384-92 10 97
📧 fr, uk, es

Open: 15 apr-15 okt 🌀 H 250m ⓇⒺⓈ
verplicht 🔣 〔〕

Boerderij en omgeving

De boerderij (1985) ligt op 250 m hoogte in een heuvelachtig en bosrijk gebied. De voormalige molen is gerenoveerd tot woonhuis. De veestapel bestaat voornamelijk uit schapen die op de groene weiden rondom de boerderij grazen. Kippen worden gehouden in ruime verplaatsbare rennen. Het biologische vlees wordt aan huis verkocht. Energie komt van zonnepanelen en van

hout. In de molen huisvest de vereniging ADERA waarmee u een ontdekkingstocht door de wereld van de alternatieve energie kunt maken.

Het ruime kampeerterrein bevindt zich in de fruitboomgaard en biedt plaats aan tien tenten en caravans (koelkast beschikbaar). Door de afgelegen ligging bent u verzekerd van rust. Op het terrein is een meertje waar u kunt vissen en zwemmen. Er liggen op de accommodatie toeristische brochures ter inzage.

In de omgeving zijn leuke historische stadjes en verschillende kastelen (in de vallei van de Saône) te bezichtigen. Ook kunt u een bezoek brengen aan de grotten langs het Sentier Karstique (10 km), een archeologische vindplaats in Bourguignon (12 km), het Ludolac, een recreatiemeer bij Vesoul en de kapel van Le Corbusier in Ronchamp (70 km). Wie authentieke streekgerechten wil proberen kan naar de ferme-auberge 15 km verderop. Informatie over wandel- en fietsroutes, bezienswaardigheden en zomerfestiviteiten zijn bij de molen verkrijgbaar.

⛴ ⛴10 🎣15 ⛵15 🏹15 🚴

⛺ T 7x, 🚃 3x, pppn € 2,5, ptpn € 3, pcpn € 3

Route

🚗 Vanaf Vesoul de RN19/E54 naar Gourgeon. In Gourgeon borden richting Cornot volgen, na 200 m bent u bij de boerderijcamping.

🚉 Trein naar Vesoul, daar bus (1x 's middags) naar Combeaufontaine (4 km). Eventueel trein naar Culmont-Chalindrey (25 km).

Entre les Sources
Harriet & Marinus Ebben
17, L'Autre Bout,
88240 Grandrupt-de-Bains, Vosges
T   0329-30 97 38
F   0329-30 97 38
E   entre.les.sources@free.fr
W   www.vakantieboerderijen
    trelessources.com
📧 fr, nl, uk, de

Open: hele jaar ⛺ 1 mei-1 okt 🍴 🌀 H 450m Ⓡ 🔣 ✖️ 〔〕

Boerderij en omgeving

Deze oude boerderij (1893) ligt op 450 m hoogte in de Vogezen, verscholen tussen de domeinbossen van Darney en Ban d'Harol. De bewoners telen kleinfruit (frambozen en bessen), dat het keurmerk van Ecocert draagt en als hobby houden zij kleinvee zoals geiten, ganzen en kippen.

De camping is schaduwrijk en ligt direct achter de boerderij. U kunt hier staan met tent, caravan (prijs is incl. elektra) of een caravan huren (prijs is voor twee personen). In het hoogseizoen wordt de camping erg goed bezocht. Overnachten in de boerderij kan in de drie gastenkamers (één tot vier personen) en in de twee studio's (twee personen) met eigen kookgelegenheid. Camping- en kamergasten kunnen gebruik maken van een authentieke zitkamer en op het terras of in de eetzaal aanschuiven voor een streekgerecht (ook vegetarisch) met biologische ingrediënten. U kunt verse frambozen, groenten, confiture en honing kopen, lekker voor op het verse brood dat u in het hoogseizoen ter plaatse kunt bestellen. Er worden cursussen aangeboden: beeldhouwen, tekenen en schilderen, holistische massagetherapie en eutonie. De hele accommodatie is ook voor groepscursussen te huur.

In een bosmeertje op 8 km kunt u zwemmen. Niet ver van de boerderij zijn verschillende mogelijkheden om te genieten van de natuur: te paard, in een huifkar, onder het vissen en al wandelend; de GR-7 loopt op ca 3 km. In dit heuvelachtige, dunbevolkte gebied liggen veel plaatsen met warmwaterbronnen: in de nabije omgeving die van Vittel, Contrexéville, Plombières-les-Bains en Bains-les-Bains; op 40 km afstand is een waterval.

🚴 🕎 🏹 🛶 ⛵8 ⛴14 🚃5 🎣 🚲5 🏹12 🚴

F

🛏 3x, 🏠 10x, Prijs op aanvraag
🏠 2x, 🏕 4x, Prijs op aanvraag
⚓ T 11x, 🚐 11x, ♨, ppn € 3, ptpn
€ 4,60-6, pcpn € 9,15

Route

🔟 In Épinal de D460 naar Darney, na 28 km linksaf de D40 richting Gruey-lès-Surance. Na 2,5 km de D40d nemen naar Grandrupt-de-Bains. Volg deze weg. Aan het eind van het dorp ligt de boerderij links.

🚂 Trein vanaf Nancy of Épinal tot Bains-les-Bains. Afhalen mogelijk tegen vergoeding, graag enige dagen tevoren regelen.

HENNEZEL

Ecolonie
1, Thiètry, 88260 Hennezel, Vosges
T   0329-07 00 27
F   0329-07 00 94
E   ecolonie@aol.com
W www.ecolonie.org
🌐 fr, nl

Open: 1 feb-31 dec ❦ H 390m ® ❎ 〔ᵐ〕

Ontmoetingscentrum en omgeving

Deze veelzijdige accommodatie, met diverse gebouwen, ligt in een bosrijk gebied op 390 m hoogte. Ecolonie is een ontmoetingsplaats voor mensen die zoeken naar rust en interactie met hun medemens. Centraal staat het leven in harmonie met de natuur en het zorgzaam omgaan met onszelf, elkaar en onze omgeving.

De camping (2 ha) ligt in het groen. Er is een atelier en een natuur-educatiecentrum waar in de vakantieperiode diverse workshops en cursussen worden gegeven, zoals mantra zingen, speksteen snijden, mandela's tekenen en ecologisch tuinieren. Ook worden er verschillende lezingen gegeven. U kunt deelnemen aan boswandelingen en er zijn ook diverse uitgestippelde wandelingen in de omgeving. Wie wil meehelpen in

de groente- en kruidentuin is van harte welkom. Voor de kinderen is er een divers programma en op het terrein ligt een heerlijke zwemvijver. De gasten kunnen verblijven in de kamers van het oude herenhuis, op basis van volpension of alleen met ontbijt. Er is een camping met 75 ruime staanplaatsen met goede sanitaire voorzieningen. Tevens zijn er een geheel ingerichte gîte (zes personen), tipi's (voor één nacht) en een retraîtehut te huur.

In de nabije omgeving vindt u uitgestrekte bossen, enkele kleine kastelen, een glasblazerij, musea en de oude vestingstad Châtillon-sur-Saône.

🏊 🍴 ♨ 🚵 🎿 Ⓢ 🎣 ⚓
🛶 10 🎿 10 ➤ 7 ♨

🛏 15x, 🏕 33x, 1pkpn € 35-45, 2pkpn
€ 70-90 VP
🏠 1x, 🏕 6x, hpw € 375
⚓ T 75x, 🚐 15x, ♨, pppn € 4,50, ptpn
€ 4,50, pcpn € 7,50

Route

🔟 Op de A31/E21 afrit 9 richting Contrexéville. Na tol bij rotonde richting Vittel. Bij rotonde voor Vittel richting Épinal/Bains-les-Bains. Na 10 km richting Bains-les-Bains/Darney. In Darney richting Bains-les-Bains/Hennezel. In Hennezel bord 'Musée' volgen tot 1e kruising, rechtsaf naar Ecolonie.

🚂 Trein naar Nancy. Van daar de trein naar Vittel (richting Contrexeville), reistijd ca 1,5 uur. Afhalen mogelijk.

LA PETITE FOSSE

La Belle Charbonnière
Fam. Ulens-Keuleers
88490 La Petite Fosse, Vosges
T   329 58 36 96
E   labellecharbonniere@yahoo.fr
W www.labellecharbonniere.com
🌐 nl, fr, uk

Open: hele jaar ® ♿

Boerderij en omgeving

In het Parc Naturel Regional ligt temidden van de bossen de boerderij La Belle Charbonnière. Op dit domein van meer dan 10 ha, verblijven verschillende soorten dieren, waaronder de zeldzame Poitou-ezels. Op de boerderij worden tal van educatieve activiteiten georganiseerd voor kinderen en volwassen (o.a. kinderkampen). U kunt meehelpen bij het verzorgen van de dieren, het melken van de schapen of het bakken van brood. Er is een zwembad, buitenterras, sauna en er zijn massage-mogelijkheden. U kunt hier genieten van de rust en de mooie vergezichten.

U verblijft in een van de 15 gastenkamers op basis van logies en ontbijt, half- of volpension. Alle kamers hebben eigen sanitair en er is een gezellige gemeenschappelijke zitruimte. Er zijn producten van de boerderij te koop voor gasten.

U kunt de omgeving verkennen te voet, te paard of met een fiets of ezel. Vissers kunnen hier ook hun hart ophalen. Voor uitstapjes in de omgeving kunt u terecht in Colmar voor de architectuur, in Epinal als hoofdstad van de Vogezen of in St. Dié voor de cultuur. La Bresse is een belangrijke wintersportplaats en Gérardmer biedt u ontspanning aan het water. Vittel en Bains-les-Bains zijn bekend als kuuroorden.

15x, Prijs op aanvraag

Route

E25 naar Nancy, bij splitsing Straatsburg (E52) volgen. Volg N59 richting St. Dié-Colmar-Lunéville tot voorbij St. Dié. Bij 2e rotonde, 1e afslag rechts, richting Provencière Sur-Fave. Afslag links La Petite-Fosse. Rechts om kerk, in 1e bocht schuin rechts omhoog en dan nog 500m.

LAROCHEMILLAY

Camping La Forêt
Marion van Leeuwen-Oesterholt
58370 Larochemillay, Nièvre
T 0386-30 47 93 (0348-40 83 94 in NL)
E laforet@planet.nl
W http://go.to/laforet
nl, uk, de

Open: 1 jul-1 sep H 350m (RES) verplicht

Camping en omgeving

La Forêt ligt in het hart van Frankrijk, in het Parc Naturel Régional du Morvan. De oude natuurstenen boerderij heeft geen agrarische functie meer, de gebouwen zijn zoveel mogelijk in oude stijl gelaten. Door de kleinschalige opzet van de camping is ook het landelijke karakter behouden.

De zeer ruime camping ligt op een zuidhelling en heeft daardoor volop zon, bomen op het terrein zorgen voor de nodige beschutting. Veertien compleet ingerichte bungalowtenten voor vijf of zes personen zijn te huur. Verder zijn er nog twee plaatsen voor mensen die met een eigen tent komen. Elke tent heeft de beschikking over een eigen toilet, douche, aanrecht met warm en koud water en een koelkast. De minimale verblijfsduur is een week. Op het terrein vindt u een grote speelweide, zwemgelegenheid in twee meertjes, een spelletjesschuur en een hooizolder. Ook is er een winkeltje met enkele basisartikelen, een kleine bar voor een drankje en een hapje en enkele avonden per week is het mogelijk om een eenvoudige maaltijd te nuttigen.

De Morvan is een heuvelachtig gebied en één van de oudste stukken ongerept natuurgebied van Frankrijk, met een rijke flora en fauna. De met gemengd bos begroeide heuvels, de prachtige meren en vergezichten in combinatie met de wandel-, fiets-, paardrij- en watersport-

---

mogelijkheden vormen een ideaal vakantieoord voor natuurliefhebbers. In de directe omgeving van camping La Forêt ligt de Mont Beuvray (901 m). Op deze heuvel is een Keltisch museum ingericht, waar u opgravingen kunt bewonderen. Het dorpje Larochemillay ligt op 4 km. U vindt er een bakkerswinkeltje annex kruidenier, diverse restaurantjes en een postkantoor.

, Prijs op aanvraag

Route

Vanaf Autun N81 richting Moulins/Luzy. Na ca 22 km kleine afslag naar rechts, Poil/Larochemillay (D192). Net voor Larochemillay, D27 richting Château-Chinon. Na ca 4 km ligt boerderij rechts.
Trein tot Luzy, 17 km.

LE VAL-D'AJOL

La Crèche
Ineke & Jos Determeijer-Waqué
9, Les Mousses, Hamanxard,
88340 Le Val-d'Ajol, Vosges
T 0329-30 57 82
M 06-234 791 57
E jos@lacreche.com
W www.lacreche.com
nl, fr, uk, de

Open: 1 april-31 okt H 440m

Accommodatie en omgeving

In de groene heuvels van het Parc Naturel Régional des Ballons des Vosges ligt La Crèche, twee gebouwen die vroeger dienden als crèche en badhuis voor de arbeiders van de textielfabriek. De crèche is verbouwd tot woonhuis met gastenkamers en het badhuis is in zijn oude functie hersteld en dient nu als sanitaire voorziening voor camping (water komt van de beek). Op de zolder van het badhuis is een vierpersoons appartement.

De terrassencamping ligt in een klein, door bossen omgeven dal waar een beekje doorheen stroomt. Vrijwel alle kampeerplekken hebben een eigen niveau. De kamers zijn met vrolijke kleuren beschilderd en beschikken over een wastafel (douche en toilet zijn gemeenschappelijk met de eigenaren). Aan de achterzijde van het huis is een groot, deels overdekt terras waar zowel kampeer- als pensiongasten kunnen genieten van de kookkunsten van Ineke (van te voren opgeven). Biologische groenten komen van de buren, kaas en honing van de boer. Kinderen en volwassen mogen altijd een handje helpen bij de dagelijkse klussen. In het beekje kunnen dammetjes gebouwd worden en in de zomer vult Jos hiermee een kinderbad. In het huis zijn een piano en wat andere muziekinstrumenten aanwezig.

Vanaf de accommodatie beginnen een aantal gemarkeerde wandelroutes. Op 4 km is er een meer, kunt u paardrijden, tennissen en een verkwikkend bezoek brengen aan de eeuwenoude badhuizen van Plombières-les-Bains. In het écomusee van Fougerolles (6 km) is een kersendistilleerderij (Kirsch) te bezichtigen. Het museum van Remiremont (20 km) biedt kunst vanaf de Romeinse tijd tot heden. Door de vallei van de Combeauté loopt de Route des Calvaires langs 166 kruisbeelden. In de zomer zijn er vele festivals en dorpsfeesten en op vrijdag in Girmont-le-Val d'Ajol een avondmarkt. 's Winters kunt u hier prima langlaufen.

🏊 🍴 🚲 🛶4 🎿8 🛷4 🎣4 ⛷4
🏔4 🎿8 ❄1 🥾

🛏 2x, 🛌 6x, 1ppn € 42, 2ppn € 34 HP
⛺ T 20x, 🚐 10x, pppn € 3,50, ptpn € 2,50-4, pcpn € 4

Route

🚗 Op E23-N57 via Remiremont richting Luxeuil-les-Bains. Afslag Le Val d'Ajol (D20) nemen. In dorp borden Hotel La Residence en Hamanxard volgen (D20). Bij verlaten van Hamanxard, na klein bordje Les Mousses, eerste huis links.

🚆 Trein naar Remiremont, dan bus naar Le Val-d'Ajol. Afhalen in overleg tegen vergoeding.

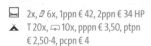

MÉLISEY

Le Moulin Begeot
Annelies van der Eijk
Les Granges Baverey,
70270 Mélisey, Haute-Saône
T 0384-92 96 60
F 0384-92 96 60
🌐 fr, nl, uk

Open: hele jaar ▲ 1 mei-30 sep 🌱 🍴
wwoof H 460m (RES) verplicht ✉ 🐕

Boerderij en omgeving

In het centrum van het waterrijke Plateau des Mille Étangs bevindt zich in een kleine vallei een uit 1765 stammende watermolen en bijbehorende boerderij. De watermolen is nog intact en er wordt hard aan gewerkt deze weer in bedrijf te stellen. Op het gemengde bedrijf worden geiten en pluimvee gehouden en er lopen ezels rond. Van de geitenmelk wordt kaas, yoghurt en ijs gemaakt. Kinderen kunnen helpen met de verzorging van de dieren, leren melken en er worden soms kaasmaakdagen georganiseerd. Regelmatig worden er wandelingen met de ezels door de natuur gemaakt. Ook is het mogelijk een ezel te huren voor een meerdaagse tocht. In het omringende bos kunnen kinderen zich uitleven en hutten bouwen.

U kunt hier kamperen of logeren in de gîte in de molen. In het winkeltje worden producten van de eigen boerderij en uit de streek verkocht. In de molen kunt u voor het ontbijt en het avondeten aan tafel aanschuiven.

In de omgeving zijn interessante uitstapjes te maken. Enkele bezienswaardigheden zijn de beroemde kapel van Le Corbusier in Ronchamp, de stad Belfort en de Ballon d'Alsace. Ook in de winter bent u welkom, de sneeuwvlaktes van de Hoge Vogezen zijn vlakbij. De molen is een prima uitvalsbasis voor wandel- en fietstochten. Maar u kunt er ook heerlijk

---

genieten van het kabbelende water onder het genot van een goed glas wijn.

🏊 🍴 🚲 🎣 🛶10 🎿 🛷 ⛷10
🏔2 ❄ 🥾

🏠 1x, 🛌 6x, Prijs op aanvraag
▲ T 10x, 🚗, Prijs op aanvraag

Route

🚗 E23/N57 van Nancy over Épinal en Remiremont naar Luxeuil-les-Bains. Hier D64 naar Lure. Voorbij Lure richting Mélisey (D486). In Mélisey de D73 richting Ecromagny. Na 2 km klein weggetje rechts inslaan tot het 3de huis.

🚆 Trein van Nancy of Épinal richting Belfort, in Lure uitstappen. Afhalen tegen vergoeding en in overleg.

ODEREN

Ferme du Bergenbach
Marlène Kapp & Jacques Simon
2A, Bergenbach, 68830 Oderen,
Haut-Rhin
T 0389-38 74 16
F 0389-38 74 16
🌐 fr, de, uk

Open: hele jaar 🌱 H 800m ♿ ✉ 🐎

Boerderij en omgeving

Deze traditionele Elzasser boerderij ligt op een hoogte van 800 m en biedt een prachtig uitzicht over het dorp Oderen en de groene vallei van Saint-Amarin waar de rivier de Thur stroomt. De biologisch-dynamische boerderij houdt, naast varkens en koeien, vooral geiten (in de bergen). De melk, zowel van de koeien als van de geiten, wordt ter plekke verwerkt tot zuivelproducten.

De gîte d'étape kan 35 tot 40 personen herbergen. Er zijn vijf kamers voor twee en meer personen, een tweepersoons studio en drie slaapzalen (zelf beddengoed en handdoeken meenemen). Gasten kunnen gebruik maken van de grote zitkamer met terras, de eethoek en de keuken. De zuivelproducten worden verwerkt in de maaltijden (in de zomermaanden hebben de eigenaren het erg druk met de boerderij en zijn maaltijden niet altijd mogelijk).

In de nabije Vogezen met bossen, beekjes, bergtoppen en boeiende flora en fauna heerst een harmonische sfeer van rust en stilte. Wandelend, fietsend, iedereen vindt zijn eigen manier om deze pracht te ontdekken. U kunt waterfietsen op een meer nabij Kruth, paard- en ezelstochten maken, parapenten, avontuurlijke boomtoppenpaden bewandelen (Kruth) en naar het waterpark in Wesserling. Op zo'n 5 km loopt de GR-531.

🛏 5x, 🛏 20x, 1pkpn € 20, 2pkpn € 25
🏠 1x, 🛏 2x, Prijs op aanvraag
🏛 🛏8x, 🛏 40x, 1ppnoz € 12

Route
🚗 Van Mulhouse N66/E512 richting Remiremont. Afslaan naar Fellering en Oderen. In het centrum van Fellering na de kerk linksaf, richting Schlifels, dan borden Ferme du Bergenbach volgen.
🚆 Trein van Straatsburg naar Mulhouse, dan naar Oderen. Afhalen mogelijk in overleg of 1 uur lopen.

ORBEY
Gîte Panda des Hautes-Huttes
Frédérique Jacquot
251, Hautes-Huttes, 68370 Orbey, Haut-Rhin
T   0389-71 28 97
F   0389-71 28 97
E   contact@hautes-huttes.com
W www.hautes-huttes.com
🗨 fr

Open: hele jaar H 900m (RES) verplicht
❌² [🛏]

Gîte en omgeving
In het hart van de Hautes-Vosges ligt deze bergboerderij uit 1920 op een hoogte van 900 m.

De vierpersoons gîte bevindt zich op de begane grond van het boerenhuis en heeft een grote woonkamer met open haard, spelletjes, een natuurontdekkingskist en slaapgelegenheid voor twee à drie personen, een tweepersoonsslaapkamer, keuken en badkamer (zelf beddengoed en handdoeken meenemen). Biologisch afbreekbare schoonmaakmiddelen staan ter beschikking van de gasten. Op een naburige boerderij worden melkproducten verkocht.

De boerderij ligt in het Parc Naturel Régional des Ballons des Vosges, met een prachtig gevarieerde natuur van bos, bergmeren (Lac Noir en Lac Blanc), akkers, heide en weiden. Vlakbij ligt het Réserve Naturelle Tanet-Gazon du Faing. U kunt het lokale erfgoed bezoeken via een wandelpad dat langs de accommodatie loopt; op 3 km ligt de GR-532. In de winter kunt u in deze omgeving schitterend langlaufen en skiën. Vissen en tennissen kunt u op 7 km afstand, zwembad op 12 km.

🛏 🚵12 🎣7 🚲7 🏔15 ❄10 🚶

🏠 1x, 🛏 4x, hpw € 280-305

Route
🚗 Vanuit Colmar via Kaysersberg naar Orbey (N415 en D48). Daar D48li en ca 1 km na Pairis naar links (D48lv) richting Col du Wettstein. Na ca 0,8 km rechtsaf naar Les Hautes-Huttes.
🚆 Trein naar Munster (15 km), bus van Colmar naar Orbey. Afhalen mogelijk op verzoek.

PLOMBIÈRES-LES-BAINS
Herberg La Balance
Margaret Reinerie & Marga de Boer
Route d'Aillevillers, 4, La Balance, 88370 Plombières-les-Bains, Vosges
T   0329-30 06 89
E   labalance@wanadoo.fr
W www.herberg la balance.com
🗨 nl, fr, de, uk

Open: hele jaar H 500m (RES) verplicht
❌²

Herberg en omgeving
Midden in de oeroude bossen van de Vogezen ligt Herberg La Balance. De herberg is gevestigd in een boerderij die door de eigenaressen geheel in de originele stijl van de Vogezen is herbouwd. La Balance beschikt over een eigen bron als watervoorziening. Op het terrein lopen vijf geiten en twee honden.

U overnacht in een van de vier tweepersoonskamers, waarvan een beschikt over eigen badkamer, de andere kamers delen douches en toiletten op de gang. Extra bedden zijn beschikbaar. U kunt ook de herberg in zijn geheel huren voor een groep. Door de bergachtige omgeving leent de plek zich uitstekend als uitvalsbasis voor het maken van mooie wandelingen en fietstochten. Bij thuiskomst kunt u 's avonds genieten van een heerlijke maaltijd in de intieme herberg. Daarvoor worden biologische groenten uit eigen tuin en streekproducten gebruikt. U kunt buiten eten op het terras omringd door de

F

bergen of binnen bij de houtkachel. Er is een kleine huiskamer met open vuur en rondom de herberg ligt een tuin. Op 15 km, in Hamanxard, verhuren de eigenaressen een geheel ingericht vakantiehuis voor max. acht personen en een appartement voor twee personen. Deze liggen op de zuidhelling omgeven door fruitbomen van de oude boomgaard.

Vanaf de herberg starten vier wandelingen en in de directe omgeving lopen nog veel meer gemarkeerde wandelroutes door bossen, open velden, langs meertjes en oude watermolens. Ook zijn er fiets- en mountainbikepaden aangelegd. Verder kunt u tennissen, paardrijden en golfen en in de winter skiën en langlaufen. In Plombièresles-Bains, een geliefde verblijfsplaats van Napoleon, kan men in de thermen genieten van de hete baden, het bubbelbad of de Hammam Romain. Ook een massage of modderbad is mogelijk. De Notre Dame du Haut-kapel in Ronchamp van Le Corbusier is een bezoek waard.

⛄ 🍽 🚣 ✈ 🎿 🏊12 🎣4 🚴13
🏹4 🐎 🚲16 🎣4 🛶2 🚣4 ✳16

🛏 4x, 🚪11x, 1ppn € 25, 2pppn € 25 B&B
🏠 2x, 🚪10x, Prijs op aanvraag
🏠 🛏4x, 🚪11x, Prijs op aanvraag

Route

🅰 Op E25 van Épinal naar Remiremont afslag Plombières-les-Bains nemen. In Plombières-les-Bains richting Ailevillers (D157bis). Na 3 km rechts een groot gebouw; 600 m verder rechtsaf een bosweg inslaan, na 60 m ziet u de herberg.

🚂 Trein naar Remiremont. Hier afhalen tegen vergoeding, of bus naar Plombières-les-Bains en dan taxi.

PLOMBIÈRES-LES-BAINS

Ferme Cornu
Annie & Claude Cornu
Route de Ruaux, Ruaux,
88370 Plombières-les-Bains, Vosges
T 0329-66 08 13
F 0329-66 08 13
🔊 fr

Open: hele jaar ♥ H 525m (RES) verplicht
✖ [🐴]

Boerderij en omgeving

De traditionele boerderij (1750) ligt op 525 m hoogte in de Vogezen. De bosrijke hoogvlakte wordt begrensd door twee riviertjes (Augronne en Semouse). Bijzonder is het dak, dat is gemaakt van lavasteen. Het kleine gemengde bedrijf verbouwt vooral verschillende soorten graan. De veestapel bestaat uit koeien, paarden, schapen, varkens, kippen en ezels. Met de ezels kunt u dagtochten en wandelingen maken. Voor de maaltijden wordt zoveel mogelijk gebruik gemaakt van biologische producten van eigen bodem, zoals melk, vlees, eieren, groenten en fruit.

U overnacht op kamers in de boerderij op basis van logies en ontbijt of in het huisje voor acht personen (zelf lakens en handdoeken meenemen). U kunt deelnemen aan het leven op de boerderij. Afhankelijk van het seizoen: het bakken van brood in de houtoven, het rooien van de aardappelen, de geboorte van lammetjes, en de oogst in de zomer.

De charme van dit gebied wordt bepaald door de talrijke authentieke plaatsen met Romeinse overblijfselen, de sprankelende watervalletjes en de aangename thermale baden, zoals in Plombières-les-Bains. De Route des Chalots leidt u langs oude graanschuren. Op elke wandeling kunt u genieten van prachtige uitzichten.

⛄ 🍽 🚣 🏊<10 🎿 🚡 🔍 🚴<10
🏹<10 🚣 🛶

🛏 5x, 🚪10x, 1pkpn € 26, 2pkpn € 37 B&B
🏠 1x, 🚪8x, hpw € 350-450

Route

🅰 Vanaf Plombières-les-Bains de D20 naar Ruaux. In Ruaux 2de boerderij aan de rechterhand.

🚂 Trein naar Remiremont (traject Épinal - Luxeuilles-Bains). Afhalen mogelijk in overleg.

SANCEY-LE-GRAND

Les Plaines
Lotti & René Müller
Ferme des Plaines,
25430 Sancey-le-Grand, Doubs
T 0381-86 31 65
M 06-745 334 07
🔊 fr, de, uk

Open: hele jaar ♥ 🚣 H 600m ✖ [🐴]

Boerderij en omgeving

Les Plaines is een biologisch veeteeltbedrijf dat ligt op 600 m hoogte te midden van glooiende weilanden en bossen. De natuurstenen boerderij uit 1781 is 70 jaar onbewoond geweest en vanaf 1982 steen voor steen weer opgebouwd. Het 30 ha grote bedrijf bestaat uit weilanden en graanvelden en er worden melkkoeien, ezels, schapen, bijen en nog wat kleine boerderijdieren gehouden.

U overnacht in een van de vier appartementen (oa Galerie, Moulin en Rustico, gelieve hier niet te roken) of in een van de twee huisjes (Chêne, zes personen en Bergerie, vier personen). Ook is er een groepsverblijf vanaf 15 tot 20 personen. Voor alle onderkomens geldt uw eigen beddengoed meenemen. Voor het groepsverblijf ook een slaapzak. De boerderij heeft een eigen waterzuiveringssysteem, daarom wordt u vriendelijk verzocht eco-zeep en shampoo te gebruiken. Voor kinderen is er een speelterrein en elke dinsdag kunnen er ezelstochtjes van een uur gemaakt worden. Met de biologische producten van de boerderij en van naburige biologische boerderijen kunt u een heerlijke maaltijd bereiden. Als u dit van te voren overlegt dan kunt u meehelpen op de boerderij tegen kost en inwoning.

In dit nog vrij onbewoonde gedeelte van de Jura kunt u mooie wandel- en fietstochten maken. Op 20 minuten rijden stroomt de Dessoubre, een klein bergriviertje, door een nog ongerepte en romantische vallei. Hier kunt u heerlijk zwemmen. U kunt kanoën en kajakken in de Doubs, grotten bezoeken en 's winters langlaufen. Besançon, Montbéliard en Belfort zijn mooie dagtochtbestemmingen.

🛶 ⛺ ⛳ 🔍5 ✂20 🏕15

🏠 6x, 🛏 32x, hpw € 128-171-213-350
🎰 🛏4x, 🛏 20x, Prijs op aanvraag

Route

🚗 Van Montbéliard richting Besançon (A36/E60). Afrit 6 L'Isle-sur-le-Doubs en over Glainans naar Sancey-le-Grand (D31). In centrum bij postkantoor (La Poste) naar links (bordje 'gendarmerie' volgen) tot bordje Etard en Les Plaines, hier rechtdoor tot boerderij.

🚆 Trein tot L'Isle-sur-Doubs. Afhalen tegen vergoeding (€ 15).

SOMMANT

Maison La Clochette
Roelien Hamming & Arie Adams
La Mazière, 71540 Sommant,
Saône-et-Loire

T 0385-82 63 12
E laclochette@gmail.com
W www.travel.to/clochette
💬 fr, nl, uk, de

Open: 1 apr-1 nov ⓡⒺⓢ verplicht

Huis en omgeving

Vlakbij Sommant in het Parc Naturel Régional Du Morvan ligt Maison La Clochette, een oude langgevelboerderij uit 1890. Op de begane grond zijn twee tweepersoons slaapkamers met eigen badkamer en toilet, en is er een aparte eet- en zitkamer voor de gasten. Alle kamers hebben openslaande deuren naar een privé terras met prachtig uitzicht op de heuvels en het dorpje Sommant. De gasten beschikken

over een eigen entree en parkeergelegenheid. Rondom het huis is een grote tuin, waar u altijd wel een plekje kunt vinden om te genieten van de stilte en de prachtige natuur. Een uitgebreid ontbijt is altijd bij de prijs inbegrepen. Voor de lunch en het diner kunt u kiezen uit lokale en regionale specialiteiten.

De Morvan behoort tot de mooiste en meest afwisselende streken van Frankrijk. In het Parc Naturel Régional du Morvan liggen een aantal meren die voor verkoeling kunnen zorgen (Lac de Pannecière, Lac des Settons en Lac de Saint-Agnan). De Bourgogne kent een rijke historie, waarvan nog tal van oude steden en monumenten getuigen. De streek is beroemd om zijn prachtige wijnen, die hier op veelal eeuwenoude kastelen en landgoederen worden geproduceerd. U kunt een bezoek brengen aan Dijon met zijn vele oude huizen, hofjes en musea, Autun (Saint-Lazare kathedraal), Saulieu (Saint-Andoche basiliek), Pommard (wijndorp), of aan de opgravingen van de Keltische stad Bibracte.

🛈 🛶 🏊4 🎣14 🚣14 🎣1 🏊14
🏊14 🚴30 🏕3 🥾

🛏 2x, 🛏 4x, 2pkpn € 45 B&B

Route

🚗 Vanaf Autun richting Château-Chinon (D978). Ca 5 km buiten Autun, in La Comaille, rechts richting Sommant (D132). Bij Sommant rechts richting Reclesne (D278). Na 2 km gaat u het riviertje Ternin over. Na 1,5 km links richting Maizière. Volg weg tot La Clochette (klok aan voorgevel).

🚆 TGV naar Le Creusot, dan bus naar Autun. Afhalen op afspraak.

SONDERNACH

Propriété im Berg
Monique & Eugene Marquenie
Lieu-dit Im Berg,
68380 Sondernach, Haut-Rhin

T 0389-77 75 15
M 06-085 419 24
W www.imberg.nl
💬 nl, fr

Open: hele jaar 🏔 1 apr-1 nov H 850m
Ⓡ [🐎]

Landgoed en omgeving

Schitterend gelegen en met een prachtig uitzicht op de bergketen van Le Petit Ballon heeft de Propriété Im Berg zich een plek verworven in het Parc Naturel Régional des Ballons des Vosges. De levende have bestaat uit poezen, honden en IJslandse pony's. Het terrein is terrasvormig aangelegd en bestaat uit bosgrond en grasland. De ligging is zeer fraai en rustig. Water en hout voor het verwarmen van de gîte komen van eigen grond en elektriciteit wordt ter plekke opgewekt. Eigenaren Eugène en Monique en hun kinderen wonen hier het hele jaar.

U verblijft op de camping of in de gîte (zelf beddengoed meenemen). Het sanitair is eenvoudig. Niet bereikbaar voor campers en caravans. Het landgoed is één groot natuurlijk speelterrein voor de kinderen. Er zijn onder meer een kampvuurplaats en een boshut.

In de directe omgeving zijn veel wandelen fietsroutes uitgezet. De GR-5 loopt op 11 km afstand en la Route des Crêtes, een wandeltocht over bekende bergtoppen, is een aanrader. Ook voor de mountainbike zijn er genoeg mogelijkheden. Verder zijn er bergmeertjes in de omgeving waarin je kunt zwemmen. Zeilen en surfen is daar ook mogelijk. In de winter kun je op 3 km afstand skiën en langlaufen.

⛳ 🏊10 🎣10 🚣10 🔍10 ✂ 🏊
🏊10 🏕5 ❄3 🥾

🏠 1x, 🛏 6x, hpw € 240
⛺ T 12x, 🚐, pppn € 6

Route

🚗 Vanaf Colmar naar Munster (D417). Vervolgens naar Sondernach (D10). Omhoog richting Schnepfenried. Na 3,5 km (in scherpe bocht die naar links afbuigt) rechtdoor rijden een bospad op naar de camping.

🚆 Trein Colmar (traject Nederland - Basel), hier overstappen voor Metzeral. Dan bus naar Sondernach.

F

THANNENKIRCH

La Sapinière
Geneviève & Jean-Marie Stoeckel
21, Route du Haut-Koenigsbourg,
68590 Thannenkirch, Haut-Rhin

- T 0389-73 13 13
- F 0389-73 13 23
- E stoeckel@wanadoo.fr
  infos@villalasapiniere.com
- W www.villalasapiniere.com/
  index.htm.fr
- fr, de, uk

Open: hele jaar H 500m (RES) verplicht

Familiehuis en omgeving

De familie Stoeckel heeft het oude familie-huis uit 1930 volgens de streektraditie en met behulp van ecologische bouwmateri-alen teruggebracht naar zijn oorspronke-lijke staat en het resultaat mag er zijn. Het huis ligt op 500 m hoogte, onder toeziend oog van de magische Taennchelberg. De tuin is beschikbaar voor de gasten en van-uit de observatiehut in de tuin kunt u veel vogels, herten, vossen en, met een beetje geluk, nog ander wild bekijken. Er is een stal met Gâtinaise-kippen, een biologi-sche groentetuin en er staan veel oude fruitboomrassen. Voor de gasten is er een bibliotheek met veel boeken over de na-tuur. Jean-Marie is een echte kenner van de streek en van streekproducten. Vraagt u hem vooral om wetenswaardigheden en tips over wijnen, ooit is hij uitgeroepen tot beste sommelier van Frankrijk!
In het huis is een grote vierpersoons gîte en een kleinere voor twee personen. Bui-ten het seizoen kunt u deze ook huren als kamer, op basis van logies en ontbijt (minimum verblijf van twee nachten). Het ontbijt krijgt u op uw kamer geser-veerd met allerlei verse producten uit de biologische tuin.
U kunt in de omgeving heerlijk wande-

len. De bossen hier herbergen rotspar-tijen waarvan verteld wordt dat ze ener-gie geven. Probeert u het eens rustig uit! De GR-5 loopt vlak voor het huis langs. Verder kunt u een bezoek brengen aan de typische Elzasser wijnplaatsjes Berg-heim, Ribeauvillé, Hunawihr, Riquewihr en Kaysersberg. Ook zijn er mijnen, wijn-kelders en kastelen te bezoeken. Voor theater- en bioscoopbezoek kunt u naar Ribeauvillé (10 km), voor musea naar Col-mar (20 km).

 10 10 7 10 10 15

 2x, 4x, 2pkpn € 65 B&B
 2x, 6x, hpw € 250-500

Route

 Op A35/E25 bij Sélestat afslag 17 en via Châtenois naar Saint-Hyppolyte (D35 en D1b). Vanaf hier twee opties. Via D1b1 richting Haut-Koeningsbourg dan D42 en Thannenkirch binnenrijden, La Sapinière ligt direct rechts. Of D1b naar Bergheim, dan D42 naar Thannenkirch, dorp doorrijden en letten op borden La Sapinière. La Sapinière ligt nu links.
 Trein naar Sélestat, dan bus naar Thannenkirch. Of bus van Colmar naar Thannenkirch. Afhalen na afspraak.

THEY-SOUS-MONTFORT

Camping Les Mirabelles
Janny Roeper & Hemke Veenstra
26, Impasse de l'Église,
88800 They-sous-Montfort, Vosges

- T 0329-08 29 56 (0512-84 06 27 in NL)
- E lesmirabelles@chello.nl
- W http://lesmirabelles.nl
- nl, uk, fr, de

Open: 1 mei-31 sep H 420m

Camping en omgeving

Op 4 km afstand van het oude kuuroord Vittel ligt camping Les Mirabelles. Hoewel

niet ver van de bewoonde wereld, krijgt u toch een landelijk gevoel temidden van de fruitbomen en de grazende koeien rond de camping.
U kunt uw tent of caravan onder de mira-bellenbomen (pruimen) plaatsen of uw intrek nemen in een van de vier vierper-soons châlets, uitgerust met een ingericht keukentje met kookplaat en koelkast, een tweepersoons- en een stapelbed (lakens meenemen of huren). Het pas vernieuw-de sanitair kan zowel voor gasten die in de châlets verblijven als voor kampeerders. Een aantal toiletten en een douche zijn aangepast voor rolstoelgebruikers. Er is een kleine gemeenschappelijke ruimte met spelletjes en foldermateriaal over de omgeving. In het hoogseizoen kunt u op maandag- en dinsdagavond op de camping eten, op verzoek vegetarisch. Mi-rabellenjam en geconfijturde mirabellen zijn te koop, het fruit dat op de grond is gevallen mag u zo opeten. In Vittel is een biologische winkel.
Vanaf de camping kunt u heerlijk wande-len op een van de uitgezette wandelrou-tes. Ook fietsen is hier vanwege het vlakke land prima te doen. De stad Vittel is met zijn rijke watergeschiedenis een bezoek waard. In Contrexéville is een zwembad in het meer gebouwd en in het Parc de Forêt (4 km) kan er tussen bomen geklommen worden. Ook een excursie naar de geiten-boerderij, het maïsdoolhof of naar een snoepjesfabriek, waar ze uitsluitend met natuurlijke ingrediënten werken, behoren tot de mogelijkheden. In de zomer zijn er openluchtconcerten en op zaterdag is er een markt met biologische producten.

 12 12 4 4 12 4
 4 4

 , pppn € 6,25

Route

 Op A31/E21 afslag 9 Bulgnéville en via Contrexé-ville naar Vittel. Richting camping Vittel Municipal en dan naar They-sous-Monfort (D68). De camping wordt hier aangegeven met gele borden.
 Trein naar Vittel. Afhalen in overleg (gratis) of taxi nemen.

TROIS-ÉPIS

La Villa Rosa
Anne Rose Denis
4, rue Thierry Schoeré,
68410 Trois-Épis, Haut-Rhin
T 0389-49 81 19
F 0389-78 90 45
M 06-732 851 42
E ar@villarosa.fr
W www.villarosa.fr
🚩 fr, uk, de

Open: 15 feb-3 jan H 750m ⓇⒺⓈ verplicht
✕

Hotel en omgeving

Villa Rosa is een romantisch familiehotel, gelegen op een hoogte van 650 m. Het hotel is aangesloten bij 'Hôtels au Naturel', dat staat voor een duurzaam beheer van hotels in een natuurlijke omgeving. Het ligt midden in het Parc Naturel Régional des Ballons des Vosges. De naam verklapt al dat de eigenaresse een rozenliefhebber is. Als voorzitter van een organisatie voor tuin- en plantenliefhebbers organiseert zij excursies, lezingen en workshops binnen en buiten haar eigen tuin, waar naast rozen heel veel andere mooie planten en bloemen te bewonderen zijn. Anne Rose Denis ontvangt haar gasten in een sfeer waar genieten voorop staat, maar waar een bewust gedrag ten opzichte van de natuur een voorwaarde is. Zo gebruikt zij veel biologische en goede streekproducten in de keuken, zijn er in de tuin duurzame materialen gebruikt en wordt het afval gescheiden.

U logeert in een karakteristieke twee- of vierpersoonskamer, of in een gîte voor drie personen. Inbegrepen is een heerlijk biologisch ontbijtbuffet, met veel producten uit eigen moestuin. Op verzoek wordt ook een warme maaltijd van het seizoen geserveerd. U kunt gebruik maken van de sauna. In de tuin is ook een zwembad

dat verwarmd wordt met zonnepanelen. Het hele jaar door kunt u speciale arrangementen boeken.

In het natuurpark kunt u van de fraaie uitzichten genieten. Er kan uitgebreid gewandeld worden; fietsen is wat zwaarder. Als gediplomeerd natuurgids voor het gebied kan de eigenaresse u veel adviezen geven over routes en bezienswaardigheden in de omgeving. Met het ezeltje Rosane kunnen korte en lange tochten door het park gemaakt worden.

🛏 8x, 🛌 16x, 2pkpn € 56-62
🏠 1x, 🛌 3x, hpw € 381

Route

🚗 Van Colmar de D11 richting Turckheim en Trois-Épis volgen. U moet zijn bij het 3de huis in het dorp.
🚆 Trein naar Colmar, dan bus lijn 15, uitstappen bij halte Trois-Épis bas.

VECOUX

Ferme de Reherrey
Pascale & Jean-Paul Miclo
81, Reherrey, 88200 Vecoux, Vosges
T 0329-61 06 25
F 0329-61 03 95
🚩 fr, de

ECO CERT AB

Open: hele jaar🏔 1 mrt-30 nov ❦ H 500m Ⓡ

Boerderij en omgeving

De traditionele boerderij, met gebouwen uit 1704 en 1719, ligt op 500 m hoogte in een klein dal in het gehucht Reherrey. Er loopt maar één verharde weg heen, dus bent u verzekerd van rust. In het hoogseizoen moet u deze rust wel delen met anderen die dit mooie plekje ontdekt hebben. Er zijn melkkoeien van het Vosgien-

ne-ras die overdag een paar hectare land begrazen, Hongaarse wolvarkens (Mangalica's), kippen en konijnen. De biologische boerderij heeft het Ecocert- en nog enkele regionale keurmerken.

De camping ligt naast een bedrijfsgebouw in een boomgaard aan een beekje. Het sanitair is erg eenvoudig. Er zijn twee tweepersoonskamers (logies en ontbijt) en twee gîtes, voor vijf en elf personen. Er zijn vleesproducten, melk en sla te koop. Op vier maandagen in de maanden juli en augustus organiseren de eigenaren een marché biologique.

Helemaal ontspannen kunt u zich in de warmwaterbron (21 °C) op 800 m van de boerderij. Ook zijn er genoeg wandelpaden, zoals in het Parc des Ballons des Vosges en de GR-7 die langs de boerderij loopt. Als u de natuur eens vanuit de lucht wilt zien en avontuurlijk bent ingesteld, dan kunt u hier parapenten. Met een vergrote parachute zweeft u geruisloos als een vogel door de lucht. Langs het vroegere spoor naar Remiremont is een fietspad aangelegd.

🛁 🛌 🏊10 🚆8 🔍10 🚴10 🪂10

🛏 1x, 🛌 2x, 2pkpn € 31 B&B
🏠 2x, 🛌 16x, hpw € 230-480
⛺ pppn € 2,50 ptpn € 2 pcpn € 3

Route

🚗 Vanuit Épinal via Remiremont (E23/N57) en Vecoux richting Reherrey. In het centrum van Vecoux staat de boerderij met bordjes aangegeven (nog ca 3 km).
🚆 Trein naar Remiremont (8 km), dan bus naar Vecoux (3 km), gratis afhalen van busstation.

F

AMÉLIE-LES-BAINS

Mas de la Fargassa
Madhu Elvin & Jeroen Duijndam
Montalba, 66110 Amélie-les-Bains,
Pyrénées-Orientales
T 0468-39 01 15
F 0468-39 01 15
E jeroen.duijndam@libertysurf.fr
W www.fargassa.com
nl, fr, uk, de

Open: hele jaar 15 mei-30 sep H
600m (RES) verplicht

Boerderij en omgeving

Ezelboerderij La Fargassa ligt op 600 m
hoogte in de meest zuidelijke vallei van de
oostelijke Pyreneeën, bijna op de Spaanse
grens. Het kleinschalige biologische fruit-
teeltbedrijf zetelt in een eeuwenoude
smederij, la farga in het Catalaans.
U kunt verblijven in een compleet ingerichte De Waardtent, caravan, chalet of
in een van de twee gîtes in het huis (twee
tot acht pers). Kamperen met eigen tent
is mogelijk behalve in de maanden juli
en augustus. Om teleurstellingen en
omrijden te voorkomen altijd eerst even
bellen of er plek is! Honden zijn niet toegestaan op het terrein.
Ook kunt u verblijven op kamers op basis
van logies en ontbijt. 's Avonds kunt u
aanschuiven voor een vegetarische maaltijd. Er is een winkeltje met biologische
groenten, fruit en brood en enkele andere basisproducten (niet biologisch). U
wordt vriendelijk verzocht om biologisch
afbreekbare zeep en wasmiddelen te gebruiken. Kinderen kunnen zich vermaken
met de (Catalaanse) ezels, de paarden,
hutten bouwen of zwemmen en dammen aanleggen in de rivier, die vlak langs
het huis loopt. De bergen zijn doorkruist
met muilezelpaden, die u kunt lopen
met behulp van deze lastdieren. Op de
Spaanse grens organiseert Mas de La

Fargassa wandelingen met een gids en
ponytrekking.
Na een uurtje rijden staat u aan de
Middellandse Zee, met naar het zuiden
de Côte Vermeille, met schilderachtige
kleine vissersdorpjes. Naar het noorden
vindt u uitgestrekte zandstranden. Dit
grensgebied is bekend om zijn rijke hoeveelheid kloosters en kapellen in de Romaanse bouwstijl en om de vele forten,
kastelen en vestingdorpen.

3x, 6x, Prijs op aanvraag
2x, 10x, Prijs op aanvraag
T 6x, 2x, , pppn € 7,50

Route
Op de A9 van Perpignan richting Barcelona bij
Le Boulou de D115 naar Céret en Amélie-les-Bains.
Bij bordje einde Amélie-les-Bains (tegenover groot
parkeerterrein) linksaf D53 richting Montalba en
Mas Pagris. Na 300 m rechts aanhouden (blauw
bordje: rte de l'église de Montalba). Na 4 km op
splitsing, rechts aanhouden naar Mas Pagris (3
km). Hier doorheen rijden en nà de brug de weg
nog 2 km volgen. Bij brievenbus van Mas de la Fargassa naar beneden tot boerderij.
Trein naar Perpignan, dan bus naar Amélie-les-
Bains. Hier na overleg afhalen.

AUZITS

Chambre d'Hôte Verte Vallée
Anne-Marie & Jean-Marie Delcamp
Lestrunie, 12390 Auzits, Aveyron
T 0565-63 11 40
fr

Open: hele jaar H 450m

Boerderij en omgeving

De typische streekboerderij ligt op 450
m hoogte. Dit gemengde bedrijf (30 ha)
produceert op biologische wijze graan
en vlees. Het vlees is afkomstig van Limousin-koeien, die er al jarenlang gefokt
worden. De bewoners werken volgens de
regels van Ecocert. De boerderij ligt midden tussen weiden en bos en kijkt uit over
het groene dal. Uitgebreide informatie
over de streek en wandeltochten zijn beschikbaar.

U overnacht in de boerderij op basis van
logies en ontbijt (twee kamers voor vier à
vijf personen).
In deze uitgestrekte agrarische regio zijn
vele, kleine melkveehouderijen te vinden.
In de buurt ligt de oude mijnwerkersplaats
Decazeville (20 km). De heuvelachtige
streek staat niet alleen bekend om de mijnen, maar ook om de thermale bronnen.
De dichtstbijzijnde zijn in Cransac (7 km),
Decazeville (20 km), Conques (25 km), Villefranche-de-Rouergue (30 km) en Rodez
(40 km). De GR-6 en GR-65 lopen op 6 km.

<10

2x, 8x, 2pkpn € 35 B&B

Route
Van Rodez de D994 naar Rignac. 2 km de D994
blijven volgen naar Roussenac, dan D525 richting
Rulhe. 2 km voor Rulhe rechtsaf naar Lestrunie.
Trein naar Cransac (7 km).

AZÉ

Ferme de Gorgeat
Nadège & Michel Boulai
Gorgeat, 41100 Azé, Cher
T 0254-72 04 16
F 0254-72 04 94
E michel.boulai@wanadoo.fr
W http://perso.wanadoo.fr/gorgeat
fr, uk

Open: hele jaar (RES) verplicht

Boerderij en omgeving

De gerestaureerde boerderij dateert uit de 19de eeuw. Sinds 1985 worden er verschillende granen verbouwd, maar de voornaamste activiteit is het houden van varkens. Deze lopen vrij rond op het land. Wat kippen, schapen en een hond vullen de dierenfamilie op Gorgeat aan. Als u wilt kunt u meehelpen met het verzorgen en voeren van de dieren.

U overnacht in één van de kamers (vier tweepersoons- en twee vierpersoonskamers met eigen sanitaire voorzieningen) en u kunt terecht in de gîte (vijf tot zeven personen). Heerlijke maaltijden met producten van de boerderij worden voor u bereid. Er is tevens een keuken beschikbaar. Bij de boerderij is een tennisbaan, zwembad, visvijver en een winkeltje met biologische producten van de boerderij. Mogelijkheid tot hydromassages en massages met etherische oliën.

Het glooiende landschap bestaat uit bos, waterstroompjes, weiden en akkers. In dit gebied kunt u prima wandelen, fietsen en paardrijden. Ook het Maison de Ronsard (Franse dichter), verschillende botanische tuinen en de diverse Loire-kastelen zijn een bezoek waard.

🏵 ⚓ 🛶 🎿 🛏 ⛵ ◎4 ≋6
≋6 ⤳4 🏊4 🏹1,5

🛏 6x, 🛏 15x, 1pkpn € 40, 2pkpn € 49 B&B
🏠 1x, 🛏 7x, hpw € 420

Route

🚗 Verlaat de N10 ca 15 km na Cloyes, richting Le Mans (N157). Na 12 km, in Danzé, linksaf richting Azé (D24). In Azé, net voor de kerk, linksaf, nog 1,5 km tot de boerderij.
🚉 Trein: TGV-station Villiers-sur-Loir of SNCF-station Vendôme-Ville, daarna taxi of gratis afhalen.

BOULE-D'AMONT

Le Troubadour
Liedeke van Leeuwen & Sam Garrett
Plaça Sant Sadurni,
66130 Boule-d'Amont,
Pyrénées-Orientales

T 0468-84 76 10 (020-616 58 06 in NL)
E s.garrett@tip.nl
W www.letroubadour.info
💬 nl, uk, fr, de

Open: 25 apr-1 okt RES verplicht ✕ 🐴

Herberg en omgeving

Vijf jaar geleden belandden Liedeke en Sam na een bergwandeling in de dorpsherberg van Boule-d'Amont (26 inwoners) in de Pyrénées Orientales. De herberg, die al sinds 1782 als zodanig in gebruik is, stond te koop en inmiddels kunnen Liedeke en Sam zich alweer enkele jaren de trotse eigenaren van deze oude Frans-Catalaanse herberg noemen. Tijdens dorpsfeesten speelt de herberg, als plaats van tradities en rituelen, nog steeds een belangrijke rol. Voor gasten, met name bergwandelaars, is het een heerlijke plek om te genieten van rust en een prachtige omgeving. Liedeke is kok en kookt voor de gasten met de biologische groenten uit de tuin van Sam. Water komt uit een natuurlijke bron.

De herberg telt vier tweepersoonskamers (extra bedden mogelijk). De natuurstenen gîtes, die naast de herberg liggen, zijn elk geschikt voor twee tot drie personen en kunnen ook samengetrokken worden. Beide hebben een eenvoudig keukentje (de grotere gîte is uitgerust met luxe keukenapparatuur).

Op het terrein is een klein zwembad op een plateau tussen de bergen. Langs de herberg stroomt een rivier waarin u kunt zwemmen, 20 km verderop is een meer. Vanuit en vlak langs de herberg lopen verschillende wandelroutes door dit boeiende Katharenland, waaronder de route naar Santiago de Compostela, de GR-10 en GR-36. Er is veel wild te zien. Fietsen op de steile hellingen is voor liefhebbers (twee mountainbikes te huur op Le Troubadour. U kunt Romaanse kerken en kloosters bezichtigen, vergeet de kerk van Boule-d'Amont zelf niet. In Céret, het stadje waar Picasso heeft gewoond, is een museum voor moderne kunst, het Dalí-museum vindt u in Figueres (Spanje).

🏵 🍴 🛶 🚴 🛏 ≋35 ◎20 🎣7
🏊20 ≋31

🛏 4x, 🛏 8x, 2pkpn € 40 B&B
🏠 2x, 🛏 4x, hpw € 275-325

Route

🚗 Van Perpignan N116 westwaarts (richting Prades/Andorra La Vella). Voorbij Ille-sur-Têt, op rotonde bij Bouleternère, links Bouleternère in. Dan D618 naar Boule-d'Amont. Parkeren op de parkeerplaats aan begin van het dorp. Trap omhoog tot dorpsplein huis tegenover u is Le Troubadour.
🚉 Trein naar Ille-sur-Têt. Afhalen op afspraak.

BRANDONNET

Les Volets Bleus
Lysiane & Claude Constans
Brandonnedel,
12350 Brandonnet, Aveyron

T 0565-29 35 43
F 0565-29 35 43
E lysiane.constans@club-internet.fr
W www.lafermedesvoletsbleus.com
💬 fr

Open: hele jaar ♥ H 550m RES verplicht ✕ 🐴

Boerderij en omgeving

In 2004 zijn de eigenaren gestart met een klein biologisch boerenbedrijf (in omschakeling naar bio-dynamisch) en een ecologisch pension. Lysiane en Claude streven een zo milieuvriendelijk mogelijke manier van leven na en hopen in die geest ook hun gasten te ontvangen. De centrale verwarming werkt op houtsnippers, op de camping wordt het water met zonne-energie verwarmd en de trekker loopt op zonnebloemolie. Op de boerderij zijn melkkoeien, schapen, varkens, gevogelte, konijnen, ezels en een merrie.

U kampeert tussen de appelbomen. Voor het nieuwe sanitair zijn veel gerecyclede materialen gebruikt. De gîte is geschikt voor twee tot vier personen en in het huis zijn twee ruime gastenkamers, die op basis van logies en ontbijt worden verhuurd. Het ontbijt en de avondmaaltijd (van te voren opgeven, vegetarisch is mogelijk) zijn volledig biologisch. Aan huis zijn groenten, fruit, honing, jam en olie te koop. Overdag kunt u gebruikmaken van de woonkamer, waar een imposante hoedenverzameling de reislustigheid van de eigenaren verraadt. U kunt meehelpen in de tuin en bij de verzorging van de dieren.

Vanaf de boerderij is het mogelijk een ezeltochtje te maken. Ook kunt u hier heerlijk wandelen en oude dorpjes bezoeken, de GR-62B loopt vlak langs Brandonnedel. Zwemmen, kanoën, kastelen- en museabezoek behoren allemaal tot de mogelijkheden. U kunt de l'Aubrac en de vallei van de Lot en de Aveyron ontdekken, eventueel per fiets. In Villefranche-de-Rouergue is op donderdagochtend markt en voor thermale baden kunt u in Cransac terecht.

🧺 🍲 🛏 🏊5 🎣10 🐟1 ⤢5 ⛰1 🏊25 🏖

🛏 2x, 🛏 8x, 2pkpn € 38 B&B
🏠 1x, 🛏 4x, hpw € 350
⛺ T 5x, 🚐 1x, pppn € 4,50

Route
🔺 Op D1 tussen Rodez en Villefranche-de Rouergue in centrum van Lanuéjouls richting Privezac en meteen weer rechts D614 richting Brandonnet. Ca 0,8 km na bord met Tarenqui, links richting Antigues. Na ca 0,7 km rechts richting Brandonnet en meteen links naar Brandonnedel (bordjes Les Volets Bleus).
🚂 Trein tot Villefranche-de-Rouergue. Dan bus naar Lanuéjouls. Afhalen in overleg van station of bushalte.

BRANDONNET
La Roulotte du Forgeron
Chantal Konijn & Joris Beukeboom
Le Puech, 12350 Brandonnet, Aveyron
T   0565-29 35 36
M   06-332 630 77
E   roulotte.forgeron@wanadoo.fr
🗨 fr, nl, uk, de

Open: 15 mei-15 sep H 450m ® ✂️ 🐎

Camping en omgeving

La Roulotte du Forgeron (de woonwagen van de smid) is de voormalige woon- en werkomgeving van twee Franse broers die het complex inclusief de met museumstukken ingerichte timmerwerkplaats en smidse aan Chantal, Joris en hun kinderen hebben overgedaan. Chantal is timmervrouw en Joris ijzersmid, wat blijkt uit de vele ijzer- en houthandwerk op het terrein. De camping waar ook een woonwagen (twee personen) op staat, ligt aan de westkant van de boerderij tussen weilanden en de bossen. De volledig ingerichte gîte (6 personen) ligt aan de oostkant van de boerderij en heeft een eigen ingang, terras en tuin. In overleg is de gîte voor langere periodes ook buiten het aangegeven seizoen te huur.

Koeiengeloei, kikkergeluk of een zeldzame tractor onderbreken soms even de rust. Voor de kinderen is er veel ruimte; ze kunnen schommelen, spelen in de zandbak en zelfs hutten bouwen. Voor de kleine kinderen is er een waterbadje beschikbaar. Door het bos (2 km) kan de rivier l'Aveyron bereikt worden, dit is door het hoogteverschil een pittige maar zeker mooie wandeling. Iets verder is een Romeinse brug (Pont du Cayla, 3 km) waar ook gezwommen kan worden. De wandelroute GR-62B is op 4,5 km. Op de camping zijn duidelijke routebeschrijvingen voor de grote en kleine wandelaars. In de omgeving zijn kasteeldorpen, boerenmarkten, een prehistorisch dorp, een speeltuin, klimwand, dierentuin en paardrijmogelijkheden. Kortom, u mag maar hoeft niet stil te zitten.

🧺 🚲 🌸 🏊4 🎣12 ⤢2,5 ⛰2,5 🏊3 ⛰3 🏖

🏠 1x, 🛏 6x, hpw € 350
⛺ T 5x, 🚐 🏖, pppn € 3, ptpn € 6

Route
🔺 Rondweg om binnenstad Villefranche nemen en afslaan bij Rodez/Décazeville, 200 m volgen, dan rechts richting Brandonnet, over water, onder spoor, en links de D47 richting Brandonnet nemen. Na 12,5 km klimmen en kronkelen links afslaan naar de camping.
🚂 Trein tot Villefranche-de-Rouergue. Dan taxi of in overleg ophalen.

BRASC
Albugue
Yvonne & Michel Bodt
12550 Brasc, Aveyron
T   0565-99 73 22
E   info@albugue.com
W   www.albugue.com
🗨 fr, nl, uk, de

Open: hele jaar 🏖 (RES) verplicht 🐎

Binnenplaats en omgeving

In de prachtige omgeving van het Parc Naturel Régional des Grands Causses ligt Albugue, vijf natuurstenen huizen uit de 16de eeuw rond twee romantische binnenplaatsen. In dit heuvelachtige natuurgebied hebben Michel en Yvonne Bodt al vele jaren een camping en verhuren zij gîtes. Ze proberen het geheel zoveel mogelijk te restaureren in de oorspronkelijke staat en hierbij gebruik te maken van natuurlijke materialen. Ook houden ze oude schaperassen (o.a. Bizet-schaap), kippen en bijen.

Op de camping staan drie huurtenten, net als de overige 13 tentplaatsen op rustige plekken in de bossen en weilanden. Vanaf de meeste plaatsen heeft u een mooi uitzicht over de vallei. Er is een koelkast voor de kampeerders en een wasmachine. De drie gîtes, waarvan twee recentelijk gerenoveerd, zijn geschikt voor vier, vijf en negen personen en hebben allemaal een eigen terras. In het voor- en naseizoen worden de gîtes ook wel gebruikt als gastenkamers, groepen kunnen in deze periode alle ruimtes tegelijk huren en daarbij eventueel gebruik maken van een ruim atelier.Voor de kinderen zijn er schommels, een grote zandbak en pingpongtafels. Iedere dag wordt er vers biologisch brood gebakken, aangevuld met croissantjes van de bakker. Eigengemaakte jam, honing, eieren en groenten uit de tuin zijn te koop. In de zomer wordt een keer per week een activiteit gorganiseerd zoals broodbakken, een tafeltennistoernooi of een gezamenlijke maaltijd.

Op het terrein zelf is een meertje. Er is een groter zwemmeer, ook geschikt voor kleintjes, op 4 km van de accommodatie. Vanaf Albugue zijn er negen wandelroutes uitgezet. U kunt ezeltochtjes maken (4 km) en de vele oude kastelen en middeleeuwse dorpen in de omgeving bezoeken. In Albi is het museum van Toulouse-Lautrec.

⌂ 3x, 🛏 20x, hpw € 395-695
⛺ T 15x, 🚗 ♨, pppn € 3,90, ptpn € 3,90

Route

🅰 A75 van Clermont-Ferrand tot Millau. Dan D999 over Saint-Affrique tot ca 2 km voorbij Saint-Sernin-sur-Rance. Hier D33 tot 2 km na Plaisance. Links naar Solages (D555). Midden in dorp naar rechts en omhoog D555 blijven volgen. Van hieraf 5de afslag naar rechts.
🚂 Trein naar Albi (50 km). Afhalen mogelijk.

BUXIÈRES-SOUS-MONTAIGUT

Sans Parure
Marian Bart & Arno van Haren
Les Beauffes,
63700 Buxières-sous-Montaigut,
Puy-de-Dôme
T 0473-52 09 02
F 0473-52 08 24
E sansparure@wanadoo.fr
W www.sansparure.info
💬 uk, de, nl, fr

Open: 1 apr-31 okt ⛺ 1 mei-1 okt 🍴 H 550m ⓇⒺⓈ verplicht 🍽 🐕

Boerderij en omgeving

Sans Parure ligt in de prachtige en heuvelachtige omgeving van Les Combrailles, op loopafstand van het dorpje Buxières-sous-Montaigut. Naast een grote biologische moestuin is er een kleine veestapel die bestaat uit schapen, paarden, kippen en konijnen. Rust en ruimte, veel kan maar niets hoeft, zijn de uitgangspunten bij een verblijf op deze accommodatie. U kunt hier kamperen met tent, logeren in een van de twee tweepersoonskamers met eigen badkamer of een gîte huren (drie tot vier personen).

Op Sans Parure kunt u op het terras heerlijk genieten van een boek of glas wijn, er is een recreatieruimte, of u trekt de omgeving in. Onbijt en diner zijn verkrijgbaar op aanvraag. Nieuw is de formule 'table d'hôte de luxe', waarbij u op basis van halfpension in het vakantiehuis kunt verblijven.

Hoewel de regio niet toeristisch is, is er voldoende te beleven. U kunt gaan wandelen, fietsen (er worden fietsen verhuurd), vissen, zwemmen, kanoën (Gorges de la Sioule), of paardrijden. Bovendien is er vooral 's zomers een keur aan activiteiten als rommelmarkten, festivals en jeu de boules wedstrijden en zijn er in de omgeving verschillende musea, kastelen,

middeleeuwse stadjes (Hérisson en Souvigny), kerkjes en de romaanse brug Pont Menat te vinden. Het Viaduc de Fades en de steden Montluçon, Riom, Vichy of het wat verder gelegen Clermont-Ferrand (Puy-de-Dôme) zijn prima bestemmingen voor een dagtocht.

 😊 🍴 🌼 🍀 🐟5 🐾5 🎣5 ✂5
🐟 🏹10 🎯15 🚣

🛏 2x, 🛏 4x, 2pkpn € 36,50 B&B
⌂ 2x, 🛏 7x, hpw € 275
🏨 🛏6x, 🛏 9x, Prijs op aanvraag
⛺ T 5x, 🚗, pppn € 2, ptpn € 4

Route

🅰 Op A71 afslag 11 Montmarault. Richting Montaigut/Saint-Eloy (D4/D13). Links naar Buxières-sous-Montaigut. Bij restaurant Le Coq en Pâte naar rechts en weg naar beneden volgen tot 1.100 m na Buxières. Daar rechts naar Les Beauffes. 1e huis links.
🚂 Trein vanaf Montluçon naar Saint-Eloy-les-Mines of Lapeyrouse. Na overleg kunt u van deze stations worden opgehaald.

CAMPS-SUR-L'AGLY

Gîte d'étape de La Bastide
Néli Busch & Richard Le Masson
Lieudit La Bastide,
11190 Camps-sur-l'Agly, Aude
T 0468-69 87 57
F 0468-69 81 11
E cb@labastide.net
W www.labastide.net
💬 fr, de, uk

Open: hele jaar 🍴 H 530m ⓇⒺⓈ verplicht 🐕

Boerderij en omgeving

De rustieke boerderij (12de eeuw) ligt op 530 m hoogte aan de voet van de Pic de Bugarach (1230 m). Zij is deel van een coöperatie die zoogkoeien houdt. De bewoners werken op biologische wijze, maar zonder keurmerk. De boerderij ligt in het hart van Le Pays Cathare in het gehucht La Bastide, in de 13de eeuw gesticht door de Tempeliers.

U overnacht in de boerderij op basis van logies en ontbijt (verschillende twee- tot vijfpersoonskamers, alle met eigen douche, vijf met eigen toilet). Ook kunt u terecht in de gîte d'étape (vier slaapzalen van zes tot negen personen). Er worden streekmaaltijden geserveerd met boerderijproducten. Allerlei vleesproducten zijn te koop.

Veel sporen van de Katharen, een 'ketterse' geloofsgemeenschap uit de middeleeuwen, zijn nog terug te vinden in het Château de Peyrepertuse en het Château de Quéribus en in diverse musea. Ook de wandelroute GR-36 die langs de gîte d'étape loopt, is naar hen vernoemd: Sentier Cathare. Deze doorkruist de Gorges de Galamus, een absolute aanrader. In de buurt van de boerderij liggen nog meer wandelroutes, maar u kunt natuurlijk ook uw eigen pad uitstippelen. Het dunbevolkte gebied garandeert veel rust en stilte en een nog vrijwel ongerepte natuur.

👫 📷 🎿

🛏 7x, 🛌 22x, 2pkpn € 35-41 B&B
🏠 🛌 31x, 1ppnoz € 14,50 B&B

Route
🚗 Van Carcassonne over Quillan (D118) richting Perpignan (D117). Bij Saint-Paul-de-Fenouillet richting Cubières-sur-Cinoble (D7/D10). Dan D14 richting Camps-sur-l'Agly. Afslag naar Camps-sur-l'Agly negeren, na 1,5 km borden La Bastide volgen.
🚂 Trein via Carcassonne naar Couiza of trein naar Perpignan en dan bus naar Saint-Paul-de-Fenouillet. Afhalen mogelijk in overleg tegen vergoeding.

CASTELNAU-DURBAN

Ferme de Losque
Cristina-Maria & Martien Bunschoten
Losque, 09420 Castelnau-Durban, Ariège
T 0561-96 39 17
E jollityfarm@wanadoo.fr
W www.jollityfarm.com
🦜 nl, uk, fr, de, it

Open: hele jaar ♥ H 800m RES verplicht

Boerderij en omgeving

"Aan het einde van de wereld en het begin van het paradijs" ligt in de prachtige groene en bergachtige Ariège de geitenboerderij van de familie Bunschoten. De boerderij is meer dan 150 jaar oud en ligt op 800 m hoogte boven een oude marmergroeve. Martien hoedt zijn 103 geiten boven op de berg, wat een prachtig schouwspel oplevert voor u als gast. De melk en kaas worden in biologische winkels verkocht. Er is een biologische moestuin en er worden bijen gehouden.

De twee gastenkamers (twee en vijf personen, elk met eigen badkamer) zijn zoveel mogelijk verbouwd met ecologische bouwmaterialen en grenzen aan het eigen woonhuis. Het ontbijt met zelfgebakken biologisch brood krijgt u geserveerd op het houten terras met adembenemend uitzicht op de omliggende bergen. De maaltijden zijn biologisch en vegetarisch, de ingrediënten komen van de eigen en van omliggende boerderijen. U kunt hier een yogacursus volgen.

In de omgeving lopen verschillende wandelroutes. Fietsen is goed te doen als u eenmaal uit de bergen bent. De grotten van Le Mas-d'Azil zijn vlakbij en u kunt een boottocht maken tussen de stalagmieten en stalagtieten van de onderaardse rivier Labouiche (30 km). Zwemmen kan in het Lac de Mandely op 7 km. Iets verderop zijn er mogelijkheden voor bergbeklimmen, kanoën, watersporten en golfen. U kunt diverse leuke plaatsjes, Katharenkastelen en verschillende musea bezoeken. Foix, Pamiers, Saint-Girons, Carcassonne en Toulouse lenen zich uitstekend voor een dagtocht.

👫 📷 🛶 ♨ 🚣7 🏊20 🎣5 🏌3 🏇7 🎿7 ⛳40 ❄30

🛏 2x, 🛌 7x, 2pkpn € 35-45 B&B

Route
🚗 Van Foix D117 richting Saint-Girons. Na ca 26 km door Castelnau-Durban en na 500 m ziet u geel bord Asinerie de Feillet rechts aan de weg. Hier links, na 50 m weer links. Weg omhoog ca 4 km volgen tot bord Losque. Hier links (niet naar Losque gaan!) en nog 1 km tot boerderij.
🚂 Trein naar Foix, dan taxi.

CAYLUS

Le Pèlerinage
Ineke Planken
Rue du Sanctuaire, Livron,
82160 Caylus, Tarn-et-Garonne
T 0563-30 25 20
F 0563-30 25 20
E info@lepelerinage.nl
W www.lepelerinage.nl
🦜 fr, nl, uk

Open: hele jaar H 300m 🖼 🏇

Huis en omgeving

Le Pèlerinage is een kleinschalig pension, gelegen in een dal tussen de rivieren de Lot, de Tarn en de Aveyron. Het is een heuvelrijk gebied met veel bomen en weilanden, van oudsher afgebakend door natuurstenen muurtjes. Naast het huis staan een nog steeds in gebruik zijnd klooster, een oud kerkje en een heilzame bron, die herinneren aan een in het verleden bekend pelgrimsoord.

U verblijft op basis van logies en ontbijt in één van de drie tweepersoonskamers. De kamers zijn voorzien van een wastafel. Douche en toilet deelt u met andere gasten. Als u met een groter gezelschap bent, kunt u de drie kamers en de zit- en eetkamer als geheel huren. De maaltijden zijn vooral vegetarisch en zoveel mogelijk bereid met biologische producten en groenten uit eigen tuin. Verblijf op basis van half- of volpension is mogelijk. Biologisch brood komt van de ECEAT-accommodatie Merle in Lavaurette.

Het gebied nodigt uit tot het maken van fiets- en wandeltochten. Fietsen over heuvels met mooie vergezichten en door typisch Franse dorpjes. Wandelen langs de gorges van de rivieren of door de bossen. De GR46 loopt langs het huis. Ook kanoën op de rivieren is een goede manier om de omgeving te verkennen. De streek heeft haar rijkdom aan cultuur behouden. De middeleeuwse dorpjes met hun prachtige kloosters, kerken, musea en karakteristieke oude straatjes zijn een bezoek zeker waard.

⚜ 🏺 🚲 🗡 🌸 🛏 ✏2 🛶12 🎣12 🐟2 🍴12 ✏12 🎿

🛏 3x, 🗡 6x, 1pkpn € 30, 2pkpn € 38 B&B

Route
🚗 Route op aanvraag.
🚂 Trein naar Caussade. Hier kunt u worden afgehaald.

CEILHES-ET-ROCOZELS

Mas d'Arbousse
Aki & Maarten van Neck
34260 Ceilhes-et-Rocozels, Hérault
T   0467-23 41 23
F   0467-23 41 23
E   maarten.aki@wanadoo.fr
W   http://monsite.wanadoo.fr/chalets
🗨 fr, nl, de, uk

Open: 1 apr-31 okt ❦ H 450m (RES) verplicht [✿]

Boerderij en omgeving
Maarten en Aki hebben zich met hun schapenboerderij gevestigd in een mooi en rustig dalletje van het bergachtige landschap van de Aveyron, in het Parc Régional des Grands Causses. Het 180 ha grote bedrijf bestaat uit woeste grond, akkers en weideland voor de schapen die meerdere malen per dag geweid worden. De schapenmelk wordt gedeeltelijk geleverd aan de Societé de Roquefort en verder in eigen beheer verwerkt tot kaas. De grote moestuin zorgt voor biologisch geteelde groenten en fruit. Meehelpen in de tuin en de stal is mogelijk en Maarten legt u ook graag één en ander uit over de kaasproductie.

Mas d'Arbrousse beschikt over twee compleet ingerichte houten chalets (vier en vijf personen, eigen lakens meenemen) en een kleinschalige camping (zes tentplaatsen). Verschillende levensmiddelen, waaronder onbespoten groenten, eieren, schapenkaas, jam en walnoten zijn verkrijgbaar. Over het terrein loopt een riviertje waar in gespeeld en gezwommen kan worden.

De omgeving leent zich uitstekend voor wandelen en fietsen; vanaf de boerderij lopen verschillende gemarkeerde wandelroutes, de GR-71 loopt op 1 km. Op uw tochten komt u kastelen, ruïnes en pittoreske dorpjes tegen. Dagtochtbestemmingen zijn onder andere de grotten van Roquefort waar de kaas rijpt, Micropolis (stad van de insecten), de stad Montpellier en de Middellandse Zee (op anderhalf uur rijden). In de abdij van Sylvanès worden regelmatig concerten gegeven. Winkelen kunt u in Millau, Lodève en St. Affrique.

🛶5 🎿15 🎣15

🏠 2x, 🗡 9x, hpw € 240-460
⛺ T 6x, 🛖 4x, pppn € 5, ptpn € 5, pcpn € 5

Route
🚗 Op de A75 Millau - Clermont-l'Hérault afslag 49 Le Caylar nemen. Daar over Les Rives (D142) naar Roqueredonde (D902). Hier weg vervolgen richting Ceilhes-et-Rocozels. Na de afdaling over spoor, aan de rechterkant ziet u stationnetje Ceilhes-Roqueredonde. Hier nog 400 m rechtdoor en direct na brug rechtsaf (D393). Nog 1 km.
🚂 Trein van Millau of Béziers naar station Ceilhes-Roqueredonde (1,5 km), afhalen gratis.

CERCLES

Gîtes à La Geyrie
Louise & Peter Dunn
La Geyrie, 24320 Cercles, Dordogne
T   0553-91 15 15
F   0553-90 37 19
E   peter.dunn@wanadoo.fr
W   http://perso.wanadoo.fr/
     gites.at.la.geyrie
🗨 uk, fr

Open: hele jaar ❦ (RES) verplicht ⚔ 🐕

Boerderij en omgeving
Deze biologische geitenboerderij (ca 50 melkgeiten) ligt in het gehucht La Geyrie, omringd door bossen en grasland. De gebouwen stammen uit de 15de eeuw en vormden vroeger een klooster. Bij de boerderij is een fruitboomgaard waar Louise haar eigen compostsysteem heeft ontwikkeld. Kinderen mogen altijd meekijken als de geiten worden gemolken. Ook zijn er paarden, honden, katten, konijnen en pluimvee. Er zijn eieren, aardappels en melk te koop op de boerderij.

Op het erf staan twee authentieke gîtes. Beide hebben een open haard en houten vloeren en ademen de sfeer van lang vervlogen tijden. Verwarming werkt gedeeltelijk op zonnepanelen. La Maison is geschikt voor maximaal acht personen (er is een slaapkamer voor vijf en een voor drie personen). Le Pigeonnier, het vroegere duivenverblijf, is geschikt voor twee tot vier personen. Een kinderbadje is te leen.

In de stal kun je zomaar een zwaluwnestje aantreffen en bijzondere vogels, uilen en zelfs wild komen voor in de directe omgeving van de boerderij. Boeken over de natuur kunt u lenen bij de eigenaren.

U kunt hier prachtig wandelen, de GR-36 is vlakbij. Fietsen zijn te huur op La Geyrie. In het gehucht Pauliac (8 km) kunt u terecht voor heerlijke (vegetarische) maaltijden. In Limadour (1 km) is een wilde orchideeëntuin, zwemmen kan in een meer op 12 km. U kunt er vissen en kanoën. In Verteillac is een turfmuseum, in Lascaux kunt u de bekende grotten bekijken en in de buurt zijn verschillende musea over de cognac. Leuk om te bezoeken zijn de historische plaatsen Brantôme, Bourdeille en Angoulême.

⚒ 🚵 🛶 🏊12 🏊12 🎣8 ✏2 🛏15
🏠3 ♨

🏠 2x, 🚐 12x, hpw € 280-435-330-530

Route

🅰 In Angoulême D939 richting Perigueux. Afslag Mareuil-sur-Belle. Na 500 m komt bocht naar rechts, daarna 1e afslag rechts richting La Chapelle-Monta-bourlet/La Tour-Blanche (D99). Na La Chapelle-Mon-tabourlet 3e weg links bij bordje La Geyrie tot aan eerste gebouwen links.
🚃 TGV naar Angoulême, dan bus naar Mareuil. Ophalen na afspraak.

CHALABRE

Courtizaire du Milieu
Violet & Antoon Mastenbroek
Montjardin, 11230 Chalabre, Aude
T   0468-69 26 57
E   mastenbroek@wanadoo.fr
🗨 fr, nl, uk

Open: hele jaar ⚒ 🏔 H 600m (RES) verplicht [🛏]

Boerderij en omgeving

In de schitterende natuur van het Kathaprenland, tussen de heuvels, bergen, bossen en meren ligt Courtizaire du Milieu. Vanaf de boerderij (34 ha waarvan 6 ha weideland en 28 ha bosbouw) heeft u een prachtig uitzicht op de Pyreneeën. Natuur en rust zijn dan ook het devies op deze accommodatie. U kunt helpen bij het hout-hakken, verzorgen van de Catalaanse ezels en het repareren van de omheiningen. De ezels kunt u huren voor dagtochtjes. Op verzoek wordt voor u het ontbijt geregeld. Er zijn negen plaatsen beschikbaar op de camping. Er is een tweepersoons caravan te huur, geheel vrijstaand met een prachtig uitzicht op de Pyreneeën, en een huisje voor twee personen, met keukentje met ijskast en kleine houtkachel. Er zijn com-posttoiletten in een houten huisje, dou-chen kan bij de eigenaren in huis.

De omgeving leent zich uitstekend voor wandelen (GR-7 op 1 km) en fietsen. Bovendien kunt u er paardrijden, zwemmen en watersporten (Lac de Montbel op 10 km) en wintersporten. Bezienswaardigheden, pittoreske dorpjes, Katharenkastelen (Montségur en Puivert), musea, gorges, vindt u ook hier in grote getale. Voor een geslaagde dagtocht gaat u naar Carcassonne, Narbonne, Toulouse, Andorra of Perpignan. Let op: er is in dit gebied geen openbaar vervoer.

⚒ 🍽 🛶 🏊10 🛶10 ⚓10 🛏10
🏠3

🏠 1x, 🚐 2x, hpw € 180
⛺ T 6x, 🚐3x, ♨🚿, Prijs op aanvraag

Route

🅰 Vanaf Carcassonne D118 naar Limoux en vervol-gens D620 richting Chalabre. Ca 5 km voor Chalabre linksaf de Route des Crêtes op. Dan, na 1,3 km, rechtsaf de grindweg volgen. Na 1,2 km bent u bij de boerderij (2de huis).
🚃 Trein naar Carcassonne (45 km) en vervolgens naar Limoux (20 km). Afhalen in overleg.

CHAMPS-SUR-TARENTAINE

Camping de l'Ecureuil
Roselyne & Alain Couard
l'Ecureuil,
15270 Champs-sur-Tarentaine, Cantal
T   0471-78 71 85
F   0471-78 71 85
E   alain.couard@wanadoo.fr
W http://jardin.ecureuil.monsite. wanadoo.fr
🗨 fr, uk, es

La Clef Verte

Open: 1 mei-30 sep ♥ 🏔 H 500m ♿

Camping en omgeving

Op 500 m hoogte tussen de bergen in het Parc Naturel Régional des Volcans d'Auvergne ligt de vriendelijke camping van Roselyne en Alain Couard. Roselyne leidt u graag rond over het terrein, waar zij een klein dierenpark heeft met onder andere bijzondere kippen-, schapen- en geitenrassen en twee indrukwekkende Vietnamese zwijnen. Dit maakt l'Ecureuil (eekhoorn) tot een leuke en leerzame plek voor kinderen.

De camping is ruim opgezet. Er zijn allerlei verschillende plekken waar u kunt gaan staan en kleine paadjes, o.a. langs de die-ren, om het hele terrein te verkennen. Ook kunt u een stacaravan en vier gewone ca-ravans huren, alle compleet ingericht en met stromend water en stroomvoorzie-ning. Het sanitair is goed en toegankelijk voor rolstoelgebruikers. Op het centrale veld staan speeltoestellen. Bij de receptie worden biologische geitenkaas, eieren en honing verkocht. In het hoogseizoen kunt u iedere morgen brood en croissants bestellen.

Op 100 m van de camping stroomt de Tarentaine door een kleine gorge. Zwemmen kan in de stuwmeren van Bort-les-Orgues en Lastioules (10 km) en door de vallei loopt een fietsroute. Rond het Château de Val bij Lanobre is van alles te doen: boottochten over het stuwmeer, avontuurlijk boomtoppenpark. Ten zuiden van Bort-les-Orgues liggen de mooiste romaanse kerken van de Haute-Auvergne, het vulkaanpark Vulcania en de Puy-de-Dôme liggen op ca 35 km. Andere activiteiten zijn klimmen, tennissen, mountainbiken en wandelen. Van Bort-les-Orgues vertrekt de Gentiane Express, een toeristische trein door het prachtige Haute Auvergne.

🏕 T 25x, 🚐 7x, 🔱, pppn € 4, ptpn € 2,50, pcpn € 2,50

Route
🅰 Op A71/E11 bij Clermont-Ferrand afslag 2 en richting Tulle/Bordeaux (N89/E70). Ca 2 km na Col de la Ventouse D983 naar Le Mont-Dore, D130 tot ca 4 km na La Bouboule, dan D922 richting Bort-les-Orgues. In Lanobre D49 naar Champs-sur-Tarentaine. In dorp richting Condat en borden met eekhoorn volgen. Enkele km na dorp rechts bij het laatste bord.
🚂 Trein naar Bort-les-Orgues, dan bus naar Champs-sur-Tarentaine of taxi.

FAVEROLLES
La Source
Jenneke & Jan van Ee
Pouzols, 15320 Faverolles, Cantal
T　0471-23 49 06
F　0471-23 49 06
E　janvanee@wanadoo.fr
W　www.campinglasource.uitfrankrijk.nl/www.eventjesfrankrijk.nl
🗨 nl, fr, de, uk

Open: 1 apr-31 okt　H 1000m (RES) verplicht
✖️ [🎠]

Boerderij en omgeving
In een landelijke omgeving aan de rand van de Cantal ligt op ca 1000 m hoogte La Source, een authentieke boerderij in Auvergnestijl (1861). Enkele kilometers verderop begint het Parc Naturel Régional des Volcans d' Auvergne met een totaal ander landschap. Op de boerderij die nog maar gedeeltelijk in bedrijf is vindt u een grote moestuin, een kleine boomgaard en verschillende bijenkorven. Naast de toeristische activiteiten werken Jan en Jenneke aan de begeleiding van jongeren die toe zijn aan een time-out en de tijdelijke verandering van omgeving goed kunnen gebruiken.

Het voormalige broodhuis is ingericht als gîte voor twee tot vier personen. Er is een open haard; beddengoed en slaapzak zelf meenemen of huren. De gîte is in de winter na overleg ook te huur en buiten het seizoen ook voor een persoon op basis van logies. Er is een camping en een geheel ingerichte vierpersoons caravan te huur. Bij voldoende belangstelling worden er allerlei activiteiten georganiseerd waaronder hout- en steen bewerken, imkeren en vliegeren. Ook worden er dan begeleide wandelingen verzorgd. Op de boerderij kunt u, indien voorradig, groenten, fruit, verse melk en eieren kopen. Voor aanvullende boodschappen kunt u terecht in het nabijgelegen Faverolles of even verderop in Saint-Flour.

In de directe omgeving kunt u volop wandelen, fietsen, zwemmen en vissen. Het stuwmeer van de Truyère leent zich voor allerlei watersporten. Wat verder weg kunnen wandelaars, parasailers en wintersporters hun hart ophalen op de flanken van het gebergte. Naast de vele kleine authentieke dorpjes, kastelen en gorges kunt u zich hier tegoed doen aan de regionale producten, waaronder kaas en wijn. Het nabijgelegen Viaduc-de-Garabit is vervaardigd als proefmodel voor de latere Eiffeltoren.

🛏 2ppn € 15
🏠 1x, 🗲 4x, hpw € 225-250
🏕 T 20x, 🚐🔱🚿, pppn € 2,50, ptpn € 5

Route
🅰 Op A75 bij Saint-Flour, na bord met Viaduc-de-Garabit afrit 30 nemen en richting Faverolles (D909). Na de Pont de Garabit rechtsaf naar Faverolles (D13). Passeer nog twee bruggen, vanaf brug drie gaat weg wat omhoog, het bos uit, na 2 km linksaf (bij 4 paaltjes, wit met rode band) boerderij ligt rechts.
🚂 Trein naar Saint-Flour (15 km). Afhalen en wegbrengen mogelijk in overleg tegen vergoeding.

FOUGAX-ET-BARRINEUF
Le Rasteille
Marie, Joseph & Ghislain Peters
09300 Fougax-et-Barrineuf, Ariège
T　0561-01 68 69
F　0561-01 68 69
E　jos.peters@laposte.net
W　http://www.surf.to/rasteille
🗨 nl, fr, uk, de

Open: 1 apr-1 nov　H 550m ®

Boerderij en omgeving
Het ruime landhuis (1981), een voormalige door water aangedreven houtzagerij, ligt op 550 hoogte in de Pyreneeën. Het woord Rasteille is occitaans voor hooivork. De bewoners hebben zich geheel toegelegd op de ontvangst van gasten. Het huis ligt verscholen achter een brug over het riviertje de Hers, aan de rand van Fougax-et-Barrineuf, een pittoresk dorpje in het middelgebergte van de Pyreneeën (l'Ariège). Het is een ideale plaats om tot rust te komen en te genieten van natuur, cultuur, wandelen en gezond eten.

F

Hier vindt u niet alleen een chambres d'hôtes en appartementen, maar ook een table d'hôtes met een vegetarische keuken. De gerechten worden bereid met biologisch-dynamische groenten en fruit. De kamers en appartementen kunnen worden uitgebreid met twee bedden. Rondom het huis stijgt het bosrijke, bergachtige landschap sterk en binnen enkele kilometers bevindt u zich u al ver in het hooggebergte, namelijk op 2400 m hoogte. De prachtige uitzichten onderweg en de rijke flora en fauna zijn een genot. Een oeroud stukje natuur vormen de Gorges de la Frau op slechts 5 km. In de omgeving zijn verder kastelen, grotten en leuke toeristische steden te vinden. Het Katharenkasteel in Montségur is zeker een aanrader.

🛁 🍽 🏊16 🎣6 🚲24 🚴<10 🏊

🛏 2x, 🛏 4x, Prijs op aanvraag
🏠 4x, 🛏 14x, hpw € 300-350

Route

🚗 Vanaf Carcassonne D118 naar Quillan. Daar D117 richting Lavelanet tot Bélesta. Dan afslag Fougax-et-Barrineuf (D5). In het dorp richting Gorges de la Frau en 50 m buiten dorp (na het roze huis) het kleine weggetje aan de linkerkant.

🚂 Trein van Toulouse naar Foix, dan bus naar Bélesta. Afhalen mogelijk van trein- en busstation (€ 0,20 pp/km).

FRAISSE-SUR-AGOUT

Domaine du Pioch
Thea & Nico Oudhof
34330 Fraisse-sur-Agout, Hérault
T   0467-97 61 72
E   nico-oudhof@wanadoo.fr
W   www.lepioch.com
🗨 nl, fr

Open: hele jaar 🏕 1 mei-1 okt

Boerderij en omgeving

Midden in het Parc Naturel Régional du Haute Languedoc ligt in de buurt van Fraisse-sur-Agout het Domaine du Pioch (780 m) van Thea en Nico Oudhof. De oude boerderij (ca 1900) is nog altijd een schapenboerderij. Het biologische schapenvlees en de heerlijke forel uit het eigen meer kunt u proeven in het restaurant. Vanaf de camping heeft u een schitterend uitzicht op de omgeving, die vooral vanwege de diversiteit aan landschappen erg interessant is. Op het terrein vindt u verschillende beekjes, een meertje, bos en weideland. De camping is verdeeld in een drietal terrassen, waardoor een kleinschalig karakter ontstaat. De gîtes voor vier tot vijf personen) zijn compleet ingericht en bieden uitzicht over het weiland. Op de boerderij is een winkel waarin vele eigengemaakte en streekproducten worden aangeboden. Voor de kinderen is er voldoende speelgelegenheid (o.a. zwemmen en tafeltennis) en wordt enkele malen per week iets georganiseerd. Nico en de twee zoons verzorgen rondleidingen op het bedrijf, natuurtochten en vogelobservaties. De omgeving leent zich uitstekend voor het maken van wandelingen en fietstochten (goede conditie noodzakelijk). In de omgeving kunt u tennissen en paardrijden, bovendien zijn er enkele meren waarin u kunt watersporten en rivieren waarop u kunt kanoën. Bezienswaardigheden vindt u naast de overweldigend mooie natuur in de vele kleine pittoreske dorpjes en gezellige stadjes in de omgeving. Carcassonne, Toulouse, Narbonne en Castres zijn uitstekende dagtochtbestemmingen.

🍽 🏊 🏊10 🚲 🐎

🏠 4x, 🛏 19x, Prijs op aanvraag
🏕 Prijs op aanvraag

Route

🚗 Vanaf Montauban of Béziers de N112 naar Saint-Pons-de-Thomières. Daar de D907 naar La Salvetat en de D14 richting Fraisse-sur-Agout. Na ca 6 km wordt Le Pioch aangegeven.

🚂 Trein of pendelbus naar Narbonne, dan de bus naar La Salvetat. Afhalen na overleg.

GOULLES

Jitse de Jong, Babs & Patrick Mollema
Pébru , 19430 Goulles, Corrèze
T   0555-28 70 88
F   0555-28 36 33
E   jitse.dejong@worldonline.fr
W   www.pebru.nl
🗨 fr, nl, de, uk

Open: hele jaar 🏕 1 apr-1 nov H 650m
(RES) verplicht [🍽]

Camping en omgeving

In het prachtige glooiende landschap van de Corrèze heeft Jitse de beschikking over een waar paradijsje van 1 ha groot. De directe omgeving van Pébru - een echte boerenstreek met veel kleinschalige landbouw en vaak eeuwenoude boerderijen - is nog niet echt ontdekt door veel toeristen en dus zijn rust en ruimte hier het devies.

Het erf achter het huis is verdeeld in een bloemen-, kruiden-, kampeer- en moestuin. Rondom de moestuin en in de schaduw van de appelbomen zijn plaatsen voor kamperen met tent, vouwwagen of caravan. Ook kunt u kamperen bij het meertje. De vakantiewoning (zes personen) ligt op 100 meter van het huis. Ook kunt u een twee- tot vierpersoonschalets huren. Meehelpen bij het tuinieren, fruit plukken, jams maken of klussen is mogelijk. Op de accommodatie zijn biologisch geteelde groenten, fruit, jams en sappen te koop. Er is een tafeltennistafel, badmintonrackets, een zandbak, jeu de boules, tafelvoetbal, dart en een zwem- en vismeertje van ruim 2000 m².

De omgeving van Pébru leent zich uitstekend voor wandelen. Rondom Goulles zijn er maarliefst 11 zeer uitvoerig beschreven wandelingen te maken; informatie bij de eigenaren. Fietsers dienen, gezien de bergachtige omgeving, over een zeer goede conditie te beschikken. Daarnaast kunt u in de buurt paardrijden, watersporten, deltavliegen e.d. Bezienswaardigheden en dagtochtmogelijkheden zijn er zeer vele, waaronder het plaatsje Rocamadour, een aantal bekende grotten (Gouffre de Padirac en Presque), watervallen, de vulkaantoppen van de nabijgelegen Cantal en vele kastelen. Op de accommodatie is toeristische informatie aanwezig.

≈ 🏊20 🎣12 ➳20 🎿20 🏹10

🏠 1x, ⌂ 6x, hpw € 300-450
⛺ T 10x, 🚐 10x, 🚗 🏊, pppn € 2,50, ptpn € 6-10, pcpn € 10

Route
🅸 Vanaf Argentat de N120 richting Aurillac volgen. Tweemaal afslag naar Goulles negeren. Na ca 20 km (bij hoogspanningsmast) linksaf. Pébru staat hier aangegeven. Weg volgen tot 5de en laatste huis (aanmelden). Zie ook website.
🚂 Trein naar Aurillac via Clermont-Ferrand of fietsbus tot Argentat. Dan bus tussen Argentat en Aurillac nemen, naar Pébru (zeer onregelmatige busdienst). Of trein naar Laroquebrou. Afhalen na afspraak mogelijk.

ZIE KAART PAGINA 56

LA CELLETTE
L'Églantier
Marie-Louise van den Akker &
Rob Kirkels
Puissetier, 23350 La Cellette, Creuse
T   0555-80 72 93
🗨 fr, nl, uk

Open: hele jaar 🎿 1 mei-31 okt H 370m
RES verplicht 🍴 🐕

Camping en omgeving
L'Églantier ligt in het departement Creuse. Het is een groene streek met een authentiek, kleinschalig karakter, die voor toeristen nog vrij onbekend is. Oude paden bieden volop wandelmogelijkheden over de beboste heuvels. De voormalige boerderij (ca 1900) met weilanden, oude eiken en een waterstroompje, ligt aan de rand van het gehucht Puissetier.

De camping heeft zeer ruime kampeerplaatsen, goede sanitaire voorzieningen en er zijn een aantal elektriciteitsaansluitingen. Verder is er een gîte voor twee tot drie personen (zelf lakens en handdoeken meenemen). De douche wordt gedeeld met de kampeergasten maar er is wel een eigen keuken en toilet. De producten uit de biologische moestuin (aardappelen, groente, fruit, confitures) en eieren zijn te koop. Eenmaal per week wordt er voor de gasten vegetarisch gekookt. Ook worden er op de accommodatie schilder- en steenhouwcursussen gegeven in de grote atelierschuur. Meer informatie hierover kunt u aanvragen.
In de directe omgeving vindt u vele mogelijkheden om te fietsen, te wandelen en te vissen. Wat verder weg kunt u ook kanoën, zwemmen, tennissen en paardrijden. U kunt genieten van een bezoek aan één van de vele oude kerkjes in de omgeving, het kasteel van Boussac, de stad Guéret (musea, kastelen, wolvenpark Les Loups de Chabrières). In juli vindt in het

nabijgelegen Saint-Chartier een muziekfestival plaats.

🍽 🪣 🎣 ➳13 🎣5 ⛵ 🎿13 🏹13 🐎

🏠 1x, ⌂ 3x, hpw € 175
⛺ T 4x, 🚐 2x, 🏊, pppn € 4

Route
🅸 Vanaf La Châtre de D940 richting Guéret. In Bordessoule richting Boussac (D2). Weg volgen tot Saint-Paul en daar rechts de heuvel op. In Puissetier het laatste huis (blauwe brievenbus).
🚂 Trein tot Guéret of Châteauroux, dan bus tot La Châtre. Afhalen na overleg tegen vergoeding (resp. € 12, € 17 en € 10).

LA FERRIÈRE
La Ferme de La Maison Neuve
Marie Hélène & Christian Tanguy
La Maison Neuve,
85280 La Ferrière, Vendée
T   0251-98 47 94
F   0251-98 47 94
E   mariehelene.tanguy@wanadoo.fr
W   www.vendee-location-camping.com
🗨 fr

Open: hele jaar 🌱 ♿

La Ferme de la Maison Neuve

Boerderij en omgeving
De boerderij (24 ha) ligt in de Pays de Loire-streek en is een veeteeltbedrijf met Limousin-koeien (vleeskoeien). De omgeving bestaat uit veel bos en weiland.
U verblijft in kamers op basis van logies met ontbijt, in de gîte d'étape of op de camping. Ontbijt kan door alle gasten besteld worden. De accommodatie is prima geschikt voor jonge kinderen. Het is er veilig, ruim en de camping beschikt over een eigen speeltuin, een voetbal- en volleybalveld en een kampvuurplaats. Het is een grote camping met intieme kam-

F

peerplaatsen omzoomd door uitsluitend inheemse bomen. Water van het toiletgebouw wordt verwarmd met zonneboilers. Om het terrein is een natuurpad aangelegd met beschrijvingen en uitleg over de natuur. De bewoners zijn lid van de Franse vogelbeschermingsorganisatie LPO. Wie wil kan de boer helpen de koeien en kalveren te verzorgen.

In de bossen van het Forêt du Détroit en het Forêt de la Chaize kunt u mooie wandelingen maken; op 2 km loopt een GR-route en op 1 km vindt u de bron van de Yon. Er is een zwembad op 6 km afstand en ook de zee is niet ver (30 km).

🏕 🛶 ✈ ﹊﹊30 🏊<10 ⚓6 🏃<10 🚤

🛏 2x, 🛏 6x, 2pkpn € 35 B&B
🏠 3x, 🛏 16x, Prijs op aanvraag
⛺ T 25x, 🚐 8x, ppn € 3, ptpn € 2, pcpn € 2

Route

🧭 In La Roche-sur-Yon richting Cholet (N160) tot La Ferrière. Hier richting Saint Martin-des-Noyers (D52). Na ca 3 km naar rechts richting La Chaise-le-Vicomte, na paar honderd meter ligt huis links.

🚆 Trein van Nantes naar La Roche-sur-Yon, dan bus naar La Ferrière. Afhalen (gratis) na telefonisch overleg.

LA SALVETAT-PEYRALÈS

Camping Moulin de Liort
Anne-Marie & Herman Simons
Moulin de Liort,
12440 La Salvetat-Peyralès, Aveyron
T   0565-81 89 67
F   0565-81 89 67
W www.campingliort.com
🌐 fr, nl, uk, de

Open: 1 mei-1 okt H 400m Ⓡ [🛏]

Boerderij en omgeving

De camping ligt op 400 m hoogte in het dal van een kleine rivier in het departement Aveyron. Het geheel is omgeven door beboste heuvels en weilanden.

Alle kampeerplaatsen liggen aan de beek, waarin je heerlijk kunt poedelen. Op de boerderij kunt u biologische groenten uit de moestuin, fruit, eieren, wijn en zelfgemaakte jams kopen. In het hoogseizoen komt de bakker dagelijks vers brood brengen. De ruime accommodatie is uitstekend geschikt voor kinderen. Er is een kleine speeltuin, een gemeenschappelijke vuurplaats en een barretje met een gezellig terras. Dagelijks worden er activiteiten georganiseerd zoals een bezoek aan een watermolen, demonstraties van plaatselijke ambachten, ontdekkingstochten in de natuur en creatieve dingen voor kinderen (voor sommige activiteiten wordt een vergoeding gevraagd). Een paar keer per week kunt u intekenen voor een vegetarische afhaalmaaltijd of een kampvuurmaaltijd en op zondag zijn er pannenkoeken. In La Salvetat dat op 2 km ligt, zijn o.a. een supermarkt, een bakker en een slager.

De omgeving biedt volop gelegenheid om te wandelen, te zwemmen en tochtjes te maken. U krijgt een uitgebreide map met allerlei folders over de omgeving, tips voor uitstapjes, een overzicht van de zwemplekken, kanogelegenheden en er zijn wandelboekjes te koop. De streek is bekend om zijn middeleeuwse vestingstadjes (bastides), zoals Villefranche-de-Rouergue, Sauveterre en Najac. Ook zijn er verschillende musea en kastelen te bezichtigen.

🔆 ⚓ 🏃 ❀ ✈ 🏊11 🚣 🏃10 🚤

⛺ T 22x, 🚐 6x, pppn € 2,50, ptpn € 7,50, pcpn € 7,50

Route

🧭 Vanuit Villefranche-de-Rouergue D911 richting Rieupeyroux. Na 13 km rechtsaf (D905a) naar La Salvetat-Peyralès. Hier richting Carmaux en na 300 m linksaf richting Tayrac bij bordje 'Camping Écologique'. Na 2 km ligt camping rechts, nog 50 m en dan links weggetje in voor receptie bij woonhuis.

🚆 Trein naar Villefranche-de-Rouergue. Afhalen mogelijk tegen vergoeding, na telefonisch overleg. Buurtbus op marktdagen.

LABASTIDE-ROUAIROUX

Monplaisir
Gérard Bastide
81270 Labastide-Rouairoux, Tarn
T   0563-98 05 76
F   0563-98 05 76
E   gitemonplaisir@wanadoo.fr
🌐 fr, es

Open: hele jaar 🚆 H 520m Ⓡ [×] [🛏]

Gîte en omgeving

Monplaisir ligt op 520 m hoogte in het Parc Naturel Régional du Haut-Languedoc. In de 18e eeuw was het een door water aangedreven textielfabriek. Tijdens WOII was het huis een schuiladres van het verzet en sinds 1991 is het omgetoverd tot een toeristisch onderkomen. De gebouwen liggen op de zuidhelling van een heuvel midden in het bos, aan de bron van een beekje.

U verblijft op een gezellige tweepersoonskamer (natuurstenen muren en een overdekt terras), in de groepsaccommodatie (klein rustiek huisje) of op de kampeerplaats (twee tentplekken). Producten uit de eigen moestuin en van naburige biologische boerderijen worden gebruikt voor de maaltijden. Het atelier van Gérard mag gebruikt worden voor creatieve doeleinden.

Via een botanisch en artistiek wandelpad kan men de bijzondere flora en fauna van de regio ontdekken. De GR-7 loopt door Labastide-Rouairoux en rondom het huis lopen talrijke lokale wandelpaden, de Panda-wandelroute en mountainbike-paden. Op 6 km loopt een oude spoorlijn waar een fietspad van gemaakt is. Avontuurlijk ingestelde

F

mensen kunnen gaan raften, bergbeklimmen of meegaan met een grot-excursie. In de winter kunt u in dit gebied langlaufen onder de besneeuwde dennentakken. Musea (Musée du Textile: Labastide-Rouairoux, 2,5 km; Musée de la Spéléologie: Courniou, 6 km; Musée de la Préhistoire: Saint-Pons, 11 km; Musée du Jouet en Bois (houten speelgoed): Hautpoul, 25 km), grotten, kastelen en leuke plaatsen zijn er volop.

🏊 🍽 🏖 🚤 🌸 ♨ 🏊15 ✕◇
🏊15 🎿<10 ⛷<10 🏕

🛏 1x, 🚿 2x, 2pkpn € 38 B&B
🏠 🛏2x, 🚿 8x, 1ppnoz € 9
🏕 T 2x, 🚿, ptpn € 4,60

Route
🚗 Vanuit Toulouse N126 richting Castres. Afslaan naar Soual en via Mazamet (D621 en N112) naar Labastide-Rouairoux; daar 'route des Lacs' volgen (D64, dan D165) tot Monplaisir.
🚂 Trein van Toulouse naar Mazamet, dan bus naar Labastide-Rouairoux. Afhalen mogelijk na afspraak (gratis).

Le Clôt
Lidewijde Albert & Walther Gronert
Les Vidals, 81230 Lacaune, Tarn
T   0563-37 03 59
F   0563-37 03 59
M   06-777 081 12
E   le-clot@tiscali.fr
W   www.pageloisirs.com/le-clot
🗣 fr, nl, de, uk

Open: hele jaar H 999m ® ♿

Boerderij en omgeving
De van natuursteen gebouwde boerderij (1824) ligt op 999 m hoogte op de helling van de Pic de Montalet, de hoogste

top van de Monts de Lacaune. Dit is het scheidingsgebergte van het Atlantische en het Mediterrane klimaat. De boerderij ligt tevens in het 14,5 miljoen ha omvattende Parc Naturel Régional du Haut-Languedoc met een rijke Zuid-Franse flora en fauna. De ruime tweepersoons gîte is ingericht in de oude schapenschuur die tegen de boerderij is aangebouwd. Op de begane grond vindt u de woonkamer, keuken en badkamer. Op de entresol is de slaapkamer (twee volwassenen en twee kinderen). Bij de gîte hoort een terras met tuinmeubilair. De kleine terrassencamping met 26 staanplaatsen is landelijk gelegen en wordt doorkruist door een helder, sprankelend stroompje. Er zijn caravans met voortent te huur, sober maar compleet ingericht voor vier personen (elektriciteit, kookgelegenheid, koelkast en verwarming).

Een klein restaurant biedt de mogelijkheid voor gezellige maaltijden. Er zijn mountainbikes te huur en in overleg en bij voldoende deelname worden er wandelingen georganiseerd.

Op een afstand van 3 km ligt Lacaune-les-Bains, een stadje dat vroeger een kuuroord was en nu vooral bekend is vanwege de charcuterie (luxe vleeswaar). Aan de andere kant van de Pic de Montalet vindt u het dorpje Nages met zijn kasteel en donjon. Het ligt aan de oevers van het Lac de Laouzas, een groot stuwmeer waar vele watersporten mogelijk zijn. In de omgeving liggen steden met een rijk verleden en een dynamisch heden zoals Albi (met museum Toulouse-Lautrec), Castres en Gaillac.

🏊 🍽 🚣 ✈ ⋯70 🏊10 ⛵ 🚤
🎣10 ✕◇10 🏊10 ⛷10 🎿10 🏊10
⛷10 🏌40 ❀10 🏕

🏠 1x, 🚿 2x, Prijs op aanvraag
🏕 T 26x, 🚐10x, 🏊, Prijs op aanvraag

Route
🚗 In Lacaune de D622 richting Murat-sur-Vèbre. Stukje buiten Lacaune rechtsaf de Route touristique Pic de Montalet en bordjes naar de boerderij volgen.
🚂 Trein van Toulouse naar Castres, dan taxi nemen naar busstation, bus naar Lacaune. Afhalen mogelijk na afspraak.

La Jaurie
Dimphi Hombergen & Wieger Frenken
La Jaurie, 87500 Ladignac-le-Long, Haute-Vienne
T   0555-08 28 35
F   0555-08 28 35
E   ateliers@lajaurie.com
W   www.lajaurie.com
🗣 nl, fr, uk, de

Open: hele jaar 🏕 15 mei-15 sep 🏊 H 383m ⓇⒺⓈ verplicht ✕

Accommodatie en omgeving
La Jaurie is een gehuchtje van drie boerderijen, waarvan de oudste uit ca 1800 stamt. De opstallen zijn gebouwd in de typische Limousin-stijl en gedeeltelijk gerestaureerd. In de stallen zijn tegenwoordig kunstateliers gevestigd. Er is een steenhouwerij, een teken- en schilderruimte en een keramikatelier, waar in de zomer creatieve cursussen worden gegeven. Als u mee wilt doen, graag vooraf inschrijven. Het 12,3 ha grote terrein omvat hooiland, bos, een moerasachtig natuurgebied en een beekje, een oord voor vogelaars en natuurliefhebbers. De accommodatie doet nog gedeeltelijk dienst als boerderij en de grote biologische moestuin, fruitbomen en kippen voorzien voor een groot gedeelte in de eigen behoefte. De producten van de boerderij zijn voor gasten te koop. Tijdens de cursusweken kunnen de gasten deelnemen aan de maaltijden. Kinderen kunnen naar hartelust ronddwalen op het terrein, spelen bij de beek en op het speelterrein (schommel, wip en zandbak), of kijken bij de beeldhouwers.
Een van de drie voormalige woonhuizen van het gehuchtje is verbouwd tot vierpersoons gîte (met slaapbank zes personen, eigen lakens en handdoeken meenemen). Op het natuurkampeerter-

F

rein kunt u kiezen voor de beslotenheid en de gezelligheid van een plekje dicht bij het terras, de ruimte en het uitzicht op de jong aangeplante boomgaard, of de rust en stilte van een plekje in het wild, ver van alle bedrijvigheid, maar met alle comfort van modern sanitair. U kunt tevens een tent en een pipowagen huren (prijzen zijn per persoon, elke extra persoon betaalt kampeertarief).

In de omgeving is het goed wandelen, fietsen, zwemmen en paardrijden. Bovendien zijn er vele kastelen, ruïnes, Romeinse thermen, grotten (Lascaux!) en stadjes als St. Yrieix, Ségur-le-Château en Brantôme die een bezoek waard zijn. Périgueux en Limoges zijn goede bestemmingen voor een dagtocht.

🚴 🍽️ 🏊 ♨️ 🎣 🌊5 ⚓15 ⛵1 🛶

- 🏠 1x, 🛏 4x, hpw € 325
- ⛺ T 6x, 🚐3x, 🧺, pppn € 4,85-6

Route

🚗 Vanaf Limoges richting Saint-Yrieix (D704). Na ca 20 km rechts naar Nexon (D15), hier links naar Ladignac-le-Long (D11) en daar rechts richting Bussière-Galant (D901). Na 4,6 km links pad op naar La Jaurie.

🚆 Trein of pendelbus naar Limoges. Van daar de trein naar Bussière-Galant. Afhalen mogelijk na overleg (€ 3,50).

LAVAURETTE

Ferme du Gendre
Françoise & Jean-Louis Zamboni
82240 Lavaurette, Tarn-et-Garonne
T 0563-31 97 72
🐟 fr

Open: hele jaar 🌱 H 290m 🛖

Boerderij en omgeving

De oude boerderij, een voormalige postkoetshalte gebouwd in 1630, ligt op 290 m hoogte in de Quercy-streek, een glooiende omgeving met veel bos. Het rustieke gebouw is uit regionale steen gebouwd. Er worden verschillende soorten graan verbouwd en melkkoeien en trekpaarden gehouden. Die laatste dingen op verschillende regionale concoursen mee naar prijzen.

U overnacht in de boerderij op basis van logies en ontbijt. Er zijn twee vierpersoonskamers met gedeeld sanitair en een tweepersoonskamer met eigen badkamer. In de mooie eetkamer met open haard worden de heerlijkste streekgerechten geserveerd met producten van eigen boerderij. Voor de gasten is er een zitkamer met bibliotheek. U kunt een rondleiding over het bedrijf krijgen en meehelpen.

Als u het erf afloopt, wandelt u zo het bos in. In het Forêt de Gresigne (10 km), een groot staatsbos, kunt u in september luisteren naar het geburl van de herten. Waar de rivier Aveyron wordt geflankeerd door grillige kalkrotsen, vindt u de Gorges de l'Aveyron. Een kanotocht over de Aveyron is een aanrader, alleen al vanwege de imposante aanblik van de machtige, boven u uitstekende rotsen. In de kleine, middeleeuws aandoende dorpen aan de oevers van de Aveyron gaat het leven ontspannen zijn gang. De GR-46 loopt op 5,5 km.

🚴 🍽️ ♨️ 🏊10 ⛵10 🛶

- 🛏 3x, 🛏 10x, 1pkpn € 30, 2pkpn € 38 B&B

Route

🚗 Verlaat N20 bij Caussade richting Caylus en Villefranche-de-Rouergue (D926). 3 km na Septfonds linksaf naar Gaussou en borden volgen naar de boerderij (nog 1 km).

🚆 Trein van Montauban naar Caussade, bus Septfonds (op 3 km). Afhalen van Caussade mogelijk (gratis).

LAVAURETTE

Merle
Anke & Hubert van Vloten
82240 Lavaurette, Tarn-et-Garonne
T 0563-31 97 62
F 0563-31 97 62
E vanvlotenhubert@wanadoo.fr
W http://lavaurette.monsite.
   wanadoo.fr
🐟 fr, nl, uk, de

demeter

Open: hele jaar 🏔 1 mei-15 okt 🌱 H 280m

Boerderij en omgeving

De oude boerderij, gelegen op 250 m hoogte, ademt een rustige landelijke sfeer. Zij heeft de karakteristieke bouwstijl van de Quercy-streek, stamt uit 1860 en is in 1979 overgenomen door de huidige bewoners. Op de akkers worden verschillende graansoorten verbouwd voor vermaling en broodbakken. Alle producten staan onder controle van AB en Demeter. Plantaardige olie wordt als brandstof voor de machines gebruikt.

De camping, waar u zowel in de zon als in de schaduw kunt staan, ligt achter de boerderij in een rustig bosje dat ook voor caravans en campers goed bereikbaar is. Ook kunt u terecht in een gerestaureerd boerenhuis met grote zitkamer en keuken, drie slaapkamers en een eigen tuin (hiervoor reserveren). Op het terrein bevinden zich ook de graanmolen en de broodbakkerij.

De boerderij ligt in een beschermd natuurgebied van de Quercy-Blancstreek, die wordt gekenmerkt door grillige kalkhoogvlaktes, omgeven door gorges (kloven) die eeuwenlang door riviertjes zijn uitgesleten. Binnen een straal van 20 km kunt u verschillende bezienswaardigheden bezoeken, zoals kastelen, kerken en dorpjes waar u zich zo waant in de middeleeuwen. De omgeving is ideaal voor tochtjes per fiets, te paard of te voet (GR-46 op 5,5 km).

⚓ ☕10 🔥12 🔍 ✕○ 🍽10 🏊

🏠 1x, 🛏 6x, hpw € 280-380
⛺ T 8x, 🚐 4x, 🏔, pppn € 3,50, ptpn € 1, pcpn € 2

Route
🅰️ Verlaat A20 bij Caussade en neem D926 richting Caylus. Na Septfonds boven op de heuvel 1e afslag Lavaurette nemen. In Lavaurette rechts aanhouden en dorpje verlaten richting Caylus. Dan 1e weg links richting Ricomes; deze kleine weg volgen tot onder in het dal. Daar begint oprijlaan naar camping, aangegeven met bord Merle.
🚆 Trein naar Caussade (traject Parijs - Toulouse), afhalen mogelijk na telefonisch overleg.

LE FALGOUX
Le Tahoul
Michèle & Gilles Lanneau
15380 Le Falgoux, Cantal
T 0471-69 51 67
F 0471-69 51 67
M 06-863 567 58
W www.letahoul.com
📧 fr, uk

Open: 20 dec-5 nov H 1100m (RES)
verplicht 🈲 [✋]

Huis en omgeving
Aan de voet van de Puy Mary, met een oogverblindend uitzicht over de Haute Vallée du Mars ligt op 1100 m Le Tahoul. Het grote Auvergne-huis van vulkaangesteente (1850) is geheel met ecologisch materiaal verbouwd. De eigenaren zijn jong-gepensioneerden, die in een sfeer van rust anderen graag laten meegenieten van deze unieke plek.
U verblijft in een van de zes kamers, op basis van volpension. Er zijn drie tweeper-

soons-, twee driepersoons- en een zespersoonskamer. De maaltijden zijn zeer smakelijk en gevarieerd; puur biologisch en meestal ook vegetarisch. Er is zelfgebakken brood en zuiver bronwater. De ruime en mooie gemeenschappelijke ruimte is uitermate geschikt voor het organiseren van cursussen als yoga en meditatie. U kunt hier voor de open haard zitten met een boek uit hun bibliotheek en in de tuin genieten van het prachtige uitzicht op de omliggende bergen van de Cantal.
De rust op Le Tahoul is weldadig, ook door de afgelegen ligging. Er zijn veel mogelijkheden voor activiteiten. U kunt hier eindeloos wandelen (GR-400 loopt langs het huis), watervallen bezoeken, klimmen, parasailen en in de winter begeleid de eigenaar wandelingen door de bossen met sneeuwschoenen. Op 18 km is er een meer waar u kunt zwemmen. De plaatsjes Salers en Tournemire zijn geclassificeerd als "plus beaux villages de France".

🏊 🍽 🎵 ☕18 🔍4 ✕○1 🚲17
🎣 ❄ 🏊

🛏 6x, 🛏 20x, 2ppn € 45 VP

Route
🅰️ Op A75/E11 van Clermont-Ferrand richting Montpellier afslag 23, Massiac. N122 richting Aurillac. Na Murat D3 en na 8 km links D680 over de Pas de Peyrol. Na ca 20 km rechts richting La Chaze en Le Falgoux (D12). Van La Chaze borden Le Tahoul volgen.
🚆 Trein naar Murat of Aurillac ('s winters alleen Aurillac). Afhalen in overleg (0,40 euro/km).

LE MAS-D'AZIL
Barané
Wilm & Uli Wijnen
Le Barané, Gabre,
09290 Le Mas-d'Azil, Ariège
T 0561-69 98 17
F 0561-69 79 09
E info@barane.com
W www.barane.com
📧 fr, uk, de, nl

demeter

Open: hele jaar 🌱 H 450m (RES) verplicht 🈲 [✋]

Boerderij en omgeving
De biologisch-dynamische boerderij (75 ha) van Wilm en Uli ligt op een hoogte van 450 m in het voorgebergte van de Pyreneeën en biedt een prachtig uitzicht op de omliggende bergen. De boerderij is volledig in bedrijf en er wordt behalve aan veeteelt ook aan akkerbouw, tuinbouw, fruitteelt en bosbouw gedaan. De 17de-eeuwse boerderij is in 1998 gerestaureerd, waarbij vooral natuurlijke materialen (stro, leem, hout en steen) gebruikt zijn.
De kamers (acht voor twee tot vier personen en nog sofabedden in de zitkamer) zijn door de gebruikte materialen rustgevend, ruim en allemaal voorzien van eigen badkamer. Groepen (van 12 tot 30 personen) kunnen de kamers inclusief de gemeenschappelijke ruimtes huren. Roken mag buiten. Door de veelzijdigheid van het bedrijf zijn er volop levensmiddelen verkrijgbaar: fruit, groenten, brood, vlees, eieren, jam, vruchtensappen, honing, noten, kruiden. Voor groepen van 12 personen of groter wordt op verzoek de biologische avondmaaltijd geserveerd. Voor de gasten is er een tuin, eetkamer, woonkamer en recreatieruimte beschikbaar. U kunt er zwemmen (rivier of meer), tafeltennissen en natuurexcursies maken. De omgeving leent zich uitstekend voor wandelen (let op de edelherten, reeën en everzwijnen) en fietsen (eigen fiets meenemen). Wat verder weg zijn er vele mogelijkheden voor bergbeklimmen, kanoën, watersporten en golfen. Bezienswaardigheden zijn er te over, bijvoorbeeld de grotten van Le Mas-d'Azil, leuke authentieke gehuchtjes, dorpjes en stadjes, Katharenkastelen, musea. Foix, Pamiers, Saint-Girons, Carcassonne en Toulouse lenen zich uitstekend voor het maken van dagtochten.

🏊 🍽 🎵 ☕3 🍴7 🔍7 ✕○ 🚲4
🎿20 🎣7 🏊

F

🛏 8x, 🚿 20x, 1pkpn € 38, 2pkpn € 46 B&B

🏛 🛏8x, 🚿 30x, Prijs op aanvraag

Route

🚗 Ten zuiden van Toulouse op de A64/E80 afslag 36 en dan N20 richting Foix. Ca 10 km na Pamiers D919 richting Le Mas d'Azil. Vlak na afslag naar Montégut-Plantaurel, in gehucht Camp-Nègre links en via D31 en D131 naar D1 richting Gabre. Op D1 staat Le Barané na ca 1 km aangegeven.

🚃 Trein naar Pamiers of Foix (25 km). Afhalen in overleg tegen vergoeding (euro 0,40/km).

LES EYZIES-DE-TAYAC

La Combe
Lies Heyvaert
24620 Les Eyzies-de-Tayac, Dordogne
T   0553-06 91 52
E   info@lacombe.ws
W   www.lacombe.ws
🗣 nl, fr, uk

Open: hele jaar ♥ (RES) verplicht [🛏]

Camping en omgeving

In het drukbezochte gebied van de Périgord Noir, door de UNESCO uitgeroepen tot cultureel erfgoed, ligt de gemoedelijke camping van de Vlaamse Lies Heyvaert. In de winter wijdt zij zich aan de 120 schapen (biologisch maar niet-gecertificeerd) voor de vleesproductie en 's zomers is zij druk met de camping.
Op het terrein staan tien volledig ingerichte huurtenten. Elke tent heeft eigen tuinmeubilair en een barbecue. Een tweetal plaatsen is bestemd voor gasten met eigen tent, dus op tijd reserveren. Aan de overkant van de weg, tegen de helling en tussen het groen, bevinden zich twee vakantiewoningen, een eenvoudige houten stacaravan en een chalet. De camping heeft een natuurlijk meertje, waar de kinderen zich de hele dag kunnen vermaken.

Twee keer per week wordt er gekookt, meestal vegetarisch, en kunt u aanschuiven. Op het terrein zijn ook twee ezels, kippen en een bok.
Vanaf de camping worden in het hoogseizoen drie keer per week rondleidingen gegeven door een Vlaamse archeoloog. Hij kan u van alles vertellen over de prehistorie en recentere geschiedenis die de Périgord Noir zo bijzonder maakt. Grotschilderingen, tempels en abdijen getuigen van meer dan 300.000 jaren menselijke aanwezigheid. Verder kunt u, al dan niet onder begeleiding, natuurwandelingen maken en kanoën.

🏠 4x, 🚿 20x, hpw € 294-448-357-630
⛺ T 2x, 🚐🏕, pppn € 5, ptpn € 10

Route

🚗 Op A20/E9 bij Brive-la-Gaillarde afslag 51 en richting Périgueux (N89/E70). In Le Lardin over Montignac (D704) naar Les Eyzies-de-Tayac. Dan richting Le Bugue (D706). Na 4 km links bij bord La Combe/Auberge l'Etang Joli. Na 2 km, voorbij Hotel La Combe, bordje M. Heyvaert (huizen links, camping rechts).
🚃 Trein naar Les Eyzies-de-Tayac. Ophalen in overleg.

LEYNHAC

Ferme de Séjour de Martory
Jeanine & Jean-Marie Caumon
Martory, 15600 Leynhac, Cantal
T   0471-49 10 47
F   0471-49 14 61
E   jean-marie.caumon@wanadoo.fr
🗣 fr, uk

Open: hele jaar ♥ H 500m (RES) verplicht
♿ 📧

Boerderij en omgeving

In een landschap dat in de verte aan Toscane doet denken, staat de biologische boerderij van de familie Caumon. Twee generaties zetten hier met veel passie het werk van hun voorouders voort. De voornaamste bron van inkomsten zijn de 55 Limousin-koeien. De kalveren grazen in de zomer op een stuk land 50 km van de boerderij. Op de boerderij zijn verder varkens, lammeren, gevogelte, konijnen en paarden. Ook is er een kleine boomgaard.
U verblijft in een van de twee gîtes, beide voor zes personen. U kunt kiezen uit een karaktervol huis met twee slaapkamers en een vide. Of u neemt uw intrek in de moderne gîte, met drie kamers (een geschikt voor rolstoelgebruikers) en een veranda. Er zijn zes twee- en meerpersoonskamers op basis van logies en ontbijt, geserveerd in de gezamelijke eetkamer van de boerderij. Vier van de kamers zijn uitgerust met een eigen keukentje. Voor de gasten is er een klein zwembad en een overdekte spelletjesruimte. Buiten het seizoen is het geheel te huur als groepsaccommodatie. In een voormalige schuur is een grote groepsruimte met keuken. Tochten met paard en wagen door de omgeving zijn mogelijk.
Het aangename klimaat is ideaal voor fietsen, mountainbiken, kanoën, zeilen en wandelen. In een straal van 20 km vindt u: de abdij van Maurs met een antieke oliepers, het prachtige middeleeuwse stadje Marcolès (10 km) en in Junhac vertrekt een kleine trein (20 km). Op de Puy Mary en de Monts du Cantal grazen de Salerskoeien. Het museum over dit bijzondere ras, de kaas en de Gentiaan-bloem is in Salers (50 km).

🚿 ⛵ 🚲 🎣 ♨ 🏊15 🏕10 🎣3
🎿35 💧35 ⛵35 ⚓10

🛏 6x, 🚿 21x, 1pkpn € 29-37, 2pkpn € 40-45 B&B
🏠 2x, 🚿 12x, hpw € 510
🏛 🛏12x, 🚿 34x, 1ppnoz € 19 B&B

Route

🚗 Vanuit Aurillac de N122 richting Figeac. In Maurs de D19 richting Calvinet. Na ca 9 km, op kruispunt bij Les Barraques, links (D45) richting Saint-Antoine en Marcolès. Na ca 1 km rechtsaf naar Martory.

🚂 Trein en bus tot Maurs. Afhalen in overleg tegen vergoeding.

LOUROUX-BOURBONNAIS

Camping-Caravaning-
Appartements Mathonière
Lutien Both & Rob Meeuwis
03350 Louroux-Bourbonnais, Allier
T   0470-07 23 06
F   0470-07 23 06
E   mathoniere@tiscali.fr
W   www.mathoniere.nl
💬 nl, fr, uk, de

Open: hele jaar   H 350m ® [🏠]

Accommodatie en omgeving

Mathonière ligt in de Bourbonnais-streek, op 350 m hoogte. Het ligt op 2 km afstand van Louroux-Bourbonnais, een dorpje met 350 gastvrije en vriendelijke inwoners. Het terrein is 2 ha groot en ligt in een heuvellandschap temidden van bossen en landerijen en wordt omzoomd door houtwallen. Driekwart van het terrein vormt een open veld met in het midden een grote oude eik en een prachtig uitzicht over de streek. Door de rustige ligging van de camping en door de afwezigheid van een doorgaande weg kunnen kinderen rustig spelen op en rond het eigen terrein.

U overnacht in gîtes (bedlinnen en handdoeken meenemen) of verblijft op de camping. U mag zelf uw plek uitkiezen. De camping heeft 11 ruime plaatsen voor tenten, caravans of campers. Het grote veld biedt rust en ruimte.

De regio staat ook bekend om zijn oude stadjes, zoals Hérisson en Cosne-d'Allier, waar 's zomers vaak middeleeuwse feesten worden georganiseerd. Ook zijn er vele kastelen en dorpjes met 'auberges' waar heerlijke maaltijden worden geserveerd. Wandelen, fietsen, paardrijden,

golfen, vissen, zwemmen, kanoën, raften, parapenten en ballonvaren behoren tot de sportieve mogelijkheden. Er is de mogelijkheid om te zwemmen in het plan d'eau van Vieure op korte afstand. U komt onderweg langs het kasteel La Salle, waar een bezoek aan de tuin de moeite waard is. Ook het grootste en mooiste eikenbos van Europa (Forêt de Tronçais) is vlakbij.

🎣 🏊<5 ♨8 🎣8 🏐 🏊5 🚴5
🏖5 🚣20

🏠 3x, 🏕 14x, hpw € 400-450
⛺ T 11x, 🚐 11x, 🚻, pppn € 6

Route

🗺 Op A71/E11 richting Montluçon afslag 9 Vallon-en-Sully. Daarna richting Hérisson (D11). Door Hérisson richting Cérilly (D3), meteen afslag Louroux-Bourbonnais (D251). In dorp alsmaar rechtdoor. Bij viersprong links naar Mathonière. Na 200m. rechts.
🚂 Trein: Montluçon (30 km) of Moulins (44 km) dan taxi.

MALVEZIE

Ferme du Vignaut
Isabelle & Bruno David
Vignaut, 31510 Malvezie, Haute-Garonne
T   0561-79 66 46
E   biopec@infonie.fr
💬 fr

Open: 1 mei-1 nov 🐴 H 640m 🐎

Camping à la ferme dans un site calme et ombragé
Sentiers de randonnées et vtt à proximité.

Boerderij en omgeving

De boerderij ligt erg rustig aan het eind van een doodlopende weg, op 650 m hoogte in het middelgebergte van de Pyreneeën. Er worden schapen en pluimvee gehouden voor het vlees, de melk en eieren. Ook worden er seizoensgroenten geteeld, die wekelijks op de markt worden verkocht. Het keurmerk van Ecocert waar-

borgt de biologische kwaliteit. U verblijft op het kleinschalige en rustige kampeerterrein. In droge zomers kan de camping eind augustus helaas worden gesloten door watertekort.

U kunt diverse activiteiten ondernemen: bij de boerderij beginnen uitgezette wandel- en ATB-routes, een ontspannen wandeling door de Vallée de la Garonne is aan te bevelen, evenals een bezoekje aan het gezellige naburige dorpje Saint Bertrand-de-Comminges (kathedraal en prehistorische Grotte de Gargas), op 6 km in Saint-Pé-d'Ardet is een meer waar u kunt zwemmen en bevindt zich ook een avontuurlijk boomtoppenpark.

⛰ 🏊6 ♨18 🎣18 🏐6 🚴6 🏖4
🚣32 🏇

⛺ T 6x, 🚐 3x, pppn € 2,10, ptpn € 2,40, pcpn € 2,40

Route

🗺 18 km Z van Saint-Gaudens. Via N11-E80 naar Saint-Gaudens, dan richting Luchon. In Valentine naar Sauveterre-de-Comminges (D9). Volg borden 'Hotel les 7 Moles' en 2 km na dit hotel linksaf naar Malvezie. Vanaf dorpsplein in Malvezie 2x linksaf. De camping bevindt zich 2,5 km buiten Malvezie.
🚂 Trein: Saint-Gaudens, taxi of afhalen tegen vergoeding.

MÉRINCHAL

Les Soleils
Blandine & Hervé Leprêtre
Marlanges, 23420 Mérinchal, Creuse
T   0555-67 27 88
F   0555-67 27 88
E   lessoleils@wanadoo.fr
💬 fr, uk, it

Open: hele jaar 🏔 15 mei-31 aug 🐴 H 720m ® verplicht [🏠]

F

Boerderij en omgeving

De boerderij, die dateert van rond 1900, is gebouwd van granietsteen op oude gewelven. Het eenvoudige, rustieke gebouw ligt op 720 m hoogte in een gehucht waar vijf families wonen. Dit is geen actief bedrijf meer maar de sfeer van de boerderij is wel behouden. Men houdt pluimvee en ezels.

U overnacht op basis van logies en ontbijt in het boerenhuis. Er zijn twee tweepersoons, twee vierpersoons- en een vijfpersoonskamerkamer, elk met eigen douche en toilet. Ook kunt u hier kamperen op een van de zes schaduwrijke plaatsen. Maaltijden worden geserveerd aan de familietafel, gezellig naast het haardvuur. Diverse producten van de boerderij zijn te koop. Kinderen mogen meehelpen bij de verzorging van de dieren. U kunt er, al of niet met begeleiding, ezeltochtjes maken. Veel heuvels en bergen in het landschap waren eens actieve vulkanen. Bij een bezoek aan het vulkanenpark Vulcania (40 km) kunt u meer te weten komen over dit geologische fenomeen. Het gebied staat bekend om de tapijtweverij, met de stad Aubusson als centrum. Het Massif du Sancy biedt wandelaars volop rust en natuurschoon. In de omgeving liggen vele meren waar u kunt zwemmen.

👫 📷 🛶 🚴 ⛷ 🏊10 ⛷10 🚤25
🔍4 ✕4 🏕15 🚣15 🎣4 🏹15 ⛵

🛏 5x, 🚿 16x
⛺ 🏕, Prijs op aanvraag

Route
🚗 Van Clermont-Ferrand de N141 richting Limoges. In 1ste dorp van het departement Creuse, Létrade, voor het spoor linksaf en nog 0,5 km tot Marlanges (laatste huis met gele luiken).
🚆 Trein naar Létrade (traject Montluçon - Ussel). Afhalen mogelijk in overleg.

MONTESQUIOU

Camping L'Anjou
Monique & Clemens van Voorst
32320 Montesquiou, Gers
T 0562-70 95 24
F 0562-70 95 24
E clemens.van-voorst@wanadoo.fr
W http://perso.wanadoo.fr/
   camping-anjou
🗣 nl, fr, uk, de

Open: 1 apr-15 okt H 330m Ⓡ ♿ [🐎]

L'Anjou en omgeving

Deze prachtige boerderij uit 1800 ligt in het hart van de Gers en biedt uitzicht op de Pyreneeën. Ondanks dat het geen boerenbedrijf meer is, zijn er nog genoeg dieren aanwezig zoals schapen, geiten, kippen, katten en een pony. In de boerderij zijn twee kamers op basis van logies en ontbijt. De gezellige familiecamping heeft 36 ruime plaatsen en heeft een weids uitzicht over de golvende dalen van de rivier de Osse. Op de camping zijn verder een trekkershut, bungalowtenten en caravans te huur. Het sanitair is nieuw en heeft een babyruimte. Er is volop vertier voor kinderen tot 12 jaar. Er is een zwembad, er zijn speelplaatsen, ze kunnen knutselen, een kampvuur stoken en er is een kinderboerderij. In het winkeltje kunt u eenvoudige boodschappen doen en dagelijks vers brood kopen. Maaltijden zijn verkrijgbaar, er is een bar, een bibliotheek en een schaduwrijke tuin.

L'Anjou vormt een ideale basis voor mooie wandeltochten in de heuvels, door akkers en langs oude boerderijen. In omliggende steden zijn er in de zomer nachtmarkten en verschillende internationale muziekfestivals (jazz in augustus in Marciac, countrymuziek in juli in Mirande). Op een uur rijden liggen de Pyreneeën en de steden Pau en Lourdes.

👫 📷 🛶 ⛵ 🎣 🏊20 🎣10 🚲30

🛏 2x, 🚿 6x, 2pkpn € 35 B&B
⛺ 🏕, pppn € 3, ptpn € 6,50

Route
🚗 Van Auch de N21 richting Mirande. Na 15 km, bij Le Trouette, afslaan naar L'Isle-de-Noé (D2). Daar de D943 naar Montesquiou en dan verder naar Bassoues. Ca 3 km na Montesquiou linksaf, bordjes camping volgen.
🚆 Trein via Parijs, Agen naar Auch. Daar bus naar Mirande (15 km) of taxi.

MONTFERRIER

Les Gîtes du Paquetayre
Michèle & Michel Thouzery
Le Paquetayre,
09300 Montferrier, Ariège
T 0561-03 06 29
E plantes.et.nomades@wanadoo.fr
W www.ariege.com/le-paquetayre
🗣 fr, uk, es

Open: hele jaar ♥ H 870m Ⓡ 🐴

Boerderij en omgeving

De boerderij ligt verscholen in de Pyreneeën, op een hoogte van 870 m en kijkt uit op het kasteel van Montségur. Het authentieke gebouw van steen en hout past perfect in het landschap. Op het 30 ha grote biologische bedrijf worden schapen gehouden en twee paarden en een ezel. U kunt hier ingewijd worden in het boerderijleven en in de zomer de kudde schapen de berg op begeleiden, de wilde en gekweekte kruidenplanten leren herkennen en meehelpen broodbakken in de houtoven van de boerderij.

U verblijft op een van de kamers in de boerderij of in een van de twee gîtes die geheel ingericht zijn (vier en acht personen, eigen lakens meenemen). U kunt aanschuiven voor een lekkere maaltijd van biologische boerderijproducten (ook vegetarisch indien gewenst). In de zomer worden er verschillende cursussen gegeven waaronder Qi Gong, Tai Chi Chuan en alles over kruidenplanten.

De bos- en bergrijke streek biedt ontelbare mogelijkheden om te wandelen, ook op gemarkeerde wandelpaden zoals de GR of het kathaarse wandelpad (langs burchtruïnes van deze middeleeuwse ketterse beweging). Het Lac de Montbel (25 km) of het Château de Montségur zijn twee bezienswaardigheden, geschikt voor een (mid-)dagtochtje. Ook kunt u in de omgeving tennissen, zwemmen, paardrijden en 's winters skiën en langlaufen.

🏊 🎔 🛏 ♨20 🏹3 ❄15

🛏 3x, 🛏 6x, 2ppn € 23 B&B
🏠 2x, 🛏 12x, hpw € 310-460
🏨 🛏5x, 🛏 16x, Prijs op aanvraag

Route
Vanuit Foix richting Lavelanet (D117). Enkele kilometers voor Lavelanet via Montferrier (D9) richting Col-de-la-Lauze. Aan het eind van het dorp linksaf de bordjes volgen en omhoogrijden tot aan de boerderij.
🚂 Trein naar Foix, dan bus naar Lavelanet.

MONTREDON-LABESSONNIÉ

Gîtes de Granquié
Martine Pages
Granquié,
81360 Montredon-Labessonnié, Tarn
T 0563-75 13 92
F 0563-75 13 92
E pages.martine2@wanadoo.fr
W www.gites-granquie.com
🌿 fr, uk

Open: hele jaar 🌿 H 590m (RES) verplicht

Boerderij en omgeving
In het Parc Naturel Régional du Haut-Languedoc ligt de schapenboerderij van

Martine Pages. Respect voor de dieren en het milieu staat voorop. Het is een mooi gezicht als u op het erf de grote kudde ziet lopen.

Op het terrein staan twee gîtes en een gîte d'étape, een herberg voor mensen die op doorreis zijn, zoals bijvoorbeeld wandelaars of fietsers. De gîtes zijn in 1990 gerestaureerd, de authentieke sfeer is bewaard gebleven. Er is een gîte voor zes personen (twee slaapkamers) en een voor zeven personen (drie slaapkamers). Beide zijn ruim van binnen, volledig ingericht en u heeft een eigen stuk tuin ter beschikking (zelf lakens meebrengen). De gîte d'étape biedt plaats aan 14 personen, is eenvoudig ingericht, en heeft een open haard (zelf slaapzak meebrengen). Het is zeer rustig op La Granquié. De eigenaren kunnen u van alles vertellen over de natuur, wandelroutes door de omgeving en hun bedrijf. Eventueel kan voor ontbijt en diner gezorgd worden.

De omgeving is zeer geschikt voor het maken van mooie wandelingen en fietstochten met mountainbike. De GR-36 naar het Massif du Carnigou loopt praktisch langs Granquié en vanaf het gehucht zijn er vijf ATB-routes van 15 tot 25 km door een zeer afwisselend landschap, langs de molen l'Houette, naar de watervallen van Arifat, door de Agout-vallei (zwemmen, vissen). In Montrédon is een zwembad (4,5 km) en het Lac Barcalié biedt mogelijkheden om te zwemmen, vissen en zeilen (15 km). Op 7 km is er een sterrenwacht. De Sidobre (15 km) is een granietplateau met fascinerende rotspartijen. Voor cultuur kunt u naar Albi (kathedraal, museum van Toulouse Lautrec), Cordes en Castelnau-de-Montmiral.

🏊 🎔 🛏 ⊜15 ♨4,5 🎣7 ✕4,5 ♨15 🍴15 ♨15 🐟30 🏹7 🐾

🏠 2x, 🛏 13x, hpw € 240-372-260-389
🏨 🛏1x, 🛏 14x, 1ppnoz € 8,50

Route
Van Albi N112 richting Castres. Bij Réalmont D86 en D63 naar Montredon-Labessonnié. Rechtdoor (D89) en na ca 3 km afslaan richting Vabre/Le Pradel (D63). Na ca 3 km links. Granquié staat hier aangegeven.

🚂 Trein naar Castres, dan bus naar Montredon-Labessonnié. Afhalen vanuit Castres mogelijk (€ 30 retour).

PRÉCHAC

La Bastide
Annemieke & Rob Diepgrond
1, Moureson, 33730 Préchac, Gironde
T 0556-65 21 17
F 0556-65 28 47
M 06-793 914 13
E robert.diepgrond@tiscali.fr
W www.labastide.info
🌿 nl, fr, de, uk

Open: hele jaar H 70m (RES) verplicht
🍽 [🛏]

La Bastide en omgeving
La Bastide ligt aan een rustig kruispunt midden in de bossen van Les Landes. Annemieke en Robert hebben in 2002 deze chambre d'hôte overgenomen en de Franse stijl behouden. Samen met hun vier kinderen zorgen zij voor een gastvrij verblijf op La Bastide.

Achter in de tuin liggen de drie gastenkamers. De gîte (acht personen) heeft drie slaapkamers, twee badkamers, een woonkamer met houtkachel, keuken en een privétuintje (zelf handdoeken meenemen). 's Ochtends wacht u een heerlijk ontbijt op het gezellige terras, 's avonds kunt u aanschuiven voor een smaakvolle maaltijd, met liefde bereid door Annemieke (desgewenst helemaal biologisch of vegetarisch). De groenten zijn afkomstig uit de biologische moestuin. Heerlijke huisgemaakte chocolade en de zoete Sauternes, wijn uit de streek, zijn specialiteiten van het huis. Op verzoek kunt u een reiki-behandeling krijgen. Gasten mogen gebruik maken van het kleine zwembad.

In de heuvelloze omgeving kunt u uitste-

F

kend fietsen. Zo loopt er een fietsroute langs de voormalige spoorbaan naar de kust (70 km). Daar vindt u ook de majestueuze Grande Dune du Pilat. In Préchac is een natuurontdekkingscentrum van waaruit begeleide natuurwandelingen, allerlei activiteiten voor kinderen en kanoen kajaktochten over de Ciron worden georganiseeerd. In de buurt zijn een avontuurlijk boomtoppenpark (nachtje tussen de takken bivakkeren is mogelijk) en vele oude kastelen (Villandraut, Cadillac). In het écomusée bij Marquèze wordt in de openlucht de geschiedenis van het gebied verbeeld.

🚲 📷 ⛵ 🛶 🎣 ⊚20 🚣9 🎣6
🐟9 🦆9 🎣6 🏄6 🎿

🛏 3x, 🚿 10x, 1pkpn € 45, 2pkpn € 50 B&B

🏠 1x, 🚿 8x, hpw € 250-700

Route

🅰 Op A62/E72 Bordeaux richting Toulouse afslag 3 Langon nemen. Dan D8 richting Sauternes/Villandraut. In Villandraut D8 vervolgen richting Bourideys/Luxey. Na 9 km, op kruising van D8 met D222 ligt links La Bastide.

🚆 Trein naar Langon, dan bus naar Préchac. Afhalen in overleg.

PUYGAILLARD-DE-QUERCY

Maison du Gouyre
Leonie Janssen
Lieudit La Paillasse,
82800 Puygaillard-de-Quercy,
Tarn-et-Garonne

T   0563-67 23 20
F   0563-67 23 20
E   leonie.janssen@wanadoo.fr
W http://perso.wanadoo.fr/gouyre.
    maison/
🗨 nl, fr, de

Open: hele jaar 🏊 (RES) verplicht ♿
[📷] [🐴]

Boerderij en omgeving

Het boerderijtje ligt op 200 m hoogte in de heuvelachtige streek Quercy. Er zijn een onbespoten moestuin en kleine boerderijdieren (kippen, ganzen, eenden, varkens, honden en katten).
De kamer bevindt zich in het woonhuis en is op basis van logies en ontbijt. Ook kunt u terecht in de gîte voor zes personen (met open haard, keukentje en mezzanine) en in de vierpersoons studio. Minimum verblijfsduur is een week, ook voor de kamer. Roken mag buiten. Gasten beschikken over een riant (100 m²) buitenbad dat op natuurlijke wijze, dus zonder chloor, gezuiverd wordt. In Montricoux is wekelijks boerenmarkt waar ook biologische producten verkrijgbaar zijn. Maison du Gouyre is prachtig gelegen in een mooie vallei met uitzicht over het Lac du Gouyre, een beschermd natuurgebied waar u kunt wandelen en vogels en andere dieren kunt 'bespieden' in een speciale hut. Rust en natuurschoon zijn hier gegarandeerd. Een mooi uitgezette wandelroute voert langs ons huis en u kunt zo 'instappen'. Dichtbij stroomt de rivier Aveyron door spectaculaire kalkrotswanden (Gorges de l'Aveyron), langs het staatsbos Forêt de la Grésigne en prehistorische grotten. In de middeleeuwse dorpjes aan de oever van de Aveyron lijkt het alsof de tijd heeft stilgestaan.

🚲 ⛵ 🎣 🐟 🚴3 🏄 🎿

🛏 1x, 🚿 3x, 2pkpn € 42 B&B
🏠 2x, 🚿 10x, hpw € 350-400-360-560

Route

🅰 Op N20 of A20 afslag Caussade en D964 naar Montricoux. Hier rivier Aveyron oversteken, even rechts en na ca 0,1 km links richting Puygaillard-de-Quercy (D32). Na 4 km ziet u klein groen bordje 'Chambres d'Hôtes Lac du Gouyre'. U slaat hier rechtsaf en volgt bordjes naar boerderij.

🚆 Trein naar Caussade (15 km) of Montauban (25 km).

RIBÉRAC

Pauliac Chambres d'hôtes
Jane & John Edwards
Pauliac, Celles, 24600 Ribérac, Dordogne

T   0553-91 97 45
E   info@pauliac.fr
W www.pauliac.fr
🗨 uk, fr

Open: hele jaar H 400m (RES) verplicht

Pension en omgeving

In de bosrijke omgeving van de Dordogne ligt de B&B van de engelse familie Edwards.
Het huis van meer dan 200 jaar oud is mooi gerenoveerd en herbergt vijf gastenkamers. De kamers zijn smaakvol ingericht, hebben alle eigen sanitair, er is een suite en twee kamers hebben een balkon. Alle kamers hebben een mooi uitzicht op de omgeving. In de gemeenschappelijke ruimte wordt ontbijt en diner geserveerd. De eigenaresse staat bekend om haar kookkunsten, zeker ook voor vegetariërs. Voor de maaltijden wordt zoveel mogelijk gebruik gemaakt van natuurlijke ingrediënten. Achter in de schaduwrijke tuin is een zwembad met een aflopend gedeelte speciaal voor kinderen. In juni en september worden er af en toe schilder- en beeldhouwcursussen gegeven.
In de omgeving van Pauliac kunnen zeer afwisselende wandelingen en fietstochten gemaakt worden. In mei en juni bloeien de wilde bloemen, in juli zijn de velden geelgekleurd van de zonnebloemen en in het najaar is het tijd voor de walnoten en paddestoelen. In Verteillac (5 km) is een manege en een winkel, in Ribérac (11 km) is er op vrijdag een kleurrijke markt. Périgueux, de hoofdstad van de Dordogne,

heeft een oud centrum met smalle straatjes uitmondend in gemoedelijke pleinen, in Brantôme is de botanische tuin Alaije, iets verder weg zijn Les Eyzies en Lascaux, beroemd om de grotschilderingen en de mooie stad Sarlat.

🏮 ⛟ ◎15 🛟5 ⚓2 ⤫2 ⚓15 ⚓5
🏐5 👥

🛏 5x, ⚡10x, 1pkpn € 45, 2pkpn € 60
B&B

Route

🅰 Van Angoulême richting Perigueux (D939). In La Rochebeaucourt-et-Argentine D12 naar Verteillac. Hier (D1) richting Celles/Bourg-des-Maisons. Bij T-splitsing richting Celles (D99) tot in Pauliac.

👣 Trein tot Angoulême, dan bus tot Verteillac. Afhalen in overleg.

RIGNAC

Camping de Fans
Marcelline Assendelft & Pieter Quartero
Fans, 12390 Rignac, Aveyron
T 0565-64 49 56
F 0565-64 49 56
E camping.fans@wanadoo.fr
W http://go.to/campingfans
🌐 nl, fr, uk

Open: hele jaar ⚑ 1 mei-31 okt H 425m
(RES) verplicht ✖ 🐕

Camping en omgeving

Fans ligt temidden van grazige weilanden en bosrijke heuvels. Het terrein is getooid met eeuwenoude eikenbomen die schaduw geven tot aan de oevers van de loom voorbijstromende rivier. Het is er stil, mooi en vriendelijk. Er zijn 30 ruime plaatsen voor tenten of vouwwagens. Verder kunnen er nog enkele tenten staan in de Geheime Vallei, goed verscholen tussen de beboste heuvels. Daar staan ook

twee Canadese wildernistenten voor vier of zes personen, die u kunt huren. Op het campingterrein is in de rivier een zwemplek ingericht, met schaduw en een steiger. Het sanitair is prachtig uitgevoerd en van hout. 's Avonds is er geen kunstlicht op de camping en het terrein is autovrij. In de eeuwenoude boerderij is op de begane grond een appartement voor twee personen (twee extra bedden mogelijk). Het is van het woonhuis gescheiden en heeft een eigen opgang. Buiten op het terras, grenzend aan de boomgaard, heeft u een fraai uitzicht op de omringende heuvels. In de zomer wordt er twee keer per week gekookt. Hierbij maakt men zoveel mogelijk gebruik van groenten uit de biologische moestuin. Iedere ochtend is er vers brood van de bakker.

Aveyron is één van de rustigste departementen van het land. Het landschap is er afwisselend ruig, lieflijk, wild en geheimzinnig. De mensen zijn er vriendelijk en hebben nog de tijd. U kunt er prachtige wandelingen maken. De GR-62B loopt langs de camping. Het dorpje Belcastel (3,5 km) staat te boek als een van de mooiste dorpjes van Frankrijk.

🛶 ↗ ◎10 🛟6 ⚓3,5 ⚓10 🏐6
🍴15 👥

🏠 1x, ⚡2x, hpw € 395
⚓ T 30x, 🚿, pppn € 4,50, ptpn € 4

Route

🅰 Van Clermont-Ferrand richting Montpellier (A75/E11). Afslag 42, Sévérac-le-Chateau en richting Rodez (N88). Montauban volgen (D994) tot in Rignac. Bij gemeentehuis (mairie) links richting Belcastel en Colombiès (D997). Na 5 km, voor Le Pont Neuf, rechts richting Fans over klein weggetje langs de rivier (links) tot 1e huis.

👣 Trein van Paris Austerlitz over Brive-la-Gaillarde naar Rodez, afhalen mogelijk. Te voet: de GR-62B loopt langs het landhuis.

RIMONDEIX

Camping La Semnadisse
Iris & Alastair Knox
La Semnadisse, 23140 Rimondeix, Creuse
T 0555-80 86 09
E semnadisse@libertysurf.fr
W www.bcs.nl/lasemnadisse
🌐 nl, fr, uk, de

Open: hele jaar ⚑ 🍴 H 400m ® ♿
🍴

Boerderij en omgeving

De boerderij is gebouwd in 1874 en ligt op 400 m hoogte in de Limousin-streek. Er worden schapen gehouden en er zijn ezels, ponies, pluimvee en koeien.

Op het prachtige terrein van bos en weidegrond kunt u uw tent opzetten. De plaatsen zijn zeer ruim en garanderen voor iedereen rust en privacy. Er zijn ook negen compleet ingerichte vier- of vijfpersoonscaravans te huur en een gîte voor vier personen. Het terrein ligt in een zeer mooie en besloten vallei met daarin een beek en een meertje, waarin u kunt vissen en zwemmen. Voor kinderen zijn er schommels, een klimboom, zandbak en een tafeltennistafel. U mag een kampvuurtje stoken. In de hangar op het erf is een klein cafeetje en enkele keren per week kunt u aanschuiven bij de barbecue of pizza's uit de broodoven eten.

Het departement Creuse is een prachtig natuurgebied. In het noorden heuvelachtig, naar het zuiden steeds bergachtiger, maar overal ongelofelijk groen. Talloze kleine en grote plassen, meertjes, rivieren zijn er te vinden en overal komen nog de oorspronkelijke houtwallen voor, die tientallen vogel- en plantensoorten herbergen. U kunt er wandelen en van de weldadige rust genieten. In de directe omgeving zijn diverse kastelen te bezoeken. Aubusson en Felletin zijn zeer oude centra van tapijtweverij en in Chénérailles wordt

F

twee maal per jaar de grootste paarden-markt van Frankrijk gehouden. In diverse schilderachtige dorpjes in de buurt kunt u gedurende het zomerseizoen middel-eeuwse en bric-à-brac-markten bezoeken.

🍴 ♨ 🛁 ✈ 🏊10 🚃23 🎣10
🛶 🚲25 🛷25 🏹10 ⛳

🏠 1x, 🚿 4x, hpw € 160-330
⛺ T 20x, 🚐 8x, ♨, pppn € 2,75, ptpn € 3,55, pcpn € 4,25

Route
🚗 Op de N145/E62 tussen Guéret en Montluçon, ter hoogte van Jarnages afslaan richting Blaudeix (D990). De camping wordt verder aangegeven. Op Michelinkaart staat La Semnadisse aangegeven als Senmadix.
🚆 Trein van Limoges naar Guéret of van Montluçon naar Parsac. Afhalen mogelijk (euro 15,-).

RONNET
La Chassagne
Jan Schuit & Marijke Frowijn
03420 Ronnet, Allier
T   0470-51 08 07
E   info@lachassagne.net
W   www.lachassagne.net
🏳 fr, nl, uk, de

Open: hele jaar ⛺ 1 mei-30 sep H 500m
® 🐎

Boerderij en omgeving
La Chassagne is gelegen in een rustige en landelijke omgeving. Over het terrein (to-taal 13,5 ha) lopen beekjes en het riviertje de Tartasse. Het geheel bestaat uit bos, weide en velden met varens en bloemen. Op de weide grazen koeien en er zijn schapen, kippen, konijnen, poezen en een hond. Er is ook een biologische moestuin (groentes zijn te koop in het seizoen). In een van de gebouwen van de oude boer-

derij bevindt zich het sanitair, van buiten nog in de oorspronkelijke staat met mooie natuurstenen muren, van binnen modern. Er zijn drie appartementen: Maison du Berger, Maison du Bûcheron en Maison du Meunier, voor twee, vijf en zes personen. Elk appartement heeft een zitkamer met keuken en houtkachel, badkamer en een of meerdere slaapkamers. Op de camping (2,5 ha) zijn 40 ruime plaatsen en er is een ingerichte caravan te huur. Er is een klein zwembad en een bibliotheekje. Op het terrein kunnen kinderen heerlijk spelen, er is een ping-pongtafel, in het riviertje kunnen ze dammetjes bouwen en in het bos kunnen hutten gemaakt worden.
In 'La France Profonde' wisselen beboste heuveltoppen en dalen met beekjes elkaar af. De gorges de la Sioule bestaan uit hoge rotswanden, soms bekroond met middel-eeuwse kastelen of ruïnes daarvan. In de omgeving kan men heerlijk wandelen en fietsen. De Sioule en de Cher lenen zich uitstekend voor een kanotocht.

🛶 🏊12 🛶 🏹8 🚣10

🏠 3x, 🚿 13x, Prijs op aanvraag
⛺ ♨, Prijs op aanvraag

Route
🚗 Op A71 afslag 9 naar Montluçon (N144). Daar N144 blijven volgen over Néris-les-Bains en na 15 km (ca 3 km na Durdat-Larequille) rechts naar Ron-net (D154, niet de D460), dan blauwe borden naar Camping La Chassagne volgen.
🚆 Trein naar Montluçon, daarna afhalen of taxi.

SAINT-CAPRAIS-DE-LERM
L'Abeille
Ellen Handl & Roelf de Haan
47270 Saint-Caprais-de-Lerm,
Lot-et-Garonne
T   0553-47 53 64
E   handhaanabeille@club-internet.fr
W   www.landgoedabeille.com
🏳 fr, nl, uk, de

Open: hele jaar H 100m 🐎

Boerderij en omgeving
L'Abeille ligt in een matig heuvelachtig ge-bied, dicht bij Agen, de (culturele) hoofd-stad van het departement Lot et Garonne. Het boerenhuis en de bijgebouwen date-ren van omstreeks 1850 en nog eerder. De camping is van de gewone gemakken voorzien. Er zijn drie ruime plaatsen voor tent, caravan en camper. Elke plek heeft een prachtig uitzicht. Elders op het terrein is een vuurplaats en een parkeerplaats voor de auto's. Er is een trekkershut speci-aal voor wandelaars en fietsers die zonder tent op stap zijn of even geen zin hebben deze op te zetten. U kunt er koken en er staat een stapelbed. Aan de andere kant van het terrein staat een volledig inge-richte 'gîte charmant pour deux', met een ruime zitkamer met houtkachel en kook-hoek, een vide met een tweepersoons-bed, een badkamer met wasmachine, een privé-tuin en een overdekt terras (zelf handdoeken en beddengoed of slaapzak meenemen).
Producten van het seizoen uit de grote moestuin en zelf-gebottelde wijn uit de streek zijn verkrijgbaar.
L'Abeille leent zich uitstekend voor mooie wandeltochten (de GR-81 loopt langs het landgoed), paardrijden en fietsen. Het is omgeven door meren, rivieren en dorpen waar de tijd heeft stilgestaan. U kunt kas-telentochten maken, kerkroutes volgen, grotten bezoeken (Grottes de Fontirou, Grottes de Lastournelles) en tochtjes ma-ken naar Agen (een stadje met een typisch zuidelijk accent en voor elk wat wils), de Pyreneeën en Bordeaux.

🛁 🏊10 🏊10 🏹10 🛶 🚃15 ⛳15
🏹5 ⛳

📺 1x, 🚿 2x, 1pkpn € 18,50
🏠 1x, 🚿 2x, hpw € 170-320
⛺ T 3x, 🚐 3x, pppn € 2, ptpn € 10, pcpn € 10

Route

🗺 Vanaf Agen richting Toulouse (N113). Na 6 km in Castelculier (D215) richting Sauvetat-de-Savères. Op de D215 afslag Sauvagnas nemen. Let op blauwe camping-caravanbord met l'Abeille. Na 2 km, rechts van de weg, ligt l'Abeille.

🚂 Trein: Agen. Ook voor Eurolines-bus (station péage). Afhalen op afspraak en tegen geringe vergoeding.

SAINT-CHRISTAUD

La Barraque
Johanna Burkhalter
32320 Saint-Christaud, Gers
T 0562-08 21 91
F 0562-08 21 91
E labarraque@libertysurf.fr
W http://perso.libertysurf.fr/ labarraque
🗨 fr, de, uk, it

Open: hele jaar 🪓 ⚡ wwoof H 300m
(RES) verplicht 🖼 🐎

Boerderij en omgeving

La Barraque, gelegen op 300 m hoogte heeft een rijk historisch verleden. In de 13de eeuw deed het dienst als opvangadres voor pelgrims op weg naar Santiago de Compostela (deze route loopt nog steeds langs de boerderij). Tegenwoordig is het een kleine boerderij die werkt volgens biologische principes met voornamelijk koeien en kippen. Jam, kalfvlees, eieren en in het seizoen groente en fruit zijn te koop. U verblijft in een van de twee gîtes voor vier en zes personen, die zich bevinden in het oudste gedeelte van de boerderij. Mooie houten balken, een grote open haard en twee terrassen met uitzicht op de Pyreneeën zorgen voor een sfeervol verblijf. Zelf lakens en dekens meenemen. In juli en augustus worden er drie tweepersoonskamers verhuurd in het woonhuis (toilet, douche en keuken deelt

u dan met gastvrouw). Op aanvraag worden er in juli schilder- en muziekcursussen gegeven. Het ezeltje Gribouille kan u begeleiden op wandeltochten en zwemmen kan in het meer op het domein of in een van de meren in de buurt. Voor kinderoppas kan gezorgd worden.

In de vrij dun bevolkte omgeving vindt u vooral extensieve veeteelt. Het heuvelachtige gebied wordt gekenmerkt door kleine weiden, hagen, meertjes, bossen en veel ongerepte natuur en is uitstekend geschikt voor wandelingen. Gers staat in heel Frankrijk bekend om zijn gastvrijheid, gastronomie, goede wijnen zoals de Madiran en natuurlijk de armagnac. Bezienswaardige steden zijn Auch, met de kathedraal Sainte-Marie, Tarbes en Lourdes. Op de boerderij is veel informatie beschikbaar over de bijzonderheden van het gebied en de activiteiten die u kunt ondernemen en de eigenaren wijzen u graag op de kleine schatten van de Gers.

🏕 🏊<10 🎣10 🦆9 🎣10 🏇

🛏 3x, 🛏 6x, Prijs op aanvraag
🏠 2x, 🛏 10x, Prijs op aanvraag

Route

🗺 Vanuit Mirande de D159 op. Weg volgen richting Marciac. Voor Saint-Christaud ligt de boerderij rechts van deze weg.

🚂 Trein naar Auch of Tarbes, buslijn Tarbes-Auch, uitstappen in Mirande, hier afhalen mogelijk (gratis).

SAINT-DÉSIRÉ

Les Fruits du Passau
Marjolijn & Steven Starmans
Le Passau, 03370 Saint-Désiré, Allier
T 0470-07 17 58
E s.starmans@wanadoo.fr
W www.lesfruitsdupassau.com
🗨 nl, fr, uk, de

Open: 1 apr-31 okt 🍂 H 240m ® 🖼

Boerderij en omgeving

Op 5 km van het dorpje Saint-Désiré in de Allier ligt het kleinfruitteeltbedrijf van Marjolijn en Steven Starmans. Opgeleid in de eco- en tropische landbouw, brengen zij hier hun theorieën in de praktijk. Het fruitperceel levert aardbeien, frambozen, bramen, bessen, kersen, appels en peren. Waar mogelijk wordt het fruit biologisch geteeld (zonder certificaat). Voor de bestuiving staat een bijenkast op het perceel. De groentetuin is geheel biologisch; groenten, fruit, jam en eieren zijn te koop.

Vanaf het kampeerterrein heeft u uitzicht op de fruitbomen. Het terrein glooit, boven aan de rand is er plek voor tenten (zes plaatsen). Er zijn een grote stacaravan, twee kleinere caravans en een tent te huur. 's Zomers staat er op het terrein een badje voor de kleinsten en er is een speeltuintje.

De camping ligt in een prachtig glooiend landschap waar je kunt genieten van de rust en de ruimte. Wandelaars en fietsers komen via landweggetjes langs beekjes, meertjes, bossen, pittoreske boerderijen en dorpjes, romaanse kerkjes en kleine kastelen. In de omgeving kunt u paardrijden, tennissen of watersporten op het meer Sidialles (15 km). Bezienswaardigheden in de buurt zijn het Forêt de Tronçais (20 km), Montluçon (23 km) en verder weg Souvigny, Allier en Dompierre. In september is het bramentijd en in oktober zijn er champignons, in omliggende dorpjes worden dan festivals gehouden.

🏕 🎣 🏊15/20 🦆4,8 ⚡20 🚲15
🏄15 🚣15 🎣20 🦆9 🚴30 🚤

⛺ T 6x, 🚐3x, 🏕, ptpn € 8, pcpn € 10

Route

🗺 Op A71 afslag 8 Saint-Amand-Montrond. Na péage op rotonde rechts richting Orval. Op 2de rotonde, na ca 3 km, rechts naar Culan (15 km, D951/D997). Bij stoplichten links richting Montluçon (D943). Na 10 km in gehucht Goëlat afslag Saint-Désiré negeren, 1,8 km doorrijden, dan links (D311). Na 2,3 km op kruispunt rechtdoor. Na 200 m links aanhouden, nog 2 km tot Le Passau.

🚆 Trein naar Vallon-en-Sully, dan bus naar Saint-Désiré. Taxi of lopen.

SAINT-GERMAIN-DE-CONFOLENS

Le Petit Mas d'Île
Anneke & Dick Troelstra
16500 Saint-Germain-de-Confolens, Charente
T   0545-89 14 33
F   0545-89 14 33
E   info@lepetitmasdile.com
W   www.lepetitmasdile.com
🗣 fr, nl, de, uk

Open: 1 dec-31 okt 🛪 1 apr-15 okt ☒ 👾

Le Petit Mas d'Ile en omgeving

Midden in de lieflijke Charente runnen Anneke en Dick Troelstra een accommodatie die van alles te bieden heeft. De oude herenboerderij uit de 18de eeuw is verbouwd, waarbij de oorspronkelijke sfeer zo veel mogelijk bewaard is gebleven. Er is een mooie grote tuin, een oude boomgaard met appel-, peren- en notenbomen, een dierenweide, een speelterrein, een zwembad en tennis- en badmintonmogelijkheden. Op 200 m stroomt de rivier de Vienne waar ook in gezwommen kan worden.

De kamers (twee tweepersoons en een drieperoons) hebben elk een eigen thema: u kunt kiezen uit de Turkse, Egyptische en Franse kamer. Ook is er een appartement voor vier personen. Kamperen kunt u in de boomgaard. Daar is plaats voor tien tenten en caravans. In het tuinhuis wordt 's ochtends het ontbijt geserveerd en 's avonds kunt u aanschuiven voor een lekkere maaltijd (gedeeltelijk biologisch, vegetarisch ook mogelijk) en een goed glas wijn. Meehelpen bij het tuinieren en het klussen is mogelijk. Ook worden er creatieve cursussen, dagtochten en individuele wandelweken georganiseerd.

In de heuvelrijke omgeving kunt u schitterend wandelen en fietsen. Verschillende wandelroutes, waaronder de GR-48 (0,5 km), lopen vlakbij de boerderij. Informeer ook eens naar de wandelarrangementen. Eeuwenoude dorpjes, indrukwekkende kastelen en interessante steden liggen alle binnen bereik. Boodschappen doet u in Confolens en als u naar de grote stad wilt is Limoges vlakbij.

👫 🌀 🚤 🛁 ✈ ⤫○0,2 �)5 🐝3
🚿5

🛏 3x, ⬦ 7x, 2pkpn € 35-40 B&B
🏠 1x, ⬦ 4x, hpw € 235-295
🏛 ⬦ 11x, Prijs op aanvraag
⛺ T 10x, 🚐 4x, pppn € 3,50, ptpn € 3-5, pcpn € 6

Route

🅰 Op de A20 van Vierzon naar Limoges afslag 23 richting Bellac en Angoulême nemen. Ca 30 km na Bellac (na een paar borden met aanduiding Confolens), afslaan bij eerste bord naar Saint-Germain-de-Confolens en borden blijven volgen. U komt plaatsje binnen over smal bruggetje. Na ca 150 m is rechts een restaurant. Hier rechts de brug over. Net na brug direct weer links (D71). Weg ca 2,5 km volgen. Ca 100 m voorbij Le Mas d'Île ligt Le Petit Mas d'Île.

🚆 TGV naar Angoulême dan trein naar Chabanais, ophalen tegen vergoeding.

SAINT-GÉRY

Jardin Biologique de La Contie   AB
Marijke, Michel & Gaël Delrieux
La Contie, 24400 Saint-Géry, Dordogne
T   0553-58 64 31
F   0553-58 64 31
E   marijke_wuestenberg@hotmail.com
🗣 fr, uk, nl, de

Open: hele jaar ♥ 🌿 wwoof H 250m
👾

Boerderij en omgeving

De boerderij van rond 1900 ligt in een bosrijke omgeving op 250 m hoogte. In 1987 is het geheel gerenoveerd en omgeschakeld naar een biologisch tuinbouwbedrijf. De eigenaar kweekt droogbloemen en verschillende soorten groenten en fruit zoals traditionele tomatenrassen, meloenen, perziken en pruimen.

Op het kampeerterrein zijn 30 plaatsen voor tenten en caravans. De sanitaire voorzieningen van de camping zijn bevredigend eenvoudig en ecologisch, zoals het water dat verwarmd wordt door zonnepanelen. U kunt biologische en vegetarische maaltijden bestellen en boerderijproducten kopen.

Rust en ontspanning is in het omringende bos te vinden of bij het (vis)meertje op 500 m afstand. Op 10 km loopt de GR-646. De Périgord is verder bekend vanwege de wijn. Drie zeer beroemde wijnen uit de omgeving zijn die van Bergerac (22 km), Monbazillac en natuurlijk Bordeaux (50 km). In de omgeving zijn verschillende musea: het tabaksmuseum en het wijnmuseum van Bergerac, het museum van tradionele kunsten in Mussidan en het Gallo-Romeins museum in Périgueux.

🌀 ✈ 🏊○<10 🐝7 🎣1 🐝<10
🚿<10 👣

⛺ T 20x, 🚐 10x, 🚲, pppn € 2, ptpn € 2, pcpn € 2

Route

🅰 Vanuit Périgueux de N89/E70 naar Mussidan. Daar D20 richting Sainte-Foy-la-Grande. In Saint-Géry, tegenover de garage, linksaf. Boerderij na 1 km.

🚆 Trein via Bordeaux of Limoges naar Mussidan. Afhalen mogelijk in overleg (gratis).

SAINT-HILAIRE-LES-PLACES

La Noyeraie
Helma & Ron van Slobbe
La Gorgère,
87800 Saint-Hilaire-les-Places,
Haute-Vienne

T 0555-08 27 80
E ronvan.slobbe@free.fr
W http://lanoyeraie.free.fr
🗨 nl, de, uk, fr

Open: 1 apr-30 okt ⑧ [🕎]

Boerderij en omgeving

La Noyeraie is een actief en veelzijdig bedrijf. De streekeigen boerderij is als onderdeel van een steenbakkerij omstreeks 1850
gebouwd. De gebouwen zijn omringd door
diverse siertuinen, een kruiden- en royale
moestuin en enige jaren geleden is 4 ha
walnoot- en tamme kastanjeboomgaard
aangeplant. De zelfgeproduceerde biologische groenten, kruiden, zuivel, noten en
jams zijn te koop. Het geheel ligt temidden van bloem- en vlinderrijke weiden,
kwakkende en fluitende meertjes, bossen
en houtwallen en heeft de officiële status
van vogelreservaat (LPO).

Het is een ideale plek om het leven op het
boerenland te ontdekken. Op 13 ha bos en
weiden bent u vrij om een plek voor de
tent te zoeken. Er is een vijfpersoons caravan te huur en u kunt ook terecht in de 4-6
persoons gîte, gelegen achter de boerderij
tegen de bosrand. Er zijn volop jonge dieren en u kunt een handje helpen bij hun
verzorging of bij het werk in de moestuin.
In de velden kan worden gespeeld en ge-
rend, er zijn speeltoestellen en speelgoed
is bij de boerderij te vinden. Fietsen zijn
te huur.

La Noyeraie ligt in de Haute-Vienne tegen de grens van de Dordogne, op 4 km
afstand begint het Parc Naturel Régional
Périgord-Limousin en ligt een meer waar
u kunt zwemmen.

🚲 🏊4 🏹4

🏠 1x, 🛏 4x, hpw € 300
⛺ T 6x, 🚐 6x, 🏕, pppn € 2,80, ptpn
€ 2, pcpn € 2

Route

🚗 Van Limoges richting Saint-Yrieix (D704). Na
20 km rechtsaf en via Nexon (D15) naar Saint-Hilaire-les-Places (D11). Doorrijden naar La Grenerie-Pommet dan de 3e weg links (D59) naar La Gorgère, 1e
boerderij rechts.

🚆 Trein via Limoges naar Nexon, daar trein naar
Lafarge of bus naar La Grenerie-Pommet. Afhalen
mogelijk in overleg.

SAINT-IZAIRE

La Bouysse
Anne ter Maten & Wilfried de Haan
12480 Saint-Izaire, Aveyron
T 0565-99 43 36
E labouysse@wanadoo.fr
W www.la-bouysse.com
🗨 nl, uk, fr, de

Open: hele jaar ⛺ 1 mei-30 sep H 350m
(RES) verplicht [🍴] 🐾

La Bouysse en omgeving

La Bouysse is een oude verbouwde boerderij, gelegen aan de rivier de Tarn in het
zuiden van het departement Aveyron. De
drie gebouwen zijn gegroepeerd rond een
intieme binnenplaats.

Het oudste, centrale deel is omgetoverd
tot trappenhuis met lichtkoepel en dak-
terras, de kamers voor de gasten liggen
daar omheen. Er zijn zes kamers, waarvan
enkele met privé douche en toilet. Op de
camping is plaats voor vijf tenten en u
kunt een tent huren (inclusief matrassen).
Een verblijf op La Bouysse is altijd op basis
van volpension, ook indien u kampeert.
Graag vooraf telefonisch reserveren! In
de uitstekende, overwegend vegetari-

sche keuken wordt gebruik gemaakt van
regionale, biologische, producten. Naast
een 'gewoon' verblijf kunt u reserveren
voor speciale weken rond keramiek, zang,
beeldhouwen, tekenen, schilderen, koken,
kruiden en wandelen.

U verblijft in het immense Parc Naturel Régional des Grands Causses waar het leven
in en met de natuur nog heel gewoon is.
Deze dunbevolkte streek heeft een rijke
flora en fauna, prachtige vergezichten en
slaperige dorpjes en nodigt uit om te voet,
met de fiets of per auto op verkenning te
gaan. Ook in cultureel opzicht valt er veel
moois te beleven, o.a. de statige menhirs
uit de 3de eeuw v. Chr. Er zijn bovendien
verschillende musea (Rodez, Millau en
Toulouse-Lautrec in Albi), kastelen en kathedralen in de omgeving te vinden.

🐚 🍽 🏹 🏊15 🎣 🏹7 🧗

🛏 6x, 🛏 12x, Prijs op aanvraag
🏠 1x, 🛏 4x, Prijs op aanvraag
⛺ T 5x, 🏕, Prijs op aanvraag

Route

🚗 Vanaf Clermont-Ferrand richting Séverac-le-Châ-
teau/Millau (A75). In Millau richting Saint-Affrique
(D992/999), vlak voor Vabres-de-l'Abbey richting
Saint-Izaire (D25). 3 km voorbij Saint-Izaire linksaf
richting Brousse-le-Château, Vallée du Tarn. Voorbij 3de tunnel, over de brug, zandpad de berg op
nemen.

🚆 Trein naar Millau (dan bus naar Saint-Affrique)
of naar Saint-Rome-de-Cernon. Afhalen in overleg
tegen vergoeding.

SAINT-MATHIEU

Le Cautarial
Chris & Anneke Farmer
87440 Saint-Mathieu, Haute-Vienne
T 0555-00 37 73
F 0555-00 37 73
E anneke.farmer@tiscali.fr
🗨 fr, nl, de, uk

Open: 1 mei-31 sep 🏔 H 320m (RES)
verplicht [🍴] [🕎]

Boerderij en omgeving

Le Cautarial is gebouwd rond 1750 en ligt in een park met zeer veel oude bomen, waaronder een 200 jaar oude beuk. Er worden op biologische wijze Clun Forest-schapen gehouden, groente, fruit en kruiden geteeld en cider gemaakt. Er heerst absolute rust. Ieder seizoen heeft zijn charme: het voorjaar staat in het teken van lammeren, wilde bloemen en eekhoorntjesbrood; in de zomer wordt er op traditionele wijze gehooid, zijn er vlinders en vleermuizen; in de herfst worden de walnoten geoogst, zijn er paddestoelen, bladerpracht en kraanvogeltrek; en in de winter is het de tijd voor werk in het bos. Meehelpen op het bedrijf is mogelijk.

U overnacht op basis van logies en ontbijt in tweepersoonskamers, die alle drie uitzicht hebben op de kruidentuin. Eén van de kamers heeft een eigen badkamer, de andere kamers delen het sanitair.

Le Cautarial ligt in een natuurgebied, dat zich uitstekend leent als wandelgebied. Naast het huis is een meer waar gevist kan worden. In de omgeving zijn ook veel kastelen, grotten en historische stadjes.

🐑 🍽 🎵 🏊<10 ☀20 🎣3 ✕
🏊10 🚶10 🚲3 🌲8

🛏 3x, 🛏 6x, 2pkpn € 30-45 B&B

Route
🚗 Vanaf Limoges N141/E603 westwaarts, afslaan naar Saint-Junien. Over Rochechouart richting Saint-Mathieu (D675). Op kruispunt van Chez-Chabert rechts richting Cheronnac (D212). In Neuville linksaf naar Le Cautarial.
🚆 Trein via Limoges naar Saint-Junien. Daar de bus naar Saint-Mathieu, taxi of nog 3 km lopen.

SAINT-HILAIRE-PEYROUX
Le Chazal
Tineke & Henk Rietdijk
19560 Saint-Hilaire-Peyroux, Corrèze
T   0555-25 72 96
M 06-136 317 57
E   camping.lechazal@wanadoo.fr
W http://perso.wanadoo.fr/camping.lechazal
🏳 fr, nl, de, uk, se

Open: hele jaar 🏔 1 apr-1 nov 🚴 H 360m ®

Le Chazal en omgeving
De oude opgeknapte boerderij uit 1781 staat op een uitgestrekt heuvelachtig terrein. Vanaf het terrein heeft u een mooi uitzicht op het dal van de Couze. Er wordt op kleine schaal fruit geteeld en er zijn kippen, honden en katten.

Het kampeerterrein is ruim opgezet. U kunt een plaatsje kiezen in het bos, aan de rand onder de bomen, of in de zon. Het sanitair is goed verzorgd en comfortabel. Er zijn tenten te huur en een gîte voor vijf personen, met keuken, woonkamer, badkamer, twee slaapkamers en een ruim terras. In de boerderij zijn twee gastenkamers voor elk twee personen beschikbaar. U kunt warme maaltijden bestellen. De gastvrouw is diëtiste en serveert heerlijke biologische en vegetarische diners. Bij mooi weer eet u op het terras onder het genot van een prachtig uitzicht. Er zijn zelfgemaakte jams, sappen, eieren en notenwijn te koop. De eigenaren geven graag een rondleiding over hun terrein. Ook worden er cursussen Frans en tekenen gegeven op Le Chazal.

De directe omgeving van de boerderij, aan de rand van het Centraal Massief, heeft veel te bieden. U kunt er mooie wandelingen en fietstochten maken in het natuurgebied Le Pays Vert, onderweg genietend van de fraaie vergezichten. Ook

liefhebbers van de mountainbike komen hier aan hun trekken. In de omgeving zijn ook grotten te bezoeken, een leisteengroeve en tal van middeleeuwse stadjes. De watervallen van Gimel, in één van de mooiste natuurgebieden van het departement, mag u zeker niet missen.

🐑 🍽 🎵 🚴8 ☀10 🎣10 ✕4
🏊15 🚶15 🚲15 🌲10 🚲15 🐑

🛏 2x, 🛏 4x, 2ppn € 12,50 B&B
🏠 1x, 🛏 5x, hpw € 520
⛺ 🏕, pppn € 3,50, ptpn € 3,50, pcpn € 3,50

Route
🚗 Van Brive-la-Gaillarde richting Tulle (RN 89). Bij verlaten van Malemort op rotonde links richting Venarsal (D141). Door Venarsal en richting Saint-Hilaire-Peyroux (D141). Na 1,5 km linksaf richting Le Chazal (C13).
🚆 Trein naar Brive-la-Gaillarde (15 km), dan taxi.

SAINT-MAURICE-LA-SOUTERRAINE
Les Cousins de Creuse
Christiane & Denis François-Naulin
22, Le Dognon,
23300 Saint-Maurice-la-Souterraine, Creuse
T 0555-63 79 64
F 0555-63 79 64
E lescousinsdecreuse@wanadoo.fr
🏳 fr, uk

Open: hele jaar wwoof H 380m 🗺 [✍]

Boerderij en omgeving
De boerderij (1900) ligt op 375 m hoogte in een gehucht van 120 inwoners in de Limousin-streek. De grote moestuin, de boomgaard, het loslopende gevogelte, enkele geiten en ezel zorgen voor een landelijke sfeer. Bij Christiane en Denis staat respect voor de natuur voorop. Zij zijn der-

tien jaar boer geweest maar richten zich nu voornamelijk op het ontvangen van gasten en jongeren.

U overnacht op basis van logies en ontbijt in de sfeervolle kamer. Vanuit de grote woonkeuken heeft u uitzicht op de ouderwetse broodoven, die nog regelmatig gebruikt wordt voor het bakken van biologisch brood. Bij voldoende belangstelling wordt een cursus broodbakken georganiseerd. De ingrediënten voor de maaltijden komen zoveel mogelijk uit de grote tuin en boomgaard. Er is een grote zitkamer met speelhoek voor de kinderen. In augustus worden er bij de buren cursussen barokmuziek gegeven. De ezel kan u begeleiden op uw wandeltochten. Buiten mag gerookt worden.

Het glooiende landschap kan wandelend of fietsend ontdekt worden. Behalve een fascinerende flora en fauna vindt u er prehistorische dolmens: imposante, platte, rechtopstaande stenen. De vele bomen bieden zo nodig schaduw. In de omgeving worden nog veel oude ambachten beoefend en zijn veel kunstenaars actief. Voor een dagtocht kunt u naar het wolvenpark Les Loups de Chabrières in Sainte-Feyre (47 km) en het Ecocentre du Périgord over bioklimatische architectuur (Saint-Pierre-de-Frugie, 90 km).

1x, 5x, 1pkpn € 27, 2pkpn € 40 B&B

Route

Op de A20/E9 (Limoges - Châteauroux) afslag 23b richting La Souterraine nemen, bij volgende rotonde richting Le Dognon (N20, nog 2 km).

Trein naar La Souterraine (traject Parijs - Limoges). Taxi of afhalen in La Souterraine.

SAINT-MESMIN

La Colline
Inez Wisse & Ben Verbon
Linard, 24270 Saint-Mesmin, Dordogne
T 0553-52 23 39
F 0553-52 23 39
E lacollinelinard@wanadoo.fr
W http://perso.wanadoo.fr/
   lacolline.linard
nl, fr, uk

Open: hele jaar H 370m

La Colline en omgeving

In de Dordogne ligt tussen de bossen La Colline. De plek is zo milieuvriendelijk mogelijk opgebouwd: bouwmaterialen zijn ecologisch en er is een gescheiden watervoorziening. De gehele accommodatie is aangepast voor rolstoelgebruikers. Inez, die 30 jaar in de gezondheidszorg heeft gewerkt, helpt graag bij de eventuele verzorging van gehandicapten.

U verblijft op een van de vijf ruime en schaduwrijke kampeerplekken omzoomd door oude houtwallen. De paden tussen de plekken zijn geschikt voor mensen in een rolstoel en ook het sanitair is aangepast. Het mooi gerenoveerde voormalige bakhuis is verbouwd tot gîte en biedt plaats aan drie tot vier personen. Er is ook een ruim vakantiehuis voor max. zes personen, met eigen terras, houtkachel en rolstoelgeschikt sanitair. Er is een activiteitenruimte met een piano, geluidsapparatuur en enkele spelletjes. De ruimte is zeer geschikt voor het geven van cursussen, mits deze in het teken staan van rust en respect voor de natuur. Er worden workshops schilderen georganiseerd. Groente uit de biologische moestuin is te koop.

Op eigen houtje of met de eigenaresse, die natuurwandelingen begeleidt, kunt u de bossen ontdekken. Zwemmen kan in de rivier de Auvézère (0,1 km, voor geoefende zwemmers) of bij Rouffiac in het meer met zandstrand (10 km). Op 7 km ligt het dorpje Payzac, waar u boodschappen kunt doen. Op tien minuten klimmen ligt de Puy des Ages, met mooi uitzicht over de omgeving. Vooral bij volle maan, met de nachtzwaluw, de krekels en de bosuil is dit een echte aanrader! Andere bezienswaardigheden in de omgeving zijn de papiermolen met museum, verschillende kastelen, grotten, markten en iets verder weg de plaatsen Saint-Yrieix (30 km), Hautefort (30 km) en Périgueux (60 km).

10 20 60 60 60 10

2x, 10x, hpw € 350-450
T 5x, pppn € 7

Route

Op A20/E9 na Limoges afslag 36 naar Saint-Yrieix-la-Perche (D704). Over Glandon naar Payzac (D18, D18A, D4E). Na Payzac richting Arnac-Pompadour (D75). Na brug rechtsaf richting Saint-Cyr-les-Champagnes (D80). Na ca 2,5 km rechts, langs Chaillac, bij T-splitsing rechts naar Linard. La Colline is aan het einde van de weg.

Bus (Eurolines) naar Limoges of trein naar Arnac-Pompadour. Afhalen in overleg tegen vergoeding.

SAINT-PIERRE-CHÉRIGNAT

Les Sabots Verts
Odette en Kees Brouwer &
Janneke en Serge ten Donkelaar
Les Gabias, 23430 Saint-Pierre-Chérignat, Creuse
T 0555-64 33 92
E les.gabias@libertysurf.fr
W http://jannekeserge.free.fr
fr, nl, uk, de

Open: 1 apr-1 nov H 400m

F

Les Sabots Verts en omgeving

In het zuidwesten van de Creuse ("c'est encore un secret pour tout le monde") vindt u Les Sabots Verts, twee grotendeels zelfvoorzienende boerderijen.

Bij de voormalige pastorie (uit 1851) ligt het eenvoudige kampeerterrein van Janneke en Serge. Rond het gezellige erf bevinden zich de boomgaard en de kruiden- en groentetuin met vele variëteiten. Even verderop ligt het landhuis 'Les Gabias' (rond 1800) van Odette en Kees; het biedt ruime gastenkamers en een idyllische tuin. Op de aangrenzende landerijen worden groenten, fruit en granen verbouwd. Ook grazen daar de Jersey-koeien, die u mag helpen melken. Melk, kaas, yoghurt en de andere gaven van het land zijn aan tafel te proeven.

In de Creuse, een golvend groen schaakbord van bossen, weiden en akkers en rijk aan vele verborgen weggetjes, beken en meertjes, kunt u volop genieten van de natuur. Sportievelingen kunnen in dit gebied wandelen, fietsen, vissen, zwemmen (zandstrand bij een nabijgelegen stuwmeertje), watersporten en paardrijden.

Natuurlijk zijn er verschillende bezienswaardigheden in de omgeving. Naast kleine dorpjes vindt u er musea, verschillende abdijen, een Gallo-Romeins amfitheater en nog oudere dolmen. Voor een dagtocht zijn Guéret, Aubusson en Limoges interessant.

⚏ ⛺ 🏊5 ⤬4 🛥️40 ⛵40 🚣4 🚲5 🛶

🛏️ 3x, 🚿 6x, 2pkpn € 36 B&B
⛺ T 6x, 🚿 🏠 🍴, Prijs op aanvraag

Route
🚗 Vanaf Limoges N141 richting Clermont-Ferrand. Ca 5 km na Sauviat-sur-Vige links naar Saint-Pierre-Chérignat (let op, u bent het dorp door voor u er erg in heeft). Tegenover kerk (blauw hek) bevindt zich de camping. Achter kerk (paars hek) ligt het bed & breakfast.
🚶 Trein of pendelbus naar Limoges. Vanaf hier de bus naar Montboucher. Afhalen na overleg mogelijk.

SAINT-PONS-DE-THOMIÈRES
Domaine les Thérondels
Marion Kuitert
Route de Narbonne,
34220 Saint-Pons-de-Thomières, Hérault
T   0467-97 18 98
E   therondels@aol.com
W www.therondels.com
🗨️ fr, nl, de, uk

Open: hele jaar⛺ 15 apr-15 okt ♥ H 485m ⓇE [🏠]

Boerderij en omgeving

Na een schippersbestaan op de Wadden heeft het gezin Kuitert gekozen voor een kleinschalig boerenbedrijf in de Franse Hérault, een gebied met vele afwisselende landschappen. Ruige bergen, mooie dalen en valleien, brem- en heidelandschappen, beken en idyllische meertjes kenmerken dit gebied. Vanaf de 18de-eeuwse boerderij die uit natuursteen is opgebouwd, heeft u een mooi uitzicht over de vallei. Op de boerderij is een grote moestuin en de kleinschalige veestapel bestaat uit verschillende diersoorten (groot- en kleinvee).

De camping biedt zeer grote plaatsen. De stacaravans (vijf personen) en gîtes (vier en zes personen) zijn volledig ingericht. Op de boerderij zijn biologische producten van het eigen bedrijf verkrijgbaar. U kunt ook maaltijden bestellen en deze op het terras nuttigen. Voor kinderen is het Domaine een lust. Er is een zwembad, speeltuintje, kinderbos, tafeltennistafel, jeu de boules baan, ze kunnen ezeltje rijden (€ 10 per uur), kijken of helpen bij de dieren. Kortom er is genoeg voor ze te doen.

In de omgeving kunt u behalve fantastisch wandelen, fietsen, klimmen en paardrijden ook vele uitstapjes maken. Grotten, gorges, katharenburchten, musea, kerkjes en kleine gezellige stadjes zijn een greep uit de vele mogelijkheden. Carcassonne en Narbonne lenen zich uitstekend voor een dagtocht.

🍴 ⛱️ 🏖️ ⤬ 🏊10 🏊7 🚣 🛥️30 ⛵30

🛏️ 3x, 🚿 16x, hpw € 450-514
⛺ T 6x, 🚿 3x, 🏕️, pppn € 3, ptpn € 7, pcpn € 7

Route
🚗 Vanaf Béziers de N112 via Saint-Chinian naar Saint-Pons-de-Thomières. Vanaf hier de D907 richting Narbonne. Na ca 7 km bevindt de camping zich aan de linkerkant.
🚶 Trein naar Béziers, dan bus naar Saint-Pons-de-Thomières. Afhalen na overleg.

SAINT-ROBERT
La Prophétie
Haike Germann & Hans Schenk
Chez Pâques, 19310 Saint-Robert, Corrèze
T   0555-25 29 98
F   0555-25 29 98
E   domaine@laprophetie.nl
W www.laprophetie.nl
🗨️ fr, nl, uk, de

Open: 21 apr-30 sep H 240m ⓇES
verplicht 🛒 🐕

Boerderij en omgeving

Domaine La Prophétie is een plek bij uitstek om tot rust te komen. De herenboerderij is gebouwd in 1840 en heeft een oude broodoven en porcherie. Het domein ligt in een prachtig stil natuurgebied. Hier heerst de rust waar veel mensen zo naar verlangen.

Naast 12 ruime campingplaatsen, biedt het domein een klein zwembad, speelgelegenheid voor de kinderen en uitstekende sanitaire voorzieningen. Het appartement bevindt zich op de bovenste etage van de oude boerderij. Er zijn twee slaapkamers, een woonkamer, volledig ingerichte keuken, een afwasmachine, airconditioning en een eigen tuin met veel privacy. U kunt ook een caravan of één van de drie gezellige woonwagens huren. Deze zijn alle volledig ingericht en geschikt voor vier personen. De pipo-wagens hebben eigen toilet; lakens en handdoeken zelf meenemen. Regelmatig wordt er voor de gasten gekookt. Jam, notenwijn, likeur van het huis en noten uit de notenboomgaard zijn te koop.

De charme van La Prophétie ligt ook in het feit dat u vlakbij allerlei toeristische attracties bent en toch iedere dag terug kunt keren naar een heel stil gebied, waar u zelfs als u geluk heeft een ree langs uw tent kunt zien lopen.

🏊 📷 🚐 🏛 🌊<10 🎣10 ⚡
🐟10 🎣14 🚣

🏠 1x, 🛏 4x, Prijs op aanvraag
⛺ T 8x, 🚐 4x, 🏊, Prijs op aanvraag

Route
🅰 Na Limoges (A20) afslag 50 Brive-la-Gaillarde. Dan D901 richting Objat blijven volgen tot in Le Bourg. Voor de Shell links, richting Ayen (D5). Na Ayen richting St. Robert. Vlak voor het dorp rechts, borden Domaine La Prophétie volgen.
🚌 Trein naar Brive-la-Gaillarde, dan bus of trein naar Objat, eventueel verder met bus naar Saint-Robert. Afhalen na overleg.

SAINT-ROBERT
Hermitage Rochas Couchaud
Ieneke Broekman & Gerrit Jansen
19310 Saint-Robert, Corrèze
T   0555-84 16 64
E   rochascouchaud@wanadoo.fr
W www.rochascouchaud.com
🗨 nl, fr, uk, de

Open: hele jaar ⛺ 1 mrt-1 dec 💚 ® [♟]

Landhuis en omgeving
Hermitage Rochas Couchaud is een landgoed van 6 ha groot. Het landhuis (voormalige burcht en boerderij) is gebouwd in de 15de eeuw en gerestaureerd in 2001. De hermitage is een erkend natuurreservaat met eigen bronnen, wandelpaden en een grote verscheidenheid aan flora en fauna. Zo is er onder andere een dassenburcht op het domein. Daarnaast is er rondom het huis kleinvee, zoals schapen en kippen, is er een grote biologische moestuin en staan er over het hele terrein fruitbomen. De Hermitage is een plek bij uitstek om tot rust te komen en nieuwe energie op te doen.

Er zijn zes ruim opgezette kampeerplaatsen, een twee- en een driepersoonskamer (inclusief uitgebreid ontbijt) en vijf huisjes (een blokhut, vijf chalets, een voormalig bakhuis, alle voor twee personen) met een adembenemend uitzicht. Voor de gasten zijn er voorzieningen zoals: kookgelegenheid, koelkast, wasservice en luxe sanitair. Uitstekende gerechten met groenten, kruiden en vruchten uit de biologische moestuin en boomgaard worden geserveerd op het overdekte terras.

Saint-Robert, een middeleeuws dorpje en geclassificeerd als 'Un des plus beaux villages de France' ligt midden in een sprookjesachtig heuvellandschap van bossen, weiden en beekjes, tussen de rivieren de Vézère en Auvézère. Een landschap uitstekend geschikt voor de wandelaar, fietser en natuurliefhebber. Wat verder weg kunt u zwemmen en kanoën. In de omgeving zijn er veel bezienswaardigheden, zoals de grotten van Lascaux en Les Eyzies en historische plaatsen als Sarlat, Hautefort en Rocamadour. Huisdieren kunt u alleen na overleg meenemen.

🏊 📷 🏛 🌊 🎣 🚌 🚣

🛏 2x, 🛏 5x, 2pkpn € 46-52 B&B
🏠 5x, 🛏 6x, hpw € 350
⛺ T 8x, 🚐 🏊, pppn € 4,50, ptpn € 4,50

Route
🅰 Op A20 afslag 42 (Meuzac) en via Lubersac en Pompadour (D902 en D901) naar Juillac. Dan D39 richting Ayen en D5 naar Saint-Robert. In het dorp 2de weg rechts (bord Poterie, Place des Écoles). Na 150 m bij kerkhof rechts, 1e weg links, uitrijden tot einde. Bij keltisch kruis oprijlaan op (nog 600 m).
🚌 Trein of Eurolines naar Brive-la-Gaillarde. Na overleg is afhalen mogelijk.

SAINT-SAUD-LACOUSSIÈRE
La Pinalie
Maïté Volpato
24470 Saint-Saud-Lacoussière, Dordogne
T   0553-56 38 18 (020-689 05 65 in NL)
E   maite.volpato@planet.nl
W www.createrre.nl
🗨 fr, nl, uk, it

Open: hele jaar ⒭ⓔⓢ verplicht ✖ [♟]

Huisjes en omgeving
Temidden van de heuvels en uitgestrekte bossen van de Périgord-streek liggen de gehuchten Larret en La Pinalie, waar de vier natuurstenen vakantiehuisjes van Createrre gelegen zijn. De stilte valt meteen op. Kikkers, vogels en koeien zetten hier de toon.

In Larret, aan het eind van een kronkelige weg, liggen de huizen Createrre (groot huis met open haard en terras, tien personen) en het Omahuis (huisje voor vier personen). De huizen liggen op een heuvel en hebben een prachtig uitzicht over de vallei. Even verderop ligt La Pinalie, een rustiek boerengehucht waar zich de andere twee huizen bevinden (elk zes personen). Beide stammen uit het begin van de 18de eeuw en beschikken

F

over authentieke woonkamers met open haard. Biologisch brood is verkrijgbaar. Bovendien kunt u op de nabijgelegen boerderij allerlei verse producten aanschaffen. Maïté geeft met haar collega's van Createrre cursussen op het gebied van dans, theater, yoga en schilderen. Er zijn mogelijkheden om cursussen te volgen of te organiseren in La Pinalie. De voormalige hooischuur is verbouwd tot prachtige dansstudio.

Verder kunt u in de omgeving naar hartelust wandelen door de bossen (GR-436 op 4,5 km), fietsen en kanoën. Zwemmen kan, in de rivier in het dal of in een meer op 5 km. De Périgord is bekend om de mooie natuur en vele bezienswaardigheden: préhistorische grotten (Villars, 12 km), kastelen binnen een straal van 20 km, de abdij van Brantôme, een prachtig stadje (25 km) of een dagtocht naar de middeleeuwse stad Sarlat.

⌂ 4x, ✉ 26x, hpw € 410-480

Route

🚗 Van Limoges N21 richting Périgueux. Na Firbeix D82 over Maillet richting Saint-Saud-Lacoussière. Na 12 km afslag Saint-Saud negeren en verder over D82 richting Saint-Pardoux. Na 4 km rechts richting Saint-Saud en na 1 km links naar La Pinalie en Larret.

🚆 Trein tot Thiviers (traject Limoges - Périgueux). Afhalen mogelijk tegen vergoeding.

SALVAGNAC-CAJARC

Ferme de Laval
Catharine & Christian Laizé
Mas de Laval, 12260 Salvagnac-Cajarc, Aveyron
T 0565-29 42 32
F 0565-29 95 59
M 06-326 621 68
E fermedelaval@wanadoo.fr
🗨 fr

Open: hele jaar ❦ H 350m (RES) verplicht [🐴]

Boerderij en omgeving

De oude familieboerderij (1760) ligt op 350 m hoogte op een kalkplateau tussen de Vallée du Lot en de rivier de Aveyron. Op het gemengde bedrijf (vanaf 1973 biologisch) worden koeien, Alpine-geiten, Fjord-paarden, Gascon-varkens en bijen gehouden. Van de geitenmelk wordt kaas gemaakt. De koeien zijn van het Aubracras en worden gefokt voor het vlees.

U overnacht op kamers. Een tweepersoonskamer is in het boerenhuis (sanitair gedeeld met eigenaren), de andere kamers bevinden zich in sfeervol gerestaureerde bijgebouwen (een tweepersoons- en twee vierpersoonskamers, alle met eigen sanitair). Het is ook mogelijk hier met een groep te overnachten in tipi's (zes en vier personen). Er is ook een vakantiehuis voor zes tot acht personen. Ter plaatse vindt u vele wilde, geneeskrachtige kruiden, die u samen met de boerin kunt plukken om er bijvoorbeeld kruidenthee van te maken of in de keuken te gebruiken. Er is een zwembad, een grote gemeenschappelijke ruimte en u kunt paardrijtochten maken met een begeleider. Voor ontbijt, een picknick-mand en warme maaltijden kan gezorgd worden.

Het heuvelachtige gebied is bosrijk en herbergt vooral veel eiken, esdoorns en jeneverbesstruiken. Een ontdekkingstocht door de natuur kunt u bij de voordeur beginnen, fietsend, wandelend of te paard. In de kalkrotsen zijn talrijke grotten, 'gouffres' en onderaardse rivieren verscholen, zoals de Gouffres de l'Oule en Lantouy en de prehistorische Grotte du Pech-Merle. Er zijn verschillende wandelroutes waarover informatie op de boerderij beschikbaar is. Op 4 km loopt de GR-36 naar Santiago de Compostela.

🛏 5x, ✉ 15x, 2pkpn € 48 B&B
⌂ 1x, ✉ 6-8x, hpw € 600-920
🏛 ✉ 10x, Prijs op aanvraag

Route

🚗 Op de D1 ten NW van Villefranche-de-Rouergue richting Cajarc (D24). Na ca 4 km richting Saint-Clair-de-Marque (D146). Na ca 6 km weer richting Cajarc (D146). Volg daarna bordjes naar boerderij.

🚆 Trein tot Villefranche-de-Rouergue. Afhalen mogelijk in overleg.

SARZAY

La Ferme d'Hélice
Jozé & Bram Sewalt
25, Frange, 36230 Sarzay, Indre
T 0254-31 32 30
F 0254-31 32 30
E ferme-delice@club-internet.fr
🗨 nl, uk, de, fr

Open: hele jaar 🌲 🚆 H 265m ® ♿

Boerderij en omgeving

Deze rustieke boerderij, oorspronkelijk uit de 17de eeuw, ligt op 265 m hoogte. De biologische teelt van verschillende graansoorten (60 ha) vormt de voornaamste bron van inkomsten. Er lopen verschillende dieren rond (schapen, varkens, koeien). Wanneer u wilt, kunt u helpen met het verzorgen van de dieren of werken in de (moes)tuin. Meehelpen tegen kost en inwoning kan indien vooraf overlegd.

Bij uw verblijf op de camping, in de gîte d'étape (15 personen) en in het vierpersoons vakantiehuisje horen ontbijt en diner tot de mogelijkheden. De gasten voor de gîte d'étape delen douche, toilet en keuken met andere gasten. Voor de kinderen zijn er diverse speelmogelijkheden en een zwembad. Er is een ontvangstzaal, waar ook met slecht weer gerecreëerd kan worden.

Het natuurschoon in de omgeving is

onaangetast; bossen, beekjes, weiden, meertjes, heuvels, kastelen en ruïnes bepalen het weidse idyllische uitzicht. Flora- en faunaliefhebbers kunnen hun hart ophalen in deze omgeving. Dit gebied is geschikt voor wandelingen, fietsen, wateractiviteiten en paardrijden. Er zijn ter plaatse fietsen te huur. Tevens zijn er verschillende musea te bezoeken in de omliggende stadjes. Maar lekker nietsdoen kan natuurlijk ook.

😊 📷 ⚓ 🚣 🛶 🎣10 🎿7 🚤7 ⤢7 🎣10

🛏 2x, 🛏 19x, Prijs op aanvraag
⛺ T 6x, 🚐 4x, ppn € 5

Route
🚗 In Châteauroux de D943 richting La Châtre. Bij Nohant-Vic naar Sarzay (D51), daar richting Chassignolles (D41). Na 2 km ligt de boerderij rechts (bordjes Accueil Paysan volgen).

🚆 Trein van Parijs via Châteauroux naar La Châtre; afhalen tegen vergoeding mogelijk, na telefonisch overleg.

SORÈDE

La Coscolleda
Esther & Alain Torné
27, Rue de la Coscolleda,
66690 Sorède, Pyrénées-Orientales
T   0468-89 16 65
F   0468-89 85 36
M 06-787 976 20
E   camping-la-coscolleda@wanadoo.fr
W www.camping-lacoscolleda.com
🗨 fr, uk, es

Open: hele jaar ⛺ 1 apr-31 okt H 50m Ⓡ ♿

La Coscolleda en omgeving

La Coscolleda is een camping met twee totaal verschillende gezichten. Gelegen aan de voet van de Pyreneeën en zo'n 7 km van de Middellandse zee geldt de camping - die overigens zoveel mogelijk ecologisch beheerd wordt - in het zomerseizoen als overloopcamping voor de direct aan zee gelegen kampeerterreinen. De ca 60 plaatsen zijn in die periode dan ook volledig bezet. Buiten het seizoen hangt er echter wel een typisch ECEAT-sfeertje. De camping is dan grotendeels leeg en rust is het devies. Ook de natuur (met onder andere meer dan 80 variëteiten bomen en planten, ijsvogels, hop en wielewaal op het terrein) komt in deze periode veel beter tot haar recht. Vooral in februari als over het hele terrein de mimosabomen in bloei staan en na half april - als u kersen kunt plukken - is het er zeer goed toeven. Naast kamperen met tent, caravan en camper kunt u hier ook een appartementje huren (van twee tot zes personen) en ingerichte stacaravans. In de zomer zijn er maaltijden verkrijgbaar. Voor de kinderen is er een speeltuintje en zijn er verschillende recreatiemogelijkheden. Er is ook een klein zwembad. Uitgebreide informatie over de vele mogelijkheden in de buurt zijn beschikbaar op de accommodatie. De omgeving van het Massif des Albères leent zich uitstekend voor wandelen, fietsen, paardrijden en tochten met een ezel. Vanaf de camping loopt u zo de bergen in, zwemmen en andere watersporten kunt u in de Middellandse zee. De Pyreneeën bieden verder vele bezienswaardigheden als oude ruïnes, kastelen en bedevaartplaatsjes. Ook een dagje Barcelona behoort tot de mogelijkheden.

📷 ⛵ ⚓7 🚣5 🛶1 🎣15 ⤢0,7 🎣5 🏊5 🚿5 🚐8 🛁8 🎣1,5 ▦13 🏄

🛏 3x, hpw € 525
⛺ T 36x, 🚐 20x, 🏄, Prijs op aanvraag

Route
🚗 Vanaf Perpignan de A9 richting Spaanse grens. Bij afslag 43 Le Boulou weg verlaten en richting Argelès-sur-Mer en Sorède (D618 en D11). Nog voor Sorède staat La Coscolleda aangegeven.

🚆 Trein naar Argelès-sur-Mer. Dan bus naar Sorède, uitstappen halte Du Pont (0,7 km).

SOUBREBOST

Les Quatre Saisons
Heleen Schinkel & Ton van Kipshagen
Chignat, 23250 Soubrebost, Creuse
T   0555-64 23 35
E   les-4-saisons@tiscali.fr
W www.les-4-saisons.com
🗨 nl, fr, uk, de

Open: hele jaar ⛺ H 575m Ⓡ ♿ ⛽ [🐴]

Boerderij en omgeving

Dit gerestaureerde Creusoise herenhuis uit 1802 met schuren en pittoreske boerenwoning is gelegen op een 2,2 ha groot landgoed met eeuwenoude bomen. Het biedt alle vier seizoenen alles wat een levensgenieter naar Frankrijk doet trekken. In de herfst paddestoelen, bosvruchten en bladeren in alle kleuren. 's Winters sneeuw, vorst, veel zon en de geur van de open haard; en in de lente bloesems, lammetjes en de roep van de zomer.

Pensiongasten kunnen rekenen op mooie, rustieke kamers met lange Texeler matrassen op de bedden. 's Morgens wacht er een stevig ontbijt à la Creusoise / Hollandaise, dat op verzoek ook voor de campinggasten geserveerd wordt. De gasten kunnen zelf gebruik maken van de keuken tegen een kleine vergoeding. Kampeerders beschikken over ruime, zonnige en schaduwplekken. Er zijn twee vierpersoonscaravans te huur. Ter afkoeling is er een zwembad. Speelgelegenheid biedt de boerenschuur annex slechtweeronderkomen. Alle gasten kunnen gebruikmaken van de halve stooktonnen voor kampvuur of barbecue. Op de boerderij verkoopt men de zelfgeteelde, onbespoten groenten en fruit.

De Vert et Bleu-streek is rijk aan groene bossen en weiden, beekjes, watervallen en meren. U kunt er o.a. fietsen, paardrijden en wandelen; de Grande Randonnée

F

(GR-4) loopt langs het dorpje. Ook de oude stadjes, kastelen, watermolens en musea zijn een bezoek waard.

🛶 ⛵ ⛵ 🎣 🐟10 🎣6 🐟

🏕20 ⛵20 🚣10 🛶10 🚤15 🚣

🛏 4x, 🛏 9x, 1ppn € 16, 2ppn € 13-18 B&B

⛺ T 19x, 🚐 6x, 🏕, ppn € 3, ptpn € 2, pcpn € 2

Route

🅸 Op A20/E9 richting Limoges, afslag 23 richting Guéret (N145/E62) en na 21 km afslag Le Grand-Bourg/Bourganeuf (D912). In Bourganeuf op rotonde met fontein rechts richting Lac de Vassivière (N141), na 250 m rechts Lac de Vassivière volgen (D8), na 3 km links naar Chignat (D37). Na bruggetje rechts naar Chignat. Hier ziet u bord Les Quatre Saisons.

🚆 Trein Limoges, dan bus naar Bourganeuf. Gratis afhalen mogelijk.

'Le Clou' Bergpension
Harry de Beer & Tedje Hillenaar
Le Clou, 15800 Thiézac, Cantal
T 0471-47 01 45
F 0471-47 03 97
E contact@leclou-france.com
W www.leclou-france.com
🗨 nl, fr, uk, de

Open: 15 apr-1 nov 🚶 28 mei-1 okt H 1100m 🅁🅴🅂 verplicht 🚫 🚴

Bergpension en omgeving

Hoog in de bergen van het Parc Naturel Régional des Volcans d'Auvergne ligt het bergpension Le Clou. De van natuurlijke materialen gebouwde boerderij uit 1806 (nu in ruste) is een van de hoogst gelegen boerderijen van het gebied. Bij de restauratie is het interieur zo veel mogelijk in-

tact gelaten; houten vloeren en wanden, de oude keuken (souillarde) en de grote authentieke schouw (cantou) zijn bewaard gebleven. De smalle landweg van Thiézac naar boven belooft al veel goeds en het uitzicht vanaf de accommodatie is dan ook overweldigend. Over de Cèreval-lei kijkt u uit op de bergketens rond de Plomb du Cantal, met 1855 m de hoogste berg van de regio.

Le Clou biedt overnachtingen in de boerderij (vijf tweepersoonskamers en een vierpersoonskamer), in twee vierpersoons gîtes, in een zespersoons vakantiehuis of met uw eigen tent op de camping (niet geschikt voor caravans of campers). U kunt uw logies aanvullen met ontbijt, halfpension en volpension. De maaltijden worden uit regionale producten samengesteld. In huis mag overigens niet gerookt worden.

Vanaf de accommodatie is er een keur aan wandelmogelijkheden. Le Clou organiseert meerdaagse trektochten (individueel of met berggids) de Monts du Cantal op. Ook kunt u fietsen, bergbeklimmen, skiën, tennissen, etc.

In Conques is een oude abdij en in Aurillac kunt u winkelen of het Musée des Volcans bezoeken. De belangrijkste bezienswaardigheid is echter de natuur met zijn valleien, grandioze vergezichten, grotten en watervallen.

🛶 🍽 🚣 🚣10 🎣5 🐟 ❄15 🚣

🛏 6x, 🛏 14x, 1ppn € 56, 2ppn € 38-42 VP

🏠 3x, 🛏 14x, hpw € 350-550

⛺ T 5x, 🚐🏕, pppn € 3,50, ptpn € 6

Route

🅸 Van Aurillac de N122 richting Murat. Afslag Thiézac nemen. In het dorp, bij het kerkhof, links de D59 naar boven volgen. Na 500 m naar rechts, Le Clou staat aangegeven (nog 5 km).

🚆 Trein tot Vic-sur-Cère, dan taxi of afhalen mogelijk in overleg.

Le Domaine Vert
Annemiek Broeks
Les Magnes, 19230 Troche, Corrèze
T 0555-73 59 89
F 0555-73 59 89
W www.ledomainevert.nl
🗨 uk, de, nl, fr

Open: 1 mrt-30 nov 🚶 1 apr-1 okt ⚘ H 300m 🅁🅴🅂 verplicht

Le Domaine Vert en omgeving

'Absolute rust en genieten van de natuur', dat is het devies op Le Domaine Vert. De ligging van het landgoed - in de heuvels van de Corrèze (op ca 300 m hoogte), ver van de bebouwde kom en tussen de weilanden, bos en heide - garandeert dat. Regelmatig kunt u genieten van de reeën die op korte afstand staan te grazen. De bijzondere boerderij werd als opnamelokatie gebruikt voor de Franse film La fille de L'Aube. De grote groentetuin, fruit- en notenbomen en veestapel (voornamelijk kleinvee) zorgen ervoor dat het domein van Annemiek en haar partner zo goed als zelfverzorgend is.

De accommodatie is op een ludieke wijze ingericht. De kampeerplaatsen zijn enorm. Maximaal zes plaatsen op een weiland van 3 ha. Kies uw plekje maar uit. Sanitair vindt u in de voormalige runderstal en op het middenterrein is een groot terras. Ook is er een vierpersoons gîte en het is mogelijk in een bedstee te slapen (ideaal voor de eerste of juist laatste nacht van een kampeervakantie). 's Avonds kunt u meedineren, voor de maaltijden wordt gebruik gemaakt van producten uit eigen tuin en stal. Voor de gasten is er tevens een binnenverblijf met keuken en een overdekt terras beschikbaar. Het is mogelijk om een ééndaagse cursus beeldhouwen te volgen op een dag naar keuze.

De omgeving leent zich uitstekend voor

het maken van wandel- en fietstochten. Er zijn verschillende routes uitgezet. Daarnaast kunt u er zwemmen, paardrijden, kanoën, vissen, etc. Bezienswaardigheden vindt u in deze regio overal. Rustieke dorpjes, musea, kerkjes en een heerlijk landschap. Voor stedentrips kunt u kiezen uit Brive-la-Gaillarde, Limoges of Périgueux.

🛉 🕮 🛆 🚣12 🏊8 🎣5 ⊃ 🚲8
⚓10 🛥

🛏 4x, 🏕 8x, 1pkpn € 20, 2pkpn € 25
🏠 1x, 🏕 4x, Prijs op aanvraag
🔺 T 6x, 🚐 3x, pppn € 4,50, ptpn € 7, pcpn € 6

Route

🚶 Vanaf Limoges de A20 volgen tot afslag 45 (Vigeois). Naar Vigeois (D3) en na het dorp rechts richting Lubersac (D50). Na ca 5 km (bord Troche negeren en 0,3 km doorrijden) rechts naar Les Magnes en doorrijden tot 2de boerderij (blauwe luiken).
🚉 Trein naar Uzerche (traject Parijs - Toulouse). Daar taxi of na overleg afhalen.

VERGT

Le Petit Paradis
Karin Engel
Les Guilloux, 24380 Vergt, Dordogne
T   0553-05 10 16
E   paradis@lepetitparadis.net
W www.lepetitparadis.net
🗨 nl, fr, de, uk

Open: 15 mrt-15 okt ⛵ H 200m ⑧ 🏓
[🐴]

Boerderij en omgeving

De met natuursteen opgetrokken boerderij ligt op ca 200 m hoogte midden in de Périgord-streek, niet ver van de Dordogne en de Vézère. Het gemengde bedrijf dat volgens biologische principes werkt, is ook op eco-toerisme gericht. Er lopen schapen, pluimvee, paarden en ezels rond en men zet zich in voor instandhouding van oude boerderijdierrassen (o.a. de Poitevin, trekpaard uit de Poitou-streek; de rasta-ezel Boudet de Poitou; Maranskippen; de Solognot, een zeer bijzonder, mooi en zeldzaam schapenras). Aandacht voor milieu, natuur en rust staat centraal. De plaatsen voor tent of caravan zijn erg ruim. U kunt er ook een grote tent huren of een volledig ingerichte pipowagen (twee voor vier à vijf personen). Geluidsdragers en motorvoertuigen zijn niet op het terrein toegestaan. Le Petit Paradis is uitermate geschikt voor gezinnen met kinderen tot ca tien jaar en liefhebbers van natuur en rust. De ezels kunnen u begeleiden op wandeltochten en er worden privé paardrijlessen gegeven. Enkele malen per week kunt u deelnemen aan heerlijke maaltijden met producten van eigen bedrijf.

De omgeving met zijn uitgebreide bossen, die worden afgewisseld met kronkelende riviertjes en rivierdalen, meertjes, zonnebloemvelden en adembenemende vergezichten, leent zich uitstekend voor lange wandelingen en fietstochten. Kastelen, romaanse dorpen, tuinen, wereldberoemde grotten (Lascaux, Les Eyzies) en musea liggen goed bereikbaar vanuit deze centraal gelegen minicamping. Zwemmen en kanovaren behoren tot de mogelijkheden en in de buurt zijn fietsen te huur.

🛉 🕮 🛆 🚴 ⚓ 🛆 🚣5 🚲15

🏠 2x, 🏕 8x, Prijs op aanvraag
🔺 T 10x, 🚐 5x, 🛏 🍴, Prijs op aanvraag

Route

🚶 Vanuit Périgueux via N21 richting Bergerac en afslaan naar Vergt (D8). In Vergt richting Les Versannes, na ca 1 km links, dan na 800 m weer links en bordjes volgen naar Les Guilloux (Le Petit Paradis).
🚉 Trein tot Périgueux (23 km). Afhalen tegen vergoeding.

VIEURE

Les Muriats
Alize & Ole Langerhorst
03430 Vieure, Allier
T   0470-07 28 47
F   0470-07 28 47
E   alize.langerhorst@tiscali.fr
W www.langerhorst.nl
🗨 nl, fr, uk, de

Open: 1 mei-1 okt H 260m ⦿ verplicht
[🐴]

Les Muriats en omgeving

Sinds 1988 wonen Ole en Alize Langerhorst op Les Muriats, 4 km buiten het dorpje Vieure. Het prachtige glooiende land is een inspiratiebron voor Ole, beeldhouwer in hout. Her en der op het terrein zijn prachtige boomstammen te bewonderen en vergeet niet naar Ole's kunstwerken in huis te vragen.

Het glooiende terrein beschikt over acht afgezonderde, vlakke plaatsen voor tenten. U kunt gebruik maken van de openluchtkeuken, die tegen de heuvel is gebouwd. Er zijn twee romantische tweepersoons woonwagens te huur, voorzien van elektriciteit en houtkachel, maar zonder stromend water. In de zomer worden er cursussen houtbewerking gegeven. Gastdocenten kunnen terecht in het buitenatelier. Bij voldoende belangstelling kunnen cursisten en gasten deelnemen aan de maaltijd bereid in de met takkenbossen gestookte buitenoven. Er is een biologische moestuin, het huis wordt verwarmd met zonnepanelen. Aan huis worden pruimenjam, wijn, druivensap en noten verkocht.

De Bourbonnais is een landelijke streek, met glooiende groene weilanden, onderbroken door heggen en bossen. Het gebied heeft een geheel eigen geschiedenis, waar de eigenaren u graag meer over vertellen. U kunt hier uitstekend wandelen

F

en fietsen. Op 2,5 km van het huis is een aangelegd meer, waar je kunt zwemmen. In Vieure is een bakkerij, in Cosne-d'Allier zijn verschillende winkels, op dinsdag is daar markt. Grote steden zijn Moulins, Montluçon en Vichy (bekend van het bronwater). In de buurt zijn veel romaanse kerken en middeleeuwse kastelen. In Souvigny is eind juli, begin augustus een middeleeuws festival.

🌸 🍴2,5 🏊7,5 🎣2,5 ⟷2,5 ☕20 ⚓

⛺ T 8x, 🚐 1x, 🏛, pppn € 4,50

Route
🅰 Op A71/E11 afslag 10 naar Cosne-d'Allier. Op rotonde ten O van Cosne-d'Allier: D94 richting Souvigny/Moulins en meteen rechts aanhouden, D11 richting Saint-Hilaire/Souvigny/Moulins. Na ca 6 km bij kruising D11 en D459 rechts. Na ca 800 m rechtdoor op onverharde weg tot 2de huis links.
🚂 Trein naar Moulins. Ophalen mogelijk in overleg.

VILLEFAGNAN

Camping à la Ferme de Chassagne
Claudette & Bernard Peloquin
Chassagne, 16240 Villefagnan, Charente
T   0545-31 61 47
F   0545-29 55 87
E   fpeloquin@wanadoo.fr
🌐 fr

 AB

Open: hele jaar ☙ H 110m

Boerderij en omgeving

De traditionele boerderij ligt op 110 m hoogte in een oud gerestaureerd gehucht waar de familie Peloquin al vijf generaties woont. In 1967 is men omgeschakeld naar biologische akkerbouw. Er worden graan, zonnebloemen en peulvruchten geteeld en een paar schapen, kippen en varkens gehouden. In dit glooiende gebied heerst een aangenaam, zonnig klimaat. De vele heuvels en valleien zijn bedekt met bos, weiden, graan en zonnebloemen.

U overnacht op basis van logies en ontbijt in een van de tweepersoonskamers, op de boerderijcamping, in de zespersoons caravan of in het vierpersoonshuisje. Fietsen staan ter beschikking en er zijn een zwembad, speeltoestellen, pingpongtafel en overdekte ruimte met open haard. Warme maaltijden worden geserveerd in de verbouwde varkensstal en eieren, peulvruchten, wijn en honing zijn te koop.

Vanaf de boerderij lopen wandel- en fietspaden (ATB, kaarten beschikbaar op boerderij) en op ca 12 km liggen twee bossen. De Vallée de l'Argentor (20 km) is een groene vallei, adembenemend mooi en rijk aan flora en fauna. Ook het Marais Poitevin (60 km) is een prachtig stukje natuur. Wandelschoenen dus niet vergeten. In Villefagnan zijn diverse musea waaronder het Musée Rural met een expositie over het boerenleven in deze streek. Verder vindt u in deze streek romaanse kerkjes, pittoreske dorpjes, kastelen en de typische ranke windmolens.

🏊 🍴 🛶 🚴 ✈ 🎣1 ⟷2 🚴<10 ⛵1 ⚓

🛏 2x, ⚡ 4x, 2pkpn € 35 B&B
🏠 1x, hpw € 300
⛺ T 12x, 🚐 12x, 🏛, pppn € 3,50, ptpn € 3,50, pcpn € 3,50

Route
🅰 Op de N10 afslag Ruffec en richting Villefagnan (D740). Volg de bordjes 'Camping à la Ferme' naar de boerderij (aan de D27).
🚂 Trein naar Ruffec, traject Poitiers - Angoulême, dan taxi.

ALLEMONT

Camping les Bouleaux
Philippe Vincent
Vallée de l'Eau d'Olle, La Pernière Basse,
38114 Allemont, Isère
T   0476-80 71 23
F   0476-80 70 75
M   06-875 617 48
E   philippe.vincent27@wanadoo.fr
fr

Open: hele jaar 15 mei-15 sep H
720m

Boerderij en omgeving

Het twee eeuwen oude huis ligt op 700
m hoogte. U vindt er nog wat oude gebruiksvoorwerpen, zoals een authentieke
broodoven, een distilleerapparaat en ouderwetse landbouwwerktuigen. Rondom
kunt u de besneeuwde bergtoppen zien
liggen.
U verblijft op de camping die langs een
riviertje ligt (ook verhuur van twee caravans en een tent) of in een van de twee
gîtes van zes en acht personen (zelf lakens
en handdoeken meenemen, minimaal
zeven overnachtingen). Bij de camping is
een nieuw sanitairblok en een kleine zitruimte. Bijenproducten zijn te koop.
Met 100 vierkante kilometer aan gletsjers
en bergtoppen boven de 4000 m is dit de
perfecte plek voor sneeuwliefhebbers. Les
Deux-Alpes, Vausany en L'Alpe-d'Huez (15
km) bieden prima langlauf- en skimogelijkheden in een modern wintersportgebied. Ook in de zomer is er voldoende te
beleven: heerlijke buitenritten te paard,
een sportieve kanotocht, een rustige
wandeling door de alpenweiden en een
bezoek aan een van de ijsgrotten. In de
nabije omgeving ligt het Parc National
des Ecrins, een van de grotere natuurparken van Frankrijk. In juli wordt de etappe
La Marmotte van de Tour de France hier
gereden.

30 1,5 9 10 <10
<10 3

2x, 14x, hpw € 300-500
, pppn € 2, ptpn € 5,50, pcpn
€ 5,50

Route

Op de N91 in Rochetaillée linksaf (D526). Na 2e
brug direct linksaf. Dan blauwe bordjes naar camping volgen.

Trein naar Grenoble, dan VFD-bus richting Bourg-
d'Oisans, uitstappen Rochetaillée of Allemont. Van
dorpen gratis pendelbus (navette) naar camping.

ARZENC-DE-RANDON

La Fustière
Chantal & Michel Ardon
Donnepeau,
48170 Arzenc-de-Randon, Lozère
T   0466-47 97 72
F   0466-47 97 72
E   la.fustiere@free.fr
W   http://la.fustiere.free.fr
fr

Open: hele jaar H 1250m (RES) verplicht

Boerderij en omgeving

De traditionele, kleinschalige boerderij
(19de eeuw) ligt op een hoogte van 1250
m in een klein gehucht van 10 huizen
met een mooie Romeinse brug. De bewoners hebben zich hier in 1994 gevestigd.
Er vinden hier allerlei activiteiten plaats:
tuinieren, verzorgen van het kleinvee
(o.a. geiten, schapen, varkens, gevogelte), brood bakken in de houtoven en
er is een kleine timmermanswerkplaats
annex meubelmakerij.
U overnacht in de boerderij op basis van
logies en ontbijt. Er zijn twee kamers
voor vier en vijf personen, beide met
eigen sanitair, de meubels zijn gemaakt

door Michel. 's Avonds kunt u aanschuiven aan de familietafel voor een gezonde
en smakelijke maaltijd met producten
van de boerderij. Kinderen mogen meehelpen bij de verzorging van de boerderijdieren.
De nabije omgeving bestaat uit een bosrijke hoogvlakte met vele riviertjes waar
u op forel kunt vissen. Te paard of te voet
kunt u een botanische tocht maken. Via
een GR komt u bij het stuwmeer Barrage
de Naussac, op 1,5 km loopt de GR-43. Binnen een straal van 30 km vindt u diverse
musea, oude kastelen en stadjes. Op 35
km bevinden zich een wolvenpark (Sainte-
Lucie) en een bizonpark (Sainte-Eulalie).
Dagtochten kunt u maken naar de Gorges
du Tarn of naar het uitkijkpunt bij Saint-
Pierre-des-Tripier waar de gieren boven de
Gorges de La Jonte zweven.

27 9 27 27
25

2x, 9x, 2pkpn € 45 B&B

Route

Op de A75/E11 bij Saint-Chély-d'Apher afslag 34
richting Mende nemen (N106). Bij Saint-Amans de
D3 richting Châteauneuf-de-Randon. Na ruim 15 km
komt u in Donnepeau aan.

Trein naar Langogne, dan bus naar Châteauneuf-
de-Randon, afhalen mogelijk.

ATTIGNAT-ONCIN

Camping à la Ferme Le Signal
Paulette Balmain
La Génaz, 73610 Attignat-Oncin, Savoie
T   0479-36 07 29
F   0479-36 07 29
fr

Open: 1 jul-1 sep 1 mei-1 nov H
550m (R)

Boerderij en omgeving

De boerderij ligt op 500 m hoogte. Het is met name een veehouderij, maar ook wordt er wat fruitteelt (kleinfruit, onder andere frambozen) bedreven. De veestapel bestaat uit koeien en kippen. Diverse producten zoals jam, notenolie, zuivel en eieren zijn te koop.

U kunt overnachten in de tweepersoonskamer in het woonhuis (eigen douche en wastafel, toilet gedeeld met eigenaren) en kamperen onder de fruitbomen. Er zijn twee stacaravans met houten luifel te huur voor vijf en zes personen. Keukengerei en beddengoed is aanwezig, zelf handdoeken meenemen. Toilet en douche deelt u met de andere campinggasten. De camping en de boerderij zijn erg leuk voor kinderen: er lopen veel dieren rond en er zijn speeltoestellen. Het plaatsje Attignat-Oncin ligt relatief afgelegen en het is er erg rustig.

De natuur heeft veel te bieden. De omgeving wordt beheerst door de Montagne de l'Epine met als een van de hoogste toppen de Mont Grelle (1425 m). Vanaf daar heeft u een schitterend uitzicht over de heuvelachtige omgeving. De Gorges du Guiers Vif of de Gorges du Guiers Mort zijn fascinerend. In het Lac d'Aiguebelette kunt u zwemmen en andere watersporten beoefenen. Het Parc Naturel Régional de Chartreuse wordt doorkruist door wandelpaden. De wandelroute GR-9 loopt door Attignat-Oncin. Fietsend, paardrijdend of kanoënd kunt u de omgeving vanuit een ander perspectief bekijken.

🔲 1x, 🛏 2x, 2pkpn € 39,50 B&B
⚓ T 12x, 🛏 5x, ⛺, Prijs op aanvraag

Route

🅰 Op de A43/E70 afslag 12 nemen en D41 volgen naar Aiguebelette-le-Lac. Hier voor de kerk weg omhoog nemen richting Attignat-Oncin (D39) en borden naar boerderij volgen.

🚂 Trein vanaf Chambéry naar Lépin-le-Lac, dan bus richting La Bauche (halte Attignat-Oncin). Dan taxi of lopen.

BEAUFORT-SUR-DORON

Gîte Paysan La Cordée
Danielle & Claude Rabiller
Le Bersend,
73270 Beaufort-sur-Doron, Savoie

T 0479-38 71 90
F 0479-38 71 90
⚓ fr, uk

Open: hele jaar H 1150m (RES) verplicht
♿ ✖ [m]

Gîte en omgeving

La Cordée ligt centraal in de Beaufortain-streek op 1150 m hoogte, hemelsbreed slechts 18 km van de top van de Mont Blanc. Het gehucht Le Bersend telt een kleine 50 inwoners en ligt in een agrarisch berggebied waar industrie de omgeving bespaard is gebleven. De bewoners hebben de gîte zelf gebouwd van houtblokken volgens een speciale techniek (bois cordé). In het seizoen levert de groentetuin de ingrediënten voor de maaltijd en op dinsdag kunt u meehelpen bij het bakken van biologisch desembrood. Houtbriketten en zonnepanelen voorzien in de energie, Claude legt u graag het procedé uit. Ontbijt, lunch en diner (van te voren reserveren) zijn verkrijgbaar en kaas van naburige boerderijen is te koop.

U overnacht in de gîte d'étape die plaats biedt aan tien personen. Er zijn drie kamers (beddengoed en slaapzak meenemen), een zitkamer met keukenhoek en een terras op het zuiden met uitzicht op de bergen.

U kunt hier talloze wandelingen maken in het hooggebergte. Op zo'n 6 km loopt de GR-5 die een aantal kilometers verder aansluit op de wandelroute rondom de Mont Blanc (TMB). Bovendien is het 's winters een ideaal wintersportgebied, op 4 km afstand kunt u skiën en langlaufen en overal kunt u terecht met sneeuwschoenen.

👥 🍽 🛏5 🔍5 ✂5 ⚒<10 🏹<10
✴3 ⛏

🏠 1x, 🛏 10x, hpw € 422-895
🏨 🛏3x, 🛏 10x, 1pnoz € 12,80-17

Route

🅰 Van Albertville D925 naar Beaufort. Daar D218A richting Arèches. Na 3 km links naar Le Bersend. Wanneer u dit gehucht binnenrijdt, bevindt de boerderij zich links op 50 m van de weg.

🚂 Trein naar Albertville, daarna bus naar Beaufort-sur-Doron (5 km). Afhalen mogelijk, 30 cent/km.

BORÉE

Ferme de Magnaudès
Marie Guy & Gil Brault
07310 Borée, Ardèche

T 0475-29 32 74
E gilbrault@club-internet.fr
W http://gilbrault.free.fr
⚓ fr, uk

Open: hele jaar ⚓ 1 jul-1 okt 💬 🍴 H 900m (RES) verplicht [m]

Boerderij en omgeving

Deze rustieke boerderij annex manege uit de 18de eeuw ligt in de vrije natuur op 900 m hoogte in het Parc Naturel Régional des Monts d'Ardèche. Men wijdt zich aan het fokken van koeien, paarden, schapen (het Bizet-schaap) en pluimvee. Een grote tuin levert groenten en fruit, zodat men relatief zelfvoorzienend kan leven. Wie een handje wil helpen op de boerderij en mensen die als au-pair het boerderijleven willen leren kennen zijn van harte welkom. Vanaf de boerderij worden paardrijtochten georganiseerd.

U overnacht in een van de drie gîtes (vier tot tien personen, samen ook als groepsverblijf te huur). Ook kunt u terecht op het kleinschalige kampeerterrein dat uitkijkt op de bergen. Er zijn twee caravans te huur.

In de omgeving kunt u zwemmen (ter plekke is een beekje, op 14 km het Lac de Saint-Martial), vissen, paardrijden of wandelen (GR-73 op 4,5 km, GR-7 op 10 km). Overblijfselen van eens actieve vulkanen bepalen het landschapsbeeld. U kunt door verborgen valleitjes en over bergkammen wandelen of het Plateau Ardéchois bezoeken met de Mont Mézenc (ca 1700 m) en de Mont Gerbier de Jonc.

 14 🐟 🦌

🏠 3x, 🛏 22x, hpw € 250-605
⛺ 🎣🚿, pppn € 3,30

Route

🅸 Vanuit Le-Puy-en-Velay via Saint-Agrève richting Saint-Martin-de-Valamas. Vlak voor dit dorp rechtsaf (D278), en na 2 km linksaf (D378). Boerderij ligt tussen Chanéac (5 km) en Borée (6 km).

🚂 Trein: via Lyon naar Valence, daar bus van l'Eyrieux naar Le Cheylard. Afhalen tegen vergoeding.

Thérèse & Pierre Linossier
Burdignes, 42220 Bourg-Argental, Loire
T   0477-39 69 50
F   0477-39 63 85
🌐 fr, uk

Open: 15 feb-15 dec ✱ H 890m (RES)
verplicht ♿ ⛽

Boerderij en omgeving

De boerderij is gelegen op 890 m hoogte in een klein dorpje. Men houdt Montbéliarde-koeien, waarvan de melk wordt gebruikt voor yoghurt en kaas. De accommodatie beschikt over twee gîtes voor twee tot tien personen. De kleine gîte is geschikt voor mensen in een rolstoel. In

het boerenhuis is een tweepersoonskamer waar u kunt overnachten op basis van logies en ontbijt. Maaltijden worden verzorgd als u van te voren reserveert. Kinderen kunnen het proces van yoghurt maken bijwonen en helpen bij het melken. Melk, yoghurt, kaas, vleeswaren, honing en jam zijn te koop. U mag buiten roken.

De boerderij ligt in het Parc Naturel Régional du Pilat, ten oosten van het Massif Central. Een schitterende omgeving voor natuurliefhebbers: bijzondere flora en fauna in een afwisselend landschap van bos, heuvels, weiden en beekjes. De vergezichten zijn prachtig. Er zijn veel uitgezette wandel- en ATB routes in de buurt. In de nabije omgeving vindt u een safaripark. In Bourg-Argental is een zwembad, een streekmuseum en een voormalige boerderij met oude gebruiksvoorwerpen. Op 15 km afstand ligt een avonturenpark voor jong en oud. Annonay is een leuke stad om eens te gaan winkelen of een terrasje te pakken. De GR-42 loopt op 2,5 km. In de winter kunt u hier prachtig langlaufen op enige km afstand.

🦌 🍴 ♨ 🏊6 🚲15 🚶12 🦌

🛏 1x, 🛏 2x, 2pkpn € 37 B&B
🏠 2x, 🛏 12x, hpw € 240-400

Route

🅸 Op de N88 bij Saint-Étienne afslag Bourg-Argental/Annonay nemen en via N82 naar Bourg-Argental. Daar D29 naar Burdignes. Boerderij ligt in centrum van het dorp.

🚂 Trein van Lyon (Perrache) naar Saint-Étienne-Chateaucreux, daar busmaatschappij Rhodassiens, uitstappen halte Bourg-Argental (op 6 km), of vanuit Lyon trein naar Annonay. Taxi of afhalen mogelijk.

La Maison de Mimi
Odile & Christian Bois
49, Rue Chanvillard,
69630 Chaponost, Rhône
T   0478-45 45 39
F   0478-45 45 39
M 06-855 600 50
E   rex.rex@wanadoo.fr
W http://perso.wanadoo.fr/
improve.systems

Open: hele jaar H 320m (RES) verplicht
⛽ [🐎]

La maison de Mimi en omgeving

In een rustige gemeente in de Lyonnais ligt het huis van de familie Bois. Het huis is in zes jaar tijd geheel in oude staat teruggebracht: houten steunbalken zijn weer zichtbaar, de muren hersteld met hennep en leem en er ligt weer een mooie tegelvloer. Vraagt u de eigenaren gerust om meer informatie over hun manier van ecologisch bouwen.

La Maison de Mimi verhuurt twee tweepersoonskamers op basis van logies en ontbijt, beide met eigen badkamer. Het huis heeft een grote gemeenschappelijke tuin. Er is een zit- en eetkamer met houtkachel. Fietsen zijn te huur op de accommodatie. Op 300 m van het huis, onder aan de heuvel, ligt een meertje en zijn er twee biologische boerderijen waar de ingrediënten voor de maaltijden vandaan komen. Vanaf de heuvel kijkt u uit over Lyon, de Mont Blanc in het oosten en de Monts du Lyonnais in het noorden.

Op 1 km afstand ligt een gedeelte van het Aqueduc Romain du Gier (85 km lang), een van de vier romaanse aquaducten die Lyon en omstreken van water voorzag. Er lopen wandelroutes vlak langs het huis (o.a. GR-7 naar Santiago de Compostela). U kunt een kijkje nemen in een van de wijngaarden (Coteaux de Lyonnais), naar

F

het weef- en zijdemuseum in Arbresle (30 km), het door Le Corbusier ontworpen klooster La Tourette in Évreux bezoeken (28 km), u wagen tussen de wolven en de adelaars in Courzieu (18 km), een tocht maken langs de negen romaanse kerken in de buurt of gewoon een spelletje jeu-de-boulen in de tuin.

♨ 🍷 🚲 🛏 🛏5 ⛵ 🔍1 🔭2 🚣3

🛏 2x, 🛁 4x, 1pkpn € 45, 2pkpn € 60 B&B

Route

🚗 Bij Lyon (A6/E15) afslag Tassin. Volg Francheville en dan Brignais (D42). Langs aquaducten van Beaunant (afslag Chaponost negeren). Even na 2de kruispunt met stoplichten staat links SAMSE-complex. Hier rechts en spoor over. Vervolg weg tot op heuvel en neem bij nr 49 laantje naar binnenplaats.

🚂 Trein naar Lyon, dan bus 103 (0,2 km) of trein (2 km) naar Chaponost.

CHÂTONNAY

Camping à la ferme du Grand Goulet
Mireille & Paul Janin
Hameau du Bin, 38440 Châtonnay, Isère
T   0474-58 33 72
E   fermedugrandgoulet@free.fr
🌐 fr, uk

Open: 1 apr-31 okt ♥ H 500m ® 🏠

Boerderij en omgeving

De boerderij, gelegen op 500 m hoogte, is in 1981 van vader op zoon overgegaan. Het bedrijf was toentertijd een familieboerderijtje met wat schapen en een paar koeien. Tegenwoordig is de kudde schapen fors uitgebreid, houdt men varkens, paarden, konijnen, gevogelte en een bijenkolonie en teelt men daarnaast nog een tiental soorten graan.

U verblijft op het rustige, kleinschalige kampeerterrein naast de boerderij. Tafels en stoelen zijn te leen voor de gasten en het gebruik van een koelkast is bij de prijs inbegrepen. U kunt verschillende producten van eigen land kopen en afhankelijk van het jaargetijde kunt u volop meewerken op de boerderij. U ontdekt hier niet alleen het leven op het platteland, de omgeving van de boerderij biedt ook nog eens verrassend natuurschoon.

Als u de Tour de Calvaire beklimt, heeft u een miraculeus uitzicht. In het Forêt de Bonnevaux kunt u ongestoord wandelen en vissen; er liggen hier meer dan 130 meertjes verscholen tussen de bomen. Bent u sportief ingesteld? Dan kunt u in de omgeving wandelen over uitgezette paden, mountainbiken, tennissen, paardrijden en zwemmen in het meer op 3 km. In La Côte-Saint-André is het museum van Hector Berlioz, een beroemde 19de-eeuwse Franse componist.

⛵🚣 🚲 🐎 🛏 🏊3 🛏5 🔍10 🔭10 🐟10 🚣10 👣

⛺ T 6x, 🚐 6x, 🏔, Prijs op aanvraag

Route

🚗 Vanuit Vienne de D41 oostwaarts en na ca 5 km op rotonde afslaan naar Saint-Jean-de-Bournay. (D502). Dan verder op de D502 naar Châtonnay. Het hele dorp doorrijden, bij La Poste weg links aanhouden. Daarna 1e weg links bordje 'Camping à la Ferme'.

🚂 Trein vanaf Lyon (Perrache) naar Bourgoin-Jallieu, dan bus naar Saint-Jean-de-Bournay. Afhalen op afspraak (tegen vergoeding).

ÉOURRES

Chez La Bergère
Nathalie & Werner van Moeffaert
Le Village, 05300 Éourres, Hautes-Alpes
T   0492-65 14 08
E   chez.la.bergere@wanadoo.fr
W http://sederon.free.fr/pub/ bergere.htm
🌐 nl, fr, uk, de

ECO CERT

Open: 15 apr-15 nov ♥ 🚂 H 1000m ® ⛺ 🏠

Boerderij en omgeving

Chez La Bergère ligt aan de rand van het kleine Provençaalse dorpje Éourres, temidden van een prachtig en adembenemend landschap. Er worden vooral Mourerous-schapen en Rove-geiten gefokt, beide mooie rustieke rassen die vroeger werden gebruikt voor de legendarische Transhumance tussen de Provence en de Alpen. Ook worden er paarden, ezels en kippen gehouden en is er een biologische moestuin.

U verblijft in een van de twee gastenkamers op basis van logies en ontbijt. De kamers zijn eenvoudig ingericht en bieden prachtig uitzicht op de bergen. Ook kunt u verblijven in de nieuwe gîte. Informatie bij de eigenaren. Het is mogelijk om met Werner, de honden (Border Collies en Pyreneese berghonden) en de kudde mee de bergen in te trekken. U kunt dan een nacht onder de sterren slapen als echte schaapherder! Voor een maaltijd, tent en matras wordt gezorgd. De tocht naar boven duurt anderhalf uur. Een geurrijke keuken biedt maaltijden met zoveel mogelijk producten van eigen bodem. Aan huis wordt schapenvlees verkocht. Buiten het hoogseizoen is meehelpen tegen kost en inwoning mogelijk. In het dorp zijn verschillende biologische landbouwers actief en er is zelfs een biologisch winkeltje dat stamt uit de tijd dat Éourres nog een leefgemeenschap was.

Éourres ligt op de grens tussen de Alpen en de Provence. In de ongerepte natuur zijn nog vele zeldzame dieren, planten en fossielen te vinden. Talloze wandelpaden en een zee van zon en licht bieden een uitzonderlijk mooi spektakel van 's morgens vroeg tot 's avonds laat. De buren organiseren ezelstochtjes, op 6 km is een rivier waar u kunt zwemmen. Sisteron ligt op 30 km en overal komt u oude pittoreske dorpjes tegen.

F

 3x, 6x
1x, Prijs op aanvraag

Route
Via de N75/E712 naar Laragne-Montéglin (17 km NW van Sisteron), hier richting Les Gorges de la Méouge (D942). Voorbij Salérans links naar Éourres (D24). Midden in het dorp staat een bord naar rechts Chez La Bergère.

TGV naar Avignon, dan belbus naar Lachau (6 km). Trein naar Laragne-Montéglin, dan bus naar Salérans (7 km, 2x per week). Ophalen van station in overleg.

FAYET-RONAYE
La Bourieto
Charles Marteaux
La Baffie, 63630 Fayet-Ronaye,
Puy-de-Dôme
T 0473-72 03 37
F 0473-72 09 56
E monique.laon@wanadoo.fr
W http://monsite.wanadoo.fr/
   labourieto
fr

Open: hele jaar H 1000m

Boerderij en omgeving
In een gehucht gelegen tegen een beboste berghelling, bevindt zich deze Auvergne-boerderij uit de 19de eeuw (1000 m hoogte). Het bedrijf is in 1982 van moeder op zoon overgegaan. De veestapel bestaat uit Rava-schapen, een lokaal bergras, Massif Central-geiten en pluimvee. Deze dieren worden op biologische wijze gehouden en ook de grote moestuin is biologisch.

De vier kamers zijn eenvoudig. Gasten delen toilet en douche met andere gasten en met de eigenaren. Er is een zitkamer met open haard waar ook de streekmaaltijden geserveerd worden, een terras en een tuin. Gasten mogen meehelpen bij het verzorgen van de dieren, bij het hooien en in de moestuin.

De boerderij ligt midden in het Parc Naturel Régional du Livradois-Forez met zijn uitgestrekte bossen. Het hart van de natuurliefhebber gaat sneller kloppen van zo'n interessante flora en fauna. Er zijn vele mogelijkheden om (bijvoorbeeld op forel) te vissen. In de winter is het gebied ideaal voor wintersportliefhebbers. Verder is het Festival de Musique La Chaise-Dieu de moeite waard: barokmuziek, muziek uit de Auvergne worden o.a. ten gehore gebracht in de imposante benedictijnse abdij van La Chaise-Dieu. In de Allier kan gekanoëd worden, op 4 km is een meertje om te zwemmen en in Vieille-Brioude kunt u de pastorietuin van de Saint Vincent-kerk bezoeken: bloemen, kruiden, een wijngaard en een wijnkelder met oude gebruiksvoorwerpen.

4x, 9x, 2pkpn € 23,60

Route
Op de A75/E11 bij Issoire afslag 13 richting Ambert en na 3 km in Parentignat afslaan naar Saint-Germain-l'Herm (D999). Hier D56 naar Fayet-Ronaye en dan richting Brioude. Ca 4 km na Fayet-Ronaye linksaf naar La Bourieto.

Trein naar Brioude. Afhalen mogelijk in overleg (10 euro).

GANNAY-SUR-LOIRE
Domaine du Bourg
Trudi & Peter de Lange
4, Chemins de Terriens,
03230 Gannay-sur-Loire, Allier
T 047-043 49 01
F 047-043 43 01
E info@domainedubourg.com
W www.domainedubourg.com
fr, nl, uk, de

Open: hele jaar 15 apr-15 okt

Boerderij en omgeving
Domaine du Bourg ligt aan de rand van het landelijk gelegen dorpje Gannay-sur-Loire in het uiterste noorden van de Auvergne.

Op het landgoed van ruim 2 ha zijn zes chambres d'hôtes (kamers met ontbijt), een camping à la ferme, twee gîtes en een maisonette (klein huisje). Het ene huis is een gerestaureerde eeuwenoude stal (acht personen) en de andere is de voormalige hooischuur (acht personen). De maisonette is de voormalige hooizolder (vijf personen). Alle zijn sfeervol ingericht met een gezellige huiskamer met houtkachel. De kamers bevinden zich in de voormalige koeienstal, waar ook de ruime ontbijtkamer, een salon en een grote recreatiezaal zijn.

Op een vlak grasland van bijna 1 ha kunt u zelf een plaatsje zoeken voor uw tent of caravan (tien plaatsen). Naast het sanitairblok is een overdekte ruimte voor de (af-)was, een groot overdekt terras en het zwembad. Zwemmen kan ook in de Loire, die op loopafstand ligt. Op het terrein vindt u verder een grote speelweide met een hut-in-aanbouw, een zandbak en schommels, terrasjes, picknicktafels, een kampvuurplaats en speelvelden. U kunt aanschuiven aan de table d'hôte; Trudi maakt elke dag een diner met heerlijke streekgerechten, ook vegetarisch.

De mooie en stille omgeving leent zich uitstekend voor wandel- en fietstochten (de GR-3 loopt op 3 km). Nieuwe fietsen met versnellingen staan voor u klaar. Op de Loire kunt u kanoën en uiteraard zijn er goede vismogelijkheden. In het dorp is een kartbaan en op een half uur rijden een groot pretpark. Verder zijn er in de omgeving diverse pittoreske stadjes (zoals Bourbon-Lancy, Decize, Autun) en dorpen met vele bezienswaardigheden.

F

⚓ 📷 ⚓ 🏊 ✈ 🚣10 ⛵16 🎣1
🎣1 🍽2 🚲12 🚌18 🐴

🛏 6x, 🛏 16x, 2pkpn € 44 B&B
🏠 3x, 🛏 18x, hpw € 285-560
⛺ 🏕, pppn € 2, ptpn € 6, pcpn € 6

Route

🚗 Van Parijs A6, A77 en N7 naar Nevers. Bij Nevers richting Mâcon volgen en afslag 36 Autun/Decize nemen. Dan Decize volgen (N81). Bij Decize N979 richting Mâcon/Digoin/Boubon-Lancy. Ca 3 km na gehucht Saint-Hilaire-Fontaine rechtsaf richting Gannay-sur-Loire (klein weggetje, D30). Na brug over de Loire direct 1e weggetje rechts. Weg ca 1,5 km volgen tot laatste huis links: dit is Domaine du Bourg.

🚆 Trein van Parijs (Gare du Lyon) tot Decize (18 km), afhalen in overleg (€ 8).

GLUIRAS

Le Coulet
Muriel van Praag & Wim Petersen
07190 Gluiras, Ardèche
T   0475-65 43 87
F   0475-65 43 87
E   le-coulet@wanadoo.fr
W   www.gluiras.fr/tourisme/
     couletnl.php3
🗨 fr, nl, uk, de

Open: hele jaar⚓ 1 apr-1 jul H 385m ⓇⒺⓈ
verplicht 🍴 🐴

Hameau en omgeving

In het rotsachtige gedeelte van de vallei van de Eyrieux, midden in het Parc Régional Naturel des Monts d'Ardèche, ligt op 385 m hoogte Le Coulet, een voor een groot gedeelte gerestaureerd middeleeuws gehucht. Vanaf de accommodatie heeft u een prachtig uitzicht op de omgeving. Het terrein beslaat 4 ha, waar kastanjebos, veldjes en oude terrassen met moerbeibomen elkaar afwisselen.

De huizen (twee, vier, vijf en acht personen) liggen rond een cour en zijn compleet ingericht. Elk huis heeft een aparte ingang en tuin met moerbeibomen, lindes, vijgen en met druiven begroeide pergola's. Er is een bibliotheek met streekinformatie, kaarten en routebeschrijvingen en een wasmachine. Rond de accommodatie zijn drie plekken om te kamperen met een kleine tent (niet in juli en augustus!). Indien u dat wenst kunt u een rondleiding krijgen en op allerlei manieren meewerken bij het onderhoud, oogsten en restaureren. Fruit is te koop. In het voor- en najaar zijn er teken- en schildercursussen.

Wandelingen door dit schitterende gebied beginnen direct vanaf de voordeur langs eeuwenoude padenstelsels. Zwemmen en vissen kan in de rivier de Eyrieux (0,5 km). Op 7 km zijn paarden te huur en op vijf minuutjes lopen is een tennisbaan. Er zijn vele bezienswaardigheden: u kunt hier genieten van middeleeuwse stadjes; La Montagne Ardéchoise: oude, gedoofde vulkanen en de hoogvlakte; ecomusea over bijvoorbeeld de vroegere zijdecultuur in deze streek, het wolmuseum en het Maison du Châtaignier in Saint-Pierreville. Dagtochtbestemmingen: rijdt of fietst u rustig wat rond en u komt altijd wat moois tegen.

🚣7 🎣0,3 🎣0,3 ⛵7 🎣7 ⚕40
🐴

🏠 4x, 🛏 19x, hpw € 285-645
⛺ T 3x, 🚐, pppn € 5, ptpn € 5

Route

🚗 Op de A7 afslag Valence-sud nemen. De Rhône oversteken en richting Privas (N86). In Beauchastel D120 richting Le Cheylard. Ca 7 km na Saint-Sauveur-de-Montagut staat links Le Coulet aangegeven. Auto hier laten staan. (NB: niet naar Gluiras gaan!)
🚆 Trein (TGV) tot Valence. Dan bus richting Le Cheylard (3x pd, niet op zondag), op verzoek stopt deze (na halte La Roche) bij Le Coulet (nog 0,5 km).

LA CHAPELLE-SOUS-UCHON

Les Grands Champs
Trudie & Rudolph Willemse
71190 La Chapelle-sous-Uchon,
Saône-et-Loire
T   0385-54 49 21
M   06-179 802 53
E   ruud.trudie.willemse@wanadoo.fr
W   www.les-grands-champs.com
🗨 nl, fr, de, uk

Open: hele jaar⚓ 15 mrt-15 nov 💚 H
400m ⓇⒺⓈ verplicht

Les Grands Champs en omgeving

De kleine hoeve (een fermette) uit 1863, met 5 ha weide en een stukje bos, ligt mooi, op een hoogte van 400 m, omzoomd door heuvels. Er zijn koeien, geiten, schapen, varkens, kippen en konijnen. Als liefhebberij fokken Rudolph en Trudie Drentsche Patrijshonden. Verder is er een moestuin, een groentenkas en een boomgaard. De eigenaren proberen zoveel mogelijk biologisch te werken en in hun eigen levensonderhoud (en dat van de dieren) te voorzien met dat wat de eigen grond oplevert. Van de koeien- en geitenmelk wordt kaas gemaakt. Trudie is aromatherapeute en heeft in een van de gebouwen een praktijkruimte. U kunt voor een ontspannende massage terecht. Aan de rand van een weiland zijn zes kampeerplaatsen. Er is ook een compleet ingerichte huurcaravan beschikbaar. Mensen met een klein tentje kunnen zo afgelegen gaan staan als zij willen. U kunt ook logeren in een gîte (vier tot zes personen), in de voormalige stal aan het woonhuis. De gîte heeft een landelijke uitstraling en is van alle gemakken voorzien.

Rondom het huis zijn weiden, direct daarachter beginnen de bossen. Het zuiden van de Morvan is heuvelachtig. Vanuit de hoeve zijn diverse gemarkeerde wandelingen te maken, o.a. naar het massief van

Uchon met de Rochers de Carneval en een heel mooi uitzicht. In de omgeving zijn zo'n 300 km aan wandelroutes, de "Voies Celtes", uitgezet. Ook zijn er uitgebreide mogelijkheden om te mountainbiken, zwemmen, vissen, kanoën en te tennissen. Cultuur kunt u opdoen in Autun (13 km). Het heeft nog resten uit de Romeinse tijd en tal van musea. Op de Mont Beuvray (15 km) bevindt zich het Europees Archeologisch Centrum, waar u opgravingen en een museum kunt bekijken. In Mesvres (5 km) is een lamafokkerij. Uitgebreide informatie ligt op de hoeve voor u klaar.

10 km 13 km 5 km 5 km 13 km 13 km 10 km 5 km 5 km

1x, 4x
T 6x, 2x, , Prijs op aanvraag

Route

Van Autun naar Étang-sur-Arraix (N81/D994), dan D61 naar Mesvres. Daar de D228 naar La Chapelle-sous-Uchon. Na Mesvres 1e weg links naar Toulongeon. Hier steeds rechtdoor en na ca 2 km linksaf naar Les Grands Champs.

Trein of bus naar Mesvres, dan taxi (5 km).

LABOULE

Mas de Bergous
Lizette & Leo Kneepkens
Valousset-Haut, 07110 Laboule, Ardèche
T 0475-88 95 78
E leo.en.lizette@wanadoo.fr
W www.mas-de-bergous.com
nl, fr

Open: hele jaar H 650m RES verplicht

Mas de Bergous en omgeving

Op 650 m hoogte in het ruige landschap van het Pays de Beaume-Drobie ligt de schitterend onder architectuur gerenoveerde boerderij (14de eeuw) van Lisette en Leo Kneepkens. Vanaf het terras van Mas de Bergous heeft u een prachtig uitzicht over het dorp Valousset en het omliggende gebergte. De natuurlijke omgeving biedt naast rust - in dit gedeelte van de Ardèche komen nog niet zoveel toeristen - veel beekjes, kastanjebomen en wat hogerop de bergen lage vegetatie. De kans dat u wilde dieren ziet is niet ondenkbaar.

U verblijft in een prachtig appartement voor vier tot zes personen dat van alle gemakken voorzien is (eventueel uit te breiden tot acht personen). Roken mag buiten. Er is een grote tuin beschikbaar en een eigen zwembad. U kunt helpen met het werken in de tuin en meditatie en bezinning onder professionele begeleiding is mogelijk indien gewenst. Op verzoek kunnen er begeleide wandeltochten worden georganiseerd. Als u dit bij reservering aangeeft, staat er op de avond van uw aankomst een maaltijd klaar.

De dichtstbijzijnde supermarkt ligt op 12 km, in de directe omgeving kunt u terecht voor verse biologische groenten. Ook zijn er op loopafstand enkele restaurants (biologisch en vegetarisch). Dit gedeelte van het Parc Naturel Régional des Monts d'Ardèche leent zich bij uitstek voor het maken van wandelingen. Er zijn legio wandelpaden. Voor fietsers zijn er op de accommodatie 2 fietsen te huur. In de Gorges d'Ardèche kunt u kanoën, kajakken en zwemmen.

20

1x, 6x, hpw € 350-700

Route

Op A7 afslag 17 Montélimar-Nord, dan N7 richting Montélimar, na ca 10 km rechts spoorviaduct over richting Le Teil/Aubenas (N102). Ca 24 km na Le Teil, links D103 en langs Saint-Sernin D103 volgen. Op rotonde D104 naar Uzer, 1 km na Uzer rechts en D5 over Largentière richting Valgorge. Bij Luth links (D24). Ca 1,5 km na Rocles la Croix, bij Salindre, brug over en rechts om huis heen naar Valousset. Weg volgen tot hoogste punt (ca 3 km). Bordje Leo en Lizette.

TGV naar Montélimar of Valence. Dan snelbus naar Aubenas, dan bus naar Rocles, waar u na overleg opgehaald kunt worden.

LAFARRE

Domaine de Clarat
Tineke & Marcel Kersten
Clarat, 07520 Lafarre, Ardèche
T 0475-06 65 90 (073-610 60 26 in NL)
F 0475-06 68 93
E info@clarat.com
W www.clarat.com
fr, nl, de, uk

Open: hele jaar 1 mei-16 sep H 550m

Domaine de Clarat en omgeving

De oude zijdefabriek waarin het Domaine de Clarat is gevestigd is rond 1890 gebouwd en gerestaureerd in 1998. Gelegen in een afgelegen en dus minder toeristisch gedeelte van de Ardèche kunt u hier in alle rust genieten van de prachtige natuur, met Marcel en andere gasten discussiëren, naar de gezellige muziekavonden gaan of een jeu de boulescompetitie houden.

De camping biedt ruime en schaduwrijke terrassen. In het hoofdgebouw zijn vier appartementen ondergebracht en de bijgebouwen zijn verbouwd tot gîtes (vier). Tevens is er een bungalow te huur. Het geheel is ook als groepsverblijf (ca 36 personen) te huur. De inrichting is smaakvol. Verder heeft u de beschikking over een restaurant (twee maal per week diner, drie maal eetcafé), een bar met vanaf het terras uitzicht op de omliggende bossen en weilanden, een bibliotheek, zwembad, recreatieruimte voor de kinderen en nog veel meer. Voor de kinderen worden er regelmatig activiteiten georganiseerd en zij kunnen zich uitleven in de rivier de Doux die langs Clarat stroomt.

F

De schitterende omgeving leent zich bij uitstek voor wandelen en fietsen (fietsen zijn te huur). U kunt er echter ook goed paardrijden, vissen, kanoën en watersporten. Daarnaast zijn de vele pittoreske dorpjes, musea en kerken een lust voor het oog. De Gorges d'Ardèche, Désaignes en Tournon lenen zich voor een dagtocht.

🍳 ⚓ ⛵ 🎣 🔍15 ✂ 🚲15 🎣15
🏊

🏠 9x, 🛏 36x, hpw € 235-310-450-550
⛺ T 10x, 🚐 4x, ppn € 3, ptpn € 11, pcpn € 11

Route

🚗 Route du Soleil A7/E15 richting Valence. Bij Tournon afslag 13 de D534 via Lamastre naar Désaignes. Hier D228 naar Labatie-d'Andaure. Hierna weg ca 5 km volgen en dan rechts in dal rivier de Doux oversteken via Pont Clarat en D336 naar Domaine de Clarat.

🚆 Trein (TGV) naar Valence, dan bus naar Désaignes. Afhalen na overleg.

LALLEY

Gîte de séjour Les Ombelles
Bernadette & Patrick Kopacz-Gatelier
Avers, 38930 Lalley, Isère
T 0476-34 74 71
F 0476-34 73 02
E les-ombelles@wanadoo.fr
W www.gitelesombelles.com
🗣 fr, uk, de

Open: 1 mei-30 okt 🍃 wwoof H 800m
(RES) verplicht ✕ 🐾

Boerderij en omgeving

De traditionele Trièves-boerderij (800 m) van meer dan 200 jaar oud ligt in een klein gehucht met prachtig uitzicht op de bergen. Het geheel is verbouwd tot internationale uitwisselings- en ontmoetings-

plaats waar aandacht wordt geschonken aan duurzaamheid en het milieu. Op het biologische bedrijf wordt lavendel verbouwd, er is een grote groententuin, een notenboomgaard en samen met een aantal buren wordt een wijngaard onderhouden.

U verblijft in ruime, lichte kamers op basis van halfpension (zeven tweepersoons- en twee vierpersoonskamers, vrijwel allemaal met eigen badkamer). Buiten het seizoen kunnen er groepen terecht. Ontbijt en warme maaltijden worden geserveerd in de voormalige schapenstal, een mooie gewelfde ruimte met een open haard. Rond de gîte is veel ruimte om te spelen. Lavendelolie is te koop. U mag meehelpen bij de boerderijtaken (Les Ombelles is aangesloten bij WWOOF). Patrick is berggids en begeleidt wandeltochten door de omgeving.

Op 1 km stroomt een rivier waarin gezwommen kan worden. Op een half uur rijden vindt u het schitterende Réserve Naturelle des Hauts Plateaux du Vercors. In Lalley (2 km) is een permanente tentoonstelling over Jean Giono, een lokale schrijver die zich voor zijn romans liet inspireren door zijn liefde voor de natuur en het dorpsleven in de Trièvesstreek. Op 6 km ligt het ecologische centrum Terre Vivant, in Prébois runt u ezels huren en in Saint-Michel-les-Portes is een avontuurlijk boomtoppenpark. In de winter kunt u hier langlaufen, op sneeuwschoenen lopen en skiën.

🏊 🍳 🍴3 🔍 🚲 🎣15 ❄7 🏊

🛏 9x, 🛏 22x, 2ppn € 38,20 HP
🎁 🍽9x, 🛏 22x, 1ppnoz € 36,20 HP

Route

🚗 Vanuit Grenoble de N75/E712 richting Sisteron. Ca 12 km na afslag naar Clelles de D66B via Saint-Maurice-en-Trièves naar Lalley. Dan D66 richting Mens, na ca 3 km bent u in Avers.

🚆 Trein naar Clelles-Mens. Vanaf hier pendelbus (navette) of ophalen in overleg (3 euro).

LONGCHAUMOIS

Résidence Le Mont Fier
Sylvia Moore & Bernard Broere
Lieudit Crozet,
39400 Longchaumois, Jura
T 0384-60 67 34
F 0384-60 67 34
M 06-329 745 01
E ssindamanoy@aol.com
🗣 nl, uk, fr, de, es, it

Open: hele jaar H 1130m ✕ 🐾

Le Mont Fier en omgeving

Midden in het Parc Naturel Régional du Haut-Jura ligt op 1130 m hoogte Le Mont Fier, een 17de-eeuwse gerestaureerde boerderij (14 km van de Zwitserse grens). De gepensioneerde wetenschappers vinden het leuk om mensen te ontvangen en hebben daartoe vier tweepersoonskamers op de eerste verdieping van hun eigen huis beschikbaar. Het huis heeft een ecologisch verwarmingssysteem. U krijgt een gezond ontbijt geserveerd, waarbij zoveel mogelijk gebruik wordt gemaakt van biologische- en streekproducten. Avondmaaltijden kunnen besteld worden bij een traiteur. U kunt gebruik maken van de huiskamer, met zitkuil en open haard en, in overleg, van de keuken en de muziekkamer met piano. De eigenaren kunnen op aanvraag cursussen West-Afrikaanse dans en muziek en traditionele Colombiaanse percussie verzorgen. Rond het huis is een grote tuin. In de winter loopt achter de boerderij een langlaufpiste (skipistes liggen op 10 km).

De omgeving is ideaal voor natuurliefhebbers en sportievelingen. Overal in de omgeving lopen gemarkeerde wandelpaden (GR-9, GR-57). Na een spectaculaire boswandeling naar de Mont Fier (1282 m) heeft u een mooi uitzicht op Les Rousses en het Lac des Rousses en omgeving. Vanaf de Mont Dole (1680 m) kunt u de Mont Blanc zien liggen. Op 6 km afstand kunt u zwemmen in het Lac de Lamoura. 's Zomers zijn er diverse traditionele feesten in de omgeving. In Saint-Claude is iedere donderdagmorgen een boerenmarkt.

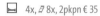　4x, 🚿 8x, 2pkpn € 35

Route

🅝 N5 naar Morez, dan D69 richting Saint-Claude. In Longchaumois richting Lamoura/Les Charrières (D69-E1). Na 5 km in een scherpe S-bocht staat een bordje Crozet op de boom, hier links. Van de vier boerderijen is het die met witte vitrage voor de ramen.

🚆 TGV van Paris (gare de Lyon) naar Dole, daar trein naar Morez. Per taxi verder of bus naar Longchaumois. Afhalen mogelijk op afspraak.

MARSAC-EN-LIVRADOIS

Moulin de Pacros
Hanke Janssen & Ros Nieuwenburg
Chadernolles,
63940 Marsac-en-Livradois,
Puy-de-Dôme
T　0473-95 65 53
F　0473-95 65 53
M　06-334 182 28
E　info@pacros.com
W　www.pacros.com
🗨 nl, fr, uk, de, es

Open: hele jaar ⛰ 1 mei-1 okt　H 530m
Ⓡ ✕ [👤]

Moulin de Pacros en omgeving

Direct aan de rand van het Parc Naturel Régional du Livradois Forez in het oostelijke gedeelte van de Auvergne ligt de oude papiermolen die Hanke en Ros hebben omgetoverd tot een accommodatie die naast een tweetal appartementen ook enkele comfortabele kamers en een kleinschalige camping herbergt. In de molen bevinden zich nog vele oorspronkelijke details (kelders, waterrad) die een indruk geven van het hoe en wat van de papierindustrie in vroeger jaren.

Op Moulin de Pacros kunt u bij het haardvuur genieten in de ontmoetingsruimte of lekker luieren en luisteren naar het geruis van de beek in de grote tuin; voor de kinderen zijn er een schommel, tafeltennistafel, badmintonrackets en jeu de boules.

In het Parc du Livradois Forez, een middelgebergte tot ca 1500 m, vindt u bossen, prairies (wilde zwijnen, herten, vogels) en her en der verspreid een aantal kleine dorpjes. De Vallée de la Dore leent zich uitstekend voor allerlei activiteiten. Wandelen, fietsen (fietsen te huur en meer dan 300 km uitgezette tochten), zwemmen, tennissen, paardrijden, klimmen en kanoën, sportieve mogelijkheden zijn er voldoende. En wilt u eens wat anders dan zijn de middeleeuwse plaatsjes Le Puy en Saint-Flour, het vulkaanpark Vulcania of de vulkanen van de Cantal zeker een bezoek waard.

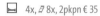　4x, 🚿 12x, 1pkpn € 27, 2pkpn € 45 B&B
🏠 🛏8x, 🚿 20x, 2pppn € 12,50
⛺ T 8x, 🚐 6x, 🏕, pppn € 2,50, ptpn € 4, pcpn € 6

Route

🅝 Op A72 (Clermont-Ferrand - Saint-Étienne) bij Thiers afslag 2 zuidwaarts richting Le Puy (D906) en over Ambert naar Marsac-en-Livradois. Hier links naar Chadernolles. Hier rechts, kleine brug over, na brug (voor café Le Cheval Blanc) weer rechts, na 200 m ligt huis rechts.

MOLIÈRES-SUR-CÈZE

Le Mas Rivière
Hermine & Jean-Pierre Couturou-Borrel
30410 Molières-sur-Cèze, Gard
T　0466-24 26 51　
🗨 fr, nl, uk

Open: 1 mrt-15 nov ▼ (RES) verplicht [👤]

Boerderij en omgeving

Op deze biologische boerderij worden geiten, schapen, Gascon-varkens en kippen gehouden. Het bedrijf ligt midden in de mooie natuur van de Cévennes, bekend om zijn bergen, rivieren, bossen en meertjes. De gîte, op ongeveer 200 m van de boerderij, wordt gewaardeerd vanwege zijn eenvoud, het grote overdekte terras en de ligging midden in een tamme kastanjeboomgaard. Kinderen zullen het contact met de dieren leuk vinden. U kunt meehelpen met geiten melken, kaasmaken en tuinwerk. Biologische boerderijproducten zoals melk, geitenkaas, groente, vlees en jam zijn te koop. Vaak kunt u op zaterdagavond bij de familie pannenkoeken eten. Zij vertellen enthousiast over wat er in de omgeving allemaal te doen is.

In Saint Brès (5 km) kunt u een grot bezichtigen. In Alès is een oude steenkolenmijn ingericht als museum. Voor de mooiste markt van Frankrijk moet u, naar men zegt, in Uzège zijn. In Anduze is een museum waarin de vervolging van de protestanten wordt belicht en van hieruit vertrekt er een toeristentrein naar Saint-Jean-du-Gard.

🛶 🏊<10 🔍0,5 🥾20

🏠 1x, 🚿 6x, Prijs op aanvraag

Route

🅝 Van Aubenas richting Alès (D104) en vlak voor Saint-Ambrois naar rechts en via Meyrannes naar Molières-sur-Cèze (D244). Hier langs apotheek en borden (rechts) 'maison de retraite' of Le Mas Rivière volgen. Door 2 tunnels en bordjes blijven volgen. Boven op een heuvel, tegenover kapelletje begint een 2 km lange berijdbare zandweg naar boerderij met op brievenbus: Mas Rivière Fromage de Chèvres.

🚃 Trein via Alès naar Molières-sur-Cèze. Afhalen mogelijk na overleg (gratis).

MONTAULIEU

Ferme des Aygues
Marie-Christine & Philippe Mathieu
26110 Montaulieu, Drôme
T 0475-27 40 44
F 0475-27 40 44
E fermeaygues@wanadoo.fr
🌐 fr, uk, de

Open: hele jaar 🌿 H 400m (RES) verplicht [🐴]

Boerderij en omgeving

Deze in Provençaalse stijl gebouwde boerderij ligt op 400 m hoogte in de uitlopers van de Alpen. De dikke stenen muren zorgen voor verkoeling in de zomer en maken het 's winters behaaglijk warm. 13 ha grond wordt biologisch bewerkt en levert fruit, honing en diverse olijvenproducten. Tapenade, olijven, olijfolie, jam, fruit en groente (in het seizoen), vruchtensappen en honing zijn te koop.

U verblijft in de gîte, die plaats biedt aan vier personen. Een zwembad, twee mountainbikes en een pingpongtafel staan tot uw beschikking en u kunt cursussen aquarelleren voor beginners volgen (data op aanvraag). De eigenaars delen graag hun liefde voor deze streek en hun biologische bedrijf. Kaarten en informatie over de omgeving zijn aanwezig.

Onder de provençaalse zon kunt u hier genieten van de kalmte en rust van het middelgebergte, wandelend tussen de geurende buxus, brem, wilde tijm en lavendel.

Op 3 km van de boerderij loopt de GR-9. Bij warm weer kunt u verkoeling zoeken in het zwembad en in het water 3 km verderop. In de buurt zijn een aantal olijfoliemolens, in Nyons (12 km) het Musée de l'Olivier en een distilleerderij, in Vaison-la-Romaine (30 km) Romeinse ruïnes. Het hooggebergte begint op enige tientallen kilometers afstand (Mont Ventoux).

🏊 🚴 🎣 6 🎿<10 ⛏<10 🐴

🏠 1x, 🛏 4x, hpw € 300-360

Route

🚗 In Nyons richting Serres (D994). Na ca 10 km twee keer rechtsaf (D64/D501) en door Curnier, daarna richting Montaulieu. Na ca 2,5 km (2,5 km vóór Montaulieu) bij splitsing rechts aanhouden (bord met Ferme des Aygues).

🚃 Trein naar Orange of Montélimar, dan bus naar Nyons (12 km). Verder met taxi.

MONTBRUN-LES-BAINS

La Boucoule
Nora Roman & Ewald Zimmermann
26570 Montbrun-les-Bains, Drôme
T 0475-28 86 49
E laboucoule2@wanadoo.fr
W www.laboucoule.com
🌐 nl, fr, uk, de

Open: hele jaar H 750m (RES) verplicht [🐴]

Boerderij en omgeving

La Boucoule, een monumentale provençaalse boerderij (750 m) ligt temidden van het ruige middelgebergte dat de Drôme kenmerkt. Het afwisselende landschap van deze dunbevolkte streek biedt u onder andere gorges met steile hellingen en bossen, afgewisseld met lavendelvelden en olijfboomgaarden, prachtige vergezichten en een rijke variëteit aan flora en fauna.

Bij La Boucoule horen een truffeleikenplantage, een grote biologische moestuin, fruitbomen, paarden, ezels en kippen. Vanuit de appartementen en vanaf de camping heeft u een prachtig uitzicht op de omliggende bergen. De appartementen (vier, vier en acht personen) bevinden zich in het grote boerenhuis en zijn comfortabel en compleet ingericht. De kampeerplekken liggen verspreid over de hellingen van het terrein, verscholen in het groen. Er is een stacaravan te huur (zes personen) met weids uitzicht en volledige privacy (eigen sanitair, water, electriciteit en gas). Op de boerderij zijn groente, kruiden en fruit uit de eigen onbespoten moestuin, en jam, brood en scharreleieren te koop. De kinderen kunnen zich heerlijk uitleven op het uitgestrekte terrein, er kunnen wandeltochten gemaakt worden met een ezel, en ze kunnen een duik nemen in het zwembad. Voor de hele kleintjes is er een peuterbad aanwezig. Bovendien worden er begeleide wandelingen en plantenexcursies verzorgd.

De omgeving is ideaal voor natuurliefhebbers. U kunt wandelen, fietsen (pittig met de Mont Ventoux vlakbij), bergbeklimmen, kajakken, canyoningen, paragliden, lekker ontspannen kan met een boek in de schaduw van een grote eeuwenoude eik, een bezoekje brengen aan de gierenrots of aan het vroegmiddeleeuwse Montbrun-les-Bains met allerlei trapstraatjes, een kasteelruïne, een 12de eeuwse kerk en thermen.

🏊 🎣 🎣 2 ⛏12 🛶 2

🏠 3x, 🛏 16x, hpw € 380-800
⛺ T 6x, 🚐 2x, 🐴, pppn € 3, ptpn € 7, pcpn € 7

Route

🚗 Op A7 afslag 19 Bollène en richting Nyons. Na 20 km afslaan naar Vaison-la-Romaine (D20 en D975), D938 richting Malaucène en na 3 km rechts naar Entrechaux (D54). D13 richting Molland-sur-Ouvèze. Na ca 5 km afslaan en door vallei van de Toulourenc (D40 en D72). Na Reilhanette D542 richting Séderon. 2 km na Montbrun-les-Bains links naar La Boucoule.

🚃 Trein tot Avignon (75 km). Afhalen mogelijk in overleg tegen vergoeding.

MONTVERDUN

Le Coterat
Frits & Ria van Nunen
42130 Montverdun, Loire
T 047-797 56 62
M 06-251 723 31
E vanu@westbrabant.net
fr, nl, uk, de

Open: 1 apr-31 okt   H 450m Ⓡ

Boerderij en omgeving

Le Coterat is een nostalgische lemen boerderij, gebouwd tussen 1161 en 1895. Het bestaat uit verschillende, gedeeltelijk gerenoveerde gebouwen (nestelplaats voor zwaluwen en vleermuizen) rond een cour (binnenplaats). Er omheen ligt een tuin met druivencultuur, boomgaard, een groot weiland en een stuk ruig terrein (territorium van nachtegaal en wielewaal). Groente en fruit wordt op biologische wijze geteeld. Meewerken tegen kost en inwoning is mogelijk in overleg. Achter de boerderij stroomt de Lignon, een kleine rivier waar het heerlijk toeven is met kinderen en waar, met een beetje geluk, ook een ijsvogeltje, bever en reeën te zien zijn.

U kunt hier kamperen met tent en caravan of een volledig ingerichte caravan huren. Ook zijn er twee tweepersoonskamers te huur en een vakantiehuis.

Le Coterat ligt aan de rand van het kleine dorpje Montverdun in het dal van de Loire en aan de voet van de bergen van de Forez. Het centrum wordt gevormd door Pic de Montverdun, een kerkje uit de 12de eeuw op de top van een oude kleine vulkaan, nu ook in gebruik als cultureel centrum. Aan de overzijde van de Lignon ligt het kasteel Bastie d'Urfé met naar Franse stijl gerenoveerde tuin. Deze streek is een lappendeken van weilanden, wijngaarden, bossen en watergebieden bezaaid met vele oude kastelen, ruïnes, kleine gezellige stadjes en dorpjes. Ook zijn er volop mogelijkheden om te gaan wandelen, fietsen (vlak in de bergen), zwemmen, vissen, paardrijden, tennissen en golfen.

13 20 ✱25

2x, 4x, Prijs op aanvraag
1x, Prijs op aanvraag
T 4x, 6x, , pppn € 2, ptpn € 2, pcpn € 2-4,50

Route

Op de A72 (afslag 6) of de N82 afslag Feurs nemen en over de N89 richting Boën rijden. Na 10 km afslag Saint-Etienne-le-Molard nemen (D5); deze weg volgen tot over de groene brug en dan de eerste weg rechts richting Montverdun nemen. Na 700 m ligt rechts Le Coterat.
Trein naar Boën, afhalen mogelijk (gratis).

NEUVILLE-LES-DAMES

Le Clos
Evelyne & Jean Claude Bouvier
01400 Neuville-les-Dames, Ain
T 0474-55 65 24
F 0474-55 65 24
E leclos@freesbee.fr
W www.auclos.com
fr

Open: 2 jan-23 dec

Boerderij en omgeving

De typische streekboerderij (1900) ligt op 250 m hoogte, aan de rand van het merengebied van de Dombes. Er worden kippen gehouden die de naam van de streek dragen, de zogeheten 'poulets de Bresse'. Bij het fokken van dit traditionele ras is het verboden om antibiotica of middelen die de groei stimuleren te gebruiken. De voornaamste agrarische activiteit is het verbouwen van graan en maïs. Zoekt u rust, een natuurlijke omgeving, dineren aan de familietafel en kleine boerderijdieren voor de kinderen, dan bent u hier aan het goede adres.

U overnacht in sfeervolle kamers op basis van logies en ontbijt. Er is een grote ruimte die beschikbaar is voor het geven van allerlei cursussen. Ook is een keuken beschikbaar voor gasten.

De omgeving, waar de eigenaar u alles over kan vertellen, is vlak genoeg voor een rustige fietstocht. Al wandelend kunt u de vele vogels van het merengebied bewonderen. In de nabijheid vindt u de Beaujolais-streek, beroemd vanwege haar prachtige wijnen. Het dorp Châtillon en de middeleeuwse binnenstad van Bourg-en-Bresse zijn zeer de moeite waard.

<10 3 <10 <10

4x, 13x, 2pkpn € 37 B&B

Route

In Bourg-en-Bresse de D936 richting Villefranche-sur-Sâone tot in Neuville-les-Dames. Daar D80 richting Romans. Na 2 km, bij bord 'Chambre et Table Paysanne', linksaf en nog 1 km tot de boerderij.
Trein naar Bourg-en-Bresse, dan bus naar Neuville-les-Dames. Afhalen mogelijk, ook van treinstation (gratis bij verblijf langer dan 3 dagen).

F

NONIÈRES

Ferme Les Costes
Marjorie Schreuder
Les Costes, 07160 Nonières, Ardèche
T   0475-29 12 53
F   0475-29 12 53
M 06-225 697 69
E   ferme.les-costes@wanadoo.fr
W http://members.home.nl/lescostes
    nl, fr, uk, de

Open: hele jaar H 600m (RES) verplicht

Accommodatie en omgeving

De gebouwen van het gehucht Les Costes, in het Parc Naturel Régional des Monts d'Ardèche, zijn meer dan 350 jaar oud en beetje bij beetje gerestaureerd door een Nederlandse stichting. Marjorie Schreuder woont hier het hele jaar en is uw gastvrouw. Marjorie houdt ezels, geiten, kippen, poezen en honden en heeft een biologische groente- en kruidentuin en 30 ha bos met kastanjebomen.

U verblijft in één van de gîtes (vier en zes personen) of in een van de kamers in het hoofdhuis. Hier is een grote woonkeuken, badkamer en een tweepersoonsslaapkamer en zijn er twee appartementen voor vier personen (een met keuken). U kunt ook het hele huis huren. De camping ligt boven op de berg en is bereikbaar via een grote trap of met een stevige auto via de weg. Het sanitair is eenvoudig. 's Avonds kan iedereen die zich opgeeft aanschuiven aan tafel. Dit geldt ook voor de campinggasten (door brandgevaar mag op de camping niet gekookt worden). Marjorie kookt voornamelijk vegetarisch en is gespecialiseerd in de oosterse keuken. Er is een eenvoudig zwembad met bronwater, een trampoline en een ping-pongtafel. Het hele jaar door worden er speciale activiteiten

georganiseerd: er zijn creatieve zomerweken, verwenweken, wandelavonturen en workshops. Actieve gasten die meehelpen bij het tuinieren en klussen (genietend werken in de natuur), krijgen korting op de verblijfskosten. De sfeer op Les Costes is gemoedelijk.

Met de GR-420 en de GR-427 naast de deur kunt u hier prima wandelen. Overal om u heen liggen beboste bergen met watervallen, valleien en veel natuurschoon. Op 5 km afstand kunt u zwemmen en kanoën in de Eyrieux. Iedere dinsdag en woensdag is er in de buurt markt. Een historische trein brengt u van Lamastre naar Tournon. In de zomer zijn er verschillende festivals.

🐴 📷 ⛵ 🏊 🗺 ⛏ ✈ 🌊20
🔍10 ✂5 🏹10

🛏 5x, 🚪 12x, 1pkpn € 20, 2pkpn € 25
🏠 4x, 🚪 22x, hpw € 350-495
⛺ T 15x, 🚐 4x, 🧗 🏕, pppn € 4, ptpn € 4, pcpn € 4

Route

🚗 Van Lyon A7/E15 en bij Tournon-sur-Rhône afslag 13 Tain-l'Hermitage. Rhône oversteken en over Lamastre (D532 en D534) richting Le Cheylard (D578). In Nonières richting Saint-Julien-Labrousse (D21). Voor wit kruisbeeld naar rechts bij bordje Les Costes.

🚂 Trein naar Valence. Dan bus naar Lamastre of Le Cheylard. Afhalen mogelijk in overleg.

NYONS

La Blachette
Yvette & Henri Brès
Quartier Pied de Vaux,
26110 Nyons, Drôme
T   0475-26 05 41
F   0475-26 05 41
    fr, uk

Open: hele jaar 1 apr-1 dec H 400m (RES) verplicht 🐴

Boerderij en omgeving

De boerderij ligt op 400 m hoogte aan de voet van La Montagne des Vaux. De bewoners zijn de zesde generatie van de familie Brès op het tuinbouwbedrijf, waar zwarte olijven van Nyons, abrikozen en druiven (Côtes du Rhône) geteeld worden. Alle producten dragen het AOC keurmerk. Men composteert zoveel mogelijk en gebruikt zo min mogelijk chemische middelen.

Voor mensen die van rust houden is de afgelegen camping ideaal. Ook kunt u terecht in de gîte, die plaats biedt aan vier personen (zelf handdoeken meenemen). Olijven, olijfolie en abrikozen (in juli) zijn te koop. Onder het genot van een glas wijn kunt u hier het ware Frankrijk-gevoel beleven, onder een strakblauwe hemel in de schaduw van de olijf- en abrikozenbomen.

Voor biologische producten kunt u terecht bij verschillende natuurvoedingswinkels in Nyons (waaronder een biologische bakker en slager). Historische attracties zijn er ook genoeg, zoals de Romeinse overblijfselen in Vaison-la-Romaine of het Château de Mme de Sévigné in Grignan, waar ook een theater uit de oudheid en een miniatuurmuseum te zien zijn. Op korte afstand van de boerderij loopt de GR-9. In Pierrelatte kunt u de Ferme aux Crocodiles bezoeken, een prachtig park met verschillende soorten krokodillen, kaaimannen, alligators en gavialen. Op 40 km ligt de Mont Ventoux (1909 m), de reus van de Provence met aan de voet talloze wandel- en fietspaden tussen wijnen olijfgaarden, lavendelvelden en karakteristieke dorpjes.

⛏ 🌊10 🚲2,5 🔍2,5 🎣2,5 🏹5 🚶

🏠 1x, 🚪 4x, hpw € 280-335
⛺ T 3x, 🚐 1x, pppn € 1,50, ptpn € 4,60, pcpn € 6,10

Route

 Vanaf Montélimar naar Nyons (D541, D941, D538). In Nyons op Place de la Libération bijna helemaal rond, dan rue Draye de Meyne. Op rotonde bij Lycée Roumanille links omhoog Promenade des Anglais nemen. Na ca 400 m bordje Ferme Brès (geel met groen) scherp naar rechts. Na ca 2 km weer bordjes, volgen tot aan de boerderij.

🚂 Trein naar Montélimar of Orange, dan bus naar Nyons. Afhalen mogelijk.

OURCHES

Camping Rural de la Chenaie
Geneviève Pelurson
Quartier les Batailles,
Granier, 26120 Ourches, Drôme
T   0475-60 31 69
🖥 fr, uk

Open: hele jaar 🏕 H 300m [🍴]

Boerderij en omgeving

De boerderij is gebouwd in 1890 en ligt op 300 m hoogte. Het is een gemengd bedrijf waar men varkens, schapen, ganzen en kalkoenen houdt en graan verbouwt. Het veevoer komt van eigen land, er wordt geen gebruik gemaakt van krachtvoer of kant-en-klaarvoedsel.

De camping (2 ha) ligt vlakbij het huis en er stroomt een riviertje langs. Ook kunt u overnachten in een van de tweepersoonskamers op basis van logies en ontbijt. In de kamers zijn een kookplaat en een koelkast aanwezig. Maaltijden met producten van de boerderij zijn mogelijk.

De nabije omgeving is bosrijk, afgewisseld met akkers en weiden. Het gebied behoort tot de uitlopers van de Vercors. Het Parc Naturel Régional du Vercors op 10 km afstand en de nabijgelegen Vallée du Rhône zijn zeer de moeite waard. Binnen een straal van 8 km vindt u een zwembad, fiets- en kanoverhuur, een manege, restaurants en winkels. In Saint-

Péray kunt u kasteelruïnes bezoeken en in de bruisende stad Valence is bijvoorbeeld het Museé des Beaux-Arts.

🍴 [📷] 🛁8 🛏8 🚿8 ↗8 🛶

🛏 2x, 🚿 4x, 2pkpn € 40 B&B
🏠 2x, 🚿 4x, Prijs op aanvraag
⛺ T 10x, 🔌 10x, 🛁, ppn € 5

Route

 Bij Valence op de N1532 afslag 33 richting Montmeyran nemen (D538a). Na ca 15 km op rotonde bij Les Batailles richting Les Batailles-Est. Volg bordjes 'Camping a la ferme'. Boerderij ligt aan deze weg. Met caravan niet Ourches inrijden.

🚂 Trein naar Valence, hier bus naar Ourches. Afhalen mogelijk tegen vergoeding.

PARVES

Paulette Jourdan-Lyonnet
Sorbier, 01300 Parves, Ain
T   0479-81 52 89
🖥 fr, uk

Open: hele jaar H 400m [✕] [🍴]

Boerderij en omgeving

Parves is een pittoresk dorpje in het stroomgebied van de Rhône. Op een hoogte van ongeveer 500 m ligt de authentieke Bugey-boerderij (1850), die rustiek en in oude stijl is ingericht. Hij wordt omringd door een bloemrijke tuin en een biologische moestuin en boomgaard. Het overvloedige ontbijt bestaat onder meer uit biologische producten van eigen bodem.

U overnacht op basis van logies en ontbijt in een van de tweepersoonskamers en kunt gebruik maken van een gemeenschappelijke zitkamer en een terras. Huisdieren mogen wel mee, maar niet naar binnen.

De beboste bergen (tot 850 m) bieden vol-

op mogelijkheden om te wandelen (GR-9 en GR-9A op 6 km) en te fietsen. U kunt zwemmen en vissen in de vele meertjes en riviertjes die het gebied rijk is. Op 20 km, aan de voet van de Grand Colombier (1534 m), ligt het natuurreservaat Marais de Lavours, een van Europa's laatste grote wetlandgebieden. Een 2,4 km lang natuureducatiepad loopt door een gedeelte van het park. Op 3 km kunt u deltavliegen en parapenten. De rijke culinaire traditie en de 'vins de Bugey' maken dat lekkerbekken hier niets tekortkomen.

🍴 [📷] 🚲<10 🛁<10 🔍1 🔭 🛶25
🛶25 🚿<10 ↗<10 🛶

🛏 3x, 🚿 6x, 2pkpn € 42 B&B

Route

 Bij Bourg-en-Bresse (A40) afslag 7 nemen en N75 naar Ambérieu. Daar de N504 naar Belley. Langs stad rijden en over Rhône direct links naar Parves (D107). In Parves richting 'Caveau Chenel' volgen tot 1ste huis rechts in Sorbier.

🚂 Trein tot Belley (7 km), dan taxi.

PERRIGNY-SUR-LOIRE

La Chaume
Marly van der Sluis
71160 Perrigny-sur-Loire, Saône-et-Loire
T   0385-53 89 40
F   0385-53 83 94
M 06-701 450 00
E   marly.chaume@wanadoo.fr
🖥 fr, nl, de, uk

Open: hele jaar H 326m [🍴]

Gîtes en omgeving

In een wat vlakkere gedeelte van Bourgogne ligt in het Loiredal het plaatsje Perrigny-sur-Loire. Hier is Marly halverwege 2002 begonnen met het ontvangen van gasten. Vanaf het uit ca 1650 stammende boerenhuis en de tuin heeft u een mooi uitzicht op het omliggende heuvelland en een meertje waarin u ook kunt zwemmen. Rust, ruimte, zeer comfortabel, een goed glas wijn, lekker eten zijn enkele trefwoorden die op La Chaume van toepassing zijn. De gîtes (elk voor twee personen) zijn volledig ingericht met een slaapkamer, badkamer en zitkamer met keukentje en beschikken over een eigen terras in de tuin.

Op aanvraag worden ontbijt en maaltijden verzorgd. Bij voldoende belangstelling wordt er een kookcursus gegeven.

Ondanks de geringe toeristische bekendheid van deze streek hoeft u zich niet te vervelen. De omgeving leent zich uitstekend voor wandelen (GR-3 op 6,5 km) en fietsen (te huur op La Chaume), maar u kunt er ook zwemmen, tennissen en golfen. Verder komt u op uw tochten vele kleine dorpjes, kerkjes, kastelen en ruïnes tegen. Moulins, Decize, kuuroord Bourbon-Lancy en bedevaartplaats Paray-le-Monial zijn leuke dagtochtbestemmingen.

⚓ 🍽 🏊 🚲 🔍14 🎣14 🚣14 🧗

🏠 2x, 🚐 4x, Prijs op aanvraag

Route

🅰 Verlaat A6 bij Chalon-sur-Saône (afslag 26) en via Montceau-les-Mines (N80/E607/N70) naar Paray-le-Monial. Voorbij deze plaats afslag 23 richting Digoin en Bourbon-Lancy (D979) en ca 3,5 km na Saint-Agnan rechts richting Charnay/Saint-Laurent. Paar honderd meter na bos rechts bij witte muur.
🚆 Trein naar Digoin (13 km). Afhalen mogelijk in overleg, tegen vergoeding.

PUIMICHEL

Camping les Matherons
Ada & Henk Knol
04700 Puimichel,
Alpes-de-Haute-Provence
T 0492-79 60 10
F 0492-79 60 10
E lesmatherons@wanadoo.fr
W www.campinglesmatherons.com
🗨 fr, nl, uk, de

Open: 20 apr-1 okt H 550m Ⓡ 🔲 🏠

Camping en omgeving

Het kampeerterrein ligt midden in de natuur op 550 m hoogte, in het hart van de Alpes-de-Haute-Provence, nabij het dorpje Puimichel. De camping is uitermate geschikt voor mensen die houden van alles wat groeit en bloeit en die rust en ruimte belangrijk vinden. Er zijn zelfs enkele plekken die alleen te voet bereikbaar zijn. Bijna alle kampeerplaatsen hebben elektriciteit en het sanitair is goed onderhouden.

Het terrein is autovrij, bij aankomst en vertrek zijn auto's op de kampeervelden toegestaan, tussentijds kunt u ze parkeren op een apart veld. Er zijn twee zespersoons stacaravans het hele jaar door te huur. Wel zelf beddengoed en handdoeken meenemen.

U kunt zich op en rond de camping uitstekend vermaken. Er is een speeltuin voor de kinderen en een jeu de boules terrein. Er zijn uitgebreide beschrijvingen te verkrijgen van meer dan 70 wandelingen, verschillende fietsroutes en autotochten. Een aantal wandelingen begint al vanaf de camping, voor de overige neemt u eerst de auto. Verder zijn o.a. drank en ijs verkrijgbaar en 's avonds kunt u frites of een pizza afhalen en op het kleine terras opeten. Twee keer per week kunt u zich inschrijven voor een gezamenlijke maaltijd. Zwemmen kan in het nabijgelegen Lac des Buissonnades bij Oraison. Er zijn diverse markten in de nabije omgeving. De Gorges du Verdon en Middellandse Zee zijn goed te bereiken vanaf de camping. Dichterbij vindt u de minder bekende Gorges de Trévans, die u alleen te voet kunt ontdekken.

🏊 🛶 ✈ 🍴14 🛒9 🔍9 🐟2 🎣9
⛰10 🚫45

🏠 2x, 🚐 12x, Prijs op aanvraag
⛺ 🚐 pppn € 3,25, ptpn € 7,50, pcpn € 7,50

Route

🅰 Op de A51/E712 afslag 19, La Brillanne/Oraison, nemen. Op kruising rechtsaf, richting Oraison. Door Oraison heen rijden en vervolgens D12 richting Puimichel. 2 km voor Puimichel staat bord 'Camping Les Matherons', hier linksaf inrit op.
🚆 Trein via Gap en Sisteron naar La Brillanne (12 km). Bus naar Oraison (9 km), dan taxi.

SAINT-BAUDILLE-ET-PIPET

Ferme des Boutins
Liliane & Jean Burlet
Les Boutins,
38710 Saint-Baudille-et-Pipet, Isère
T 0476-34 63 64
F 0476-34 63 64
E fermedesboutins@free.fr
W http://fermedesboutins.free.fr
🗨 fr

Open: hele jaar 🎿 1 mei-1 nov 🍴 Ⓡ🅴🆂
verplicht 🔲 🐴

Boerderij en omgeving

De boerderij (17de eeuw) ligt in een klein gehucht op 850 m hoogte omringd door bergen. Op het gemengde bedrijf lopen zoogkoeien rond en verbouwt Jean, samen met zijn twee zoons, verschillende soorten graan. Hij leidt u graag rond over het terrein. Meehelpen mag. Liliane heeft een passie voor koken en zorgt voor een warme ontvangst van de gasten.

In de boerderij zijn vijf kamers te huur op basis van logies en ontbijt. Twee gîtes bieden elk plaats aan vier of vijf personen. Verder is er een schaduwrijke camping met vijf staanplaatsen. Voor de kinderen is er speelruimte, een pingpongtafel en een volleybalveld. Verschillende producten van de boerderij zijn te koop: vleeswaren, jam, brood en kip. Gelieve niet te roken in de kamers en de gezamenlijke ruimtes.

De nabije omgeving is een combinatie

van oude, traditionele architectuur en wilde, ongerepte natuur. U kunt tijdens een rustige wandeling bijvoorbeeld wilde champignons tegenkomen. Ontdek de fascinerende uitzichten vanaf de karakteristieke Mont Aiguille (2086 m), L' Obiou (2793 m) of de Mont Gargas (2207 m). Leuke plaatsen om te bezoeken zijn Mens, Tréminis of Clelles, La Salette (Notre Dame). Binnen een straal van 4 km treft u alle voorzieningen en faciliteiten aan. 's Winters kunt u op ongeveer 30 tot 50 km afstand skiën of langlaufen. Verder zijn er talrijke mogelijkheden voor sportievelingen: wandelroutes, mountainbiken, paardrijden, ezeltochtjes, bungyjumpen, deltavliegen en paragliden.

👭 [⌾] ⌁ ⚲4 ⚲4 ✕4 🏔10 👭

🛏 4x, 🚪 13x, 2pkpn € 41-46 B&B
🏠 2x, 🚪 13x, hpw € 340-457
⚓ T 5x, ⌂ 2x, Prijs op aanvraag

Route
🔼 Vanaf Grenoble via de N75/E712 en de D34 naar Mens. Vanuit Mens richting Saint-Baudille-et-Pipet (D66) en bij de 2de rode asfaltweg (vanaf Mens) links. Nu borden Les Boutins volgen. Op deze weg is het de laatste boerderij links.
🚂 Trein vanuit Grenoble naar Clelles-Mens, dan bus naar Mens. Afhalen mogelijk.

SAINTE-CROIX-VALLÉE-FRANÇAISE

La Devèze
Corinne Charbonnier
48110 Sainte-Croix-Vallée-Française, Lozère
T 0466-44 74 41
W http://perso.wanadoo.fr/ladeveze
💬 fr

Open: 1 feb-15 nov 🔥 ⚡ H 600m 🍽
[♨]

Boerderij en omgeving
De boerderij, een voormalig kasteel uit de 12de eeuw, ligt op 600 m hoogte aan de zuidkant van het Massif du Cévenol, midden in het Parc National des Cévennes. Op de boerderij heeft men varkens, schapen, ezels, honden, katten en nog wat ander kleinvee. De bewoners werken op biologische wijze maar zonder keurmerk.
U overnacht op basis van logies en ontbijt op twee tot vierpersoonskamers. Deze bevinden zich in het centrale gedeelte van het kasteel. Elke kamer heeft een wasbak, toilet en douche deelt u met andere gasten. De gîte d'étape voor 11 personen bevindt zich in een van de torens. Er is een keukenhoek en gedeelde sanitaire voorzieningen. Ontbijt en diner worden geserveerd in de Cévenolse keuken en er is een zitkamer voor de gasten. De eigenaresse organiseert welzijnsactiviteiten, u kunt hier massages krijgen of een les in masseren volgen.
Door de afgelegen ligging van de boerderij (bereikbaar via een smalle weg) bent u verzekerd van rust en vrije natuur. In de omgeving vindt u verborgen valleitjes, heldere bergstroompjes en uitgezette wandelroutes. Vlakbij begint de Sentier de la Roquette voor een mooie wandeling naar Molezon. Fascinerend is het natuurschoon van de Gorges du Tarn. In een straal van 35 km bevinden zich een aantal interessante musea over de streek; de Magnanerie de la Roque (zijdemuseum) in Molezon, het Musée des Vallées Cévenols in Saint-Jean-du-Gard, het Musée du Désert over de geschiedenis van de Camisarden in Mialet. La Devèze heeft een belangrijke rol gespeeld in de Camisardenoorlog en wordt in tal van boeken genoemd. Op 70 km afstand bevinden zich de grot van Aven Armand en Dargilan.

👭 [⌾] 🎵 ⚲7 👭

🛏 4x, 🚪 10x, 1pkpn € 30, 2pkpn € 34 B&B
🏛 🛏1x, 🚪 11x, 1ppnoz € 6,90

Route
🔼 Vanuit Saint-Jean-du-Gard Moissac-Vallée-Française naar Pont Ravagers (D983). Daar rechts naar Vallée de Trabassac en bordjes volgen naar de boerderij (nog ca 3 km).
🚂 Trein naar Alès, dan bus naar Saint-Jean-du-Gard. Hier taxi nemen.

SAINT-ÉTIENNE-DE-SERRE

Moulinage du Sablas
Marianne van Kinderen & Peter de Vries
Route d'Auzène D 261, Le Sablas,
07190 Saint-Étienne-de-Serre, Ardèche
T 0475-65 42 45
F 0475-65 42 45
E info@moulinage.net
W www.moulinage.net
💬 nl, fr, uk

Open: hele jaar ⚓ 1 apr-1 okt 🔥 H 240m
🍽 🐾

Moulinage en omgeving
Midden in het Parc Naturel Régional des Monts d'Ardèche liggen op een domein van 26 ha de oude zijdefabriek Moulinage du Sablas en de boerderij. De kudde Alpine-geiten zorgt voor melk voor de picodon-kaasjes die op de markt verkocht worden. Er is een biologische moestuin en kippen voor verse eitjes.
In de Moulinage zijn drie gîtes (twee, acht en acht personen). Alle zijn zeer ruim, licht en modern ingericht en hebben een grote woonkeuken, woonkamer, badkamer en toilet. Lakens en handdoeken zelf meenemen. Buiten de schoolvakanties kunt u hier een kamer huren. De natuurstenen boerderij (negen personen) beschikt over een grote woonkamer, eetkeuken, badkamer en vijf slaapkamers. Langs de rivier zijn zes plaatsen voor een tent of vouwwagen. Sanitair en een keuken voor campinggasten is in de Moulinage. Langs de boerderij stroomt de Auzène met diepe zwemplekken en vol mogelijkheden om dammen te bouwen en te kajakken. Eens per week kunt u meeëten met de eigena-

F

ren en in het hoogseizoen komt de bakker aan huis. Kaas, eieren en groente zijn te koop. U kunt leren kaasmaken en in het voor- en naseizoen worden er op Moulinage wandelweken georganiseerd.

Over een sfeervol boogbruggetje bij de boerderij begint een van de vele wandelroutes; beschrijvingen krijgt u mee. In de buurt loopt een voormalige spoorlijn die nu als fietspad dient (fietsen te huur op Moulinage). Er is een wolmuseum over Angora-schapen en in Soyons (30 km) zijn er prehistorische grotten. Leuk voor kinderen zijn het Indian Forrest (met touwladders) en het museum voor paleontologie (25 km).

4x, 🚲 8x, 1pkpn € 25, 2pkpn € 35 B&B

4x, 🚲 25x, hpw € 390-590-570-750

T 6x, 🏕️, pppn € 2,50, ptpn € 5-7,50

Route

🅰️ Op A7/E15 afslag 15 Valence Sud. Rechts rijden, na péage direct afslag Valence Centre, meteen op rotonde richting Montélimar. Na ca 10 km rechts naar Charmes-sur-Rhône, Beauchastel aanhouden. Na ca 4 km op rotonde links richting Privas, na ca 3 km rechts naar Le Cleyland (N86, D21, D120). Na 20 km, in Moulinon, direct na brug links naar Saint-Julien-du-Gua (D261). Na 9 km links bordje Le Sablas.

🚆 TGV of Eurolines naar Valence dan bus 6 naar Le Cheylard, halte Moulinon. Afhalen mogelijk in overleg van trein en bushalte.

SAINT-FRÉZAL-DE-VENTALON

Les Cessenades
Simone Drost & Erwin Warmerdam
48240 Saint-Frézal-de-Ventalon, Lozère

T 0466-45 48 31
E lescessenades@wanadoo.fr
W www.lescessenades.com
🗣️ fr, nl, uk, de

Open: hele jaar ▲ 1 apr-1 nov H 400m
Ⓡ [🍴]

Boerderij en omgeving

In de ruige natuur van het Parc National des Cévennes ligt in een klein gehuchtje het huis van Simone Drost en Erwin Warmerdam. Het gastenverblijf bevindt zich in twee ca 200 jaar oude authentieke boerenhuizen die door een binnenplaats met elkaar verbonden zijn. In een van de huizen is een gemeenschappelijke woonkamer met open haard. Door de trapsgewijze opbouw van het verblijf en de bijbehorende tuin heeft u een mooi uitzicht op de hellingen vol met kastanjebomen aan de overzijde van het dal.

Er zijn drie tweepersoonskamers en twee familiekamers waar kinderbedden bijgeplaatst kunnen worden. De camping bestaat uit schaduwrijke terrassen. U kunt op de camping ook logeren in een houten woonwagen, voorzien van eigen keuken en bedstede. Onder aan het terrein, op tien minuten loopafstand, stroomt een riviertje waar in gezwommen kan worden. Bovendien zijn er voor de kinderen een schommel en een zandbak en worden er mountainbikes verhuurd - over het terrein loopt een oude spoorlijn die nu dienst doet als mountainbike-pad. 's Avonds kunt u aanschuiven voor een driegangendiner met gerechten uit de streek. Eigengemaakte appelsap en regionale specialiteiten zoals paté, jam, azijn en kastanjepuree zijn te koop.

De Cévennen kenmerken zich door steile bergen (toppen tot 1700 m), gorges (Gorges du Tarn, 40 km) en hoogvlakten die soms aan een maanlandschap doen denken. Al met al een schitterend gebied met oneindig veel mogelijkheden om te wandelen (GR-7 en GR-68) en voor pittige fiets- en dagtochten. Bezienswaardigheden: musea, mijnen, grotten, verschillende bergtoppen en de vele kleine dorpjes. Sportievelingen kunnen in de omgeving terecht voor kano-en, deltavliegen, bergbeklimmen, excursies te paard of per ezel (op 20 km).

15 🏔️

🛏️ 5x, 🚲 10/14x, 2pkpn € 42,50 B&B
⛺ pppn € 1,75 ptpn € 5,50 pcpn € 5,50

Route

🅰️ Op de A7 vanaf Lyon, afslag 19 Bollène en Pont-Saint-Esprit volgen (D994). Dan over Bagnols-sur-Cèze naar Alès (N86 et D6). Daar N106 richting Florac. Na ca 40 km afslaan naar Saint-Frézal-de-Ventalon (D29) en weg volgen tot Les Cessenades (4 km).

🚆 Trein naar Florac (30 km) of Alès (40 km), dan privébus (Reilhes Autocars, alleen 's ochtends), uitstappen op splitsing N106/D29, nog 4 km lopen.

SAINT-HILAIRE-DE-LAVIT

Les Jardins de Veyrassi
Hélène & Jean-François Hible
Le Veyrassi, 48160 Saint-Hilaire-de-Lavit, Lozère

T 0466-45 40 06
E leveyrassi@free.fr;
   leveyrassi@cevennes.com
W www.cevennes.com/veyrassi.htm
🗣️ fr

Open: hele jaar ▼ ≈ H 680m Ⓡ🄴🅂
verplicht [🍴]

Boerderij en omgeving

Via een lange slingerweg omhoog langs de zonnige zuidhellingen van de Cévennes, komt u bij Les Jardins de Veyrassi. Het terrein bestaat uit een fraaie tuin met wilde planten en een grote kas waar biologische groenten en fruit worden gekweekt. U wordt er van harte uitgenodigd voor een geurrijke en smaakvolle ontdekkingstocht. De eigenaar is actief lid van de Franse bio-organisatie Nature et Progrès en werkt geheel volgens deze principes. Er worden ook schapen, ezels en konijnen gehouden.

De gîte waar u kunt logeren, is vastgebouwd aan het uit 1750 daterende huis en heeft een eigen opgang. Het is geschikt voor vier personen en heeft een pure, landelijke uitstraling. U kunt rondleidingen krijgen door de tuin en de kwekerij en ezeltochten maken (routebeschrijvingen liggen voor u klaar).

Er zijn allerhande producten, als groente, fruit, jams en sappen te koop. Als u wilt kunt u meehelpen in de tuin of in de kas. Elke week staan de eigenaars met hun producten op de biologische markt in de buurt.

Vanaf de accommodatie heeft u een geweldig uitzicht op de Cévennes en het achterliggende gebied van het Parc National. Verschillende wandelroutes liggen in de buurt, waar u al of niet onder begeleiding van een gids prachtige tochten kunt maken. In de nabije omgeving vindt u ook interessante middeleeuwse dorpjes, kastelen, grotten en musea. In de zomer worden er diverse openluchtfestivals georganiseerd.

⚓ 🏊13 ≜10 🦐8 ✕4 ♨13 ⚓13 🦆10 🎣10 ✳30

🏠 1x, 𝄞 4x, hpw € 260-330

Route

🗺 In Alès de N106 richting Mende. Na La Grand-Combe en St. Michel-de-Dèze 1ste weg links richting St. Hilaire-de-Lavit. Dan richting Veyrassi volgen en 1 km na de afslag naar Veyrassi ziet u bordje Le Veyrassi aan uw linkerhand.

🚂 Trein naar La Grand-Combe. Afhalen mogelijk na overleg.

SAINT-JULIEN-DE-LA-NEF

Château d'Isis
Maryvonne & Richard Roudier Villard
30440 Saint-Julien-de-la-Nef, Gard
T   0467-73 56 22
F   0467-73 56 22
E   castelisis@free.fr
W www.bonadresse.com/languedoc-
    roussillon/saint-julien-de-la-nef.htm
🏴 fr, uk, es, it

Open: 1 mrt-31 dec ⚓ H 150m (RES)
verplicht [⚒]

Boerderij en omgeving

De boerderij annex kasteel is gelegen op een hoogte van 145 m. Het kasteel stamt uit de 14de eeuw en behoorde vroeger toe aan een edelman: Seigneur de Saint-Julien, Marquis de Calvière. In 1703 is een deel van het kasteel afgebrand in de Camisardenoorlog. Uitgebreide informatie over deze 'Woestijntijd' vindt u in het Musée du Désert in Mialet (45 km). Men teelt seizoensgroenten en kleinfruit en er zijn dieren. Bij een bezoek aan de tuinen kunt u zich door de bewoners laten informeren over de biologische werkwijze. U overnacht in het kasteel in een van de vijf smaakvol ingerichte kamers (met eigen sanitair) op basis van logies en ontbijt. Ook kunt u terecht in een van de drie modern ingerichte gîtes (twee tot vijf personen). De table d'hote biedt streekgerechten met producten uit de omgeving (vegetarische maaltijden mogelijk). Voor kinderen zijn er spelletjes aanwezig en er is zwemgelegenheid op het terrein.

In de glooiende, bosrijke omgeving zijn veel bezienswaardigheden. Diep in de aarde vindt u de Grotte des Demoiselles, hoog verheven de Mont Aigoual. Daartussen bevindt zich het Cirque de Navacelles. De rivier de l'Hérault ligt op 200 m. U kunt zwemmen in bronnen of ontspannen in de koele schaduw van de bomen.

⚒ 🍽 ⚓ ✈ ⚓60 🏊12 🦐5 🎣7 ✳40 ⚓

🛏 5x, 𝄞 14x, 1pkpn € 40, 2pkpn € 55 B&B
🏠 4x, 𝄞 11x, hpw € 380-600
🏕 𝄞 28x, Prijs op aanvraag

Route

🗺 Van Nîmes D999 richting Le Vigan (over Quissac, Sauve, Saint-Hippolyte-du-Fort en Ganges). 4 km na Ganges staat Saint-Julien-de-la-Nef aangegeven. Nu

brug over de Hérault nemen en nog 1 km langs de rivier tot aan het château.

🚂 Trein naar Nîmes of Montpellier, dan bus Nîmes - Le Vigan, uitstappen Saint-Julien-de-la-Nef, afhalen mogelijk na overleg.

SAINT-JULIEN-LABROUSSE

Bastier
Ria Martijn & Johan Beikes
07160 Saint-Julien-Labrousse, Ardèche
T   0475-29 42 45
F   0475-29 42 45
E   johan.beikes@free.fr
W www.bastier.com
🏴 nl, uk, de, fr

Open: hele jaar ⚓ 1 apr-31 okt H 750m
(R) 🚹 [⚒]

Boerderij en omgeving

De natuurstenen boerderij Bastier ligt op 750 m hoogte, net buiten Saint-Julien-Labrousse. De oudste delen van de boerderij zijn 300 jaar oud. Vroeger was Bastier (van bastion, fort) één van de mooiste en grootste boerderijen in de omgeving. In WOII werd de boerderij als basis voor het lokale verzet gebruikt. Vanaf de boerderij is er een panoramisch uitzicht op het dal van de Eyrieux en de hoogste bergen van de Ardèche. Vanaf 2002 zijn Ria en Johan eigenhandig bezig de boerderij met alle bijgebouwen te restaureren. Inmiddels zijn er naast eigen woonruimte, twee gîtes, een kamer en een camping met modern sanitair gerealiseerd. De kippen, geiten, eenden, konijnen, andere boerderijbeesten en een grote biologische moestuin maken de boerderij nagenoeg zelfvoorzienend.

Voor de kinderen zijn er diverse attributen om buiten mee te spelen (schommel, wip, spartelbadje, touwladder). Jong en oud kunnen deelnemen aan de dagelijkse boerderijtaken, zoals helpen bij het

F

melken van de geiten, verzorgen van de beesten en werken in de moestuin. Eieren, kaas, jam, groente, fruit en brood zijn te koop. Gasten kunnen tevens, na reservering, gebruik maken van de table d'hôte (drie- of vijfgangendiner).

De omgeving rond Bastier is uitstekend geschikt voor korte en lange wandel- en fietstochten. Diverse wandeltochten starten direct vanaf de boerderij (GR-420). Regelmatig worden er wandeltochten in de omgeving georganiseerd. Er zijn legio zwemmogelijkheden op korte afstand (beekje, meertjes, zwembad). 's Zomers zijn er wekelijks diverse culturele-, muziek- en theaterfestivals en (jaar)markten. Tussen Tournon-sur-Rhône en Lamastre kunt u met een oude stoomtrein een rit maken door de bergen en langs steile afgronden. En last but not least treft u op Bastier de Stilte, waarlijk met een grote S.

🚿 📱 ♨ 🏊12 🎣9 🚤12 🔍0,5 🍴9 ♿9 🚲15 🏊10 🏇3 ✳35 🚶

🛏 1x, 🛏 2x, 2pkpn € 35 B&B
🏠 2x, 🛏 8x, Prijs op aanvraag
⛺ T 6x, 🚐3x, 🍽, Prijs op aanvraag

Route
🅰 Van Lyon A7/E15 en bij Tournon-sur-Rhône afslag 13 Tain-l'Hermitage. Rhône oversteken en over Lamastre (D532 en D534) richting Le Cheylard (D578). In Nonières afslaan naar Saint-Julien-Labrousse. Dorp doorrijden richting Chalençon (D241). Na rotonde buiten dorp 1e afslag links (bordje Bastier).
🚆 TGV of Eurolines naar Valence. Hier bus lijn 12 naar Le Cheylard of lijn 6 naar Vernoux-en-Vivarais. Dan taxi of afhalen in overleg (0,25 euro / km).

SAINT-LAURENT-D'OINGT

Le Chapi
Pascal Jourdain
Le Berthier, 69620 Saint-Laurent-d'Oingt, Rhône
T 0474-71 74 21
F 0474-71 74 21
🌐 fr, uk

Open: hele jaar ❤ H 300m (RES) verplicht

Boerderij en omgeving

Midden in het land van de Beaujolais staat de in originele stijl gerestaureerde boerderij van de familie Jourdain. Pascal heeft de boerderij, inclusief 13 ha wijngaarden, overgenomen van zijn ouders. Zijn grote liefde ligt bij de 12 Limousin-koeien die grazen op het land tegenover de boerderij en die biologisch vlees opleveren. De appelboomgaard 3 km verderop levert biologisch gecertificeerd appelsap. De jonge eigenaren vinden het leuk om gasten te ontvangen.

U verblijft in de keurige zespersoons gîte, die in de uiterste punt van de boerderij is gevestigd. De twee kamers van de gîte (twee en vier personen) worden ook op basis van logies en ontbijt verhuurd. In de tuin is plaats voor vier tenten, sanitair voor kampeerders bevindt zich in de schuur. Het is mogelijk om 's avonds mee te eten. De maaltijden bestaan voornamelijk uit producten van eigen bodem. Er is een klein kinderbadje. Meehelpen bij de boerderijtaken kan.

Talloze wandel- en fietsroutes leiden u door dit zuidelijke deel van de Beaujolais, gekenmerkt door eeuwenoude en bloemrijke dorpjes in okerkleurig kalksteen (Le Pays des Pierres Dorées). Zwemmen kan in het Lac de Cublize op 25 km en bij Asne (18 km) ligt een klein zwemparadijs met watervallen. In het bos van Flachère is een botanische route, in Avenas (40 km) een avontuurlijk bomenpark. Wijnkelders bezoeken en proeven kan op de boerderij en elders in de omgeving. De geschiedenis van deze wijnstreek is te bezichtigen in het Plaisirs en Beaujolais bij Romanèche-Torins. In de buurt zijn diverse kastelen, in Villefranche het Paul Dini museum.

🚿 📱 ♨ 🏊 🚤 🔍 🎣 ♨ 🏇 🚶

🛏 2x, 🛏 6x
🏠 1x, 🛏 6x, Prijs op aanvraag
⛺ T 4x, Prijs op aanvraag

Route
🅰 Op A6/E15 bij Villefranche-sur-Saône afslag 31 richting Le Bois-d'Oingt (D38). Na ca 15 km op splitsing rechts richting Lamure-sur-Azergues (D485) tot ca 1,5 km voorbij afslag Le Bois-d'Oingt. Hier links (D39) bij bordje Le Chapi (let op bij oversteken weg!). Meteen weer rechts, na enkele honderden meters ligt links Le Chapi.
🚆 Trein naar Les Ponts-Tarrets (3 km). Ophalen in overleg.

SAINT-MARTIN-DE-CLELLES

La Ferme du Mont Inaccessible
Camille Rousseaux & Gilles Arfi
Trésannes,
38930 Saint-Martin-de-Clelles, Isère
T 0476-34 46 66
F 0476-34 21 70
🌐 fr

Open: hele jaar ❤ H 1009m ® ♿
🐴

Boerderij en omgeving

De uit de vorige eeuw daterende Trièves-boerderij ligt op 1000 m hoogte, aan de voet van de Mont Aiguille (2086 m). De belangrijkste bron van inkomsten leveren de geiten (kaas). Kaas en geitenmelk zijn dan ook altijd verkrijgbaar.

U kunt terecht op de camping, schaduwrijke plaatsen onder de pruimenbomen, in de graanschuur die verbouwd is tot groepsverblijf en in de boerderij op een van de gastenkamers. Logies en ontbijt, halfpension en volpension zijn mogelijk. De maaltijden zijn geheel biologisch. Bij de boerderij is een winkeltje waar allerhande biologische producten verkocht worden, van de eigen en van naburige boerderijen. Mocht u ooit al eens een kudde geiten hebben willen hoeden, dan ligt hier uw kans. Er mag meegeholpen worden bij de verzorging van de boerderijdieren en het melken van de geiten. U kunt paardrijlessen volgen en er worden tochten te paard door het natuurpark georganiseerd.

De boerderij ligt in het Parc Naturel Régional du Vercors, bekend vanwege zijn bossen, kalkstenen bergen en het Réserve Naturelle des Hauts Plateaux, het grootste natuurreservaat van Frankrijk. Er zijn verschillende wandel- en fietsroutes die langs mooie alpenweides en indrukwekkende rotsformaties leiden. In Mens (18 km) is het Musée du Trièves, een streekmuseum en Terre Vivante, een centrum voor natuurbehoud in de praktijk, met biologische tuinen, speeltuin en ecoboetiek. Op het prachtige stuwmeer Lac de Monteynard Avignonet (20 km) kan gezeild en gesurfd worden. In de winter is het hier heerlijk langlaufen, skipistes vindt u op 25 km.

🛏 5x, ⊿ 18x, 2pkpn € 37-41 B&B
🏛 ⊿ 15x, 1ppnoz € 15 B&B
⛺ T 10x, pppn € 5, ptpn € 2,50, pcpn € 4,50

Route

🅰 Vanuit Grenoble N75 richting Sisteron. Vlak voor Clelles rechtsaf richting Chichilianne (D7). Na ca 2,5 km weer rechts richting Trésannes, 3 km verderop. Boerderij ligt aan de andere kant van dorp aan rechterkant.
🚌 Trein/bus: Clelles (traject Grenoble-Veynes). In Clelles treintaxi of afhalen op afspraak.

SAINT-MICHEL-DE-DÈZE

La Combe de Ferrière
Lisa Leyten
48160 Saint-Michel-de-Dèze, Lozère
T 0466-45 52 43
F 0466-45 40 13
E info@la-combe.com
W www.la-combe.com
🗨 fr, nl, uk

Open: hele jaar ⛺ 1 jun-9 sep H 600m

Accommodatie en omgeving

Te midden van het ruigste gebergte van Europa, de Cévennes, ligt op 600 m hoogte La Combe de Ferrière, waarvan het oudste gedeelte stamt uit de 12de eeuw. Vanaf het terras en bijbehorende kleine naturistencamping heeft u een schitterend uitzicht over de vallei en op de omliggende bergen. Op het terrein (40 ha) zijn er behalve de Mas (het boerenhuis) en de camping vooral bossen, wat wandelpaden en onder in het dal enkele beekjes. Een rondleiding langs de vele bijzonderheden van de Mas behoort tot de mogelijkheden.

De camping is onderverdeeld in kleine veldjes op verschillende terrassen. De kamers (twee tot vier personen) delen sanitair en zijn sober ingericht. De zespersoonsgîte, met twee slaapkamers, woonkamer, eigen sanitair en een keukenhoek, is met afwasmachine en magnetron zeer compleet. Op de accommodatie is een zwembad aanwezig. Voorts biedt het sfeervolle gebouw u een woonkamer, bar/recreatieruimte, en een heerlijk groot terras waarop u als u dat wenst kunt deelnemen aan de gezamenlijke warme maaltijd. Vanaf de accommodatie worden regelmatig natuurtochten en kinderactiviteiten georganiseerd.

De omgeving leent zich bijzonder goed voor het maken van wandelingen en fietstochten (fietsen zijn te huur). U moet wel in een goede conditie zijn. Wat verder weg kunt u kanoën, bergbeklimmen en grotten onderzoeken. Naast de fraaie flora en fauna kunt u in deze dunbevolkte omgeving genieten van kleine gehuchtjes, historische gebouwen, musea, grotten, bamboetuinen, etc. Voor dagtochten raden we Nîmes, Arles, Uzès of de schitterende Gorges du Tarn aan.

🛏 5x, ⊿ 15x, 2ppn € 16,80
🏠 1x, ⊿ 6x, hpw € 530
⛺ T 25x, 🚐 10x, 🏠, pppn € 3,80, ptpn € 6,90, pcpn € 6,90

Route

🅰 Op de N106 tussen Florac en Alès, ten westen van Le Collet-de-Dèze, de D13 naar de Col de Pendedis op. Daar rechts aanhouden en na ca 20 m 1e weggetje rechts tussen huizen door. Nu nog ca 2 km groene borden naar La Combe de Ferrière volgen.
🚌 Via Florac of Alès naar La Grande-Combe/Le Pise. Daar bus naar Le Collet-de-Dèze (1x pd), afhalen mogelijk na overleg.

SAINT-NICOLAS-DES-BIEFS

Herberg Montagne d'Or
Ammy Langenbach
Bois Trapière,
03250 Saint-Nicolas-des-Biefs, Allier
T 0477-65 70 24 (035-602 68 37 in NL)
W www.montagnedor.nl
🗨 fr, nl, uk

Open: hele jaar H 700m (RES) verplicht

Herberg en omgeving

Montagne d'Or is een vegetarisch pension waar zoveel mogelijk met biologische producten wordt gewerkt. De herberg heeft een ruim terras, een wilde tuin met verschillende privé-zitjes en een hangmat bij de vijver. Men beschikt er over zuiver bronwater. Meestal is het mooi weer; tijdens koude avonden kunt u zich in de huiskamer warmen bij de open haard. Hier kunt u ook verschillende boeken, spelletjes en puzzels vinden. De accommodatie is geopend tijdens de Nederlandse schoolvakanties. U overnacht op basis van logies en ontbijt. Ook is het mogelijk buiten de zomervakantie de gehele herberg te huren. Er zijn lunchpakketten verkrijgbaar en 's avonds kunt u genieten van een heerlijk vegetarisch menu met verse producten van het land.

Het huis is een goede uitvalsbasis om de mooiste plaatsen van de Auvergne te bezoeken, zoals het schilderachtige stadje Châtel-Montagne. De GR-3A loopt langs de voordeur en ontsluit het ongerepte berglandschap van de Montagne Bourbonnaise. In de omgeving kunt u ook fietsen, zwemmen, paardrijden en kanoën. Interessant zijn ook de oude en nieuwe kuuroorden van Vichy. In augustus kunt u het volksfeest in Arfeuilles bezoeken.

♨ ▣ ⚒ 🏕 ❀ ⚓ 🏊20 ⚊40 ❋20 🐎

🛏 5x, ⚑ 11x, 1ppn € 18, 2ppn € 18 B&B
🏠 1x, ⚑ 11x, hpw € 350

Route

🔟 Van Vichy naar Châtel-Montagne (D906B/D25). Verder op D25 tot herberg (vlak na gehucht Précantent, aan D25). Of over Route du Soleil zuidwaarts. Ca 65 km na Dijon afrit Chalon-Sud en naar Montceau-les-Mines (N80/N70). Verder langs Marcigny richting Roanne (D982). In Pouilly rechts D4 op. Na ca 28 km, op Croix du Sud, richting Châtel-Montagne (D25). Na 6 km herberg links.

🚅 Thalys naar Parijs, daar naar Gare du Lyon en dan sneltrein naar Vichy. Op verzoek kunt u worden afgehaald om 5.30 pm.

SARROGNA

Camping à la Ferme au Pays des Voisins
Anne Marie & Jean Noël Rüfenacht-Daloz
39270 Sarrogna, Jura
T   0384-35 72 51
🌐 fr

Open: 1 apr-1 okt H 600m ® ♿ [🐾]

Boerderij en omgeving

De boerderij ligt op een hoogte van 600 m in de Franche-Comté. De plek is ideaal om uit te rusten en nieuwe energie op te doen. De eigenaren zijn bezig een project op te zetten tot behoud van bedreigde boerderijdierrassen. De accommodatie is uitermate geschikt voor kinderen. Er zijn veel kleine boerderijdieren (zelfs een lama) en samen met de eigenares kunnen zij kennis maken met de legende van de 'voisins', een legendarisch volkje dat in de omgeving huist. Ook kunt u ezeltochtjes maken.

Het kleinschalige kampeerterrein biedt plaats aan twaalf tenten. Er is ook een stacaravan met keukenblok te huur per nacht of per week. Deze biedt plaats aan vijf tot zes personen, zelf linnengoed meenemen. Op de boerderij zijn jam, vruchtensappen en honing te koop. In hoogseizoen is reservering gewenst.

In de ongerepte, heuvelachtige omgeving liggen weinig bezochte wandelpaden. Op 7 km vindt u het Lac de Vouglans, waarin u een duik kunt nemen. 's Winters kunt u 25 km verderop langlaufen.

♨ ⚒ ❀ 🏊<10 ⚓<10 ⛵<10
⚊<10 🐟<10 🐎<10 🐎

🏕 T 12x, 🚐, pppn € 3,70, ptpn € 3,50

Route

🔟 25 km Z van Lons-le-Saunier. Van Lons-le-Saunier via Orgelet (D52) en Sancia (D109) naar Messia. Direct na binnenkomst van het dorp zeer scherp links af slaan. Dit is de D80e naar Sarrogna. In Sarrogna richting Villeneuve (dorpje). Na ca 1 km camping aan linkerzijde.

🚅 Trein: Lyon, Besançon of Dijon; daarna naar Lons-le-Saunier, hier bus naar Orgelet. Hier taxi.

SAVOURNON

Le Petit Rat des Champs
Monique & Marcel Laon
Le Forestier, 05700 Savournon,
Hautes-Alpes
T   0492-67 03 24
🌐 fr

Open: 1 apr-15 sep H 750m

Camping en omgeving

De boerderij ligt op 750 m hoogte in het middelgebergte van de Alpen. Van origine is deze oude boerderij een schaapskooi. De boer en boerin, die nu met pensioen zijn, willen u graag laten delen in hun kennis van de boerderij, de natuur en het ritme der seizoenen. De accommodatie ligt nabij de Provence, de Côte d'Azur en de Alpen. Deze omgeving biedt al het goede van deze drie streken.

De kleine, rustige camping ligt rond de boerderij en heeft zes plaatsen. U kunt er zowel met een tent als met een caravan terecht en er is een blokhut te huur.

De provençaalse lavendel geurt de wandelaar tegemoet. Op de bergweiden verkeert u veelal in het gezelschap van schapen en de zon laat u hier zelden in de steek. Verfrissing biedt het Lac du Riou en zeker ook het kleine riviertje onder de prachtige kalkrotsen van de Gorges de la Méouge. De oude plaatsjes Saint-André-de-Rosans en Serres zijn een bezoek waard. Bij Saint-Genis kunt u een mooie kloofwandeling maken. In Serres (9 km) vindt u verder alle benodigde winkels en faciliteiten.

🏊13 🐎<10 🐎

🏕 T 4x, 🚐 2x, 🚐, pppn € 3,40, ptpn € 3,10, pcpn € 3,10

Route

🔟 Vanuit Gap richting Serres (D994). Bij La Bâtie-Montsaléon de D148 naar Savournon nemen. In Savournon nabij de telefooncel op de kruising rechts. U vindt de boerderij over het bruggetje links.

🚅 Trein naar Serres. Afhalen mogelijk.

F

VERRIÈRES-EN-FOREZ

Le Soleillant
Camille & Marcelle Rival
Le Soleillant, 42600 Verrières-en-Forez,
Loire
T   0477-76 22 73
E   camille.rival@wanadoo.fr
W www.le-soleillant.com
🌐 fr, uk

Open: hele jaar ♥ H 830m ® 🚻 [👤]

Boerderij en omgeving

Op 830 m hoogte, in het Parc Régional
Livradois-Forez, ligt deze kleine 18de
eeuwse natuurstenen bergboerderij. Het
traditionele akkerbouw- en veeteeltbedrijf houdt zoogkoeien van het inheemse
Salers-ras met hun karakteristieke liervor-
mige horens. De bewoners werken op biologische wijze maar zonder keurmerk.
Er zijn ruime plaatsen om te kamperen
en in het boerenhuis bevinden zich drie
tweepersoonskamers. Gasten kunnen
beschikken over een rustiek ingerichte
keuken en zitkamer. De hal van de
boerderij en het erf zijn ingericht als
klein boerenmuseum. U kunt zelf koken met producten van de boerderij of
aanschuiven voor een lekkere regionale
maaltijd. De sanitaire voorzieningen
van de camping zijn toegankelijk voor
rolstoelgebruikers. Honden zijn welkom
op de camping maar niet in de kamers.
Een aangename sfeer, rust en natuur zijn
het devies op de boerderij. De naam van
het gehucht en de boerderij staat voor
zon (soleil) en voor de warmte van de
mensen. U kunt genieten van een wijds
uitzicht over de Forez-hoogvlakte, talrijke bossen en soms zelfs in de verte een
glimp van de Alpen opvangen.
De berg- en bosachtige omgeving leent
zich uitstekend voor mooie tochten door
de natuur. Langs de boerderij loopt de
GR-3 en door de Monts de Forez en de

Auvergne lopen talrijke bewegwijzerde
wandelpaden (kaarten zijn aanwezig op
de boerderij). Op 5 km worden ezels verhuurd en op 10 km kunt u een fiets huren.
De Auvergne en de Puy-de-Dôme liggen
op 5 km.

👬 🍽 🧗 🏊10 🎣10 ⚓10 🏊10
⛵15 🚵

🛏 3x, 🛌 6x, 2pkpn € 40 B&B
⛺ 🏕, ptpn € 8,80, pcpn € 8,80

Route

🅰 Op de A72/E70 (Saint-Etienne - Clermont) afslag
Montbrison nemen. Vanaf Montbrison de RD496
richting Saint-Anthème en Ambert. Na 10 km rechts
naar het gehucht Le Soleillant. Vandaar bordjes volgen (Camping à la Ferme & Chambres d'Hôtes).
🚂 Trein tot Montbrison (10 km), afhalen mogelijk.

VILLENEUVE-D'ENTRAUNES

Ferme le Trauc
Grégoire Del Grande
Bantes, 06470 Villeneuve-d'Entraunes,
Alpes-Maritimes
T   0493-05 54 64
F   0493-05 54 64
🌐 fr

Open: hele jaar H 1300m ⓡ⒠ⓢ verplicht

Boerderij en omgeving

De ruim 250 jaar oude boerderij is gebouwd op een uitloper van een berg op
1300 m hoogte. De boerderij heeft een
zuidelijke ligging, met een prachtig uitzicht op de omliggende bergtoppen en de
Haute vallée du Var. Het huis bevindt zich
op een plaats waar veelvuldig wilde dieren
te zien zijn, waaronder herten, reebokken,
wilde zwijnen, vossen en verschillende
vogelsoorten, in het bijzonder de arend.
U verblijft in comfortabele, volledig ingerichte appartementen of in de studio. alle

met eigen keuken en badkamer (bestek
en linnengoed is aanwezig).
Er zijn talrijke mogelijkheden voor lange
wandeltochten die beginnen bij de boerderij. Voor de liefhebber zijn er tochten
te paard en verschillende rivier- en berg-
sportactiviteiten. Het Parc National du
Mercantour is te bereiken via de GR-52A
die op 3 km van de boerderij begint. Het
dorp Guillaumes ligt op 12 km, hier kunt u
alles krijgen wat u nodig heeft. Ook kunt
u hier biologische producten krijgen, zoals
groente, kaas en gevogelte. De dichtstbijzijnde restaurants bevinden zich in de
dorpjes Villeneuve-d'Entraunes en Châ-
teauneuf-d'Entraunes.

🧗 🐟 🎣 ❄ 🚵

🏠 3x, 🛌 10x, Prijs op aanvraag

Route

🅰 Op de N202 bij Pont de Gueydan de D902/
D2202 naar Guillaumes. Daar verder richting Col
de la Cayolte (D2202). Vóór de brug van Villeneuve-
d'Entraunes gaat u rechts een smalle weg in. Na
3 km twee keer links en u bent bij de boerderij.
🚂 Trein naar Nice, dan bus naar Guillaumes, afhalen mogelijk op afspraak (gratis van Guillaumes,
tegen betaling van Nice).

F

Spanje

Voor Nederlanders is Spanje de op één na populairste vakantiebestemming. Het land is het bekendst om zijn stranden langs
de Middellandse Zeekust, de paella en de flamencodansen.
Maar voor avonturiers is er oneindig veel meer aan natuurschoon en cultuur te vinden. De geografische verscheidenheid
is enorm. Na een wandeling door een imposant groen berglandschap kunt u plotseling verbaasd staan over het uitzicht over
een zinderende, geelbruin getinte vlakte.

Door de eeuwen heen heeft Spanje de
invloeden ondergaan van de meest
uiteenlopende culturen. Vanuit het oosten, over de Middellandse Zee, landden
Etrusken, in het noordwesten vestigden
zich Kelten die de gaita (doedelzak) en
de knoppenaccordeon introduceerden,
en vanuit Noord-Afrika zwermden de
Moren uit over het Iberisch schiereiland.
Vanaf februari, wanneer het carnaval
gevierd wordt, bruist het land van de
dorpsfeesten: unieke gelegenheden om
de plaatselijke gastronomie en tradities
te leren kennen.

Spanje is heel geschikt voor wandel- en
fietsvakanties. Het land wordt doorkruist door vele wandel- en fietsroutes:
de zogeheten GR (Grandes Rutas), PR
(Pequeñas Rutas), maar ook paden
langs in onbruik geraakte spoorwegen.
Van Zuid- naar Noord-Spanje lopen
de Vías Pecuarias, een netwerk van
eeuwenoude lokale en interregionale
schapenroutes met een totale lengte
van 125.000 kilometer. De langste routes zijn de Cañadas Reales, waarover
de schapen 's winters naar Zuid-Spanje
en 's zomers weer naar het groene
noorden werden gebracht.

Accommodaties
ECEAT heeft accommodaties in groen
en koel, maar ook in droog en warm
Spanje. De vakantieverblijven variëren
van traditionele of gecertificeerde biologische boerderijen tot milieuvriendelijk beheerde dorpswoningen met een
kleine moestuin. Er is zelfs een heel

eco-dorp, waar u als vakantieganger terecht kunt. De voorzieningen lopen uiteen van lekker luxe tot verfrissend primitief. De meeste accommodaties bevinden zich in Catalonië en Andalusië. Logeer- en selfcatering-accommodaties zijn goed vertegenwoordigd, kleine kampeerterreinen zijn er veel minder. Bijna alle accommodaties in deze gids liggen binnen een straal van 10 kilometer van een beschermd natuurgebied; soms liggen ze er middenin.

(Biologische) landbouw

Het grootste deel van de landbouwbedrijven in Spanje is van beperkte afmetingen. Traditioneel grootgrondbezit, waar gebruik wordt gemaakt van de arbeid van (allochtone) dagloners, komt nog voor in de droge regio's Estremadura en Andalusië. De bedrijven hier bestaan uit uitgestrekte, extensief beheerde landerijen met kurkeiken waaronder stieren en varkens grazen. Dit landschap herbergt vele zeldzame vogelsoorten; zo is het een overwinteringsgebied voor kraanvogels.

De biologische landbouw kwam in Spanje op in de jaren '70, toen jonge mensen met kleine boerderijen milieuvriendelijkere landbouwmethoden begonnen toe te passen. Door de vervuiling van het (schaarse) water met landbouwchemicaliën is de kwaliteit van de typisch Spaanse olijf sterk achteruitgegaan. Het dorp Génave is voortrekker geweest in de omschakeling naar biologische olijfproductie: de helft van de olijfboeren daar heeft zich verenigd in een coöperatie op biologi-

sche grondslag. Sinds 1989 kunnen biologische bedrijven hun werkwijze en hun producten laten erkennen. Door het enorme aantal aanmeldingen in de laatste jaren (onder meer door speciale subsidies van de EU) is de controle- en certificeringsbevoegdheid gedecentraliseerd en heeft elke autonome regio nu een eigen regelgevend orgaan en keurmerk.

In 2002 werd ruim 485.000 hectare grond biologisch bewerkt, wat bijna 2% van het areaal is. Het aantal biologische bedrijven is sinds 1991 vervijftigvoudigd van 346 naar meer dan 15.600 in 2002. De biologische landbouw is het meest ontwikkeld in Catalonië, Andalusië, Estremadura, Aragón, Castilië, León en Valencia. De gemiddelde grootte van een biologische boerderij is 28 ha en dat is beduidend meer dan de 18 ha – gemiddeld - van een conventionele boerderij.

Natuur(bescherming)

De twaalf nationale Spaans parken, op één na, worden beheerd door het Spaanse Medio Ambiente. Het enige park dat hier niet onder valt is het Parque Nacional d'Aigues Tortes, gelegen in de Pyreneeën, dat valt onder het Catalaanse Ministerie van landbouw. In vrijwel alle parken vindt u een bezoekerscentrum. De nationale parken zijn over geheel Spanje verdeeld. Twee parken liggen in de Pyreneeën, één op de Balearen, vier op de Canarische eilanden, twee aan de Spaanse costa's en de overige in het binnenland en in het noorden van Spanje.

In het nationale park Ordesa y Monte Perdido (in de provincie Huesca in Aragón) leven lynxen, gemzen, steenbokken, lammergieren, aasgieren en vaalgieren. Beren en wolven komen nog voor in het nationale park Montaña de Covadonga (in het Cantabrisch gebergte in Asturië). In totaal leven er in Spanje nog zo'n 2000 wolven. Het bekendste nationale park ligt in de delta van de Guadalquivir in Andalusië: Doñana. Dit natuurgebied is ongeveer

50.000 hectare groot en vormt een van de laatste toevluchtsoorden voor de Iberische lynx, de meest bedreigde katachtige ter wereld. In Spanje en Portugal samen leven hoogstens nog 800 exemplaren van deze diersoort. Behalve pesticiden en stikstofbemesting vormen ook het massatoerisme aan de kust en de verwoestijning van grote delen van het binnenland een grote bedreiging voor de natuur en de leefomgeving in Spanje. Slechte of ontbrekende riool- en waterzuivering leiden met name aan de toeristische Middellandse-Zeekust tot ernstige verstoringen van het ecologisch evenwicht. Gelukkig groeit het besef van het belang van natuurbehoud en vallen steeds meer gebieden onder natuurbeschermingswetten. In het kader van Habitat 2000 wedijveren steden om hun leefomgeving duurzamer te maken. Zo gebruikt Alcobendas (Madrid) afvalwater voor de bevloeiing van openbare parken, wat een besparing van 90% op het drinkwaterverbruik oplevert.

Andere hoopvolle voorbeelden: in Saguirren (Pamplona) worden 4200 woningen met ecologische klimaatregeling gebouwd en de stad Oviedo is nu voor 80% autovrij. In Santa Coloma de Gramenet (Barcelona), waar de rivier Besós een open riool was, zijn wetlands gecreëerd die op natuurlijke wijze het water filteren en tegelijkertijd het landschap verfraaien. Waar 10 jaar geleden bijna nergens in Spanje afvalscheiding mogelijk was, staan nu in de meest afgelegen dorpjes containers waarin u zelfs uw plastic flessen en blikjes kwijt kunt.

ACEBO

Finca Las Albercas - El Becerril
Carmen Lobete Ondarza &
Carlos Donoso
El Becerril s/n, 10857 Acebo, Cáceres
T   927-14 17 24
M 06-894 007 50
E   c.donoso@wanadoo.es
W www.elbecerril.com
es, pt, fr

Open: hele jaar ♥ H 600m ®

Boerderij en omgeving

Op 1,5 km van het dorpje Acebo ligt de boerenhoeve Las Albercas-El Becerril. U vindt de boerderij aan het einde van een landweggetje, midden in een ongerept berglandschap met inheemse kastanje- en eikenbossen. Op de boerderij kweekt men inheemse plantenrassen, kiwi's, appels, sinaasappels, druiven, olijven, amandelen en houdt men kippen en koeien. Op de boerderij kunt u cursussen over biologische landbouw, duurzame energie, kaasmaken en bijenteelt volgen. Meehelpen op de boerderij waardeert men ten zeerste.

Op het erf staan twee huisjes van natuursteen en hout. Een huisje herbergt drie verschillende appartementen El Pajar (vier personen) La Fresquera (vier personen) en El Solarium (twee personen) met een solarium met tropische planten. Elk appartement heeft een keuken, zitkamer en open haard. Het huis kan ook in zijn geheel verhuurd worden. El Cabrero is een gerestaureerd herdershuisje met badkamer en eetkamer/keuken en open haard. U kunt fietsen huren en een rit op een ezel maken of zwemmen in het natuurzwembad. In de omgeving zijn zeer veel mogelijkheden voor bergwandelingen. Zelf organiseert de eigenaar van de boerderij

excursies, waarbij hij vertelt over geneeskrachtige planten.

⌂ 4x, ♫ 14x, Prijs op aanvraag

Route

🄰 71 km ten NW van Plasencia. 5 km onder Plasencia westwaarts richting Coria en Moraleja (EX108). Vlak onder Moraleja noordwaarts richting Perales del Puerto (EX109) en ca 4 km na dorp westwaarts (EX205/C513) richting Hoyos en Acebo. Hier vragen (nog 1,5 km).

🚌 Dagelijks bussen van maatschappij ENATCAR vanuit Bilbao, Irún, San Sebastián, Pamplona, Vitoria, Burgos, Valladolid en Salamanca. Vanuit Madrid maatschappij AUTORES naar Cáceres. Taxi of bellen om afgehaald te worden.

CALLOBRE

Casa Pousadoira
Begonia de Bernardo Miño
Lugar de Pousadoira, 4,
15635 Callobre (Miño), A Coruña
T   981-19 51 18
F   981-19 51 18
M 06-292 805 65
es, uk

Open: 1 feb-31 dec 🛥 🚢 H 125m (RES)
verplicht ♿ [🐴]

Boerderij en omgeving

Aan de rand van een klein gehucht, gelegen op een afstand van 9 km van de noordwestkust van Galicië, ligt deze voormalige boerderij. In 2000 is men begonnen met het verbouwen van druiven. Ook worden kippen en konijnen gehouden. Vanaf het erf, met in het midden de hórreo (traditionele voorraadschuur op pootjes), heeft u uitzicht op akkerland en bos.

Er zijn vijf tweepersoonskamers met een

eigen badkamer, een zit- en een eetkamer. Het ontbijt is bij de prijs inbegrepen en u kunt hier ook de middag- en avondmaaltijd gebruiken, die zoveel mogelijk met producten uit de (onbespoten) moestuin worden bereid. Op de boerderij kunt u meehelpen met de dagelijkse taken.

20 Km landinwaarts vindt u bergen, waar u schitterende wandeltochten kunt maken. Zwemmen en vissen kunt u in de rivier de Lambre, deze loopt 500 m van het huis. Het stadje Miño heeft een mooi strand en biedt vele watersportmogelijkheden. Hier loopt ook de Engelse Camino de Santiago.

♨ ⛺ ⋯10 🐟 ✕ ♨10 🔥10 🚲
🏕 🛶

🛏 5x, ♫ 10x, 2pkpn € 54,40-58,88 B&B

Route

🄰 103 km ten ZW van Lugo. Vanaf Lugo of Santiago de Compostela richting La Coruña, dan richting Ferrol (N651) tot afslag Miño. In Miño borden Villamateo volgen. Deze weg 5 km volgen tot kruispunt met bar op de hoek. Hier rechts bord Casa Pousadoira volgen (nog 4 km).

🚌 Trein naar A Coruña, dan trein of bus naar Miño. Vandaar taxi (ca 7 euro).

MIRANDA DEL CASTAÑAR

El Burro Blanco
Yvonne Arends & Govert Dibbets &
Paul Zegveld
Camino de las Norias, s/n,
37660 Miranda del Castañar, Salamanca
T   923-16 11 00
F   923-16 11 00
E   elbb@infonegocio.com
W www.elbb.net
es, uk, de, nl, fr

Open: 1 apr-1 okt H 650m ®

Camping en omgeving

Camping El Burro Blanco ligt op een hoogte van 650m met rondom eikenbos dat eigendom was van het Spaanse equivalent van Staatsbosbeheer. De camping bestaat sinds 1997. Zowel het kampeerterrein als de omgeving maken sinds enige tijd deel uit van het natuurpark Las Batuecas.

Op de camping zijn 30 staanplaatsen, waarvan 20 voor tenten en 10 voor caravans. De sanitaire voorzieningen zijn goed. De campingfaciliteiten hebben een minimale invloed op de natuur van dit bosrijk terrein, waar u sober maar prettig kunt kamperen. De camping heeft een eigen bibliotheek.

Vanaf het terrein kunnen wandelingen gemaakt worden door de omringende natuur. In de omgeving vindt u een bijzonder rijke flora en fauna. Beginnende en professionele vogelaars, vlinder- en reptielenkenners en plantkundigen komen hier zeker aan hun trekken. Er liggen tal van interessante bergdorpjes, zoals het middeleeuwse Miranda del Castañar, in de omgeving. Beslist het bezoeken waard in dit stadje zijn het klooster en de kerk.

🛝 🏊1 ⊙1,5

⚓ T 20x, 🚐 10x, ppn € 4, ptpn € 9, pcpn € 9

Route

🅰 78 km ten Z van Salamanca. Miranda del Castañar ligt tegen de C512 (Salamanca-Coria) aan en op 5 km afstand van de C515 (Béjar-Ciudad Rodrigo). Zowel dorp als camping staan langs beide wegen aangegeven.

🚍 78 km ten Z van Salamanca. Trein of bus naar Salamanca, dan lijnbus Salamanca-Coria (2x per dag), uitstappen halte Miranda del Castañar.

MONFERO

Camping Fragadeume
Olga Balado Gonzalez
O Redondo, s/n, 15617 Monfero,
A Coruña
T   981-19 51 30
M 06-267 633 96
E   correo@campingfragadeume.com
W www.campingfragadeume.com
🌐 es, uk, fr

Open: hele jaar 🌱 H 400m ⟨RES⟩ verplicht

Camping en omgeving

Camping Fragadeume is genoemd naar het dichtbij gelegen Parque Natural As Fragas do Eume en ligt op een hoogte van 400 m. Op de camping was vroeger een boerenbedrijf.

U kunt hier nu kamperen of een huisje huren. Eten kunt u in het restaurant bij de accommodatie, ook is er een gemeenschappelijke ruimte. Op de accommodatie is ook een zwembad en een speelterrein. U kunt op de boerderij brood leren bakken en kaas maken. Excursies naar het Nationale Park kunt u alleen ondernemen of onder begeleiding.

Verscheidene wandelpaden lopen over de camping. Een van de wandelingen leidt u door de kloof waardoor de Eume stroomt en langs de stuwdam (3 km). Een andere wandeling voert u over een lange-afstandspad (LAW) langs de kloosters van Caveiro en Monfero. De Atlantische Oceaan is slechts 15 km ver en u kunt dagtochten maken naar Ferrol, A Coruña en het beroemde pelgrimsoord Santiago de Compostela. Het natuurreservaat, inclusief het mooiste gebied rond het klooster van Caveiro is een van de laatste Atlantische kustbossen die Europa rijk is. De inheemse bomen die u hier aantreft zijn de eik, de es, de kastanje, de wilg, de aardbeiboom, de esdoorn, de hazelnoot en de laurier. Langs de oevers van de ri-

vier zijn diverse soorten varens die hier sinds het Tertiair (65 miljoen jaar geleden) groeien.

🛁 🍽 ⚓ 🏕 ⛱ 🎣 ⋯15 🏊3
🏊 🐟 🚣 ⛴

🏠 🚩 40x, hpw € 150-420

⚓ 🏊, pppn € 3,60, ptpn € 3,50, pcpn € 4

Route

🅰 17 km ten Z van Pontedeume. Vanaf Pontedeume (tussen A Coruña en Ferrol) AC150, vervolgens AC151 naar Monfero. Volg bij Ponte da Pedra borden richting camping.

🚍 Trein naar Pontedeume. Van hier bus naar Monfero, uitstappen bij de bushalte van Ponte da Pedra. Neem vanaf hier een taxi of bel om opgehaald te worden.

PERERUELA

Los Jerónimos
Celia Villa Chávez & Pedro Prieto
Altamira
La Tuda, C/ Las Peqas, 14,
49173 Pereruela, Zamora
T   980-56 90 47
M 06-994 116 64
E   alkco@mixmail.com
W www.siglomedia.com/losjeronimos
🌐 es, uk

Open: hele jaar ⟨RES⟩ verplicht

Klooster en omgeving

Het centrum voor plattelandstoerisme Los Jeronimos vormt een onderdeel van een oud klooster uit de 17e eeuw. In 1999 is dit deel van het klooster opgekocht door de huidige eigenaren. Na twee jaar restauratiewerk is de vleugel in gebruik genomen als ontvangstcentrum voor de gasten.

U verblijft hier op basis van logies en ontbijt in een van de zeven kamers, waar in totaal 17 mensen kunnen overnachten.

Op de benedenverdieping is een grote eetzaal en huiskamer met open haard. Ook zijn er twee badkamers, een twee-persoonskamer met eigen sanitair en een eenpersoonskamer, ook met eigen sanitair.

Op de bovenverdieping vindt u drie drie-persoonskamers en nog een tweeper-soonskamer met badkamer en terras. De gang doet dienst als een kleine galerie met houten bankjes en een tafel.

In de directe omgeving is het erg interessant om een bezoek te brengen aan het Parque Natural de los Arribes del Duero. Ook de plaatsen Zamora en Salamanca zijn een bezoek waard. In Pereruela is een centrum voor traditionele keramiek.

🧖 🍽️ 🚲 ❀

🛏 7x, 🛏 17x, 1pkpn € 24, 2pkpn € 45 - 50 B&B

Route

🏠 15 km ZW van Zamora. Vanuit Zamora (ZA-527) tot in Pereruela. Bij binnenkomst gelijk links richting La Tuda (4 km). Volg in het dorp de bordjes CTR Los Jeronimos.

🚌 15 km ZW van Zamora. Trein en bus naar Zamora. Van hier nog 14 km. Na afspraak kunt u opgehaald worden in Zamora.

SAN MARTÍN DE TREVEJO

La Huerta de Valdomingo
Carmen Lobete Ondarza &
Carlos Donoso
10892 San Martín de Trevejo, Cáceres
T 927-51 31 30
M 06-894 007 50
E ecogat@inicia.es
W www.elbecerril.com
🗨 es, pt, fr

Open: hele jaar 🌱 ® [🛏]

Boerderij en omgeving

Aan de rand van het oude dorpje San Martín de Trevejo, bovenop een heuvel, ligt dit kleine boerenhuis. U heeft er een prachtig uitzicht over de vallei. Aan de andere kant kijkt u uit over de daken van het pittoreske dorpje. Het boerenhuis bevindt zich te midden van zijn eigen boomgaarden en moestuin. De grond wordt nog op traditionele (biologische) manier bewerkt. Het land voorziet in de eigen behoeften. Het hele jaar zijn er sinaasappelen en ander fruit, amandelen, aardappelen, tomaten en bonen. Ook wijn en olijfolie komen van eigen bodem.

Er zijn vier kamers, badkamer, toilet, zitkamer met open haard, een volledig uitgeruste keuken en een terras.

100 m van het huis stroomt een heldere bergbeek waarin een klein natuurzwembad is aangelegd. U kunt op de boerderij paardrijden en allerlei cursussen volgen. In de directe omgeving kunt u fietsen huren en wandelingen ondernemen onder begeleiding van een gids of alleen.

🏊 🎣 🏊0,5 🏊0,3 🚴

🏠 1x, 🛏 8x, Prijs op aanvraag

Route

🏠 71 km ten W van Plasencia. 5 km onder Plasencia westwaarts richting Coria en Moralejas (EX108).

Vlak onder Moralejas noordwaarts richting Perales del Puerto (EX109) en ca 4 km na dit dorp westwaarts (EX205/C513) richting Hoyos en Valverde del Fresno. Ca 8 km na Hoyos rechts naar Villamiel en San Martín de Trevejo. Meld u bij Casa Zoila op de Plaza Mayor.

🚌 Dagelijks bussen van maatschappij ENATCAR vanuit Bilbao, Irún, San Sebastián, Pamplona, Vitoria, Burgos, Valladolid en Salamanca. Vanuit Madrid maatschappij AUTORES. Meld u bij Casa Zoila op de Plaza Mayor.

SANTIBÁÑEZ EL ALTO

Camping Borbollón
Susana & Goyo Naharro Barquilla
Santibáñez el Alto,
10859 Santibáñez el Alto, Cáceres
T 927-19 70 08
M 06-491 577 07
E info@campingborbollon.com
W www.campingborbollon.com
🗨 es

Open: 1 apr-1 okt (RES) verplicht

Camping en omgeving

Camping Borbollon is de eerste camping van Extramadoure. Heden ten dage is de camping zo aangepast dat hij helemaal in balans is met de natuur in de regio. Er zijn verschillende routes over en buiten het terrein uitgezet waar u te paard, op de fiets of te voet gebruik van kunt maken. De nabijheid van het meertje van Borbollon zorgt ervoor dat u hier heerlijk kunt vissen of gewoon lekker dobberen in een bootje. De camping beschikt over een bar-restaurant met terras. U kunt hier ook maaltijden meenemen. Ook is er een klein supermarktje met een bakker. Er heerst een gemoedelijke sfeer op de camping en de eigenaren willen u heel graag het beste van de regio Caceres laten zien.

Er staan ruime campingplaatsen tot uw

beschikking van 18-120 m² met electriciteit. Op de camping is een wasserette en warm water. Op het speelterrein kan er aan voetbal, minigolf en jeu de boules worden gedaan. Ook is er voor de kleintjes een speeltuintje en voor de groteren een tafeltennistafel en een biljart.

De camping is gelegen in de Sierra de Gata, aan de rand van het meer van Borbollon. Dit is een goed uitgangspunt voor het bezoeken van plaatsen als Hervás, Hurdes, Plasencia, Cáceres en zelfs buurland Portugal. Aan de rand van het meer van Borbollon is een eiland dat dienst doet als vogelreservaat.

Route

320 km W van Madrid. Vanuit Plasencia EX370 naar Montehermoso (25 km). Dan CCV11.4 naar Guijo de Coria (8 km), dan weg naar meer van Borbollón (12 km).

Vanuit Cáceres N63 richting Plasencia, dan EX109, richting Coria en Moraleja (42 km). Dan weg naar Moheda en meer van Borbollon (10 km).

VALDÉS

Camping Playa de Taurán
Rosa Martínez Suárez
Lugar de Taurán s/n, Luarca ,
33700 Valdés, Asturias

T   985-64 12 72
F   985-64 12 72
M   06-198 843 06
E   tauran@campingtauran.com
W   www.campingtauran.com

es, fr, uk

Open: hele jaar 1 apr-31 sep H 30m RES verplicht

Camping en omgeving

De Entrecabos regio in Asturias, Spanje is een goed bewaard geheim. Het wordt beschouwd als een van de best bewaard gebleven gebieden aan de Spaanse kust. Camping Taurán is gelegen bij de boerderij op de kliffen van de Cantabrische Zee. Het terrein bestaat uit een wild stuk natuur. Er wordt op de boerderij biologisch geproduceerd. Ook worden er oude, regionale dierenrassen gehouden (pony's, schapen en kippen). Water wordt hergebruikt en er wordt gebruik gemaakt van duurzame energie.

U verblijft in een van de houten huisjes die op het kampeerterrein zijn gezet. Er zijn in totaal 16 huisjes (twee tot zes personen) voor 78 mensen. Of u slaapt gewoon in uw eigen tent of caravan/camper. Bij de camping is een bar-restaurant. U heeft de mogelijkheid om vegetarische maaltijden te bestellen. Ook is er een ruimte speciaal voor jongeren op de camping en kunnen gasten gebruik maken van internet. Voor de kleintjes is er een speeltuintje en voor iedereen is er een gratis zwembad. Fietsen zijn op de camping te huur. Ook kunt u hier in de omgeving uiteraard heerlijk wandelen.

0,2
0 2,5 0,2 90 40 2,5
0 3 90

16x, 78x, Prijs op aanvraag
T 100x, 50x, pppn € 4, ptpn € 4, pcpn € 5

Route

93 km NW van Oviedo. N634, afslaan bij km-paal 508 en dan N632, afslaan bij km-paal 158.

VILLAVICIOSA

La Quintana de la Foncalada
Daniela Schmid & Severino García González
Foncalada, 26, Argüeru,
33314 Villaviciosa, Asturias

T   985-87 63 65
F   985-87 63 65
M   06-556 979 56
E   foncalada@asturcon-museo.com
es, fr, uk

Open: hele jaar H 164m

Boerderij en omgeving

Deze typische kustboerderij ligt slechts 4 km van mooie stranden en leuke vissersdorpjes. De eigenaren houden zich actief bezig met het fokken van het, met uitsterven bedreigde, inheemse Xalda-schapenras en het Asturcónpaard. Op het terrein hebben zij een museum ingericht over de herkomst, eigenschappen, mythes en legenden van Keltische paardenrassen. Bij de boerderij lopen een aantal rijpaarden en er is een grote appelboomgaard voor de cider en ander fruit voor de jam.

Er zijn kamers met een grote gemeenschappelijke keuken en er is een zit- en eetkamer, waar u 's ochtends kunt ontbijten. Ook is er een appartementje met eigen keuken. Een bibliotheek is aanwezig en deze bevat veel (wandel-)informatie over de streek.

Op de accommodatie kunt u cursussen Trisquel pottenbakken volgen, waarbij vormen en beschilderingen uit de zeventiende en achttiende eeuw uit de streek rond Villaviciosa model staan. Voor les in het bereiden van jam, cider (de typische streekdrank) en het fokken van schapen en paarden bent u hier ook op het juiste adres. Kinderen kunnen spelen in de grote tuin of in het zwembad. Buiten het seizoen kunt u tegen kost en inwoning meehelpen op de boerderij.

ES
P

Op 8 km ligt het natuurreservaat Ría de Villaviciosa, een gebied met een bijzonder ecosysteem waar vele watervogels overwinteren of uitrusten tijdens hun trek naar het noorden of zuiden.

⚮ 🖔 🛏 🛖 🎣 🏵 🕭 ✈
⋯⋯4 🚈10 ⤫ 🛏8 🏊8 🐾

🛏 5x, 🛋 14x, 2pkpn € 30-42
🏠 1x, 🛋 6x, Prijs op aanvraag

Route

🚗 351 km ten W van San Sebastián. San Sebastián-Santander-Villaviciosa richting Gijón (N632/E70). Na Villaviciosa nog 1 km N632 volgen, over de Ría de Villaviciosa, dan rechtsaf (AS256). Deze weg ca 7 km volgen. Tussen km-paal 4 en 5 rechts naar Argüero (VV4). Op 1e splitsing (na ca 1 km) rechts aanhouden, verder bordjes Foncalada volgen.

🚆 25 km ten O van Gijón. Trein of Eurolines-bus naar Gijón, of trein naar Ribadesella. Bus (maatschappij Alsa of Cabranes) vanuit Villaviciosa en Gijón naar Argüero, halte Cuatro Caminos. Nog ca 2 km lopen of bellen om afgehaald te worden.

VILLAVICIOSA

La Casa del Naturalista
Patricia del Valle Varillas
Quintana de Argüerín, 24, Argüeru,
33314 Villaviciosa, Asturias
T 985-97 42 18
🔊 es, de, uk

Open: hele jaar ♥ H 152m ⓇⒺⓈ verplicht
[🐾]

Boerderij en omgeving

Op een steenworp afstand van de rotskust ligt La Casa del Naturalista. Het is een gerestaureerde boerderij waar de oorspronkelijke muurstenen en eikenhouten balken weer zichtbaar gemaakt zijn. Op het erf staan nog twee horreos, de traditionele Asturiaanse vierkante graanschuren. In de tuin staan bijenkasten. Het afvalwater komt via een natuurlijk zuiveringssysteem uit in een poel, die zo schoon is dat er zeldzame amfibieën in voorkomen. De eigenaresse werkt als boerin en als natuurgids. Zij is verbonden aan een natuureducatiecentrum en werkt daar als coördinatrice en groepleidster.

De accommodatie is in een oude, verbouwde stal en heeft twee kamers. Op de begane grond zijn de zit- en de eetkamer, boven bevinden zich de slaapkamers.

Er zijn vele wandel- en fietsmogelijkheden. Op 2 km van de boerderij loopt de PR (korte afstandsroute) van Playa de Merón naar Tazones, een route langs 12 oude molens. Het strand bevindt zich op 3 km en u kunt een bezoek brengen aan het Asturcónmuseum (2 km) van Quintana de la Foncalada. Op 9 km ligt het natuurreservaat Ría de Villaviciosa, een gebied met een bijzonder ecosysteem waar vele watervogels overwinteren of uitrusten tijdens hun trek.

⚮ 🖔 🛏 🏵 🕭 ✈ ⋯⋯3 🚈12
🚈8 ⤫ 🛏9 🏊9 🐾2 🐾

🛏 2x, 🛋 4x, 2pkpn € 42

Route

🚗 351 km ten W van San Sebastián. San Sebastián-Santander-Villaviciosa richting Gijón (N632/E70). Na Villaviciosa nog 1 km N632 volgen, over de Ría de Villaviciosa heen, dan rechtsaf (AS256). Deze weg ca 7 km volgen. Tussen km-paal 4 en 5 rechtsaf naar Argüero (VV4). Op 1e splitsing (na ca 1 km) links aanhouden (richting Argüerín), verder bordjes La Casa del Naturalista volgen.

🚆 25 km ten W van Gijón. Met trein of Eurolines-bus naar Gijón, of met trein naar Ribadesella. Bus (maatschappij Alsa of Cabranes) vanuit Villaviciosa en Gijón naar Argüero, halte Cuatro Caminos. Nog ca 3 km lopen.

ES
P

ABALTZISKETA

Naera Haundi Baserria
Angela Linskey & Jesús María González
20269 Abaltzisketa, Gipuzkoa
T   943-65 40 33
E   naerahaundi@euskalnet.net
W www.naerahaundi.com
es, uk, fr

Open: hele jaar ❧ H 225m (RES) verplicht

Boerderij en omgeving

Deze oude, gerestaureerde ciderfabriek, annex boerderij uit 1706 ligt in een bosrijk dal. Het huis ligt aan het einde van een weg. De ciderfabriek is een historisch monument van de Baskische provincie Gipuzkoa. De eigenaren leven van de verkoop van zelfgemaakte biologische jam die gemaakt wordt in hun jamfabriekje in de boerderij. Op het land rond het huis vindt u allerlei soorten fruitbomen (appels, peren en kiwi's) en bessenstruiken. Ook zijn er kippen, konijnen en een paar geiten. Kaas, jam, fruit, eieren, taarten en bonbons worden ook op de boerderij verkocht. Op de boerderij kunt u meehelpen met de fruitpluk.
De accommodatie bestaat uit twee appartementen voor twee tot vier personen, met badkamer en een keuken. Het minimum aantal overnachtingen is twee. Voor de gasten is er een terras en een tuin. Kinderen kunnen er veilig spelen. Op de boerderij kunt u meehelpen met de fruitpluk. Rond de accommodatie zijn mountainbikepaden (5 km) en ruiterpaden (20 km). In het natuurpark Aralar (3 km) met de Txindoki-berg (1346 m) hoedt een aantal

herders hun Baskische koeien. Ook een bezoek aan de eeuwenoude menhirs is de moeite waard.

🏂 ≋13,5 ⟿13,5 ⚲40 ⛵19 ⛷

🏠 2x, 🛏 8x, Prijs op aanvraag

Route

🔢 41 km ten Z van San Sebastián. Van San Sebastián (Donostia) N1 richting Vitoria (Gasteiz). Ca 2 km na Tolosa afslaan naar Alegia. Alegia in, brug over en 1e weg rechts omhoog naar Abaltzisketa (GI3670). Na ca 7 km rechts richting Sasiain (bij bord Nekazalturismoa), na 100 m weer rechts bij 1e boerderij en weg nog ca 900 m naar beneden volgen tot eind.
🚆 Trein of bus Eurolines naar San Sebastián, trein naar Tolosa (op 13 km) of Alegia (op 5 km). In deze plaatsen bus (Tolosaldea), uitstappen bij halte Sasiain (op 1 km).

AIZARNAZABAL

Sarasola-Zahar
Ana María Múgica
Barrio Zehatz,
20749 Aizarnazabal, Gipuzkoa
T   943-14 77 74
E   sarasolagro@yahoo.es
es, uk

Open: hele jaar ❧ ⚓ H 264m ® [🐴]

Boerderij en omgeving

De oude boerderij ligt geïsoleerd in een heuvelachtig boerenland aan het einde van een weggetje, op ongeveer 10 km van de kust en niet ver van San Sebastián. Rond het huis ligt een zeer grote tuin. De boerderij is een full-timeboerderij waar op biologische wijze fruit wordt geteeld. Van de appels uit de boomgaard (1,5 ha) wordt cider gemaakt. Er zijn kippen, ganzen en paarden. Een gedeelte van het land wordt uitgeleend aan buren die er hun koeien op laten grazen.

In totaal zijn er zes tweepersoonskamers die eenvoudig zijn ingericht. Voor iedere twee kamers is er een badkamer. U kunt de ruime keuken tegen een geringe vergoeding gebruiken. In de zomer kunt u groente uit de moestuin kopen. Meehelpen op de boerderij is mogelijk en zo kunt u tegen kost en inwoning op deze schitterende lokatie verblijven. Op de boerderij is een zwembad en u kunt er fietsen huren. In de nabije omgeving kunt u wandelen, paardrijden, fietsen en vissen. Zwemmen kunt u in zee of in een zwembad. De moeite waard is een bezoek aan Bilbao met het Guggenheim Museum en het fotogenieke San Sebastián. Beide steden zijn slechts drie kwartier rijden van de accommodatie.

🛁 ≋ 🚴 🏂 ⋯10 ≋15 ⟿10 ⚲10 🐟 ⚓15 ⛵10 ⛷12 🍽10 🏂

🛏 6x, 🛏 12x, 2pkpn € 28,95

Route

🔢 35 km ten W van San Sebastián. De A8 of N634 San Sebastián-Bilbao, afslag Zarautz. In Zarautz links, richting Aizarnazabal/Zestoa (GI2633). In Zubialde, net voor Bar 7, links omhoog bordje Nekazalturismoa volgen. Houten bordjes Sarasola-Zahar volgen (3 km) tot boerderij.
🚆 Trein of Eurolines-bus naar San Sebastián, daar trein (Eusko Tren) naar Zarautz. Hier bus (Guipuzcoana) richting Aizarnazabal, uitstappen bij halte `Bar 7 de barrio Zubialde'. Nog 3 km lopen. Of van San Sebastián directe bus (Guipuzcoana) naar Iraeta. Daar bellen voor ophalen.

ARATX-MATXINBENTA

Pagorriaga
Javier Blanco
Pagorriaga, 22,
20200 Aratx-Matxinbenta, Gipuzkoa
T   943-58 20 71
F   943-88 50 77
M 06-567 301 84
E   pagorriaga@euskalnet.net
es, uk

Open: hele jaar ❧ H 700m (RES) verplicht

Boerderij en omgeving

De boerderij beslaat 19 ha landbouwgrond en grote stukken bos. In het bos lopen de herten die op de boerderij gehouden worden vrij rond. Daarnaast zijn er ook schapen, geiten, pony's, kippen, konijnen en eenden. Het biologische bedrijf is gedeeltelijk gecertificeerd. Er zijn zonnepanelen en hout om de boerderij en het vakantiehuis te verwarmen. Gasten zijn altijd welkom om mee te helpen bij het werken op de boerderij. Boerderijproducten zijn te koop.

Het vakantiehuis is een gerestaureerde woning gebaseerd op de traditionele lokale bouwstijl, met als kenmerken een vierkante structuur, muren van steentjes en de basis van hout. De woning bestaat uit vier tweepersoonskamers met mooi uitzicht. Er zijn twee badkamers, een keuken en twee huiskamers met open haard. U heeft een eigen opgang en een tuin met tuinmeubels tot uw beschikking.

De vakantiewoning bevindt zich op ongeveer 35 km van de stranden van Zumaia en Zarautz, met de beschermde biotoop van Inurritxa ten oosten van Zarautz. Hier kan men de talrijke migrerende vogels aanschouwen.

🚴 ⛺ 🏠 🛏 🎣 🍳 🏊 📷 ✂
🏔

🏠 1x, 📖 11x, Prijs op aanvraag

Route

🅰 10 km O van Oñati. A8 vanuit San Sebastian-Bilbao, afslag 12, richting Azpeitia (GI-631, 17 km). GI-2635 richting Beasain tot Nuarbe (6 km), daar links (GI-372) tot Beizama (5 km). Rechtdoor tot de col de Santa Ageda. 30 m. Verder betonweg links richting Pagorriaga.

ATAUN

Aldarreta
Maritere Lardizabal & Pedro Urdangarin
20211 Ataun, Gipuzkoa
T 943-18 03 66
🗣 es

Open: hele jaar 🍂 H 300m (RES) verplicht
📷 🐎

Boerderij en omgeving

Deze 500 jaar oude boerderij is schitterend gelegen aan de rand van het natuurpark en berggebied van de Sierra de Aralar. De plek ligt hoog en afgelegen temidden van malse weilanden en bos, met een weids uitzicht op de bergen. Het enige geluid komt van de bellen van de 24 koeien die 's zomers op de steile graslanden lopen. Het vlees heeft het zogenaamde Kalita-tea-keurmerk (erkend streekproduct). Een grote, traditionele moestuin (geen bestrijdingsmiddelen) levert de ingrediënten voor de maaltijden, die Maritere op verzoek bereidt.

De vier kamers, alle met eigen badkamer, zijn uitstekend. Er is een grote zit-/eetkamer met open haard, een overdekt terras en een open terras met prachtig uitzicht. Gasten kunnen de modern geoutilleerde keuken gebruiken. Vanaf de boerderij kunt u zo de bergen en bossen inlopen. De eigenaren spreken Baskisch en Spaans en hebben een Engels woordenboek aangeschaft om te kunnen communiceren met anderstalige gasten.

In het dorp (2,3 km) is een zwembad en u kunt daar boodschappen doen op een boerenmarkt. In de buurt worden excursies met gids georganiseeerd; ook kunt u paarden huren.

👥 🍽 🛏 🏊4 🚣5 🔍2,3 ✂2,3
🏔4 🏞

🛏 4x, 📖 8x, 2pkpn € 27

Route

🅰 76 km NO van Vitoria-Gasteiz. Vanaf San Sebastián (Donostia) N1 naar Vitoria (Gasteiz). Afslag 419 naar Beasain. Volg GI120 naar Lazkao. Na Lazkao GI120 nog 3 km volgen tot Ataun. Hier rechts (bordje Nekazalturismoa). Nog 2,3 km over slingerende bergweg houten bordjes Aldarreta volgen.

🚆 Trein of Eurolines-bus naar San Sebastián (Donostia). Hier stoptrein, uitstappen in Beasain. Taxi of vooraf bellen voor afhalen.

ATEA

Casa Médicas
Manuel Esteban
Bodegas,29, Bodegas, 50348 Atea,
Zaragoza
T 976-89 45 05
F 976-89 45 05
M 06-541 403 78
E agroturismo@casamedicas.com
W www.casamedicas.com
🗣 es, uk

Open: hele jaar 🍂 🍴 H 800m (RES)
verplicht 📷 🐎

Casa Médicas en omgeving

Casa Médicas is gesitueerd in Atea (Zaragoza). Dit is een bergdorpje (800m) met 200 inwoners. Casa Médicas is een historisch gebouw met een modern interieur, alles van aarde en hout, waarmee het geheel een kalme, evenwichtige sfeer ademt. Het gebouw is op milieuvriendelijke manier gerestaureerd, met materiaal uit de omgeving, ecologische verf en gebruik van zonne-energie. Bij Casa Médicas hoort ook een tuin. U kunt eventueel gebruik maken van de centrale keuken. Er is een bibliotheek, een galerie en enkele groeps-/cursusruimtes. U kunt vegetarische en biologische maaltijden bestellen. Ook zijn er biologische producten en lokale kunst te koop aan huis.

U kunt in Casas Médicas verblijven op

basis van logies en ontbijt of een appartement huren. De kamers, vier in totaal, zijn ongeveer 30 m² met badkamer en latexmatrassen. Twee kamers hebben een open haard. U kunt voor kinderen bedjes en stoelen erbij huren. Ook kunt u in een appartement verblijven. Deze heeft twee slaapkamers, bad, keuken en huiskamer.

U kunt te voet de omgeving verkennen. Het is bijvoorbeeld mogelijk een klim te maken naar Santa Cruz op 1423 m. Op 15 km ligt de Daroca, op 20 km de meren van Gallocanta, op 25 km de Calatayud en op 38 km het klooster van Pierre. Het dorpje neemt een strategische plek in op vele gemarkeerde wandelroutes.

⌂ ⌔ 15x

Route

🚗 98 km ZW van Zaragoza. Naar Daroca via de A2508.

🚌 Naar Calatayud en dan de bus naar Atea (maandag, woensdag en vrijdag).

CAMOCA

Quinta El Verxel
María Luz García Rodríguez &
Enrique Dapena de la Fuente
La Riega, 3, 33312 Camoca (Villaviciosa), Asturias
T   985-89 30 73
E   quintaelverxel@terra.es
W www.quintaelverxel.com
📞 es

Open: hele jaar 🌿

Boerderij en omgeving

Op de boerderij wordt op biologische wijze fruit geteeld. Het is mogelijk om ervaring op te doen door mee te werken op de boerderij.

U verblijft in een van de twee vakantiehuizen. Beide huizen zijn nieuw gebouwd, rekening houdend met het milieu. De huizen zijn voor een groot deel van hout. Energie voor het verwarmen van het huis en het water komt van zonnepanelen. Een huis biedt plaats aan vier personen. Er zijn twee slaapkamers voor twee personen elk, een badkamer, huiskamer, keuken en een terras. De andere woning is voor twee personen. Er is een tweepersoonskamer, huiskamer, keuken en ook een terras. De woningen zijn omgeven door de mooie groene tuinen, dus uw uitzicht is aangenaam.

De omgeving kenmerkt zich vooral door de vele weilanden en appelboomgaarden. De appels worden voornamelijk gebruikt voor de cider-productie. Op 7 km van Villaviciosa is een vogelreservaat. Op 18 km vindt u het strand van Rodiles. Dit dorp bevindt zich op de weg van St. Jacques, waar u het klooster en de vroeg-romaanse kerk van Valdedios passeert. Er zijn talrijke gemarkeerde wandelpaden in de omgeving.

🛏 3x, ⌔ 6x, Prijs op aanvraag

Route

🚗 27 km ZO van Gijón. A6, afslag Villaviciosa. Vanaf hier AS113, richting Oviedo. Na 5 km, bij La Corolla, bord naar rechts Camoca. Na 700 m, bij eerste huizen, bord richting Riega. Na 400 m ziet u de boerderij.

🚌 27 km ZO van Gijón. Er is een bushalte (ALSA, Oviedo-Villaviciosa) op 1 km van accommodatie.

COLLÍA

Hotel Posada del Valle
Nigel Burch
33549 Collía (Arriondas), Asturias
T   985-84 11 57
F   985-84 15 59
E   hotel@posadadelvalle.com
W www.posadadelvalle.com
📞 es, uk

Open: 1 apr-15 okt 🐟 H 200m ® ✖
🐕

Posada del Valle en omgeving

Dit familiehotelletje ligt tegen de zuidflank van een kleine vallei, omgeven door 5,6 ha eigen biologisch beheerd boerenland.

De eigenaren houden inheemse schapen, Xalda's, een met uitsterven bedreigd Asturiaans schapenras van Keltische origine. Ook zetten zij zich in voor het behoud van inheemse planten, dieren en traditionele landbouw. De appelboomgaard (2,4 ha) bestaat uit zorvuldig geselecteerde inheemse Asturiaanse appelrassen die voor de cider wordt gebruikt.

Het hotel heeft 12 tweepersoonskamers met een badkamer. Er zijn twee zitkamers, enkele terrassen en een grote tuin. Eten kunt u in het restaurant dat alleen voor gasten is bestemd. Groenten voor de maaltijden komen zoveel mogelijk uit de biologische moestuin. U kunt het biologische Xalda-lamsvlees proeven. Gasten die roken worden vriendelijk verzocht dat buiten te doen.

In de directe omgeving van de accommodatie kunt u diverse wandeltochten maken (zelfstandig of met een gids) of vissen, zwemmen en kanovaren in het riviertje Sella. Het nationale park Picos de Europa is dichtbij, evenals het Reserva Nacional del Sueve (3 km). Paardrijmogelijkheden en strand in de directe omgeving.

🛏 12x, ⌔ 24x, 1pkpn € 51, 2pkpn € 64

Route

🚗 131 km ten W van Santander. Santander-Oviedo E70/N634 tot Arriondas. In centrum Arriondas richting Colunga, Mirador del Fito (AS260). Na 1 km rechts naar Collía (AS341), door Collía heen, na 300 m onverhard weggetje links naar beneden tot hotel.

🚌 Van Oviedo, Bilbao of Santander met trein (FEVE) of bus (Easa, Turytrans) naar Arriondas, dan 2 km lopen of taxi nemen.

ES
P

DEBA

Baserri Arruan Haundi
Kontxi Argaia & Willem Eisenaar
Barrio Lastur, 20820 Deba, Gipuzkoa
T   943-60 37 04
F   943-60 37 04
E   mezuak@lastur.net
W   www.lastur.net
es, nl, uk, fr, de

Open: 29 dec-20 dec H 120m ®

Boerderij en omgeving

De boerderij was oorspronkelijk een ijzersmelterij en ligt in een bergdal, niet ver van de Baskische kust. Er zijn koeien, paarden en kippen. Een grote kudde schapen levert de melk, waarvan op de boerderij biologische kaas wordt gemaakt.

Tussen de boerderij en de stallen ligt de gastenaccommodatie: een huisje met eigen keuken, badkamer, zitkamer en drie slaapkamers voor totaal zes à zeven personen. Ernaast ligt 'De Herberg': twee kamers met stapelbedden voor totaal 14 personen. Beide onderkomens kunnen alleen in zijn geheel verhuurd worden. Toilet, douches, zitkamer met open haard en keuken voor kampeerders en andere gasten zijn in de boerderij. Zelf handdoeken meenemen en voor de herberg ook een slaapzak. Vanuit de zitkamer kijkt u in de paardenstal, het nachtverblijf van drie Baskische Pottokas. Ook zijn er vijf staanplaatsen voor uw tent. Er is een winkeltje met biologische producten zoals groente en fruit, zelfgemaakte kaas, jam, cider en karnemelk. Op de accommodatie kunt u meehelpen de dieren te verzorgen.

In de omgeving is er volop gelegenheid tot wandelen, fietsen en excursies (speleologie). Op iets meer dan 12 km liggen verschillende mooie stranden.

1x, 6x, Prijs op aanvraag
2x, 12x € 85 pn
, Prijs op aanvraag

Route

42 km ten W van San Sebastián. Van San Sebastián richting Bilbao over A8 of N634. Vanaf A8 afslag 13 Itziar/Deba. Even links naar Itziar (N634), dan rechts richting Itziar/Lastur en gelijk weer links Lastur volgen langs industrieterrein tot volgende driesprong. Hier rechts, richting Elgoibar (GI3210). Nu Lastur aanhouden en na paar km rechts naar Lastur (GI3292). Door gehucht Lastur, vallei in en na 2 km bij 2e bordje Nekazalturismoa linksaf erf op.
42 km ten W van San Sebastián. Trein of Eurolines-bus naar San Sebastián, daar bus naar Itziar (Iciar) en vooraf afspraak maken voor ophalen; van San Sebastián trein naar Deba en daar taxi (ca 12 euro).

EL ALLENDE DE VIBAÑO

La Montaña Mágica
Pilar Pando & Carlos Bueno
Cuanda, 33508 El Allende de Vibaño
(Llanes), Asturias
T   98-592 51 76
F   98-592 57 80
E   magica@llanes.as
W   www.lamontañamagica.com
es, uk, fr

Open: hele jaar H 200m ®

Boerderij en omgeving

La Montaña Mágica (De Betoverde Berg) is een schitterend complex van oude boerenwoningen, hoog en geïsoleerd gelegen met een overweldigend uitzicht op de Picos del Europa (25 km). Er is geen andere bebouwing in de omgeving en het is er heel stil. Rondom de boerderij grazen 11 paarden van het inheemse, bedreigde ras Asturcón en 26 schapen. De (kleine) paarden mogen bereden en verzorgd worden.

Op 200 m van de boerderij, in een dalletje, staat een aantal kassen, waar biologische groenten en fruit in wordt gekweekt voor de maaltijden (ook vegetarisch).

Er zijn 14 kamers met eigen badkamer. Bij twee daarvan (geschikt voor drie tot vier personen) hoort een eigen zitkamer met open haard. Er is een gemeenschappelijke zitkamer met open haard en een eetzaaltje waar de maaltijden geserveerd worden.

Er worden cursussen houtsnijwerk en paardrijlessen gegeven. U kunt fietsen huren en zo de omgeving verkennen en u kunt meehelpen met de boerderijtaken. Vanuit de boerderij lopen schitterende ruiterpaden en wandelroutes naar o.a. grotten met prehistorische tekeningen. Zwemmen kunt u in de zee. Deze ligt op 10 km afstand.

14x, 30x, 1pkpn € 37-50, 2pkpn € 48-65

Route

289 km ten W van San Sebastián. Vanaf San Sebastián (Donosti) via Santander richting Oviedo (E70/N634). Bij km-paal 307 afslaan naar Balmori en Celorio, AS263 naar Posada. In Posada links richting Cabrales (AS115). Weg volgen tot La Herreria, hier direct rechts naar El Allende (over smal bruggetje) en weer rechts de bordjes Montaña Mágica volgen over smalle weg naar boven.
195 km ten W van Bilbao. Trein of bus vanuit Bilbao of Oviedo naar Llanes. In Llanes stoptrein of bus naar Posada de Llanes. Hier een taxi nemen voor de laatste 8 km.

GALLOCANTA

Allucant - Albergue Rural Ornitológico
Javier Mañas Ballestín
C/ San Vicente, 1, 50373 Gallocanta, Zaragoza
T   976-80 31 37
F   976-80 31 37
E   javier@gallocanta.com
W   www.gallocanta.com
es, uk

Open: hele jaar H 1000m

Herberg en omgeving

De herberg is in 1995 gebouwd en ligt aan de rand van het dorpje Gallocanta op een hoogte van 1000 m, bij het meer La Laguna de Gallocanta.

Er zijn drie tweepersoonskamers met eigen badkamer, vier met gedeelde badkamer en een paar slaapzalen voor groepen. Ook zijn er een vergader- en werkruimte (met audiovisuele apparatuur), een bar en een restaurant waar ook vegetarische maaltijden geserveerd worden.

Fietsen zijn te huur op de accommodatie. Wandeltochten, alleen of met de eigenaar van de herberg, kunt u maken naar het zoutwatermeer La Laguna de Gallocanta. Het is internationaal beschermd natuurgebied (wetlands) vanwege zijn grote rijkdom aan vogels waarvan er hier meer dan 200 soorten voorkomen. Bijna de gehele Westeuropese populatie kraanvogels (meer dan 70.000 exemplaren) bezoekt het meer op haar jaarlijkse trektocht tussen de broedplaats in het noorden en het overwinteringsgebied in Zuid-Spanje. Langs het meer loopt een GR-wandelroute en er omheen liggen verschillende dorpjes die de moeite van een bezoek waard zijn: Berrueco, Bello en Tornos. In Gallocanta kunt u een vogelmuseum bezoeken.

🏊 🍽 ⚓ 🚵 🌸 ♨ 🎣 🏊0,5

🛏 7x, 🛏 14x, 2pkpn € 24-33
🏠 🛏5x, 🛏 40x, 1ppnoz € 19-22 VP

Route

🗺 110 km ten ZW van Zaragoza. Vanaf Zaragoza N330 naar Daroca (84 km), vandaar weg 211 gedurende 18,7 km volgen tot afslag Gallocanta (voorbij dorp Santed). Nu nog 3,6 km over Z4241 naar Gallocanta. Vanaf Teruel en Valencia N330 naar Calamocha, daar westwaarts en over Tornos en Berrueco naar Gallocanta.

🚌 Vanuit Zaragoza rijden bussen naar Gallocanta. Informeer echter vooraf.

GAUTEGIZ DE ARTEAGA

Urresti
María & José Mari Goitia
Barrio Zendokiz, 12,
48314 Gautegiz de Arteaga, Biskaia
T 94-625 18 43
F 94-625 18 43
E urresti@wanadoo.es
W www.toprural.com/urresti
🗨 es, uk, fr

Open: hele jaar ♥ H 100m ® 🍴 🐎

Boerderij en omgeving

De boerderij stamt uit de 17de eeuw en is geheel gerestaureerd in 1988. Het huis ligt in de heuvels van het Unesco Biosfeerreservaat Urdaibai, op slechts 4 km van de kust en het vissersplaatsje Erlantxobe. Er zijn veel boerderijdieren, ook is er een grote moestuin.

De zes kamers en tweepersoonsappartementen liggen in het oorspronkelijke stalgedeelte van het huis. Tegen een geringe vergoeding kunt u van de keuken gebruik maken. De mogelijk bestaat om met de eigenaar van de boerderij mee te gaan vissen op ansjovis in de Cantabrische Zee.

Wandelingen in de omgeving en een bezoek aan het Guggenheimmuseum (Bilbao) met gids kunnen voor u geregeld worden. Het Urdaibai Biosfeer-reservaat (220 km groot) biedt talloze mogelijkheden voor natuurliefhebbers. U kunt er wandelingen maken langs de kust met zijn pittoreske vissersdorpjes, stranden en zeer steile kliffen. Ook vindt u er rivieren en bossen, afgewisseld door glooiende akkers. Met de kano kunt u de Ría bij Gernika afzakken om het leven in de wetlands te observeren. Aan het eind van de zomer rusten hier talrijke trekvogels uit. Bezoek ook het 'Betoverde Bos' van de schilder Ibarrola, de grotten van Santimamiñe en Gernika.

🏊 🚵 🌸 ......4 🚤8 🎣2,5 ✕◯
🏄4 🌸

🛏 6x, 🛏 12x, 2pkpn € 40-47
🏠 2x, 🛏 8x, hpw € 384-552

Route

🗺 96 km ten W van San Sebastián. A8/E70 San Sebastián naar Bilbao, afslag 18 Gernika. In Gernika richting Lekeitio (BI638). Gautegiz de Arteaga door, richting Lekeito. Op volgende kruising, na stijgende weg (ca 3,5 km), de BI-3237 volgen richting Elantxobe. Na exact 1,2 km vanaf kruising direct na km-paal 41 rechtsaf, schuin naar beneden.

🚌 Trein of Eurolines-bus naar San Sebastián of Bilbao, dan trein naar Gernika; in Gernika Bizkaibus naar Lekeitio over Elantxobe, uitstappen halte Basetxetas (op 0,3 km).

HORNILLOS DE ERESMA

CTR Puentes Mediana
Juanjo & Natividad Puentes
Finca Puentes Mediana,
47238 Hornillos de Eresma, Valladolid
M 06-869 348 75
E puentesmediana@internet-rural.com
W http://www.puentesmediana.com
🗨 es

Open: hele jaar ♥ 🍴 ®® verplicht
♿ 🐎

Boerderij en omgeving

Puentes Mediana is een boerderij gericht op de biologische graanproductie. Ook worden er schapen en kippen gehouden. De nadruk ligt op regionale dierenrassen. Producten van het land worden aan huis verkocht. U kunt tegen kost en inwoning meewerken op de boerderij. Op de accommodatie is een restaurant; u kunt hier biologische en vegetarische gerechten bestellen. Er wordt gebruik gemaakt van duurzame energie en duurzame bouwmaterialen.

ES
P

U verblijft in een van de negen kamers op basis van logies en ontbijt. Er kunnen in totaal 22 personen overnachten. Iedere kamer is anders ingericht en heeft zijn eigen stijl. Ook worden er twee appartementen verhuurd in rustieke stijl, die volledig zijn ingericht. In de boerderij is er een kelder met haardvuur, een gemeenschappelijke eetkamer en een huiskamer. De ruimte is ook geschikt voor trainingen en cursussen.

Op de boerderij worden rondleidingen verzorgd voor gasten. Ook kunt u, eventueel met gids, op de fiets de omgeving verkennen. Er kan getennist worden en gezwommen in een zwembad. Leuke bestemmingen voor een dagtrip in de omgeving zijn het Naturaleza park, Walvo in Matapozuelos (10 km). Ook het themapark Mudéjar in Olmedo (5 km) en de romeinse ruïnen van Almenara (10 km) zijn een bezoek waard.

🛏 9x, ⬧ 22 - 19x, 1pkpn € 30, 2pkpn € 50

🏠 ⬧ 4x, Prijs op aanvraag

Route

🗺 36 km van Vallodolid. N601 Madrid -Valladolid. Op 30km van Valladolid, afslaan richting Hornillos de Eresma.

OJEBAR

Albergue Rural La Tejedora
Yolanda Gutierrez
Barrio Casavieja, 6, 39869 Ojebar
(Rasines), Cantabria
M 06-461 491 05
E latejedora@terra.es
W http://www.latejedora.com
📞 es, fr, uk, pt

Open: hele jaar H 310m 📧 🐾

Herberg en omgeving

La Tejedora, hetgeen we wever betekent, is gevestigd in de kleine boerengemeenschap Ojebar (Oog van de Zee). De herberg ligt op een hoogte van 310 m en kijkt uit over een afwisselend en heuvelachtig landschap van weiden en bossen, een enkel dorp en een verloren schaapherdershutje. In de verte ziet u de baai van de Ría de Treto en de Sierra del Hornijo. Op de accommodatie kunt u Tai Chi volgen en onderwijs krijgen in ontspanningsoefeningen en milieueducatie.

Er zijn twee slaapzalen met 17 stapelbedden en een gemeenschappelijke ruimte. De herberg, die gebouwd is van natuurlijk bouwmateriaal, heeft twee tweepersoonskamers met een eigen badkamer en wc. Er zijn twee slaapzalen met 17 stapelbedden en een gemeenschappelijke ruimte. Maaltijden worden bereid met de producten van eigen land en lokale eigen producten.

La Tejedora is een ideaal uitgangspunt om het een en ander in de vrije natuur te ondernemen, vooral voor hen die geïnteresseerd zijn in holen. Menhirs en dolmen, maar ook de Monte Ranero zijn makkelijk te voet bereikbaar. Iets verder ligt de Reserva Natural de las Marismas de Santoña y Noja, een complex ecosysteem van zout, water, flora en fauna en een belangrijk fourageergebied voor trekvogels. Het Parque Natural Collados del Asón heeft spectaculaire rotsformaties en een schitterende waterval bij de bron van de Asón. Het dorp Rasines, 4 km verderop gelegen, staat bekend om zijn vierkante arena voor stierenvechten.

🛏 2x, ⬧ 4x, 2pkpn € 48,08
🏛 🛏2x, ⬧ 34x, Prijs op aanvraag

Route

🗺 77 km ten NW van Bilbao. Op snelweg E70 Bilbao - Santander afslag 173 richting Burgos. Na ca 12 km afslag 76 naar Rasines. Bij binnenkomst Rasines bord `Ojebar 4 km' volgen (links en omhoog).

🚌 Bus van Bilbao (Termibus) naar Laredo, daar bus naar Rasines. In Rasines taxi; bellen voor afhalen of wandelen (4 km). Met de fiets: van Bilbao naar Balmaseda - Karrantza tot u weg 629 kruist. Hier richting Laredo en dan naar Rasines waar u bord 'Ojebar 4 km' volgt.

PEÑAMELLERA ALTA

La Valleja
Paula Valero Sáez & Antonio Rozalén
Aldea Rieña, Ruenes,
33576 Peñamellera Alta, Asturias
T 985-92 52 36
F 985-41 58 95
M 06-891 836 25
E valleycas@yahoo.es
📞 es, uk

Open: 2 feb-20 dec 🐟 🦐 H 220m ®
♿ 📧 🐾

Boerderij en omgeving

Dit typisch Asturiaanse plattelandshuis uit het begin van de vorige eeuw, ligt in een van de prachtige groene dalen van Asturië en kijkt uit over de Picos de Europa en de Sierra de Cuera. Het huis is geheel gerestaureerd met mooie kastanjehouten steunbalken. Op het boerenbedrijf wordt op biologische wijze kleinfruit geteeld en de eigenaar is bezig met permacultuur (een samenvoeging van permanente agri-

cultuur). In een huisje dat iets verderop in de vallei ligt wordt jam gemaakt.
Er zijn vijf tweepersoonskamers met eigen badkamer (één kamer is aangepast voor minder validen). Biologische maaltijden (op verzoek ook vegetarisch) worden voor u bereid. U eet mee aan de familietafel.
U kunt meewerken op de boerderij tegen kost en inwoning. Zwemmen kunt u in de rivier de Cares. Deze bevindt zich op loopafstand. Hemelsbreed ligt de boerderij op 5 km van de zee, over de weg is het 30 km. Er zijn talloze prachtige stranden. Veel bergwandelmogelijkheden in de Picos de Europa en de Sierra de Cuera. Op een boerderij in de buurt kunt u zien hoe op ambachtelijke wijze schapenkaas wordt gemaakt.

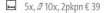
5x, 10x, 2pkpn € 39

Route
68 km ten W van Torrelavega. Snelweg San Sebastián-Santander richting Oviedo. Bij Unquera N621 naar Panes, daar AS114 richting Arenas de Cabrales. Na ca 11 km afslaan naar Alles en Ruenes (AS345). 3 km na Alles rechts omhoog naar gehucht Rieña.
Bus vanuit Nederland naar Torrelavega of Unquera; trein naar Torrelavega, verder met de FEVE (lokale trein) naar Unquera. Vanaf Unquera bus (maatschappij Easa) naar Niserias. Vooraf bellen voor afhalen.

PILOÑA

L'Ayalga Posada Ecológica
Conchy de la Iglésia Escalada &
Luis Díaz González
La Pandiella, s/n, 33537 Piloña (Infiesto), Asturias
M 06-168 976 38
E layalga@terrae.net
W www.terrae.net/layalga
es, uk

Open: hele jaar H 200m (RES) verplicht

Boerderij en omgeving

L'Ayalga is een traditioneel Asturiaans boerenhuis bij het dorpje Pandiella in het centrum van Asturias. Het huis is met duurzame bouwmaterialen en volgens energiezuinige methoden (passieve zonne-energie) gebouwd. Afvalwater wordt gescheiden en opnieuw gebruikt, het regenwater opgevangen voor divers gebruik en het water wordt verwarmd met zonne-energie. De inkomsten komen uit de akkerbouw en de pluimveeteelt. De eigenaren verzorgen natuurexcursies en bieden verschillende cursussen aan zoals Tai-Chi, Chi-Kung en het maken van schoonmaakmiddelen en cosmetische producten. Er is een bibliotheek, er zijn spelletjes en er worden massages gegeven. Een handje helpen op de boerderij mag altijd.
Er zijn vijf tweepersoonskamers met badkamer. Elke kamer heeft zijn eigen inrichting en uitzicht; meubels en beddengoed zijn van natuurlijke materialen. De accommodatie beschikt over een restaurant waarin u kunt ontbijten en dineren. Het is niet toegestaan om op de kamers te roken.
In de omgeving kunt u wandelen en fietsen. Op 13 km begint het Parque Natural de Redes, een berggebied met beukenen eikenbossen en in het hooggebergte jeneverbesstruiken en berendruif. In de bossen huizen beren, wolven en gemzen. Iets verder liggen het Paisaje Protegido Sierra del Sueve (waar de inheemse Asturiaanse Asturcon pony weer los rondloopt) en het Parque Nacional Picos de Europa.

5x, 10x, 1pkpn € 32-38, 2pkpn € 38-44 B&B

Route
150 km ten W van Santander. Op de E70/N634 (Santander-Oviedo) bij km-paal 361 afslag naar Infiesto. Einde dorp AS254 richting Campo de Caso. Na 3 km links naar La Pandiella.
Bus of trein tot Infiesto. Taxi of afhalen mogelijk na overleg.

RIBADEDEVA

Agroturismo Muriances
Hermanos Pérez Gutiérrez
Vilde, 33590 Ribadedeva, Asturias
T 985-41 22 87
es, uk

Open: hele jaar

Boerderij en omgeving

Dit gedeeltelijk gerestaureerde voormalige meelfabriekje wordt omgeven door weilanden. Het huis is aan één kant tegen de rotswand aangebouwd. De plaatselijke weg scheidt het huis van de rivier de Deva, die 3 km verder in zee uitmondt. De eigenaren leven van de veeteelt en de teelt van kleinfruit voor jamproductie. Er worden geen bestrijdingsmiddelen gebruikt.
Er zijn vijf ruime gastenkamers. Ook kunt u kamperen (alleen tenten) in de voortuin tussen de vruchtenstruiken. Kampeerders kunnen gebruik maken van de sanitaire faciliteiten in het huis en van de twee sfeervol ingerichte gemeenschappelijke zitkamers. Vanuit de zitkamer op de begane grond kijkt u via een glazen wand zo de koeienstal in. U kunt op de boerderij het ontbijt en de avondmaaltijd nuttigen en gebruik maken van de grote keuken.
In de omgeving vindt u de Picos de Europa (10 km) en een prachtige kust met mooie strandjes (3 km). Vlakbij worden excursies georganiseerd en paarden, fietsen en kano's verhuurd. Voor forel- en zalmvangst kunt u op Muriances vishengels huren.

ES
P

ZIE KAART PAGINA 61

:::::2,5 10
1

5x, 10x, 2pkpn € 25,31-38
2x, 8x, Prijs op aanvraag
ptpn € 7

Route

75 km ten W van Santander. N624 vanaf Santander richting Llanes. Afslaan bij Bustio, richting Villanueva en Colombres. Even buiten dorp linksaf naar Agroturismo Muriances (links van de weg). Deze weg ca 1 km volgen boerderij rechts van de weg.

Vanaf Oviedo of Bilbao de FEVE (trein) naar Unquera. Of de bus (maatschappij Alsa) naar Unquera. Dan nog 2,5 km te voet. Indien vooraf afgesproken wordt u opgehaald.

RIBADESELLA

El Correntíu
María Luisa Bravo Toraño &
José Luís Valdés García
Sardalla, 42, 33560 Ribadesella, Asturias
T 985-86 14 36
M 06-515 824 40
E elcorrentiu@fade.es
W www.elcorrentiu.com
es, fr, uk

Open: hele jaar H 10m

Boerderij en omgeving

De gerestaureerde boerderij ligt in een traditioneel Asturiaans gehucht vlak aan de kust, langs de oever van de Sella tussen de zee en de bergen. Het geheel is omgeven door weilanden en kleine bossen met zeer oude eiken en berken. Van de oogst uit de moestuin mogen gasten gratis meegenieten, evenals van de zelfgemaakte cider, jam of likeur. De eigenaren beschermen oude Asturiaanse dierenrassen. Zij houden Xalda-schapen en een Asturcón-paard.
Er is een compleet ingericht huisje te huur met een eenvoudig, rustiek interieur en open haard. Twee appartementen bevinden zich in de omgebouwde oude graansilo's. Extra bedden, ook kinderbed en wieg, staan ter beschikking. Op de boerderij kunt u meehelpen de dieren te verzorgen en wandelingen maken over gemarkeerde wandelpaden.
In het stadje Ribadesella (2 km) kan men fietsen en kano's huren, paardrijden en zwemmen. Op een steenworp afstand liggen verschillende grotten (Tito Bustillo, El Cierru, Cova Rosa en Pozu de la Cerezal) waar uit muurschilderingen blijkt dat hier 17.000 jaar geleden al mensen woonden. Vanaf het strand Playa de Vega tot aan het dal van Pedral de Arra kunt u in de voetsporen treden van de dinosauriërs die hier 150 miljoen jaar geleden rondzwierven. Het beroemde nationale park Picos del Europa ligt op slechts 30 km afstand en de kunsthistorisch zeer interessante stad Oviedo op slechts 25 km.

:::::2 1,5 2 2 2

3x, 8x, Prijs op aanvraag

Route

64 km ten O van Gijón. Vanuit Gijón AS632 naar Ribadesella. Vlak voor brug over de Sella rechts richting Cuevas en Sardalla. Na precies 2 km ligt El Correntíu links van de weg. Vanuit Oviedo (AS634) of Santander (E70) naar Ribadesella, daar links, brug over de Sella en direct weer links, richting Cuevas en Sardalla.

213 km ten W van Bilbao. Vanaf Bilbao, Santander of Oviedo trein (FEVE) of bus (Alsa, Easa of Turytrans) naar Ribadesella. Laatste 2 km lopen, taxi nemen (6 euro) of vooraf bellen als u afgehaald wilt worden.

SALINILLAS DE BURADON

Areta-Etxea
Txaro Alonso
Mayor 17, 01212 Salinillas de Buradon, Araba/Euskadi
T 945-33 72 75
F 945-27 47 57
M 06-577 350 34
E aretako@euskalnet.net
W www.nekatur.net-areta-riojaalavesa
es, fr, uk

Open: hele jaar H 250m (R)

Boerderij en omgeving

Areta-Etxea is een schitterend gerestaureerde en versierde boerderij uit de 17de eeuw en ligt in het historische dorp Salinillas. De boerderij ziet uit over de weidse Rioja-wijngaarden met bodega's die open zijn voor het publiek, behalve tijdens de zomerpauze. De eigenaren van de boerderij leven van de tuinbouw, de fruitteelt en de wijnbouw. U kunt de wijnbodega van de familie bezoeken en meehelpen op de boerderij.
Er zijn eenpersoons- en tweepersoonskamers, vijf in totaal.
Wandelroutes liggen in de directe omgeving. Het dorp Salinillas ligt dichtbij de route Santiago de Compostela (Haro, Santo Domingo de la Calzada en Labastida). De Sierra de Toloño dicht bij de boerderij heeft diverse toppen boven de 1300m en zeer goede wandelpaden. Het vlakke landschap leent zich uitstekend om te fietsen. Een archeologische opgraving dicht in de buurt heeft een ca. 3500 jaar oude nederzetting (La Hoya) en diverse megalitische begraafplaatsen bloot gelegd. De perfect bewaard gebleven Middeleeuwse stad Laguardia, nu een beschermd Spaans monument, is beslist een bezoek waard. 2 Km verder liggen de Carralogroño en de Carravalseca lagunes en de Prao de la Paul, een watervogelreservaat.

ES
P

🏕️ 📷 🛏7 🚲7 ✕5 🏊 🚶7 🧗

🛏 5x, 🚿 10x, 1pkpn € 35, 2pkpn € 45

Route

⚠ 39 km ten Z van Vitoria. Neem de N-124 Vitoria-Logroño. Na 36 km kleine weg naar Salinillas de Buradon.

🚌 Bus naar Vitoria-Haro. Van hier 7 km tot Salinillas.

VILLAVICIOSA

La Cabaña de los Campos
Cristina González-Posada Espinosa
Los Campos, Gancéu - Miravalles,
33317 Villaviciosa, Asturias
T   985-97 41 88
M 06-805 146 52
E   elcamponeco@telefonica.net
🔖 es

Open: hele jaar ⚓ H 200m (RES) verplicht

Vakantiewoning en omgeving

In een prachtig landschap van prairies, bossen en rivieren, met uitzicht op de zee en de Sierra del Sueve (1100 m), staat deze oude herdershut. Voor het verbouwen van het huisje zijn ecologische bouwmaterialen gebruikt. De hut staat op een terrein van de boerderij, die gecertificeerd biologisch werkt. Het is mogelijk om mee te werken op de boerderij. Ook worden er producten van het land, zoals groenten, fruit, eieren en honing verkocht. Op de boerderij worden kippen, schapen, pony's en bijen gehouden. De nadruk ligt op regionale dierenrassen.

Deze hut is van hout en heeft twee etages. Er kunnen één tot twee mensen in verblijven. Op de benedenverdieping is de goed ingerichte keuken. Op de eerste verdieping vindt u de slaapkamer en de badkamer.

Op deze unieke plek, zo dicht bij de zee en bij de hoge bergen, kunt u zich vast uitstekend vermaken. U kunt een stranddag afwisselen met een goede bergwandeling. Of u geniet van de stilte en leest een goed boek.

〜10 🚶15 🚲9 🎣9 ✕ 🚿 🚴9 🧗

🏠 1x, 🚿 1-2x, Prijs op aanvraag

Route

⚠ 43 km NO van Oviedo. Naar Villaviciosa via de A6 Santander-Oviedo.

Vanaf Villaviciosa kleine weg, AS330, richting Miravalles-Puente Agüera. Na 8 km afslag naar Gancéu, volg weg door dorp tot einde asfalt, waarna u bij de woning aankomt.

🚌 Bus van Villaviciosa naar Miravalles; deze rijden alleen op woensdag.

● ANWB Wandelgidsen

Elke Wandelgids bevat zo'n 35 wandelingen, in duur variërend van twee uur tot een hele dag. Bij elke route is een blokje praktische informatie opgenomen: lengte, duur, zwaarte (licht, middelzwaar, pittig), karakter, horeca en verbindingen (auto en openbaar vervoer).
Verkrijgbaar bij ANWB-verkooppunten, boekhandels en warenhuizen.

AIGUAMURCIA

Mas Manlleva
Alfred Kramer Donnelly
Plà de Manlleu,
43714 Aiguamurcia, Tarragona
T 977-63 86 65
E hedykramer@teleline.es
W www.agroturisme.org/novac/
manlleva.htm
es

Open: hele jaar H 670m (RES) verplicht

Vakantiewoning en omgeving

U verblijft in een Catalaans huis uit de 17de eeuw (650m). Het gebied is bekend om zijn bossen en wijngaarden.

Overnachten kan hier op basis van logies en ontbijt voor in totaal vijf personen. Er zijn, een tweepersoons- en een drie-persoonskamer. Er is een grote gemeen-schappelijke huiskamer met open haard. Het hele pand wordt ook door de eigena-ren gebruikt, dus u kunt het echt Spaanse plattelandsleven van zeer nabij meema-ken. Ook is er een aparte vakantiewoning te huur voor 11 personen. De woning heeft twee tweepersoonskamers, een met een tweepersoonsbed en de ander met twee aparte bedden. Er is een grote huiskamer, keuken, eetkamer, huiskamer en drie bad-kamers.

U bevindt zich hier in het wijngebied van Penedés (Villafranca, St. Sadurní e.d.) en op ongeveer 30 km van de kust (Sitges, Calafell e.d.) waar ook het natuurpark Garraf is. U vindt hier ook dichtbij een mooi natuurgebied rondom het klooster van de benedictijn Poblet, met een van de best bewaarde bossen van Catalonië. U ziet er veel verschillende boomsoor-ten.

📷 5x, 2pkpn € 40
🏠 1x, 11x, hpw € 792

Route

🚗 6 Km van Pla de Manlleu. Vanuit Barcelona rich-ting Tarragona (A7), afslag no.30 (Sta. Margarida). Dan B212 richting Sant Jaume dels Domenys (12 km). Van daar TV2442 tot in Pla de Manlleu (8 km), vervolgens landweg naar de boerderij.

MONTAGUT-OIX

Masía Can Pei
Montse & Xavi Garriga Sanromà
Afueras, s/n, Oix,
17856 Montagut-Oix, Girona
T 972-19 55 00
M 06-077 209 33
E masiacanpei@terra.es
W www.canpei.net
es, uk

Open: hele jaar (RES) verplicht

Landhuis en omgeving

Het Catalaanse landhuis ('Masia') dateert uit de 17de eeuw en ligt in het nationale park van Alta Garrotxa, een van de belang-rijkste gebieden van de oriëntaalse Pyre-neeën. Het verbouwde landhuis vertoont zijn originele stenen structuur zoals in de oude schuur en in de stallen.

Er zijn zeven tweepersoonskamers, al-len met cv en badkamer. Verder is er een kamer waarin u TV kunt kijken, spelletjes kunt doen of kunt lezen.

Op het landhuis kunt u meehelpen de dieren voeren, paardrijden, zwemmen of een lange wandeling maken. Twee wandelroutes, de GR-11 of de GR-1, lopen langs de accommodatie. Omgeven door bossen en valleien is dit een ideaal ge-bied om te fietsen en te zwemmen in de rivieren van de nabij gelegen bergen. U kunt in het het gebied van La Garrotxa (een oud vulkanisch gebied) schitte-rende stadjes bezoeken, zoals Olot, La Fageda de'n Jorda, Santa Pau, Besalu, Beget, het beroemde meer Banyoles of

---

zelfs de Costa Brava, op slechts één uur rijden met de auto.

🛁 🍴 🚣 🏠 🎣 🏊 🎿

🛏 7x, 14x, Prijs op aanvraag

Route

🚗 144 km ten NW van Barcelona. Volg de AP-7/E-15 naar Girona. De C66 richting Olot, tot Sant Jaume de Llierca. Sla rechts bij 1e weg richting Montagut. Volg het bord CAN PEI.

🚌 Vanuit Barcelona bus naar Montagut. Van hier is het nog 9 km.

MONTBLANC

Mas de Caret
Teresa Rosell Bigorra &
Carles Llurba Albiñana
Ctra. La Riba - Farena, km 11,
43459 Montblanc, Tarragona
T 977-26 40 03
F 977-26 40 03
M 06-892 647 95
W www.agroturisme.org/caret
es, uk, fr

Open: hele jaar 1 mrt-30 nov
wwoof H 675m (RES) verplicht

Boerderij en omgeving

De oude boerderij Mas de Caret is geheel gebouwd van kleine steentjes, een typi-sche bouwstijl voor deze omgeving. De boerderij ligt temidden van agrarisch ge-bied en inheemse bossen. Op de boerderij worden regionale dierenrassen gehou-den. Voor het opknappen van de boer-derij is gebruik gemaakt van ecologische bouwmaterialen. Het water wordt hier gezuiverd en er wordt bovendien gebruik gemaakt van duurzame energiebronnen. Het is mogelijk om op deze accommoda-tie vegetarisch en biologisch te eten. Bio-logische producten zijn aan huis te koop.

U overnacht op basis van logies en ontbijt in een van de zeven kamers. Er is een eenpersoonskamer, twee tweepersoons- en vier meerpersoonskamers. Voor de gasten is er een gemeenschappelijke ruimte, een keuken, een eetzaal, een bibliotheek, een open haard, een balkon en een receptie met informatie over de omgeving. Ook kunt u hier terecht met uw camper; er zijn vier plekken in het bos. Er is een speeltuin en een zwembad.

In de omgeving vindt u talrijke bewegwijzerde wandelroutes. Ook zijn er kleine beekjes, die geschikt zijn om in te baden. U vindt hier een mooi natuurgebied rondom het klooster van de benedictijn Poblet, met een van de best bewaarde bossen van Catalonië.

🛏 7x, 🛏 15-25x, 1pkpn € 24, 2pkpn € 48
⛺ T 4-5x, 🚐 1x, 🔥 🍴, Prijs op aanvraag

Route
 65 km ZO van Lleida. De A2 (Barcelona-Lleida), afslag no.9, Montblanc. C14, richting Reus, tot in Riba (6 km). TV7044 vanuit Riba naar Farena (11 km). Hier wordt Mas Caret aangegeven (900 m).

ARBÚCIES

El Moli de Can Aulet y la Pallissa
Ernest Vila & Lluïsa Prado
El Moli de Can Aulet s/n,
17401 Arbúcies, Girona
T 972-86 07 65
E ml.aulet@teleline.es
W www.elmolidecanaulet.com
🗨 fr, uk

Open: hele jaar

Boerderij en omgeving

Het hoofdgebouw van El Moli de Can Aulet y la Pallissa dateert van 1547 en met zijn weilanden ligt het landgoed in een beschermd gebied. Dit gebied mag zich in nationale belangstelling verheugen wegens de enorme rijkdom aan planten en dieren. Op het landgoed treft u twee kleine vrijstaande huizen aan omringd door een tuin. Een poort verschaft toegang tot de accommodatie.

Er zijn vier tweepersoonskamers, drie badkamers en kinderkamer (vijf personen) en een zitkamer met een open keuken.

Wandelingen en excursies kunt u maken maken in de eeuwenoude bossen van het gebergte of de honderden fonteinen en bronnen ontdekken in de omgeving van Arbúcies en Sant Hilari Sacalm. Informatie over allerlei activiteiten zoals paardrijden en golf, het bezoeken van de markt van Vic (zaterdag) of over het verloren gegane, majestueuze klooster van St. Segimó aan de voet van de Matagalls, kunt u op de accommodatie krijgen. De Costa Brava is ongeveer 35 km verderop gelegen en het kuuroord Sta. Coloma de Farners een kleine 20 km. U kunt naar het kasteel van Montsoriu wandelen, een tocht maken door het nationale park van Montseny, aardewerk kopen in Breda, de romaanse of moderne route volgen of de lokale gastronomie proberen. U kunt naar de vieringen (les enramades) van het dorp Arbúcies, waar u kunt genieten van de bloemenpracht in de hoofdstraten van de stad. Ook kunt u andere festiviteiten bezoeken, zoals de herfstmarkt en het festival voor de patroonsheiligen. Ook kunt u de kerkdiensten bezoeken. Het is een aanrader om gewoon lekker door de nauwe straten van Arbúcies te slenteren en mogelijk een bezoek te brengen aan het museum van Montseny.

🛏 4x, Prijs op aanvraag

Route
 49 km ten ZW van Girona. A7 Girona-Barcelona. Afslag no. 10, Hostalric naar Arbucies. Nu 16 km. richting Sant Hilari Sacalm.
🚌 83 km ten NO van Barcelona. Bussen van Barcelona naar Arbúcies.

BENABARRE

El Rancho de Boca la Roca
Hilde van Cauteren & David Samper
Enjuanes
Boca la Roca, s/n,
22580 Benabarre, Huesca
T 974-54 35 65
M 06-093 598 13
E equipirineo@pirineosur.com
W www.equipirineo.com
🗨 es, uk, nl

Open: hele jaar H 800m [🛏]

Boerderij en omgeving

De boerderij ligt in de Sierra de Montsec en ligt op een hoogte van 800m boven zeeniveau. Op de boerderij worden paarden en geiten gehouden. Daarnaast leven de eigenaren voornamelijk van de producten die de tuinbouw voortbrengt.

Op de accommodatie kunt u kamperen, een vierpersoonskamer huren of overnachten op een van de twee slaapzalen. Het kampeerterrein heeft zes staanplaatsen en op de slaapzalen kunnen 12 personen overnachten. Alle kamers kijken uit op de bergen. Er is een bar en een restaurant, waar u kunt ontbijten, lunchen en dineren. Verder treft u een zitkamer met open haard aan en een kleine keuken. Indien u uw hond mee wilt nemen dient u tevoren contact op te nemen met de eigenaren.

U kunt meehelpen op de boerderij. Om de omgeving te verkennen kunt u een paard huren. Er zijn diverse tochten te maken, ook meerdaagse, die alleen of onder begeleiding gemaakt kunnen worden. Het dorpje Benabarre ligt op slechts 1 km afstand. Een wirwar van straatjes leidt naar het kasteel Los Condes de Ribagorza, vanwaar u een spectaculair uitzicht hebt op de Pyreneën. De kleine, slechts 6 km verderop gelegen, Ciscarkloof is meer dan een bezoek waard. Iets verder, op de grens met Catalonië, ligt de Monrebeskloof.

ES
P

6x, 28x, 1pkpn € 30,05, 2pkpn
€ 36,06

ppn € 0,90 ptpn € 2,70

Route
65 km ten N van Lleida. Vanaf Lleida N230 N naar Benabarre. Vanaf Huesca N240 naar Barbastro, vervolgens N123 naar Benabarre. Volg in Benabarre bewegwijzering richting Viella. U passeert 2 borden die de accommodatie aangeven.

65 km ten N van Lleida. Bus vanuit Lleida of Huesca naar Benabarre (3x daags). Vanaf hier is het nog 1.5 km te voet. U kunt bellen om afgehaald te worden.

CAMPDEVÀNOL
Camping Molí Serradell
Núria Torras & Eduard Torras Manso
Apartado 17, Sant Llorenç,
17530 Campdevànol, Girona
T 972-73 09 27
F 972-73 09 27
E calrei@teleline.es
es, uk, fr

Open: hele jaar   H 750m

Camping en omgeving
De camping ligt op een hoogte van 750 m aan een klein riviertje, dat vroeger de watermolen van water voorzag. In de oude molen zijn nu een bar en restaurant gevestigd met een goede traditionele keuken. In de oude houtoven worden op ambachtelijke wijze brood en coca's gebakken. De eigenaren hebben nog veel schapen en koeien, die 's zomers vrij in de bergen rondlopen.
De camping heeft 55 plaatsen, iedere plaats is ongeveer 60 m² groot. Voor kleinere tenten is er in het bos een apart trekkersveldje. Er zijn 12 huisjes met eigen keuken te huur waarin u uw eigen maaltijden kunt bereiden.

De accommodatie beschikt over een restaurant, een supermarkt en een bar. Ook rolstoelgebruikers kunnen goed terecht op de camping. Bij de accommodatie is een speeltuintje en een groot zwembad, bovendien kunt u in de rivier bij de camping zwemmen.
In de omgeving kunt u paardrijden en fietsen huren. 's Winters kan hier geskied worden.

12x, 60x, Prijs op aanvraag
, pppn € 3,95, ptpn € 9,40, pcpn € 9,40

Route
4 km N van Ripoll. Vanaf Ripoll N152 richting Ribes de Freser. In Campdevànol meteen links GI401 richting Gombrèn. Na km-paal 4 links weggetje naar camping.

1 km W van Campdevànol. Trein van Barcelona naar Campdevànol (op 5 km), vanaf hier taxi. Bus van Ripoll naar Campdevànol, halte L'Empalme. Nog 1 km lopen, taxi of vooraf bellen voor afhalen.

CAMPDEVÀNOL
Masia Serradell
Mercedes Palou Rifa & Martí Torras Palou
Masia Serradell, s/n,
17530 Campdevànol, Girona
T 972-73 09 50
E mserradell@hotmail.com
es, uk

Open: hele jaar   H 950m

Boerderij en omgeving
Masia Serradell, gelegen op een hoogte van 950 m, is een herenboerderij in originele staat, waarvan sommige gebouwen maar liefst uit het jaar 1300 stammen. In het zeer grote gebouw vindt u zelfs een oud kapelletje. De familie werkt parttime en leeft van bosbouw en extensieve veehouderij en wil in de toekomst zonne-energie gaan aanwenden voor de elektriciteitsvoorziening en het verwarmen van water.
Er zijn tweepersoonsappartementen (maximaal drie personen en een kind) in authentieke stijl en drie appartementen voor vier tot zes personen, die ieder over een open haard beschikken. De eetzaal, die geheel met oude meubels is ingericht, ademt de sfeer van vroeger tijden. U eet samen met de familie (een typische Catalaanse traditie) en kunt zo genieten van typische streekgerechten in een gezellige sfeer. Op de accommodatie kunt u paardrijden en meehelpen met de dagelijkse boerderijtaken.
De nabijgelegen dorpjes zijn zeer de moeite waard om te bezoeken als u wandeltochten in de omgeving maakt. Tochten kunt u zelfstandig ondernemen, maar u kunt ook een gids inhuren. Tennissen, fietsen en vissen zijn andere mogelijke activiteiten in de directe omgeving van de accommodatie.

5x, 20x, Prijs op aanvraag

Route
4 km ten N van Ripoll. Vanaf Ripoll N152 richting Ribes de Freser. In Campdevànol meteen links GI401 richting Gombrèn. Bij km-paal 5 afslag Masia Serradell, na 1 km zandweg bereikt u Masia Serradell.

109 km ten N van Barcelona. Trein van Barcelona naar Campdevànol, dan taxi (4 km).
Bus: van Ripoll naar Campdevànol, halte l'Empalme. Nog 1 km lopen, taxi nemen of vooraf bellen voor afhalen.

CAUDIEL

Mas de Noguera
NOGUERA A.D.R Coop. v.
Mas de Noguera, 12440 Caudiel,
Castellón

T   964-14 40 74
F   964-14 40 74
E   masnoguera@inicia.es
🌐 es, uk, fr

Open: hele jaar 🏕 ⛺ H 900m (RES)
verplicht 🔥 ⊠ 🐴

Boerderij en omgeving

Het hele complex met zijn drie windmolens, ligt in de ongerepte, bergachtige natuur van de Sierra de Cerdaña, 9 km van het dorp Caudiel en 55 km van Sagunto en de Middellandse Zee. Op de accommodatie worden cursussen gegeven aan volwassenen, professionals en schoolkinderen over biologische landbouw en veeteelt, bijenteelt, voedselbereiding, herbebossing, schone energiewinning, kruidenkennis en waterzuivering. U kunt op de boerderij meehelpen met de dagelijkse activiteiten en kunt worden rondgeleid op de accommodatie.

De herberg is gevestigd in een nieuw gebouw en biedt ruimte aan ca 60 gasten (en is pas open bij 12 personen of meer). In de slaapkamers staan houten stapelbedden. De douches en toiletten zijn gemeenschappelijk. Er zijn ook een paar zitkamers met open haard en een groepsruimte. Op het gehele terrein mag niet worden gerookt. De eetzaal bevindt zich in een ander gebouw. Hier worden op vaste tijden maaltijden geserveerd, ook vegetarische, met producten van eigen land en veestapel, zoals melk, yoghurt, eieren en eigen gebakken brood. Zonnepanelen zorgen voor elektriciteit en warm water. Zelfs het water voor de centrale verwarming wordt met zonne-energie opgewekt. Het afvalwater

wordt gezuiverd en weer voor irrigatie gebruikt.

Vanaf Mas de Noguera zijn verschillende gemarkeerde wandelroutes en fietsroutes uitgezet. De GR-7 loopt langs de herberg.

🏛 ⊟14x, 🛏 60x, 1ppnoz € 30

Route

🚗 356 km ten ZW van Barcelona. Van Barcelona naar Sagunto. Bij Sagunto N234 naar Teruel, na ca 45 km afslag Caudiel (CV195). Na Caudiel CV195 blijven volgen, bij km-paal 10 en bord Mas de Noguera naar links. Nog 3 km asfaltweggetje volgen.

🚂 28 km ten Z van Caudiel. Trein tot Caudiel of met de bus tot Jerica (op 15 km), dan verder met taxi.

FORNELLS DE LA MUNTANYA

Cal Pastor
Josefina Soy Sala & Ramón Gassó Germe
Calle Iglesia, 1, 17536 Fornells de la
Muntanya (Toses), Girona

T   972-73 61 63
F   972-73 60 08
🌐 es, fr, uk

Open: hele jaar 🏕 H 1300m (RES) verplicht
[🐴]

Boerderij en omgeving

Het 200 jaar oude en op een hoogte van 1300 m gelegen boerderij Cal Pastor is in 1993 gerestaureerd en ligt in een klein, rustiek bergdorpje, dat bewoond wordt door drie families. Het is omgeven door bergen, riviertjes en weilanden. De boerderij is een traditionele boerderij die parttime gerund wordt. U kunt meehelpen op de boerderij om onder andere de dieren te verzorgen. De eigenaren leven van extensieve veeteelt. Het huis is comfortabel en stijlvol ingericht met

zeer veel houtwerk. Bij de boerderij is een klein museum. Hierin zijn diverse gebruiksvoorwerpen, zoals bekers, kleding, gereedschappen en bellen uitgestald die u vertellen over de geschiedenis van het bedrijf en hun bewoners die generaties lang schaapherder waren.

Op de boerderij zijn zowel twee-, drie- en vierpersoonskamers als twee vijfpersoonsappartementen te huur. Op verzoek kunt u ontbijt en warme maaltijden krijgen.

Vanaf de accommodatie lopen gemarkeerde wandelroutes, zodat u van hieruit direct de omgeving kunt verkennen. Paardrijden kunt u in de directe omgeving. Ook zijn er fietsen te huur. Wandelingen zijn alleen te maken of samen met een gids, als u dit liever wilt. In de winter kunt u in de omgeving van Cal Pastor skiën. Het skigebied van La Molina is slechts 20 km van de accommodatie verwijderd.

🏞 📷 🛏 🐕3 🐴4 🐄

🛏 6x, 🛏 15x, 2pkpn € 45
🏠 2x, 🛏 10x, hpw € 600-686

Route

🚗 27 km ten NW van Ripoll. Vanaf Ripoll N152 noordwaarts richting Planoles en Puigcerdà. Bij km-paal 133,5 links naar beneden en na ca 3 km bereikt u Fornells de la Muntanya. In dorp links en meteen weer rechts. Grote huis rechts is Cal Pastor.

🚂 132 km ten N van Barcelona. Trein van Barcelona richting Puigcerdà, uitstappen op station Toses. Taxi nemen, lopen (3 km) of vooraf bellen om afgehaald te worden.

LA SENTIU DE SIÓ

Mas Lluerna
Isel & Ricard Guiu Peiró
Partida Pedregals, s/n, 25617
La Sentiu de Sió, Lleida

T   973-29 20 12
F   973-29 20 12
M 06-522 735 54
E   ridolet@terra.es
🌐 es, fr, uk

Open: hele jaar 🌱 wwoof H 300m (RES)
verplicht ⊠ 🐴

Boerderij en omgeving

De hooggelegen boerderij kijkt uit over een vallei en is volledig gebouwd van natuurvriendelijke bouwmaterialen. Rondom staan vele steeneiken. De eigenaren verbouwen groente en fruit en houden bijen. Elektriciteit wordt opgewekt door middel van zonne-energie.

U kunt een tweepersoonskamer huren, waarvan een van de kamers een eigen woonkamer heeft. De badkamer, de recreatieruimte en het terras zijn voor gemeenschappelijk gebruik. Er is ook een vierpersoonskamer met stapelbedden, die met andere gasten gedeeld kan worden (eigen slaapzak meenemen). Het geheel is ook als appartement te huur. De twee douches zijn buiten. Ook kunt u op de accommodatie kamperen. In totaal zijn er tien plaatsen voor een tent. Warme maaltijden zijn op de accommodatie verkrijgbaar en worden bereid met eigen biologische producten, die u overigens ook kunt kopen.

Aan de boerderij is een natuur- en milieueducatiecentrum verbonden. Cursussen worden gegeven en activiteiten georganiseerd rond onder meer biologische land- en tuinbouw, zonne-energie en geneeskrachtige kruiden. U kunt uw kennis over ecologie opfrissen of uitbreiden door middel van de tientallen spelen of de boeken in de eigen bibliotheek.

Bij de accommodatie kunt u zwemmen in het stuwmeertje. Deze ligt tegenover de boerderij.

In de omgeving kunt u rotsklimmen (Sierra del Montsec), kanoën en vissen (Rio Segre). Al wandelend kunt u de grote variëteit aan vogels (er is een lammergierreservaat) en medicinale planten bewonderen. In de buurt liggen de ruïnes van verschillende middeleeuwse nederzettingen en dorpjes met moorse, Romaanse en gotische bouwwerken.

♨ 🍽 🚣 ⛷ ❀ 〰15 🏊4 ⛵10
🐟 ♨10 ⚓10

🛏 3x, 🛏 6x, 2pkpn € 40
🏠 1x, 🛏 6x, Prijs op aanvraag
⛺ T 4x, 🚐 1x, 🔧, ppn € 4, ptpn € 4-7, pcpn € 8

Route

🛈 10 km ten NO van Balaguer. Vanaf Balaguer C13 en vervolgens C26 noordoostwaarts richting La Seu d'Urgell. Na bushalte (bij km-paal 32) ziet u net na km-paal 33 rechts een onverharde weg met bordje Finca Bensa. Weg inslaan en bordjes Mas Lluerna volgen tot boerderij (3 km).

🚂 55 km ten NO van Lleida. Trein van Lleida naar Balaguer (2x p/d) en bus (2x p/d) naar La Sentiu de Sió. Zie verder bijschrijving voor eigen vervoer.

LES PILES

La Torre de Guialmons
Lluis Marcet Pacios
Guialmons, 43428 Les Piles, Tarragona
T 977-88 05 58
E maslatorre@navegalia.com
W www.agronet.org/agroturisme/ novac/tquialmo.htm
🗨 es, uk, fr

Open: hele jaar

Boerderij en omgeving

De boerderij stamt uit het jaar 1905 en sinds 1995 zijn Lluis en zijn gezin de gelukkige eigenaren van de boerderij. Het exterieur en interieur van de boerderij zijn in de stijl van de regio. De eigenaren hebben het ingericht met meubels die men in deze regio aantreft. De grote tuin wordt organisch bemest, kippen lopen vrij rond. Geneeskrachtige planten en kruiden worden hier gekweekt.

De appartementen hebben 4 slaapkamers, een badkamer, een keuken en een gemeenschappelijke zit- en eetkamer met open haard. U kunt op de boerderij ontbijten en dineren.

In de Conca de Barberà regio kunt u diverse wandelingen maken. Veel GR paden lopen door dit gebied (GR 176 en 7b). Op de boerderij vindt u informatie over de Wijnroute (Ruta dels Cellers) met zijn Chardonnay's en de Cisterciënzerroute met de kloosters van Poblet, Santes Creus en Vallbona de les Monges. Ook is er een middeleeuwse route die naar Guimerà, Conesa en Castel de Biure leidt; de kastelenroute langs de rivier Gaià en de molenroute met zijn 51 molens langs de Corb. Rond de accommodatie kunt u ook zeer goed mountainbiken.

♨ 🍽

🛏 4x, 🛏 8x, 2ppn € 18,60
🏠 1x, 🛏 8x, Prijs op aanvraag

Route

🛈 100 km NW van Barcelona. Neem de N-II van Barcelona naar Lleida. Bij Igualada de C37 Z naar Valls. Na 18 km links richting Sta.Coloma de Queralt (B220). Vanaf hier naar C241 naar Montblanc en na 2 km bereikt u Guialmons.

🚂 100 km NW van Barcelona. Van Barcelona met trein of bus naar Igualada. Vervolgens de bus naar Sta. Coloma de Queralt. Vanaf hier een taxi of opbellen om afgehaald te worden.

MOIÀ

Mas Les Umbertes
Albert Soler Casas
Mas Les Umbertes, Ap. Correos 127, 08180 Moià, Barcelona
T 06-494 026 77
M 06-616 376 50
E info@lesumbertes.com
W http://www.lesumbertes.com
🗨 es

Open: hele jaar H 800m (RES) verplicht
✉

Boerderij en omgeving

Les Umbertes is een Catalaanse boerderij in de traditionele stijl van de Bages regio en is gevestigd midden in het natuurpark Comarca del Moianès. Les Umbertes is gericht op de ecologische kippenproductie voor restaurants in de regio. Vanaf het begin van de activiteiten hebben de eigenaren zoveel mogelijk rekening gehouden met het milieu. Het pas gerenoveerde deel van het huis is dan ook zo milieuvriendelijk mogelijk verbouwd. Het resultaat is een prettige, milieuvriendelijke balans tussen comfort, praktische inrichting en harmonie met de natuur.

U verblijft op basis van logies en ontbijt in een van de vijf slaapkamers, met een totale capaciteit van 15 mensen. U kunt gebruik maken van de centrale keuken om maaltijden zelf te bereiden. Er is een gemeenschappelijke eetkamer en zitkamer. Ook is er een speelkamer en een bibliotheek. U kunt een fiets huren op de accommodatie.

De stilte van de accommodatie kunt u afwisselen met enkele activiteiten in de omgeving. Het is zeer geschikt voor rugzaktochten, mountainbiken, ultralight vliegen, klimmen, golfen, paardrijden en zelfs het reizen per luchtballon. De regio heeft ook een groot cultureel belang. Het dichtstbijzijnde dorp, Moià, heeft historische wortels in de Romeinse tijd. Er is ook een museum op de plek waar de Catalaanse held Rafael de Casanoves is geboren. De accommodatie ligt op nog geen uurtje rijden van Barcelona.

👥 🍽️ 🚲 🐾 ✈ 🏊7 🔍7 🐾0 🏹4 🏖

🛏 5x, 🍴 15x, 1pkpn € 35, 2pkpn € 48

Route
🚗 57 km N van Barcelona. A7 (Gerona-Barcelona), afslag no. 16 (Mollet). Vervolg weg C59, richting Palau-solità (5km), Caldes de Montbui (11km) et Moià (36km). Op 34,5 km ziet u bord Les Umbertes naar rechts. Volg weg 2 km naar rechts, borden volgend. 100 m verder ziet u de boerderij.

🚌 57 km N van Barcelona. Vanaf Barcelona, bus van maatschappij Sagales, stop in Moià.

MONTAGUT
Camping Masia Can Banal
Stendert Dekker
17855 Montagut, Girona
T   972-68 76 81 (0570-61 45 61 in NL)
F   (0570-61 45 61 in NL)
E   ingebeekman@home.hl
W   www.canbanal.nl
🗨 es, nl, uk, fr, de

Open: 1 mei-15 sep H 400m (RES) verplicht
♿ [🚐]

Camping en omgeving

De camping ligt 2 km van het dorpje Montagut, aan de rand van het natuurpark La Garrotxa. De boerderij is 90 ha groot, de camping beslaat 3 ha. Rondom de camping vindt u weiden en terrassen. In het hoofdgebouw, een oude Catalaanse boerderij, zijn een informatieruimte, een bar-restaurant en een winkeltje gevestigd. De camping wordt milieubewust beheerd met afvalwaterzuivering, afvalscheiding en zonne-energie (in het hoogseizoen aangevuld door een geluidsarme aggregaat).

De camping heeft 75 staanplaatsen. Caravans en campers zijn alleen welkom na overleg met het contactadres in Nederland.

Op de accommodatie kunt u fietsen huren en paardrijden. Voor de kleintjes is er een poedelbadje op de camping. Voor kinderen worden activiteiten georganiseerd zoals vliegeren, boetseren, theater en survivaltochten.

Wandelingen kunt u maken in het oude vulkaangebied La Garrotxa en excursies zijn mogelijk naar middeleeuwse dorpen, zoals Besalú en Santa Pau. Het dorpje Montagut heeft een zwembad, maar na een korte wandeling kunt u ook zwemmen in een natuurlijk waterbekken van het riviertje.

👥 🍽️ 🚣 🚲 ⚓ 🐾 ✈ 🌊17 🐾2 🔍4 🏖17 🏹1

⛺ 🏔, Prijs op aanvraag

Route
🚗 37 km W van Figueres. Vanaf Figueres richting Olot (N260). Na 36 km, bij km-paal 74, rechts richting Montagut en Sadernes. Na Montagut borden Sadernes volgen tot ca 300 m na Montagut. Hier links bij bordje Can Banal, nog ca 1,5 km tot camping.

🚌 37 km W van Figueres. Trein naar Figueres, dan bus richting Olot, uitstappen halte Cruz de Montagut (5 km). Vooraf via boekingsbureau in Deventer bellen voor ophalen.

OGASSA
Mas Mitjavila
Beatrice & Carlos Emilitri
Sant Martí d' Ogassa , Ogassa,
17861 Ogassa, Girona
T   972-72 20 20
E   masmitjavila@tiscali.es
W   www.casesrurals.com/rural/
    masmitjavila
🗨 es, uk, it

Open: hele jaar H 1350m (RES) verplicht

Landhuis en omgeving

Het landhuis ligt tegen de bergen op een hoogte van 1300 m in de Pyreneeën en stamt uit de 14de eeuw.

Het dorpje ligt in het hart van de Serra de Cavallera. Vroeger leefde het gebied van de steenkool, telde het dorp vijf maal meer inwoners dan nu en woonden er bijna 1600 personen. Nu is het inwonertal geslonken tot 250.

Er zijn twee-, drie- en vierpersoonskamers in het landhuis en het geheel heeft de sfeer van een klooster.

In de omgeving kunt u zeer goed bergwandelingen maken op en naar de Taga, Puig Estela and Sant Amand. De bospaden die Ogassa met Ribes de Freser verbinden laten u het mooie gebied van Bruguera zien. Een bezoek waard zijn de Romaanse kerken van Sant Martí de Surroca and Sant Martí d'Ogassa. Op 4 km van Ogassa ligt Sant Joan de les Abadesses met zijn beroemde klooster en toren uit de 12de eeuw. Een bezoek waard voor kunstliefbbers is ook de stad Ripoll. Hier vindt u het klooster Santa Maria dat bekend staat om zijn Romaanse kunst. De belangrijke kerk van Sant Pere (14de eeuw) ligt naast het klooster. Een moderne tegenhanger is de kerk Sant Miquel de la Roqueta van de Spaanse kunstenaar Joan Rubió.

⌾ ⌾ ⌾

🛏 ♪ 15x, 2pkpn € 32-40

Route

🗺 109 km ten ZW van Perpignan. N9, vervolgens A9/E15 naar Le Boulou. Steek de grens over. C-38 volgen langs Colònia Estabanell en rij door tot Ogassa. 🚌 70 km ten W van Figueras. Informeer in Figueras voor bussen naar Ogassa.

OIX

Camping Rural Els Alous
Armengol Gasull Queralt
Camí de Pineda, 17856 Oix, Girona
T   972-29 41 73
E   campingelsalous@yahoo.es
W   http://ww2.grn.es/musica/alous
🗣 es, uk, fr

Open: 1 apr-30 okt ⛵ H 430m 🚻 [🐎]

Camping en omgeving

Camping Rural Els Alous is een kleine camping die schitterend gelegen is in een vallei bij het pittoreske dorpje Oix. De eigenaren zijn erg betrokken bij natuur en milieu. Afval wordt gescheiden ingezameld en het afvalwater wordt gezuiverd en gebruikt voor de kleine appel- en perenboomgaard. Groenten- en fruitafval gaat naar de kippen en eenden van de camping. Over het terrein stroomt een riviertje.

De camping biedt 20 staanplaatsen. Ook caravans kunnen hier terecht. Tenten zijn te huur.

De accommodatie is voorzien van een zwembad. Voorzieningen zijn getroffen voor rolstoelgebruikers en er zijn faciliteiten voor kleine kinderen. Voor hen is er o.a. een speeltuin. Op de ruime weiden kunt u zonnen en voetballen. U kunt op de accommodatie paardrijden en van hieruit begeleide wandeltochten ondernemen. Er zijn diverse gemarkeerde wandelpaden. Maar liefst twee GR-routes lopen door de vallei.

Inkopen en eten kunt u in het dorpje Oix. Het ligt op slechts 1 km van de camping en heeft twee restaurants en twee winkeltjes. In de streek liggen veel middeleeuwse dorpjes. De camping ligt op 10 km van het natuurpark Zona Volcánica de la Garrotxa, een vulkanisch gebied van meer dan 350.000 jaar oud.

⌾ ⌾ ⌾ ⌾ ⌾ ⌾ ⊙15 🏊17 🔍15 🚿15 🚿1 🏊

▲ 🏕 pppn € 4, ptpn € 4, pcpn € 4

Route

🗺 47 km ten W van Figueras. Vanaf Figueras N260 Olot/Besalú. 6 km voor Olot en 1 km voor Castellfollit de la Roca rechts naar Oix en bord 'Camping Rural 10 km' volgen. Net voor Oix linksaf bij bord 'Camping Masia'. Verder borden volgen.

🚌 46 km ten O van Ripoll. Trein naar Ripoll of Girona,

dan bus naar Olot. 1x per week bus van Olot naar Oix (1 km lopen). Vooraf bellen voor afhalen in Olot.

PLA DE MANLLEU

Les Torres de Selma
Joan Franch Güell & Elisabeth Naud Martel
Masia Les Torres, s/n,
43714 Pla de Manlleu, Tarragona
T   977-26 06 47
F   977-26 25 17
M 06-858 182 96
E   torresselma@yahoo.es
W   www.agroturisme.org/novac/ mtorres.htm
🗣 es, fr, uk

Open: hele jaar 🌱 🍽 wwoof H 600m
RES verplicht [🍽] [🐎]

Boerderij en omgeving

Las Torres de Selma is een gastvrije boerderij in een rustige omgeving. De boerderij is gebouwd in Catalaanse stijl en staat in de vrije natuur, omgeven door bossen en wijngaarden. Las Torres de Selma werd gebouwd op een rots, tussen twee 12de eeuwse torens. Het bedrijf beslaat 26 ha bos en 8 ha fruitbomen, wijngaarden en een biologische moestuin. Water wordt op milieuvriendelijke wijze gezuiverd en er wordt gebruik gemaakt van duurzame energie.

Las Torres de Selma beschikt over vijf kamers, die verhuurd worden op basis van logies en ontbijt. Er is een buitenkeuken, een barbecue en een eetzaal in middeleeuwse stijl met een haardvuur.

De accommodatie ligt op 10 km van het natuurpark Sierra de Montmell. In de buurt zijn de mooie wijngebieden van de Penedés, zoals Villafranca en St. Sadumi. De boerderij ligt 30 km van de kust (Sitges, Calafell) en het natuurpark Garraf.

U vindt hier ook dichtbij een mooi na-

ES P

tuurgebied rondom het klooster van de benedictijn Poblet, met een van de best bewaarde bossen van Catalonië. U ziet er veel verschillende boomsoorten.

 5x, ⚡ 14x, 1pkpn € 23, 2pkpn € 46

Route

🚗 83 km W van Barcelona. Vanuit Barcelona richting Tarragona. A7, afslag 30 (Sta. Margarida), dan B212 richting Sant Jaume dels Domenys (12 km). In Sant Jaume, TV2442 naar Pla de Manlleu (8 km).

PLANOLES

Camping Masia Can Fosses
Lluis Rodriguez i Pont
Can Fosses, s/n, 17535 Planoles, Girona
T   972-73 60 65
F   972-73 60 65
M 06-297 806 79
🖂 es

Open: 1 apr-1 okt ☀ H 1250m ® [📷]

Camping en omgeving

De camping ligt op een hoogte van 1200 m op het erf van Masia Can Fosses, een traditionele bergboerderij die al 500 jaar in bezit is van dezelfde familie. Ongeveer 100 Pyreneese koeien en kalveren grazen op de hellingen van het landgoed dat omgeven wordt door 100 ha rode en zwarte dennen.
De camping bestaat uit terrassen en biedt ruimte aan 25 plaatsen voor tenten en caravans. U kunt ook tenten huren. De camping heeft een gemeenschappelijke ruimte met een open haard en een cafetaria/bar. Kinderen kunnen meehelpen op de boerderij om de dieren te verzorgen.
Vanaf de camping kunt u tochten ondernemen naar de grotten die bekend staan

onder de naam 'Las Grutas de las Encantadas', een expeditie maken naar de top van de berg Puigmal (2913 m) en wandelingen maken door de beschermde bossen met dennenbomen die honderden jaren oud zijn. Een speeltuin, zwembad, voetbalveld, tennisbaan, winkel en restaurant zijn in Planoles, 1 km van de camping verwijderd. Er zijn veel wandel- en fietsroutes (de camping ligt aan de GR-11) en informatie hierover treft u aan in Can Fosses. Een kleine tandradtrein voert u door de vallei waar de Núria stroomt en brengt u naar het geïsoleerd gelegen heiligdom van 'Nostra Senyora de Núria'.

🌳 📷 ♨ 🚣 ☲1 🏊2 ⚓ 🚤4 ❄7 🏊

🏠 3x, ⚡ 15x, hpw € 450
🔺 🏕, pppn € 3,80, ptpn € 2,80-3,80, pcpn € 3,80

Route

🚗 126 km N van Barcelona. Vanaf Barcelona de C17 en de N152 richting Puigcerdà naar Planoles. Bij kilometerpaal 127 de kleine weg naar de camping (0.5 km).
🚆 126 km N van Barcelona. Trein van Barcelona naar Planoles (ongeveer 1,5 km van de boerderij), vervolgens een taxi of bel om opgehaald te worden. Er rijden ook bussen naar Planoles. Stap uit op de N152 (1 km vanaf de boerderij).

SANT FERRIOL

Rectoría de La Miana
Janine Westerlaken & Frans Engelhard
La Miana, s/n, 17850 Sant Ferriol, Girona
T   972-19 01 90
🖂 es, uk, nl, fr, de

Open: hele jaar ☀ H 450m ®® verplicht [📷]

Klooster en omgeving

Rectoría de La Miana wordt gevormd door een oude Romaanse pastorie en een benedictijns klooster. Op het terrein zijn nog resten van het kasteel La Miana uit de negende eeuw te zien; ook is er een romaanse kapel die in de twaalfde eeuw gebouwd werd. In de jaren '70 ontdekte Frans Engelhard deze idyllische plek en begon hij met de restauratie van het huis. Na jaren van verval is het leven er teruggekeerd en hangt er een mysterieuze, middeleeuwse sfeer. Er zijn verscheidene woonkamers, veel antiek meubilair, galerijen, een open haard en een ruimte voor beoefening van ambachten en ontspanningstechnieken. Er worden diverse cursussen aangeboden; mensen die zelf een cursus willen geven zijn van harte welkom.
De Rectoría beschikt over acht tweepersoonskamers; een heerlijk ontbijt en een goede avondmaaltijd zijn bij de prijs inbegrepen. Energie wordt opgewekt met behulp van zonnepanelen en water komt uit een eigen bron. Rondom de Rectoría heersen absolute rust en stilte. Het eeuwig groene dal met zijn kruidige bosgeuren herbergt wilde zwijnen en in mei en juni wemelt het van de vlinders. Dichtbij is een schitterende rotspoel, waarin u kunt zwemmen.
In de omgeving kunt u wandelen (ook met gids) en paardrijden door de bergen en door het vulkanische landschap van Olot. Ook kunt u een bezoek brengen aan de middeleeuwse stadjes Besalú en Santa Pau. Girona (een schitterende oude stad), Figueras (Dali Museum) en de kust met leuke vissersdorpjes en het strand liggen op 1 uur rijden.

📷 ⚓ ⚘ ♨ 🚣 🏊20 ☲8 🏊15 🏊8 ⚓6 🏊15 🚤15 🏊

 7x, ⚡ 16x, 1pkpn € 45, 2pkpn € 76 HP

Route

🚗 27 km ZW van Figueras. Neem van Girona de C66 en N260 richting Olot tot Sant Jaume de Llierca (dorp inrijden). Volg onverharde weg (6 km) die begint bij Carretera Industria. Bordjes Rectoría de La Miana volgen tot einde weg.
🚆 27 km ZW van Figueras. Trein naar Girona, Figueras of Barcelona. Bus: van Barcelona de Gar-

ES P

rotxa Expres (TEISA) nemen, instappen op hoek Pau Claris-Consel de Cent. Vanuit Girona en Figueras ook met TEISA. Uitstaphalte steeds Sant Jaume de Llierca. Afhalen alleen indien noodzakelijk.

SANT MARTÍ DE LLÉMENA

Centre Ecològic Llémena, S.L
Cecile Kraetzer & Camilo Sturm
Can Sala, Granollers de Rocacorba,
17153 Sant Martí de Llémena, Girona
T 972-44 31 62
F 972-44 32 14
M 06-469 678 11
E infocel@luzdevida.com
W www.luzdevida.com
nl, de, uk, fr, es

Open: hele jaar ♥ ≋ wwoof H 350m
RES verplicht

Boerderij en omgeving

Het ecologische centrum Llémena is een prachtig landgoed van 175 ha met een grote, eeuwenoude herenboerderij.
15 ha van het landgoed wordt gebruikt voor biologische land- en tuinbouw en permacultuur. Op het erf lopen kippen, ganzen en konijnen. Het hele project is nog in opbouw en er wordt geëxperimenteerd met diverse ecologische toepassingen, zoals duurzame bouwmaterialen en zonne-energie.
Er zijn zeven gastenkamers. Douches en toiletten bevinden zich in een gemeenschappelijke ruimte. Ook kunt u op het terrein (op bescheiden schaal) kamperen. Zwemmen kunt u in een 'embalse' (waterreservoir). Ook voor groepen is de accommodatie het hele jaar geopend. In het restaurant kunt u biologische maaltijden bestellen. Het winkeltje bij de accommodatie verkoopt eigen Luz de Vida-producten.
U kunt cursussen volgen die de biologische landbouw betreffen of cursussen

in koken, yoga en dans. Op het landgoed kunt u prachtige wandelingen maken. In de omgeving zijn veel gemarkeerde routes. Voor culturele bezienswaardigheden kunt u naar Girona. De stad heeft oude huizen die met hun rug naar de rivier Onyar staan. De belangrijkste schatten van Girona kunt u vinden in de kathedraal. Maar belangrijker is de omwalling rond de "Joodse Wijk", die zou dateren uit het Romeinse tijdperk.

 20 ♨1 ⚲17

🛏 8x, 🛋 26x, 2pkpn € 35
⛺ pppn € 10 pcpn € 5

Route
🚗 23 km W van Girona. Vanaf A7, afslag Girona-Nord, richting Girona en op 5e rotonde richting Sant Gregori en Les Planes d'Hostoles, wegnummer GI531. Weg volgen tot 2 km voorbij Sant Martí de Llémena. Vlak voor km-paal 21 naar rechts, richting Granollers de Rocacorba. Na 1,7 km ingang van het landgoed.
🚌 23 km W van Girona. Trein naar Girona, dan bus richting Sant Aniol de Finestres (maatschappij Roca; weekdagen 3x daags, weekend 2x daags, zondags niet).

SORIGUERA

Borda el Vilar
Manela & Maurici Boldú Pla
Llagunes, 25566 Soriguera, Lleida
M 06-188 230 28
E info@elvilar.com
W www.elvilar.com
es, fr, uk

Open: hele jaar ♥ H 1343m RES verplicht

Boerderij en omgeving

Op een hoogte van 1340m, dicht bij het Parque Natural del Alto Pirineo Catalan en het dorp Soriguera in de Siarb vallei, ligt Borda el Vilar. Dit gebied wordt al sinds

mensenheugenis bewoond, omdat het klimaat er zo prettig is. 'El Vilar' is een geïsoleerde boerderij temidden van land dat voor een groot deel uit bos bestaat. Toch is het slechts 50 m van de N-260 en maar 15 minuten met de auto naar Sort. De eigenaren zijn bezig met bosbouw, het behoud van de natuur in de regio en met verantwoord toerisme. Vanuit de accommodatie heeft u een prachtig uitzicht op de omgeving.
De boerderij beschikt over kamers op basis van logies en ontbijt voor 12 personen. Er is een vierpersoons-, twee driepersoons- en een tweepersoonskamer. Alle kamers hebben een eigen badkamer. Het gehele huis is comfortabel, kalm en u kunt genieten van de heerlijke maaltijden die door voor u worden bereid.
Vanuit de accommodatie kunt u, binnen een straal van 40 km, bijna alle culturele, artistieke en sportieve interessante plaatsen bereiken in dit deel van de Pyreneeën.

🍽 🚴 🛶

🛏 🛋 14x, 2pkpn € 35 B&B

Route
🚗 2,5 km ZO van Villamur. Vanuit Andorra naar La Seu d'Urgell. Via Adrall de N260 richting Vilamur, Sort. Bij km-paal 268 afslag rechts naar Borda El Vilar.

TAVASCÁN

Camping Masia Bordes de Graus
María Angeles Biarnès Biarnès &
Salvador Tomas Bosch
Ctra Pleta del Prat, km 5,
25577 Tavascán, Lleida
T 973-62 32 46
es, uk, fr

Open: 1 apr-30 okt ⚓ H 1360m ♿ ✂
[⊷]

Boerderij en omgeving

De boerderij ligt op een hoogte van 1360 m met rondom bergen. De familie leeft van de veeteelt: schapen, geiten en paarden lopen 's zomers los rond in de bergen. De vleesgerechten zijn afkomstig van de eigen veestapel, groenten komen uit de biologische moestuin.

De gastenkamers en een slaapzaal bevinden zich in de schuur. Een bar, het restaurant, de wasgelegenheid voor de gasten en het woonhuis van de familie zijn in de boerderij. De camping ligt in de weiden langs een beek.

Bij de accommodatie kunt u zwemmen (in de beek) en voetballen. Voor kinderen is er een speelveld.

Vanaf de boerderij kunt u veel wandelingen ondernemen. Kaarten zijn aanwezig en de eigenaren helpen u bij het uitzetten van de tocht. In de omgeving kunt u uitstekend klimmen, skiën, paardrijden, wildwatervaren en wandelen.

♨ ⟋ ≋5 ⚲10 ⤳ ⚘10 ⚑10 ✳5

🛏 3x, 🛌 12x, Prijs op aanvraag
🏠 🛏1x, 🛌 20x, Prijs op aanvraag
⚓ Prijs op aanvraag

Route

🚗 34 km N van Sort. Vanaf Sort naar Llavorsí (C13) dan richting Ribera de Cardós (L504). Weg volgen tot aan Tavascán. Na dorp wegwijzer naar camping volgen. Volg geasfalteerde weg naar links tot onverharde weg. Op 1,3 km bevindt zich de camping, richting langlaufpistes. Blijf borden volgen.

🚂 160 km NW van Lleida.Trein van Lleida naar La Pobla de Segur, dan bus naar Llavorsí, hier taxi naar de camping of vooraf bellen voor afhalen.

TREMP

Casa Pete y Lou
Lou Beaumont & Peter Dale
San Salvador de Tolo, s/n,
25638 Tremp, Lleida
T   973-25 23 09
F   973-25 23 09
M   06-903 762 30
E   lou@casapeteylou.com
W   www.casapeteylou.com
🗪 uk, es

Open: hele jaar H 1000m ℝᴱˢ verplicht
⚔ [🍴]

Boerderij en omgeving

De boerderij ligt op een boomrijke heuvel op een hoogte van 1000 m boven zeeniveau in de zuidoost hoek van de Trempvallei. Het terrein wordt omgeven door akkers waarop tarwe, maïs en zonnebloemen worden verbouwd en waar tussendoor nog oude amandelbomen en olijfstruiken staan. Brood wordt op de boerderij zelf gebakken en de biologisch gekweekte groenten en fruit komen uit eigen tuin.

De kamers bevinden zich op de eerste verdieping. Er zijn twee tweepersoonskamers, een kamer met twee bedden en een zitkamer waar u koffie en thee kunt zetten. Het ontbijt is inbegrepen bij de prijs. Avondmaaltijden zijn ook verkrijgbaar. De douche is gemeenschappelijk.

Vilanova de Meiá is slechts 30 minuten lopen van de boerderij. Het gebied staat bekend om zijn Romaanse architectuur, zijn grote geologische verscheidenheid en zijn pootafdrukken van dinosauriërs en restanten van versteende eieren (Isona).

In de lente treft u een enorme verscheidenheid aan van wilde bloemen (inclusief orchideeën en variëteiten van de orphrys) en van vogels (o.a. hop en bijeneter).

Hoog in de bergen van het Parc Nacional d'Aiguestortes en de Val Fosca kunt u

schitterende wandelingen ondernemen, al of niet onder begeleiding.

♨ 📱 ♨ ⟋ ⊜15 ≋12 ⚲12 🛶12 ♨

🛏 3x, 🛌 6x, 1ppn € 20 B&B

Route

🚗 183 km NW van Tremp. Vanaf Barcelona A2 richting Tàrrega en Lleida. Bij Tàrrega richting Agramunt, dan naar Artesa de Segre. Hier links richting Tremp en Isona (L512). Na een klim van ca 30 minuten links L911 richting Sant Salvador de Toló (na een vervallen benzinestation). Na ca 6 km, net voorbij brug, onverharde weg naar links, met bord Casa Pete & Lou. Bij 1e Y-splitsing (bij brievenbus) rechts. Bij volgende driesprong parkeren en verder lopen. Pete en Lou helpen graag met uw bagage.

🚂 183 km NW van Tremp. Trein naar Barcelona, hier bij 'Estación del Norte' met busmaatschappij Alsina Graells naar Benavent. Afhalen mogelijk na overleg.

VALLFOGONA DE RIPOLLÉS

Camping Mas la Bauma
Wieske van Essen & Rob van Engelen
Mas la Bauma, s/n,
17862 Vallfogona de Ripollés, Girona
T   972-70 07 12 (0299-40 39 41 in NL)
E   m.souwer@worldonline.nl
W   www.maslabauma.com
🗪 es, nl, uk, de

Open: 1 apr-1 okt H 1000m ® [🍴]

ES
P

Boerderij en omgeving

Camping Mas la Bauma is een kleine, milieuvriendelijke boerderijcamping, gelegen in een vallei op 1000 m hoogte in de uitlopers van de Pyreneeën. Bij de aanleg is de natuur zoveel mogelijk onberoerd gelaten. De naam Mas la Bauma is afkomstig van de grote rotspartij op het terrein. Bauma betekent in het Catalaans overhangende rots of ondiepe grot. De boerderij maakt gebruik van zonne-energie. Op de camping kan men naast gedroogde paddenstoelen ook groente uit eigen tuin, kruiden, eieren, paté en jam kopen. Op de accommodatie is een bar die iedere dag geopend is, waar maaltijden (drie- tot viermaal per week) geserveerd worden.

De camping ligt op voormalige aardappelterrassen. In totaal zijn er 20 staanplaatsen. U hoeft uw eigen tent niet persé mee te nemen want de eigenaren verhuren zelf volledig ingerichte bungalowtenten waarin plaats is voor 4 personen. Voor caravans is het heuvelachtige terrein onbereikbaar.

Bij de accommodatie kunt u zwemmen in een beek met zwempoeltjes of een wandeling starten. De omgeving van Mas la Bauma is een echt wandelgebied met vele mogelijkheden: van kleine wandelingen in de bossen tot bergtochten in het hooggebergte. Niet ver van de accommodatie vandaan vindt u ook strand en cultuur (steden als Barcelona en Girona, maar ook kleine dorpjes).

🍽 🏛 ⚓ 🎣16 🏊

🏕 T 20x, 🚫🐕, ppn € 4,50, ptpn € 4,50-6

Route
🅘 12 km Z van Perpignan. Perpignan, grensovergang La Jonquera, afslag 3, Figueras Nord. In Figueras afslag Besalú/Olot. Bij Olot richting Vallfogona (N260). Voorbij km-paal 102 bij bord Mas la Bauma, links een smalle betonweg naar beneden. Verder aangegeven met bordjes.
🚂 20 km O van Ripoll. Trein naar Ripoll of Figueras, bus vanaf Ripoll (2x per dag) of Olot (1x per dag) naar Vallfogona de Ripollés (op 2 km).

VILADEMULS
Les Casetes del Mas Titot
Nicolau Forns Puch
Can Titot, Vilamarí, s/n,
17468 Vilademuls, Girona
T 972-19 30 50
M 06-108 458 32
E mastitot@vilademuls.com
W www.turismerural.com/casarural/
   pla_estany/titot/titot/texte_a.htm
🗣 es, uk, fr

Open: hele jaar 🏕 H 160m (RES) verplicht
🍽 [🎠]

Boerderij en omgeving
Mas de Titot is een biologische boerderij gelegen in het landelijke gebied tussen de plaatsen Girona, Figueres en Banyoles. De boerderij van Nicolau en Margarita ligt in een interessant gebied tussen bossen en weilanden. Verder zijn er op de boerderij, een moestuin, een bloementuin en er worden regionale dierenrassen gehouden. Er wordt aan hergebruik van afval gedaan, hergebruik van regenwater en qua fruit en groenten is de boerderij zelfvoorzienend.

U verblijft in een van de twee vrijstaande vakantiehuizen (vier en acht personen). De huizen zijn eenvoudig, maar zeer uitnodigend. Er zijn veel ramen en er is veel hout verwerkt. Ook kunt u hier een activiteitenruimte huren.

Dichtbij liggen de kleine dorpjes, waar men erin geslaagd is het middeleeuwse karakter en de lokale cultuur te bewaren. In de omgeving bevinden zich diverse nationale parken. De boerderij bevindt zich op 25 minuten van de Costa Brava, 15 minuten van Girona en 90 minuten van Barcelona.

🐾 ⚓ 🏊12 ⛵10 🚲12 🎣12 ⚔12
🚴15 🏕15 🏊

🏠 3x, 🏕 16x, hpw € 574

Route
🅘 20 km N van Girona. Op de A7/E15 Girona - Figueras, afslag 6 richting Banyoles (C66). Bij km-paal 15 richting Figueras (GI513). Bij km-paal 6 afslaan naar Vilamarí. Volg in het dorp bordjes Mas Titot.
🚂 20 km N van Girona. Trein tot Girona, daar bus naar Banyoles (maatschappij Teisa), dan taxi (nog ca 10 km).

VINYOLS I ELS ARCS
Camping Vinyols Camp-Ecotur
Maria Rosa Ribés Capafonds
Cami de Barenys s/n,
43391 Vinyols i els Arcs, Tarragona
T 977-85 04 09
F 977-76 84 49
M 06-706 713 38
E info@vinyolscamp.com
W www.vinyolscamp.com
🗣 es, uk, fr, de

Open: 1 mrt-8 jan 🏕 ⚓ wwoof

Camping en omgeving
Deze camping is gelegen nabij de Goudkust, Costa Dorado, vlakbij de zee en het rustige dorpje Vinyols i els Arcs. De familie die de camping beheert heeft een jarenlange traditie van biologisch boeren achter de rug. In 2005 hebben zij hun boerenactiviteiten uitgebreid met toerisme. Hun motivatie is het willen delen van de kennis van het land en andere mensen hier ook van laten genieten. Er is een restaurant waar u vegetarisch kunt eten. Ook is er een zwembad, waar kinderen en volwassenen gescheiden kunnen zwemmen. Ook is er de mogelijkheid massages te krijgen en vaak worden er culturele activiteiten georganiseerd op de camping.

U kunt verblijven in een van de 28 houten bungalows op het terrein. De bungalows zijn gemaakt van hout uit een ecologisch beheerd bos en bieden plaats aan vijf personen elk. Elke bungalow heeft een keuken, koelkast, douche en een terras. Ook zijn er 60 plekken voor uw tent of caravan op de 2 ha die ervoor zijn gereserveerd. U staat in de schaduw van de hazelnootbomen. Op sommige plekken is elektriciteit.

U kunt meehelpen op de boerderij of u laten rondleiden door het bedrijf. Paardrijden is ook een mogelijkheid. De kust en de bergen van Prades zijn niet ver van de camping en bieden uitgelezen mogelijkheden voor activiteiten. Vanuit de camping worden fietstochten en begeleide tochten naar de bergen georganiseerd.

Route

🚗 10 km ZW van Reus. A7, afslag 37 Cambrils, T312 richting Montbrió tot Parc de Samà. Op de rotonde richting Reus en volg Vinyols i els Arcs via T314. Vervolgens richting camping Cami de Barenys.

✈ 10 km ZW van Reus. Vliegveld van Reus ligt op 12 km van de accommodatie. Treinstation van Reus op 8 km en Cambril op 9 km. Na afspraak kunt u door de campingeigenaren worden opgehaald.

⌂ 28x, 🚐 140x, hpw € 270-510
⛺ T 60x, 🚐 60x, Prijs op aanvraag

● ANWB Geogids – voor de vrije reiziger

Een week naar Corsica? Twee weken naar Bretagne? Een maand door de Provence trekken?
De Geogids biedt heel veel praktische informatie om zelf een reis samen te stellen, ook voor niet-automobilisten.
Behalve bezienswaardigheden en onmisbare achtergronden bevat de gids selecties van hotels, restaurants en de bijzondere plekken van een stad of streek.

Verkrijgbaar bij ANWB-verkooppunten, boekhandels en warenhuizen.

ESP

LOS CAÑOS DE MECA

Casas Karen

Karen Abrahams

Fuente del Madroño, 6,

11159 Los Caños de Meca, Cádiz

T 956-43 70 67

F 956-43 72 33

E casas@casaskaren.com

W www.casaskaren.com

es, nl, uk, fr, de

Open: hele jaar

Huisjes en omgeving

Los Caños de Meca is een unieke, nog redelijk onbedorven plek met zes witte stranden, rotsen, bronnen, grotten en een immens blauwe zee. Het ligt vlakbij de Straat van Gibraltar met uitzicht op de vuurtoren van Kaap Trafalgar en de bergen van Marokko. Het omringende heuvellandschap is begroeid met parasoldennen. Hier ligt Casas Karen, op slechts vijf minuten lopen van het strand.

Er zijn acht huisjes te huur op 7.800 m² natuurlijk terrein, op slechts 5 minuten van het strand. De huizen bevinden zich rondom prachtige patio's en zijn opgetrokken in traditioneel Andalusische stijl met Marokkaanse invloeden. Ze hebben elk een eigen open haard of houtkachel, een ruim terras met Mexicaanse hangmat en zijn omringd door bremstruiken en mimosabomen. Ze kijken uit over heuvels en naaldbossen en sommige ook op de zee. U kunt ook overnachten in de romantische choza, een strohut die typisch is voor deze streek. Biologische groenten en producten kunt u bestellen bij een boerderij in de buurt. Reiki, yoga en aromatische massages zijn mogelijk. Ook kunt u via Karen een kok uitnodigen om in uw vakantiehuis een maaltijd voor u te bereiden.

Het natuurreservaat Acantilado y Pinar de Barbate, waar Casas Karen aan grenst, herbergt een grote verscheidenheid aan planten en wilde dieren. Het is een paradijs voor vogelliefhebbers en erg geschikt voor tochten te paard. In de typisch Andalusische restaurants en barretjes kunt u genieten van heerlijke visgerechten. De zee biedt mogelijkheden om te zeilen, duiken, windsurfen en natuurlijk zwemmen.

8x, hpw € 550-800

Route

58 km Z van Cádiz. Tussen Cádiz en Tarifa (N340) bij km-paal 35 afslaan naar Vejer en gelijk bij rotonde rechts naar Los Caños de Meca. Na ca 10 km (500 m na de afslag naar Faro Trafalgar) linksaf ('apartamentos y bungalows Trafalgar') en na 400 m rechtsaf bij bord Fuente del Madroño. Na 50 m is rechts (binnen houten toegangshek) receptie in 2e strohuisje.

58 km Z van Cádiz. Bussen van Cádiz en Barbate komen 2x per dag door Caños de Meca; of bus tot La Barca de Vejer en dan taxi (vraag naar Ramón, hij kent Casas Karen).

VEJER DE LA FRONTERA

Casa Montecote

Gisela Merz & Rainer Wiessmann

Lugar de La Muela, 200,

11150 Vejer de la Frontera, Cádiz

T 956-44 84 89

F 956-44 84 89

E montecote@terra.es

W www.montecote.pagina.de

es, uk, de, fr, it

Open: hele jaar

Boerderij en omgeving

Casa Montecote is een klein boerderijtje, gelegen aan de rand van het gehucht La Muela. Het biedt een prachtig uitzicht over de landerijen en bergen rond Vejer de la Frontera en de lagune van Janda. Men verkoopt producten van eigen bodem in het winkeltje bij de boerderij. Groente, melk, eieren en brood zijn dagelijks verkrijgbaar. Bij de locatie is er een speeltuin en een kleine gymzaal. U kunt op de accommodatie een massage krijgen om weer helemaal tot rust komen na bijvoorbeeld een dag van inspanning bij het meehelpen op de boerderij. Dit behoort namelijk tot de mogelijkheden.

De eigenaren verhuren een huisje en verschillende appartementen, alle met een zeer mooi terras. Voor kinderen zijn diverse faciliteiten, zoals bijvoorbeeld een kinderstoel en kinderbed. Een van de appartementen is toegankelijk voor mensen met een rolstoel.

De omgeving biedt verschillende mogelijkheden: het strand ligt op 8 km afstand. Hier kunt u zwemmen, zeilen en vissen. U kunt excursies maken naar de ruïnes van Bolonia en de steden Tarifa, Jerez en Cádiz. Ook kunt u wandelen, fietsen en paardrijden over gemarkeerde paden. Vanaf Arcos de la Frontera kunt u de Ruta de los Pueblos Blancos volgen.

4x, ♫ 12x, hpw € 240-380-336-520

Route

56 km ten Z van Cádiz. Op N340 Cádiz-Algeciras na 27,5 km afslaan naar La Muela (CA9008). Daar bij bar Venta Rufino landweggetje omhoog (voorzichtig rijden). Na 700 m ziet u bord en boerderij Casa Montecote.

56 km ten Z van Cádiz. Trein naar Cádiz, dan bus naar Vejer-Barbate en uitstappen in La Muela.

El Cortijo del Pino

Antonia Ruano & James Connell
Fernán Núñez, 2, La Loma,
18659 Albuñuelas, Granada

T   958-77 62 57
F   958-77 63 50
M 06-075 237 67
E   cortijodelpino@eresmas.com
W www.elcortijodelpino.official.ws
es, uk, fr

Open: hele jaar H 818m ☒ [~]

Boerderij en omgeving

Cortijo del Pino ligt hoog boven het dorp
Albuñuelas en kijkt uit over de vallei van
Lecrín, de Sierra Nevada en de Sierra de los
Guajares. Het oude boerenhuis is omgebouwd tot een intiem hotel en heeft een
prachtige zitkamer met nog een oorspronkelijke tegelvloer en een kleine eetkamer.
Er is een groot terras in de schaduw van
een gigantische 100-jaar oude pijnboom.
Rondom de locatie liggen schitterende
tuinen.

Het hotel heeft 9 bedden, verdeeld over
5 kamers. Ook bestaat er de mogelijkheid
het gehele huis te huren. Deze biedt ruimte aan 10 personen. U kunt bij het hotel
zwemmen, schildercursussen volgen en
paardrijden. Er is een atelier en op verzoek
zijn schildervakanties mogelijk.

Vanuit de boerderij/het hotel kunt u tussen de olijf-, amandel-, sinaasappel- en
citroenbomen door naar de pijnboom-
wouden wandelen. In dit gedeelte van
de Alpujarras vindt u de pittoreske witte
dorpjes (Ruta de los Pueblos Blancos),
veel Moorse architectuur, de zee, Granada (ca 45 km) en de eeuwige sneeuw
op de hoogste toppen van de Sierra Nevada.

5x, 9x, 1pkpn € 45, 2pkpn € 75
B&B

1x, 10x, hpw € 1500

Route

38 km Z van Granada. De A44 naar Armilla, afslag 153. Bij eerste rotonde eerste afslag. Ca 5 km
naar het ZO, vervolgens naar rechts en 1 km ZO.
38 km Z van Granada. Eigenaar verstrekt informatie over openbaar vervoer en routebeschrijving
bij boeking.

Los Arenalejos Layesera

Annabelle Gosselink & Florian Macarro
Los Arenalejos Layesera,
29567 Alozaina, Málaga

T   952-11 25 30
M 06-295 017 59
E   arenalaides1@terra.es
es, fr, uk, nl

Open: hele jaar H 350m (RES) verplicht
☒

De boerderij en omgeving

Op deze boerderij wordt op vier van de
18 ha avocado's, sinaasappels, appels
en ander fruit geteeld. Dit alles volgens
gecertificeerde   biologisch-dynamische
regels. Op 5 ha staan olijfbomen en is er
een biologische moestuin. Water wordt
hier hergebruikt en er wordt gebruik gemaakt van duurzame energie. Ook is er bij
de bouw van de vakantiewoning gedacht
aan het gebruik van ecologische bouwmaterialen.

U verblijft in een klein vakantiehuis
dichtbij avocadobomen, geschikt voor
zes tot zeven personen. Het huis is recent
gebouwd, waarbij er binnen gebruik is
gemaakt van houten balken. Er zijn twee
etages, er is een balkon van 15 m² en er
zijn twee vides in de twee slaapkamers.
Ook is er een huiskamer en een keuken,

---

vier baden van 6 m² en een terras. U heeft
vanuit het huis een mooi uitzicht op de
bomen van de vallei Sierra Bermeja. Aan
de andere kant van het huis is de avocado-
boomgaard. Onderaan de heuvel groeien
de olijfbomen.

U kunt in de omgeving van deze vakantiewoning heerlijk wandelen.

🌳 ❀ ⋯ ◎20 ⛰15 ▲15 〰5
🏔

1x, 6-7x, Prijs op aanvraag

Route

51 km W van Malaga. Weg 344 Malaga-Coin-Ron-
da. 15 km na Coin, 1,5 km na het kruispunt met Tolox
naar links. Van hier nog 1,5 km tot boerderij.
51 km W van Malaga. Bus tot Las Millanas (Tolox)
of Alozaina.

Villa Matilde

Merche Coco Pérez & Roland Wassenaar
Viñas de Peñallana 302; Ctra Pantano
Jándula, km 3, 23740 Andújar, Jaén

T   953-54 91 27
E   villamatilde@amsystem.es
W www.infoandujar.com/villamatilde
es, nl, uk, fr, de

Open: hele jaar H 610m (RES) verplicht
☒ [~]

Landhuis en omgeving

Het landhuis Villa Matilde ligt midden in
de natuur, in een zeer stille en bosrijke
omgeving. Het landgoed heeft een grootte van 3 ha. Het gebouw dateert uit 1926
en het oude interieur is nog gedeeltelijk
intact. Vegetarische maaltijden met biologische producten uit de moestuin worden op verzoek bereid. Op het landhuis
is een natuur- en educatiecentrum voor
de Spaanse jeugd gevestigd. Ook kunt u

hier diverse cursussen volgen: Spaans, lichaamswerk, schilderen en yoga, tevens kunt u er zwemmen. Een zwembad ligt naast het landhuis.

Er zijn 22 bedden, verspreid over acht kamers. Kamperen kunt u ook bij het landhuis. Er zijn drie plaatsen voor een tent en één voor een caravan. Er is een gezamenlijke zit- en eetkamer met een open haard.

Dichtbij de accommodatie bevindt zich het Parque Natural Sierra de Andújar, een prachtig natuurpark in de Sierra Morena. In de buurt zijn twee grote stuwmeren met strandjes te vinden. Hier groeien verschillende kruiden, zoals mirre en rozemarijn. Roofvogels, herten, wolven, lynxen en everzwijnen behoren tot de vaste bewoners van het park. Voor wandelaars en mountainbikers is dit een uitstekend gebied. Een attractie en het bezoeken waard is de processie ter gelegenheid van de verschijning van de Virgen de la Cabeza in het jaar 1227.

🛁 🍽 🏊 ⛵ 🎣 🚣 🐾 🌿13
🔍13 🏕18

🛏 8x, 🛋 22x, 1pkpn € 22,60-28,90, 2pkpn € 28,90-35,70

⛺ T 3x, 🛋 1x, pppn € 2,65, ptpn € 2,95-3,60, pcpn € 5,45

Route
🚗 327 km Z van Madrid. N-IV (E5) van Madrid richting Córdoba. Afslag 321 naar Andújar. Bij 2e rotonde rechts naar Viñas De Peñallana (14 km). Na restaurant Los Pinos rechts richting Embalse de Jándula. Na 3 km rechts bij bordje Villa Matilde.

🚌 327 km Z van Madrid. Bus en trein vanaf Madrid, Málaga, Sevilla, Córdoba en Jaén rechtstreeks naar Andújar. Bus vanaf Granada gaat via Jaén. Vanaf Andújar taxi nemen of bellen om opgehaald te worden (tegen betaling).

CÁDIAR

Alquería de Morayma
Mariano Cruz Fajardo & Carmen Leal Anguita
Alquería de Morayma s/n, 18440 Cádiar, Granada
T 958-343221
M 958-343303
E alqueria@alqueriamorayma.com
W http://www.alqueriamorayma.com
💬 es, uk, fr

Open: hele jaar

Boerderij en omgeving
Mooi gelegen op de heuvels van de Contraviesa, dichtbij de oevers van de Guadalfeo in Granada's Alpujarra, ligt de boerderij Algueria. U heeft vanuit de boerderij prachtig uitzicht op de hoge bergen van het nabijgelegen Nationaal Park Sierra Nevada.

De boerderij ligt temidden van de recente aangeplante bomen, waar op biologische wijze amandelen, druiven, vijgen, olijven en verschillende soorten fruitbomen worden gekweekt. In de zomer is het hier een oase van rust met veel water en voldoende schaduw. Ook zijn er dieren en een moestuin op de boerderij. De eigenaar is zeer gesteld op het volk van de Alpujarra en hoopt dat ook de gasten hun traditionele leefwijze leren kennen tijdens hun verblijf. Ook de gebouwen zijn nagebouwd in oude stijl en hebben zo dezelfde asymetrie van de omliggende dorpjes. Er is zelfs een wijnkelder, een oude kapel en een goed gevulde bibliotheek. De accommodatie heeft al vele prijzen in de wacht gesleept. Er worden cursussen gegeven en u kunt meewerken op het land, bijvoorbeeld tijdens het oogsten.

Het verblijf bestaat uit 18, zeer verschillende, kamers met CV, badkamer, TV en telefoon, waar in totaal 40 mensen kunnen verblijven. Vijf kamers hebben een ei-

gen keuken. Alle kamers hebben een mooi uitzicht. Het restaurant biedt een gevarieerde kaart met vooral streekgerechten. In de omgeving kunt u heerlijk fietsen of wandelen. Er zijn talrijke bewegwijzerde routes en langeafstandspaden in dit gebied. Ook kunt u een kijkje nemen bij een van de vele bezienswaardigheden; zoals bijvoorbeeld in Colco, waar een van de oudste kerken uit het gebied staat.

🛏 13x, 2pkpn € 54-59
🏠 5x, hpw € 378-546

Route
🚗 91 km ZO van Granada. N340 Almeria-Motril. Ter hoogte van La Rabita (Almeria 65 km; Motril 39 km) afslag naar Albuñol (8 km) et Cadiar (36 km) (A345). Op de kruising net voor Cádiar links naar Torvizcón-Órgiva. Alquería staat hier aangegeven, 300 m naar rechts.

CASTELL DE FERRO

Cortijo La Torrera Alta
Ana Losada Macías
Rambla de Lújar, s/n, 18740 Castell de Ferro, Granada
T 958-34 91 39
M 06-551 130 16
E info@torrera.com
W www.torrera.com
💬 es, uk

Open: hele jaar ⛰ H 350m ❌ [🛏]

Boerderij en omgeving
Deze traditionele Alpujaraanse cortijo dateert uit het midden van de negentiende eeuw. Het huis ligt op de top van een heuvel met uitzicht op de Middellandse Zee in het zuiden en wordt omringd door een bergachtig agrarisch landschap.

De architectuur van het modern en comfortabel gerenoveerde complex is in ere gehouden en er hangt een rustieke sfeer.

De oude stallen zijn verbouwd tot bar-res-taurant. Van het landbouwareaal wordt 1 ha gebruikt voor het verbouwen van groente. U kunt op het bedrijf de traditio-nele Andalusische gebruiken zien en in de bar een drankje bestellen (deze is echter alleen in het weekend geopend). Een ter-ras (een vroegere dorsvloer) is aanwezig om te ontspannen.

In het hoofdgebouw zijn drie tweeper-soonskamers met eigen sanitair. Daar-naast is er een klein, zelfstandig appar-tement met eigen kookfaciliteit en een woonkamer met open haard.

Op de locatie kunt u zwemmen in een wa-terbassin. In de directe omgeving worden excursies georganiseerd. De familiestran-den van Castell de Ferro, een mooie, nog niet te drukke badplaats, liggen op een afstand van slechts enkele minuten (3 km). De omgeving van Motril, op 15 km, is bekend om de suikerrietplantages, de zuurzak en avocado's. In de kleine vis-serdorpjes kunt u overal genieten van gerechten met verse vis.

🏊 🍴 🚤 🚲 🏹 ⋯⋯3 🏖24 🛶24 ✕◯3 ⚓18

🛏 2x, 🚿 4x, 2pkpn € 48
🏠 1x, 🚿 4x, hpw € 422

Route
🚗 90 km Z van Granada. Volg de E-902 naar Solo-breña. Vervolgens de E-15 naar de accommodatie.
🚂 90 km Z van Granada. Trein naar Granada of Almería, dan bus naar Castell de Ferro.

CAZORLA
Camping-Cortijo San Isicio
Jeanne & Jo Driessen
Camino San Isicio, s/n,
23470 Cazorla, Jaén
T 953-72 12 80
E campingcortijo@hotmail.com
🗨 nl, es, uk, de

Open: 1 mrt-10 nov H 850m ®

Camping en omgeving
Cortijo San Isicio is een biologisch fruitbe-drijf en bijenhouderij en ligt 850 m boven zeeniveau. Biologische producten als honing, maar ook nevenproducten zoals kaarsen en geparfumeerde oliën, worden op de boerderij verkocht.

Het kampeerterrein is gelegen tussen boomgaarden, waarin terrassen zijn aan-gebracht. Een plaats om te barbecuen is aanwezig, evenals een plek voor een kampvuur. Bij de camping is een zwem-bad. Aan het eind van de camping, hoger gelegen, is een huisje voor 4 personen. Op de accommodatie kunt u fietsen hu-ren. Routebeschrijvingen van verschil-lende fietstochten kunt u op de cam-ping krijgen. Van hieruit kunt u direct diverse tochten ondernemen, alleen of onder begeleiding van een gids. Het na-tionale park Cazorla heeft schitterende kalksteenrotsen. Een van de populairste wandelingen is langs de Valle del Borosa met de Rio Borosa. De wandeling loopt door een uiterst indrukwekkende kloof. Het witte stadje Cazorla is zeer de moei-te waard om door u te worden bezocht. Boven het stadje uit torent een kasteel met op de achtergrond een majestueus bergmassief.

🚤 🚲 🛏 🏹 🏖 🛶 🔍2 ⚓20 🏃

🏠 🚿 4x, hpw € 450
⚓ pppn € 3ptpn € 2,60-3,30pcpn € 3,40

Route
🚗 45 km ten ZO van Úbeda. Van Úbeda (N322, A315, A319), 2 km voor Cazorla, eerste afslag naar rechts (na benzinestation), dan richting Quesada. Volg groene bordjes voor de camping. Vanuit Villa-carillo (C323, JH3191, JV7101), als u Cazorla bereikt, naar rechts richting Peal de Becero (A319). Net voor benzinestation naar links richting Quesada. Volg de groene borden voor de camping.

🚂 148 km ten N van Granada. Er gaat een bus van Granada naar Cazorla (2x per dag). Van Jaén en Úbeda gaan ook diverse bussen.

HUÉRCAL OVERA
Agroturismo Casa Aloe Vera
Lola Viudez Parra
Las Cañadas de Almajalejo, 80,
04600 Huércal Overa, Almería
T 950-52 88 96
F 950-52 88 96
M 06-675 971 23
E agroturismo_aloe_vera@ hotmail.com
W www.casaruralaloevera.com / www.toprural.com/aloevera
🗨 es, uk, fr, it

Open: hele jaar 🍴 H 200m ⓇⒺⓈ verplicht
✕ [🍽]

Boerderij en omgeving
Op deze traditionele, Almeriaanse cortijo (boerderij), wordt de grond op biologische wijze bewerkt. Het huis is geheel gereno-veerd met natuurlijke bouwmaterialen waarbij de typische plaatselijke bouwstijl van deze cortijo behouden is gebleven. Be-halve zelfgemaakte kaas serveert de eige-naar brood en gebakjes die hij zelf bakt in een traditionele oven. Voor de maaltijden wordt zoveel mogelijk gebruik gemaakt van de eigen groentetuin. Er lopen veel dieren, zoals honden, katten, kippen en geiten. Op het terrein liggen drie huisjes, waarvan er een in zijn geheel wordt ver-huurd voor zes personen (met open haard in de woonkamer, keuken en badkamer). In de andere twee zijn zes tweepersoons-kamers met badkamer. U kunt hier ver-blijven op basis van logies en ontbijt. U kunt meehelpen in de moestuin, bij de verzorging van de dieren, leren brood-bakken en helpen bij de restauratie van antieke meubels, die weer voor de huisjes

gebruikt worden. Er is een zwembad en een speeltuin voor kinderen. Zowel binnen als buiten is veel speelruimte.

De omgeving biedt veel rust en mooie panorama's. U kunt wandelen door de kloven in de buurt en langs eeuwenoude olijfboomgaarden. U kunt dagtochten maken naar de fossielenberg (cerro de los fósiles) of de berg Limaria met de grot cueva del Espejuelo. Iets verder weg bij Sorbas del Barranco del Tesoro is een uniek gebied met wel 600 ondergrondse grotten te bezoeken (bezoek met gids). Huércal Overa is een stadje met een lange geschiedenis, dat achtereenvolgens door Feniciërs, Carthagers, Romeinen en Moren werd bewoond.

♨ ⏏ 🏊 🚵 🐎 ⛵ ❀ ≈≈≈≈30
🎣6 ⤫30 ⚓30 ⚓30 ⛵30

🛏 6x, ⏏ 12x, 2pppn € 24 B&B
🏠 2x, ⏏ 8x, hpw € 600

Route
ⓘ 115km ZW van Murcia. Verlaat Murcia op A30 Z. Na 4,5 km afslag 391 naar A7/E15 richting Almería/Granada nemen. Na 102 km afslag 553 naar Huércal Overa. Na dorp, direct nadat u de snelweg Murcia-Almería hebt gekruist, linksaf richting Taberno (18 km). Bij wegwijzer Taberno 13 km, en na een inhalen toegestaan-bord, rechtsaf een zandweg inslaan bij het bord Agroturismo. Na 200 m bent u bij Aloe Vera.
🚌 187km ZW van Alicante. Trein van Alicante naar Lorca, dan bus naar Huércal Overa; of bus Barcelona - Almería en uitstappen in Huércal-Overa, daar taxi.

MAIRENA
Casa Viña y Rosales
Maryet Maks & Raúl Hinderink
Calle Iglesia, 14, 18494 Mairena, Granada
T 958-76 01 77
E vyr@raya.org
W http://raya.org/vyr
⚐ es, uk, nl, de, fr

Open: hele jaar 🐎 🚶 H 1050m ⊠ 🐄

Boerderij en omgeving
Las Alpujarras is een vallei die zich uitstrekt van oost naar west aan de zuidkant van de Sierra Nevada in Andalusië. Hier staat een gerestaureerde boerderij van steen en hout in rustieke stijl. Op de boerderij wordt gewerkt volgens biologische principes. Er is een tuin, een groentetuin en een boomgaard. Het is mogelijk om, in ruil voor meewerken op de boerderij, tegen kost en inwoning op de accommodatie te verblijven. Voor de maaltijden gebruiken de eigenaren zoveel mogelijk producten van eigen bodem; de maaltijden zijn op verzoek biologisch, vegetarisch of volgens een bepaald dieet (zonder suiker, zout etc.).

Vanwege een meer dan honderd jaar oude wijnrank en minstens zo'n oude klimroos, is het B&B gastenkamershuis Viña y Rosales genoemd. Een opmerkelijk Andalusisch huis om haar bouwstijl, prettige atmosfeer en haar rijke verleden; en vanwege de riante tuin met eigen bron, is het een exclusief logies en ontbijt. U verblijft in een van de vier tweepersoonskamers

Mairena is één van die dorpen waar de tijd lijkt stil te staan, waar de oogsten en het brandhout nog per ezel worden binnen gehaald en de herder met zijn geiten door het dorp gaat. Waar behalve een bar en een winkeltje niets anders is dan rust, heerlijke schone lucht, en veel ongerepte natuur. Vanuit de accommodatie kunt u prima de omgeving verkennen via de talloze wandelpaden die u door de olijf- en amandelboomgaarden en de pittoreske plaatsjes van Andalusië voeren. U kunt wandelen langs de GR7, de E4 of de nieuwe route SULAYR.

♨ ⏏ 🎿 ⛷10 🏔15 ≈≈50 ❄15
🐾

🛏 4x, ⏏ 8x, 1pkpn € 30, 2pkpn € 55 B&B

Route
ⓘ 100 km ZO van Granada. In het dorp Ugijar richting GR431. Na Mecina Alfahar rechts, richting Mairena.
🚌 100 km ZO van Granada. Het busstation in Granada is op de Carretera de Jaén. Er vertrekken bussen naar alle kleine plaatsjes op de Sierra Nevada. Het telefoonnummer is (0034) 958-18 54 80.

ORGIVA
Cortijo La Lomilla
Marianne Vestjens & Harry van Meegen
Apartado 64, 18400 Orgiva, Granada
T 958-34 70 80 (040-212 95 08 in NL)
E marian-harry@cortijolalomilla.com
W www.cortijolalomilla.com/vakantie
⚐ es, nl, uk, fr

Open: hele jaar 🐎 🚶 H 680m (RES) verplicht 🐾

Boerderij en omgeving
La Lomilla ligt in de Alpujarras, het gebergte tussen de besneeuwde toppen van de Sierra Nevada en de Middellandse Zee. De 3 ha grote boerderij bestaat uit verschillende terrassen met olijfbomen. Elektriciteit wordt opgewekt door zonnepanelen. Warme maaltijden en een lunch (met zelfgebakken brood) worden voor u bereid als u dit wenst. Gebruikt worden ingrediënten uit de eigen biologische moestuin en boomgaard.

Bij de boerderij kunt u kamperen (tien staanplaatsen) of een huisje huren. Dit is een boerenhuisje met open haard, een ingerichte keuken en een Casi-casita (een knus onderkomen), beide voor drie tot vier personen.

Op de accommodatie kunnen kinderen spelen in het zwembadje, pierenbad of de zandbak.

In de directe omgeving kunt u vissen, paardrijden en fietsen huren. Bergwandelingen kunt u maken in de Alpujarra en de Sierra Nevada. Vanuit La Lomilla zelf of vanuit de witte bergdorpjes Pampaneira, Capileira, Pitres en Trévelez kunt u zowel rondwandelingen als meerdaagse tochten maken. De eigenaren hebben een tiental dagtochten voor u uitgezet, variërend van drie tot tien uur. De kust en steden als Málaga en Granada zijn makkelijk bereikbaar, ook per bus.

🛁 🍷 🏊 🚲 🎣7 🐟 🍴7 🏔12 🛶

🏠 2x, 🛏 7x, hpw € 210-230
⛺ pppn € 4,80

Route
🚗 53 km ten Z van Granada. Van Granada de A-44/E-209 naar Armilla. Hier A-348 naar Orgiva. Van Orgiva richting Pampaneira, Trevélez (GR421). 1 km voorbij de afslag naar Soportújar, vlak vóór kleine kapel (Hermita del Padre Eterno) rechts onverharde weg naar beneden. Weg volgen tot voorbij steengroeve (ca 200 m), dan rechts aanhouden, nooit links dal in (dit stuk weg is ook aangegeven met rood-witte GR-aanduiding). Na ca 4,3 km bij witte steen met rode pijl linksaf naar La Lomilla (nog 700 m).
🚌 53 km ten Z van Granada. Trein naar Granada, dan bus naar Orgiva (2x per dag, buslijn Alsina-Graells). Ook bussen van Málaga en Almería naar Orgiva. Vooraf bellen voor afhalen van wandelroute (1,5 tot 2 uur).

SORBAS

Cortijo de Garrido
Richard Peelen & Hedwig Schouten
Ctra. Sobras -Uleila del Campo,
Paraje Garrido, 04270 Sorbas, Almería
T 023-531 12 99 (in NL!)
M 06-008 823 31
E richardpeelen@hetnet.nl
W http://home.hetnet.nl/~richpeelen
💬 es, nl, uk, fr, de

Open: 20 mrt-10 jun ⛵ 20 sep-10 dec 🍴
🍽 H 500m (RES) verplicht ❌ 👥

Boerderij en omgeving
De boerderij ligt in een piepklein gehucht van vier vrijstaande boerderijen en is opgeknapt met veel oog voor de oude bouwstijl. Elektriciteit wordt opgewekt met een zonnepaneel, water wordt opgepompt uit een put en vervolgens verwarmd met een zonneboiler. Amandelen,vijgen, olijven en granaatappels worden door de eigenaren gekweekt. U kunt meehelpen op de boerderij bij het verwerken van olijven, cactusvruchten, amandelen en vijgen.
Op de accommodatie kunt u een van de twee kamers huren of kamperen. Er zijn twee grote logeerkamers die plaats bieden aan vier personen. Ook is er een woonkeuken en een badkamer. De camping is een nudistencamping en biedt plaats aan vier tenten en twee caravans. Biologische maaltijden kunt u op de boerderij bestellen.
In de omgeving kunt u uitstekend wandeltochten maken of vogel- en natuurexcursies. Op ongeveer 7 km afstand bevindt zich een bedevaartkapelletje van de Heilige Maagd met een indrukwekkend uitzicht (1301 m) over de hele vallei. Op een half uur rijden begint de Desierto de Tabernas, de enige woestijn van Europa en een beschermd geologisch gebied. Op 50 km ligt natuurpark Cabo de Gata-Nijar met kleine vissers- en toeristendorpjes, afgeschermde baaitjes en een naturistenstrandje. Het natuurgebied Paraje Natural Karst de Yesos de Sorbas ligt op 9 km afstand. Hier vindt u het geologisch unieke Karstgebergte, waar onder begeleiding ook grotten te bezoeken zijn. Inkopen en eten kunt u doen in Uleila del Campo en Sorbas. In deze plaats vindt u een supermarkt en diverse restaurants.

🛁 🍷 🚲 🍴15 🏊5 🥾

🛏 2x, 🛏 4x, 1ppn € 9
⛺ T 4x, 🚐 2x, pppn € 3,50

Route
🚗 57 km NO van Alméria. Verlaat E15 bij afslag 514 (vanuit het noorden) of bij afslag 504 (vanuit het zuiden) richting Sorbas. Verlaat dit dorp via N340 richting Almería. Na enkele honderden meters (direct na 'brug') rechts richting Uleila del Campo. Tussen km-paal 7 en 8 rechts landweggetje in (nog 1,7 km), alle zijwegen negeren, droge rivierbedding in en schuin rechtdoor weer omhoog. Voorlangs over erf buren, nu nog enkele honderden meters naar boerderij. Laatste km is voor caravans onbegaanbaar.
🚌 66km NO van Alméria. Trein naar Almería, dan bus naar Uleila del Campo. Afhalen na telefonische afspraak.

TOLOX

Los Algarrobos de Ardite
Paco & Rosa Doblas
Tolox, 29000 Tolox, Málaga
T 06-491 788 55
M 06-363 780 73
E losalgarrobosdeardite@yahoo.es
💬 es

Open: hele jaar (RES) verplicht

Boerderij en omgeving
Deze boerderij is gespecialiseerd in de biologische teelt van sinaasappels en andere citrusvruchten. Ook groeien er vijgen, granaatappels, olijven en druiven voor de wijn. Men praktiseert hier permacultuur voor de productie van seizoensgebonden fruit en groenten.
De vakantiewoning is omgeven door sinaasappelbomen en mandarijnenbomen. Vanuit de woning hoort u het ruisen van het watervalletje verderop. Het verblijf beschikt over alles wat u mogelijk nodig hebt om een aantal dagen in de vrije natuur te verblijven. Aangenaam comfort is gecombineerd met eenvoud. Er zijn drie slaapkamers met vijf losse bedden en een dubbelbed (zeven plaatsen in totaal,

ES
P

met de mogelijkheid er twee bedden bij te zetten). Er is een woonkeuken, een huiskamer, badkamer, barbecue en een zwembad.

Vanuit de boerderij ziet u de Rio Grande en de Sierra de Tolox, met de hoogste toppen van de provincie Malaga van ongeveer 1900m. Ook dichtbij is het Parc Naturel Sierra de las Nieves. U bevindt zich hier in het centrum van de provincie Malaga op ongeveer 50 km van de belangrijkste plaatsen: Malaga, Marbella en Ronda.

🛶 ⛴

⌂ 1x, ☞ 7x, Prijs op aanvraag

Route

🚗 40 km N van Marbella. Vanuit Malaga A357 naar Cartama (19 km.). Dan A355 naar Coin (15 km.). Hier A366 richting Ronda. Na 16 km naar links, MA412 naar Tolox. Dan weg door eucalyptus-bos naar Rio Grande. Oversteken bij brug Ardite, dan links, stijgen tussen de sinaasappelbomen tot aan boerderij.
🚌 40 km N van Marbella.

TURRE

Finca El Rincon de Tablas
Ingeborg Wiegand & Johann Haberl
Finca El Rincón de Tablas,
04639 Turre, Almería
T 950-52 88 03
E asinus@larural.es
W http://personales.larural.es/asinus
💬 es, de, uk, fr

Open: hele jaar 🛶 ⛴ H 350m (RES) verplicht ♿ 📷 [🛏]

Boerderij en omgeving

De boerderij El Rincón de Tablas ligt in de Sierra Cabrera, tussen Almeira en Murcia en is bijna geheel zelfvoorziend. Alleen natuurlijke materialen zijn gebruikt voor de boerderij. Zonnepanelen zorgen voor verwarming en elektriciteit, maar er is ook centrale verwarming en een open haard. Een privé-bron zorgt voor vers water. Op heldere dagen ziet u de bergketens van Marokko, het Rifgebergte. De eigenaren verbouwen groenten en houden inheemse apen en enkele ezels.

De accommodatie bestaat uit vier tweepersoons kamers met douche en wc. Het ontbijt bestaat uit biologische producten uit eigen tuin. U mag gebruik maken van de keuken. Een gemeenschappelijke ruimte is aanwezig.

Op de boerderij worden Tai Chi-lessen en meditatietrainingen gegeven. Vanuit de boerderij kunt u georganiseerde wandelingen maken, ezeltochten ondernemen of fietsen. De tochten variëren van een enkele dag tot meerdere dagen.

Een bezoek waard is Mojacar (slechts 18 km van de accommodatie), een stad die onder invloed stond van de moorse cultuur evenals het verder landinwaarts gelegen Granada, een stad met een rijk historisch verleden.

🛶 ⚓18 🎣5

🛏 4x, ☞ 8x, Prijs op aanvraag
⌂ ☞ 6-8x, hpw € 300

Route

🚗 83 km ten NO van Almeria. E15/N340 richting Almeria, vervolgens afslag Turre/Mojacar. Na 10 km, 2 km voor Turre, bij ingang golfterrein, afslaan en volg het spoor en wegwijzers naar El Rincón de Tablas.
🚌 Informeer bij de eigenaren van de boerderij. Bussen rijden tussen Almeria en Murcia.

VILLACARRILLO

Las Castañetas
Cees & Riecky Berends-Van den Bogaard
Ctra Aguascebas, km 24, Sierra de las Villas, 23300 Villacarrillo, Jaén
T 953-12 81 51
M 06-863 925 29
💬 nl, es, uk, de

Open: hele jaar ▲ 24 jun-10 okt 🛶 H 1250m (RES) verplicht [🛏]

Huis en omgeving

Las Castañetas ligt midden in de Sierra de las Villas, temidden van rotsachtige bergen, steeneiken en pijnbomen.

Riecky en Cees zijn hier tien jaar geleden komen wonen met hun kinderen Vivian en Julien. Deels door hun toedoen zijn er langzamerhand ook weer vogels en zoogdieren gekomen. In de zomer wordt de groente uit de grote biologische moestuin verkocht in het winkeltje dat ook de allernoodzakelijkste levensmiddelen verkoopt.

Naast caravans en een huisje voor vijf tot acht personen zijn er ingerichte tenten. Kamperen met eigen tent of caravan is niet mogelijk. Ieder onderkomen heeft een eigen buitenkeuken. Water komt uit een bron. Bij de accommodatie is een zwembad waarvan het water voor de bevloeiing van de fruitbomen gebruikt wordt. Dit is dan ook de reden dat het water chloorvrij is.

Bij de accommodatie zijn diverse mooie wandelroutes. De beschrijving kunnen de eigenaren u geven. Wilt u het een en ander weten over de fauna dan kan Vivian, de dochter, u alle bezienswaardige plekken met hun watervallen, bronnen en dierenobservatieposten aanwijzen. Wilde zwijnen, herten, lynxen en wilde katten huizen in de directe omgeving.

🛶 🚣 🚲 ⛰ 🏹 🌸 ⛩ ✈ 🌊6
🎣8

⌂ 1x, ☞ 4-5x, Prijs op aanvraag
▲ T 4x, 🚐 1x, 🏕, ptpn € 30, pcpn € 30

Route

🚗 69 km ten W van Bailén. Van Villacarrillo C323 naar Mogón. Daar richting Cueva del Peinero, dan richting Sierra Las Villas (natuurpark), in park richting Pantano del Aguascebas, bij km-paal 24 en ca 300 m staat Las Castañetas rechts van de weg aangegeven. Volg weggetje nog 3 km door bergen.

Vanaf Cazorla richting Santo Tomé (JV7101), na 11 km rechts naar Chilluevar (JV7102), in dorp links richting Pantano del Aguacebas en Sierra Las Villas. 69 km ten W van Bailén. Met bus (Eurolines) naar Bailén, of met trein naar Linares-Baeza. Hier wordt u opgehaald (3000 peseta retour p.p., gratis bij verblijf langer dan 10 dagen).

 VILLARRUBIA

Finca Cuevas del Pino
Pilar del Pino López & Ignacio Amián
14710 Villarrubia, Córdoba
T 957-45 83 72
F 957-45 83 72
E reservas@cuevasdelpino.com
W www.cuevasdelpino.com
 es

Open: hele jaar ❦

Boerderij en omgeving

Cuevas del Pino is een boerderij geheel in de stijl van de regio. Vanaf de boerderij heeft u een prachtig uitzicht op de Sierra Morena en de laagvlakte van de Guadalquivir. Rondom de locatie zijn veel bomen. 30 ha wordt biologisch bebouwd; akkerbouw met jaarlijks wisselende gewassen en vele fruit- en notenbomen. Op het terrein ligt een grot, een overblijfsel van een voormalige Moorse steengroeve. U kunt een huisje huren (La Luna, twee tot vier personen, een badkamer) of een appartement (El Sol, vier tot zeven personen, twee badkamers). Beide zijn artistiek ingericht en voorzien van volledig ingerichte keuken en woonkamer met open haard. Ze liggen op een schaduwrijk gedeelte van het terrein en hebben een grote tuin. Er is ook een zwembad en een atelier.

U kunt op de boerderij aquarel- en etscursussen volgen en meehelpen met de dagelijkse bezigheden. Korte en lange wandeltochten kunt u vanaf de boerderij ondernemen. De eigenaren kunnen u hier ook in begeleiden. Diverse steden in de directe omgeving zijn zeer de moeite waard om te bezoeken. Córdoba heeft een beroemde Moorse moskee, een synagoge (een van de weinige die de Moorse inval heeft overleefd) en kleurrijk betegelde patio's. De stad ligt slechts 14 km van de boerderij. Op 7 km ligt het kasteel van Almodóvar del Río en op 6 km de Moorse ruïne Medina Azahara. Mediterraans natuurschoon vindt u in het natuurpark Sierra de Hornachelos, broedplaats voor veel verschillende soorten roofvogels.

🚲 🎨 ♨ ⛳12 🏊14 🎣 ⚓12 🏄14 ⛵4 🏇

🏠 2x, ⊞ 6x, hpw € 360-450-560-635

Route

🅰 15km W van Córdoba. Van Córdoba A431 richting Palma del Río. Na 12 km Villarrubia, daar na Citroën-garage en voor benzinepomp rechtsaf. Over smalle weg 2 km door tot eind, daar links, nog 100 m tot ingang van Cuevas del Pino.

 15km W van Córdoba. Trein naar Córdoba, dan bus naar Villarrubia, daar lopen (2 km) of taxi.

ES
P

ANWB Wegenatlas Spanje Portugal

Van alle kustgebieden aan de Middellandse Zee zijn detailkaarten, veelal schaal 1:300.000 (1 cm = 3 km) opgenomen. Ook van de Algarve.
Het minder bezochte en dunner bevolkte midden van Spanje is op schaal 1:800.000 (1 cm = 8 km) weergegeven.
Verkrijgbaar bij ANWB-verkooppunten, boekhandels en warenhuizen.

BENIFAIÓ

Granja La Peira
Amparo Rovira, Carmen & José Martí
La Peira, s/n, Benifaió, 46000 Benifaió,
Valencia
T 961-79 42 56
E lapeira@lapeira.org
W www.lapeira.org
🐾 es, uk

Open: hele jaar ⓇⒺⓈ verplicht

Boerderij en omgeving
La Peira is een boerderij van ongeveer 3 ha
gesitueerd nabij Benifaió, hoofdstad van
Jucar, in de provincie Valencia.
Men verbouwt hier sinaasappels en
groenten. Ook worden er schapen, geiten,
kippen en gevogelte, allemaal oude regionale dierenrassen gehouden. Naast de
dieren zijn er nog mooie tuinen, groentetuinen en boomgaarden.
De boerderij beschikt over zes tweepersoonskamers met eigen badkamer en
uitgang op de patio. De kamers bevinden
zich dicht bij het huis van de eigenaren,
waar u ook de ouderwetse oven en het
winkeltje met bio-producten zult vinden.
Ook is er een gemeenschappelijke ruimte
van 100 m² met TV en video. Kamperen
kan ook in de nabijheid van de boerderij,
in een klein bos met bosplanten en fruitbomen. Ideaal voor de zonnige zomer.
U kunt allerlei activiteiten ondernemen
op de boerderij zelf, maar ook daarbuiten
valt genoeg te beleven. Informatie over de
omgeving kunt u vinden op de boerderij.

🍴 ✿ ♨

🛏 6x, 🛏 12x, 2pkpn € 30 B&B
⚓ Prijs op aanvraag

Route
25 km Z van Valencia. N340 Valencia-Madrid
via Albacete, afslag bij Benifaió. Richting Benifaió,
afslaan voor dorp naar rechts, ter hoogte van BP
tankstation. Weg zoeken die paralel loopt aan
spoor, richting kerkhof. Voor kerkhof links naar
Granja La Peira.
🚍 25 km Z van Valencia. Trein (elke 20 min.) vanuit
Valence (Gare du Nord) naar Xativa, Moixent of
L'Alcudia. Halte Benifaió-Almussafes. Vanaf hier ongeveer 20 min. Volg spoor (zie routebeschr. auto).

BENISSA

Casa Sierra De Oltá
Jesús Copeiro del Villar Martínez
Partida de Ferrandet, 25,
03720 Benissa, Alicante
T 965-73 20 97
M 06-290 616 06
E jesuscopeiro@yahoo.es
🐾 es, uk

Open: hele jaar ❤ H 120m ⓇⒺⓈ verplicht
♿ [🐴]

Boerderij en omgeving
De boerderij van 7,5 ha is gericht op de
biologische productie van fruit. Er zijn op
het terrein speciale paddenpoelen aangelegd. Ook vogels, vissen en planten vinden
de tuin rondom de boerderij heerlijk om
te verblijven. Op de boerderij worden ook
bijen gehouden.
U verblijft in de vakantiewoning voor vier
personen. Deze woning, van twee etages,
staat op een perceel van 300 m² en heeft
een terras dat uitkijkt op zee. Het interieur van de woning is in traditionele stijl.
Hij beschikt over twee slaapkamers, een
met twee aparte bedden en een met een
tweepersoonsbed, met badkamer. Ook is
er een eetzaal, TV en een goed uitgeruste
keuken en een privé-solarium. In de tuin
is er veel gras en enkele fruitbomen. De
slaapkamer in het bovengedeelte heeft
een geweldig uitzicht over de zee en de
velden.
De omgeving van de boerderij is bergachtig. U bevindt zich in de Sierra de Oltá
(600 m) en tegenover u ligt de Sierra de
Bernia (1100 m). De bergen die de meren
omsluiten vormen een prettig klimaat
voor de groei van mediterrane boomsoorten en aromatische planten. Ook voor
vogels is het een belangrijk gebied. In mei
en juni kunt u 's nachts de nachtegalen
horen zingen.

♨ ⋯3 🚣4 🎣3 🚵3 🚴5 🛶4 🎣6

🏠 1x, 🛏 4x, hpw € 750

Route
33 km NO van Benidorm.
🚍 33 km NO van Benidorm.

BÉTERA

Permacultura Bétera
Permacultura Bétera Coop
Carrer Les Llomes, s/n,
46117 Bétera, Valencia
T 961-60 01 78
M 06-261 315 56
E arnaldollerena@terra.es
🐾 es, uk

Open: hele jaar ❤ H 200m 🐕

Boerderij en omgeving
De boerderij is 3 ha groot en ligt slechts
20 km van Valencia in een omgeving met
pijnbomen en sinaasappelboomgaarden.
Groenten, aardappelen, bloemen, bomen,
fruit, noten en olijven worden op biologische wijze verbouwd. Recentelijk zijn de
eigenaren begonnen met vermicultuur;
het maken van compost uit het afval van
fruit, tuin en keuken door regenwormen.
Op de boerderij houdt men kippen, eenden, bijen en konijnen.
De accommodatie heeft drie kamers die
ruimte bieden aan acht personen. Het terras heeft een vuurplaats. U kunt cursus-

sen volgen op het gebied van duurzame landbouw en alternatieve geneeswijzen. De accommodatie is zeer geschikt voor kinderen. Er is een speeltuin aanwezig, een ruime tuin om in te ontspannen en een zwembad.
In de Sierra de Caldona, kunt u uitgebreid fietsen, wandelen of rondrijden met een koets. Diverse plaatsen zijn cultureel en historisch zeer te moeite waard te worden bezocht vanwege o.a. hun rijkdom aan kastelen en kloosters. Inkopen kunt u doen in het dorpje Bétera, slechts 5 km gelegen van de boerderij. Hier vindt u ook diverse restaurants en kunt u zwemmen in een openluchtbad. Zwemmen in zee kunt u aan de kust bij Valencia. Tussen 12 en 22 augustus zijn er processies en wordt vuurwerk ontstoken ter ere van de Heilige Maria.

1x, 8x, hpw € 650-900

Route

19 km ten N van Valencia. Rijdend op de A7 ten N van Valencia uitrit 494 Bétera-Burjassot richting Bétera. Na dorp richting Náquera (CV310). Steek enkele bruggen en kloven over. Ga links na 2e brug en volg weg Carrer Les Llomes naar het huis.

19 km ten N van Valencia. Trein vanuit Valencia. Bus vanaf Plaza de España naar Bétera. Bel om opgehaald te worden.

BUÑOL

Casa del Río Mijares Albergue Rural
Casa del Río Mijares Coop.V.
Viejo de Mijares s/n, Aldea de Mijares,
46360 Buñol, Valencia
T 96-212 73 00
E mijares@adev.es
W http://www.mijares.adev.es
es, uk

Open: hele jaar H 530m (RES) verplicht

Boerderij en omgeving

Het grote herenhuis uit het begin van de negentiende eeuw ligt in een dal temidden van bergen en ongerepte natuur die deels is beschermd. De herberg is ondergebracht in twee gebouwen: het herenhuis en het oude boerenhuis gereconstrueerd op basis van foto's uit de jaren '40. De heropbouw is gedaan met gebruik van duurzame materialen en volgens bioklimatische architectuur. Drie ha van het land worden gebruikt voor biologische landbouw. Op de boerderij vindt u kippen, konijnen en een ezel. De maaltijden (ook vegetarisch) worden zoveel mogelijk bereid met producten uit eigen tuin.
Op de boerderij kunt u meehelpen met de dagelijkse taken en rondgeleid worden over en rond het bedrijf.
Er zijn 36 slaapplaatsen, verdeeld over twee tweepersoonskamers met badkamer (waarvan een is aangepast voor rolstoelgebruikers) en zes kamers met stapelbedden (twee-, vier-, zes- en achtpersoonskamers) met gemeenschappelijke toiletten en doucheruimtes. Verder zijn er een eetzaal, twee zitkamers met open haard, een vergaderruimte, een wijnkelder en een bibliotheek.
Vanuit de accommodatie kunt u schitterende wandelingen maken. De GR-7 loopt langs de herberg, maar er zijn ook vele korte routes uitgezet die u alleen of onder begeleiding kunt maken. Zwemmen kunt u in de rivier. Ook kunt u huifkartochten maken.

14 25

2x, 4x, Prijs op aanvraag
7x, 34x, 1ppnoz € 39,50, 2ppn € 49,25 VP

Route

316 km ten ZO van Madrid. Op de AIII Madrid-Valencia, afslag 322 naar Buñol, dan Buñol-Yátova-La Portera volgen (CV429). Na km-paal 17, voor stenen brug, geasfalteerde bosweg inslaan; nog 1 km naar herberg.

63 km ten W van Valencia. Stoptrein van Valencia naar Utiel, uitstappen halte El Rebollar. Vooraf bellen om afgehaald te worden of GR-7 zuidwaarts 4 uur lopen tot de herberg door schitterende omgeving.
Bus: van Valencia naar Yátova, hier PRV-148 tot kruising met GR-7, noordwaarts tot herberg.

GUADALEST

Finca La Higuera
Stijn Lohman
Partida Casas Blagueres bajo s/n,
03510 Guadalest, Alicante
T 965-97 23 80
F 965-97 23 80
M 06-499 432 91
E stijnlohman@hotmail.com
W www.elbloque.org/lahiguera.htm
nl, es, uk, de

Open: hele jaar H 400m

Camping en omgeving

De camping ligt op amfitheatervormige terrassen van een mispelboomgaard. Ook staan er op dit mooie, rustig gelegen terrein amandel-, citroen- en johannesbroodbomen. Er is een kleine moes- en kruidentuin en er lopen kippen rond. Water wordt gezuiverd via een helofytenfilter en onder meer voor de moestuin gebruikt.
Het terrein is voor tenten, caravans en

campers. Op de camping zijn houten huisjes te huur (twee tot vier personen), maar ook een caravan. Het ontbijt is inbegrepen in de prijs. Er is een toilet en een douche. Eén huisje beschikt over een eigen toilet. De overdekte woonkeuken kan in overleg gebruikt worden en u kunt maaltijden bestellen. Eten doet men gezamenlijk in de openluchthuiskamer. Op het terrein is een kinderbad.

Op de accommodatie kunt u meehelpen bij allerlei klussen op en rond La Higuera of meehelpen met de oogst van het fruit. In het gebied zijn schitterende wandeltochten te maken (routebeschrijving aanwezig). Op 8 km ligt El Arca de Noé, een opvangcentrum voor wilde dieren. Zwemmen kunt u in zee.

🏠 3x, 🛏 8x, hpw € 140
⛺ T 10x, 🚐 4x, 🏕, pppn € 4, ptpn € 4-5, pcpn € 5-6

Route

📍 8 km NW van Callosa d'En Sarrià. Valencia-Alicante, afslag Callosa/Altea (150 km na Valencia). Volg Callosa. In Callosa richting Guadalest/Alcoy (CV755). Bij restaurant El Riu, vlak voor brug over rivier, opbellen of nog 1,9 km doorrijden tot u links rood pijltje op steen ziet. Weggetje omhoog, na 600 m bij Y-splitsing rechts en na ca 100 m links zandweg naar beneden terrein op.

🚌 23 km ten N van Benidorm. Rechtstreekse bus uit Nederland naar Benidorm (Van Ham, Concordia, Eurapide). Hier de bus naar Callosa d'En Sarrià en Guadelest. Uitstappen 5 km na Callosa bij Restaurant El Riu (vooraf bellen voor afhalen) of u door buschauffeur 2 km verder bij 'Las Casas Balaguer' laten afzetten (nog ca 0,8 km lopen).

PORRERES

Can Feliu
Carlos & Fco. Javier Feliu Román
Finca Son Dagueta. Camí de sa Serra, s/n, Porreres, 07260 Porreres, Mallorca
📱 06-096 132 13
✉ info@sondagueta.com
🌐 www.sondagueta.com
💬 es, uk, de

Open: hele jaar ♿

Boerderij en omgeving

In het hart van het eiland Mallorca ligt Can Feliu. U bevindt zich hier op 1,5 km van het plaatsje Porreras, 36 km van Palma, de hoofdstad en het vliegveld en 15 km van de kust van Mallorca. De voornaamste activiteiten van de boerderij zijn landbouw en veeteelt. Alles gebeurt hier op een ecologische manier. U ziet hier carob, vijgen- en amandelbomen, peer, granen en natuurlijk de druiven waar heerlijke wijn van wordt gemaakt. Lokale planten- en boomsoorten worden hier behouden. U kunt heel wat mooie exemplaren bewonderen in de tuin. Het huis stamt uit de 17de eeuw en is geheel in stijl en met gebruik van ecologische bouwmaterialen gerenoveerd.

Het huis is prachtig vormgegeven en ingericht. Alles is zo dicht mogelijk bij de natuur gehouden, door gebruik van natuurlijke kleuren en materialen. Het resultaat mag er zijn. Er zijn acht kamers te huur; een suite met jacuzzi, vier Junior suites, twee tweepersoonskamers en een eenpersoonskamer. Allen zijn voorzien van bad of douche, verwarming, TV, minibar en terras. Iedere kamer heeft een andere sfeer en is dus uniek.

Een belangrijke activiteit op Can Feliu heeft te maken met de wijngaarden op het bedrijf. In de wijnkelder kunt u leren en proeven hoe hier al decennia wijn wordt gemaakt. Gasten mogen zelfs aan de slag

om te proberen een lekkere wijn samen te stellen. Fietsen zijn te huur. Voor kinderen is er een speciaal huisje waar zij in kunnen spelen. U hoeft niet van het terrein om u te vermaken. Wilt u er toch op uit, dan is informatie op de accommodatie voorhanden.

🚲 🍽

🛏 9x, Prijs op aanvraag

Route

📍 30 km van Palma de Mallorca. Vliegen naar Palma, dan auto, C717 naar Llucmajor (16 km.), dan PM502 naar Porreres (13 km.).
🚌 30 km van Palma de Mallorca.

REQUENA

Noria del Cabriel
José & Fabián Cerdán Belda
Requena, 9, Casas del Río,
46356 Requena, Valencia
☎ 962-30 34 09
📱 06-588 580 41
✉ hotel@lanoriadelcabriel.com
🌐 www.lanoriadelcabriel.com
💬 es, uk

Open: hele jaar (RES) verplicht ♿

Hotel en omgeving

De oude gebouwen van de dorpsschool zijn gerenoveerd en in gebruik genomen als Eco Hotel-Restaurant La Noria del Gabriel. Met respect voor de oudbouw is La Noria volgens milieuvriendelijke richtlijnen herbouwd. In het restaurant kunt u vooral regionale gerechten proeven. Veel producten worden precies op het juiste moment uit de eigen biologische tuinen, met kruiden en groenten, gehaald. Er is ook een mooie verzameling biologische wijnen. Bij de accommodatie hoort een atelier, waarin u objecten van keramiek, raffia en tapijten kunt zien.

Het eco-hotel beschikt over negen twee-persoonskamers, elk met eigen badkamer. Iedere kamer heeft ook een telefoon, verwarming op bio-diesel, een eco-minibar, TV en ramen met uitzicht op de prachtige bergen of de biologische tuin.

Op de accommodatie wordt veel georganiseerd, zoals wijnproeverijen, brood-proeverijen en lezingen over bijvoorbeeld kruiden. Ook worden er in de wijnkelder, samen met andere leveranciers van biologische producten, maaltijden georganiseerd. U kunt de wijnkelder uit de 18de eeuw, waar vooral rode wijn ligt, ook los van de maaltijden bezoeken. Het biologische brood komt uit een speciale oven en van de kruiden worden essentiële oliën gemaakt. Vooral de gastronomisch ingestelde mens komt uitgebreid aan zijn/haar trekken. De omgeving is mooi genoeg om ook wat actiever te genieten. U kunt raften, vliegen met een klein vliegtuigje of luchtballon. Ook kunt u vissen, paardrijden en heerlijk wandelen in de omgeving.

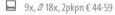 9x, ∅ 18x, 2pkpn € 44-59

Route
🚗 67 km W van Valencia. A3 Valencia-Requena. Vanaf Requena, N330, richting Almansa. Ter hoogte van de Col de Cruz in Cofrentes (13 km.) links richting Casas del Río (10 km.).
🚌 67 km W van Valencia.

SAN JOAN DE LABRITJA

Can Marti
Isabelle & Peter Brantschen
07810 San Joan de Labritja, Ibiza
T 971-33 35 00
F 971-33 31 12
E info@canmarti.com
W www.canmarti.com
🔊 de, fr, es, it

Open: hele jaar 🌿 ☒ 🐴

Boerderij en omgeving

In het nog relatief rustige noorden van het eiland Ibiza ligt te midden van bossen en heuvels deze biologische boerderij.

Er worden verschillende milieuvriendelijke technieken toegepast, zoals permacultuur, zonne-energie, waterzuivering en afvalrecycling. Op milieuvriendelijke wijze wordt ook groente en fruit verbouwd. De mogelijkheid bestaat om op de boerderij mee te helpen. Er zijn kippen, eenden, geiten en een muilezel. In het kleine winkeltje bij de accommodatie kunt u groente, fruit en andere biologische producten kopen.

Op de boerderij kunt u een tweepersoons kamer huren, maar u kunt ook kiezen voor zelfcatering. De gastverblijven hebben een eigen douche, wc, terras of tuin en een schitterend uitzicht. Madroño is een tweepersoonskamer; Almendro en Algarrobo zijn twee tweepersoonsappartementen en Olivo is een stenen huisje voor vier personen en heeft een houtkachel. Dankzij de oude en dikke muren is het in huis ook in de zomer aangenaam koel. Kinderen zijn van harte welkom. Roken is op de kamers niet toegestaan. Huisdieren kunt u niet meebrengen.

In de omgeving zijn mooie wandelroutes. Van de fietsen kunt u gratis gebruik maken om de omgeving te verkennen. Er is zelfs een auto te huur. Op slechts 4 km afstand is het strand. U treft hier ook een yogacentrum aan. Het centrum van San Joan de Labritja kunt u over een oude weg binnen tien minuten bereiken. Iedere zaterdag is in de buurt een markt waar u veel biologische producten kunt kopen.

 1x, ∅ 2x, Prijs op aanvraag
🏠 3x, ∅ 8x, Prijs op aanvraag

Route
🚢 8 uur varen; ten Z van Barcelona. Boot van Barcelona of Denia naar Ibiza (Sant Antoni Abat). Route-beschrijving opvragen bij eigenaren.
🚌 8 uur varen; ten Z van Barcelona. Boot van Barcelona of Denia naar Ibiza (Sant Antoni Abat), daar taxi of vooraf bellen voor ophalen (2500 peseta). Ook bussen van haven en vliegveld naar San Joan de Labritja.

ES
P

Portugal

Portugal heeft een mild klimaat, vele historische monumenten en een geheel eigen karakter, dat onder meer tot uiting komt in zang, dans en kleurrijke bedevaarten. Ook de 800 kilometer lange, meestal vlakke zeekust, die voor het grootste deel bestaat uit zandstranden, maakt Portugal tot een verrassend vakantieland.

Het noordelijk deel van Portugal is groen en heuvelachtig met wijngaarden, akkers en olijfboomgaarden. De Douro, de grootste rivier van dit deel van Portugal, baant zich door de bergen een lange en bochtige weg naar de Atlantische kust, vlakbij de stad Porto. In het binnenland ligt het nationale park Peneda Gerês, dat zich uitstrekt over de bergen Peneda, Soajo en Gerês. De streek Montanhas, in het bergachtige noordoosten, kenmerkt zich door hoge rotspartijen, die als veranda's boven valleien vol schaduwrijke bossen uitsteken. De Serra do Marão vormt de verbinding met de streek de Costa Verde en de stad Porto. Van de Costa Verde zegt men dat het de oudste, meest groene, meest katholieke en tegelijk meest heidense streek is van het land. Tussen Porto, schitterend gelegen op de steile oevers van de Douro, en Lissabon liggen bezienswaardige plaatsen zoals Coimbra en Luso. Iets verder zuidoostwaarts begint het prachtige woud van Buçaco. Dit is beroemd om de diverse ceders; er groeien zowel Libanese als Atlantische en Indische soorten. In dit gebied vindt u de resten van het Romeinse Conimbriga. Mooi is ook Tomar, in het vruchtbare landschap van de Ribatejo, waar op de uitgestrekte weiden paarden, runderen en vechtstieren worden gehouden.

Wat overal opvalt in de streek Costa de Prata (de Zilveren Kust) zijn het felle licht, de schittering en de weerspiegeling van het water. Dit gebied heeft een afwisselend landschap van groene heuvels, talrijke riviertjes en lagunes. De Algarve is een streek in het zuiden van Portugal. In het noordelijk deel beschutten de bergketens van Espinhaço de Cão, Monchique en Caldeirão de kust tegen de overheersende winden. Dit is het meest groene en vruchtbaarste deel van de Algarve.

Accommodaties

De in deze gids opgenomen accommodaties zijn meestal gesitueerd in of rond traditionele, kleinschalige boerenbedrijven. Er zijn ook een aantal dorps- en familiepensionnetjes en kleine campings bij. Relatief veel adressen bevinden zich in de Beiras, gelegen ten zuiden van de rivier de Douro en ten noorden van de rivier de Taag. Kleinere aantallen bevinden zich in Estremadura, de Ribatejo, de Alentejo en de Algarve. Behalve logeren en kamperen kan men ook in huisjes en appartementen verblijven.

Houd er rekening mee dat de voorzieningen vaak eenvoudig zijn. Soms is het sanitair wat simpeler dan u gewend bent. Dit soort ongemakken wordt meestal ruimschoots gecompenseerd door de gastvrijheid en de hartelijkheid van de gastfamilie.

(Biologische) landbouw

De landbouw draagt 3,5% bij aan het bruto binnenlands product en biedt aan 10% van de beroepsbevolking werk. 32% van het land wordt voor agrarische doeleinden gebruikt. Portugal krijgt financiële steun van de Europese Unie om de landbouwsector te moderniseren, waarbij de nadruk ligt op het verhogen van de productiviteit. Zo worden boeren aangespoord weer coöperaties te vormen. De overgrote meerderheid van de boeren in Portugal werkt nog traditioneel. In het noorden zijn vele kleine landbouwbedrijven met voornamelijk veehouderij. In het zuiden komt veel grootgrondbezit voor. Aan de kust, in de provincies ten zuiden van de Taag, worden schapen en varkens gehouden. De wijnbouw

is vooral geconcentreerd in de dalen van de rivieren de Minho (bekend om de Vinho Verde) de Douro (port) en de Taag. Hoewel met name het zuiden zeer vruchtbaar is, voorziet de landbouw, door de achtergebleven technologie en de slechte infrastructuur, niet in de eigen behoefte van de Portugese bevolking. Er moeten veel voedingsmiddelen ingevoerd worden.

Met name als gevolg van een verbeterde toegang tot landbouwfondsen van de Europese Unie is het aantal biologische boeren de laatste jaren explosief gestegen. Op dit moment wordt bijna 48.000 hectare grond biologisch bewerkt door zo'n 750 biologische boeren. Een groot deel hiervan bevindt zich in de Alentejo, namelijk 382 boerderijen. De certificerende organisatie heet Ecocert.

Natuur(bescherming)

Natuur- en milieubescherming staan in Portugal nog in de kinderschoenen. Het nationale park, Penada-Gerês, gelegen in het noordwesten van het land, is gerealiseerd in 1971. Het was het eerste beschermde gebied van Portugal. Vroeger was het park het domein van de bruine beer, nu zijn de wolf en de steenarend er heer en meester. Verder zijn er 22 natuurparken met karakteristieke bossen, stroompjes, bergen, rivieren en een

gevarieerde fauna. De flora in Portugal is zeer divers. In de bergen en op de hoge plateaus in het noorden zijn berk, kastanje, eik en esdoorn de meest voorkomende bomen. De begroeiing bestaat voornamelijk uit doornstruiken, heide en varens. In het zuiden vinden we kurkeik, eucalyptus en olijfboom. Veel voorkomende kruiden zijn rozemarijn, tijm en lavendel. De dierenwereld van Portugal vertoont veel overeenkomsten met die van Spanje, maar heeft ook een aantal Afrikaanse elementen. Zo zijn er de kameleon, de genetkat en de mangoeste. Van de zoogdieren komen het wilde zwijn en de wilde kat nog voor. Ontbossing, erosie en gebrekkig geregelde jacht hebben vele soorten gedecimeerd, zoals de wolf, de lynx, het damhert, het edelhert en de ree. De bruine beer en de monniksrob zijn hierdoor zelfs uitgestorven. Portugal is ook een belangrijk tussenstation voor trekkende steltloper, zoals kluten, wulpen en grutto's.

CANAS DE SENHORIM

As Casas do Visconde
Lira & Pitum
Rua Arq. Keil do Amaral 82,
3525 Canas de Senhorim
T 232-67 10 23
F 232-67 10 23
M 917 13 77 37
E lirapka@hotmail.com
🗨 pt, uk, fr, de, es

Open: hele jaar 🐾 ⓇⒺⓈ verplicht 🦟

Accommodatie en omgeving

Casa do Visconde is een prachtig gerestaureerd herenhuis uit de zeventiende eeuw, gelegen in het historisch centrum van het levendige dorp Canas de Senhorim. Het behoorde toe aan het nageslacht van de burggraaf van Pedralva die ten tijde van de eerste republiek (1910) minister van landbouw was. Bij de renovatie heeft men het oorspronkelijke karakter in ere gehouden en het huis ademt nog steeds de sfeer van prinsen en feeën. De agrarische activiteiten van het echtpaar van middelbare leeftijd dat er nu woont, beperken zich tot boomaanplant, het kweken van kleinfruit, aromatische en medicinale kruiden en het houden van kippen en eenden. Het huis wordt omgeven door een park met eeuwenoude bomen en een olijfgaard.
Er zijn vier tweepersoonskamers, waarvan twee met bad.   Maaltijden, ook vegetarisch, zijn hier verkrijgbaar. In verscheidene ruimten in het park worden bijeenkomsten en exposities gehouden en workshops gegeven op het gebied van onder andere papierrecycling, batikken, tekenen, kleien, weven, edelsmeden, drama en dans. Er is een zwembad. Velerlei producten zijn te koop: kruiden, jams, likeuren, droogbloemen, kaas, honing en lokale kunst.
De accommodatie ligt in een bosrijk gebied met veel wijngaarden, tussen de Serra da Estrela en de Serra do Caramulo. Tochten te voet, te paard en per fiets worden van harte aanbevolen. Op 5 km vindt u thermale baden.

🌊 🍽 🏊 🐾 🚴 🐴

🛏 2x, 🚪 4x, 1pkpn € 25, 2pkpn € 40
B&B
⛺ pppn € 3ptpn € 3,50pcpn € 4

Route

🅰 Tussen Nelas en Carregal do Sal aan de N234. In Canas de Senhorim, tegenover het brandweerkwartier.
🚂 Trein naar Nelas of naar Canas-Felgueira, dan bus of taxi (5 euro). Ophalen vanaf Nelas (2 euro).

CERNACHE DE BONJARDIM

Camping PortUgo
Corry & Wim Stok
Bardadeiro, Pampilhal,
6100-297 Cernache de Bonjardim (Sertã)
T 274-80 22 98
🗨 nl, uk, de

Open: 1 apr-31 sep

Camping en omgeving

PortUgo is een kleinschalige en zeer rustige natuurcamping, ver van de bewoonde wereld. Gelegen in het hartje van Portugal, in een gebied waar in het landschap natuur en cultuur elkaar afwisselen.
De Nederlandse eigenaren Corry en Wim Stok hebben hier een kleine camping met 12 tentplekken. Tevens zijn er een grote, luxe caravan en ingerichte tenten te huur. Ontbijt, lunch en diner worden geserveerd in een klein openluchtrestaurant. Omdat er geen verkeer is, is de plek veilig voor kinderen; ook dieren zijn van harte welkom. Een miniwinkeltje voorziet in de basislevensmiddelen. Er worden aan de gasten fietsen en kano's verhuurd.

Op de accommodatie kunt u beschrijvingen van wandelroutes in de omgeving krijgen. PortUgo is een uitstekende uitvalsbasis voor wandelingen, fietstochten, kanotochten over het Zêzere-meer en dagtochten naar historische stadjes als Tomar, Castelo Branco, Abrantes, Fátima en Batalha.

🌊 🍽 🚣 🐾 🎣

⛺ T 12x, 🏊, pppn € 2,25, ptpn € 2,75

Route

🅰 3 km N van Cernache de Bonjardim. Vanuit Cernache de Bonjardim richting Figueiró dos Vinhos (N237). Na 2 km links naar Pampilhal, bij kruising met verkeersspiegels rechtdoor en na 200 m rechts. Volg borden.
🚂 Trein naar Tomar, dan bus naar Cernache de Bonjardim. Taxi vanuit Cernache de Bonjardim afhalen en wegbrengen tegen vergoeding.

GUARDA

Quinta do Carvalhal
Frits & Mirjam
Vila Soeiro, 6300-270 Guarda
T 271-22 49 73
M 914-79 07 02
E capax.int@clix.pt
🗨 pt, nl, uk, de, es

Open: 1 mei-1 nov 🐾 🚣 Ⓡ

Boerderij en omgeving

Vlakbij het dorpje dat bekend staat als 'de Kaap van de Wereld', daar waar de vruchtbare Mondegovallei overgaat in de eerste bergen van de Serra da Estrela, ligt deze lieflijke, kleine boerderij met een halve hectare land in terrassen. Een op ontplooiing en creativiteit georiënteerde plek voor mensen met hart voor de natuur en voor mensen die rust en stilte zoeken. Het boerderijtje, gerund door een Nederlands stel met twee kleine kinderen, heeft een groentetuin en een tuin waarin vele soorten medicinale kruiden verbouwd worden. Diverse bomen en kleine landschapselementen sieren de terrassen.

Er is kampeerplek voor acht tenten. Een open keuken speciaal voor de gasten garandeert comfort, goede kookfaciliteiten en gezelschap. De sanitaire voorzieningen zijn uitstekend. Afhankelijk van het seizoen kan men meehelpen bij het maken van kruiden- en vruchtproducten, wijn en brandy, kaas en brood. Geïnteresseerden kunnen ook workshops in teelt, verwerking en toepassing van medicinale kruiden- en vruchtproducten volgen. Producten van zowel boerderij als dorp zijn te koop.

De boerderij ligt aan het begin van twee gemarkeerde wandelroutes, die door het aangrenzende natuurpark voeren. Er zijn begeleide wandeltochten mogelijk. Twee granieten watertanks bieden verfrissing, terwijl in de Mondegorivier (op 1 km afstand) op paradijselijke plekjes gezwommen kan worden.

🛁 🍽 ♨ 🌸 🎣

⛺ T 8x, 🏠, pppn € 4, ptpn € 5

Route
🚗 12 km W van Guarda. Van Guarda EN16 richting Vale do Mondego. Na ca 6 km, na Chãos, links richting Barragem de Caldeirão. Volgende splitsing rechts, vallei in. Bochtige weg (4 km) en na stenen brug links richting Vila Soeiro. Na 400 m dorpsgrens. Links dorp in ca. 500 m over onverharde weg, boerderij rechts.
🚆 Station Guarda (20 km), bushalte 600 m vanaf Guarda richting Aldeia Viçosa (uitstappen 'Ponte de Mizarela'). Taxi van Guarda of afhaalservice (7,50 euro).

LOURIÇAL

Campismo O Tamanco
Irene van Hoek & Hans de Jong
Rua do Louriçal 11, Casas Brancas,
3105-158 Louriçal, Pombal
T   236-95 25 51
F   236-95 25 51
E   campismo.o.tamanco@
    mail.telepac.pt
W www.campismo-o-tamanco.com
💬 nl, pt, uk, fr

Open: 1 feb-31 okt (RES) verplicht

Camping en omgeving
Campismo O Tamanco is een kleinschalige, sfeervolle camping waar kippen, poezen, ganzen en de ezel gemoedelijk rondlopen. Het terrein is royaal opgezet, deels begroeid met mimosa, bougainvillea en diverse fruitbomen. Het ligt in een landelijke omgeving 12 km van mooie Atlantische zandstranden. Speciale aandacht op milieugebied wordt op deze camping gegeven aan het hergebruik van compost, zwembadzuivering d.m.v. zout, afvalscheiding en het gebruik van biologisch afbreekbare schoonmaakproducten. De sfeer is in overeenstemming met de omgeving: intiem, kleinschalig en vrij.

Er zijn 50 kampeerplaatsen en daarnaast worden twee comfortabele bungalows verhuurd. De accommodatie heeft een zwembad, goede sanitaire voorzieningen en speelfaciliteiten voor kinderen. 'A Cantina' biedt (dagelijks) de lekkerste gerechten uit de Iberische en internationale keuken. U kunt kiezen uit vegetarische vlees- en visgerechten. Er wordt zoveel

mogelijk gebruik gemaakt van biologische producten. Een verscheidenheid aan producten, deels direct van het land, worden verkocht. Liefhebbers kunnen er in het cursussen beeldhouwen, schilderen, Reiki of vegetarisch of Iberisch koken volgen. Verder kunt u altijd terecht voor een boek, een tijdschrift en voor documentatie over de omgeving, fiets- en wandelkaarten.

De universiteitsstad Coimbra, de bedevaartsplaats Fátima en daarnaast Nazaré, Batalha, Alcobaça en Conimbriga zijn zeker een bezoekje waard.

🍽 ♨ 🌸 🌼 🎣 ⋯12 🌊12

🏠 2x, 🛏 8x, hpw € 195-395
⛺ T 35x, 🚐 15x, 🏠, pppn € 3,30, ptpn € 3,20, pcpn € 3,55

Route
🚗 Vanuit Pombal: naar Louriçal. In Louriçal bij rotonde linksaf, na 5 km rechts. Vanuit Figueira da Foz: N109 richting Leiria, tweede afslag naar Louriçal. Na 1,5 km links.
🚆 Trein Louriçal (3 km). Bushalte op 800 m (lijnbus tussen Leiria en Figueira da Foz) van camping.

MANGUALDE

Quinta do Rio Dão
Annette Spork & Helmut Göbel
Canedo do Mato, Fagilde - Darei,
3530-106 Mangualde, Viseu
T   232-61 10 87
E   eceat@quinta-do-rio-dao.de
W www.quinta-do-rio-dao.de
💬 pt, de, uk

Open: hele jaar⛺ 15 mei-30 sep 🌿 H 400m (RES) verplicht [🏠]

Boerderij en omgeving
Deze kleine biologische boerderij (20 ha), bewoond en gerund door een Duitse familie, ligt op een idyllisch plekje op 1 km van

het stuwmeer van de rivier Dão. De omgeving bestaat uit bossen en graslanden. Op dit self-supporting bedrijf worden groenten verbouwd en fruitbomen geteeld. Er zijn drie ezels, schapen, kippen, honden, katten en een paard.

De boerderij - gelegen in een klein bos - heeft kampeerplaatsen voorzien van een was- en toiletruimte. Warm water wordt verkregen via zonne-energie. Naast de boerderij staat een vakantiehuisje met een zeer fraai terras, dat plaats biedt aan twee personen (plus kind). Heeft u meer kinderen? Geen probleem: die mogen gratis in de tuin of in het hooi slapen. Er zijn ook twee woonwagens te huur. De toegangsweg is smal (1e versnelling!) en aanhangers en kleine caravans worden met de tractor naar boven gebracht.

In het stuwmeer kunt u heerlijk zwemmen, kanoën en vissen (privéstrand op 500 m). Gasten mogen gratis van de daar aanwezige kano gebruik maken. Verder kunt u fietstochten maken of u wagen aan een ritje op een ezel. Op het terrein bevindt zich een gezelschapsruimte (spelletjes aanwezig) met een kampvuurplaats. In de schuur naast het huis vindt u een groentewinkeltje, waar eigen biologische producten verkocht worden.

♨ 🚴 🏕

⌂ 1x, 🏕 2x, hpw € 185-223
⚓ T 10x, 🚐 2x, 🏕, Prijs op aanvraag

Route

🄴 15 km O van Viseu. A25 richting Mangualde, afslag 19 links richting Vila Meã. Na enkele meters, bij bord Barragem de Fagilde rechts. Voor stuwdam zandweg rechts, voorbij café Casa do Rio, na 2 km bochten ingang landgoed. Dan betonnen slingerpad (450 m) naar boven.

🚂 Trein of bus naar Mangualde. Vanaf station (op 17 km) of vanaf centrum (op 12 km) taxi tot Canedo 'Rua da Tapada', dan nog 1 km borden volgen. Afhalen mogelijk op verzoek.

MANTEIGAS

Quinta Covão de Santa Maria
Saraiva Direito & António Gabriel
Covão de Santa Maria,
6260-150 Manteigas
T 275-98 23 59
🗨 pt, fr

Open: hele jaar ♥ H 1150m ®

Boerderij en omgeving

Deze grote boerderij ligt zeer afgelegen midden in het nationale park Serra da Estrela en ademt de sfeer van vervlogen tijden. Het is hier prachtig, soms wat mistig door de hoge ligging. Het terrein van de boerderij grenst aan een beek die het begin vormt van de rivier de Mondego. Er worden geiten gehoed. Verder zijn er een groentetuin, allerlei soorten fruitbomen en wordt er honing geproduceerd. Een watermolen maalt het graan, waarvan heerlijk brood wordt gebakken. Het bedrijf is eigendom van een traditioneel Portugese familie, die bestaat uit een oudere moeder, haar zoon en dochter en een klein kind. Naast de boerderij runt dit gezin een professionele, gecertificeerde kaasmakerij en een kleine kaaswinkel.

In het gerenoveerde huis worden verschillende kamers met eigen opgang verhuurd; een grote gemeenschappelijke keuken staat tot een ieders beschikking. In de winter worden wat hogere prijzen gerekend vanwege de centrale verwarming. Het geteelde fruit is te koop, evenals honing, eieren en vlees.

In de binnenlanden van de Serra komen allerlei kleine zoogdieren en zeldzame planten voor. Een bezoek aan Manteigas met zijn forelvijvers of aan Sabugueiro, het hoogstgelegen dorp van Portugal, is de moeite waard. In Vale de Rossim, 6 km verderop, kunt u heerlijk zwemmen.

♨ 🍽 ☕6 ❄10 🏕

🛏 3x, 🏕 8x, 1pkpn € 15, 2pkpn € 25
⌂ 1x, 🏕 8x, hpw € 75
🏛 🛏3x, 🏕 8x, Prijs op aanvraag
⚓ T 3x, pppn € 3,50, ptpn € 3

Route

🄴 15 km N van Manteigas, 45 km ZO van Gouveia. Op hoofdweg tussen Gouveia en Manteigas (ca 15 km van Manteigas) voor hotel Pousada de São Lourenço zandpad tegenover hotel inslaan; na 1 km linksaf bij splitsing; na 2 km bereikt u boerderij.

🚂 Trein naar Gouveia, dan bus richting Manteigas (halte Pousada de São Lourenço). Ophaalservice van Manteigas (€ 5) of van halte Pousada de São Lourenço (gratis).

MANTEIGAS

QuintAlagoa
Geert Vandeghinste
RN 232, No. 40, Vale de Amoreiro,
6300-280 Manteigas
T 275-48 75 00
M 968-75 25 80 (499-10 29 11 in BE)
E qta.alagoa@clix.pt
W www.quintalagoa.com
🗨 pt, nl, fr, uk

Open: 1 apr-1 okt 🛶 ♨ H 550m

Boerderij en omgeving

Deze prachtige familieboerderij van 5 ha is gelegen temidden van de bergen van de Serra da Estrela. Een Belgisch echtpaar met twee kinderen veranderde deze verlaten plek in korte tijd in een levendige biologische boerderij. Het hart van de quinta is een oud landhuis, typerend voor de streek en opgetrokken uit leisteen en graniet. Op het terrein vindt u olijf- en fruitbomen, wijngaarden en akkers.

In het boerderijhuis is een gezellig slaapvertrek voor maximaal acht personen. Het nieuwe sanitairgebouw met vier douches en zes toiletten is opgetrokken

ES
P

in de traditionele bouwstijl. Openings-periode is van Pasen tot oktober. Op het grote zonneterras van de quinta kunt u genieten van een biologisch wijntje. Vlakbij kunt u een frisse duik nemen in de rivier. De biologische tuin levert de nodige producten voor een gezonde maaltijd, snack of ontbijt. Op de quinta kunt u meehelpen bij de productie van wijn, honing, inmaken, etc. Op afspraak kunnen meerdaagse voet- en fietstoch-ten georganiseerd worden, evenals ex-cursies in de minibus en kanotochten. In de leesruimte vindt u informatie over de verschillende historische dorpjes en over de flora en fauna van de Serra.

Naast de zon en rust biedt de omgeving tal van mogelijkheden voor een actieve vakantie. U kunt wandelen in het geva-rieerde berglandschap van de Serra da Estrela (gedetailleerde kaarten zijn op de accommodatie verkrijgbaar), kuieren over de lokale markten of de traditionele bergdorpjes ontdekken.

🛏 2x, ⬦ 8x, Prijs op aanvraag
🏠 🛏1x, ⬦ 8x, 1ppnoz € 10
⚓ T 10x, pppn € 4, ptpn € 4, pcpn € 6

Route

🗺 25 km ZW van Guarda, 10 km O van Manteigas. Vanuit Guarda N 232 richting Manteigas en Vale de Amoreira. Net voorbij dit dorp en net voorbij de brug (niet overherven) ligt rechts boerderij: groot leistenen huis. Vanuit Manteigas N 232 volgen, 3 km na Sameiro is boerderij links.

🚂 Station Guarda op 27 km. Bushalte op 1 km in Vale de Amoreira. Bussen (2x p/d) van Guarda, Co-vilhã, Belmonte en Manteigas.

MELO

Quinta das Cegonhas
Rieke Marien & Gerard Duis
Nabaínhos, 6290-122 Melo
T   238-74 58 86
E   cegonhas@cegonhas.com
W www.cegonhas.com
🗨 pt, nl, de, uk

Open: hele jaar H 589m ® ⚿ ✕

Boerderij en omgeving

De naam Quinta das Cegonhas (Huis van de Ooievaars) is ontleend aan de vijf lan-taarns in de vorm van ooievaarskoppen, die dit prachtige oude landhuis een karak-teristiek aanzien geven.

Het landgoed meet 10 ha, waarvan 4 ha kampeerterrein is. Behalve kamperen, kunt u hier een kamer of een appartement huren. Er zijn extra kinderbedjes beschik-baar en ook zijn er kinderstoelen. De quin-ta heeft een gezellige rustieke bar en een eigen zwembad en wordt bewoond door twee Nederlanders met hun zoon Vasco. Het terrein heeft verschillende terrassen, die zijn begroeid met olijf- en fruitbomen. Er worden twee gemeubileerde caravans verhuurd (voor max vier personen) en er zijn producten van eigen land te koop. In de kamers mag niet gerookt worden. De accommodatie is geschikt voor rolstoelge-bruikers en ook uw hond is welkom.

Het huis ligt aan de noordrand van na-tuurpark Serra da Estrela. De lieflijke vallei wordt omgeven door hooggelegen historische dorpjes als Folgosinho, Linha-res en Nabaínhos. In de directe omgeving kunt u wandelen, zwemmen en fietsen. Goede beschrijvingen van wandelingen en fietsroutes zijn op de accommodatie verkrijgbaar. Op 5 km afstand is er de mo-gelijkheid tot paardrijden en op 8 km is en overdekt zwembad.

🛏 2x, ⬦ 8x, 2pkpn € 47,50 B&B
🏠 2x, ⬦ 7x, Prijs op aanvraag
⚓ T 50x, 🏕, pppn € 3,40, ptpn € 3,70, pcpn € 7

Route

🗺 6 km N van Gouveia, 16 km Z van Celorico da Beira. IP5 richting Viseu afslag Celorica da Beira naar N17 richting Gouveia-Coimbra. Links bij km-paal 114 richting Nabaínhos/Melo en dan bordjes volgen.

🚂 Trein naar Celorico da Beira. Van daar taxi (20 km).

OLIVEIRA DO HOSPITAL

Residencial o Miradouro &
Quinta do Pisão
Marianna Jansen & Helder Pachorro Correia
Avô, 3400 Oliveira do Hospital
T   238-67 73 46
E   marianna_correia5@hotmail.com
🗨 pt, uk, nl

Open: hele jaar

Accommodatie en omgeving

De accommodatie bestaat uit een klein-schalig pension in het pittoreske plaatsje Avô en een kleine biologische boerderij 1,5 km erbuiten. Op de boerderij heeft u uitzicht over de prachtige vallei van de rivier Alva. De boerderij bestaat uit ver-schillende terrassen met olijf- en fruitbo-men. De ecologisch bewuste eigenaren (Portugese man, Hollandse vrouw en drie dochters) houden een hond, katten, konij-nen, enkele schapen, kippen, eenden en kalkoenen.

Op de boerderij wordt een huis voor twee personen en kinderen verhuurd. U kunt ook overnachten in het gezellige, met hout ingerichte pension. Hier vindt u een restaurant (open van juni tot half septem-ber) en een café. Op verzoek worden er vegetarische maaltijden bereid. Als het restaurant gesloten is serveert men maal-tijden in het café. Als u wilt kunt u in de tuin kamperen.

Dagexcursies worden georganiseerd in overleg met de gasten. Er staat o.a. een bezoek aan een biologische brandewijn-destilleerderij op het programma. Er worden verschillende producten zoals wijn, brandewijn, kastanjes, groenten en jam verkocht. De omgeving biedt vele

ES
P

mogelijkheden voor wandeltochten en uitstapjes naar de rivierstranden van Avô en Pomares en naar het beroemde historische plaatsje Piodão.

🍽️ ⚒️ 🏊

🛏️ 1pkpn € 12,50, 2pkpn € 25,00
🏠 1x, 🛏️ 4x, Prijs op aanvraag
⚓ Prijs op aanvraag

Route
🚗 35 km ZO van Santa Comba Dão, 10 km Z van Venda de Galizes. In Avô richting Pomares. Na 1 km, na de laatste huizen van Avô, linksaf de zandweg in. Deze weg omhoog volgen. Na 1 km 2e huis aan deze weg.
🚆 Station Santa Comba Dão, dan bus naar Avô (op 2 km), van daar taxi. Of bus vanaf Coimbra en Seia (5x pd). Ophaaldienst vanaf Venda de Galizes.

OLIVEIRA DO HOSPITAL
Quinta das Mestras
Leondra Wesdorp & Rob Horree
Nogueira do Cravo,
3400-430 Oliveira do Hospital
T   238-60 29 88
F   238-60 29 89
E   info@quintadasmestras.com
W   www.quintadasmestras.com
🗨️ uk, fr, de, nl, pt

Open: hele jaar 🌿

Boerderij en omgeving
De boerderij Quinta das Mestras ligt in een kleine vallei, halverwege Guarda en Coimbra. Het 7,5 ha grote terrein heeft terrassen met olijf- en fruitbomen en wordt omgeven door een dicht dennenbos, doorkruist door een beekje. De boerderij heeft vele jaren leeggestaan. Tien jaar geleden besloten de huidige eigenaren Leondra, Australische en vertaalster, en Rob, Nederlander en tekenaar, de handen

uit de mouwen te steken. Zij verbouwden de twee granieten huizen en verbeterden de landbouwcondities. Zo wilden ze bijdragen aan de strijd tegen de ontvolking van het platteland.
Op dit moment worden in één huis drie tweepersoonskamers en een eenpersoonskamer verhuurd, ontbijt is inbegrepen bij de prijs. Hogerop de heuvel worden twee tweepersoonshuisjes met een privé-badkamer verhuurd.
De omgeving is uitermate geschikt voor wandelingen in de ongerepte natuur. U kunt er kennismaken met de regionale landbouwpraktijk of de archeologische ruïnes bezichtigen. Vergeet vooral niet een bezoek te brengen aan de wijnkelders van deze streek, waar u de beroemde Dão-wijnen kunt proeven en kopen.

🛏️ 3x, 🛏️ 6x, 1pkpn € 32,50, 2pkpn € 40-47,50 B&B
🏠 2x, 🛏️ 4x, hpw € 200

Route
🚗 5 km van Oliveira do Hospital. Van daaruit naar Venda de Galizes (N17), rechts richting Nogueira do Cravo en door centrum richting Bobadela. Na 2 km rechts okergeel huis.
🚆 Trein naar Santa Comba Dão, dan bus naar Oliveira do Hospital of Venda de Galizes, vervolgens taxi of gebruik maken van gratis afhaaldienst.

OLIVEIRA DO HOSPITAL
Quinta do Vale da Cabra
Philipe Ghesquire & Patricia Dupont
Meruge, 3400 Oliveira do Hospital
T   238-60 20 96
E   patricia.dupont@oninet.pt
W   www.vale-da-cabra.com
🗨️ pt, be, uk, fr, de

Open: hele jaar 🌿

Boerderij en omgeving
Eucalyptusbomen, pijnbomen, kurkeiken, lavendel, een zuidhelling met zicht op de Serra da Estrela, wijngaarden, olijfgaarden en vijgenbomen, een man met zijn volgeladen ezeltje, een vrouw met fier op haar hoofd een mand met de oogst van de dag en verder... stilte en de geur van bloeiende kruiden. Tussen al dit moois hebben Patricia en Philipe de camping Quinta do Vale da Cabra opgericht.
Een 8 ha groot terrein met 18 ruime, beschaduwde kampeerplaatsen, zes chalets (drie voor maximaal zes personen en drie voor twee personen) en een caravan. Er is een groot zwembad met peuterbad, een bar en terrassen. Op het terras - met uitzicht op het imposante gebergte - wordt elke morgen een uitgebreid ontbijt en elke avond een drie gangen Luso-Belgisch menu geserveerd. Zelfgemaakte jam en wijn, olijfolie, olijven en kaas zijn verkrijgbaar.
Voor wandelaars en fietsers die de nabije groene omgeving willen verkennen en ook voor degenen die de uitstapjes willen maken met de auto zijn er uitgebreide routebeschrijvingen verkrijgbaar. In de buurt zijn fietsen te huur.

⚒️ 🍽️ ⚒️ 🏊

🏠 6x, 🛏️ 24x, hpw € 150-220
⚓ 🏕️, pppn € 3, ptpn € 2,80, pcpn € 4,50

Route
🚗 8,5 km van Oliveira do Hospital. In Oliveira do Hospital richting Caldas da Felgueira. Bij kruispunt rechtsaf richting Sta Eulalia en bordjes 'Camping' volgen. Vanuit Seia over N17 tweede afslag na Seia naar rechts, door plaatsjes Folgosa da Madalena en Sameice, naar centrum Sta Eulalia. Daar naar rechts en dan 2 km bordjes volgen.
🚆 Trein: Nelas, dan bus naar Meruge. Bussen vanuit Oliveira do Hospital en Seia. Taxi vanaf Seia of

Oliveira do Hospital. Ophaalservice vanuit Meruge tegen betaling.

PINHÃO

Quinta do Passadouro
Jet Spanjersberg & Ronald Weustink
Vale de Mendiz, 5085-101 Pinhão
T   254-73 12 46
E   info@quinta-do-passadouro.com
W   www.quinta-do-passadouro.com
uk, fr, es, de, pt

Open: 15 feb-15 dec ⚓ (RES) verplicht

Boerderij en omgeving

Een goed leven is als een mooi glas port: het moet genoten worden. De boerderij Quinta do Passadouro biedt beide ingrediënten. Gelegen in het hart van het portgebied tussen met wijngaarden beplante heuvels, nodigt dit specifieke landschap uit tot uitgebreide wandelingen, fietstochten, watersportactiviteiten, vissen, of eenvoudigweg heerlijk uitrusten.
De boerderij wordt gerund door een jong Nederlands echtpaar en beschikt over zes gastenkamers. Men heeft uitzicht op wijngaarden en citroen-, perzik-, vijgen- en notenbomen, gelegen op verschillende terrasniveaus en op traditionele wijze onderhouden. De van oudsher lucratieve landbouwactiviteit zorgt ervoor dat in dit gebied de boerderijen als centra van werkgelegenheid dienen, op die manier de sociale 'verwoestijning van het platteland' tegengaand. Gedurende de druivenoogst (september-oktober) kunt u deelnemen aan de wijnproductieactiviteiten. Eveneens worden cursussen wijnproeven georganiseerd. Uiteraard verzorgt men voor u een lekker ontbijt, desgewenst kunt u hier ook dineren.
Vergeet niet de stad Vila Real met het Casa de Mateus te bezoeken of Pinhão met het prachtige tegeltableau op het station. Voor

wandelaars kan een rugzak gevuld worden met een heerlijke picknick. En bij terugkomst is het terras de ideale omgeving om te genieten van een rustige avond met een glas eerlijke wijn van de quinta.

⚓ 🍽 ✿

🛏 6x, 🛏 12x, 2pkpn € 55 B&B

Route

🅰 30 km ZO van Vila Real, 25 km NW van S. João da Pesqueira. Vanuit Pinhão de N322-3 richting Alijó. Bij bord 'Vale de Mendiz' links dorpje in en rechtdoor, einde verder over onverharde weg (ca. 5 min). Bij splitsing rechts tot boerderij.
🚂 Trein Pinhão (op 8 km); dan bus (bushalte op 3 km), taxi of afhalen (in overleg).

SÁTÃO

Campismo Quinta Chave Grande
Ron Pouwels
Casfreires, Ferreira d'Aves,
3560-043 Sátão
T   232-66 55 52
F   232-66 55 52
M   933-62 39 19
E   chave-grande@sapo.pt
W   www.chave-grande.com
nl, uk, de, pt

Open: 15 mrt-1 nov 🏔 H 700m ®

Camping en omgeving

De Nederlandse camping 'Quinta Chave Grande' is een grote, comfortabele camping, die door middel van een levendige en participatieve atmosfeer bijdraagt aan duurzame lokale ontwikkeling. De camping is gelegen op 10 hectare zonnige terrashellingen, deels begroeid met druiven, vijgen, mimosa, tamme kastanjes, hazelnoot- en diverse fruitbomen. Een klein helder beekje kabbelt door het groene dal.

De kampeerplaatsen zijn zeer ruim opgezet. Er zijn toiletgebouwen met moderne sanitaire voorzieningen en er zijn drie caravans te huur. Naast de gezellige bar, waar u een heerlijk Portugees wijntje kunt proeven, is er een nieuw gebouwd zwembad. Voor de sportieve gasten is er een tennis- en jeu de boules baan. Een keer per week kunt u zich inschrijven voor een diner en een barbecue.
Vanaf de camping zijn wandel- en autotochten uitgezet (eventueel met gids). Ook worden excursies verzorgd naar authentieke bezienswaardigheden, waaronder een graanmolen. In de omgeving vindt u onder meer steengroeven, thermale baden, hunebedden en de Piave, de schoonste rivier van Europa. De provinciehoofdstad Viseu, met zijn vele musea, historische kerken en een prachtig oude binnenstad, ligt op 25 km. In de omliggende dorpjes viert men het hele jaar door traditionele feesten, met als hoogtepunt de vindimia (druivenoogst).

🍽 🏊 ⛱ 🎯 ✕○5

⛺ 🏔, pppn € 4, ptpn € 4, pcpn € 4

Route

🅰 Snelweg IP5, bij Viseu afslag richting Sátão. Voor Sátão borden volgen.
🚂 Trein naar Mangualde, dan bus (halte tegenover de camping) of taxi. Ophaalservice van Mangualde en Viseu tegen vergoeding.

TÁBUA

Quinta da Cerca
Beatrys (Bie) & Leonardo (Dardo) Min-Franssens
Casal da Senhora-Midões,
3420-136 Tábua , Coimbra
T   235-46 42 36
M   02-262 00 34 (in BE)
E   info@quintadacerca.com
W   www.quintadacerca.com
pt, uk, fr, nl

Open: 15 jan-15 dec 🏔 🚂 H 300m (RES) verplicht

Boerderij en omgeving

Deze Quinta van 15 ha ligt op een heuvel en kijkt uit over de bergen. Het hart is een oud landhuis, verbouwd tot een aangenaam verblijf voor mensen die meer belang hechten aan gastvrijheid en ontmoeting dan aan anonieme luxe.

Naast het huis liggen de gastenkamers voor maximaal 20 gasten, een openluchtbar (in de zomer open) en een zwembad. Op de heuvel staan onder de eucalyptusbomen zes caravans die te huur zijn en in de olijfgaard bevindt zich het kampeerterrein. De vruchtbare biologische tuinen staan borg voor een verzorgde gezonde wereldkeuken; op aanvraag worden vegetarische maaltijden verzorgd. Een zonneterras, een mooie groepsruimte en een schaduwrijke dansvloer aan de rivier staan ter beschikking voor cursussen als dans, muziek, tekenen, schilderen, yoga, meditatie. Producten als honing, olijfolie, roggebrood, jam en groenten zijn verkrijgbaar bij de eigenaren.

Een kleine rivier met watermolens, doorkruist het terrein van de boerderij. In de zomerperiode is stroomopwaarts een grottentocht, onder begeleiding van eigenaar Dardo, mogelijk. Vanaf de quinta lopen vele wandelroutes, door de omgevende serra's, heuvel op en heuvel af, soms langs bijna onbetreden paden. Een folder hierover is beschikbaar.

♨ 🍴 🏊 🌸 ♨ 🐚7 ⤬7 🛏5 ⚓2 🚂15 🍃

🛏 ♫ 20x, 2pkpn € 35
⚓ T 15x, 🚐3x, 🏕, pppn € 3,50, ptpn € 5, pcpn € 8

Route

🅰 Vanuit Tábua naar Midões. Na Midões (8 km) richting Casal da Senhora, bijj 2de overdekte bushalte rechts naar boven. Borden 'Quinta da Cerca' volgen. Vanuit Oliveira do Hospital weg naar Tábua tot eerste grote splitsing na 2 km. Rechts richting Travanca de Lagos. Via Travanca komt u in Midões. 1 km verder is Casal da Senhora.

🚌 Bus: van Coimbra naar Casal da Senhora. Trein van Coimbra naar Carregal do Sal of Santa Comba Dão, dan lopen of taxi naar Casal da Senhora (1 km).

VILA FACAIA

Vale das Ripas
Lydia Prins van Wijngaarden
Salaborda Velha, 3270-221 Vila Facaia
T   236-48 53 61
M   961-44 90 78
E   lydiapvw@clix.pt
W   www.picturetrail.com/gid8631726
🗨 nl, pt, uk, fr

Open: hele jaar H 395m ⓇⒺⓈ verplicht

Vale das Ripas en omgeving

Honderd jaar geleden bouwde een boer in de vallei Vale das Ripas twee huizen en een schuur om zijn oogst in te herbergen. Deze schuur is nu verbouwd tot vakantiehuisje. Het huisje heeft een zitkamer met open haard, een slaapkamer, een keuken en een badkamer met wc. Twee grote populieren geven schaduw aan het terras. Aan de overkant bevindt zich nog een slaapkamer met een klein keukentje en een eigen tuintje. Rondom het huis bevindt zich een grote tuin, waar u kunt barbecuen, zonnebaden of - in de schaduw - luieren in de hangmat. Er kan eventueel een tent opgezet worden. Een honderd jaar oude houtoven staat tot uw beschikking. Drinkwater komt uit eigen bron.

De vallei, waarin het huisje staat, is erg groen. Op de terrassen van de vallei staan veel bomen en er groeien veel bloemen. Beneden in de vallei stroomt de Pêra, 's winters een onstuimige stroom, maar 's zomers een lieftallig beekje, waarin u heerlijk kunt zwemmen of waarlangs u lekker kunt wandelen. De geïsoleerde ligging van het huisje garandeert u rust en stilte. In de directe omgeving kunt u de kleine, authentieke dorpjes verkennen. Op de accommodatie kunt u wandelkaarten krijgen

♨ 🐚8 🛏1 🛏8

🏠 1x, ♫ 4x, Prijs op aanvraag

Route

🅰 5 km van Pedrógão grande. IC8 verbindt Pombal met Castelo branco. Neem 10 km na Figueiró dos vinhos en 4 km voor Pedrógão grande afslag Mosteiro. Volg borden Mosteiro tot aan het dorp. Sla na smalle brug over beekje Pêra rechtsaf. Na 30 meter weer rechtsaf. Dit pad 1 km volgen. Bij bord Vale das Ripas rechtsaf. Doorrijden tot acccommodatie.

🚌 Bushalte in Figueiró dos vinhos en Pedrógão grande.

VILA NUNE

Quinta dos Moinhos
José & Erik Hendriks
Moinhos, 4860 Vila Nune, Braga
T   253-66 14 46
F   253-66 14 46
M   936-44 15 50
E   hendriks@oninet.pt
W   www.quinta-dos-moinhos.com
🗨 pt, nl, uk, de

Open: hele jaar ♨ H 195m ⓇⒺⓈ verplicht [🐴]

Quinta en omgeving

Quinta dos Moinhos ligt tegen het prachtige nog onontdekte natuurgebied Serra da Cabreira aan. Een ideaal gebied voor lange wandelingen of mountainbike-tochten. Het 4 ha grote terrein heeft terrassen, waarop - zo kenmerkend voor het noorden van Portugal - hoogstamdruiven groeien. Dit geeft de quinta een bijzonder romantische sfeer. Verder treft u er diverse olijf-bomen en fruitbomen aan, zoals vijgen-, perzik-, sinaasappel-, mandarijn-, kersen-, en pruimenbomen.

Op dit moment beschikt de boerderij over twee comfortabele, compleet ingerichte vakantiehuizen: een verbouwde olijfpers-molen en een huis waar vroeger de vinho verde werd verwerkt. De camping - gele-gen onder de druivenstammen - is klein-schalig (12 plekken) en heeft een prachtig vrij uitzicht over de Rio Tamega-vallei. De sanitaire voorzieningen zijn ruim en goed. Centraal ligt het zoutwater zwembad. Ontbijt, lunch en diner worden geserveerd in de gezellig ingerichte eet- en zitkamer. Aangrenzend vindt u het overdekt terras, waar u kunt genieten van een heerlijk koel glas vinho verde van de eigen quinta.

Op een afstand van 100 m bevindt zich de Rio Tamega - met privéstrandjes - waar u kunt vissen, kanoën, zwemmen of ge-woon genieten van de serene rust. De gunstige ligging van Quinta dos Moinhos biedt u de mogelijkheid leuke uitstapjes te maken naar steden als Porto, Braga en Guimarães. Of maak eens een tocht door de nabijgelegen dorpjes, waar de tijd lijkt te hebben stilgestaan.

⚑ 🗣 🏊 🏊 🛶 ⛵ ♨10 ♨0,4
⚓0,1 ⚑5

🏠 2x, 🚐 10x, Prijs op aanvraag
⛺ T 6x, 🚐 6x, Prijs op aanvraag

Route
🅸 Van Guimarães naar Fafe (N206). Voorbij Fafe IC5/A7 richting Cabeceiras de Basto, afslag richting Mondim de Basto (N210). In Vila Nune bij bordje Es-cola links. Eerste rechts, tweede links. Uitrijden tot kerkhof, links. Onderaan links.
🚂 Trein naar Guimarães, bus tot Arco de Baúlhe. Ophaalservice gratis.

VISEU
Moinhos do Dão
Fam. van Dien
Tibaldinho, Alcafache, Mangualde,
3230 Viseu
T 232-61 05 86 (015-214 49 14 in NL)
E moinhosdodao@hotmail.com
W www.moinhosdodao.nl
🗨 nl, uk, pt

Open: 1 apr-1 okt ® 🖾

Accommodatie en omgeving
'Molens aan de Dão' is een camping die fraai verscholen ligt bij het dorp Alcafache in het dal van de rivier de Dão, bekend van de gelijknamige wijn. Op de kracht van het stromende water werden tot 1983 in de molens rogge en tarwe vermalen tot meel. De vallei was verlaten, op de mo-lenaar en een herder met schapen na. De laatste is er nog steeds.

Voor gasten die willen kamperen zijn er plaatsen dicht bij de rivier, of op de wat hoger gelegen terrassen. Olijfbomen en wijnranken bieden in de zomer de nodige schaduw. In de molenaarswoning en de bijgebouwen zijn een aantal gastenver-blijven ingericht (voor vier personen) en er worden een 'pipowagen', een caravan en blokhutten (één tot vier personen) ver-huurd. Er is een badhuis (met door de zon verwarmd water), een restaurant en een telefoon. Dit is een accommodatie voor mensen die van eenvoud houden. Wat u er voor terugkrijgt is helder water uit een natuurlijke bron en 's avonds zorgen kaar-sen voor een romantische verlichting.

De rivier de Dão biedt prachtig zwemwa-ter en er is een strandje. Wandelkaarten en routes zijn aanwezig. U heeft de moge-lijkheid om individueel of met gids (meer-daagse) tochten te maken.

⚑ 🗣 ♻ 🛶 🚶

🛏 2x, 🚐 4x, Prijs op aanvraag
🏠 3x, 🚐 8x, hpw € 175-245
⛺ T 20x, 🚐 ♨, pppn € 3, ptpn € 4,50

Route
🅸 10 km Z van Viseu, 10 km W van Mangualde. IP5 afslag Fagilde, rij door Fagilde heen, rechts Villa Gar-cia in. Weg volgen tot Rua Escola (rechts). Inrijden tot eind en boven links. Weg volgen, ook door rand dorp. Blauwe bordjes volgen over hobbelpad.
🚂 Station Mangualde, dan taxi (tegen vergoeding). Beperkte ophaalservice.

ES
P

BUCELAS

Quinta da Picota
Lígia Maria & José Joaquim
Casal da Torre de Baixo,
2670-649 Bucelas, Loures - Lisboa

- T 219-69 36 15
- F 219-69 36 15
- M 966-95 94 63
- E quintadapicota@hotmail.com
- W www.quintadapicota.com

pt, uk, fr, es

Open: hele jaar H 100m (RES) verplicht

Boerderij en omgeving

Hoewel de boerderij Quinta da Picota dichtbij Lissabon is gelegen, kijkt de accommodatie uit op een maagdelijk heuvellandschap met een grote diversiteit aan flora en fauna. De bewoners José en Lígia kweken verschillende groenten, medicinale kruiden en vruchtbomen, waarvan ze de producten zelf verwerken.

U kunt op deze accommodatie kiezen uit éénpersoons- en tweepersoonskamers of één- of tweepersoonsappartementen. Op de camping is plaats voor vijf caravans en tien tenten. Gebruik van de gemeenschappelijke keuken door kampeerders is mogelijk (kleine vergoeding). Op de boerderij wordt een groot assortiment biologische en ambachtelijke producten verkocht. Ook kunt u desgewenst alle drie de maaltijden op de boerderij gebruiken; de keuken is biologisch en vegetarisch.

U kunt aan diverse cursussen deelnemen, zoals vegetarisch koken, manden maken, biologische landbouw en yoga. Op uw tochten te voet, per fiets of per auto door de fraaie groene omgeving zijn Lígia en José graag uw gids. In de nabije omgeving kunnen sportievelingen ook tennissen, golfen, paardrijden en er is een zwembad.

2x, 7x, 2ppn € 20
2x, 7x, Prijs op aanvraag
T 10x, 5x, pppn € 5

Route

17 km N van Lissabon. Vanuit Bucelas richting Malveira (EN116). Na 800 m bevindt zich rechts hoog wit gebouw (silo). Hier tegenover links bij pilaartje met Quinta das Lágrimas weg in en zandweg volgen, kruisingen negeren. Eerste huis rechts passeren, volgende huis links.

Trein naar Bucelas, dan bus naar Lissabon; eerste halte uitstappen bij hoog wit gebouw. Of taxi vanaf Bucelas. Afhaaldienst van Bucelas of Lissabon (tegen vergoeding).

CALDAS DA RAINHA

Casal do Pomar
Fredy Seitz
Bouro, Salir do Porto,
2500 Caldas da Rainha

- T 262-88 13 59
- M 966-90 37 77
- E casal-do-pomar@clix.pt
- W www.casal-do-pomar.com

pt, uk, de

Open: 1 mei-30 sep

Accommodatie en omgeving

Drie families leven - hand in hand met de natuur - in het dorpje Bouro, gelegen in een ecologisch beschermd gebied.

In Casal do Pomar kan men kiezen uit drie volledig ingerichte vakantiehuizen - elk in eigen architectonische stijl - en twee appartementen. De huisjes, met in totaal plek voor 14 gasten, hebben patio's en mooie tuinen, die omgeven zijn door fruit- en pijnbomen.

De nabijgelegen baai van São Martinho do Porto is slechts 3 km verwijderd van een

---

groot pijnboom- en eucalyptusbos. Een ideaal gebied om in te wandelen of in te fietsen. De kust tussen Peniche en Nazaré is een paradijs voor watersportliefhebbers. Huur eens een boot in de prachtige lagune van Foz do Arelho, op slechts een kwartier afstand van Casal do Pomar. In Caldas da Rainha kunt u genieten van de thermale bronnen en kunst en kunstnijverheid bewonderen in de musea. Voor dagtochtjes zijn Obidos, Sintra en Tomar aardige bestemmingen. De kloosterkerken van Alcobaça en Batalha, gebouwd in de beroemde manuelino-stijl, zijn in ongeveer een uur rijden te bereiken.

2 10 14 10 10
5

5x, 14x, hpw € 200-525

Route

5 km NW van Caldas da Rainha. In Caldas da Rainha richting Alcobaça. Na 3 km linksaf richting Salir do Porto; na Chão da Parada na 300 m links bij bord Casal do Pomar en na 800 m bereikt u Bouro/Casal do Pomar.

Trein naar Bouro (500 m) of bus naar Salir do Porto (2 km). Bussen vanaf Lissabon (2x p.d.) en Caldas da Rainha (4x p.d.). Taxi vanuit Caldas da Rainha. Afhaal service vanaf vliegveld.

CASTELO DE VIDE

Quinta do Pomarinho
Phine Verhoef & Dolf Janssen
Rua N 246, São João Baptista,
7320 Castelo de Vide

- T 245-90 12 02
- M 965-75 53 41
- E dolfphine@hotmail.com /
     info@pomarinho.com
- W www.pomarinho.com

pt, uk, de, fr

Open: hele jaar wwoof H 425m
(R)

Boerderij en omgeving

Quinta do Pomarinho is een verrassende biologische boerderij met koeien, kippen, katten en hond gelegen in het prachtige natuurpark Serra de São Mamede aan de voet van de heuvels, dichtbij de Spaanse grens. Het 25 ha grote landgoed bestaat uit graslanden, vrucht- en olijfbomen en kurkeiken.

Dolf Janssen en Phine Verhoef bieden hun gasten onderdak in het Huis voor Natuurvrienden (Casa Antiga) met vier tweepersoons kamers en in een uniek klein tweepersoons huisje (Casa Redonda). Kampeerders kunnen hun tent opslaan in de olijfgaard of onder de kurkeiken. Het sanitair is van hoge kwaliteit. Warmwater- en elektriciteitsvoorzieningen werken op zonne-energie. Op het terrein vindt u een meertje en een klein zwembassin. Natuurliefhebbers, wandelaars en rustzoekers voelen zich er meer dan thuis. Als u wilt kunt u meehelpen in de groentetuin of bij andere werkzaamheden op de quinta kan dat.

De boerderij is een prima uitvalsbasis voor wandelingen en fiets- en mountainbiketochten. Routes zijn gratis verkrijgbaar.

Castelo de Vide is één van de best bewaarde middeleeuwse vestingstadjes. Hunebedden, een begraafplaats uit de late middeleeuwen, mehirs en andere culturele bezienswaardigheden vindt u in de directe omgeving. Een bezoek aan het hooggelegen, ommuurde Marvão is ook zeer de moeite waard. De streek is (nog) arm aan toeristen. In de stuwmeren van Povoã en Baragem da Apartadura en in de rivier de O Sever kunt u heerlijk zwemmen. Bezoek ook eens het zwemparadijs van Castelo de Vide.

🏛️ 🍽️ 🏊 🐟 12 🔍6 ✂️12 🛶

🛏️ 4x, 🚿 10x, 2pkpn € 35
🏠 1x, 🚿 2x
⚓ 🔥, pppn € 4,50, ptpn € 4,50, pcpn € 6

Route

🚗 Van Portalegre N246 noordwaarts, na 13 km zandpad naar rechts (tussen 2 bushaltes bij km-paal 16,5). Na 300 m links oprijlaan en borden recepção volgen.

🚂 Talgotrein Lisboa-Madrid(station Marvão/Beira) of trein Lisboa-Portalegre (halte Castelo de Vide) of trein Faro-Portalegre (Castelo de Vide) Bus sneldienst Rede-expressos Lisboa-Portalegre (halte Castelo de Vide).

ÉVORA

Quinta das Chaves
Laura Dinis & João da Silva
Canaviais, 7000-213 Évora
T   266-76 15 19
E   lauramsd@hotmail.com
🗨️ pt, uk

Open: hele jaar 🐎

Boerderij en omgeving

De accommodatie Quinta das Chaves is een antieke boerderij op het platteland rondom de stad Évora. Het boerderijhuis, van graniet, baksteen en kalk, stamt uit de negentiende eeuw. De ecologisch bewuste eigenaren Laura en João en hun drie kinderen bieden de gasten een verblijf aan in een prettig familiaire sfeer. Bij de boerderij horen een kleine gevarieerde groentetuin, olijfbomen en fruitbomen. De gasten kunnen bed & breakfast krijgen. Op verzoek verzorgt men voor u ook een lunch of diner. Tevens worden er cursussen in macrobiotisch koken gegeven en Reiki-sessies aangeboden. Helaas mogen hier geen honden komen.

Op de Alentejaanse hoogvlakte zijn vanuit cultureel en historisch oogpunt volop in-

---

teressante dorpen en kerken te bezoeken. De stad Évora, mondiaal erfgoed, biedt een variatie aan culturele activiteiten gedurende het grootste deel van het jaar.

🏛️ 🍽️ 🌸 🐴

🛏️ 1pkpn € 30, 2pkpn € 40 B&B

Route

🚗 4 km N van Évora. Vanuit Évora richting Estremoz. Tegenover restaurant Parreirinha links richting Canaviais. Na 4 km voorlaatste huis rechts vóór dorp. Ingang is smalle poort.

🚂 Trein naar Évora, dan bus (van Praça do Giraldo) naar Canaviais (uitstappen tegenover café Inácio). Of taxi vanuit Évora.

ÉVORA DE ALCOBAÇA

Parque de Campismo Rural da Silveira
Nicole Laurens & António Viegas
Silveira, Capuchos,
2460-479 Évora de Alcobaça
T   262-50 95 73
E   silveira.capuchos@clix.pt
🗨️ pt, uk, fr

Open: 1 mei-30 sep Ⓡ

Camping en omgeving

De landelijke camping Silveira is een kleinschalige camping gelegen op een terrein van 8 ha met boomgaarden, olijfbomen en kurkeik- en dennenbossen. De eigenaren António en Nicole gaan er prat op een rustige en natuurlijke omgeving te handhaven.

Er zijn ruime plaatsen voor 20 tenten, gescheiden door natuurlijke heggen. Kampeerders hebben een gezelschapsruimte met kookplaatje, koelkast, vriezer, pingpongtafel, barbecue, wasmachine en goede sanitaire voorzieningen tot hun beschikking. Voor kinderen is de camping zeer geschikt: er is veel veilige ruimte voor spelen, rennen en fietsen. 's Avonds kan er een kampvuur gestookt worden. De camping is open van 1 mei t/m 30 september. U mag uw eigen hond meenemen. In de buurt kan worden paardgereden.

De ligging tussen stad, zee en bergen maakt dit een ideale vakantiebestemming. Alcobaça, de Costa da Prata (zilverkust) en het natuurpark Serras de Aire e Candeeiros (met gemarkeerde wandelroutes en georganiseerde ezeltochten) bieden de bezoekers een variatie aan culturele en recreatieve activiteiten in de omgeving. Op 3 km afstand kan er getennist worden en op 12 km is de zee waar u o.a. kan surfen, vissen en uiteraard zwemmen. Zwemmen kan ook in de thermale baden van Termas da Piedade (4 km) of in een overdekt zwembad (4 km).

▲ pppn € 3ptpn € 2,50-3,50 pcpn € 3,50-6

Route

🏠 7 km van Valado. Vanuit Alcobaça richting Évora de Alcobaça (EN86). Na 3 km ziet links poort begrensd door witte muren: de ingang.

🚌 Bus naar Alcobaça (op 3 km), dan taxi.

LAGOS

Monte Rosa
Sandra Falkena
Barão de São João, 8600-016 Lagos
T 282-68 70 02
F 282-68 70 15
E info@monterosaportugal.com
W www.monterosaportugal.com
🕊 pt, nl, es, uk, fr, de

Open: hele jaar 🛳 (RES) verplicht

Accommodatie en omgeving

Monte Rosa ligt, ver weg van het massatoerisme, midden in het boerenland van de Portugese Algarve. Het bestaat uit 4 hectare glooiend terrein met vele oude amandel-, olijf- en vijgenbomen, waarop in rustieke stijl een aantal oude boerenwoningen gerenoveerd zijn.

Er zijn kamers voor één, twee, of drie personen en een paar volledig uitgeruste appartementen geschikt voor vier tot acht personen. Alle accommodaties hebben een eigen badkamer, met douche of bad en alle hebben buiten een zitje. Sommige hebben een kitchenette of keuken, andere delen de kookgelegenheid buiten. Daarnaast is er een beperkte mogelijkheid om een idyllisch plekje te kiezen voor een tent of een caravan. Ook campinggasten kunnen van de gemeenschappelijke buitenkeuken gebruik maken; in verband met brandgevaar mag er van juni tot en met oktober geen gebruik gemaakt worden van eigen kookstelletjes. Er is een gemeenschappelijke ruimte met groot terras, die tevens dienst doet als restaurant. Dagelijks kunt u hier ontbijt krijgen en van april tot en met september wordt vier keer per week een gezamenlijk avondmenu aangeboden (waarvoor u zich 's morgens kunt inschrijven). Er is een bar, een bibliotheek en een speeltuintje. Rond het complex ligt een kleurrijke tuin, met verschillende kleine paadjes, terrasjes en beschutte zithoekjes. Er is een zwembad met zout water, dat midden in het land ligt. Op de ligstoelen is het heerlijk relaxen.

Monte Rosa beschikt over beschrijvingen van 20 wandelingen in de omgeving. Transport naar en van de startpunten kan geregeld worden, evenals een lunchpakket. Begeleide wandeltochten, paardrijtochten, fietsverhuur en massages behoren ook tot de mogelijkheden.

🛏 7x, ⚏ 13x, 1pkpn € 40, 2pkpn € 55
🏠 2x, ⚏ 10x, Prijs op aanvraag
▲ T 15x, pppn € 5, ptpn € 4, pcpn € 8

Route

🏠 10 km NW van Lagos. IC4 richting Aljezur/Lisboa. Na Portelas links naar Barão de São João. Na 6 km ziet u links bord 'Monte Rosa'.

🚂 Trein naar Lagos (10 km), dan bus naar Barão de São João (1,7 km). Taxi: vanuit Lagos.

LAGOS

Quinta Aloé Vera
Karin Giesewetter
Vale de Meias, Barão de São Miguel,
8600-013 Lagos
T 282-69 58 82
🕊 pt, de, uk

Open: 1 mei-31 okt 🛳 🛳 H 40m (RES)
verplicht

Boerderij en omgeving

Een Duitse vrouw en haar drie kinderen maken van deze prachtige boerderij een levendig bedrijf. Het houten huis is gebouwd volgens ecologische methoden en met milieuvriendelijke materialen (het hout wordt beschermd door een Aloë vera-extract). Gelegen op een heuvel met steeneiken is het omringd door fraaie bloementuinen, groentetuinen, fruitbomen en Aloë vera-planten. Karin vervaardigt van deze Aloë vera geneeskrachtige en cosmetische middelen. De boerderij heeft als levende have kippen, honden, katten en een ezel.

Een afgescheiden deel van het huis, inclusief keuken en woonkamer, wordt verhuurd aan toeristen. Deze accommodatie is geschikt voor wie van rust en eenvoud houdt. U vindt er een speelplaats en ook een klein meer in een vallei vol vogels en wilde zwijnen. Het kampeerterrein met 16 schaduwrijke plekken bevindt zich vlakbij dit water. De sanitaire voorzieningen - een composttoilet en badruimtes - zijn eenvoudig.

Dichtbij de accommodatie is een meertje

vol met vogels, ook zijn er wilde zwijnen in de buurt. De accommodatie ligt op 6 km van de Atlantische Oceaan en is een uitstekende uitvalsbasis voor verkenningstochten langs de kust of in het binnenland van de Algarve.

2x, ✍ 4x
⚠ T 5x, 🏠, Prijs op aanvraag

Route
🏛 16 km van Lagos. Neem N125 naar Vila do Bispo, afslag naar rechts, na Almadena leidt u naar Barão de São Miguel. Neem, als u dorp verlaat, 1e weg naar rechts. Volg borden naar boerderij (1,6 km). U kunt ook vanaf dorp bellen: u wordt dan opgehaald.
🚂 Station Lagos (12 km), dan bus naar Barão de São Miguel (3x p/d). Ophaaldienst vanuit Faro (tegen vergoeding).

MÉRTOLA
Quinta Cerca dos Sobreiros
Inka Killing & António Aires
Montes Altos, Santana de Cambas,
7750 Mértola (Mina de São Domingos)
T 286-64 73 52
🗣 uk, pt, de

Open: hele jaar 🍂

Boerderij en omgeving
Cerca dos Sobreiros is een typisch Alentejaanse boerderij, een laag wit gebouw, omgeven door land waar kurkeiken en olijfbomen domineren. Het huis ligt in een kleine vallei, doorsneden door een beekje dat 's zomers tot een klein stroompje aanzwelt. De streek grenst direct aan Spanje en is een van de meest verlaten, maar mooiste regio's van de Alentejo. Tot de jaren zestig was de voornaamste eco-

nomische activiteit hier de mijnbouw. De sluiting van de mijnen resulteerde in een enorme leegloop van de dorpen. Momenteel is er groeiende aandacht voor de restauratie van vervallen huizen. Er worden activiteiten georganiseerd, die de lokale bevolking aan de streek moet binden.

De camping biedt plaats aan zes tenten en twee caravans. Op de accommodatie kunt u fietsen en kano's huren. De eigenaren Inka, António en hun dochtertje werken niet alleen aan de opbouw van hun boerderij, maar aan allerhande alternatieve activiteiten. António handelt in kunstnijverheidsproducten uit Oosterse landen en Inka is bedreven in het vegetarisch koken en de organisatie van kinderkampen in de zomer.

De omgeving nodigt uit tot zwemmen in de rivier en de meren en tot paardrijden fietstochten. In de regio zijn diverse bezienswaardigheden, zoals het natuurpark Guadiana, het archeologisch park, het Moorse kasteel en het archeologisch museum.

⚠ T 6x, 🛏 2x, pppn € 3, ptpn € 4, pcpn € 4,50

Route
🏛 70 km ZO van Beja, 17 km O van Mértola. In Mina de S. Domingos tegenover kerk richting Montes Altos. Ca 2 km voorbij Mina de S. Domingos en 100 m voor dorpje Montes Altos rechts dalend zandpad in (300 m).
🚂 Trein naar Beja, dan bus naar Mina de S. Domingos.

MONCHIQUE
Natuurcamping Olhos Negros
Rinke van der Wel & Roelof Scholtens
Altura das Corchas 966,
8550-207 Monchique
T 282-95 52 07
M 933-46 86 93
E olhosnegros@wanadoo.nl
W http://home.wanadoo.nl/stidesh
🗣 nl, pt, uk, de

Open: 1 apr-31 okt

Olhos Negros en omgeving
Al rijdend over de 7 km lange onverharde weg door het bergachtige bosgebied van de Serra de Monchique met haar mooie vergezichten, kom je op de verrassende natuurcamping Olhos Negros aan, een in vroeger dagen bekende medronho-stokerij. Een oase van rust, weg van de drukke toeristische kust van de Algarve, en een must voor iedereen die aan onthaasten toe is. Het terrein bestaat uit 14 ha bos en landbouwterrassen met vruchtbomen.
Je kunt hier je tent opzetten op één van de terrassen of er met een (kleine) kampeerauto staan. Overnachten in een ruime tweepersoonskamer, in één van de tweepersoonstenten of in een grote luxe caravan is ook mogelijk. In de tenten staan opgemaakte bedden en er is elektrische verlichting. Voor de bezoekers is er een volledig ingerichte keuken met een koelkastje, gasstellen, potten en pannen. Tevens is er een huiskamer, een ruim opgezet badhuis met douches, toiletten en wasbakken. Behalve je persoonlijke bagage heb je verder niets mee te slepen. Er is een landbouwtank om tijdens warme dagen verkoeling in te vinden en een barbecueplaats met Portugese oven. Op loopafstand is een meertje om in te zwemmen en in Monchique is het gemeentelijke zwembad gratis! Elektriciteit wordt verkregen uit zonne-energie. Dit betekent voor campers dat de verlichtingaccu bijgeladen kan worden (koffiezetapparaat en koelkastjes kunnen hier niet op aangesloten worden). Het drinkwater komt uit eigen waterbron.
De omgeving is bij uitstek geschikt voor wandeltochten. Mountainbikes zijn te huur in Monchique (13 km). Er is een rijke variatie aan flora en fauna: kurkeiken, aardbeibomen, eucalyptusbomen, elzen, dennenbomen, oehoes, everzwijnen, patrijzen, roofvogels, enz. Olhos Negros

is een uitstekend vertrekpunt voor dagtochtjes (het huren van een auto wordt
aangeraden omdat de camping ver van de
bewoonde wereld ligt).

⏤0,5 ♨14 ⛵14 ✕1 ⚓

🛏 1x, ♫ 2x, 2pkpn € 16,50
⛺ T 6x, ♨, pppn € 2,75, ptpn € 3,30,
pcpn € 5,50

Route
🔼 Van Monchique N266 richting Saboia en Lisboa.
Een km na restaurant O Poço da Serra en na bord
Nave Redonda-Alferce 1ste links (tegenover bushal-
te). Tussen huisjes door omhoog, na 200 m onver-
harde bosweg 7 km volgen (witte stippen en pijlen).

ODEMIRA

Monte Maravilhas
Prem Zijtveld
São Martinho das Amoreiras,
7630-527 Odemira
T 283-92 53 97
E info@maravilhas.nl
W www.maravilhas.nl
➤ pt, nl, gb, de, fr

Open: hele jaar 🗙 🐾

Landgoed en omgeving
Monte Maravilhas is een 8,5 ha groot
landgoed met heuvels, een vruchtbare
vallei en een boomgaard met wijnranken,
vijgen-, sinaasappel- en olijfbomen. Er zijn
vier waterputten en een oude tuin met
terrassen. In de winter en het voorjaar
stroomt er water door de vallei.
Er zijn drie zorgvuldig gerenoveerde huizen: Casa Amarela en Casa Mimosa zijn
verbonden en kunnen ook samen gebruikt
worden voor groepsactiviteiten. 300 m
verderop ligt Casa Azul. De huizen zijn
volledig ingericht, hebben houtkachels,
een ruim uitzicht, veel privacy en eigen

terrassen met parasols en ligstoelen. In de
groene tuin ligt een door de natuur omgeven zwembad. Onder de bomen is plaats
voor vier tenten en twee campers. Er zijn
tevens een twee- en een driepersoonsca-
ravan te huur. Het hele jaar door worden
activiteitenweken georganiseerd, gericht
op o.a. meditatie, massage, schilderen,
koken en wandelen.
In de over het algemeen zeer droge provincie van de Alentejo vindt men hier een
groene oase met prachtig uitzicht over de
bergen van Monchique. Het Santa Clara-
meer ligt op 13 km en de Atlantische Oceaan op 45 km afstand.

⚓ 🍽 ⛵ ♨ ⏤13 ⚓

🛏 3x, ♫ 5x, 1pkpn € 25
🏠 3x, ♫ 14x, hpw € 450-515
⛺ T 4x, 🚐 2x, ♨, pppn € 7,50, pcpn
€ 20

Route
🔼 1 km van São Martinho das Amoreiras. Vanuit
Faro IP1/IC1 richting Lissabon: afslag Santana da
Serra, richting São Martinho das Amoreiras. 1 km
voor São Martinho das Amoreiras bij bord Marvil-
has links. Volg zandweg 400 m. Vanuit Odemira:
richting Beja, na 20 km rechts bij bord S. Martinho
das Amoreiras. In dorp richting Santana da Serra.
Na 1 km rechts. Vanuit Lissabon: richting Ourique,
weg naar Garvão en dan naar S. Martinho das
Amoreiras.
🚂 Trein Amoreiras-Odemira (6 km) of Funcheira (10
km). Vanaf stations taxi nemen.

SALIR DE MATOS

A Colina Atlântica
Ineke van der Wiele & Ton Kooij
Travessa dos Melquites 3,
Barrantes, 2500-621 Salir de Matos
T 262-87 73 12
M 967-02 49 58
E info@a-colina-atlantica.com
W www.a-colina-atlantica.com
➤ pt, nl, uk, de, fr

Open: 1 mrt-1 nov 🐾

Centrum en omgeving
De Nederlanders Ineke en Ton hebben
met veel enthousiasme een plek gecre-
eerd waar mensen met zichzelf en met
elkaar in contact kunnen komen: A Colina
Atlântica. Mooi gelegen in de heuvels op
8 km van de Atlantische Oceaan. Tot aan
de top van de heuvel strekt zich de boomgaard van 1 ha uit.
De accommodatie bestaat uit een hoofdgebouw met meditatiezolder, praktijk,
bar en eetruimte. Er worden twee- en
driepersoonskamers met eigen sanitair
verhuurd. Drie caravans en een eenpersoonskamer delen een douche en toilet.
Alle prijzen zijn inclusief ontbijt en och-
tendmeditatie. Voor de gasten is er rondom een ruime tuin met terrassen, zitjes
en hangmatten. U dient minimaal vier
nachten te blijven. Goede maaltijden en
barbecues worden op de gezellige patio
verzorgd; op verzoek kunt u mee-eten.
Voor mensen die zich verder willen ver-
diepen worden onder andere Reiki-inwij-
dingen en Tarot-cursussen aangeboden.
Ook groepen en trainers (met eigen groepen) zijn welkom.
Bezienswaardigheden in de regio zijn de
kloosterkerken van Alcobaça en Batalha,
de rotskusten van Peniche, diverse streek-
markten en ongerepte stranden. Bij voldoende belangstelling worden exurcies
georganiseerd.

⚓ 🍽 ⚓10 ⚓

🛏 1pkpn € 30, 2pkpn € 45 B&B

Route
🔼 6 km NO van Caldas da Rainha. Vanuit Lissabon
A1 Norte, afslag Ponte Vasco da Gama (links aanhouden: Outras direcções, tolweg). Voorbij Torres
Vedras, A8 wordt IC1 richting Caldas da Rainha,
afslag Tornada. Bij stoplicht in Tornada rechts naar
Barrantes. Door dorp, aan eind links, V-splitsing
voorbij. Na 150 m rechts, 50 m pad volgen, accom-

modatie links. Vanuit noorden IC1/A8 naar Caldas da Rainha, afslag Tornada - zie bovenstaande.

🚉 Station Caldas da Rainha, dan taxi (nog 6 km).

TOMAR

Camping Redondo
Hans Frommé
Poço Redondo, 2300-035 Tomar, Ribatejo
T   249-37 64 21
F   249-37 64 21
E   hansfromme@hotmail.com
W   http://home.wanadoo.nl/edvols
✉ nl, pt, de, fr, uk

Open: hele jaar ⛰ 15 mrt-30 sep 🗙

Camping en omgeving

In het dorp Poço Redondo (ronde put) - op 10 km van de historische en zeer bezienswaardige plaats Tomar en op 5 km van het prachtige Zêzere-meer - ligt tussen citroen-, sinaasappel-, vijgen-, en olijfbomen de kleine natuurcamping Redondo (0,7 ha). Op het in 1922 gebouwde huis zien we de oude, handgeschilderde tekst: 'Bem vindo seja quem vier por bem!' ofwel 'Welkom zij die voor het goede komen!'. In het glooiende landschap rond de camping liggen wijngaarden en groentetuinen.

De oorspronkelijke personeelswoning is herbouwd en biedt plaats aan vier personen. Verder zijn er drie houten bungalows en op het kampeerterrein is plek voor 30 tenten en caravans en er is ook een caravan te huur (minimaal twee overnachtingen, vijf in het hoogseizoen). Op het terrein vindt u verder een zwembad, een speeltuintje, een klimhuis, een pingpongtafel en een groot damveld. U kunt er een originele, handgemaakte Zêzere-vissersroeiboot en mountainbikes huren. In de gemeenschappelijke ruimten mag niet gerookt worden. Uw hond is welkom, evenals kinderen waarvoor een aantal voorzieningen zijn: kinderbed, kinderstoel

en speeltuin. 's Avonds kunt u desgewenst aan het diner aanschuiven.

Op het mooie Zêzere-meer (50 km lang) kunt u boottochten maken. Het water van Zêzere is zacht, warm en zeer zuiver. Iedere gast ontvangt bij aankomst een map met uitgebreide informatie over wandel- en fietstochten en culturele en andere bezienswaardigheden.

🏠 4x, 📇 18x, hpw € 300-460
⛺ T 20x, 🚐 10x, 🔥, pppn € 3,30, ptpn € 3,75, pcpn € 4,50

Route
🚗 10 km van Tomar. N110 (vanuit Lissabon) voor Tomar rondweg IC3. Hier afslag Albufeira do Castelo de Bode-Tomar, richting Junceira en weg volgen voor 7,2 km.

🚉 Trein naar Tomar, dan bus naar Poço Redondo (0,3 km). Ophaaldienst Tomar (tegen vergoeding).

VENTOSA

Moinho do "Lebre"
Clotilde Veiga
R. Francisco Sá Carneiro, Penedos de Alenquer, 2580-408 Ventosa - Alenquer
T   214-74 02 68
M   962-81 70 11
E   moinhopenedos@sapo.pt
W   www.moinhopenedos.no.sapo.pt
✉ pt, uk, fr

Open: hele jaar H 200m (RES) verplicht

Molen en omgeving

Moinho do Lebre is gelegen in de Extremadura met schitterend uitzicht over heuvelachtige wijngaarden met verspreide dorpjes en velden zo ver als het oog reikt. Het beschermde landschap is van een betoverende schoonheid, vooral bij zonsondergang. In deze kleine oude windmolen, gebouwd aan het eind van de 19de eeuw, werden in vroeger tijden grote hoeveelheden graan in de molen gemalen. Vandaag de dag is de molen gerenoveerd tot een rustiek gastenverblijf, waarbij de gehele maalmachinerie intact is gelaten. De conische structuur transformeert de verschillende ruimtes in originele en prettige verblijven.

De molen omvat een tweepersoons slaapkamer, woonkamer met twee bedbanken, badkamer en kleine keuken. In de tuin kan gekookt en gegeten worden. Voor de gasten zijn er fietsen te huur en in de buurt kan worden paardgereden.

Absoluut een bezoek waard zijn de Bergen van Montujo, de Berlengas-eilanden en de prachtige stadjes Obidos, Caldas de Rainha en Santarem. In de buurt is ook een zwembad.

🚴 🏊 🐴 👫

🏠 1x, 📇 4x, Prijs op aanvraag

Route
🚗 18 km NW van Alenquer. A1 tussen Lissabon en Porto, afslag Carregado, richting Alenquer, hier richting Torres Vedras. Bij driesprong rechts, rechtdoor door Olhalvo, tot bord Labrugeira, Penedos de Alenquer en Abrigada: hier rechts. Voorbij Labrugeira, na bord Penedos do Alenquer links.

🚉 Vanuit Lissabon bus naar Alenquer (18 km) of bus of trein naar Torres Vedras (20 km). Bus of taxi naar Penedos de Alenquer (1 km).

ES
P

FOTO'S: FOTO ZWITSERLAND TOERISME

Zwitserland

De hoogste bergen van Europa liggen in de Zwitserse Alpen. Algemeen bekend is dat je er 's winters kunt skiën en 's zomers kunt wandelen. Verder is het land wereldberoemd om zijn financiële instellingen, kaas en chocolade, horloge-industrie en zijn verfijnde openbaar vervoersnetwerk. Wat velen niet weten is dat dit land de bakermat is van de biologische landbouw.

Op veel plaatsen in Zwitserland leven mensen en natuur nog in harmonie met elkaar: het land wordt al generaties lang vol toewijding door boeren onderhouden en vormgegeven. Van de lokale bevolking kent menigeen het abc van de paddestoelen nog. Het is een bijzondere ervaring het dagelijks leven van een boer in de Alpen te leren kennen. Liefhebbers van treinreizen kunnen een unieke tocht maken langs de 'Rätische

Bahn', 400 kilometer lang en met circa 500 bruggen. De Albulatunnel is op 1823 m de hoogste spoortunnel van Europa. In enkele rivieren vindt u een ware uitdaging als u een liefhebber bent van rafting of kanovaren. Imposant is ook de regio Wallis, met de Aletsch-gletsjer, de langste van Europa. Een heel ander landschap treft u aan in het zuidoosten. De Italiaanse namen doen al vermoeden dat u in

zonnige, Italiaans georiënteerde oorden terecht bent gekomen. Hier liggen de grote, blauwgroene meren, zoals Lago di Lugano en Lago Maggiore. Door het warme klimaat gedijen hier vele subtropische gewassen.

Accommodaties

In deze gids vindt u duurzame accommodaties in stad en land. Een deel van de accommodaties is verbonden aan een (biologische) boerderij, terwijl een ander deel gecertificeerd is door het Zwitserse ecolabel Ö-Plus. Gecertifi-

Gegeven het voorgaande is het dan ook niet verrassend dat de interesse voor biologische landbouw ook in het aanbod in de winkels tot uitdrukking komt. Zelfs in gewone supermarkten is het aandeel biologische producten hoog.
Biologische producten herkent u in Zwitserland aan het logo van Bio Suisse.

ceerde hotels, pensions en campings moeten aan verschillende criteria, onder andere ten aanzien van water- en energiebesparing, afvalverwerking en het gebruik van biologische producten in huis, tuin en keuken, voldoen.
Veel toeristische bedrijven in Zwitserland, en ook in Oostenrijk, hebben zich de laatste jaren toegelegd op het thema 'gezondheid'. Zo kunnen gasten er niet alleen genieten van de schone berglucht en een rustige, natuurlijke omgeving, maar ook van sauna en massage.
De meeste menukaarten combineren streekgerechten en -wijnen met internationale gerechten. Een typisch Zwitsers gerecht is Berner Platte, een portie vlees met zuurkool. De vegetariërs kunnen genieten van vele gerechten met streekeigen kazen, waaronder natuurlijk de wereldberoemde kaasfondue.

(Biologische) landbouw

Zwitserland is een pionierland als het gaat om biologische landbouw. In het Goetheanum in Dornach werden de grondslagen gelegd voor onderzoek naar de ontwikkeling van de biologisch-dynamische landbouw. Al sinds de jaren '30 werken bedrijven volgens de biologisch-dynamisch methode. In 1973 werd het FiBL opgericht, een van de eerste onderzoeksinstituten voor biologische landbouw. Het beïnvloedde ook de ontwikkelingen in Oostenrijk en Duitsland.
Op dit moment werken ruim 6.000 landbouwbedrijven volgens de strenge normen van het Bio Suisse keurmerk. Dat is in totaal zo'n 10% van alle landbouw; een record in Europa! De verschillen per regio zijn echter groot. In het kanton Graubünden is bijna de helft van het landbouwareaal biologisch terwijl dat in Appenzell slechts 18,5% is.

Natuur(bescherming)

Zwitserland kent drie grote landschapsgebieden. Het middelgebergte van de Jura is wat oppervlakte betreft het kleinste gedeelte van Zwitserland: de langgerekte, beboste en door smalle dwarsdalen verdeelde kalksteenketens doorkruisen Zwitserland van Genève tot Schaffhausen. Tussen de Jura en de Alpen strekt zich het Mittelland uit: een golvende hoogvlakte met vruchtbare landbouwgrond, weidegebieden en grote meren. De Zwitserse Alpen zijn een klassiek hooggebergte met vele dalen, meren, passen en gletsjers. Ze bestrijken ongeveer drievijfde deel van de oppervlakte van Zwitserland: meer dan 100 bergtoppen boven de 3000 m, een dertigtal zelfs boven de 4000 m, bepalen hier het beeld.
De variatie in hoogte en klimaat staat garant voor een grote verscheidenheid aan bomen, planten en bloemen. Boven de boomgrens bestaat de begroeiing uit struiken, mossen en vetplantjes. In de lager gelegen gebieden komen gemengde loofbossen voor. In de Alpen, op grote hoogte, groeien vooral dennen, zilversparren, lariksen en pijnbomen. Aan de zuidkant van dit hooggebergte komen veel edelkastanjes voor. In

Ticino vindt men cipressen, palmen en magnolia's. In de bergen is een grote verscheidenheid aan planten en kruiden te vinden, die in het voorjaar en in de zomer de alpenweiden een kleurig aanzien geven. Het is het gebied van de alpenmarmotten, steenarenden en gemzen. Op 2800 m. hoogte ligt er permanent sneeuw.
Sinds in 1876 de eerste natuurbeschermingswet van kracht werd, heeft de bescherming van natuur altijd in de belangstelling gestaan. De regels zijn in 1987 verder aangescherpt: ongerepte rivierlandschappen en brongebieden kregen de status van natuurreservaat. Alpenbloemen zoals edelweiss, gentiaan en alpenakelei mogen niet worden geplukt. De belangrijkste natuurgebieden in de zuidelijke alpen zijn het reservaat Schweizer Nationalpark en het Aletschwoud. Het Schweizer Nationalpark is heel mooi maar in de zomermaanden erg druk. De Aletschgletsjer is een natuurgebied op een bergplateau in Wallis. De vakantieplaatsen in het Aletschgebied zijn autovrij en alleen per kabelbaan te bereiken. Bij Riederalp ligt da Villa Cassel, thans in gebruik als ecocentrum van de Zwitserse Bond voor natuurbescherming.

CH A

BRIG

Hof Schmeli
Daniela Imhof & Jorgen Schwank
Temler Weg 140, 3900 Brig, Wallis
T 027-923 00 51
E hofschmeli@freesurf.ch
W www.hofschmeli.ch
fr, uk, de

Open: hele jaar ♥ ☃ H 850m (RES)
verplicht 🦽 [🐴]

Boerderij en omgeving

Op een mooie rustige plek in het natuurreservaat Achera Biela, op slechts 2 km
van de stad Brig, ligt Hof Schmeli. Op 14
ha wordt aan akkerbouw en veeteelt gedaan, allemaal volgens biologische principes. Er zijn koeien, varkens, paarden en
honden. U kunt desgewenst meehelpen
op de boerderij.
De voormalige stal van de boerderij is
verbouwd tot gastenverblijf. In het gastenverblijf zijn vier kamers gemaakt: twee
eenpersoonskamers, een tweepersoonskamer en een vierpersoonskamer. De kamers zijn allemaal zo'n 12 m² en er is een
aparte gemeenschappelijke ruimte met
keuken. De badkamer is gemeenschappelijk. Alle kamers zijn geschikt voor mensen
in een rolstoel. Ook is er een wasmachine,
kinderstoel, speelhoek en kindvriendelijke
stopcontacten. De kamers worden voor
minimaal een week verhuurd. Veel producten voor het bereiden van uw maaltijden zijn te koop in de boerderij-winkel,
zoals brood, vlees en kaas.
In de omgeving van de boerderij is vooral
de Aletsch-gletscher de moeite van het
bekijken waard. Ook de toppen in het
Aletschwoud en de Hochmoore in het
Simplongebied zijn prachtige doelen
voor een wandeling. Verder zijn er in de
omgeving diverse wandelingen uitgezet.
Er is veel info op de accommodatie. Voor
kinderen is er in Granges 'Happyland'. In

de buurt zijn diverse musea en historische
gebouwen te bezichtigen.

🚶 ⚓ ⊜40 ⟐2 ⟐2 ⚘2 ❊

🛏 4x, ⋆ 8x, Prijs op aanvraag

Route

🚗 2 km W van Brig. Vanuit Brig-centrum richting
Simplon, na 1 km afslag "Biela". Bordjes Biela volgen
tot einde van de weg, op landweg Termer Weg.
🚂 Station Brig, postauto naar Termen tot station
Biela, wandelroute naar Brig volgen (10-15 min.). Of
vanaf station Brig bus no. 3 naar eindpunt. Vanaf
wandelroute naar Termen (10 min.).

GUGGISBERG

Das Keltenhaus
Janet Frey & Markus Sommer
Felistutz-Hirschmatt,
3158 Guggisberg, Bern
T 031-735 50 76
W www.keltenhaus.ch
de

Open: hele jaar ♥ ☃ H 910m (RES)
verplicht 🦽 [🐴]

Boerderij en omgeving

De oude boerderij Das Keltenhaus ligt in
het land van Swarzenburg, een landschap
vol mythen en verhalen. De wouden zitten
vol wilde dieren en paddestoelen. Das Keltenhaus is een oud Keltisch gebouw, waar
nog restanten zijn gevonden van een bo-
menkring daterend uit 450 voor Christus.
Ook is er een labyrint en zijn er meer dan
50 verschillende boom- en bosvariëteiten.
Op de boerderij doen de eigenaren aan
permacultuur, veehouderij, akkerbouw en
onderhouden zij grasland.
U kunt hier verblijven op drie manieren.
In het Keltenhuis zelf in een grote ruimte
met kachel, waar u met een groep van
maximaal 20 personen kunt verblijven.

Ook kunt u verblijven in het boerenhuis,
een duurzaam verbouwd traditioneel
Swarzburger huis. Hier kunt met minimaal
vijf personen verblijven. Of u slaapt in een
van de drie Tipi's (Indiaanse tenten) die in
de zomer en de herfst staan opgesteld.
Het is mogelijk om te kijken bij het maken
van leren voorwerpen of om mee te helpen bij het werk op de boerderij. Soms zijn
er workshops 'plantkunde' of 'vrije school'.
In de zomer is er elk jaar een groot feest
'Am Keltenhaus', waar wel 1000 bezoekers
op af komen. U kunt desgewenst ook een
zweethut meemaken.
U kunt in de omgeving uiteraard prachtig
wandelen, bijvoorbeeld naar de Swartz-
see (15 km). 's Zomers is er in Riffenmatt
een volksfeest en in Rüeggisberg zijn er
kloosterruïnen te bezichtigen. Zwemmen
kan in het zwembad op 2 km.

🐾 🍴 🎵 ⊜15 ⟐2 ⟐20 ⚘12
🚶13 ❊10

🛏 2x, ⋆ 25x, Prijs op aanvraag
🏚 ⊟2x, ⋆ 25x, Prijs op aanvraag
⛺ Prijs op aanvraag

Route

🚗 25 O van Freiburg. Van Bern naar Schwarzenburg,
richting Guggisberg, na 8 km in Weiler Kalchstätten
rechts richting Freiburg-Schwarzsee. Na 2 km bij
restaurant 'Weißes Rössli' links naar Hirschmatt,
dan nog 800m.
🚂 Trein van Bern naar Swarzenburg, postauto naar
Guggisberg, dan 40 min. lopen of bus naar Hirschmatt (3 x p.d.).

LES GRANGES

Hotel Balance
Ulrike & Roland Schatzmann-Eberle
1922 Les Granges (VS) , Wallis
T 027-761 15 22
F 027-761 15 88
E info@vegetarisches-hotel.ch
W www.vegetarisches-hotel.ch
de, fr

Open: hele jaar (RES) verplicht

Hotel en omgeving

Hotel Balance ligt aan de rand van een dorp met een prachtig uitzicht op de tegenoverliggende bergen. Het hotel dateert al uit 1899 en is in de loop der tijd aan de moderne behoeften aangepast maar toch heeft men getracht de mooie oude sfeer te behouden. Op allerlei manieren wordt hier zoveel mogelijk rekening gehouden met het milieu. Zo is er een milieuvriendelijk zwembad, wordt er gebruik gemaakt van ecologische bouwmaterialen, energiebesparende maatregelen en is er een biologische kruidentuin.

U verblijft in een van de vijf tweepersoonskamers op basis van logies en ontbijt. Ook zijn er acht appartementen voor twee personen, waarbij elk appartement zijn eigen sfeer ademt. U kunt eventueel een kinderbedje laten bijplaatsen. De appartementen zijn voor grotere gezinnen of groepen eventueel tegelijkertijd te huur. In het restaurant kunt u biologisch eten geïnspireerd op de macrobiotische keuken. Ook voor de spirituele behoeftes zijn er allerlei voorzieningen zoals een meditatieruimte, verschillende yoga- en shiatsu-cursussen, een sauna en massagebehandelingen.

Vooral voor sportievelingen biedt de omgeving van hotel Balance legio mogelijkheden. In de winter brengt de gratis skibus u naar de skiliften, waar een mooi skigebied voor u bereikbaar is. Voor wandelaars is het zeker de moeite waard om de omgeving te verkennen. Ook de avonturiers komen aan hun trekken met klimmen en canyoning. Voor mensen die het wat rustiger aan willen doen zijn er thermaalbaden om lekker te ontspannen. Het Marconi-museum in Salvan laat de geschiedenis van de telegrafie zien. In de stad Martigny vindt u winkels en bezienswaardigheden.

🜲 🍽 ⚓ 🛶 ⑤ 🛥 ⛵ ❄2

🛏 5x, 🛋 10x, Prijs op aanvraag
🏠 8x, 🛋 16x, Prijs op aanvraag
🏨 🛏13x, 🛋 26x, Prijs op aanvraag

Route

🔟 15 km van Martigny. A9/E62 'Autoroute du Rhone' naar Martigny, richting Salvan, hotel ligt dorpsrand Les Granges.

🚶 Neem contact op met de eigenaren.

SOUBOZ

Belle Etoile
Yvonne & Martin Scheel-Burkhalter
2748 Souboz, Bern
T 032-484 93 87
F 032-484 93 87
E scheel@freesurf.ch
🌐 nl, uk, fr   *demeter*

Open: hele jaar 🍴 🚲 H 960m (RES)
verplicht 🚿 [🛏]

Boerderij en omgeving

Midden in een bijzonder weidegebied van nationale betekenis staat de boerderij Belle Etoile van de Nederlands-Zwitserse familie Scheel-Burkhalter. Op deze veehouderij, met 36 ha land, wordt biologisch-dynamisch gewerkt. De boerderij is vrijstaand en staat in een zeer rustige omgeving. Er zijn koeien, kalfjes, paarden, geiten, een hond en een aantal katten. Helpen bij de boerderijtaken mag altijd. Vanuit de boerderij heeft u een prachtig uitzicht. Bergpassen als de Pichoux (3 km) of de Perrefitte (7 km) zijn te voet bereikbaar.

U verblijft in een vakantiewoning voor vijf personen. In de woning zijn een douche en een bad, toilet, keuken, koelkast en een kinderstoel- en bed aanwezig. Gebruik van de wasmachine is gemeenschappelijk. De woning is geschikt voor mensen in een rolstoel, behalve het sanitair. Ook heeft de boerderij vijf plekken voor een tent en

---

een plek voor een caravan (met stroom). Honden mogen, na overleg, worden meegenomen. Voor kinderen zijn er allerlei speelattributen aanwezig. Kampvuurplaats en tuinmeubelen zijn er ook. Brood, yoghurt en kwark van eigen productie zijn op de boerderij te koop. Op 1 km van de accommodatie bevindt zich een restaurant. De dichtstbijzijnde levensmiddelenwinkel is 12 km verderop.

Er zijn legio goede wandelmogelijkheden in de omgeving, zoals bijvoorbeeld de 'Tour de l'Europe' (10 km). Bezienswaardig is de oude binnenstad van Delémont (25 km) en de imposante St.-Ursen-Kathedraal van Solothurn (25 km). Als u geïnteresseerd bent in de prehistorie, dan is het Schwab-museum van Faubourg du Lac een aanrader. Voor de bioscoop moet u in Moutier (12 km) zijn. Zwemmen kan in het zwembad van Moutier (12 km), Malleray (20 km) of in het Bieler Meer (30 km).

🏄 🏊30 🚴12 🚶

🏠 1x, 🛋 5x, Prijs op aanvraag
⛺ T 5x, 🛏 1x, Prijs op aanvraag

Route

🔟 12 km van Moutier. Vanuit Moutier richting Bellay, over Perrefitte naar Les Escorcheresses, hier rechts. Boven links aanhouden, vervolgens steeds rechtdoor.

🚆 Trein naar Montier, bus naar Les Escorcheresses (3 x p.d.). Ophalen vanaf Les Escorcheresses of Montier tegen betaling.

**CH
A**

AVERS-CRÖT

Altes Posthaus 204
Paula & Bruno Loi
Landwirt, 7446 Avers-Cröt, Graubünden
T   079-406 72 77
F   081-667 12 31
W www.brunoloi.ch
🗩 it, fr, pt

Open: hele jaar ♥ ⚒ H 1720m (RES)
verplicht ♿ [⚒]

Boerderij en omgeving

Op 10 km afstand van Juf, het hoogste dorp van de Alpen, ligt het gehucht Cröt. Het dorp bestaat uit zes huizen en is omgeven door bossen, bergen en beekjes. Hier staat de boerderij Altes Posthaus 204 van de familie Loi; een familie met drie jonge kinderen. De boerderij is gebouwd in 1624 in de oude Walvis-bouwstijl. Er worden op biologische wijze koeien, geiten en kippen gehouden. Op de boerderij wordt geitenmelk, -kaas en -vlees, boter en worsten verkocht. Brood en dranken worden dagelijks vers aangeleverd.

U verblijft in een van de drie vakantiehuizen. Het eerste huis is geschikt voor maximaal 10 personen. Er is een badkamer met bad, wasmachine, speciale voorzieningen voor kleine kinderen en een televisie. Een tweepersoonskamer op de begane grond is speciaal geschikt voor mensen in een rolstoel. Het tweede vakantiehuis is geschikt voor maximaal zeven personen en het derde voor maximaal vier personen. Er is speelgelegenheid voor de kinde-

ren. Ook mogen zij meehelpen bij het verzorgen van de dieren. Vuurplaats en tuinmeubelen zijn aanwezig. Het dichtstbijzijnde restaurant vindt u op 250 m van de accommodatie en de eerste winkel op 3 km.

Op slechts 100 m van de accommodatie treft u een bergbeekje aan. Zwemmen kan ook in het zwembad van Andeer (18 km). In de omgeving zijn nog veel wilde dieren te zien. De accommodatie is een prima startpunt voor vele gemarkeerde wandelwegen, die nog niet al te druk belopen worden. In de winter is het een goede plek om te wintersporten. Er is een skilift in Avers (6 km), u kunt langlaufen en ijsklimmen (4 km).

🎿 🏊0,1 🎿18 🎿18 🚲6 ✳6 🏔

🏠 3x, 🛏 21x, Prijs op aanvraag

Route

🗺 51 km NO van Chur. Weg Chur-Thusis-Andeer, afslag Avers/Rofla, dan richting Juf tot Cröt.
🚂 Rhätischen Bahn of trein tot Thusis, verder met auto van postbode via Andeer naar Juf tot Cröt. Er is ook een bushalte (op 50 m.). Ophalen in Andeer, Thusis of Chur mogelijk tegen betaling.

CIMALMOTTO

Munt la Reita
Verena & Markus Senn
6684 Cimalmotto, Tessin
T   091-754 19 36
F   091-754 19 41
🗩 it, fr, uk

Open: hele jaar ♥ ⚒ H 1430m (RES)
verplicht [⚒]

Boerderij en omgeving

Het gebied rondom de bergboerderij Munt la Reita vormt een waar natuurparadijs in de bergen. Het bergstroom-land-

schap met zijn bossen en beekjes geeft de mogelijkheid tot bergwandelingen tot wel 2800 m hoogte! De boerderij zelf ligt op een hoogte van 1430 m. Op de boerderij worden melkkoeien, kalfjes, Angora-geiten, schapen, everzwijnen, een Freiberger-paard en een pony gehouden. Daarnaast is er een groententuin, wolverwerking en een kleine biologische winkel aan huis. Er wordt veel aandacht besteed aan het milieu en de boerderij heeft voor een deel een eigen, alternatieve stroomvoorziening.

U kunt hier overnachten op de boerderij, waar vier kamers te huur zijn op basis van logies en ontbijt. Er is een eenpersoonskamer, twee tweepersoonskamers en een driepersoonskamer. U heeft een eigen douche en toilet. De keuken is gemeenschappelijk met andere gasten. Daarnaast is er een vakantiewoning voor max. zes personen te huur. De minimumlengte van uw verblijf in de woning is een week. Ook is er van mei tot oktober plek voor zes tenten op het erf. Avonturiers kunnen ook met hun slaapzak in het hooi van de stal terecht, waar plek is voor zes personen. Groepen kunnen ook nog gebruik maken van een slaapzaal, waar maximaal 14 personen kunnen slapen in stapelbedden. U kunt eventueel meehelpen met het werk op de boerderij of meekijken bij het maken van de kaas, broodbakken of het spinnen.

Deze accommodatie is een uitgelezen plek voor bergwandelingen naar bijvoorbeeld Italië of het Vergeletto-Onsemonedal. In Cevio is een museum en in Peccia een bijzondere brug. U kunt zwemmen in een bergmeer op 1,5 uur lopen of in het zwembad op 20 km. Paardenliefhebbers kunnen op de boerderij of elders rijden. In de winter kunt u hier wintersporten.

🎿 🎿 🏊10 🎿20 🏔5 ✳

🛏 3x, 🛏 8x, Prijs op aanvraag
🏠 1x, 🛏 6x, Prijs op aanvraag
🏛 🛏2x, 🛏 20x, Prijs op aanvraag
⛺ T 6x, Prijs op aanvraag

Route

🗺 40 km ZO van Lucarno. Via 'Via Vallemaggia' richting Ponte Brolla - Cevio - Cerentino - Campo V.M. rijden tot Cimalmotto.

Vanaf station Lucarno bus no. 10 aan Valle Maggia naar Cevio, postbus naar Cerentino, overstappen naar eindstation Cimalmotto. 1 km van de boerderij. Vanaf hier kunt u ook afgehaald worden.

DONATH

Donata Clopat
7433 Donath, Graubünden
T   081-661 11 61
fr, it, uk, es

Open: hele jaar ♥ ⚘ H 1000m (RES)
verplicht [⚹]

Boerderij en omgeving

Temidden van mooie bloemenweiden ligt, op 1000 m hoogte, de 400-jaar oude boerderij van Donata Clopat. Op de 20 ha rond de boerderij wonen paarden, ezels, varkens en kippen en er is een hond. De boerderij heeft naast toerisme ook een sociale rol in het laten meewerken van mensen die daar behoefte aan hebben. Melk en vlees worden op de boerderij zelf verwerkt. Ook is er ruimte voor spontane initiatieven op landbouwgebied en is er ruimte om te filosoferen met de eigenaren.

U verblijft op de zolderkamer, waar zes slaapgelegenheden zijn gemaakt op basis van logies en ontbijt. Daarnaast is er een vakantiewoning met drie kamers, die ook zes slaapplekken telt. Deze woning is ideaal voor twee families of groepen. De woning heeft een woonkeuken, wasmachine en speciale voorzieningen voor kinderen. Daarnaast is er een eenvoudige trekkershut te huur, die plaats biedt aan max. 10 personen. Deze heeft een aparte keuken. U heeft weinig comfort, maar wel is er licht op zonne-energie, water en houtverwarming. Honden mogen mee na overleg. U wordt geacht minstens twee dagen te verblijven op deze accommodatie. Naar gelang het jaargetijde zijn er op verzoek

ontbijt, lunch en diner verkrijgbaar. In Thusis (10 km) is een reformwinkel en in het dorp zelf is een goed restaurant.

De boerderij ligt temidden van een prachtig onderhouden wandelgebied. Er zijn gemarkeerde wandelingen mogelijk naar de Rofla en de Via-Mala-Slucht. Zo is er een cultuurwandeling tussen de Via Mala en Zillis met uitleg onderweg over onder andere geologische verschijnselen. Ook zijn er vele wintersportmogelijkheden; de skiliften zijn in 20 min. met de postbus te bereiken. Rondom Thusis kunt u middeleeuwse burchten bezoeken en in Zillis en Chur zijn er diverse musea. In Andeer (5 km) vindt u een thermisch bad. Ook kunt u op 2 km van de accommodatie paarddrijden.

🛏 1x, ⚑ 6x, Prijs op aanvraag
🏠 2x, ⚑ 16x, Prijs op aanvraag
🏛 🛏3x, ⚑ 22x, Prijs op aanvraag

Route

🚗 35 km van Chur. Vanuit Chur over Thusis richting San Bernardino. In Zillis afslag Donath, Schamserberg.
🚂 Met de trein naar Thusis (10 km), postbus naar Zillis richting San Bernardino, bushalte op 2 km. Afhalen is mogelijk op afspraak.

GUNTALINGEN

Im Buck
Anita & Jacob Ulrich-Müller
Buckstraße, 8468 Guntalingen, Zürich
T   052-745 23 26
F   052-745 26 16
E   ulrich-buck@bluewin.ch
de, fr, uk

Open: 1 mrt-1 okt 🌊 ⚘ H 700m (RES)
verplicht 🦽 🐾

Boerderij en omgeving

In het licht heuvellende landschap van een beschermd natuurgebied met vele meren ligt de boerderij Im Buck. De huizen zijn hier traditionele vakwerkhuizen en de bewerking van het land bestaat uit wijnbouw, akkerbouw en veeteelt. In deze omgeving worden ook wel specialiteiten als meloenen, bessen en groenten gekweekt. Op de 17 ha. die de boerderij telt wordt melkvee gehouden en aan akkerbouw en groententeelt gedaan.

U verblijft in een vakantiewoning op de parterre in het woonhuis van de boerderij (1975). In 1992 werd deze woning opnieuw ingericht. De woning is geschikt voor vier personen en rolstoelvriendelijk. De woning is standaard uitgerust met een kinderstoel en -bedje en een speelhoek. In het hoogseizoen wordt de woning alleen per week verhuurd. Er zijn rond de accommodatie verschillende speelmogelijkheden voor kinderen. Zelfgebakken brood, melk, aardappels, groenten en bessen worden, naar gelang het seizoen, op de boerderij verkocht. Er is een natuurwinkel 10 km verderop in Andelfingen en het dichtstbijzijnde restaurant is slechts op 1 km afstand.

U kunt heerlijk wandelen in de omgeving, bijvoorbeeld naar het nabijgelegen meer (13 km). In Stammheim vindt u het Heimatmuseum en in Winterthur het Technorama. Zwemmen kan dichtbij in Stammheim (1,5 km) in de Rijn (5 km) of in de verschillende meren (6 km). Wintersporten kan op ongeveer 60 km van de accommodatie.

CH A

♨ ⚓ ✈ 🛶6 🎣1,5 🚣10 🏊5
🛶13 ✳60

🏠 1x, ⚑ 4x, Prijs op aanvraag

Route

🚗 14 km ZO van Schaffhausen. Van Schaffhausen via Stein am Rhein richting Winterthur. Guntalingen tussen Winterthur en Stein am Rhein.

🚆 Trein SBB vanaf Winterthur of Stein am Rhein naar Stammheim (3 km). Bus van Andelfingen naar Guntalingen (1 x p.u., 1 km). Afhalen na afspraak.

LOSONE

Azienda-bio-agrituristica Monti di Tridèe
Silvia & Roberto Nodari
Ronco s/Ascona, 6616 Losone, Tessin
T   091-791 34 35
F   091-791 34 35
E   nodari.agritur@bluewin.ch
🗣 it, fr, uk

Open: 1 apr-1 okt ♥ H 950m ⓇⒺⓈ verplicht
[🐴]

Boerderij en omgeving

Met prachtig uitzicht over de Zwitserse kant van het Lago Maggiore ligt omringd door groene weiden de biologische boerderij Monti di Tridèe. Op deze kleine boerderij van 7 ha, die door twee mensen wordt gerund, worden groenten, kippen en forellen gekweekt.

Temidden van oude bomen en een heuvel staan drie gebouwen met stenen daken uit 1766, die in 1996 zijn gerestaureerd en rustiek ingericht. Het eerste gastenverblijf bestaat uit een driekamer woning (40 m2) voor maximaal zes personen. Op de benedenverdieping een open haard en een keuken en een steile trap naar boven. Daar is een slaapkamer voor twee personen en een kleinere slaapkamer met twee stapelbedden. Tuinterras en barbecue zijn aanwezig. De tweede vakantiewoning is

een tweekamer woning (30 m2) in een klein huis ernaast, geschikt voor twee (jonge) mensen. Op de benedenverdieping is de woonkamer met houtoven en keuken, douche en toilet. Er is een zeer steile trap naar de eerste verdieping, waar een twijfelaar en een eenpersoonsbed staan. Tuinterras aanwezig. Groente, eieren en forellen van eigen kweek zijn op de boerderij te koop.

In de omgeving kunt u heerlijk wandelen op gemarkeerde wandelpaden. In Arcegno is een Biotoop en overal om de boerderij heen zijn beschermde plantsensoorten aanwezig. In Brissago-Insel in er een botanische tuin (7 km). U kunt een bezoek brengen aan Ascona (7 km) en Locarno (10 km) en het romantische Verzascatal (40 km). Voor musea en theater kunt u in Locarno en Versico terecht. In Locarno is ook een filmfestival en in Ascona diverse muziekfestivals. Zwemmen kan in een zwembad of een meer, beide 7 km van de accommodatie.

🛶7 🎣7 🚣10 🛶10 🏊

🏠 2x, ⚑ 10x, Prijs op aanvraag

Route

🚗 7 km NO van Losone. Vanuit Locarna-Losone-Arcegno 1,6 km richting Ronco s/Ascona tot busstation 'Gruppaldo', rechts richting 'Monti', 4 km bergopwaarts naar parkeerplaats, 15 min. lopen (lift voor bagage).

🚆 Trein naar Locarno, bus naar Ronco s/Ascona tot halte 'Gruppaldo', 4 km bergopwaarts naar parkeerplaats (zie boven).

MERGOSCIA

Vera Ramseyer & Marco Klurfeld
Cà di Ciser, 6647 Mergoscia, Tessin
T   091-745 27 54
F   091-745 65 28
E   cadiciser@bluewin.ch
🗣 it, uk   demeter

Open: hele jaar ⛷ ⛸ H 800m ⓇⒺⓈ
verplicht 🐎

Boerderij en omgeving

In een typisch Tessiner boerendorpje met huizen van steen, ingebed in een zeer oorspronkelijk landschap van terrassen, stroken, muren en beekstroompjes ligt de boerderij van Verena Ramseyer en Marco Klurfeld. Vanuit de boerderij heeft u een prachtig uitzicht op het Verzasca-meer en het bovenste deel van het Lago Magiore. De boerderij werkt sinds 1985 biologisch en stapte in 1989 over op een biologisch-dynamische bedrijfsvoering. Er worden kippen, eenden en bijen gehouden. Op de boerderij worden druivensap, wijn, grappa en honing gemaakt. Meehelpen bij het hooien of de druivenoogst is altijd bespreekbaar.

U verblijft in een van de twee zeer karakteristieke (meer dan 200 jaar oude) vakantiewoningen. Zij hebben elk een eenvoudige, maar prima inrichting en bieden een mooi uitzicht op de omliggende meren. Het ene huis is geschikt voor maximaal 16 personen. Deze woning heeft een grote woonkeuken en drie slaapkamers. Het tweede huis is geschikt voor maximaal vier personen en heeft twee slaapkamers. U kunt de woningen voor minimaal een week boeken. Voor schoonmaak en beddengoed wordt een extra bedrag in rekening gebracht. Groenten, druivensap en wijn zijn afhankelijk van het seizoen te koop op de boerderij. In Locarno vindt u de dichtstbijzijnde natuurwinkel, in het dorp zelf is er een restaurant en een supermarktje.

De accommodatie is een ideaal vertrekpunt voor kleine of grotere wandelingen.

Er zijn vele mogelijkheden, vraag de eigenaren ernaar. Voor cultuur gaat u naar Locarno of Ascona, waar vele musea, concerten, filmfestivals en theaters te vinden zijn. Zwemmen kan in het meer of in het overdekte bad (11 km).

🏊 🚣11 🎣11 🛶11 🚴11 ⛰15 ❄9 🎿

🏠 2x, ♦ 20x, Prijs op aanvraag
🏚 🛏2x, ♦ 20x, Prijs op aanvraag

Route
🚗 11 km N van Locarno. Snelweg richting Chiasso, afslag Bellinzona-Süd, richting Locarno, afslag Tenero, rechts richting Kreisel, rechtdoor naar Contra-Mergoscia. In Mergoscia bij postkantoor links, na 200 m rechts, 100m naar links en na 150m parkeren, 100 m lopen (laatste huis rechts).
🚆 Trein naar Locarno, bus 24 naar Mergoscia. Bushalte op 500m.

OBERWIL-LIELI
Gutsbetrieb Litzibuch
Katharina & Matthias Hürlimann-Siebke
Litzibuch, 8966 Oberwil-Lieli, Zürich
T   044-251 00 88
F   044-251 00 87
E   huesie@bluewin.ch
W www.litzibuch.ch
🍴 de, uk, fr, ru

Open: hele jaar 🍽 🍴 H 590m (RES)
verplicht [🍴]

Boerderij en omgeving
Op nog geen 12 km van Zürich ligt de boerderij Litzibuch midden tussen de bossen en natuurgebieden. Naast het aanbieden van een vakantieplek heeft deze boerderij nog drie andere functies: landbouw, een paardenpension en het huisvesten van een bureau voor ecologie en landbouw. In samenwerking met de universiteit worden er op het terrein van Litzibuch allerlei innovatieve projecten op het gebied van de ecologische landbouw uitgevoerd. Het terrein bestaat uit 30 ha akkerbouw en veeteelt en 11 ha bos. Op verzoek worden er rondleidingen gegeven op de boerderij of kunt u mee met een botanische/natuur-wandeling, onder andere om het aboretum te bekijken.
U verblijft in een gemoedelijke gemeubileerd chalet uit 1936. Dit chalet heeft in totaal vijf kamers. Er is een woonkamer met tegelfornuis, een werkkamer en drie slaapkamers met in totaal zes bedden. De keuken is ingericht met enkele noodzakelijke voorraden. Tuinmeubels, wasmachine, een parkeerplaats, spelletjes, boeken en telefoon staan tot uw beschikking. Het is mogelijk om paard te rijden op de boerderij. De kinderen mogen meekijken bij het voeren van de dieren. Ook zijn er voor kleine kinderen diverse kleine dieren, een grote zandspeelplaats en een klein buitenbadje aanwezig.
De omgeving is zeer geschikt voor wandelen en fietsen. U kunt een bezoek brengen aan het bekende Reusdal of de 'Uetliberg'. De kerk van Oberwil en het oude stadscentrum van Bremgarten en Zürich zijn ook de moeite waard. Binnen een à twee uur bereikt u de eerste bergen van de Alpen. Voor cultureel aanbod kunt u terecht in Zürich en Luzern. Watersport kan op verschillende meren op 5, 12 of 45 km afstand. Zwemmen kan op 5 km van de accommodatie.

🚣 ⛰ 🏊 🛶10 🎣4 🚵5 🐟 🎣15 🚴5 ❄77 🎿

🏠 5x, ♦ 7x, hpw CHFrank 400

Route
🚗 12 km NO van Zürich, 2 km W van Oberwil. A1 vanaf Zürich of Bern/Basel; bij kruising A4 richting Udorf, afslag 28 Urdorf Süd. Via Birmensdorf naar Lieli AG, bij restaurant "Hirschen" naar links (Hofstrasse), links aanhouden, 1 km naar boerderij.
🚆 Centraal station Zürich S-bahn no. 9 naar Birmensdorf, bus richting Berikon-Widen tot Lieli Dorf (nog 1,5 km). Afhalen kan op afspraak.

VOGORNO
Azienda Montana Odro
Marlis Solèr & Jean-Louis Villars
Odro, 6632 Vogorno, Tessin
T   091-745 48 15
E   odro@bluewin.ch
W www.odro.ch
🍴 de, fr, it

Open: hele jaar 🍽 🍴 H 1240m (RES)
verplicht [🍴]

Boerderij en omgeving
Boerderij gelegen boven Vogorno in het Verzasca-dal met uitzicht op het Lago Maggiore en het Lago di Vogorno, midden in een onbedorven berglandschap. Het gebied is beschermd (jacht)gebied, dus er mag geen vrij verkeer plaatsvinden. Op de boerderij wordt op een kleinschalige manier geiten, ezels en kippen gehouden en er zijn katten en een hond. De eigenaren nodigen u uit om geheel weg van uw eigen jachtige leven met hen mee te genieten van de ongerepte natuur om hen heen.
U verblijft in eenvoudige Alpenhutten, die niet geschikt zijn voor kinderen onder de 5 jaar. U kunt de hutten op basis van zelfvoorziening voor minimaal een week huren. Alpenhut Tic-Zot heeft 3 tot 4 slaapplekken op zolder en een bedbank voor twee personen. Er is een ingerichte keuken met een houtoven en koud stromend water. Ook is er een gemeenschappelijke woonkamer; de verlichting komt van petroleumlampjes. Alpenhut Serta heeft een twijfelaar, kinderen vanaf 12 jaar slapen gratis in het hooi (slaapzak meenemen). Sanitair is in

het huis van de eigenaren. Verder is er een houtkachel en een keukentje. Daarnaast is er nog een slaapzaal met stapelbedden voor maximaal 16 personen. Hier zijn geen kookmogelijkheden. Meewerken op de boerderij mag. Er staat een bibilotheek tot uw beschikking. Geitenmelk, zelfgemaakte geitenkaas, eieren en vlees worden, indien voorradig, aan gasten verkocht. Op verzoek wordt er ontbijt, lunch of avondeten geserveerd.

Deze accommodatie is een geschikte uitvalsbasis voor heerlijke bergwandelingen. Er zijn diverse routes uitgezet. Ook kunt u onder begeleiding van een gids op pad gaan. Klimcursussen zijn ook mogelijk. Voor cultuur kunt u naar Locarno of Bellinzona. Kinderen kunnen ook in de directe omgeving heerlijk spelen.

🏖 |◉| 🛋 🌊

🏠 3x, 🛏 22x, Prijs op aanvraag
🎒 🛏3x, 🛏 22x, Prijs op aanvraag

Route

🚗 15 km N van Locarno. Snelweg afslag Bellinzona-Süd, richting Locarno, dan naar Verzascatal en Vogorno. 50m na 'Ristorante Pizzo Vogorno' rechts bergpad op en parkeren, te voet bordjes volgen.

🚆 Trein via Bellinzona naar Locarno, postauto naar Valle Verzasca-Sonogno tot in Vogorno, halte: pizzeria Pizzo Vogorno, te voet bordjes volgen.

WALTENSBURG

Hotel Ucliva
Alfred Kral
7158 Waltensburg, Graubünden
T   081-941 22 42
F   081-941 17 40
E   info@ucliva.ch
W   www.ucliva.ch
🗣 de

Open: hele jaar (RES) verplicht ♿

Hotel en omgeving

Op 500m van de eerste stoeltjeslift bevindt zich hotel Ucliva. Dit hotel blinkt qua bedrijfsvoering uit door uitgebreid rekening te houden met het milieu en is bovendien kindvriendelijk. De kamers zijn zo veel mogelijk afgewerkt met onbehandeld hout en in het restaurant zijn regionale en biologische maaltijden verkrijgbaar. De energie wordt opgewekt door zonnepanelen en een installatie die werkt op houtsnippers. De kamers hebben extra grote balkons om eventueel buiten te mediteren of gewoon lekker een boek te lezen.

Het hotel heeft 72 bedden, verdeeld over 22 kamers. De meeste kamers zijn voor 3 tot 5 personen en bevinden zich in het hoofdgebouw. In het naastgelegen gebouw bevinden zich vier kamers, waarvan twee kamers met badkamer rolstoelvriendelijk zijn ingericht.

Op de eerste plaats kunt u vanuit dit hotel heel veel sportieve activiteiten ondernemen. In de winter kunt u voor de deur beginnen met skieën of snowboarden. Ook kunt u heerlijk wandelen; zo is Val Frisal, een mooi natuurgebied, een goede bestemming voor uw dagtocht. U vindt in de omgeving nog veel overblijfselen uit de Romeinse tijd. Er is een interessante oude kerk in Waltesburg. In Ilanz vindt u een regionaal museum, waar u kunt zien hoe de mensen in deze streek vroeger leefden.

🏖 |◉| 🛷 🅢 🛋 ⛷ 🌊5 🎿10 ❄0,5 🏂

🛏 22x, 🛏 72x, Prijs op aanvraag

Route

🚗 40 km van Chur. N3/N13 via Chur en dan 'Kantonsstrasse' naar Flims-Ilanz-Disentis. Afslag Waltensburg/Andiast.

🚆 Vanuit Chur met de RB (Rhätischen Bahn) richting Disentis/Mustér tot Ilanz, postauto naar Waltensburg.

CH
A

CH
A

FOTO'S: OOSTENRIJKS TOERISTENBURO

Oostenrijk

De Oostenrijkse bergen vormen het perfecte decor voor een geslaagde vakantie. Schitterende vergezichten, overweldigende natuur, glasheldere riviertjes en hoge watervallen maken wandelen in dit land tot een feest. De keuze is groot; er zijn ruim 50.000 km gemarkeerde wandelroutes in alle moeilijkheidsgraden.

Oostenrijk is ruim twee keer zo groot als Nederland. Er wonen ruim acht miljoen mensen, waarvan 1,6 miljoen in de hoofdstad Wenen. Dwars door het land lopen de Alpen, met als hoogste punt de Grossglockner in Karinthië (3797 meter). De bergen maken Oostenrijk tot een van de populairste wintersportgebieden van Europa. Je kunt er skiën, langlaufen, maar ook miljoenen jaren oude gletsjers beklimmen (die dagelijks centimeter voor centimeter voortkruipen over de berghellingen).

In het oosten van het land is het minder bergachtig, met bossen en bouwland op glooiende hellingen. Het klimaat hangt af van de hoogte waar je je bevindt; in

de lagere delen is het 's zomers lekker warm en zijn de winters redelijk zacht. In het zuiden, onderaan de berghellingen, heerst een bijna mediterraan klimaat. Oostenrijk telt ongeveer 90 meren. Vooral het stroomgebied van de Traun is rijk aan meren waaronder de Attersee, het grootste Alpenmeer van Oostenrijk. De miljoenenstad Wenen ademt een sfeer uit van nostalgie die doet herinneren aan de Habsburgers, de componist Johann Strauss en het paleis Schönbrunn. Verder zijn er vele theaters en musea. Ook Salzburg is één van de mooiste culturele steden van Europa, tevens geboortestad van Wolfgang Amadeus Mozart. Innsbruck is bekend als wintersportplaats en was in 1964 en 1976 gastheer van de Olympische Winterspelen.

Accommodaties
Vakantie op de boerderij is uitermate populair in Oostenrijk. De grote, veelal

traditionele boerderijen bieden vaak een zee van ruimte en daardoor volop mogelijkheden voor toerisme. Het beeld van de grote houten huizen, met overhangende dakrand en balkons vol met rode geraniums, spreekt velen tot de verbeelding. En de geur van koeien die soms nog in het woonhuis, traditioneel boven de stal gebouwd, hangt voegt alleen maar iets toe aan een authentieke vakantie-ervaring. Een groot deel van de biologische bedrijven die accommodatie aanbieden is aangesloten bij de organisatie 'Urlaub am Bauernhof'. Gasten kunnen hier o.a. huisgemaakte, biologische levensmiddelen aanschaffen. Verder mag er binnen meestal niet gerookt worden.

Een deel van de Oostenrijkse accommodaties in deze gids is aangesloten bij het 'Österreichisches Umweltzeichen', het milieukeurmerk van de Oostenrijkse overheid voor toeristische bedrijven. Deze logeer- en kampeeradressen moeten voldoen aan een uitgebreide lijst met criteria en worden regelmatig gecontroleerd. De criteria omvatten onder andere: afvalverwerking, energie- en waterverbruik, gebruik van natuurlijke bouwmaterialen, biologische producten in de keuken en sociale voorzieningen voor het personeel. Dit keurmerk is er overigens niet alleen voor plattelandsaccommodaties en het kan dus zijn dat u in hartje Wenen een hotel treft met dit certificaat.

(Biologische) landbouw

Oostenrijk is nog steeds een voorloper op het gebied van biologisch boeren. Na een grote golf van omschakeling van gewone landbouw naar biologische landbouw midden jaren '90, waarbij het

aantal bedrijven met 1800 steeg, vond er tussen 2001 en 2003 een tweede bloei plaats, waardoor er nogmaals 700 biologische bedrijven bij kwamen. Sinds het begin van 2003 werkten biologische organisaties aan een complete reorganisatie van de situatie in Oostenrijk. Bestaande parapluorganisaties werden samengevoegd en vervangen door één nieuwe associatie: BIO-Österreich. Advies, kwaliteitsmanagement, productmanagement, onderzoek en innovatie, consumenteninformatie, marketing en nog veel meer wordt nu beter en efficiënter georganiseerd waardoor boeren en verwerkende bedrijven een betere service krijgen en consumenten meer veiligheid en kwaliteit. BIO-Österreich heeft zijn kantoor in Wenen. Biologische producten herkent u in Oostenrijk aan het BIO-Österreich keurmerk.

Natuur(bescherming)

Oostenrijk is met 38% bos één van de bosrijkste landen van Europa. De begroeiing van de berghellingen verschilt door de temperatuurverschillen. Tot 800 meter zijn er veel akkers en weiden. Boven de 800 meter zijn er veel loofbomen en de naaldwouden zijn nog wat hoger gelegen. De boomgrens wordt bereikt na 1800 meter hoogte. Daarboven beginnen de alpenweiden (Matten). In de winter liggen de weiden onder de sneeuw, maar in de lente verschijnt een zeer gevarieerde begroeiing met felle kleuren. U kunt dan edelweiss, anemoon, viooltje, alsem, zeeroos, vuurlelie en sneeuwroos tegenkomen. Hoger dan 2200 meter groeit geen gras meer:

op de kale rotsen zijn er alleen nog wat mossoorten en vetplantjes.

De dierenwereld sluit in veel opzichten aan bij die van Zuid-Duitsland en Zwitserland. In de Oostenrijkse bossen leven herten, reeën, wilde zwijnen, vossen, dassen en eekhoorns. Af en toe wordt een bruine beer gezien. De lynx en de wilde kat zijn door de mens in de Oostenrijkse natuur gebracht. Oostenrijk heeft 39 natuurparken die als voornaamste doel hebben het bijzondere landschap te behouden en het tevens aantrekkelijk te maken voor bezoekers door middel van wandelpaden, fietsroutes en rustplaatsen. Informatiecentra, cursussen, tentoonstellingen, themawandelingen en rondleidingen zorgen ervoor de bezoeker iets leert over de natuur. Tevens zorgen de natuurparken ervoor dat de bevolking ook meeprofiteert van de toeristeninkomsten door middel van arbeidsplaatsen, verkoop van natuurproducten en verhuur van accommodaties.

ANNABERG

Mandlhof
Fam. Höll
Annaberg 3, 5524 Annaberg, Salzburg
T 06463-81 46
F 06463-81 46
E info@mandlhof.at
W www.mandlhof.at
📞 de

Open: hele jaar ♥ H 824m (RES) verplicht

Boerderij en omgeving

Boerderij gelegen in een schitterend bergomgeving met alpenweiden en een eigen kruidentuin, geheel ingericht naar het inzicht van de heilige Hildegard van Bingen, een Duitse theologe, mystica, componiste en heelster (1098-1179). De boerderij heeft een traditioneel uiterlijk, in overeenstemming met de regio. In het interieur is veel hout verwerkt.
Er zijn voor gasten diverse appartementen beschikbaar die onderling verschillen wat het oppervak betreft. Alle appartementen hebben een keuken, douche en bad. Verder is er een hobby- en massageruimte, een solarium en een sauna met lichttherapie voor de gasten beschikbaar. Er zijn diverse mogelijkheden om te ontspannen of te sporten. In Annaberg (1 km) kunt u uw inkopen doen.
Naast de boerderij ligt een zwembad en vanaf de boerderij kunt u 's zomers wandeltochten maken door het bosrijke en heuvelachtige landschap of klimmen in de bergen. 's Winters kunt u skieën op een van de vele skipistes die het gebied rijk is. Deze hebben een totale lengte van meer dan 20 km en variëren in moeilijkheidsgraad. Ieder jaar valt er ruim voldoende sneeuw; de gemiddelde sneeuwhoogte is 200 cm in de bergen en 145 cm in het dal. U kunt in Annaberg de postbus nemen. Deze brengt u naar het iets verder gelegen skioord Abtenau.

🏠 6x, 🎵 19x, hpw € 302-738

Route

🅰 59 km ZO van Salzburg. 1 km van Annaberg. A10, afslag Golling an der Salzsach, B162 langs Abtenau en vervolg weg tot Annaberg.
🚆 Trein van Salzburg naar Golling, bus naar Annaberg.

SCHOPPERNAU

Appartement Karin
Karin Beer
Halde 395 , 6886 Schoppernau, Vorarlberg
T 05515-29 66
F 05515-296 64
E urlaub@diebeers.at
W www.diebeers.at
📞 de

Open: hele jaar H 850m (RES) verplicht
❌ 🐕

Accommodatie en omgeving

De accommodatie ligt aan de rand van het Bregenzer woud, temidden van weilanden, heuvels en bergen, op de zuidelijke helling van Schoppernau. Zowel exterieur als interieur zijn traditioneel en geheel in de stijl van de regio. Veel hout is verwerkt binnen in het gebouw (vloeren en plafonds). Diverse maatregelen worden in acht genomen om zoveel mogelijk de natuur te ontzien. Het appartement heeft dan ook behalve het milieukeurmerk vier Edelweissbloemen.
Alle vier appartementen zijn voorzien van een keuken, douche/bad, toilet en een tv. Uw kleren kunt u laten wassen of zelf reinigen als dit nodig is na een ski- of wandeltocht. Een aparte ruimte is aanwezig om uw kleren te laten drogen. Indien u dit wenst kan iedere ochtend voor vers brood worden gezord. Kinderoppas is mogelijk. Voor de kleintjes is er op het terrein een speeltuin. Bij de accommodatie is er de mogelijkheid tot paardrijden en kunt u volleyballen en voetballen. Indien u dit wenst kunt u rondgeleid worden op de accommodatie.
In Schoppernau (maar ook direkt naast de deur) kunt u 's winters skieën, 's zomers wandelen (met of zonder gids), rotsklimmen, paardrijden, zwemmen en fietsen. Mocht u 's avonds geen zin hebben om in uw eigen keuken te koken, dan kunt u dineren in een van de vele restaurants in Schoppernau. Op nog geen 300m van uw appartement kunt u zich laten bedienen. Inkopen kunt u doen in de op loopafstand liggende supermarkt of biologische winkel. Beiden niet verder dan 10 minuten te voet.

🏠 4x, 🎵 12x, hpw € 420-420

Route

🅰 45 km ZO van Bregenz. In Bregenz de B190 nemen en voor u Dornbirn binnenrijdt naar links de B200 op tot Schoppernau.
🚆 54 km ZO van Bregenz. Neem de bus van Bregenz naar Schoppernau.

SCHOPPERNAU

Gästehaus Willi
Adelhelm Willi
Oberdorf 273 , 6886 Schoppernau, Vorarlberg
T 05515-24 93
F 05515-24 93
E willi@au-schoppernau.at
📞 de

Open: hele jaar 🔥 ❌ 🐕

Accommodatie en omgeving

Boerderij met een modern exterieur en een combinatie van modern en traditioneel interieur, in de traditie van de regio. De boerderij ligt in een dorp maar wordt echter omgeven door weilanden, heuvels, bergen en bossen. Op de boerderij worden allerlei milieumaatregelen in acht genomen. Afval wordt zoveel mogelijk beperkt of opnieuw gebruikt. Met water en energie wordt zuinig omgesprongen, er wordt biologisch getuinierd, gebruik gemaakt van afbreekbare schoonmaakmiddelen en voorlichting gegeven aan de gasten. U kunt zich als u wilt op de boerderij laten rondleiden.

U verblijft in een van de vijf kamers, die in totaal 12 mensen kunnen herbergen. U deelt tv, wasmachine en koelkast met andere gasten; op uw eigen kamer heeft u een eigen keuken, bad en toilet. Bij uw verblijf op de boerderij is het ontbijt inbegrepen. De maaltijden die u kunt bestellen zijn biologisch en met producten van het huis, zoals bijvoorbeeld eigengemaakte kaas. Boodschappen haalt u uit de winkel op loopafstand.

Wilt u de omgeving vanaf de boerderij verkennen dan behoort het huren van een paard tot de mogelijkheden. Binnen een afstand van 15 km kunt u zelfstandig, of onder begeleiding van een gids, wandelingen ondernemen om zo de omgeving te verkennen en er van te genieten. Ook kunt u fietsen huren of een partijtje tennis spelen. De stad Bregenz ligt aan de Bodensee en leent zich goed voor zwemmen en watersporten. In de stad zelf zijn diverse musea en enkele beroemde jaarlijks terugkerende festivals.

🛏 5x, 🛌 12x, 2ppn € 20 B&B

Route

🏠 56 km ZO van Bregenz. 30 km Z van Dornbirn. Van Bregenz naar Dornbirn en vervolgens over B200 naar Schoppernau.

🚍 Vanaf Dornbirn bus naar Schoppernau.

CH
A

BAD BLUMAU

Rogner-Bad Blumau
Robert Rogner
Bad Blumau 100,
8283 Bad Blumau, Steiermark
T 03383-510 00
F 03383-510 08 02
E spa.blumau@rogner.com
W www.blumau.com
🌐 de

Open: hele jaar (RES) verplicht ♿

Accommodatie en omgeving

De accommodatie is het grootst bewoonde kunstwerk van de kunstenaar Friedensreich Hundertwasser. Een adembenemend gezondheidspark, met een oppervlakte van 8.500 m², waarvan alleen al 2.724 m² wateroppervlakte. Een uniek gebied met diverse sauna's en zwembaden. Het hoogtepunt is 'Vulkania', een warmwaterbron die bekend staat om zijn geneeskrachtige werking. Het complex wordt opgedeeld in het Stammhaus, het Kunsthaus, de Waldhofhäuser, het Ziegelhaus, het Steinhaus en de Augenschlitzhäuser.

In het Stammhaus is in het voorste deel de administratie ondergebracht, in het achterste deel bevinden zich 47 hotelkamers en onder andere de receptie. Het Ziegelhaus (Baksteenhuis) is opgetrokken uit gebruikte bakstenen van kastelen en boerenhuizen uit de omgeving van Bad Blumau. In het Ziegelhaus zijn 100 hotelkamers en Juniorsuites. Het Kunsthaus kreeg deze naam omdat het sympatiseerde met de fassade van Het Kunsthuis in Wenen (dit is het Mekka van de hedendaagse kunst waar u de werken van de controversiële kunstenaar Hundertwasser kunt bewonderen). In het Kunsthaus zijn eveneens 100 hotelkamers en juniorsuites. In het Steinhaus zijn 59 'eigendomssuites' ondergebracht waarvan de eigenaren de suite weer aan het hotel

mogen verhuren. De acht Waldhofhäuser tenslotte liggen onder de grond maar krijgen licht van een binnenhof of atrium. Zij beschikken over een eigen whirlpool. De Augenschlitzhäuser hebben dezelfde faciliteiten als de Waldhofhäuser. Alle kamers, appartementen en suites zijn door Hundertwasser ontworpen en hebben houten vloeren en meubels.

Het stadje Bad Blumau heeft zijn dorpse karakter bewaard, maar desondanks zijn er veel buitensportmogelijkheden, zoals fietsen, wandelen, tennis, paardrijden. Inkopen kunt in het plaatsje doen of in de 15 km verder gelegen stad Fürstenfeld.

🛏 311x, 🚶 800x, 2ppn € 166 VP
🏠 67x, hpw € 1192-2170

Route

🅿 61 km O van Graz. 15 km N van Fürstenfeld. Van Graz A2 naar Fürstenfeld, in Grosswilfersdorf verlaat u weg via S7/E66 naar Fürstenfeld, Burgauerstrasse naar Bad Blumau.

🚂 Vanuit Graz trein naar Bad Blumau.

EBERSTEIN

Biolandhaus Arche
Ilmar Tessmann
Vollwertweg 1a, St. Oswald,
9372 Eberstein, Kärnten
T 04264-81 20
F 04264-81 20
E bio.arche@hotel.at
W www.bio.arche.hotel.at
🌐 de

Open: hele jaar H 930m (RES) verplicht
♿

Accommodatie en omgeving

De accommodatie ligt temidden van weilanden, bossen en bergen. Het gebouw is een bakstenen landhuis met een interieur waarin veel hout is verwerkt. Er is onder andere gebruik gemaakt van natuurlijke verf, vloeren zijn van hout en linoleum en bedekt met katoenen tapijten waarin diverse motieven zijn aangebracht. Warm water op de kamers wordt door middel van zonne-energie verkregen.

U heeft voor de overnachting diverse mogelijkheden. Er is een vakantiehuis voor vier personen en u kunt op een van de kamers of appartementen in het landhuis verblijven. Voor een goede nachtrust zorgen de gezondheidsbedden. De kamers verschillen qua grootte en comfort; in de appartementen is een kleine keuken. Ontbijt, lunch en diner zijn te verkrijgen op de accommodatie, maar natuurlijk kunt u deze ook zelf bereiden in de kleine keuken waarover sommige kamers beschikken. Uw inkopen kunt u in de directe omgeving doen. Bij de accommodatie is een levensmiddelenwinkeltje. Een supermarkt en een biologische winkel liggen ca. 20 km van Arche verwijderd.

Sportieve mogelijkheden zijn er genoeg op de accommodatie en in de directe omgeving. Wandelen met of zonder gids over uitgezette wandelpaden, skieën, zwemmen, paardrijden en tennis; u kunt hier van alles ondernemen. Na afloop kunt u zich ontspannen in de sauna, een kruidenbad of u laten masseren om de volgende dag weer fit te zijn voor een volgende tocht door de bergen.

🛏 🚶 30x, 1pkpn € 76, 2pkpn € 87 B&B
🏠 3x, hpw € 392-406

Route

🅿 251 km ZO van Salzburg, 20 km NW van St. Veit an der Glan. Van Salzburg naar Villach, naar Klagenfurt over de B317 naar St. Veit an der Glan, B82 richting Brückl en B92 naar Eberstein.

🚂 Trein van Salzburg naar Eberstein. Mogelijkheid gratis opgehaald te worden.

GROSS GERUNGS

Prinzenhof
Martha & Franz Prinz
Kotting Nondorf 6, Gross Meinharts,
3920 Groß Gerungs, Niederösterreich
T 02812-71 93
F 02812-71 93
E prinzenhof@wvnet.at
W www.prinzenhof.at
 de

Open: hele jaar ❤ (RES) verplicht

Boerderij en omgeving

Boerderij van bakstenen en hout gelegen gelegen in een landelijke omgeving, te-midden van bossen en weilanden. Binnen zijn natuurlijke stoffen gebruikt voor de verdere aankleding van de kamers.
U verblijft in een van de twee tweeper-soonskamers of een meerpersoonskamer in de boerderij. Daarnaast zijn er nog twee vakantiewoningen te huur. De vakantie-woningen, die naast de boerderij liggen, bieden meer comfort, namelijk een eigen keuken, douche en toilet. Voor rolstoelge-bruikers zijn voorzieningen getroffen (rol-stoelopgang en aangepaste drempels). Voor kinderen zijn kinderstoelen, -bedden en -badje aanwezig. Kinderen kunnen zich op het bedrijf op diverse manieren verma-ken: zij kunnen meehelpen op het bedrijf, buiten spelen op het hof of binnen als het slecht weer is. Ook worden kinderaktivi-teiten georganiseerd. Behalve een ver-zorgd ontbijt kunt u op deze accommoda-tie ook dineren (biologisch/vegetarisch). De maaltijden worden samengesteld met produkten van eigen bedrijf: groente, fruit, melkprodukten, vlees en verwerkte produkten zoals jam, wijn en honing.
Op de boerderij kunt u zich na uw akti-viteit ontspannen door een kruidenbad te nemen of een sauna met massage in het dichtbijgelegen dorp Gross Gerungs. Hier kunt u ook zwemmen, fietsen huren,

paardrijden of uitgebreid inkopen doen. Deze plaats is ook uitgangspunt voor tochten in de omgeving, begeleid of zelf georganiseerd. 's Winters kunt u overal skiën en langlaufen. De dichtstbijzijnde skilift ligt in het slechts drie minuten ver-der gelegen Kirchbach. Winkels en banken vindt u in Kirchbach en in het iets verder gelegen Gross Gerungs.

🛏 3x, ♪ 6x, 2ppn € 19 B&B
🏠 2x, ♪ 3x, hpw € 196-301

Route

🚗 82 km W van Linz. 6 km O van Groß Gerungs. Vanaf Linz over B38 naar Gross Meinharts.
🚌 Van busstation Linz bus naar Groß Gerungs. Gra-tis ophalen na afspraak.

HINTERSTODER

Prentnergut
Marianne & Johann Pernkopf
Hinterberg 39, 4573 Hinterstoder,
Oberösterreich
T 07564-53 32
F 07564-53 32
E johann.pernkopf@utanet.at
W www.bauernhof.at/
   prentnergut

de

Open: hele jaar ❤ H 450m Ⓡ

Boerderij en omgeving

Landgoed Prentner, gelegen aan het eind van het Stoderdal middenin het Totes Ge-birge, werd al in 1577 in een oorkonde ge-noemd. De huidige bewoners hebben het bedrijf in 1972 van hun ouders overgeno-men. Inkomstenbron is de melkveehoude-rij en de eindprodukten, zoals boter, kwark en kaas die u overigens kunt proeven.

U kunt zowel kamers huren als een vakan-tiewoning met keuken en bad. Alle verblij-ven hebben kindvriendelijke voorzienin-gen. Deze kunnen variëren van commode tot babyfoon en flessenwarmer. Niet al-leen de keuken mag u gebruiken, ook de wasmachine staat tot uw beschikking. Kinderen kunnen dagelijks meehelpen op de boerderij met het rapen van eieren, het voeren van de eenden, het melken van het vee of deze naar de weiden brengen. Zowel in de winter als in de zomer zijn er programma's voor kinderen. Zo worden er wandelingen met hen gemaakt rond het meer met lampions en sprookjesver-halen. De eigengemaakte biologische produkten zijn onderdeel van het ontbijt. Ook biologische maaltijden kunt u tijdens uw verblijf bestellen. Op 5 km vindt u een supermarkt, een biologische winkel en een restaurant.
In de direkte omgeving van het Stodertal kunt u verschillende wintersportaktivitei-ten beoefenen. Zowel overdag als 's avonds kunt u bobsleeën. Dit laatste is beslist de moeite waard om uit te probe-ren. In de zomer kunt u of alleen of onder begeleiding wandeltochten maken. Tot een hoogte van 2000 m kunt u tochten maken via de zogeheten Klettersteige. Ook het bezoeken van het nationale park, de Kalkalpen, behoort tot de mogelijkhe-den.

🛏 6x, ♪ 21x, 1ppn € 31, 2ppn € 24 B&B
🏠 2x, ♪ 7x, hpw € 350-518

Route

🚗 144 km O van Salzburg. 30 km Z van Kirchdorf. Van Salzburg Westautobahn richting Linz A1 op, af-slag Voralpenkreuz (A9) tot afslag Hinterstoder/St. Pankraz.
🚌 Trein van Salzburg naar Sankt Pankraz, postbus naar Hinterstoder.

CH A

HIRSCHEGG

Naturhotel Chesa Valisa
Sieglinde & Klaus Kessler
Gerbeweg 18 , 6992 Hirschegg,
Vorarlberg

T   05517-541 40
F   05517-51 08
E   info@naturhotel.at
W   www.naturhotel.at
🔊 de

Open: hele jaar H 820m (RES) verplicht
[✕] [🐎]

Accommodatie en omgeving

Het natuurhotel, zoals de familie Kessler de accommodatie zelf noemt, is ruim 500 jaar oud en ligt in het toeristisch zeer aantrekkelijke Klein-Walsertal en is een zeer geslaagde combinatie van moderne en traditionele architektuur.

Het hotel heeft drie verdiepingen en ca. 115 bedden die verdeeld zijn over 39 kamers. Het biedt zowel eenpersoons- als tweepersoonskamers die qua prijs per nacht niet van elkaar verschillen. In het hotel is een conferentieruimte met alle benodigdheden van een kantoor, zoals internettoegang, fax en computer. Maaltijden kunt u in de privékeuken maken, maar u kunt u natuurlijk ook laten bedienen. Biologische en vegetarische maaltijden worden voor u bereid evenals veganistische. Heeft u speciale dieetwensen zoals zoutarm, suiker- of vetvrij dan wordt hiermee rekening gehouden. Op de kamer heeft u beschikking over een privé keuken, douche/bad en een privé toilet. Ook is er een tv. Aan kleine kinderen is gedacht en daarom is het verblijf zeer geschikt voor families. Diverse faciliteiten zijn beschikbaar: een commode, kinderbedden, kindveilige stopcontacten, kinderbadje, kinderstoel, speelkamer of speelhoek.

Bij het hotel kunt u zwemmen en kuren. Paardrijden en fietsen is mogelijk vanaf

de accommodatie. Meer mogelijkheden vindt u in de directe omgeving. U kunt tennissen, golf spelen, natuurwandelingen met of zonder gids ondernemen, zwemmen in een meer of in een overdekt of openluchtbad. Inkopen in de supermarkt kunt u doen op slechts 1 km afstand. Voor een biologische winkel moet u iets verder reizen. Deze ligt in Oberstdorf (D) 13 km.

🛏 39x, 🛏 115x, 1ppn € 99, 2pppn € 99
B&B

Route

🔼 76 km O van Bregenz. 12 km Z van Oberstdorf. In Bregenz A14/E60 richting Dornbirn, hier B200 tot Müselbach, bij driesprong richting Lingenau, weg volgen tot Fischen im Allgäu, B19 naar Oberstdorf en weg volgen tot Hirschegg.

🚂 Trein van Bregenz naar Oberstdorf, bus naar Hirschegg.

MARIAPFARR

Pension Suppangut
Josef Prodinger
Pichl 10 , 5571 Mariapfarr, Salzburg

T   06473-82 69
F   06473-82 69
E   josef.prodinger@aon.at
W   www.tiscover.com/suppangut
🔊 de, fr, it, uk

Open: hele jaar 🍽 H 1100m (RES) verplicht
🐎

Boerderij en omgeving

In het bekken van de Lungau met rondom weilanden, bergen en heuvels ligt boerderij en pension Suppangut. In de nabije omgeving liggen beschermde natuurgebieden en landschapsparken. Het interieur is geheel traditioneel en afgestemd

op de regio. Sinds 1982 wordt op de boerderij op biologische wijze gewerkt. Men maakt gebruik van natuurlijke bouwmaterialen. Ook op andere gebieden wordt voortdurend aan de direkte leefomgeving gedacht; er worden waterbesparende en energiebesparende maatregelen in acht genomen en er wordt op biologische wijze getuinierd.

U verblijft in een van de tien kamers in de boerderij. Elke kamer is geschikt voor twee personen. Sommige faciliteiten deelt u met andere gasten, zoals douche, keuken en tv. Voor kinderen is er speciaal kindermeubilair. Bij het ontbijt wordt rekening gehouden met speciale dieetwensen, zoals zoutarm, suiker- of vetvrij. De maaltijden zijn biologisch of vegetarisch en er wordt zoveel mogelijk gebruik gemaakt van de produkten die op de boerderij worden verbouwd. De supermarkt en biologische winkel vindt u op slechts 1 km afstand. Een restaurant vindt u hier ook.

Op de boerderij zijn diverse activiteiten voor jong en oud mogelijk, variërend van fietsen, paardrijden, voetbal en het verzorgen van de dieren (koeien, varkens, kippen). Voor de gasten wordt op verzoek voorlichting gegeven over de natuur en het milieu. In de direkte omgeving kunt uitgebreid wandelen, met of zonder gids, zwemmen of kuren, alles binnen 15 km afstand.

🛏 10x, 🛏 25x, 1pkpn € 26, 2pkpn € 25
B&B

Route

🔼 124 km Z van Salzburg. 2 km ZW van Mariapfarr. Vanaf Salzburg over de A10/E55 naar Mariapfarr tot Sankt Michael im Lungau, links aanhouden en B96/B99 naar Mauterndorf, B95 naar Mariapfarr. Dan de Pfarrstrasse naar Pichl.

🚂 Vanaf Salzburg met de trein naar Pichl.

RAMSAU AM DACHSTEIN

Frienerhof
Claudia & Georg Berger
Vorberg 33, 8972 Ramsau am Dachstein,
Steiermark
T 03687-818 35
F 03687-818 35
E info@frienerhof.at
W www.frienerhof.at
 de, uk

Open: hele jaar ⛟ (RES) verplicht

Accommodatie en omgeving

Traditionele boerderij, omgeven door weilanden en de bergen van Dachstein, waar sinds 1999 op biologische wijze landbouw wordt bedreven. De biologische boerderij heeft als hoofdactiviteiten veeteelt, fruitteelt en bosbouw. Daarnaast worden producten verwerkt, bijvoorbeeld voor uw ontbijt of bij de barbecue. Met het milieu wordt zorgvuldig omgesprongen. Zo zijn er voorzieningen op het gebied van energie, afvalverwerking en worden biologisch afbreekbare schoonmaakmiddelen gebruikt. Binnen is veel hout gebruikt (vloeren, bedden etc). Er worden regionale diersoorten op de boerderij gefokt.
U verblijft in een van de twee kamers in de boerderij op basis van logies en ontbijt. Daarnaast zijn er vijf appartementen te huur. Hier kunt u uw eigen maaltijden bereiden in uw eigen keuken. Alle gasten kunnen gebruik maken van moderne communicatiemiddelen zoals internet en fax. Sportieve mogelijkheden zijn zowel op de boerderij als in de directe omgeving te vinden. Op de accommodatie kunt u fietsen huren, paardrijden en rondgeleid worden over het eigen terrein. Binnen een afstand van 15 km kunt u tennissen, golfen, vissen, bowlen, alpentochten maken, alleen of onder begeleiding van een gids. Honderden klimtochten kunt u maken in de buurt van de hoogste berg van het ge-

bied, de Dachstein (2997m). Aan het eind van de dag kunt u weer tot uzelf komen in de sauna of het Turks bad.

🛏 2x, ⚲ 4x, 1pkpn € 27, 2pkpn € 51 B&B
🏠 5x, hpw € 280-630

Route

🔢 91 km ZO Salzburg. 7 km N van Schladming. A10/E55 richting Bisschofshofen, bij Eben im Pongau B99 naar Radstadt. Bij Pichl richting Ramsau am Dachstein.
🚶 Trein naar Schaldming, verder met bus of taxi (7 km). Afhalen mogelijk na afspraak.

RAMSAU AM DACHSTEIN

Grundlehnerhof
Brigitte & Heinrich Perner
Hierzegg 22 ,
8972 Ramsau am Dachstein, Steiermark
T 03687-812 07
F 03687-812 07
E pernerh@gmx.at
W www.grundlehnerhof.at
 de, es, it, uk

Open: hele jaar ⛟ H 1000m (RES) verplicht

Boerderij en omgeving

De boerderij ligt enigszins afgelegen in een schitterend berggebied met rondom bossen en weilanden. Van buiten ziet de boerderij er traditioneel uit, van binnen is het een mix van modern en traditioneel. Veel hout is gebruikt voor de meubels, de vloeren en de wanden van de kamers. Op de boerderij worden diverse milieumaatregelen genomen: afval wordt op natuurvriendelijke manier verwerkt, natuurlijke bouwmaterialen worden gebruikt en ook het tuinieren gebeurt op geheel biologische wijze. Producten die op de boerderij

voortgebracht worden zijn afkomstig uit de bosbouw- en veeteelt.
De accommodatie is kleinschalig gehouden en de grootste kamer die u zult aantreffen is voor twee personen. Er zijn in totaal vijf kamer voor twee personen. Het ontbijt is bij een overnachting inbegrepen en bestaat uit produkten van eigen makelij zoals jam en honing. Inkopen doen kunt u in Ramsau am Dachstein en u kunt daar ook 's avonds uitgebreid dineren: biologische, vegetarische, regionale en internationale gerechten worden in diverse restaurants geserveerd.
Niet alleen op de boerderij zijn diverse mogelijkheden voor sportieve activiteiten, ook het nabijgelegen Ramsau am Dachstein heeft zo het een en ander te bieden: skiën, langlaufen, wandelen, klimmen, paardrijden, tennis, etc. Na een dag van inspaning kunt u 's avonds bijkomen d.m.v. massage in een van de gezondheidscentra in Ramsau.

🛏 5x, ⚲ 10x, 2pkpn € 25 B&B

Route

🔢 6 km N van Schladming. 2,5 km W van Ramsau. Van Salzburg B159 richting Bischofshofen, B99 richting Radstad, B320/E651 tot Pichl, richting Ramsau am Dachstein, hier richting Schildlehen naar boerderij (laatste stuk heet Herzegg).
🚶 Trein van Salzburg naar Pichl, bus naar Ramsau.

RAMSAU AM DACHSTEIN

Leitenmüller
Anton Stocker
Leiten 83, 8972 Ramsau am Dachstein,
Steiermark
T 03687-813 62
F 03687-824 70
E stocker@leitenmueller.at
W www.leitenmueller.at
🗨 de, uk

Open: hele jaar ⛟ H 950m (RES) verplicht

**CH
A**

Boerderij en omgeving

Traditionele boerderij zowel qua interieur als exterieur gelegen aan de rand van een dorp in het prachtige wandel- klim- en skiparadijs Dachstein-Tauern. Op het kleine bedrijf wordt de produkten van de dieren (melk, vlees) en het fruit uit de boomgaarden verder verwerkt. Van het fruit wordt o.a. wijn en jam gemaakt. Men houdt koeien, varkens, kippen, geiten en eenden. Op ieder gebied wordt rekening gehouden met het milieu, zowel wat het gebruik van materiaal betreft als bij het verzorgen van de dieren.

U kunt kamers of appartementen huren. De appartementen zijn iets luxer ingericht en hebben enkele voorzieningen extra, zoals een keuken. Alle kamers hebben faciliteiten voor kleine kinderen en zelfs oppas is mogelijk. De maaltijden (geheel biologisch) kunt u desgewenst laten maken door de gastvrouw. Heeft u speciale dieetwensen? Dan kan hiermee rekening gehouden worden. U kunt natuurlijk ook gewoon zelf iets koken in uw eigen keuken. Winkels en restaurants vindt u in zowel Ramsau als Schladming. Kinderen kunnen op de boerderij meehelpen de dieren te verzorgen. U kunt op de accommodatie paardrijden en u laten rondleiden.

Wandelen en fietsen rond de boerderij is zeker de moeite waard. Terug op de boerderij kunt u bijkomen van alle inspanningen in de aanwezige sauna of een uitgebreide kuur nemen in vorm van een kruidenbad. Alle zomer- en winteraktiviteiten kunt u in de overweldigende omgeving van de accommodatie beoefenen, of het nu klimmen, skiën of wandelen is.

4x, 11x, 2ppn € 63
3x, 15x, hpw € 66-69

Route

91 km ZO van Salzburg. 7 km N van Schladming. B 159 van Salzburg, voor Bischofshofen B99 richting Radstadt, over E651 tot Pichl, links richting Ramsau, bij driesprong van Vorber links, bij T-splitsing rechts richting Ramsau.

Trein tot Schladming, bus naar Ramsau Leiten, bushalte Kielhuber ligt op 200m.

TÜRNITZ

Biobauernhof Ebnerhof
Elisabeth & Franz Anzberger
Traisenbachrotte 10, Traisenbach,
3184 Türnitz, Niederösterreich
T   02769-83 48
F   02769-83 48 14
E   anzberger@ebnerhof.at
W www.ebnerhof.at
de

Open: hele jaar (RES) verplicht

Accommodatie en omgeving

Gecertificeerde biologische boerderij gelegen in een zeer landelijke omgeving, ver van een stad, met rondom weilanden, bossen en bergen. Het heeft een traditioneel interieur, geheel in overeenstemming met de regio van het land.

De appartementen die u kunt huren verschillen wat grootte betreft, maar nauwelijks qua comfort. Woonkamer, keuken met kooktoestel, wc en douche. Een tweede douche of wc behoort tot de mogelijkheden. Enkele appartementen hebben een balkon. Een appartement staat los, namelijk de "Mühle" (Molen). Deze heeft drie boven elkaar liggende kamers, een woonkeuken en een balkon. De

energie wordt verkregen middels zonne-energie en biobrandstof. De oven in de keuken kan gestookt worden met hout. In alle appartementen is veel hout verwerkt. De accommodatie is zeer kindvriendelijk aangezien allerlei faciliteiten voor hen aanwezig zijn, van kinderbed en -bad tot speeltuin en speelzaal. Op de boerderij kunt u kookcursussen en boscursussen volgen, u kunt zwemmen, rondgeleid worden op het bedrijf en kuren of gezondheidsbehandelingen nemen.

In de nabije omgeving, d.w.z. binnen 15 km afstand, kunt u fietsen huren, wintersporten (onder andere skien en bobsleeën) of wandelen over gemarkeerde wandelroutes. Al uw inkopen kunt u in de supermarkt doen die 5 kilometer van de accommodatie ligt of u laat zich bedienen in het restaurant op gelijke afstand. Een biologische winkel ligt 25 km de boerderij.

7x, hpw € 210-406

Route

140 km ZO van Linz. 6 km Z van Türnitz. Van Linz over de A1 richting Melk, bij Oberegging richting Wieselburg, Scheibbs, Frankenfels, Schwarxzenbach an der Pilach naar Türnitz, hier Schildbachrotte, 3e afslag links, over de Traisen naar dorp.

Trein van Linz naar St. Pölten, overstappen naar Türnitz. U kunt hier gratis worden afgehaald.

CH A

FOTO'S: HONGAARS VERKEERSBUREAU

Hongarije

Met paard en wagen over de poesta, urenlang ontspannen in een hete bron, een folkloreavond bijwonen of u in een internationaal festival van koperensembles storten. Hongarije biedt het allemaal.

Volgens de overlevering gaf de eerste koning van de Hongaren, St. István, zijn zoon de opdracht om buitenlanders gastvrij in zijn hof te ontvangen. Want - zo zei Istvàn - omgang met buitenlanders vergroot je kennis en verbreedt je wereldbeeld. Zo zou gastvrijheid in het land traditie geworden zijn.
Hongarije ligt in het door de Karpaten omringde Donaubekken. Het land bezit het grootste zoetwatermeer van Europa, verrassend genoeg slechts drie tot vier meter diep: het Balatonmeer. Het ligt in Transdanubië, één van de vier streken van de laagvlakte, waaruit Hongarije voornamelijk bestaat. De noordkust van het meer is bergachtig (tot meer dan 1000 m hoog), de zuidkust is vlak met strandjes, aangelegd ten behoeve van bezoekers van de kuuroorden, die de heetwaterbronnen aldaar exploiteren. De zuidoostkust, Kis Balaton, is een moerasgebied met rietvelden. Ten noordwesten van het meer en de Bakonyheuvels ligt de Kis Alföld of Kleine Laagvlakte: een waterrijk gebied dat tevens het grootste woud van Hongarije herbergt. De rijkdom aan bomensoorten - waaronder eiken, beuken en essen - is vrijwel behouden gebleven.
De oorspronkelijke poesta - zandige heidevelden met moerassen en zoutpannen - is nu grotendeels ontgonnen. Wat er nog van resteert, is ondergebracht in twee nationale parken: Hortobágy (80.000 ha) en Bugac (16.000 ha). Vanzelfsprekend mag u een bezoek aan Boeda en Pest, respectievelijk op de hellingen aan de westoever en op de vlakte aan de oostoever van de veelbezongen Donau, niet overslaan. Was de hoofdstad begin jaren '90 hevig in verval, sinds het einde van het communisme heeft de regering voortvarend

aan restauratie van de monumenten gewerkt.

Accommodaties

De in deze gids opgenomen accommodaties zijn even divers als de streken waarin ze liggen: op korte afstand van Boedapest met desalniettemin alle geneugten van het platteland, de poesta of de bergen. Voor elk wat wils. Het aanbod bestaat hoofdzakelijk uit eenvoudige onderkomens op kleine, biologische boerderijen. De eigenaren zetten zich in voor het milieu in het algemeen of voor het behoud van specifieke natuurgebieden.

ECEAT is in Hongarije vertegenwoordigd en krijgt er ondersteuning van de Green Holidays Foundation.

(Biologische) landbouw

Hongarije was het eerste Oost-Europese land dat een biologische vereniging stichtte: Biokultúra. Nog vóór de val van het communisme sloot deze organisatie zich aan bij IFOAM (International Federation of Organic Agriculture Movements). In de jaren '90 heeft ze een Hongaars certificerend orgaan,

Biokontroll, opgezet. Zo'n 450 boerenbedrijven waren in 2000 gecertificeerd, die tezamen 0,5% van het landbouwareaal benutten. Bij deze cijfers is overigens het grote aantal boerderijtjes, dat in eigen levensbehoeften voorziet of producten op straatmarkten verkoopt, niet inbegrepen.

Landbouw is in Hongarije verantwoordelijk voor 8% van de werkgelegenheid en 6,5% van het bnp. In het verleden verhieven de communisten intensivering tot officiële staatspolitiek, wat inhield dat grote delen van de voor landbouw geschikte Hongaarse vlakte werden ontbost cq ontgonnen. Er werden veel chemicaliën gebruikt, het grondwater vervuilde en er trad ernstige bodemerosie op.

Vreemd genoeg begon de productie van biologisch voedsel bij de grote staatsboerderijen, vanwege de goede exportmogelijkheden. Het probleem waar Hongarije nu mee te kampen heeft is dat de exportmarkt voor biologische producten lucratiever is dan de thuismarkt. Die producten zijn immers simpelweg te duur voor de eigen bevolking. Een interne markt kan dus nauwelijks tot stand komen en boeren zijn niet snel geneigd op biologische principes over te stappen.

Een tweede probleem in Hongarije vormt de moeizame gang van zaken rond de teruggave van voormalig genationaliseerd land. Vaak is niet duidelijk wie de eigenaar is. Grote delen van Hongarije liggen dan ook braak.

Natuur(bescherming)

De natuur in Hongarije is nog steeds uiterst gevarieerd. Grootse moerasgebieden en rietvelden bieden beschutting aan tal van trekvogels; zoutpannen zijn begroeid met strandmelde en andere helofyten; heuvels en bergen met naaldbomen of tal van loofboomsoorten. Onder de inheemse diersoorten vallen het Hongaarse grijze rund, de waterbuffel, het Szalonta- en Mangalizavarken, verschillende honden, de bisamrat, bijzondere soorten pluimvee, een zeldzame, levendbarende hagedis en de "blinde kreeft van Abaliget". Zowel flora als fauna hebben zwaar geleden onder de grootscheepse regulering van de Donau en de Tisza, die een gebied als de Grote Laagvlakte ingrijpend heeft veranderd. De inheemse dieren komen nu dan ook alleen nog in de reservaten voor. Hongarije telt momenteel elf nationale parken, veel reservaten en plaatselijk beschermde natuurgebieden. In veel nationale parken vinden echter economische activiteiten plaats. Ook hier geldt dat de pogingen tot privatisering van voormalig genationaliseerd land tot chaos hebben geleid. Sommige oorspronkelijke eigenaren tonen weinig respect voor de natuur en de wetgeving, die er betrekking op heeft. Het gevolg is verdere ontbossing, omploegen van oorspronkelijk weideland en jacht op beschermde diersoorten. Er is nog weinig sprake van goede overheidscontrole. Wel zijn er veel groepen op ecologisch gebied actief, die bezwaar maken tegen deze gang van zaken en nu daadwerkelijk steun krijgen van verschillende overheden.

BIATORBÁGY

Margaréta Bia Camping
András Csillagh
Bethlen Gábor u. 25, 2051 Biatorbágy,
Pest

T 023-31 24 65
F 023-31 17 75
M 030-505 75 24
E biacamping@t-online.hu
W web.t-online.hu/biacamping
hu, de, fr, es

Open: hele jaar H 200m

Camping en omgeving

Deze gastvrije gezinscamping ligt in de groene gordel rondom Boedapest. Biatorbágy is een in wijds, heuvelachtig landschap gelegen dorpje aan de rand van de M1 autosnelweg. Het bezit goede voorzieningen en de omgeving is bijzonder schoon. De locatie biedt het beste van twee werelden: landelijke omgeving en natuur en de stad Boedapest vlakbij.

De camping is door tuinen omgeven. Er zijn 12 staanplaatsen voor caravans en een aantal gloednieuwe kamers in het huis. Bij één van de kamers zit een keuken. Dankzij de gastvrijheid van de eigenaren, die eraan gewend zijn om met buitenlanders om te gaan en verschillende talen spreken, heerst er een vriendelijke, gezellige sfeer. De sanitaire voorzieningen zijn nieuw en schoon. De open haard, de bar en de andere voor gasten opengestelde ruimtes bieden de nodige gezelligheid. In het huis wordt niet gerookt, wel mag u uw hond meebrengen. Reserveren is niet nodig.

U kunt zich aan een spelletje golf of tennis wagen, zwemmen of vissen in het naburige meer of een handje meehelpen op de boerderij.

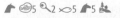

4x, 10x, Prijs op aanvraag
T 12x, 12x, Prijs op aanvraag

Route

25 km W van Boedapest. M1 Wenen-Boedapest. Op rotonde tussen km-paal 13 en 14 afslaan richting Biatorbágy. Vervolgens straten Ország en Szabadság door. 3de straat na viaduct rechtsaf (Jókai Mór), daarna 1ste links (Bethlen Gábor).

Bus Boedapest-Biatorbágy 2x p/u. 5 minuten lopen van bushalte naar camping. Gratis openbaar vervoer voor AOW'ers. Treinstation Biatorbágy op 3 km.

HEGYESD

Sátormapuszta Biogazdaság
Borbála Ware
Sátormapuszta 5, 8296 Hegyesd,
Veszprém

T 087-71 58 19
F 087-71 58 20
M 020-469 91 50
E ware-b@hu.inter.net
W www.falusi.hu/biofarm
hu, uk

Open: 1 mei-1 okt (RES) verplicht

Boerderij en omgeving

De boerderij ligt in heuvelachtig weidelandschap, omringd door bossen. Vanuit de klassieke, uit steen opgetrokken huisjes kijkt u uit op het Hegyesd gebergte en het dal.

De huisjes zijn tussen de 100 en de 200 jaar oud, met recent gerenoveerde interieurs. De tuin bestaat voornamelijk uit gazon. U heeft de beschikking over een overdekte barbecue en een plek voor kampvuur. Bezoekers logeren in één van de drie appartementen, voor respectievelijk 2-4 personen, 5-8 personen en 5-7 personen. De appartementen zijn volledig ingericht - voorzien van een woonkeuken, koelkast en tv - en

---

zijn ook geschikt voor mensen met verminderde mobiliteit. Ontbijt en diner zijn ter plekke verkrijgbaar. Er zijn producten van eigen land te koop en fietsen te huur. De omgeving biedt u legio mogelijkheden voor een actief verblijf. U kunt paardrijden, vissen, windsurfen, zwemmen (meer en zwembad), fietsen, wandelen en u laten rondleiden door de natuur of door het boerenbedrijf.

15 7 15 15

3x, 14x, Prijs op aanvraag

Route

36,4 km W van Veszprém. Route 74 nemen. Tussen Veszprém (35,4 km) en Tapolca (7 km), 3 km na Monostorapáti linksaf bij groen bord met "Hegyesd 500 m". Pad loopt tot aan boerderij.

Bus 2x p/d vanuit Boedapest, 1x p/u vanuit Veszprém (bestemming Keszthely of Tapolca). Bushalte bij afslag Hegyesd. Nog 500 m naar boerderij. Trein tot aan Tapolca, dan verder per bus. Op verzoek kunt u worden opgehaald.

JAKABSZÁLLÁS

Gedeon Tanya Panzió
Zsolt & Tamás Gedeon
Jakabszállás II. kerület 150,
6078 Jakabszállás, Bács-Kiskun

T 076-72 28 00
F 076-70 40 72
M 030-349 77 55
E gedeon@hu.inter.net
W www.gedeon-tanya.hu
hu, de

Open: hele jaar (RES) verplicht

Boerderij en omgeving

Gelegen in het hart van Kiskunsági Nationaal Park, wacht de bezoeker van deze kleine boerderij niets dan rust en vrede.

De omgeving biedt veel juweeltjes aan natuur en cultuur.

De familie Gedeon is eigenaar van de boerderij. De gezinsleden zetten zich in voor het herstel van een 10 ha groot zoutmeer dat onder de UNESCO Biosphere Reserves valt en leefomgeving is van een aantal bedreigde vogelsoorten. Ze hebben geprobeerd van de accommodatie een plek te maken waar gasten zich echt kunnen ontspannen en van de Hongaarse gerechten en cultuur kunnen genieten. U verblijft in één van de twee gebouwen die zijn opgetrokken in de traditionele, perfect op het omringende landschap aansluitende stijl. Het 'Oude Huis' is geschikt voor een wat groter gezin of voor een kleine groep. Er zijn twee tweepersoonskamers, een keuken, woonkamer en badkamer. Het 'Nieuwe Huis' heeft zeven tweepersoonskamers, waarvan er vijf een eigen badkamer hebben. De andere twee delen een badkamer. Er is een restaurant met 30 plaatsen en een bar. U wordt verzocht te reserveren. Graag vooraf melden als u een hond meebrengt.

U kunt een deel van de Grote Hongaarse Vlakte te paard verkennen. Het naburige Kiskunmajsa bezit een warmwaterbron. Voorts kunt u het Ópusztaszer Historical Memorial Park, Cifra Palota in Kecskemét of Bugac Plain bezoeken.

🛏 7x, 🛋 14x, Prijs op aanvraag
🏠 1x, 🛋 6x, Prijs op aanvraag

Route

🔲 18 km Z van Kecskemét. Vanuit Boedapest in ZO-richting. Via 50 of E75/M5 naar Kecskemét. Dan 54 naar Jakabszállás.

🚂 Trein van Kecskemét naar Bugac (Bugaci Kisvasút). In Jakabszállás uitstappen. 10 minuten lopen naar Gedeon Homestead. Indien afgesproken, wordt u op station afgehaald.

KEREKEGYHÁZA

Rendek Eco-Farm
László Rendek
Kunpuszta 81, 6041 Kerekegyháza, Bács-Kiskun
T 076-71 09 62
M 020-386 25 22
E 06703111776@vodafone.hu
W www.naturkultura.hu
🔲 hu, de

Open: 1 mei-31 okt ♥ H 100m (RES) verplicht

Boerderij en omgeving

Rendek Eco-Farm is een knusse, gastvrije plek, waar u van de natuurlijke en traditionele romantiek van Hongarije en de Hongaarse eigen manier van leven kunt genieten. De boerderij ligt midden in de poesta. Hier leeft de rijke traditie voort in de praktijk van alledag. U vindt deze bijvoorbeeld in de natuurlijke, plaatselijk beschikbare materialen waaruit het huis bestaat: riet-en-klei dak, veel hout en muren van cement en stro. Naast pluimvee, geiten, koeien, een ezel, honden en katten houdt de boer traditioneel Hongaarse rassen als mangalica varkens en racka schapen. Daarnaast verbouwt hij groenten en fruit.

De gecertificeerde, biologische boerderij wordt gerund door een echtpaar van middelbare leeftijd dat tevens een vereniging leidt tot behoud van plaatselijke tradities. Groepen tot twaalf personen logeren in twee ruimtes op de hooizolder. Er is een toilet en een douche met heet water aanwezig. U moet voor uw eigen slaapzak en handdoeken zorgen! Graag van tevoren reserveren. De accommodatie is rookvrij. U mag - na overleg met de eigenaren - uw hond meebrengen.

Bezoekers krijgen vers bereide etenswaren en dranken. U kunt zich toeleggen op paardrijden en rijden met paard en wagen.

Of anders: wandelingen door de natuur maken of naar folkmuziek luisteren. De accommodatie is speciaal gericht op de eco-toerist die de natuur en het plattelandsleven in onverstoorde schoonheid wil ervaren. Op de boerderij worden cursussen gegeven in oude ambachten. Leer bijvoorbeeld een oven bouwen.

🏨 🛏2x, 🛋 12x, Prijs op aanvraag

Route

🔲 15 km NW van Kecskemét. Vanaf Boedapest in ZO richting. Neem M5 of 50. Bij km-paal 68 afslaan richting Kunszentmiklós of op 50 richting Lajosmizse. Volg borden met Varga tanya (traditionele paardenstalling). Vanaf Varga tanya karrenpad door grasland tot Rendek tanya.

🚌 Bus en trein tot Kecskemét, bus tot Kerekegyháza. Bij reserveren vragen of u kunt worden opgehaald.

KOZÁRD

Lacy House and Sunshine House
Márta Hajas
Petofi út 1, Kozárd, 3053 Kozárd, Hograd
T 032-49 00 38
F 032-49 10 76
M 020-365 57 58
E euragro@globonet.hu
W www.agroservice.hu/lacyhouse.htm
🔲 hu, fr, uk, it, ru

Open: hele jaar H 220m 🗙

Boerderij en omgeving

De traditionele boerderij heeft twee cottages te huur; "Lacy House" en "Sunshine House". Lacy House is een gerenoveerd en volgens traditioneel Hongaarse peasant-stijl gemeubileerd huis, speciaal voor diegenen die geïnteresseerd zijn in Hongaars dorpsleven. Er bevinden zich in het huis al-

Ierlei oude huishoudelijke items. Sunshine House is een modern huis. Beide huizen zijn compleet met comfortabele kamers, centrale verwarming en satelliet tv.

Een boerenontbijtmand met lokale producten wordt op verzoek verzorgd. Er is een ruime, overdekte, barbequeplaats. De boerderij verhuurt paarden en u bent uitgenodigd helpen de dieren te verzorgen. De boer heeft een fanatieke hobby: het houden van een speciaal, behaard, varkensras!

In het dorpje heeft de familie en eigen restaurant "Wildflower". Er zijn gemarkeerde wandelroutes en mogelijkheid voor sportvissen.

2x, 14x, Prijs op aanvraag

Route

Neem vanuit Budapest de snelweg M3, afslag Hatvan, via de weg nr 21 naar Szarvasgede, Csécse, Ecseg, Kozárd. Accommodatie staat aangegeven.

Bus vanaf bustation Stadionok in Budapest naar Hollóks. Uitstappen in Kozárd. Trein vanuit station Budapest Keleti naar Pásztó. Vanuit Pásztó een regionale bus naar Ecseg-Kozárd.

ANWB Wegenkaarten

De ANWB Wegenkaarten zijn duidelijk en compleet. Naast de hoofdkaart vindt u extra plattegronden, omgevingskaarten of themakaartjes. In de kaartrand ziet u wegnummers herhaald plus de afstanden tot de volgende stad. Ook aan de handzaamheid is extra zorg besteed (gunstige uitsneden en formaat) zodat u er in de auto nog meer gemak van heeft.

Verkrijgbaar bij ANWB-verkooppunten, boekhandels en warenhuizen.

FOTO: SLOVENIAN TOURIST BOARD, B. KLADNIK

Slovenië

Voor een landje niet veel groter dan de helft van Nederland, biedt Slovenië een vrijwel ongeëvenaarde variëteit aan landschappen en geologische verschijnselen, natuurschoon en cultuur en zelfs aan klimaten. In de noordelijke bergen zijn de winters streng en de zomers regenachtig.

Op de oostelijke plateaus is het klimaat matig continentaal met milde tot hete zomers en vrij koude winters. Langs de 32 km kust aan de Golf van Triëst heerst een mediterraan klimaat. U treft hier dan ook olijf- en palmbomen maar helaas geen zandstranden. De laagvlakte, aan de voet van de Julische Alpen, die de natuurlijke grens met Italië vormen, is beroemd vanwege de talrijke (druipsteen)grotten of "jama's", die in het poreuze kalkgesteente zijn ontstaan. De imposantste grotenstelsels zijn die van Postojna en Škocjanske. Slovenië heeft alles bij elkaar zo'n 7000 grotten, waarvan de diepste 1,3 kilometer de grond in gaat. Het zuidwesten is tevens één van de drie wijnbouwgebieden, die het land rijk is. De andere twee liggen in het heuvelachtige stroomgebied van de Sava in het zuidoosten en in de Pomurje en Panonische Vlakte langs de rivier de Drava in het noordoosten. Het land

tussen de vlaktes in bestaat uitsluitend uit dicht beboste bergketens. Overal bloeien sleutelbloemen, klaprozen, sneeuwballen, klokbloemen, viooltjes en zegge.

De bevolking telt krap twee miljoen mensen en bestaat grotendeels uit Slovenen (88%). Minderheden zijn Kroatiërs, Serviërs, Bosnische Moslims en Magyaren. 52% Van de bevolking woont in steden als Ljubljana, Maribor en Kranj. Het inkomen per hoofd van de bevolking is het hoogste van de nieuwe EU-lidstaten. Ook het opleidingsniveau, de gezondheidszorg

FOTO: SLOVENIAN TOURIST BOARD, B. KLADNIK

en het vervoersnet scoren bijzonder hoog. De cultuur en tradities van Slovenië zijn in sterke mate beïnvloed door Italië en het Habsburge keizerrijk, waarvan het lange tijd deel uitmaakte.

Accommodaties

De grootste toeristische trekpleisters van Slovenië zijn het meer Bled en de grotten van Postojna, hoewel ook de stoeterij van Lipica hoge ogen gooit. Al sinds 1580 worden hier Lipizaners, de bekende dressuurschimmels, gefokt. Echter, waar u ook logeert in dit kleine land, het is altijd op korte afstand van deze locaties.

(Biologische) landbouw

De hoge ligging van Slovenië (meer dan 90% ligt hoger dan 300 meter boven de zeespiegel) is een ernstige beperking voor de landbouwmogelijkheden. Agricultuur vertegenwoordigt dan ook minder dan 10% van de werkgelegenheid en 4% van het BNP. Producten zijn hoofdzakelijk zuivel, wijn en wat gewassen als tarwe, suikerbiet en mais, hoewel (biologische) schapenhouderij sterk in opkomst is. Een gemiddelde Sloveense boerderij heeft een oppervlakte van slechts 5 hectare. De biologische beweging is sinds 1991 heel langzaam op gang gekomen, vanuit de hoek van moes- en volkstuiniers en van aanhangers van de biologisch-dynamische principes van Rudolf Steiner. Verschillende verenigingen werden opgericht, die nu allen zijn ondergebracht in twee organisaties: USOFA (biologisch) en AJDA (bio-dynamisch). Alle leden van USOFA hanteren nu een enkel logo, terwijl AJDA het Demeter-merk toepast. In 1998 werden de eerste 44 boerderijen gecertificeerd, het jaar daarop

gevolgd door 315. Tegelijkertijd werd in Ljubljana een wekelijkse biologische markt gestart, die nog steeds één van de voornaamste verkooppunten voor biologische producten is. Vandaag de dag is de dienstverlening aan de sector, dat wil zeggen voorlichting over en training in biologische landbouw en technologisch onderzoek en dergelijke, nog steeds gebrekkig in Slovenië. Vanwege de hoge lonen in Slovenië kan dit land op de Europese markt niet concurreren op het punt van de prijs. Het moet derhalve andere kansen zoeken haar biologische producten aan de man te brengen. Succes hangt sterk af van het koppelen van toerisme aan biologische koolbouw.

Natuur(bescherming)

In Slovenië wacht u een grote biodiversiteit verspreid over maar liefst een miljoen hectare bos. Er zijn bijna drieduizend boom- en plantensoorten waarvan er zeventig alleen hier voorkomen. Bijzonder zeldzame fauna als de zevenslaper (zo genoemd vanwege zijn zeven maanden durende winterslaap), de grotegel en de grottenolm, een salamander die jarenlang zonder voedsel kan. De Slovenen noemen hem "moèeril". Bekendere bewoners zijn gemsen, steenbokken, mormeldieren, sneeuwhoenders, vossen, wezels en dassen maar ook lynxen, wolven,

wilde zwijnen en een zich uitbreidende populatie bruine beren.

De zorg voor natuur, bos en landschap is zeer goed georganiseerd in Slovenië. Het totaal aan beschermd gebied onder het Natura 2000 programma, de EU-habitatrichtlijn, is met 35% zelfs één van de hoogste van heel Europa. Zo'n honderd NGO's houden zich bezig met de bewustwording dat een goed en zorgvuldig milieubeleid belangrijk is.

Het land kent 69 natuurreservaten, 40 landschapsparken, twee regionale parken en één nationaal park: Triglavski Narodni. Dit beslaat bijna de gehele Julische Alpen. Het omvat niet alleen 's lands hoogste berg (2863 m) maar ook talloze gletsjers, meren, beekjes, watervallen en grotten. Endemische planten- en diersoorten hier zijn de Triglav-roos, de Julische papaver, de Carniolische sleutelbloem, de Carniola lelie, Clusi's gentiaan, Zois' klokbloem, de Soca-forel en de vlindersoort Erebia styx trentae. Vogelaars kunnen vooral uitkijken naar de steenarend, de scharrelaar, het korhoen en de wilde gans.

KOBARID

Žvanc
Lidij Koren
Drežniške Ravne 33, Drežniške Ravne,
5222 Kobarid
T   05-388 53 12
F   05-389 13 10
E   lidija.koren@siol.net
W   www.slovenia.info/zvanc
🗨 si, uk, it, hr

Open: hele jaar H 600m

Boerderij en omgeving

De boerderij Žvanc heeft een prachtig uitzicht over de Socavallei. De familie Koren
leidt een zeer veelzijdig bestaan: behalve
het telen van groente, houden ze schapen
en geiten op een terrein van 8 ha, ontvangen ze gasten in huis, verhuren ze een
huisje en runnen ze een grote camping.
Deze ligt op een afstand van 8 km van
het huis.
De accommodatie bestaat uit twee driepersoonskamers op basis van logies met
ontbijt, evenals een zespersoonshuisje.
Op de camping kunnen ongeveer 120 gasten terecht. Vrijwel al het eten dat wordt
aangeboden is van eigen makelij. Denkt u
aan melkproducten, vleeswaren, versge-
bakken brood, traditionele stoofschotels
en delicatessen als štruklji (gekookte
deegrolletjes met kwark en zure room).
De eigenaren geven korting op de over-
nachtingsprijs aan mensen die met de
fiets of het openbaar vervoer komen.
De boerderij is een prima uitvalsbasis voor
dagwandelingen en langlauftochten van
twee tot acht uur. In het bijzonder is de
Kozjakwaterval het bezoeken waard. De
boerderij ligt op de Kobaridroute, waar je
de geschiedenis van de regio 'op de voet'
kunt volgen, vanaf de prehistorie via de
'brug van Napoleon' en een gerestaureerd
deel van het front van de Eerste Wereldoorlog tot het heden (kijk op: www.lto-so-

tocje.si/english). De regio is rijk aan tradities. Het carnaval bijvoorbeeld, wordt hier
uitbundig gevierd.

🤽 📷 🚣 🛶 🎿 🚲 ⛰ ❄ 🥾

🛏 2x, 🛏 6x, 2ppn € 13 B&B
🏠 1x, 🛏 6x, 1ppw € 154
⛺ pppn € 8

Route

🔺 55 km Z van Kranjska Gora. Neem weg 206 richting Trenta Na Logu. Linksaf naar 203 naar Bovec. Na
21 km rechtsaf. Dan Kobarid - Drežnica - Drežniške
Ravni; eerste bord bij Napoleons brug in Kobarid.
🚌 Op verzoek wordt u opgehaald van vliegveld,
trein- of bustation.

LJUBNO OB SAVINJI

Visocnik
Viktorija Visocnik
Ter 54, 3333 Ljubno ob Savinji
T   03-584 17 05
F   03-584 17 05
M   051-32 50 84
E   mvisocnik@volja.net
W   www.slovenia.info/visocnik
🗨 si, de, hr

Open: hele jaar 🍴 H 1121m

Boerderij en omgeving

De grote boerderij Visocnik ligt hoog in
de alpenweiden met een panoramisch
uitzicht op de omringende bergtoppen.
De boerderij ligt op bijna 1000 m hoogte;
het kan 's avonds dus flink afkoelen.
De boerderij biedt voor haar gasten drie
kamers met ontbijt aan (maximaal acht
personen) en een appartement voor
vijf personen. Als u altijd al heeft willen
weten hoe het is om op een ouderwetse
ecologische boerderij te leven, grijp dan
hier uw kans. De familie leert u graag de
kneepjes van het boerenleven in de Alpen.

Daar hoort ook de keuken bij met zoveel
mogelijk verse producten van het land. Zo
maakt u bijvoorbeeld onder begeleiding
echte savinjski želodec (gedroogde vleeswaren), žlinkrofi (dumplings) of allerlei
lokale toetjes. De accommodatie leent
mountainbikes uit. Ook nemen de eigenaren u mee op excursie in de omgeving.
De liefhebbers mogen gerust een dagje
meehelpen op de boerderij.
Vanuit de accommodatie kunt u wandelingen maken naar diverse bergtoppen,
zoals Mozirje, Golte, Smrekovec, Komen,
Raduha, etc. Op 10 kilometer afstand is er
een skistation genaamd Golte. In de buurt
zijn er mogelijkheden om paarden te huren, te vissen en te raften.

🤽 🚲 🔍 🎣 ⛵ 🏔 ⛰ ❄ 🥾

🛏 3x, 🛏 8x, 2ppn € 25 B&B
🏠 1x, 🛏 5x, hpw € 357

Route

🔺 Vanuit Kamnik provinciale weg nr 225 richting
Zgornje Stranje. Via Gornji Grad naar Radmirje. Hier
links op weg nr 428 richting Ljubno ob Savinji. Volg
bewegwijzering naar Ter. Hier is accommodatie
aangegeven.
🚌 U kunt worden opgehaald van bus- of treinstation. Eventueel is afhalen van het vliegveld mogelijk.

MOJSTRANA

Psnak
Janez Lipovec
Zgornja Radovna 18, 4281 Mojstrana
T   04-589 11 52
F   04-589 11 52
E   psnak@s5.net
W   www.slovenia.info/psnak
🗨 si, uk, de, it, hr

Open: hele jaar H 750m

H
SLO

Boerderij en omgeving

De boerderij biedt een kamer aan en drie appartementjes. De boer heeft 20 ha land en is biologisch imker. Genoeg honing op brood dus! Zijn vrouw maakt lekker eten klaar. Haar specialiteiten zijn zelfgemaakte worstjes, žganci (een polentarecept) en dkrapi (donuts van boekweitmeel).

De boerderij ligt op 750 meter hoogte in de Radovnavallei middenin het Triglav National Park. De boer kan u meenemen met de hooiwagen langs de gemarkeerde Culturele Route die voor het huis loopt. U kunt ter plekke fietsen huren en langs de valleitjes van Krma and Kot gaan en de waterval van Pericnik bezoeken. Langere wandelingen zijn te maken naar de Julische Alpen en de Triglav.

In de omgeving is een tennisbaan en er zijn goede mogelijkheden voor zwemmen en vissen. In de winter kunt u er skiën en schaatsen.

🛏 1x, ⌗ 2x, 2ppn € 16-21 B&B
🏠 3x, ⌗ 11x, hpw € 378-471

Route
🚗 17 km NW van Bled. Neem de snelweg (A2/E61) richting Oostenrijk. Verlaat de snelweg na 10 km ter hoogte van Hrusica Jesenice, en rijdt verder via de 201 naar Mojstrana (7 km). Hier vindt u verder borden voor de "Tourism Farm Psnak".
🚌 U kan op verzoek worden opgehaald van een trein- of busstation of zelfs van het vliegveld.

SOCA

SOCA
Pri Plajerju
Stanka Pretner
Trenta 16a, 5232 Soca
T   05-388 92 09
F   05-388 92 09
E   indo@eko-plajer.com
W www.slovenia.info/plajer
💬 si, uk, de, it, hr

Open: hele jaar ♥ H 580m

Boerderij en omgeving

De familie Pretner heeft een grote boerderij op een vlakte aan de rand van het bos, met fraai uitzicht op het riviertje de Soca. Op een terrein van 12 ha houden de eigenaren geiten- en schapen. Er is dagelijks dus verse melk te verkrijgen!

Voor gasten zijn een driepersoonskamer en ook drie appartementen met in totaal acht bedden beschikbaar. De familie maakt ontbijt en eventueel ook diner voor u klaar. Ze hebben lekkere salami en andere vleeswaren maar op verzoek cateren ze ook voor vegetariërs. 's Avonds kan het prachtig zijn om heel gewoontjes buiten te zitten en te luisteren naar het geklater van het riviertje. De familie kent mooie verhalen en lokale legenden die zij graag delen met de gasten. 's Zomers kunt u in het riviertje vissen of zwemmen. Voor kinderen zijn er speelmogelijkheden.

De bergen en de rivier nodigen uit tot actieve vakanties. U hebt de keuze uit bijvoorbeeld wandelen, paardrijden, mountainbiken, paragliding, wildwatervaren, kajakken, en vissen, allemaal in de directe omgeving. 's Winters is het mogelijk om vanaf de deur aan een langlauftocht te beginnen. Het huis is gelegen in het Triglav Nationale Park. Het informatiecentrum van dit park is slechts een kilometer van het huis. Op een afstand van 4 km is een botanische rotstuin te bezichtigen.

🛏 1x, ⌗ 3x, 2ppn € 17 B&B
🏠 3x, ⌗ 8x, 1ppw € 105

Route
🚗 24 km Z van Kranjska Gora. Weg van Kranjska Gora naar Bovec tot in dorpje Trenta. In dorp, voor brug over riviertje Soca afslag Soca nemen. Bord volgen.
🚌 Meerdere bussen per dag naar Trenta. Op verzoek wordt u van bushalte opgehaald.

SOLCAVA
Majdac
Anica Klemenšek
Podolševa 10, 3335 Solcava
T   03-839 49 40
E   anica.klemensek@siol.net
W www.slovenia.info/majdac
💬 si, uk, de, it, hr

Open: hele jaar H 900m

Boerderij en omgeving

Deze boerderij munt uit in rust en ruimte. Hoog gelegen (900 m) met aan alle kanten vrij uitzicht op mooie bergen hoort u 's zomers niets anders dan het zoemen van de bijen en het zingen van de vogels. Er zijn vijf melkkoeien en tal van kleinvee. Fruit en groente van de boerderij zijn biologisch.

De familie verhuurt drie kamers in de boerderij en een apart gelegen appartementje voor maximaal tien personen, 500 meter hoger op de alpenweiden van Grohot. Uw gastvrouw, Anica, verwent u met traditionele gerechten als Sloveense salami, Savinjski želodec (gedroogde vleeswaren), kwark, potica (notenbrood) en alle mogelijke variaties van zoete noedels, Sloveense donuts en apfelstrudel. Desgewenst gaat u 's ochtends op stap met een knapzak vol met huisgemaakte lekkernijen. U bent uitgenodigd om eens een handje te helpen met het dagelijkse boerderijwerk. Op de boerderij kunt u mountainbikes huren en leren boogschieten.

Er is een fietsroute door de hele Logarska-Dolinavallei. In de winter kunt u bij de boerderij sleetje rijden op speciale slee-hellingen. Ook staat er een paard klaar om een grote slee te trekken. In de buurt zijn skimogelijkheden. Interessante dorpjes dichtbij zijn Ljubno, Luce, Solcava, Igla, Robanov kot en Matkov kot. Binnen een afstand van 15 km is er een sauna een

**H
SLO**

overdekt zwembad, tennisbaan, vismogelijkheden, paragliding en deltavliegen.

🛁 🍷 🚠 🚡 ✳ ⛷

🛏 6x, 🍴 13x, 2ppn € 17 B&B
🏠 1x, 🍴 10x, 1ppw € 406

Route
🚗 Neem in centrum van Solcava afslag richting bergen. Na paar km bord met Majdac volgen.
🚌 Bus naar Solcava (3 x p.d.). Daar wordt u op verzoek opgehaald.

SOLCAVA
Lenar
Avgust Lenar
Logarska dolina 11, 3335 Solcava
T   03-838 90 06
F   03-838 90 03
E   tk.lenar@siol.net
W www.slovenia.info/lenar
🗨 si, de, uk, it, hr

Open: hele jaar H 780m

Boerderij en omgeving
De boerderij van de familie Lenar ligt in
het hart van de Logarska-Dolinavallei. Ze
hebben 200 ha terrein op de alpenweiden en houden hier koeien, paarden en
kleinvee.
Er zijn voor gasten vier kamers te huur
met eigen douche. Verder is er een sauna
en voor de kinderen een speelterrein. De
eigenaren kunnen adviseren over activiteiten in de omgeving en hebben veel
materiaal te huur, waaronder fietsen. Op
verzoek spannen ze 's zomers de paarden
voor een wagen en nemen ze u mee op
een tochtje.
De familie kent de traditie en gewoontes
van de Solcava-regio erg goed. Ze zijn de
aangewezen personen om als gids op te
treden en excursies te regelen; wandeltoch-

ten door het natuurpark, paardrijden met
de paarden van de boerderij, mountainbiken, paragliding, deltavliegen, vissen en in
de winter skiën, langlaufen en schaatsen.
In de buurt is ook nog een tennisbaan en
zwembad. Als u op het juiste tijdstip komt,
mis dan niet de jaarlijkse sledehondenraces
en langlaufwedstrijden.

🛁 🚴 🏄 🛶 🔍 🎣 🚶

🛏 4x, 🍴 9x, 2ppn € 19 B&B

Route
🚗 Vanuit Solcava via weg 428 richting Robanov
Kot. Na paar kilometer linksaf de Logarska-dolina-
vallei in. Na 5 km richtingaanwijzers voor boerderij
"Lenar".
🚌 De boer kan u op verzoek ophalen van het vlieg-
veld, bus- of treinstation.

SOLCAVA
Perk
Neža Krivec
Logarska dolina 23, 3335 Solcava
T   03-584 71 20
M 041-28 24 85
E   perk@email.si
W www.slovenia.info/perk
🗨 si, uk, de, hr

Open: hele jaar H 1230m

Boerderij en omgeving
Deze grote ecologische boerderij van 160
ha is hoog in de bergen. Hier is frisse lucht
en rust in overvloed. De familie Krivec verhuurt vier kamers en zijn zeer gastvrij.
Het wordt zeer geapprecieerd als u belangstelling toont voor het boerenleven
en u wordt aangemoedigd om zelfs mee
te werken. De familie weet alles van wilde
kruiden. Er kan een excursie georganiseerd worden om ze te plukken en uit te
leggen waar ze voor dienen. Regionale

gerechten worden geserveerd met producten van eigen bodem. Er zijn speciale
speeltoestellen voor kleine kinderen.
In de omgeving kunt u paarden huren, vissen, paragliden en een sauna nemen. In
de winter kunt u er skiën en langlaufen.

🛁 🍷

🛏 4x, 🍴 12x, 2ppn € 17 B&B

Route
🚗 40 km NW van Mozirje. Volg vanuit Mozirje de
rivier bergopwaarts via Luce ob Savinji en Socava
naar Logarska Dolina. Vanuit Logarska Dolina zijn er
borden naar Pavlicevo Sedlo waar de accommodatie duidelijk staat aangegeven.
🚌 Er is een ophaalservice van bus- en treinstation
en vliegveld.

SOLCAVA
Ramšak
Helena Krivec
Podolševa 13, 3335 Solcava
T   03-584 60 50
M 051-26 42 03
E   ramsak.krivec@email.si
W www.slovenia.info/ramsak-krivec
🗨 si, uk, hr

Open: 20 dec-20 okt ❤ H 740m

Boerderij en omgeving
Op een zonnige vlakte aan de voet van de
berg Olševa, staat de 36 ha grote biologische boerderij van de familie Krivec.
Voor gasten zijn er drie kamers met in totaal
zeven bedden. De prijs is inclusief ontbijt. U
kunt hier ook het avondmaal gebruiken.
Gastvrouw Helena biedt u als specialiteit
gezonde en culinaire ervaringen. Alle verse
producten in haar keuken zijn van biologische en lokale herkomst. Diverse Sloveense
traditionele gerechten kunnen hier ge-
proefd worden, zoals likrofi, štruklji (zoete

dumplings) and žganci (polenta met melk). Verder kunnen hier zelfgemaakte kaas, vruchtensappen, jams, kruiden, gedroogd fruit en theeën gekocht worden. De boer laat u graag kennismaken met werken en leven op een Sloveense boerderij en met andere boeren in de omgeving.

Er zijn meer dan dertig lokale culturele en ecologische attracties, waaronder twee bekende bergen, de Olševa en Raduha. Dichtbij staat een eeuwenoude taxusboom. De accommodatie ligt op een gemarkeerd fiets- en wandelpad. Ook zijn er speciale klimhellingen en paardrijmogelijkheden. In de winter kunt u hier uitstekend allerlei wintersporten beoefenen.

 3x, ◪ 7x, 2ppn € 15 B&B

Route
⚠ Neem in centrum van Solcava, direct naast centrale brug, de afslag. Als u dorpje Podolševa bereikt ziet u bord naar boerderij naar links.

🚍 Vanuit Celje bus naar Solcava (3 à 4 x p.d.). Ophalen mogelijk indien van tevoren doorgegeven.

SOLCAVA
Žibovt
Martina Policnik
Logarska dolina 24, 3335 Solcava
T   03-584 71 18
E   kmetija.zibovt@volja.net
W www.slovenia.info/zibovt
💬 si, uk, de, hr

Open: 15 apr-15 okt ☙ H 1100m (RES) verplicht

Boerderij en omgeving
De boerderij Žibout ligt middenin de alpenweiden, niet ver van de Oostenrijkse grensovergang "Pavlicevo Sedlo" met een prachtig uitzicht op de Alpen van

---

Savinjske. Er worden zes kamers verhuurd in verschillende gebouwen. Een nieuw huis is gebouwd volgens de karakteristieke stijl van de regio. Verder zijn er historische gebouwen zoals een drooghuis, een graanmolen en een zagerij op waterkracht.

De Policniks zijn een boerenfamilie die werken volgens ecologische principes. Vrijwel alles wat ze in de keuken gebruiken is van eigen land. Vooral aan melkproducten is geen gebrek. De jonge kaas, kwark, yoghurt en karnemelk kunnen ook aan huis worden gekocht. De accommodatie is een goed startpunt voor lange wandelingen. De familie maakt op verzoek een knapzak voor u klaar.

In de omgeving kunt u paarden en fietsen huren. 's Winters kunt u skiën en langlaufen.

 6x, ◪ 13x, 2ppn € 23 B&B

Route
⚠ 40 km NW van Mozirje. Volg vanuit Mozirje de rivier bergopwaarts via Luce ob Savinji en Socava. In Logarska Dolina is de accommodatie aan dezelfde weg op nummer 24.

🚍 Er is een busverbinding naar het gehucht Logarska Dolina via Socava.

TOLMIN
Pri Lovrcu
Boncina Marija
Cadrg 8, 5220 Tolmin
T   031-54 83 83
W www.slovenia.info/prilovrcu
💬 si, uk, de

Open: hele jaar ☙ H 700m

Boerderij en omgeving
De boerderij Pri Lovrcu ligt vlakbij het prachtige kleine dorpje Cadrag op een hoogte van 700 meter, omgeven door de heuvels van Tolminsko. Het is een melkveebedrijf met het Biodarkeurmerk voor biologische landbouw. Op 25 hectare wordt onder meer zelf kaas geproduceerd, meestal een soort zoutige kwark. Voor eigen gebruik telen de eigenaren ook groente en hebben ze een boomgaard met noten- en fruitbomen. Ze maken zelf most en cider en stoken hun eigen perencognac.

De familie verhuurt twee appartementen, elk met vier slaapplaatsen. Ontbijt is bij de prijs inbegrepen. Alle producten van eigen land of makelij kunt u proeven en kopen. Desgewenst kunt u ook meewerken op de boerderij, bijvoorbeeld met melken en kaasmaken.

In de buurt kunt u uitstekend wandelen: de boerderij ligt middenin het Nationale Park Triglav. U kunt de Razor beklimmen en de bronnen en watervallen van het riviertje de Tolminka bezichtigen. In de zomer kunt u in het riviertje poedelen of zwemmen. In de buurt zijn er mogelijkheden voor paardrijden, paragliding, deltavliegen, boogschieten, kajakken en vissen. Een overdekt zwembad is in de buurt. In de winter zijn er skimogelijkheden.

⚽ ♨ ≺ ⤳ ▲ ❄ ❄ 🎿

🏠 2x, ◪ 8x, 1ppw € 300

Route
⚠ 36 km N van Nova Gorica. Weg 103 richting Kobarid en Kranjska Gora tot aan Tomin. Afslaan naar 102 richting Cadrag. Boerderij na 7 km.

🚍 Met bus tot Tomin en dan taxi (7 km).

TRŽIC

Špan
Slavka Meglic
Potarje 3, 4290 Tržic
T 04-594 50 45
E span3@siol.net
W www.slovenia.info/span
si, uk, de, it, hr

Open: hele jaar H 750m

Boerderij en omgeving

De familie Meglic hebben een boerderijtje van 20 ha in het gehucht Potarje, niet ver van Tržic, en verhuren twee kamers en twee appartementen. Ze staan bekend om hun gastvrijheid en kookkunsten. Ze bakken bijvoorbeeld het brood zelf en houden op verzoek rekening met uw dieet.
Ter plekke kunt u fietsen, skiën en sleeën huren. Voor kinderen is er een speeltuintje en tafeltennistafel.
In de omgeving kunt lange wandelingen maken door de bergen met namen als Konjšcica, Javornik, Košuta, Kriška Gora, Stegovnik, and Storžic. Heel interessant is de bergkloof genaamd "Dolžan". Dit is een vindplaats van internationale bekendheid van fossielen uit het Perm, de laatste periode van het Paleozoïcum. In de winter kunt u volop skiën en langlaufen.

👥 🍽️

🛏️ 2x, 🛏 4x, 2ppn € 17 B&B
🏠 2x, 🛏 8x, 1ppw € 77

Route

🚗 30 km O van Bled. Neem E61 richting Kranj en na ongeveer 20 km de 101/E652. Na 10 km rechtsaf naar Pristava. In Pristava linksaf naar Tržic. Borden volgen naar Potarje en "Tourism Farm Špan"
🚌 Op verzoek wordt u opgehaald van het bus- of treinstation of van het vliegveld.

VIPAVA

Abram
Anita & Božo Jež
Nanos 6, 5271 Vipava
T 050-61 81 11
F 050-61 81 11
M 050-33 20 02
E abram@butn.net
W www.abram-si.com

Open: hele jaar 🍴 H 920m (RES) verplicht

Boerderij en omgeving

De boerderij 'Abram' herbergt een professioneel pension. Toch is het nog steeds een echte, ecologische, boerderij met 40 ha weidegrond. De boerderij ligt op 930 meter hoogte op het 'Nanosplateau'. Als het helder weer is, is de Adriatische Zee te zien! Als één van de weinige ECEAT-accommodaties in Slovenië voorziet de boerderij in eigen elektriciteit door middel van zonnecellen en een windmolen.
Er zijn voor de gasten negen kamers, waaronder drie familiekamers, allen met eigen douche en toilet. Geniet hier in ieder geval van de traditionele Primorska-keuken: minestronesoep, jota (zuurkoolsoep), wild, goulash, gnocchi (dumplings) en paddestoelengerechten. De dieren zijn uitermate geschikt om kinderen met het boerderijleven kennis te laten maken. De paarden kunnen gebruikt worden om op te rijden er is een speeltuintje en tafeltennistafel aanwezig. Er zijn ook fietsen te huur. Van oktober tot maart is de accommodatie alleen op vrijdag, zaterdag en zondag geopend.
In de omgeving is er mogelijkheid voor uitgebreid wandelen, paragliding en deltavliegen, zwemmen en vissen. In de winter kan er skiën en langlaufen.

👥 🍽️ ✈️ 🎣 🎿 ❄️ 🥾

🛏️ 9x, 🛏 24x, 2ppn € 19 B&B

Route

🚗 Neem vanuit Ajdovscina weg 444 richting Vipava. Dan zijn er drie manieren om Nanos te bereiken; (1) via Vipava - Virhpolje - Sanabor of (2) via Podnanos of (3) via Col - Podkraj. Op het Nanosplateau wijst de weg zichzelf naar pension.
🚌 U kunt op verzoek opgehaald worden van bus, trein of zelfs vliegveld.

VISOKO

Pri Šuštarju
Milan Krišelj
Visoko 115, 4212 Visoko
T 04-253 63 40
F 04-253 16 21
M 04-253 16 21
E milan.kriselj@guest.arnes.si
W www.slovenia.info/kriselj
si, uk, de, hr

Open: hele jaar 🍴 H 450m

Boerderij en omgeving

De boerderij "Pri Šuštarju" heeft een fantastische ligging in de Sloveense Alpen met uitzicht op de Krvavec in het oosten tot de Triglav in het westen. Het is een gerenoveerd huis van meer dan tweehonderd jaar oud, met een oorspronkelijke "zwarte keuken" (grote vuurplaats), gewelfde plafonds en een keramische stoof. Voor de gasten zijn er twee appartementen en de zolder is ingericht als slaapzaal voor jongeren. Naast het huis is er een twee hectare grote tuin waar de gasten zelf groente kunnen oogsten. De boerderij levert ook eieren aan de gasten evenals boekweit, speltmeel, lamsvlees, wol en schapenvellen. Dichtbij is er een tennisbaan, voetbalveldje en een veld voor jeu de boules.

H
SLO

In de omgeving is er een keur van sportief aanbod. Op drie kilometer afstand, in Brdo pri Kranj, is waar men een boerderij die paarden verhuurt. In de zomer kunt u in de Kokra-rivier, die naast de boerderij stroomt, zwemmen of vissen als u daarvan houdt. De boerderij is een uitstekend startpunt voor lange wandelingen. In de winter kunt u langlaufen op de hellingen naast het riviertje of skiën in het skistation Krvavec, op 10 kilometer afstand.

Route

⚠ Vanuit Kranj provinciale weg nr 210 richting Visoko. Na centrum van Visoko, 1 km doorrijden naar volgende gehucht. U ziet accommodatie langs weg.

🚌 U kunt worden afgehaald van bus- of treinstation in Kranj, en zelfs van vliegveld.

🏠 2x, ♪ 6x, Prijs op aanvraag
🏨 ▭1x, ♪ 10x, Prijs op aanvraag

● Uit en thuis in de natuur

De ANWB heeft vele natuurboeken, waarmee wandelen of fietsen in de natuur nog leuker wordt. De gidsen zijn rijk geïllustreerd met foto's en tekeningen, waardoor herkennen geen kunst meer is.

H
SLO

GRAHOVO

Logar
Ivanka & Jože Logar
Žerovnica 16, 1384 Grahovo
T 01-709 20 71
F 01-709 20 71
M 031-78 42 32
E logar.katarina@volja.net
W www.slovenia.info/logar
🕮 si, uk, it, hr

Open: hele jaar ☙ H 560m

Boerderij en omgeving

De boerderij 'Logar' heeft een prijs gekregen voor zijn architectuur en ligt in het alleraardigst dorpje Žerovnica, dichtbij het Cerknicameer. Ook het interieur is zeer verzorgd.

Er zijn drie kamers te huur met in totaal acht bedden. De familie biedt allerlei culinaire arrangementen aan. In mei staat een dag in het teken van de asperge, en juni is de maand van de aardbei. In de herfst zijn er vele herfstdelicatessen en in de winter zorgen ze voor een voldoende voorraad van zelfgemaakte vruchtensap, jams, gedroogde appeltjes en ander gedroogd fruit. U kunt deze producten ook rechtstreeks van de boerin kopen. Voor de kinderen zijn er diverse speelmogelijkheden. De boerderij is een startpunt voor mooie wandeltochten. De omgeving biedt verder een heel scala aan sportief vermaak: fietsen, wildwatervaren, paragliding, windsurfen, vissen en bowlen en in de winter, schaatsen, skiën en langlaufen. Toeristische attracties zijn onder meer: de grot "Križna jama", het Kasteel van Snežni, het Nationaal Park "Rakov Škocjan" en de berg "Slivnica".

🕮 ⚓ ⛵ ⊜ ∽ 🚴 ⚑ ❄ 🏂

🛏 3x, 🛌 8x, 2ppn € 22 B&B

Route

🛈 Op snelweg Ljubljana-Razdrto afslag Unec en via Cerknica -Stari naar Grahovo. Hier naar dorpje Žerovnica. In het dorp zijn borden.
🚌 Op verzoek wordt u opgehaald van bus- of treinstation.

PODSREDA

Pri Martinu
Nevenka Šmalcic
Podsreda 47, 3257 Podsreda
T 03-580 61 20
M 041-99 09 22
E martin.smalcic@volja.net
W www.slovenia.info/primartinu ⊛
🕮 si, de, hr

Open: hele jaar ⚓ H 240m (RES) verplicht

Pension en omgeving

De familie Šmalcic heeft 5 ha terrein en verbouwt daar groente, graan en fruit op een ecologische manier. Zij gebruiken dit voornamelijk als ingrediënten voor hun gastronomisch aanbod.

Behalve het verhuren van drie tweepersoonskamers met ontbijt wordt een fantastische keuken aangeboden. Gasten kunnen onder andere in de grote gerenoveerde wijnkelder worden ontvangen. Ze zijn gespecialiseerd in de traditionele Sloveense keuken: geroosterde varkens- en lamsbout, dumplings, brood en cakes van eigen meel, gerechten met zelfgeproduceerde honing en wijn, eigen vruchtensappen, thee van eigen kruiden en zelfgestookte cognacs. Al deze producten zijn ook te koop en worden op kleine marktjes in de buurt verkocht. De eigenaar laat u graag zijn wijngaard (op 7 km afstand in Trebce), Aroniaplantage en kruidentuin zien.

Om te bekomen van de culinaire uitspattingen leent de omgeving zich voor allerlei sportieve uitstapjes; wandelen

en zwemmen en, in de winter, skiën en langlaufen. Podsreda bevindt zich in de directe nabijheid van het regionale park Kozjansko.

⚓ |♥|

🛏 3x, 🛌 6x, 2ppn € 13 B&B

Route

🛈 Rij vanaf Celje richting Sentjur. Rechts afslag Sentjur richting Podsreda. In dorpje Podsreda is accommodatie aangegeven.
🚌 Op verzoek haalt men u op van een bus- of treinstation.

PREVALJE

Mikl
Marija & Stanko Kert
Jamnica 11, 2391 Prevalje
T 02-823 19 85
M 041-842 839
E mikl.kert@volja.net
W www.slovenia.info/mikl

Open: hele jaar

Boerderij en omgeving

Deze boerderij is gelegen op grote hoogte (800 m) en heeft een omvangrijk terrein aan graasweiden voor de koeien (36 ha). Er is een visvijver en de boer houdt bijen. Alles wordt biologisch geteeld en de producten dragen het Sloveense keurmerk Biodar. De boerderij is omgeven door traditionele schuren. De grootvader is een fervent jager en de eigenlijke bijenhouder.

Er zijn drie tweepersoonskamers met ontbijt. Daarnaast zijn er twee luxe appartementjes te huur met keuken, wasmachine en satelliet-tv. Voor de kinderen is er een speelplaatsje met zandbak, wip en glijbaan. Gasten mogen meewerken met de boer om zo te leren over het boerenleven

in de bergen. Op verzoek maakt de gastvrouw niet alleen ontbijt maar ook het avondeten voor u klaar. Uiteraard worden daarbij veel verse, biologische producten van eigen land gebruikt.

Op het meertje kan 's zomers gevist en 's winters geschaatst worden en sleetje gereden. Of u kunt skiën op de Peca. In de directe omgeving is er verder mogelijkheid tot paardrijden, kunt u fietsen huren, wintersporten, tevens is er een tennisbaan, een zwembad en een sauna. Natuurlijk kunnen er ook lange wandelingen of fietstochten gemaakt worden.

🛏 3x, ✍ 6x B&B
🏠 2x, ✍ 9x, 1ppw € 70

Route
🚗 Vanuit Prevalje naar Šentanel neem afslag naar Jamnica op weg op ongeveer 1 km van Šentanel. Na 7 km bereikt u de boerderij.

🚌 Vanaf dichtstbijzijnde bus- en treinstation kunt u worden opgehaald. Neem kontakt op met de boer.

SEMIC
Pecel
Peter Malenšek
Maline 17, 8333 Semic
T 07-306 70 22
F 07-306 77 78
M 040-620 556
E peter.malensek@siol.net
W www.slovenia.info/pecel
💬 si, uk, hr

Open: hele jaar ☙ H 450m (RES) verplicht

Boerderij en omgeving
In het rustieke dorpje Maline, aan de voet van het Gorjancigebergte, bevindt zich de boerderij 'Pecel'. Peter, de boer, is gespecialiseerd in biologische wijnbouw. Hij

maakt en verkoopt rode Metliška Crnina en witte Belakrajina en Chardonnay met het keurmerk Biodar.

Peter verhuurt hier een gerenoveerd boerderijtje van 150 jaar oud, voor vijf personen. In de zomer is het ook mogelijk om in de hooischuur te slapen. Het 'huiswapen' is het paard, waar de eigenaar er genoeg van heeft. Je kan de indrukwekkende paarden huren. Op verzoek neemt hij je mee op een tochtje met de hooiwagen of de paardenkar. Interessant is de verzameling van oude landbouwinstrumenten die Peter heeft aangelegd in de hooischuur. Culinair is er van alles te beleven; De traditionele Sloveense keuken is goed vertegenwoordigd met de vruchtencakes, geroosterd lam en gedroogde vleeswaren. Van eigen productie zijn verder ook de vruchtensappen, wijnen, vruchtenazijnen, gedroogd fruit en zelfs gedistilleerde dranken!

In de omgeving is het gebruikelijke Sloveense Alpenpallet aan sportieve mogelijkheden aanwezig; mountainbiken, wandelen, paragliden, deltavliegen, zwemmen, vissen en in de winter skiën en sleeën.

🏠 1x, ✍ 5x, hpw € 280

Route
🚗 Vanuit Cromelj de 216 richting Lokve. Na ongeveer 3 km rechtsaf via de 421 naar Semic.

🚌 U kunt worden opgehaald van het dichtstbijzijnde trein- of bustation.

ŠMARTNO PRI SLOVENJ GRADCU
Lešnik
Irma Hartman-Javornik
Golavabuka 24,
2383 Šmartno pri Slovenj Gradcu
T 02-885 36 01
M 041-45 33 26
E irma.javornik@guest.arnes.si
W www.slovenia.info/lesnik
💬 si, uk, de, hr

Open: hele jaar ☙ H 700m

Boerderij en omgeving
De familie Lešnik heeft een vrijstaande veelzijdige boerderij op 700 meter hoogte midden in de alpenweiden, dichtbij de Oostenrijkse grens. Er zijn veel boerderijdieren aanwezig: melkkoeien, varkens, een paard, een hond en katten. De boerderij produceert biologische producten die met het keurmerk Biodar worden verkocht.

Ze verhuren een appartement voor vier tot zes personen op hun erf, waar ook traditionele drooghuisjes, twee putten en een beschermde lindenboom staan. De gasten kunnen groente, fruit, melk, en zelfgemaakte cider en brandy proeven en kopen. De familie kan u laten meegenieten van de folktradities via hun speciale cultuurarrangement waarbij toneel-, muziek- en rietkunstcursussen worden verzorgd. Dochter Karmen speelt bijvoorbeeld citer en de zoon Andrej accordeon en trompet. Hun paard staat ter beschikking voor paardrijden en kartochten. De familie laat ook graag zien wat voor medicinale kruiden geplukt kunnen worden tijdens wandel- of fietstochten in de directe omgeving.

In de wijdere omgeving is ook heel wat sportiefs te beleven. Bij de Carinthian Aero Club kunt u parachutespringen, paragliden of deltavliegen. Er is een tennisbaan, een buitenzwembad en bowlen. In de winter kunt je hier langlaufen, schaatsen en op de Kope, skiën.

🏠 1x, ✍ 6x, 1ppw € 56

Route
🚗 Vanuit Slovenj Gradec rijdt u richting Legen, 1 km voor Legen rechts en nog 2 km omhoog rijden. Bewoners in buurt kennen pension Lešnik.

🚌 Meerdere bussen per dag naar Slovenj Gradec. Op verzoek wordt u daar opgehaald.

STARI TRG OB KOLPI

Konda
Helena & Ivan Konda
Dol 6, 8342 Stari trg ob Kolpi
T   01- 894 36 71
F   01-894 36 71
M   041-21 74 94
W   www.slovenia.info/konda
🌐 si, de, hr

Open: hele jaar ♥ H 190m

Boerderij en omgeving

De familie Konda runt een biologisch vee-teeltbedrijfje en kaasmakerij gelegen aan de rivier de Kolpa. De voorouders van de familie waren molenaars; de oude molen staat nog op het erf. Ook staat er een oude zaagmolen en een huisje voor het drogen van de oogst (een zogenaamde 'kozolec'). De eigenaars verhuren drie kamers in hun huis en een appartementje voor vier personen. De boer teelt nog zelf graan, en hun diverse soorten brood en cake zijn dan ook van eigen productie! Ook maken ze zelf salami. U kunt alle maaltijden hier gebruiken. De accommodatie verzorgt diverse speel- en sportmogelijkheden. Er zijn speeltoestellen en er is een tafelten-nistafel. In de rivier kunt u zwemmen, varen en vissen. De boer verhuurt zijn paarden.

In de buurt kunt u goed wandelen en fiet-sen en in de winter langlaufen. Dichtbij is er een pittoreske bron, genaamd 'Bilpa' gevoed met water uit het karstgesteente. Ook dichtbij is de enige nog werkende smid uit de hele Kolpavallei, wiens werk-plaats te bezoeken is. Tenslotte zijn de dorpjes langs de rivier het bezichtigen waard, voornamelijk vanwege de opmer-kelijke kerkjes en het bekende kasteel dat in het verleden door de troepen Napoleon werd vernietigd.

🛁 3x, 🛏 8x, 2ppn € 15 B&B
🏠 1x, 🛏 4x, 1ppw € 77
⛺ T 2x, Prijs op aanvraag

Route

🅰 Op weg van Predgrad naar Descova, na ongeveer één kilometer naar rechts, richting Dol. In het ge-hucht aan einde van deze weg naast rivier.
🚌 Vanaf busstation in Predgrad kunt u opgehaald worden.

ZRECE

Ramšak
Jožica Mernik
Padeški Vrh 2, 3214 Zrece
T   03-752 08 23
F   03-752 08 24
E   tkramsak@siol.net
W   www.ramsak.go.to
🌐 si, uk, de, hr

Open: hele jaar ♥ H 945m

Boerderij en omgeving

De bossen van Pohorje zijn dicht, rijk en aromatisch. De boerderij 'Bij de Ramšaks' staat aan de rand van deze bossen hoog in de bergen. De boerderij huisvest behal-ve koeien, ook paarden en divers kleinvee. De eigenaren Jožica and Anton staan, in het seizoen met de hulp van twee studen-ten, klaar om u van een fijne vakantie te laten genieten.

U kunt hier logeren in één van de zes luxe kamers met bad en balkon. Op verzoek ma-ken ze voor u ontbijt, (meeneem)lunches en diners; alles met zo vers mogelijke pro-ducten van de eigen biologische boerderij. Ze zijn thuis in de traditionele Sloveense keuken maar ze kunnen ook goed vege-tarisch koken en rekening houden met verschillende diëten. In de houtgestookte oven wordt brood gebakken en er worden worsten gemaakt en gedroogd. Er is iedere dag verse melk en karnemelk te krijgen. In de gemeenschappelijke ruimtes zijn moge-lijkheden voor spelletjes, tafeltennis, bad-minton en basketbal. U kunt mountainbikes huren voor een aantal gemarkeerde paden. Natuurlijk zijn er in de omgeving lange wandeltochten te maken. Afhankelijk van het seizoen zijn in de bossen lekkernijen te vinden zoals paddestoelen, bosbessen en kruiden. De boer kan u helpen deze te herkennen. U kunt als u wilt ook een paar dagen meelopen met het boerderijwerk. De dorpjes in de buurt herbergen unieke kerkjes en kloosters.

🛁 5x, 🛏 15x, 2ppn € 22 B&B

Route

🅰 Neem de weg van Slovenske Konjice naar Zrece. Halverwege weg van Zrece naar Rogla, staat de boerderij met bord "Ramšaks" aangegeven.
🚌 U kunt worden afgehaald van het dichtstbij-zijnde dorpje als u van tevoren belt.

Italië

La bella Italia! Het land doet die naam eer aan, dat is zeker. De culturele rijkdom van het land, de fraaie natuur en wereldberoemde keuken maken dat velen hier ieder jaar terugkeren. De grote Italiaanse "laars" wordt in het noorden beschermd door de Alpen en in het midden en zuiden omgeven door de Adriatische en Middellandse zee. Een unieke ligging, die heeft bijgedragen aan de rijke cultuur van het land.

Na de Romeinse tijd was de 13e tot en met de 16e eeuw een periode van grote bloei op het gebied van de kunsten. Michelangelo, Leonardo da Vinci en Petrarca zijn klinkende namen uit die tijd. Wie nu in Italië komt kijkt zijn ogen uit bij het zien van beelden, schilderijen en fresco's. Maar ook tijdens een wandeling door steden als Rome, Florence, Verona of Pisa, wordt men overweldigd door de prachtige bouwwerken.

Italië is een land vol schijnbaar onverenigbare paradoxen: de flamboyante passie van de bevolking tegenover de langzaam malende molens van de overheid en de politiek, de schoonheid van het landschap enerzijds en het nog maar weinig ontwikkelde milieubesef anderzijds en de moderne luxe van het noorden en de sobere landelijkheid van het zuiden. Het geïndustrialiseerde noorden en het agrarische zuiden (de Mezzogiorno) mogen hemelsbreed van elkaar verschillen, beide delen hebben ongelofelijk veel voor de vakantieganger in petto.

In de Ligurische Alpen kunt u trektochten maken langs muildierpaden, in Calabrië zijn dorpjes te ontdekken waar nog Albanees of Grieks gesproken wordt en in Emilia-Romagna kunt u het Etruskische erfgoed bewonderen. Van Bolzano tot Catania vindt u natuur, natuur en nog eens natuur. Aan de oever van het Comacchiomeer in de Po-delta kunt u flamingo's observeren, in de Abruzzen loopt u (een hele kleine) kans om beren of wolven te zien en op Sicilië kunt u de geur opsnuiven van bloeiende citroenboomgaarden en de stammen van eeuwenoude olijfbomen aanschouwen.

Accommodaties

In Italië is het kamperen en vooral het logeren bij de boer, het zogenaamde agriturismo, bijzonder populair. Honderden (wijn)boeren in het hele land bieden vakantiegangers verblijf aan. In vergelijking met veel andere Europese landen is de standaard relatief hoog. Denkt u aan smaakvol ingerichte kamers, een goede keuken en vaak zelfs een eigen zwembad. De klandizie bestaat uit bovenmodaal verdienende toeristen, veelal uit Engeland, Duitsland en Amerika. In deze gids vindt u een kleine selectie van dit ruime aanbod; het grootste deel is verbonden aan biologische boerderijen. Relatief veel adressen bevinden zich in Toscane, Umbrië en Sicilië.

(Biologische) landbouw

De gemiddelde boerderij in Italië is klein, 6,5 ha tegenover een EU-gemiddelde van 18,5 ha. De productiviteit van de landbouw is navenant klein; 9 % van de werknemers werkt in de agrarische sector (waarvan 15 % loonwerkers zijn) terwijl deze 3 % van de rijkdom van het land (bbp) produceert. De Po-vlakte is het meest productieve agrarische gebied van Italië. Ten zuiden van de rivier de Arno is de landbouw het belangrijkste middel van bestaan, met vaak nog een kleinschalig en traditioneel karakter. Naast de veldge-

wassen vormen de boomculturen een typisch element van het cultuurlandschap, denk aan druiven olijven en citrusvruchten.

De biologische landbouw is in de jaren '90 stormachtig gegroeid. Door gunstige subsidieregelingen zijn vooral traditionele boeren met relatief weinig land omgeschakeld. Er zijn nu maar liefst 56.440 biologische boerderijen, die samen 8% van het totale landbouwareaal beslaan. De helft van deze bio-boeren heeft een bedrijf op Sicilië en Sardinië.

De afzetmarkt voor biologische producten ligt voor het grootste deel in Noord-Italië en groeit in de laatste jaren met ca 20% per jaar.

Natuur(bescherming)

De Italiaanse natuur staat helaas behoorlijk onder druk. Tijdens de vogeltrek in het voor- en najaar wordt er naar hartelust gejaagd op alles wat vliegt. Ook zijn er nog maar heel weinig grote roofdieren als beren en wolven overgebleven. Alleen in de Abruzzen bestaat nog een gezonde populatie wolven. Over de monniksrob spreken de bronnen elkaar tegen: komt deze diersoort nou wel of niet meer voor langs de Italiaanse kusten? Nieuwe inzichten omtrent faunabeheer lijken nu langzaam maar zeker door te breken, mede dankzij nieuwe

EU-wetgeving (met name de Vogelrichtlijn en de Habitatrichtlijn) en de inspanningen van non-gouvernementele organisaties zoals de Italiaanse vogelbescherming (LIPU). Omdat veel landbouwgronden niet meer worden bewerkt (op dit moment zo'n 2,5 miljoen ha) is ook de kwantiteit en de kwaliteit van de bossen weer iets toegenomen. Hellingen worden herbebost omdat erosie, gepaard aan zware regenval, in het recente verleden al een aantal keren tot verwoestende modderstromen heeft geleid.

Van het totale oppervlakte van Italië is 23% bebost, maar een groot deel hiervan bestaat uit macchia (lage bomen, bosjes en kreupelhout die de oorspronkelijke steeneikenwouden hebben vervangen). De oude nationale parken (waaronder Stelvio, Gran Paradiso, Circeo en Abruzzo Nationaal Park), die alle in de periode tussen 1922 en 1939 werden gerealiseerd, hebben gezelschap gekregen. Er zijn nu in totaal 21 nationale parken, terwijl er nog drie verwezenlijkt moeten worden. Tezamen bedekken zij bijna anderhalf miljoen hectare, ongeveer 5% van het totale landoppervlak.

Mede dankzij het Wereld Natuurfonds is er in de Ligurische Zee onlangs een walvissenreservaat van 84.000 km2 gekomen. Het beschermde gebied ligt voor de Noord-Italiaanse en Franse kust en rondom het eiland Corsica en de noordkust van Sardinië. In dit gebied komen maar liefst 13 walvisachtigen voor: de gestreepte dolfijn, de gewone dolfijn, de tuimelaar, de gramper, de griend, de potvis, de orka en de gewone vinvis.

BARBERINO VAL D'ELSA

La Spinosa
Gianfranco Ossola
Via Le Masse, 8,
50021 Barberino Val d'Elsa (FI), Firenze
T   055-807 54 13
F   055-806 62 14
E   info@laspinosa.it
W www.laspinosa.it
🗣 it, uk, de

Open: H 180m

Boerderij en omgeving

La Spinosa is een zeer veelzijdig biologisch boerenbedrijf, maar legt zich vooral toe op de biologische wijnproductie. Het ligt in de Scheto-vallei, ongeveer halverwege Florence en Siena in het hart van het Chianti wijngebied. Naast wijn maken ze er ook marmelades, honing, olijfolie en er wordt saffraan verbouwd. Ze zijn actief betrokken bij de duurzame ontwikkeling van de Scheto-vallei en verkrijgen subsidie van de Europese Unie om een natuurpark te stichten. Bij het bedrijf hoort dan ook een flink stuk bosgebied.

La Spinosa heeft negen kamers met in totaal 22 bedden. Gasten hebben een eigen zitkamer en badkamer. Er is een leeskamer waar ook naar muziek kan worden geluisterd en een eetkamer waar gasten alle maaltijden kunnen gebruiken. Daarnaast is er een fraaie tuin met eigen zwembad, volleybalveld en tennisbaan. U kunt meewerken op de boerderij en er worden rondleidingen gegeven in de wijnkelder en bij de wijnproductie.

In het aangrenzende natuurpark kunt u wandelingen maken in de bossen van de Scheto-vallei of wandel- en fietstochten maken op basis van door de accommodatiehouders vervaardigd routemateriaal (er worden fietsen verhuurd). Voor cultuurhistorische verkenningen kunt u naar Siena, van oorsprong een Etruskische

nederzetting en in de Middeleeuwen een belangrijke wedijveraar met het machtige Florence. Veel van het culturele erfgoed is bewaard gebleven, maar de stad moest het vooral afleggen tegen Florence toen het zeer zwaar werd getroffen door de zwarte dood, de grote pestepidemie van 1348. Intussen ontwikkelde Florence zich tot een van de belangrijkste handelssteden ter wereld, waaraan ook nu nog vele landen hun munteenheid ontlenen. In Europa is met de introductie van de Euro die relatie weliswaar beëindigt en nu herinnert alleen nog de Hongaarse Forint aan de glorietijden van Florence.

🛏 9x, 🚪 22x, Prijs op aanvraag

Route

🚗 35 km Z van Firenze. Via Auto Strada A1 tot afslag Florence Certosa in richting Siena tot in Tavarnelle. Hier volgt u borden naar Barberino Val d'Elsa (8 km). In Barberino rechts op Via XXV Aprile naar La Spinosa. Na 2 km onverharde weg bereikt u accommodatie.

🚂 Station Florence of Poggibonsi en bus naar Barberino Val d'Elsa.

CARRO

Ca' du Chittu
Ennio Nardi
Via Camporione, 25, 19012 Carro (SP),
La Spezia
T   0187-86 12 05
F   0187-86 12 05
M 335-803 73 76
E   caduchittu@virgilio.it
W www.caduchittu.it
🗣 it, uk

Open: hele jaar H 400m 🅿 ✉

Boerderij en omgeving

De boerderij Cà du Chittu ligt aan de rand van een natuurlijk bos-amfitheater, bij het dorpje Carro, vlakbij de oostelijke Ligurische kust en in het Regionale Park Bracco en Gottero. Het bedrijf produceert onder het biologische AIAB keurmerk. De bezoekers van het restaurant kunnen van de producten genieten die verwerkt zijn in traditionele Ligurische recepten. Als u zelf wilt koken kunt u biologische groente, fruit en wijn uit eigen tuin ook rechtstreeks van de boer kopen. Er worden met regelmaat kookcursussen gegeven.

Gasten hebben de beschikking over zeven kamers met badkamer en een kleine boerencamping (alleen tenten!). De kamers zijn rolstoelgebruikers-vriendelijk. Er is voor de gasten een boot te huur, evenals fietsen en u kunt hier (leren) paardrijden. U kunt ook uw eigen paard hier stallen. Honden zijn niet toegestaan. Dit is een leuke plek voor kinderen met veel dieren en een speelplek. Ook kunt u op verzoek meehelpen met dagelijkse werkzaamheden op de boerderij.

De omgeving nodigt uit tot fraaie tochten te voet, per fiets en natuurlijk te paard. U kunt bij de boer fietsen huren. Er zijn archeologische vindplaatsen in de buurt en ook de rivier de Vara ligt dichtbij. De stad Varese, en met name de opera, zijn een bezoek zeker waard. Op 45 km ligt La Spezia, een van de belangrijkere haven- en visserijsteden van Italië en tevens een stad met een roemrucht verleden als marinehavenstad in de Tweede Wereldoorlog.

🛏 7x, Prijs op aanvraag
⛺ T 5x, pppn € 6, ptpn € 7

Route

🚗 45 km NW van La Spezia. Op A12 Genua-La Spezia afslag Sestri Levante, richting Casarza Ligure, Velva en Carro. Boerderij is bij Pavareto, in Isolato Camporione nr. 25.

🚂 Ligt op het treintraject Genua-La Spezia vv. Neem contact op met de accommodatiehouders voor het beste uitstapstation en aanvullend vervoer naar de accommodatie.

CELLARENGO

Cascina Papa Mora
Adriana & Maria Teresa Bucco
Via Ferrere, 16, 14010 Cellarengo (AT),
Asti
T 0141-93 51 26
F 0141-93 54 44
E papamora@tin.it
W www.cascinapapamora.it
🔊 it, uk

Open: hele jaar H 320m ⓇⒺⓈ verplicht

Boerderij en omgeving

Cascina Papa Mora is een Piedmontese boerderij uit het begin van de 20e eeuw gelegen tegen de groene heuvels. Men doet aan biologische fruit-, groente- en druiventeelt. De groenten en fruit worden op de boerderij verwerkt tot jam, conserven en sauzen. Daarnaast wordt er wijn (La Caterina, La Vigna 'd Pasqual en Suran) en honing geproduceerd. Cascina Papa Mora is ook een didactische boerderij voor kinderen die kunnen deelnemen aan en leren over de dagelijkse boerderijwerkzaamheden, zoals helpen oogsten, broodbakken en ijs maken.

De boerderij heeft vier gastenkamers voor een, twee, drie of vier personen, allen met eigen badkamer. De kamers zijn ingericht in Engelse stijl met veel hout en een warme sfeer. Er worden volpension 'relaxweken' georganiseerd voor diegenen die toe zijn aan een ontspannende vakantie. Hierbij kunt u genieten van bijvoorbeeld het openluchtzwembad en massage door professionele therapeuten. Tevens zijn er mountainbikes te huur en kunt u (leren) paardrijden. In het restaurant wordt u verwend met onder andere zelfgebakken brood uit de houtoven, ansjovis in hazelnootsaus of zelfgemaakte pasta. Er worden kookcursussen gegeven en uw kunt groente en fruit van de boer kopen.

De eigenaars geven u graag een rondlei-ding op het bedrijf en ook kunnen zij u meenemen op een tocht door de omgeving. De boerderij ligt tussen Turijn, Alba en Asti en is daarom een uitstekende uitvalsbasis voor het bezoeken van deze toeristische en gastronomische toplocaties. Bij het kasteel in Pralormo, enkele kilometers verderop, is jaarlijks een tulpententoonstelling met in het voorjaar meer dan 50.000 bloeiende tulpen!

 5x, 1pkpn € 35 - 40, 2pkpn € 60 - 70 B&B

Route

🚗 30 km ZW van Turijn. Snelweg A21 Turijn-Piacenza afslag Villanuova d'Asti, richting Valfenera. In Cellarengo, voor grote centrale dorpsplein links Via Ferrere in (op de hoek is een bakker), dan borden volgen.

🚆 Trein van Turijn naar Asti vv en uitstappen in Villanova d'Asti of Villafranca Cantera. In overleg met de accommodatiehouders het beste uitstapstation bepalen en voor verder vervoer naar de boerderij.

COSTA VESCOVATO

Cooperativa Valli Unite
Montale Celli, Cascina Montesoro, 1,
15050 Costa Vescovato (AL), Alessandria
T 0131-83 81 00
F 0131-83 89 00
E valli.unite@tin.it
🔊 it, uk, nl, fr, es

Open: hele jaar 🌱 🍴 H 350m ⓇⒺⓈ verplicht

Boerderij en omgeving

De landbouwcoöperatie Valli Unite (Verenigde Dalen) ligt in de heuvels van de Ossona vallei. Er wordt sinds 15 jaar op biologische wijze wijn geproduceerd en verkocht, zoals de Dolcetto, Barbera, Cortese, Bardigà, Vighet, Montesoro, Allegretto en Rosatea. Verder graan, geroosterde gerst, worsten, fruit en groente. Desgewenst kunt u op de boerderij meewerken tegen kost en inwoning.

De twee accommodaties 'Cascina Buia' en 'La Vecchia Posta' behoren tot Valli Unite. Deze twee kleine vakantiehuizen bieden elk plaats aan vier personen en zijn voorzien van twee slaapkamers, een badkamer, een keuken en een woonkamer. Bij de boerderij staan drie caravans met elk vier bedden. Kamperen is ook mogelijk (alleen tenten!). Ook bezit deze coöperatie een mooi gelegen restaurant met plaats voor 60 gasten. Hier worden lokale en biologische gerechten geserveerd. De specialiteit is gerstesoep met verse kruiden. Als u zelf wilt koken kunt u in het boerderijwinkeltje vast iets van uw gading vinden.

De omgeving (heuvels tot 300 m) leent zich goed voor het maken van lange wandelingen. U kunt vanuit deze accommodatie de streek en de mensen leren kennen, die zowel met traditionele methoden als moderne technieken werken. In de omgeving vindt u het interessante kleine stadje Tortona met het 15e eeuwse Guidobono paleis en het gemeentemuseum.

🏠 2x, 🛏 8x
🏕 T 3x, Prijs op aanvraag

Route

🚗 32 km ZO van Alessandria en 14 km Z van Tortona. Op A21 Piacenza-Alessandria afrit Tortona. Dan S35 tot eerste afrit, naar links naar Costa Vescovato-Montale Celli (achter de kerk).

🚆 Per trein Milaan-Genua, halte Tortona, dan bus tot Costa Vescovato-Montale Celli (nog ca 800 m lopen, achter de kerk).

MONTENERO

I Cinque Lecci
Massimo Manetti
Via di Quercianella, 168,
57128 Montenero (LI), Livorno
T 0586-57 81 11
F 0586-57 81 11
E agriturismo@i5lecci.it
W www.i5lecci.it
🔊 it, uk

Open: hele jaar H 300m

Boerderij en omgeving

I Cinque Lecci ligt ongeveer 10 km ten zuiden van Livorno en biedt een schitterend uitzicht op de Middellandse Zee, Elba en bij helder weer Corsica. Op de boerderij wordt olijfolie en honing gemaakt en op biologische wijze groenten geteeld.

Er zijn diverse appartementen te huur voor twee tot vier personen, allen voorzien van keukenhoekje en badkamer met douche. Er is een parkeerplaats op eigen terrein. U kunt hier mountainbikes huren voor een sportieve tocht in het heuvellandschap en voor liefhebbers is meewerken op de boerderij mogelijk.

De boerderij ligt in het natuurpark Masscciuccoli dat zich zo'n 20 km langs de kust van Livorno en Viareggio uitstrekt en bedekt is met bos, wetlands en macchia-vegetatie. Het gebied leent zich uitstekend voor wandelingen. I Cinque Lecci maakt verder deel uit van een regio die zich toelegt op biologische landbouw. In de vele kleine omliggende dorpjes treft u daarover informatie aan (Bibbona en Castagneto Carducci). De belangrijkste stad in de omgeving is Livorno, met als blikvanger de Fortezza Vecchia, een impossante burcht langs de kust ter verdediging van haven en stad. De stad is doorsneden met een zeer verfijnd stelsel van waterwegen en heeft daarom wel iets weg van Venetië. Veel van de overblijfselen van de rijke

periode van het Livorno uit de Renaissance treft u dan ook aan in de wijk Nuovo Venezia.

🛏 7x, 🛏 20x, Prijs op aanvraag

Route

🚗 10 km Z van Livorno. Auto Strada A12 Genua-Livorno, afslag Livorno richting Grosseto tot Montenero. U passeert dorpjes als Montenero en Castellaccio. 500 m buiten Castellaccio rechts afslaan.
🚆 Trein naar Livorno en verder met bus. Neem contact op met accommodatiehouders.

MONTORGIALI

Perucci di Sotto
Barbara Vanzetti & Maurizio Bullini
Podere Perucci di Sotto, 162,
58050 Montorgiali (GR), Grosseto
T 0564-58 03 06
F 0564-58 03 06
M 348-234 73 70
E peruccisotto@interfree.it
🔊 it, uk, fr

CODEX

Open: hele jaar H 350m (RES) verplicht
🚿 [␙]

Boerderij en omgeving

Vrijstaande, oude boerderij uit de achttiende eeuw die op ecologisch verantwoorde wijze is gerestaureerd. Rondom het huis is een grote tuin: hiervandaan heeft u een prachtig uitzicht over heuvels, de zee en het eiland Elba. Op het land worden groente, olijven en veevoer verbouwd. Daarnaast zijn er schapen, kippen, honden en katten.

De accommodatie heeft vier kamers (twee kamers delen een badkamer) en drie appartementen met keuken, gemeenschappelijke ruimte en een wasservice. Alleen halfpension is mogelijk. Kinderen jonger

dan vijf jaar krijgen 50% korting, kinderen van vijf tot tien jaar 30%. De keuken is vegetarisch, desgewenst ook macrobiotisch. De dichtstbijzijnde levensmiddelenwinkel is op 3 km afstand. Aan huis worden onder andere brood uit de houtoven, pecorinokaas, olijfolie en zelfgemaakte volkoreneiernoedels verkocht. Gasten kunnen een rondleiding over het bedrijf krijgen en ook kunt u hier cursussen broodbakken, voetreflexzonemassage of kruidenkunde volgen. In overleg kunt u uw hond meenemen.

De accommodatie ligt midden tussen olijfbomen, kurkeiken en weiden, 3 km van het dorp. Deze plek is een goed uitgangspunt voor wandelingen in het natuurpark Dell'Uccellina en in het park van het Wereldnatuurfonds in de lagunen van Orbetello. Ook kunt u naar de thermale baden in Saturnia en naar de berg Argentario. De zee ligt op 35 km afstand, Grosseto op 25 km. In een straal van 40 km zijn er verschillende middeleeuwse dorpen zoals Pitigliano, Magliano en Montiano.

🛏 9x, 🛏 23x, Prijs op aanvraag
🛏 3x, 🛏 15x, hpw € 630-1120

Route

🚗 Ca 24 km ZO van Grosseto. Van Grosseto ca 18 km richting Scansano tot Bivio di Montorgiali. In dorpscentrum het geelzwarte bord Santuario di San Giorgio volgen. Weg ca 3 km volgen (bij elke splitsing links aanhouden) tot houten hek met 'Perucci di Sotto'.
🚆 Trein tot Grosseto (24 km). Vervolgens de bus naar Montorgiali (3 km).

PIAN DEI GIULLARI

Poggio Gaio
Marta Pecchioli & Giovanni Poggiolini
San Michele a Monteripaldi, 4,
50125 Pian dei Giullari (FI), Firenze
T 055-228 03 48
F 055-22 53 27
E agriturismo@poggiogaio.it
W www.poggiogaio.it
🔊 it, uk

Open: hele jaar

Boerderij en omgeving

Poggio Gaio betekent 'een fijne, kleine heuvel' en dat is ook meteen kenmerkend voor dit Toscaanse landschap, een glooiende lappendeken van olijfboomgaarden, wijngaarden en fruitbomen. De Vino Santo behoort tot de beste wijnen van Toscane en ook de olijfolie uit deze streek is beroemd. Het heeft te maken met de specifieke bodemsamenstelling van dit gebied Monteripaldi dat rijk is aan het Pietraforte gesteente.

De boerderij en de vakantieappartementen zijn gerestaureerd met behulp van oude, bijkans vergeten materialen en technieken, maar zijn voorzien van alle gemakken van deze moderne tijd. Er zijn vier appartementen te huur voor twee tot en met vijf personen. Ze hebben allemaal een eigen badkamer met douche, woonkamer en keuken. Gasten kunnen gebruik maken van het zwembad. Op de boerderij kunt u een keur aan marmelades, vruchtengelei en vruchtensappen krijgen die volgens een strikt biologisch productieproces gemaakt worden. Vers fruit, groente en Toscaans brood zijn er ook te koop. U kunt meewerken op de boerderij tijdens de oogst.

U kunt de omgeving van deze accommodatie verkennen door kanotochtjes over de rivier de Arno of een bezoek aan de natuurparken Stagni di Focognano (zg. wetlands) of het Foreste Casentinesi. Cultuurhistorische uitstapjes brengen u al snel in het zeer nabijgelegen Florence. Deze stad werd in het jaar 59 gesticht door afgezwaaide Romeinse soldaten en betekent letterlijk "moge zij opbloeien". Het is niet helemaal duidelijk of dat nu gold voor de stad, de soldaten danwel beide. In de Middeleeuwen werd deze stad lang geregeerd door het oude koopmansgeslacht Medici die een warme belangstelling hadden voor schilderkunst, beeldhouwkunst, architectuur en literatuur. Getuigenissen daarvan vindt u er te kust en te keur.

5x, 16x, hpw € 625-875

Route

5 km Z van Firenze. Via Auto Strada A1 tot afslag Florence-Certosa en vervolgens richting centrum. Na 5e stoplicht richting Poggio Imperiale Arcetri rechts. In Poggio Imperiale links de Largo E. Fermi nemen en 1e links, Via S. Leonardo. Dan rechts Via Pian dei Giullari en vervolgens links Via San Michele a Monteripaldi.

Trein naar Florence-Santa Maria Novella en bus 36, 37 of 11 naar de Porta Romana, vervolgens lijnbus 38B naar Pian dei Giullari (op 200 m.). Alteratief: taxi vanaf station.

PIEVE DI COMPITO

Azienda Agricola Alle Camelie
Claudio Orsi
Via Della Pieve, 186,
55065 Pieve di Compito (LU), Lucca
T 0583-555 05
F 0583-555 05
E info@allecamelie.it
W www.allecamelie.it
it, uk

Open: hele jaar RES verplicht

Landgoed en omgeving

Het meer dan twee eeuwen oude landgoed Alle Camelie van de familie Orsi is gelegen in een heuvellandschap met olijf-, pijn- en kastanjebomen. Op het landgoed worden olijven verbouwd, camelia's geteeld en wordt olijfolie geproduceerd.

Het oude gebouw is gerestaureerd en biedt plaats aan 18 tot 20 gasten. Er zijn vier tweepersoonskamers met eigen badkamer met ligbad en twee volledig ingerichte appartementen in de villa of de boerderij. Voor gasten is er een wasmachine beschikbaar en een ruimte om te strijken. Honden zijn toegestaan. Ontbijt en eventuele andere maaltijden zijn vegetarisch en biologisch. Een restaurant en winkel zijn op 250 m afstand. Aan huis worden diverse producten verkocht. U kunt cursussen in ontspanning, shiatsu, aromatherapie en Toscaans koken volgen. Er zijn uitgezette wandelingen in de omgeving en voor gasten zijn er fietsen te huur. U kunt ook paardrijden, eventueel met een professionele gids (tegen betaling).

De accommodatie ligt in de driehoek Lucca-Pisa-Florence. In de buurt zijn een aantal middeleeuwse dorpen en de Monti Pisane. U kunt de imposante vestingswerken van Lucca bezichtigen of een uitstapje naar Pisa maken. Achter Lucca ligt het Lago di Massaciuccoli en het gelijknamige natuurpark.

0,5

4x, 8x, Prijs op aanvraag
2x, 9x, Prijs op aanvraag

Route

12 km ZO van Lucca. A11 Florence-Lucca tot afrit Capannori en dan richting Pontedera (S439). In Pieve di Compito op kruising naar Monte Serra en San Andrea di Compito, rechtsaf naar San Andrea gaan tot u borden van Alle Camelie ziet.

Trein naar Lucca (12 km). Weinig busverbindingen. Afhalen na afspraak met accommodatiehouders.

RIPARBELLA

Le Serre
Enrico Rampilli
San Martino, Località Le Serre, 72,
56046 Riparbella (PI), Pisa
T 0586-69 91 00
F 0586-69 91 00
W www.leserrebio.it
it, uk

Open: hele jaar H 100m

Accommodatie en omgeving

Le Serre is een landgoed bestaande uit bosperceel en akkerland waar op biologische wijze groenten, olijven en artisjokken worden geteeld. Het is tevens een varkensfokkerij.

Er is een volledig gerenoveerd landhuis voor gasten beschikbaar met twee vierpersoonsappartementen. Ze zijn ieder 40 m^2 en voorzien van keuken en badkamer. Het geheel wordt van warm water en stroom voorzien door zonnepanelen. Er worden op verzoek warme, vegetarische maaltijden geserveerd met seizoensproducten uit de tuin. U kunt voor de bereiding van uw eigen maaltijden groenten uit die tuin oogsten en verder zijn er eieren en olijfolie te koop. De boerderij beschikt over een zwemvijver, u kunt er fietsen huren en paard leren rijden. In Cecina-Mare worden kano's verhuurd.

De boerderij ligt niet ver van zee en strand (10 km) en is omgeven door prachtige dorpjes waar de tijd bijkans lijkt te hebben stilgestaan. Er zijn veel archeologische vindplaatsen en thermale baden in de omgeving. Aan de kust ligt het WWF natuurpark Padule di Bolgheri, een vogelrijk gebied met natte vegetatie en pijnboombossen. Het is een tamelijk onbekend gebied in Toscane dat nog maar weinig door toeristen wordt bezocht. Belangrijkste grotere stad in de omgeving is Volterra (30 km) met een indrukwekkend Romeins theater daterend uit de 1e eeuw voor Christus. Bekendere steden als Pisa, Siena en Florence liggen op 60 tot 100 km van de accommodatie.

🍽 🏊 ⏵⏵⏵⏵⏵10

🏠 2x, 🛏 8x, Prijs op aanvraag

Route

🚗 62 km ZO van Livorno, 4 km van Riparbella. Auto Strada A12 naar Livorno en vervolgens via SS1-E80

naar Cecina-Nord (San Pietro in Palazzi). Vervolgens over SS68 richting Volterra aanhouden (San Martino) en vervolgens linksaf naar Riparbella.

🚄 Trein via Livorno naar Cecina. Dan richting Salino di Volterra en uitstappen in San Martino. Afhalen vanuit Cecina mogelijk.

SASSETTA

Podere La Cerreta
Vilma Scateni & Daniele Mazzanti
Località Pian delle Vigne,
57020 Sassetta (LI), Livorno
T   0565-79 43 52
F   0565-79 43 52
M 338-185 18 77
E   info@lacerreta.it
W www.lacerreta.it
🏳 it, uk, de

Open: hele jaar ♿

Boerderij en omgeving

Podere la Cerreta ligt in een kleine vallei Pian delle Vigne op zo'n 80 km ten zuiden van Livorno en in de nabijheid van zee en strand. Het boerenbedrijf is er op gericht om oude fruit-, groente- en dierenrassen in stand te houden en voert het AIAB keurmerk. Er zijn wijngaarden, olijvenbomen, diverse fruitbomen, runderen, varkens en bijenvolken. Tevens wordt er gefokt met het oude Maremma-paardenras.

U vindt onderdak in een van de elf kamers in fraai gerestaureerde landarbeidershuisjes die al dateren uit de 18e eeuw en hun authenticiteit niet verloren hebben. U kunt er uitgebreid kennismaken met de regionale Sassetta-keuken die gebruik maakt van streek- en seizoensgebonden producten en een geschiedenis heeft van meer dan 300 jaar kookervaring. Op de boerderij is olijfolie, honing, kaas en confiture te koop.

De omgeving van la Cerreta is afwisselend kastanjebos en macchia-velden (laag, zeer

stekelig en bijna ondoordringbaar struikgewas met veel geurige kruiden, bessen en bloemen) waar bijvoorbeeld brandnetel, jeneverbes en mirte gevonden worden. Met de Maremma-paarden kunt u deze omgeving gaan verkennen. Maar u kunt er ook uitgebreid wandelen en fietsen (te huur). Bezoek aan plaatsjes als Volterra (oude Etruskische nederzetting), Massa Marittima (Europees schildpaddencentrum), de necropolis van Populonia en uiteraard Pisa (op 100 km) met zijn scheve toren is absoluut de moeite waard. Via Piombino kunt u een uitstapje maken naar het eiland Elba, waar u het archipel-natuurpark Toscane kunt bezoeken.

🍽 🏊 ⏵ ⏵⏵⏵⏵⏵15

🛏 11x, 🛏 28x, Prijs op aanvraag

Route

🚗 80 km Z van Livorno. Autostrada A12-E80 tot afslag Rosignano-Marittimo en vervolgens Superstrada E80-SS1 richting Grosseto en Rome. Na 25 km afslag Donoratico en Sassetta en doorrijden tot dorpje Sassetta. Volg vanaf hier de borden naar de accommodatie.

🚄 Trein tot Castagneto Carducci op 15 km, met streekbus tot Sassetta. Vanaf Sassetta kunt u in overleg worden opgehaald.

SOLFERINO

Le Sorgive e Le Volpi
Vittorio Serenelli
Via Piridello, 6, 46040 Solferino (MN),
Mantova
T   0376-85 42 52
F   0376-85 52 56
E   info@lesorgive.it
W www.lesorgive.it
🏳 it, uk

Open: hele jaar

Boerderij en omgeving

Biologisch bedrijf in 19e eeuwse gebouwen, gesitueerd in de groene oase van de Morainic heuvels in de provincie Mantua, slechts 10 km van het Gardameer. De prachtige natuur vormt een mooi decor voor middeleeuwse stadjes, oude villa's en kastelen. Op het bedrijf wordt pluimvee gefokt en doet men aan fruit- en groenteteelt.

U verblijft naar keuze in gerenoveerde kamers of appartementen. Er zijn acht ruime kamers, allen met eigen badkamer en twee appartementen voorzien van alle comfort. Er is bij de boerderij ook plaats voor een aantal caravans. Het restaurant heeft 80 zitplaatsen en is gespecialiseerd in de tradtitionele streekkeuken (vlees en kazen, zelfgemaakte verse pasta, seizoensgroente, lokale wijnen, etc.). U kunt ook producten rechtstreeks van de boer kopen.

Gasten die van wat meer activiteit houden kunnen gebruik maken van de fitnessruimte of van de mogelijkheid om (te leren) paardrijden of boogschieten. Tevens is er een voetbalveld, huurfietsen, tafeltennis en een zwembad waar u zelfs een duikcursus kunt volgen. Voor kinderen zijn er cursussen en zomerkampen met een aantrekkelijke variatie tussen sport, studie en spelen.

In de omgeving is de stad Verona een bezienswaardigheid; met name de beroemde opera. Verder zijn de stad Mantua (35 km), Gardaland (28 km) en de warmwaterbronnen Terme di Sirmione (23 km) een bezoek zeker waard. Uiteraard is het Gardameer 's zomers een drukke maar aantrekkelijke plek om te zwemmen of te flaneren.

🍽 ⛵ ♨ ➤ ∞10

🛏 8x, Prijs op aanvraag
🏠 2x, Prijs op aanvraag
⛰ Prijs op aanvraag

Route
🚗 30 km NW van Mantova. A4 Milaan-Venetië, afslaan bij Desenzano, naar Castiglione delle Stiviere (7 km), links bij eerste stoplicht en na 20 meter weer links, tot Solferino (5 km), bij kruispunt borden volgen.

🚆 Ligt op het treintraject Brescia-Verona vv. U stapt uit op station Desenzano. Neem contact op met de accommodatiehouders voor aanvullend vervoer naar de boerderij.

SUVERETO

Bulichella
Miyakawa Hideyuki
Località Bulichella, 131,
57028 Suvereto (LI), Livorno
T   0565-82 98 92
F   0565-82 95 53
E   info@bulichella.it
W www.bulichella.it
🗨 it, uk, de

Open: hele jaar H 90m (RES) verplicht ♿

Boerderij en omgeving

La Bulichella ligt in het Cornia dal op een steenworp afstand van de Middellandse Zee ter hoogte van het eiland Elba. De boerderij is vooral een wijnbouwbedrijf, maar er groeien ook olijven en fruitbomen.

U overnacht in een van de elf comfortabele kamers die eenvoud en elegantie uitstralen. Een ontbijt wordt geserveerd. Daarnaast zijn er drie appartementen bij de wijngaarden en het eigen meer. Deze accommodatie is rolstoeltoegankelijk. In het gloednieuwe restaurant kunt u genieten van heerlijke maaltijden als Scottiglia Suveretana en diverse soorten pizza. Alle gerechten worden met zorg bereid en samengesteld uit lokale producten of uit de eigen tuin. Op de boerderij kunt u wijn, olijfolie en marmelades kopen.

Het Cornia dal is een aaneenschakeling van kleine natuurparken dat zich uitstekend leent voor wandel- en fietstochten. Het dorpje Suvereto en omliggende dorpen zijn goed bewaarde Middeleeuwse overblijfselen en vindplaatsen van Etruskische heerschappij (necropolis en thermale

complexen). U kunt een uitstapje maken naar het Parco dell'Uccellina op het eiland Elba, dat voorts ook herinnert aan de tijd dat Napoleon Bonaparte er een tijdje, dat wil zeggen nog geen jaar, gevangen heeft gezeten. Dichtstbijzijnde grote stad is Piombino aan de Middellandse Zee, vanwaar u kunt afreizen naar Elba. Het eiland is een belangrijk wijngebied en vindplaats van edelstenen en mineralen als toermalijn en pyriet. Belangrijke cultuurhistorische centra als Livorno, Pisa en Siena liggen op circa 70-100 km van de accommodatie.

♨ 🍽 ➤ ∞ ∞ 🏔

🛏 11x, 𝄢 22x, Prijs op aanvraag
🏠 3x, 𝄢 8x, Prijs op aanvraag

Route
🚗 70 km Z van Livorno. Via Auto Strada A12 zuidwaarts tot einde snelweg. Over Super Strada SS1 Aurelia en Grosseto-Rome, tot afslag Venturina en vanaf hier borden naar Suvereta. In dorp 2e kruising rechts en de bordjes Follonica volgen, na 800 m rechts.

🚆 Trein naar Campiglia Marittima en lijnbus naar Suvereto.

VASIA

Agriturismo Cotta
Giuseppe Cotta
Frazione Pantasina, Via Amelio, 5,
18020 Vasia (IM), Imperia
T   0183-28 21 45
F   0183-28 21 45
E   info@agricotta.com
W www.agricotta.com
🗨 it, uk, fr

Open: hele jaar H 385m

Boerderij en omgeving

Biologische boerderij in een karakteristieke hoek van de Italiaanse Riviera, gelegen op een heuvelrug met prachtig uitzicht over een vallei tot aan zee. Er worden zowel olijven als lavendel geteeld. Het cultiveren, snoeien en destilleren van de olijven gaat, net zoals honderd jaar geleden, geheel met de hand en met gebruikmaking van koperen destilleervaten.

Er worden vier verschillende vakantiehuisjes aangeboden, voor vier tot negen personen. Ze zijn allemaal comfortabel en met een complete keuken en badkamer. Sommigen hebben een open haard, anderen een tuin met barbecue. Dit is een geheel zelfvoorzienende accommodatie; men serveert er geen maaltijden. Wel zijn een aantal producten uit de tuin verkrijgbaar. In de nabije omgeving kunt u vissen, fietsen huren en paardrijden. Ook zijn er uitgezette wandelingen. Voor kinderen is er een speeltuin en als u dat wilt kunt u uw hond meenemen.

In de omringende heuvels kunt u prachtig wandelen en mountainbiken. De zee is op ca 14 km afstand. Met name van eind mei tot midden september is de kust een paradijs voor zon-, zee- en strandliefhebbers. De onregelmatige kustlijn met beschutte baaien zorgt voor rustige, fraaie zwemplekken met zandstrand en heeft zeer helder water.

4x, Prijs op aanvraag

Route

13 km NW van Imperia. Snelweg A7 Milaan-Genua, neem snelweg A26 richting Savona, volg de borden naar snelweg A10, richting Ventimiglia. Afslag Imperia Ovest, na tol rechts richting Piani-Dolcedo. Volg 7 km tot Dolcedo. In Dolcedo na brug links richting Prelà-Pantasina. In Prelà rechts naar Pantasina. In Pantasina bij kerkplein rechtuit richting Vasia. Na 200 m links.

Op het treintraject Genua-Ventimiglia vv. Neem contact op met de accommodatiehouders voor het beste uitstapstation en aanvullend vervoer naar de accommodatie.

VENTIMIGLIA

Ecovillaggio Torri Superiore
Coop. Ture Nirvane
Via Torri Superiore, 5, Torri Superiore,
18039 Ventimiglia (IM), Imperia
T   0184-21 55 04
F   0184-21 59 14
E   info@torri-superiore.org
W www.torri-superiore.org
   it, uk, fr, de, nl

Open: hele jaar   H 80m

Ecodorp en omgeving

Torri Superiore is een dorpje dat letterlijk tegen de hellingen van de Ligurische Alpen is geplakt en fungeert als het hoofdkwartier van GEN-Europe (Global Ecovillage Network) en de oprichter van RIVE (het Rete Italiana Villaggi Ecologici). In samenwerking met Legambiente worden er vrijwilligerskampen gehouden voor jongeren die een belangrijke bijdrage leveren aan de restauratie van het ecodorp en het land bewerken. Torri Superiore wordt geleid door een kleine gemeenschap. Zij dragen zorg voor de restauratie, activiteiten en het boerenbedrijf. Er worden op kleinschalige en biologische wijze olijven, groenten en fruit verbouwd. Zij hebben in 1989 hun intrek genomen in Torri Superiore, dat tot dan een verlaten middeleeuws spookdorpje was. Bij de restauratie probeert men authentieke kenmerken te bewaren en te combineren met elementen uit de bio-architectuur. Er heerst een gemoedelijke, informele sfeer en het dorp staat het gehele jaar open voor groepen en individuele vakantiegangers.

U overnacht in de Torri Superiore herberg in sfeervol een-, twee- en meerpersoonskamers, met of zonder eigen douche. Er is een restaurant op basis van buffet waar u de mediterrane keuken kunt proeven. Naast de eetzaal staan u diverse work-

shopruimtes en terrassen ter beschikking. In de directe omgeving kunt u zwemmen in de rivier de Bevere of aan de stranden van de Tyrreense Zee. Er zijn prachtige wandelingen te maken in de bergen van de Grammondo of langs het Sentiero Balcone dat u langs de dorpjes in de omgeving voert. Dichtstbijzijnde grotere stad is San Remo, een chique badplaats aan de bloemenkust, die zijn faam vooral dankt aan het belangrijkste muziekfestival van het Italiaanse lied.

Prijs op aanvraag

Route

55 km W van Imperia. 9,5 km NW van Ventimiglia. Autostrada A6 afslag Fossano over SS231 en SS20-E74, Cuneo en Ventimiglia. Bij tolafslag van Ventimiglia Colle di Tenda Cuneo aanhouden en borden Bevera en Torri volgen. Vanaf SS20 borden Colle di Tenda en Porra en vervolgens Bevera en Torri volgen.

Trein naar Ventimiglia, bus 6 van Riviera Trasporti (vanaf Via Cavour, 50 m buiten treinstation, eerste stoplichten rechts). Bus stopt 400 m van accommodatie. U kunt ook een taxi nemen.

ASSISI

La Mora
Venanzo Mazzoli
Via Fonte Citerna, 7, Rivotorto,
06081 Assisi (PG), Perugia

T 075-804 11 64
F 075-804 11 64
M 347-623 72 22
E info@agriturismolamora.com
W www.agriturismolamora.com
it, uk

Open: hele jaar H 350m (RES) verplicht

Boerderij en omgeving

La Mora is gesitueerd tegen de flanken van het glooiende Umbrische heuvellandschap, in het bijzonder de Monte Subasio, met een magnifiek uitzicht op het aangrenzende, gerenommeerde cultuurstadje Assisi. Het silhouet van deze stad wordt gedomineerd door de Basilica di San Fransesco. Dat is ook uw uitzicht vanuit de accommodatie.

De vijf appartementen zijn luxe ingericht en voorzien van alle gemakken als keuken, badkamer, centrale verwarming, telefoon en tv. Ze liggen in een parkachtig landschap met zwembad en speelterrein voor de kinderen met voetbalveld, schommels en tafeltennis. Een appartement is helemaal ingericht op rolstoelgebruikers.

In de omgeving van de accommodatie kunt u te kust en te keur wandelen, fietsen of paardrijden, eventueel begeleid door Paolo, uw gids op verzoek. Hij kan u veel van het landschappelijk schoon laten zien en er leuk over vertellen. Veel van de routes zijn opgetekend uit ervaringen van andere bezoekers en garanderen u een prachtige beleving van het rustieke landschap van deze veelbezongen streek in Umbrië. Belangrijke omliggende stadjes zijn Spoleto, een van de mooiste kunststeden van Umbrië maar ietwat ondergewaardeerd en eigenlijk vooral bekend

vanwege het vermaarde kunstfestival dei Due Mondi (15 juni tot 15 juli), Perugia vanwege zijn pakweg 50 kerken en natuurlijk Assisi, een labyrinth van smalle, steile straatjes met pittoreske, authentieke winkeltjes en restaurants. Andere plaatsjes in de omgeving zijn Trevi, Todi, Orvieto en Norcia.

5x, Prijs op aanvraag

Route

6 km ZW van Assisi. Autostrada A1-E35/45 van Florence naar Rome en neem de afslag Ponte San Giovanni in de richting van Perugia en vervolgens Assisi en Foligno (SS75). Afslaan bij Santa Maria degli Angeli in de richting van Tordandrea di Assisi en vervolgens eerste afslag rechts bij de Api tankstation. Dan eerste weg links en volg de borden Agriturismo La Mora.

Trein naar Assisi (2 km). Neem contact op met de accommodatie voor aanvullend vervoer.

CALVI DELL'UMBRIA

San Martino
Louise & Arianna Calza Bini
Colle San Martino, 10,
05032 Calvi dell'Umbria (TR), Terni

T 0744-71 06 44
F 0744-71 06 44
M 328-165 95 14
E louisecb@katamail.com
se, it, uk, fr, de, es

Open: hele jaar H 400m (RES) verplicht

Boerderij en omgeving

Casale San Martino is gelegen tegen de zuidelijke grens van Umbrië tussen het dal van de Tiber en Rieti. De boerderij is een renpaardenfokkerij, maar er worden ook groente, zonnebloemen, fruit en olijven

verbouwd. Diverse van deze producten zijn op de boerderij te koop. Verder worden er nog wijndruiven geteeld en kunt u in het seizoen meehelpen bij de oogst ervan. De boerderij ligt op ongeveer 400 m hoogte en biedt een wijds panorama over het groene, glooiende heuvellandschap.

Er zijn in totaal vier appartementen voor 16 gasten, die uitkijken over de Pre-Appenijnse bergen. Ze hebben allen een complete keuken, eigen tuintje en zijn gemeubileerd met het antiek van de gastfamilie. De accommodatie ligt behoorlijk geïsoleerd en de wat grotere steden als Spoleto, Todi, Trevi en Perugia liggen derhalve op respectabele afstand (60 tot 100 km). De directe omgeving van de accommodatie leent zich vooral voor fietstochten of huifkartochten die vanaf de boerderij georganiseerd worden. Kleine stadjes en dorpen als Terni, Calvi en Narni zijn vooral plaatsen van archeologische opgravingen uit de tijd van het Romeinse Rijk (bv. Ocriculum, Carsulae en amfitheater). In Narni kunt u ook grotten bezoeken en het heeft een klein, goed geconserveerd historisch centrum. De Cascate delle Marmore leveren een mooi spektakel als het water van de Velino zo'n 170 m naar beneden stort. Het is overigens een bouwwerk van Romeinse ingenieurs die het Velino-dal wilden droogleggen.

4x, 16x, hpw € 490-1050

Route

40 km W van Rieti. Auto Strada A1 tot afslag Magliano Sabina. Borden naar Calvi volgen. U stuit vanzelf op bordjes van de accommodatie.

Trein naar Civita Castellana. Vandaar kunt u tegen een vergoeding worden afgehaald.

CASTIGLIONE MESSER RAIMONDO

Colle San Giorgio
Rino Di Vitantonio
Contrada S. Giorgio, 5, 64034 Castiglione
Messer Raimondo (TE), Teramo
T   0861-99 04 92
F   0861-99 04 92
E   collegiorgio@tin.it
🕿 it, de, uk

Open: hele jaar ♥ H 535m ⓇⒺⓈ verplicht
♿ [🛏]

Boerderij en omgeving

In de provincie Abruzzo vindt u dit gemengde bedrijf met bed & breakfast
accommodatie. Het gebouw is opgetrokken uit steen en hout en ligt op een
hoogte van ruim 500 m. Er vindt hier
onder andere biologische vee- en fruitteelt plaats.
Er worden vier kamers verhuurd met in
totaal acht bedden. Alle kamers zijn voorzien van een eigen badkamer en tv. Op
verzoek kan er een kinderbed geplaatst
worden. De gastfamilie bereidt voor u op
verzoek, naast het ontbijt, ook een lekkere lunch of diner, deels met producten
van de eigen boerderij. Ook kunt u deze
producten kopen. Voor de gasten staan
fietsen ter beschikking. Voor de kinderen
is er tevens een speelplaats en men kan in
de tuin boogschieten. Ook is het mogelijk
begeleide wandelingen in de omgeving te
maken. Er zijn voorzieningen voor gehandicapten en als u dat wilt kunt u in overleg
uw hond meenemen.
De locatie is 30 km ten westen van Pescara. In de dichtstbijzijnde stad Penne (13
km) kunt u onder andere tennissen, vissen en er is een openlucht zwembad. In
Villa San Romualdo, eveneens op 13 km, is
tevens een overdekt zwembad. In de wijdere omgeving kunt u wintersporten, er
zijn gemarkeerde wandelpaden, mogelijkheden tot vogelobservatie en als u geluk

heeft kunt u genieten van een authentiek
dorpsfeest in de buurt.

🕏 🍽 🚲 ✈ ⚓13 🚆13 ☎13
🚐12 🚶

🛏 4x, 🚿 8x, 1ppn € 25, 2ppn € 50 B&B

Route

🚗 30 km W van Pescara via de snelweg naar Pesca-
ra-Nord-Città S. Angelo, dan rechts naar Castiglione
M. R. Na 25 km linksaf naar S. Giorgio.
🚆 Trein van Ancona naar Pescara Centrale. Neem
contact op met de accommodatiehouders voor
beste uitstapstation en aanvullende openbaar ver-
voersinformatie naar de boerderij.

FAEDIS

Casa Del Grivò
Toni & Paola Costalunga
Borgo Canal del Ferro, 19,
33040 Faedis (UD), Udine
T   0432-72 86 38
F   0432-72 86 38
E   casadelgrivo@libero.it
W   www.grivo.has.it
🕿 it, uk

GARANZIA
BIOLOGICO
AIAB

Open: H 200m [✕] [🛏]

Boerderij en omgeving

Karakteristiek landwerkershuis uit de
jaren twintig vlakbij een boerengehucht,
omgeven door wijngaarden en kastanje-
bossen. De landerijen leveren biologische
groenten, maïs en fruit. Verder wordt
er wijn en maïsmeel geproduceerd. De
accommodatie is uit hout en steen opgetrokken en op ecologisch verantwoorde
wijze gerenoveerd. Rond het huis is een
grote tuin.
In totaal kunnen 15 gasten (alleen niet-
rokers!) ondergebracht worden, verdeeld
over vier kamers met twee tot vijf bedden.
U kunt in overleg uw hond meenemen. De

ruimtes zijn onlangs opgeknapt met natuurlijke materialen, kleuren en verven.
Naast het restaurant met 32 zitplaatsen is
er een gemeenschappelijke ruimte en een
kamer met open haard. Het diner kan gezamenlijk met alle gasten of afzonderlijk
geserveerd worden, lunchen is mogelijk,
doch voor groepen vanaf 8 personen.
Regionale en vegetarische gerechten worden met seizoensproducten bereid.
In de afwisselende omgeving kunt u
wandelen en fietsen. Bezienswaardig zijn
historische steden als het Longobardische
Cividale en Venzone en het Romeinse
Aquileia. In juli worden in Cividale festivals georganiseerd: muziek, theater,
film en marionettenvoorstellingen uit
Midden-Europa. In de omgeving kunt u
paddestoelen, kastanjes en brandhout
verzamelen.

🕏 🍽 ✈ 🚲 🏠 🚶

🛏 4x, 🚿 13x, Prijs op aanvraag

Route

🚗 20 km NO van Udine. Op A23 afrit Udine-Norte
richting Udine-Centro volgen en stad via Viale S.
Daniela en Viale A. Caccia verlaten. Via provinciale
weg door Godia en Povoletto naar Faedis. In Faedis
richting Canebola: door straat Canal del Grivò. Na 1
km rechts stenen bruggetje oversteken.
🚆 Trein naar Udine. Juiste busaansluiting bij accommodatiehouders navragen.

FIGLINE VALDARNO

Casanuova
Ursula & Thierry Besançon
Via San Martino Altoreggi, 52,
50063 Figline Valdarno (FI), Firenze
T   055-950 00 27
F   055-950 02 11
E   locanda@casanuova-toscana.it
W   www.casanuova-toscana.it
🕿 it, de, uk

Open: H 130m [🛏]

Accommodatie en omgeving

Een met zorg gerestaureerd complex dat plaats biedt aan maximaal 40 gasten in kamers en een vakantiehuisje. Een kleine kapel is het bewijs dat er oorspronkelijk een klooster in dit oude gebouw was ondergebracht. Het landgoed omvat 24 ha met afwisselend bos, akkerland, wijnbouw en olijfboomgaarden. Er wordt dan ook ter plaatse wijn en olijfolie geproduceerd en groenten verbouwd. Tevens worden er kippen, honden en katten gehouden.

De accommodatie is niet het hele jaar geopend. U wordt aangeraden te informeren naar precieze openingstijden. De kamers zijn smaakvol ingericht in de rustieke stijl van deze regio. Er is geen TV en geen minibar maar wel een fantastisch uitzicht op het omliggende landschap. Gasten kunnen vegetarische maaltijden krijgen in de royale eetzaal. Er is een lounge met piano en open haard, verschillende zithoekjes binnen en buiten en een bibliotheek, ook met open haard. In de boerderijwinkel worden producten van eigen bodem verkocht.

De omgeving is typisch Toscaans: bossen, olijfbomen, wijnbergen en cipressen. Vanuit huis heeft u uitzicht over de Pratomagno, een uitloper van de Apennijnen, en over de heuvelruggen van de beroemde wijnregio Chianti. De omgeving leent zich goed om te wandelen, paard te rijden, te zwemmen en te fietsen. Het huis is geschikt voor seminars en als standplaats voor vele uitstapjes, zoals naar Florence (30 km) en San Gimignano (60 km).

⛲ 🍷 🏊 🚴 🐴

🛏 38x, 1ppn € 59 - 70, 2pppn € 57 HP
🏠 2x, 🏠 6x, Prijs op aanvraag

Route

30 km Z van Florence. Op A1 Florence-Rome afrit Incisa Valdarno nemen. Dan S69 naar Figline

Valdarno. Bij begin dorp rechts richting Brollo en na ca 4 km linksaf naar San Martino. Na 2 km links naar boerderij.

🚂 Trein naar Florence-Santa Maria Novella en overstappen naar Figline Valdarno. Vandaar met de taxi tot accommodatie.

FOGLIANO REDIPUGLIA

Parco Rurale Alture Di Polazzo
Massimiliano & Davide Samsa
Via Fornaci, 1A,
34070 Fogliano Redipuglia (GO), Gorizia
T 330-93 68 36
F 338-51 24 428
M 339-484 20 85
E info@parcorurale.com
W www.parcorurale.com
🗣 it, de, uk

Open: hele jaar

Boerderij en omgeving

Landhuis omringd door 75 ha weilanden, waar koeien, schapen en paarden grazen. Ook zijn er 15 bijenkorven. Het landhuis ligt 2 km van het dorp verwijderd in het karstlandschap van het Doberdò-meer. Er zijn vier appartementen beschikbaar gelegen in een gerenoveerde oude koeienstal. Ze hebben een eigen keuken, badkamer, balkon of veranda, parkeerplaats en TV. Op de eerste verdieping is er een klein museum, een kamer annex bibliotheek en fitness apparatuur. Voor de sportievelingen zet deze 'gezondheidsroute' zich buiten voort. Bij de accommodatie zijn tevens 15 kampeerplaatsen. Het restaurant serveert streekgerechten en is in het weekeinde geopend. In de omgeving zijn ook meerdere restaurants te vinden. Gasten kunnen gebruikmaken van een barbecue. Aan huis worden producten van eigen bodem verkocht, waaronder conserven. Er zijn fietsen te huur, men kan op deze boerderij paardrijden en op ver-

zoek verzorgt men voor u een rondleiding over het bedrijf.

U kunt in de nabije omgeving wandelen, fietsen, paardrijden en een uitstapje maken met paard en wagen. De historische steden en kusten van de regio Venezia-Giulia zijn makkelijk bereikbaar. Grado, een beroemde badplaats, is 13 km verderop, Gorizia 15 km, Palmanova 16 km, Udine 35 km en Lignano met zijn brede zandstrand ligt op 65 km afstand.

🏊 🚴 🐴 🎣 🍴 🛶 4 🎒 🚶

🏠 4x, 🏠 25x, Prijs op aanvraag
⛺ T 10x, 🚐 10x, Prijs op aanvraag

Route

35 km NW van Triest, 15 km ZW van Gorizia. Autosnelweg A4, afrit Redipuglia en SS305 richting Sagrado nemen. Vervolgens rechtsaf richting Doberdò del Lago. Na 2 km welkomstbord.

🚂 Trein tot Sagrado op traject Triest-Udine (4 km). Gratis afhalen na afspraak vanuit Sagrado.

GUBBIO

La Ginestra
Martina Tura
Valmarcola - S. Cristina, 18,
06024 Gubbio (PG), Perugia
T 075-92 00 88
F 075-92 00 88
M 333-362 26 40
E info@agriturismolaginestra.com
W www.agriturismolaginestra.com
🗣 it, uk, es

Open: hele jaar H 600m 🏠

Boerderij en omgeving

Deze natuurstenen boerderij bestaat uit het negentiende eeuwse huis van de eigenaar, een toren en een derde gebouw waar eigenaresse Martina Tura vakantie-appartementen van heeft gemaakt. De accommodatie ligt midden in de groene heuvels, 7 km van het dichtstbijzijnde dorp, en is omgeven door kastanje- en eikenbossen, weiden en akkers.

In totaal kunnen 16 gasten terecht in twee compleet ingerichte appartementen en een vakantiehuis. De verblijven hebben centrale verwarming, een badkamer, orthopedische matrassen en een eigen tuintje. De minimale verblijfsduur is twee nachten. Kleine huisdieren zijn toegestaan. Er is een eigen zwembad, er zijn fietsen en bezoekers kunnen meewerken op de boerderij. Er zijn kinderspellen aanwezig. Af en toe kan een cursus of stage worden gevolgd met als thema biologisch en vegetarisch koken. Aan huis worden (ook niet-eigen) biologische producten verkocht, waaronder olijfolie. In het nabijgelegen restaurant kunnen gasten voor speciale prijzen eten. In de buurt is tevens een bar.

U kunt in de nabije omgeving zeer uitgebreid wandelen, fietsen maar ook paardrijden en boogschieten. De boerderij is omgeven door een natuurpark waar het goed vogelen is. Deze accommodatie is een prima uitgangspunt voor bezoeken aan Gubbio (18 km), Perugia (27 km), Spello, Spoleto en Assisi (32 km).

🏊🚴🏇

🏠 3x, 🛏 16x, Prijs op aanvraag

Route

🚗 20 km Z van Gubbio. Op A1 Florence-Rome afrit Valdichiana (vanuit N) of afrit Orte (vanuit Z) naar Perugia. Dan richting Cesena tot afrit Pontepattoli. Hier naar Casa del Diavolo. Op kruising dorp richting S. Cristina. Na 6 km (1,5 km na restaurant La Dolce Vita) links 3,5 km borden volgen.

🚂 Trein tot Ponte Pattoli (14 km). Afhalen vanaf hier is mogelijk, maar een eigen vervoermiddel wordt aangeraden.

INCISA VALDARNO

Poggio Pratelli
Aloisia Dal Verme
Località Borri, 8, Poggio alla Croce,
50064 Incisa Valdarno (FI), Firenze

T 055-833 78 66
F 055-833 78 66
M 338-195 83 97
E info@poggio.pratelli.it
W www.poggiopratelli.it
💬 it, uk, de, fr

Open: hele jaar H 500m

Boerderij en omgeving

Pratelli is een kleine biologische boerderij die zich toelegt op de productie van olijfolie en de verbouw van irissen, waar parfum en cosmetica van wordt gemaakt. De accommodatie ligt tussen het belangrijke wijnbouwgebied Chianti en de vallei van de Arno ten zuiden van Florence in, zeg maar, het hart van het Toscaanse heuvelland.

U overnacht in een van de twee appartementen die in authentiek Toscaanse boerenlandstijl zijn gerestaureerd en die al dateren uit de 13e eeuw. De appartementen bestaan uit een woonkamer, slaapkamer, badkamer en keuken. Het ene appartement heeft een fraai, met druiven overgroeid, terras met prachtig uitzicht over de omliggende heuvels. Het andere heeft een grote eetkeuken die uitkomt op de tuin. Gasten worden uitgenodigd om in de herfstperiode mee te helpen bij de oogst van olijven en de eerste persing van de opbrengst. Er worden ook cursussen mandvlechten gegeven.

In de omgeving kunt u prachtige wandeltochten maken langs oude Etruskische handelspaden en Middeleeuwse pelgrimroutes. Er zijn tal van kleine dorpjes met prachtige in romaanse stijl gebouwde kerken. Uiteraard kunt u Florence (25 km) bezoeken dat geldt als de bakermat van

---

de Renaissance wat in ieder geval in de vele monumentale gebouwen in de stad alom zichtbaar is. Florence is de stad van Leonardo da Vinci, wellicht de beroemdste Italiaanse architect, uitvinder, ingenieur, beeldhouwer, schrijver en schilder en van Dante Alighieri, van wie het La Divina Commedia een treffende poëtische verbeelding geeft van de hel, het vagevuur en het paradijs.

🚴🏇🏊

🏠 2x, 🛏 6x, Prijs op aanvraag

Route

🚗 25 km ZO van Firenze. Via Auto Strada A1 naar afslag Firenze Sud, richting Poggio alla Croce via Greve en Grassina (totaal 15 km). In Poggio alla Groce 2e links, na 1,5 km accommodatie.

🚂 Van Florence trein naar Figline Val d'Arno (20 min.). Er rijdt ook een lijnbus op Poggio alla Croce. Afhalen uit Figline Val d'Arno in overleg mogelijk.

ORVIETO

Agriturismo Sossogna
Raffaele Vitiello
Località Rocca Ripesena, 61,
05019 Orvieto (TR), Terni

T 0763-34 31 41
F 0763-34 31 41
E info@sossogna.it
W www.sossogna.it
💬 it, uk, de, es

Open: hele jaar H 325m ⓇⒺⓈ verplicht

Landhuis en omgeving

Midden in het groene hart van Umbrië, 8 km van Orvieto, ligt deze fraaie 'Agriturismo Sossogna'. Het is een oud gerestaureerd landhuis, opgetrokken uit steen en hout, temidden van uitgestrekte kastanje-, eiken- en notenbossen. Het kleine familiebedrijf houdt zich bezig met de

biologische teelt van groenten en fruit.
Er is een appartement in Umbrische stijl
met keuken en bad dat plaats biedt aan
vier tot vijf personen. In de zomer is er
nog een driepersoonskamer te huur.
Beide zijn gerenoveerd in 2003 volgens
ecologische bouwmethoden. Tevens is er
plaats voor tenten en caravans. Er is een
toilet en warme douche voor kampeerders. De streekgerechten zijn op verzoek
vegetarisch en in principe bereid met
producten uit de eigen tuin. De houtoven
wordt gebruikt om te bakken. U kunt ook
biologische producten kopen. Voor gasten
is er een zwembad in de zonnige tuin. In
de maand oktober worden er walnoten
en kastanjes verzameld en verkocht op de
markt. Kastanjemarmelade is een specialiteit van het huis.
Dicht bij het huis kunt u baden in water
uit eigen bron. Ook is er een speelveldje.
Verder kunt u heerlijk wandelen in de
omgeving langs middeleeuwse kastelen,
kloosters en dorpen en in een landschap
met veel bos en meren. De oude burcht
van San Quirino is te voet bereikbaar. Een
wandelpad, met Romeinse en Etruskische
archeologische vindplaatsen, voert u in
ongeveer vier uur naar Orvieto.

🎑 ♨ 🚣 ⛺ 🏔 🐕

🏠 2x, hpw € 440-560
⛺ T 8x, 🚐 3x, pppn € 6,50, ptpn € 8,
   pcpn € 12

Route
🗺 Ca 8 km W van Orvieto. Op A1 Florence-Rome afrit Orvieto, op rondweg eerst richting Bolsena, dan
naar Sferracavallo. Op grote kruising richting Castel
Giorgio en na 200 m (bij benzinepomp) scherpe
bocht naar links naar Rocca Ripesena. In dorp direct
rechts heuvelop, dan rechtdoor tot splitsing met
drie huizen. Hier links, bord Sossogna volgen.
🚆 Trein naar Orvieto (8 km), dan taxi of bus (halte
op 1 km, 's zomers 2 keer per week, 's winters 2 keer
per dag). Afhalen vanuit Orvieto tegen vergoeding
mogelijk, overleg met de accommodatiehouders.

OZZANO DELL'EMILIA
Cooperativa Dulcamara
Luca Fornaroli
Via Tolara di Sopra, 78,
Località Settefonti,
40064 Ozzano dell'Emilia (BO), Bologna
T   051-79 66 43
F   051-651 16 30
E   agriturismo@coopdulcamara.it
W   www.coopdulcamara.it
🐚 it, uk

Open: hele jaar 🔺 hele jaar wwoof
♿ 🐕

Boerderij en omgeving
Biologische boerderij aan de voet van de
Apennijnen in een typerend heuvellandschap. Er worden groente, fruit en wijn geproduceerd en er zijn paarden en kippen.
De oude boerderij is zorgvuldig met ecologisch verantwoorde bouwmaterialen
gerestaureerd. Op deze boerderij is men
actief bezig met natuureducatie, zowel
voor scholen als voor groepen.
De kamers bieden plaats aan in totaal 20
gasten en er kunnen 15 personen kamperen, met maximaal zeven tenten. Voor de
kampeerders is een warme douche aanwezig. Op verzoek is half- en volpension
(met ook vegetarische maaltijden) mogelijk. Het dichtstbijzijnde restaurant ligt op
1 km afstand, een levensmiddelenwinkel
op 3 km. Op de boerderij worden producten van eigen bodem verkocht. Men kan
op de boerderij paardrijden, er worden
regelmatig culturele en kunstzinnige activiteiten georganiseerd, evenals seminars,
cursussen, feesten, kinderkampen en internationale uitwisseling.
In de omgeving kunt u heerlijk wandelen,
bijvoorbeeld langs de door de Romeinen
aangelegde weg Flaminia Minor. Ook
kunt u er paardrijden. In het thermale bad
in Castel S. Pietro (15 km) kunt u heerlijk
ontspannen. De oude universiteitsstad

Bologna (15 km) is een bezoek waard. Ook
kunt u naar Florence (1 uur per auto), Ra-
venna (1 uur per auto) en Ferrara.

🎑 🍽 🐎 ⛺ 🛏 ✈ 🚣

🛏 7x, 🛏 16x, Prijs op aanvraag
⛺ T 7x, Prijs op aanvraag

Route
🗺 15 km ZO van Bologna. Op de A14 Modena
- Rimini afrit San Lazzaro nemen. Hier over de Via
Emilia over Ozzano naar Tolara. Daar bij kruising
met stoplicht rechtsaf richting Settefonti. Na ca 5
km ligt Dulcamara direct achter het bord Settefonti
aan de rechterkant.
🚆 Trein naar Bologna, dan bus 101 naar Imola of
bus 94 naar Castel San Pietro Terme, uitstappen
bij halte Tolara (2 haltes na Ozzano), dan nog 5 km
bergop naar Settefonti. Of trein via Bologna naar
Varignana (6 km). Groepen worden op verzoek
afgehaald.

PIENZA
Podere Il Casale
Sandra Schmidig & Ulrich Brandli
Podere Casale, 64,
53026 Pienza (SI), Siena
T   0578-75 51 09
F   0578-75 51 09
E   podereilcasale@libero.it
W   www.podereilcasale.com
🐚 it, de, uk

Open: 1 apr-31 okt ♿

Camping en omgeving
Podere Il Casale omvat zo'n 60 ha biologisch akkerland waar groenten, fruit,
wijndruiven en olijven geteeld worden.
Er lopen behalve vijf volwassenen en vijf
kinderen ook 150 schapen, 25 varkens,
ezels, katten en honden rond. Er worden
yoghurt-producten, pecorino-kaas, feta-
kaas, pasta's, pesto's, honing en vleeswa-

ren gemaakt. Podere Il Casale heeft sinds 1991 een zg. vriendenkring, de "Amici del Podere il Casale", die bestaat uit leden die regelmatig op de boerderij meewerken tegen kost en inwoning, maar ook financiële bijdragen leveren. Het doel van deze vriendenkring is om deze vorm van toerisme meer bekendheid te geven.

In het 300 jaar oude hoofdgebouw vind u gastenkamers met badkamer, eetruimte en groepskeuken. Er staan ook woonwagens op het terrein en er is plek voor zes tenten.

In de omgeving kunt u verschillende thermaalbaden bezoeken (Bagno Vignoni, San Filippo en Chianciano) en er is een meer vlakbij. Dit maakt deel uit van het natuurpark en vogelreservaat Montepulciano. Grote steden als Siena en Perugia liggen op vrij grote afstand (meer dan 60 km). Perugia is een oude stad behorende tot de Etruskische Statenbond. De verdedigingswal en Etruskische grafkamers herinneren hier nog aan. De meeste kenmerken zijn echter typisch Romeins, omdat de stad rond 40 voor Christus tijdens een opstand bijna geheel afbrandde en daarna langzamerhand weer is opgebouwd. In de Middeleeuwen en gedurende de Renaissance is Perugia voorzien van een indrukwekkend aantal kerken, kathedralen en basilieken.

⚒ 🗣 ⌁ 🚲 ⛰

✕ T 6x, Prijs op aanvraag

Route
🚗 60 km ZO van Siena. Auto Strada A1, afslag Chiusi, richting Montepulciano en vervolgens Pienza. Bij dorpje Il Borghetto (Fago) links weg inrijden.
🚆 Trein naar Chiusi-Chianciano Terme en met bus naar Montepulciano. Uitstappen bij Palazzo Massaini. Afhalen mogelijk tegen geringe vergoeding vanuit Montepulciano (ook rolstoelgebruikers).

PIETRALUNGA

La Cerqua
Gino Martinelli
Case San Salvatore, 27,
06026 Pietralunga (PG), Perugia
T 075-946 02 83
F 075-946 20 33
E info@cerqua.it
W www.cerqua.it
🗣 it, uk, fr

Open: H 650m

Accommodatie en omgeving
Deze biologische boerderij van drie verdiepingen hoort bij een voormalig klooster uit de veertiende eeuw, waar tegenwoordig de gastheer en zijn vrouw wonen. Een gedeelte van het 70 ha grote landgoed, waar biologische aardappels en granen verbouwd worden, gebruikt de eigenaar ook voor milieu-educatieve doeleinden. Gasten kunnen terecht in kamers met eigen badkamer en in een appartement met twee kamers en een open haard. Het uitzicht is overal even fraai. Er zijn een koelkast, eet- en leeskamer met kleine bibliotheek en videotheek en tv- en muziekruimte voor gemeenschappelijk gebruik. Tevens is er een zonnig zwembad. In de zogenaamde Tovenaarstuin, een beschut gedeelte op het erf, kan men goed vogelen. Op verzoek kunnen gasten kamperen en gebruikmaken van de voorzieningen in het huis. In de eetzaal op de begane grond worden streekgerechten geserveerd. Er worden in de boerderijwinkel een aantal producten verkocht zoals jam, likeur en de kostbare, moeilijk te vinden truffel.

De accommodatie ligt in een 10.000 ha groot staatsbos, 2 km verwijderd van een middeleeuws dorp. U kunt tochten te voet, te paard of per fiets maken over de paden van de natuurreservaten Candeleto en Varrèo, eventueel ook onder begeleiding. Het gebied leent zich uitstekend voor vo-

gelaars en u kunt het boogschieten beoefenen (maar niet op de vogels). Van hieruit zijn de mooiste steden van Umbrië en Toscane gemakkelijk bereikbaar: Città di Castello (25 km), Gubbio (20 km), Urbino (60 km), Perugia (55 km), Assisi (60 km), Todi (80 km) en Florence (140 km).

🗣 🏊 🚲 🐎 ⌁ 🗡 ⛰

🛏 17x, Prijs op aanvraag
🏠 2x, ⚑ 8x, Prijs op aanvraag

Route
🚗 20 km W van Gubbio. A1 Florence-Rome, afrit Arezzo en verder naar Città del Castello. Hier E45 richting Rome tot afrit Montone-Pietralunga en door naar Pietralunga (SP201). In dorp borden 'La Cerqua' volgen.
🚆 Trein (traject Ancona-Rome) of bus naar Fossato di Vico-Gubbio (40 km). Dan bus naar Pietralunga (2 km). Afhalen vanaf Fossato-Gubbio is mogelijk.

PITIGLIANO

Poggio del Castagno
Carla Petrotta
Località Poggio del Castagno,
58017 Pitigliano (GR), Grosseto
T 0564-61 55 45
F 0564-61 55 45
M 339-367 43 41
🗣 it, uk, fr   demeter

Open: hele jaar H 400m ♿

Boerderij en omgeving
Akkerbouwbedrijf met biologische teelt van olijven, groente, graan en gerst. In een vrijstaand, klein huis is een grote

kamer met vier bedden, kitchenette, bad en houtkachel. Er kan eventueel een extra bed worden bijgeplaats. De kleinere kamer met drie bedden is voorzien van elektrische verwarming. Ook is er een romantische woonwagen met slaapplek te huur. Er is daarnaast plek voor zes tenten. Voor de kampeerders is er douchegelegenheid. Voor de liefhebbers kan er paard worden gereden en ook uw hond is welkom. Voor de gasten is er gerstekoffie, hazelnoten, groente, eieren en heerlijke kaas te koop. In Pitigliano, 8 km verderop, is een restaurant waar streekgerechten geserveerd worden. Op 6 km afstand kunt u zwemmen in een meer en op 8 km is een overdekt zwembad.

De accommodatie ligt midden in de Maremma, een tamelijk onbekend deel van Toscane. U kunt op allerlei manieren de mooie omgeving met eiken- en kastanjebomen ontdekken. In de buurt liggen de steden Sovana, Sorana en wat verder weg zijn Saturnia met warmwaterbronnen, het Bolsenameer, de Amiata en de kunsthistorische steden Orvieto en Viterbo de moeite van een bezoekje zeker waard.

▭ 2x, ◿ 4x, 2ppn € 22,50
◠ 1x, ◿ 4x, Prijs op aanvraag
▲ T 6x, Prijs op aanvraag

Route
⚠ 76 km ZO van Grosseto. A1 Rome-Florence, afslag Orvieto. Dan S74 richting Aurelia 45 km westwaarts volgen tot enkele km voor Pitigliano. Door Borgata Casone en na 500 m links SP127 Del Pantano richting Manciano. Bij km 5,5 (wit elektriciteitshuisje) eerste borden 'Agricamping Poggio del Castagno', linksaf borden volgen (ca 3,5 km onverharde weg). 🚂 Trein naar Orvieto of Orbetello. Vervolgens met de bus naar Pitigliano (op 8 km). Vanaf hier met de taxi.

POPPI
Podere Fonte dei Serri
Anna Giunti & Alberto Gerace
San Martino a Monte, 6,
Fonte dei Serri, 52014 Poppi (AR), Arezzo
T 0575-50 92 31
F 0575-50 92 31
M 347-872 35 39
E info@carne-biologica.it
W www.carne-biologica.it
🌐 it, uk

Open: hele jaar H 500m ♿

Boerderij en omgeving
Podere Fonte dei Serri ligt op circa 500 m hoogte aan de rand van de dichte bossen van het nationaal natuurpark Foreste Casentinesi in het brongebied van de rivier de Arno. Het uitzicht wordt gedomineerd door de 13e eeuwse burcht van het Middeleeuwse dorpje Poppi. De boerderij legt zich in hoofdzaak toe op biologische vleesproductie en er worden dan ook koeien, schapen en varkens gehouden. De boerderij is opgetrokken volgens typisch Toscaanse bouw en naar de maatstaven van de biologische bouwmethode.

Er staat de gasten een vierpersoons appartement ter beschikking met eigen keuken, open haard, badkamer en terras. Meehelpen op de boerderij is mogelijk en vooral vanwege de aanwezigheid van vele dieren voor kinderen erg leuk. Er worden rondleidingen over het veebedrijf gegeven. Er zijn verschillende producten van de boerderij te koop zoals groente, fruit, wijn en kaas.

De boerderij ligt tamelijk geïsoleerd, waardoor grotere steden als Florence en Siena op respectabele afstand liggen. De dichtstbijzijnde grote plaats is Arezzo dat ten tijde van het Romeinse rijk vooral bekend stond als centrum voor metaalbewerking en pottenbakkerij. Op de laatste zondag van juli en de eerste zondag van september wordt hier nog altijd het steekspel der Saracenen uitgevoerd en dost iedereen zich uit in kostuum. Elk jaar wordt hier ook een Barok muziek-festival georganiseerd dat bekend staat als de 'Arezzo Wave'.

◠ 1x, ◿ 4x, Prijs op aanvraag

Route
⚠ 25 km N van Arezzo. Vanuit Arezzo (bereikbaar via Auto Strada A1) over SS71 naar Subbiano en Bibbiena tot Soci. Hier Via P. Togliatti in en, na 100 m links, rijdt u 1 km Strada Vicinale delle Greti in. 🚂 Met trein vanuit Arezzo tot Poppi en vandaar bus naar Soci (op 1,5 km).

SAN VENANZO
Agriturismo Belvedere
Aldo Conforti & Eva Steinhauser
Pornello, Vocabolo Belvedere, 27,
05010 San Venanzo (TR), Terni
T 075-87 54 11
F 075-87 54 11
M 348-316 69 42
E agribelvedere@iol.it
W www.agribelvedere.it
🌐 it, de, uk, fr

Open: hele jaar ⚓ H 500m (RES) verplicht ♿

Boerderij en omgeving
Belvedere is een comfortabel, landelijk gelegen huis omgeven door olijfboomgaarden, bossen en landbouwgebied tegen de Umbrische heuvels tussen de stadjes Perugia en Orvieto. Vakantieboerderij Belvedere is aangesloten bij de AIAB (Associazone Italiana per l'Agricultura Biologica) en is gespecialiseerd in de productie en verkoop van olijfolie. Maar in de zomermaanden zijn er ook volop

groenten te koop, tevens serveren ze er biologisch vlees.

Er is een prachtig zwembad voorhanden en er zijn mountainbikes te huur om de omgeving mee te verkennen.

Er zijn verschillende opties: u verblijft in een vakantiehuis voor maximaal 12 personen, met woonkamer met tv, open haard en terras, vijf slaapkamers, twee badkamers en een compleet ingerichte keuken met wasmachine. Alternatief is een van de vier appartementen met eigen opgang, eigen keuken en buitenruimte, gebouwd in typische regionale stijl. Een appartement is voor vier personen, de andere voor twee tot drie.

U kunt hier genieten van de intense stilte tijdens wandeltochten in de bosrijke omgeving met prachtige panorama's over de licht glooiende heuvels. Belvedere is gelegen op korte afstand van belangrijke cultuurhistorische steden als Orvieto, bekend om haar Dom in Gotische en Romaanse stijl, waar maar liefst 300 jaar aan gewerkt is (30 km), Perugia, een stad met vele vindplaatsen die duiden op haar zeer roerige geschiedenis van oorlogen en bezettingen (50 km) en Assisi, de stad van de 13e eeuwse heilige Fransiscus van Assisi met als topattractie natuurlijk de in 1228 gebouwde basiliek van San Fransesco (65 km). In verschillende kleine stadjes en dorpjes meer in de nabijheid van Belvedere kunt u uitgebreid genieten van de traditionele Italiaanse cuisine.

⌂ 5x, ⚑ 20x, hpw € 420-980

Route

ⓘ 46 km ZW van Perugia, 10 km W van San Venanzo. Via Autostrada A1, afslag Fabro en vervolgens links naar Montegabbione. Hier rechts de Strada Provinciale Pornellese in en 16 km doorrijden. Boerderij links van deze weg, bereikbaar via onverhard pad.

🚆 Treinverbinding naar Fabro-Ficulle op circa 30 km. Voor aanvullende informatie neemt u het beste contact op met de accommodatiehouders.

SAN VENANZO

Borgo Poggiolo
Sylvia Swanborn & Giampaolo Golinelli
Strada Provinciale 57 Pornellese Km 16,8,
05010 San Venanzo (TR), Terni
T 075-87 54 17
F 075-879 01 02
M 340-981 62 79
E borgopoggiolo@tiscali.it
W www.borgopoggiolo.com
🏳 it, uk

Open: hele jaar H 450m

Landgoed en omgeving

Poggiolo is een 17e eeuws landgoed gelegen langs de oude Etruskische weg van Perugia naar Orvieto. Het ligt op een helling met prachtig uitzicht over een beboste vallei. De oude gebouwen zijn met zorg gerestaureerd in de typische stijl van de streek.

Voor gasten zijn er drie tweepersoonskamers met eigen bad en eigen opgang. Daarnaast zijn er vier appartementen voor in totaal 14 personen, elk met complete keuken. Sommige hebben een open haard of terras. Het is altijd mogelijk om een extra bed bij te plaatsen. Er is een restaurant met kwaliteitsproducten uit de regio en men kan hier ook zelfgemaakte biologische producten kopen zoals olijfolie, wijn, jam, etc. Voor de gasten is er een ruim zwembad met uitzicht, een fraaie tuin, tafeltennistafel en barbecue beschikbaar. Men kan naast relaxen en genieten van de natuurrijke omgeving ook actief zijn: boogschieten, er zijn mountainbikes te huur en er worden wandeltochten georganiseerd. Een manege in de buurt organiseert trektochten te paard.

Het nabijgelegen Orvieto en Montepulciano zijn wereldberoemd om hun wijnen, daarnaast zijn het gewoon mooie stadjes om te bezoeken. Iets verder gelegen maar nog goed te doen voor een dagtocht zijn

de historische steden Siena, Florence en Rome. Dichtbij zijn de tuinen van 'La Scarzuola', een oud klooster gesticht door Franciscus van Assisi, een bezoek waard.

⚒ 🍽 🏊 🚲 🐎 🏌

🛏 3x, ⚑ 6x, Prijs op aanvraag
⌂ 4x, ⚑ 14x, Prijs op aanvraag

Route

ⓘ 65 km NW van Terni, 10 km NW van San Venanzo. A1 Florence-Rome, afslag Fabro. Links naar Fabro Scalo. Door Fabro Scalo richting Montegabbione. Neem SP57 Montegiove Pornello, bij km-paal 16,8 borden volgen. Oprijlaan is 2,5 km.

🚆 Trein naar Terni. Neem contact op met accommodatiehouders voor aanvullend vervoer naar de accommodatie.

SPOLETO

Convento Di Agghielli
Marinella De Simone
Frazione Pompagnano,
06049 Spoleto (PG), Perugia
T 0743-22 50 10
F 0743-22 50 10
E info@agghielli.it
W www.agghielli.it
🏳 it, uk, de   *demeter*

Open: hele jaar H 560m ♿

Klooster en omgeving

Convento di Agghielli is een voormalig klooster in de provincie Umbrië, waar op 10 ha land op biologische wijze gefokt wordt met varkens, schapen, pluimvee en konijnen. Er worden ook groenten en fruit geteeld en olijven. In het wild wordt gezocht naar truffels en vruchten voor confitures.

De 16 kamers (met ontbijt) hebben allen een bijzondere en natuurlijke inrichting met terra cotta vloeren, lemen muren, natuurlijk houtwerk, ongebleekt katoenen beddegoed en andere natuurlijke bouwmaterialen en schoonmaakmidddelen. Meewerken op de boerderij is mogelijk. Er worden tal van therapieën aangeboden zoals Ayurveda-massage, Shiatsu, Turkse baden en aromatherapie. Maar bijvoorbeeld ook kookcursussen in de traditionele Umbrische keuken behoren tot de mogelijkheden.

Rondom de accommodatie zijn tal van mogelijkheden om te wandelen of te fietsen (te huur op de accommodatie). Oude, overwoekerde en lang vergeten paden zijn hiervoor vrijgemaakt. Het landschap is heuvelachtig en ligt bezaaid met kleine, verstilde dorpjes. U kunt bijvoorbeeld de watervallen van de Cascate delle Marmore bij Terni bezoeken. Belangrijkste stad in de directe omgeving is Spoleto, de voormalige hoofdstad van de Longobarden voordat het onder pauselijk bestuur werd geplaatst. Hier wordt in juni en juli het festival dei Due Mondi gehouden met veel dans, theater en muziek. Ook de stad Assisi is hier niet zover vandaan. De stad is in hoge mate gewijd aan Fransiscus van Assisi die in 1224 op de berg La Verna de wondtekenen van Jezus ontving. Hij werd in 1228 heilig verklaard en begraven op de plek waar vanaf toen begonnen werd met de bouw van de basilica major, ofwel de grote basiliek.

🍽️ 🏊 🛶 🚴

🛏️ 16x, 🛏️ 30x, Prijs op aanvraag

Route

🚗 2 km ZW van Spoleto. Vanaf Perugia via SS75 naar Foligno en vanaf hier SS3 richting Terni. Ongeveer 2,5 km voorbij Spoleto rechts richting Pompagnano en na 300 m rechts over privéweg.

🚌 Vanaf station Spoleto met de bus tot Pompagnano.

URBINO

Fosso del Lupo
Ornella Conti
Via Scotaneto 11, Località Scotaneto,
61029 Urbino (PU), Pesaro ed Urbino
T   0722-34 02 33
F   0722-34 02 33
M   339-101 26 05
E   d.garota@libero.it
W   www.fossolupo.it
🗪 it, uk

Open: hele jaar H 465m

Boerderij en omgeving

Fosso del Lupo ligt in de heuvels van Urbino in de Cesane streek met een wijds panorama dat reikt tot de Adriatische Zee. De boerderij is al meer dan een eeuw oud, maar was tot 1980 totaal verlaten. Vanaf die tijd is het langzamerhand gerestaureerd en is de boerderijfunctie hersteld. Er zijn drie appartementen voor vier tot zes personen. Ze zijn comfortabel, maar eenvoudig ingericht en beschikken over een eigen keuken en op verzoek televisie. U kunt bij de boer ontbijten. Op het terrein vindt u een prachtig aangelegd zwembad, maar er is ook een klein meertje en speelterrein voor de kinderen.

In de directe omgeving van de accommodatie vindt u de bron van de Raffaello en de grotten van Gubbio en Frasassi. U kunt een uitstapje maken naar het zeer nabijgelegen dwergstaatje en kleinste land van Europa San Marino. Het land wordt volledig omringd door Italië en is zo sterk beïnvloed door zijn grote buur dat u nauwelijks in de gaten heeft dat u zich in een ander land bevindt. Belangrijkste grote stad in de omgeving is Ancona dat vooral bekend is van het Lazzaretto, een vijfhoekig gebouw om de defensieleiding te beschermen tegen besmettelijke ziektes als gevolg van handel en scheepvaart. Het kan model gestaan hebben voor het Pen-

tagon in de Verenigde Staten, zij het dat die vele malen groter is. Iets dichterbij ligt Pesaro, de geboortestad van de beroemde componist Rossini. Elk jaar wordt er in het centrum van dit stadje een muziekfestival ter ere van de componist opgevoerd. Tenslotte kunt u nog naar Rimini dat vooral een gezellige badplaats is.

🛁 🏊 🚵 🛶 🎣

🛏️ 2x, 🛏️ 8x, Prijs op aanvraag
🏠 3x, 🛏️ 12x, Prijs op aanvraag
⛺ Prijs op aanvraag

Route

🚗 30 km ZW van Pesaro. Vanaf Bologna Auto Strada A14-E45 richting Ancona. Bij afslag Pesaro richting Urbino tot Gallo. Vanaf hier links borden Petriano volgen, waar u bordjes van boerderij aantreft.

🚌 Trein van Bologna naar Pesaro. Voor busverbinding en aanvullend vervoer naar de accommodatie neemt u contact op met eigenaren.

VALFABBRICA

Cà Mazzetto
Pasquale Biagio Sotgia
Coccorano, 06029 Valfabbrica (PG), Perugia
T   075-902 94 09
F   075-902 94 09
E   info@camazzetto.it
W   www.camazzetto.it
🗪 it, uk, de, fr, se, fi

Open: hele jaar H 550m (RES) verplicht
♿ ❌ 🐕

Boerderij en omgeving

Ca'Mazzetto ligt op 550 meter hoogte aan het pad van de Fransiscanen voor de Vrede op ongeveer 20 km van belangrijke historische en culturele steden als Assisi, Perugia en Gubbio. Er wordt graan verbouwd, er zijn olijfboomgaarden en het geheel wordt afgewisseld met weilanden, bos en restanten van het fort Castellina uit het jaar 1200.

Er zijn drie appartementen geschikt voor twee tot vier personen, eenvoudig ingericht en voorzien van een keuken. Een appartement is geschikt voor rolstoelgebruikers. Heeft u geen zin om te koken dan kunt u gebruik maken van het restaurant. U kunt er kiezen uit Sardijnse of Umbrische gerechten. Ook worden er kookcursussen gegeven en lezingen over het gebruik van geneeskrachtige kruiden. Er is een klein zwembad aanwezig. Op de boerderij worden olijfolie en handgeweven stoffen verkocht.

De omgeving leent zich uistekend voor activiteiten als paardrijden, wandelen (Sentiero Fransescano della Pace) of fietsen en dat alles kan eventueel onder begeleiding van een gids. Meewerken op de boerderij behoort ook tot de mogelijkheden. In het nabijgelegen dorpje Valfabbrica zijn allerlei winkeltjes, een bank, postkantoor en bars te vinden. Grotere steden als Assisi, Perugia en Gubbio liggen eveneens binnen handbereik. Gubbio is een vanoudsher Umbrische kolonie dat vroeger Tota Ikuvina heette. Het is een goed bewaard, monumentaal stadje met veel mooie uitzichtspunten en tal van winkeltjes. Assisi en Perugia zijn historische toplocaties met tal van musea waar de geschiedenis van de streek tot ver terug in de jaartelling is opgetekend.

🐾 🎨 🚣 🚶 🚡 ⛵ ⚓4 🐟
🚲 ⛰️

🏠 3x, 🛏 12x, hpw € 280-580

Route

🅰 25 km O van Perugia. Autostrada A1 van Florence richting Rome. Afslag SS75 richting Perugia. In Perugia richting Assisi (SS75) tot plaatsje Ospedalicchio, hier SS147 richting Assisi. Bij kruising richting Petrignano, Pianello en Valfabbrica. Vanaf Valfabbrica

borden Monteverde en Coccorano en later borden accommodatie volgen.

🚃 Trein tot Perugia. Verdere ov-reisinformatie ontbreekt, raadpleeg accommodatiehouders voor recente informatie over vervoermogelijkheden.

VALSTAGNA

I Calmi
Giovanni Abrami
Via Oliero di sopra, 50 B,
36020 Valstagna (VI), Vicenza
T   049-60 32 69
F   049-60 32 69
M   338-014 22 64
E   gabram@aicalmi.it
W   www.aicalmi.it
🚩 it, uk

Open: 1 apr-31 okt 🐾 ⚓ H 265m (RES)
verplicht 🍴 🐕

Boerderij en omgeving

In een afgelegen hoek van de Brenta-vallei in de zuidelijke Alpen vindt u deze kleine, traditionele boerderij gelegen tussen bossen, bronnen en grotten. Een perfecte lokatie voor natuur- en rustzoekers. U kunt alleen op deze plek komen via een voetpad; uw bagage kan met een kabelbaantje. De historische gebouwen domineren de vallei en werden gebouwd in de 19de eeuw. De gebouwen zijn gerestaureerd en veel van het interieur is antiek of werd gemaakt door lokale ambachtslieden. Door de ligging is het koel in de zomer en mild in de winter.

Het huis heeft vier gastenkamers (alleen voor niet-rokers) met in totaal 13 bedden. Bezoekers beschikken over drie badkamers, een leeskamer en twee keukens met eetkamer. De gastfamilie maakt voor u een lekker ontbijt. Er zijn daarnaast twee vakantiehuisjes voor drie personen, beiden met keuken en badkamer. Een extra bed bijplaatsen is mogelijk. Wel zelf la-

kens, dekens en handdoeken meenemen. In de tuin is plek voor tien tentkampeerders (caravans en auto's geen toegang). Kampeerders kunnen van faciliteiten in het huis gebruik maken. Voor gasten is er een grote tuin met zwembad, speeltuin en visvijver. Het is een kindvriendelijke accommodatie; er zijn kinderbedjes en -stoelen, een speelplek en kleine dieren. Uw hond mag niet mee. Op 4 ha verbouwt men granen, fruit, groente, kastanjes en er zijn kippen. Producten zijn op de boerderij te koop.

In de omgeving zijn mogelijkheden om te tennissen, vissen en paardrijden. In de winter zijn er volop skihellingen op 30 auto- minuten. De nabijgelegen Brenta-rivier is geschikt om te varen en te raften. Er is een leuke fietstocht naar Valsugana en de nabijgelegen Belluno-vallei van waaruit u Trento en de Dolomieten kunt bereiken. De historische steden Venetië, Padua, Vicenza en Verona zijn met auto en trein binnen het uur bereikbaar.

🚣 🛶 🏊 ⛵ 🎿0,5 🎣 🐟 🚃 🚲
🏕 ❄️ 🏔

🛏 4x, 🛏 13x, 1pkpn € 30, 2pkpn € 40
   B&B
🏠 2x, 🛏 6x, Prijs op aanvraag
⛺ 🚐, pppn € 5, ptpn € 5

Route

🅰 12 km N van Bassano del Grappa, 1 km Z van Valstagna. Van Veneto of Trento volg SS47 naar Valsugana. Auto parkeren in Oliero di Sopra en te voet karrespoor richting 'Le Pozzette'. Na eerste vier bochten links aanhouden en doorlopen tot huis (10-15 min).

🚃 Treinverbinding Venetië-Trento. Uitstappen op station Carpanè-Valstagna (2 km).

ZIE KAART PAGINA 73

ZELARINO

Orto Arcobaleno
Maurizio Galvan
Via Parolari, 88, 30174 Zelarino (VE),
Venezia

T   041-68 03 41
F   041-68 03 41
M   333-285 94 92
E   castelligalvan@tin.it

🔊 it, uk

Open: hele jaar ⟨RES⟩ verplicht

Landhuis en omgeving

Dit landhuis uit de achttiende eeuw is rustig gelegen, ver van het massatoerisme. Het huis is karakteristiek voor de streek en is op natuurvriendelijke wijze gerenoveerd. Op het land worden op biologische wijze groenten en fruit geteeld. Er zijn honden, katten en kippen. Er is een speelplaats voor kinderen, met zwemmogelijkheid.

U kunt hier zowel kamperen als logeren. De kamers zijn in traditionele stijl ingericht en worden centraal verwarmd met houtoven en gas. Gasten kunnen gebruik maken van de gemeenschappelijke keuken. Er worden zelfverbouwde producten verkocht en in de tuin kunnen gasten barbecuen. Op verzoek wordt een ontbijt geserveerd.

Groepen kunnen in een typisch Venetiaanse boot door de kanalen van de stad en naar de omliggende eilanden worden gevaren. U kunt per fiets (gratis ter beschikking) de resten van de Romeinse nederzettingen langs de lagune van Grado bezoeken. Bovendien zijn de beroemde landhuizen van Andrea Palladio (1508-1580) en de Palladio-stad Vicenza niet ver. Van de natuur kunt u genieten in het recreatiegebied Martellago. De coöperatie Limosa, die gespecialiseerd is in natuurvakanties, biedt een uitgebreid programma aan (vooraf opgeven). Gastvrouw Luana werkt zelf bij deze coöperatie. Tenslotte kunt u natuurhistorische rondleidingen krijgen, ook in het Duits of Engels. Tips voor excursies zijn ter plekke te verkrijgen.

🛏 3x, Prijs op aanvraag
⛺ Prijs op aanvraag

Route

🚗 8 km NW van Venezia. Op A4 Padua-Triest afrit Via Castellana en naar Zelarino, na het dorpscentrum, voorbij supermarkt Polo rechts naar Via Parolari. Na ca 100 m rozekleurig huis.

🚆 Trein naar Venetië-Mestre (6 km), dan buslijn 20 of 21 tot eerste halte na supermarkt Polo (nog 1,2 km). Op verzoek wordt u afgehaald.

ZIE KAART PAGINA 74

MASSA LUBRENSE

Le Tore
Vittoria Brancaccio
Via Pontone, 43 , S. Agata sui due Golfi,
80064 Massa Lubrense (NA), Napoli
T 081-808 06 37
F 081-533 08 19
M 333-986 66 91
E letore@iol.it
W www.letore.com
it, uk, fr

Open: hele jaar H 500m

Boerderij en omgeving

"Le Tore" is een echte boerderij omringd door bossen, fruitbomen, olijfboom- en wijngaarden. Daarnaast worden er eieren, wijn, olie, noten, fruit, jam en honing geproduceerd. Alles uiteraard biologisch gecertificeerd. De lokatie is gelegen in de heuvels die het natte en beboste gebied bij Sorrento scheiden van het droge en zonnige gebied rond Amalfi.

Er zijn zes tweepersoonskamers en een vakantiehuisje voor vijf personen. Er kan eventueel een kinderbed worden bijgeplaatst. Tevens zijn er kinderstoelen. De accommodatie is geschikt voor rolstoelgebruikers. Het is gebouwd in de 19e eeuw en onlangs in de oorspronkelijke staat teruggerenoveerd. Gasten kunnen meedoen aan cursussen en dagelijkse boerderij-activiteiten zoals druiven oogsten of appels plukken. U kunt hier alle maaltijden gebruiken maar ook verse producten kopen. Voor gasten zijn er fietsen te huur en voor kinderen is er een tafeltennistafel. Op 1 km afstand kunt u tennissen en paardrijden. Uw hond is ook welkom.

De boerderij ligt slechts 15 minuten van de zee. Er kunnen in de omgeving fraaie begeleide wandeltochten worden gemaakt langs streekpaden, of u kunt Punta Campanella Sea Park bezoeken. Het is tevens een ideaal startpunt voor het bereiken van Campania's beroemde toeristenattracties zoals Pompeï, Oplonti en Herculaneum - slechts 45 minuten per trein - of Capri, Ischia en Napoli die per boot bereikbaar zijn.

1 1 1

6x, 12x, Prijs op aanvraag
1x, 5x, Prijs op aanvraag

Route

10 km van Z Sorrento. 5,5 km O van Massa Lubrense. Snelweg A3 Napels-Salerno-Reggio di Calabria, afslag Castellammare, borden volgen naar Sorrento, dan richting Massa Lubrense en na ca 1 km afslaan naar Sant'Agata sui Due Golfi.

Met trein Circumvesuviana van Napels naar Sorrento, dan SITA-bus naar Massa Lubrense-Sant'Agata sui Due Golfi. Boot: hydrofoil van haven Molo Beverello in Napels naar Sorrento, dan SITA-bus naar Massa Lubrense-Sant'Agata sui Due Golfi.

MONTENERO SABINO

Le Streghe
Annalisa Allegretti
Loc. Scrocco, Località Scrocco,
02040 Montenero Sabino (RI), Rieti
T 0765-32 41 46
F 0765-32 41 46
E lestreghe@lestregheagriturismo.it
W www.lestregheagriturismo.it
it, uk, fr, de

Open: hele jaar hele jaar H 700m
RES verplicht

Boerderij en omgeving

Le Streghe is een oude, vakkundig gerenoveerde boerderij, op 700 m hoogte midden in een eikenbos. Er worden groenten gekweekt en paarden gehouden en er wordt biologisch gewerkt.

U verblijft in een van de acht tweepersoonskamers met gedeelde douche en toilet. Verblijf op basis van half- of volpension is mogelijk. Maaltijden worden bereid met volkorenproducten, vegetarische maaltijden staan ook op het menu. Op het kleine kampeerterrein is plaats voor tien tenten. Warme douche en aansluitingen voor elektriciteit zijn aanwezig. Kamperen is gratis, mits een warme maaltijd per dag op de boerderij wordt gebruikt. Groenten uit eigen tuin worden ter plekke verkocht. De dichtstbijzijnde restaurants en winkels liggen op 4 km afstand. Er zijn voor de gasten fietsen beschikbaar. Honden zijn helaas niet toegestaan.

In de bosrijke omgeving kunt u uitstekend wandelen, fietsen of paardrijden. U vindt hier twee meren, het Lago del Turano en Lago del Salto, waar u kunt zwemmen. Op 4 km afstand is een zwembad. In het natuurreservaat Monte Navegna-Monte Cervia zijn wandelroutes uitgezet met uitleg over de hier voorkomende flora en fauna. Ook zijn diverse excursies mogelijk, bijvoorbeeld naar het nabijgelegen Franciscanenklooster en de abdij van Farfia.

4

8x, 16x, Prijs op aanvraag
T 10x, Prijs op aanvraag

Route

16 km Z van Rieti. Vanuit Rome SS4 (Via Salaria) tot km-paal 56 en op splitsing naar Casaprota (vanaf Rieti bij km-paal 64), dan borden 'Le Streghe' volgen.

Bus van Rome (Stazione Termini) of Rieti naar Ornaro Alto (5 km). Vanaf hier is gratis afhalen mogelijk, in overleg met de accommodatiehouders.

NOTO

Terra Di Solimano
Andrea Mingo
Strada Provinciale, 24, Contrada
Busulmone-Romanello s.n.,
96017 Noto (SR), Siracusa
T   0931-83 66 06
F   0931-83 66 06
M   380-728 46 64
E   terradisolimano@virgilio.it
W www.terradisolimano.it
🌐 it, uk

Open: hele jaar H 80m ⓇⒺⓈ verplicht ♿

Boerderij en omgeving

Terra di Solimano, afgeleid van Suliman, een Arabische krijgsheer uit de 10e eeuw na Christus, is een lappendeken van amandelbomen, citrusvruchten, olijf- en Johannesbroodbomen. Het boerenbedrijf is aangesloten bij AIAB, de Italiaanse associatie voor biologische boerderijtoerisme. De boerderij dateert uit 1832 en maakt onderdeel uit van een verzameling van gebouwen en binnenplaatsen. Het geheel is ommuurd met een oude verdedigingswal.

Voor gasten zijn er zes tweepersoonskamers met eigen badkamer. Er is ook een appartement met een keukentje. U kunt met de boerenfamilie mee-eten en genieten van de, van huis uit kruidige, Siciliaanse keuken. Er worden tal van cursussen gegeven zoals keramiek, schilderen, fotografie, houtsnijden, het gebruik van medicinale kruiden in de keuken. Deelname aan uiteenlopende excursies georganiseerd in de natuur en langs historische bezienswaardigheden behoort tot de mogelijkheden. U kunt desgewenst meewerken op het land.

Tekenen van Arabische overheersing van deze regio komen tot uitdrukking in straatnamen, volkslegenden en bezienswaardigheden. Maar de Grieks-Romeinse invloeden zijn veel talrijker. U kunt het oude Noto Antica bezoeken dat in 1693 door een aardbeving volledig werd verwoest. Het 'nieuwe' Noto, dat een stukje zuidelijker en dichter bij de kust is herbouwd, is een klein stadje met veel barokke architectuur. Hier vindt u winkeltjes en restaurants. In het natuurpark van de Ciane-bron ontdekt u met wat geluk de papyrusplant. Ook het Palazollo Acreide, met oud-Grieks theater, is een belangrijke Grieks-Romeins historische vindplaats. De boerderij is op 5 kilometer afstand gelegen van zee en strand (Baai van Noto) en in de omgeving zijn wandelmogelijkheden langs oude post- en handelsroutes.

👥 🍽️ 🚲 ⚓ ⋯⋯9 🏊

🛏️ 6x, 🛏 12x, Prijs op aanvraag
🏠 1x, 🛏 4x, Prijs op aanvraag

Route

🅰 45 km ZW of Siracusa. Vanuit Syracuse over SS115 naar Noto, in Noto afslaan richting Ragusa en na 1 km rechts (SP284) richting Testa dell' Acqua. Na ± 1,2 km rechts.
🚂 Trein vanuit Syracuse naar Noto op 2 km afstand.

SANT'ALFIO

Carammelle
Serafina Russo & Rosario Zappalà
Via Contarino, 14, 95010 Sant'Alfio (CT),
Catania
T   095-96 84 52
F   095-96 84 52
M   328-117 20 00
E   info@carammelle.com
W www.carammelle.com
🌐 it, uk

Open: H 550m

Boerderij en omgeving

Carammelle is een 19e eeuws boerenbedrijf middenin een belangrijk Siciliaans wijngebied aan de flanken van de machtige Etna vulkaan. Sant'Alfio is een beroemd wijndorpje. Hier verbouwen ze echter appels en peren, hazelnoten, walnoten en kastanjes en ze houden er bijen voor de honing. De boerderij is zoveel mogelijk authentiek Siciliaans gelaten en dat vindt u terug in de meubilering, keukengerei, keramiek en de gebruiksvoorwerpen om het land mee te bewerken.

Voor gasten zijn er twee ruime en lichte familiekamers. De ruimte om het huis heeft terrassen met uitzicht. Voor de gasten is er een moderne keuken beschikbaar. De kamers zijn in principe inclusief ontbijt. Als u zelf wilt koken: er zijn verse producten van de boerderij te koop. Het is mogelijk op deze boerderij om mee te werken op het land.

De omgeving van de boerderij wordt uiteraard gedomineerd door de Etna, in lokaal dialect ook wel de Mongibello genoemd. Met zijn ruim 3300 meter is dit de hoogste vulkaan van Europa en zeker ook een van de actiefste ter wereld. De laatste uitbarsting dateert van 2002. In het natuurpark rondom de Etna worden vanaf de boerderij begeleide excursies georganiseerd en ontdekt u de unieke flora van deze streek (bv. vijgencactussen, hoewel die hier van oorsprong niet thuishoren) en de flanken van de berg zijn ook bij wintersporters geliefd. Verder zijn er tal van festiviteiten die in de omgeving van de Etna aan deze vulkaan en haar schutspatronen worden opgedragen. Het noordoosten van Sicilië heeft een zeer grillige kust met prachtige stranden, waaronder de Cyclopenkust van Acicastello.

👥 ⋯⋯12 🚲 ⚓ 🏊

🛏️ 2x, 🛏 8x, Prijs op aanvraag

Route

🅰 30 km N van Catania. Op Auto Strada A18-E45 afslag Giarre en borden volgen naar Macchia, San Giovanni Montebello en vervolgens San'Alfio via SS114. Uit de richting Catania kunt u de provinciale weg vanuit San Giovanni La Punta over Zafferene Etnea, Milo en Fornazzo nemen.

Vanaf station Giarre-Riposto bus SAG nemen. Vanuit Catania neemt u de AST bus.

TRECASTAGNI

Agriturismo Biologico dell'Etna
Pasqualina Pulvirenti
Via G. Mameli, 22,
95039 Trecastagni (CT), Catania
T   095-780 76 70
F   095-725 56 29
M 338-703 37 12
E   agriturbioetna@tin.it
W www.agriturismobiologicoetna.it
it, uk

Open: hele jaar H 550m (RES) verplicht

Boerderij en omgeving
Azienda Agriturista Biologica Pulvirenti ligt bij de entree van het Etna Nationaal Park op 550 meter hoogte. De Etna is de hoogste, actieve vulkaan van Europa, hoewel de berg door zijn enorme omvang minder hoog lijkt dan zijn 3300 meter doen vermoeden. Op 2 ha van de vruchtbare vulkanische bodem worden sinds 1988 biologische groenten en fruit verbouwd. De boerderij is aangesloten bij de Terranostra Associazione per l'Agriturismo e l'Ambiente. Meewerken is voor de liefhebbers mogelijk.

U verblijft in één van de vijf comfortabele kamers met ontbijt. De woningen zijn voorzien van alle faciliteiten en zijn ook geschikt voor rolstoelgebruikers. Bij vertrek moet u de woning zelf schoon maken. Uw hond mag ook mee. U kunt groente en fruit van de boer kopen maar ook zelfgemaakte producten zoals suikervrije jam. De eigenaren verhuren fietsen, op 2 km afstand kunt u tennissen en op 20 km is een golfbaan.

De boerderij is een uitstekende locatie om het sensationele natuurlandschap van de Etna te ontdekken. U kunt hier uitgebreide wandelingen en fietstochten ondernemen. Informatie over begeleide excursies vindt u ter plekke. Zwemmen en zonnen kan aan een van de strandjes aan de kust, 7 km verderop, ook kunt u hier excursies per boot maken naar het Acitrezza Marine reservaat. Een aantal kilometer verderop kunnen ski-liefhebbers in de winter de Etna ski-oorden bereiken.

⚲ ⚲ ∷∷7 ⚲2 ⚑ ❄ ⚘

🛏 5x, ⚐ 9x, Prijs op aanvraag

Route
⚠ 12 km NW van Catania. Vanuit Catania via A18 tot afrit Acireale. Autoweg oversteken en westwaarts tot Trecastagni. Boerderij ligt op 1 km van Trecastagni.

🚆 Trein naar Catania (12 km), dan bus naar Trecastagni (halte op 100 m). Afhalen Catania mogelijk na afspraak.

● # ANWB Wandelgidsen

Elke Wandelgids bevat zo'n 35 wandelingen, in duur variërend van twee uur tot een hele dag. Bij elke route is een blokje praktische informatie opgenomen: lengte, duur, zwaarte (licht, middelzwaar, pittig), karakter, horeca en verbindingen (auto en openbaar vervoer).
Verkrijgbaar bij ANWB-verkooppunten, boekhandels en warenhuizen.

ACQUAVELLA DI CASALVELINO

Spina Rossa
Rosa Giordano
Località Pantaleo, 84040 Acquavella
di Casalvelino (SA), Salerno
T 0974-90 60 84
F 089-75 48 48
M 340-600 75 08
E info@spinarossa.it
W www.spinarossa.it
it, uk, fr

Open: 1 jun-30 sep ♥ H 100m (RES)
verplicht ⚒ ✕ 🐾

Boerderij en omgeving

Spina Rossa is gelegen in het hart van
het nationaal park Cilento in een groen
heuvelachtig landschap van oude olijfbomen. Op de boerderij worden wijn,
kazen, worst en olijfolie gemaakt en
groenten en fruit verbouwd. De boerderij voert het certificaat van biologische
landbouw (AIAB).

Spina Rossa heeft drie tweepersoonskamers met eigen badkamer en kunst-
zinnig meubilair in de lokale, eenvoudige stijl. U kunt desgewenst in de tuin
ontbijten. Op de terrassen in de schaduw van olijfbomen is het sowieso goed
relaxen. In het restaurant waar veertig
zitplaatsen wordt veel zorg besteed aan
het in stand houden van de traditionele
keuken van de Cilento-streek en op verzoek wordt een glutenvrij dieet verzorgd.
U kunt desgewenst meehelpen op het
land.

De boerderij is gelegen nabij de baai
van Cilento met tal van stranden en grillige kustlijnen die het keurmerk van de
Blauwe Vlag mogen dragen. De blauwe
vlag wordt toegekend aan stranden die
aan de hoogste standaard van milieu-eisen voldoen en bekend staan om schoon
water. U kunt bijvoorbeeld een bezoekje
brengen aan de rode kustrotsen van Pa-

linuro of de grotten van Pertosa. Er zijn
tal van historische bezienswaardigheden
in de omgeving van de boerderij, zoals
het dorpje Acquavella, het Paestum,
een oude Griekse kolonie, het Certosa di
Padula, een Carthusisch klooster. Dichtstbijzijnde grote stad is Salerno op een
respectabele 90 km afstand. De stad is
vooral bekend als een van de oudste uni-
versiteitssteden van Europa, een belangrijke medische kennisbron gedurende de
Middeleeuwen. De kustlijn ten zuiden
van Salerno, de Costiera Amalfitana was
gedurende de Tweede Wereldoorlog een
belangrijke geallieerde landingsplek tijdens Operation Avalanche.

🏊 🍴 🏊 ⋯5 🎣8 ⛵5 🐾

🛏 3x, 🛏 6x, 2ppn € 40 B&B

Route

🚗 98 km ZO van Salerno, 5 km N van Casalvelino.
Vanaf Salerno Auto Strada A3 richting Reggio di
Calabria, afslag Battipaglia. Over de SS18 richting
Agropoli en Sapri. Afslag Vallo Scalo en naar Casal
Velino Scalo en vervolgens Marina di Casal Velino.
Na 2 km rechts.
🚆 Vanaf Salerno met regionale trein Napels-Co-
senza tot station Vallo della Luciana. Neem contact
op met de accommodatiehouders voor aanvullend
vervoer naar de boerderij.

CERCHIARA DI CALABRIA

Acampora Agriturismo
Salvatore Acampora
Contrada Milizia, 87070 Cerchiara di
Calabria (CS), Cosenza
T 0981-99 13 20
M 347-849 24 19
E agriturismoacampora@tiscali.it
W www.agriturismoacampora.it
it, uk

Open: hele jaar ♥ H 350m (RES) verplicht
⚒

Boerderij en omgeving

A Campora is gelegen op de lagere hellingen van het natuurpark del Pollino op
slechts 10 km van de Ionische Zee. De
boerderij produceert op biologisch-dynamische wijze olijfolie, honing, likeur,
salami en andere vleeswaren.

Er zijn voor de gasten zeven eenvoudige
kamers gebouwd in de lokale steensoort. De
meesten hebben een eigen badkamer, twee
moeten een badkamer delen. Er is de mogelijkheid om in de tuin uw tentje op te zetten.
De eigenaren serveren, naast het ontbijt,
desgewenst maaltijden uit de traditionele
Calabrische keuken. Vanaf de accommodatie worden diverse excursiemogelijkheden
georganiseerd in de directe omgeving (zie
hieronder). Er zijn fietsen te huur.

Deze streek van Italië draagt de kenmerken van Albanese overheersing wat u in
klederdracht en oude gebruiken nog kunt
terugvinden. De streek is rijk aan grotten,
waaronder de Grotta delle Ninfe waarvan het thermale water al onder de oude
Grieken een belangrijke reputatie had en
is uitstekend geschikt voor speleologische
excursies alsook andere buitensportactivi-
teiten, bijvoorbeeld in de canyon van Raga-
nello en bij de afgrond van Bifurto. Dichtstbijzijnde grote stad is Taranto (± 70 km).
Hoewel de stad behoorlijk industrieel is en
vooral bekend is als belangrijke thuishaven
van de Italiaanse marine, ontleent het veel
van haar charme aan de vissershaven Mar
Piccolo en de zware fortificaties, overblijfselen uit een roerig verleden toen de stad
in handen was van Spartanen, Carthagers,
Etrusken, Romeinen, Lombardijnen, Sarace-
ners en de Noormannen.

🏊 🍴 🏊 ✈ ⋯ 🔍 🚤 ⛴ 🐾

🛏 7x, 🛏 18x, 2ppn € 35 HP
⛺ Prijs op aanvraag

Route

⚑ 99 km N van Cosenza. Via Auto Strada A3 tot afslag Castrovillari-Frascineto. Route vervolgen naar Cerchiara di Calabria (richting Trebisacce en de SS106 en SS92). Na 20 km volgt kruising richting Cerchiara, borden volgen.

🚂 Trein van Salerno richting Taranto, uitstappen in Metaponti. Vervolgens trein naar Trebisacce of doorrijden naar Villa Piana Lido.

MONTESCAGLIOSO

L'Orto di Lucania
Beniamino Spada
Contrada Dogana - S.P. 175 Km 13,5
75024 Montescaglioso (MT), Matera
T   083-520 21 95
F   083-520 70 08
E   info@ortodilucania.it
W   www.ortodilucania.it
🗨 it, uk

Open: ♿

Boerderij en omgeving

Tien km van Matera en 30 km van de stranden van de Ionische Zee ligt deze biologische boerderij in een fraaie vallei met uitzicht op het stadje Montescaglioso. Op het landgoed aan de oevers van de rivier Bradano, produceren de boeren tarwe, mais, tomaten, aubergines, artisjokken, olijven en fruit. De groenten worden verwerkt volgens eeuwenoude methode waarbij ze in glazen wekpotten worden verpakt. Als u wilt kunt u meewerken op de boerderij, onder andere met het inmaken van de groenten en werken op het land.

Er worden zes comfortabele vierpersoons-appartementen aangeboden. De huisjes zijn smaakvol ingericht met woonkamer met slaapbank, een aparte slaapkamer, open haard, keuken, badkamer en ruime patio met tuinmeubels. Deze accommodatie is geschikt voor

rolstoelgebruikers. U mag uw hond meenemen. Voor de jeugd is er tafeltennis en tafelvoetbal, voor iedereen is er een eigen zwembad en u kunt fietsen huren. Er is een restaurant waar u alle maaltijden kunt gebruiken maar als u liever zelf wilt koken kunt u van de boer verse biologische producten kopen. Voor degenen die de fijne kneepjes van de Italiaanse keuken willen leren kennen zijn er kookworkshops.

Uw gastheer organiseert op verzoek verschillende excursies in de omgeving, zoals naar een natuurpark of een 13de eeuws Benedictijns klooster (7 km). In de nabije omgeving zijn er verschillende boerderijen die paardrijtochten aanbieden. Vooral in het voorjaar en de zomer zijn er folkfestivals, die de ene keer heilig en de andere keer profaan zijn (Festa della Bruna in Matera, Festa di San Rocco in Montescaglioso en het Mei Festival in Accettura). U kunt een bezoek brengen aan de oude, oorspronkelijk Griekse stad Magna Gracia, het Siritide museum in Policoro (40 km) of het kasteel van Frederik II bij Lagopesole, het Palazzo San Gervaso (120 km).

🍽 🏊 🚲 🐎 🚶

🛏 6x, 🛏 24x, Prijs op aanvraag

Route

⚑ 10 km Z van Matera. Van Matera SS106 Ionica naar Montescaglioso. Na 2,3 km rechts naar Miglionico, volg borden naar Metaponto-S. Lucia. Na 1 km rechts naar Ginosa. Na 3,8 km een met bomen omzoomde oprijlaan.

🚂 Trein naar transitstation Metaponto (Salerno-Taranto en Taranto-Calabrische achterland vv). Neem contact op met de accommodatiehouders voor aanvullend vervoer naar de boerderij.

VILLA D'AGRI

Il Querceto
Francesca Leggeri
Barricelle di Marsicovetere, 66,
Podere Querceto, 85050 Villa d'Agri (PZ), Potenza
T   0975-693 39
F   0975-699 07
M   333-293 94 89
E   ilquerceto@tiscalinet.it
W   www.ilquerceto.it
🗨 it, uk, fr, es

Open: hele jaar ♥ H 600m [🛏]

Boerderij en omgeving

La Terra di Nancy (het land van Nancy) is een landgoed met een groot eikenbos en biologische landbouw, ongeveer 50 km ten zuiden van Potenza in Basilicata. Een plek voor wandelaars, mensen die van de lokale gastronomie willen genieten, interesse hebben in natuurlijke genezing en oosterse filosofie. De boerderij ligt te midden van prachtige bergen, bossen en meren. Zij heeft de vorm van een halve cirkel en wordt omzoomd door verschillende boomgaarden met olijfbomen en appelbomen en wild weideland. Ook bevindt zich hier een onderaardse bron en vlakbij vindt u een riviertje en een meer.

U verblijft in twee- tot zespersoons stenen huisjes die op ecologische wijze zijn verbouwd, allen met eigen douche en toilet. In het restaurant worden vegetarische, 100% biologische gerechten geserveerd, die met producten van eigen bodem zijn bereid. Er is voor de gasten een parkeerplaats en leeskamer ter beschikking. Kinderen onder de 8 krijgen 30% korting.

Als u geïnteresseerd bent in spiritueel onderzoek en uw psycho-fysieke welzijn, bent u hier aan het goede adres. U kunt hier onder andere cursussen Tai Chí, meditatie, dans en Do In volgen. Vanuit de boerderij kunt u diverse wandeltochten langs natuurpaden ondernemen of deelnemen aan excursies (zowel te voet als te paard) op het landgoed. U vindt hier een veelzijdig landschap met een rijke variatie aan vogelsoorten.

6x, 🖉 20x, 2ppn € 40 B&B

Route

🅰 45 km Z van Potenza. Op A3 Salerno-Reggio Calabria afrit Atena Lucana nemen, dan S598 richting Villa d'Agri tot afslag Paterno-Galaino. Richting Galaino volgen. Op splitsing naar Barricelle zwarte pijlen met geel opschrift naar 'Il Querceto' volgen.
🚌 Bus van Rome of Napels naar Villa d'Agri (4 km). Neem contact op met accommodatiehouders voor verder vervoer.

ANWB Wegenatlas Italië

De ANWB Wegenatlas Italië biedt actueel en gedetailleerd kaarwerk in een zeer praktische vorm.
Door de grote schaal (1:300.000 – 1 cm = 3 km) kunt u heerlijk binnendoor toeren en uitstapjes plannen.
Met de agglomeratiekaarten (omgeving van grote steden op schaal 1:100.000) en stadsplattegronden kunt u gemakkelijk een stadscentrum bereiken of juist een stad omzeilen. De kaartrand biedt informatie over aansluitende wegnummers en afstanden tot de volgende plaatsen.

Verkrijgbaar bij ANWB-verkooppunten, boekhandels en warenhuizen.

BRON: WWW.BULGARIJE-VERKEERSBUREAU.NL

Bulgarije

Bulgarije heeft een gevarieerd landschap: van oerbos waar nog beren, wolven en wilde katten voorkomen tot uitgestrekte stranden aan de Zwarte Zee, van bijna 3000 m hoge pieken tot vruchtbare valleien. Iedere toerist vindt er wel iets van zijn gading. Het land wordt diagonaal doorkruist door het Balkangebergte met in het zuiden, tegen de grens met Griekenland, een tweede keten, het Rodopi-gebergte. Het land leent zich uitstekend voor zowel wintersport als zomerse wandelingen. Rivieren en meren zijn er in overvloed zodat ook roeiers, zwemmers en vissers er volop kunnen genieten. In het noordwesten heerst een landklimaat terwijl de valleien in het zuidoosten de mildere zomers en winters van de Middellandse Zee hebben.

Wilt u uw vakantie een culturele wending geven, leg dan eens een bezoek af aan Plovdiv. Het oude gedeelte van dit stadje, dat gebouwd is op zes heuveltoppen, is een bezoek meer dan waard. U ziet er kleurig beschilderde huizen, typische doorgangetjes en schilderachtige binnenplaatsjes. Vanaf de bovenste ringen van het Romeinse amfitheater heeft u een prachtig uitzicht op de benedenstad en op het

BG
RO

Rodopi-gebergte in de verte. Misschien kunt u uw verblijf in Bulgarije samen laten vallen met het jaarlijkse Verdifestival, dat iedere zomer in dit theater gehouden wordt?

De hoofdstad Sofia ligt aan de voet van het Vitoshage-gebergte, dat sinds 1934 de status van nationaal park heeft. Weinig steden in Europa liggen in zo'n prachtige omgeving. Loop vooral even de imposante Alexander Nevski Kathedraal binnen met haar uitgebreide collectie iconen en gouden kunstvoorwerpen.
Er zijn, verspreid over het hele land, onwaarschijnlijk veel abdijen. Tot de bekendste behoren het Rila-klooster, het Drjanovo-klooster en het Ivanovo-klooster.

Accommodaties

Bulgarije gaat prat op haar gastvrijheid en is befaamd om haar heerlijke traditionele gerechten. Vrijwel ieder pension of hotelletje is gemeubileerd in de oud-bulgaarse stijl. De accommodaties geselecteerd door ECEAT zijn voornamelijk boerderijen, waar u niet alleen deel kunt nemen aan het boerenwerk maar ook aan het gezinsleven. Ga 's avonds bij de open haard zitten en de verhalen en liederen over onbevreesde, vrijheidslievende helden of Bulgaarse schonen, die hun leven gaven voor het Christendom, laten niet lang op zich wachten. Maak een lange rit te paard, pluk tomaten op het land of bessen in de bossen.

ECEAT heeft voor deze gids samengewerkt met de Bulgaarse Associatie voor Alternatief Toerisme (BAAT). BAAT is in 1998 opgericht en heeft inmiddels meer dan 90 leden: niet gouvernementele organisaties en plaatselijke verenigingen die het toerisme bevorderen, zoals de Bulgaarse horecavereniging, een stichting die plattelandspensions vertegenwoordigt, gemeentelijke toerismeraden, enzovoorts. BAAT is 's lands meest progressieve organisatie op het terrein van alternatief toerisme. Voor meer informatie kunt u de website www.alternative-tourism.org raadplegen.

(Biologische) landbouw

Bulgarije heeft de landbouw, haar voornaamste bron van inkomsten, hoog in het vaandel. Omdat de grond onvervuild door kunstmest, bestrijdingsmiddelen en andere chemicaliën is gebleven, lijkt bijna 90% van de landbouwgrond geschikt te zijn voor biologische teelt. De overheid voert een actief beleid om de boeren hiertoe over te halen en werkt tevens aan een nationale strategie voor landbouwontwikkeling die volledig overeenstemt met de Europese wetgeving. Hoewel nog weinig boerderijen officieel gecertificeerd zijn, valt de traditionele manier van boeren, die in Bulgarije op veel plaatsen wordt toegepast, meestal toch onder het kopje biologisch.

Natuur(bescherming)

Tot de beschermde gebieden behoren met name de zogenaamde wetlands; waterrijke of moerasachtige gebieden, die van groot belang zijn voor vogels.

Zeventien gebieden zijn aangewezen als beschermde natuurgebieden en natuurreservaten. De grootste beschermde gebieden in Bulgarije zijn de drie nationale parken Rila, Pirin en Central Balkan. Tezamen beslaan zij bijna 200.000 hectare en vertegenwoordigen ze ruim een derde van alle beschermde gebieden. De ecosystemen in bepaalde delen van deze parken komen op geen enkele andere plek in Europa meer voor. Het natuurreservaat Srebarna – gelegen in het noorden op zo'n 15 km afstand van Silistra - staat sinds 1977 onder bescherming van de UNESCO. Srebarna is een moerasachtig gebied van 800 ha, dat door een kanaal aan de rivier de Donau is verbonden. Het is het leefgebied van 160 soorten vogels, waarvan er 90 in het reservaat nestelen en broeden. In de lente vindt u hier broedende kolonies Dalmatische pelikanen, elf eendensoorten, moerasmeeuwen, oeverzwaluwen, kwartels, ibissen en veel zwanen.

BELI OSAM

Ecohouse Hike
Rada Djigovska
205 Stoian Bulgarencheto,
5662 Beli Osam, Troian
T 069-657 34
M 088-935 08 57
E hike@mail.bg
W www.bgglobe.net/hike.html
bg, uk, ru

Open: 1 jun-31 dec H 550m

Huis en omgeving

Het huis dateert uit de '60er jaren en heeft één verdieping. Het biedt slaap-gelegenheid aan acht gasten in vier tweepersoonskamers. De villa naast het huis kan groepen tot achttien personen huisvesten. Daar bevinden zich vier twee-persoonskamers en twee slaapzalen. Er zijn twee eetzalen met open haard en in totaal vijf badkamers. Een eigen restau-rant maakt volpension mogelijk. Voor de maaltijden wordt zoveel mogelijk gebruik gemaakt van biologische producten. Bij het haardvuur in de eetzaal kunt u genie-ten van zelfgemaakte pruimenrakia en de speciaal geselecteerde oude wijnen. Ook kunt u producten van eigen land kopen. In het pand mag niet worden gerookt. Op afspraak mag u uw hond meenemen.
Het dorpje Beli Osam ligt bij het nationale park Centraal Balkan en het natuurgebied Kozia Stena. De rivier waarnaar het dorp is vernoemd ligt op kleine afstand. Door de nabijheid van het Centrale Balkangeberg-te is deze lokatie ook geschikt voor winter-sportliefhebbers. U kunt uw tijd hier door-brengen met fietsen, vissen, paardrijden, skiën, wandelen en zwemmen.

🡨 🕎 🚴 🛷 ♨10 🔍7 ✕0,5 🚵9
🏔4 ❄15 🐎

🛏 4x, 🍽 8x, 1pkpn € 23, 2pkpn € 31
🏨 🛏10x, 🍽 18x, Prijs op aanvraag

Route
 11 km ZW van Troian. Vanuit Sofia A2/E83 in NO richting. E772 tot afslag Troian. Troian doorrijden in ZO richting (7 km). Op kruispunt bij abdij rechtsaf, dan op kruispunt in Shipkovo linksaf. Beli Osam op 3 km. Grote dennenboom voor het huis.
🚌 In Troian bus naar Chiflik nemen. Uitstappen bij bushalte Mileshka. Of in Troian een taxi nemen.

BRESTOVITSA

Guesthouse
Margarita Tasheva
2 Ohrid str., 4224 Brestovitsa, Plovdiv
T 031-42 28 06
F 031-42 28 06
M 088-785 46 65
E cellar@todoroff-wines.com
bg, fr, ru, uk

Open: 1 mrt-30 nov H 300m (RES) verplicht via ECEAT

Pension en omgeving

Deze accommodatie bevindt zich in één van de wijn producerende gebieden van Bulgarije. Het landschap varieert van ge-bergte tot golvende valleien.
U logeert in één van de drie tweeper-soonskamers die zich op de tweede ver-dieping bevinden. Er staat u een terras en een pracht van een tuin ter beschikking. U kunt zelf koken in de gemeenschappelijke keuken of genieten van een voor u be-reide Bulgaarse maaltijd. Het pension is ook als huisje te huur. Voor kinderen is er een speeltuin. Bij een winkeltje ter plekke kunt u uw boodschappen doen. De accom-modatie is rookvrij en laat geen honden toe. U wordt verzocht per e-mail of fax te reserveren. De eigenaar spreekt Bulgaars, Frans, Engels en Russisch.
Uw tijd hier kunt u besteden met een

excursie naar Plovdiv en Bachkovo met zijn Abdij (de op één na de grootste van Bulgarije). Of maak een bergwandeling en geniet vervolgens van de rust in de tuin. U kunt wijnkelders bezoeken en een door de eigenaar te regelen folklore-avond bijwo-nen waarbij de man des huizes u trakteert op traditionele Bulgaarse liederen. Op 10 km ligt een bos met mooie wandelpaden.

🍽 🍴 🐎

🛏 3x, 🍽 6x, 1pkpn € 7, 2pkpn € 10
🏠 1x, 🍽 6x, Prijs op aanvraag

Route
 18 km ZW van Plovdiv. Verlaat Sofia in ZO rich-ting via A1/E80. In Plovdiv richting Perushtitsa. Brestovitsa na 18 km.
🚌 Bus vanuit Plovdiv 1x p/u vanaf busstation Zuid.

ETROPOLE

Villa Boykini
Petar Boykin
2 Partizanski str., 2070 Etropole, Etropole
T 029-27 80 64
M 086-06 33 77
E boykin_boykin@abv.bg
bg, uk

Open: 1 mei-1 okt 🍴 H 700m (RES) verplicht via ECEAT [🐎]

Boerderij en omgeving

Deze kleine boerderij ligt ten zuiden van de Donauvlakte, op een hoogte van 700 m aan de voet van het gebergte Stara Planina. Het gebied heeft verschillende natuurreservaten en is rijk aan rivieren en watervallen. Bij het huis vindt u een groentetuin, fruit- en sierbomen en een oude wijngaard. Ook zijn er kippen en varkens.
Het huis heeft twee verdiepingen, een groot terras en een erf. U verblijft in een

van de drie tweepersoonskamers (extra bedden kunnen bijgeplaatst worden. Gasten kunnen de producten van eigen land kopen. U kunt zowel fietsen als boten huren. De eigenaar spreekt een beetje Engels. Het stadje is bereikbaar vanuit Sofia (80 km) of Pravets (15 km). Het staat bekend om haar festivals. Een bezoek waard zijn de uit 1710 daterende toren, huizen uit de middeleeuwen en de renaissance, een nederzetting en fort uit de 4de eeuw voor Christus, een abdij, vier bezienswaardige kerken, een historisch museum en pittoreske dorpjes.

🚲 🛁 ⊛1-15 ☂1-15 ☂1 ⚓3-15 ⚓15 ☂15 🦐

🛏 3x, 🍴 6x, 1pkpn € 15, 2pkpn € 25

Route
🔼 77 km NO van Sofia en 15 km ZO van Pravets, niet ver van de E79. In Etropole in de hoofdstraat doorrijden. Het huis ligt rechts van het benzinestation en de bushalte en is te herkennen aan een ijzeren hek en twee dennenbomen.

🚌 Bus vanuit Sofia, 8x per dag, om de 1 of 2 uur. Halte Kvartal 8 (150 m van het huis) of volgende halte: Manastirska ulitsa (100 m van het huis).

GARLIANO
Villa Edelvais
Ivailo Krastev
2568 Garliano, Kjustendil
T 078-235 10
M 089-959 90 13
🔊 bg

Open: 1 apr-30 okt 🏔 H 1000m (RES) verplicht via ECEAT [🐾]

Boerderij en omgeving
Op deze voormalige boerderij wordt nog steeds fruit en groente geteeld. Wat eerst akkers waren, zijn nu weelderige weiden, waar het natuurlijke evenwicht van wilde bloemen, insecten en dieren zich kan herstellen. Villa Edelvais bevindt zich in het dorp Garliano, gelegen op 1100 m hoogte in het gebergte Osogovo, slechts 10 km van de grens met Servië.

Dit recent gebouwde pension is bij uitstek geschikt voor mensen die van bergen houden. Het kan maximaal zeven personen in drie kamers in het huis herbergen, terwijl de camping plaats heeft voor tien tenten. Badkamer en toilet worden per verdieping gedeeld. Het huis heeft een restaurant/kantine (vijftien eetplaatsen). Reserveren is gewenst en u moet zeker contact opnemen als u uw hond wil meebrengen. Voor specifieke gelegenheden is het gehele huis te huur.

In de nabije omgeving bij het dorp Bistritsa Gordge treft u een beschermd gebied alsmede gemarkeerde wandelroutes aan. U kunt deelnemen aan het boerenwerk of gaan vissen of zwemmen. Een rondleiding door de plaatselijke natuur is ook de moeite waard.

🌾 🍽 🛁 ⊛7 ☂10 ⚓7 🦐

🛏 3x, 🍴 7x, 1pkpn € 8, 2pkpn € 12
🏠 1x, 🍴 7x, Prijs op aanvraag
⛺ T 10x, Prijs op aanvraag

Route
🔼 10 km W van Kjustendil. Op de E871 Kjustendil - Skopje, afslaan naar Garliano. In het centrum van Garliano, de hoofdstraat in oostelijke richting inslaan. Eerste huis rechts.

🚌 Bus vanuit Kjustendil 1x p/u. Bushalte op 100 m van het huis. In het centrum van Garliano, de hoofdstraat in oostelijke richting inlopen. Eerste huis rechts.

GORNA BREZNITSA
Villa Kalaidjiev
Petar Kalaidjiev
31 15 str., 2842 Gorna Breznitsa, Kresna
T 074-33 65 63
🔊 bg, de, fr, uk, ru

Open: 1 mei-30 okt H 430m (RES) verplicht via ECEAT ♿ [✕] [🐾]

Pension en omgeving
Dit uit 1985 daterende pension staat midden in een groot park. U bevindt zich hier dichtbij de grens met Griekenland. De beboste, heuvelachtige omgeving herbergt een enorme biodiversiteit. Er zijn beschermde gebieden met unieke flora en fauna.

Het huis bezit twee verdiepingen met een groot terras en een balkon. Het biedt slaapgelegenheid aan vijf personen, in twee kamers. Op het kampeerterrein is plaats voor drie tenten en een caravan. Producten uit de groentetuin, uit de boomgaard en van de boerderij zijn te koop. De bejaarde boer kent de contreien en de bezienswaardigheden op zijn duimpje en geeft u graag een rondleiding over zijn bedrijf. Er is een mooie tuin met exotische bloemen, planten en bomen en een fontein waar kristalhelder bronwater uit komt. In het huis mag niet worden gerookt.

U kunt er van alles ondernemen: vissen, zwemmen, wandelen of meedraaien op de boerderij. In de omgeving zijn diverse excursies mogelijk.

⚓ 🛁 ☂10 ⚓3

🛏 2x, 🍴 5x, 1pkpn € 10, 2pkpn € 17
⛺ T 3x, 🚐 1x, pppn € 2,50-5, ptpn € 5-7, pcpn € 9

Route
🔼 5 km ten zuidwesten van Kresna. Dorp ligt tussen Blagoevgrad en Sandanski. E79 vanuit Sofia. Net voor begin Kresna rechtsaf. In centrum Gorna Breznitsa links, dan rechtdoor tot aan school. Boerderij aan rand van bos.

🚆 Trein vanuit Sofia 5x p/d en vanuit Kulata 5x p/d tot aan Kresna. Bus vanuit Kresna 3x p/d. Bushalte 0,5 km van accommodatie. In centrum Gorna Breznitsa links tot aan de school. Boerderij aan rand van bos.

BG RO

MALKA VEREIA

Chakalov Complex
Ivan Chakalov
6045 Malka Vereia, Stara Zagora
T 041-27 04 74
F 042-68 04 14
M 088-870 14 71
E d_chakalov@abv.bg
 bg

Open: hele jaar (RES) verplicht via ECEAT

Pension en omgeving

Deze kindvriendelijke accommodatie ligt aan de voet van het Stara Planina gebergte, waar u heerlijk kunt wandelen over een uitgebreid netwerk van gemarkeerde wandelpaden. De omgeving is ook bijzonder geschikt om te paard of met de fiets te verkennen.

Het pension, een typisch dorpshuis, heeft vijf éénpersoons- en drie tweepersoonskamers alsmede drie appartementen ter beschikking. Groepen tot twintig personen kunnen er terecht voor logies met ontbijt. In het restaurant kunt u de dagelijkse maaltijden nuttigen. Er zijn twee buitenbaden op het terrein: het grote voor volwassenen en het kleinere voor kinderen. Voorts kunt u hier deelnemen aan de dagelijkse gang van zaken op de boerderij, een boot of een fiets huren, wandelen of u op de boerderij of door de omgeving laten rondleiden.

Niet ver van het dorp is een meer waar u kunt vissen. Stara Zagora is een levendige stad met veel culturele activiteiten. Er zijn tal van bezienswaardigheden zoals musea en u kunt er de overblijfselen van een Thracisch forum bezichtigen. In de omgeving zijn verschillende minerale bronnen.

 8x, 11x, 1pkpn € 20, 2pkpn € 30
 3x, 6x, Prijs op aanvraag

Route
 10 km W van Stara Zagora. Vanuit Sofia A1/E80 in ZO richting. Daarna 66/E773 richting Cirpan en Stara Zagora. 5 km vóór Stara Zagora linksaf richting Malka Vereia.

NISOVO

Villa Shturkelovo Gnezdo
Marko Ivanov
7 Vasil Levski str., 7079 Nisovo, Ruse
T 081-963 43
F 082-84 54 55
M 0888-291 690
 bg, fr, ru

Open: 1 mrt-30 okt H 200m (RES) verplicht via ECEAT [leeftijd]

Villa en omgeving

Villa "Het Ooievaarsnest", gevestigd in een typisch dorpshuis, is omgeven door ongeveer 2000 vierkante meter tuin waarin u kunt luieren op de schommelbank, zich urenlang door de nestelende ooievaars kunt laten boeien of de barbeque kunt benutten.

De logies bestaan uit zes kamers met een totaal van 14 bedden. Volpension is beschikbaar, hoewel de gasten ook zelf de keuken, de barbeque en de eetzaal mogen gebruiken. U kunt "Het Ooievaarsnest" ook in zijn geheel huren. De camping biedt plaats aan drie tenten en drie caravans. U wordt verzocht te reserveren. Naast Bulgaars spreekt de eigenaar ook Frans en Russisch.

Als tijdsverdrijf kunt u deelnemen aan de dagelijkse activiteiten op de boerderij, fietsen of de gemarkeerde wandelroutes lopen. In de omgeving kunt u vissen of in een buitenbad zwemmen. Het dorpje Nisovo ligt in het hart van het natuurpark Rusenski Lom, dat een groot aantal kloven telt en door twee rivieren wordt doorkruist. Het gebied staat bekend om zijn grote verscheidenheid aan vogelsoorten (zo'n 185) en zijn rijke flora en fauna. Onder de culturele activiteiten vallen een excursie naar een door UNESCO beschermde, in de rotsen uitgehouwen kerk of een bezoek aan de gerestaureerde oude stad Cherven.

 6x, 14x, 1pkpn € 10, 2pkpn € 20
 1x, 14x, Prijs op aanvraag
 T 3x, 3x, Prijs op aanvraag

Route
 25 km Z van Ruse. Vanuit Sofia in NO richting A2/E83, dan 3/E83 en 5/E85 tot Ruse. Wegwijzers Varna volgen, afslaan richting luchthaven Shtraklevo. Nisovo op 10 km.
 Bus uit Ruse 2x per dag.

RIBARITSA

Villa Eva
Dimitar Avramov
23 Basarim str., 5720 Ribaritsa, Teteven
T 069-02 21 20
M 088-810 90 69
W www.bgglobe.net/eva.html
 bg, ru, fr

Open: hele jaar H 700m (RES) verplicht via ECEAT [leeftijd]

Huis en omgeving

Villa Eva ligt in een bijzonder pittoresk landschap met hoge pieken (2000 m) en vruchtbare valleien. Als u van schilderen, fotograferen of vogelkijken houdt, kunt u zich hier of in de vier berghutten boven het dorp helemaal uitleven. De boerderij zelf bezit een grote tuin met fruitbomen en bos.

Het vrij nieuwe, uit twee verdiepingen bestaande boerenhuis biedt gasten drie tweepersoonskamers. In het weiland kunnen drie tenten staan. Zowel gasten als kampeerders kunnen gebruikmaken van de keuken, de gemeenschappelijke ruimtes in het huis en de barbeque buiten. Het gehele huis is voor langere tijd te huur. U wordt verzocht vooraf te reserveren.

De omgeving biedt tal van attracties. Maak een bergwandeling, (de dichtstbijzijnde bergtop is de Vejen, 2198 m), bezoek de kleine abdij of een van de watermolens, neem deel aan workshops of cursussen traditionele handenarbeid of verken de beschermde natuurgebieden (dichtbij ligt het Tsarichina Reservaat, onderdeel van het nationale park Centraal Balkan).

🛏 3x, ✂ 6x, Prijs op aanvraag
⚑ ⛺, ptpn € 10 - 15, pcpn € 10 - 12

Route
🏠 12 km ZO van Teteven, aan de bergweg tussen E772 en Trojan. In Ribaritsa de hoofdstraat door tot pleintje met winkel. Linksaf, 9de huis aan linkerkant.
🚌 Bus minstens 2x per dag vanuit Sofia, Pleven of Lovech. Vanaf bushalte Edelvais hoofdstraat door tot pleintje met winkel. Linksaf, 9de huis aan linkerkant (150 m van bushalte).

TARNICHENE

Guesthouse
Iordan Patrikov
5 Alen mak str., 6158 Tarnichene,
Pavel Bania
T   043-682 28
M   089-857 29 89
E   patrikova@abv.bg
🏳 bg, ru, de, es, uk

Open: 1 mei-30 sep 🐟 H 600m [✶]

Boerderij en omgeving

Tarnichene, gelegen in de valleien tussen het Balkan- en het Sredna Gora gebergte en doorkruist door talloze rivieren, biedt een schat aan landschappen en activiteiten. De kleine biologische boerderij met haar in 1989 gebouwde huis heeft een groentetuin, fruitbomen en druivenranken, maar ook allerlei dieren, waaronder bijen. De producten van eigen land zijn te koop. De eigenaar spreekt een beetje Russisch en Duits en de dochter Spaans en Engels.

De accommodatie biedt logies met ontbijt aan maximaal acht personen, in drie tweepersoonskamers met eventueel extra bedden. Groepen zijn ook welkom. Middag- en avondmaaltijden zijn beschikbaar. U kunt fietsen huren en in de omgeving gaan vissen of zwemmen (de rivieren Tundja en Tuzja stromen vlak langs het dorp). U kunt meedraaien in het dagelijkse leven op de boerderij.

Bezienswaardigheden rondom Tarnichene bevinden zich bergpieken, bronnen, archeologische vondsten, een waterval en een tentoonstelling van maskers. In juni vindt het Rozenfestival plaats.

🛁 [○] ⚑ ✂15 ✗0,5

🛏 3x, ✂ 6x, 1pkpn € 8-9, 2pkpn € 11-15

Route
🏠 25 km O van Kalofer. E772 van Sofia naar Burgas. E871 inslaan halverwege Kalofer en Kazanlak. Na 25 km rechtsaf. Dorp na 2 km 3de straat links. Rechtdoor op kruispunt met kleuterschool (rechts) en bejaardenhuis (links). 3de straat links is Alen Mak.
🚌 Treinstation aan eind van dorp. Loop naar het zuiden. Rechtdoor op kruispunt met kleuterschool (rechts) en bejaardenhuis (links). 3de straat links.

BG
RO

FOTO'S: WWW.ROMANIAN-TOURIST-OFFICE-SITE.NL

Roemenië

Roemenië is in Nederland een relatief onbekend vakantieland. Toch is het met zijn hooggebergte, Zwarte Zeekust en Donaudelta één van de mooiste en veelzijdigste landen van de Balkan. Een derde van het land bestaat uit een bergketen, een derde is heuvelachtig en de rest bestaat uit een laagvlakte.

Vanaf de noordelijke grens met Oekraïne tot de zuidwestelijke met Servië kromt zich het zeisvormige Karpatengebergte, met zijn Fagaraspieken tot 2500 meter. Kristallijne en vulkanische massieven worden afgewisseld met grillige kalksteenplateaus, die honderden grotten en talrijke, diep ingesneden kloven met heldere riviertjes herbergen. Roemenië doorkruisen kost wellicht meer moeite dan elders het geval zou zijn, maar loont des te meer. De dorpjes en stadjes weerspiegelen een fascinerende samenstelling van culturen, talen en etnische groepen, die vooral tot uiting komt in volksliederen en -dansen. Elke bijzondere gelegenheid, een bruiloft, oogstfeest of begrafenis, wordt aangegrepen om smartlappen of vreugdeliederen te laten weerklinken. In het gebied van de Maramures, in het noordwesten zijn de oude tradities en levenswijzen waarschijnlijk beter bewaard gebleven dan waar dan ook

in Europa. Eén van die tradities is de spreekwoordelijke gastvrijheid. Roemenië's bevolking telt krap 23 miljoen mensen, van wie ongeveer 45% in grote steden als Boekarest, Brasov, Timisoara, Cluj-Napoca, Constanta en Iasi wonen. De grootste minderheidsgroepen zijn de Hongaren en de Roma (zigeuners). Roemenië is rijk aan olie, aardgas en andere natuurlijke hulpbronnen. Onder Ceaucescu werden alle producten en middelen echter verkocht voor harde westerse valuta, waarmee grootscheepse projecten zoals het Donau-Zwarte Zeekanaal, de ondergrondse van Boekarest, de waterkrachtcentrale

BG
RO

bij de IJzeren Poort en niet in het minst het enorme paleis in Boekarest van de dictator zelf gefinancierd werden. Daarom is Roemenië uit het communistische tijdperk gekomen als één van de armste landen van Europa.

Accommodaties

De kleinschalige accommodaties die in deze gids zijn opgenomen bevinden zich op prachtige locaties, in of bij kleine dorpjes op het Roemeense platteland. Dit zijn woonhuizen of kleine pensions, soms zelfvoorzienend en altijd met een grote (moes)tuin. In praktijk komt het aanbod meestal neer op een kamer of appartement met gebruik van douche en toilet of soms ook met eigen voorzieningen. Vaak is er ook de mogelijkheid om in de tuin een tent op te zetten. Het leuke van logies en ontbijt is dat u min of meer bij de mensen thuis verblijft en een goed beeld krijgt van het dagelijks leven in Roemenië. U kunt bij bijna alle gastgezinnen mee-eten. De accommodaties zijn geselecteerd door Focus Ecocenter in Tirgumures, de Roemeense partner van ECEAT. Het merendeel bevindt zich in Transylvanië, waar de meeste van Roemenië's 1,7 miljoen Hongaren wonen. De meeste accommodatiehouders spreken naast Roemeens en Hongaars meestal wel een beetje Engels en/of Duits.

(Biologische) landbouw

Landbouw is erg belangrijk voor Roemenië. De voedselverwerkende industrie buiten beschouwing gelaten, vertegenwoordigt de landbouwsector 21% van het BNP, maar liefst 35% van de werkgelegenheid en 9% van de export. Gedurende het communistische tijdperk, met haar landbouwcoöperaties en boerderijen in staatseigendom, bleven de boeren in afgelegen, bergachtige gebieden hun land met traditionele, dus milieuvriendelijke methoden bewerken. Het land is sindsdien teruggegeven aan de voormalige particuliere eigenaren. Meer dan 90% van de boerderijen heeft minder dan 5 hectare land, dat bovendien nog sterk verkaveld is, zodat het gebruik van machines is uitgesloten.

De opbrengst is nauwelijks toereikend voor het levensonderhoud van een familie, laat staan voor de aankoop van dure kunstmest en verdelgingsmiddelen. In de praktijk is het merendeel van de boerderijen dus noodgedwongen biologisch. Van de organisaties die zich inzetten voor biologische landbouw streeft Bioterra naar een optimale combinatie van traditionele 'best practice' met bewezen biologische methoden. De 'Ecologische Jeugd van Roemenië' (TER) streeft naar 10% biologische en 15% duurzame landbouw in 2010. Of dit haalbaar is hangt sterk af van de overheid: er moet flink in de infrastructuur (wegennet, opslagfaciliteiten) en in landbouwonderzoek (verbetering van gewassen en zaden, bodemkwaliteit, moderne foktechnieken, afvalverwerking) worden geïnvesteerd. Voorlopig blijven de NGO's nog de hoofdrolspelers in de bevordering van duurzame landbouw en zijn het met name de jongere boeren die deze vorm van landbouwbeoefening kiezen, mede dankzij subsidies. Ook bevinden ruim 1700 zuivelboeren zich in de overgangsfase naar biologische productie, aangemoedigd door één van de drie grote nationale zuivelbedrijven.

Natuur(bescherming)

De verschillende microklimaten in het land staan garant voor gevarieerde biotopen. In de lente en zomer zorgt een enorme variëteit aan kruiden en bloemen door het hele land voor geur en kleur. De schaars bewoonde voorgebergten zijn bedekt met grote wouden; hier hebben grote vleeseters als bruine beren, wolven en lynxen nog volop levensruimte. IJsgrotten en fossielhoudende rotsformaties vervolmaken het

aanbod voor de natuurliefhebber. Roemenië heeft 586 beschermde gebieden, waaronder 13 nationale parken, 371 geologische monumenten, 46 wetenschapsreservaten en 18 landschapsparken. Drie nationale parken hebben tevens de status van Unesco Biosfeerreservaat. Dit zijn Pietrosul Mare - in de Noord-Karpaten - vanwege zijn typische bebossing (voornamelijk beuken en dwergconiferen), Retezat - tussen Transylvanië en Wallachië in de zuidwestelijke Karpaten – bekend om zijn gemengd loof- en naaldbos, zijn diverse amfibieën en reptielen en talloze gletsjermeren (ook ondergrondse) en als laatste de Donaudelta - in het zuidoosten bij de Zwarte Zee - die bijna de helft van de in totaal 12.360 km^2 aan beschermd gebied beslaat. Deze delta bestaat uit een dynamisch ecosysteem van moeras, drijvende rieteilanden en zandbanken, met prachtige in het water staande begroeiing en unieke fauna. Trekvogels die zich tussen Azië, Afrika en Europa begeven vinden hier een rustplaats en de grootste kolonie pelikanen van Europa brengt hier een deel van het jaar door.

Zowel door de minimale consumptie als door het broodnodige hergebruik van goederen onder Ceaucescu is de vervuiling in Roemenië grotendeels beperkt gebleven tot steden en industriegebieden. Nu het land op een Westerse consumptie-economie aanstevent, begint vervuiling zich ook op het platteland te manifesteren. Na de revolutie van 1989 is de milieubeweging op gang gekomen. Vandaag de dag houden meer dan 150 organisaties zich bezig op specifieke terreinen zoals educatie, behoud, bescherming, energie, afval en luchtvervuiling.

CAMPUL CETATII

Pisztrang guesthouse
Erzsebet Lokodi
547212 Campul Cetatii, Mures
T   0265-34 70 50
E   varmezopisztrang@freemail.hu
ro, hu, de

Open: hele jaar Ⓡ

Pension en omgeving

Het gastgezin, Erzsebet en Imre Lokodi, is, samen met de familie Birtok uit hetzelfde dorpje, een van de eersten die in Roemenië via ECEAT met kleinschalig toerisme is begonnen. De grootvader van Imre heeft in 1935 de forellenkwekerij van het dorp opgezet. Deze forellenkwekerij bestaat nog steeds; u kunt er zelf vissen en aansluitend vis eten. Het huis heeft een mooie grote tuin met groenten en verschillende dieren.

U kunt bij de familie in huis overnachten, in een vrijgelegen huisje of op de kampeerplaats. Er zijn drie gerenoveerde tweepersoonskamers met een eigen toilet. Het huisje heeft twee kamers voor in totaal zes gasten, eigen badkamer, keuken en gezellige huiskamer. In de tuin is er een barbequeplaats. Erzsebet kan de heerlijkste (vis)gerechten bereiden. Wilt u liever zelf koken? Dan kunt u bij de eigenaars dagelijks verse groenten, eieren en melk krijgen. Imre is zeer ervaren als gids in de omgeving. Als u wilt kunt u meewerken in de tuin of helpen met de verzorging van de dieren.

U kunt in de omgeving paardrijden, fietsen huren, zwemmen en wintersporten. Vanuit het dorp kunt u rechtstreeks door prachtige bossen lopen tot de graasweiden hoog in de bergen. Een waar paradijs voor vogelaars en liefhebbers van wilde bloemen en vlinders.

🏊 🍽 🚲5 km 🏊 🐟 🚴 🐾 ❄ 🛶

🛏 3x, 🛌 6x, 2pkpn € 30
🏠 1x, 🛌 6x, hpw € 50
⚓ Prijs op aanvraag

Route

🚗 Vanuit Tirgu Mures richting Reghin. Na 10 km in dorpje Ernei afslag richting Sovata. Weg aanhouden tot voorbij Eremitu. Na 2 km na Motel Csilla links richting Campul Cetatii op stenen weggetje. Na 4 km dorpje, pension staat aangegeven.

🚌 Van busstation Tirgu Mures rechtstreekse bus naar Campul Cetatii.

CAMPUL CETATII

Mustang camping
Attila Birtok
16-A, 547212 Campul Cetatii, Mures
T   0265-34 70 44
M   0744-68 41 21
E   mustang@orizont.net
ro, uk

Open: hele jaar ⚓ 1 mei-30 sep Ⓡ 🍴

Pension en omgeving

Nieuw pension gelegen bij de bosrand aan het riviertje de Niraj in het laatste dorpje voor de Gurghiu bergen. De familie Birtok is een van de pioniers van ECEAT. Gyorgy Birtok is een tijdje burgemeester geweest van het dorp maar nu legt hij zich toe op toerisme.

Het pension heeft drie kamers met eigen badkamer. Gasten kunnen gebruik maken van een mooie woonkamer, keuken en natuurlijk de tuin. Er is bij het huis een camping met 40 plaatsen voor tenten of caravans en kampeerders kunnen gebruik maken van badkamer, toilet en electriciteit. De gastheer staat klaar om gasten rond te leiden in de omgeving. Eva Birtok maakt desgewenst lekkere maaltijden

---

klaar. Gasten zijn uitgenodigd om te participeren in het dagelijks werk, zoals tuinieren. Op het terrein is een barbequeplaats waar u uitgebreid kunt picknicken.

Dichtbij is een forellenkwekerij waar u zelf kunt vissen en dineren. U kunt in de omgeving paardrijden, fietsen huren, zwemmen en wintersporten. Maar het mooiste is misschien nog wel het achterland van het dorp. Vanuit het dorp kunt u door prachtige bossen lopen tot hoog in de bergen. Een waar paradijs voor vogelaars en liefhebbers van wilde bloemen en vlinders. Opgepast voor beren en wilde zwijnen!

🏊 🍽 🚲5 🏊 🐟 🚴 🐾 ❄ 🛶

🛏 3x, 🛌 6x, Prijs op aanvraag
⚓ ppn € 2,50

Route

🚗 Vanuit Tirgu Mures richting Reghin. Na 10 km in dorpje Ernei richting Sovata. Weg volgen tot voorbij Eremitu. 2 km na Eremitu direct na motel Csilla links richting Campul Cetatii op stenen weggetje. Na 4 km in dorp ziet u rechts een bord.

🚌 Van busstation Tirgu Mures rechtstreekse bus naar Campul Cetatii.

CÂRTA

Europa pension
Magdolna Gidro
161, Cârta, 537035 Cârta, Harghita
M   0743-16 96 19
E   gidromagdolna@yahoo.com
uk, ro, hu

Open: hele jaar ⚓ 1 jun-31 aug 🌿 Ⓡ🄴🅂 verplicht via ECEAT 🍴 🐾

Pension en omgeving

Het pension is een modern huis met een grote tuin met fruitbomen. De eigenaars onderhouden een grote groentetuin en houden wat paarden, koeien en varkens. Er zijn 12 gastenkamers van verschillende grootte voor in totaal 50 mensen. Elke kamer heeft eigen douche en toilet. U kunt ook in de tuin kamperen. De boer en boerin organiseren op verzoek een picknick met paard en wagen. U kunt hier ontbijt, lunch en diner gebruiken. U kunt genieten van lokale culinaire specialiteiten zoals gerookte ham en Hongaarse bonensoep. De bewoners zijn bijzonder gastvrij. Participeren in de dagelijkse werkzaamheden op de boerderij is mogelijk. Werken met paarden en paardrijden is hier nog heel gewoon; het pension verhuurt paarden die speciaal zijn getraind voor beginners. U wordt verzocht in de kamers niet te roken.

Het dorpje Cârta (Csíkkarcfalva in Hongaars) is 23 km verwijderd van de provinciehoofdstad Harghita (Miercurea Ciuc) aan de voet van het Harghitagebergte. Er zijn ook lange wandelingen door de bossen te maken in de directe omgeving waarbij een goede kans bestaat op het observeren van herten en wilde zwijnen. In de nabijgelegen Olt rivier kunt u vissen, en wie weet maakt u die 's avonds wel klaar op het kampvuur!

[=] 12x, ♫ 50x, 1ppn € 20 B&B
[🏛] [=]12x, ♫ 50x, 1ppnoz € 18

Route
[🚗] Provinciale weg nr 12 van Miercurea Ciuc naar Gheorgheni. Na Siculeni, ten noorden van Danesti, naar links provinciale weg nr 125 naar Cârta. Het pension staat in het centrum en staat duidelijk aangegeven.
[🚌] Er zijn regelmatige bussen vanuit Miercurea Ciuc naar Gheorgheni. U kunt in Cârta uitstappen.

CIUMANI
Edina guesthouse
Ibolya Madarasz
288 Dello str, Ciumani, 537050 Ciumani, Harghita
T   0266-35 12 43
M   0723-93 63 05
E   office@magnatura.ro
W   http://madaraszedina.magnatura.ro
🗨 uk, de, ro, hu

Open: hele jaar ♥ (RES) verplicht via ECEAT [×] [🐾]

Pension en omgeving
Dit pension is een traditioneel familiehuis van twee verdiepingen in een klein dorp met een grote tuin en boomgaard. Ook het interieur is traditioneel.
Er zijn in het huis drie gastenkamers te huur, met in totaal negen bedden. De familie is enorm gastvrij; ze staan altijd klaar om eten voor u te maken, zoals één van de lokale gerechten gulyas (goulash), paprikas (kip met paddestoelen) of porkolt (een stoofgerecht met varkensvlees). Maar ook pannenkoeken en andere zoetigheden. U kunt ook altijd verse groenten en fruit direct uit de tuin kopen. Er zijn paarden beschikbaar voor de liefhebbers. De eigenaren nemen u desgewenst ook mee op een excursie door de omgeving.
Het dorpje is een attractie op zich. De middeleeuwse katholieke kerk herbergt vele oude fresco's. De bewoners staan zeer open voor bezoekers en vinden het leuk om een praatje proberen aan te knopen. Deze accommodatie is speciaal geschikt voor natuurliefhebbers; de omgeving wordt overheerst door de Karpaten waar lange wandelingen kunnen worden gemaakt door bossen, langs bronnen en meertjes. Er kunnen dichtbij grotten worden bezocht met spectaculaire stalagmieten.

🐎 🍽 ⚓ 🐾

[=]   3x, ♫ 9x, 1ppn € 8

Route
[🚗] Rij via de weg nr 13B vanuit Gheorgheni naar Joseni (8 km). In centrum afslag naar links en vervolg weg rechtdoor tot Ciumani. Pension bevindt zich in het dorpje in de tweede straat links op huisnummer 288.
[🚌] Er is geen openbaar vervoer naar dit dorp.

IZVORUL MURESULUI
Hanna guesthouse
Maria Dascalu
37 Garii str., 537356 Izvorul Muresului, Harghita
T   0266-36 32 69
M   0741-04 70 59
🗨 uk, hu, ro

Open: hele jaar H 850m [×] [🐾]

Pension en omgeving
Het pension Hanna is een traditioneel dorpshuis met een grote tuin en boomgaard. Het interieur heeft een vriendelijke uitstraling. De eigenaar van het pension is goed op de hoogte van de natuur en kan u bijvoorbeeld sporen van beren laten zien. Er zijn voor de gasten vier kamers met keuken en twee gedeelde badkamers met douche. In de tuin is er voor een familie plaats om te kamperen. Hier kunnen gasten ook een kampvuur maken. De eigenaar kan u in de winter een slee uitlenen. Desgewenst maakt men voor u alle maaltijden klaar.
Het dorpje Izvoru Muresului is beroemd vanwege zijn claim de bron te zijn van de op één na grootste rivier in Roemenië: de Mures. Er speelt al een eeuwenlang nationaal dispuut over of hij niet een paar kilometer zuidelijker ontspringt maar voorlopig is die kwestie door geologen beslecht

in het voordeel van dit dorpje. Behalve de bronnen kunt u vanuit het pension een ander bekend natuurlijk fenomeen bezoeken; Gods Stoel. Dit is een bergtop in de vorm van een reusachtige stoel van waaruit u een magnifiek uitzicht heeft over de wijde omgeving. Dit is 's zomers een ontmoetingspunt voor jongeren waar ze kamperen en van de natuur genieten. Af en toe wordt er een beer gezien, maar normaal zijn ze zeer schuw voor mensen. In de winter zijn er ski- en zelfs speciale sleehellingen vlakbij.

🛁 4x, 🛏 8x, 1ppn € 10
⚓ Prijs op aanvraag

Route

🅰 Veg van Gheorgheni naar Miercurea Ciuc, na 23 km door dorpje Izvoru Muresului aan rand van Mures rivier. Voordat u dorpje uitrijdt links. Laatste huis is het pension.

🚌 Vanuit Gheorgheni bus of trein richting Izvorul Muresului (iedere twee uur). Let op: sneltreinen stoppen niet in Izvorul Muresului.

MALNAS

Anna
Anna Mária Gyöngyösi
556 Malnas str., Bixad, 527116 Malnas
T 0267-36 52 54
M 0742-83 99 50
🗨 ro

Open: hele jaar H 700m ⓡⓔⓢ verplicht via
ECEAT ✖ 🐾

Pension en omgeving

Dit pension is een familiehuis, middenin een dorpje, aangepast voor het ontvangen van gasten. Er is een grote tuin met groenten en fruit; gasten kunnen hier dan ook verse producten kopen. Het dorpje

is rustiek en gevrijwaard gebleven van de betonnen en koude kanten van de moderne tijd. Alle bewoners telen hun eigen groenten en houden vee. Het is er mogelijk om paard te rijden of met paard en wagen te rijden.

De familie is een voorbeeld van Hongaarse gastvrijheid. U verblijft in een van de vier appartementen (max. 11 bedden). U mag in de kamers niet roken. Er is voor de gasten een volledig ingerichte keuken waar u uw eigen maaltijden klaar kunt maken. Daarnaast is er in de tuin plek voor vier tenten en vier caravans/campers. De eigenaren organiseren op verzoek dagexcursies naar de vele attracties in de buurt. Als u wilt mag u 's avonds een kampvuur maken.

De regio kent een rijke traditie van historische verhalen en mythes. Dichtbij zijn bijvoorbeeld de ruïnes van Balvanyos, een groot gefortificeerd kasteel uit de 12e eeuw. Er zijn vele natuurlijke rijkdommen, zoals de Mofetta's, een vulkanische activiteit waarbij zwavelhoudende dampen vrijkomen en de mineraalwaterbronnen in Bixad, beiden bekend om hun geneeskrachtige werking. Ook zijn er uitgestrekte dichte naaldbomenbossen waar vele wandelpaden zijn uitgezet en er is in de omgeving een meer waar u kunt zwemmen, vissen en surfen.

🏊 🛶 ⚲6 🐟 🐾 ❄ 🎿

🏠 4x, 🛏 11x, 1ppw € 8
⚓ T 4x, 🚐 4x, ptpn € 4, pcpn € 4

Route

🅰 Provinciale weg nr 12 vanuit Sfantu Gheorghe naar Miercurea Ciuc, naar Bixad (31 km). In dit dorpje, op nummer 556, links van de weg is de accommodatie.

🚌 Vanuit Sfantu Gheorghe bussen en treinen richting Bixad (iedere twee uur). Let op: sneltreinen stoppen niet in Bixad.

MALNAS-BAI

Ozike
János Ferencz
77 Fabricii str., Malnas,
527118 Malnas-bai
T +44-267-37 92 37
M +44-740-86 53 21
E muzsi2003@freemail.hu
🗨 uk, de, hu, ro

Open: hele jaar ⛰ 1 jun-31 aug H 657m
ⓡⓔⓢ verplicht via ECEAT ✖ 🐾

Pension en omgeving

Dit authentieke dorpshuis herbergt een gezellig pensionnetje. Het interieur is op een traditionele manier beschilderd. De eigenaar, János, is een paddestoelenexpert. Hij kan, als het seizoen het toelaat, excursies organiseren waarbij u diverse soorten paddestoelen gaat plukken en daarna proeven in speciale gerechten.

Voor de gasten zijn er vijf rookvrije kamers. Het pension wordt ook als groepsaccommodatie verhuurd voor maximaal 16 mensen. In de tuin kan gekampeerd worden; hier is ook plaats voor een kampvuur. Het pension is gespecialiseerd in de traditioneel Hongaarse keuken. Er worden ook allerlei Hongaarse dranken geserveerd, zoals Hungaricum, een palenka (gedistilleerd van most) die wettelijk is beschermd door de Hongaarse staat, en die alleen op sommige plaatsen in Roemenië verkocht mag worden. Verder heeft János allerlei lokale rode wijnen en zoete witte wijnen op voorraad. Een interessant detail aan de (wijn)kelder van het huis is dat er sulfaathoudende dampen opstijgen uit de grond die als geneeskrachtig te boek staan.

De omgeving biedt van alles om u een aangename natuurvakantie te laten doorbrengen: u kunt hier mooi wandelen en fietsen, er is een meer in de buurt voor zwemmen en vissen en u kunt er ook paardrijden. Voor de liefhebbers is er op 3 km afstand een tennisbaan.

🛏 5x, 🛏 16x, 1ppn € 6
🏠 🛏5x, 🛏 16x, 1ppnoz € 5
⚓ ptpn € 3pcpn € 4

Route

🗺 Vanuit Sfantu Gheorghe 21 km rijden naar Malnas. In dit dorpje afslaan bij bord naar Malnas Bai. Na 700 meter, na bruggetje, bord naar pension Ozike volgen.

🚌 Vanuit Sfantu Gheorghe bus of trein richting Malnas (iedere twee uur). Let op: sneltreinen stoppen niet in Malnas.

MIERCUREA NIRAJULUI

Margit pension
Margit Kereszturi
Semanatorilor nr. 15, Miercurea Nirajului,
547410 Miercurea Nirajului, Mures
T 0265-57 68 22
M 0744-80 68 65
🔴 ro

Open: hele jaar 🌱 ® ♿ 🖃

Pension en omgeving

Het pension is een normaal familiehuis, middenin het dorpje, uitgerust met een nieuw interieur. Er is een groentetuin en er worden kippen gehouden. Het dorp is gevormd door een parkachtige brink waaromheen de huizen zijn gebouwd. Vanaf het terras van het pensionnetje heeft u mooi overzicht over het dorp.

Voor de gasten zijn er twee grote tweepersoonskamers. Er kan een kinderbedje worden bijgeplaatst en er is tevens een kinderstoel beschikbaar. De accommodatie is toegankelijk voor rolstoelen. U kunt hier ontbijten en het avondmaal gebruiken. Behalve verse eieren serveert de fa-

milie allerlei lekkere regionale specialiteiten. Het dorp is bekend om zijn visserij en visgerechten, maar op verzoek wordt er voor u vegetarisch gekookt. Desgewenst geven de eigenaren een excursie op hun (part-time)boerderij of verder in de buurt. Als u het leuk vindt kunt u meewerken in de tuin of met de dieren. U kunt hier fietsen huren.

Eens was het dorp een belangrijke regionaal centrum. De monarch van Transsylvanië, Bocskay Istvan, werd hier geïnaugureerd en het parlement had er regelmatig zittingen. Op een pleintje staat een standbeeld van hem. Er is ook een gereformeerde kerk van 200 jaar oud. Verder kunt u in de wijdere omgeving mooie wandelingen maken en uiteraard nodigt het waterrijke gebied hobbyvissers uit om hun hengel eens uit te gooien. Bij een boerderij 3 km verderop kunt u paardrijden.

⚓ 📷 🚲 🌊3 km 🎣20 km 🐟
🏇3 km ⛰

🛏 2x, 🛏 4x, 1ppn € 8 B&B

Route

🗺 Vanuit Turgu Mures weg richting Sighisoara. Na 8 km afslag links naar Miercurea Nirajului. Nog ongeveer 40 minuten naar Miercurea Nirajului, pension in centrum van het dorp.

🚌 Directe bus vanuit busstation van Tirgu Mures naar Miercurea Nirajului.

VARGATA

Tunder Ilona guesthouse
Csaba Szasz
nr. 53, Vargata, 547625 Vargata, Mures
T 0265-58 83 48
M 0740-23 44 42
E csaba@tunderilona.ro
W www.tunderilona.ro
🔴 ro

Open: hele jaar 🌱 ® verplicht via ECEAT 🖃 📧

Pension en omgeving

Het huis is authentiek en redelijk luxueus en ligt in een geïsoleerd dorpje waar de meeste boeren nog op een ouderwetse manier het land verbouwen. In de kelder van het huis is een dorpsmuseumpje ingericht.

De familie Szasz verhuurt drie kamers met in totaal tien bedden en een aantal houten tweepersoons vakantiehuisjes. Ook is er in de tuin plek voor een tent of caravan. De familie is erg gastvrij en maakt alle lokale culinaire specialiteiten voor u klaar, op verzoek ook vegetarisch. De meeste groente en fruit komen uit eigen tuin. En iedere dag verse eieren! Ook kan er een uitgebreide picknick worden georganiseerd of een wilde en medicinale kruiden-excursie in de Bekecsbergen.

De omgeving was vroeger bekend om zijn zoetwatervisserij, vanwege de vele riviertjes een meertjes. Maar nu zijn de meeste professionele vissers er vanwege economische redenen mee opgehouden en vaak naar de provinciale hoofdstad Tirgu Mures getrokken. Voor hobbyvissers is het daarentegen nog een zeer aantrekkelijke regio. Voor de natuurliefhebber is het er sowieso prima vertoeven en te genieten van een uitbundige hoeveelheid bloeiende planten, vlinders en paddestoelen. Paardrijden kan bij een boer 5 km verderop.

⚓ 📷 🛶 🏇5 km ⛰

🛏 3x, 🛏 9x, Prijs op aanvraag
🏠 3x, 🛏 6x, 1ppw € 56
⚓ Prijs op aanvraag

Route

🗺 Weg van Tirgu Mures Sighisoara. Na 8 km afslag richting Miercurea Nirajului. Na 26 km in centrum van Miercurea Nirajului eerste weg links. Na 5 km gehucht Vargata, waar u vanzelf pension ziet.

🚌 Vanuit Tirgu Mures directe bus naar Vargata.

BG
RO

VLAHITA

Harghita pension
Vilmos Tamas
Petofi Sandor nr.3, 535800 Vlahita, Harghita
T   0266-24 63 35
F   0266-24 63 35
M 0745-82 86 59
ro, de, uk

Open: hele jaar 1 mei-31 sep ®

Pension en omgeving

Pension, traditioneel gedecoreerd met hout en natuurlijke textiel, gelegen in Vlahita, het hoogste dorpje in de provincie Hargitha (860 m).

Het pension heeft acht comfortabele tweepersoonskamers, allen met eigen badkamer en gebruik van gemeenschappelijke ruimtes. Door de mogelijkheid om extra bedden bij te plaatsen kan er een groep van maximaal 35 personen verblijven. Er is ook een kinderbedje beschikbaar. Naast het huis is een rustige minicamping, 18 tent- en 16 caravanplaatsen. Er is een aparte parkeerplaats voor auto's. De kampeerders kunnen binnen van de badkamer gebruik maken. Er zijn voldoende speelmogelijkheden voor kinderen. U bent uitgenodigd mee te werken in de tuin en met de dieren. Op verzoek wordt er een natuurexcursie georganiseerd. Ook kunt u twee fietsen huren. U kunt hier alle maaltijden gebruiken, als u zelf wilt koken kunt u verse groente en fruit uit de tuin kopen.

Vlahita is het hoogste dorpje in de provincie Hargitha (860 m). Het is bekend om zijn historische, door waterkracht aangedreven, ijzersmelterijen. Een smelterij is nog functioneel en te bezichtigen. Naast het dorp zijn grote velden wilde narcissen. Elk jaar vindt er in het dorp een narcisfestival plaats. Er is een muziekmuseum,

dat door een muziekleraar, Haaz Sandor, is opgericht. Niet ver van het dorp kunt u baden in warmwaterbronnen (26-28 graden Celsius). Mogelijkheden tot vissen en paardrijden vindt u op 2 km.

8x, 20x, 1ppn € 12, 2ppn € 11 B&B
17x, 35x, 2ppn € 10
T 18x, 16x, pppn € 5

Route

Dorp ligt halverwege nationale weg (13A) tussen Odorheiu Secuiesc en Miercurea Ciuc. Pension ligt aan deze weg op nr. 3.

Van Odorheiu Secuiesc bus richting Miercurea Ciuc (of andersom) rijden er ieder twee uur bussen, halte Vlahita. Pension ligt aan hoofdweg op nr. 3.

VLAHITA

Sopárkút
Elek Szocs
Homorod-bai 53 str., 535800 Vlahita, Harghita
F   0266-31 03 97
M 0744-55 78 31
E   soparkut@freemail.hu
W www.soparkutpanzio.ro
uk, ro, hu, de, it

Open: hele jaar 1 jun-31 aug H 802m

Boerderij en omgeving

Grote traditionele boerderij met akkerbouw en veeteelt. Het pension is een oud houten huis dat met de tijd is uitgebreid. Het ligt in een bosachtige omgeving. Het stuk bos dat bij de accommodatie hoort is omgetoverd in een mini-dierentuin waar de hele lokale fauna vertegenwoordigd is. Ook houden de eigenaars meer dan 20 paarden die gehuurd kunnen worden.

U wordt zeer gastvrij ontvangen in een van de tien gastenkamers, met in totaal 40 bedden. De kamers liggen over twee verdiepingen. Er zijn gemeenschappelijke badkamers. Er is tevens een minicamping met tien tentplaatsen op een open stuk in het bos vlakbij het pension. In het winkeltje op het terrein kunt u onder andere verse producten uit eigen tuin kopen. U kunt hier alle maaltijden gebruiken; er worden typische regionale gerechten voorgeschoteld. Voor de liefhebbers is er de mogelijkheid tot paardrijden, er kan een kampvuur worden gemaakt en u kunt desgewenst een excursie in de omgeving maken.

In de directe omgeving kunt u uitgebreide boswandelingen maken. In de winter is er mogelijkheid om te skiën, maar dan moet u wel uw eigen skies meenemen. De nationale sport, sleeën op nylon zakken, wordt hier veel beoefend. Het dorpje Homorod is nationaal bekend vanwege de "zomeruniversiteiten" voor Hongaarse studenten in de jaren na de val van Ceaucescu. Dit waren grote bijeenkomsten waarbij studenten elkaar leerden hoe om te gaan met de veranderingen en nieuwe uitdagingen.

10x, 40x, 1ppn € 8
10x, 40x, 1ppnoz € 7
T 10x, ptpn € 5

Route

Vanuit Odorheiu Secuiesc rijdt u richting Miercurea Ciuc. Na 12 km komt u in het kleine dorp Homorod. Tegenover de kapel is er een afslag. Bosweg gaat rechtsreeks naar pension.

Van Odorheiu Secuiesc naar Miercurea Ciuc rijdt er iedere twee uur een bus. De bus stopt in Homorod. Loop volgens beschrijving hierboven.

BG
RO

Turkije

FOTO'S: TURKS NATIONAAL VERKEERSBUREAU

Turkije is een uniek land. In de eerste plaats omdat het op twee continenten ligt en een brug vormt tussen Europa en Azië, slechts gescheiden door de schitterend blauwe Bosporus. In de tweede plaats is het een land met vele gezichten, dat u een grote verscheidenheid aan verbluffende landschappen te bieden heeft, verschillende klimaatzones en een rijke biodiversiteit zowel in flora als in fauna.

Turkije deelt zijn grenzen met Griekenland, Bulgarije, Georgië, Armenië, Iran, Irak en Syrië. Deze landen hebben allemaal hun sporen nagelaten in de multiculturele bevolking van het huidige Turkije. Er zijn diverse klimaatzones: een vochtig en mild klimaat in het noorden, Siberisch koude en droge winters in het oosten, een woestijnachtig klimaat in het zuidoosten, hete en droge zomers en sneeuwachtige winters in het binnenland en een mediterraan klimaat in het westen en zuidwesten. Het land is rijk aan contrasten: het oosten ontmoet hier het westen, dichtbevolkte metropolen met hun industrieel en economisch ontwikkelde regio's (Istanbul, Izmit, Bursa, Izmir en Ankara) worden afgewisseld met landelijke en traditionele streken als het platteland van Anatolië.

Accommodaties

Voor het eerst in de geschiedenis van ECEAT kunnen wij een tiental Turkse accommodaties presenteren. Dit is mogelijk dankzij de samenwerking met onze Turkse zusterorganisatie Bugday. Deze organisatie doet veel meer dan toerisme alleen en stimuleert alles op het gebied van biologische landbouw. Van het organiseren van de eerste biologische markt in het centrum van

Istanbul tot het discussiëren met het ministerie over de regelgeving rondom de biologische landbouw.

Bugday's TaTuTa-project houdt zich bezig met duurzaam toerisme en lijkt veel op wat ECEAT doet in Europa. Verdeeld over 32 regio's hebben reeds 69 biologische boeren zich bij het project aangesloten, van Erzurum tot Samsun, van Tokat tot Antalya en van Çanakkale tot Fethiye. Van de bergen in het oosten tot de toeristische kust in het zuiden, u heeft de accommodaties voor het uitkiezen. Deze boeren willen de vakantieganger meer dan een oppervlakkige kennismaking met hun land bieden. Voordat de boeren meedoen aan het project worden zij door een medewerker van Bugday een aantal maal thuis opgezocht. Meestal worden er een of meerdere kamers in de boerderij ingericht voor gasten, waardoor de bezoekers niet zozeer toeristen zijn, als wel gasten van de familie. U kunt in principe overal drie keer per dag mee-eten. Dat biedt u een unieke kans om het leven van een Turkse boerenfamilie van zeer nabij mee te maken. Soms staat er in een beschrijving van de accommodatie, dat 'opa van die goede moppen tapt' of dat 'de zonen zo prachtig Saz (Turks snaarinstrument) spelen in de avonduren'. Dat is nog eens een andere

Turkije-ervaring dan op uw handdoek tussen alle andere buitenlanders op het strand van Bodrum!

De accommodaties variëren van erg luxe tot zeer sober (soms geen elektriciteit). Het is dus een kwestie van goed de beschrijving lezen om uit te vinden welke accommodatie bij u past. Dat geldt ook voor verwoede kampeerders want bij sommige boerderijen kunt u rustig uw tentje opzetten. Voor mensen die meer privacy willen zijn er ook aparte huizen te huur. Denkt u wat de prijzen van een verblijf betreft aan ongeveer 25 euro per persoon per dag (incl. drie maaltijden). Als u een tijdje mee wilt werken met de boer dan is kost en inwoning gratis. De prijzen die in deze gids worden vermeld zijn in Turkse Lira. Alle boekingen in Turkije gaan via het hoofdkantoor van Bugday in Istanbul. Neemt u eens een kijkje op de website van TaTuTa, www.bugday.org/tatuta/ (klik op 'English').

(Biologische) landbouw

Volgens Mazzer Polat van de Ege Universiteit in Izmir is de ontwikkeling van de biologische veehouderij achtergebleven bij de biologische akker- en tuinbouw, die in Turkije een lange traditie kent. De Turkse biologische wetgeving van 1994 is in 2002 herzien om te kunnen voldoen aan de EU-verordening. In 2003 boerden 16.000 producenten op 103.000 ha geregistreerde biologische landbouwgrond. Factoren die de ontwikkeling van de biologische veehouderij tegenhouden zijn een beperkte thuismarkt voor biologische dierlijke producten, een gebrek aan integratie tussen akkerbouw en veeteelt en de kos-

ten van certificatie voor kleine boeren. Veel boeren in Turkije werken derhalve niet gecertificeerd biologisch, maar traditioneel, dat wil zeggen zonder gebruik van chemische middelen.

Natuur(bescherming)

Al 1,8 miljoen jaar dient Anatolië als doorgang tussen de continenten Europa, Azië en Afrika. Hierdoor heeft zich een rijk gevarieerde flora en fauna over het land kunnen verspreiden. Deze rijke biodiversiteit heeft Turkije ook te danken aan het succesvolle beleid om de ecologische structuren te beschermen. Bedreigde soorten, die in andere landen alleen nog maar op een kunstmatige wijze in stand kunnen worden gehouden, komen in veel regio's van Turkije nog gewoon in hun natuurlijke omgeving voor. Zo komen er meer dan 430 soorten vogels voor. U kunt er adelaars, gieren en ooievaars in de lucht zien, maar ook een zeldzame soort als de kale ibis. Turkije ligt ook voor vogels op de migratieroute van Europa naar Azië en Afrika. Daarnaast zijn de meest spectaculaire vlinders en motten in Turkije te vinden. In het noordoosten van Anatolië, het bijna vochtige en groene Zwarte Zeegebied en langs de Mediterrane kust in het westen van Antalya bevinden zich enorme bosgebieden. In de lente kunt u kleurige velden wilde bloemen zien op de steppen van Anatolië.

GÖRGÜN FARM
Kemal
17800 , Canakkale
🔊 tr, uk

Reserveren via TaTuTa:
tel +90 212 252 52 55, +90 212 252 52 56,
info@tatuta.org, www.tatuta.org
Open: 1 apr-30 sep

Boerderij en omgeving
Nadat hij 30 jaar in de industriële sector had gewerkt, besloot de heer Kemal op een natuurlijke manier en in harmonie met zijn omgeving te gaan leven. Zo is de Görgün Farm ontstaan. Op deze boerderij, die ook vrijwilligers verwelkomt, wordt op een biologische wijze fruit geteeld. De oogst is van juli tot september.
U verblijft in het huis van uw gastheer. Er zijn twee kamers in het huis voor in totaal vier personen. Er is heet water en een toilet in Europese stijl. Maaltijden kunnen worden genuttigd samen met de familie. Genoemde prijzen zijn op basis van volpension.
De belangrijkste publieke diensten en winkels vindt u in het stadje Biga (27 km). De omgeving van de boerderij is bekend om de graan- en groenteteelt. Ook kunt u hier prachtige huizen zien, waarbij leem en locale architectuur mooi zijn verweven. Voor zwemliefhebbers: de boerderij ligt op 4 km van het Nusretiye meer en op 35 km van de Lapseki stranden. U kunt desgewenst ook een bezoek brengen aan het Lapseki kasteel en de historische monumenten van de Lampsakos.

🛏 2x, 🚪 4x, 2ppn TRLira 30 VP

Route
ℹ️ Route en informatie over openbaar vervoer zijn verkrijgbaar na reservering bij Bugday, Istanbul (www.tatuta.org).

KEMALIYE FARMS
Latif Yalciner
24620 , Erzincan
🔊 tr

Reserveren via TaTuTa:
tel +90 212 252 52 55, +90 212 252 52 56,
info@tatuta.org, www.tatuta.org
Open: hele jaar

Boerderij en omgeving
In deze regio worden groene heuvels afgewisseld met kliffen. Het dorp waar deze boerderij staat bevindt zich aan de rivier de Eufraat. Deze rivier, waarvan de naam al in de Bijbel voorkomt, begint in noordoost Turkije en stroomt via Syrië naar Irak, waar ze ten noorden van Basra samenkomt met de Tigris. Ook het stuwmeer Keban met zijn prachtige uitzicht is dichtbij. Op de boerderij wordt voornamelijk aan fruitteelt gedaan. In de zomer en het najaar wordt er moerbeiensiroop gemaakt.
De gasten van de boerderij, meewerken is ook mogelijk, worden ondergebracht in drie verschillende huizen op drie verschillende plekken. Het eerste huis staat in een boomgaard en biedt plaats aan vier mensen in twee kamers. In het tweede huis kunnen twee families comfortabel verblijven in twee kamers. Het derde huis is alleen beschikbaar in de zomermaanden. Hier kunnen tien personen in verblijven.
Er zijn in de omgeving veel bezienswaardigheden zoals het Kadi meer, oude moskeeën, de 'Dark Canyon', de Kocan waterval, grotten en de Evin huizen, gebouwd in de locale bouwstijl. In de tweede week van mei is er het 'Outdoor Sports Festival'. Het dorp is een van de meeste levendige plaatsen aan de vermaarde Zijderoute.

🛏 7x, 🚪 22x
🏠 🛏1x, 🚪 10x, Prijs op aanvraag

Route
ℹ️ Route en informatie over openbaar vervoer zijn verkrijgbaar na reservering bij Bugday, Istanbul (www.tatuta.org).

KNIDIA FARM
Burcu & Ali
48920 , Mugla
🔊 tr, uk

Reserveren via TaTuTa:
tel +90 212 252 52 55, +90 212 252 52 56,
info@tatuta.org, www.tatuta.org
Open: 1 mei-30 sep 🌿 🍴

Boerderij en omgeving
Omgeven door bergen en wijngaarden ligt de biologische boerderij Knidia. Zij ligt 1 km van het strand, 2 km van een dorpje en 4 km van het historische Knidos. De boerderij is omgeven door onder andere een oud klooster, de Mizingit waterval en oude molens; het is een mooi gebied voor avonturiers. Op de boerderij worden druiven geteeld, wijn gemaakt en olijven en amandelen geoogst. De gemotiveerde boer en de boerin zijn gestopt met hun oorspronkelijke werk om op een meer ecologische manier te gaan leven. Liefhebbers kunnen meehelpen met de dagelijkse werkzaamheden op de boerderij.
U verblijft in een van de twee houten hutten of in de oude molen. Zittend onder de pergola kunt u genieten van het water van de molen dat onder u doorstroomt. Het Europese toilet en het bad op zonne-energie zijn buiten. Het is ook mogelijk om op het terrein te kamperen. U kunt meeëten met de familie, dat wordt zelfs erg gewaardeerd. De boerderij is minder geschikt voor kleine kinderen. Er zijn allerlei boerderijproducten te koop zoals olijfolie, carobsap, wijn en zelfgemaakte zeep.
U kunt hier in de omgeving heerlijk wandelen en fietsen. De voornaamste midde-

len van bestaan in deze regio zijn de productie van olijven, amandelen en honing. In het dorpje is er een markt waar deze en andere producten te koop zijn. Belangrijke diensten, zoals het ziekenhuis, postkantoor en apotheek vindt u in nabijgelegen Datça.

⚒ |♡|

🛏 3x, 2ppn TRLira 30 VP
⚓ Prijs op aanvraag

Route
🚍 Route en informatie over openbaar vervoer zijn verkrijgbaar na reservering bij Bugday, Istanbul (www.tatuta.org).

PASTORAL VADI

Ahmet Kizen
48300 , Mugla
T 0212-252 52 55
F 0212-252 52 56
E info@tatuta.org
W www.tatuta.org
🗨 tr, uk

Reserveren via TaTuTa:
tel +90 212 252 52 55, +90 212 252 52 56,
info@tatuta.org, www.tatuta.org
Open: hele jaar

Boerderij en omgeving
Een van de modernste en meest comfortable boerderijen van het Tatuta-project. Deze boerderij wordt beheerd door Nuran en Ahmet Kizen, respectievelijk arts en architect die gespecialiseerd is in milieuvriendelijk bouwen. Nuran spreekt Engels. In deze regio, waar er sprake is van grootschalig intensief toerisme, wil de boerderij een voorbeeld zijn voor buren in het ontvangen van gasten op een duurzame manier. Het bedrijf produceert voornamelijk groente voor eigen gebruik. Recentelijk

zijn er ook 700 fruitbomen geplant en er zijn kippen en eenden op het erf.
Gasten worden ontvangen in een van de drie losstaande woningen op het terrein. Aan de oevers van het water, midden in het Eucalyptus-bos staat een houten huis, geschikt voor vier personen. Er is een keuken, badkamer met Europees toilet en een terras. Daarnaast zijn er nog twee grote huizen, elk met twee etages, waar op de eerste etage drie en op de bovenste vijf personen kunnen verblijven. Elke verdieping heeft een keuken en een Europees toilet. Het is mogelijk om op verzoek mee te eten of een ontbijt te laten verzorgen, dit is niet inbegrepen in de prijs.
De omgeving is vermaard om de vele bezienswaardigheden. Vanuit de boerderij is het mogelijk om binnen een dag diverse kloven, stranden en mooie dorpjes te bezoeken. Ook kunt u de ambachtlieden in Uzumlu bezoeken (20 km) of de nomaden in hun Kara-tenten (25 km). In Nif is er een jaarlijks kersenfestival.

⚒ |♡|

🏠 3x, ⬿ 20x, Prijs op aanvraag

Route
🚍 Route en informatie over openbaar vervoer zijn verkrijgbaar na reservering bij Bugday, Istanbul (www.tatuta.org).

SINAN ANADOL

Ferit Avci & Sinan Anadol
48400 , Mugla
T 0212-252 52 55
F 0212-252 52 56
E info@tatuta.org
W www.tatuta.org
🗨 tr, uk, es

Reserveren via TaTuTa:
tel +90 212 252 52 55, +90 212 252 52 56,
info@tatuta.org, www.tatuta.org
Open: hele jaar

Boerderij en omgeving
Ferit Avci en Sinan Anadol wonen in de door henzelf gerestaureerde stenen huizen in een mooi dorpje in de provincie Mugla. Zij verbouwen op biologische wijze amandelen, olijven, citrusfruit, granaatappels, bessen, appels en groenten. Sinan's schoonmoeder is Cubaanse van origine en is de kok in huis. Zo kunt u hier, midden in Turkije, zowel Turkse als Caribische maaltijden gebruiken samen met de familie.
U verblijft in het eeuwenoude huis, waar twee grote slaapkamers met een open haard en een zolder in totaal negen mensen kunnen herbergen. Tijdens koude nachten kan het centrale verwarmingssysteem, dat op olijvenpulp draait, ook in werking worden gesteld. Zonne-energie wordt gebruikt voor het verwarmen van het water. Voor de gasten is er zowel een badkamer buiten als een badkamer binnen beschikbaar.
Wijn maken begint hier in het midden van augustus en gaat de hele maand september door. Daarna is het de beurt aan de olijvenproductie, vanaf midden oktober tot in november. Hierbij wordt gebruik gemaakt van traditionele technieken. Gasten kunnen zelf hun olijven plukken en de olijven met hun eigen voeten, met behulp van een molensteen, tot olijfolie verwerken. U mag uw eigen olie uiteraard mee naar huis nemen. In november kan ook de granaatappel worden geplukt en tot sap geperst. Deze sap wordt gebruikt voor het maken van wijn en azijn. In december komen er appels uit naburige bergdorpen en wordt er appelwijn gemaakt.

⚒ |♡|

🛏 3x, ⬿ 9x, Prijs op aanvraag

Route
🚍 Route en informatie over openbaar vervoer zijn verkrijgbaar na reservering bij Bugday, Istanbul (www.tatuta.org).

THE DEDETEPE FARM

Erkan Alemdar
17860 , Canakkale
🗨 tr, uk

Reserveren via TaTuTa:
tel +90 212 252 52 55, +90 212 252 52 56,
info@tatuta.org, www.tatuta.org
Open: hele jaar

Boerderij en omgeving

Erkan en Tamahine kochten in 2003 een
stuk land dat nu geregistreerd staat bij
GEN-Europe (Global Ecovillage Network).
De boerderij produceert jaarlijks 600
liter olijfolie en 50 kilo eetbare olijven.
De olijfolie wordt onder andere verkocht
via het TaTuTa-kantoor in Istanbul. Er
wordt gestreefd naar afvalscheiding en
-beperking, er worden geen chemicaliën
gebruikt. Energie komt van een zonnecollector en in beperkte mate van een
windmolen.
De gasten verblijven in een van de tenten;
er staan diverse tipi's en Indiaanse tenten
op het terrein. Tamahine geeft yogales-
sen, waar gasten en vrijwilligers aan mee
mogen doen. Al het voedsel is vegetarisch
en wordt gekookt op een groot vuur. In
een kring rond het vuur wordt gezamenlijk gegeten.
De plek heeft een grote biologische diversiteit. Er zijn prachtige uitzichten en er
worden veel dieren aangetrokken, zoals
diverse vogelsoorten, herten, schildpad-
den, vissen en kikkers. Ook zijn er boerderijdieren als schapen, geiten, ezels en
paarden. Bij hun activiteiten betrekken de

eigenaren ook zoveel mogelijk de dorps-
bevolking.

🗨🗨 |♥|

⚓ pppn TRLira 25

Route
⚠ Route en informatie over openbaar vervoer zijn
verkrijgbaar na reservering bij Bugday, Istanbul
(www.tatuta.org).

THE TANAL FAMILY FARM

Hüseyin Serdar Tanal
07700 , Antalya
🗨 tr, de

Reserveren via TaTuTa:
tel +90 212 252 52 55, +90 212 252 52 56,
info@tatuta.org, www.tatuta.org
Open: 1 jun-31 okt 🍴

Boerderij en omgeving

Serdar en Serpil Tanal leven met hun zoon
en Serdars ouders in een twee verdiepingen tellende boerderij. Serdar spreekt
Duits en zijn zoon een beetje Engels. Sinds
1996 werkt deze boerenfamilie biologisch. De familie produceert vooral graan,
groente en fruit (appels). Serdar vervult
met zijn uitgebreide bibliotheek, video's
en kennis over biologische landbouw een
belangrijke rol in het overtuigen van zijn
dorpsgenoten van het belang van biologische landbouw.
De gasten verblijven in een huis aan de
overkant van de straat. Het is geschikt
voor twee tot drie personen en heeft een
huiskamer, keuken en een Turks toilet.
Water wordt verwarmd door zonne-energie. Maaltijden worden in principe samen
met de familie genuttigd. De gasten kunnen worden getracteerd op de favoriete
bezigheid van de familie: het luisteren
naar Serdar en zijn zoon die folkloristi-

sche Saz-muziek ten gehore brengen. U
kunt desgewenst ook meehelpen op de
boerderij.
Het dorp ligt op 1000 m hoogte in het
Toros-gebergte. Het ligt op 25 km van
een Nationaal Park en dichtbij de Ucarsu
waterval en het Groene Meer (een krater-
meer). Verder zijn er de oude ruïnes van
Limra en Arikanda, het graf van Abdal
Musa en de mediterrane kust van Finik.
De temperatuur is van december tot
maart redelijk fris.

🗨🗨 |♥|

🛏 2x, ✂ 3x, 2pkpn TRLira 25 VP

Route
⚠ Route en informatie over openbaar vervoer zijn
verkrijgbaar na reservering bij Bugday, Istanbul
(www.tatuta.org).

YASAM

Yasemin & Ibrahim Kilic
32500 , Isparta
🗨 tr, de, uk

Reserveren via TaTuTa:
tel +90 212 252 52 55, +90 212 252 52 56,
info@tatuta.org, www.tatuta.org
Open: hele jaar 🌿 🍴

Boerderij en omgeving

Yasemin en Ibrahim Kilic en hun dochters
Elif, Destan en Ozan zijn uw gastfamilie.
De dochters verblijven het grootste deel
van het jaar in de stad, omdat zij daar
naar school gaan. Midden op het land
dat zij bewerken staat de stenen boerderij van de familie, net buiten een dorpje.
Deze familie was een van de eerste die op
grote schaal biologisch fruit ging telen. Zij
hebben een grote boomgaard, waar heel
veel appelsoorten en nog een aantal andere fruitsoorten te zien zijn. De familie

kweekt en verkoopt niet alleen fruitbomen, maar zij adviseert ook anderen bij het telen van fruit.

Vrijwilligers verblijven bij de familie in huis. Als u als toerist deze boerderij wilt bezoeken, gelieve dan eerst contact op te nemen met de TaTuTa-organisatie. Het huis beantwoordt, vergeleken met andere huizen in de omgeving, aan reletief hoge standaarden als het gaat om comfort. Het is mogelijk om samen met de familie de maaltijden te gebruiken.

De omgeving van de boerderij heeft van alles te bieden om uw verblijf zo aangenaam mogelijk te maken. U kunt hier bijvoorbeeld heerlijk wandelen.

🐾 🍽️

🛏️ Prijs op aanvraag

Route
Route en informatie over openbaar vervoer zijn verkrijgbaar na reservering bij Bugday, Istanbul (www.tatuta.org).

YAVUZ OZDEN
Makbule & Yavuz Ozden
37620 , Kastamonu
🗨️ tr

Reserveren via TaTuTa:
tel +90 212 252 52 55, +90 212 252 52 56,
info@tatuta.org, www.tatuta.org
Open: hele jaar

Boerderij en omgeving
De boerderij van de familie Ozden ligt in een bosrijk dorpje vlakbij een canyon. Een riviertje met ijskoud water stroomt langs het dorpje. Deze familie eet graag samen met de gasten. Converseren met de gastheer is een prettige ervaring, gezien zijn gevoel voor humor, alleen is Turks wel de taal die hij het beste beheerst.

U verblijft in een grote kamer in het woonhuis, die geschikt is voor twee of drie personen. Er is zowel een Turks als een Europees toilet en er is een badkamer, waarbij het water wordt verwarmd met een stoof. Van december tot maart is het hier koud en ligt er sneeuw, de lente is warm en in de zomer is het ongeveer 27 graden.

De canyon is dicht bij de boerderij en is ideaal om te wandelen. De Ilica waterval en het Pasja Mansion (Konak) in Pinarbasji (70 km) zijn zeker de moeite waard om te gaan bekijken. Ilgarini grot, in de regio van Pinarbasi (in de noordwestelijke hoek van Kastamonu) is een van de grootste grotten in Turkije. Het is een zeer geschikte plek voor wandelingen buiten de gebaande paden.

🐾 🍽️

🛏️ 1x, 🛋️ 3x, Prijs op aanvraag

Route
Route en informatie over openbaar vervoer zijn verkrijgbaar na reservering bij Bugday, Istanbul (www.tatuta.org).

YÜKSEL ERDOGAN
Yasemin & Yüksel Erdogan
37620 , Kastamonu
🗨️ tr

Reserveren via TaTuTa:
tel +90 212 252 52 55, +90 212 252 52 56,
info@tatuta.org, www.tatuta.org
Open: hele jaar

Boerderij en omgeving
In een bosrijk dorpje vlakbij een canyon ligt de boerderij van de familie Erdogan. Een riviertje met ijskoud water stroomt langs het dorpje en de boerderij. Door het raam van de boerderij is er uitzicht op een prachtig groen bos. De boer en zijn vader

zijn nog een van de weinige overgebleven ambachtsmannen die traditionele folkloristische ambachten uitoefenen. Zij verdienen hun geld met uit hout snijden van gereedschappen en objecten als lepels.

U verblijft op de tweede verdieping van het woonhuis. Hier is een grote kamer voor drie personen, een keuken, een toilet in Turkse stijl en een badkamer die wordt verwarmd door een stoof. De familie eet graag samen met de gasten. De maaltijden zijn heerlijk, met onder andere brood en de speciale 'Torba' yoghurt die gastvrouw Yasemin zelf maakt.

Het klimaat is hier aangenaam; van december tot maart ligt er sneeuw maar in de lente is het warm en in de zomer is het ongeveer 27 graden. De canyon is slechts 1 km van de boerderij en is ideaal om te wandelen. De Ilica waterval en het Pasja Mansion (Konak) in Pinarbasji (70 km) zijn zeker de moeite waard om te gaan bekijken.

🐾 🍽️

🛏️ 1x, 🛋️ 3x, Prijs op aanvraag

Route
Route en informatie over openbaar vervoer zijn verkrijgbaar na reservering bij Bugday, Istanbul (www.tatuta.org).

TR

PLAATSNAMENREGISTER OP ALFABETISCHE VOLGORDE

ACCOMMODATIES MET VERHUUR VAN KAMERS

ACCOMMODATIES MET VERHUUR VAN HUISJES

ACCOMMODATIES MET GROEPSVERBLIJVEN

ACCOMMODATIES MET CAMPINGS

ACCOMMODATIES
WAAR MEEWERKEN MOGELIJK IS

ACCOMMODATIES WAAR HONDEN WELKOM ZIJN

ACCOMMODATIES WAAR U KUNT PAARDRIJDEN

ACCOMMODATIES MET VOORZIENINGEN VOOR GEHANDICAPTEN

ECEAT (en haar partners) in EUROPA

Benelux
Contactpersoon: Christel Groot
ECEAT-NL
Tel 0031-20-668 10 30
fax 0031-20-463 05 94
klantenservice@eceat.nl
www.eceat.nl

Bulgarije
Contactpersoon: Lubomir Popiordanov
BAAT
Tel 00359-2-59 49 25
baat@spnet.net
www.alternative-tourism.org/english/

Duitsland
Contactpersoon: Matthias Baerens
ECEAT-DE
Tel 0049-385-591 839 28
fax 0049-385-591 839 29
info@eceat.de
www.eceat.de

Estland
Alleen voor informatie:
Estonian Rural Tourism
www.maaturism.ee
eesti@maaturism.ee

Finland
Contactpersoon: Terhi Arell
ECEAT-FI
Tel 00358-2-251 83 01
fax 00358-40-519 49 49
terare@nic.fi
www.luomu-liitto.fi/luomumatkailu/en/index.html

Frankrijk
Contactpersoon: Christel Groot
ECEAT-NL
Tel 0031-20-668 10 30
fax 0031-20 463 05 94
klantenservice@eceat.nl
www.eceat.nl

Groot-Brittannië en Ierland
Contactpersoon: Motti Essakow
omwardbound@yahoo.com

Hongarije
Contactpersoon: Pal Hajas
Green Holidays
Tel 0036-30-210 43 08
euragro@yahoo.com

Italië
Contactpersoon: Matthias Baerens
ECEAT-DE
Tel 0049-385-591 839 28
fax 0049-385-591 839 29
info@eceat.de
www.eceat.de

Letland
Contactpersoon: Asnate Ziemele
Lauku Celotajs
Tel 0037-1-761 76 00
fax 0037-1-783 00 41
lauku@celotajs.lv
www.traveller.lv

Noorwegen
Contactpersoon: Sandra Wolgast
Tel 0047-712 282 27
post@eceat.no
www.eceat.no

Oostenrijk
Contactpersoon: Matthias Baerens
ECEAT-DE
Tel 0049-385-591 839 28
fax 0049-385-591 839 29
info@eceat.de
www.eceat.de

Polen

Contactpersoon: Sebastian Wieczorek
ECEAT-PL
Tel 0048-75-741 13 95
sebastian@sfo.pl
www.eceat.pl

Roemenië

Contactpersoon: Zoltan Hajdu
FOCUS Eco-Center
Tel 0040-65-16 36 92
fax 0040-65-16 36 92
zhajdu@fx.ro

Slovenië

Alleen voor informatie:
Slovenian Tourism Board
www.slovenia-tourism.si

Spanje

Contactpersoon: Severino Garcia Gonzales
Tel 00359-2-989 05 38
foncalada@asturcon-museo.com

Tsjechië

Contactpersoon: Michal Burian
ECEAT-CZ
Tel 00420-5-413 250 80
fax 00420-5-413 250 80
info@eceat.cz
www.eceat.cz

Turkije

Contactpersoon: Victor Ananias
Bugday Association for Supporting Ecological Living
Tel 0090-212 252 52 55
victorananias@bugday.org
www.bugday.org/tatuta/index.php?lang=EN

Zweden

Contactpersoon: Niklas Palmcrantz
ECEAT-SE
Tel 0046-151-210 85
fax 0046-151-211 07
tiseno@d.lrf.se
www.eceat.se

Zwitserland

Contactpersoon: Matthias Baerens
ECEAT-DE
Tel 0049-385-591 839 28
fax 0049-385-591 839 29
info@eceat.de
www.eceat.de

Notities

Notities

Notities

Notities

Uw accommodatie in een notendop

plaatsnaam ——— **FOUVENT**
naam accommodatie ——— Domaine de La Pierre Percée
gastheer en/of -vrouw ——— Paul de Meyer
adres- en contactgegevens ——— 70600 Fouvent, Haute-Saône
T 0384-31 30 46
gesproken talen ——— fr, nl, uk, de

actuele informatie ——— Open: hele jaar H 400m BES verplicht

sfeerfoto van acoommodatie ———
en/of omgeving

Boerderij en omgeving

Deze historische Comtoise-hoeve (1830), opgetrokken uit wit kalksteen en eikenhouten balken, bevindt zich op een hoogte van 400 m. Het totale terrein is 60 ha groot. Hiervan wordt 2,5 ha gebruikt voor biologische fruit- en tuinbouw, de rest is loofbos. De bewoners maken hun eigen appelsap, seitan, tofu en desembrood. De boerderij ligt midden in een natuurreservaat, dus alom stilte en rust. In de bossen kunt u bramen plukken en menhirs bekijken. Er worden natuurwandelingen georganiseerd met aandacht de flora en vogels in dit gebied (blauwe kiekendief, hop en slechtvalk).

beschrijving van de
acoommodatie en de omgeving

uitleg afkortingen

1ppn	1 persoon per nacht
2ppn	2 personen per nacht
pppn	per persoon per nacht
hpw	huisje per week
1ppw	1 persoon per week
2ppw	2 personen per week
1pkpn	1-persoonskamer per nacht
2pkpn	2-persoonskamer per nacht
1ppnoz	1 persoon per nacht op zaal
2ppnoz	2 personen per nacht op zaal
ptpn	per tent per nacht
pcpn	per caravan per nacht

accommodatie-informatie ———

fasciliteiten op de accommodatie en in de omgeving

verhuur van kamers ——— 5x, 10x, 2pkpn € 30
verhuur van huis/appartement ——— 3x, 14x, hpw € 210-300
groepsverblijf te huur ——— 36x, 1ppnoz € 8
camping ——— T 10x, 3x, ptpn € 8, pcpn € 9

5 kamers, 10 bedden, 2-persoonskamer per nacht € 30

3 huisjes, 14 bedden, huisje per week € 210-300

36 bedden, 1 persoon per nacht op zaal € 8

plaats voor 10 tenten en 3 caravans per tent per nacht € 8, per caravan per nacht € 9

Route

routebeschrijving met de auto ——— N19 richting Langres. In Cintry links naar La Roche-Morey (D1) en via Suaucourt naar Pisseloup. Hier rechts richting Fouvant-le-Bas (D42). Na ca 3,5 km rechts bij bord La Pierre Percée. Nog 3 km over grindweg door bos.

routebeschrijving met
openbaar vervoer ——— Trein naar Culmont-Chalindrey, afhalen mogelijk (€ 15).

Symboolverklaring

ACTUELE INFORMATIE ACCOMMODATIE:

	gesproken talen
Open:	openingstijden van de accommodatie
	afwijkende openingstijden van de camping
	accommodatie verbonden aan boerderij die alleen voor eigen gebruik produceert
	accommdatie verbonden aan een commerciële productieboerderij
	meewerken tegen kost en inwoning mogelijk
Wooff	acco is aangesloten bij de organisatie wooff.com
H	hoogte in meters
(RES) verplicht	reserveren verplicht
(R)	reserveren aanbevolen
	faciliteiten voor rolstoelgebruikers
	beperkte rookmogelijkheden
	huisdieren alleen toegestaan in overleg
	huisdieren niet toegestaan

FACILITEITEN OP DE ACCOMMODATIE AANWEZIG:

	ontbijt verkrijgbaar
	lunch en/of diner verkrijgbaar
	kinderbadje ter plekke
	zwembad
	bootverhuur
	fietsverhuur
	paardrijden mogelijk
	kuurmogelijkheden (bijv. massages)
	sauna of turksbad
	workshops en/of cursussen worden aangeboden
	wandelroutes
	speeltoestellen aanwezig

FACILITEITEN EN ACTIVITEITEN IN DE OMGEVING VAN DE ACCOMMODATIE
(het getal achter het tekentje is de afstand in kilometers)

3	zeestrand
6	meerstrand
2	openlucht zwembad
14	overdekt zwembar
0,8	tennisbaan
	visstek
1,5	windsurfen
6	zeilen
6	bootverhuur
1	fietsverhuur
4	paardrijden/manege
7	kuuroord
10	wintersportoord
	wandelpaden of natuurwandelingen met gids

ACCOMMODATIE-INFORMATIE:

	kamers
	huisje/vakantiewoning
	groepsaccommodatie
	tent
10x	aantal bedden
T 10x	T + aantal: aantal standplaatsen tent
	caravan
	caravans of campers niet mogelijk
3x	aantal standplaatsen caravan
	blokhut, tent of (sta)caravan te huur
	alleen koude douches aanwezig
	alleen kompost toilet aanwezig